中国农垦农场志丛

黑龙江

八五九农场志

中国农垦农场志丛编纂委员会　组编
黑龙江八五九农场志编纂委员会　主编

中国农业出版社
北　京

图书在版编目（CIP）数据

黑龙江八五九农场志 / 中国农垦农场志丛编纂委员会组编；黑龙江八五九农场志编纂委员会主编．—北京：中国农业出版社，2022.12

（中国农垦农场志丛）

ISBN 978-7-109-30637-0

Ⅰ.①黑…　Ⅱ.①中…　②黑…　Ⅲ.①国营农场—概况—饶河县　Ⅳ.①F324.1

中国国家版本馆 CIP 数据核字（2023）第 070545 号

出 版 人：刘天金

出版策划：郭　辉

丛书统筹：王庆宁　赵世元

审 稿 组：颜景辰　干锦春　薛　波

编 辑 组：杨金妹　王庆宁　周　珊　李　梅　刘昊阳　黄　曦　吕　睿　赵世元　刘佳玫
李海锋　王玉水　李兴旺　蔡雪青　刘金华　耿韶磊　张潇逸　徐志平　常　静
张田萌　银　雪　李瑞婷

工 艺 组：毛志强　王　宏　吴丽婷

设 计 组：姜　欣　关晓迪　王　晨　杨　婧

发行宣传：王贺春　蔡　鸣　李　晶　雷云钊　曹建丽

技术支持：王芳芳　赵晓红　张　瑶

黑龙江八五九农场志

Heilongjiang Bawujiu Nongchang Zhi

中国农业出版社出版

地址：北京市朝阳区麦子店街 18 号楼

邮编：100125

责任编辑：李　梅

版式设计：王　晨　　责任校对：吴丽婷

印刷：北京通州皇家印刷厂

版次：2022 年 12 月第 1 版

印次：2022 年 12 月北京第 1 次印刷

发行：新华书店北京发行所

开本：889mm×1194mm　1/16

印张：59.25　　插页：16

字数：1500 千字

定价：668.00 元

大众分社投稿邮箱：zgnywwsz@163.com

一、行政区划

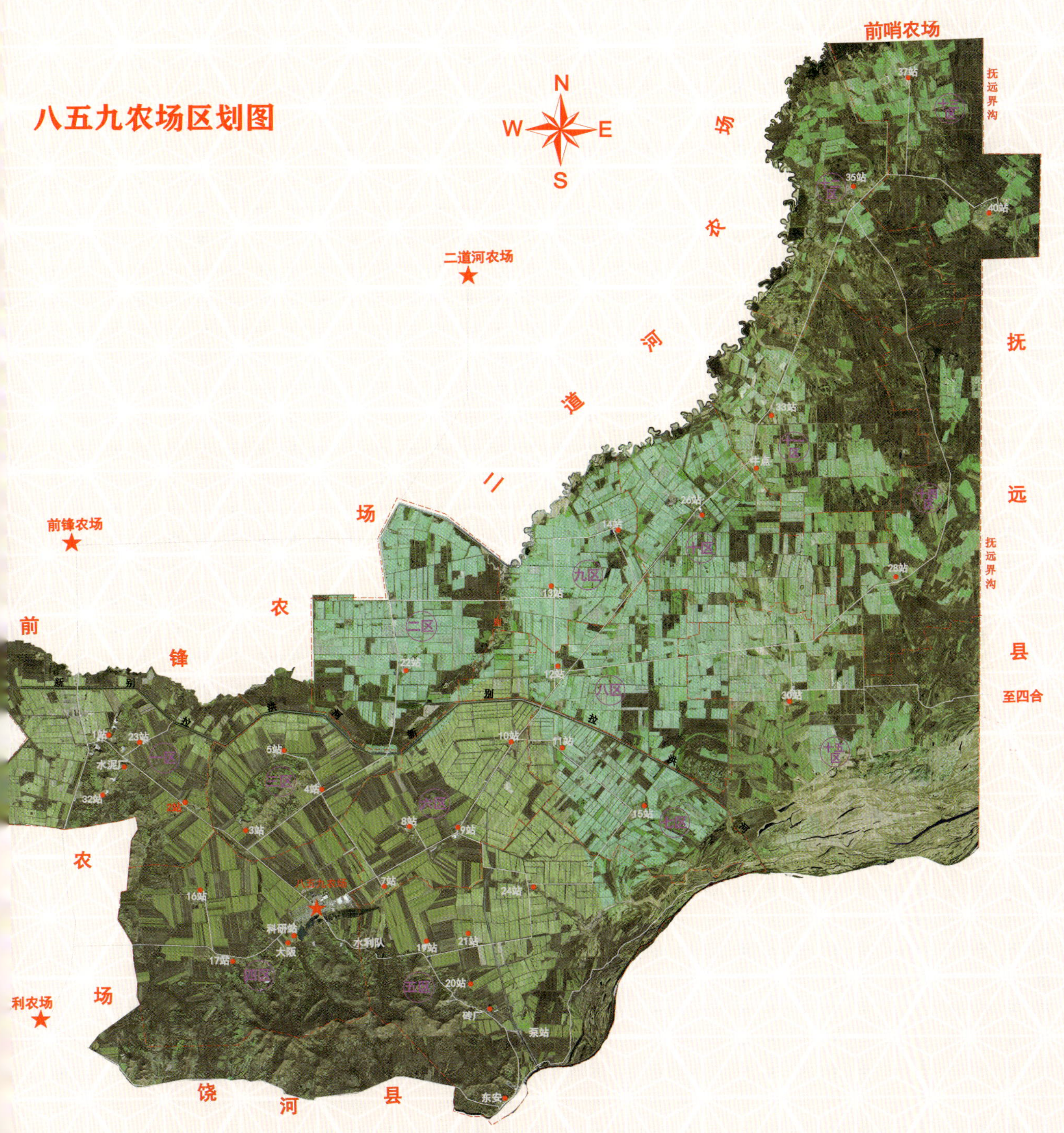

八五九农场区划图

二、领导关怀

2004 年 7 月 7 日，全国政协原副主席钱正英（右三），率领中国工程院课题组到乌苏里江灌区考察调研

2005 年 7 月 19 日，农业部部长杜青林（右四）到八五九农场乌苏里江灌区渠首考察

2006 年 8 月 7 日，国务院副秘书长尤权（右二）到八五九农场乌苏里江灌区调研

2006 年 9 月 20 日，黑龙江省省长张左己（中）到农场世纪园调研

2009 年 8 月 26 日，国土资源部部长徐绍史（右二）到农场土地整理项目区调研

2010 年 5 月 12 日，黑龙江省省委书记吉炳轩（右一）到八五九农场明珠家园建设工地调研

2010 年 6 月 12 日，黑龙江省委常委、常务副省长杜家毫(右三)，省委常委、纪委书记李延芝，省委常委、省委秘书长刘国中（右二），省委常委、组织部部长徐泽洲，副省长吕维峰及全省各地市主管领导 120 余人到八五九农场，参观明珠家园小区和世纪园

三、农场历史

1958 年 4 月 12 日，10 万转业官兵开赴北大荒，在密山火车站广场召开万人誓师大会，王震将军在大会上讲话

1957 年 2 月，铁道兵农垦局机训队师生合影

八五九农场第一任场长赵明高（1957.1—1960.7）

1958 年，南京军区部分转业官兵开赴北大荒前留影，前排左一、左二为十七队郭友才夫妇，左四为七队李允升

1958 年 10 月 1 日，八五九农场预备第九师（为民兵组织）成立

1959 年总场三级干部会议全体成员合影

1960 年 6 月，总场 7700 平方米养鸡大楼破土动工

1958 年 8 月，总场引进第一台康拜因（联合收割机）

1960 年，总场引进第一批东方红拖拉机

1960 年 6 月 22 日，牡丹江农垦局在总场召开开荒“二五五”标准作业现场会，与会人员参观加宽链轨改装现场

三八包车组，其中六分场东方红-11 号宋显芝三八包车组于 1960 年 9 月被评为“全国三八红旗集体”

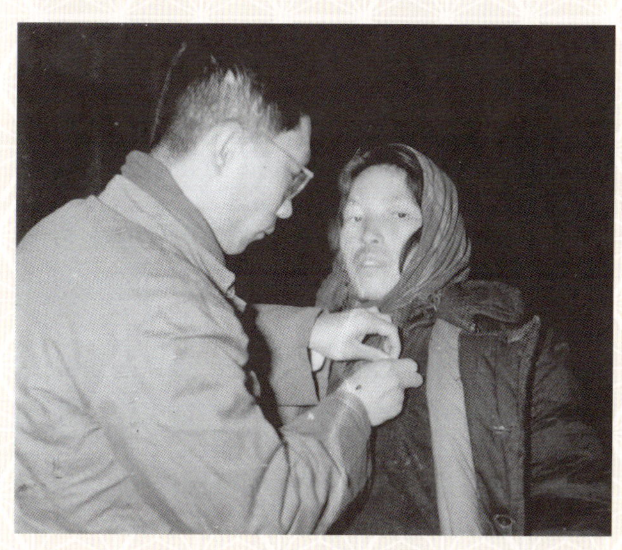

1960 年 12 月，董桂芬被评为全国三八红旗手，农场党委书记翟雪桥为其授奖

1959 年 12 月 12 日，铁道兵九师转业军人陈正能夫妇在小马架前留影

1960 年，职工们建造第二代住房——拉哈辫草房

建场初期的生产队临时托儿所

1959 年 3 月，完达山伐木浇冰道

总场于 1958 年 12 月创办《乌苏里江报》，
1959 年 5 月创办《乌苏里江文艺》

1965 年 7 月，新八五九农场汽车队全体合影

1968 年，驾驶员到佳木斯接拖拉机，在刘英俊公园合影

1968 年，农场欢迎知识青年来场

1970 年 5 月，二十三团第一次党员代表大会

1972 年 12 月，职工俱乐部建成

20 世纪 70 年代末，任声权、胡饶宁在连队放电影

建场初期的职工业余生活

20 世纪 70 年代 14 连知青脱坯

1973 年 11 月，二十三团知识青年座谈会留影

1974 年 6 月 23 日，八五九农场自己建造的机动轮“燎原401”号成功下水

1977 年 4 月，二十三团后期党委成员

1979 年 7 月 1 日建成的新河桥为钢筋混凝土双曲拱桥，全长 58.5 米

1985 年 9 月 1 日，八五九农场农贸市场开业

医院护士班常年照顾截瘫病人，于 1991 年被黑龙江省政府授予三八红旗集体

1984 年，农场重建钢结构东安鱼亮子

1983—1984 年，农场建造千亩养鱼池

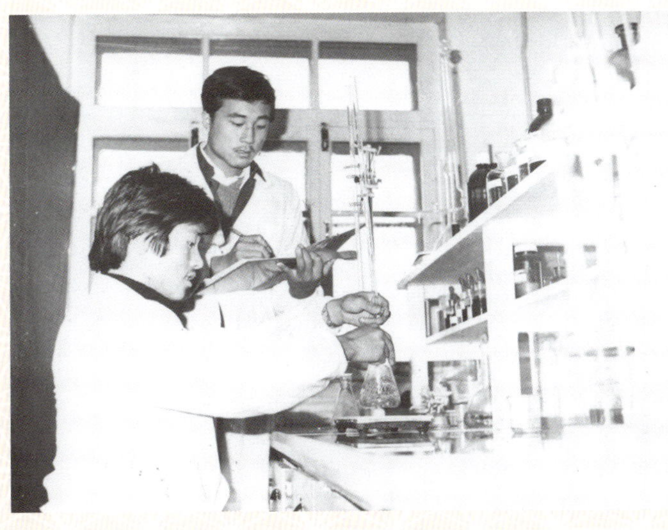

1985 年 11 月乳品厂建成投产，图为化验室

1985 年以后，农场大力发展奶牛产业

1986 年 6 月，屠宰厂投产

1986 年 8 月，沈阳军区前进歌舞团 27 名演员到农场慰问演出

1987 年 4 月，浓江鸭绿河涝区治理工程水利会战

1987 年，场直单位参加十七队人工收割小麦

1990 年 6 月 18 日，总局武装部在八五九农场进行民兵快速反应分队反渗透、反破坏演习

1997 年，在十队 10 号地建立水稻科技园区，图为当年 8 月 31 日省专家顾问考察团一行 7 人到科技园区考察

水稻高新技术园区 徐一戎 1997.5.29

靠高新科技创垦区一流 徐一戎 1997.5.29

1997 年 5 月 29 日，垦区水稻专家徐一戎为八五九农场水稻园区题词

1997 年 6 月 18 日，乌苏里江企业集团成立新闻发布会在哈尔滨花园邨宾馆举行

1997 年，农场发展乌苏里江网箱养鱼

1997 年 11 月 8 日至 25 日，农场对一队至三队 10.5 公里路面进行改造大会战，命名为“振兴路”

1997 年，东安粮库建成

1997 年 5 月 25 日，农场举办筹建小学捐资助学仪式

1998 年 8 月 18 日，农场举办城市知识青年上山下乡 30 周年纪念大会暨乌苏里江小学教学楼及“希望之碑”揭幔仪式，来自京、津、沪、哈、佳等城市知青及子女共 119 人回场

2000 年 6 月 18 日，农场举办首届文化艺术节

2001 年 12 月，乌苏里江商城建成

2002 年 10 月 25 日，八五九农场乌苏里江灌区开工建设

2003 年 7 月，尹飞龙以总分 617 分的优异成绩考入清华大学，这是农场有史以来第一个考入清华大学的考生，农场每年给予 1 万元资助

2004 年 6 月 11 日，黑龙江省至东南沿海地区江海联运首航运行仪式在东安码头举行，满载 2700 吨水稻的货船从乌苏里江东安镇起航，经抚远口岸进入俄罗斯阿穆尔河、鞑靼海峡、日本海、渤海、黄海，最后运抵温州

2006 年 8 月 17 日，著名经济学家厉以宁到八五九农场考察乌苏里江灌区，并为农场题词

踏遍三江风雪路
世间何事不能为

赠八五九农场

厉以宁

2006年八月十七日

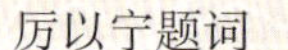

厉以宁题词

2013 年 8 月 8 日，农业部原副部长刘成果为八五九农场题字“江畔明珠”

四、现代农业

2022 年 5 月 13 日，新华网、新华网客户端“我为祖国种好粮”栏目直播农场 13 台大豆播种机矩阵式播种作业

2022 年 5 月 5 日，举办“当好主人翁，建功北大荒”水田插秧劳动竞赛

纵横阡陌

稻梦乌苏农乐园农文旅融合示范区

无人机飞防作业

大型喷灌机节水微喷

水稻航化作业

集中收获水稻

集中作业收获玉米

大机械收获大豆

2020 年 10 月 10 日，中央电视台《新闻联播》节目以《北方秋收全面展开》为题报道了八五九农场秋收的场景

2018 年 9 月 28 日，中央电视台新闻频道直播八五九农场水稻收获联合作业

秋翻地作业

晾晒玉米

2009 年 4 月，农户购进的 10 台凯斯 195 拖拉机

2020 年 9 月 14 日，农场引进 72 台割晒机、198 台拾禾器

第五管理区农机管理中心

水稻集中浸种催芽基地

2008 年 7 月 10 日，垦区水稻专家徐一戎在水稻小区查看水稻长势

农业技术人员进行测土配方检测

物联网信息中心

2005 年 4 月 20 日，乌苏里江灌区渠首 4 部机组一次试车成功

灌区配套水利施工

2019 年 9 月，党员干部参加乌苏里江抗洪抢险

三五〇公路绿化工程及农田防护林

奶牛集中榨乳车间

2023 年 3 月，建成江畔明珠掺混肥厂

江畔明珠商贸有限公司加工乌苏里江大米

2022 年，乌苏里江品牌馆建成，打造“乌苏里江”“乌苏甄珍”系列品牌

五、城镇新貌

2005 年 10 月，世纪园竣工

2021 年 10 月 1 日竣工的世纪园二期工程

2021 年 11 月，创东路 32 公里沥青路面工程竣工

俯瞰八五九农场场区

航拍明珠家园小区

八五九农场学校外景

2008 年建成钢骨架观光、防火瞭望塔

六、重要活动

2007 年 7 月 10 日，农场在世纪园广场举办庆祝八五九农场建场 50 周年大会

2007 年 8 月 27 日，中央电视台心连心艺术团小分队到八五九农场东安镇慰问演出，图为郁钧剑演唱歌曲

2008 年 6 月 30 日，农场在世纪园广场举行庆祝改革开放 30 周年、知青来场 40 周年、1958 年转业官兵（场社人员）来场 50 周年、建党 87 周年大会

2014 年 6 月 18 日，农场在学校操场举办第十一届职工运动会

2017 年 6 月 15 日，参加“辉煌 70 年，再谱新华章”纪念垦区开发 70 周年建三江文化广场系列演出活动

第十二届职工运动会团体操表演

2017 年 9 月 9 日，“燃情单车纵行龙江”黑龙江首届群众骑行活动第三站在八五九世纪公园拉开帷幕

2019 年 1 月 15 日，承办 2019 年度黑龙江垦区冬季运动会暨建三江管理局首届冬季运动会

2019 年 6 月 30 日，农场在世纪园广场举办“唱响红歌颂党恩”大型歌咏比赛

2019 年 7 月 1 日，组队参加建三江管理局第四届职工运动会

在文体馆举办丰富多彩的文化娱乐活动

2022 年 9 月 22 日，“庆丰收·迎盛会”黑龙江北大荒农业股份有限公司丰收节活动在八五九农场开幕

2022 年 8 月 24—26 日，八五九农场有限公司举办首届职工篮球赛暨健身舞大赛

2022 年 6 月 11 日，举办“中国梦·劳动美”职工书法、摄影、绘画展

2023 年 6 月 26 日，世纪公园广场文艺演出

2023 年 9 月 21 日，“庆丰收·促和美”北大荒丰收嘉年华在八五九农场开幕

2009 年建立场史馆，成为北大荒精神教育基地

幼儿园 173 名幼儿共同描绘 70 米长卷，庆祝祖国 70 华诞

2016 年 10 月 15 日，黑龙江流域考古学术研讨考察团 30 名考古专家到八五九农场，实地考察了大板遗址、大板西北城址

2022 年 6 月 28 日，举办乌苏里江品牌发布会

2023 年 6 月，打造人才孵化中心

学校消防应急综合演练

七、农场风光

国家 AAA 级景区“稻梦乌苏农乐园”

2023 年 9 月，打造禾能空间数智馆

乌苏里之秋

东安古镇百年木刻楞

乌苏里江湿地

东安镇乌苏里江特色全鱼宴

秋之恋

挠力河初秋

醉秋

魅力乌苏里江

世纪公园

江山壮美

稻田小火车

别拉洪河老河套

挠力河入江口

乌苏里江开江冰排

东安镇五花山风光

中国农垦农场志丛编纂委员会

主　任

张兴旺

副主任

左常升　李尚兰　刘天金　彭剑良　程景民　王润雷

成　员（按垦区排序）

肖辉利　毕国生　苗冰松　茹栋梅　赵永华　杜　鑫
陈　亮　王兆成　许如庆　姜建友　唐冬寿　王良贵
郭宋玉　兰永清　马常春　张金龙　李胜强　马艳青
黄文沐　张安明　王明魁　徐　斌　田李文　张元鑫
余　繁　林　木　王　韬　张懿笃　杨毅青　段志强
武洪斌　熊　斌　冯天华　朱云生　常　芳

中国农垦农场志丛编纂委员会办公室

主　任

王润雷

副主任

王　生　刘爱芳　武新宇　明　星

成　员

胡从九　刘琢琬　干锦春　王庆宁

黑龙江八五九农场志编纂委员会

主　任

尹显洪　苏勋利　杜德旺　孙　鹏

常务副主任

李　军　沈建平

副主任

刘志友　刘桂涛　李建勋　岳传喜　崔洪滨　朱景林
高海英　乔　丹

秘书长

徐　瑞

副秘书长

金　琦

委　员

丁兆龙　隋玉刚　周宝林　贾春阳　刘青春　高树伟
杜红臻　滕艳静　万　英　杨福勃　周华虎　张广龙
林雪梅　张淑焕　姜厚国　滕艳艳　于洪涛　姜　颖
马永辉　丁千龙　单宝坤　杜　彬　王　军　王　斌
高文军　孙　磊　华国崴　赵彩贵　于风华　邢俊祥
庄佩凤　韦成莉　高凤波　徐　欢　马振松　王　杰
郑建国　李　睿　穆洪启　宋广山　王鸿皓　吕福生
陈　奇　刘学军　仲大兴　李卫东　刘振义　王宝学
范　潇　孙文波　昝同军　张永华　林　奎　郑同斌
刘春波　刘振云　李运涛　韦绍全　班玉泉　朱春海
孟　波　赵洪柱　崔　琳　姚延昌　唐　伟　李艳全
宋宇航　许孝华　杨兴堂　刘英燕　陈　富　高文强

黑龙江八五九农场志编纂人员

主　编：郑　浩

编　辑：孟天宇　杨臣宏　刘美辰（前期）　甘鸿梅（前期）

校　对：张乾华等

北大荒集团史志编纂委员会

专家审读：郭思宝

建三江分公司史志编纂委员会

审　读：刘晓凌

专业志编写人员名单：

王　岳　任　兵　王双超　于博文　贾春阳　孙　鑫

赵祥春　杜红臻　张　蕾　鲁英丽　李晓雪　韩明哲

张乾华　李　伟　姜艳欣　张艳明　姜厚云　张淑焕

张　芹　曹　静　于洪涛　宋玉凤　安文宇　王成林

韩　丹　刘英凯　周伟林　丁原军　王　斌　于明涛

王　蕊　朱亚冬　张　杰　张　萌　孙　岩　雷　杰

顾　爽　邢　蕊　王倩倩　樊春媚　周明辉　魏茂英

黄艳辉　李　睿　何玉鹏　张永志　衡雯雯　刘　芳

刘　超　张秀英　吴洪波　桂　波　文永军　王俊龙

张永华　孟天宇　李成虎　刘春波　杨德芳　刘学生

陆文江　班玉泉　李宏智　赵洪柱　荣　辉　李　迎

陈亚洲　王　英　许孝华　杨兴堂　刘英燕　于江涛

郭　强　黄克城　刘　野　魏延雪　韩成龙　闫　杰

高文帅等

摄　影：王　雪　李明达　娄程程　修永章　胡志刚　班玉泉

林雪梅　安　彬　李春雨　王　佳　张馨容　刘新宇等

总序

中国农垦农场志丛自2017年开始酝酿，历经几度春秋寒暑，终于在建党100周年之际，陆续面世。在此，谨向所有为修此志作出贡献、付出心血的同志表示诚挚的敬意和由衷的感谢！

中国共产党领导开创的农垦事业，为中华人民共和国的诞生和发展立下汗马功劳。八十余年来，农垦事业的发展与共和国的命运紧密相连，在使命履行中，农场成长为国有农业经济的骨干和代表，成为国家在关键时刻抓得住、用得上的重要力量。

如果将农垦比作大厦，那么农场就是砖瓦，是基本单位。在全国31个省（自治区、直辖市，港澳台除外），分布着1800多个农垦农场。这些星罗棋布的农场如一颗颗玉珠，明暗随农垦的历史进程而起伏；当其融汇在一起，则又映射出农垦事业波澜壮阔的历史画卷，绽放着“艰苦奋斗、勇于开拓”的精神光芒。

（一）

“农垦”概念源于历史悠久的“屯田”。早在秦汉时期就有了移民垦荒，至汉武帝时创立军屯，用于保障军粮供应。之后，历代沿袭屯田这一做法，充实国库，供养军队。

中国共产党借鉴历代屯田经验，发动群众垦荒造田。1933年2月，中华苏维埃共和国临时中央政府颁布《开垦荒地荒田办法》，规定“县区土地部、乡政府要马上调查统计本地所有荒田荒地，切实计划、发动群众去开荒”。到抗日战争时期，中国共产党大规模地发动军人进行农垦实践，肩负起支援抗战的特殊使命，农垦事业正式登上了历史舞台。

20世纪30年代末至40年代初，抗日战争进入相持阶段，在日军扫荡和国民党军事包围、经济封锁等多重压力下，陕甘宁边区生活日益困难。“我们曾经弄到几乎没有衣穿，没有油吃，没有纸、没有菜，战士没有鞋袜，工作人员在冬天没有被盖。”毛泽东同志曾这样讲道。

面对艰难处境，中共中央决定开展“自己动手，丰衣足食”的生产自救。1939年2月2日，毛泽东同志在延安生产动员大会上发出“自己动手”的号召。1940年2月10日，中共中央、中央军委发出《关于开展生产运动的指示》，要求各部队“一面战斗、一面生产、一面学习”。于是，陕甘宁边区掀起了一场轰轰烈烈的大生产运动。

这个时期，抗日根据地的第一个农场——光华农场诞生了。1939年冬，根据中共中央的决定，光华农场在延安筹办，生产牛奶、蔬菜等食物。同时，进行农业科学实验、技术推广，示范带动周边群众。这不同于古代屯田，开创了农垦示范带动的历史先河。

在大生产运动中，还有一面“旗帜”高高飘扬，让人肃然起敬，它就是举世闻名的南泥湾大生产运动。

1940年6—7月，为了解陕甘宁边区自然状况、促进边区建设事业发展，在中共中央财政经济部的支持下，边区政府建设厅的农林科学家乐天宇等一行6人，历时47天，全面考察了边区的森林自然状况，并完成了《陕甘宁边区森林考察团报告书》，报告建议垦殖南泥洼（即南泥湾）。之后，朱德总司令亲自前往南泥洼考察，谋划南泥洼的开发建设。

1941年春天，受中共中央的委托，王震将军率领三五九旅进驻南泥湾。那时，南泥湾俗称“烂泥湾”,“方圆百里山连山”,战士们“只见梢林不见天”,身边做伴的是满山窜的狼豹黄羊。在这种艰苦处境中,战士们攻坚克难,一手拿枪,一手拿镐,练兵开荒两不误,把“烂泥湾”变成了陕北的“好江南”。从1941年到1944年,仅仅几年时间,三五九旅的粮食产量由0.12万石猛增到3.7万石,上缴公粮1万石,达到了耕一余一。与此同时,工业、商业、运输业、畜牧业和建筑业也得到了迅速发展。

南泥湾大生产运动,作为中国共产党第一次大规模的军垦,被视为农垦事业的开端,南泥湾也成为农垦事业和农垦精神的发祥地。

进入解放战争时期,建立巩固的东北根据地成为中共中央全方位战略的重要组成部分。毛泽东同志在1945年12月28日为中共中央起草的《建立巩固的东北根据地》中,明确指出“我党现时在东北的任务,是建立根据地,是在东满、北满、西满建立巩固的军事政治的根据地”,要求“除集中行动负有重大作战任务的野战兵团外,一切部队和机关,必须在战斗和工作之暇从事生产”。

紧接着,1947年,公营农场兴起的大幕拉开了。

这一年春天,中共中央东北局财经委员会召开会议,主持财经工作的陈云、李富春同志在分析时势后指出:东北行政委员会和各省都要“试办公营农场,进行机械化农业实验,以迎接解放后的农村建设”。

这一年夏天,在松江省政府的指导下,松江省省营第一农场(今宁安农场)创建。省政府主任秘书李在人为场长,他带领着一支18人的队伍,在今尚志市一面坡太平沟开犁生产,一身泥、一身汗地拉开了“北大荒第一犁”。

这一年冬天,原辽北军区司令部作训科科长周亚光带领人马,冒着严寒风雪,到通北县赵光区实地踏查,以日伪开拓团训练学校旧址为基础,建成了我国第一个公营机械化农场——通北机械农场。

之后,花园、永安、平阳等一批公营农场纷纷在战火的硝烟中诞生。与此同时,一部分身残志坚的荣誉军人和被解放的国民党军人,向东北荒原宣战,艰苦拓荒、艰辛创业,创建了一批荣军农场和解放团农场。

再将视线转向华北。这一时期，在河北省衡水湖的前身“千顷洼”所在地，华北人民政府农业部利用一批来自联合国善后救济总署的农业机械，建成了华北解放区第一个机械化公营农场——冀衡农场。

除了机械化农场，在那个主要靠人力耕种的年代，一些拖拉机站和机务人员培训班诞生在东北、华北大地上，推广农业机械化技术，成为新中国农机事业人才培养的“摇篮”。新中国的第一位女拖拉机手梁军正是优秀代表之一。

（二）

中华人民共和国成立后农垦事业步入了发展的“快车道”。

1949 年 10 月 1 日，新中国成立了，百废待兴。新的历史阶段提出了新课题、新任务：恢复和发展生产，医治战争创伤，安置转业官兵，巩固国防，稳定新生的人民政权。

这没有硝烟的“新战场”，更需要垦荒生产的支持。

1949 年 12 月 5 日，中央人民政府人民革命军事委员会发布《关于 1950 年军队参加生产建设工作的指示》，号召全军“除继续作战和服勤务者而外，应当负担一部分生产任务，使我人民解放军不仅是一支国防军，而且是一支生产军”。

1952 年 2 月 1 日，毛泽东主席发布《人民革命军事委员会命令》：“你们现在可以把战斗的武器保存起来，拿起生产建设的武器。”批准中国人民解放军 31 个师转为建设师，其中有 15 个师参加农业生产建设。

垦荒战鼓已擂响，刚跨进和平年代的解放军官兵们，又背起行囊，扑向荒原，将“作战地图变成生产地图”，把“炮兵的瞄准仪变成建设者的水平仪”，让“战马变成耕马”，在戈壁荒漠、三江平原、南国边疆安营扎寨，攻坚克难，辛苦耕耘，创造了农垦事业的一个又一个奇迹。

1. 将戈壁荒漠变成绿洲

1950 年 1 月，王震将军向驻疆部队发布开展大生产运动的命令，动员 11 万余名官兵就地屯垦，创建军垦农场。

垦荒之战有多难，这些有着南泥湾精神的农垦战士就有多拼。

没有房子住，就搭草棚子、住地窝子；粮食不够吃，就用盐水煮麦粒；没有拖拉机和畜力，就多人拉犁开荒种地……

然而，戈壁滩缺水，缺“农业的命根子”，这是痛中之痛！

没有水，战士们就自己修渠，自伐木料，自制筐担，自搓绳索，自开块石。修渠中涌现了很多动人故事，据原新疆兵团农二师师长王德昌回忆，1951年冬天，一名来自湖南的女战士，面对磨断的绳子，情急之下，割下心爱的辫子，接上绳子背起了石头。

在战士们全力以赴的努力下，十八团渠、红星渠、和平渠、八一胜利渠等一条条大地的“新动脉”，奔涌在戈壁滩上。

1954年10月，经中共中央批准，新疆生产建设兵团成立，陶峙岳被任命为司令员，新疆维吾尔自治区党委书记王恩茂兼任第一政委，张仲瀚任第二政委。努力开荒生产的驻疆屯垦官兵终于有了正式的新身份，工作中心由武装斗争转为经济建设，新疆地区的屯垦进入了新的阶段。

之后，新疆生产建设兵团重点开发了北疆的准噶尔盆地、南疆的塔里木河流域及伊犁、博乐、塔城等边远地区。战士们鼓足干劲，兴修水利、垦荒造田、种粮种棉、修路架桥，一座座城市拔地而起，荒漠变绿洲。

2. 将荒原沼泽变成粮仓

在新疆屯垦热火朝天之时，北大荒也进入了波澜壮阔的开发阶段，三江平原成为“主战场”。

1954年8月，中共中央农村工作部同意并批转了农业部党组《关于开发东北荒地的农建二师移垦东北问题的报告》，同时上报中央军委批准。9月，第一批集体转业的“移民大军”——农建二师由山东开赴北大荒。这支8000多人的齐鲁官兵队伍以荒原为家，创建了二九〇、二九一和十一农场。

同年，王震将军视察黑龙江汤原后，萌发了开发北大荒的设想。领命的是第五师副师长余友清，他打头阵，率一支先遣队到密山、虎林一带踏查荒原，于1955年元旦，在虎林县（今虎林市）西岗创建了铁道兵第一个农场，以部队番号命名为“八五〇部农场”。

1955年，经中共中央同意，铁道兵9个师近两万人挺进北大荒，在密山、虎林、饶河一带开荒建场，拉开了向三江平原发起总攻的序幕，在八五〇部农场周围建起了一批八字头的农场。

1958年1月，中央军委发出《关于动员十万干部转业复员参加生产建设的指示》，要求全军复员转业官兵去开发北大荒。命令一下，十万转业官兵及家属，浩浩荡荡进军三江平原，支边青年、知识青年也前赴后继地进攻这片古老的荒原。

垦荒大军不惧苦、不畏难，鏖战多年，荒原变良田。1964年盛夏，国家副主席董必武来到北大荒视察，面对麦香千里即兴赋诗：“斩棘披荆忆老兵，大荒已变大粮屯。”

3. 将荒郊野岭变成胶园

如果说农垦大军在戈壁滩、北大荒打赢了漂亮的要粮要棉战役，那么，在南国边疆，则打赢了一场在世界看来不可能胜利的翻身仗。

1950年，朝鲜战争爆发后，帝国主义对我国实行经济封锁，重要战略物资天然橡胶被禁运，我国国防和经济建设面临严重威胁。

当时世界公认天然橡胶的种植地域不能超过北纬17°，我国被国际上许多专家划为“植胶禁区”。

但命运应该掌握在自己手中，中共中央作出“一定要建立自己的橡胶基地”的战略决策。1951年8月，政务院通过《关于扩大培植橡胶树的决定》，由副总理兼财政经济委员会主任陈云亲自主持这项工作。同年11月，华南垦殖局成立，中共中央华南分局第一书记叶剑英兼任局长，开始探索橡胶种植。

1952年3月，两万名中国人民解放军临危受命，组建成林业工程第一师、第二师和一个独立团，开赴海南、湛江、合浦等地，住茅棚、战台风、斗猛兽，白手起家垦殖橡胶。

大规模垦殖橡胶，急需胶籽。“一粒胶籽，一两黄金”成为战斗口号，战士们不惜一切代价收集胶籽。有一位叫陈金照的小战士，运送胶籽时遇到山洪，被战友们找到时已没有了呼吸，而背上箩筐里的胶籽却一粒没丢……

正是有了千千万万个把橡胶看得重于生命的陈金照们，1957 年春天，华南垦殖局种植的第一批橡胶树，流出了第一滴胶乳。

1960 年以后，大批转业官兵加入海南岛植胶队伍，建成第一个橡胶生产基地，还大面积种植了剑麻、香茅、咖啡等多种热带作物。同时，又有数万名转业官兵和湖南移民汇聚云南边疆，用血汗浇灌出了我国第二个橡胶生产基地。

在新疆、东北和华南三大军垦战役打响之时，其他省份也开始试办农场。1952 年，在政务院关于“各县在可能范围内尽量地办起和办好一两个国营农场”的要求下，全国各地农场如雨后春笋般发展起来。1956 年，农垦部成立，王震将军被任命为部长，统一管理全国的军垦农场和地方农场。

随着农垦管理走向规范化，农垦事业也蓬勃发展起来。江西建成多个综合垦殖场，发展茶、果、桑、林等多种生产；北京市郊、天津市郊、上海崇明岛等地建起了主要为城市提供副食品的国营农场；陕西、安徽、河南、西藏等省区建立发展了农牧场群……

到 1966 年，全国建成国营农场 1958 个，拥有职工 292.77 万人，拥有耕地面积 345457 公顷，农垦成为我国农业战线一支引人瞩目的生力军。

（三）

前进的道路并不总是平坦的。“文化大革命”持续十年，使党、国家和各族人民遭到新中国成立以来时间最长、范围最广、损失最大的挫折，农垦系统也不能幸免。农场平均主义盛行，从 1967 年至 1978 年，农垦系统连续亏损 12 年。

“没有一个冬天不可逾越，没有一个春天不会来临。”1978 年，党的十一届三中全会召开，如同一声春雷，唤醒了沉睡的中华大地。手握改革开放这一法宝，全党全社会朝着社会主义现代化建设方向大步前进。

在这种大形势下，农垦人深知，国营农场作为社会主义全民所有制企业，应当而且有条件走在农业现代化的前列，继续发挥带头和示范作用。

于是，农垦人自觉承担起推进实现农业现代化的重大使命，乘着改革开放的春风，开始进行一系列的上下求索。

1978年9月，国务院召开了人民公社、国营农场试办农工商联合企业座谈会，决定在我国试办农工商联合企业，农垦系统积极响应。作为现代化大农业的尝试，机械化水平较高且具有一定工商业经验的农垦企业，在农工商综合经营改革中如鱼得水，打破了单一种粮的局面，开启了农垦一二三产业全面发展的大门。

农工商综合经营只是农垦改革的一部分，农垦改革的关键在于打破平均主义，调动生产积极性。

为调动企业积极性，1979年2月，国务院批转了财政部、国家农垦总局《关于农垦企业实行财务包干的暂行规定》。自此，农垦开始实行财务大包干，突破了“千家花钱，一家（中央）平衡”的统收统支方式，解决了农垦企业吃国家“大锅饭”的问题。

为调动企业职工的积极性，从1979年根据财务包干的要求恢复“包、定、奖”生产责任制，到1980年后一些农场实行以“大包干”到户为主要形式的家庭联产承包责任制，再到1983年借鉴农村改革经验，全面兴办家庭农场，逐渐建立大农场套小农场的双层经营体制，形成“家家有场长，户户搞核算”的蓬勃发展气象。

为调动企业经营者的积极性，1984年下半年，农垦系统在全国选择100多个企业试点推行场（厂）长、经理负责制，1988年全国农垦有60%以上的企业实行了这项改革，继而又借鉴城市国有企业改革经验，全面推行多种形式承包经营责任制，进一步明确主管部门与企业的权责利关系。

以上这些改革主要是在企业层面，以单项改革为主，虽然触及了国家、企业和职工的最直接、最根本的利益关系，但还没有完全解决传统体制下影响农垦经济发展的深层次矛盾和困难。

“历史总是在不断解决问题中前进的。”1992年，继邓小平南方谈话之后，党的十四大明确提出，要建立社会主义市场经济体制。市场经济为农垦改革进一步指明了方向，但农垦如何改革才能步入这个轨道，真正成为现代化农业的引领者？

关于国营大中型企业如何走向市场，早在1991年9月中共中央就召开工作会议，强调要转换企业经营机制。1992年7月，国务院发布《全民所有制工业企业转换经营机制条例》，明确提出企业转换经营机制的目标是：“使企业适应市场的要求，成为依法自主经营、自负盈亏、自我发展、自我约束的商品生产和经营单位，成为独立享有民事权利和承担民事义务的企业法人。”

为转换农垦企业的经营机制，针对在干部制度上的“铁交椅”、用工制度上的“铁饭碗”和分配制度上的“大锅饭”问题，农垦实施了干部聘任制、全员劳动合同制以及劳动报酬与工效挂钩的三项制度改革，为农垦企业建立在用人、用工和收入分配上的竞争机制起到了重要促进作用。

1993年，十四届三中全会再次擂响战鼓，指出要进一步转换国有企业经营机制，建立适应市场经济要求，产权清晰、权责明确、政企分开、管理科学的现代企业制度。

农业部积极响应，1994年决定实施“三百工程”，即在全国农垦选择百家国有农场进行现代企业制度试点、组建发展百家企业集团、建设和做强百家良种企业，标志着农垦企业的改革开始深入到企业制度本身。

同年，针对有些农场仍为职工家庭农场，承包户垫付生产、生活费用这一问题，根据当年1月召开的全国农业工作会议要求，全国农垦系统开始实行“四到户”和“两自理”，即土地、核算、盈亏、风险到户，生产费、生活费由职工自理。这一举措彻底打破了“大锅饭”，开启了国有农场农业双层经营体制改革的新发展阶段。

然而，在推进市场经济进程中，以行政管理手段为主的垦区传统管理体制，逐渐成为束缚企业改革的桎梏。

垦区管理体制改革迫在眉睫。1995年，农业部在湖北省武汉市召开全国农垦经济体制改革工作会议，在总结各垦区实践的基础上，确立了农垦管理体制的改革思路：逐步弱化行政职能，加快实体化进程，积极向集团化、公司化过渡。以此会议为标志，垦区管理体制改革全面启动。北京、天津、黑龙江等 17 个垦区按照集团化方向推进。此时，出于实际需要，大部分垦区在推进集团化改革中仍保留了农垦管理部门牌子和部分行政管理职能。

“前途是光明的，道路是曲折的。”由于农垦自身存在的政企不分、产权不清、社会负担过重等深层次矛盾逐渐暴露，加之农产品价格低迷、激烈的市场竞争等外部因素叠加，从 1997 年开始，农垦企业开始步入长达 5 年的亏损徘徊期。

然而，农垦人不放弃、不妥协，终于在 2002 年“守得云开见月明”。这一年，中共十六大召开，农垦也在不断调整和改革中，告别“五连亏”，盈利 13 亿。

2002 年后，集团化垦区按照“产业化、集团化、股份化”的要求，加快了对集团母公司、产业化专业公司的公司制改造和资源整合，逐步将国有优质资产集中到主导产业，进一步建立健全现代企业制度，形成了一批大公司、大集团，提升了农垦企业的核心竞争力。

与此同时，国有农场也在企业化、公司化改造方面进行了积极探索，综合考虑是否具备企业经营条件、能否剥离办社会职能等因素，因地制宜、分类指导。一是办社会职能可以移交的农场，按公司制等企业组织形式进行改革；办社会职能剥离需要过渡期的农场，逐步向公司制企业过渡。如广东、云南、上海、宁夏等集团化垦区，结合农场体制改革，打破传统农场界限，组建产业化专业公司，并以此为纽带，进一步将垦区内产业关联农场由子公司改为产业公司的生产基地（或基地分公司），建立了集团与加工企业、农场生产基地间新的运行体制。二是不具备企业经营条件的农场，改为乡、镇或行政区，向政权组织过渡。如 2003 年前后，一些垦区的部分农场连年严重亏损，有的甚至濒临破产。湖南、湖北、河北等垦区经省委、省政府批准，对农场管理体制进行革新，把农场管理权下放到市县，实行属地管理，一些农场建立农场管理区，赋予必要的政府职能，给予财税优惠政策。

这些改革离不开农垦职工的默默支持，农垦的改革也不会忽视职工的生活保障。1986 年，根据《中共中央、国务院批转农牧渔业部〈关于农垦经济体制改革问题的报告〉的通知》要求，农垦系统突破职工住房由国家分配的制度，实行住房商品化，调动职工自己动手、改善住房的积极性。1992年，农垦系统根据国务院关于企业职工养老保险制度改革的精神，开始改变职工养老保险金由企业独自承担的局面，此后逐步建立并完善国家、企业、职工三方共同承担的社会保障制度，减轻农场养老负担的同时，也减少了农场职工的后顾之忧，保障了农场改革的顺利推进。

从1986年至十八大前夕，从努力打破传统高度集中封闭管理的计划经济体制，到坚定社会主义市场经济体制方向；从在企业层面改革，以单项改革和放权让利为主，到深入管理体制，以制度建设为核心、多项改革综合配套协调推进为主：农垦企业一步一个脚印，走上符合自身实际的改革道路，管理体制更加适应市场经济，企业经营机制更加灵活高效。

这一阶段，农垦系统一手抓改革，一手抓开放，积极跳出“封闭”死胡同，走向开放的康庄大道。从利用外资在经营等领域涉足并深入合作，大力发展“三资”企业和“三来一补”项目；到注重“引进来”，引进资金、技术设备和管理理念等；再到积极实施“走出去”战略，与中东、东盟、日本等地区和国家进行经贸合作出口商品，甚至扎根境外建基地、办企业、搞加工、拓市场：农垦改革开放风生水起逐浪高，逐步形成“两个市场、两种资源”的对外开放格局。

(四)

党的十八大以来，以习近平同志为核心的党中央迎难而上，作出全面深化改革的决定，农垦改革也进入全面深化和进一步完善阶段。

2015年11月，中共中央、国务院印发《关于进一步推进农垦改革发展的意见》（简称《意见》），吹响了新一轮农垦改革发展的号角。《意见》明确要求，新时期农垦改革发展要以推进垦区集团化、农场企业化改革为主线，努力把农垦建设成为保障国家粮食安全和重要农产品有效供给的国家队、中国特色新型农业现代化的示范区、农业对外合作的排头兵、安边固疆的稳定器。

2016年5月25日，习近平总书记在黑龙江省考察时指出，要深化国有农垦体制改革，以垦区集团化、农场企业化为主线，推动资源资产整合、产业优化升级，建设现代农业大基地、大企业、大产业，努力形成农业领域的航母。

2018年9月25日，习近平总书记再次来到黑龙江省进行考察，他强调，要深化农垦体制改革，全面增强农垦内生动力、发展活力、整体实力，更好发挥农垦在现代农业建设中的骨干作用。

农垦从来没有像今天这样更接近中华民族伟大复兴的梦想！农垦人更加振奋了，以壮士断腕的勇气、背水一战的决心继续农垦改革发展攻坚战。

1. 取得了累累硕果

——坚持集团化改革主导方向，形成和壮大了一批具有较强竞争力的现代农业企业集团。黑龙江北大荒去行政化改革、江苏农垦农业板块上市、北京首农食品资源整合……农垦深化体制机制改革多点开花、逐步深入。以资本为纽带的母子公司管理体制不断完善，现代公司治理体系进一步健全。市县管理农场的省份区域集团化改革稳步推进，已组建区域集团和产业公司超过300家，一大批农场注册成为公司制企业，成为真正的市场主体。

——创新和完善农垦农业双层经营体制，强化大农场的统一经营服务能力，提高适度规模经营水平。截至2020年，据不完全统计，全国农垦规模化经营土地面积5500多万亩，约占农垦耕地面积的70.5%，现代农业之路越走越宽。

——改革国有农场办社会职能，让农垦企业政企分开、社企分开，彻底甩掉历史包袱。截至2020年，全国农垦有改革任务的1500多个农场完成办社会职能改革，松绑后的步伐更加矫健有力。

——推动农垦国有土地使用权确权登记发证，唤醒沉睡已久的农垦土地资源。截至2020年，土地确权登记发证率达到96.3%，使土地也能变成金子注入农垦企业，为推进农垦土地资源资产化、资本化打下坚实基础。

——积极推进对外开放，农垦农业对外合作先行者和排头兵的地位更加突出。合作领域从粮食、天然橡胶行业扩展到油料、糖业、果菜等多种产业，从单个环节向全产业链延伸，对外合作范围不断拓展。截至2020年，全国共有15个垦区在45个国家和地区投资设立了84家农业企业，累计投资超过370亿元。

2. 在发展中改革，在改革中发展

农垦企业不仅有改革的硕果，更以改革创新为动力，在扶贫开发、产业发展、打造农业领域航母方面交出了漂亮的成绩单。

——聚力农垦扶贫开发，打赢农垦脱贫攻坚战。从20世纪90年代起，农垦系统开始扶贫开发。“十三五”时期，农垦系统针对304个重点贫困农场，绘制扶贫作战图，逐个建立扶贫档案，坚持“一场一卡一评价”。坚持产业扶贫，组织开展技术培训、现场观摩、产销对接，增强贫困农场自我“造血”能力。甘肃农垦永昌农场建成高原夏菜示范园区，江西宜丰黄冈山垦殖场大力发展旅游产业，广东农垦新华农场打造绿色生态茶园……贫困农场产业发展蒸蒸日上，全部如期脱贫摘帽，相对落后农场、边境农场和生态脆弱区农场等农垦“三场”踏上全面振兴之路。

——推动产业高质量发展，现代农业产业体系、生产体系、经营体系不断完善。初步建成一批稳定可靠的大型生产基地，保障粮食、天然橡胶、牛奶、肉类等重要农产品的供给；推广一批环境友好型种养新技术、种养循环新模式，提升产品质量的同时促进节本增效；制定发布一系列生鲜乳、稻米等农产品的团体标准，守护“舌尖上的安全”；相继成立种业、乳业、节水农业等产业技术联盟，形成共商共建共享的合力；逐渐形成“以中国农垦公共品牌为核心、农垦系统品牌联合舰队为依托”的品牌矩阵，品牌美誉度、影响力进一步扩大。

——打造形成农业领域航母，向培育具有国际竞争力的现代农业企业集团迈出坚实步伐。黑龙江北大荒、北京首农、上海光明三个集团资产和营收双超千亿元，在发展中乘风破浪：黑龙江北大荒农垦集团实现机械化全覆盖，连续多年粮食产量稳定在400亿斤以上，推动产业高端化、智能化、绿色化，全力打造“北大荒绿色智慧厨房”；北京首农集团坚持科技和品牌双轮驱动，不断提升完善“从田间到餐桌”的全产业链条；上海光明食品集团坚持品牌化经营、国际化发展道路，加快农业

“走出去”步伐，进行国际化供应链、产业链建设，海外营收占集团总营收20%左右，极大地增强了对全世界优质资源的获取能力和配置能力。

千淘万漉虽辛苦，吹尽狂沙始到金。迈入“十四五”，农垦改革目标基本完成，正式开启了高质量发展的新篇章，正在加快建设现代农业的大基地、大企业、大产业，全力打造农业领域航母。

（五）

八十多年来，从人畜拉犁到无人机械作业，从一产独大到三产融合，从单项经营到全产业链，从垦区“小社会”到农业“集团军”，农垦发生了翻天覆地的变化。然而，无论农垦怎样变，变中都有不变。

——不变的是一路始终听党话、跟党走的绝对忠诚。从抗战和解放战争时期垦荒供应军粮，到新中国成立初期发展生产、巩固国防，再到改革开放后逐步成为现代农业建设的“排头兵”，农垦始终坚持全面贯彻党的领导。而农垦从孕育诞生到发展壮大，更离不开党的坚强领导。毫不动摇地坚持贯彻党对农垦的领导，是农垦人奋力前行的坚强保障。

——不变的是服务国家核心利益的初心和使命。肩负历史赋予的保障供给、屯垦戍边、示范引领的使命，农垦系统始终站在讲政治的高度，把完成国家战略任务放在首位。在三年困难时期、“非典”肆虐、汶川大地震、新冠肺炎疫情突发等关键时刻，农垦系统都能“调得动、顶得上、应得急”，为国家大局稳定作出突出贡献。

——不变的是“艰苦奋斗、勇于开拓”的农垦精神。从抗日战争时一手拿枪、一手拿镐的南泥湾大生产，到新中国成立后新疆、东北和华南的三大军垦战役，再到改革开放后艰难但从未退缩的改革创新、坚定且铿锵有力的发展步伐，“艰苦奋斗、勇于开拓”始终是农垦人不变的本色，始终是农垦人攻坚克难的“传家宝”。

农垦精神和文化生于农垦沃土，在红色文化、军旅文化、知青文化等文化中孕育，也在一代代人的传承下，不断被注入新的时代内涵，成为农垦事业发展的不竭动力。

“大力弘扬‘艰苦奋斗、勇于开拓’的农垦精神，推进农垦文化建设，汇聚起推动农垦改革发展的强大精神力量。”中央农垦改革发展文件这样要求。在新时代、新征程中，记录、传承农垦精神，弘扬农垦文化是农垦人的职责所在。

（六）

随着垦区集团化、农场企业化改革的深入，农垦的企业属性越来越突出，加之有些农场的历史资料、文献文物不同程度遗失和损坏，不少老一辈农垦人也已年至期颐，农垦历史、人文、社会、文化等方面的保护传承需求也越来越迫切。

传承农垦历史文化，志书是十分重要的载体。然而，目前只有少数农场编写出版过农场史志类书籍。因此，为弘扬农垦精神和文化，完整记录展示农场发展改革历程，保存农垦系统重要历史资料，在农业农村部党组的坚强领导下，农垦局主动作为，牵头组织开展中国农垦农场志丛编纂工作。

工欲善其事，必先利其器。2019年，借全国第二轮修志工作结束、第三轮修志工作启动的契机，农业农村部启动中国农垦农场志丛编纂工作，广泛收集地方志相关文献资料，实地走访调研、拜访专家、咨询座谈、征求意见等。在充足的前期准备工作基础上，制定了中国农垦农场志丛编纂工作方案，拟按照前期探索、总结经验、逐步推进的整体安排，统筹推进中国农垦农场志丛编纂工作，这一方案得到了农业农村部领导的高度认可和充分肯定。

编纂工作启动后，层层落实责任。农业农村部专门成立了中国农垦农场志丛编纂委员会，研究解决农场志编纂、出版工作中的重大事项；编纂委员会下设办公室，负责志书编纂的具体组织协调工作；各省级农垦管理部门成立农场志编纂工作机构，负责协调本区域农场志的组织编纂、质量审查等工作；参与编纂的农场成立了农场志编纂工作小组，明确专职人员，落实工作经费，建立配套机制，保证了编纂工作的顺利进行。

质量是志书的生命和价值所在。为保证志书质量，我们组织专家编写了《农场志编纂技术手册》，举办农场志编纂工作培训班，召开农场志编纂工作推进会和研讨会，到农场实地调研督导，尽全力把好志书编纂的史实关、政治关、体例关、文字关和出版关。我们本着“时间服从质量”的原则，将精品意识贯穿编纂工作始终。坚持分步实施、稳步推进，成熟一本出版一本，成熟一批出版一批。

中国农垦农场志丛是我国第一次较为系统地记录展示农场形成发展脉络、改革发展历程的志书。它是一扇窗口，让读者了解农场，理解农垦；它是一条纽带，让农垦人牢记历史，让农垦精神代代传承；它是一本教科书，为今后农垦继续深化改革开放、引领现代农业建设、服务乡村振兴战略指引道路。

修志为用。希望此志能够“尽其用”，对读者有所裨益。希望广大农垦人能够从此志汲取营养，不忘初心、牢记使命，一茬接着一茬干、一棒接着一棒跑，在新时代继续发挥农垦精神，续写农垦改革发展新辉煌，为实现中华民族伟大复兴的中国梦不懈努力！

中国农垦农场志丛编纂委员会

2021年7月

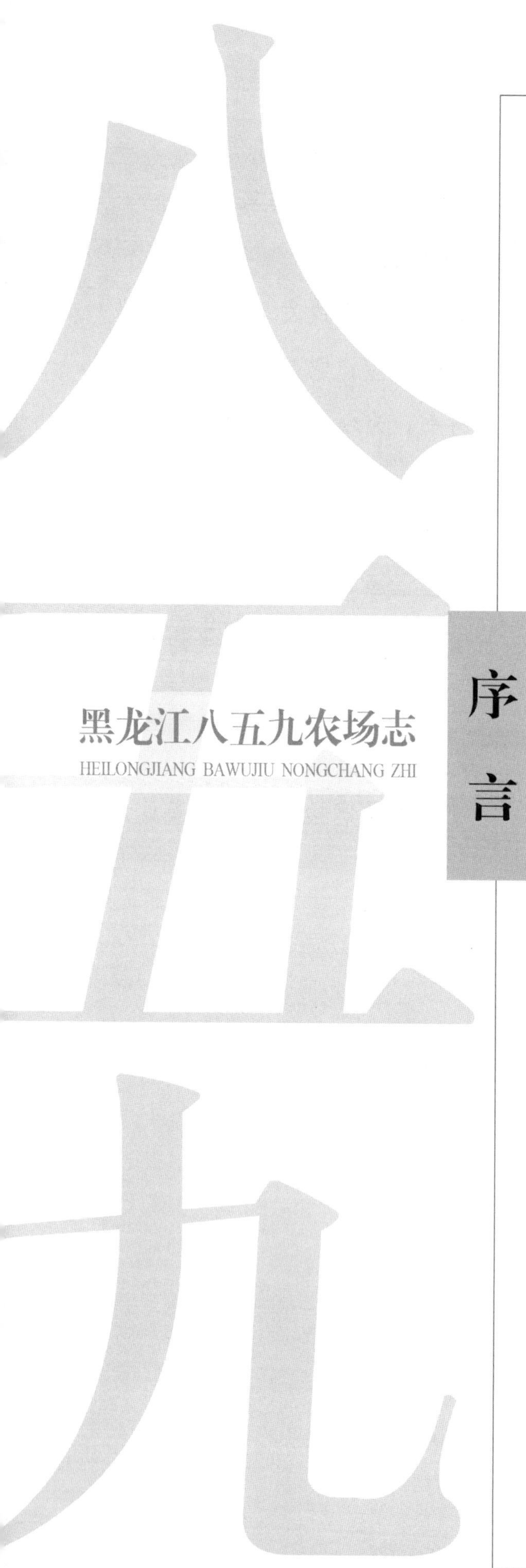

序言

盛世修志是中华民族的光荣传统，是功在当代、利在千秋之举。《黑龙江八五九农场志》(1956—2020）的出版，是八五九农场文化建设的重要成果，是全场政治、经济生活中的一件大事。时值该志即将出版之际，我代表八五九农场有限公司党委、八五九分公司、农场有限公司领导，并以我个人的名义，谨向所有参加、参与、帮助和支持这部志书编修的全场社会各界致以诚挚的谢意！这是全体编修人员呕心沥血的收获，更是八五九农场全体人员的勤劳与智慧的结晶。

农场自 1957 年 1 月建场以来，走过了艰难曲折的道路。1956 年铁道兵 8509 部队的 1236 名复转官兵，1958 年 3475 名复转官兵和 1966 年 312 名复转军人，1959 年 2698 名山东支边青年，1968 年以后来场的 5993 名知识青年，以及大、中、专等各级院校毕业生、科技人员、各地干部等，成为开拓八五九农场的五大英雄群体。这些开拓者以及后来的建设者们，用生命和热血、智慧和汗水，浇灌着八五九农场的昨天、今天，也铺垫着八五九农场美好的明天。

从开荒建场，创办家庭农场实行“两自理、四到户”，调整产业结构发展工业、畜牧业，到“以稻治涝”发展水稻生产，农场经济实力不断增强，社会治理能力不断提升，职工群众的生活水平不断提高，农场的经济建设和社会发展步入一段全新的里程。

以铜为镜，可以正衣冠；以古为镜，可以知兴替；以人为镜，可以知得失。编修《黑龙江八五九农场志》意在总结经验、吸取教训、认识规律、促进发展，使其前有所记，后有所鉴，得益当代，惠及子孙，具有“资治、存史、教化”的诸多功能。

这部志书对农场的自然地理、经济发展、政治生活，以及乡土人情、风俗习惯等都做了较系统的记述，为全社会提供了比较全面、翔实的八五九农场历史、发展和现实的地情资料，对完善农垦历史、继承和发扬“北大荒精神”具有重要的价值，是进行革命传统教育的好教材。

2020 年 7 月 24 日，八五九农场被列入第一批中国农垦农场志编纂名单。编写农场志是一项浩繁的系统文化工程，内容多，涉及面广，专业知识性强，追溯数十年，纵横几千里。全体编纂人员在时间紧、任务重、人员少、资料缺的情况下，集全场之智、萃史料之精、积两年之功，用公正和严谨奉献了这一文化成果。

以心血写历史，以功德立千秋。珍惜历史，就是珍惜事业；尊重历史，才能继往开来。昔日，八五九人战荒原、建家园，创造了可歌可泣的英雄业绩；今天，我们继续发扬历久弥新的“北大荒精神”，在实现新时代八五九农场各项事业高质量发展的新征程中砥砺奋进、再创辉煌！

八五九农场有限公司党委书记
北大荒农业股份八五九分公司总经理

2022 年 8 月 28 日

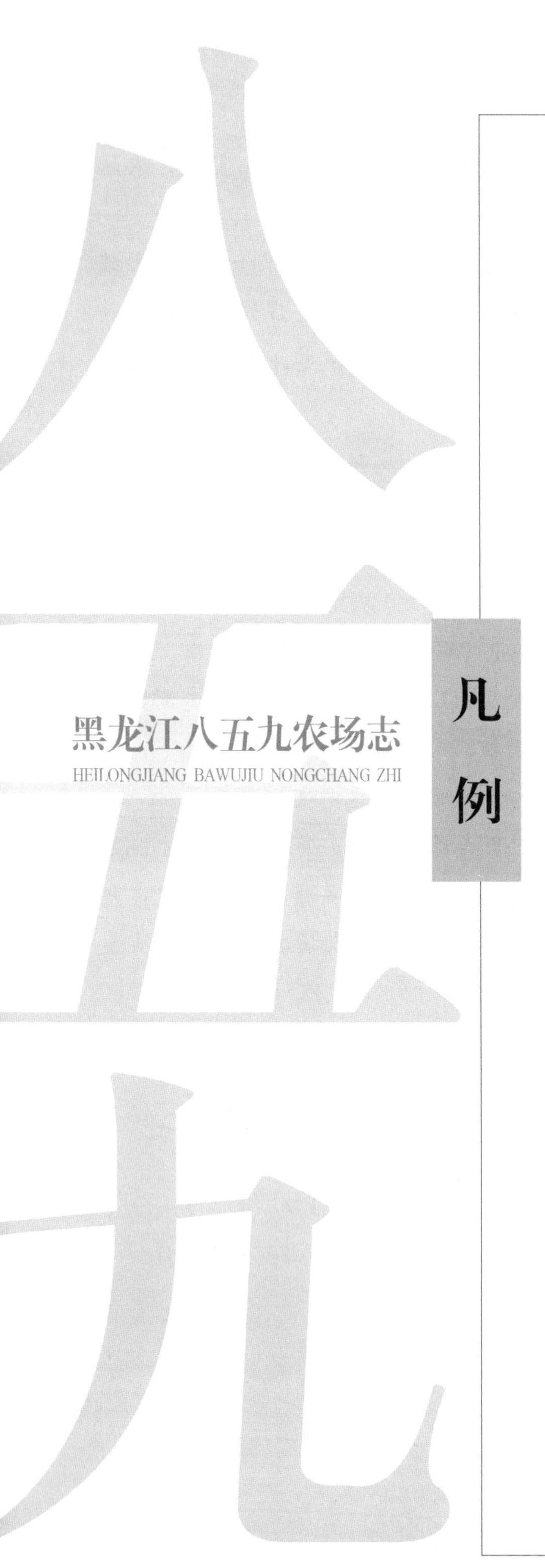

凡例

一、《黑龙江八五九农场志》以马克思列宁主义、毛泽东思想、邓小平理论、“三个代表”重要思想、科学发展观、习近平新时代中国特色社会主义思想为指导，坚持实事求是的思想路线，坚持改革创新，坚持“修志为用”、质量第一的编纂原则，力求思想性、科学性、资料性的统一。

二、本志根据科学分类和社会分工的实际，以突出时代精神和地方特色为原则，坚持“以事横分门类”，门类的层次结构采取篇章节目体。各篇增设隔页，篇目设置采用章、节、目及子目四个层次，志前辅以序言、地图、照片，志后有附录、后记等。

三、本志是断代志，采用述、记、志、图、表、录等诸多体裁，尽量做到反映全貌、突出特点。总述为全书之纲，提纲挈领，鸟瞰全志内容；大事记为全书之经络，概括总貌和大事大略；志则依据门类记述各项事物的发生、发展过程乃至发展规律；图、表、录散见于各门类之中。全志纲目分明，经纬交织，内容无交叉。

四、本志行文力求朴实、规范、简明、流畅，做到述而不论。

五、《黑龙江八五九农场志》是记述断限时间内八五九农场自然和社会的历史与现状的资料性著述，其上限始于1956年，下限止于2020年。图片和重大事项延至2023年底。为追溯历史和横陈现状，某些章节则上溯到事物发端。

六、遵循史家通例，人物入志坚持“生不立传”但可入志的原则。在世人物除“以事系人”以外，另设人物简介、人物表录等。人物简介主要记述先进典型人物、杰出人物、各方面的代表人物和对历史、对事业发展做出特殊贡献的人物。

七、坚持“存真求实”的编写方针，执行《黑龙江省地方志编纂行文通则》标准。对于纪年、称谓、数字使用、表格制作及标点符号运用等，均严格按照此标准。各种名称在首次使用后，酌用简称。所记述事物均以当时的称谓界定。所引用数据以统计部门为准，主管部门为辅。

八、本志的资料来源：《八五九农场志（1956—1984）》《八五九农场志（1985—2005）》，农场档案部门的馆藏文献资料，场直各单位、机关各科室、各驻场单位提供的志稿，各单位总结及汇报材料，电视新闻稿，有关文章、回忆录，并有部分口碑资料收入。为节省篇幅，除必要者外，不一一注明出处。

中国农垦农场志丛

目 录

第三编　经　济

第四编　经济管理

第五编　党群组织、法制、民兵组织

第六编　科技、教育、文化、卫生

第七编 社 会

第八编　人　　物

中国农垦农场志丛

概　述

八五九农场（简称八五九）所在地区的历史可以追溯到一万年前的旧石器时代，在大板村东发掘出一处旧石器时期的加工场，为旧石器时代晚期的文化遗存。距今约3000年以前，肃慎人就在此地繁衍生息。清末，这里曾是瓦尔喀人、赫哲族人、朝鲜族人和闯关东人们的聚居地。

八五九农场经过65年的开发建设，经过开荒建场、兴办家庭农场、发展工业和畜牧业、发展水稻种植、进行城镇建设和整体搬迁、深化体制改革这六次重大变革之后，走上了经济发展的快车道。

一

八五九农场位于三江平原东北部，地跨饶河县、抚远市，行政区划隶属黑龙江省双鸭山市饶河县。隶属北大荒集团建三江分公司（管理局）管辖。地理坐标为北纬47°18′—47°50′，东经133°50′—134°33′。农场总面积1355.81平方公里。其中，耕地86740公顷，林地12221.5公顷，草原5573.49公顷，水域7342公顷。距离建三江120公里、饶河县97公里、前锋火车站29公里。2020年，全场总户数7747户，总人口19104人，有常住人口22567人。

农场实现了水稻、玉米、大豆有机产品认证，通过了ISO 9001、ISO 14001、ISO 45001质量管理体系、环境管理体系和职业健康安全管理体系认证。先后获得国家级生态示范区、全国粮食生产先进单位、全国主要农作物生产全程机械化示范县、黑龙江省文明乡镇等荣誉称号。

二

八五九农场是1956年由王震将军所领导的铁道兵8509部队创建的。1957年1月，在饶河县正式成立八五九农场。

1956年11月，铁道兵8509部队的1236名复转官兵来到乌苏里江畔开荒建场。1958年3月，10万官兵奔赴北大荒，3475名复转官兵来到八五九农场安家落户。紧接着，1959年2698名山东支边青年，1966年312名复转军人，1968年以后来场的5993名知识青年，还有大中专院校毕业生、科技人员、各地干部、复员军人、农场子女等，纷纷投身于农场的开发建设中。

1959年，八五九总场时期是八五九农场最兴盛的时期。总场下设7个农业分场、80个农业生产队、2个林业分场、1个畜牧分场、1个农机修配厂、3个砖瓦厂、8个米面加工厂。生产队总数达117个，号称百万亩大型国营农场，场域涉及全饶河县。后来的胜利农场、饶河农场、小佳河、西丰都是从八五九分离出来的。1964年，八五九总场的一分场成立饶河农场，四分场成立胜利农场，五分场、六分场成立新八五九农场。二分场是西通、三分场是小佳河、八分场是西丰，林业一、二分场划归完达山林管局。

1957年1月至1963年11月，为老八五九农场时期，场部先后设在饶河镇和东安下营。1964年3月，五、六分场合并成立新八五九农场，场部一直在四平镇。1969年4月至1977年4月，改为黑龙江生产建设兵团六师二十三团。1977年4月4日，二十三团改制为黑龙江省建三江国营农场管理局前卫农场。1978年8月3日，经黑龙江省农场总局党委批准，正式恢复“八五九农场”场名。2002年7月，黑龙江北大荒农业股份有限公司八五九分公司成立，八五九分公司与存续农场并存。

三

农场位于世界三大黑土带之一的三江平原的东北部，地处饶河、抚远、同江三个国家一类口岸的交会点，在“中国天然氧吧”饶河县域内。东濒乌苏里江，与俄罗斯隔江相望，乌苏里江流经本地长度32公里。农场区域内有三个国家级保护区、一个省级保护区，域内生态环境优美，是集农业发展、生态旅游于一体的养生福地。

农场地势西南高、东北低。西南部坡岗地区坡降1/10～1/100，东北部平原坡降均为1/100以下。区域内多山，均属完达山的东北余脉，西南部是完达山北麓余脉形成的山地及丘陵地，东北部是别拉洪河与乌苏里江冲击而成的低地平原，整个地势由西南向东北倾斜。东北部最低处海拔43米，东西两边高程为44～56米。

土壤分为棕壤、白浆土、沼泽土和泛滥土四类。其中，白浆土分布最广，约占总面积的60.7%，沼泽土占26.2%，泛滥土占8.7%，棕壤土占4.4%。黑土耕作层为20～30

厘米。旱田地块 pH 5.47 左右，有机质含量 34.9 克/千克；水田地块 pH 5.43 左右，有机质含量 37.3 克/千克。

辖区属于寒温带季风性大陆气候，地处第四积温带下限、第五积温带上限。受山区和水系影响，小区气候明显。年平均气温 3.6℃，年降水量 430～980 毫米，全年无霜期 130～160 天，年平均日照 2238.9 小时，年蒸发量 800～1300 毫米。

农场水资源总量为 26722 万立方米/年，其中地表水资源总量为 12961 万立方米/年、地下水资源总量为 13761 万立方米/年。地下水可开采量 10321 万立方米。

四

八五九农场自建场以来，从体制更迭上划分为：老八五九农场时期、新八五九农场时期、兵团时期、恢复农场体制和改革发展时期四个较为重大的时期。

1. **老农场时期（1956—1963 年）** 八五九的开拓者们，历尽艰辛、披荆斩棘，历时 7 年，在荒无人烟的黑土地上建立起初具规模半机械化的大型国营农场。到 1963 年，累计开荒 6.2 万公顷，耕地 2.6 万公顷。建立农业分场 6 个，辖 46 个生产队；畜牧场一个，辖 4 个畜牧生产队，工副业队 10 个；渔业分场一个，辖 8 个渔业队；基建大队一个，辖 6 个基建队；农业试验站一个；粮油加工厂 8 个。总人口达 1.7 万余人，职工 6038 人。7 年累计生产粮豆 6.51 万吨。

2. **新八五九农场时期（1964—1968 年）** 新八五九农场成立后，耕地面积仅有原五、六分场合并的 9275.6 公顷，有农业生产队 11 个、畜牧队 2 个、渔业队 1 个、米油加工厂 1 个、面粉加工厂 1 个、修造厂 1 个、砖瓦厂 1 个。全场户数 1856 户，人口 10395 人，职工 3231 人。1964 年播种面积 7133.33 公顷，粮豆总产 6100 吨；1968 年播种面积约 11500 公顷，粮豆总产 1.78 万吨。1968 年与 1964 年相比，播种面积增长 61.2%，粮豆总产增长近 2 倍，公顷产增长近 1 倍。

3. **二十三团时期（1969—1976 年）** 在经营上仍以农业为主，兼有林、牧、副、渔，另有部分为生产和人民生活服务的工业、商业、饮食业等。兵团时期经营规模发展较快，生产队由 1968 年的 26 个发展到 1976 年的 59 个，增加 1.3 倍；耕地由原来 12466.67 公顷，扩大到 26333.33 公顷，增加 1.1 倍。农场经营规模翻了一番。8 年共上交国家粮豆 8.65 万吨，占建场 27 年 23.56 万吨的 30%。职工总数增加到 9080 人，有营级单位 9 个、连级单位 61 个、农业连队 37 个，拥有拖拉机 187 台。

4. **恢复农场体制和改革发展时期（1977—2020 年）** 1976 年以后，经济得到了恢复和发展，农业生产稳步提高。1981 年，农场遭受建场以来罕见的涝灾，粮豆总产仅 1.15 万吨，农业生产亏损 1324 万元。1983 年，进一步完善了生产责任制，农业生产狠抓了种、管、收 3 个环节，粮豆总产提高到 7.12 万吨，农业盈利 1153 万元。粮豆亩产、人均利润、百元成本利润、人均生产粮豆、人均产值、百元资金利润，六项主要经济指标名列垦区第一。农场将 5 个营级单位重新划分为 3 个农业分场，下辖 35 个农业生产队。

从 1985 年起，农场全面兴办职工家庭农场。到 1996 年，建立了大农场套小农场统分结合的双层经营体制，实行“两自”“四到户”，经营体制发生重大变革。

1985 年以后，农场大力调整产业结构，建起乳品厂、孵化厂、种鸡厂、屠宰厂、饲料厂等 10 个工业企业。同时大力发展畜牧业，形成产供销一条龙的工业生产新格局。提出“养牛发大财”“养鸡发快财”“养鱼发横财”的口号。

1985—2005 年的 21 年中，由于农业生产受自然灾害的影响，农场经济效益很不稳定。21 年有 8 年亏损，亏损总额 6349.7 万元；有 13 年盈利，盈利总额 3413.3 万元，盈亏相抵净亏损 2936.4 万元。

农场从 1990 年开始推动水稻开发工作。大力调整种植业结构，走以稻治涝、以稻致富之路。1996 年，农场开始大面积开发水田，水稻面积发展到 5333.33 公顷。到 2020 年，农场水稻面积达 56623.53 公顷，公顷产 9210 公斤，实现了跨越式发展。

2006—2020 年 15 年中，有 8 年亏损，7 年盈利。其中，2017 年，粮食总产 64.95 万吨，利润 4565 万元；2019 年，粮食总产 47.93 万吨，利润 8063 万元；2020 年，粮食总产 59.13 万吨，利润 6516 万元。2020 年，农场耕地面积 68733.33 公顷，下设 15 个管理区、30 个场直企事业单位、29 个驻场单位及民营企业。全场总户数 7747 户，人口 19104 人。农场实现地区总产值 17.05 亿元，实现产业增加值 8.84 亿元，人均可支配收入 3 万元。

2002 年 7 月以后，农场变为存续农场与北大荒农业股份有限公司八五九分公司并存，38326.68 公顷耕地划归北大荒农业股份八五九分公司。

2021 年 9 月 29 日，八五九农场正式改制为北大荒集团黑龙江八五九农场有限公司。八五九农场有限公司与北大荒农业股份八五九分公司步入新的发展时期（具体生产情况见概述表 1 至概述表 9）。

概述表1　1956—1985年农场主要生产能力统计表

年份	耕地面积（公顷）	总人口（人）	劳动力人数（人）	其中：农业劳动力人数（人）	农业机械总量（台、套）	现代化畜舍面积（万平方米）	年终存栏（头）	
							奶牛头数	基本母猪
1956	—	1150	—	—	—	—	—	—
1957	16466.67	2386	—	—	—	—	—	—
1958	46786.67	6365	—	—	—	—	—	—
1959	53260	19134	—	—	—	—	—	—
1960	53920	16841	—	—	—	—	—	—
1961	49966.67	17566	—	—	—	—	—	—
1962	40646.67	17354	—	—	—	—	—	—
1963	26440	17480	—	—	—	—	—	—
1964	7133.33	5452	2361	1027	183	—	—	177
1965	7533.33	7267	2149	—	—	—	623	—
1966	8266.67	8154	1506	—	—	—	—	—
1967	10333.33	9110	1780	—	—	—	—	—
1968	11466.67	10395	3624	5110	113	—	—	143
1969	12466.67	13050	4204	4135	150	—	—	156
1970	17333.33	14031	4264	4464	167	—	23	494
1971	21333.33	16925	5512	5512	193	1.32	24	4579
1972	30476.33	17056	5124	5124	403	2.73	26	5543
1973	27930.53	16309	4316	4805	449	2.12	19	638
1974	25189.27	16765	4252	4254	491	2.21	16	564
1975	27915.6	16551	4049	4049	545	3.16	25	619
1976	28613.67	16630	6022	4038	569	3.72	26	894
1977	26957.2	15840	7679	3181	450	2.8	27	1061
1978	29342.87	16619	8135	3186	535	3.8	24	1320
1979	31050.27	17432	4351	2944	709	3.96	23	1074
1980	31959.93	17249	6771	2619	579	3.93	21	730
1981	31432.27	17013	6484	2532	558	2.39	27	546
1982	31027.6	16311	7279	3185	568	2.41	30	507
1983	31323.73	16555	6839	2863	488	—	59	56
1984	29101.67	16156	7453	3358	395	—	33	98
1985	28125.33	16016	7665	3393	417	0.16	—	—

概述表 2　1986—2020 年农场主要生产能力统计表

年份	耕地面积（公顷）	总人口（人）	劳动力人数（人）	其中：农业劳动力人数（人）	农业机械总动力（万千瓦）	农业机械总量（台、套）	现代化畜舍（万平方米）	年终存栏（头）		公路里程（公里）
								奶牛头数	基本母猪	
1986	27522	16194	—	—	—	574	—	1208	—	242
1987	28150.4	16459	7082	3331	1.31	552	—	2104	2600	—
1988	28942.2	16378	7183	3227	—	686	—	1994	—	—
1989	30015.53	16564	6961	3173	—	774	—	2082	—	—
1990	30015.53	16548	6867	3204	4.21	723	1.98	2165	3596	125
1991	29982.2	16619	7635	3424	4.15	723	2.26	2173	370	—
1992	29982.2	16724	7762	3594	4	2335	—	1834	325	—
1993	29982.2	16943	6324	4318	—	2936	—	1730	—	—
1994	29982.2	16879	6567	3600	3.8	2636	—	2000	289	—
1995	29982.2	16919	6364	3698	3.42	3148	—	1826	379	—
1996	29982.2	17180	4549	2359	3.84	2844	0.8	2011	5271	—
1997	29982.2	17205	4986	2636	4.49	2620	0.71	2032	5952	—
1998	32000	17215	4639	2550	4.59	4487	—	1825	3500	178
1999	32000	17390	1572	332	0.49	4823	—	1585	4833	178
2000	32000	17495	1431	308	7.3	4428	1.17	2124	298	—
2001	32000	17758	1061	402	5.22	4407	1.33	1742	5509	—
2002	32000	17827	7712	5758	5.15	3962	1.61	3514	4346	—
2003	31866.67	17899	8323	5946	5.6	5782	2.11	3621	4172	—
2004	31866.67	18246	7697	5134	6.41	3172	2.28	3010	584	—
2005	42666.67	18444	8436	5668	6.87	—	2.30	3285	185	225
2006	42666.67	18434	11783	9365	9.06	3999	2.8	3811	10018	—
2007	46666.67	18467	12236	9863	12.18	3837	3.24	4410	12118	226
2008	8000	18606	13264	10460	12.38	3724	3.26	3625	9191	226
2009	84000	18779	13303	10546	14.08	11673	3.92	4195	2305	242
2010	84000	18832	13217	10363	13.11	10796	4.84	3721	2124	269
2011	87200	21104	14364	10963	14.28	11516	—	3876	13907	—
2012	87200	21244	14625	10943	16.3	13375	—	4075	17627	—
2013	87200	23588	14730	9552	27.41	4838	3.69	1020	4600	271
2014	87200	22780	13421	9147	29.24	19793	3.51	830	3380	496
2015	87200	22032	11443	7939	29.64	10001	3.19	910	3010	496

（续）

年份	耕地面积（公顷）	总人口（人）	劳动力人数（人）	其中：农业劳动力人数（人）	农业机械总动力（万千瓦）	农业机械总量（台、套）	现代化畜舍（万平方米）	年终存栏（头）		公路里程（公里）
								奶牛头数	基本母猪	
2016	87200	21992	11251	5309	35.4	15184	4.92	1208	3400	496
2017	87200	21591	7753	4743	36.56	15586	4.92	636	3618	496
2018	86740	20902	6772	4108	36.51	18308	—	—	630	—
2019	86740	20885	4963	4131	36.61	17454	—	—	626	—
2020	86740	19104	4617	3857	36.78	18175	—	—	778	—

概述表 3　1957—1985 年农场主要产品销售（上交量）统计表

年份	粮豆总产量（万吨）	粮豆销售（上交量）（万吨）	出口大豆量（吨）
1957	0.02	—	—
1958	0.26	—	—
1959	2.12	—	—
1960	0.91	0.57	—
1961	1.36	0.19	—
1962	1.36	0.21	—
1963	1.03	0.26	—
1964	0.61	0.26	2.25
1965	1.13	0.21	—
1966	1.25	0.71	—
1967	2.02	1.07	—
1968	1.74	1.18	—
1969	1.6	0.78	—
1970	2.27	1.41	—
1971	2.16	0.91	—
1972	2.37	0.90	—
1973	1.5	—	—
1974	2.59	1.16	—
1975	3.43	2.00	—
1976	3	1.50	—
1977	3.28	1.77	—
1978	3.56	2.02	—

（续）

年份	粮豆总产量（万吨）	粮豆销售（上交量）（万吨）	出口大豆量（吨）
1979	3.52	1.79	—
1980	4.57	2.67	—
1981	0.58	0.18	—
1982	3.48	2.02	—
1983	7.12	5.10	—
1984	4.82	3.10	6000
1985	4.44	2.84	12277

概述表 4　1986—2020 年农场主要产品销售（上交量）统计表

年份	粮豆总产量（万吨）	劳均（吨）	粮豆销售（上交量）（万吨）	劳均（吨）	商品率（%）
1986	4.2	—	2.12	—	—
1987	4.1	5.79	2.35	3.31	57
1988	4.26	13.2	2.74	—	—
1989	4.66	14.6	2.28	14.402	69.5
1990	6.56	20.48	4.58	6.9	33.75
1991	5.09	14.86	3.13	9.13	61
1992	3.8	10.57	1.57	4.36	41.27
1993	3.92	—	0.77	—	—
1994	5.87	16.82	3.42	9.51	56.53
1995	7.95	22.31	4.53	12.24	54.88
1996	10.57	44.81	7.07	29.99	67
1997	12.83	48.95	8.55	32.43	66
1998	11.63	45.59	7.22	28.31	62
1999	10.56	323.3	6.95	209.27	64.7
2000	13.39	437.4	9.34	303.09	69
2001	14.75	366.8	12.13	301.71	82
2002	9.39	16.31	8.06	13.99	85.8
2003	8.67	14.58	6.9	11.61	79.6
2004	12.5	24.35	11.39	22.19	91.1
2005	15.71	27.72	14.12	24.90	89.9

（续）

年份	粮豆总产量（万吨）	劳均（吨）	粮豆销售（上交量）（万吨）	劳均（吨）	商品率（%）
2006	23.2	24.77	21.76	23.23	93
2007	30.47	30.89	28.96	29.36	95
2008	36.42	34.81	34.59	33.06	94
2009	53.64	54.42	50.96	51.72	95
2010	61.46	65.07	59.61	63.12	97
2011	71.15	49.53	69.02	48.05	97
2012	69.35	47.42	66.58	45.52	96
2013	72	48.88	66.59	45.21	92.5
2014	70.58	52.59	68.35	50.93	96.9
2015	72.4	63.27	70.23	61.37	97
2016	63.71	77.13	62.59	75.59	98
2017	64.95	83.78	63.54	81.96	97.8
2018	67.74	56.5	65.71	54.8	97
2019	52.92	46.8	46.5	45.4	97
2020	59.13	54.9	55.79	51.8	94.4

概述表 5　1968—1986 年农场国内生产总值及劳动生产率统计表

年份	总值（万元）	劳均（万元）	第一产业				第二产业			
			总值（万元）	劳动力人数（人）	劳均（万元）	占总值（%）	总值（万元）	劳动力人数（人）	劳均（万元）	占总值（%）
1968	717	0.4	639.2	5110	0.13	89	78.2	350	0.22	11
1969	664	0.6	478.1	4457	0.11	72	186.3	395	0.47	28
1970	891	0.4	693.8	4748	0.15	78	197.5	756	0.26	22
1971	942	0.6	674.1	6105	0.11	72	268.2	573	0.47	28
1972	926	—	721	5124	—	—	205	713	—	—
1973	762	—	550	4316	—	—	212	792	—	—
1974	900	—	695	4252	—	—	205	601	—	—
1975	1266	—	1041	4049	—	—	225	590	—	—
1976	1338	0.3	1112	4438	0.25	83.1	225.9	661	0.34	16.9
1977	1354	0.3	1081	3586	0.3	79.9	272.5	725	0.38	20.1
1978	1398	0.3	1144	4123	0.28	81.8	254.7	633	0.4	18.2
1979	1583	0.4	1254	3236	0.39	79.2	329.3	710	0.46	20.8

（续）

年份	总值（万元）	劳均（万元）	第一产业				第二产业			
			总值（万元）	劳动力人数（人）	劳均（万元）	占总值（%）	总值（万元）	劳动力人数（人）	劳均（万元）	占总值（%）
1980	1713	0.5	1419	2891	0.49	82.9	293.6	682	0.43	17.1
1981	725	0.2	399.7	2787	0.14	55.1	325.3	650	0.5	44.9
1982	2817	0.7	2503	3216	0.78	88.9	314	737	0.43	11.2
1983	4166	1.2	3749	2976	1.26	90	417	464	0.9	10
1984	3422	0.9	3005	3389	0.89	87.8	416.5	442	0.94	12.2
1985	2888	—	2522	3393	—	—	366	447	—	—
1986	3301	—	2504	3815	—	—	797	606	—	—

概述表 6　1987—2020 年农场国内生产总值及劳动生产率统计表

年份	总值（万元）	劳均（万元）	第一产业				第二产业				第三产业			
			总值（万元）	劳动力人数（人）	劳均（万元）	占总值（%）	总值（万元）	劳动力人数（人）	劳均（万元）	占总值（%）	总值（万元）	劳动力人数（人）	劳均（万元）	占总值（%）
1987	5315	0.8	2942	3331	0.88	55	2088	1171	1.78	39	285	653	0.4	5
1988	1854	—	1059	3155	—	—	504	1516	—	—	291	—	—	—
1989	6586	1.4	3874	3173	1.22	59	2053	1319	1.56	31	658.5	289	2.3	10
1990	10476	1.5	6300	3204	1.97	60.1	3774	1387	2.72	36	402	2276	0.2	3.8
1991	1608	0.3	−17	3424	−0.005	−1.06	783	1500	52.2	49	842	102	8.3	52
1992	846	11	−800	4234	−0.2	−95	631	1568	0.4	74.6	1015	2513	0.4	120
1993	1947	—	783	4201	—	—	301	1517	—	—	863	—	—	—
1994	6766	1	4517	3600	1.25	66.8	793	1669	0.48	11.7	1456	1298	1.1	21.5
1995	10276	1.6	7480	3698	2.02	72.8	1349	1410	0.96	13.1	1447	1238	1.2	14.1
1996	14653	3.2	10453	2359	4.43	71.3	2423	1088	2.22	16.5	1777	1102	1.6	12.1
1997	16166	3.2	11589	2636	4.4	71.7	2503	1122	2.23	15.5	2074	1228	1.7	12.8
1998	17156	3.7	11548	2550	4.53	67.3	2650	951	2.79	15.5	2958	1138	2.6	17.2
1999	16573	11	9850	332	29.7	59.4	2891	476	6.07	17.4	3832	764	5	23.1
2000	19807	14	12497	308	40.6	63.1	3139	400	7.85	15.9	4171	723	5.8	21.1
2001	23106	22	14213	402	35.4	61.5	3684	185	19.9	15.9	5209	474	11	22.6
2002	18973	2.5	9738	5758	1.69	51.3	3924	558	7.03	20.7	5311	1396	3.8	28
2003	22115	2.7	12537	5946	2.11	56.7	4023	564	7.13	18.2	5555	1813	3.1	25.1
2004	30925	4	20656	5134	4.03	66.8	4709	606	7.77	15.2	5560	1957	2.9	18

（续）

年份	总值（万元）	劳均（万元）	第一产业				第二产业				第三产业			
			总值（万元）	劳动力人数（人）	劳均（万元）	占总值（%）	总值（万元）	劳动力人数（人）	劳均（万元）	占总值（%）	总值（万元）	劳动力人数（人）	劳均（万元）	占总值（%）
2005	3644.1	0.4	2440	5668	0.43	67	446	727	0.61	12.2	758.1	2041	0.4	20.8
2006	82971	7	50072	9365	5.34	60	20486	775	26.4	24.7	12413	1643	7.6	15
2007	52462	4.3	36501	9863	3.7	69.6	6839	731	9.35	13	9122	1642	5.6	17.4
2008	63799	4.8	44157	10460	4.22	69	7898	877	9	12.4	11744	1927	6.1	18.4
2009	89789	6.8	67211	10546	6.37	74.9	8963	789	11.4	9.98	13615	1968	6.9	15.2
2010	121715	9.2	94714	10363	9.14	77.8	10417	728	14.3	8.56	16584	2126	7.8	13.6
2011	163921	11	123803	10963	11.3	75.5	19357	180	0.9	11.8	20761	1477	7	12.7
2012	206312	11	157019	10943	14.4	76.1	24175	1047	20.1	11.7	25118	2635	11	12.2
2013	181448	12	138516	10666	13	76.3	18227	869	21	10	24705	3195	7.7	13.6
2014	184882	14	138706	9949	14	75	19971	459	43.5	10.8	26205	3013	8.7	14
2015	193493	1690	144662	8409	17.2	74	21543	389	55.4	11	27288	2645	11	14
2016	283827	30	228153	5309	43	67	5412	372	14.5	2	50262	2599	—	17.7
2017	94694	7.7	88835.7	9390	9.5	93.8	350.1	269	1.3	0.4	5508.2	2666	2.1	5.8
2018	90789.5	7.6	85617.1	9401	9.1	94.3	359.8	246	1.5	0.4	4812.6	2341	2.1	5.3
2019	81052.6	7.9	75539.6	9731	7.8	93.2	375.5	26	14.4	0.5	5137.5	495	10.4	6.3
2020	88440	8.2	81640.4	10229	8	92.3	348.6	30	11.6	0.4	6451	513	12.6	7.3

概述表7　1957—1991年农场基本建设投资情况统计表　　单位：万元

年份	资金来源			经济用途										
	国家预算拨款	国家有偿投资	企业自筹	农业	机械更新	林业	畜牧业	交通电讯建设	水利建设	电力建设	工业	非生产性建设	其中	
													文教卫生	住宅	其他
1957	—	—	—	81	—	—	0.9	—	—	—	—	17	—	17	—
1958	—	—	—	5.1	—	—	3.8	—	—	—	—	86	—	86	—
1959	271	—	—	8.6	—	—	27	—	—	—	5	65	—	65	—
1960	337	—	—	12	—	—	45	—	—	—	21	7.1	—	7	—
1961	4	—	—	8	—	—	1.3	—	—	—	25	2.2	—	2	—
1962	51	—	—	11	—	—	5.1	—	—	—	13	12	—	12	—
1963	103	—	—	7.8	—	—	—	—	—	—	19	28	15	13	3
1964	86.3	—	2.1	14.7	12.7	—	0.8	7.3	—	—	5	37	—	23.2	13.8

（续）

年份	资金来源			经济用途											
	国家预算拨款	国家有偿投资	企业自筹	农业	机械更新	林业	畜牧业	交通电讯建设	水利建设	电力建设	工业	非生产性建设	其中		
													文教卫生	住宅	其他
1965	70.8	—	6	26.4	23.3	0.6	2.1	17.8	—	—	5	17.6	—	14.8	2.8
1966	89.7	—	8.13	34.7	26.1	0.3	1.8	5.6	2.9	1.8	3.8	23.7	5.4	18.3	—
1967	137.5	—	—	34.6	15.3	0.3	2.2	7	3.6	1	12	27.3	0.2	24.8	2.3
1968	40.4	—	25	21.2	13.1	1.2	2.3	6.6	1.1	0.8	7.7	39.7	11.4	16.6	11.7
1969	72	—	32.5	38.6	26	4.8	2.7	13.5	2	14.5	10	58.3	28.4	27.7	2.2
1970	88.9	—	75.2	59.8	26.2	0.3	10.7	27.3	17.2	2.3	1.7	56.8	4.2	24.1	28.5
1971	120.4	—	99.8	75.5	80.6	0.2	9.2	2	27.3	2.6	—	60	2	30.4	27.6
1972	279.8	—	95.7	539	102	0.8	19.7	40.3	60.2	4.3	66.1	108.5	8.3	41	59.2
1973	275.9	—	20	150.9	126	0.5	5.2	43.1	30.5	5.4	10.9	35.5	1	29.4	5.1
1974	106.4	—	54.4	85.8	89.6	14.2	7.6	15.2	16.4	6.4	7.8	34.4	6.7	27.7	—
1975	173.4	—	92.4	108.3	232	0.8	9.1	14.1	60.1	7.2	12.3	42.7	0.4	31.1	11.2
1976	128.7	—	45.3	86.3	85	1	13.3	7.7	18.7	7.4	19.2	63	12	29.9	21.1
1977	76.8	—	80.5	84.4	86	—	11	4.4	1.2	1.8	85.7	8.3	—	—	8.3
1978	318.2	—	196.7	213.5	153	—	8.6	15.2	8.7	66.4	58.8	54.3	—	36	18.3
1979	295.2	—	45.4	175.2	361	1	—	36	1.8	19.9	20.7	56.2	19.2	37	—
1980	183.2	—	93.2	121.6	95	—	—	14	16.2	—	13.8	86.8	29.8	57	—
1981	—	60	210	95.3	102	—	—	3	31.6	0.9	10.8	12.9	18.6	92.3	11.6
1982	71.8	9	86.3	45.9	9	8.4	53	—	—	—	45.4	89.8	16.2	89.9	63.9
1983	31.2	128	103.9	38	197	—	18.3	3	—	—	4	74.4	2.8	71.6	—
1984	83	145.7	8.2	78.1	183	—	55	—	94.7	—	—	35	—	—	—
1985	—	—	588.9	158.5	18.4	—	61	29.5	74.3	1.3	23.8	160.9	—	—	12
1986	32.3	78.7	20.2	39.4	178.5	—	34.5	—	—	—	59.1	—	—	—	38.5
1987	—	220	10	13.9	69.9	—	—	—	141	—	—	—	—	40.8	—
1988	—	72.2	163	194.2	—	11	20	—	—	5	—	—	—	—	9.2
1989	—	289	—	194	—	22.6	145.5	—	27	—	21	—	—	—	—
1990	59.9	178.7	—	349	—	41.4	224	—	—	—	—	—	—	—	—
1991	47.9	303.6	—	—	—	5.4	—	—	42.5	—	—	—	—	—	—

概述表 8 1992—2020 年农场基本建设投资情况统计表

单位：万元

年份	年度投资总额	资金来源			经济用途		
		国家预算拨款	国家有偿投资	企业自筹	农业	交通电讯建设	水利建设
1992	—	27	362	—	—	—	—
1993	—	9	375	6	—	—	—
1994	—	95	210	56	—	—	—
1995	—	20	198	50	—	—	—
1996	—	128	785	50	—	—	—
1997	7339	412	1627	332	—	—	—
1998	2520	345	3146	309	—	—	—
1999	1513	856	1220	657	—	—	—
2000	—	220	305	681	—	33	219
2001	—	437	696	358	—	—	—
2002	—	401	319	990	—	—	—
2003	—	387	74	540	—	—	—
2004	—	1431	6094	420	840	—	—
2005	3603	2620	340	560	—	—	1360
2006	—	2096.9	—	4618.7	—	—	—
2007	—	1055.5	—	1430.1	—	—	—
2008	—	2796.4	—	10334.2	—	—	—
2009	—	39135.4	—	27035.2	—	—	—
2010	—	39135.4	—	2703.5	—	—	—
2011	—	7068.6	—	23612.3	—	—	—
2012	—	2761	—	335.8	—	—	—
2013	—	2976.9	—	701.2	—	—	—
2014	—	3818	—	2940.2	—	—	—
2015	—	5319	—	929.1	—	—	—
2016	—	3213.2	—	4086	—	—	—
2017	—	3959	—	3004	—	—	—
2018	—	1534	—	3060	—	—	—
2019	—	4039	—	3564	—	—	—
2020	—	6510	—	3725	—	—	—

概述表 9　1957—2020 年农场生产经营利润统计表

单位：万元

年份	本年利润	其中		年份	本年利润	其中	
		农业行业	其他行业			农业行业	其他行业
1957	−12.9	—	—	1989	−63.5	−177.8	114.3
1958	−32	—	—	1990	227.8	91.3	136.5
1959	−109.6	—	—	1991	430	81.8	348.2
1960	−556	—	—	1992	35	−105	140
1961	−465	—	—	1993	−210	108	−318
1962	−463	—	—	1994	205	197	8
1963	−662.6	—	—	1995	222	238	−16
1964	−77.7	—	—	1996	453	323	130
1965	−41.1	—	1997	436	382	54	—
1966	29.6	—	—	1998	426.3	424	2.3
1967	206.8	—	—	1999	−495	−461	−34
1968	43.5	—	—	2000	720	942	−222
1969	20.7	—	—	2001	201	201	—
1970	129.4	122.9	—	2002	−1864	−1864	—
1971	42.4	40.9	—	2003	−1959	−1959	—
1972	32	29.4	—	2004	601	601	—
1973	−470.9	−450.6	—	2005	−513	−513	—
1974	37.7	38.7	—	2006	−1577	−1577	—
1975	206.3	251	—	2007	−424	−424	—
1976	−5.2	27.9	—	2008	−1816	−1816	—
1977	9.8	60.46	—	2009	−2620	−2620	—
1978	41.8	92.61	—	2010	−4619	−4619	—
1979	102.8	150.33	—	2011	−2438	−2438	—
1980	300.3	365.3	—	2012	−1862	−1862	—
1981	−1318.4	−1265.59	—	2013	1880.7	1880.7	—
1982	333.3	332.86	—	2014	2202	2202	—
1983	1153	1192.6	—	2015	−3145	−3145	—
1984	284	249	—	2016	8	8	—
1985	8.6	−47.6	56.2	2017	4565	4565	—
1986	13.2	47.8	−34.6	2018	337	337	—
1987	−174.4	−257.5	83.1	2019	8063	8063	—
1988	39.7	−109.3	149	2020	6516	6516	—

大事记

1956年 3月　原驻汤原县的铁道兵九师部分官兵就地复员后，由汤原转移到虎头开荒建场。

6月5日　铁道兵九师在虎头正式成立虎头大队。

9月8日　根据铁道兵农垦局党委指示，虎头大队指派生产股长陈绍龙与2名踏测员王启超和姜兴权到饶河东安地区踏测荒原。

11月3日　铁道兵九师1236名复转官兵，在孙培军、张鸣山的带领下，大部分由虎头坐船于6日到达饶河东安，筹建八五九农场。

1957年 1月　在饶河正式成立铁道兵农垦局八五九农场，同时建立一分场（今八五九农场前身）和二分场（今胜利农场）。新疆生产建设兵团农一师参谋长赵明高调到八五九农场任第一任场长。

4月　由查哈阳、伏尔基河等老农场调来的拖拉机手到密山接拖拉机。

5月　全场114台拖拉机开始在各开荒点破土开犁，当年开荒16466.67公顷。

11月7日　应苏联比金区委会邀请，场长赵明高和饶河县委副书记蔡春延及窦忠县长等3人到比金参加俄国十月革命胜利40周年庆祝活动。

1958年 3月12日到5月上旬　有北京、苏州、广州、武汉等军区以及装甲兵、炮兵、海军和南京军事学院等复员转业官兵共3475人到达农场。

3月　总场搬到东安下营。

5月中旬　驻福州的中国人民解放军第五十二预备医院，带来500张床位及全套医疗设备，集体转业来到农场。

5月　农场成立电影放映队，配置3台放映机，编制5人。

5月　在东安总场部建立有线广播站。

6月　中国人民解放军总政治部、总参谋部派慰问团来场慰问，并到生产队演出。

9月　农场抽300余人在大顶子山前大炼钢铁，并至永幸开采铜矿。

9月　总场建立民兵组织预备第九师，各分场成立民兵团。

10月　一分场（今八五九农场前身）建第一所场办小学，招收1～4年级儿童入学，共51名。

11月25日　根据铁道兵农垦局第一届党代会决议精神，成立农场党校。

11月　总场在东安建立农机修配厂。

12月　总场召开首届党代会。

12月　场社合并，成立虎饶县饶河（八五九）人民公社。场部由东安迁往饶河镇。

12月　创办《乌苏里江报》，每周三刊，开始时油印，后改铅印。1962年下半年停刊，创办的3年多时间里，共出版390多期。报社编辑人员有米盘石、杨联元、陈木石、柳斯雨、龚宗涤、林哨、白丁。

1959年　春天　农垦部部长王震到八五九农场视察鹿场，并赠给养鹿队队长王佐良一支猎枪。

5月8日　农垦部部长王震坐第一趟开江船到五分场视察。第一站到六队（今十九队）食堂询问司务长王兆凡伙食情况，并说要办好伙食，保证健康、保证生产。对于养猪，提出春秋放牧办法，发展养猪业。

5月9日　虎饶县饶河（八五九）人民公社改名为“铁道兵农垦局八五九农场”，所属各大队改为分场。

5月　总场创办《乌苏里江文艺》，每期印制500本。主要登载诗歌、电影剧本、小说、故事、散文等文学作品及绘画作品。1960年停刊，一共出了四期。

6月25日　总场召开第二届党代会。提出“多种多收，提高单位面积产量，保证完成大豆出口任务和粮食自给”。

6月　农场组织技术工人用40天的时间，建造一艘载重180吨的机动轮船。

7月1日　总场举办第一届职工运动会。

7月　总场在饶河建立砖厂，开始生产红砖。

8月27日　山东支边青年来场，共2698名。

9月8—12日　在饶河召开总场第一届妇女代表大会。

9月17—20日　在饶河召开首届“团代会”。

10月1日　应八五九农场邀请，苏联比金区边防大队长阿布罗希姆及一名科长和翻译马钱松到饶河，参加庆祝中华人民共和国成立十周年庆祝活动。

10月　全场职工家属口粮开始自给。

11月上旬　一分场狩猎组组长王顺在骆驼砬子以西秦琼沟山场捕获一只70公斤重雄性东北虎，第二年送给上海动物园，动物园奖励农场一万元。

12月10日　农垦部电影摄制组专门来到东安镇拍摄了一部反映挠力河冬天捕鱼的纪录片《冰上捕鱼队》。

12月18日　牡丹江农垦局（虎饶县）1959年度先进集体、先进分子代表表彰大会在虎林开幕。八五九获总场级先进集体称号。

12月　农场开始向国家上交商品粮2631.9吨。农场第一次低工资调整，全场有729人升级。

1960年

3月17日　总场召开第一届职工代表大会，大会代表348人。场党委书记翟雪桥作了题为《树立雄心壮志，高举毛泽东思想红旗，为实现1960年持续大跃进而奋斗》的报告。会议讨论并审议1960年生产建设计划。

4月26日　从八五一农场、八五八农场和总场基建大队，调进劳改犯1782名，分别编入五、六分场。

5月1日　农场召开第一次水上生产运动会。场党委书记翟雪桥任总裁判，近200条渔船参赛，赛期15天，平均每条船日捕鱼21.5公斤，比赛前提高工效1倍。

6月19日　场党字〔1960〕144号文件“关于全面组织人民经济生活问题”。建千人大食堂，号召“户户入伙，人人吃食堂（伙食费6元），做到老有所养，幼有所教”。大办幼儿园、托儿所、妇产院、敬老院和服务站，同时取消职工自留地和私养畜禽。

6月22日　牡丹江农垦局在八五九农场二分场召开开荒工作现场会。会上推广两项改装（即五铧犁综合改装和拖拉机防陷改装）、五项措施（即烧荒清理障碍、排水、犁刀锋利、现场修理、质量验收）和车组内人员五项分工，简称为“二五五”现场会。会议由牡丹江农垦局农业处长赵柏主持，参加会议的有牡丹江局所属各农场的机务副场长、机务科长、农业科长及机务、农业技术人员共计100多人。

6月　总场建三层养鸡大楼7703平方米，耗资40.9万元。

7月25日　总场召开第三届党代会。

8月　场长兼党委书记赵明高调任牡丹江农垦局党委副书记。

9月　六分场东方红-11号“三八包车组”和董桂芬分别被评为全国“三八红旗集体”和省“三八红旗手”。

12月　董桂芬被评为全国“三八红旗手”，并出席全国“三八红旗手”代表大会。

本年　农场成立文工团，以南京前线话剧团来场的演员和乐队为骨干，排演《白毛女》《刘胡兰》《三月三》《大战完达山》《饶河好》等节目，在节假日为职工群众演出。

1961年　1月　农垦部副部长萧克到八五九农场视察工作。

3月22日至4月19日　进行为期29天的整党整风运动。

9月25日　农场对渔业队实行“三包一奖”后，共捕大马哈鱼14.52万尾。东安多种经营队的渔船创日捕174尾的最高纪录，大网日捕最高898尾，创饶河县有史以来最高纪录。

10月　农场宣传部编辑的《战斗在乌苏里江畔》建场故事集铅印下发。

11月7日　应苏联比金区委员会邀请，经省委批准，翟雪桥、刘纯德、陶冠贤和翻译陈玉琴（女）前往比金参加庆祝《中苏友好同盟互助条约》签订十周年活动。

12月　1959年10月至1961年底，农场支援外地干部（复转军官）1226名，分批奔赴内蒙古、青海、甘肃等地。

1962年　2月28日　场社分开。原饶河县并入农场的社队，除四、五分场外，其他全部退出农场，共分离出原农村队23个。

3月　开始实行“包定奖”制度。具体办法是“三包（包产量、包产值、包费用）、四定（定土地、人员、机畜力、供应和机械修理）、一奖（超产后按比例分成）”。

6月25日　全国职工大精简，农场开始办理精简职工手续。到10月底，共精简职工1140名（其中女职工742名）。1963年，精减职工581人。

6月　恢复工会组织，总场工会主席由宣传部副部长杨明担任。

7月15日　总场第一所初级中学成立。校址在东安，校长马国栋。

12月20日　汽车司机张华成在执行运输任务中，途经挠力河时，冰层突然裂塌，为抢救落水乘客而光荣牺牲。中共八五九农场委员会和牡丹江农垦局委员会追认张华成为“五好”共产党员。

1963年 3月22—23日　六分场召开首届“人代会”，建立平原乡。乡政府地址在东道林（十一队），车会仁当选乡长。

4月　五分场召开首届“人代会”，成立四平乡。乡政府地址在五分场场部（今四平镇），华玉柱当选乡长。

8月1日　调整职工工资。实际升级面占职工总数的85%。

10月　职工冬季取暖补贴从35元/人提高到42元/人。

11月15日　申请改八五九总场为饶河农垦分局。建立分局的规模、编制及工作权限。

12月　在东安下营建成面粉加工厂，并开始生产面粉。

1964年 3月　新八五九农场正式成立，场部设在原五分场场部（即今八五九农场场部四平镇），首任场长马有民。

3月　在农场建立饶河县公安局四平派出所（对内是八五九农场保卫科），第一任所长吴锦芳。

5月　农场办公室开始动工兴建，10月1日竣工。

7月1日　开始全国第二次人口普查，截至6月30日，全场总户数1259户，总人口5452人。

7月19—21日　新八五九农场在四平镇召开职工代表大会。农场党委书记耿国栋作了题为《认清形势、大鼓干劲，深入开展革命化运动，争取农业大丰收》的工作报告。到会代表185人。

10月　在场部建立木材加工厂。

1965年 3月16日　总局派60余人的“社教”分团进驻农场，开始了为期77天的社会主义教育运动。

4月　开始修筑场部至东安的砂石路，这是农场第一条砂石路，于10月完工。

5月30日至6月2日　农场召开职工代表大会，出席大会代表188人。

9月　在东道林（十一队）建立八五九农场育马场。

10月　在场部建立八五九农场职工医院，新建的门诊部开始门诊。

12月　第一批佳木斯青年来场，从此打开了农场接收城市下乡青年的局面。

1966 年 3月3—6日　在场部召开第一次机务人员代表大会，有222名机务代表参加。

3月18日　四十军各单位312名复转军人由张恒仁、张守臣带队集体整编来场，建制为一个营。

5月1日　农场召开第一届全场职工运动会。

5月　农场对户口在场的职工家属实行粮食补贴，每人每月补贴6角4分。

8月25日　新八五九农场首届党代会召开。

10月初　朱元臣、张永杰、孙秀原、张幼林、张红卫、郝西光、金清水、崔怀亮和何学贤等9人到北京串联并参加毛主席第六次、第七次接见红卫兵。

12月　年终决算，农场五业经营第一次盈利，盈利额为29.6万元。

1967 年 3月29日　七队（今十七队）烧荒跑火，罗兆凤、魏树香和2名小学生在扑灭荒火中牺牲。

12月　800平方米修造厂大修理车间建成。

1968 年 1月5日　彭福旺、高林芹、张信如和蔡友柏4人光荣牺牲，后被国家民政部追认为烈士。

4月20日　八五九农场、胜利农场开始联合修筑“胜七”公路（胜利至创业场部）全长65公里。11月6日筑成通车（1972年，路面铺设沙石）。

7月　农场开始大批接收城市下乡青年，第一批北京、上海知青831名来场。

8月19日　兵团发布命令：正式组建兵团第六师。原三师二十三、二十四、二十五、二十七团和在抚远地区新建的6个团拨归第六师编制。

9月　场直中小学合并，改为九年一贯制学校。

10月1日　农场举行全场性军事大演习，有2000余人参加。

10月24日　上海知青刘振球因抢救集体财产，菜窖塌顶而牺牲，年仅17岁。他是知青在二十三团牺牲的第一人。1971年黑龙江省授予刘振球革命烈士称号，1983年民政部追授刘振球为革命烈士。

12月　现役军人李宝山、史书才、王宝田、何鹤等4人第一批进场开始筹备组建兵团。

12月底　农场共接收城市下乡知识青年1370名，其中北京522名、上海309名、哈尔滨101名、佳木斯438名。

本年　建成500平方米物资库和各600平方米的场直小学及农场招待所。

1969年　1月　按兵团规定，取消月薪日计工资，一律实行月薪工资制。

4月　清理边境，全场有75名职工（其中9名干部）携家内迁。分别迁到七星、二九一、江川、北兴、八五二、曙光、双鸭山农场。一些人由东安迁到二龙、四平等。1979年，多数陆续迁回。

4月20日　兵团召开组建大会，宣布黑龙江省生产建设兵团第二十三团成立。

10月　动员备战，面粉加工厂从东安迁到十七队东侧。

本年　兵团鉴于边境形势和屯垦戍边的战略需要，由国家投资，决定开发三江平原东北部的抚远荒原，新建第六师。首先抢修二龙山至抚远的“二抚”公路，全长319.7公里，然后沿公路线布点建场，组建六师所属各团。

1970年　4月　成立武装值班营，营部设在20连，营长由现役干部赵印生担任。

5月　二十三团召开第一次党代会，成立团党委，恢复党的组织生活。随后，各营党委和连队党支部相继建立。

5月　农场开始为全国大专院校和中等专业学校选送以城市下乡青年为主的工农兵学员。到1976年底，共选送工农兵学员392名。

12月底　农场800平方米的百货商店和300平方米的收购站建成。

1971年　5月　根据兵团指示，开始落实干部政策，原农场下放干部80%安排了工作。

10月　以在师部执行任务的二十三团工程连人员57名为骨干组建师工程连。1979年扩建为管理局建筑公司。

11月止　有88名复转军人来到农场工作。

1972年　2月27日　修配厂大修理车间因电焊火花将室内油盆引着起火，烧毁砖瓦结构厂房1080平方米、拖拉机、播种机及修理设备等，损失20余万元。

3月3—8日　二十三团召开农业学大赛经验交流会。

5月　全团组织开荒队，春秋两季共开荒9529.74公顷，是新八五九农场成立以来开荒最多的一年。

8月　二十三团开始建造400吨位的机动轮“燎原401”号。

12月　1400平方米的职工俱乐部建成。

1973年　7月24日至9月16日　断续降雨28天，降水量330毫米，造成大豆草荒减产，全场大豆平均单产47.8公斤。

7月　由耿国栋带队，抽部分机关干部参加组建六十八团（今前哨农场）。

10月　农场有3000名职工升级，月增加工资1.8万元，是农场第三次工资调整。

11月　接收从一师调来的城市青年328名。

1974年　1月　根据兵团公布的“兵团农牧连队实行工分制试行办法”，在2连、7连、12连进行工分制试点。

3月　恢复职工家庭园田地。

5月　国家水电部长钱正英由兵团颜文斌副司令员陪同到本团视察。

6月23日　二十三团自主建造的机动轮——“燎原401”号举行下水仪式。

12月底　建成204平方米的银行。

1975年　7月　二十三团接收城市下乡知识青年156名，其中哈尔滨23名、佳木斯133名。

12月25日　在团部召开民兵成立大会，正式恢复民兵组织，有1005名民兵代表参加。

本年　建成236平方米邮电局。

1976年　1月　在农场俱乐部礼堂举行周恩来总理追悼大会，场直干部职工全部参加。

9月18日　在农场俱乐部礼堂举行毛泽东主席追悼大会，场直干部职工全部参加。

12月　政委陈才德出席全国第二次农业学大寨会议。

本年　建成876平方米的工业三连（米油加工厂）。建成各600平方米的修配厂车间和水利连二层楼（1985年划归公路站）。

1977年　2月　农场派出陈才德、付志友、张士凡、冯桂林、闫立勤和张奎义等6人参加省农业学大寨会议。

4月4日　召开前卫农场成立大会，同时宣布黑龙江省生产建设兵团撤销。

4月　经饶河县人民政府批准，建立农场法庭。

6月28日　根据建三江管理局安排，将六营划给前锋农场，共划出4个生产队、499名职工和40名干部，划出耕地4000公顷。

7月　农垦总局组织的治理别拉洪河工程八五九农场段开工。

1978年 2月　农林部部长赵凡到八五九农场视察。

3月　新建四分场，分场部设在石头山。

7月　农场十一队附近发现猛犸象化石。据鉴定为距今1万年以前的古生物。

本年　组建水泥厂。

本年　农场被总局评为"全国农垦系统1978年先进集体"。

1979年 1月20日　农场党委做出决定，对"文革"中的冤、假、错案予以平反。

2月23日　国务院批转《关于农垦企业实行财务包干的暂行规定》，同时总局下发"财务包干试行办法"。八五九农场从1979—1985年实行财务包干，不论丰歉年，每年向建三江管理局上交80万元，亏损国家不予补贴，有利润自己发展生产。

3月　农场决定恢复基本工资加奖励的工资支付办法。

6月30日至7月3日　农场召开第三届党代会，选出代表218人，出席会议202人。

7月1日　"新河桥"竣工。该桥是建筑在场部通往三分场的公路上，横跨别拉洪河的三孔双曲拱桥，全长58.8米，桥面宽为8米，设计荷载汽-15级、挂车-80，是农场建桥史上的第一大桥。

8月　经合江地区人事局批准，有377名以工代干人员转为国家正式干部。

8月　从红光农场调来职工373名，从肇源农场调来职工455名。

11月　1000平方米的职业高中楼、302平方米的农场托儿所、665平方米的制材厂大车间、120平方米的变电所分别建成。

12月19日　农场罕降冬雨，雨量达18.8毫米。雨后封冻，顿时道路、田野胜似天然冰场。

本年　兽医站北京知青杜雨春赴加拿大参加家庭农场生产实习，时间6

个月。

1980年 3月　一分场三队荣获全国农垦系统先进集体称号。

5月　四分场四十队职工王仲举，在地里拾到日军入侵中国时遗留的一发炮弹，为取炮弹中的钢，用锤子敲打，引起爆炸致死。

7月7日　根据省政府〔1980〕110号文件，抚远县和八五九农场协商划界，抚远县代表温忠奎和八五九农场代表王兴义签字。

9月5日　根据五届人大三次会议通过的《选举法》《地方组织法》，全场18周岁以上公民参加饶河县第七次人民代表大会代表的直接选举，农场选出县人大代表6人。

12月　农场开办职工业余学校，参加夜校学习的有250人，兼职老师20人。

本年　科研站技术员李求欣培育出早熟高产的玉米单交种。

1981年 4月　李忠山从绥滨农场调任八五九农场场长。

6月6日至8月31日　断断续续降雨63天，降水量592.3毫米，比历年同期多1倍，造成严重涝灾，致使粮豆大幅度减产。

9月　正式建立八五九农场职业高中。

10月　根据国发〔1981〕144号文件，农场给教育和卫生系统的职工调资。共有515人升一级，其中教职员工364人、卫生系统151人。

本年　农场遭遇特大涝灾，全年降水量872.1毫米，粮豆平均单产27.4公斤，亏损1323万元。

1982年 2月8日　农场职工开始收看饶河电视转播台播放的电视节目。

3月20—23日　农场召开一届一次职工代表大会。主要议程：听取场长李忠山的工作报告，审议1981年财务决算和1982年财务预算的报告，学习一队、十二队实行经济责任制的经验，通过《1982年生产责任制试行方案》《劳动纪律管理办法》《关于职工住房的几项规定》等。大会产生了4个常设工作委员会，决议执行监督委员会、生活福利委员会、经济监督委员会和考工评级委员会。

3月　开始在全场实行浮动工资。具体办法：以32元为基数，以上部分为保留工资，按月发给，以下部分为浮动工资。其中，75%联劳计酬当月发给，25%联产计酬年终根据单位的经济效益计发；完成产量和利润指标的，25%联产浮动工资（每月8元）全部返回个人；如完不成的，按比例扣减。

4月　场直小学楼开始动工兴建，10月交付使用。

5月1日　农场工会、团委为4对青年举行集体婚礼。

5月19日　管理局组织22人的调查组进驻八五九农场蹲点，进行企业全面整顿的试点工作。

6月30日　进行第三次全国人口普查，全场总户数3668户，总人口16311人（其中男8321人，女7651人）。

6月　本场首次使用飞机灭草，效果在95%以上。

9月　成立自来水厂，场部地区部分住户开始饮用自来水。

12月　农场获得省委、省政府授予的"在1982年扭亏为盈工作中做出显著成绩"奖状。

本年　开始兴建新气象站269.5平方米，1983年交付使用。

1983年　1月　农场机关进行体制改革，将原有25个科室减为14个，同时建立企业性质的8个大公司和教育中心。

1月　王永福出席全国总工会积极分子表彰大会。

3月24—27日　农场召开一届三次职工代表大会。

3月　工程队卫生员李刚被评为省"三八红旗手"。

4月22日　农场成立儿童少年工作委员会，主任李勋之。

7月1—2日　农场举办第五届职工田径运动会。参赛运动员400余名，比赛项目60多个，有30名运动员打破往届运动会纪录，有7项平地区纪录。

8月　农场被省政府授予"计划生育先进集体"称号。

11月　在场区南侧的阿布胶河南岸建成人工养鱼池38公顷。

12月9—11日　农场召开第四届党代会。

12月26日　农场获得农牧渔业部授予的"在扭亏增盈工作中做出显著成绩"奖状。

本年　农场获空前丰收，粮豆平均亩产165公斤，总产7万吨，经营盈利1300万元，六项经济指标在垦区97个农场中名列第一。

1984年　1月28—30日　农场召开二届一次职代会。

3月　在二十二队、十二队试办8个联户家庭农场，为下年全面兴办家庭农场摸索经验。

4月　八五九农场获得省政府颁发的“在1983年扭亏增盈工作中做出显著成绩”奖状。

5月13日　农场引进美国约翰·迪尔大马力轮式拖拉机3台。

5月　四队职工柳庆春在二龙4号地播小麦时，在地头斜角处捡拾银碗1只。1990年，饶河县文物管理所将文物收走，为其颁发文物捐赠证书，发给奖金300元。根据出土文物特征和后期走访情况，鎏金银碗为辽金时期文物，出自墓葬的可能性很大。文物现存饶河博物馆。

6月　农场从建三江、八五三农场等地引进葡萄苗千余株，开始山葡萄培植。

7—8月　中央电视台到八五九等农场拍摄电视片《今日北大荒》片段。

7月10—30日　管理局举行首届职工田径运动会。八五九农场获“优秀代表队”称号，农场女队获团体总分第二名。

7月　黑龙江垦区14个大型商品鱼基地之一的八五九基地建成投产。

8月　全国作家代表团一行6人，在成都文联党组书记崔华带领下，到八五九农场参观、采访。

8月26日　参加全国农垦厅局长会议的30余名代表到八五九农场参观。

9月10日　从哈尔滨青年农场引进星布罗种鸡3200只，分别由11个养殖户饲养。

9月　八五九农场女子篮球队代表管理局参加总局“丰收杯”篮球赛，获“精神文明队”称号。

10月18日　九队职工任江在场部开办第一个个体饭店——群乐饭店。

11月30日至12月5日　农场召开三级干部会议，学习文件和经验材料，讨论下年全面兴办家庭农场。会后，机关干部63人分别到农业生产队帮助落实土地和机械转让工作。

11月　农场建成养鱼池110个，养鱼水面66.67公顷，投放鱼苗40万尾。

本年　妇幼保健站被农牧渔业部评为先进单位。

本年　农场大力推广大豆垄作新技术，大豆垄作面积达1066.67公顷，平均单产比平播增产446.25公斤。四队大豆垄作300公顷，公顷产高达3075公斤，比平播增产975公斤。这项新技术在全管理局得到广泛推广。从此，改变了大豆平播后中耕起垄或平播不起垄的做法。

1985年 1月9日 管理局决定将农场三十九队全建制移交二道河农场，并更名为二道河农场第一作业区。农场场长李忠山、总会计师李维民与二道河农场场长曲贵章、副场长陈凤臻签署交接文本。

1月 经省政府批准，农场人均月增高寒补贴12元。

4月1日 农场教育系统105名教师转为国家正式干部。

4月25日 农场下发《全面兴办职工家庭农场方案》，全文共51条。

6月11—14日 农场二届二次职工代表大会在修造厂会议室召开。会上有18个致富典型作了经验介绍，场长李忠山作了题为《办好家庭农场，调整产业结构，发展商品生产，加快建设步伐》的工作报告。

8月31日 总投资10.3万元、建筑面积396.5平方米的八五九农场乳品厂建成，日处理鲜奶生产能力达到5吨。11月开始正式加工投产。

8月31日 北大荒老战士暨知识青年回访团一行42人，分别从北京、上海、天津等地回到八五九农场参观访问。

10月 农场决定在场部和换新天火车站建两座冷库。

10月 农场种鸡厂建成，建筑面积959.76平方米，投资13.2万元。

11月 场直中学建成，建筑面积3090平方米，投资62.9万元；农场宾馆建成，建筑面积2040平方米，投资47.1万元；饲料厂建成，建筑面积548平方米，投资9.3万元；屠宰厂建成，建筑面积927.4平方米，投资30.6万元；老干部住宅楼建成，建筑面积1908.96平方米，投资28.3万元。

12月27—28日 农场举办场直地区文艺汇演。

1986年 3月12日 农场撤销交通、基建、商粮贸3个党总支，设立工交党委和直属党委。同时撤销水产、畜牧、基建、商粮贸、物资、林业、多种经营、交通等8个大公司，恢复其行政科室职能。以园林队为基础成立中心林场，管辖各林业站。

3月28—30日 农场召开三届一次职工代表大会。

5月14日 总局大田播种暨麦收准备工作会议在八五九农场召开，总局副局长朱文熹、王继宗到会并讲话。

6月10日 农场成立妇女工作委员会，主任徐继贤。

6月27日 农场农用飞机场建成，占地面积16156平方米，其中飞机跑道1.2万平方米，投资53万元。

7月1日　农场首次办理居民身份证，办证人数12312人。

8月1日　农场召开复转军人开发建设八五九农场30周年纪念大会。会上表彰了在开发建设农场事业中做出突出贡献的复转军人，并颁发了省政府印发的荣誉证书。参加人员有1956、1958、1966年复转军人。

8月4日　《红旗》杂志社副总编到八五九农场采访。

8月18—24日　沈阳军区前进歌舞团代表解放军总政治部和全军指战员在建三江管理局进行6场慰问演出。其中在八五九农场慰问演出两场。谷诚忠、黄宏等27名演员参加演出。

10月25日　农场场部100吨水塔建成，投资8万元。

11月28日　农场成立体育运动委员会，主任许洪安。

12月15—16日　农场在修造厂二楼召开职工代表大会，农场党委书记李忠山作了题为《农场目前的改革形势》的报告，场长闫树国作了题为《八五九农场七五期间社会经济发展规划及2000年战略设想》的报告。

1987年

1月1日　农场实行按供应标准供应成本价粮油。面粉由0.35元/公斤上调到0.66元/公斤；豆油由1.6元/公斤上调到3.6元/公斤。

1月29日大年初一　农场组织秧歌表演，欢庆新春佳节。直属党委、工交党委及教育中心等单位的秧歌队和高跷队参加表演。

3月29—31日　农场召开三届二次职工代表大会。场长闫树国作了题为《坚持四项基本原则，深化改革，努力实现农场财经状况的基本好转》的工作报告。

5月20日　《八五九农场志》（1956—1984）编写成书，下发各单位，印数1000册。

6月16日　日加工40吨鲜奶的新乳品厂竣工，建筑面积2204平方米，总投资300万元。

8月22日　中共中央书记处研究室科技组顾问、中国营养学会荣誉理事、微量元素与健康学会名誉会长、中国食品工业协会顾问、著名营养学家于若木到建三江管理局考察，并来到东安镇参观。

9月10日　农场兽医站竣工，建筑面积270.82平方米，投资4.86万元。

10月17日　省教委在建三江管理局举行全省地、市职教处（科）长及重点甲级职业中学校长会议，与会代表会议期间参观了八五九农场高级职业中学。本年，职业高中在总局联检中被确认为高级职业中学。

12 月 31 日　八五九农场肉禽屠宰厂实现当年承包当年盈利，全年出口肉鸡 170 多吨，经营利润达到 50 多万元。

1988 年

2 月 29 日　农场在修造厂会议室召开修造厂厂长招标大会，吴连哲以 71 票（占总数的 70%）当选厂长。

3 月 29—31 日　农场召开四届一次职工代表大会，大会通过关于实行场长负责制的有关文件，闫树国被管理局聘为农场场长，任期 3 年。场长闫树国作了题为《解放思想，深化改革，为全场各项工作登上新台阶而努力奋斗》的工作报告。

6 月　农场举办第八届职工运动会。

8 月 16 日　著名作家魏巍、陈明、雷加、康濯、白刃、周良沛等一行 14 人到八五九农场采访，总局作家协会郑加真、常青、范国栋、朱玉生等陪同。老作家们参观了东安和乳品厂、屠宰厂、饲料厂，采访了部分养殖户，并召开了各类人员座谈会。

8 月 27 日　由中国记协书记处、《人民日报》《经济日报》《光明日报》《农垦报》等单位 11 名记者组成的中国记协采访团，到八五九农场等地参观采访。

9 月 2 日　农场召开大会，对场直中学在 1987—1988 年度教学中取得的优异成绩进行表彰。1988 年，场直中学普高班 20 名学生参加高考，10 名被录取；10 名学生参加中专考试，7 名被录取；40 名学生参加高中升学考试，35 名被建三江一中录取。农场对有关人员进行奖励，校长赵武军晋升一级工资。

10 月 30 日　中国戏剧家协会副主席、中央戏剧学院院长徐晓钟教授率领中央戏剧学院表演系 1985 级明星班师生 20 余人，到八五九农场体验生活。

10 月 31 日　农场财政楼（机关办公楼）建成，建筑面积 1350 平方米，投资 115 万元。2005 年 12 月停止使用并拆除。

10 月　何忠泽任农场场长，闫树国任农场党委书记。

12 月 5 日　乳品厂生产的全脂甜奶粉荣获省优质产品称号，同时荣获垦区优质产品称号。

本年　按照场发〔1987〕15 号文件精神，将已有住房低价转让给职工，并制定了自建、自建公助等有关政策。

1989 年 1 月 1 日　农场场内实行粮油专购券。面粉价格上调为 0.8 元/公斤，其中 0.35 元实行现金购买，0.45 元实行粮油券；豆油 3.6 元/公斤，其中 1.6 元实行现金，2 元实行粮油券。

3 月 5—7 日　中共八五九农场第五次党代会在农场修造厂二楼会议室召开，会议选举产生闫树国、何忠泽、刘忠胜、范洪仁、胡启文、李维民、顾镜明等 7 人组成的新一届党委。

3 月 9 日　农场成立结算中心，姜东良兼任主任。

3 月 16—18 日　农场四届二次职工代表大会在修造厂二楼会议室召开。

6 月 19 日　依靠羽毛原料充足的优越条件，八五九农场职业高中从山东省栖霞县招聘工艺美术技术员 2 名，开设工艺美术班。招收学生 10 名，学习以羽毛、吹塑纸、棉花为原料的工艺美术品加工技术。生产加工的产品远销省外。

7 月　农场对已转让的房屋核发产权证。

8 月 15—16 日　受全国人大常委会常委黄顺兴先生的邀请，台湾大陆经济考察团一行 14 人到八五九农场东安渔业队等地参观考察。

9 月 22 日　农场面粉加工厂大楼竣工，建筑面积 1367 平方米，投资 187 万元。同年乌苏里江牌挂面获农业部优质产品奖。

9 月　学校教师侯雅范被评为全国优秀教师。

11 月 16 日　物资科办公楼建成，建筑面积 552.2 平方米，投资 25 万元。

1990 年 1 月 15 日　农场召开第四次科技代表大会。

3 月 1—3 日　农场召开五届一次职工代表大会。

3 月 1 日　农场成立成人教育委员会，办公室设在教育科。

3 月 10 日　八五九农场粮油加工厂生产的挂面被评为农业部“优质产品”。

4 月 1 日　农场成立精神文明办公室，与宣传部合署办公。

4 月 15 日　农场成立监察科、水稻办、项目办、草原管理站、水暖管理站和劳动服务公司。

6 月 18 日　总局武装部在八五九农场进行了民兵快速反应分队反渗透、反破坏演习，受到总局武装部部长张向春的充分肯定，并在垦区推广民兵分队“组、训、建、用”的典型经验。

7 月 1 日　全国第四次人口普查开始，经普查全场人口 17461 人，总户数4774户。

7月26日　由原兵团六师师长王少伯、政委贾吉祥等领导组成的回访团一行36人，到八五九农场参观。

9月1日　农场综合楼（小白楼）建成，面积765平方米，投资38万元。

9月9—10日　农业部副部长陈耀邦等一行，在省政府副秘书长任兆奎、总局局长刘成果、副局长刘文举等陪同下，深入到八五九等农场视察三江平原开发建设情况。

10月30日　总投资67.8万元的乌苏里江东安护堤工程竣工，从东安西山头至东山头，全长900米，护坡高度14米，厚0.3～0.4米。1988年4月30日开工。

12月14日　经农场党委研究决定，恢复成立农场党员干部培训学校，简称党校，校长闫树国。

12月24日　农场有21人被录用为国家正式干部。

12月底　全场奶牛存栏达2165头，是1985年165头的13倍。每头奶牛年产奶由2.6吨提高到3.2吨。全场日收鲜奶14吨。

本年　全场水稻面积472.87公顷，平均公顷产2925公斤。

1991年

1月21日　农场召开五届二次职工代表大会，参会正式代表258人，列席代表84人。场长何忠泽作了题为《以党的十三届七中全会精神为指针，把农场建设全面推向前进》的工作报告。

2月27日　管理局党委决定将建三江水泥厂移交给农场管理。4月17日，在管理局计财处和劳资处监督下，管理局工业总公司将水泥厂整建制移交给农场。

3月8日　经团省委、省粮食厅批准，八五九农场张树山被命名为全省“交万斤[①]粮青年标兵”。

5月22日　农场面粉厂的特二级小麦粉、乳品厂的北雁牌婴儿配方奶粉、饲料厂4～8周肉鸡饲料均获得“垦区优质产品”称号。

6月8日　建三江管理局第七届乒乓球赛在七星农场第三中学举行，八五九农场队获得混合双打冠军。

7月15日　东北农学院27名大学毕业生来到建三江垦区扎根落户，管

① 斤，为非法定计量单位，1斤=500克。——编者注

理局举行仪式欢迎这些参加北大荒开发建设的新生力量。其中有 3 名大学生分配到八五九农场。

7 月 29—31 日　农场连降 3 天大雨。7 月下旬总降水量达 172.2 毫米，进入 8 月又连续降水 56.4 毫米。整个麦收从 7 月 18 日开始割晒，到 9 月 6 日结束，历时 51 天。其中降雨天数占 27 天，小麦减产 40%，造成经济损失 1500 万元左右。当年，农场遭遇特大洪涝灾害，种植业亏损 1294 万元。

8 月 6—9 日　《散文》月刊编辑部、省作家协会、北大荒作家协会和管理局党委宣传部联合举办的建三江散文笔会在建三江管理局举办。来自天津、北京、内蒙古、黑龙江和垦区内的知名作家以及管理局的部分业余作者共 18 人参加了笔会。与会人员参观考察了八五九农场等单位。《散文》月刊副主编贾宝泉在会议总结时挥笔题词“天上人间两茫茫，疑是‘红楼’演大荒。赖有诸君回天力，已觉明秋稻花香”。

8 月 23 日　农场种鸡厂 4 栋种鸡舍建成，建筑面积 1042.54 平方米，投资 40 万元。

10 月 2 日　劳动服务公司由于经营亏损改为机关食堂，为农场机关的劳动管理机构。

同日　农场在原综合加工厂粮油门市部和小卖店的基础上成立综合商店，为队级建制。下设 3 个门市部，即粮油门市部、副食门市部、建材门市部，行政隶属商业科。营业地点在农场俱乐部对面的小白楼。

10 月 31 日　中心牛场 2 栋牛舍建成，建筑面积 1032.68 平方米，投资 44 万元。

10 月　乳品厂生产的北雁牌婴儿配方Ⅰ奶粉被农业部评为优质产品。

11 月 3 日　中心大牛舍建成，建筑面积 809 平方米，投资 36 万元。

11 月 5 日　农场广播电视局办公楼建成，建筑面积 673 平方米，投资 27 万元。

11 月 16 日　社会主义思想教育活动在农场全面展开。前哨、前锋、胜利农场的社教队员在管理局办公室主任郭仁政的带领下进驻农场，举办历时 7 天的学习班。

11 月 22 日　社教队员进驻各生产队。场直除机关外，全场 73 个单位全部开展了社教活动。农场向胜利、前哨派出社教队员 47 名。

12月8日　农场首次在十九队实行民主选举生产队长，郑建军以27票（占总票数的40%）当选为队长。

1992年　1月2日　农场成立水稻服务中心，主任曲文庭，副主任赵国林。对外属行政机构，对内为服务型经济实体。办公地点在农场气象站。

1月23—25日　农场召开六届一次职工代表大会，有正式代表286人，列席听报告人数209人，会上农场重奖了养殖大户。

5月1—3日　农场“三五〇”（场部至胜利路口段）绿化工程启动，共植树8.53万株，长度为32公里，面积46.73公顷。全场有27个单位参加植树。

6月1日　新疆生产建设兵团副司令员文克孝一行9人到八五九农场考察。

6月23日　场长何忠泽调回北京工作，闫树国改任农场场长，管理局党委宣传部部长逄金明调任农场党委书记。

9月2日　客运站客车驾驶员高晓明，在省第四届职工技术运动会——交通行业赛区，运输赛场汽车驾驶员决赛中，获全省第一名。

10月9日　“北雁”牌全脂甜奶粉在1992年首届中国农业博览会上获金奖。

11月12日　农场幼儿园及老干部活动中心举行落成典礼。建筑面积2723.22平方米，投资153万元（其中老干部活动中心面积483.39平方米）。

12月17日　农场机构改革，机关由39个行政科室改为12个部、委、办、科和13个公司、中心、站。机关由246人减到82人。机关干部男满55周岁，女满50周岁可办理内部退养，共退休9人、内退27人。合并成立群工委、行政办、生产办、宣传文化中心、农业技术服务中心、项目开发公司、土地房产管理局、基建公司、水利公司、交通服务中心、粮油食品公司、劳动服务公司、物资公司、林业公司、乳品公司、畜牧公司、水产公司、路桥公司、经济贸易公司等。

1993年　2月17—19日　农场召开六届二次职代会，场长闫树国作了题为《解放思想，转换机制，振奋精神，为振兴农场经济而努力奋斗》的工作报告。会议通过了关于职工集资种地的决议。

3月30日　农场公安分局成立5所2队2股，即5个基层派出所、交警队、消防队、刑侦股和治安股。

4月　管理局组织八五九等8个农场水利民兵连共330人投入挠力河大兴段筑堤工程。奋战85个昼夜，提前15天完成全长41.2公里、总土方量230万立方米的筑堤任务。这项工程被水利部松辽委和省水利厅评为优质工程。

5月3日　为庆祝五四青年节和母亲节，农场妇联、团委等单位联合举办时装表演赛。场直单位14个代表队，150余人登台献艺，一展青春风采。

5月7日　由于1992年农场遭受严重自然灾害和1993年职工集资种地，以及受亚洲金融危机的双重影响，农行八五九办事处流动资金周转困难，被迫停业。只存不取，无法正常营业，后经调整恢复正常。

7月1日　在牡丹江市举行的全省水稻壮秧剂协作会议上，八五九农场项目开发公司生产的水稻壮秧剂获得全省唯一的水稻新技术推广一等奖。

8月1日　饶河县由佳木斯市管辖划归双鸭山市管辖。

8月11日　管理局团委、科协、教育局联合举办“了解垦区、认识三江、热爱农场”青少年科普夏令营活动，一行人到八五九农场参观并举办联欢会。

10月8日　以全国人大代表、总局局长刘文举为团长的全国人大、省人大视察团一行12人，在管理局局长孟吉昌等陪同下，到八五九农场考察。代表们深入二十三队了解水稻、大豆的生产情况，走访老铁兵刘相录家庭，并参观了幼儿园和老干部活动室。

10月31日　八五九农场民兵应急分队代表总局接受省军区考核验收，综合成绩排名全省第二。

11月16日　农场场长闫树国调管理局林业处工作，党委书记逄金明调管理局办公室工作。农场副场长范洪仁任农场场长，党委副书记王道明任农场党委书记。

12月3日　经管理局批准，农场撤销3个分场建制，实行二级核算二级管理。3个分场所有固定资产移交给分场学校，用于集中办学。

1994年　1月1日　凡农场企业和企业所属事业单位的固定工和劳动合同制职工均参加社会养老保险，由企业按15%、个人按2%的比例交纳养老保险金。

1月28—30日 农场召开七届一次职工代表大会，场长范洪仁作了题为《解放思想，深化改革，推动农场经济建设向前发展》的工作报告。

5月19日 农垦总局党委书记王锡禄在建三江管理局党委书记董世明的陪同下到八五九检查指导工作。

6月10日 原九队上海知青、时任国务院特区开发办口岸司副司长柳孝华回访第二故乡。

6月25日 农场召开公开处理违法违纪案件大会，对7名党员干部进行公开处理。其中4起移交司法机关，3起已结案。

7月10—15日 总局在佳木斯召开经济工作会议，八五九农场被列为5家亏损大户之一，是重点整顿扭亏增盈单位。

7月26日 原农垦部副部长、黑龙江省委书记处原书记张林池在原省农垦总局副局长冯天益的陪同下到八五九农场考察。

10月1日 由农场路桥公司承建的二抚路过境前锋段白色路面工程竣工。该工程6月29日开工，长1公里，面积1万平方米，总投资160万元。

10月27日 农场成立土地勘测规划队，设在土地科，主要任务是测量、划界各生产队和家庭农场的耕地。

12月15日 农业生产队（除项目队外）农业机械全部转让给个人。

12月25日 八五九农场被总局授予“1994年度重点整顿扭亏增盈工作先进集体”。

本年 八五九农场车队轮胎质量管理小组先后被农垦总局交通局评为优秀质量管理小组，被交通部评为优秀质量管理小组。

1995年 1月1日 农场成立奶牛协会。

1月3日 十八队发生猪“五号”病疫情，涉及养殖户31户，发病猪29头（死亡13头）。农场当即关闭辖区猪、牛、羊肉市场。

1月18—20日 农场召开七届二次职代会，场长范洪仁作了题为《解放思想换脑筋，加快发展奔翻番，把农场建设推向新阶段》的工作报告。

3月3日 农场第一栋住宅楼——农行住宅楼动工兴建，建筑面积1650平方米。

3月5日 农场出台《关于五荒开发的规定》，鼓励单位和个人对辖区荒地进行开发，土地使用权30年不变。1995—1998年，共出让30年土地使用权“五荒”面积 7678.2 公顷。

6 月 17—20 日　中美专家考察团对乌苏里江流域进行为期 4 天的实地考察。考察团对八五九农场农田水利工程、农业综合开发、农业机械装备、农作物生长、野生动物保护等课题进行了详细的考察。

7 月 17 日　饶河县盐业公司八五九盐业站开业。

8 月 11 日　东北煤业第十勘探公司在八五九农场举行探煤开工仪式。饶河县委书记付连斌、东煤公司工程师谢兴逊参加开工仪式。

8 月 20 日　农业部农垦局局长曾毓庄率国家部委考察团一行 20 人，在总局局长刘文举、管理局党委书记董世明的陪同下到八五九农场，检查百亿斤商品粮基地的建设和开发情况。

9 月 26 日　由北京电视设备厂设计，农场广播电视局自行安装的场直地区有线电视系统投入使用，1216 户居民可收看 12 套有线电视节目。

11 月 1 日　场内面粉价格由 1.76 元/公斤涨至 1.9 元/公斤。

11 月　农场职工全部实行劳动合同制，与企业签订劳动合同。

12 月 7 日　农场与辽宁省辽阳市粮食局嘉德诚粮油开发总公司举行招商引资恳谈会，场长范洪仁、投资方经理袁宏伟参会。此次开发在二十六队东北，第一期将注入资金 300 万元，开发旱改水田 266.67 公顷。

12 月 18 日　农场客车采取竞价方式全部卖给个人。

1996 年

1 月 12 日　农场对饲料厂、种鸡厂、屠宰厂公开招标，选聘厂长，实行委托经营 3 年。经过 7 名报名者激烈角逐、职工群众民主评议、评审会综合审定，最后韩茂来、王云阁、甘鸿滨分别中标。交风险抵押金分别为 5 万元、3 万元、3 万元。饲料厂当年需上交农场 25 万元，种鸡厂和屠宰厂为平衡指标。

1 月 25—26 日　农场召开八届一次职代会，场长范洪仁作了题为《认清形势，抓住机遇，深化改革，加快发展，为把农场推上经济发展快车道而奋斗》的工作报告。

3 月 18 日　农场召开 1966 年 3 月复转官兵来场 30 周年纪念大会，130 余名老复转官兵参加活动。

3 月 20 日　农场实行义务兵优待金制度，居民每户年缴费 10 元。

3 月 24 日　水泥厂实行租赁承包，上交风险抵押金，期限 3 年，由刘成杰承包。

4月　来农场二十六队异地开发的辽阳市粮食局嘉德诚粮油开发总公司与农场签署1600公顷的荒地开发合同、600公顷旱改水合同，资金已到位830万元。

5月19日　总局党委书记申立国在管理局党委书记董世明的陪同下到八五九农场检查指导工作。

6月8日　“千名文艺家万里采风黑龙江分团音乐采风组”一行8人到八五九农场进行为期2天的采风活动。9日，黑龙江省歌舞剧院作曲家、中国音乐家协会会员暴侠连夜创作了歌曲《我的家乡八五九》。10日中午就餐时，暴侠在大餐厅现场演唱，献给参加纪念活动的铁道兵8509部队的复转官兵们，引起了阵阵共鸣，许多老军人含着眼泪听完歌曲。后来，这首歌曲被定为场歌。

6月10日　农场召开1956年铁道兵8509部队复转官兵开发建设北大荒40周年纪念大会，120多位老军人及子女参加纪念活动。

6月18日　北京慧达公司同省土地局签署关于购买农场2.61万公顷荒地30年使用权的合同。

7月22日　九队职工赵英试种的0.34公顷冬小麦喜获丰收，公顷产达3750公斤。赵英于前一年9月8日播种。农场二十一队、二队也试种了冬小麦。

9月26日　中国台湾省台中市刘明哲携妻女一行3人到农场探望亲人。

9月27日　经农场邀请，俄罗斯比金市边防机关代表谢尔纠克夫一行6人，在饶河边防部门领导的陪同下到八五九参观会晤。

10月12日　垦区小学教学能手验收暨管理局小学教学公开课在八五九农场举办。14名管理局级优秀教师登台授课，15个农场的250名教师参加了历时2天的教学活动。

10月　由农场和部分驻场单位共同投资67万元，建设长度1460.5米的场区下水工程竣工。

11月16日　王道明任八五九农场场长。

12月8日　在1996年度全省农田水利建设“黑龙杯”竞赛评比活动中，八五九农场家庭农场场长葛柏林被授予记功奖。

1997年

1月5日　农场撤销通信科改设通信站；撤销劳动服务公司，成立劳务市场管理站；撤销货运公司、客运站，成立公路客运管理站。

1月10日　农场对制材厂实行风险抵押委托经营，孟宪柱中标，承包期5年。

1月16—17日　农场召开八届二次职代会，场长王道明作了题为《深化改革，加速发展，努力开创农场两个文明建设新局面》的工作报告。

2月2日　全场实行封山育林。

2月4日　农场成立乌苏里江企业集团筹建办公室，办公室设在项目开发办。2月19日召开会议，下发筹建通知。

3月30日　农场成立环卫局，负责场区环境卫生治理。

4月5日　农场在场直地区成立居民委员会。

4月15日　总局局长王玉林在八五九农场检查工作时专程回访阔别28年的故地——东安镇。1969年，王玉林大学毕业后分配到东安镇教学3年，后调到饶河县和佳木斯市。

4月20日　农场对东安船舶进行公开竞价转让。258号船、沙船、254号船（燎原02）、4219号舶、燎原401号船都被个人买断。

5月25日　农场举办捐资助学仪式，筹建小学。到1998年8月，46个单位、3295人，总计捐款128万元。

5月26日　乌苏里江小学教学楼破土动工，面积4145平方米，总投资445万元。

5月27日　凌晨3点50分，市场大门前（四平路位置）占地430平方米的商业木板房突然起火，大火持续1.5小时，20多家店铺被烧毁。

5月28日　垦区水稻专家徐一戎、李季禾、安炳政到八五九农场指导水稻生产。29日，徐一戎为农场水稻科技园区题字“水稻高新技术园区”“靠高新科技创垦区一流”。

6月1日　经省政府批准，农场召开黑龙江乌苏里江企业集团组建大会。

6月10日　农场在十队建成水稻高新技术园区。园区的80公顷水田全部实现集中高台旱育秧苗、大中棚建设、钵育摆栽、宽窄行移栽等4个100%。推广10项增产新技术，公顷产9000公斤。

6月10—11日　农场在交通二楼会议室召开第六次党代会，会议选举产生了新一届党委委员和纪委委员。

6月15—21日　农场参加第八届中国哈尔滨经济贸易洽谈会，参展的产品有乳品、挂面、大板酒、木耳和速冻产品共25种。

6月18日　农场在哈尔滨花园邨宾馆召开新闻发布会，宣告黑龙江乌苏里江企业集团正式成立。企业集团以乌苏里江经贸有限公司为核心层，以粮贸、畜牧等10家公司为紧密层，以路桥、筑路等5家公司为半紧密层，以日本龙连株式会社、慧达公司等5家公司为松散层。同时，成立了社区管理委员会，实行政企分开。并对乌苏里江牌商标及16大类190种特色产品进行保护性商标注册。

6月25日　俄罗斯比金市边防部队队长瓦西里叶夫一行5人到东安镇，对两岸的边民关系进行会晤。会晤前，俄方邀请场长王道明赴俄罗斯舍列密切沃村（谢村）进行了2个小时的友好访问。

7月17日　总局水稻现场会100余位与会人员到水稻科技园区参观学习秧田建设、钵育摆栽和良种基地建设。

7月30日　农场水利公司宣布破产。12月4日完成破产程序。

8月11日　农场筹资180万元新建的日处理潮粮360吨的烘干塔竣工投产。

8月22日　投资320万元、年产2万吨的草炭复合肥厂在原水利队开工建设。届时将生产大豆、小麦、玉米、果蔬等多种专用复合肥。1998年，乌苏里江牌高效腐殖酸复合肥由总局牵头在9个分局、12个农场布点联网试验亩增产11.6%，增收23.76元。

8月25日　农场代表队参加建三江分局精神文明知识竞赛获一等奖。9月23日，农场代表建三江分局参加总局精神文明知识竞赛获三等奖。

8月31日　省专家顾问考察团一行7人到八五九农场考察水稻生产。主要成员有省农科院研究员张失、孙维忠，副研究员宋立全，东北农业大学教授崔成焕，省农业厅高级工程师李同道，农垦总局水稻专家李季禾、安炳政等。

10月1日　农场“110”报警中心成立。

11月8—25日　农场对一队至三队10.5公里路面进行改造大会战。路宽由原来的6～8米加宽到12米，路面普遍加高0.6米，取土40万立方米，修桥6座，弯道取直5处，共投资150万元。修路还解决沿线2666.67公顷耕地的排水问题，该路段命名为振兴路。

12月8日　农行八五九办事处营业大楼竣工，面积1660平方米。

12月21日　农场决定成立供销总公司，总经理由副场长王国利兼任。

12月23日　农场为714户星级文明户挂牌。

12月25日　农场对修造厂各车间实行股份合作转制，多数车间由职工集体买断。

本年　农场获得对俄罗斯边境小额贸易权。

1998年　1月1日　农场成立砂石管理站。

1月6—7日　农场召开九届一次职代会，场长王道明作了题为《解放思想，抓住机遇，埋头苦干，加快发展，把农场各项事业全面推向新阶段》的工作报告。

1月17—19日　农场对一队、五队、二十三队、十三队、三十七队进行民主选举生产队长。当年12月14日，对十四队、二十六队、奶牛队、七队、九队、十队、家属队等17个生产队进行民主选举队长。

3月9日　经省教育委员会（黑教委基〔1998〕114号）文件批准，命名八五九农场幼儿园为省级示范幼儿园。

3月20日　场直地区街道办事处成立，主任王永福，下设3个居民委。

4月20日　农场举办居民最低生活保障金首发式，首次获得保障金的有76户192人，总额2.18万元。

5月7日　学校教师王绍蓉在建三江垦区工会和农业银行建三江支行联合举办的首届母亲节“储蓄杯”演讲比赛中，荣获特等奖。

5月8日　农场举行庆祝1958年复转官兵开发建设北大荒40周年大会，127名复转官兵参加庆祝活动。

5月13日　俄罗斯滨海地区发电厂经理瓦连金娜、农庄主戈理高利到八五九农场参观考察，并与农场饲料厂签订出口100吨鱼颗粒饲料的合同。

5月25日　北大荒文工团来场演出“五心”教育话剧《托起明天的太阳》，1300余名中小学生观看了演出。

6月15—21日　农场参加第九届中国哈尔滨经济贸易洽谈会，设2个展厅，展品有8大类67个品种。

6月18日　乌苏里江牌大米被确定为第五批“黑龙江特产”。

6月23日　中央电视台动画城栏目主持人小鹿到农场小学、中学、幼儿园采访。

6月　农场党委被总局党委评为先进党组织。

7月24日　密山农校53名老同学40年后重聚八五九农场，与会的老同学除建三江分局的之外，还有来自饶河县、饶河农场、云山农场、虎林、鸡西、鸡东等地。1958 年 7 月，密山农校 100 多名学生从密山迁校到八五九东安建立八五九农校。

8 月 2 日　八五九农场至哈尔滨的卧铺大客车正式开通，其单程行车时间约需 16 个小时。

8 月 10 日　黑龙江省乌苏里江企业集团决定将乌苏里江小学微机室命名为“冯桂林微机室”。冯桂林是原 6 连上海知青，他一人捐款 10 万元为小学购买微机。

8 月 18 日　农场举办城市知识青年上山下乡 30 周年纪念大会暨乌苏里江小学教学楼及“希望之碑”揭幔仪式。来自京、津、沪、哈、佳等城市知青及子女共 119 人回场，回访活动历时 4 天。

9 月 2 日　农业部下达《关于 1998 年国家农业综合开发科技示范项目计划的通知》，八五九农场被列入国家农业综合开发科技示范项目区。

9 月 11 日　根据总局《关于垦区受灾农场职工转移安置实施方案》（黑垦局文〔1998〕197 号）规定，分局前往齐齐哈尔、绥化分局接收受灾农场转移职工。9 月 17 日、20 日，农场接受来自肇源受灾农场转移职工 28 户 89 人，富裕牧场 16 户 61 人，共 44 户 150 人。

9 月 16 日　乌苏里江企业集团供销总公司农机物资市场开业。40 多个农机、物资厂家参加开业仪式，共引进各种农机具 50 多个品种、400 多台件。并与周边市县 13 家机械厂、1 家供销总公司建立代理销售制。

9 月 20 日　场内鲜奶价格由 1.8 元/公斤下调到 1.5 元/公斤。

9 月 25 日　俄罗斯红河区农业股份有限公司总经理由里奇奇克、哈巴市维亚泽姆斯基区农业局局长寒伊万到八五九农场考察农业和畜牧业。

10 月 18 日　场长王道明赴任建三江分局党委副书记。

11 月 24 日　刘庆君任八五九农场党委书记。

1999 年　1 月 12—13 日　农场召开九届二次职代会，场长作了题为《抓住机遇，振奋精神，求真务实，稳中求进，为实现跨世纪目标奠定坚实基础》的工作报告。

3 月 2 日　农场召开饲料厂厂长招标选聘大会，原农场政研室主任姚明伟中标。

3 月 9 日　农场下发《八五九农场机构改革方案》，削减非生产开支，精简机构和管理人员，改革工资分配办法。

3月25日　农场与埃格瑞生物技术发展有限责任公司签署土壤磷素活化剂应用合同，埃格瑞公司为农场提供60吨土壤磷素活化剂。

4月2日　农场与新佳农业发展有限公司董事长景志刚签订为期30年的1666.67公顷旱改水土地租赁开发协议，当年开发水田333.34公顷。

4月2日　农场成立体育运动委员会。

5月17日　农场医院成功为一胃癌患者实施了部分胃切除手术，这在农场医院诊疗史上还是首次。

7月6日　农场首次开展无偿献血活动。第一批共有26人献血，每人献血200毫升。建三江分局中心医院向无偿献血者颁发了证书和纪念章。7月13日，第二批有19人献血。

7月28日　农场与浙江余杭粮油公司达成长期水稻供销协议，签订首批销售180吨合同。

8月3日　位于场区东南部的消防路开通。

8月4日　三十三队至四十队21.5公里民心路工程开工，路基高1.8米，路面宽12米。9月30日路基工程竣工，并可解决1333.34公顷耕地的排水问题。农场投资100万元，建三江分局局长帮助解决100吨柴油。

8月6日　东北农学院副校长包军、教授李武等到八五九农场检查“省农业现代化建设创新工程”课题的进展情况。4月30日，农场被确定为首批“创新工程”生产单位，承担了5个实验项目，包括高产奶牛胚胎移植、乌苏里江特种鱼网箱养殖、羔羊及优质肉牛培育、优质小麦的种植加工、硅肥镁肥在农业生产中的应用。

8月12日　农场退休职工活动室开业。

9月8日　农场在俱乐部举行1959年山东支边青年开发建设北大荒40周年纪念大会，240多名支边青年参加大会。

9月26日　农场为实现种植水稻1.2万公顷，对机关各科室、生产队和场直企事业单位下达了开发水田指标：副科级以上干部每人13.34公顷，队级以下干部每人6.67公顷。

9月　农民技师井河泉创办的水稻育种研究所成立。

10月1日　八五九农场老干部党支部被中央组织部命名为“全国先进离退休干部党支部”，同时被省委组织部、省委老干部局命名为“全省先进离退休干部党支部”。

11月25日　位于佳木斯市的乌苏里江活鱼行开业，这是农场在佳木斯指定的唯一乌苏里江活鱼批零专卖店。当年，网箱养鱼获得较好效益，1590平方米网箱产鱼120吨，实现产值120万元，还新养了鳌花、鲶鱼等珍稀鱼种。

12月27—28日　农场召开十届一次职代会，场长作了题为《面向市场，战胜挑战，团结奋进，务实创新，努力开创农场开元经济发展的新局面》的工作报告。

2000年　3月12日　温州虹桥镇章仁中等40多位农民来农场三十一队承包水田533.34公顷。他们从温州雇1台大客车，带着行李和简单农具，经过5天的昼夜行驶到达三十一队（后并入二十二队）水稻开发点。

3月20日　八五九农场被确定为首批国家农业科技跨越计划项目实施基地。

5月7日至7月20日　八五九农场累计降水量仅有90毫米，全场旱田作物受灾严重。

5月9日　农场粮油公司实行股份制，更名为八五九粮油食品股份有限责任公司，每1000元为1股，有29名股东，董事长由兴富。

5月23日　经过总局有关部门考核验收，八五九农场获得总局1999年度“文化先进农场”称号。

6月16日　由省作协副主席冯建福及省内知名作家孟久成、王玉才、周树山、鲍十、常新港组成的省作家协会采风团到八五九农场采访。

6月18日　农场首届文化艺术节在机关楼后的文化广场举行，并确定每年的6月18日举办文化艺术节。

7月4日　省农业科学院副院长肖志敏、小麦育种室主任辛文利到八五九农场，检查国家首批农业科技跨越计划“龙94-4083强筋小麦生产技术体系试验示范”项目执行情况。农场作为主要试验基地，在试验小区种植0.33公顷龙94-4083，1999年推广种植面积133.33公顷。

7月13日　乌苏里江商城破土动工，建筑面积8062平方米，总投资1200余万元，可容纳150户商户。2001年5月1日再次开工，当年12月21日竣工，投入使用。

8月15日　农场组织60人的抗洪小分队携带50台抽水机，奔赴胜利农场挠力河大堤参加抗洪会战。

8月　由农场业余作家刘家祥创作的42万字的长篇小说《多雨的季节》由哈尔滨出版社出版发行。该书是一部全景式展示垦区改革、“两自”和“旱改水”的长篇力作，系向国庆50周年献礼作品。

9月21日　八五九农场新时期思想政治工作研究会成立。

12月29日　刘相增任八五九农场场长。

2001年　1月　为解决资金紧张，农场决定每个生产队在1月10日前必须清回现金6万元，以解决春节期间退休工人和教师的工资发放问题。

1月11日　经省政府（黑政函〔2001〕10号）文件批准，建立乌苏里江省级自然保护区，这是黑龙江垦区在三江平原建立的第六个省级自然保护区。该保护区地处八五九农场域内，北纬47°30′00″—47°50′00″，东经134°11′00″—134°30′00″，总面积39668公顷，其中林地3700公顷，沼泽地1.31万公顷，保留了三江平原地区原始湿地生态系统的完整性，为陆地和水域生态系列型湿地保护区。3月6日，经过省政府批准，乌苏里江自然保护区正式成立。

1月30日　中共八五九农场第七次党员代表大会召开，分局副局长周昊旬到会讲话，党委书记刘庆君作了题为《统一思想，开拓创新，与时俱进，全面推进两个文明建设健康发展》的报告。

2月8—9日　农场召开十届二次职代会，分局局长王道明到会并讲话，场长刘相增作了题为《解放思想，明确任务，抢抓机遇，乘势而上，为开创农场开元经济的新局面而努力奋斗》的工作报告。

3月9日　1971年3月集体复员来农场的33名老战士及家属欢聚一堂，庆祝集体复转30周年。

3月28日　场长刘相增与完达山乳业集团总经理郑新民在哈尔滨签署八五九乳品厂有效资产加入完达山乳业集团的协议，成为完达山集团的第二十五个分厂。

3月　农场小车班及各单位的33台小汽车全部转卖给个人。保留场长、党委书记的生产指挥专用车，保留公安、法庭、检察的公车。并对交通费、招待费、电话费实行包干，可节支126万元。

4月　农场自筹资金架设了三十七队、四十队的高低压线路，使全场所有生产队都通上国网电力，彻底结束边远生产队自发电的历史。6月4

日，四十队输变电线路及入户安装工作完工。

5 月 9 日　温州市企业家商贸考察团到八五九考察洽谈。考察团由温州市委、市政府组织，成员由温州各大民营企业负责人和私营企业家组成。

5 月 18 日　农场边贸公司的 12 名劳务人员奔赴俄罗斯哈巴红河村种植蔬菜。农场边贸公司与俄罗斯红河农业股份公司签订了合作种植 26.67 公顷蔬菜的劳务合同，蔬菜收获后按 4∶6 分成。

6 月 20 日　农场公安分局在缉枪治爆行动中，两批次共收缴枪支 72 把。

8 月 11 日　农场医院筹资 15 万元购进 1 套美国产 CE8800CT 设备。

8 月 13—16 日　黑龙江垦区农业结构调整现场会在红兴隆分局召开，八五九农场在会议上作了典型经验介绍。

8 月 15 日　中国作家协会副主席张炯、中国作协全委会委员冯建福等中国作家采风团一行到八五九农场采风。

8 月 23 日　总局组织工作总结会议在八五九农场可视电视电话会议室召开，农垦总局党委组织部部长梁敏、副部长梅殿龙及各分局组织部部长、总局企事业单位组织部部长共 20 余人参加会议。与会人员参观了一队党建工作现场。

8 月 28 日　农场组织各生产队长、农业科、农机科等相关科室领导远赴红兴隆、牡丹江分局进行为期 4 天的参观学习。

9 月 10 日　由农场投资 50 多万元修建厂房等基础设施，完达山乳业集团投入榨乳设备的奶牛场集中榨乳站及二队榨乳站竣工并投入使用。农场还与完达山集团联系，先后建起 6 个收奶站、9 个收奶点。

9 月　农场撤销三分校，全场实现了小学集中办学。

10 月 20 日　北大荒米业八五九分厂设备安装完毕进入试运转。精米厂位于原粮油公司院内，总投资 490 多万元，其中农场投资 300 多万元。主厂房 900 平方米，采用佐竹大米生产线，设计加工能力为 4 万吨。

10 月 29 日　农场对砖厂的国有资产进行竞标买断，高长成以 42 万元的价格中标。年底前，农场对 10 家工业企业的固定资产进行了分期退出。

12 月 5 日　按照新的治水和用水思路，建三江分局完成八五九农场乌苏里江灌区 10 项骨干工程初步设计。12 月 21 日，经国务院正式批复，同意建设八五九农场乌苏里江灌区。2002 年 8 月 11 日，经国务院批准立项，总投资 3.08 亿元的八五九农场乌苏里江灌区工程前期准备工作正式启动。

12月29日　八五九灌区批复正式下达，松辽规计〔2001〕474号《松辽委关于三江平原防洪治涝工程八五九农场乌苏里江灌区渠首及总干渠工程初步设计的批复》。

本年　农场为四队、三十队和十二队打人畜饮用深水井3眼。

2002年 1月14—15日　农场召开十一届一次职工代表大会，场长刘相增作了题为《迎接挑战，创新务实，加快发展，全力推进率先实现农业现代化进程》的工作报告。

1月29—30日　中共八五九农场第七次党员代表大会在交通二楼会议室召开，选举产生新一届党委委员和纪委委员。

2月23日　农场党委书记刘庆君、副场长李德忠带领组织部、畜牧科、政研室及各生产队主管领导，到双城、新华农场等地参观考察奶牛业。

3月6日　农场召开“奶牛当年实现5000头”动员大会，会议的中心议题是全场总动员，立即掀起外出引牛、购牛热潮。

4月8日　农场对全部完成计划内耕地面积发包任务的17个生产队给予总计20多万元的奖励。

6月4日　农场“龙江风采”福利彩票站中出P62玩法一等奖，中奖金额192万余元。

6月28日　场区白色路面建设项目开工，10月1日竣工。全长3公里(中央大街2.2公里，乌苏里江大道0.8公里)，路面宽16米，投资700万元。2003年投资400万元，完善白色路面工程，安装路灯148盏。

7月22日　省国土资源厅委托省测绘局派出工作小组进驻三十七队，对农场与抚远的边界进行测量和确认。这次划界工作涉及边界线49公里、土地面积2000公顷。

7月23日　北大荒农业股份有限公司八五九分公司正式成立，并与八五九农场在机构、业务、资产、财务、人员等方面实行五分开。分局副局长周昊旬、组织部部长王晓春到农场宣布政企分开决定。

8月8日　农场在宾馆三楼会议室召开会议，通报改革后的机构设置及隶属关系。同日，分公司在机关三楼会议室召开会议，通报分公司领导和部门设置情况。

8月11日　建三江分局局长王道明率分局审计处、计财处、组织部等部门领导到八五九农场，就改革后农场、上市公司、社区的运转情况进行调研。

9月23日　农场召开为场区水泥路捐资会议，全场场级领导每人捐款3000元、正科级1500元、副科级1000元、队级800元、其他人员400元，单位1万元。共捐款51万元。

10月1日　建三江分局所辖农场被列入火葬区。同年，大板山公墓建成，面积4万平方米，为个人投资建设。

10月25日　建三江第一个大型地表水灌区——八五九灌区开工建设。8月12日八五九灌区管理处成立。

12月4日　下午3点，全场普降冬雨，造成路面光滑，这是继1979年12月19日后又一次冬季降雨。

12月5日　乌苏里江冠达亚麻制品有限公司在原二分校开业。该公司是由安达亚麻厂投资350万元兴建的，日可加工亚麻25吨。农场与牡丹江亚麻厂、安达冠达亚麻厂签订1000公顷亚麻种植加工合同。

本年　是农场水稻发展史上遭遇低温冷害最严重的一年，也是水稻水分最大、产量最低的一年，又是国家粮食价格改革水稻提等降价的第一年。加上后期的雨雪，又增加了冰溜，水稻品质差，水稻交售形势非常严峻。减产52.5%，水稻销售价格“1元钱3斤”。

2003年

1月8日　农场召开十一届二次职代会，分公司总经理刘相增作了题为《创新求实，诚信高效，为全面建设小康社会而奋斗》的工作报告。

2月15日　分公司总经理刘相增，副总经理王荣安、魏文华，带领农业生产部门和各生产队主管领导近30人赴海林农场学习考察。

4月17日　农场成立防治非典型性肺炎办公室，地点在机关值班室，各科室轮流值班。在十七队、一队、三十二队分别设立了检查站，在种鸡厂建立了“非典”留观站。

4月18日　一场大风将农场职工1910栋水稻育秧大棚刮坏。

6月12日　农场“非典”指挥部随着全国“非典”疫情的解除而撤销。全场历时55天的抗击“非典”攻坚战取得阶段性胜利。

7月9日　四平信用合作社成立，主任王清友。

7月12日　自春播以来农场遭遇大旱。5月10日至7月12日，2个月无降雨。小麦出苗仅1/3，整个春季降水量仅19毫米。

7月13日　历经31个春秋的俱乐部完成了历史使命，拆除后兴建职工住宅楼。

7月16日　场区中央大街与乌苏里江大道“红绿灯”开始安装。

7月23日　农场考生尹飞龙在高考中，以总分617分的优异成绩考入清华大学汽车工程系，这是农场有史以来第一个考入清华的考生，也是本年建三江分局理科状元。农场决定对该生在校期间每年给予1万元资助。

8月23—25日　建三江分局在八五九农场举办第十届职工乒乓球赛，各农场和局直各单位的42支男、女代表队178名运动员参加了3个组别、12个项目的比赛。农场获得机关干部组男团第一名；汪东升获得机关干部组男单第一名；张杰、马秀梅获得女子双打第二名。

9月1日　由于遭受历史上罕见的干旱，全场2666.67公顷小麦严重减产，公顷产量只有450～750公斤，农场对种植小麦的职工给予了地租减让。

9月10日　农场在交通二楼会议室召开发展畜牧业大会。农场机关、场直单位主管领导、驻场单位领导及各生产队长近200人参加了会议。会上农场下达了发展绒山羊吸储指标和养殖绒山羊的任务。

9月19日　77岁的军旅作家高玉宝到八五九农场，作革命传统教育报告。

9月22日　农场召开十一届三次暨发展绒山羊专题职代会。

9月24日　国家西部开发办公室副主任王志宝一行5人，在副省长付晓光的陪同下，到八五九农场考察乌苏里江湿地补水灌溉工程。省林业厅厅长韩东升、总局局长吕维峰、分局局长王道明陪同考察。

9月28日　全场种植的1333.34公顷水飞蓟，前期干旱出苗不齐，产量下降，公顷产最高的只有1200公斤，最低的150公斤左右。由于产量降低，市场价格高涨，水飞蓟价格增至每公斤9元。

9月30日　黄野飏、张云、韩东来3名选手，代表分局参加总局司法局举办的垦区“村官法律知识竞赛”获第一名，总局分别奖给每人1台价值6000元的摩托车。

10月20日　场内大豆价格突涨，没有清选的大豆达2.8元/公斤。

10月23日　一场大雪将全场6666.67公顷大豆和部分水稻压倒。10月31日，农场召开紧急会议，人手一把镰，抗灾抢收。全场割豆人工费由

300元/公顷上涨到450～750元/公顷，水稻达到1500元/公顷。

11月26日　建筑面积3130平方米的医院大楼落成开业。总造价370万元，于本年5月7日开工。分局工会主席孙英、分局卫生局长韩洙泉、饶河县副县长韩建亭、哈药集团代表参加了剪彩仪式。

12月19日　葛柏林被农业部授予“全国十大种粮标兵”称号，是全国农垦系统唯一入选的。26日赴北京授奖，农业部特奖励价值8万元的天津产“724”胶轮拖拉机1台。

12月28日　农场十一届四次职工代表大会在交通二楼会议室召开，分公司总经理刘相增作了题为《解放思想，深化改革，抢抓机遇，乘势而上，开创农场各项事业的新局面》的工作报告。

本年　投资340万元的东安千吨级码头主体工程完工，建有运粮和运输物资2个泊位。1998年3月破土动工，2002年9月1日再次开工建设。

2004年　1月17日　农场组织文艺演出队到三十七队、二十六队进行慰问演出。

1月21日　腊月三十下午，各单位出动100余人在中央大街和乌苏里江大道上清除积雪。

3月1日　葛柏林被农业部授予2004年“全国粮食生产大户”称号。同日，胡全被评为总局农机大户。

3月31日　建行八五九分理处撤销，原有资产并入四平信用社。

4月17日　国家实行“一免、两补”政策，即免除农业税和对种粮农民实行直接补贴，对水稻进行良种补贴。

5月4日　由总局交警支队主办、北大荒文工团协办的一场以宣传《道路交通安全法》为内容的大型演出活动在宾馆院内举行。

5月5日　农场将第一批农业补贴资金发放到种地户手中。旱田105元/公顷，水田225元/公顷；水稻粮种补贴225元/公顷。

5月6日　受去冬今春雪大地湿影响，春播进展缓慢，全场从5月3日开播小麦，到5月6日只播了133.34公顷。

5月16日　农场引进两台美国迪尔公司7820和1台美国凯斯公司生产的285大马力胶轮拖拉机，分别装备九队2台和二十二队1台。

5月28日　受春涝影响，全场大豆播期延后，农户手中的中晚熟品种已不能再播，农场紧急从外地调来早熟大豆种200吨应急。到6月10日全场大豆才全部播完。

5月28日　省政府副秘书长黄先耀及航运部门领导乘海巡号轮船到东安码头，就江海联运外销水稻有关事宜同省航运集团、建三江分局、农场等有关部门领导进行探讨协商。

5月　农场被定为国家优质粮食产业工程农业推进项目示范区，其中十二队、二十六队的2666.67公顷水田被确定为示范项目。

6月11日　乌苏里江江海联运首航仪式在东安码头举行。省航运管理局副局长田培臻、马志，及省航运集团、温州市农业产业联合会、总局交通局、分局有关领导、农场领导参加了首航仪式。满载2700吨水稻的货船从乌苏里江东安镇起航，经抚远口岸进入俄罗斯阿穆尔河、鞑靼海峡、日本海、渤海、黄海，最后运抵温州。北大荒粮食实现了跨国联运下江南。

6月14日　农场发现首例人感染羊布病。

6月24日　联合国工业发展组织中国投资与技术促进处绿色产业专家委员会一行6人到八五九农场，对绿色水稻的生产加工等进行考核验收。

7月3日　本场清华学子尹飞龙及清华大学汽车工程系的7名在校生到农场，开展社会实践活动。

7月7日　全国政协原副主席、中国工程院院士、国家东北水资源项目组组长钱正英，率领中国工程院东北地区水土资源配置、生态环境建设和可持续发展战略研究课题组一行40多人，在省政协原副主席陈文志、省长助理李延芝、省水利厅厅长肖友、分局党委书记王道明、局长王金会等陪同下到乌苏里江灌区渠首工程考察调研。

7月22日　农场职工张云与另外两名九三分局的职工代表农垦总局参加全省“村官法律知识竞赛”决赛，取得第一名的好成绩，组委会特奖给轮式（小）四轮拖拉机1台。

7月24—25日　农场第七届乒乓球赛在中学大食堂举行。分局乒协秘书长刘金喜宣读了八五九农场乒协分会成立的批复，并授予八五九农场乒乓球运动先进场锦旗一面。

7月25日　垦区第一个家庭农场党支部在葛柏林家庭农场成立，并举行了揭牌仪式。

7月　八五九农场关心下一代工作委员会成立，同时在“五老”队伍中设置“八大员”。

8月16日　农场在交通科二楼召开发展绒山羊大会。会议提出年末实现20万只绒山羊发展目标，对全场各级干部再次下达了发展绒山羊任务指标，并出台了五项优惠政策。

8月21—22日　农业部副部长张宝文在农业部计划司司长邓庆海、农业部农垦局副局长丁力、总局局长吕维峰、分局党委书记王道明、局长王金会等陪同下到八五九农场考察。

9月1日　农场老招待所动迁，并在此基础上建设福苑住宅楼。2005年10月，福苑楼竣工，面积6100平方米。

10月20日　农场水稻价格达1.6元/公斤，这是自1995年以来最高价。

11月26日　农场在交通科二楼会议室召开秋收及黑色越冬表彰大会，农场出资24.34万元奖励生产队干部。

12月3—6日　在上海举办的2004年中国绿色食品博览会上，八五九农场出产的乌苏里江牌精洁米获得畅销产品奖。

12月9日　农场召开十一届五次暨土地承包专题职代会。

12月29日　总局党委、总局发出《关于命名表彰北大荒百面旗先进个人的决定》。八五九农场葛柏林家庭农场场长葛柏林、八五九农场第一管理区主任穆文亮、北大荒农业股份公司八五九分公司副总经理朱晓霞名列其中。

2005年　1月23日　农场召开第十一届六次职代会，分公司总经理刘相增作了题为《创新求实，诚信高效，扎实工作，争创一流，为开创农场三个文明建设新局面而努力奋斗》的工作报告。

1月30日　农场组织56人的演出队，参加分局组织的第七届暨“通信杯”职工文艺汇演，并取得了总分第三名的好成绩。1月25日，农场组织演出队到副业队、二十一队慰问演出。

2月14—25日　农场组织生产队队长赴南方考察，由分公司副总经理王荣安、魏文华带队，农业、农机、水稻、政研、办公室及生产队队长共36人赴“鲁、浙、苏、沪”进行历时10天的考察。

2月　八五九乌苏里江灌区工程被水利部评为“2004年度水利系统文明建设工地”。

3月15日　农场机关实行指纹考勤制度。

3月31日　全场首次实现土地承包费50%上打租。

4月2日　四平路白色路面工程开始放线，25日拆迁结束。9月28日，饶抚（胜利）路口至场部及四平路（工业园区）15.6公里白色路面竣工。

4月7日　历时20多天的各包队科室“走千家、访万户”活动结束。机关30多名党员干部对全场28个基层作业站、居民点进行了“拉网式”走访，涉及3180户，总计1万多人，为群众办实事300多件。

4月7日至5月10日　全场历时1个月降雨，使春播受阻。

4月13日　争取国家投资700万元，完成第二十六作业站2666.67公顷标准粮田建设项目。

4月15日　农场电视局摄制的电视长消息《北大荒粮食跨国联运下江南》和专题片《东安纪事》，在全省电视节目评比中分别获得一等奖。

4月18日　“国家粮食北粮南运江海联运通道项目考察组”成员到八五九农场，就江海联运有关情况进行调研。

4月20日　八五九农场灌区渠首泵站正式抽水运行，实现乌苏里江水灌溉水稻2000公顷。截至2005年末，八五九农场灌区累计投资1.01亿元，其中国家投资3230万元，总局匹配投资2575万元，农场自筹资金4329万元。完成管理站房、渠首提水站、引渠、总干渠和一支渠至四支渠的建设以及配套工程，共形成灌溉效益面积5333.34公顷。

4月20日　建三江一中英语外教马丁先生到农场中学，与即将面临中考的157名学生进行交流。

5月26—27日　全国水稻机械化生产农垦现场会在建三江分局召开。农业部副部长张宝文、农业部农业机械化管理司司长王智才、农业部农垦局局长杨绍品、农业部科技教育司司长张凤桐、总局党委书记吕维峰、分局党委书记王道明、分局局长王金会等参加会议。5月26日，与会的12个省农垦局领导和11个省农机局领导共96名代表，先后参观了八五九乌苏里江灌区渠首、三站大豆覆膜、二十一站水稻生产。

5月　八五九农场被国家环境保护总局评为“国家级生态示范区”。

6月20日　第九管理区（二十六作区站）113.34公顷大豆遭受冰雹袭击。

6月24日　小学教师刘庆斐在建三江分局庆祝建党84周年《党徽在岗位上闪光》演讲赛上获第一名。

7月6日　以中国科学院东北地理与农业生态研究所研究员刘兴土为组长的“中国工程院东北水资源项目”三江平原考察组一行6人，在省水利厅总工赵伟民、技术处处长徐青等陪同下考察了八五九农场灌区。

7月11日　副省长刘学良、省政府副秘书长师伟杰、省林业厅厅长韩连生、省建设厅厅长杨占报、省环保局副局长李景彬等一行，在总局党委书记吕维峰，副局长戚卫东及分局党委书记王道明，党委副书记王甲林，党委副书记、纪委书记刘胜利，副局长赵庆喜等陪同下，考察了农场绿色城堡、世纪公园、乌苏里江渠首工程、挠力河与乌苏里江汇流处。

7月16—17日　全场普降透雨，历时2个月（5月15日至7月16日）旱情终于得到彻底缓解。

7月18日　农场党委召开保持共产党员先进性教育动员大会。

7月19日　农业部部长杜青林在副省长申立国、农业部农垦局局长杨绍品、农业部种植业管理司司长陈荫山、省农委主任李嵘、总局党委书记吕维峰、分局局长王金会、副局长于金友等陪同下，到八五九农场乌苏里江灌区渠首进行实地调研考察。

7月19—20日　农场第八届乒乓球赛在中学大食堂举行，来自全场24个代表队参加了比赛。

7月29—30日　中央财经领导小组办公室副局长赵阳、联合国粮农组织官员托尼·迈克、世界银行专家李果等一行3人，在建三江分局局长王金会、农垦总局发改委主任侯培耀等陪同下，参观考察了乌苏里江灌区渠首工程。

7月30日　省政府决定在继续保持粮库性质，继续承担国家宏观调控任务的前提下，东安粮库划归省农垦总局管理。当日，省农垦总局与佳木斯市政府正式签订交接协议书。

8月16日　由全场89名新党员和部分老党员共同资助的十队贫困学生王辉，在当年的高考中以642分的成绩被哈尔滨工业大学国际经济贸易专业录取。从2002年开始，农场组织部牵头共资助王辉高中学习费用9000元。王辉考入大学后，农场党委为其捐赠5000元，新党员捐助2000元，十队党支部组织本队党员干部捐助1200元。

8月18日　第九管理区（二十六作业站）被省委、省政府授予文明单位标兵称号。

8月24日　八五九农场率先在二十二作业站推广使用硅肥技术，取得初步成功。每公顷施用硅肥300公斤，虽然每公顷增加240元的费用，却增加产量10%以上。

8月28日至9月1日　在第五届中国（齐齐哈尔）绿色食品博览会上，乌苏里江牌精洁米荣获畅销产品奖。

8月29日　八五九农场葛柏林家庭农场当年种植小麦46.67公顷，在连续遭受春涝、夏旱等自然灾害的情况下，平均公顷产超过6000公斤。据农业技术人员测算，个别地块公顷产达到7200公斤，这是建三江地区有史以来小麦公顷产最高纪录。

9月1日　农场教育改革结束，中学、小学、教育科合并，实行科教合一。减少教育管理人员和工勤人员，加强教学一线的力量。

9月3日　农场贸易大集正式开集，吸引了吉林、鸡西、佳木斯、富锦及周边市县的100多位业户前来赶集卖货。农场决定每月的3日为农贸大集日。

9月15日　经省总工会批准，八五九农场第九管理区（二十六作业站）工会被命名为全省“模范职工之家标兵”称号。

9月15日　美国驻沈阳领事馆总领事康大卫及助理崔大伟到八五九参观考察。

9月21日　经过实地考察，欧盟BCS组织专员历时3天，对八五九农业分公司4733.34公顷作物进行验收，并颁发BCS有机食品第一持证人使用证书，仅此一项即可使职工增收1200多万元。

9月22日　“垦区水利工程建设管理现场会”在建三江分局召开，总局水务局局长潘福田及各分局水务局局长到会，与会人员参观了八五九灌区工程建设现场。

10月18日　农场机关和部分场直单位在公园植树。拉土375车，共1500立方米，移栽大树21株，栽种各种小树1500株。

10月26日　农场机关办公大楼竣工，面积5463.79平方米，机关各科室迁入新办公楼。新办公楼于当年4月25日开工。11月6日，原农场机关办公楼拆除。

10月　结合阿布胶河水库增容工程建设的世纪园竣工，面积30万平方米，一期投资2000多万元。于2004年5月开工。

11 月 24 日　1500 株各种树木移进世纪公园。其中核桃楸 400 株、糖槭树 300 株、桦树及白杨树 500 株、大树 24 株。

2006 年

1 月 13—14 日　农场组织演出队到前进参加分局组织的第八届暨“科技杯”职工文艺汇演，取得第二名的成绩。

1 月 15 日　用水户协会成立，灌区实行“供水公司＋用水户协会＋用水户”的灌溉管理方式。

1 月 18 日　农场第十一届七次职代会在新机关大楼召开。分公司总经理刘相增作了题为《开阔视野，自主创新，科学规划，和谐发展，为建设社会主义新垦区而努力奋斗》的工作报告，163 名代表参加了会议。

3 月 10—11 日　全场普降大雪，厚度 20～30 厘米，并伴有沙尘，给水稻扣棚带来影响。

3 月 18 日　八五九农场举行纪念 1966 年 3 月复转官兵来场 40 周年大会，120 余名昔日的复转官兵参加大会。

4 月 8 日　八五九农场奶牛协会正式成立。

4 月 26 日　穆文亮到北京参加全国五一劳动奖章颁奖活动。穆文亮是八五九农场建场以来第一位全国五一劳动奖章获得者。

5 月 1 日　勤东公路东安至八五九农场场部段破土动工。

5 月 11 日　国家粮食局副局长郄建伟一行在总局助理巡视员周春来等陪同下到八五九农场，就粮库基础建设情况进行调研。

6 月 1—2 日　八五九农场第九届职工运动会、第十九届中学生运动会在中学召开，来自农场各单位的 35 个代表队、1520 名运动员参加了 20 多个项目的比赛。

6 月 6 日　凌晨 2 点左右，科研站等队的地块遭受冰雹、大雨袭击，致使 133.34 公顷大豆、玉米等作物不同程度受灾。

6 月 11 日　国家直补资金发放到农户手中。

6 月 17 日　水利队居民崔淑芳在采蘑菇的时候发现了一个大蘑菇，直径达 30 厘米，重达 0.55 公斤，比她见过最大的草蘑还要大三四倍。

6 月 19 日　加拿大原农业部、食品部部长，现安大略分院高端农业管理专家温克莱福先生在省外国专家局副局长刘文斌等陪同下到八五九农场，就农业、基础建设等情况进行参观考察。

7 月 2 日　农场利用 5 天时间对全场 1 万公顷次生林进行航化灭虫作业，

喷洒杀虫优油剂，确保森林资源安全。

7月9日　农场召开庆祝铁道兵8509部队开发建设北大荒50周年大会，100余名老复转官兵和部分官兵遗孀参加了会议。

7月10日　一场大风使2000公顷大麦80%倒伏。

7月13日　省建设厅厅长史殿臣、总局副局长戚卫东及省城乡建设检查团一行到八五九农场检查指导工作。

7月18日　水利部副部长矫勇在总局党委书记吕维峰、总局助理巡视员周春来等陪同下，到八五九农场乌苏里江灌区考察。

7月19日　全国水稻948项目总结暨高产高效研讨会与会人员来八五九实地考察。来自中国农业大学、南京大学、浙江大学等9所高校的50余名学者参加了考察，一行人参观了江水灌溉水稻和乌苏里江灌区。

7月24日　全省造林绿化现场会在建三江召开，各地市林业局长、主管副局长及林业厅领导60余人参加会议。与会人员参观了八五九农场33.33公顷绿色城堡和世纪园。

8月7日　国务院副秘书长尤权考察乌苏里江灌区。

8月9日　国家工商总局副局长刘玉亭在总局党委书记吕维峰的陪同下，考察乌苏里江灌区。

8月15日　下午2点左右，场区下大暴雨。1.5小时降水79.9毫米，场区南部水泥路面水深达20厘米，部分住户屋内进水。

8月16日　黑龙江省歌舞剧院原副院长、一级编剧胡小石到八五九采风。

8月17日　著名经济学家、民盟中央名誉副主席，全国政协常委，北大光华管理学院名誉院长、教授、博士生导师厉以宁到八五九农场考察乌苏里江灌区。并为农场题词“踏遍三江风雪路，世间何事不能为”。

8月22日　国家农业综合开发办公室主任王建国一行到八五九农场，考察乌苏里江灌区、世纪园和十九站大豆种植现场。

8月23日　国家项目投资500万元，农场自筹配套500万元的农业综合开发项目——奶牛小区建设工程破土动工。项目建成后，可饲养千头奶牛，占地3万平方米，牛舍7栋8000平方米，榨奶厅1栋，600吨青贮窖5座。

8月25日　省人大常委会副主任、党组副书记李希明在总局党委书记吕维峰、分局党委书记王道明、副局长于金友的陪同下到八五九农场参观考察。

8月　经省体育局批准，八五九农场工会被命名为2002—2005年度全省群众体育先进单位。

9月1日　原六师师长、81岁高龄的王少伯回访建三江垦区，并到八五九农场参观。

9月14日　省政协主席王巨禄在总局党委书记吕维峰的陪同下，到农场第一管理区、乌苏里江灌区、世纪园调研。

9月20日　省长张左己一行在省长助理、省政府秘书长张松岭，省财政厅、省建设厅、省农委等部门领导及农垦总局党委书记吕维峰，建三江分局党委书记王道明、局长王金会的陪同下，到八五九农场就新农村建设等进行调研。

9月25日　中国社会科学院青年学者国情考察团到八五九农场，参观了第一管理区、灌区、世纪园、葛柏林家庭农场，并就新农村建设、农业生产等进行调研。

10月3日　农场遭遇冰雹袭击。降雹历时近30分钟，冰雹大如鸡蛋，小如霰弹，田间冰雹堆积中心部位厚达10厘米多。

11月8日　晚，一场雨雪过后，农场路面形成一层光滑的冰面。

11月10日　农场档案室被省档案局评为企业档案工作目标管理省级标兵。

2007年

1月9日　上午，农场召开第十二届一次职工代表大会暨分公司第三届一次员工代表大会。分公司总经理刘相增作了题为《坚持科学发展观，创新求实铸辉煌，为建设和谐、富庶、文明、山川秀美的八五九而努力奋斗》的工作报告，137名代表参加会议。

1月9日　下午，中共八五九农场第八次代表大会召开，选举中共八五九农场第八届委员会和中共八五九农场纪律检查委员会。

2月1日　农场开展捐资助学活动，共收到捐款5.44万元，47个场直单位、7个驻场单位的386名干部及80多名员工参加捐助。

2月15—16日　2天的大雪给居民生活造成了巨大影响，道路积雪达20厘米，生产队道路堵塞。在各单位的努力下，场区及各作业区之间的公路在2月17日（除夕）全线贯通。

3月11日　农场遭遇50年不遇的暴雪袭击，积雪最高处达2米。通往胜利、建三江、前锋、前进及各作业区的交通路段封堵，农场紧急抽调刮路机2台、铲车10台清雪。农场二十六站1位职工突然脾破裂，由于道路封堵，无法送往医院抢救。危急时刻，农场领导立即调动机车开辟通道。历经4小时，终于将二十六站通往农场的36公里长的道路打通，病人被及时送到医院得到救治。

3月24—26日　继2月14—15日、3月5—12日两次特大降雪以后，建三江地区第三次遭受特大暴雪袭击，八五九农场降雪厚度达到60～82毫米。春季连降特大暴雪，史无记载。

3月25日　农场文化市场管理部门、公安分局、工商局对全场网吧、电子游戏厅进行集中整治，共收缴24台赌博游戏机，随后进行集中销毁。

4月3日　国家发改委下发改农经〔2007〕445号文件，八五九农场入选国家大型优秀水稻生产基地建设项目。

4月13日　北大荒农业股份有限公司八五九分公司第二管理区被省政府命名为省劳动模范集体。

5月4日　《走进新时代》《春天的故事》的词作者蒋开儒在分局党委书记王道明等陪同下，到八五九采风考察。

5月10日　农场文体中心动工建设，设计为3层。建筑面积5688平方米，主体建筑高17.4米。2009年4月1日，正式开馆，可供1500人同时进行各类文体活动。

5月15日　场部至民主白色路面工程开工建设，全长16.5公里。10月竣工并投入使用。

5月20日　总局示范化学校评审组10名专家到农场，就示范化学校创建工作进行评审验收。八五九学校顺利通过总局创建规范化学校的初评工作，以总分第一的成绩位于榜首。本年，八五九农场被总局评为教育工作先进单位。

6月13日　65923部队光缆施工与八五九农场共建总结大会在机关六楼召开，100余名官兵参加会议。65923部队担负着三十作业站与十二作业站34公里的“信息化二期工程”光缆施工任务。

6月30日　黑龙江省文化厅原厅长、省作家协会主席、黑龙江日报报业集团社长贾宏图走访葛柏林夫妇。

7月3日　农场举办电影首映仪式，共有200多名学生及观众参加。此套电影设备由总局下拨到农场，为16毫米提包机，1套双机。

7月10日　农场在世纪园广场召开庆祝八五九农场建场50周年大会。分局党委书记王道明到会致辞，会上为1956、1958年复转官兵代表颁发了纪念章，进行了文艺节目演出，晚8点还燃放了烟花。农场举办了场庆系列活动，有画廊展、精英报告会、青年演讲赛、诗歌朗诵赛、摄影书画展、基层单位文艺汇演等。

8月4日　以全国政协经济委员会副主任、中国证监会原副主席陈耀先为团长的全国政协"现代农业与粮食安全论坛"考察团一行到八五九农场调研。

8月15日　农业部副部长高鸿宾一行在总局党委书记吕维峰等陪同下到八五九农场，就新农村建设等工作进行调研。

8月28日　中央电视台"心连心"艺术团带着党中央、国务院对垦区人民的亲切关怀，到北大荒慰问演出。主会场设在建三江，分会场两个，一个是普阳农场，另一个就是东安镇。东安镇分会场的演出是在27日录制的，歌手郁钧剑、张林、赵景春、潘军、麦穗、马晓晨、徐子崴、皓天等分别演唱了歌曲，董艺和杨帆担任东安分会场的主持人。

8月28日　下午，中央电视台副总编张华山一行在分局有关领导的陪同下，到农场第一管理区等地参观指导。

8月30日　国家信息产业部副部长一行到八五九农场，就新农村建设工作进行调研。

8月　农场购进5台进口凯斯2388型联合收割机，单机价格190万元。

9月9日　国家粮食局局长聂振邦在省粮食局副局长金辉等陪同下到八五九农场，就粮食收购、销售、仓储等项工作进行调研。

9月10日　农场学校被省人事厅、省教育厅授予全省教育系统先进集体称号。

10月9日　农场召开社区矫正工作交接大会，会上公安分局将7名社区矫正对象及资料移交到农场司法科人员手中。这标志着八五九农场社区矫正试点工作进入实质阶段。

10月15日　场部至东安白色路面竣工，长17公里。

11月21日　水利部松辽水利委员会以《关于三江平原防洪治涝工程八

五九乌苏里江灌区渠系工程初步设计报告的批复》（松辽规计〔2007〕259号）对八五九灌区渠系工程进行批复，批复概算投资1.4亿元。

12月19日　总局党委下发《关于表彰垦区第四届十佳公仆的决定》（黑垦文〔2007〕10号），授予八五九分公司总经理刘相增垦区第四届“十佳公仆”称号，享受总局特等劳动模范待遇。

12月25日　谭东林被评为全国粮食生产大户。

2008年　3月5日　农场召开第十二届二次职工代表大会，分公司总经理刘相增作了题为《抓住重点，突破难点，全面加快小康社会建设进程》的工作报告。

4月6日　4台东方红1804型机车运抵农场，这也是场内国产最大马力的机车。机车动力180马力，价值40万元，其中总局补贴10万元，农场补贴5万元。

4月17日　分局党委书记王道明陪同北大荒文学杂志社副主编宋晓玲到八五九农场，就水稻发展历程进行采访，为编撰《中国绿色米都——一个女作家的三江之行》收集素材。

4月20—21日　2天内气温急剧上升，中午最高达31℃，水稻育秧大棚内达50℃，种植户采取通风降温措施。21日，机关包队科长下队指导种植户通风降温；22—27日，降温到8℃；23日出现雨夹雪天气，倒春寒出现。

6月3—4日　农场在中学操场举办第十届职工、第二十一届中小学生田径运动会。35个代表队共670名成年人、720名中小学生参加比赛。比赛还增加了2人3足跑、负重跑等男女竞技项目，各种项目共计27个。

6月30日　农场在世纪园广场举行庆祝改革开放30周年、知青来场40周年、1958年复转官兵（场社人员）来场50周年、建党87周年大会。会上表彰了先优模及大荒功勋人物，北大荒文工团还专程表演了文艺节目。

7月22日　在建三江分局举办的首届“绿色米都杯”职工运动会上，八五九农场53名参赛队员取得了团体总分第一名、拔河比赛第二名的好成绩。

7月28日　央视主持人刘璐在拍摄《平安中国——我们的家园》黑龙江篇时，先后采访拍摄了第一管理区新农村建设、第二管理区农具场和葛柏林家庭农场。

7月31日　刘相增调离八五九分公司，任红兴隆分局党委委员兼友谊分公司总经理、友谊农场党委书记；同日，青龙山分公司原总经理调任八五九分公司总经理。

8月16日　农场党委书记刘庆君调任建三江分局党校党委副书记；胜利农场原党委副书记、纪委书记、工会主席李建军任八五九农场党委书记。

8月20日　全国人大代表、黑龙江省原纪委书记杨光洪一行在分局党委书记王道明等陪同下，到八五九农场调研。

8月27日　参加建三江首届“中国绿色米都”稻米节的与会人员，来自全国各地的粮食局、粮食行业协会、国内大型粮食加工、经销企业和国家粮食局、国家粮食行业协会等161个单位的代表420多人，到八五九参观考察。

8月28日　农场与上海光明集团签约10万吨大米销售合同。

8月31日　全省现代化建设现场会与会人员在副省长吕维峰的率领下到八五九农场，参观乌苏里江灌区渠首。

9月4日　由国家发改委副主任杜鹰、国家发改委农经司农业处长许正斌等人员组成的国务院发改委调研组在副省长吕维峰等陪同下到农场调研。

9月10日　工业园区开工建设，胡遵凯第一个在园区内建民营稻米加工厂——凯赢粮油贸易有限公司，2009年下半年正式投产。

10月1日　斯摩勒塔竣工，开工时间为2007年8月10日，总投资170万元，为28米7层级钢骨架观光、防火瞭望塔。

10月4日　分局农业局工作人员对水稻高产攻关田的产量进行测量。经测定第七作业站牛战友种植的水稻公顷产达到1.25万公斤，这也是农场水稻单产的最高值。

10月23日　农场组织12名文艺爱好者参加省电视台《咱这也有文艺人》竞赛，与饶河农场代表队对决了3个节目。在第一轮16个代表队中，取得了总分第三名的好成绩。

10月28日　二十八站与抚远交界的6公里界沟竣工，这条界沟是土地清理工作的一项重要内容。由副场长张开成和清欠办主任兼街道办主任冯国才具体负责。农场派6名工作人员、2台挖掘机，24小时不间断作业，从10月22日开始，于10月28日结束。

10月29日　农场首次购置清雪机械，有国产雪狼4号1台、美国产道格拉斯雪铲1台、国产大型清铲1台。

12月11日　由国家国土资源、水利、林业等部门人员组成的国家三江平原东部地区土地整理重大工程专家评审组到八五九，就土地整理项目进行实地评审。

12月16日　农场开始全面为断保、漏保人员及职工子女补办养老保险。

12月21日　《情系北大荒》剧组到农场进行实景拍摄。拍摄场地位于大板西南的山林内，拍摄的内容主要是复转官兵初来北大荒时的场景。《闯关东》总导演张新建担任《情系北大荒》总导演。12月23日，电视连续剧《情系北大荒》在八五九农场完成全部拍摄任务。分局党委书记王道明专程到农场看望慰问剧组主创人员和主要演员，并与剧组互赠了写有“忠诚奉献、大爱无疆”和“北大荒精神万岁”的锦旗。

12月24日　农场在机关六楼会议室召开第十二届三次职工、分公司第三届三次员工代表大会。分公司总经理作了题为《构建和谐，发挥优势，科学发展，推动农场事业实现新跨越》的工作报告。

2009年　1月15日　建三江分局2009年迎春文艺晚会在农场新落成的文体中心举办。分局局长王金会等分局领导、农场在家的场领导与1000多名观众一同观看演出。

1月　中央精神文明建设指导委员会授予第九管理区（二十六作业站）第四届全国创建文明村镇工作先进村镇称号。

2月26日　在分局副局长于金友的主持下，分局水务局、八五九灌区管理处和八五九农场完成了灌区运行管理委托交接手续。至此，八五九灌区的运行管理由八五九农场负责，分局水务局负责灌区建设和运行管理监督指导工作。

3月2—5日　农场机构改革，农场（社区）机关按“三部”机构设置，即党群工作部、社区工作部、经营管理部。农场（社区）机关人员编制为30人。分公司按“四部一办”机构设置，即生产技术部、财务部、审计部、企业发展部、办公室，分公司核定编制为30人。农业单位下设9个管理区分管32个作业站、3个居民组。此次改革涉及149名农场各级干部，共选拔任用干部52人，调整交流干部27人。35名素质高、有能力的干部，走上了科级领导岗位。提拔任用第一学历大专以上毕业生12人。

3月5日　农场成立保安中队，设专职中队长1人，保安64人，负责机关、宾馆、学校、文体馆、电视台、物流公司和各作业站的保安工作。

3月6日　农垦科学院植保所所长穆娟微、总局植保站站长张力军到八五九农场，就如何在水稻病虫害期间科学用药进行技术培训，各管理区作业站主管领导、水稻副主任、部分种植户参加培训。

3月10日　由东北农业大学教授、黑龙江省奶牛首席专家张永根，八一农垦大学动科院副教授曲永利，农垦科学院畜牧兽医研究所所长张景伟等组成的专家组到八五九，就万头奶牛项目进行研讨。

4月1日　总投资达5065万元的国家土地整理重点工程——八五九农场土地整理项目正式开工。项目总面积2346公顷，建设规模2209公顷，共整理水田1561公顷，旱田324公顷。工程实施后，可新增耕地206公顷，减少占地64公顷，年增加效益718万元。

4月14日　土地清理工作结束，共清理出土地18666.67公顷，解决了群众反映强烈的乱占地、国有资产流失的问题。仅2009年一年，农场就可增加收入2800万元。

4月15日至6月1日　农场开工建设水泥路68公里，其中，十二作业站至三十作业站、二十八作业站通村路21.5公里；三站至二十二作业站14.9公里、场部至二十六作业站骨架路31.61公里。工程总投资达7080万元。

4月30日　第三作业站有人在营区附近烧荒，火星随着当时5级大风飘落在营区的草房上，致使大火发生。农场积极组织各单位人员赶往事发地点，进行救火。胜利、前锋农场及粮库的消防车也参加到救火行动中，经过近1小时的扑救，大火被顺利扑灭。

5月17日　老年大学在文体中心成立，学员80人，开设课程6类。

5月19日　以农垦总局项目办副主任田玉明为组长的项目验收组来到农场，就第七期农业综合开发项目的建设实施情况进行验收。第七期农业综合开发项目历时3年，总投资3146万元，共疏浚渠道104公里，购置农用动力机械122台（套），修筑机耕路6公里，建设了种子库房、水泥晒场等农业基础设施。

6月8日　国务院发展研究中心课题组考察团陈严（中国国发投资公司董事长）、崔晓黎（国务院发展研究中心农村部研究员）、郭建军（国务院发展研究中心农村部研究员）、周江平（中国国发投资公司顾问）到农场第一管理区、灌区渠首、世纪园参观考察。

7月1日　711平方米的工业园区办公楼开工建设，同年9月30日竣工。工业园区总占地26万平方米，其中，农场粮食仓储中心占地10万平方米，可储水稻15万吨；工业企业占地16万平方米，设计建设5个大米加工厂，园区整体加工能力30万吨。园区内已进驻3家企业，每个企业的年水稻加工能力达5万吨以上。

7月18日　农场投资70万元，在文化体育中心三楼建成面积400平方米的场史陈列馆，共容纳大小板块163个，展出图片706张，实物220余件。9月建成党史陈列室，面积60平方米，容纳板块18个，陈列图片98幅、实物75件。

7月25日　全国政协常委、原全国总工会副主席张俊九在总局、分局工会领导的陪同下到农场文体中心、场史馆、世纪园、灌区检查指导。

7月29日　农场改变幼儿园个人承包的管理体制，竞聘了园长、2名副园长和管理员，行政隶属农场、业务隶属学校。8月30日，采取考试、考核相结合的方式招聘了12名幼师。2011年5月28日，招聘幼儿教师6人、保育员6人、炊事员7人、保洁员2人。

7月31日　农场召开1959年山东支边青年来场50周年纪念大会。

8月18日　按照《八五九农场场区环境建设实施方案》的要求，农场投入300多万元，对新区、老干部区500多户进行统一规划。一委是平房保留区，沿主要街道的门房不许改建、扩建，拆除违章私建、园杖子、厕所。在住房后东西路中心线往南返10米处统一建设彩钢瓦仓房，居民自建的给予每平方米150元补贴，农场统一建的给予50%补贴。

8月19日　由总局交通局主办、北大荒文工团协办的庆祝黑龙江垦区交通发展30周年暨慰问交通系统干部职工文艺晚会，在农场世纪园广场举行。

8月26日　国土资源部部长、党组书记、国家土地总督察徐绍史在副省长于莎燕的陪同下到八五九农场，就土地整理、基本农田保护等工作进行调研。

8月　农场投资73万元在世纪园建成音乐喷泉，长36米、宽18米，最高喷射高度可达50米，共有38套泵口，305个电脑程控喷头。

9月15日　农场在场区东侧新建可装4台10吨锅炉的1910.77平方米的锅炉房及3台10吨锅炉的安装工程及1.43万米管道更新工程竣工。该工程于当年5月31日开工，总投资1500万元。届时将供热管道直径扩大到400毫米，可解决供暖面积36万平方米，将有效提高2000余户居民的供热质量。

9月15日　农场林业科组织新招收的队员进行扑火知识培训。当年农场成立了扑火队伍，配备了10名专业扑火队员，每个管理区配备了以基干民兵为主的20人的扑火队伍，投入12万元购进20台风力灭火机及其他专业设备，为每名扑火队员配齐防火服装和鞋帽。

9月20日　新自来水厂建成，房屋面积308平方米。总投资245.5万元，其中房屋58万元、井13.7万元、设备投资173.8万元。购进国内先进的全自动水处理设备，可进行消毒、过滤等水处理，打120米深水井1眼，改造场区自来水管网5公里。

9月22日　参加2009年黑龙江金秋粮食交易合作洽谈会的250名与会人员到八五九农场，参观第三管理区（十九作业站）旱作农业示范区及乌苏里江灌区。

9月24日　公交线路开通仪式在客运站门前举行。农场设立公交专线，购进12台面包车投入运营。

9月25—27日　“中国绿色米都杯建三江第二届职工运动会”在建三江召开，八五九农场代表队以综合总分433分的优异成绩夺得比赛第一名。

1—10月　农场聘用大学毕业生51人，研究生1人。其中生产一线大学生15人，教育一线大学生20人。所招聘的大学生享受分局统一规定的工资待遇，即研究生、本科生、专科生每人每年依次是4万、2万、1.2万元，享受的安家费分别是2万、1万、0.5万元，农场按国家规定办理养老保险、医疗保险等“五险一金”，并且在未成家之前每人每月均享受120元生活补贴。2010年，引进53名（其中硕士研究生2名）。

10月15日　明珠家园一期工程竣工，总投资8903万元。该工程5月开始筹备，7月5日正式开工。建有住宅楼16栋，建筑面积5万平方米，有7个作业站757户迁入小区。

10月21日　新西兰投资咨询公司董事长欧大维在分局农机局领导的陪同下，到葛柏林家庭农场进行参观考察。

10月　国家体育总局授予八五九农场2005—2008年度全国群众体育先进单位称号。

12月15日　农场召开十三届一次职工、分公司四届一次员工代表大会，分公司总经理作了题为《立足新起点，抢抓新机遇，勇担新使命，为全面推动农场各项事业实现新跨越而努力奋斗》的工作报告。

12月20日　建三江分局团委举办的分局首届双十佳青年表彰大会在农场文体中心举行。

12月　农场投入64万元用于更新电视新闻采编设备，有摄像机、提词器、非线性编辑设备、摇臂、节目导播系统、硬盘播、磁盘阵列等。

本年　投资1800万元，改建奶牛小区1500平方米，解决居民点整体拆迁后500头奶牛的饲养问题，新建标准化奶牛小区4800平方米。采用国际先进的散栏饲喂方式，使用TMR饲喂技术、自动清粪系统；采用德国维斯伐利亚48头位鱼骨式榨奶设备，并配有计步器、挤奶控制器、电子监控器等设备。

本年　农场投资1600万元，全面改造中小学校校舍，新建现代化微机室，物理、化学、生物实验室，完成学校标准化运动场和校内硬化，完善校园建设。

本年　农场投资560万元，扩大社会保险覆盖面，对凡是符合参保条件的断保、漏保人员及职工子女，所交保费给予50%的补贴。

本年　农场投资500万元在十九作业站建设旱作农业示范区，总面积1200公顷，包括农机管理区和标准化旱田种植区。农机管理区占地面积2.85万平方米，房屋建筑面积1.24万平方米。粮食管理中心水泥晒场2.2万平方米，肥料库、种子库1200平方米。还有砖混结构办公室、员工休息室、技能培训、设备维修、配件供应、进口装备保管、油料供应、设备清洗等8个区域。

2010年　2月19日　总局小城镇建设推进会在建三江分局举行。上午，与会人员到八五九农场，查看了农场2010年小城镇建设工程备料情况。

3月16日　2009年招聘的51名大学生全部入住新建的明珠家园小区大学生公寓。该公寓1栋24套房屋，每套均为2室1厅，厨房、有线电视和网线等各种设施齐全。

3月26日　公安分局民警邓功富在北京人民大会堂参加全国公安机关爱民模范先进事迹报告会，获“全国公安机关爱民模范”荣誉称号，受到胡锦涛、温家宝、李长春等党和国家领导人的亲切接见。邓功富是垦区唯一获此殊荣的民警。

4月5日　农场在建三江分局首家建成CORS系统，该系统由基准站网、数据处理中心、数据传输系统、定位导航数据播发系统、用户应用系统五个部分组成，各基准站与监控分析中心间通过数据传输系统连接成一体，形成专用网络。CORS基准站建立在十站的土地整理核心区（即科技园区），覆盖半径为50公里。其中水稻生长环境监测控制系统为国家863计划项目。12日，农场与八一农垦大学信息技术学院院长衣淑娟达成信息领域合作共建协议书。

4月12日　位于农场机关后侧的旧型锅炉房两个大烟囱被成功引爆拆除。

4月12—14日　连续降雪，总降水12.9毫米，雪厚达15厘米。农场领导、包队科室、管理区、作业站干部靠前指挥，带领2300名水稻种植户抗击暴雪，6000多人日夜守护水稻大棚，及时清理大棚上的积雪，全场1万多栋大棚安然无恙。

4月25日　八五九农场2009年土地整理项目开工。项目共分为3个项目区，项目区总面积为6382.2106公顷，建设规模6211.2687公顷，整理后新增净耕地595.1901公顷，新增耕地率9.58%。项目总投资1.16亿元。建设地点在九作业站、十作业站、十一作业站、十五作业站、二十一作业站、二十四作业站。

4月27日　第一管理区主任穆文亮光荣地走上了北京人民大会堂全国劳动模范表彰大会的领奖台，获“全国劳动模范”荣誉称号，受到胡锦涛总书记、温家宝总理等党和国家领导人的亲切接见。这是他继2006年获得全国五一劳动奖章后，第二次进京受奖。

5月3日　农场党委研究决定，卫生科、医院实行科院合一，进行公开竞聘民主选举。通过竞聘演讲和民主选举，时冬霜当选科院长。

5月12日　省委书记吉炳轩到农场明珠家园二期工程施工现场，就现代化大农业建设、城镇化建设等情况进行调研。省委副秘书长办公厅主任杨东奇、省委政研室主任陶凯、省发改委主任、省住房和城乡建设厅厅长杨占报、省交通运输厅厅长高志杰、省农委主任王忠林、省水利厅厅长一同调研。

5月19日　农场共有4台机车安装了全球卫星定位导航系统，每天可播种166.67公顷，而且不重不漏，1000多米长的长垄笔直无弯。

5月21日　黑龙江电视台新闻联播节目摄制小组到八五九农场，就城镇建设进行了为期1天的采访拍摄。记者们先后到世纪园、十九作业站农机管理区、工业园区、学校等地进行了实地拍摄。

5月23日　由黑龙江日报报业集团、黑龙江广播电台、黑龙江电视台、东北网、北大荒日报社、北大荒网组成的“百场百城”宣传报道组到八五九农场，就小城镇建设进行宣传报道。

5月27日　科技园区及十九作业站被北京师范大学科研项目组确定为科研项目核心区。科研项目为“三江平原农业活动胁迫下的区域生态环境过程及安全调控研究”，重点就三江平原农业活动对区域生态环境所产生的影响进行研究。该项目属国家自然科学基金重点项目，由北师大与国土资源部土地整理中心、水利部水利水电规划设计总院共同完成，时间为4年。项目在科技园区、十九作业站旱田科技园区各安装一套最新的多功能环境监测器，还将引入先进的分析测试设备，开展土壤、水、气候、作物的分析试验。

5月29日　投资1.1亿元，占地5.8万平方米，年加工30万吨的北大荒米业八五九制米厂在工业园区开工建设。这是工业园区引进的又一家大型稻米加工企业。

5月30日　农场在机关六楼会议室召开2010年第二批招聘人才见面会，来自全国各省市的52名大学生参加了招聘。4月18日，召开了第一批招聘见面会，来自20多所大学的38名大学生参加招聘。本年招聘大学生53名。

6月12日　在建三江分局参加全省小城镇建设现场会议的黑龙江省委常委、常务副省长杜家毫，省委常委、纪委书记李延芝，省委常委、省委秘书长刘国中，省委常委、组织部长徐泽洲，副省长吕维峰及全省各地市主管领导120余人到八五九农场参观明珠家园小区和世纪园。

6月　社区被省社区建设领导小组评为“全省和谐社区建设示范社区”。

7月12日　位于机关东侧的综合办公楼开工，建筑面积7164.93平方米。

7月15日　黑龙江日报报业集团原社长、作家贾宏图，在北大荒文联主席张佑臣的陪同下，到八五九农场采访葛柏林夫妇，并参观了橡树园，为撰写报告文学《仰视你，北大荒》积累素材。

7月18日　国土资源部党组副书记、副部长鹿心社在省政府副省长于莎燕等陪同下，到八五九农场就土地整理、水利等工作进行考察。

7月27日　八五九农业广播学校经过国家有关部门的认真评测，被评为中央农业广播学校A级学校，并举行了揭牌仪式。中央农业广播学校常务副校长曾一广、中央农业广播电视中心处长陈永民、农垦干部管理学院院长逄金明参加了揭牌仪式。

7月30日　由加拿大14位农民组成的参观考察团到葛柏林家庭农场参观考察。

8月2日　黄芯蕊以635分的成绩被北京大学法学院录取，农场特资助1万元。

8月10日　以色列农业部副司长拉兹先生一行在总局、分局农业部门领导的陪同下到八五九农场参观考察。

8月13日　以上海知青历史文化研究会副会长翁德坤为团长的上海黑土情知青艺术团一行34人到八五九农场，就城镇建设、文化建设等工作进行参观考察，并在文体中心举办了“感恩北大荒”文艺演出。

8月25日　参加中国农林水利工会第二届八次常委扩大会议的中华全国总工会副主席、书记处书记倪建民，中国农林水利工会主席盛明富，副主席张晓辉、江南一行36人，在省总工会常务副主席侯纯禄、农垦总局工会主席于春明的陪同下到八五九农场，参观垦区现代化大农业和工会工作。

8月28日　2010·黑龙江金秋粮食交易合作洽谈会暨第三届北大荒稻米节与会人员到八五九农场，参观工业园区及乌苏里江灌区。

8月　学校400米标准塑胶体育运动场投入使用，该项目2009年6月开工，同年5月，铺设人工草坪和塑胶胶体。运动场总面积17820平方米，建设资金431万元。

8月　八五九农场被省体育局授予2006—2009年度黑龙江省群众体育先

进单位称号。

9月9日　总局党委组织部部长刘伟康及总局党建示范区建设推进会与会人员到八五九，就基层党建工作进行参观指导。

9月10日　中央电视台十套科技频道《希望英语》摄制组到东安镇，以边境观光美食为主题拍摄专题片。

9月10日　民主选举行政领导干部和“公推直选”党支部书记工作结束。共完成了9个管理区、12个场直单位的民主选举工作。选举出管理区主任9人、副主任27人，选举出场直单位科长（局长或经理）12人、副科长（副局长或副经理）13人，“公推直选”基层党组织书记18人。

10月4日　投入157万元，新建990平方米街道办办公楼。成立街道党委，下设4个居民委和环卫队、物业队、城管队、绿化队、物流中心、商城管理所6个部门。公开招聘街道党委副书记1人、副主任1人，街道党委、居民委女工主任5人、干事5人。

10月11日　电视局对无线电视发射塔进行拆除。该发射塔于1989年11月从饶河县购进，1992年立塔并投入使用。塔高105米，转播中央一套、七套节目。

10月14日　明珠家园二期工程竣工，开工时间为6月17日，建有住宅楼33栋、商服楼2栋、办公楼1栋，建筑面积15.16万平方米，有12个作业站1726户居民迁入小区。

10月20日　建三江分局首届“绿色米都杯”政治、历史、地理学科说、讲、评展示大赛在八五九中学举行。来自八五九、胜利、前进、前哨、洪河、红卫、创业7所学校的21名教师参加了比赛。

10月22日　以全国公安机关爱民模范、八五九社区民警邓功富命名的社区警务室在第二居民委正式挂牌成立。邓功富警务室也是建三江分局首个、全垦区第三个以民警个人名字命名的社区警务室。

11月20日　建三江分局城镇管理现场会在八五九农场召开，分局党委书记王金会、局长陶喜军及其他局领导、各农场场长、书记及城镇建设主管领导参加会议。与会人员到街道办办公楼参观考察，并听取了农场党委书记李建军有关城镇建设管理情况的介绍。

12月2日　农场、分公司组织开展职工代表巡视活动，170余名职工代表分成两个组，先后到重点工程建设现场，物流中心、奶牛小区、工业园区、渡槽、科技园区、土地整理、白色路面建设、街道办、幼儿园等9个现场参观巡视，并听取工程负责人的情况介绍。

12月6日　总投资700万元的数字电视工程全面开通，5200余户居民看上了图像清晰的90余套的数字电视节目。2009年12月末完成数字电视前端设备安装工作，当年7月20日开始数字电视主干网和接入网全面改造；10月1日陆续开通。农场对居民购买机顶盒每户补贴200元。

12月13日　由总局党委宣传部、北大荒日报社等7个单位共同主办的首届感动北大荒人物（群体）评选活动结果揭晓，邓功富被评为首届感动北大荒人物。

12月22—23日　农业部农业经济发展中心质量追溯项目验收组一行到八五九，检查验收农产品质量追溯项目运行情况。分公司顺利通过农产品质量追溯项目验收，取得全国最高的96分。

12月24日　古云平被农业部评为全国粮食生产大户。

12月　省委老干部局授予八五九农场离退休干部活动中心“省级标兵之家”称号。

本年　农场投入各类资金4600万元，建设9.6万平方米的物流园区，其中房屋10270.35平方米、地坪6万平方米。物流园区依托外环路，是集货物中转、物流集散、停车食宿、机车修理、配件零售、劳务市场等综合功能于一体的大型物流服务中心，吸引17户汽修商户入驻。于2009年开工铺垫场地，本年6月3日正式开工。

本年　农场党委被评为农垦总局级先进党委。

2011年

1月9日　农场在机关四楼会议室召开绿化建设招标会，来自哈尔滨、大庆的3家绿化公司参与竞标，大庆美城园林绿化有限公司中标。

1月19日　分公司总经理调离八五九分公司，任北大荒米业集团董事长兼总经理。饶河农场原场长调任八五九分公司总经理（黑垦组干〔2011〕8号）。

2月14日　省关心下一代工作委员会授予农场中学初四学生赵金平为“省十大读书状元”荣誉称号。

2月22日　农场第十三届二次职工、分公司第四届二次员工代表大会召开，分公司总经理作了题为《抢抓发展机遇，完善体系建设，强化执行意识，为全面推进农场各项事业实现新跨越而努力奋斗》的工作报告。

这也是农场首次对职代会进行现场直播。

4月6日　投资30多万元引进的水稻智能化育秧监测控制系统投入使用。该系统可实现15项数据监测，实现自动控温和控水等自动控制。

4月9日　农场在机关六楼会议室召开2011年党建思想政治工作会议。会上表彰了8个党建思想政治工作先进单位、17名先进个人及4名首届感动八五九人物。

4月12日　农场在街道办成立“爱心责任超市”，并开展实物捐赠活动。农场机关科室、场直各单位、各管理区及社会人士共同参与了物资捐赠活动。

5月10日　农场成立信访办，信访工作从民政局分离。

5月11日　农场成立非煤矿山管理委员会，下设办公室，在砂石管理站。

5月14日　复旦大学信息科学学院院长、复旦大学无锡研究院院长郑立荣一行，在北大荒农业股份有限公司董事长王道明等陪同下到八五九农场，就粮食生产、质量追溯体系等工作进行参观调研。

5月31日　由省委常委、政法委书记黄建盛率领的省政法委调研组一行到东安镇，就社会治安管理及边境稳定等工作进行调研。

6月9日　省关心下一代工作委员会授予李刚为黑龙江省百名优秀“五老”称号。

6月11日　国家广电总局传媒机构管理司司长陶世明，省广播电视局局长赵洪生，省电视台台长刘玉平在总局党委委员、宣传部部长高跃辉的陪同下到八五九农场调研。

6月13日　建三江管理局“创先争优”专项文艺演出在八五九农场文体中心举办。管理局局长陶喜军等局领导、农场在家的场领导及老干部、劳动模范代表和职工群众一起观看了演出。来自八五九、胜利、青龙山、七星、洪河等13个农场的演员们共表演了18个节目，整场演出历时2小时。

6月15日　农场在建三江管理局举办的前进杯第三届排球赛中取得男子第一名、女子第三名的佳绩。本届排球大赛共有来自全局的21支代表队、310名运动员参加比赛。

7月11日　中国地方志指导小组办公室副主任刘玉宏带领参加全国地方

志理论研讨会的一行18人到八五九农场检查指导工作，与会人员参观了场史馆和党史陈列室。刘玉宏为农场题词“面向未来，创造神话”。

7月18日　公开招聘女协警大会在公安分局举行，此次共招聘6名女协警。

8月8日　建三江管理局召开北大荒第二届稻米节，与会人员到八五九参观考察。北大荒农业股份有限公司董事长王道明陪同联合国驻华联络办代表Mr. PercyMisiKa等参观农场小城镇建设、工业园区、土地整理、灌区等地。

8月10日　华夏认证中心工作人员到八五九分公司，审核双体系管理项目运行情况。2005年，八五九分公司通过了ISO 9001和ISO 14001环境、质量双体系认证，是垦区第一家通过质量、环境双体系认证的企业。

8月14日　由国家宣教中心、人民日报社、经济日报社、农民日报社、中央人民广播电台、黑龙江电视台、黑龙江日报报业集团等18家媒体组成的“农村土地整治万里行”采访团，到八五九农场参观采访土地整理项目。

8月18日　省司法厅厅长刘义昌率领省司法厅“学讲话、忆党史、看发展”主题实践活动组到八五九农场参观考察。

8月28日　中央电视台新闻中心副制片魏毅到八五九农场二十一作业站、灌区渠首、十二作业站采访拍摄农场水利建设，该节目在央视新闻联播中播出。

8月　八五九农场被中华全国总工会授予“职工书屋”示范点。八五九农场被黑龙江省总工会授予“省基层工会先进组织”称号。

9月16日　八五九农场钓鱼协会组织开展八五九农场首届钓鱼比赛，30名协会会员参加。

9月　八五九农场被省委、省政府命名为“文明乡镇”。

9月　邓功富被黑龙江省道德模范评审委员会评为全省第三届道德模范。

10月1日　农场投资1560万元，面积6169.39平方米的新幼儿园举行开园仪式，其中有800平方米阳光大厅，每个房间53.8平方米。建三江管理局副局长李荣华参加幼儿园落成仪式暨开园典礼。

10月11日　东方嘉州住宅项目工程开工，总占地面积2.6万平方米。

10月12日　省委组织部创先争优采访组到八五九农场，采访农场先进人物穆文亮、邓功富、葛柏林。

10月19日　农场农机合作社引进13台大马力机械落户第三管理区（十九作业站）农机具展示区。本年，采取职工自筹和农场补贴的方式，共投资4060万元，配备现代化农业机械970台（套）。

10月底　明珠家园三期工程竣工，投资2.1亿元，建有住宅楼42栋（其中二期扩建8栋）、商服楼5栋、办公楼1栋，建筑面积16.1万平方米，有11个作业站1846户迁入小区。明珠家园小区三期完工后，整个小区住宅楼达91栋、商服楼7栋、办公楼2栋，总建筑面积36.26万平方米。共搬迁30个作业站4329户9243人，使场区人口由原来的9100人增加到18343人，城镇化率达到94.9%。

11月18日　农场召开第九次党代会，175名党员代表参加。农场党委书记李建军作中共八五九农场第八届委员会工作报告，选举产生中共八五九农场第九届委员会、纪律检查委员会。

12月　中国农林水利工会全国委员会授予八五九农场工会“全国农林水利系统模范职工之家”称号。

本年　第二管理区被评为“省级文明村标兵”。

2012年

1月　投资8000多万元建设的商业步行街（商场1号、2号，地下商场）正式投入运营。建筑总面积3万平方米，可入住商户360家。

2月10日　八五九农场党委被总局党委授予2011年度党风廉政建设先进单位称号。

2月　八五九农场被省委、省政府评为“2011年全省粮食生产先进单位”。

3月7日　八五九农场车辆管理分所顺利通过总局交警部门验收，可办理五小车辆的注册、驾驶证审验、换证等业务。

3月17日　农场第十三届三次职工代表大会、分公司四届三次员工代表大会召开。分公司总经理作了题为《抢抓新机遇，勇担新使命，明确新目标，为推动农场经济社会又好又快发展而努力奋斗》的工作报告，217名职工代表参加会议。

4月17日　农场引进15台意大利生产的马斯奇奥精量播种机。20日，引进120台高性能井关插秧机。

5月7日　农场投资购进的治安巡逻艇在东安镇投入使用。

5月　第一管理区被省总工会授予黑龙江省五一劳动奖状。

6月22日　建三江管理局“创业杯”篮球比赛在创业农场落下帷幕，八五九农场代表队获得亚军。

6月30日　国防大学师以上单位党委支部书记轮训班学员共计140余人，到建三江管理局考察学习时到八五九农场参观了城镇建设和场史馆，国防大学政治部副主任少将任天佑随行。

7月5日　总投资1200万元的万寿菊加工项目落户八五九农场，主厂房加工车间开工建设。该项目由黑龙江省鸿茗万寿菊工贸有限公司投资建设，届时建设366.67公顷万寿菊种植基地，建60栋育秧大棚。

7月8日　由省体育局、彩票管理中心、人民日报社、新华社、中国体育报社、黑龙江日报报业集团、黑龙江生活报社等多家单位和媒体组成的“体彩公益金遍龙江”采访考察团一行到八五九农场，就文化体育建设进行参观采访。

7月10日　分公司总经理调离八五九分公司，曙光农场原场长丁兆禄调任八五九分公司总经理（黑北农人〔2012〕2号文件）。

8月11日　省委组织部《忠诚》电教片摄制组一行到八五九农场，对葛柏林进行了采访拍摄。

8月11日　中央电视台“行进中国”摄制组到八五九农场采访。摄制组先后到二十一作业站、明珠家园小区采访拍摄，中央电视台“朝闻天下”节目主持人胡蝶担任外景主持。

同日　中国保监会副主席陈文辉一行在省保监局领导、建三江工会主席苍云的陪同下到八五九农场，参观世纪园、文化体育活动中心。

9月15日　国家林业局副司长苏祖云一行到八五九农场，就家庭林场建设工作进行调研。

9月25日　以总编辑纪元为组长的《中国工人》杂志采访组一行到八五九农场参观调研。

9月27日　九场发〔2012〕31号文件规定，农场对取暖费政策进行调整，对符合条件的集中供热居民住宅取暖费缴纳标准是38元/平方米，车库和商服取暖费缴纳标准为46元/平方米，不符合条件和超过规定面积的缴纳标准为51元/平方米。

10月29日　第四届全省“六个十佳”和谐单位（家庭）创建评选活动颁奖晚会在黑龙江电视台演播大厅举行。八五九农场街道社区在本次活动中获得了垦区唯一一个“十佳和谐社区”称号。

10月　葛柏林的鳌花岛原生态旅游度假村被评为国家AA级旅游景区；2015年8月被国家旅游局授予中国乡村旅游模范户。

12月14日　农场幼儿园顺利通过总局级示范园评估验收。

12月17日　八五九农场被农业部评为“全国粮食生产先进县（农场）”。

本年　投资2500万元，完成主干街道7幢楼房立面改造、场区道路维修加宽、购置LED节能路灯177盏。

2013年　1月21日　公安分局为全场所有个体工商户安装监控摄像头，共计500余个。

2月1日　黑龙江省八五九农场社会行政管理委员会正式挂牌。

3月26日　农场召开十四届一次职工、分公司五届一次员工代表大会，分公司总经理丁兆禄作了题为《立足新起点，构筑新优势，实现新突破，为率先全面建成小康社会而努力奋斗》的工作报告，211名职工代表参加会议。

4月23日　农场开展“祈福雅安，情系雅安”赈灾义捐活动，为在4月20日四川雅安地震中受灾的人民奉献爱心。活动共收到捐款捐物合计20余万元。

5月16日　在总局团委、北大荒青联的指导下，由北大荒青联委员孟凡军创办、垦区首家以“青年”命名的专业合作社——银谷青年谷物专业合作社在八五九农场挂牌成立。合作社有社员33名，其中70%以上是45周岁以下的青年职工。

5月27日　哈尔滨银行八五九支行在八五九农场正式成立。这是继中国农业银行、邮政储蓄银行和农村信用社之后，第四家落户八五九农场的金融机构。

5月28日　建三江物价分局、八五九农场供水站在机关四楼会议室举行八五九农场供水价格调整听证会。在充分考虑群众承受能力和参考各农场供水价格水平的基础上，制定了价格调整方案。6月1日，根据黑龙江省垦区建三江物价分局黑垦建发〔2013〕9号文件《关于八五九农场供水价格调整的批复》，调整后自来水价格为居民生活用水每立方米 3.5 元（经农场补贴 0.5 元后每立方米 3 元），非居民用水每立方米 5 元，特种行业用水每立方米 7 元。

7 月 2 日　调整管理区、作业站财务体制，取消管理区出纳配置，作业站配核算员，管理区会计兼管理区所在地——作业站的核算员。作业站核算员负责向农场财务科（分公司财务部）报账，报账须经管理区审核，管理区由财务报账单位变成财务审核单位。

7 月 6 日　北京企业管理学院学术委员会主席、北京大学客座教授李庚其到八五九农场，作了“北大荒的中国梦”专题讲座。

7 月 21—30 日　社保局在文体中心组织开展社保卡信息采集工作。届时将办理一卡通，可作为银行卡使用。

7 月 22 日　建三江地区首家由民营企业建成的商品混凝土站——八五九路缘商混站已出售混凝土 5000 余立方米，可辐射周边 40 公里。该商混站建于 2012 年 12 月。

7 月　农场启动“有线电视、网通、通讯、监控”四网落地工程，将架空线路改为地下管道传输，共拆除电线杆 160 多根、改造线路 14.8 公里。

8 月 8 日　农业部原副部长刘成果一行到八五九农场调研，并为农场题词“江畔明珠”。

8 月 17 日　青龙山农场遭受特大洪水，农场组织 162 名志愿者奔赴青龙山抗洪。

8 月 18 日　由于连续降雨，场内各河流水位暴涨，阿布胶河、别拉洪河新河道水位比上年同期上涨 2 米左右。仅 14、15 日降雨达 87 毫米。多处河水溢出河道，堤坝被大水冲出缺口，部分地号被水淹没。

9 月 6 日　农场投资建设的标准化草坪门球场完工并投入使用，这也是建三江地区唯一一处高标准草坪门球场。9 日，饶河地区五场一县离退休老干部门球赛在新建成的草坪门球场举行。

9 月 12 日　农场第一家专业物业公司——兴城物业揭牌成立。属农场扶持，街道社区监管的自负盈亏单位。收费标准为每月 0.5 元/平方米。

9 月 21 日　农场为 1000 余名 65 岁以上常住居民进行免费体检。主要检查血常规、尿常规、血脂、肝肾功、血糖、心电图等，结果录入本人健康档案。

10月18日　在全国农产品质量追溯项目验收中，八五九大米质量追溯项目以总分97分的成绩通过了农业部的验收，并荣获全国大米行业项目排名第一。

11月19日　机关及各单位办公室面积按上级核定的标准执行，并对办公室进行了调整。全场共清理腾退办公用房1571平方米。

12月3日　建三江农垦法院创业、八五九、青龙山、胜利人民法庭依法处理3起恶意拖欠、拒绝交纳土地承包费案件，对二十六作业站贾某等人的农产品进行诉讼财产保全、依法清收、异地查封，在开庭审理后根据法院判决依法执行所保全的水稻204吨。

12月25日　八五九农场被农业部评为2013年全国粮食生产先进单位。

本年　农场投入1200万元，重点对主干路、世纪园、明珠家园小区进行绿化。共栽种大型乔木2700多株，景观树及花卉近百万株，总长度近8000米。

2014年　1月18日　奶牛小区652头符合标准的奶牛参加阳光保险。每头奶牛保额6000元，保费养户交纳20%，国家补贴80%，每头奶牛养户只需交96元即可参保。

1月20日　八五九学校在建三江管理局第五届中小学冰上运动会上取得了中学组团体第一名、中学组女子团体第一名，小学组团体第二名、小学组男子团体第二名的好成绩。

2月21日　农场举办水田科技培训班，请农垦科学院植保所所长穆娟微、水稻所副所长那永光、公司农业生产部领导授课，213人参加了为期3天的培训。

2月23日　农场免费为217名职工代表体检。

3月4日　按照中央、省委、农垦总局、管理局党委的统一部署和要求，第二批党的群众路线教育实践活动全面启动。农场党委召开启动大会，就活动的相关内容进行安排布置。

3月13日　农场第十四届二次职工、分公司第五届二次员工、农场第八届二次会员代表大会在机关六楼会议室举行。分公司总经理丁兆禄作了题为《深化改革，强化管理，攻坚克难，为率先全面建成小康社会不懈奋斗》的工作报告。221名职工代表参加会议。

3月17日　农场对女性年满45周岁、男性年满55周岁，具有本地户籍的灵活就业人员给予社保补贴。补贴期限至法定退休年龄，最长5年。标准为基本养老保险补贴每人每年2196元、基本医疗保险补贴每人每年554元。

3月25日　九场办发〔2014〕10号文件，农场成立公共资源管理办公室，将原场县共建办公室、新农村办公室、砂石管理站3个单位合并。

4月3日　黑龙江社科院历史所原研究员魏国忠一行到农场大板山遗址进行考察。专家们一致认为大板城址是三江平原乌苏里江流域独具特色的商汉时期遗址，对研究三江平原各个时期文化遗存的谱系关系、文化传播方向等有重要的科研价值。12月3日，大板山西北城址被省政府列为第六批省级文物保护单位。

4月28日　农场工会向全场157户低收入户发放250万元无息贷款。

5月2日　第三作业站、第三十二作业站成立种植户“民管会”。

5月5日　北大荒米业集团八五九制米厂划归八五九农场。

5月12日　由省委宣传部和省文化厅组织的“走进中国大粮仓——省文化厅艺术家中国梦文艺创作采风团”一行在省音乐家协会副主席、省歌舞剧院副院长王明喜和原北大荒文工团团长匡野的带领下，来到农场文体中心、场史馆、世纪园等参观考察，为我省“中国梦”主题文艺创作提供素材。相声演员王殿云，戏剧家何凯旋，编剧杨晓泉、许丹参加活动。

5月12日　农场在十二作业站开展旱直播水稻试验。实验面积10公顷，采用旱作方式栽培水稻，通过滴灌设备解决用水问题。

6月18日　农场在学校操场举办第十一届职工运动会，管理局工会主席苍云出席开幕式并致辞。经过一天的比赛，学校获团体、男子团体第一，机关获女子团体第一。

7月1日　农场党委组织开展“爱我家园，美化环境”活动，农场领导及机关科室、基层单位500余名党员干部走进社区，义务清理杂草垃圾。

7月4日　一外来打工女子因给种植户打工被拖欠工钱1.5万元，便爬上机关办公楼楼顶以跳楼相威胁。经民警和工作人员劝解，该女子在民警的协助下离开楼顶。该女子与丈夫受到治安处罚。

7月14日　农场印发《八五九农场小城镇建设资产管理及盘活实施方

案》，规定将小城镇中未销售的住宅、商服、物流车库和储存室由国有资产管理中心负责管理；将未出售的整体搬迁的车库由各管理区、作业站、机关各科室、场直单位负责管理、出售或出租。按级别将任务指标落实到人。共盘活整体搬迁中闲置的商服、车库等闲置资产4615万元。

7月29日　饶河县与八五九农场共同在世纪园广场举行“场县共建”文艺演出。

8月1日　农场免费为全场妇女同志进行生殖健康检查。

8月27日　农场职工购买的5台约翰迪尔S670收割机运抵农场，5台总价1490万元，国家每台补贴40万元。该收割机配有373马力发动机，每天可收割玉米66.67公顷。

9月1日　社区下辖的6个居民委合并为3个，每个居民委设1名书记兼主任，设副书记、副主任、女工主任、综合干事2人。

9月5日　日中国际交流协会植树访华团到八五九农场，对垦区首个中日青年绿色生态示范林项目一期工程进行考察验收。项目由“日中绿化交流基金”投资，总造林137公顷，在挠力河保护区栽植杞柳纯林，2014—2016年分三期实施。项目累计投资222.51万元，其中日方资助160.57万元，农场自筹61.94万元。

10月6日　二十三作业站王成铃种植的玉米平均公顷产达1.43万公斤，创农场最高产量。王成铃种植玉米8公顷，10年来，每年公顷产量都在1.05万公斤左右。她采用大垄密植的方法，由过去0.65米的小垄合并成1.3米的大垄，本年纯收入8万元。

10月8日　农场在第十作业站尝试应用“激光平地”技术整地。使用激光平地机作业，土地单位高度差可缩小到20%以内。

10月10日　经水田部工作人员测产，二十二站种植户张友军自创的旱整地垄播法种植的33.34公顷，水稻平均公顷产1.05万公斤，最高地块公顷产1.2万公斤。

10月15日　农场投资75万元，为幼儿园新建400立方米室外蓄水池和抽水泵站各1座。

10月17日　农场在科研站农具场新打水井1口，该水井每小时出水50立方米左右。原有的3口井每小时出水100立方米。本年，投入1630万元用于场区供水管网及配套设施更新改造，新建发电车间和水质化验室。

新水房有 8 个罐体，储水达 500 立方米。

10 月 29 日　农场组织职工群众千余人到挠力河国家级自然保护区义务植树。

12 月 19 日　八五九农场被农业部评为 2014 年全国粮食生产先进单位。农场已连续 3 年获此荣誉。

2015 年　1 月 28 日　农场召开 2014 年度重点工作汇报会，46 个单位、部门依次进行了重点工作汇报，汇报之后进行了民主测评。

3 月 11 日　农场召开十四届三次职工、分公司第五届三次员工、农场第八届三次会员代表大会。分公司总经理丁兆禄作了题为《强化经营管理，提升发展质量，为率先全面建成小康社会努力奋斗》的工作报告。

3 月 29 日　第一作业站 28 栋水稻大棚安装了智能化操作系统。该系统能根据大棚内温湿度、土壤温度、土壤水分等参数控制自动通风和喷灌设备，并可利用手机远程操控。

4 月 10 日　农场实施基本田指纹身份认证制度，并组织开展基本田指纹采集认证工作。

5 月 3 日　乌苏里江灌渠渠首开闸放水，4 台机组全天 24 小时同时运行，每秒可抽取江水 12.8 立方米。

5 月 11 日　农场组织开展水稻机械插秧技能"大比武"活动，来自 8 个管理区的 24 名选手参加竞赛。

5 月 15 日　由省新闻媒体驻农垦记者站及总局广播电视台记者组成的"聚焦北大荒"采访组到第一、第三管理区，就春播一线抗灾抢播工作进行宣传报道。

同日　农场引进侧深施肥插秧机 35 台，全场推广侧深施肥 933.34 公顷。

5 月 16 日　农场投资 60 余万元，为医院配备动态心电图仪、全自动五分类血细胞分析仪、冷光牙齿美白仪等医疗设备。

5 月 19 日　省社会科学院屯垦史课题研究组一行 7 人到八五九农场，就农场开发建设历史采访了 5 位复转军人。该课题由省社会科学院和农垦总局共同承担实施，重点研究、宣传黑龙江农垦的发展历程、宝贵经验和建设成果。

5 月 20 日　八五九农场学校被中国学生营养与健康促进会命名为"国家学生饮用奶计划推广示范学校"，全国共有 32 所学校获此殊荣，黑龙江省仅此一所。

6月10日　农场召开“三严三实”专题教育启动大会。

6月26日　饶河县政协文化交流访问团到八五九农场，就书法、绘画、摄影等进行交流。

6月29日　晚上，农场组织文艺演出队赴建三江管理局人民广场，进行“放歌三江，情满大荒”广场演出。7月1日，文艺演出队赴创业农场慰问演出。

7月6日　农场举办“提素质、树形象干部培训班”，各单位基层干部参加培训。哈尔滨信息工程学院教授吴晨旭，市委党校教授于志平，省委党校教授徐旭，总局党校教授刘雪颖、宋雪莲、范希华、李娜、刘艳华分别授课，培训历时4天。

7月13—14日　受强降雨影响，30小时内农场最高降水量达120毫米，第七、九、十六、十七、二十四等作业站低洼地号被淹。

7月16日　微电影《雏燕双飞》正式开机拍摄。该片以农场身残志坚女孩韩灵珊、省级“自强女孩”吴贵云为原型，讲述她们自强自立、积极进取的故事。该片在北大荒电视台播出，参加垦区“向上·向善”青少年微电影大赛，获得三等奖。

7月21日　八一农垦大学综合服务示范基地在八五九农场科技园区挂牌，八一农垦大学新农村发展研究院院长张玉先参加挂牌仪式。

9月22日　经管理局党委研究决定，农场党委书记李建军调任前进农场党委书记，七星农场原党委书记孙鹏接任八五九农场党委书记。

9月24日　农场投资近235万元，在三十五站新建的1.47万平方米水泥晒场投入使用。本年农场共投入635万元，新建水泥晒场3.97万平方米。

9月29日　由于天气降温，热电厂开始送暖，比原计划提前半个月。

10月7日　八五九农场与八一农垦大学合作的科研试验项目——水稻旱作起垄夹肥、水田旱田直播项目获得成功。其中通过水稻旱直播技术种植的水稻公顷产达到6000公斤，公顷成本下降5250元左右。

11月5日　农场召开在职党员干部进社区启动大会。

11月16日　省文物考古研究所李有骞博士带领考古人员，在八五九农场大板村东高出阿布胶河大约15米的台地上，发现一处1万多年前的旧石器时代人类活动遗址。现场发现大量有人工打磨痕迹的石器文物，为研究旧石器时代人类活动历史提供了有利依据。这是目前三江平原地区唯一发现的旧石器时代人类活动遗址。

12 月 3 日　受连续降雪影响，客运站 12 条班线 17 台客车全部停运。

本年　农场投资 266 万元新建成教师周转宿舍 1148 平方米。

2016 年　1 月 1 日　裕鹿集团入驻八五九农场，成立洁泰物业八五九分公司。接管了街道办个人承包的物业公司，成为八五九农场第一家民营企业管理的物业公司。

1 月 5 日　农场通过集中和分组培训、考试的方式，对职工代表履职能力进行综合培训。

1 月　黑龙江 655 农网“牛我我”互联网农资电商平台落户八五九，将开启农资采购新模式。

2 月 25 日　农场召开第十五届一次职工、分公司第六届一次员工代表大会。分公司总经理丁兆禄作了题为《深化改革促发展，依法运行优环境，努力建设更高标准、更加全面的小康社会》的工作报告。

3 月 7 日　农场在第三管理区首次实施土地公开竞价发包。

3 月 18 日　“六六三”复转官兵自发举办开发建设北大荒 50 周年纪念活动，“六六三”复转官兵、家属及第二代共 130 多人参加活动。

4 月 6 日　中俄界江乌苏里江八五九东安江段，迎来历史记载最早开江。

4 月 23 日　农场从美国盖茨公司引进国内第一台大型散墒整地耘耕机，为 7.5 米宽幅。

5 月 2 日　建三江农垦公安局、八五九公安分局成功侦破八五九农场“4.29”特大抢劫、强奸、杀人案，犯罪嫌疑人许某在鸡西市落入法网。

5 月 5 日　农场党委召开“两学一做”学习教育会议，农场党政班子成员、机关副科级以上干部，场直单位、管理区主要领导参加会议。

5 月 7 日　省公安厅刑侦总队、垦区公安局、建三江农垦公安局、八五九公安分局成功侦破八五九农场“5.05”特大抢劫、杀人案，犯罪嫌疑人王某在哈尔滨市落入法网。

5 月 24 日　第十五管理区种植户梁庆军在支援抚远市插秧时，恰逢习近平总书记视察抚远市玖成水稻种植合作社，梁庆军为总书记做了现场插秧展示。

5月　为东安镇19艘捕鱼船安装了GPS导航系统，为渔民捕鱼提供了安全保障。

6月5日　农场引进葵花种植项目进入播种阶段。本年种植50公顷。

6月28日　11点，穿越大界江2016“人教杯”中、俄、韩乌苏里江橡皮艇拉力赛暨中俄橡皮艇极限穿越活动的25名队员驾驶动力橡皮艇从乌苏里江畔的八五九农场东安镇江段通过，将于29日到达终点抚远市。拉力赛总长380公里，7月6日抵达终点尼古拉耶夫斯克，行程大约1200公里。这次活动于27日在乌苏里江源头地——虎头镇拉开帷幕。

7月21—23日　农场举办第十三届职工篮球赛暨首届广场舞大赛，有8支广场舞代表队和16支篮球队参赛。

8月9日　农场团委、社区卫生服务中心举办“环城徒步走”活动。200余人参加徒步走比赛，总长度6公里。

8月23日　乌苏里江八五九农场段水位持续上涨。8月23日至9月20日，水位累计上涨2.81米，已达到45.94米，为近30年以来最高水位，江水高过边防路（低洼处）路面0.6米。自9月16日开始，八五九农场防汛指挥部组织机械、人力加高培厚边防路路肩10公里，投入抢险救灾人力1455人次，挖掘机124台班，抢险物资消耗编织袋5万条，石料90立方米，彩条布4200平方米，土工布1200平方米，累计投入抗洪救灾资金98万余元。经过10昼夜的连续奋战，险情基本排除。9月28日，江水水位已下降至45.2米，较最高水位下降0.74米。

8月28日　日中国际交流协会理事长长谷川隆淑率领植树访华团一行在中国国际青年交流中心陆铁钧的陪同下到八五九农场中日青年绿化示范林，就双方绿化合作项目进行考察。

8月29日　分公司总经理丁兆禄调离八五九分公司，任牡丹江管理局局长。

9月　完成23333.34公顷中低产田的条田化改造工程。从2013年开始，对第六、七、八管理区实施高标准条田化改造工程，累计投资5500余万元，完成沟渠540多条，长度1800余公里，建筑中小型方涵闸150余座，基础田间路230余公里。每年可增加收益9000万元。

10月15日　黑龙江流域考古学术研讨考察团到八五九农场，实地考察了大板遗址、大板西北城址。考察团由吉林大学、沈阳师范大学等高校考古专业30余名专家组成。

10月31日　杜德旺从二道河农场调任八五九分公司总经理。11月2日，农场在机关六楼会议室召开干部大会，欢迎杜德旺同志。

11月9日　农场投资安装300千瓦发电机组用于停电时发电供水，实现全场24小时不间断供水。

11月29日　农场召开中共八五九农场第十次党员代表大会，党委书记孙鹏作中共八五九农场第九届委员会工作报告。大会选举产生中共八五九农场第十届委员会、纪律检查委员会委员。

12月15日　八五九农场学校举办第一届冰上运动会。

2017年　2月13日　农场召开第十五届二次职工、分公司第六届二次员工、农场第九届二次会员代表大会。分公司总经理杜德旺作了题为《推进供给侧结构性改革，强化企业管理促发展，为建设更高标准、更加全面小康社会而努力奋斗》的工作报告。

3月12日　农场引进的第一批100台自动摆盘机到货并发放到种植户手中。当年共引进自动摆盘机265台。

3月17日　国家环境保护部自然生态保护司干部钱者东，中国科学院沈阳应用生态研究所研究员郝占庆，环境保护部南京环境科学研究所副研究员徐网谷，国家基础地理信息中心高级工程师程滔，省环保厅自然生态处副处长卢云峰，省测绘局高级工程师张楠、刘丹，国家挠力河自然保护区管理局负责人王金武到八五九农场就挠力河保护区生态环境等内容进行调研。

4月20日　农场引进206台侧深施肥插秧机。本年，农场共实施侧深施肥面积9066.67公顷。

4月26日　农场在世纪园广场举办“扶贫济困、同心携手、为爱传递、人间有情”社会慈善募捐活动。全场党员干部和近100个爱心企业和爱心人士共募捐资金119万元。

5月8日　农场在原副业队营址建设蔬菜大棚基地，新建蔬菜大棚39栋，共计14.67公顷。农场在此地投入418万元建设精准扶贫产业基地，帮扶36户贫困户种植大棚25栋。每栋大棚给予2000元补贴，种植葡萄、玉米、草莓、蔬菜等农产品。

5月10日　建三江太极协会在农场世纪园广场开展联谊活动，来自创业、胜利等农场的170余名太极爱好者参加活动。

5月18日　农场在第一、第三和第四管理区实施水稻旱平垄作双侧双深栽培试验，试验面积33.34公顷。

同日　国土资源部财政司司长廖永林、财政司综合处处长李美玉，省国土资源厅党组成员、监察专员兼执法监察局局长贾东力、厅财务审计处处长刘运才、厅项目管理处处长魏景明、厅土地开发整理处处长王洪斌，总局国土资源局局长李永清，建三江管理局副局长李荣华、国土资源局局长张建伟、土地整理中心主任党爱河到八五九农场，就土地整治工作进行调研。

5月27日　农场召开脱贫攻坚精准帮扶对接见面会。有36户贫困户被确定为帮扶户，由帮扶人与之对接，结成一帮一或二帮一＋一帮扶对子。同时，将5月27日定为党员干部精准帮扶活动日。

6月1日　省顺时针冰壶俱乐部一行到八五九农场就冰上体育、冰壶队员选拔等工作进行交流指导。

6月15日　晚，八五九农场120余名演职人员到建三江管理局文化广场，奉献了一台精彩的文艺节目。此次演出是建三江“辉煌70年，再谱新华章”纪念垦区开发70周年广场文化系列活动。

6月23日　农场在学校操场举办第十二届职工运动会。运动会设田赛、径赛、趣味项目、党员干部接力跑等项目。

7月6日　公安分局对收缴的30台赌博麻将机进行集中销毁。

7月12日　建三江管理局召开2017年上半年重点工作现场会，管理局党委书记陶喜军带领管理局领导、管理局机关处室、局直各单位领导、各农场场长、书记到八五九农场，就林下经济和旅游发展情况进行观摩。

同日　农场学校轮滑队在7月10—12日举行的全国青少年体育俱乐部联赛轮滑比赛中，取得2银、2铜及趣味跳绳团体优胜二等奖的好成绩。比赛共有全国22个省的42支代表队参加，八五九农场学校代表队是黑龙江省唯一一支参赛队。

8月6—7日　农场普降暴雨，平均降水量超过80毫米。第七管理区居民白淑华、赵娟被困在东海林业站西的一处地点超过12小时，农场组织人员从东安警务室调来救生艇，成功将二人救出。

8月11日　建三江管理局党委委员、副局长李荣华，八五九分公司总经理杜德旺，天津中兴农业技术有限公司副总经理马琳、谌斌等人到新疆生产建设兵团第十师181团进行援疆共建对接工作。三方签订战略合作协议，就中兴农业项目开展框架性长期合作。

8月15日　位于乌苏里江商城一楼大厅南侧，占地500平方米的大型超市——沃栢特超市开业运营。商城大厅南侧于本年5月向社会公开竞价租赁。

8月20日　农民日报社党委书记、社长唐园结率采访组一行到八五九农场，以北大荒开发建设70周年为主题，就垦区开发历史、旅游产业发展、现代化大农业等内容进行采访。农垦总局党委委员、宣传部部长高跃辉，管理局党委委员、宣传部部长刘亚军陪同。

8月27日　海峡两岸负离子植物细胞激活液专家组一行到八五九农场，就负离子植物细胞激活液水稻体质增效推广示范项目进行检查指导。

8月30日　农场投资635万元建设的敬老院竣工，占地面积3185.73平方米，建筑面积2098.45平方米，主体3层，床位71张。2018年3月9日，由裕鹿集团租赁。

9月6日　农业部、黑龙江省农委、黑龙江省农科院、吉林省农科院、农垦总局等单位，以及天津中兴农业技术有限公司一行到八五九农场，调研指导中兴农业项目。

9月9日　由省精神文明建设办公室、省环境保护厅、省社会体育指导与对外交流中心、人民网黑龙江频道、建三江管理局共同主办，由建三江管理局工会、八五九农场、胜利农场承办的“燃情单车，纵行三江”活动正式开幕。上午，“骑行米都畅游三江”暨“燃情单车纵行龙江”黑龙江首届群众骑行活动第三站（建三江站首站）在八五九世纪公园广场拉开帷幕。200名骑行爱好者从世纪园广场出发，经东安镇、喀尔喀山地质公园，到达终点胜利翠屏山广场，全程约45公里。人民网黑龙江频道派出直播车和采编人员，对整个活动进行网上直播。

9月10日　中学教师李建莹获得黑龙江省初中数学教师说课大赛一等奖。

9月12日　按照农垦改革要求，对自愿提出申请符合条件的干部经审批准予内部退养。此次共分流100人，调整任用领导干部90人。

9月13日　社区一站式服务大厅经整合完善后正式对外开展服务。服务职能由社区调解、物业维修扩展到社区服务、法律咨询、人口卫生健康服务、自来水收费、有线电视收费等。

9月29日　农场投资231万元，为居民小区安装264盏太阳能LED路灯。

10月26—27日　聘请北京旅游项目设计规划企业——北京巅峰智业旅游文化创意公司，规划八五九农场国家农业公园、东安镇国家级特色小镇等项目，打造环乌苏里、依完达山特色旅游景区。

11月30日　根据农垦改革需要，农场、分公司将原管理区、作业站三级管理调整为二级管理，取消原有管理区、作业站番号，根据地理位置和耕地面积重新划分为15个管理区。

11月　八五九农场学校被省体育局、省教育厅评为“省示范性体育传统项目学校”。2019年7月23日，学校被教育部命名为全国青少年校园冰雪运动特色学校和北京2022年冬奥会和冬残奥会奥林匹克教育示范学校。

12月　八五九农场被农业部评为全国主要农作物生产全程机械化示范县。

本年　投资1850万元，在原第九作业站废弃沙山（四平山）新建垃圾处理厂，占地面积3.56万平方米，垃圾处理厂填埋区2万平方米，日处理垃圾40吨。渗沥液处理站日处理规模20吨，处理工艺为两级DTRO。

2018年

1月5日　分公司总经理杜德旺、副总经理李军参加上海紫尊农业科技股份有限公司农产品推介会，与上海紫尊公司等8家公司签订水稻订单18773.34公顷。

1月27日　由建三江管理局工会、体育运动委员会主办，八五九农场、建三江钓鱼协会承办的第三届钓鱼比赛暨八五九农场首届冬钓比赛在八五九鹊桥冬钓馆举行。20支代表队，近百名选手参赛。

1月29日　农场召开第十五届三次职工、分公司第六届三次员工、农场第九届三次会员代表大会。分公司总经理杜德旺作了题为《推进农场改革，加强全面经营，培育发展新动能，为建设新时代更高标准、更加全面小康社会而努力奋斗》的工作报告。

1月30日　中共北大荒农垦集团八五九农场有限公司委员会、黑龙江省北大荒农垦集团八五九农场有限公司、黑龙江省八五九农场社会行政管理委员会揭牌成立。

2月28日　拆除东安挠力河鱼亮子。

3月8日　由八五九农场学校选送到总局速滑队的马德恩同学被中国滑冰协会（国家队—青少年队）选中，参加备战2022年北京冬奥会集训。

4月23日　由黑龙江省民政厅副厅长吴晓平带队的森林草原防火工作检查组一行到八五九检查指导工作。

5月23日　“北大荒青年电商培训班——建三江管理局八五九站”在机关六楼会议室举行培训。农场、分公司在家场领导及管理区主任、书记、副主任、技术员、机关各科室科长、胜利农场学员参加培训。

6月6日　黑龙江农田管家科技有限公司在八五九农场正式揭牌成立，北京农田管家科技有限公司董事长余洋及农场在家的场领导、建三江管理局各农场领导参加了开业典礼。

6月16日　黑龙江省垦区公安局建三江分局八五九派出所举行了揭牌仪式。农场党委副书记、工会主席刘志友，党委委员、组织部部长滕艳莉参加仪式。

6月28日　建三江管理局在八五九农场召开庆祝建党97周年暨“不忘初心　牢记使命”主题教育党建工作现场推进会。

7月10日　1958年复转官兵开发建设北大荒60周年纪念大会在机关六楼会议室举行，60余名复转官兵及家属参加会议。

7月16—18日　农场举办第十四届职工篮球赛暨第二届全民健身舞大赛。建三江管理局党委委员、工会主席苍云，建三江农垦工会副主席、团委书记王纯娜参加了开幕式。23支男子篮球队、20支女子篮球队参加比赛。

7月26日　饶河县政协组织140余名1958年复转官兵第二代来到八五九农场参观。

7月29日　农场100多名1956、1958年复转官兵第二代齐聚世纪园广场，共同纪念父辈们开发建设北大荒60周年。

7月　第一管理区在水稻育秧基地种植“太空蔬菜”，共9种作物113个品种。

8月6日　曾经下乡八五九农场原38连的56名知青回访第二故乡，纪念知识青年上山下乡50周年。

8月7日　总局环保局生态办主任李春峰，管理局环保局科长谢斌，东北林业大学教授蔡体久、宗诚到八五九农场召开黑蜂保护区建设项目专家评审会。

8月10—12日　来自北京、上海、天津、哈尔滨、佳木斯等地的八五九农场原18连的124名知青回到农场，看望老战友、重温激情岁月、感受农场喜人变化。

8月18日　农场举办首届乌苏里江杯笼式足球赛，邀请抚远市、饶河县、七星农场、创业农场、胜利农场足球队参赛。

8月25日　北京大学经济学院副院长、金融系教授王曙光一行到八五九农场参观考察。

9月1日　黑龙江北大荒农垦集团总公司（农垦总局）党委书记、局长、董事长到八五九农场，就旅游观光农业、粮食仓储销售情况、高标准农田建设、无人机航化作业等工作进行调研。建三江管理局党委书记刘相增陪同调研。

9月10日　由八五九农场（分公司）主办、农场工会和斯摩勒山饮用水有限公司承办的首届“斯摩勒山杯”职工排球赛开幕。

9月14—18日　第六届黑龙江绿色食品产业博览会和哈尔滨世界农业博览会在哈尔滨国际会展体育中心举办，八五九农场斯摩勒山饮用水参展。黑龙江北大荒农垦集团总公司党委副书记、副董事长、总经理徐学阳，副总经理杨宝龙等领导先后到展台参观。斯摩勒山总经理孙文波还走进黑龙江广播电视台绿博会直播间，详细介绍参展情况。

9月16日　建三江管理局2018年农业重点工作推进会议在八五九农场举行。建三江管理局党委书记刘相增，副局长李荣华、张宝林，管理局相关处室及各农场主管农业领导到八五九农场，观摩鳅稻种养、旱田科技示范区等现场，并召开室内会议，安排布置秋收及明年生产工作。

9月26日　建三江人民检察院乌苏里江检察室举行更名挂牌仪式。建三江人民检察院领导及农场党委书记孙鹏、党委副书记刘志友、纪委书记王勤玉，检察室辖区胜利、红卫分管政法工作领导参加了仪式。

9月28日　上午10时，中央电视台新闻频道“新闻直播间——秋收画卷栏目”直播了八五九农场《土地培肥有后劲，科技智慧产好粮》的新闻及13台大型收获机联合收割水稻的场景。地点在第九管理区（原十三站）弓晓春的水稻地。

10 月 6 日　八五九农场与富锦象屿金谷农产有限公司举行玉米购销合作签约仪式。

11 月 14 日　在 2017 年度黑龙江省县（市）广播电视新闻社教类节目评奖会上，由八五九农场广播电视局与摄影爱好者王健联合拍摄的电视纪录片《乌苏里江的馈赠》荣获一等奖。这是近年来农场广播电视局在全省广播电视节目评比中荣获的第七个一等奖。

12 月 7 日　葛柏林荣获《农民日报》农村改革 40 年“十大时代人物”称号。为致敬中国农民和农村改革 40 年，《农民日报》策划采访了全国影响农民和农村改革的 10 位典型人物，并进行专题报道。八五九农场葛柏林是全国农垦系统唯一被报道人物。

12 月 27 日　农场召开第十五届四次职工、分公司第六届四次员工、农场第九届四次会员代表大会。分公司总经理杜德旺作了题为《牢记总书记嘱托，不忘初心闯新路，为实现八五九全面振兴发展而努力奋斗》的工作报告。

12 月 31 日　农场学校体育教师王德成带领陈思、李殊彤两位同学参加黑龙江卫视、北京卫视、河北卫视联合举办的跨年晚会，节目中穿插了全国滑冰特色学校“百校计划”启动仪式。晚会上播放了反映八五九农场学校速滑队《冰场上的梦想》的电视短片。王德成与国家滑冰协会主席、国家短道速滑队主教练李琰共同开启了全国滑冰特色学校“百校计划”。

本年　农场投资 163.8 万元建设 6000 平方米室外运动场及 9000 平方米大集场地。室外运动场规划有篮球场、排球场、乒乓球场、健身活动场等。

2019 年

1 月 15 日　由黑龙江垦区文化委员会、农垦建三江管理局共同主办的 2019 年度黑龙江垦区冬季运动会暨建三江管理局首届冬季运动会在八五九农场拉开帷幕。建三江管理局党委委员、宣传部部长刘亚军，工会副主席王纯娜及建三江局直、各农场参赛代表队参加了开幕式。本届冬运会共设 11 项赛事，参与运动员总数 320 人，参与冰雪体验项目总人数 1100 人。继 1 月 12—14 日的速滑大赛、雪地足球、森林穿越 3 项赛事之后，15 日举办 10 项冰雪趣味体验赛事，并进行闭幕式和颁奖典礼。

1月25日　八五九农场派出所成功破获1起利用地秤遥控装置坑农诈骗案，抓获犯罪嫌疑人1名，为农户挽回经济损失10万余元。

2月14日　由大学生王鸿皓自主创业的“秀水良田”品牌通过了国家有机食品认证中心的认证。“秀水良田”于2016年2月创立，主要经营中高端大米，共有9款产品，其中2款有机产品、7款生态产品。

2月22日　饶河县工作组到八五九农场对接农垦教育行政职能及义务教育阶段学校移交工作，分公司副总经理李军及教育、人力资源、人社科、财务、社保等部门领导参加对接会。

3月5日　农场第六届书香“三八”读书活动在机关六楼会议室正式启动。启动仪式上还进行了书香“三八”诵读比赛，共有12个参赛单位进入决赛。

3月25日　分公司总经理杜德旺、农场党委书记孙鹏先后到基层管理区，就“大棚房”清理整治工作进行检查指导。农场已全面启动农田类违规建筑拆除行动。

4月27日　社区团组织以“安全与生产”为主题，举办庆“五四”青年辩论赛。

5月4日　农场团委在文体中心举办“青春心向党，建功新时代”青年才艺风采大赛。

5月20日　建三江热电公司组织50名青年员工到八五九农场进行为期3天的拓展训练。

5月24日　由省台纪录片频道摄制组策划的大型纪录片《希望的田野——乌苏里新歌》在科技园区开机拍摄。

5月30日　渔民李玉柱收购了1条体重31公斤、体长1.5米的大鲇鱼。这条鱼鱼龄可能超过10年。这已是他连续3年在东安镇收购到30公斤以上的野生大鲇鱼。

6月20日　农场举行为烈属、军属和退役军人等家庭悬挂光荣牌仪式，现场为20名退役士兵颁发了光荣牌。

6月29日　建三江管理局在文化馆举办了以“庆祝建党98周年、建国70周年”为主题的八五九农场专场文艺演出。全局干部职工近800余人观看了演出。

6月30日　农场在世纪园广场举办“唱响红歌颂党恩”大型歌咏比赛，

各单位联合组成的 16 支代表队参赛。

7 月 1 日　在建三江管理局第四届职工运动会上，八五九农场取得了综合排名第六名的好成绩。

7 月 3 日　省关工委副主任付晓波、副秘书长刘善琦、总局关工委常务副主任陶绍毓、办公室主任任少军，在管理局关工委常务副主任郭开政，副主任甘孝先、闫喜成的陪同下到八五九农场，就关心下一代工作进行调研。

7 月 4 日　垦区脱贫攻坚工作现场推进会与会人员到八五九农场参观果蔬产业扶贫基地、第五管理区“以地帮扶”现场。总局扶贫办主任金永库及各管理局（分公司）、农牧场有限公司领导参加现场会。

7 月 6 日　八五九农场斯摩勒山饮用水、秀水良田精装米、郭三酒坊大板酒等产品亮相北大荒中国农垦食材交易会暨北大荒文化旅游节。

7 月 12 日　农场召开“不忘初心　牢记使命”主题教育推进会，基层党组织书记、主题教育各组成员参加会议。

同日　农场工会为林莉、葛柏林，常春英、李斌两个家庭送去荣誉证书。在全省女职工“最美家庭”评选中，林莉、葛柏林家庭获得“节能环保家庭”荣誉；在农垦总局“五好文明家庭”评选中，常春英、李斌家庭获得“五好文明家庭”殊荣。

7 月 14 日　社区在新建成的明珠家园广场文化舞台举办在职党员干部进社区暨首届社区文化艺术节文艺汇演。节目有朗读革命家书、小品、独唱、舞蹈、戏曲节目等。

7 月 23 日　中央电视台《焦点访谈》节目组到八五九农场，对葛柏林进行采访。8 月 13 日，《焦点访谈》栏目推出“新中国奇迹”系列报道，首期大篇幅地介绍了建三江管理局农业发展和粮食生产情况。

8 月 1 日　农场在职党员干部以“不忘为民，服务初心，营造整洁环境”为主题，开展了为期一周的治理“脏乱差”营造清洁、文明、整洁环境专项行动。

8 月 6 日　建三江管理局重点工作推进会议与会人员到八五九农场参观。建三江管理局党委书记刘相增及管理局相关单位领导、各农场党政主管领导参加。与会人员到产业扶贫基地、党建文化主题广场、第三管理区旱田示范点进行参观。

8月7日　农场工会牵头举办了八五九农场（分公司）庆祝新中国成立70周年、建党98周年“不忘初心　牢记使命”职工书法、绘画、摄影大赛，共展出书法、绘画、摄影作品230余幅。

8月13日　杭州作家协会主席朱晓军、《家庭》期刊集团总编杨丽萍、山东沂南作家协会、《奋斗》杂志社一行到八五九农场对乌苏里江文化、旅游文化进行调研考察。

8月　自8月14日开始，1个月中，农场总降水量292.4毫米，比去年同期的157.1毫米多了近1倍。乌苏里江、阿布胶河、别拉洪河、挠力河水位持续上涨，水量为八五九农场历史记录之最。乌苏里江已超出警戒水位30厘米，八五九农场受水灾影响的耕地面积26493.34公顷。农场组织干部职工1300多人投入防汛抗洪工作中，投入编织袋14万条，彩条布3.6万平方米，机械75台，油料24吨，砂石料20万立方米，启动排内涝水泵132座，阿布胶强排站1座。

8月20日　双鸭山市委书记宋宏伟、副书记张云凯，副市长辛敏超，饶河县委、县政府领导经乌苏里江饶河段到东安镇，巡江查看抗洪抢险工作。

8月29—30日　八五九农场、分公司举办首届职工羽毛球比赛，共有31支代表队、170多名运动员参赛。

8月　坐落在创东路入场口处的“养生福地八五九”碑石附属设施完工。此碑石由“全国十佳苗圃”雁窝岛彩色园林公司企业法人苏泽明先生捐赠。碑石为花岗岩，重123吨、长12.56米、高2.44米、厚度1.22米。取自吉林松花湖，价格22万元，于2018年5月13日运抵农场。正面“养生福地八五九”由中国书法家协会会员、鸡西书法家协会副主席于成龙书写。背面《八五九赋》，正文共859字，由省作协、省书协会员、建三江退休干部李丕显撰稿并书写。

9月3—5日　农场连续3天抽调100名党员干部支援胜利农场抗洪救灾。

9月6日　省人民检察院农垦区分院副主任施慧，建三江农垦区人民检察院党组书记、检察长杨建华到八五九农场开展司法救助。12月4日，又将2万元救助金发放到被救助的孩子爷爷手中。

9月10日　由八五九农场、分公司自办的《乌苏里江文化》杂志创刊号印制完毕，下发各单位。

9 月 14 日　《影响世界的中国植物》在央视九套播出，第二集有八五九农场种植水稻的有关内容。

9 月 17 日　八五九农场开展职工代表巡视活动，145 名职工代表参加巡视。

9 月 20 日　饶河地区第三十届“五场一县”离退休老干部门球赛在八五九农场举行。比赛在新建成的高标准门球场举办，新门球场占地 1000 平方米，投资 100 万元。

9 月 23 日　第十五管理区梁庆军参加“中国农民丰收节”黑龙江省主会场哈尔滨市方正县的机械收割水稻比赛，并荣获“最佳水稻收割农民”二等奖。

9 月 24 日　《乌苏里船歌》词作者胡小石与“中国粮食中国饭碗全国征文”活动部分获奖者一行，到农场场史馆参观并到东安镇采风。

9 月 28 日　垦区党建工作现场推进会议与会人员到八五九农场参观指导。总局组织部副部长张如及各管理局党委副书记、组工领导参加了现场会。与会人员参观了第一居民委、农场党建文化主题广场、党员干部教育基地、第五管理区、精准扶贫产业基地和聚力田园党小组园地。

9 月　世纪园二期工程开工建设，总面积 44.5 万平方米，投资 1050 万元。将于 2021 年 10 月 1 日完工。

10 月 12 日　双鸭山市饶河县血站到八五九农场开展“精准扶贫”义务献血活动。

10 月 25 日　饶河县驻八五九农场市民服务中心正式挂牌成立，双鸭山市政府副秘书长张守和、饶河县副县长高胜军及农场领导、相关部门参加仪式。

11 月 6 日　学校体育教师王德成被评为垦区第三届道德模范。

12 月 19 日　农场、分公司在机关六楼会议室组织召开 2019 年度基层书记抓党建专项述职述评大会，农场在家的场领导、机关科长、各管理区书记、主任及场直单位主管领导参加会议。

12 月 27 日　农场召开第十五届五次职工、分公司第六届五次员工、农场第九届五次会员代表大会，建三江分公司（管理局）党委副书记王伟出席大会并作了讲话，八五九分公司总经理杜德旺作了题为《牢记嘱托，勇担使命，砥砺奋进，奋力描绘新时代八五九全面振兴发展新画卷》的工作报告。

2020年 1月10日　农场举办“2020年情暖环卫工”送温暖活动。自2019年以来，农场户外劳动者爱心驿站从5个发展到13个，为环卫工人提供临时休息、取暖的场所。

1月23日　八五九农场、分公司紧急召开新型冠状病毒感染肺炎防控工作会议，农场党委委员、武装部部长许艳平及相关部门领导参加。

1月26日　农场紧急启动交通管制预案，封锁农场4个出入口，只保留民主检查站1个卡口。从交通、交警、医院抽调50多人，实行3班轮换，保证检查站24小时不间断检查。

2月2日　农场实施交通管制。派出所组织警车5辆、交警14人上路执勤，封堵场区所有路口，对上路的私家车主和居民进行劝返。

2月8日　农场给每户居民发放通行证，居民需凭证出门。共发放通行证2.1万张，每张使用期限为2天。巡逻组在各路口巡逻检查，对无通行证、不戴口罩上路的居民进行劝返。

2月11日　建三江管理局党委书记刘相增，佳木斯市副市长、建三江管委会党工委书记黄士伟，建三江管委会主任牟秀玲组成的联合督导组到八五九农场，就疫情防控工作进行检查督导。

3月2日　学校开设线上教学和在线课堂，1500余名学生利用“直播+互动”停课不停学。

4月11日　饶河县副县长张成亮带领民政、社区等部门人员到八五九农场调研。调研组对农场社区工作职能、机构组成、资产、经费等情况进行了解，为下一步社区移交工作奠定基础。

4月14日　在饶河县农垦社区属地化管理移交签约仪式上，农场党委书记孙鹏与饶河县委常委、副县长张成亮签署农垦社区属地化管理移交协议。

4月16日　从北大荒集团2020年度第一季度经济运行分析工作会议上获悉，在北大荒集团2019年经济工作综合排名中，八五九取得存续农场排名第一、北大荒股份排名第二的好成绩。

4月20日　晚，分公司总经理杜德旺，副总经理李建勋、朱春霖分别到各管理区查看增温措施落实情况。面对近期极端天气，农场迅速行动，百名党员干部第一时间坚守育秧大棚，与种植户并肩作战抵御低温防冷害。

6月1日　横跨别拉洪河新河主河道的新河桥竣工通车。旧桥建于1979年，于2019年6月20日拆除，新桥在旧桥的原址上新建。新桥为预应力砼空心板梁桥，桥长68.84米，宽8.5米，跨径64米，上部采用预应力混凝土简支空心板，下部采用柱式桥台、柱式桥墩、钻孔桩基础，造价为360万元。

6月1日　学校线上开展“共享阳光，童心飞扬”庆六一联欢会。联欢会利用钉钉群，采用直播的形式。孩子们表演了歌曲、舞蹈、乐器、美术作品、诗朗诵等节目。

6月12日　人民日报社驻黑龙江分社记者郝迎灿到八五九农场，就脱贫攻坚、全面奔小康进行深入采访，建三江分公司（管理局）党委副书记王伟陪同。

6月22日　农场工会在高标准农田建设项目现场开展“当好主人翁，建功北大荒”职工劳动和技能竞赛活动。

7月1日　农场开展庆“七一”9＋X系列活动。其中书法、绘画、摄影作品网上展是系列活动之一。

7月7日　农场、分公司举办“当好主人翁，建功新龙江”先优模宣讲活动暨北大荒党员课堂。四位先优模从农业节本增效、深化营销体制改革、科技引领创新、全面体育发展四个方面进行了宣讲。

7月22日　农场召开第七次人口普查推进会议。8月11日，农场召开人口普查工作培训会议，饶河县普查工作小组及农场相关人员参加会议。

7月24日　八五九农场入选第一批中国农垦农场志编纂农场名单。此次农业农村部确定了51个农场为第一批中国农垦农场志编纂农场，其中黑龙江垦区有4个农场入选。

7月　农场成立营销指挥部，同时成立了市场营销中心。制定“一个运营主体、四个中心”的全面营销发展模式，拓展以江畔明珠商贸有限公司为运营主体的仓储、加工、营销、农业服务四个中心的经营服务体系。投资4194万元，收购工业园区院内4家私营仓储企业仓容15万吨，加上农场自有仓容7.5万吨，达到22.5万吨粮食仓容。投资342万元，对老精米厂进行设备维修、技改，并建立真空包装流水线，启动5万吨大米加工流水线。建设165平方米的北大荒绿色智慧厨房八五九二级店，打造“互联网＋线上＋实体”营销模式。

8月3日　北大荒农垦集团有限公司建三江分公司营销工作现场会与会领导到八五九农场参观指导。建三江分公司党委书记刘相增及领导班子成员、各农场主要领导、分管营销工作副职场领导、营销科长、粮食科长参加了现场会。

8月6日　八五九农场组织收看建三江分公司党委负责人抓基层党建工作述职评议会议。会上，大兴、胜利、前锋、八五九、勤得利农场，三江人民医院6个典型单位就2019年度履行抓基层党建工作进行现场述职。

8月18日　农场召开国企退休人员社会化管理移交会议。农场党委书记孙鹏、分公司财务总监高海英、相关部门领导、饶河企业退休人员社会化管理领导小组办公室人员参加会议。

8月28日　东北农业大学党委书记孙登林到八五九农场就校企合作进行调研，建三江分公司党委书记刘相增，党委委员、副局长张宝林陪同调研。

8月30日　北大荒农业股份有限公司总经理贺天元到八五九分公司检查指导工作。

9月3日　省科技厅厅长张长斌一行到八五九调研。佳木斯市副市长郭雪梅，建三江分公司党委书记刘相增，建三江管委会主任牟秀玲，建三江分公司党委委员、副总经理张宝林，建三江管委会党工委副书记衣志辉陪同调研。

9月12—15日　分公司总经理杜德旺带领副总经理岳传喜及工作人员组成营销团队，到北京、浙江、江苏等地考察洽谈。

9月14日　八五九农场（分公司）举行2020年割晒机械交车仪式。本年秋季，农场自筹资金500万元用于补贴割晒、拾禾机械，共引进72台割晒机、198台拾禾器。

9月17日　省文联党组成员、副主席张正明带领省文联书法协会创作采风团到八五九农场采风。

9月30日　场区道路升级改造工程竣工，投资1782万元，共铺设黑色沥青路面 11.1 万平方米。其中，2019 年完成 2.7 万平方米，2020 年完成 8.4 万平方米。

10 月 4 日　农场、分公司与富锦象屿集团开展玉米订单合作洽谈。八五九农场与象屿集团已有 3 年的合作基础。本年该集团在八五九农场签订订单玉米 5333.34 公顷，仍实行“二次点价”政策。

10 月 6 日　农场召开三项制度推进党委（扩大）会议，贯彻落实北大荒集团、建三江分公司三项制度改革工作会议精神。农场、分公司领导班子全体、机关相关科室、部分场直单位负责人出席会议。

10 月 10 日　中央电视台《新闻联播》节目以《北方秋收全面展开》为题报道了八五九农场秋收的场景。10 月 9 日，央视 13 频道《新闻直播间》；10 月 8 日，央视 17 频道《中国三农报道》分别报道了八五九农场秋收的情况。

10 月 14—17 日　农场党委书记孙鹏、分公司副总经理岳传喜应邀带队参加 2020 中国（东莞）校园餐发展大会。与玖福团膳餐饮管理（大连）有限公司、广东省食安帮供应链管理有限公司签订合作框架协议。

10 月 18 日　北大荒农垦集团有限公司（黑龙江省农垦总局）党委书记、局长、董事长在建三江分公司党委书记刘相增的陪同下到八五九农场，就粮食收储、市场营销、企业化改革等工作进行调研。分公司总经理杜德旺，农场党委副书记、工会主席刘志友，分公司副总经理李军、李建勋，财务总监高海英陪同。

10 月 20 日　江苏省粮食和物资储备局党组成员、副局长张生彬，江苏省粮食集团副总经理徐兴起，北大荒天然农场江苏有限公司一行应邀到八五九进行合作洽谈。

同日　晚，八五九农场、分公司在完成水稻田间收获后，立即组织百辆水田收获机车奔赴鸭绿河农场，支援抗灾抢收。

10 月 24 日　农场党委副书记、工会主席刘志友代表农场党委走访慰问抗美援朝志愿军老战士、老同志，为他们送去鲜花、慰问金和由中共中央、国务院、中央军委颁发的中国人民志愿军抗美援朝出国作战 70 周年纪念章。

11 月 3 日　建三江分公司在建三江文化馆召开抗击新冠肺炎疫情表彰大

会。会上，八五九农场党委被授予抗击新冠肺炎疫情先进基层党组织，分公司总经理杜德旺作了典型发言。

12 月 1 日　农场对江畔明珠商贸有限公司副经理兼营销中心主任进行公开竞聘，通过答辩考评和组织考察，王鸿皓当选。

12 月 11 日　农场举办职工拔河比赛，全场各条战线的 300 余名职工群众参加了活动。

12 月 12 日　农场、分公司召开 2020 年度“五个百万”职工劳动和技能竞赛总结与表彰大会。会上，对 70 个先进集体和 90 个先进个人进行了表彰。

12 月 14 日　由全国总工会法律工作部、全国总工会女职工部、工人日报社、中工网联合举办的“遵法守法・携手筑梦”法治动漫微视频作品征集展示活动中，社区管理服务站创作的《女职工权益保护微普法》微视频获优秀奖。

12 月 18—19 日　学校速滑队在东极之冬・建三江百万青少年上冰雪活动之冰上运动会速滑比赛中，取得小学男子团体第一名，小学女子团体第二名，小学团体第一名的好成绩；其中小学 4 人男子集体滑荣获第一名，女子荣获第二名。八五九学校成立了 2 个速滑队、1 个冰球队、1 个冰壶队。本年累计为总局速滑队输送 9 名学员，其中 4 人进入省训练队，4 人备战北京 2022 年冬奥会。

12 月 21 日　农场、分公司在文化体育活动中心举办冬季职工花样跳绳比赛，来自各基层单位的 200 余名选手参加了比赛。

12 月 24—25 日　农场、分公司举办科技之冬培训活动，15 个管理区的管理人员和种植户近 200 人参加了为期 1 天半的培训。农垦科学院研究员高虹、省农业科学院水稻研究员陈书强、国家大豆产业技术体系“东北区域高产栽培”岗位专家张玉先教授分别讲授了玉米、水稻、大豆种植技术。

12 月 30 日　省总工会评选的 2020 年度“龙江工匠”揭晓。灌区管理站站长穆洪启荣获 2020 年度“龙江工匠”称号，灌区陈福宝和张吉盛师徒获“好师傅好徒弟”称号。

12 月 30 日　第五管理区种植户李斌改造“1.3 米垄上 4 行气吸式大豆精量播种机”和第三管理区兰友改造“本田轨道车”在省工会组织的“当

好主人翁，建功新龙江”五个百万职工劳动和技能竞赛活动中，分别荣获省优秀“五小”创新成果二等奖和三等奖。

本年　水稻“旱平垄作双侧双深”高效栽培技术列入总局种植业典型示范项目。获得省级科技进步三等奖1项、总局级科技进步一等奖1项，获得“水田旱起垄双侧双深分类施肥机”国家实用新型专利等5项实用新型发明专利。

中国农垦农场志丛

第一编

自然地理和建置

中国农垦农场志丛

第一章　场域、建制

第一节　场　域

八五九农场位于黑龙江省三江平原东北部（沿江三角洲亚区），地跨饶河县、抚远市，行政区划隶属黑龙江省双鸭山市饶河县，隶属建三江分公司（管理局）管辖。地理坐标为北纬47°18′—47°50′，东经133°50′—134°33′。东西长49.6公里，南北宽65公里。农场地处饶河、抚远、同江三个国家一类口岸的交会点。东濒乌苏里江，与俄罗斯隔江相望；西以老迟山与胜利农场相邻；南过挠力河与饶河农场毗连；北以47°50′与前哨农场为界；以别拉洪河、二道河与前锋、二道河农场相接；石头山以东是抚远市海青乡。距离建三江120公里、饶河县97公里、佳木斯市352公里（走高速）、哈尔滨市707公里（走高速）。距离前锋火车站29公里、换新天火车站84公里、前进火车站86公里、建三江湿地机场129公里、抚远东极机场107公里、建黑高速（前锋口）34公里，交通便利。

2020年，农场总面积1355.81平方公里，其中耕地86740公顷，林地12221.5公顷，草原5573.49公顷，水域7342公顷。2022年，辖区总面积1300平方公里，有耕地面积92000公顷，其中北大荒农业股份八五九分公司耕地面积38326.68公顷。农场在抚远市内土地总面积82178.77公顷，在饶河县内面积47840.89公顷。

第二节　历史沿革

1956年3月，从朝鲜回国后驻扎在黑龙江省汤原县的铁道兵九师（部队番号8509）部分干部和老战士就地复员，只留6名军官和80名战士继续在汤原建场。所属的8个中队1236人，加上4个劳改中队，总计1800余人，由吴占奎（政委）、孙培军（大队长）、龚伯言（副大队长）带领从汤原县迁往虎林县虎头镇地区开始开荒建场。先后名称为“铁道兵八五〇部农场”“八五九独立分场”。6月5日，以这支部队为主体的“虎头大队”正式成立。8月，铁道兵农垦局党委决定，组织踏查小组，同时对虎头与饶河地区可垦荒原的情况进行实地踏查。9月，虎头大队更名为铁道兵农垦局八五〇九农场。9月8日，派踏查组到饶河县东安地区进行勘测，发现东安地区可垦荒地多，并且集中连片，土质肥沃，优于虎头地区。28日，踏查结束后农场党委向农垦部、铁道兵农垦局递呈了建场任务书。10月上旬，农垦部批示：同意8509部队迁移到饶河县建场。11月3日，农场将原虎头开荒大队改编为11个中队，在场长孙培军、党委书记张鸣山带领下从虎头地区分水旱两路迁往饶河地区。大队部设在饶河镇，其中一、二中队进驻民主；三中队进驻大板；四中队进驻和平；另外五、六、七、八中队分别进驻胜利、明山和西南山；九、十、十一中队留在饶河。同时从河北招收支边青年120余人也到达农场。

1956年11月，经农垦部批准，八五〇九农场改名为八五九农场。

1957年1月，在饶河正式成立铁道兵农垦局八五九农场。原新疆农一师参谋长赵明高为第一任场长兼党委书记。农场下设2个分场、14个农业队、5个基建队。

1957年4月，从伏尔基河、查哈阳、二龙山、友谊、集贤、永安、赵光等老农场抽调150余名拖拉机驾驶员，又从宁安、红星、铁力、九三等技校和东北农学院、哈尔滨农业机械化学校分配近百名学员支援农场的开荒建设。同时，上级调配来的苏联产C-80拖拉机37台、西德产K-55型拖拉机49台、东德产K-30拖拉机19台、匈牙利产德特413型拖拉机9台等开荒机械也已全部到场。5月，全场114台拖拉机开始在各开荒点破土开犁，当年开荒16466.67公顷。11月，100余名佳木斯支边青年来场。

1958年3月，总场搬到东安下营。

1958年3月，根据中央关于在密（山）、虎（林）、宝（清）、饶（河）地区建立军垦农场的决定，国务院颁发了《关于发展军垦农场的意见》。10万复转官兵分别从北京、苏州、广州、武汉等军区，以及装甲兵、炮兵、海军和南京军事学院等部队开赴北大荒，其中仅转业官兵就有3475人分别来场，另有部分学员及随军职工、军人家属等也一同来场。5月中旬，驻福州的解放军第五十二预备医院在政委张一千、院长翟雪桥带领下，携500张床位及全部医疗设备，集体转业来场。

1958年11月，根据中央"关于在农村建立人民公社问题的决议"，并经国务院批准撤销饶河、虎林两县建制，合并成立虎饶县。并将原铁道兵农垦局改为黑龙江省牡丹江农垦局，合并成立政企合一的局县组织。各农场成立人民公社。12月12日，撤销原饶河县建制，与八五九农场合并成立虎饶县饶河（八五九）人民公社。

1959年1月，公社正式成立，场部搬回到饶河镇，在东安设指挥部。这一时期是八五九农场规模最大时期，东起乌苏里江，南达五林洞，西至西丰镇，北至四合屯，总面积达8200余平方公里，耕地面积66666.67公顷，场域含全饶河县。八五九人民公社下设1个畜牧分场、2个林业分场、7个农业分场，所辖基层生产单位总数达到117个。5月9

日，根据局县党委指示，改公社名称为“铁道兵农垦局八五九农场”所属各大队分别改为分场。8月，2698名山东支边青年来场。

1962年3月，进行场社分家。分离出原农村队23个，二、三、八农业分场划归公社管理；林业一、二分场划归完达山林管局。1962年11月18日，国务院决定，合江农垦局与牡丹江农垦局合并。1963年1月1日成立东北农垦总局。1964年1月1日，东北农垦总局批准八五九总场撤销，改为东北农垦总局饶河分局。同时决定原总场的一分场成立饶河农场、四分场成立胜利农场、五分场成立四平农场、六分场成立平原农场。3月，经东北农垦总局批准将四平农场与平原农场合并，组建成立新八五九农场。

1964年3月，新八五九农场正式成立，场部由饶河镇迁至原五分场部（四平镇）。并以此为分界线，把以前的时期统称为老农场（总场）时期，之后称之为新八五九农场时期。这一时期，农场下设13个农业生产队、2个畜牧队，另有工程队、渔业队、米油加工厂、农机修造厂、砖瓦厂等。

1966年3月18日，沈阳军区第四十军312名复转军人集体整编到农场。1967年10月1日，农场成立“三结合”的革命委员会。

1968年6月18日，中共中央、国务院、中央军委、中央“文革”领导小组共同颁布了《关于建立沈阳军区黑龙江生产建设兵团的批示》（简称六一八批示）。7月1日，兵团正式宣布成立之后，将八五九农场编入第三师，暂定名八五九团，后又更名为二十三团。1969年4月20日，中国人民解放军沈阳军区黑龙江生产建设兵团第二十三团成立。8月19日，组建兵团六师，三师将二十三团和所属的4个营、29个连整体移交给六师。二十三团信箱号为“防字607信箱”，设地名为屯戍镇。

1964—1966年，先后有10名北京知青和两批百余名佳木斯知青来场。从1968—1976年，有京、津、沪、哈、佳、齐等大中城市的5993名知识青年来场，占当时全场职工总数的60%。1971年3月9日，沈阳军区炮兵十一师（3343部队）88人集体转业，来到八五九农场。

1976年2月25日，黑龙江生产建设兵团撤销，黑龙江省国营农场总局成立。1977年4月4日，二十三团改制为黑龙江省建三江国营农场管理局前卫农场。1978年8月3日，根据农场干部职工的意愿，为纪念铁道兵8509部队与十万复转官兵开发建设北大荒的丰功伟绩，经总局正式批准恢复八五九农场名称，并一直沿用至今。

1997年6月18日，乌苏里江企业集团成立。2002年7月23日，北大荒农业股份有限公司八五九分公司成立，并与八五九农场在机构、业务、资产、财务、人员上实行五分开。

2018年1月31日，北大荒集团黑龙江八五九农场有限公司、黑龙江省八五九农场社会行政管理委员会揭牌成立。

第三节　区　　划

饶河于清宣统元年（1909年）建县，东安镇归长平区管辖。伪满康德元年（1934年）3月，饶河县仍划为4个区，东安镇为第二区，管辖8个村，设保长1人、甲长9人、牌长70人。各区的主村改为“保”，百家长改为保长，再下设甲长。甲相当于小屯的单位，管领20～40户。甲下设牌长，管7～15户。

伪满康德五年（1938年）3月，日伪军进一步推行靖乡清野、归屯并户政策，对饶河县散居民户全部归为13个“集团部落”，有1/3居民区变成无人区。归屯后，由原来保甲制，改为村屯制，每屯四周修以土筏城墙，并派驻警察小队监视。1938年，以东安镇为中心的第二区划归抚远县管辖。

新中国成立后，1951年5月，经松江省政府批准，将原属抚远县挠力河以北的东安镇划归饶河县管辖，列为饶河县第四区，区治所仍设在东安镇，所属解放屯（原名斯摩勒山）、和平村（原名太平镇）、四平屯（现七站）、大板屯、二龙屯、民主村（原名别拉洪）、胜利屯（原名大孤山）、明山屯，面积2900平方公里。

1954年7月，东安村下辖解放屯，和平村下辖四平屯、大板屯，胜利村下辖明山屯，另有二龙村、民主村。1956年，饶河县改为一镇十乡十八村，东安乡辖解放、胜利二村，和平乡辖二龙、四平、大板三村，民主乡只一个村。1958年12月，以上村屯并入八五九农场。

1964年1月，八五九总场撤销，胜利屯、明山屯划归胜利农场。

1964年，农场场部设在四平镇，归饶河县政府所辖。各生产队除1958年从农村并入的保留村名外，其余全以序号称队。1973年曾给各队命以村名，并列入合江地区所制版图。1980年又更以新名。农场属农垦系统领导，仅命有村镇名称，而未设村镇政权机构。

四平镇： 位于阿布胶河上游北岸，四平大漫岗南缘。地理坐标北纬47°25′，东经134°02′。建场前是一片萋萋草莽和油桦灌木林。

建场初期，1957—1963年，先后为八五九农场的一分场、五分场和四平农场场部的所在地。1964年以后，随农场体制改动，改为新八五九农场场部，至今未变。1980年，经饶河县人民政府批准，定名四平镇。镇区东西长2.3公里，南北宽1.7公里。

如今四平镇是农场的商品流通和物资集散地，而且是农场政治、经济、文化、交通、通信中心。

东安镇：位于挠力河口以下3.5公里，濒于乌苏里江边，后依诺罗山。地理坐标北纬47°20′，东经134°10′。据记载，东安建于明朝。

1958年八五九总场设在东安，此地曾繁盛一时。1970年11月，饶河县把东安镇移交给农场（当时是二十三团）。从此，镇属各行政单位全部撤销。二十三团接管后一直为一个连级单位。1985年，东安镇是农场的渔业队，隶属于农场水产科。1996年，渔业队并入水产公司。2019年6月，改为东安社区居民委。

陆路可达四平镇和胜利农场，距离场部四平镇18公里。

水路向北沿乌苏里江经海青、抚远入黑龙江，至同江再入松花江，可达佳木斯、哈尔滨，向南沿乌苏里江可抵饶河、虎头，是水上航运口岸（另见第三编第十二章第五节）。

民主（原一队）：地理坐标北纬47°30′，东经133°53′。伪满康德五年（1938）建，原地名别拉洪（满语音），因北临别拉洪河而得名。1948年改名民主村，原系农村队。1958年12月并入农场，2005年1月划为第一管理区。距离场部四平镇14公里，地处饶抚公路之要冲。

龙西（原二队）：因位于二龙山西而定名。地理坐标北纬47°28′，东经133°57′。1958年建，兵团时期为二十三团五营营部，1977年设为一分场部，1993年12月撤销分场建制，2017年11月划归第一管理区。距离四平镇9公里。

龙南（原三队）：因地处二龙山南麓得名。地理坐标北纬47°27′，东经134°。1958年建，2017年11月划归第三管理区。西行1公里与民主至东安镇公路相接，距离四平镇6公里。

二龙（原四队）：位于二龙山下，地理坐标北纬47°28′，东经134°2′。伪满康德五年（1938年）建，2017年11月划归第三管理区。距离四平镇9公里。

龙北（原五队）：位于二龙山北故名，地理坐标北纬47°29′，东经134°1′。1957年建，2017年11月划归第三管理区。距离四平镇14公里。

原六队：位于四平镇东，与镇区融为一体。地理坐标北纬47°25′，东经134°02′。1957年建，1996年12月23日，老副业队并入六队。2003年1月，六队并入科研站。

平东（原七队）：原名四平屯，因地处四平镇东故更名平东村。地理坐标北纬47°25′，东经134°05′。伪满康德五年（1938年）建，1958年12月并入农场，2017年11月划归第六管理区。距离四平镇4公里。

平山（原八队）：因地居四平山得名。地理坐标北纬47°27′，东经134°6′。1967年建，2017年11月划归第六管理区。距离四平镇8公里。

沙山（原九队）：位于四平山下，有花岗岩风化砂的山丘，故名。地理坐标北纬47°27′，东经134°08′。1957年建，兵团时期为二十三团二营营部，1977年设为二分场部，1993年12月撤销分场建制，2017年11月划归第六管理区。距离四平镇9公里。

新桥（原十队）：位于沙山东北，新河桥南，故名。地理坐标北纬47°30′，东经134°10′。1959年建，2017年11月划归第六管理区。距离四平镇15公里。

东道林（原十一队）：位于新河桥正东，别拉洪河新河道南。因村旁有小片杨木林得名。地理坐标北纬47°30′，东经134°12′。1959年建，老八五九农场时期为六分场场部，1965年在此建立养马场。2017年11月划归第七管理区，距离四平镇17公里。

桥北（原十二队）：位于别拉洪河新河桥北而得名。地理坐标北纬47°31′，东经134°12′。1959年建，兵团时期为二十三团四营营部，1977年设为三分场部，1993年12月撤销分场建制，2017年11月划为第八管理区。距离四平镇19公里。

迟德（原十三队）：位于别拉洪河迟德亮子东岸。地理坐标北纬47°34′，东经134°12′。1969年建，2017年11月划归第九管理区。距离四平镇24公里。

迟北（原十四队）：位于迟德村东北。地理坐标北纬47°36′，东经134°15′。1969年建，2017年11月划归第九管理区。距离四平镇28公里（经十二、十三队）。

柞林泡（原十五队）：位于瓦盆窑西北，因泡旁生柞林而得名。地理坐标北纬47°27′，东经134°17′。1969年建，2017年11月划归第七管理区。距离四平镇22公里（经十一队）。

迟东（原十六队）：位于老迟山东，故名。地理坐标北纬47°25′，东经133°57′。1958年建，2017年11月划归第四管理区。距离四平镇9.5公里。

喀北（原十七队）：位于喀尔喀山西北，故名。地理坐标北纬47°23′，东经133°58′。1958年建，兵团时期为二十三团三营营部，2017年11月划归第四管理区。距离四平镇7公里。

大板屯（原十八队）：位于斯摩勒山西北，大寒葱沟西岸。地理坐标北纬47°24′，东经134°1′。伪满康德五年（1938年）建。原是农村队，1958年12月并入农场，兵团时期为38连，2002年并入科研站，2017年11月划归第四管理区。距离四平镇3公里。

勒北（原十九队）：位于斯摩勒山北麓。地理坐标北纬47°24′，东经134°07′。1958年建，2017年11月划归第五管理区。距离四平镇8公里。

勒山（原二十队）：原名四马力山（满语斯摩勒山谐音），1948年更名解放屯。位于斯摩勒山东坡，地理坐标北纬47°24′，东经134°08′。伪满康德五年（1938年）建。原为农村队，1958年12月并入农场，兵团时期为二十三团一营营部，2017年11月划归第五管理区。距离四平镇 10 公里。

晓原（原二十一队）：位于勒北村东之平原处。地理坐标北纬 47°24′，东经 134°08′。1969 年建，2017 年 11 月划归第五管理区。距离四平镇 10 公里（经十九队）。

高丽沟（原二十二队）：位于别拉洪河新河道以北 10 公里处，与龙北隔河相对。地理坐标北纬 47°33′，东经 134°6′。1981 年建，2002 年 1 月三十一队并入，2017 年 11 月划为第二管理区。距离四平镇 18 公里。

宏石（原二十三队）：位于前山东北麓。地理坐标北纬 47°30′，东经 133°55′。1970 年建，2017 年 11 月划归第一管理区。距离四平镇 14 公里。

黑林泡（原二十四队）：位于阿布胶河南岸。地理坐标北纬 47°25′，东经 134°10′。1970 年建，兵团时期由 35 连、36 连合并而成，2017 年 11 月划归第五管理区。距离四平镇 14 公里（经九队）。

里小山（原二十五队）：位于里小山下，故名。地理坐标北纬 47°36′，东经 134°18′。1959 年建，1963 年撤销。1970 年重建，曾为四营营部。1986 年 10 月，在北侧建项目队。11 月，二十五队、二十六队合并组建项目队。1997 年 3 月，项目队改称二十六队。2017 年 11 月，划为第十管理区。距离四平镇 30 公里。

杨木林（原二十六队）：因村旁有杨树林得名。位于里小山东北，地理坐标北纬 47°37′，东经 134°20′。1970 年建，兵团时期为 26 连。1986 年 11 月，一部分人划归项目队。1997 年 3 月，原二十六队改为奶牛队。2012 年 1 月改为二十七作业站，2017 年 11 月划归第十一管理区。距离四平镇 33 公里。

饶岗（原二十八队）：位于外小山东北。地理坐标北纬 47°34′，东经 134°26′。1980 年建，2017 年 11 月划归第十四管理区。距离四平镇 37 公里。

外小山（原三十队）：位于外小山旁而得名。地理坐标北纬 47°31′，东经 134°22′。1959 年建，1963 年撤销，1970 年重建，2017 年 11 月划归第十五管理区。距离四平镇 32 公里。

狐仙洞（原三十二队）：位于前山西麓。地理坐标北纬 47°28′，东经 133°52′。1970 年建，2017 年 11 月划归第一管理区。距离四平镇 18 公里（经一队）。

沙岗（原三十三队）：位于杨木林东北，因旁有沙岗得名。地理坐标北纬 47°39′，东经 134°21′。1978 年建，2017 年 11 月划归第十一管理区。距离四平镇 36 公里。

马西（原三十五队）：因位于马小山西 1 公里而得名。地理坐标北纬 47°45′，东经 134°24′。1978 年建，2017 年 11 月划归第十二管理区。距离四平镇 49 公里。

大林子（原三十七队）：位于马小山东北 6 公里。北纬 47°48′，东经 134°23′。1978 年建，2017 年 11 月划归第十三管理区。距离四平镇 57 公里。

石头山（原四十队）：位于抚远亮子里西南 11.5 公里。地理坐标北纬 47°45′，东经 134°30′。1978 年建，曾为四分场部。2017 年 11 月划归第十三管理区。距离四平镇 57 公里。

科研站（原 18 连）：1958 年建，老八五九农场时期为五分场三队，1964 年为科研站，1965 年底组建武装基干民兵连，1966 年东安中学迁入，1969 年为二十三团战备值班连 18 连，1971 年改名科研站。2001 年 2 月，三十六队（家属大队）并入科研站。2017 年 11 月划归第四管理区。

蛇山（原一砖厂）：位于斯摩勒山东。地理坐标北纬 47°22′，东经 134°09′。1977 年建，1997 年砖厂租赁。当年 3 月，以砖厂人员和耕地组建副业队（新）。2017 年 11 月划归第五管理区。距离四平镇 12 公里。

马小山（原二砖厂）：因有马家小山得名。地理坐标北纬 47°45′，东经 134°25′。1980 年建，为三十八队。1985 年 3 月 1 日，撤销二砖厂，并入三十五队。距离四平镇 49 公里。

和平（原水利队）：位于斯摩勒山北麓，东临寒葱沟。地理坐标北纬 47°24′，东经 134°04′。伪满康德五年（1938 年）建，原名太平镇，1951 年改为和平村。1958 年底并入农场，2017 年 11 月，划归第五管理区。距离四平镇 4 公里。

民南（石灰窑及水泥厂）：因位于民主村东南得名。北纬 47°29′，东经 133°55′。1960 年建石灰窑，兵团时期为 33 连，1978 年建水泥厂，2001 年并入一队。至场部 13 公里。

三十九队：位于二道河以北 4 公里处。地理坐标北纬 47°37′，东经 134°8′。1981 年建，1985 年 1 月移交二道河农场，为二道河农场第一作业区。

其中，十二队、十三队、十四队、十五队、二十六队、奶牛队、二十八队、三十队、三十三队、三十五队、二砖厂、三十七队、四十队位于抚远域内。

第四节　老地名录

船营（河口亮子）：明为诺罗路辖管，清代名船口，清末又名“上鞑子营”，原有耕地 6.67 公顷，该处原有 10 余户赫哲族人聚居。1896 年，赫哲族人吴龙奎帮助挠力河口卡伦建成鱼亮子之后曾繁盛一时。地处北纬 47°18′，东经 134°8′。2018 年 2 月 28 日，东安挠力河鱼亮子被拆除。

下营：在东安镇诺罗山东北 2 公里处。因有挠力河口上鞑子营与之南北相隔，故名“下鞑子营”，后演化为“下营”。该处当时也有赫哲族人居住。1958 年 3 月，八五九总场搬到下营。下营曾设有粮库、航运站、水文站、武警东安边防工作站、八五九和胜利农场的油库及煤场等。现为码头、东安粮库二库区、东安林业站所在地。

瓦盆窑：位于十五队东南，阿布胶河入江口处。民国年间曾有一户汉族人在此烧制泥瓦盆，销往东安、国富镇一带，伪满时期瓦盆窑破落遗留此名。

伊都赫：赫哲语地名，因此处多栖息“兔鹘（兔鹰）”而得名，为赫哲族人村落，位于东安镇东北9.5公里的芡实湖（大泡子），在瓦盆窑附近。清代，与东安镇一样归三姓副都统管辖。咸丰八年（1858年）出版的《朔方备乘》对伊都赫有记载。光绪二十六年（1900年）伊都赫突遭哥萨克洗劫，赫哲人被迫迁移。

蒿通：原名“霍吞”或“霍通”，伊彻满语意为“城”。该处原为古城遗址，属抚远县。1940年前后该居址被江水冲刷掉。在阿布胶河口北8公里处，正对苏联维诺格拉多夫卡。

阿玛达里：又作阿珀达里。伊彻满语，阿玛意为“围猎”，达里为“地面”或“地方”，即“围猎的地方”或简称“围场”。清代旧居址，今为俄罗斯维德诺耶村。

厄公：伊彻满语，厄“石”之意，公“玉”之意。合成词为“玉石”。清代旧居址，今在俄罗斯舍列密切沃村（谢村）附近。

屯戍镇：兵团时期，六师师长王少伯给二十三团起的名字，有屯垦戍边之意。1975年3月至1981年，农行称为屯戍镇营业所。

喀山：位于喀尔喀山西北山坳，北纬47°21′，东经133°59′，北至喀北有便道通。1970年建，为农场炭窑及种植木耳、元蘑、人参的多种经营场所。兵团时期为老24连，曾经称为工业四连，1980年撤销。1983年，在此建立毛金沟林业站，1997年12月撤销。

东海林业站：1982年设立，位于三十五队南3公里处。东海之意，因场域东北部低洼多水，群众进出犹如过海，故有东海舰队之称。1980年，四分场部从石头山搬到此地，1983年分场部撤销。

小河沿：1938年以前，从山东省昌邑县逃荒到此的贫苦农民居住地，1938年归屯后迁往太平镇（水利大队）。为别拉洪河一号鱼亮子，位于三十五队。

杨木岗：位于三十队北，距离乌苏里江10多公里，是一条长约5公里、宽0.5公里的岗地，上面长满了杨木，称为杨木岗。1939年冬，东北抗日联军三师师长刘雁来率部在此伏击日军一个排。

文登岗：20世纪30年代初期，山东省文登县孙氏、刘氏等几户人家在四合下船徒步在此扎寨，因看中此处的沙丘岗，又临乌苏里江的小河汊，农耕渔猎都方便，即被称为文登岗。1938年归屯，孙氏家族迁往大孤山（胜利屯），刘氏家族迁往东安镇。1969年3

月，十五队在文登岗建点。

高丽沟：朝鲜族人于1938年前在此种植水稻。利用二道河与别拉洪河的地势落差，河水自灌自排。归屯时，他们回迁到小佳河。复垦后，地边的水田灌渠保存完好，还有大石头碾子，位于二十二队7号地。

狐仙洞山：在三十二队东北方向1.4公里处，海拔245.3米，为前山的最高峰。

北大林子：是俗称，泛指八五九农场以北老别拉洪河边的散生林和次生林。当年是周边农场的重要伐木地点，林中主材为杨树、桦树、水曲柳、柞木及其他杂木，直径均在三十厘米至五六十厘米。主要区域在八五九农场和二道河农场域内，地处八五九农场东北，二道河方向。在原一队、二十三队、五队北，二十二队东北，十三、十四队北，二十六队东北，三十三队、三十五队、三十七队偏东北，往二道河方向延伸的大片区域。北大林子大面积被砍伐后，1982年三分场烧荒跑火，火势蔓延到二十五、二十六、二十八、三十、三十三、三十五、三十七、四十等队，把树木根系和腐殖质的地表层烧尽。如今，大部分已被开垦。

磨盘山：在大板山，因能出碾子、石磨而得名。1938年以前，十六七岁的王得平从山东省梁山县挑担逃荒来到这里，靠着在山东学的石匠手艺，开山生产碾子、石磨。当时这一地区仅有此山石材为花岗岩立茬巨石，其产品辐射周边。

四甲子：现场部位置，在四平山延伸的大漫岗，生长着灌木林和芦苇，1938年以后，几户人家归屯到大板。二甲子在科研站位置。

一道桥：在场部南阿布胶河上，世纪园入口处，又称南桥。原为木桥，1979年新建，下部为浆砌石桥台柱，上部为钢筋混凝土桥面，长6米、宽7米，木制护栏。1986年重建，空心板梁，长16.5米、宽7.5米，2005年加宽。2021年秋在原址重建，梁式桥，长17.54米、宽12米。在其南部为二道桥。

烽火台：水泥厂东侧石灰窑。1938年归屯以后，日本人开始在此用石灰石烧制石灰。小山包叫烽火台，饶河县文物人员曾来此考察。南山塔的位置也叫烽火台，传递信号之用。

洋犁片：洋犁为舶来品，早期的耕地用洋铁犁翻耕的称为洋犁片。在水利队石头山对面，公路北侧有一处。在东安后山飞机场附近有一处。

大官道：又称大车道，伪满康德五年（1938年）后连年征调民夫，遍修村屯公路，全部为土路，路两侧开沟，水沟架简易木桥，可通行马车爬犁等。伪康德六年至十年修成东安镇至别拉洪（民主村），四平至太平镇（和平屯）至大板至大孤山（胜利屯），东安镇经明山、大孤山至西南山（胜利农场）等地公路。路基尚存。

小稻田地：位于东安镇西大兴沟与挠力河交会处、胜利农场大兴村长溪屯，1938 年以前，朝鲜族人在此地种水稻。地边水渠完好，有一排排大柳树。1984 年 7 月，在小稻田地发掘出大量明朝的箭镞、矛、马镫等文物，为明诺罗路属下遗址。

顾家河口：东安橡树园的老地名叫顾家河口。1938 年以前，这里居住着以捕鱼为生的顾氏家族，归屯后迁入东安镇。

马家地营：1938 年以前，在灌区渠首的位置为马家地营，户主马宝林，一家人过着农耕渔猎生活。归屯后，迁入东安。

龙山洞：在二十队西南，斯摩勒山上有个测量的三脚架，有人称为大架子山，也有人称为龙山。半山腰有个洞，在山下二三百米处有个泉眼和河沟，1938 年以前有人居住。这里夏季清晨经常起雾气，称为龙山洞（朝鲜族语言中“洞”为峪）。位于和平屯正南沟谷一带。

孟家店：位于水利队东。1985 年，孟宪富、崔淑芳夫妇在此地养鱼。1987 年养牛，2000 年盖 180 平方米二层楼房。

万家河口：位于三十三队北，原四分场三十四队处（小群点）。

迟德鱼亮子：为别拉洪河二号鱼亮子，在十三队西。

泥鳅沟：是一个小河沟，在里小山与奶牛队之间，南北走向，因泥鳅多而得名。泥鳅沟有十几米宽，东岸硬实，西岸是沼泽地。河水向北流去，七弯八拐与别拉洪河汇合。

第二章 自然地理

第一节 地　质

八五九农场所在地区属新华夏系构造三江平原凹陷带，其大地构造属同江内陆断裂。为新华夏系第二沉降带东北端的第一个凹陷带，属第三系凹陷盆地。

一、地层

该地区的地层类型属中生界。地层区划属那丹哈达岭区宝清—饶河分区饶河小区。

大地构造位置属于西锡霍特地槽皱褶系完达山中生代优地槽皱褶带。中生界侏罗系有地层发育，主要有上侏罗统—下白垩统东安组，其岩性组合为杂砂岩、砾砂岩、粉砂岩、凝灰岩组成，厚度大于1017米。白垩系地层有所出露。新生界地层很发育，主要有第三系和第四系，其中以第四系最为广泛，主要分布在乌苏里江、挠力河、别拉洪河两岸。

1982年，黑龙江省第一区调队马万昌、傅磊等，于东安镇发现一批海相瓣鳃类化石。1986年，中国科学院南京地质古生物研究所孙革等人多次到东安镇，采集了大量生物化石，经测量研究，将原东安镇组重新划分为上、下二亚组，分别代表白垩世早期及晚侏罗世最晚期的沉积。饶河县东安镇含buchia等海生生物的发现及其侏罗系—白垩系界线的划定，为我国首次建立了属于北方海区（Boreal realm）类型的侏罗系—白垩系界线标准。它不仅为研究我国东北地区海相侏罗系、白垩系奠定了重要基础，而且为进一步研究我国陆相侏罗系、白垩系及其界线，找到了一个重要的、可资进行国际性间接对比的衔接点。我国以往具海相侏罗系—白垩系连续沉积的地区，仅发现于西藏一处。

二、地质构造

该地区基底属燕山早期褶皱基底。燕山运动隆起褶皱成山，同时有花岗岩侵入，晚白垩世时有陆相火山喷发。新生代时转为沉降，形成三江平原。

新生代以来，新华夏构造体系继续活动，完达山余脉山地断续抬升隆起。山地具有显著的断崖层，系断裂抬升作用的结果。山体多是侵蚀剥蚀而成的低山丘陵地形。由花岗岩所构成的山体，巍然挺立，形成高峻的山峰。由中生代砂岩、页岩所构成的山体，起伏平缓。上新世玄武岩构成的熔岩台地，在山地零星分布，有些已经过流水切割成为丘陵。在较高的山顶上，还有晚更新世的古石海等冰缘地貌现象。完达山余脉，其构成属华夏系的第二隆起带。地质形成多为火成岩地带，大部分是花岗岩山岭和片岩，属冰缘地貌中等发育区。

完达山余脉侵蚀低山由燕山期花岗岩及中生代火山岩组成，间或有第三纪玄武岩。零星分布的火山丘，其喷发时代为第三纪末，主要由棕黑色玄武岩组成，常成陡壁，柱状节理发育。没有火山口，面积较小，相对高度 40～80 米。

乌苏里江沿岸为第四系全新统河床冲积层，由亚黏土砂、砂砾石组成；山区为燕山期的黑云母花岗岩、二云母花岗岩组成。域内地层除低山丘陵、残丘有入侵岩外，绝大多数被新生代第四系地层所覆盖，组成物基本是第四纪冲积物。第四纪以来，该地区一直呈间歇性沉降，尤其是全新世纪以来下沉幅度更大，形成低冲积平原。

三、各地质时代地壳演化

距今约 33000 万年前，上古生代泥盆纪末或石炭纪早期，华力西期地壳构造运动中期，本区基底构造层急剧下沉成海，在深海环境中沉积大量海底火山物质。

石炭纪中世，地壳沉降幅度变慢，海水变浅，海底火山活动频繁，堆积大量海底火山物质及陆源碎屑。石炭纪末或二叠纪早期，仍在深海环境中不断沉积海底火山物质，形成挠力河以北岩层。二叠纪早期，即距今约 28000 万年前华力西构造运动晚期，厚达近 2 万米之海底沉积物发生褶皱隆起成岩为陆地。褶皱隆起造山运动时，隆起轴部发生纵向断裂，伴随岩浆活动，东抵乌苏里江之大面积花岗岩体。褶皱运动后期，在挠力河等地伴生横向断裂。使本区大部分地块相对上升，遭受强烈剥蚀。

至中生代侏罗纪的 14000 万年之地质时期，为强烈风化剥蚀阶段。至白垩纪早期燕山运动晚期，继续隆起形成山脉。同时，乌苏里江及挠力河流域发生北东向断裂，中间隆起之山区，遭受风化剥蚀搬运，成为盆地堆积之补给源。此期之风化剥蚀作用，剥露出近万米深底部岩层和岩浆层；盆地则堆积 2000 余米厚之碎屑物质。

距今数千万年前，下第三纪至二三百万年前第四纪时，乌苏里江及挠力河断裂继续发育，两侧盆地不断扩大与加深，致使挠力河西侧三江平原第四系堆积碎屑物质达 160 余米。

距今约 1000 万年前上第三纪时，挠力河流域东西向断裂再次复活，使其北部地区陷落归入三江平原。此间，斯摩勒山等地伴有火山活动，喷出玄武岩。更新世晚期，乌苏里江流域与挠力河流域及其以北地区，连成一片继续下陷，广泛堆积碎屑物。至全新世，乌苏里江流域再向东移。最年轻之堆积发育在挠力河流域，形成以砂、砂砾石为主之现代河床或低漫滩堆积。

2003年，建设乌苏里江灌区时出土了很多木化石。大约是在6500万年前的白垩纪所发生的中生代末白垩纪生物大灭绝时，地壳剧烈运动，超级火山爆发，恐龙灭绝，树木被埋入地下几十米形成的。那之前空气温暖而潮湿，植物茂盛。

第二节　地　　形

农场位于世界三大黑土带的三江平原东北部，完达山北麓。地势西南高、东北低。西南部是完达山北麓的余脉形成的山地及丘陵地带，东北部是由别拉洪河与乌苏里江冲积而形成的低地平原。整个地势是由西南向东北倾斜。

西南部坡岗区的坡降1/10～1/100，东北部平原区的坡降均在1/100以下，最缓处为1/4000；南部斯摩勒山最高处海拔333.4米，东北部最低处海拔43米，东西两边高程44～56米，微地形也较复杂，尤其在平原区内，土岗走向极不统一，而且多有碟形洼地分布，形成封闭泡沼。

山地是完达山余脉的低山地带，属中起伏低山地形，海拔100～363米，面积为4414.4公顷，占总面积的3.3%。生长着温带阔叶混合林，主要为柞、桦、杨、椴树，系天然次生林。

丘陵地海拔70～80米，面积为19699.07公顷，占总面积的14.5%。地势较高，排水良好，土壤肥沃，适合小麦、大豆、玉米等农作物的生长。

低平地海拔43～56米，面积为104125.8公顷，占总面积76.8%。

水面7342公顷，占总面积的5.4%。

第三节　山川河流

一、山脉

农场区域内多山脉，均系完达山的东北余脉。较为著名的有诺罗山、斯摩勒山、喀尔喀山、老迟山及二龙山。另有十六队小宏山、二队小圆山、五队小后山、二十三队小东山、九队道北李小山等小山。

诺罗山：位于挠力河与乌苏里江汇合处以北2.5公里，东濒乌苏里江及东安镇之后山，是一群山体，绵延仅3公里，最高峰海拔184.1米。明朝时，挠力河原名诺罗，故得名诺罗山。

喀尔喀山：位于挠力河北，自西北向东南绵延成岭，长9公里，东隔大兴沟与斯摩勒山相接，最高峰海拔363米。喀尔喀山南坡属胜利农场，北坡归八五九农场辖有。喀尔喀，旧译为满语“藤牌”之意，伊彻满语则泛指铠甲藤牌与野猪身上附着的坚厚之甲层。因该山多藏带“坚甲”之野猪，枪箭难以射穿，故名喀尔喀山。

斯摩勒山：又称斯莫勒山。位于诺罗山北，和平屯南，西隔大兴沟与喀尔喀山相接。主峰在勒山屯西，最高海拔333.4米，东西长13公里，南北宽9公里。该山为伊彻满语“立还愿神杆处”之意，因昔有人于此山边立神杆祀神而得名。盖因瓦尔喀及赫哲人狩猎捕鱼丰获时，必于山林中或江河岸旁立神杆还愿祭祀之，并杀猪宴请乡里。

二龙山：位于别拉洪河南岸，二龙村西北，东西成岭，绵延6公里，最高海拔241米。东西两山相对，后有一圆形小山包，形如二龙戏珠，故得名二龙山。

四平山：位于阿布胶河与别拉洪河之间，原七队的东北，最高海拔126米，为一低矮丘陵。

老迟山：曾用名老雌山。位于前山以南，南北成岭，长5公里，东西宽2公里，为一独立小山体，南与鹭鹚山相对，最高海拔281米，是八五九农场与胜利农场的分界线。

前山：位于别拉洪河南，老迟山北，由北而南绵延10公里，东西宽1.5公里，为一窄岭，民主村位于其北坡。最高峰为狐仙洞山，海拔245.3米。

鹭鹚山：又称鹭鸶山，位于黑莱营山北，创东路路北，北与老迟山相对，为一凸起之孤山，海拔201米。

马小山：位于三十五队东、原二砖厂西，别拉洪河东3公里处，地理坐标为北纬47°45′，东经134°24′。山呈南北走向，海拔74米，山上为阔叶混交林。因民国年间有位姓马的老汉在此居住种地而得名。

里小山：位于二十六队南，地理坐标为北纬47°36′，东经134°17′，海拔79.8米。其东北2公里处为杨木林子，西北5公里处为别拉洪河，东南6公里为杨木岗。

外小山：位于三十队北，里小山东南10.5公里处，地理坐标为北纬47°31′，东经134°19′，海拔78.6米。

石头山：位于四十队西，马小山东6公里处，地理坐标为北纬47°44′，东经134°29′，海拔85.1米。产火山石。

南山：位于场部南，海拔265米，属斯摩勒山系。山顶建有28米7层防火瞭望塔。伪满时期称为烽火台，当时日军在山顶建有碉堡。

大板山：海拔172米，地理坐标为北纬47°23′59″，东经134°00′47″。在大板村西1000米处，创东路南。

蛇山：位于二十队路东，解放坡北，为一孤山，海拔155米。

东山：在一队和二十三队之间，称为东山，最高峰海拔135.5米，有6个小山头，二十三队称为后山。小东山在二十三队东的3号地。

狼山：位于八队东北，为一独立小山丘，海拔107米。沙山，位于八队西，海拔110米。八队西南有防火瞭望塔的也为四平山，海拔111米。李小山，位于九队西公路北，海拔85米。

二、岛屿

2000年1月以前，乌苏里江主航道我国一侧有6个江心岛在农场域内。1999年12月9日，中俄双方签订的《中俄国界线东段叙述议定书》将大泡子岛置换给俄罗斯，并于2000年1月24日生效。从此，场域内只有5个岛屿，分别是东安一号岛、东安二号岛、大泡子上岛、大泡子中岛、大泡子下岛。

东安一号岛：位于挠力河口以下200米，地理坐标为北纬47°19′0″—19′11″，东经134°9′36″—9′42″。离我国江岸100米，为一独立小岛，长220米，宽75米，面积0.02平方公里，距俄罗斯江岸750米，全岛生长着柳树。该岛在1945年以前为浅滩，1946年以后才显露水面，原名上一撮毛岛。20世纪60年代以后，由于挠力河两岸开发，水土流失严重，面积逐步扩大。该岛历来为东安镇捕鱼区，归我国管辖。

东安二号岛：位于东安镇南1.5公里，在东安一号岛之北，地理坐标为北纬47°19′13″—19′18″，东经134°9′49″—9′59″，为一独立小岛。小岛长150米，宽75米，面积0.01平方公里，离我国江岸160米，距俄罗斯江岸700米，全岛被柳树覆盖。该岛在1945年以前为一浅滩，1946年以后始露水面。1953年以后始生柳树，现柳树遍布全岛。由于该岛处于挠力河与乌苏里江汇合处，泥沙不断淤积，小岛面积日渐扩大。该岛历来为东安镇居民打柴和捕捞区，归我国管辖。

大泡子上岛：位于东安镇以下10公里，茨实湖（大泡子）下口入江处。地理坐标为北纬47°25′，东经134°15′35″—16′31″，为一窄长小岛。小岛长1750米，宽250米，面积0.21平方公里，离我国江岸70米。1880年就有此岛，历来归我国管辖，为东安镇一带居民捕鱼区，岛上建有草房。

大泡子中岛：位于大泡子上岛北1公里，大泡子岛中部西侧半公里，地理坐标为北纬47°25′32″—25′43″，东经134°17′02″—17′15″，为一独立小岛。小岛面积0.03平方公里，岛上遍布柳树，离我国江岸110米，距俄罗斯江岸1650米。19世纪初就有此岛，因受江水冲刷，逐年变小。该岛一直为东安镇一带居民的捕捞区和农耕地，岛上住有我国边民。

1937年以后，日伪将岛上居民驱至陆地，但该岛仍为东安镇警察巡逻区。至今仍归中国管辖，为东安居民捕捞区。

大泡子下岛：位于大泡子岛西北侧，阿布胶河入江口东南1公里，地理坐标为北纬47°26′07″—26′16″，东经134°19′08″，为一独立小岛。小岛长170米，宽60米，面积0.01平方公里，离我国江岸70米，全岛布满柳树。该岛自19世纪已形成。20世纪20年代，我国居民曾在岛上农耕，50年代因江流变动，逐年冲刷下切变小。该岛历来归我国管辖，为东安镇一带居民的捕鱼和打柴区。

大泡子岛：位于东安镇东北10.5公里，大泡子上岛东偏北，下端在阿布胶河入江口以上1公里，地理坐标为北纬47°24′03″—26′05″，东经134°16′35″—19′45″。小岛为1个主岛及10个小岛组成的群岛。长5450米，宽1250米，面积4平方公里，离我国江岸350米，距俄罗斯江岸400米，在主航道我侧。岛上遍布柳树、绣线菊，为尹都赫（瓦盆窑）、东安及和平屯居民的渔、猎、农耕区，岛上曾建有房舍。1999年12月9日，中俄双方签订的《中俄国界线东段叙述议定书》决定将大泡子岛置换给俄罗斯，并从2000年1月19日生效。

偏脸子岛：又名南通岛。位于新兴洞岛西北9.5公里，叉鱼泡入江口处，地理坐标为北纬47°14′24″—19′18″，东经134°7′28″。小岛南北长9250米，东西宽1350米，为14个岛组成之群岛（1978年主岛东七号岛西侧，又生成一岛，长800米，宽150米），面积5.13平方公里。距我国岸100米，距俄罗斯岸560米。全岛尽被柳树、绣线菊等覆盖。明归诺罗路（今东安镇）管辖，清归诺罗口（即今挠力河口）管领。20世纪初，一直为挠力河口（今东安）之捕鱼、打柴区。岛上并盖有房舍多处，该岛在我国辖领中。

瓦盆窑鱼亮子岛：位于海青乡四合村瓦盆窑河下口0.5公里处，隶属海青乡管辖。地理坐标为北纬47°26′25″—26′34″，东经134°20′44″—22′46″。此岛原来是由6个小岛组成，据1980年5月勘察，此岛上端3个岛已被泥沙淤塞形成1个岛，现在该岛实由4个岛组成。岛长2525米，宽225米，面积为0.78平方公里，距中国江岸150米，距俄罗斯岸625米。此岛因距瓦盆窑鱼亮子河口较近，故得名“瓦盆窑鱼亮子”岛。岛上杂生柳树、杨树、榆树、附近水域产各种江鱼。此岛于1910年前后形成以来，就一直是中国居民砍梁材、拣烧柴、挡亮子、捕鱼、狩猎的场所。

三、河流

场区域内河流属于乌苏里江水系，有三条支流，即挠力河、阿布胶河、别拉洪河，自西向东横贯场区注入乌苏里江。三条河流不仅在盛水期用于两岸农田灌溉，而且还起到防洪排涝的容泄作用。山区有四条山沟，在斯摩勒山有解放沟、寒葱沟；在喀尔喀山有大板沟、毛金沟。

乌苏里江：乌苏里江是联合国环保组织认定的没有被污染的河流，黑龙江的重要支流，中国与俄罗斯两国的界河。

乌苏里江是在距今100万年以前的第四纪中更新世、喜马拉雅构造运动时期开始形成的。当时乌苏里江还是一条近东西向的小河。兴凯湖是乌苏里江源头的最大水源地，它原来是一个大型凹陷湖，新生代该凹陷湖大幅度下降，七虎力河、穆棱河原来都注入兴凯湖，但自第四纪以来，兴凯湖的北岸发生间歇性隆升，湖水后退，先后形成东西向排列的四道弧形沙岗。晚更新世纪末，在地质营力作用下，乌苏里江沿霍特深断裂带切穿了珍宝岛一带的峡谷，也切穿了兴凯湖北岸的弧形砂岗，袭夺了原注入兴凯湖的七虎力河、穆棱河等诸多水系，使其外泄流入乌苏里江。最终使乌苏里江由原本近东西向的小河变成近南北流向的一条大河。自全新世以来，乌苏里江在海青—抓吉一段沿东和（河）—北岗流淌，其后河水又不断改道和逐渐东移。当时的挠力河是从完达山流经山前进入古松花江的，近代已从东安亮子以东注入乌苏里江。

乌苏里江有东西两个源头，东源出自俄罗斯东部锡霍特山脉西麓的刀毕河、乌拉河；西源是黑龙江省兴凯湖东北面的松阿察河。两源汇合于泥河口子附近流向东北，在俄罗斯哈巴罗夫斯克附近流入黑龙江。乌苏里江全长905公里，流域面积18.7万平方公里。沿途接纳支流众多，达174条。乌苏里江从河源至泥河口子为上游，泥河口子至饶河县城为中游，饶河县至乌苏里江汇合口为下游。乌苏里江水面，162号航标—南通河—东安—瓦盆窑130航标，32公里段为八五九农场捕鱼区。

富庶的乌苏里江沿岸，发现了多期新石器时代的古人类遗址。西周时期，满族祖先——肃慎人就在这里制造楛矢石砮、网罟等工具，繁衍生息，创造了灿烂的文化；是17世纪中叶以来所形成的满—通古斯语族的赫哲族渔猎生存之地。

乌苏里江为伊彻满语“下游”之意，又作“下江”的意思。在明代称“阿速江”，又作亦速里河，清光绪年间称乌子江、戊子江。1860年前为中国内河，不平等的《中俄北京条约》签订后成为中俄（苏）国境河流。乌苏里江河道穿行在中国的完达山脉和俄罗斯的锡霍特山脉之间广阔的纵谷中，上游地势稍高，谷地平坦；中下游地势低洼平缓，地面强烈沼泽化。干流经过地区多为平原，河道比降小，江阔水深，水清流缓，航运条件优越。沿江两岸绿树葱郁，河中多岛屿、沙洲和浅滩。乌苏里江河道弯曲，河槽宽300～1000米，弯曲系数1.3，河道坡降1/1600～1/48000。江水在汛期常出现平槽，1981年8月18日，下营江面水位达44.83米。

乌苏里江饶河境江段江面宽 500～1000 米，东安镇游船码头位置江面宽 810 米。正常水位平均水深 2～5 米。多年平均封冻时间为 148 天，最大冰厚 1.15 米。

1975 年，在东安镇下营建水文观测站，归佳木斯管理。1990 年撤销。

挠力河：伊彻满语“诺罗”的转音，意为“河床流荡不定”，是乌苏里江左岸的较大支流之一。发源于完达山主脉那丹哈达岭北坡七里嘎山，干流由西南流向东北，经勃利县、宝清县、富锦市和饶河县等四县市，在八五九农场东安镇注入乌苏里江。挠力河上游多是山地丘陵，坡度较陡；中下游流经三江平原腹地，多为低洼地和平原区。全长 596 公里，流域面积 23988 平方公里。流经饶河县内约 130 公里，流经农场仅 2 公里。挠力河水面八五九农场管辖区域，西丰嘴亮子以下至挠力河口，长度为 32 公里。2002 年 7 月 3 日，经国务院批准建立挠力河国家级自然保护区。保护区八五九管护站管护面积 3907.2 公顷，长 8.15 公里，宽 4～6 公里。

别拉洪河：乌苏里江下游左岸支流，为积雨地面径流形成的沼泽性河流。原名“别拉音”“毕尔窭”，又名别拉雅河。伊彻满语，意为“大水漫地之河”，又叫做圈河，即泡沼相连之河。发源于富锦市北部东石砬子山以西平原区，在抚远县东部别拉洪亮子附近注入乌苏里江。全长 170 公里，流域面积 4393 平方公里。流经八五九农场长度 65 公里。河床宽 25～40 米，水深 0.6～2.5 米，河道蜿蜒曲折，地势低洼，多沼泽湿地，承泄能力差。上中游无明显河床，在迟德亮子以下，属别拉洪河下游段，有明显河槽，宽 15～25 米，深1.5～2 米，滩地宽达 1～2 公里，坡降 1/100～1/5000，弯曲系数 3～3.5，支流小而短，是原三分场地区排水的容泄区。

1977—1982 年，省国营农场总局组织对别拉洪河进行改道。1977 年 7 月 1 日正式施工，从富锦东石砬子山底平原处 1000 米开始，到瓦盆窑入乌苏里江，开挖新河道 113 公里。改道后，从一队开始沿老河道南侧向东，在二十二队南侧向东南方向经十队和十二队之间流向瓦盆窑，注入乌苏里江，成为沿途生产队排水和灌溉水田的主要河流。别拉洪河新河道流经八五九农场 46.5 公里。别拉洪河入江口在阿布胶河入江口东侧 1.3 公里处。

阿布胶河：伊彻满语意为“胸肋”，因发源于山的胸肋处而得名。发源于喀尔喀山与斯摩勒山相接的龙山洞，西北流至大板屯东，北折经场部，流经平东村（七队），南收寒葱沟（长 5 公里）之水，至瓦盆窑注入乌苏里江。全长 38 公里，流域面积为 106.4 平方公里。阿布胶河入江口处为瓦盆窑，也有人称为瓦盆窑河，是饶河、抚远分界线，在 130 航标位置。别拉洪河入江口在其东面。

阿布胶河具有山区小河特征，河道弯曲，河槽宽 2～3 米，深 1.5 米左右。属季节性河流，多雨季节，河水暴涨暴落。1971 年由于山洪暴发，洪水冲进黑林泡村（二十四队）。住宅区被淹，平地水深 0.5 米，河水流量达 80 立方米/秒，持续 3 天，淹没耕地 666.67 公顷。

为了解决阿布胶河洪水的危害，20 世纪 70 年代曾组织过阿布胶河取直施工。在其上游建容量为 117 万立方米的阿布胶河水库。1984 年，在场部东南建 66.67 公顷养鱼池。2005 年，在场部南建世纪园，建彼此相连 20 万平方米的 3 个人工湖，发挥了水库扩容、水土保持、农业灌溉的作用。阿布胶河水库、世纪园人工湖和养鱼池，起到调节补充阿布胶河水的作用。在中游平原区内，已治理河道长 6.8 公里。

二道河：在前锋农场与八五九农场的交界处，发源于前锋农场北部沼泽地，河流长 13 公里，宽 5 米，西北东南走向，途经二十二队东北，注入老别拉洪河。

固米小河：发源于斯摩勒山与诺罗山中间之沟堑洼地。固米，伊彻满语“翻悔”之意，即河流因汛期江水倒灌而得名。小河系地面积雨径流形成河道，下游与芡实湖（大泡子）下口相通连，至大泡子上岛南端注入乌苏里江。全长 5 公里。伪满康德五年（1938 年）前为饶河、抚远界河。

小清河：发源于斯摩勒山，吸纳解放沟和来自下营方向的山水，在渠首西流过清河山庄，在灌区引渠（西）旁注入乌苏里江。

毛金沟：早年，有姓毛、姓金两户人家闯关东到此居住，主要以种植罂粟或种些粮豆谋生。1970 年建点，兵团时期为老 24 连，1983 年改为毛金沟林业站。位于喀尔喀山西北，山水汇入阿加拉河，最后注入挠力河。

寒葱沟：位于斯摩勒山，在南山西，大板东南，阿布胶水库南，长 5 公里。又分为瓦斯沟、水曲柳沟，汇流后注入阿布胶河。

大板沟：位于喀尔喀山北，大板山东，大板南部，注入阿布胶河。大板沟、鹿场沟、寒葱沟（瓦斯沟、水曲柳沟）4 条山沟水均流入阿布胶河。大板鹿场门前有个泉眼，四季常涌，冬天不冻，被称为大板泉。

解放沟：位于斯摩勒山，二十队与砖厂之间，蛇山南，解放坡西，山水流入小清河。为八五九与东安林业站交界处。坡下有几棵水曲柳树，风景优美，秋季景色最佳，常吸引摄影爱好者来此采风。

二龙沟：位于三队、四队南部，飞机场北，在东北方向汇入别拉洪河总干。大板山北、科研站的界沟水向北流，汇入二龙沟；一部分汇入二龙山北干。

和平沟：也称小寒葱沟、姜家沟，位于斯摩勒山北、孟家店南，和平水库东南，山水汇入和平水库。顺和平沟有老路可通东安。

南通河水汊区：位于南通岛以下至挠力河口以上，南北 9 公里。为乌苏里江古河道淤塞所形成之泡沼，有汜流港汊相连，是重要鱼产地。

挠力水汊区：为挠力河歧出之汜流，北与大兴沟相连，成为挠力河口水网区，下游均与乌苏里江相通。

芡实湖水汊区：因产芡实（鸡头米）而得名。位于东安镇东北5～9公里，为乌苏里江古河道，经淤塞而形成之水汊区。下游与固米小河相连，其中主要泡沼有芡实湖（又名大泡子）。南北长3公里，宽50～120米，面积约30公顷。为鲤鱼、鲫鱼、狗鱼之栖息地，也是沿江的重要捕鱼区。

第四节　气候、水文、土壤

一、气候

农场位于三江平原沿江三角洲亚区，属寒温带季风性大陆气候，地处第四积温带下限、第五积温带上限。四季分明，春季多风气温偏低；夏季湿热雨量集中；秋季偏旱雨量偏少；冬季漫长寒冷多雪。年平均气温2.7℃。1月份为最低，平均气温－22.6～－12.6℃；7月份为最高，平均气温20.5～23.7℃。极端高温出现在1996年7月26日，达到42.5℃；极端低温出现在1996年1月16日，达到－39.5℃。常年降水量500～680毫米，最大日降水量79.9毫米，出现在2006年8月14日。年际蒸发量在900～1300毫米，最高为1976年的1409.8毫米；最低为2002年的704.9毫米。全年无霜期130～160天。全年≥10℃积温2100～2600℃。农场属全年盛行偏西风的季风气候区，季节风向变化十分明显，平均风速为4.08米/秒。年平均日照2200～2500小时。封冻日期多在11月初，冻土平均深度为141厘米，最大为1976年，冻土深度达198厘米；最小为1983年，冻土深度为81厘米。

二、水文

农场濒临乌苏里江，场区内有挠力河、别拉洪河、阿布胶河、二道河通过。西面多山，东面是低洼平原，最高处海拔333米，最低处海拔43米，平原坡降为1‰，平原地区地下水位8～200米，排水条件良好，大部地区不受洪水侵袭。

（一）地表径流

农场年径流平均在75.3毫米。乌苏里江流域降水较多，流量丰富，年径流总量639亿立方米。径流以降雨和融雪为主要补给，其中降雨可占径流总量的65%以上，乌苏里江多年平均流量75亿立方米，夏季径流占70%以上。乌苏里江观测站最高水位46.51米，变差 2.71 米。每年平均封冻 148 天，平均最大冰厚 1.15 米。

挠力河为雨雪混合补给的河流，多年平均径流量为 19.8 亿立方米，径流量年际变化大，丰水年和枯水年交替出现。1 年中有两次汛期，4—5 月为春汛期，9—11 月为秋汛期。流域区内河流均属典型的沼泽性河流。洪涝灾害频繁，有“十年九涝”之说，平均每三年重灾一次。

（二）沼泽

该区毛果苔草沼泽主要分布在挠力河等地的河漫滩与阶地上的低洼地，常年有积水的地方均有分布。漂筏苔草沼泽主要分布在靠近河槽的低河漫滩上，如别拉洪河、挠力河下游的低河漫滩表面，是河流、湖泊沼泽化的类型。挠力河中游的河漫滩均为芦苇沼泽，别拉洪河中游的一级阶地上有大小不同的洼地，也是芦苇沼泽的集中分布区。

（三）地下水

农场水资源总量为 26722 万立方米/年，其中地表水资源总量为 12961 万立方米/年、地下水资源总量为 13761 万立方米/年，地下水补给模数为每平方公里 12.32 万立方米，地下水可开采量 10321 万立方米。场内地下水东西分布不均，且地质结构差异较大。

地下水分为第四系砂砾石孔隙水、第三系碎屑孔隙层间水及基岩裂隙水三类。一级台地表层黏土厚 5～14 米，含水层砂水砾层一般容重在 1.45 左右，埋深 3.5～5 米。含水层厚度有记录表明 200 米未见岩层，淤泥层、细砂层、粗砂小砾层，往复循环，无大的变化，含水层超过 200 米，最大可达 400 米。承压水头 1.5～7 米，涌水量 700～1500 立方米/天。丘陵区碎屑层间水埋深 22.5～26 米，最高超过 80 米，涌水量 123 立方米/天。地下水矿化度 210～320 毫克/升，pH 5.8～6.5。

西部山丘地区，以裂隙水为主，包括风化裂隙水和构造裂隙水，前者含水带呈面状分布，后者呈结状分布。由于受岩石构造和地形影响，含水带变化大，富水性极不均匀，含水层厚度 10～40 米，出水量一般在每小时 10～30 吨。别拉洪河中、上游属弱承压水区，承压水头2～9 米，承压水位距地表 2～10 米。

东部平原地区，为北东倾覆的不规则长方形盆地，盆地内沉积了巨厚的第四系以河流相为主的砂和砂砾石层，为地下水形成提供了优越的贮存条件。上部为 7～8 米厚的亚黏土覆盖，下部为厚层砂和砂砾石，含水层厚度从盆地边缘向中心加厚，山前孤丘周围厚 20～40 米，盆地中一般为 60～150 米，这种地层透水性好，富水性强，单井出水量为每小时 40～300 吨。

三、土壤

农场属三江平原白浆土、沼泽土区。成土母质系第四纪河湖相沉积物。土壤主要为非地带性土壤的白浆土、沼泽土。分为棕壤、白浆土、沼泽土和泛滥土四类，其中白浆土面积占总面积的 60.7%，沼泽土占 26.2%，泛滥土占 8.7%，棕壤土占 4.4%。

宜作农用的土地为白浆土和沼泽土两类。据 1981—1983 年调查分析，有机质含量 4.36%，含氮为 0.26%，含磷 0.129%，钾为每 100 克土含 11.35 毫克，均较高。水解氮含量为 100 克土含 8.29 毫克，中等偏高。速效磷含量极低，仅为每 100 克土含有 1.23 毫克；pH 5.91，基本为微酸性。其他元素含量（每 100 克土壤含元素的毫克数）分别为钡 590，锶 220，低于其他土类；元素钼 4，锰 1400，铜 28，硼 63，钴 31 高于其他土类；元素锌 89 较适中。

四类土壤中，白浆土在农场分布最广，约占全场总面积的 60.7%，占耕地面积的 95%以上。白浆土可分为三种，即草甸白浆土、棕壤型白浆土和潜育白浆土。三种白浆土中，以草甸白浆土为多，占耕地面积的 66.2%，棕壤型白浆土占 15%，潜育白浆土占 18.8%。

草甸白浆土大多分布在山麓台地、岗地下部，漫岗及微有起伏的平坦地上。草甸白浆土的黑土层厚度一般在 15～18 厘米，属于中层草甸白浆土。

草甸白浆土在结构上分三个层次，即黑土层、白浆层和淀积层。在黑土层下面常有 5～8 厘米萤灰色过渡层，再往下即白浆层。白浆层厚度一般在 20～40 厘米，呈灰白色，无结构，白浆层以下为淀积层，黏重而坚实，呈块状或核状。

草甸白浆土的白浆层和淀积层较为黏重，透水不良，通气不好，在春雪融化和雨季时，土壤上层容易过湿，有碍于作物的呼吸，同时也抑制了好气性微生物的活动，使有机质分解不完全，速效养分释放缓慢，因而作物的根系大多集中在耕层内，缩小了吸收养分的范围，降低了作物抗旱、抗涝的能力。

草甸白浆土的化学特征。在土样的活土层内，有机质含量较高，一般在 2%～4%，高的达 6%，往下即明显下降，白浆层的有机质只在 1%以下，pH 变化不大，都在5.8～6.5，属偏酸性土壤。全氮 0.2%～0.3%，全磷 0.12%～0.25%，含量属中等。速效氮的含量为每 100 克土壤含 5～7 毫克，属中等偏低，速效磷含量更低，为每 100 克土壤含 1～3 毫克，有的在 100 克土样中的含量不足 1 毫克。

草甸白浆土的最大弱点是易板结，瘠薄和冷凉，既不抗旱也不抗涝。棕壤型白浆土和潜育性白浆土，除在剖面结构上与草甸白浆土有所不同外，其理化性状基本与草甸白浆土相似。分布在低洼池、水线和江河沿岸有大量草甸沼泽土或泥炭质草甸沼泽土。

2021 年，土壤成分调查，共采集土样旱田 250 个点、水田 933 个点。经测试分析，旱田地块平均值：pH 5.47 左右，有机质含量 34.9 克/千克，碱解氮 188.8 毫克/千克，有效磷 30.2 毫克/千克，速效钾 175.3 毫克/千克；水田地块平均值：pH 5.43 左右，有机质含量 37.3 克/千克，碱解氮 181.2 毫克/千克，有效磷 34 毫克/千克，速效钾 193.4 毫克/千克。黑土层平均 20～30 厘米。

第五节　森林、动植物、矿产资源

一、森林

场内多山，所有山丘均属完达山余脉形成的山地，西部有老迟山，南有诺罗山、斯摩勒山、喀尔喀山，东有里小山、石头山，中部有二龙山等，山地较广。海拔较高的山地，生长着天然次生林，以柞树、杨树、桦树、椴树居多，在山脚、坡地或山间，分布着经济价值较高的黄菠萝、水曲柳、核桃楸、榆树等珍贵树种。在平地除散生着部分柞、杨、桦树外，多为灌木林，以榛材、苕条、水冬瓜为主。山地多属于天然次生林。农场有林地面积 12221.5 公顷，其中天然林面积为 9375.2 公顷、人工林面积 2846.3 公顷。现有林木总蓄积 292.33 万立方米。

二、动物

农场域内有国家和省级保护野生动物 50 余种。有国家一级重点保护动物梅花鹿，国家二级重点保护野生动物 14 种。其中鸟类 8 种，有天鹅、鸳鸯、灰鹤、丹顶鹤、雀鹰等；兽类 6 种，有黑熊、水獭、猞猁、马鹿、驼鹿、雪兔。

省地方保护野生动物 40 余种，有狼、赤狐、灰雁、小杜鹃、黑眉蝮、普通刺猬、野猪、苍鹭、绿头鸭、环颈雉。

两栖类动物有 3 种，即极北小鲵、黑龙江林蛙、中国林蛙，数量不多，生活在草甸和水沟中，食物以小鱼、昆虫为主。

爬行动物有土球子、松花蛇等，分布在次生林中。

另有狍子、貉、麝鼠（俗称水耗子）、鹭鸶、布谷鸟、黄豆半儿、三道门儿、青头楞、雪雀、菽鸟等。

三、植物

农场有 9375.2 公顷的天然林区，林木生长茂盛，林下资源丰富。森林中有山梨、山丁子、山里红、榛子、山核桃、松子、橡子、山葡萄、野刺梅、都柿、草莓等野果类植物。有蕨菜、薇菜、黄花菜、黄瓜香、刺老芽、山芹菜、山韭菜等山野菜。特别是蕨菜和薇菜还远销国外。还有丰富的猴头菇、蘑菇、黑木耳等食用菌资源。已查明的中药材有100多种，主要有人参、刺五加、黄柏、五味子、平贝、黄芪、党参、沙参、百合、金银花、龙胆草、芍药、桔梗、蒲公英、车前子、野杜鹃、达子香等。

四、矿藏

场域内分布有山地、丘陵地和草原地带，同时蕴藏着较为丰富的石灰岩（$CaCO_3$）、风化砂（SiO_2）、风化石以及草炭资源。完达山脉矿产资源丰富，有煤炭、黄金、铁矿石以及石墨等，乌苏里江流域有锌、煤炭、石墨、石灰岩、泥炭等矿产资源。

风化砂、风化石、石灰岩多分布于山地、丘陵地带。尤以风化石的蓄量最为丰富，主要分布于场域西南部山区。风化砂的蕴藏量也较为丰富，主要分布在南部的斯摩勒山，中部的沙山及东部的砂岗。石灰岩则主要分布于场区西北部的前山一带，尤以原水泥厂的采石场为著名。另有石英岩。1958年，勘探发现东安镇之西石砬子山含有少量铜。

在场域内辽阔的草原地带，还蕴藏着丰富的草炭资源。1997年探明储量为2000万吨。1997—2000年，农场复合肥厂生产的腐殖酸复合肥所用草炭全部在农场二十四队采挖，腐殖酸含量高。草炭分布在场区中部及东部，阿布胶河、别拉洪河流域一带，蓄藏量更为丰富，也较集中连片。

五、水产

农场水资源丰富，东濒乌苏里江，加之贯穿场内的别拉洪河、挠力河和阿布胶河及天然泡沼、人工养鱼塘，共有水面7342公顷，占总面积的5.4%。水最深处深6米以上，最浅处深不足1米。江河两岸，土质肥沃，杂草丛生，为鱼类繁衍提供了丰富的食料和良好的繁殖场所。农场江河盛产鱼的种类达50多种。

乌苏里江盛产的鲑鱼（俗称大马哈鱼）驰名中外，挠力河的红腹鲫鱼、鳌花、鳊花、鲫花肉细味鲜，胜过海味。还有中国典型的平原鱼——草鱼、白鱼、鲤鱼和甲鱼等也是餐桌上的美味佳肴，北方冷水性的哲罗、法罗也有生产。

1956年12月，东安渔农高级社主任于坤阳率捕鱼队在挠力河（三股流）北大湾子处，一网竟捕获3万余公斤鲫鱼。秋季捕捞大马哈鱼，每只渔船一个渔季（1个月）竟捕获2000多尾。

由于过量捕捞，加之网具规格逐渐缩小，以及农田中带有化肥农药的水流入，鱼类品种虽没有减少，但产量大减。大马哈鱼每年只打200多尾，红肚鲫鱼单体在半斤以上很少看到，一般只是100～150克，鲤鱼产量和单体产量仍没有变化，大的达到5公斤以上。鳌花、鳊花、鲫花和哲罗、法罗、铜罗、胡罗、雅罗“三花五罗”数量很少，是稀少的名贵鱼类。甲鱼很少捕到。

阿布胶水库，位于场部西1公里处。1958年冬施工，1970年重建，动用两个水利工程连，几十台推土机，施工两年后停工。1981年竣工，水库容量117万立方米，集水面积20平方公里。1982年，投放鱼苗9万尾，收回大规格鱼苗2万余尾。1983年，开始挖池养鱼，投资修建鱼种场一处，分三批建完，当年建成33.34公顷，投资78万元，投放鳊花40万尾，秋捕鱼种28万尾。同时，在水库下面的阿布胶河南岸，距场部东南1公里处，计划投资45.7万元（其中农场自投22.7万元，总局投资23万元），动用几十台推土机，挖鱼池38公顷，分46个大小不等的单池，最深池的水深3.5米，最浅的2米。当年施工，当年投产，由浙江省引进花白鲢鱼种40万尾，秋季成鱼28万尾。1984年，鱼池继续扩大，至年底达80公顷。

六、草原

农场草原集中在场域东北部，分三种类型，即沼泽地灌丛草原、沼泽地草甸草原、沼泽地林间草地草原。1983年总面积为57470公顷。1985年后，由于兴办开发性家庭农场，以及1995年“五荒”开发，大面积草原、湿地开垦成耕地，草原面积减少。2005年，全场草原及可垦荒地面积为42803公顷。2020年5月，草原面积5573.49公顷。以小叶章和三棱草为主，是发展畜牧业生产的天然饲草基地。

乌拉草，又称靰鞡草。20世纪60年代以前，农场域内凡沼泽区皆有之，为草炭的原生物。乌拉草韧性强，居民割后捶成绵状，絮靰鞡（一种皮制鞋），防寒性好，为东北三大宝之一。70年代以后，因大量开垦，水源枯竭，生长乌拉草的沼泽地被开垦，未开垦的，草甸内无积水，乌拉草已所剩无几。

第六节　自然灾害

建场以来，旱、涝、风、霜、雹和病虫灾害常有发生。据1963—1983年的21年统计，场域平均每年有47.3%的土地在不同程度上受灾，其中危害较大的是涝灾。1983—2005年的23年中有14年涝灾，3年干旱，只有6年降雨正常。因独特的地理位置导致“十年九涝”，并常出现季节性干旱天气。1981—2020年的40年间，先后有13年发生重大旱涝灾害，造成农作物大幅度减产甚至绝产。2016年、2019年，遭遇了两次大型洪涝灾害，洪水等级为20年一遇。八五九农场纬度较高，适宜作物的生长期较短，热量资源较少，且年际间变化大。低温和冷害两者密切相关，均对农业生产不利。农作物易遭受冷害，其生长期较正常年份显著推迟，致使霜前不能成熟，作物籽粒不饱满，含水率增高，质量下降。冷害对水稻威胁较大，5月常出现阶段性低温，对水稻插秧和秧苗返青造成一定的影响。春末秋初时节冷空气活动频繁，热量条件不充分，时常造成倒春寒、夏季低温等现象发生，并常有霜冻出现。尤其是秋初的霜冻，是农业生产的主要灾害之一。致使农作物过早死亡，严重影响粮食的质量和产量。

一、涝灾

总结历史，本场形成涝灾的因素：一是降雨集中，多在7、8月，并多为连阴雨或大暴雨。二是耕地多为白浆土，表面黑土层仅15～20厘米，耕层底部的白浆土和黄黏土有30～50厘米，质地黏重，透水透气性不好。三是排水工程不配套。1982年以前，多以人工挖排水沟，排水沟又窄又浅，常有淤塞，达不到容泄目的。

由于上述原因，农作物因涝灾减产最多。1960—1962年，由于涝灾，机械不能作业，小麦播期推迟，保苗不足，人力管不过来，草荒严重，造成严重减产。所收获的粮食仅够种子用，口粮还不能自给，吃返销粮，省里又无力调剂，农场只有压缩口粮标准。1960年有3个月每人每月口粮9公斤，机关干部7.5公斤。这一段的群众生活是“低标准瓜菜代”。全场职工以豆饼面为主食，大多数生产队加工玉米壳、豆秸等充饥。

1973年，由于8—10月3个月断续降雨28天，降水量430毫米，比常年多降131毫米。因涝，小麦播种从5月2日开始，播至6月18日才结束。错过农时，全场小麦公顷产只有622.5公斤，全场受涝成灾面积8697.6公顷（其中1733.54公顷绝产）。

1981年，农场遭遇特大涝灾，断续降雨63天，降水量592.3毫米，比历年同期多1倍，当年降水量872.1毫米。从小麦播种到小麦成熟，风调雨顺，长势良好，预计每公顷可收获2625公斤。可是8月份，降雨26天，降水量245毫米。7月末放片的小麦，还未拾禾，遇雨生芽50%以上，站秆发芽率10%，落粒多。到9月，麦地杂草生长凶猛，有2/3的小麦掉在地里。全场31008公顷耕地全部受涝，绝产17863.94公顷，小麦平均公顷产262.5公斤，大豆平均公顷产127.5公斤，亏损1323万元。蔬菜供应还需靠外援，要到山东、河北去买。

1991年，农场遭遇特大洪涝灾害。7月29—31日，农场连降3天大雨，7月下旬总降水量达172.2毫米，进入8月又连续降雨，降水量56.4毫米。整个麦收历时51天，其中降雨天数占27天，小麦减产40%，使种植业亏损1294万元。

1994年进入7月以来，全场普降大雨，到26日，降水量190.3毫米。河水倒灌，沟满壕平，大面积农田被淹。全场1.6万公顷大豆明水面积达8000公顷，绝产1200公顷；全场5000公顷小麦有明水1666.67公顷，绝产66.67公顷；玉米明水面积达180公顷。由于乌苏里江上游涨水，江河水位猛涨，东安江面已超过警戒水位，达到历史上最高水位，超过挠力河沿岸平地0.4～1.3米。东安鱼亮子已全部淹没，53.33公顷良田被浸泡在1.3～2米的水里。40公顷养鱼池被毁，养鱼池堤坝两处决口，原来高出水面2米的堤坝已与水面持平，损失鱼苗2万多尾。下营油库和煤厂已被大水包围。下营10公顷水稻被浸泡在0.6～1.4米深的水中，也有绝产的危险。养鱼池被毁损失10万元，鱼亮子损失6万～8万元。

1997年，农场遭受了比1981年还要严重的特大自然灾害，涝灾造成春天不让种、夏天不让管、秋天不让收，种植业亏损1468万元。

纵观历史，自有详细气象资料记载以来，在1963—1983年21年间，重涝有7年，都因大雨成灾。1971年，由于山洪暴发，洪水冲进二十四队，住宅区被淹，平地水深0.5米，淹没耕地666.67公顷。1985—2005年，农场严重春涝的年份达7年。最为严重的是1991年、1994年和2004年。1991年、1994年，4—6月降水量分别为255.8毫米和258.4毫米，占全年总降水量的34%，是23年间同期降雨最多的2年，形成严重的春涝。2004年5月份降雨153.3毫米，使麦播和大田播种受到严重影响，农场紧急从外地调来早熟大豆品种应急。这7年的6—8月降水量超过了400毫米，其中1994年超过450毫米，给农作物田间管理造成困难。

农场易遭受暴雨、洪涝等灾害的影响，造成农作物减产。几乎每年都有不同程度或不同区域的洪涝灾害发生。主要原因是几天内降水量比历年平均降水量多100多毫米，且降水集中或过程特别长，极易造成洪涝灾害。易发生春涝，影响旱田播种。

2006年8月15日下午2点左右，场区下大暴雨，1.5小时降水量79.9毫米，场区南水泥路面水深达20厘米，部分住户屋内进水。2009年6—9月，总共120天降雨占62天，因为低温、多雨、寡照给农业生产造成很大影响。2012年秋季，受台风“布拉万”和“三巴”的影响，出现了连续性降雨。9月15日至11月15日，降水量155.4毫米，降水27天，出现水旱田陷车严重、水田中大型马力车无法发挥作用的严重局面，玉米部分倒伏、水稻倒伏成灾面积1333.34公顷。2015年7月14日，受强降雨影响，30小时内农场最高降水量120毫米，第七、九、十六、十七、二十四等作业站低洼地号被淹。2017年8月7日，农场普降暴雨，平均降水量超过70毫米。第七管理区居民白淑华、赵娟被困在东海林业站西的一处地点超过12小时，农场组织人员从东安警务室调来救生艇，成功将

2 人救出。2020 年，入秋以来，区域内遭遇频繁降雨，截至 10 月 16 日，总降水量达 734.4 毫米。降水比历年增加 184.2 毫米，机械作业效率下降，加之枯霜相对偏晚，作物脱水慢，致使整体秋收进度较往年相对滞后。

二、旱灾

1963—1983 年，有过 8 年春旱，多出现在 4—5 月份，持续时间不长，虽对种子发芽和苗后生长有影响，但能保证适期播种，与涝年相比损失较轻。1968 年旱，作物生长期降水 325.5 毫米，比平年少 60 毫米，但粮豆平均公顷产仍达 1552.5 公斤，略低于当时条件下的平年。1979 年重旱，有 2 个月无雨，粮豆平均公顷产 1327.5 公斤，比旱前预测减产 11.5%。1982 年，6 月份降水 7.5 毫米，7 月份降水 47.8 毫米，小麦遇卡脖旱，植株矮小，公顷产只有 575.5 公斤。

农场有 3 年 4—6 月的降水量不足 100 毫米。1989 年、2003 年仅分别为 58.8 毫米和 54.2 毫米，形成严重的春旱，造成大豆荚干土，出苗不齐、减产，小麦公顷产量只有 450 公斤。

2000 年 5 月 7 日至 7 月 20 日，农场累计降水量仅有 90 毫米，全场旱田作物受灾严重。2004 年 5 月中旬至 7 月中旬持续无雨、干旱，大麦严重受灾，株高平均 63 厘米，减产 40%～60%。2005 年 5 月 18 日至 7 月 19 日，60 天降水量不足 20 毫米，麦类受灾严重，公顷产最低的 750 公斤，大田作物和经济作物不同程度受灾。

春季虽然多有大风天气，但蒸发、蒸腾较快。近几年由于春季降水较多，不易产生旱灾。旱灾对农作物的影响较小。

三、虫灾

农场常见的虫害有小麦的黏虫、金针虫；大豆的食心虫、草地螟；玉米的玉米螟、地老虎、食心虫。

最严重的是 1972 年小麦发生黏虫，受害面积达 3714 公顷，占小麦播种面积的 31%。有的地号麦叶全被吃光，但由于灭虫措施得当，损失不大，公顷产仍获 1500 公斤。1982 年，全场 16680 公顷大豆全部发生草地螟，有 1/3 受害严重，是建场 27 年虫情最大的一次。由于措施得力，扑灭及时，使当年大豆减产不大，公顷产仍达 1570.5 公斤。

1983—2005 年，全场虫灾发生较少，有些年份虽有虫害，但通过防治对农作物没有严重影响。2006 年进入 6 月以后，农场发生了大面积森林虫害，农场利用 5 天时间对全场 1 万公顷次生林进行航化灭虫喷洒药剂。

2008年7月底，内蒙古草地螟随气流飞到本地，十几天后开始孵化出幼虫，各地不同程度发生，由于防治及时，没有造成经济损失。同年，大麦地发生潜叶蝇危害，严重的单位有四队、科研站、二十三队等，致使大麦提前枯死，减产20%～40%。

四、病害

农场农作物病害较重的是小麦赤霉病和大豆灰斑病，尤以小麦赤霉病为甚，多发生在夏秋连续阴雨缺乏日照的年份。1963年，因小麦品种的关系加上收割期连日阴雨，小麦得赤霉病的颗粒占10%以上，白面食后常有轻微中毒，人称“头痛面”。1981年麦收前后连续阴雨63天，收回的小麦赤霉病占颗粒的5%以上。

另有孢囊线虫、炭疽病、菌核病、疫病等，经过及时防治对农作物没有大的影响。

水稻生产的主要病虫草害可概括为“三虫四草五病”。三虫指潜叶蝇、负泥虫、稻螟蛉，四草指泽泻、慈姑、雨久花、萤蔺，五病指恶苗病、立枯病、稻瘟病、纹枯病、褐变穗。上述病虫害农场每年均有不同程度发生。采取防重于治，以防为主，防治结合的原则和农业综合防治措施。

1996年8月，水稻大面积出现叶干枯，管理局水稻办技术人员诊断为稻瘟病和胡麻斑病混合感染，通过施用三环唑得到缓解。1999年7月，出现大面积稻瘟病，采取每公顷1500克稻病宁粉剂兑水喷雾，进行药剂防治。

2006年秋，水稻发生稻瘟病、茎穗瘟病对作物减产较大。当年水稻销售迟缓，到12月30日，水稻价格1.5元/公斤左右，出米率较低，最低50%，最高达68%。前期收获的售价1.5～1.7元/公斤，后期的降到了1～1.2元/公斤。

水稻稻瘟病是水稻病害中流行情况最复杂、潜在威胁最大的病害，同时也是水稻生产上危害最大的病害之一。稻瘟病每年给水稻生产均造成不同程度的损失，流行年份一般减产10%～20%，严重时达40%～50%。防治稻瘟病以选育抗病品种为基础，肥水管理为中心，减少初侵染源，在发病期间及时进行药剂防治等综合措施，防病效果、效率显著提高。

农场及时发布病虫害测报，指导农户做好病虫害防治工作，以水稻稻瘟病、玉米大斑病监测为主。每年完成病虫害监测200多次，设立稻瘟病观测点6个，田间诱虫灯20套，诱捕器1000套，对病害进行全方位监控。

2020年，全场利用飞机完成水稻病害防治25173.33公顷，玉米大斑病防治3233.73公顷，占作物面积的36.1%。

五、天气灾害

（一）风灾

风灾对农业生产影响主要是春、夏、秋三季。春天对水稻育秧大棚影响严重。2001年5月14日，一场龙卷风刮坏了15栋大棚。2003年4月18日，一场大风达7级，将全场1910栋水稻育秧大棚刮坏，造成严重损失。夏季对麦类影响较大，秋季对大田作物危害大。2006年7月10日，一场大风使2000公顷大麦80%倒伏。

2012年秋季，受台风“布拉万”和“三巴”的影响，降雨、大风天气较多，土壤含水量大，作物倒伏面积增加，秋收难度大，农业生产灾情严重。农场根据地号情况科学合理调整收获方式和收获顺序。加大小型履带式收割机、半喂入式收割机、半链轨等抗灾机型及配件的购置和外引力度。改装收获机械扶倒装置，减少了水稻、玉米的收获损失。

2016年，“狮子山”台风造成4320公顷水稻倒伏。2019年8月13日，受9号台风“利奇马”和10号台风“罗莎”及“玲玲”的影响，场内降雨频繁，8月份累计降雨量261.9毫米，达单月降水量历史最高。农作物成灾面积达22393.33公顷。

（二）霜冻

霜冻对农场农业生产影响较大。1966年以前有过秋霜早至，使晚熟的玉米、大豆等作物受害。1997年是近30年来初霜冻出现最早的一年，9月12日即出现霜冻，全场大豆出现不同程度减产，严重的出现青豆。1997年以后，因气象预报及时和作物品种择优，霜害影响已大为减少。

（三）冷害

冷害是指水稻不同生育时期，遇到生育最低临界温度以下的低温，对水稻生育、产量和品质造成影响的一种气象灾害。农场所在的地区属寒地稻作区。冷害是具有普遍性、多发性和严重性的灾害。水稻是喜温作物，对温度反应敏感，随时有遭受冷害的可能。1987年的冷害对农场水稻产量和品质影响较大，减产36.5%。2002年7—8月，全场水稻遭受70年不遇的冷害，水稻全部受灾。当年是农场水稻发展史上遭遇低温冷害最严重的一年，也是水稻水分最大、产量最低的一年，又是国家粮食价格改革水稻提等降价的第一年。加上后期的雨雪，又增加了冰溜，水稻品质差，水稻交售形势非常严峻。减产52.5%，水稻销售价格1元钱3斤。

（四）雹灾

雹灾给农业生产造成很大损失。1996年7月，十三队受到冰雹危害，受灾面积66.67公顷。1997年8月上旬，十九队、二十一队等单位受冰雹危害，面积266.67公顷。1998

年7月，十二队、十三队部分地号受到冰雹危害，大豆受害面积333.33公顷。2002年6月17日，十六队、十七队部分地号受到冰雹危害，有333.33公顷作物绝产。2004年8月，十队、十二队、三十队受到冰雹危害，大豆生长点被打断，玉米叶片被打碎，受灾面积1333.33公顷。2005年6月20日，二十六队113.33公顷大豆遭受冰雹袭击。2006年6月6日凌晨2点左右，科研站等生产队的地块遭受冰雹、大雨袭击，致使133.33公顷大豆、玉米等作物不同程度受灾。2006年10月3日，农场遭遇冰雹袭击。降雹历时近30分钟，冰雹大如鸡蛋，小如霰弹，田间冰雹堆积中心部位厚达10厘米多。

第一管理区到第二管理区、第七管理区、第十管理区到第十五管理区这3个区域是冰雹发生带，发生次数为每年3、4次，其出现冰雹的天数以5、6月份居多。近年通过农场的多普勒天气雷达监测强对流天气，配合使用37高炮和火箭弹进行防雹作业，使得冰雹灾害得到有效控制，灾害程度大大降低。

（五）暴雪

农场冬季降雪量较少，不易遭受暴雪袭击。3月份的降雪易毁坏水稻育秧大棚等农业生产设施。1973年11月，大雪，雪深没胫。2003年10月23日，一场大雪将全场6666.67公顷大豆和部分水稻压倒。2007年1—3月，降雪超过历史最高值，达105.6毫米。给水稻扣棚、苗床土准备、备春耕生产物资供应造成了重大影响。农场采取了超常规的抗灾措施，保证了备春耕生产的有序进行。

2007年3月11日，农场遭遇50年不遇的暴雪袭击，积雪最高处达2米，通往胜利、建三江、前锋、前进及各生产队的交通路段封堵，农场紧急抽调修路队及个体刮路机2台，铲车10台推主干线。二十六队一位职工突然脾破裂，由于突降暴雪道路封堵，无法送往医院抢救。危急时刻，农场领导立即调动机车开辟通道，花费四小时，终于将二十六队通往农场的36公里长的道路打通，病人被及时送到医院得到救治。3月13日，科研站一名少年因外伤出血不止被送到医院，急需输血做手术。在当时医院没有血源，大雪封道的情况下，场长刘相增立即派大马力专车赶往富锦取血，在众人的共同努力下，手术顺利完成。另有2月14—15日和3月24—26日，遭受两次特大暴雪袭击。

2010年4月12—14日，连续下雪，总降水量12.9毫米，雪厚达15厘米。农场领导带领包队科室负责人、管理区、作业站干部靠前指挥，带领2300名水稻种植户抗击暴雪。6000多人日夜守护水稻大棚，及时清理大棚上的积雪，全场1万多栋大棚安然无恙。

2020年4月20—23日春播阶段，区域内遭遇了强风雪和低温天气，农场通过人防、物防、技防等措施严格做好防风、防雪、防低温“三防”工作，及时采取三膜覆盖、炭火盆、增温块等有效措施抵御寒潮，经过3个昼夜努力，取得了护棚保苗工作的胜利。

六、洪涝灾害

农场地处别拉洪河涝区，场域内水发达，每年都会不同程度地遭受洪涝灾害。

1951 年 7 月下旬，乌苏里江涨水，泛滥成灾，淹没土地，为特大洪水。1971 年 8 月，乌苏里江再次暴发特大洪水，水位与 1951 年持平。1981 年 8 月，乌苏里江、挠力河泛滥成灾，水位仅次于 1971 年，为历史上特大涝灾年。

2016 年及 2019 年，农场遭遇了两次大型洪涝灾害，洪水等级为 20 年一遇。

从 2016 年 8 月 23 日开始，八五九乌苏里江水位持续上涨。自 8 月 23 日至 9 月 20 日，水位累计上涨 2.81 米，已达 45.94 米，达到近 30 年以来最高水位，江水水面高过边防路（低洼处）路面 0.6 米。自 9 月 16 日开始，八五九农场累计投入抗洪救灾资金 98 余万元，经过 13 昼夜的连续奋战，修筑临时围堰 20.2 公里，保护 3600 公顷作物免受洪涝灾害。

2019 年入汛以来，受台风“利奇马”“罗莎”“玲玲”的影响，全年有效积温 2444℃是近 10 年最低。从 8 月 14 日到 9 月 20 日，降水量达到 262 毫米；全年总降水量达 971 毫米，超过近 30 年平均值 403 毫米。同时，受上游泄洪影响，乌苏里江每日上涨 20 厘米以上，乌苏里江东安水位观测站最高水位达到 46.51 米、阿布胶河最高水位达到 77.8 米、新别拉洪河二十二站桥最高水位达到 50.8 米、老别拉洪河十三站最高水位达到 49.1 米，均超过历史最高水位，遭遇了建场以来最大洪水。农场作物成灾面积达 22393.33 公顷，绝产面积达 2393.33 公顷，造成损失 1.68 亿元。全场 2000 余名党员干部、职工群众日夜奋战在抗洪抢险一线近 1 个月的时间，有力保障了 11333.33 公顷耕地免受洪涝灾害。

第七节　生态环境及自然保护区

一、生态环境

农场环境状况保持良好，大气质量均属清洁级水平以上，天然水质良好。

但在经济社会发展过程中，还存在着亟待解决的生态环境问题。其主要表现为：因耕地资源的过度垦殖，地下水资源的大面积开采利用，引起生态环境的日趋恶化；工业和建筑业的迅速发展，造成大气环境和水体环境污染也日益严重。

森林资源锐减，使生态平衡遭到破坏，引起环境恶化。森林覆盖率下降，造成水源涵养能力减弱，水土流失情况加重。由于黑龙江省东部山地的森林减少，使三江平原的半月形的绿色屏障被破坏，平原区变得风多、风大，风灾也增多。降水量减少，蒸发量增大。过去黑龙江省经常东涝西旱，现在地处东部的建三江垦区也常有旱情发生。珍贵的野生动植物资源锐减，发现仅在完达山等东部山地尚有东北虎。以前到处都生长的黄菠萝、水曲柳、核桃楸等珍贵树种，如今已濒于绝迹。某些中草药材品种，如人参、刺五加、五味子等，也面临灭绝的境地。随着工业的发展，环境污染问题日趋严重。有些甚至威胁到人类生命的安全。排入水体中的有害物质多达百种以上，严重影响了黑龙江沿江地区的水源质量，破坏了水产资源，造成鱼类数量锐减。

二、自然保护区

农场地处三江平原腹地，土质肥沃，开发晚，土地有机质含量高，环境无污染。域内有三个国家级保护区、一个省级保护区，生态环境优美。乌苏里江流经八五九农场 32 公里，被联合国环保组织认定为没有被污染的江。

（一）挠力河国家级自然保护区

地处三江平原腹地，位于宝清、饶河、抚远和富锦两县两市行政区内的红兴隆和建三江两个农垦管理局域内。2002 年 7 月 3 日，经国务院批准晋升为黑龙江挠力河国家级自然保护区。保护区总面积 160595.4 公顷。八五九管护站管护面积 3907.2 公顷，长 8.15 公里，宽 4～6 公里。

保护对象主要是以水生和陆栖生物及其生境共同形成的湿地和水域生态系统。区内共有野生植物 1047 种，隶属于 90（目）科 448 属。包括低等植物的藻类植物 26 目 62 属 72 种，菌类植物 16 科 32 属 52 种，地衣植物 9 科 15 属 48 种，高等植物的苔藓植物 41 科 60 属 119 种，蕨类植物 12 科 17 属 32 种，被子植物 86 科 302 属 724 种。保护区内 1640 种野生动植物种中蕴藏着难以计数的遗传基因。这些遗传信息的综合构成了保护区丰富的遗传多样性，尤其是栽培或驯化物种的野生近缘种。如野鲤、野大豆等，具有重要的经济价值和科学价值，是重要的种质资源库，对遗传多样性的保护、保存具有重要的现实意义和深远的历史意义。

保护区共有野生动物 593 种，隶属于 6 门 15 纲 71 目 175 科。脊椎动物 6 纲 36 目 85 科 269 属 373 种，原生动物 2 纲 9 目 15 科 25 种，线形动物 1 纲 1 目 7 科 16 种，软体动物 2 纲 3 目 6 科 8 种，环节动物 1 纲 2 目 2 科 3 种，节肢动物 3 纲 20 目 60 科 168 种。

挠力河是三江平原内河，水系发达，水资源极为丰富，从整体来看界线长，跨度大，与完达山余脉隔河对峙，两侧岛状林较多，呈零星分布，是欧亚大陆野生动物必经之地。

沿河两侧明水泡子星罗棋布，是水禽栖息、繁衍重要的活动场所。主要鸟类有 89 种，分 11 目 21 科，国家重点保护的鸟类有 8 种，《中日候鸟协定》中保护鸟类有 30 余种。湿地区域拥有各种鸟类初步估算有 15 目 32 科 110 余种，其中迁徙鸟 70 余种、留鸟 40 余种，主要有大天鹅、白鹤、野鸭、红嘴鸥、苍鹭等。拥有兽类 5 目 12 科 27 种，其中珍稀动物 9 种、有较大经济价值的动物 18 种，如麝鼠、赤狐、麝子、狼、野猪、貉等。

保护区内有国家级珍稀濒危保护动物 70 种、植物 10 种，有 5 种水生植物被列入《中国濒危野生植物红皮书》。珍稀多样的野生动植物，使挠力河自然保护区赢得了“世界生物基因库”美誉。

保护区属典型的苔草平原湿地。以其地形地貌的复杂性、生态系统的完整性和生物物种的多样性而闻名于世，地形从西向东依次呈现为低河漫滩、一级阶地、低山丘陵。它的辖区内包括了森林、灌丛、草甸和水生植被等五个生态系统，形成了自己独有的生物链，为保持三江平原完整的生态系统发挥了重要作用。是省内、国内乃至世界范围内不可多得的湿地生态系统。

挠力河保护区界碑于 2005 年 11 月 10 日完工。计划投资 11.6 万元，自筹 20.15 万元建成。主体高 11.65 米，长 2.4 米，宽 2.4 米，最上方为直径 1.2 米的钢球，底座高 1.65 米、宽 6.8 米，界碑占地 400 平方米。

（二）乌苏里江省级自然保护区

自然保护区批准时间为 2001 年 1 月 11 日，总控制面积 39668 公顷。位于黑龙江佳木斯市抚远县内。保护区在八五九农场内面积为 22972 公顷。

保护区以湿地水域生态系统为主要保护对象。地处三江平原腹地，地势平缓，相对高差较小，平均海拔 50 米。区内大片低洼处积水形成沼泽沉积物表层，主要地貌为冲积低平原和江河泛滥地。区内有沼泽湿地 131 平方公里，林地 37 平方公里。土壤类型主要有白浆土、草甸土、沼泽土、泥炭土 4 种。区内植物资源丰富，共有 500 余种，草本植物以莎草科植物、禾本科植物为主，其中国家级重点保护濒危植物 7 种，包括野大豆等。区内有鸟类 170 种，其中国家一、二级重点保护动物有 13 种，包括中华秋沙鸭、丹顶鹤、白鹳、大天鹅等；有兽类 37 种，其中国家一、二级重点保护动物 9 种，包括紫貂、梅花鹿等。此外，有鱼类 43 种、爬行类 5 种、两栖类 4 种。

（三）饶河东北黑蜂国家级自然保护区

位于黑龙江省饶河县内，保护区面积 1136500 公顷，1980 年经黑龙江省人民政府批准建立，1997 年晋升为国家级。主要保护对象为纯种东北黑蜂及天然蜜源植物，其中椴树和毛水苏为重点保护的蜜源植物。保护区在八五九域内饶河县域面积全部为缓冲区。

东北黑蜂是 20 世纪初由乌苏里江东引入的远东蜂，经长期的自然选择和人工选择形成的适应黑龙江东北气候和蜜源特点，具有世界上四大著名蜂种的主要优良性状的地方良种。

1995 年，中美俄三国制定的《乌苏里江流域持续性土地利用和布局规划》中，认定该地域具有全球相对洁净性、生物多样性和全球生物地理区域代表性。2006 年，东北黑蜂被列入中国首批国家级畜禽遗传资源保种名录。

2008 年，农业部批准黑龙江省饶河东北黑蜂国家级自然保护区列为国家级畜禽遗传资源保护区。

东北黑蜂具有耐低温、维持大群、采集力强、配合力好等特点，具有较高的经济和科研价值。本区地处完达山区，是东北黑蜂发源地，现有东北黑蜂原种 6000 余群。同时保护区具有得天独厚的自然屏障和良好的山地隔离条件，野生植物种类繁多，达 1074 种，其中以椴树、毛水苏等为主要蜜源的蜜源植物 200 多种，是保护东北黑蜂基因库的最佳环境。

经专家鉴定，东北黑蜂属西方蜂种，是喀尼阿兰蜂的一个变种。其性状、抗逆性和各项经济指标，均明显优于世界四大著名蜂种，是其他蜂种不可比拟的。饶河东北黑蜂国家级自然保护区是中国乃至世界不可多得的极其宝贵的蜜蜂基因库。

黑龙江省东北黑蜂国家级自然保护区是中国乃至亚洲唯一的国家级蜂种保护区。区内生态环境良好，蜜源胶原植物丰富，具有得天独厚良好的自然屏障隔离条件，大部分地貌保持原始状态。

八五九农场有 12221.5 公顷森林，在保护区范围内有 1600 多箱黑蜂种群，被称为“椴花之乡”。所生产的椴树蜜，含有氨基酸、酶及酯类，维生素含量高，是非常珍贵的滋补佳品。

（四）三江国家级自然保护区

位于黑龙江省抚远市和同江市内，总面积 198089 公顷。保护区于 1994 年经黑龙江省人民政府批准建立，是一个以沼泽湿地为主要保护对象的自然保护区。2000 年经国务院批准晋升为国家级自然保护区。2002 年被列入《国际重要湿地名录》，并被批准加入国际鹤类保护网络。保护区在八五九域内面积为 9015.28 公顷。

主要保护类型是内陆湿地和水域生态系统，主要保护对象是东方白鹳、大天鹅、丹顶鹤等珍贵水禽及沼泽湿地。

保护区内有兽类 13 科 38 种、鸟类 40 科 231 种、爬行科 4 科 7 种、两栖类 4 科 5 种、鱼类 17 科 77 种、昆虫 500 余种。国家一级重点保护野生动物有丹顶鹤、东方白鹳、黑鹳、中华秋沙鸭、虎头海雕、玉带海雕、白尾海雕、金雕、东北虎、紫貂、梅花鹿等 12 种；国家二级重点保护动物有棕熊、黑熊、猞猁、水獭、雪兔、马鹿、驼鹿、白额雁、大天鹅、鸳鸯、黑琴鸡、花尾榛鸡、柳雷鸟、白枕鹤等 41 种。保护区内有高等植物 95 科

500 余种。国家二级重点保护野生植物有野大豆、黄菠萝、水曲柳等。

保护区属内陆湿地，主要湿地类型包括永久性河流、时令河、永久性淡水草本沼泽、泡沼和人工湿地等。在生物地理区域内具有代表性、典型性、稀有性、特殊性等特点。

三江保护区的建立，对于保护湿地生物多样性具有极为重要的意义，并为东北地区的气候调节、水源涵养、洪涝灾害控制及工农业生产和人民生活安全提供了重要保障。

以上四个保护区在八五九农场域内的面积有重叠和交叉。

第三章　开荒建场

第一节　创建农场

一、八五九农场的诞生

八五九农场的拓荒者为中国人民解放军铁道兵九师集体转业官兵，取其部队番号——8509 而命名。

1955 年 3 月，8509 部队从朝鲜回国，驻汤原县修建北大营。1956 年 3 月，铁道兵九师部分干部和老战士就地复员，只留 6 名军官和 80 名战士继续在汤原建场（后建普阳农场）。所属 8 个中队 1236 人，加 4 个劳改中队，共 1800 余人，由吴占奎（政委）、孙培军（大队长）、龚伯言（副大队长）带领到虎头开荒建场。到虎头之后，被编为“铁道兵八五〇部农场”“八五九独立分场”。6 月 5 日，正式成立虎头大队（8509 部队为主体），孙培军任大队长，张鸣山任政委，龚伯言任副大队长。

经过 3 个月的开荒踏查发现，虎头地区地势低洼，沼泽地多，大块连片地少，不经排水很难开荒。到 1956 年 8 月，仅开荒 10 公顷。为此，铁道兵农垦局党委决定组织两个踏查小组，对虎头和饶河地区同时踏查，准备搬迁。

1956 年 6 月中旬，农垦部部长王震由佳木斯乘轮船经富锦、同江、抚远，南折溯乌苏里江专程来饶河视察。在饶河县停留 3 天，后经虎头回京。其间，县委书记张福裕及县长窦忠对县内荒原分布、土质等情况作了详细介绍。王震认为，饶河县具有很大开发潜力，特别是挠力河以北是垦荒的重点区域，适合建立国营农场。

1956 年 9 月，虎头大队更名为八五〇九农场，并于 9 月 8 日派出生产股长陈绍龙和技术员姜兴权、测量员王启超前往饶河东安地区踏查。

历时 15 天的踏查表明，虎头可耕地面积为 1.6 万公顷，而饶河地区为 8 万～10 万公顷，并且作业条件优于虎头。为了完成原定在 1957 年开荒 1.4 万公顷的计划，应将农场由虎头转移到饶河。

踏查小组于 1956 年 9 月 25 日报告上述情况。28 日，农场党委向农垦部、铁道兵农垦局递呈了报告。铁道兵农垦局局长王景坤指示：“对饶河地区必须再做详细全面的勘查。”

于是，又开始了二探荒原。

1956 年 10 月，农场抽调场部机关干部 8 人（其中技术员 1 人，拖拉机包车组长 1 人）和其他人员 30 人，共 38 人于 10 月 10 日由虎头出发，12 日到达饶河县和平乡。根据土地分布和地区组成 4 个踏查小组，分别对和平、二龙、民主、胜利（今胜利农场）等 4 个点进行勘查，历经 12 天实地踏测，查明这 4 个点共有可耕地 14 万公顷。接着，踏测小组又对饶河地区的山川河流、土壤、气候、物产资源及社会风俗都做了详细调查，发现饶河荒地约有 11 万公顷。

1956 年冬天，当时八五〇九农场农业科驻东安指挥部接受了先开发四平地区（今八五九农场）的任务。为使来年开荒心中有数，又派出技术员梁明泉带 6 人组成踏测小组对四平山一带进行丈量。历经 1 个月终于查清了四平山、和平、二龙山和老迟山一带共有可耕荒地 5333.33 公顷，并绘制了草图，上报八五〇九农场。至此，三探荒原的工作暂告结束。

农场向上级写了建场任务书。1956 年 10 月上旬，农垦部批示“同意 8509 部队迁移到饶河县建场”。11 月 3 日，已被改编后的虎头开荒大队，由大队长孙培军带领分水旱两路从虎头迁往（坐船）饶河地区开荒建场，6 日到达饶河东安。

农场把虎头大王家的房屋和耕地留给了八五一农场，同时留了几台车，陈哲等几人留守，负责种附近的 2000 公顷耕地，保留八五一农场的番号。

1956 年 11 月，八五〇九农场新编 11 个中队，其中一、二中队进驻民主，三中队进驻大板，四中队进驻和平，五、六、七、八中队分别进驻胜利、明山和西南山，九、十、十一中队留在饶河。同时，从河北招收的支边青年 120 余人也到达农场。

由于农场处于三江平原的沼泽地带，气候寒冷，交通条件极差，自然环境恶劣。大批人马进点，大面积铺开建场的各项准备工作（包括荒地勘测规划），道路、住宅和排水工程在内的基本建设，远远跟不上建场要求，给新建农场带来许多困难。铁道兵战士们发扬了革命英雄主义和献身精神，克服各种难以想象的困难，站稳了脚跟，建设了农场。

1957 年 1 月，在饶河正式成立铁道兵农垦局八五九农场。原新疆农一师参谋长赵明高为第一任场长兼党委书记。农场下设 3 个分场、14 个农业队、5 个基建队。

1957 年 4 月，从伏尔基河、查哈阳、二龙山、集贤、赵光等老农场抽调了 150 多名拖拉机手，又从宁安、红兴隆、铁力、九三等技校招收近百名学员。于 4 月到密山接车，共接收拖拉机 114 台，包括 C-80 拖拉机 37 台、K-55 型拖拉机 49 台、K-30 型拖拉机 19 台、其他 9 台。这些机车分别编入每个中队，一个中队为一个开荒点。每个开荒点配备

C-80 型拖拉机 4、5 台、K-55 型 7～8 台、K-30 型 1～2 台、德特 413 型 1、2 台，每台机车配备 4～6 人。

从 1957 年 5 月起，胜利、西南山及四平山各开荒点同时派出几百名烧荒队员，在一分场场长夏生祥统一指挥下，边打防火道边烧荒。首先在一分场的范围（四队、十六队、十七队、六队）附近地势比较高的荒地开荒。114 台“铁牛”在各自开荒点周围作业。经过 7 个月的开垦，四平山一带开出 5333.33 公顷荒地，胜利、西南山一带开出 4000 多公顷。

1957 年 11 月，黄瑞霞担任青年队长，率领 100 余名佳木斯市来的支边青年，由东安乘船到四合屯，再从四合屯到外小山宿营，其任务是烧防火道。在下大雪前，他们从瓦盆窑、外小山、里小山至别拉洪河，烧出一条 30 米宽的防火道。然后在四平山点火，使火烧向里小山、外小山及别拉洪河边。这样从东安至二龙公路以东的 13333.33 公顷荒地来年即可开荒。

1958 年，农垦部提出“五边”方针，边开荒、边生产、边建设、边积累、边扩大。

1958 年 5 月，总场组成两个开荒大队开往里小山和外小山。第一队大队长王庆云、副大队长马洪图、机务技术员李政达、农业技术员梁明泉，并配 C-80 型拖拉机 10 台、K-55 型机车 2 台、德特 413 机车 1 台，于 5 月开赴饶岗地区开荒。第二队大队长龚伯言、副大队长高庆隆、农业技术员马志栋，带领机车到东道林、十一队、十二队、十三队、十四队、老三十一队一带开荒。5—8 月，两个大队共开荒 4000 余公顷。当时条件十分艰苦，开荒队员们住的是帐篷，走的是泥水路，吃的是盐水和黄豆，喝的是草甸子水。蚊叮虫咬，灰烟弥呛，工作一天的开荒队员们，经常是颈脸红肿，血迹斑斑，灰汗和在一起，简直像泥人一样，但大家情绪依然很高。至 1963 年，八五九总场共开荒 6.2 万公顷。

1958 年，首都北京要进行十大工程建设，包括建设人民大会堂。八五九农场地处完达山余脉，林木资源丰富，为向国庆 10 周年献礼，当年冬天，农场成立了 3000 余人的完达山伐木队。大家战林海、战三九、斗严寒，奋战 4 个月，采伐优质木材 20 万立方米，支援首都建设。并创造了“飞爬犁”“冰道”等运输方式。当时，1958 年转业官兵朱子刚参与编写了一首歌谣，“我们的冰道真正好哎！真正好！好像白玉带两条哎！白玉带两条……”以此来鼓舞自己的士气。

二、场社合并

1958 年春，党中央发布“关于在农村建立人民公社问题的决议”后，随着公社化运动在全国普遍推行，饶河县农村也于10月普遍成立了人民公社。11月，国务院批准，撤销饶河、虎林两县的建制，合并成立虎饶县，县址设在虎林。为了加强对密、虎、宝、饶四县的开发，原铁道兵密山农垦局改为黑龙江省牡丹江农垦局，局址由密山县迁往虎林县，这样就形成了政企合一的局县组织。同时，根据农垦部建议、黑龙江省委同意、国务院批准，铁道兵农垦局各农场成立人民公社，并以虎林、饶河全县，密山、宝清两县的一部，合并成立县联社。由于饶河县已与虎林县合并，原饶河县所辖地域行政变为区级单位，即虎饶县饶河区，原有的县乡干部，分别就近编入局（县）、场、分场、生产队等各级农垦组织。12月12日，正式撤销原饶河县建制，与八五九农场合并，月底完成合并工作。1959年1月，虎饶县饶河（八五九）人民公社正式成立，下设8个大队（分场）。

1959年春，原五分场副场长李文彬奉命带领200余名职工，4台拖拉机，到抚远县四合地区开荒。到8月份，虽然开出266.67公顷耕地，但由于该地与泡沼湿地相连，沟壑水汊密布，机械无法施展，月底将全部人员和机车转迁西丰作业区，建立八分场。至此，饶河（八五九）人民公社所辖面积达8200余平方公里，各分场同时代替乡级人民委员会之行政职能，成为政企合一的组织。此时曾在农场机关门口挂着两块牌子，一边是“虎饶县饶河（八五九）人民公社”，另一边是“铁道兵农垦局八五九农场”。这一时期是八五九农场规模最大的时期，总面积达8200余平方公里，耕地面积66666.67公顷，场域含全饶河县。到1960年，总场下设1个畜牧分场、2个林业分场、7个农业分场，所辖基层生产单位总数达到117个，其中农业生产队80个。

从1960年开始，农场进入三年困难时期。出现了“六少”“两紧”“一弱”“一多”（即粮菜少、牲口饲料少、种子少、肥料少、市场东西少，钱少；生产紧、生活紧；人畜体质弱；浮[illegible]号多）的局面。为了抗灾自救和渡过难关，全场范围内大搞代食品。各队石磨日夜[illegible]地加工，将苞米芯或豆皮子磨碎，加大火蒸熟代替粮食。没有菜吃，便大量采集山[illegible]、野草籽。农场党委号召城镇机关干部每人每月节约7斤粮食（原标准月定量每人[illegible]斤），支援生产队。在极其艰苦的岁月里，全场上下同舟共济。尽管整个冬季每天吃[illegible]代食品，但干部职工仍然坚持每天工作6小时。

1961年夏，国务院副总理邓子恢来垦区视察，指出农场搞“清一色”不利于繁荣经[illegible]应当办“混一色”，让集体、个体经济同时发展。加之并入社员的工资很低（职工平[illegible]工资不足30元），希望分离。经国务院批准，1962年2月，合并到垦区的人民公社，先允许退出农场，实行场社分家，恢复集体所有制。从此，饶河区与八五九农场分开。东安地区有8个村屯被农场插花包围，分出不利于生产和管理，包括四分场（明山屯、胜利屯）、五分场（解放、和平、大板、四平、二龙、民主）和挠力河以南的向阳村，其余原有村屯一律从农场分离。一共退出农村生产队 23 个，土地 3546.33 公顷，劳动力 2210 人。从此结束了场社合并的一段历史。

在挠力河两岸和别拉洪河以南的一大片土地上，有“棒打狍子瓢舀鱼，野鸡飞到饭锅里”之说。创业者们经过 7 个春秋的披荆斩棘，终于建立起一个初具规模的半机械化的谷物农场。到 1963 年，全场累计开荒 6.2 万公顷，耕地 2.6 万公顷。建立农业分场六个，辖 46 个生产队；畜牧场 10 个，辖 4 个畜牧生产队；工副业队 10 个；渔业分场一个，辖 8 个渔业队；基建大队一个，辖 6 个基建队；农业试验站一个；粮油加工厂 8 个。总人口达 1.7 万余人，职工 6038 人，拖拉机 4658 台，康拜因 57 台，汽车 43 台。建场 7 年来，累计生产粮豆 6.51 万吨。

三、新八五九农场成立

1961 年 12 月，东北地区国营农场工作会议提出，要办好农场，必须合理调整生产关系，同时要解决体制问题。

1962 年，农场召开四级干部会议，局长王景坤到会作了关于调整企业内部关系问题的讲话，指出：“八五九总场要改为管理机构，体制规模要调整。三级管理和核算要改为两级管理和核算。”

1962 年 3 月，场社分家，饶河区与八五九农场分开。除东安地区有八个村屯被农场插花包围，分出不利于生产和管理，仍结合于四分场（明山屯、胜利屯）、五分场（解放、和平、大板、四平、二龙、民主）和挠力河以南的向阳村自愿依附林业一分场外，其余原有村屯一律从农场分离。一共退出农村生产队 23 个。

1963 年 1 月 1 日，东北农垦总局（简称东总）成立，牡丹江农垦局划归东总领导。八五九农场于 1963 年 11 月 15 日向东总报告：申请改八五九总场为饶河农垦分局，建立分局的规模、编制及工作权限。

1964 年 1 月 1 日，经“东总”批准，八五九总场撤销，正式成立饶河农垦分局及所属农场，即原总场的一分场成立饶河农场，二分场成立西通农场，四分场成立胜利农场，五分场成立四平农场，六分场成立平原农场。撤销三分场，并将林业分场移交完达山林业局。10 月，调八五九农场党委书记张国芳任饶河县委书记，兼饶河农垦分局书记；县长马有民兼饶河农垦分局局长。

在调整场队规模问题上，东北地区国营农场会议指出：“对少数规模过小，无发展前途的场队，或撤销或合并。”鉴于平原农场在 1963 年播种面积仅 2966.4 公顷，四平农场也只有 6309.2 公顷，规模都很小。经东总批准，将两场合并，1964 年 3 月新八五九农场正式成立。

1965年，新八五九农场经济发展较快，农场超额完成大豆出口任务，东北农垦总局特奖励兰特洛瓦英吉普车1台。奖励千吨队四队（现五队）迪特413柴油发电机组1台。到1967年，农场下设13个农业生产队、2个畜牧队，另有工程队、渔业队、米油加工厂、农机修造厂、砖瓦厂等。

后来又以“六六三”复转官兵为骨干，开荒建点、分别组建了8连、13连、14连、15连、20连和21连。

1966年6月，“文革”波及农场。1967年10月1日，农场革命委员会成立，主任由武装部长严正平担任，副主任张宝林、张登元。1969年4月，革委会解散。

四、二十三团成立

1968年6月18日，中共中央、国务院、中央军委和当时的中央“文革”领导小组共同发出《关于建立沈阳军区黑龙江生产建设兵团的批示》（简称六·一八批示）。7月1日兵团正式宣布成立之后，八五九农场编入第三师，暂定名八五九团，后更名为二十三团。

1968年末，现役军人李宝山、史书才、何鹤、王宝田4人到农场开始筹建二十三团。经过很短时间的熟悉情况，便成立了组建领导小组，下设组建办公室，张宝林也参与了组建工作。随即举办一期以工人宣传队名义的组建学习班，经过一周的训练之后，以3～5人为1组，分别到各基层单位组建连队。与此同时，在组建领导小组直接主持下，开始组建团领导班子和选配机关干部。根据“六·一八批示”规定“生产建设兵团在党委领导下，建立精干的司（令部）、政（治处）、后（勤处）领导机关。兵团主要领导干部可由黑龙江省军区负责人担任”。在人员安排上，从团首长到机关各股，主管干部均由现役军人担任。上下准备就绪之后，于1969年4月20日召开组建大会，正式宣布：中国人民解放军沈阳军区黑龙江生产建设兵团第二十三团成立。会上，三师师长卫生文宣读了二十三团主要领导干部的任职令。李宝山任团长，史书才任政委，张宝林任副团长，马奉禄、杜瑾任司令部副参谋长，张宝峰任政治处副主任，李永厚任后勤处处长，张守臣任副处长。

1969年六师组建以后，同年12月，三师将二十三团和所属4个营29个连队一并移交给六师。

二十三团认真贯彻六师党委“以开荒为主，积极扩大耕地面积”的指导思想。1970—1972年，共开垦荒地15333公顷。团里组成两个开荒大队，由副团长杜文谦为总指挥。第一大队队长梁明泉、副大队长王富国，第二大队队长宋新忙、副大队长王振华。两个大队各配备10台拖拉机，分别到六营营部42连和27连、40连、41连开荒建点。当年麦收结束之后，由王欢喜副团长为总指挥，成立一个开荒大队，梁明泉任大队长，抽调一、二营机车11台，开往四营29连、外小山、饶岗一带开荒建点。1972年共开垦荒地9529.73公顷。3年扩建了13连、14连、15连、20连、21连、25连、26连、27连、30连、35连、40连、41连、42连，共计13个连队（34连合并到10连，35连和36连合并为24连，27连、40连、41连、42连于1977年划给前锋农场）。

二十三团按军队编制，设司令部、政治处、后勤处。1971年，下设一营、二营、三营、四营、五营、六营、七营、工副业营、值班营。到1976年，下设6个营、59个农业连队。砖厂为工业一连，面粉厂为工业二连，综合加工厂为工业三连。

团里曾于1972年春、1975年秋两次掀起积造万吨肥高潮。但由于质量不好，有的甚至将白浆土表层堆起来也当肥上报，没有实用价值。

这一时期，是农场建设史上第二次大面积开荒的阶段，也是经营规模第二次大发展阶段。农业连队数量由1968年的26个发展到1976年的59个，耕地由原来的12466.67公顷，扩大到26333.33公顷，农场经营规模翻了一番。

五、前卫农场阶段

1976年2月25日，根据中共黑龙江省委〔1976〕2号文件精神，黑龙江生产建设兵团撤销，黑龙江省国营农场总局成立。1977年4月4日，二十三团改制为黑龙江省建三江国营农场管理局前卫农场。隶属黑龙江农垦总局建三江农场管理局领导，由陈才德任农场党委书记，王兴义任场革命委员会主任。

从此，改革兵团体制，恢复农场管理体制。兵团时期现役军人大部分回部队，只有少数同志就地转业，继续担任农场的一些领导职务。

根据管理局的指示，前卫农场于1977年6月28日将原六营移交给前锋农场，移交出27、40、41、42连（营部所在地）4个连队，职工499人，干部40人，土地4000公顷。其余5个营合并为4个分场，后又合并成3个分场。

1978年3月，农场在石头山组建四分场，下辖三十三队、三十四队（万家河口位置）、三十五队、东海林业站、三十七队、三十八队（二砖厂）、三十九队、四十队、四十一队、四十二队等10个单位。1981年，三十九队、四十一队、四十二队划给抚远县，2月撤销四分场，并入三分场。农场下设分场，分场下设生产队，实行三级管理，二级核算的经营体制。前卫农场历时1年零4个月。

1978—1980年，3年共开荒6666.67公顷。新建10个队（即三十三、三十四、三十

五、三十七、三十八、三十九、四十、四十一、四十二、二十二队)。

六、恢复八五九农场和改革发展时期

八五九农场是铁道兵8509部队于1957年创建的，为了纪念铁道兵8509部队开发荒原创建农场的宏伟业绩，1977年11月28日，场党委分别向总局、合江地委打报告，申请恢复八五九农场名称。1978年8月3日，经黑龙江省国营农场总局党委批准，正式恢复“八五九农场”场名。由郑行广任场党委书记，王兴义任场革委会主任（1979年2月17日改任场长)。从此，几经变化的八五九农场又得以延续下来。

大批知青返城后，为弥补人员不足，1979年，从红光农场调入373人，从肇源农场调入455人。

到1983年，农场下设3个分场、34个农业生产队、3个修理所、4个林业站、2个砖瓦厂，还有畜牧队、科研站、工程队、水利队、桥梁队、钻井队、副业队、渔业队、汽车队、制材厂、面粉加工厂、米油加工厂、修造厂等。

1993年12月3日，农场决定撤销3个分场建制。

七、北大荒农业股份八五九分公司

八五九分公司由八五九农场分离而来。八五九分公司隶属于黑龙江北大荒农业股份有限公司。黑龙江北大荒农垦集团总公司经国家经贸委以经贸企改〔1998〕775号文件批准，将其旗下的友谊等16家农场与种植业有关的资产与业务及浩良河化肥厂与尿素有关的资产与业务重组，独家发起设立黑龙江北大荒农业股份有限公司，于1998年11月27日在黑龙江省工商行政管理局注册登记。

2001年5月，黑龙江北大荒农业股份有限公司设立八五九分公司（以下简称分公司)，在黑龙江省垦区工商行政管理局注册。

2002年7月，省农垦总局“五分开”工作组依法落实八五九分公司与八五九农场在“业务、机构、人员、资产、财务”等方面的“五分开”工作。7月23日，北大荒农业股份有限公司八五九分公司正式成立。

分公司设总经理1人、副总经理4人、财务总监1人。内设“六部两办”，即办公室、人力资源部、发展计划部、财务部、生产技术部、综合经济部、内控审计部、安全监督管理办公室。下设15个管理区，下辖农业技术推广中心。分公司有管理人员216人、员工1363人。

2020年，分公司农作物总播种面积38326.68公顷，实现粮豆总产3.17亿公斤，营业收入 2.15 亿元，利润总额 5819 万元。

第二节　垦荒群体

八五九农场的开拓者由五大英雄群体组成，分别是 1956 年铁道兵 8509 部队的 1236 名复转官兵，1958 年 3475 名复转官兵和 1966 年 312 名复转军人等，1959 年 2698 名山东支边青年，1968 年以后来场的 5993 名城市知识青年，还有大中专院校毕业生、科技人员、各地干部等。

一、“五六年”铁道兵

1956 年 5 月农垦部成立，6 月便在密山北大营正式成立了铁道兵农垦局。此后，中国人民解放军铁道兵二、三、四、五、六、九、十一等师和一个军官预备队的 1.7 万余名复转官兵陆续进入垦区。八五九农场的开拓者就是铁九师复转官兵。

1956 年 11 月 3 日，由铁道兵九师复转官兵组建的开荒大队，改编为 11 个中队，计 1236 人，奉命从虎头迁至饶河地区建场。当年冬天便分区布点，其中一、二中队进驻民主，三中队进驻大板，四中队进驻和平，另外五、六、七、八中队分别进驻胜利、明山和西南山，九、十、十一中队留在饶河。这支在疆场上架桥铺路的先锋部队，又为开拓北大荒首当先锋——是八五九农场建设的奠基者。

二、“五八年”复转官兵与“六六三”复转官兵

1958 年 3 月，中共中央通过《关于发展军垦农场的意见》之后，全国各部队 10 万复转官兵来到北大荒。3 月 12 日至 5 月中旬，中国人民解放军北京后勤学院、南京军事学院等，江苏省军区、安徽省军区、上海警备区、十二军、二十军、二十二军、二十六军、二十七军、三十九军、六十军、空军和军区后勤部的 3475 名复转官兵，带着党和人民的委托及开发北大荒的重任，来到八五九农场，为农场建设增加了一批骨干力量。当年本着以场扩场的原则，复转官兵来到之后，立即扩场建队。一分场新建 8 个生产队，由原来 5 个队扩为 13 个队；二分场由原来 4 个队扩为 13 个队；三分场由原来 4 个队扩建为 13 个队。农场的生产规模迅速得到扩大。

5 月中旬，驻福州的中国人民解放军第五十二预备医院，带来 500 张床位及全套医疗设备，集体转业来场。

北大荒博物馆的巨幅浮雕《北大荒人颂》就有当年八五九人盖小马架的故事。壁画第

三组画面呈现的是初建营地的情景。无论是1956年来的铁道兵，还是1958年来的复转官兵，到场后第一件工作便是建设临时住房——搭马架。他们指地为队，插旗建营，放下背包就盖马架，将乌拉草搓成绳子，将树条绑成人字形支架，上面苫上茅草遮风防雨，里面用树条子、乌拉草搭成简易床铺。仅1958年春，3475名复转官兵在八五九农场用了20多天盖起了360多间小马架子。当年这些简易的住所是现在北大荒农场群的雏形，也成为培育北大荒精神的摇篮。当时有一位战士风趣地说："小马架，不寻常，不用檩条不用梁，不分顶盖不分墙，里面还有'弹簧床'。"

场长赵明高带头住进了第一批马架房，他的妻子在小马架里生了个儿子。

复转官兵的到来，不仅新建了大批生产队，推动了生产发展，而且在1958年底场社合并后，这些转业干部被分配到9个分场，成为整个饶河地区建设的中坚力量。

1958年10万复转官兵奔赴北大荒，实际到达复转官兵8.15余万人，外加随军家属等共约10万人。其中排以上干部6万人、营以上干部1200人。在1958年来八五九的3475名复转官兵中，干部达3029人。大尉当农工的、少尉当队长的、上尉当饲养员的，这在北大荒很平常。有一位大尉叫陈勇，在部队是营副教导员，1958年转业来到农场后一直在开荒二大队当农工。1959年，山东支边青年来场后，充实到各中队参加劳动，才将在一线劳动的转业军官替换下来，支援外地建设。1959年10月至1961年底，农场支援外地建设，赴内蒙古、青海、甘肃等地的干部（转业军官）1226名。1959年春和1960年春，分别向安达市和大兴安岭地区派出支援干部。1959年9月，200多名干部调往黑河地区。1960年，有350名拖拉机手分别调往湖南、湖北、山东、海南岛支援开发建设。1963年1月，1000名行政二十二级以上的干部和部分职工调往地方林业部门。

表1-1　1958年各部队转业来场干部数量统计表

部队（单位）	人数（人）	部队（单位）	人数（人）
南京军区	148	一一一医院	14
浙江省军区	331	一一七医院	9
江西省军区	73	八一医院	5
江苏省军区	316	九八医院	12
安徽省军区	315	九七医院	36
十二军	277	九六医院	6
二十军	130	八六医院	3
二十二军	124	一一二医院	18
二十六军	5	八三医院	3
二十七军	188	一七五医院	2

（续）

部队（单位）	人数（人）	部队（单位）	人数（人）
三十九军	43	一〇五医院	10
五十军	3	预备十院	1
六十军	249	第四预校	2
空　军	66	军事工程学院	7
军事学院	111	工　兵	3
后勤学院	46	坦克预校	16
五二预备医院	195	总　参	7
预备五师	18	华东海军	1
六十六速中（部队速成中学）	40	志后二分部	1
守备十七旅	13	总高步校	19
二十一速中	20	汽车三十二团	7
二十二速中	7	汽车三十三团	1
工程兵速中	3	汽车修理营	1
铁道兵	22	东北军区	2
十二医院	19	北高幼儿园	1
十七医院	23	铁道兵原有干部	124
十三医院	17	总　计	3153
一一四医院	40	—	—

1966年初，沈阳军区所属部队万余名官兵，即“六六三”复转官兵分批到全省29个农牧场工作，为组建生产建设兵团充当骨干。农场派保卫科吴锦芳到部队接人。

3月18日，312名复转官兵由步兵三五二团一营教导员张恒仁、副营长张守臣带队来到农场。开始编为一个营，接受饶河团和农场双重领导，营长张守臣、政治教导员张恒仁。下设3个连，5连副连长许洪安，指导员李孔弟；6连副连长宋保先，指导员付志友；7连副连长李品凤，指导员樊仁生。又以这批复转官兵为骨干，开荒建点，分别组建了8连、13连、14连、15连、20连和21连。他们是第三批来北大荒参加屯垦戍边的集体复员转业官兵。

1971年3月9日，沈阳军区炮兵十一师（3343部队）88人集体转业来到八五九农场。1977年，又有111名复转军人来场。

三、“五九年”山东支边青年

1958年8月，党中央做出了《关于动员青年前往边疆和少数民族地区参加社会主义建设的决定》。1959年，6万名山东支边青年来到北大荒，成为继复转官兵之后开发建设北大荒的又一支重要力量。大批支边青年的到来，极大改善了北大荒职工队伍的年龄结构和性别结构，扭转了以往各路垦荒大军中长期存在的“男多女少”的状况，他们在北大荒立业成家、结婚生子，全身心地投入北大荒的建设事业中。

1959年2月14日，虎饶县（局）首届党代会决定，从山东招收4000名青年参加农场建设。26日，中共饶河（八五九）人民公社委员会发出通知，迎接支边青年的到来。

1959年8月26日，2698名山东支边青年来场。当时正逢秋涝，连续阴雨，劳动和生活条件都很艰苦。一进10月，天气渐渐寒冷，这些青年衣服单薄，农场党委及时发出关于《立即动员全场职工掀起捐款、献衣支援新职工过冬》的通知。从10月14日开始到11月5日止，全场共捐款6467.05元，物资2478件。在当时的历史条件下，对保证支边青年们越冬取暖起到了很大作用，并且充分体现了革命大家庭的温暖和共建北大荒的同志之情。

四、城市知识青年

1964年新八五九农场成立以后，从八五三农场调来10名北京青年。从此拉开了城市青年参加农场建设的序幕。

1965年底和1966年3月，先后有两批佳木斯市青年150多人来场，分配到二队、五队、六队、九队、十队等单位，为生产第一线增添了新生力量。

“文革”开始以后，在毛泽东主席关于“知识青年到农村去，接受贫下中农再教育，很有必要”的号召下，从1968年开始，先后有北京、上海、天津、哈尔滨、佳木斯、齐齐哈尔、双鸭山、鹤岗等各大城市的知识青年来到边疆，加入沈阳军区黑龙江生产建设兵团第二十三团行列，为屯垦戍边、建设边疆充实了大批骨干力量。1968—1976年来场知青总数为5993名，占当时全场职工总数的60%以上。其中北京1041名，上海1896名，天津1279名，哈尔滨903名，佳木斯441名，齐齐哈尔63名。

大批城市青年来场，使地处边陲的八五九农场与全国各大城市的联系迅速增加，丰富了农场的物质文化生活。1976—1979年，有5721名城市知青返城。到1984年底留场知青只剩百余人，到2020年仅剩40余人。

五、大中专院校毕业生、科技人员、各地干部

1966年以前分配来场大中专毕业生28人，1976—1984年分配来58人。这些大中专毕业生和科技人员大多工作在农业、机务、水利、畜牧、医疗、教育等行业，成为农场的

骨干和中坚力量。

其中，张根昔、臧春青毕业于苏北农学院，梁明泉毕业于湖南农学院，徐士海、马志栋、黎松才、李淑华毕业于东北农学院，冯百锋、林玉芹毕业于北京农业大学，汤永禄、纪术毕业于河北农学院，牛岳华毕业于山东农学院，赵兴义、黄殿臣、张旭东、杜雨春、余德江毕业于八一农垦大学，常盛春毕业于甘肃农大，叶宁生毕业于长春兽医大学。

徐士海，1958 年 8 月毕业于东北农学院农机专业，曾主持建造“燎原 401”号轮船，历任八五九农场机务科长、胜利农场场长、建三江管理局副局长。

温玉印，1965 年 8 月毕业于北京农业工程大学农水系，历任八五九农场水利科长、建三江管理局水利处处长。

吴居沛，1965 年 9 月毕业于西南农学院，历任八五九农场林业公司经理、农场副场长，浓江农场场长、党委书记。

1958 年 7 月 25 日，密山农校迁校，在东安下营成立八五九农场农业技术学校。八五九农校共招收三届学生，总计 500 多人。首届毕业生享受大专待遇，第二届毕业生享受中专待遇。八五九农校虽然建校时间短，但在特殊历史时期为周边农场和市县培养了大批农业技术人才和管理干部。农校首届毕业生闫树国、范洪仁、翟永生、王纯正、于久河及教师谷凤林曾分别担任八五九、胜利、二道河、洪河、红卫农场场长，李文士曾担任红卫农场党委书记。

另有，刘凤云、衣景文、李求欣、马相林、姜永宏、王焕、任双升、徐跃金、李仁、付振彪、桂珍万、杨明月、孙庆锐、张宝珠等科技人员，在各自行业发挥着中流砥柱的作用。

1957 年下放劳动的 55 名哈军工（解放军军事工程学院）学生和干部（1960 年冬，其中有 4 人去世），1959 年有地方干部 338 人，1961 年省外调入干部 298 人，还有一些下放劳动的知识分子也加入建设农场的行列。

1956 年 11 月，来农场的有河北支边青年 120 余人；1957 年春，从二龙山、友谊、集贤、伏尔基河、查哈阳、永安等农场调入拖拉机手 150 余人；从宁安、红星、铁力、九三、哈尔滨等技校招收的近百名学员等先后来场。11 月，佳木斯支边青年 100 余人来场。

还有，1957—1979 年外场调入 1356 人；1962 年场社分开，社员并入 800 人；1973 年 4 月从一师调入 328 人；1979 年从红光农场调入 373 人，从肇源农场调入 455 人；1982 年以前职工子女就业 2293 人，投亲靠友人员 909 人等扩充了职工队伍。

第二编

经济体制改革

中国农垦农场志丛

第一章　管理体制与农场企业化改革

第一节　管理体制改革

1982年企业整顿之后，对农场进行机构改革。1983年将原有的32个科室合并为18个科室，把带有企业、半企业性质的行政科室改为企业经营型的基建公司、交通运输公司、物资公司、商粮贸公司、畜牧公司、水产公司、农建公司、劳动服务公司等8个大公司，同时还成立了教育培训中心。经过改革，进一步完善了经营管理体制，促进了经济责任制的进一步落实。

1986年3月12日，农场撤销交通、基建、商粮贸3个党总支，设立工交党委和直属党委。同时撤销水产、畜牧、基建、商粮贸、物资、林业、多种经营、交通等8个大公司，恢复其行政科室职能。以园林队为基础成立中心林场，管辖各林业站。

1992年12月17日，农场机关由39个行政科室改为12个部、委、办、科和13个公司、中心、站。机关由246人减到82人。机关干部男满55周岁、女满50周岁可办理内部退养，共退休9人、内退27人。合并成立群工委、行政办、生产办、宣传文化中心、农业技术服务中心、项目开发公司、土地房产管理局、基建公司、水利公司、交通服务中心、粮油食品公司、劳动服务公司、物资公司、林业公司、乳品公司、畜牧公司、水产公司、路桥公司、经济贸易公司等。

1998年，在文教卫生系统实行改革，建立优胜劣汰的竞争机制。率先推行了评聘分开，有21人高职低聘，4人低职高聘，占专业技术人员的10.24%，年可节约工资1.5万元。同时对教工实行设岗定薪制，年可节约教育经费1万余元。

1999年3月9日，农场下发八五九农场机构改革方案，削减非生产开支，精简机构和管理人员，改革工资分配办法。

2004年2月11日，农场对副场级领导干部进行竞岗。农场共有7名副场级领导，将有2名干部分流。有1名干部主动提出退出领导岗位，1名干部主动表示要到科室工作，使分流工作得以顺利进行。

2009年3月4日，农场机关按“三部”机构设置，即党群工作部、社区工作部、经营管理部。农场机关人员编制为30人。分公司按“四部一办”机构设置，即生产技术部、财务部、审计部、企业发展部、办公室，分公司核定编制为30人。人力资源部与组织部合署办公划归党群工作部，市场部与物流中心合署办公保留市场部全部职能。根据部、办所辖职能，保留原科、部、办、委的牌子及人员职级，便于对上对下办理业务需要。分公司下设2个服务单位和1个科技园区，农业单位下设9个管理区分管32个作业站、3个居民组。此次改革涉及149名农场各级干部，其中机关72人，场直单位41人，管理区、作业站36人。10名年龄在50～55周岁、工龄在30年以上的同志，安排到决策咨询委。共选拔任用干部52人，调整交流干部27人，35名素质高、有能力的干部，走上科级领导岗位。提拔任用第一学历大专以上毕业生12人，共有19名40岁以下年轻干部被提拔重用（其中35岁以下7名），8名工作出色、素质全面的女干部得到提拔。此次改革，干部队伍年龄结构得到优化，机关干部平均年龄由36.2岁下降到34.5岁，场直单位干部平均年龄由45.3岁下降到44.2岁。

2017年9月12日，按照农垦改革要求，压缩编制，制定人员分流方案。遵循本人自愿原则，对自愿提出申请符合条件的机关、场直单位、管理区干部经审批准予内部退养。共分流100人，调整任用领导干部90人。

2022年7月15日，八五九农场有限公司对管理体制进行改革，将原机关21个部门和8个场直单位整合构建为七部一委一中心。

第二节　政企分开

2002年4月，总局党委下发《关于全面推进农场内部政企分开的意见》（黑垦发〔2002〕3号）（简称《意见》），《意见》就上市农场政企分开和社区管理机构设置，上市农场资产划分、经费核算和财务管理，上市农场与社区党群机构设置等一系列具体问题做出了明确规定，对全面推进改革做统一部署。对上市分公司所在农场，在上市分公司与农场“五分开”的基础上，按照“一套机构，两块牌子”原则，对存续农场进行内部政企分开改革。农场按照总局党委的要求，积极稳妥、健康有序地全面推进内部政企分开改革，制定了黑龙江省八五九农场内部政企分开实施方案（九场呈〔2002〕23号文件）。

分开后在农场辖区内建立社区管理机构，名称：黑龙江省八五九农场社区管理委员会，社区、农场共设一个党委机构和群团机构，党群机构设在社区，与社区统一财务核算；党委名称：中国共产党黑龙江省八五九农场（社区）委员会。社区和农场职能分离、机构分设、人员分开、资产分开、财务分开，实行一个党委、两套机构、两块牌子。根据职能要求，设置党群机构 7 个，社区管理机构 11 个，派驻机构 8 个，农场管理机构 7 个（合署办公 1 个）。领导指数和人员编制为社区党委成员 9 人，其中党群机构 4 人、社区 2 人、分公司 2 人、农场 1 人。党群机构设党委书记 1 人、副书记兼纪委书记 1 人、工会主席 1 人。社区设主任 1 人（由党委书记兼任）、副主任 2 人（其中 1 人由党委副书记兼任）。农场设场长 1 人（兼）、副场长 2 人。

社区管理委员会人员编制 37 人（含领导指数、下同）。农场管理机构人员编制 31 人。资产与账目分离的基准日，以 2001 年企业财务决算报告为依据，以 12 月 31 日为基准日，将资产按谁拥有使用权就划给谁使用。到 2002 年 7 月末，检查验收结束，历时 3 个多月，基本完成了上市分公司与存续农场“五分开”工作。

农场内部政企分开解决了原体制难以解决的一些问题。初步解决了农场场长过多承担社会责任和矛盾的问题，使企业经营者从繁杂的社会事务中解放出来，集中精力抓好企业经营管理。通过总局补贴增加一块，精简机构和人员消化一块，场办事业单位改制降低一块，初步达到精简机构、压缩事业开支、减少企业补贴的目的。同时通过社区机构定岗定员定编、定向限额核定经费，为农场实行刚性财务预算奠定了基础。

2016 年，按照《中共中央 国务院关于进一步推进农垦改革发展的意见》（中发〔2015〕33 号文件）精神，八五九农场进一步推进农垦改革，按上级改革部署，于 2019 年农场全面移交了行使的政府职能，原来由建三江管理局授权行使的行政职能全部移交饶河县政府，体制改革取得突破性进展。通过场县共同努力，饶河县向农场派驻政府行政职能联络工作组，由农场协助提供办公场所和部分工作人员。10 月 25 日，饶河县驻八五九农场市民服务中心正式挂牌成立，抓实落靠了政府行政职能移交后续工作。

第三节 组建北大荒农业股份有限公司

1998 年 11 月，经财政部和国家经贸委批准，黑龙江北大荒农垦集团总公司以其所属的二九〇、江滨、宝泉岭、新华、友谊、二九一、八五二、八五三、八五九、七星、勤得利、青龙山、八五四、八五六、庆丰、兴凯湖等 16 家农场与种植业相关的资产和浩良河化肥厂与尿素生产相关的资产作为出资，独家发起注册设立黑龙江北大荒农业股份有限公司，注册资本及股本总额 116996 万元。1999 年 1 月，公司在香港发行 H 股未果，决定发行 A 股（即人民币普通股股票）。2002 年 3 月 29 日，北大荒农业股份有限公司 A 股股票在上海证券交易所挂牌上市，股票简称北大荒，股票代码 600598。黑龙江北大荒农业股份有限公司的重组成功及股票上市，标志着垦区国有企业建立现代企业制度取得突破性进展。

2002 年 4 月，成立由总局副局长王家旭牵头的专门工作机构，就上市公司与母公司“五分开”问题，进行检查和整改，以推进现代企业制度的建立。

所谓“五分开”：一是业务分开。将 16 个农场种植业及相关服务业务完全分离给上市分公司，林业、牧业、渔业及工商运建服等生产经营业务留在农场，行政和社会管理服务职能（包括与种植业相关的农机监理、种子管理、植物检疫、水政管理等行政职能）全部分离给社区或农场。上市公司与存续企业业务独立，政企分开。二是机构分开。以业务分开为基础，将农场现有与种植业直接相关的管理机构（包括农业科、农机科、水稻办等）和经营机构（包括农业生产队、种子公司、物资公司、水利公司、粮食处理中心、粮贸公司等）全部分离给上市公司，林业、牧业、渔业及工商运建服等管理机构和经营机构留在农场，党群、行政、司法、教育、卫生、广播电视等社会管理服务机构分离给社区。存续企业（社区）严格按照黑垦局办文〔2001〕40 号文件要求，本着“党群机构共设，综合部门合署，社会行政与经营管理部门相对分开”原则，设置必要的工作机构。三是人员分开。以 2001 年底在册在岗职工为基数，按照人随业务、机构走的原则，将 16 个农场和浩良河化肥厂的管理人员及职工分别分离给上市分公司、农场（化肥厂）和社区。对办公室、计财、审计、企管、劳动、科技等综合管理部门人员，根据工作需要和本人意愿分别进入上市分公司、农场和社区相关部门。四是资产分开。在上市公司重组设立时，已将农场种植业资产以及与种植业相关的产前、产中、产后服务业的资产，经过权威评估机构评估和财政部确认，剥离给上市公司，并进行产权变更登记。五是财务分开。按照“五分开”要求，农场与上市公司都分别设置财务机构，建立财务账簿，开设银行账户，独立进行财务核算，取消上市分公司与存续企业的合并会计报表。

2002 年 7 月 23 日，建三江分局副局长周昊旬、组织部部长王晓春到农场宣布政企分开决定。北大荒农业股份八五九分公司正式成立。

第四节　农场企业化改革

2015 年，中共中央、国务院下发《中共中央 国务院关于进一步推进农垦改革发展的意见》（中发〔2015〕33 号）文件，对进一步推进农垦改革发展提出了意见。2016 年，农场成立八五九农场推进改革发展工作领导小组。

领导小组下设办公室（简称“农场改革办”），作为常设性机构，负责农场改革相关事宜。办公室下设资产清查小组、意见征集小组、人员编制核实小组，分别由组织部、人社科、财务科、政策法规局牵头负责。

启动农垦改革以来，农场主动作为，稳步推进企业化进程。根据公司法、企业国有资产法等法律法规将农场改制为国有独资公司。2018 年 1 月 31 日，八五九农场有限公司和社会事务部挂牌。5 月 4 日取得有限公司工商营业执照，建立了三会一层，按现代企业制度建立了法人治理结构，并建立各项管理和内部控制制度。由于农场属上市存续农场，按集团要求，有限公司工商营业执照于 2019 年 8 月 27 日注销。2021 年 9 月 29 日，北大荒集团黑龙江八五九农场有限公司营业执照，经双鸭山市市场监督管理局红兴隆分局批准下发。从此农场名称改为八五九农场有限公司。

对暂不具备移交条件的办社会职能采取“内部分开、管办分离”。2019 年农场将行使的政府职能和中小学教育移交给饶河县政府。2020 年 4 月 14 日，与饶河县签订社区属地化管理移交协议，完成社区移交。为保障社区机构正常运转，人员、办公场所、服务场所、设备设施、经费在国家改革成本测算完成前继续原渠道保障。

推进场直企业改革。2011 年，农场引入国创生物质热电有限责任公司，接手原来由农场水暖站承担的集中供热，公司有偿租用农场供热管网管线，每年租金 35 万元，供热设施的日常管理、维修和养护由其负责并承担费用。公司进入后将原农场负责供热的 16 名员工全部留用，并自行投资 8000 余万元购进 1 台 75 吨生物质专用锅炉及改造配套设施，替代了原 3 台 10 吨和 1 台 20 吨的烧煤热水锅炉，利用稻壳、秸秆等生物质供热、发电，居民购买服务，实现集中供热的社会化、市场化运营。供热周期从原来的每年 10 月 20 日开始提前到 10 月 1 日，由原来的下年 4 月 20 日结束延长到 5 月 1 日，供热期增加了 30 天，全年供热时间长达 7 个月 200 天以上。

2016 年，引入专业物业服务公司——牡丹江农垦洁泰物业管理有限责任公司从事楼房区物业服务，物业服务由原农场承担实现社会化、市场化、专业化，业主购买服务。2018 年，农场将 2017 年底新建成的敬老院租赁给黑龙江农垦兴凯湖裕鹿集团有限公司经营，以公建民营形式推动养老事业多元化、多样化发展。2019 年，农场将场区和东安公共区域环境卫生、绿化管理、冬季清雪、垃圾清运等委托牡丹江农垦洁泰物业管理有限责任公司管理服务，实现公共绿化、环境卫生农场购买服务。

2020 年，农场对供水管理站、公路管理站、客运站进行改革。对三个经营企业按全面精细化预算核定了补贴额度，超支不补，节余奖励，实施绩效考核激励机制，绩效工资与经营业绩挂钩。经营费用超支农场不补，从管理人员绩效工资中抵顶，不足抵顶部分在以后年度绩效工资中抵顶，直至抵完。如增收节支实现超利，超利部分的 20%可作为管理人员绩效分配。企业按目标管理制定生产经营管理方案，加强生产经营全程管理。

2020 年，农场对 2018 年 9 月 20 日成立的八五九农场江畔明珠商贸有限公司制定了“一个运营主体、四个中心”的全面营销发展模式，拓展以江畔明珠商贸有限公司为运营主体的仓储、加工、营销、农业服务四个中心的经营服务领域。11 月，5 万吨大米加工设备正式启动，新型粮食购销体制改革初见成效。

2022 年 7 月 15 日，八五九农场有限公司对管理体制进行改革。农场有限公司原有机关部门 21 个，场直单位 17 个，管理人员 194 人。此次改革，对原部门、单位职能进行重新梳理整合，从党群工作、经营管理、社会事务三大方面优化部门机构设置，将原机关 21 个部门和 8 个场直单位整合构建为七部一委一中心。核定管理人员编制 60 人（正职 9 人、副职 16 人、工作人员 35 人），其中机关内设部门 8 个编制 53 人，为党群工作部、纪委、人民武装部、综合管理部、财务管理部、工程建设管理部、经济发展部、社会事务部。社会事务部下设 1 个中心——公共服务管理中心，编制 7 人。

通过党委任命、公开竞聘相结合的方式完成管理人员入编定岗 57 人。改革后机关内设部门 8 个，下设 1 个中心，场直单位 9 个，人员 152 人。机构减少了 20 个，人员压缩 42 人。28 名符合条件的人员离岗待退。公司管理人员平均年龄由 41 岁下降至 39 岁，本科及以上学历占比 65%。

管理体制改革后，党群工作部包括原组织部、宣传部、广播电视局、工会、团委、老干部科、关工委。乔丹为党群工作部部长，张广龙为党群工作部副部长，滕艳艳为党群工作部副部长、工会副主席（同年 10 月调任纪委副书记）。

综合管理部包括原政研室（党委改革办）、综治办、信访办、农场办公室、人力资源和社会保障科、审计科。杜红臻为综合管理部总经理，姜颖、姜艳、李晓雪为综合管理部副总经理。

经济发展部包括原畜牧公司（水产公司）、林业公司、公共资源办公室、工业商务（旅游）科、资源管理部。徐欢为经济发展部总经理，李彦波为经济发展部副总经理。

社会事务部包括原民政局、安全应急管理办公室、公共管理办公室、职介所、环保科。于风华为社会事务部副部长（主持工作，同年 10 月任部长），王军为社会事务部副部长兼城镇管理办公室主任，高风波为社会事务部副部长兼公共管理办公室主任（同年 10 月兼公共服务管理中心主任），张淑焕、韩明哲为公共服务管理中心副主任。

工程建设管理部为原建设科。孙磊为工程建设管理部副总经理（主持工作，同年 11 月任总经理）。

财务管理部为原计划财务科。高树伟为财务管理部副总经理（主持工作，同年 11 月任总经理），王小松、张蕾为财务管理部副总经理。

林雪梅为纪委副书记（同年 10 月调任农业综合服务中心党支部书记）；于洪涛为人民武装部副部长。

第五节　撤队建区

一、2005 年设立 11 个管理区

2005 年 1 月 1 日，农场优化组织结构、撤并生产队、建立管理区。根据建垦局发〔2004〕2 号、建垦文〔2004〕17 号文件要求，将原来的 39 个农业生产队合并为 11 个管理区。管理区的规模达到 2666.67～3333.33 公顷。每个管理区配备 3～5 人，设主任、书记、副主任。撤销生产队建制改设作业站。管理区和作业站报账会计由农场委派。共减少管理人员 59 人，减少管理费用 90 万元。

第一管理区，设在一站，并管辖二站、二十三站、三十二站、水泥厂；

第二管理区，设在二十二站；

第三管理区，设在四站，并管辖三站、五站；

第四管理区，设在十七站，并管辖十六站、科研站；

第五管理区，设在十九站，并管辖二十站、二十一站、副业队；

第六管理区，设在九站，并管辖七站、八站、二十四站；

第七管理区，设在十站，并管辖十一站、十五站；

第八管理区，设在十二站，并管辖十三站、十四站；

第九管理区，设在二十六站，并管辖三十三站、奶牛队；

第十管理区，设在三十七站，并管辖三十五站、四十站；

第十一管理区，设在三十站，并管辖二十八站。

二、2009 年设立 9 个管理区

2009 年 3 月 5 日，按照（九垦发〔2009〕2 号）文件精神，农场为加强撤队并区的步伐，将原来的 11 个管理区优化重组为 9 个管理区，管理区下辖作业站。管理区设主任 1 人、书记 1 人、会计 1 人、出纳 1 人，作业站不再设财会人员。作业站设书记兼站长 1 人，副站长、技术员根据土地面积设置。

第一管理区，下辖一站、二站、二十三站、三十二站、水泥厂居民组，管理区设在一站；

第二管理区，下辖三站、四站、五站、二十二站，管理区设在二十二站；

第三管理区，下辖十九站、二十站、二十一站、二十四站、副业队、水利队居民组，管理区设在十九站；

第四管理区，下辖七站、八站、九站、十站、十一站、十五站，管理区设在十站；

第五管理区，下辖十二站、十三站、十四站，管理区设在十二站；

第六管理区，下辖二十六站、奶牛点居民组、三十三站，管理区设在二十六站；

第七管理区，下辖三十五站、三十七站、四十站，管理区设在三十七站；

第八管理区，下辖二十八站、三十站，管理区设在三十站；

第九管理区，下辖科研站、十六站、十七站、大板居民组，管理区设在十七站。

三、2017 年设立 15 个管理区

2017 年 11 月 30 日，根据黑北农发〔2013〕4 号和 25 号文件有关精神，农场根据原各管理区、作业站地理位置和管辖面积情况，将原有的 9 个管理区、29 个作业站、3 个居民组撤销，重新组建 15 个管理区。新组建的管理区面积 6666.67 公顷以上的 5 个，3333.33 公顷以下的 1 个，0.6667 万～1 万公顷的 9 个。由三级管理变为二级管理。新组建的管理区人员编制平均 13 至 14 人，管理区设置岗位为主任 1 人、书记 1 人、主管农业生产的副主任 1 人、主管农机副主任 1 人、综合副主任 1 人、农机技术员 1 人、农业技术员 5 至 6 人、会计 1 人、统计员 1 人。选拔 77 名青年干部和高学历干部充实到管理区书记、主任、副主任岗位，大专以上干部占 95%以上。

根据（黑北农八五九文〔2017〕6 号）文件，具体划分为：

第一管理区，原一作业站、二作业站、二十三作业站、三十二作业站；

第二管理区，原二十二作业站；

第三管理区，原三作业站、四作业站、五作业站；

第四管理区，原十六作业站、十七作业站、科研站；

第五管理区，原十九作业站（含二十一站）、二十作业站、二十四作业站、水利队居民组、副业队居民组；

第六管理区，原七作业站、八作业站、九作业站、十作业站；

第七管理区，原十一作业站、十五作业站；

第八管理区，原十二作业站；

第九管理区，原十三作业站、十四作业站；

第十管理区，原二十六作业站；

第十一管理区，原二十七作业站、三十三作业站；

第十二管理区，原三十五作业站；

第十三管理区，原三十七作业站、四十作业站；

第十四管理区，原二十八作业站、二十九作业站；

第十五管理区，原三十作业站、三十一作业站。

四、2009—2011 年整体搬迁进入场部情况

2009 年底，一站（部分）、五站、七站、十一站、十九站、二十站、二十一站和原水泥厂；

2010 年底，二站、三站、四站、九站、十四站、十五站、十六站、三十二站、三十三站、二十三站、二十四站、八站；

2011 年底，十站、十二站、十三站、十七站、二十六站（原二十五队部分）、二十八站、三十站、三十五站（包括二砖厂、东海林业站）、四十站、奶牛队、副业队。

保留一站、二十二站、二十六站、东安四个居民点和三十七站、科研站、大板、水利队居民组。

第二章 农业经营体制改革

第一节 兴办家庭农场

根据农牧渔业部《关于国营农场兴办职工家庭农场的意见》要求，从1985年起垦区全面兴办职工家庭农场。

1984年，农场试办8个联户型和6个开发性家庭农场，经过一年的实践，有成功的经验，也有失败的教训。十二队吕志忠家庭农场，为农场全面兴办家庭农场起到一定的示范作用。从1984年12月开始，农场全面兴办家庭农场，已办起机械化型家庭农场230个，多种经营型1700多个，初步显示出兴办家庭农场的优越性。

1985年4月25日，农场下发《全面兴办职工家庭农场方案》，全文共51条。

1986年，八五九农场三十三队罗茂祥家庭农场，通过贷款和自筹资金5万元购买拖拉机、铁牛和农机具，两年开荒133.33公顷。当年生产粮豆18.5万公斤（其中有6万公斤大豆出口），创造产值12万元，劳均收入5700多元。1988年，二十二队杜德臣家庭农场生产粮豆49万公斤，盈利18万元。杜德臣投资17万元购回全套农机具，同时兴修水利，新开垦荒地56.67公顷，形成初具规模的机械化家庭农场。

1985年，为适应职工家庭农场的需要，全场的农机具全部转让给个人。12月，又将已转让的农机具收回，以生产队为核心，实行单车核算，统一经营。农场于1987年底开始第二次转让，转让期为3年。1991年，再次收回，实行单车核算。1995年，除项目队外，凡农业生产队的农业机械、晒场机械又第三次转让给个人。对项目队的外国进口机械和全场没有转让的1065、1075、E514等大型收割机实行上缴风险抵押金、折旧费和大修理基金的承包制。1996年3月，农场对上述未转让的大型机械进行转让。至此，全场所有农机具全部转让给个人，农机产权制度改革彻底结束，全场农业机械的更新走上谁投资、谁引进、谁受益的快速发展轨道。

在兴办家庭农场的过程中也经历了“翻烧饼”“反复”的阶段，即1985年兴办，1986年出现反复，1988年再掀高潮，1990年收回，1996年快速发展阶段。

1985年葛柏林毅然辞去三分场场长的职务，创办开发性家庭农场。历经30多年的奋斗，他建起拥有耕地466.67公顷，林地200公顷，湿地66.67公顷，总经营面积666.67公顷的现代化家庭农场。他创办的圈河家庭农场被称为“中国最美家庭农场”。如今，家庭农场年产粮豆可达3000多吨，够装一列专列，可以解决城市2万余人的口粮。

1994年3月22日，农场专程请来大兴农场十八队队长王洪涛、十六队职工张会有先后来到十七队、九队、七队及生产队长会上传授实行“两自”的经验和体会。1994年，职工自筹生产资金2970万元，占农业生产总投入的81.7%。

到1996年，大农场套小农场统分结合的双层经营体制基本稳定，“两自”“四到户”力度进一步加大。1993年，农业实行“两自理”“四到户”，即生产费用和生活费用由家庭农场自理，但职工真正出资种地仅占全部生产总投资的9%。1997年，全场两费自理金额达8659万元，自理率达100%。

土地承包到户、农业机械转让到户、经营成果核算到户、盈亏风险责任落实到户。“两自理、四到户”使家庭农场真正成为“自主经营、自负盈亏、自我发展、自我约束”的市场竞争主体。

1987年，全场兴办家庭农场1635个（其中有机户396个）。1988年，兴办家庭农场1819个，其中盈利户1428个，平衡亏损391户。1991年，全场家庭农场总数达1605个，耕种面积25933.33公顷，劳动力3640人，大中型拖拉机335台，收割机129台，粮豆总产4.67万吨，农业总产值4.35亿元。1996年，家庭农场总数达1775个，盈利占100%，盈利总额2698万元；其中，开发性家庭农场518户，开发土地面积11666.67公顷，上交粮豆1130吨。2001年，家庭农场总数达2163个，播种面积29333.33公顷，粮豆总产10万吨，利润600万元。2006年，家庭农场播种面积42666.67公顷，粮豆总产23.2万吨，盈利1亿元。2008年，家庭农场播种面积50356.2公顷，粮豆总产36.4万吨，盈利1.41亿元。2020年，家庭农场数量达4000余户，种植面积78595.05公顷，粮食总产59.12万吨。

第二节　“两田制”配置方式

在充分征询全场广大职工代表意见的基础上，农场制定农场土地承包政策，实行以统一经营管理为主导、家庭农场承包经营为基础的统分结合的双层经营体制。家庭农场是双层经营的生产经营主体，通过承包方式取得土地资源性资产的经营权，直接从事农业生产经营活动，自主经营，自负盈亏。

根据黑垦发〔2005〕18号、黑垦局发〔2005〕11号文件的有关规定，从2006年起，农场土地承包实行“两田制”，即“规模田”和“基本田”。“规模田”实行市场化竞价发包；基本田不竞价，低于“规模田”的标准，承包费标准按社会保险、农业保险和职工福利费等职工自身受益费用项目确定。

2006年，符合基本田条件的人员每人给0.3334公顷旱田，由于水田与旱田的收益不同，没种旱田的水田种植户每人给0.1667公顷水田；收费标准为750元/公顷；全场共有7420人享受基本田2399.17公顷。

2009年，符合基本田条件的人员每人给0.6667公顷旱田或0.4667公顷水田；收费标准为660元/公顷；全场共有7826人享受基本田5072.73公顷。

2015年，实施基本田指纹身份认证制度。

自2016年起，基本田不分配耕地，实行货币化分配。分配标准按水田每人0.5334公顷、每公顷分配额为水田规模田平均承包费与基本田应交承包费的差额，每人分配货币2400元。待基本田人员年度指纹身份认证合格后，农场统一发放给享受基本田人员。

2017年，完善“两田制”土地承包制度。过去，农场30个作业站旱田承包费标准有23类、水田承包费标准有26类。为规范耕地等级划分，将土地等级划分为5个等级及等外，严格土地承包管理制度，有效规避了风险和隐患。规模田实行市场化竞价发包，增加承包费收入26.8万元。

2018年，全场共有6774人享受基本田货币分配；2019年，共有6390人享受基本田货币分配；2020年，共有6249人享受基本田货币分配（表2-1）。

表2-1　2006—2020年全场基本田分配情况统计表

年度	享受内容	收费标准（元/公顷）	享受人数（人）	享受面积（公顷）
2006	0.3334公顷旱田或0.1667公顷水田	750	7420	2399.17
2007	0.3334公顷旱田或0.1667公顷水田	900	8519	2704.60
2008	0.3334公顷旱田或0.1667公顷水田	555	8900	5279.00
2009	0.6667公顷旱田或0.4667公顷水田	660	7826	5072.73
2010	0.6667公顷旱田或0.4667公顷水田	750	8560	4822.47
2011	0.6667公顷旱田或0.4667公顷水田	600	9138	4994.40
2012	0.6667公顷旱田或0.4667公顷水田	600	9296	5236.93
2013	0.6667公顷旱田或0.4667公顷水田	675	9260	4888.53
2014	0.6667公顷旱田或0.4667公顷水田	675	9757	5246.87
2015	0.6667公顷旱田或0.4667公顷水田	675	9220	4666.07
2016	货币2400元	—	7265	—
2017	货币2400元	—	6972	—
2018	货币2400元	—	6774	—
2019	货币2400元	—	6390	—
2020	货币2400元	—	6249	—

第三节　土地适度规模经营

土地适度规模经营，指的是家庭农场承包的土地规模，要有利于生产要素（包括土地、机械、劳力、资金、管理等）的合理搭配，有利于发挥机械效能，有利于科技进步，有利于可持续发展，实现产出效益最大化。

农场耕地资源相对丰富。经过多年的发展，形成一批具有适度规模经营、拥有配套生产设备和相应技术力量，具备完成一个生产经营周期所需资金，完全自主经营、自负盈亏、自我发展的规范型家庭农场。2020年，家庭农场数量达4000余户，户均承包耕地20公顷，适度规模经营得到稳步推进。当年在工商局备案且实际运营的合作社共21家，推广旱田“自愿联合体”9333.33公顷。独户家庭农场种植6.67～33.33公顷的占比为86%，经营33.33公顷以上的家庭农场占比达11%。

2020年，农场推广旱田“自愿联合体”种植模式，共组成15个联合体，种植户达400余户，辐射面积6666.66公顷（大豆4173.33公顷、玉米2493.33公顷），经过同比测算，实现大豆提升效益900元/公顷、玉米提升效益1050元/公顷，通过推广旱田“自愿联合体”实现增加总效益637.4万元。同时，解放劳动力1200余人。

第四节　农业税费改革

2004年4月17日，国家实行“一免、两补”政策，即免除农业税和对种粮农民实行直接补贴，对水稻进行良种补贴。5月5日，农场将第一批农业补贴资金发放到种地户手中。旱田105元/公顷、水田225元/公顷，水稻粮种补贴225元/公顷。

为贯彻落实《国务院关于深化国有农场税费改革的意见》（国办发〔2006〕25号）精神，切实减轻国有农场和农工社会负担，黑龙江省农垦总局2007年4月29日出台《关于推进黑龙江垦区国有农场税费改革操作方案》（黑垦局发〔2007〕7号）。方案明确国有农场税费改革的主要任务：一是全面落实取消农业税政策；二是全部免除类似“乡镇五项统筹”的收费；三是清理和规范农场对农工的各种收费。根据上级文件精神，自2006年起，农场全面取消收缴农业税；通过落实“两田制”，明确“基本田”的分配对象、分配面积和收费标准，落实国家税费改革政策；免除农工类似“乡镇五项统筹”（包括九年义务教育、计划生育、优抚、民兵训练和乡村道路建设五项费用）的费用；规范土地承包收费，土地承包收费统一规范为四项：①农工自身受益费用，包括按照国家标准提取由企业负担的基本养老、医疗、失业、工伤、生育五项社会保险基金；②农场管理费，农场组织生产经营活动发生的各项管理费用；③社政公共费，扣除财政补助和“五项统筹”后仍需由国有农场负担的政法、社会事业和社区管理费；④土地和资产经营费，保证企业自身积累，用于农业基础设施建设，扩大再生产投入。

农场建立和完善农工负担监管机制，实行涉农负担公示制度，按照财务公开、政务公开的要求，在管理区、作业站设置税费改革政策公开栏，公布内容包括承包土地农工的姓名、承包土地面积、土地承包费上缴、税费改革减负情况等。

第三章　工业企业改革

从 1984 年起，农场开始工业改革，大致分为三个阶段：第一阶段，1984—1992 年推行承包经营责任制，实行厂长（经理）负责制；第二阶段，1993－1994 年引入竞争机制、风险机制，深化承包经营责任制，转换企业经营机制；第三阶段，1995—2005 年全面推行产权制度改革，抓大放小，实现企业民营化。

第一节　推行承包经营责任制、厂长（经理）负责制

1985 年，农业改革给工业经济体制改革带来契机。工业企业改革推行承包经营责任制，实行“定额上交、自负盈亏”的大包干办法。除粮油加工按成本、供销差价给予部分补贴外，其余企业不再享受补贴。企业内部划小核算单位，承包指标层层分解，包到车间、班组、个人，包质量、包产量、包费用。实行计件工资、浮动工资、效益工资等多种工资分配形式，调动企业职工积极性，促进了工业发展。

1986 年，农场工业企业有砖厂、水泥厂、制材厂、修造厂、面粉厂、综合加工厂、乳品厂、饮料厂、饲料厂、屠宰厂、种鸡厂、孵化厂等 12 家，主要产品有红砖、水泥、木材、面粉、豆油、奶粉、豆粉、白酒和肉鸡及其系列产品，工业产值 934.4 万元。

1987 年，本着所有权和经营权分离的原则，对桥队、水利队、井队实行大包，定额上交，自负盈亏。

1988 年，按照国务院《全民所有制企业承包经营责任制暂行条例》和总局牡丹江工商运建服企业承包经营座谈会精神，企业引进竞争机制和风险机制，进行招标承包、风险抵押承包。改革效果较为明显，工业利润比承包前增长 20%，基本改变靠农吃农的现象。

1988 年 2 月 29 日，农场在修造厂会议室召开修造厂厂长招标大会，吴连哲以 71 票（占总数的 70%）当选厂长，承包 3 年，3 年分别上交 4 万、5 万、6 万元。随后，还对罐头厂（冷饮厂）、砖厂的厂长进行了公开招标承包。

1989年，建三江管理局工业企业全面推行承包经营责任制，转换经营机制，实行优化劳动组合，改革分配制度，推行工资总额和经济效益挂钩办法及“满负荷工作法”等先进管理方式。

1990年，根据总局《进一步深化垦区工商运建服企业改革的意见》，推行了“两包一挂”（包上缴利润、包技术改造，实行工资总额和经济效益挂钩）承包经营形式。进行厂长（经理）负责制试点，推行全员风险抵押承包，调动职工生产积极性。养禽公司从1987—1994年平均每年盈利在60万元以上，其中1987年盈利120余万元。1990年、1991年乳品厂连续2年盈利超百万。

第二节　转换企业经营机制

1993年，总局发布《关于贯彻〈全民所有制工业企业转换经营机制条例〉的若干意见》（黑垦发〔1993〕1号），给管理局、农场工业企业下放24条经营自主权。改革人事制度，厂长（经理）实行委任、选聘、民主选举三种形式产生。改革工资制度，全部实行“效益挂钩”工资，销售人员实行销售提成工资制。并开展产权制度改革试点工作，场办小型企业开始拍卖，产权转让。

1994年，农场对砖厂实行改革，采取公开选举、竞争上岗的办法，民主选举厂长，经过选举原九队职工夏春城当选厂长，任期3年。7月15日，对修造厂5大车间3大班组进行租赁招标，租赁期为3年半。

1995年3月20日，对水泥厂白灰车间招标承包，窦柏昌以年上缴10.6万元中标，并上交风险抵押金8.3万元。12月29日，对汽车修配厂承包招标，俞高海以上交4.4万元中标。同时对基建公司、砖瓦厂实行招标经营，对奶牛良种厂实行国有民营，对商店的柜台租赁，对车队的汽车转卖。

1996年，农场在工商运建服企业的改革上，采取租、包、转等方式，加快了产权制度改革。

1996年1月12日，农场对饲料厂、种鸡厂、屠宰厂公开招标，选聘厂长，实行委托经营3年。经过7名报名者激烈角逐、职工群众民主评议、评审会综合审定，最后韩茂来、王云阁、甘鸿滨分别中标。交风险抵押金分别为5万元、3万元、3万元。饲料厂当年需上交农场25万元，种鸡厂和屠宰厂为平衡指标。

1996年3月24日，对水泥厂实行租赁承包，上交风险抵押金，期限3年，由刘成杰承包。

第三节　全面推行产权制度改革

1997年，建三江管理局采取“高抵押、重奖罚、先定标、后定人”方式，对前进油脂厂、建三江精米厂实行委托经营。同年，农场对8个场直企业进行了委托经营。

1997年1月10日，农场对制材厂实行风险抵押委托经营，孟宪柱中标，承包期5年。制材厂改制前长期亏损，靠农场补贴生存。改制后每年上交16万元，同时扩大经营规模，开发生产项目，新增固定资产17万元，企业增强了生机和活力。

1997年3月，农场对砖厂实行租赁经营，由甘南县刘殿海承包，承包期5年，每年向农场交纳租金11万元。刘殿海投入40万元改造后，日产砖坯10万块，当年可生产红砖1000万块。4月，农场对冷饮厂委托经营，姜智中标，5年上交20万元，上交风险抵押金5万元。4月4日，对乳品厂公开招标委托经营，刘增林中标，3年累计上交85万元，交风险抵押金20万元。5月6日，对粮油公司委托经营招标，由兴富中标，年上交120万元，上交风险抵押金25万元，委托经营3年。12月25日，农场对修造厂各车间实行股份合作转制，多数车间由职工集体买断。

2000年，按照总局《关于深化垦区国有工商运建服企业改革的实施意见》（黑垦发〔2000〕7号）的要求，加大产权制度改革力度，加快建立现代企业制度步伐。以产权制度改革为核心，采取出售产权、股份改造、租卖结合、分立经营、依法破产等方式，促进国有资本最大限度退出，提高国有资本运营效率。

2001年6月，农场将大板酒业有限公司转为民营企业，经理张永理，主要产品有饮料、大板酒、大板清泉水。9月，绿源公司投资50多万元购买了肉禽加工厂的屠宰厂冷库，投资100多万元进行设备更新。主要产品有乌苏里江牌速冻黏玉米、速冻毛豆、豆角等，并与辽宁、山东、北京等客商签订加工回收合同。10月，勤得利面粉股份有限公司杨宝林以26.5万元的价格买断面粉厂的固定资产，又投入60多万元，进行设备改造和购买原料，生产的乌苏里江特二粉、标准粉、饺子粉已顺利通过产品质量验证，产品销往全省各地。10月29日，农场对砖厂的国有资产进行竞标买断，来自肇州的高长成以42万元的价格中标。高长成不断加强管理，提高产品质量，产品供不应求，效益可观。同年，水泥厂由宝清县李福臣50万元买下，他投入30万元进行技术改造，年产水泥1万吨。年底前，农场对10家工业企业的固定资产进行分期退出。

1986年，全场工业企业有12家，到2003年底，农场将场办工业企业80%卖给个人，国有资产大部分退出，成为民营企业。至此，国营体制下的场办工业，多数转变成为民营性质。民营企业缩减人员、引进技术、改造设备、降低成本，使企业步入良性发展的轨道。

第三编

经　济

中国农垦农场志丛

第一章　种植业

农场的农业生产是从开发荒原开始的。1957—1963 年（老八五九农场），以开荒为主。到 1961 年，全场耕地面积达 53333.33 公顷。这一时期，只重视开荒，耕作粗放、广种薄收，7 年粮豆平均每公顷产量只有 562.5 公斤。

1964—1968 年，农场贯彻中央提出的“调整、巩固、充实、提高”八字方针。这 5 年粮豆平均每公顷产量达 1474.5 公斤，比前一个时期提高 1.8 倍。

1969—1976 年，是农场大面积开荒建点时期。耕地面积从 1968 年的 11466.67 公顷，增加到 1976 年的 26333.33 公顷。新建 2 个营，扩建 24 个连队，这是农场发展史上出现的又一次高峰。这 8 年的粮豆平均每公顷产量达 1195.5 公斤。

1977—1983 年，为恢复发展时期。恢复农场以后，特别是党的十一届三中全会以后，促进了农业生产的发展。恢复了田间标准作业，实行了科学种田。从 1982 年起，联产承包责任制的推行，使农业生产稳步提高。除了 1981 年特大涝灾之外，这一时期，粮豆平均公顷产 1608 公斤，比前期提高 26%。特别是 1983 年，粮豆平均公顷产达到 2527.5 公斤，标志着农业生产水平进入了一个新阶段。

到 1983 年，共有 3 个分场、35 个农业生产队，有耕地 31333.33 公顷。1957—1983 年，农场共生产粮豆 59.24 万吨，上交国家粮豆 28.56 万吨。

1985—2005 年，农场农业生产得以快速发展。主要体现在种植业结构调整速度加快，栽培措施加强，生产管理水平提高三个方面。种植结构由传统的大豆、小麦、玉米种植为主的三元结构，调整为水稻、大豆、小麦、大麦、玉米和经济作物并重的多元化种植结构。到 2005 年，水稻面积扩大到 15333.33 公顷。农业生产向高产、优质、高效、绿色、观光农业方向发展，种植业的经济效益显著提高。

2006—2020 年，种植业结构不断调整、作物品种结构不断优化、农业基础建设不断完善、农业科技水平不断提升、生产管理能力不断提高。2020 年，作物种植总面积 7.86 万公顷，粮食总产量 59.13 万吨，粮食平均公顷产量 7542.56 公斤。

第一节　机构沿革

1957年，总场设立生产股，编制4人（1名股长、3名技术员）。1958年，生产股改为生产科，共8人。1959年，生产科编制缩减，科员减为4人。1964年，总场撤销后，成立二级制的新八五九农场，设农业科，编制6人。1969年，农场改为兵团，按部队编制司令部下设生产股，编制4人（1名股长、3名生产参谋）。1977年，兵团解体，恢复农场。生产股改为生产科，编制6人。

1984年，农场沿用生产科建制。种子管理、农业气象归属生产科管理。1988年，农场设立种子公司，种子管理职能分出。1991年，种子公司撤销，种子管理又归属生产科管理。1993年，农场成立农业技术服务中心，农业中心与农业科合署办公。1996年，农业科与农业技术服务中心分设，种子经营与农业气象归属农业技术服务中心管理。2002年7月，黑龙江北大荒农业股份有限公司成功上市，农业科更名为生产技术部，为北大荒农业股份有限公司八五九分公司的生产管理部门。

2012年，八五九农场获总局农业标准化提升活动达标单位；2013年12月、2015年2月，被农垦总局授予农业标准化提升活动优秀单位；2014年，取得总局玉米高产创建万亩示范片第六名的好成绩；2015年2月、12月，被农垦总局授予五大作物高产创建活动先进单位；2020年12月，被北大荒农垦集团有限公司授予2020年度集团（农垦总局）农业工作达标单位称号。

领导成员更迭情况如下：

农业科股长：　陈绍龙（1957任命）

科　长：　汤永禄（1958任命）

　　杨　波（1964—1966.5）

股　长：　张树元（1969.9—1972.10）

　　赵印生（1971.2—1972.10）

　　赵宗信（1972.10—1976.10）

科　长：　闫树国（1980.7—1981.2）

　　牛岳华（1982.11—1983.10）

　　翟永生（1984.2—1985.9）

　　付振彪（1986.3—1986.8）

　　马相林（1986.8—1995）

王世国（1996.1—2009.3）
旱田部部长： 贾乃九（2009.3—2012.1）
丁兆龙（2012.1—2012.12）
生产技术部部长：贾乃九（2012.1—2012.12）
丁兆龙（2012.12—）

第二节 种植结构

一、种植比例

按照农场场域的气候特点和农业生产的条件，建场初期主要种植小麦、大豆、玉米三大作物。其比例要求：小麦占总播种面积的50%～60%，大豆占30%～35%，玉米占10%左右比较适宜。

但是从建场至1970年，由于农田水利基本建设滞后，排水沟渠不配套，每年麦播均发生不同程度的涝灾，小麦播种常常完不成计划。小麦占的比例，分别减少到21%～48%；而大豆播种面积相对增加，其比例达到36%～65%。

1984年以前，农场轮作制度的作物构成曾经以小麦为主。1985年以后提出以大豆轮作制度为主，相继增加大豆播种面积。轮作制度基本由过去的麦—杂—豆、麦—麦—豆，而变为麦—杂—豆、麦—豆—豆。到2005年，基本建立和完善了旱作轮作制度，形成麦—经—豆、经—玉—豆三区轮作方法或麦—经—玉—豆四区轮作方法，有效地控制了病虫草害的发生，切实改善了土壤肥力，减少重迎茬对作物品质和产量的影响，确保作物均衡增产增效。种植结构由传统的大豆、小麦、玉米种植为主，调整为水稻、大豆、小麦、大麦、玉米和经济作物并重的种植结构。

1985年，农场总播种面积26699.27公顷。其中，玉米1298.33公顷，占种植面积的4.86%；大豆13123.73公顷，占种植面积的49.15%；小麦11740.67公顷，占种植面积的43.97%。水稻只有一队、五队、九队、十五队、二十三队在别拉洪河北，总计种植100公顷。

1999年以后，农场农业生产结构调整，以种植水稻和麦类作物为重点，压缩大豆种植面积，经济作物种植比例明显增长，主要以中草药、大麦、白瓜子、亚麻为主，占总播种面积的11%。

1984—2005年，农场种植结构调整步伐加快，旱田与水田种植比例，由1984年的702∶1，发展到2005年的1.75∶1。

从2003年开始，麦、豆种植面积逐年减少，水稻、玉米种植面积不断扩大，种植业结构发生实质性变化。一是国家从2004年开始取消了农业税，并陆续实行种子补贴、粮食直补和农机补贴，特别是实行水稻保护价收购政策，极大地调动了家庭农场种植粮食的积极性；二是随着人口不断增长和消费水平不断提高，对水稻食品和饲料玉米需求的刚性增长，水稻、玉米市场畅销、价高；三是10年间，全年≥10℃的有效积温比近30年年均值增加150℃左右，为水稻、玉米这两个喜热作物种植提供了难得的热量条件，大幅度提高了产量、品质和效益；四是农机科技进步，一大批高性能农业机械广泛应用，特别是旱田玉米播种机械、收获机械的技术突破，为玉米面积扩大提供了机械保障。

2004年以后，具有真正精量点播意义的玉米播种机（不需要人工间苗）和能够直接收获的玉米收获机（不需要人工下棒）的问世并使用，实现了玉米生产全程机械化，迎来了玉米快速发展的新时代。

大豆种植面积减少，一个原因是水稻、玉米种植面积扩大，压缩了大豆种植空间；另一重要原因是黑龙江大豆不具国际市场竞争力，在斤成本和出油率上没有优势，难以抵御优质低价的国际市场大豆的冲击。由于大豆种植的利润低于玉米，农户种植意愿不强，大豆种植面积曾跌入谷底。2014年，黑龙江省大豆采取目标价格补贴。近年来，我国出台多项鼓励大豆种植和豆农增收的政策，农户种植大豆的热情又被重新点燃。

小麦种植面积减少的原因，一是水稻、玉米种植面积扩大，压缩了小麦种植空间；二是春小麦在产量、斤成本和品质上与我国的华北、华东冬麦相比不具市场竞争力。

2005年，农场农作物总播种面积29333.33公顷。其中，小麦2000公顷，占种植面积的6.81%；大麦666.67公顷，占种植面积的2.27%；大豆6000公顷，占种植面积的20.45%；水稻15333.33公顷，占种植面积的52.27%；玉米1333.33公顷，占种植面积的4.55%；经济作物4000公顷，占种植面积的13.64%。

2007年，扩稻、压豆、稳麦、发展玉米和经济作物，依据农场地理生态环境，制定了东部水田区、西部旱田区的结构调整布局。

2009年，实施稳稻麦、扩玉米战略。总播种面积8.4万公顷，其中水稻4万公顷、小麦0.2万公顷、玉米2万公顷、大豆2.2万公顷。

2010年，对土地进行功能分区，实施“东水稻”“西玉米”的发展战略。新旱改水稻13333.33公顷，使水稻面积增加到53333.33公顷；西部坡岗地，扩大玉米种植面积。

2011年，按照压豆、发展玉米的思路，实施扩稻玉、降豆经的战略，面向市场调结构。玉米种植面积增加到2.4万公顷，大豆面积减小到6533.33公顷，水稻面积56666.67公顷。2012年，水稻种植面积达66733.33公顷。

2016年，落实总局“稳稻、减玉、增豆、强经作”的农作物调整要求。农作物播种面积85523公顷，其中水稻种植面积61914公顷、玉米种植面积2732公顷、大豆种植面积18704公顷。

2020年，稳定水田面积，旱田合理轮作，全面优化品种结构。种植业结构逐渐调整为以水稻、玉米、大豆三大作物为主，缩减经济作物种植面积。农场种植面积超过万亩的作物仅为水稻、玉米和大豆三大作物。当年，作物种植总面积78595.05公顷，其中，水稻面积56623.53公顷，占种植面积的72.04%；玉米面积5309.26公顷，占种植面积的6.75%；大豆面积16448.87公顷，占种植面积的20.93%；经济作物面积213.38公顷，占种植面积的0.27%。

表3-1　1957—2020年全场粮豆生产情况表

年度	粮豆种植面积（公顷）	单产（公斤/公顷）	总产（万吨）
1957	700.00	298.50	0.02
1958	17380.00	147.00	0.26
1959	29533.33	717.00	2.12
1960	31533.33	289.50	0.91
1961	33933.33	402.00	1.36
1962	20666.67	660.00	1.36
1963	18800.00	546.00	1.03
1964	7133.33	852.00	0.61
1965	7533.33	1500.00	1.13
1966	8266.67	1504.50	1.25
1967	10333.33	1956.00	2.02
1968	11466.67	1959.00	2.25
1969	12466.67	1279.50	1.60
1970	13733.33	1651.50	2.27
1971	17066.67	1255.50	2.16
1972	20733.33	1098.00	2.27
1973	21533.33	697.50	1.50
1974	23533.33	1101.00	2.59
1975	25600.00	1339.50	3.43
1976	26333.33	1141.50	3.00
1977	23800.00	1377.00	3.28
1978	24666.67	1443.00	3.56
1979	26600.00	1324.50	3.52
1980	26600.00	1720.50	4.57
1981	28000.00	205.50	0.58
1982	27666.67	1252.50	3.49

（续）

年度	粮豆种植面积（公顷）	单产（公斤/公顷）	总产（万吨）
1983	28200.00	2526.00	7.12
1984	26113.33	1845.00	4.82
1985	26356.07	1680.00	4.44
1986	24379.13	1722.00	4.20
1987	26314.53	1560.00	4.10
1988	26539.20	1605.00	4.26
1989	27775.87	1680.00	4.66
1990	28068.27	2340.00	6.56
1991	27666.67	1845.00	5.09
1992	20713.00	1845.00	3.80
1993	25566.67	1534.50	3.92
1994	23566.67	2491.65	5.87
1995	26534.00	2996.70	7.95
1996	27066.67	3905.10	10.57
1997	27533.33	4659.00	12.83
1998	31533.33	3690.00	11.63
1999	27000.00	3975.00	10.56
2000	30513.33	4410.00	13.39
2001	31500.00	4680.00	14.75
2002	30666.67	3060.00	9.39
2003	23133.33	3750.00	8.67
2004	23666.67	5280.00	12.50
2005	25333.33	6195.00	15.70
2006	38548.87	6018.08	23.20
2007	44000.00	6925.02	30.47
2008	49356.20	7378.12	36.42
2009	84000.00	6390.00	53.64
2010	84000.00	7320.00	61.46
2011	87200.00	8160.00	71.15
2012	85546.33	8100.00	69.35
2013	85546.33	8415.00	72.00
2014	86441.00	8160.00	70.58
2015	86146.00	8400.00	72.40
2016	84072.00	7575.00	63.71
2017	85566.10	7590.00	64.95
2018	78853.91	8595.00	67.74
2019	78419.02	6750.00	52.92
2020	78388.79	7545.00	59.13

表 3-2　1970—2021 年全场农作物播种面积及产量情况统计表（表一）

年份	耕地面积（公顷）	播种面积（公顷）	水稻			小麦		
			面积（公顷）	单产（公斤/公顷）	总产（吨）	面积（公顷）	单产（公斤/公顷）	总产（吨）
1970	17333.33	14105.07	28.00	2220.0	62	7196.00	1837.5	13223
1971	21333.33	17713.53	66.67	570.0	38	9521.40	1542.0	14682
1972	30476.33	21097.93	66.67	750.0	50	11951.40	1500.0	17964
1973	27930.53	24503.60	—	—	—	14947.80	630.0	9417
1974	25189.27	24394.53	—	—	—	14258.40	1290.0	18083
1975	27915.60	26546.53	—	—	—	15913.60	1110.0	17499
1976	28613.67	27785.20	—	—	—	15585.60	1140.0	17784
1977	26957.20	25964.93	—	—	—	12837.73	1575.0	20216
1978	29342.87	26194.07	—	—	—	13426.33	1245.0	16800
1979	31050.27	28114.13	—	—	—	14348.80	1605.0	23029
1980	31959.93	28131.87	—	—	—	15110.40	2145.0	32432
1981	31432.27	29806.33	—	—	—	16000.00	255.0	4080
1982	31027.60	28508.47	—	—	—	10861.33	765.0	8288
1983	31323.73	30666.67	16.67	1800.0	30	16937.67	2925.0	49422
1984	29101.67	28196.60	40.00	750.0	30	9333.33	2400.0	22309
1985	28125.33	26699.27	100.00	1245.0	125	11740.67	2070.0	24314
1986	27522.00	25706.93	131.33	2017.5	265	11028.00	1513.5	16694
1987	28150.40	27765.20	222.67	660.0	146	11017.07	2025.0	22273
1988	28942.20	26620.20	199.00	2490.0	496	5744.93	1845.0	10589
1989	30015.53	27969.13	276.40	3600.0	994	11809.40	1185.0	14005
1990	30015.53	29655.93	472.87	2925.0	1382	12016.00	2580.0	30921
1991	29982.20	29333.33	733.33	2220.0	1632	13600.00	2070.0	28356
1992	29982.20	21115.00	873.00	3528.0	3080	9333.33	2383.5	22240
1993	29982.20	28833.33	1900.00	1602.0	3045	8000.00	1860.0	14880
1994	29982.20	26967.00	1900.00	4803.0	9125	5000.00	1917.0	9585
1995	29982.20	27886.00	2534.00	6787.5	17200	3666.67	3000.0	11000
1996	29982.20	29466.67	5333.33	6750.0	36000	7666.67	3000.0	23000
1997	29982.20	29266.67	8533.33	7500.0	64000	4466.67	3885.0	17354
1998	32000.00	32000.00	12000.00	6750.0	81000	2666.67	1815.0	4840
1999	32000.00	28667.33	12000.00	6210.0	74520	5333.33	3000.0	16000
2000	32000.00	32000.00	13333.33	7500.0	100000	4000.00	2070.0	8280
2001	32000.00	32000.00	13333.33	7500.0	100000	3333.33	3300.0	11000
2002	32000.00	32000.00	12000.00	3570.0	42840	2666.67	3780.0	10077
2003	31866.67	29333.33	8000.00	7200.0	57600	2666.67	750.0	2000

（续）

年份	耕地面积（公顷）	播种面积（公顷）	水稻			小麦		
			面积（公顷）	单产（公斤/公顷）	总产（吨）	面积（公顷）	单产（公斤/公顷）	总产（吨）
2004	31866.67	29333.33	12666.67	7500.0	95003	1100.00	3795.0	4175
2005	42666.67	29333.33	15333.33	8250.0	126500	2000.00	2550.0	5100
2006	42666.67	42666.67	22666.67	8250.0	187003	565.93	3225.0	1827
2007	46666.67	46666.67	32666.67	8250.0	269503	—	—	—
2008	80000.00	50356.20	33911.00	8700.0	295026	—	—	—
2009	84000.00	84000.00	40000.00	7950.0	318229	2000.00	3900.0	7800
2010	84000.00	84000.00	53333.33	8445.0	450097	—	—	—
2011	87200.00	87200.00	56666.67	8730.0	494874	—	—	—
2012	87200.00	85546.33	66733.33	8190.0	546372	—	—	—
2013	87200.00	85546.33	66733.33	8445.0	563622	—	—	—
2014	87200.00	86441.00	61010.00	8925.0	544519	—	—	—
2015	87200.00	86146.00	59583.00	9000.0	536048	—	—	—
2016	87200.00	85523.00	61914.00	9270.0	574227	—	—	—
2017	86740.00	85682.80	64520.52	9075.0	585522	—	—	—
2018	86740.00	79002.20	59381.77	9225.0	547820	—	—	—
2019	86740.00	78599.04	56853.76	8272.5	470342	—	—	—
2020	86740.00	78595.05	56623.53	9210.0	521621	7.13	975.0	7
2021	86740.00	81066.63	55751.91	9225.0	514311	—	—	—

表 3-3　1970—2021 年全场农作物播种面积及产量情况统计表（表二）

年份	玉米			大麦			大豆			经济作物面积（公顷）	其他作物面积（公顷）
	面积（公顷）	单产（公斤/公顷）	总产（吨）	面积（公顷）	单产（公斤/公顷）	总产（吨）	面积（公顷）	单产（公斤/公顷）	总产（吨）		
1970	367.67	2040	746	—	—	—	5810.13	1470	8552	—	288.73
1971	988.00	1665	1641	—	—	—	6501.07	795	5184	—	481.93
1972	553.40	1005	557	—	—	—	7714.00	510	3965	—	360.80
1973	194.33	960	186	—	—	—	7794.47	720	5612	—	889.60
1974	623.93	1395	876	—	—	—	8372.80	780	6505	—	646.47
1975	632.40	2250	1423	—	—	—	8843.07	1710	15122	—	746.40
1976	1096.8	1995	2162	—	—	—	9090.33	1110	10013	—	196.27
1977	1307.00	1905	2491	—	—	—	9346.67	1080	10117	—	1849.13
1978	1220.47	2025	2689	—	—	—	9761.47	1635	16025	—	1221.47
1979	1047.40	1635	1711	—	—	—	10685.13	915	9736	—	1501.27
1980	1168.40	2715	3172	—	—	—	9946.40	1110	10965	—	1545.00
1981	581.33	240	140	—	—	—	11207.87	135	1430	—	1806.20
1982	321.33	525	170	—	—	—	16682.07	1575	26208	—	547.73
1983	450.33	2220	1001	—	—	—	10571.47	1950	20615	—	2480.80

（续）

年份	玉米			大麦			大豆			经济作物面积（公顷）	其他作物面积（公顷）
	面积（公顷）	单产（公斤/公顷）	总产（吨）	面积（公顷）	单产（公斤/公顷）	总产（吨）	面积（公顷）	单产（公斤/公顷）	总产（吨）		
1984	1066.67	1335	1426	—	—	—	15410.00	1575	24219	—	2083.27
1985	1298.33	1695	2195	—	—	—	13123.73	1335	17549	—	—
1986	1530.33	2181	3338	—	—	—	11662.13	1857	21657	43.47	1311.67
1987	2532.60	1125	2837	26.67	1200	32	12504.40	1260	15700	297.53	1153.13
1988	2322.67	900	2101	—	—	—	18222.73	1605	29252	—	—
1989	1886.33	2610	4931	—	—	—	13737.07	1935	26545	80.67	179.27
1990	1613.33	3105	5000	—	—	—	13966.07	2025	28306	3340.53	1579.33
1991	1333.33	2295	3061	—	—	—	12000.00	1485	17903	40.00	1626.67
1992	1307.00	2468	3224	—	—	—	9200.00	1020	9437	3.67	23.13
1993	1000.00	1455	1455	—	—	—	14666.67	1350	19807	—	—
1994	1333.33	3750	50000	—	—	—	15333.33	2283	35000	2200.33	1200.00
1995	1666.67	7500	12500	—	—	—	18666.67	2079	38800	1352.00	—
1996	2733.33	6038	16500	—	—	—	11333.33	2665	30200	2400.00	—
1997	2666.67	5250	14000	—	—	—	11866.67	2775	32928	1733.33	—
1998	1666.67	5250	8750	—	—	—	15200.00	1425	21660	466.67	—
1999	1000.00	4290	4290	—	—	—	8666.67	1470	12740	1667.33	—
2000	266.67	5250	1400	—	—	—	12400.00	1950	24180	1486.67	—
2001	666.67	7500	5000	1333.33	3375	4500	12833.33	2100	26950	500.00	—
2002	1333.33	4590	6118	2666.67	4125	10997	12000.00	1980	23761	1333.33	—
2003	333.33	6000	1999	2666.67	750	2000	9466.67	2445	23121	5200.00	1000.00
2004	1000.00	6000	6000	660	3840	2534	8240.00	2100	17302	3200.00	666.67
2005	1333.33	7500	10000	666.67	3000	2000	6000.00	2250	13500	3333.33	666.67
2006	1333.33	6750	8998	1800	3750	6750	12182.93	2250	27412	—	4117.80
2007	3333.33	6000	19998	1333.33	1650	2199	6666.67	1950	13001	—	2666.67
2008	4666.67	8400	39200	2000.00	5190	10380	8445.20	2235	18875	333.33	1000.00
2009	20000.00	8010	160200	—	—	—	22000.00	2280	50160	—	—
2010	15333.33	8325	127676	—	—	—	15333.33	2400	36800	—	—
2011	24000.00	8310	199495	—	—	—	6533.33	2625	17149	—	—
2012	18813.00	7815	147148	—	—	—	—	—	—	—	—
2013	18813.00	8310	156333	—	—	—	—	—	—	—	—
2014	13266.00	9750	129340	—	—	—	12165.00	2625	31935	—	—
2015	16888.00	9675	163290	—	—	—	9675.00	2550	24676	—	—
2016	2732.00	8565	23416	—	—	—	18704.00	2025	37958	722.00	1451.00
2017	886.06	9750	8637	—	—	—	19652.99	2760	54236	506.53	116.67
2018	10852.27	9750	105816	—	—	—	8608.98	2760	23771	5.07	148.29
2019	5456.65	7680	41911	—	—	—	16050.21	1050	16851	53.73	161.07

（续）

年份	玉米			大麦			大豆			经济作物面积（公顷）	其他作物面积（公顷）
	面积（公顷）	单产（公斤/公顷）	总产（吨）	面积（公顷）	单产（公斤/公顷）	总产（吨）	面积（公顷）	单产（公斤/公顷）	总产（吨）		
2020	5309.26	8805	46759	—	—	—	16448.86	1390	22865	—	206.25
2021	14225.27	8400	119561	—	—	—	10839.47	1650	17885	72.93	173.20

二、高产增效

农场的农业生产随着调整种植业结构、发展订单种植、扩大经济作物种植面积等措施，农作物的单产、总产和效益逐年增长。

1983 年，农业取得大丰收，小麦公顷产量为 2925 公斤，大豆公顷产量为 1950 公斤，粮豆总产量为 7.12 万吨。当年，农场出现 11 个大豆高产生产队，其中，一队公顷产量为 2872.5 公斤，十队公顷产量为 2500.5 公斤。三队、五队玉米公顷产量均为 3000 公斤。

1993 年 4 月，副业队采用玉米大棚育苗移栽的方法种植玉米 20 公顷。1995 年 5 月，十九队玉米移栽 33.33 公顷；1996 年 5 月，十三队玉米移栽 20 公顷。

1999 年，十九队种植户黄野飚科学种田，小麦每公顷成本仅为 1740 元，公顷产量达 3750 公斤；大豆每公顷成本 1725 元，公顷产量达 2550 公斤。

2002 年，农场与牡丹江亚麻厂、安达冠达亚麻制品有限公司签订合同，种植亚麻 933.33 公顷。当年，种植水飞蓟 1000 公顷、油菜 13.33 公顷。2004 年，种植水飞蓟 3333.33 公顷、亚麻 2000 公顷。

2006 年，种植水飞蓟 1046.67 公顷、白瓜子 2186.67 公顷、亚麻 213.33 公顷、青贮玉米 673.33 公顷。第九作业站胡全种植白瓜子 28.67 公顷，公顷产 1200 公斤，公顷利润达 3000 元。

2007 年，农场第一次出现大豆公顷产 2700 公斤以上、公顷效益 6000～7500 元；玉米公顷产 1.13 万公斤、公顷效益 4500 元；经济作物公顷效益 4500 元的种植户。四区杨太学种植玉米 13.33 公顷，公顷产 1.2 万公斤，公顷效益 7320 元。

2012 年，与鸿茗万寿菊工贸有限公司签订订单，种植万寿菊 366.67 公顷。该公司投资 1200 万元，在八五九建立万寿菊加工厂。

2013 年，玉米单产平均达 9750 公斤/公顷，最高达 1.43 万公斤/公顷；大豆单产达 2625 公斤/公顷，最高达 3780 公斤/公顷。旱田农业生产实现了历史性的突破。

2017 年，发展订单种植 2433.33 公顷，其中高蛋白大豆 1333.33 公顷、经济作物 800

公顷。第七作业站吕春霞的13.33公顷大豆以每公斤高于市场价1角钱在地头出售。第八管理区种植户陈修元种植的666.67公顷水稻与湖北融众集团绿色生态农业公司签订水稻收购合同，商家统一供种、供肥，生产期间有专人监管，秋天统一回收水稻，每公顷多卖6000元。

2018年，农场发挥8000公顷秋起大垄优势，采取科学播种方式，玉米产量最高达1.53万公斤/公顷，实现玉米亩产超吨粮的历史性突破。通过玉米、大豆轮作换茬及科技创新管理模式，大豆产量高达3375公斤/公顷，产量突破历史新高。当年，第十四管理区与大庆奇力农业科技公司合作，引进武汉雪韵香绿色农业发展公司的绿色超级水稻品种，订单种植水稻3333.33公顷，40多位种植户公顷效益提高6000元。第十管理区引进隆鑫集团和倍丰集团订单200公顷，高万君种植33.33公顷订单香稻，比过去多收入5万多元。引导种植户与湖北海稻公司、倍丰恒泰公司、上海紫尊公司等8家企业签订水稻订单18773.33公顷，以高于市场价0.1～1元/公斤定购水稻，实现增收4700余万元；引导旱田种植户与象屿集团、苏州金纪食品有限公司、湖北骏源豆制品公司等7家企业签订订单面积8326.67公顷，以高于市场价0.06～1元/公斤收购产品。订单面积达到旱田面积的91.7%，实现增收700余万元。

2020年，农场与黑龙江春华秋实粮油公司、上海紫尊公司、富锦象屿集团等公司签订订单13106.67公顷，实现增收1569万元。推进以绥粳18、空育131、龙粳40等品种为主的水稻订单种植10306.67公顷；推进高蛋白大豆、红小豆、玉米等旱田订单种植4160公顷。

第三节 耕作与栽培

一、耕作

土壤耕作是减轻病虫危害、防除农田杂草、改善土壤结构、维持土壤肥力、提高农作物产量的重要措施。农场大部分耕地属白浆土地带，因而耕作必须适应白浆土的特点。通过耕作达到疏松耕层，增加活土层，改善耕作层的物理、化学、微生物状况，调节土壤的水、肥、气、热，改善土壤结构，提高供水供肥能力，为作物发芽、扎根、生长创造良好的土壤环境。

建场至1979年都是用苏式五铧犁进行耕翻，每年翻一次，耕深18～20厘米。小麦茬在收完小麦后到9月底要翻完；大豆茬从收完豆到10月末秋翻结束。

1979年以后，采用了大钩子犁，把深松的大钩子直接安装在五铧犁架上，简单易行，效果很好。1983 年，购进 40 台深松犁，在部分生产队推广使用。

从 20 世纪 80 年代中期以后，农场土壤耕作制度基本形成。改连年耕翻为隔年耕翻；改季节耕作为全年耕作；改浅层、同层耕翻为多层、间隔深松；改掠夺式生产为积极培肥地力。形成以深松为基础、少耕为原则、培肥地力为核心，翻地、深松、耙茬、搅麦茬、原垄种相结合，用地养地结合。垄平结合机械化，轮作、耕作、施肥、植保“四制”配套的新的耕作体系。

1984 年，大力推广大豆垄作新技术，面积达 1066.67 公顷，平均公顷产比平播增产 446.25 公斤。垄作解决了深施肥，公顷可达 240～270 公斤；解决了垄体深松，建立黑色水库，即防旱又防涝；通风、透光减少倒伏和落花、落荚；给灭草尤其是蒙头土创造了有利条件。四队大豆垄作 300 公顷，公顷产高达 3075 公斤，比平播公顷增产 975 公斤。管理局结合实际总结八五九农场的大豆丰产经验，广泛推广大豆垄作技术。从此，改变了大豆平播后中耕起垄或平播不起垄的做法。1985 年，农场在全管理局范围内率先推广大豆“三垄栽培”技术，面积达 6666.67 公顷，当年荣获了管理局“大豆栽培技术及配套农机具”一等奖。

1985 年以前，农场均采用平翻耕作法，收获后进行伏、秋翻地，使土壤有效耕层降低，耕层底部出现犁底层，严重影响作物的生长。1985 年以后，逐步开始采用深松耕作法，建立了深松、平翻、耙茬相结合的耕作制度。每三年改变一次耕向，改善了土壤的理化性状，提高了土壤保肥、保水的能力和土壤的渗水能力，保证了作物的高产稳产。

1995—2000 年，随着农机具更新速度的加快和田间作业标准化水平的提高，深松耙茬、浅翻深松的耕作方式得到广泛应用与推广。深松机具也由原来的框架式深松机发展为全方位式深松机、鹅掌式深松机、管道式深松和浅翻式深松机。深松机具打破了犁底层，疏松了土壤，使大豆平均公顷产提高到 1950～2250 公斤，小麦平均公顷产提高到 3375～4125 公斤，经济效益有了很大的提高。2005 年，农场引进 1 台美国凯斯公司生产的深松联合整地机，深松、粗耙、碎土一次性完成。成本低、速度快、效益好，班次作业面积达到 66.67 公顷。

现代农机装备和高水平的农业机械化，大大提高了抗灾能力。大马力机车实行土壤深松、秋整地和秸秆还田等保护性耕作，实现了秋雨春用、春旱秋防，建立了蓄水保墒的“土壤水库”。秋整地（包括秋翻、秋深松、秋耙茬）是增产措施之一。

1998—2005 年，农场耕地实现全面积黑色越冬，水田实行以翻为主的土壤耕作制度，平翻面积达 100%；当年旱改水面积可采取旋耕措施。

2001 年以后，旱田全部取消平翻，耕作实施浅翻深松、无壁犁深松、深松耙地、深松灭耙茬、灭茬深松，原垄卡种及沿山地个别地号除外。垄作作物秋起垄 100%，示范推广保护性耕作。

2006年以来，大豆大垄密、玉米原茬卡种大豆技术和新品种的应用，使大豆单产增幅10%。

2008年，旱田以深松和浅翻深松为主，减少对土壤结构的破坏。耕地实现100%黑色越冬，其中原茬卡种面积2333.33公顷，旱田深松5666.67公顷，浅翻深松6143.2公顷。

2009年，旱田重点推广深松和浅翻深松及玉米茬卡种大豆技术，推广面积3333.33公顷；推广大豆田卡种玉米2000公顷，平均公顷节约成本450元。水田耕作以秋翻与翻后旋地相结合。

2015年，推广玉米起垄夹肥精量播种技术，实现增产15%以上；推广大豆大垄3行精量播种技术，实现增产20%以上。

2016年，旱田推广应用130厘米大垄，逐步淘汰65厘米小垄；推广播后苗前松一犁技术。

2017年，实现秋起大垄8000公顷，实现玉米亩产超吨粮的历史性突破，产量最高达15337.5公斤/公顷。

2019年，推广大豆1.1米大垄垄上3行精量点播，创新开展玉米品字型高产种植技术。

2020年，水田以翻地（20～22厘米）为主，旋耕为辅，积极推广翻后旋，当年旱改水的稻田以旋耕（14～16厘米）为主。旱田实行联合整地，垄作作物全部秋起垄，推广原垄卡种技术。

2020年底，实现旱田60%种植面积秋起大垄，秋起垄夹肥面积666.67公顷。大豆地号全部深松，用深松犁深松两圈，作业深度40厘米以上。

二、作物栽培

在作物栽培方面，农场积极推广水稻“三化两管”栽培模式、玉米“四精两管”栽培模式、大豆“大垄密”栽培模式。实施种子质量标准化、农时标准化、农机状态标准化、田间作业标准化和农产品处理标准化。

（一）小麦

小麦高产期为4月10—25日。1982年以后，提高了播种质量，每亩保苗40万～55万株，基本达到全苗。小麦播期是决定丰产还是减产的关键因素。

1983年，小麦放片技术有了新的突破，推广“鱼鳞铺”（小麦放倒后状似鱼鳞，穗全在上面）。增大了放铺的面积，减少了塌铺。铺面接受阳光多，透风良好，是较为先进的割晒方法。

1983年，是小麦单产和总产超历史的年份。农场种植小麦16940公顷，总产4942.2万公斤，平均公顷产2917.5公斤。出现6个每公顷产量3750公斤以上的生产队，五队平均公顷产达4846.5公斤。

1984—2005年，小麦播种由过去的三联播种机逐步被5.4米的悬挂式通用播种机所代替。1990年以前，农场范围的麦类作物机械播种，基本沿用24行和48行播种机。从1990年开始，引进通用播种机播种，解决了麦类作物播种时进行深施肥的难题，同时也提高了播种质量。

1999年，农场还与省农业科学院联合实施国家首批跨越计划龙94-4083项目，为实施小麦高产栽培技术奠定了基础。省农业科学院土肥研究所的科研人员在农场进行了超微粉体种衣剂和镁肥、硅肥项目试验，促进了农业科技的应用与推广。

2005年3月，全场23台悬挂式通用播种机全部进行了窄行匀播改装，在原来行距15厘米的开沟器之间，又增加了一排开沟器，使原来的单行苗带缩小为7～7.5厘米的双行苗带，使播量在不变的情况下，均匀地分为两行，匀度更加合理。

2005年，实施小麦“一早、一灌、两秋、三高”栽培模式。一早是适时早，两秋是秋整地、秋施肥，三高是高密度、高肥量、高标准。其技术核心是以半矮秆、耐密植、抗倒伏、丰产性强、品质优良的中早熟品种为基础；采用每公顷900万～1000万株的高密度，在土壤养分测定的基础上施肥，纯量达到每公顷210公斤（高出常规用量40%）；通过秋季精细整地、秋深施肥、达播状态越冬、种子精选后秋季包衣（提高病虫防治效果），实现高产、优质、高效。

2006年以后，农场除2006年、2009年和2020年种植小麦外，其他年度没有种植。

（二）大豆

大豆对10℃以上有效积温敏感性较强，又是生育期较长的作物，播期不能过晚，过晚会遇到早霜危害，严重减产或绝产。大豆播种，一般在5月5日至6月10日进行。高产期为5月5—25日。

1958年大豆播种方法，主要用机械条播。1967年中耕技术有了提高，采用50厘米行距播种，直到1984年仍使用这种方法。

1981年，农场遭遇特大涝灾，地里水分饱和。人工割豆，铺子底下的豆子都泡涨，无法拾禾，影响大豆品质。农场开会研究发麻袋绳捆大豆或割草捆等方法。时任六队队长的袁春启在7号地用大豆直接立起人字形垛做实验，当晚有五六级大风都没刮倒，接着动员全队用一天时间把整个地号93.33公顷大豆全部立起来。人字形垛可直接拾禾，还能防雪捂。农场得知后，开现场会全场推广，后来管理局也在六队开了现场会，农场特奖励袁春启200元。

1982年，农场推行人工割、机械拾禾的办法，使大豆收获降低了损失。在全管理局推广了这一经验后，大豆的收割损失明显降低，每公顷比机械收割增收大豆450～1050公斤。

1983年，管理局总结八五九农场的大豆丰产经验，结合建三江地势低洼的特点，提出推广大豆垄作的措施，并同八一农垦大学农学系、农机系联合推行垄体深松、分层深施肥、垄上播种的新技术。从此，开始改变了大豆平播后起垄或平播不起垄的做法。同年，十队队长葛柏林根据本队土壤过于板结，土中寒气放不出来的问题，第一遍中耕采用三杆齿进行，对大豆幼苗生长效果良好。场长李忠山总结十队的经验："脚一踩，暄乎乎；眼一看，潮乎乎；手一摸，热乎乎。"从此，在全场推行三杆齿中耕。

1983年，农场出现11个大豆高产生产队。其中，一队每公顷产量2872.5公斤，十队每公顷产量2500.5公斤。

1986年，开始推广应用大豆三垄栽培技术，即垄体深松、垄上深施肥、垄上双行精量点播。三垄栽培技术能有效地提高抗旱、防涝能力。全场使用三垄栽培技术播种的大豆，占大豆播种面积的95%以上。

2000—2004年，农场开始推广大垄密植栽培技术。在三队的5号地进行试验种植，试验面积13.33公顷。垄距1.35米，垄上播种6行，每2行为一组，组间行距8～10厘米，组与组间距15～20厘米。每公顷产量为2470公斤，比65厘米垄作栽培公顷增产525公斤。此后，在三十七队、二队、十七队等单位开始推广。三十七队从2002年开始示范性推广应用，到2005年，扩大到大豆面积90%以上，每公顷产量由过去的1650公斤，提高到2250～2400公斤，效益显著提高。

2003年，农场引进大垄行间覆膜栽培技术。在二队3号地3区，进行了示范试验，试验面积10公顷，公顷产达2640公斤。到2005年，农场大垄行间覆膜栽培面积扩大到1000公顷。

2005年以后，实施大豆"两密一膜"栽培模式。两密即大垄密和深窄密，一膜即行间覆膜。大豆大垄密栽培主要采用优质品种，大垄宽台密植、垄底深松、垄体分层施肥、垄上精量点播等综合配套技术。大豆深窄密栽培主要采用矮秆品种，推广深松、分层施肥、窄行密植、精量点播等技术。

2020年，在合理轮作基础上，采用大垄密栽培模式，即秋起130厘米大垄，垄高16厘米以上，垄上4行精量点播。以优质良种、测土配方施肥、航化作业、病虫草害综合防治和促控结合等技术集成组装，实现大豆高产、优质、高效。经过三年以上品种试验示范，筛选出适合本区域种植的优良大豆品种东农 253，产量高达 3375 公斤/公顷，产量突破历史新高。

（三）玉米

在农场种植玉米，要严格控制播期，既不能过早，也不能晚。最佳播期在 5 月 10—25 日。早播的并不早出苗，而且容易受到低温冷害，粉籽；晚播则因生育期不足，易遭到早霜危害。适播期为 5 月 8 日到 5 月末。

1970 年，农场玉米每公顷产量为 2032.5 公斤；1975 年为 2250 公斤（三队、五队均为 3000 公斤）。

1984—2005 年，玉米栽培经历了三个栽培改革阶段。

1984—1995 年，为垄作阶段，垄距为 65～70 厘米。

1995—1997 年，分局大面积推广北方寒地玉米钵体育苗移栽技术，采用大棚内钵体育苗，然后进行移栽。因人力耗用多，成本偏高，没有推开。

1998—2005 年，玉米栽培仍以垄作为主。主要栽培技术是以秋起垄为基础，春季垄上分层深施肥、种子精量点播。2004—2005 年，在二队的部分农户中，开始采用玉米大垄覆膜技术的种植试验。此项技术被农户认可并进行了推广。

2005 年以后，实施玉米“一卡一膜”栽培模式。一卡即大豆原垄卡种玉米，一膜即垄上行间覆膜。主要有平播行间覆膜和大垄垄上行间覆膜两种技术模式。覆膜位置是在玉米行间，采用机械播种同时进行覆膜、播种、施肥、镇压等一次作业。

2007 年以来，农场完善配套旱田轮作和耕作措施，实行了大面积玉米机械化播种，采用凯斯 2388 联合收割机冬收玉米，解决了种植户玉米收获难、贮存难问题。同时利用玉米优质茬口，实施玉米茬原茬卡种大豆技术。

玉米产量低、收获水分大的重要原因在于播期晚、秋起垄少，大马力牵引机械少，整地机械适应性差，起垄不高、播种精度低等。2018 年，农场一是制定了优先购置大马力拖拉机、动力耙、高性能整地机和玉米精量播种机扶持政策，大力提高硬件装备水平；二是采取优化筛选增产潜力大、后期脱水快的适宜品种，因地制宜提早播期，全面推广播后苗前松一犁等措施。当年，玉米单产普遍大幅提高，其中千亩方产量达到 1022.5 公斤，实现了玉米单产的历史性突破。由于整地、起垄能力和标准的提高，大豆单产水平也创新高。

2020 年，采取机械化栽培、精量点播、化学除草、测土配方施肥、早深中耕培土、化控防倒、健身防病、促控结合等技术措施，推广玉米起垄夹肥精量播种技术，充分发挥马斯奇奥、满胜、库恩等精密播种机的优势，实现100%精密播种。应用“四精两管”高产高效栽培模式，即精细耕作、精密栽培、精准施肥、精确防控、叶龄管理、标准化管理。

（四）水稻

1987年以前，水稻种植采用的是“漫撒式”的播种方式。1988年，开始采用寒地旱育稀植技术，水稻产量和效益明显提高。在育苗技术方面，1995年以前，全部采用保温型的封闭式小棚，后来逐步推广开闭式小棚。1997年，推广应用木制大中棚，中棚高度1.5米左右，大棚高度2.2米左右，上用竹片或木杆连接。1999年，推广应用竹竿大棚。从2000年开始，全面推广应用钢骨架大棚。

1996年以后，农场全面实施了旱育稀植“三化”栽培技术，采用优质米生产技术、叶龄生育诊断技术、“三化一管”栽培模式，水稻面积快速增长，单产不断提高。

在播种方法上，1998年以前，一直采取人工手撒播种；1999年开始，推广应用手动播种器。

1996年以前，水稻插秧基本是人工插秧。从1997年开始，农场全面推广机械插秧，到2005年，机械插秧已占水稻种植面积的70%以上。当年，建设集中育秧基地，使用蒸气催芽器和小型播种机。

从2003年开始，水稻实现全面积叶龄跟踪管理。

2020年，主推“三化两管”栽培模式，即旱育壮苗智能化、全程生产机械化、稻谷品质安全化、叶龄指标计划管理、标准化管理。水稻播种、插秧、收获已经全部实现了机械化作业。

推广水稻侧深施肥技术。每公顷节约劳动力及肥料成本213元，水稻产量较常规种植每公顷增产450公斤以上，每公顷实现节本增效1338元。水稻侧深施肥技术改变了传统的施肥方式，在水稻机械插秧的同时，采用侧深施肥装置，将肥料按照农艺要求，一次性定位、定量、均匀施在水稻秧苗根系侧3厘米、深5厘米泥土中，可将常规种植模式中的前3次施肥合并为1次，整个生长周期由4次施肥缩减为2次，大大减少了劳动成本，同时可节约20%的肥料用量，实现增产10%～15%。2020年，农场推广水稻侧深施肥技术17866.67公顷。

第四节　施肥与培肥地力

一、施肥

有机肥料主要是人畜粪尿。1964—1968年，各队有专职积肥组，所积肥料仅供菜地和玉米、谷子等小作物施用。1958年冬，曾大搞积造有机肥料运动。1977年，农业学大寨，又要积造有机肥料。38连被管理局誉为“万吨有机肥的先进单位”，该队猪房一女青年，一天就完成150吨的积肥任务。大家在地头、地边把土和草皮推成堆就是肥。这些“肥料”，不但不能当肥使用，反而妨碍机械作业，成为无效劳动。

肥料是作物的粮食。从建场开始至1974年，总局没有分配给农场肥料，所以每年都是“白种”下地。1968—1974年才陆续分配一些过石，数量不多，只有少数小麦地施上化肥。1975年以后，管理局分配的肥料有三种，即过石、磷酸氢二铵和尿素，数量逐年增加。

从1976年开始，小麦、大豆、玉米三大作物施用化肥的面积，逐年增加。尤其改变了“大豆基本不用施肥，尤其不用施氮肥”的说法，并在新开荒的耕地上加施氮肥，加速荒地熟化。

1979年，推广大豆施氮肥、侧深施肥，取得增产16.6%的成效。1980年，农场改装施肥机械，采用侧3厘米、深4厘米施肥方法，效果良好。

1980年，农场实施小麦“破板”追肥。1983年，农艺师李求欣总结了农场历年小麦破板结与施肥同时进行的经验，改为小麦芽期追肥，在全管理局推广后收到明显的增产效果。

1984年，施肥的方法基本上统一为小麦播前整地时施基肥，播种同时施种肥，三叶期压青苗或破板结时追肥，叶面喷肥。大豆为种肥同播一部分，另外大部分为侧深施肥，发展为垄作全层施肥。

农作物施肥，旱田基本上采用机械施肥，在播种作业的同时在种下施肥。20世纪90年代中期以前，大豆采用秋施肥，在秋翻地后起垄的同时施入底肥；水田采用人工撒施和施肥机撒施，苗期追施叶面肥或采用机械和飞机喷施。

1984—1987年，农场小麦的施肥总量为210～240公斤/公顷。肥料品种为三料、尿素、磷酸氢二铵（简称二铵）。

大豆施肥总量为210～240公斤/公顷，其中三料90～105公斤/公顷、尿素45～60公斤/公顷、二铵75～90公斤/公顷。

玉米施肥总量为195公斤/公顷，其中尿素60～75公斤/公顷、三料或二铵120公斤/公顷。

水稻施肥总量为225公斤/亩，其中二铵120公斤/亩、尿素75～105公斤/亩。

叶面追肥，以三十烷醇或三碘苯甲酸加磷酸二氢钾为主。

1988—1994年，小麦施肥采用按比例施肥的方法。其中麦茬种麦N：P为1.3：1；

豆茬种麦 N∶P 为 1.2∶1。施肥总量提高到 270～300 公斤/公顷。

大豆施肥提倡增施磷肥、补施氮肥（叶面追肥），施肥总量提高到 204～270 公斤/公顷。施肥方式为分层施用。

1994—2005 年，施肥结构有了较大的转变，提出了“三肥”接力的立体施肥方式，种肥、底肥、叶面追肥。施肥量有所增加，并增加钾肥。小麦平均施肥 300～375 公斤/公顷，N∶P∶K 为 1.25∶1∶0.5；大豆施肥根据栽培方式的不同，施肥量也有所不同。三垄栽培施肥总量为 240～270 公斤/公顷；大垄密植施肥量为 300～330 公斤/公顷；大垄行间覆膜施肥量 270～330 公斤/公顷。

1995 年，十九队副队长黄野飚自费购买了一套土肥测试仪。他向农户推荐“减磷、增氮、补钾”的施肥配方。实施后，每公顷节约化肥投入 75 元，提高单产 10%以上。

2020 年，水稻施肥以尿素、磷酸二铵、硫酸钾（氯化钾）为主，推广使用有机肥（生物有机肥、微生物菌肥）和镁、锌等中微量元素肥与三大肥配施，加大水稻侧深专用肥的使用面积。

玉米推行测土配方施肥技术，降低化学肥料施用量。示范推广分层施肥技术、化肥＋有机肥施用技术。公顷施肥量为 510～600 公斤、525～675 公斤两种方法。结合病虫害防治进行叶面追肥，喷施磷酸二氢钾、酿造米醋等。

大豆推行测土配方施肥技术，示范推广分层施肥技术、化肥＋有机肥施用技术。玉、豆轮作地号可减少 10%化肥用量。公顷施肥量为 270～315 公斤、300～375 公斤两种方法。叶面追肥为尿素、磷酸二氢钾、酿造米醋、益微增产菌。

2020 年，开展黑土地保护行动，改进施肥方式，减少化肥使用量。推广应用生物有机肥、新型微生物菌剂肥 26666.67 公顷以上，逐步活化土壤，改良土质。推进农业减少化肥、减少农药、减少除草剂的“三减”行动，实施面积 36666.67 公顷。

二、培肥地力

1974 年土壤普查，农场白浆土分布最广，占全场总面积的 58%。而在现有的耕地面积中，白浆土占 95%以上。草甸白浆土（平地白浆土）是农场现有耕地的主要土壤，占全场总耕地面积的 66%。

白浆土属于无结构的黏重土壤，易板结、冷浆，透气、透水性不好。pH 为 5.8～6.5，属微酸性土壤。

其中已垦殖 15～20 年的耕地，由于缺乏合理的养护措施，土壤结构常遭到破坏，土壤养分下降速度较快。经测定土壤中除磷含量稍有所上升外，氮含量逐年减少，有机质含量每年以1%的速度减少，土壤越加贫瘠。

1978年，农场要求康拜因后部带上麦秸抛撒机，麦秸抛撒还田。1983年引进牵引式的麦秸粉碎抛撒机，实现秸秆还田、培肥地力。

1980年，推行培肥地力基金制度，保证了秸秆还田培肥地力耕作制度的推广应用。有效遏制了土壤有机质的连续下降，呈现逐渐回升的趋势。水稻机械化收获进程的快速发展，促进了稻草还田的力度。

土壤改良，旱田主要是以轮作换茬、改革耕作方式和秸秆还田为主要内容。在轮作制度上，农场逐步建立了麦—经（玉）—豆的三区轮作制；应用推广了深松和浅翻深松技术，加深耕层，提高土壤的通透性。水田则主要采取合理耕作、施用有机肥、保持合理耕层，推广平翻作业等措施，起到改良土壤的目的。

秸秆还田比例：1984—1994年，小麦100%，大豆10%～20%；1995—2000年，麦类还田100%，大豆50%以上；2001—2003年，大豆还田60%～70%；2004—2005年，大豆还田60%～80%。

2020年，严格落实秸秆全面禁烧工作，水稻收获机械必须安装抛撒器，实现秸秆100%粉碎还田。秋翻地时施尿素3公斤加速秸秆腐烂速度，补充消耗的氮素。翻地深度20厘米以上，将秸秆扣入地下深度10厘米以上。旱田，实现秸秆100%粉碎还田。

第五节　植物保护

农场植保方针是预防为主，综合防治，原则是选择高效、低毒、环保的作物病虫害防治药剂与有效的除草剂。采用的主要方式有苗前土壤处理，播种前的种子处理，苗期采用机械、航空作业、人工喷施等。同时，选用抗病品种、合理轮作的方式防治病虫害。

一、病虫害

农场作物比较单一，主要病虫害防治工作是围绕小麦、大豆、玉米、水稻四种作物开展的。

小麦病害有赤霉病、根腐病、黑穗病。虫害有黏虫、蚜虫、黄条跳甲。

大豆病害有灰斑病、根腐病、菌核病、灰（紫）斑病、霜霉病。虫害有食心虫、大豆蚜虫、草地螟、双斑萤叶甲。

玉米病虫害有玉米螟、玉米蚜、大（小）斑病。

水稻病害有立枯病、恶苗病、稻瘟病、鞘腐病、细菌性褐斑病、褐变穗、纹枯病。虫害有潜叶蝇、负泥虫、稻螟蛉、稻飞虱。

1960—1992年，小麦受赤霉病的严重危害，病粒10%～30%。这样的麦子加工成面粉后，引起食用者头痛、恶心、呕吐。

1982年6月中旬，农场初次发现草地螟幼虫危害大豆，用药剂进行重点地段防治。

二、灭草

杂草是农业生产的大敌，是农场粮豆减产的原因之一。杂草传播途径广泛，生育期长短不一，其繁殖能力和抗逆性胜过农作物。

1964年以前，是用人工除草。1964—1977年，以机械灭草为主，以人工铲草为辅。1978年，引进了灭草农药，逐渐形成了化、机、人一整套的综合灭草措施。

1982年6月，农场首次采用飞机灭草，效果达95%以上。

1985年以后，化学除草技术基本全面普及，除草剂品种也逐年增多。

大豆菟丝子是一种寄生性检疫杂草，对大豆危害十分严重。1986年普查，农场大部分生产队都有分布。

三、病虫害测报

20世纪80年代以来，农场始终坚持做好作物病虫害预测预报工作。曾经成功测报黏虫、玉米螟、大豆食心虫等虫害灾情。使用的仪器主要有测蛾器、筛网等比较简单的仪器，并沿用以往的预测预报试行办法。

2011年，农场在科技园区设立固定式孢子捕捉仪和虫情测报站，有3台便携式孢子捕捉仪移动式监测。全场设立虫情测报点30个，稻瘟病监测点30个，每5天万亩片技术员上报水稻叶龄进程和病害情况。

2013年，设立稻瘟病诱发圃28处，配备便携式孢子捕捉仪16台，落实测报、镜检、统计人员20人。设立玉米叶龄跟踪点14处、玉米黏虫监测点2处。建立三级测报网络和预警机制。

针对中俄界江沿线15公里内空域限制，以及2017年大面积油改电工程的实施导致固定翼飞机作业受限的问题，农场积极探索飞防作业新模式。2018年，利用无人机飞防优势开展水稻植保统防统治2万公顷，较固定翼飞机作业费用每亩节约3元，共计节约成本90余万元。

2019年，共完成病虫害监测200多次，设立田间诱虫灯20套、诱捕器1000套，发布稻瘟病预警信息26条，对病害进行全方位监控。

2020年，共开展大田调查22次，定点观测26次，编制稻瘟病孢子图谱18张。当年，采用固定翼飞机完成水稻病虫害防治25173.33公顷。与北京农田管家科技有限责任公司合作完成飞防作业6666.67公顷。

推进智慧农业建设，利用5处农业物联网项目开展农业生产数据监测采集，通过30个视频监测设备、16套虫情测报设备以及传感器、仪器仪表等设备对监测点病虫害发生情况、作物生长情况、灾害预测、环境温湿度、日照时数、降雨量等参数进行实时监测和管理，实现大田种植智能监测、及时预警、信息共享、远程控制，全面提高农业生产效率和农产品质量。在水田生产方面，通过应用水稻智能化管控系统，实现示范区内水稻种植过程的智能化管控。大力开展机械代替人工，推广应用棚内机械、轨道车、辅助直行宽窄行插秧、无人驾驶插秧等技术。推广轨道农业应用面积2933.33公顷，充分发挥185台运输车和9万多米轨道优势，提高机械作业效率，实现省工、省时、节本增效目标。农场现有旱田拖拉机导航56套，智能喷药控制系统17套，旱田已经实现全面积导航作业。

第六节　测土配方施肥

2008年，八五九农场成为农业部第四批测土配方施肥项目农场。按照农业部办公厅、财政部办公厅农办农〔2005〕43号文件、全国农业技术推广服务中心《耕地地力评价指南》和黑龙江农垦《2006年测土配方施肥秋季行动方案》要求，于9月开展测土配方施肥工作。在全场范围内开展测土化验工作，有效地掌握了全场范围内的耕地养分情况，利用测土为种植户提供科学的施肥配方，减少不合理化肥施入量，有效提高肥料利用效率，为农业生态可持续发展，实现农业生产节本增效高产提供科学依据。

2008年10月，1550平方米的土壤化验室大楼（气象站）竣工。土壤检测化验室面积900平方米，配备了原子吸收分光光度计、紫外可见分光光度计、火焰光度计、全自动凯氏定氮仪等先进精密分析仪器共16台。常年开展土壤常规五项检测、植物养分测试等中微量元素测试。

2009年3月20日，农场召开耕地地力评价工作会议，成立了由农场场长任组长，主管农业副场长任副组长，生产技术部、科技园区、国土资源所、水务局、企业发展部等有关部门为成员的领导小组。5月，下发八五九农场耕地地力评价工作方案。6月，完成了土壤化验室设备及仪器更新。

2010年9—12月，进行耕地地力评价，建立测土配方施肥推荐咨询系统，制作耕地地力评价图、土壤养分图、作物适宜性评价图等成果图件。12月底，完成耕地地力评价报告、技术报告和专题报告。制作出八五九农场碱解氮等级分布图、速效磷等级分布图、速效钾等级分布图、有机质等级分布图、pH 等级分布图。完成了农场水稻、玉米、大豆适宜性评价报告。

一、田间试验

2008—2020 年，累计完成“3414”田间肥效试验、水稻肥料利用率、水稻微量元素锌肥试验以及校正示范试验 338 项（表 3-4）。2015 年，农场利用 GPS 卫星定位系统对 600 余个地块进行测土施肥，提高肥料利用率 8%以上。利用多年的田间试验结果，建立起该地区最佳施肥模型，同时提高农场施肥利用率。2020 年，农场肥料利用率为氮肥 40.61%、磷肥 42.72%、钾肥 45.48%（表 3-5）。

表 3-4 2008—2020 年田间试验统计表

年份	3414 试验（次）	水稻肥料利用率	水稻微量元素锌肥试验（次）	田间肥效校正示范试验（次）
2008	20	—	—	10
2009	20	—	—	10
2010	20	—	—	10
2011	20	—	—	10
2012	20	—	—	10
2013	20	—	—	10
2014	20	1	—	10
2015	10	1	—	10
2016	10	1	—	10
2017	10	—	1	10
2018	10	—	1	10
2019	10	—	1	10
2020	10	1	1	10

表 3-5 2014—2020 年全场肥料利用率统计表

年份	常规施肥利用率（%）			配方施肥利用率（%）			提高肥料利用率（%）		
	N	P	K	N	P	K	N	P	K
2014	29.04	19.22	46.48	30.15	20.37	47.66	1.11	1.15	1.18
2015	27.32	21.1	47.97	29.04	26.07	49.56	1.72	3.97	1.59
2016	27.29	30.29	48.14	31.72	35.42	53.31	4.43	5.13	5.17
2020	—	—	—	40.61	42.72	45.48	—	—	—

二、技术培训及宣传

根据测土化验的数据，聘请合作专家出具有科学施肥依据的施肥配方并生成施肥建议卡，发放到种植户手中，指导种植户科学施肥。2008—2020 年累计发放施肥建议卡 3.75 万余份，入户指导农户施肥 55 次，开展技术培训 46 次，总计培训种植户及技术人员 8814 人次，发放培训资料 9060 余份，组织现场观摩 34 次，悬挂测土配方宣传条幅 245 条，利用手机、电视等新闻媒体宣传报道 23 次。通过技术培训及测土宣传，测土配方项目得到了较好的落实，在全场范围内全面积实施，每年有 3 万～4 万公顷种植面积利用测土配方施肥技术，实现了公顷节约生产成本 18 元，减少不合理施肥 3.58 万吨（表 3-6）。

表 3-6　2008—2020 年技术培训统计表

年份	发放施肥建议卡（份）	入户指导（次）	技术培训（次）	培训人次（人）	发放培训资料（份）	现场观摩（次）	减少不合理施肥（万吨）
2008	2350	5	3	721	730	2	0.28
2009	3100	4	2	633	650	3	0.36
2010	2100	5	4	564	670	2	0.31
2011	2900	5	5	733	750	4	0.22
2012	3650	3	3	691	700	3	0.25
2013	2720	3	3	594	610	2	0.21
2014	2930	4	5	522	530	2	0.24
2015	3320	5	4	670	680	3	0.33
2016	2100	3	3	820	850	4	0.3
2017	3440	4	3	753	760	2	0.29
2018	3500	6	5	872	880	2	0.24
2019	2610	5	3	647	650	3	0.23
2020	2780	3	3	594	600	2	0.32
合计	37500	55	46	8814	9060	34	3.58

三、取土化验

测土配方取土化验工作按照“三年一轮回”的取样方式，对全场所有耕地进行土壤采样分析化验（表 3-7）。2008—2020 年，共采集土壤样品 1.33 万份，完成常规化验指标 7.15 万项次，中微量元素化验 2.44 万项次，采集植株样品 1.16 万个，完成植株籽粒氮磷钾化验检测 4.98 万项次，出具施肥配方 145 个。从 2008 年建立以来，已配合上级单位完成 3 次耕地质量调查工作，对全场土壤耕地质量做出了有效评价。土壤化验室有 3 人获得“国家三级配方师”资格证书，并在每年的能力考核验证中全部通过测试，达到合格标准。

表 3-7　2008—2020 年全场取土化验数据统计表

年份	取土数量（次）	常规化验项（次）	中微量化验项（次）	植株样品（个）	植株样品检测项（次）	施肥配方（个）
2008	797	3985	—	280	840	10
2009	1205	6025	—	280	840	10

（续）

年份	取土数量（次）	常规化验项（次）	中微量化验项（次）	植株样品（个）	植株样品检测项（次）	施肥配方（个）
2010	1561	7805	—	280	840	10
2011	1112	6672	—	280	840	10
2012	992	5952	—	280	840	10
2013	724	4344	—	280	840	10
2014	1458	7290	—	120	360	10
2015	780	3900	3120	140	420	10
2016	960	5760	—	120	360	10
2017	830	4150	—	100	300	10
2018	887	4435	—	120	360	10
2019	820	4100	—	140	420	10
2020	1180	7080	4720	140	420	10

2020年，围绕耕地保护与质量提升促化肥减施增效项目，在管理区建立寒地黑土监测点20个。在肥效试验方面，设计落实水稻“3414”试验10个、水稻中微量元素试验1个、肥料利用率试验1个、配方校正及示范试验10个。通过试验示范，不断验证并更新主要作物施肥指标体系、优化修订肥料配方。在技术推广上，落实配方施肥面积4万公顷，保障测土配方施肥全面积覆盖。在数据采集方面，利用智能土样采集设备，采集重点耕地监测土壤样品1180份，覆盖全部管理区，检测常规土壤指标项目1.06万项次，为测土配方施肥技术提供可靠数据参考。

2020年，采取土样1200份、发放1950份施肥建议卡、技术资料2000份。对采集土样的土壤pH、有机质、碱解氮、有效磷、速效钾等项目进行分析化验，为耕地搭配均衡合理的“营养套餐”。当年对土壤成分进行调查，共采集土样旱田250个点、水田933个点。经测试分析，旱田地块平均值：pH 5.47左右，有机质含量34.9克/千克，碱解氮188.8毫克/千克，有效磷30.2毫克/千克，速效钾175.3毫克/千克；水田地块平均值：pH 5.43左右，有机质含量37.3克/千克，碱解氮181.2毫克/千克，有效磷34毫克/千克，速效钾193.4毫克/千克。黑土层为20～30厘米。

第七节　农业服务

一、农业技术服务中心

1993年，农场成立农业技术服务中心，是具有服务性质的经营性经济实体，设农业气象站和航空化学作业站，经营项目有农药、化肥、种子等。

1993—1997年，农场对其实行定额上缴管理。1998—2001年，为独立核算体制，实行自负盈亏。2002—2005年，农场对其实行租赁经营，主任朱志宏。办公地点先后为老招待所、物资科、公园别墅等地（另见第三编第一章第九节）。

二、水稻服务中心

水稻服务中心主要负责经营水稻生产的水田物资、机械、农药、化肥的采购和供应。2001年以后，农用生产资料市场开放，经营渠道多元化。

水稻服务中心下设有钻井队和机械维修服务队，负责水田机井的钻探与安装，承担手扶拖拉机、插秧机等水田机械的常年维修。办公地点先后为气象站、老工程连等地。

1993—1996年，农场与牡丹江“牡丰”牌水稻壮秧剂厂联合成立分厂，每年生产“牡丰”牌壮秧剂180吨。除满足农场水稻育秧生产应用外，还销往大兴、青龙山、前锋等农场。

从2002年开始，负责水稻科技园区、水稻小区629公顷的水田租赁、生产管理、技术指导等工作。先后更名为科技研发中心、农业技术推广中心。

领导成员更迭情况如下：

水稻服务中心经理：曲文亨（1992.1任命）
姜东良（1992.12—1993.12）
闫　晗（1993.12—1994.10）
张秀强（1994.12—1998.4）
任守忠（兼，1998.4—1999.2）
尹德江（1999.3—2004.3）
马振松（2004.3—2009.3，兼书记）

主　任：马振松（2009.3—）

党支部书记：张秀强（1994.10任命）
王树民（1996.4—1997.1，副）
王　军（1997.1—1998.1）
刘殿军（1999.12—2002.1）
刘增金（2002.1—2004.3）
穆洪启（2014.4—2015.7）
荆新羽（2015.7—）

三、农业综合服务中心

2022年7月，八五九分公司成立农业综合服务中心，穆洪波任主任。负责飞机场航化作业，化肥、农药、种子的统一采购、管理及配送，种子管理，农机推广及跨区作业，垦地合作托管作业服务等。配备人员10人。10月，林雪梅任农业综合服务中心党支部书记。

四、航空化学作业站

1982年，农场首次使用飞机喷药。1983年，农场成立航空化学作业站。1986年，投资53万元，建设16156平方米的农用机场，修建机场跑道1.2万平方米，停机坪2000平方米。1993年以前，归农业科管理。1993年以后，此项工作交由农业技术服务中心管理。2013年7月，工作归农业技术推广中心管理。

1990年，农场航化作业面积13333.33公顷；2005年为15700公顷；2020年为28407公顷。

2019年，投资100余万元，新建飞机场航站楼，面积490平方米，跑道长度700米。民航局为饶河八五九农场机场签发使用许可证（GA2019NE0099OI），为跑道型A3级通用机场。

五、场县共建

2010年7月5日，在场县共建现场会上，八五九农场与饶河县确立了长期合作机制，在文化领域、经济领域、法律维权领域达成多项合作意向。2014年7月29日，饶河县与八五九农场共同在世纪园广场举行“场县共建”文艺演出。2015年6月26日，饶河县政协文化交流访问团来到八五九，就书法、绘画、摄影等进行交流。

2011年，农场选派3人与富锦市兴隆岗镇党委对接，分别为驻兴隆岗镇挂职副镇长、水田种植技术员、旱田种植技术员。由双方共同出资85万元，建设水、旱田示范区各2处，涉及14个行政村，3个小区，1个企业，农户2710户，核心区面积60公顷。共建地点为宏伟村、幸福村、东悦村。

同年，派往绥化市共建2人，为北林区挂职区主任助理、庆安县挂职农委副主任。建设2个水田、旱田示范区，建设总面积146666.67公顷，占耕地总面积的82.7%。核心示范区总面积66666.67公顷，其中水稻46666.67公顷、玉米2万公顷。公顷产分别达到了1.13万公斤和1.28万公斤，辐射带动面积8万公顷。

2012年，根据管理局共建办“通知”精神，与富锦市兴隆岗镇开展共建工作。共建“三代”作业面积21971.34公顷3224户。其中水田代整地面积3333.34公顷，代插秧面积3333.34公顷，代收面积6666.67公顷；旱田代耕面积1333.34公顷，代种面积2000公顷，代收面积6666.67公顷。

共建示范田5处（旱田3处共653.34公顷，水田2处共66.67公顷），2处育秧水稻基地。与饶河县共建成立农机合作社2处，为饶河县马奥玉米专业合作社、饶河县凯迪玉米专业合作社。投资2100万元，购置大型机械14台（套），实现资源共享。当年，农场在地方选择了2个玉米品种在农场进行了试验，绿单2号获得了成功，公顷产达到1.13万公斤。

2013年，农场共建办与富锦市兴隆岗镇党委对接，完成“三代”作业面积23333.34公顷。其中，水田代整地面积3333.34公顷，代插秧面积3333.34公顷，代收面积6666.67公顷；旱田代耕面积1333.34公顷，代种面积2000公顷，代收面积6666.67公顷。

共同规划建设了10公里的现代农业科技示范带，公路两侧1000米范围内实现规模化经营。推广良种、测土配方施肥、气象服务均达1万公顷。

2022年6月16日，北大荒农垦集团党委书记、董事长率队赴无锡市、苏州市、南京市等地考察调研，并来到八五九土地托管现场调研。同年，八五九派驻工作组赴无锡市惠山区玉祁街道开展农田托管工作（托管40公顷土地）。9月28日，与惠山区玉祁续鉴了为期6年的333.33公顷土地托管合同。10月28日，举办了现代农业产业融合发展启动大会。

2022年，农场有限公司与抚远市开展垦地合作，与海青镇下辖的海源村、四合村、永安村开展农业社会化服务，单环节托管耕地15246.67公顷，为其提供专业技术指导10余次。强化科技支撑，安装12套收割机作业监控终端，实现了对收割机作业时间、作业面积、作业轨迹的全方位、多功能、一体化远程监控管理。

六、家属大队

1969年秋，根据兵团指示精神，将家属（非职工）组织起来，从事集体生产。团部地区组成一个家属连，连长李德凤，政治指导员乔淑琴，并设立党支部，全连200余人。各连队均组织家属排，全团共成立家属排23个。随着生产规模的扩大，到1976年，家属排发展到48个。1977年以后，家属排减为37个。1984年，最后一批“临改临”后，基层单位的集体经济自行解散。

家属连和家属排均为集体经营单位，按在册人数，每人由农场拨给 0.33 公顷耕地，主要种植大豆、玉米、葵花和各类蔬菜。平均每人每年收入 200～400 元。场部家属连还从事制瓦、制作水泥涵管等生产，弥补农业收入的不足。

1977 年，场部家属连改为家属大队，农场委派大队长、指导员、会计，成为一个独立经营、单独核算的集体生产队，归直属党委领导。拥有农机具 20 多台件，经营农、牧、副等 10 余种生产项目。1983 年曾改为集体队，2000 年改为三十六队，2001 年 2 月并入科研站。

领导成员更迭情况如下：

家属大队队长：金长福（1983.1 离任）
付永宽（1983.1 任命）
郑永茂（1988.3—1995.1）
吴忠仁（1995.1—2001.2）

书　记：郑永茂（1984.4 任命）
闫　朋（1986.3—1992.1）
刘忠文（1992.1—1997.6）
吴忠仁（兼，1997.6 任命）
赵佩典（2000—2001.2）

七、副业队

副业队于 1983 年 1 月成立，单位 2/3 是女职工，有些是临改固的复职人员。以种植木耳搞副业为主，另有一些耕地。单位地点在阿布胶水库南侧。

20 世纪 80 年代，农场重点发展山葡萄项目，筹建葡萄基地，建果酒厂，生产山葡萄酒、嘟柿酒。项目由多种经营办公室牵头，副业队具体实施。先后派 4 人去中国农业科学院吉林左家特产研究所学习 1 年，派专人去八五三农场学习山葡萄栽培技术。还搭建了塑料大棚栽植草莓和葡萄苗越冬暖窖。1984 年，外进葡萄苗 700 株。1985 年，投资 6 万元建设葡萄生产基地，种植 0.67 公顷家葡萄、2.67 公顷山葡萄。1986 年，发展山葡萄种植 12.27 公顷，育苗成活率 39%。1987 年，山葡萄种植面积达 27.8 公顷。计划山葡萄种植面积 1990 年要达到 133.34 公顷，总产量 50 万公斤；2000 年，山葡萄种植面积达到 800 公顷，总产量 610 万公斤。后来，因鲜果销售不好，葡萄汁储了两大罐没有加工生产，项目下马。

1993 年，副业队开荒 93.34 公顷，到 1996 年拥有耕地 283.34 公顷。1994 年，自筹资金20余万元，配套了农机具。大豆公顷产超2250公斤，小麦公顷产3750公斤。

1994年盈利30万元；1995年盈利41万元，公顷盈利1200元，职工人均收入1.5万元。

1996年12月23日，副业队撤销，人员和资产并入六队。刘增金任队长。

领导成员更迭情况如下：

副业队队长：洪渭昌（1983.1—1984.1，兼书记）

金长福（1984.1—1986.11）

刘增金（1986.11—1996.12）

书　记：闫　朋（1992.1—1996.1）

黄克义（1996.1—1996.12）

第八节　水稻生产

一、机构沿革

1987年以前，农场水稻生产由科技科负责，科长袁庆年。1988年水稻生产由多种经营办负责。1990年4月15日，农场成立水稻办、项目办。1992年1月2日，农场成立水稻服务中心，主任曲文亭，副主任赵国林、闫晗，对外属行政机构，对内为服务型经济实体，办公地点在农场气象站。1993年，水稻服务中心与项目办、水稻办合并，机构名称为项目开发公司，由井河泉、胡全主管水稻生产。1994年10月，水稻办从项目开发公司中分出。1995—1998年7月，水稻服务中心与水稻办合署为水稻开发公司。1998年8月以后，单设水稻服务中心、水稻办。2002年7月，成立北大荒农业股份八五九分公司，水稻办改为水田部。

领导成员更迭情况如下：

水稻办主任（经理）：曲文庭（1988—1992）

姜东良（1992.12—1993.12）

闫　晗（1993.12—1994.10）

张秀强（1994.12—1998.4）

1998年8月，设置水稻管理办公室，为机关科室。

主　任：于英杰（1998.7—2008.12）

水田部部长：韩东来（2009.3—2013.5）

隋玉刚（2014.3—）

二、水稻发展历程

农场区域气候寒冷，无霜期短，昼夜温差大，日照时间长，是寒地单季粳稻产区。经过多年的探索和尝试，农场积极实施种植业调整战略，大力推行以稻治涝、以稻治旱、以稻致富的经营方略，水稻生产实现超常规、跨越式发展。

（一）1970—1988 年发展初期

该时期水稻栽培开发速度缓慢，面积小，产量低，受自然条件限制大，栽培方式以直播为主。

1970 年，农场种植水稻 28 公顷。1971 年，一队引别拉洪河水灌 16.67 公顷水田，因草荒、风害、稻瘟病等原因仅种植两年。1971—1972 年农场共种植水稻 66.67 公顷。1983 年，农场种植水稻 16.67 公顷。1984 年，九队种植 20 公顷，二十三队种植 20 公顷。1985 年，一队、五队、九队、十五队、二十三队（在别拉洪河北）共种植水稻 100 公顷。

1987 年，农场从方正、延寿等县引进水稻种植户，分别在一队、五队、九队、十五队、二十三队等生产队进行水稻种植。当年，农场种植水稻 222.67 公顷，由于选用的品种成熟期偏晚，采用的是“漫撒式”的播种方式，加之后期受早霜危害，水稻成熟不好，公顷产量仅为 660 公斤。

（二）1989—1995 年发展时期

该阶段水稻栽培面积大幅度增加，旱育稀植栽培技术逐渐被种植户认识和掌握，种植积极性普遍提高，技术队伍逐渐壮大，种植水平明显增强。

1988 年以后，水田开发正式列入国家三江平原农业综合开发项目的低产田改造项目，为水田开发的资金筹措开拓了渠道。建三江下发《关于发展畜牧业和水稻生产实行奖罚的有关规定》（建局〔1994〕31 号），大大调动了农户种植水稻的积极性。农场按照“地势平坦、水资源有保障、技术到位和配套措施同步”的原则和条件，发展水稻种植。

1995 年，农场水田面积由 1988 年的 200 公顷增长到 2533.33 公顷，是 1988 年的 12.6 倍。每公顷产量由 1988 年的 2490 公斤提高到 6787.5 公斤，是 1988 年的 2.72 倍。水稻已在粮豆作物中占有重要的地位。由于水田效益的提高，1 亩水田等于 2 亩旱田的产量，相当于 3 亩旱田的效益，开发水田已成为农场低产田改造、以稻治涝、以稻致富不可代替、不可缺少的战略措施。

1992 年，农场为水田面积 33.33 公顷以上的生产队配备专职水稻副队长。

到 1992 年，经过 7 年的努力，废除了直播栽培，旱育稀植栽培技术得到基本普及，使水稻单产和效益呈现大幅度增长。11 月，管理局农业处组织编印了《水稻旱育稀植高产栽培技术规范》。1993年，栽培技术水平得到新的提高，旱育稀植栽培技术体系进入了旱育秧田标准化、旱育壮苗模式化和本田管理叶龄指标计划化的“三化栽培”模式。1995年1月，总局制定《水稻旱育稀植“三化”栽培技术规程》，配套使用钢骨架大棚、微喷、机械插秧、侧深施肥、钵苗摆栽、酵素有机肥等技术。

水稻旱育壮秧技术是指以高台坐床、钢骨架标准大棚为基础，以适当播种量及种子分布均匀为保证，以通风调温、“三看”控水为调控手段的水稻培育壮秧技术。主要措施，一是大力推广钢骨架标准大棚集中育秧；二是机械取代人工苗床播种，播种量得以有效控制，播种匀度大幅提高；三是改善通风方式，变两头棚头通风为两侧肩部通风。

农场推广应用10项栽培技术，水稻“三化一管”栽培模式、节水灌溉技术、水稻叶龄诊断技术、水稻培育壮秧技术、水稻机械分段收获技术、病虫害综合防治技术、测土配方施肥技术、航化作业技术、保护性耕作技术、行间覆膜技术。

二十三队水稻专业户康振玉曾经当过出纳、教师，1989年她辞掉铁饭碗与丈夫张命秋一起种水稻，1992年公顷产达1.14万公斤。到1994年，上交水稻28万公斤，创产值18万元，纯收入8万元。1995年，种植水稻5.5公顷。1992年被评为总局特等劳动模范，1993年被评为管理局十大文明标兵。

（三） 1996—1999年大发展时期

该时期全面推行了旱育稀植栽培技术，推行“水稻盘育机插栽培技术规范”，水稻生产技术队伍及经营网络基本组成，技术指导服务到每个农户，物资和设备有了进一步的保障。

1996年，农场水稻面积发展到5333.33公顷；1997年，发展到8533.33公顷；1999年发展到1.2万公顷，占全场总种植面积的37.5%。

1998年，农场出台发展水稻优惠政策，有58户外地水稻户来场种植水稻，面积2425.6公顷，新打井55眼。1998年，浙江余杭的曹建明来十三队种植水稻，2001年发展到66.67公顷。

1999年，水稻种植以全场48.1%的种植面积，生产出全场69.1%的粮豆，创造出75.9%的农业收入。

（四） 2000年以后高速发展时期

实施“三化一管”栽培技术体系，应用叶龄诊断技术，实行田间水稻长势的肥、水、植保的诊断、预测、调控；提升了优质水稻的生产水平。公顷产由1996年的6750公斤，提高到2005年的8250公斤，最高公顷产达到1.05万公斤。

2002年，垦区发生了70年一遇的延迟型和障碍型冷害，水稻结实率大幅下降，出现大面积空壳。不仅产量低，商品粮等级也下降，几乎没有一等粮，二等很少，多为三等、四等粮。多数家庭农场亏损，水稻生产遭到严重打击。2003 年，由于积温正常，市场价格合理，水稻种植获得较好产量和效益。2004 年，国家取消农业税，对水稻实行种子补贴并实行保护价收购政策，调动了家庭农场种植水稻的积极性。在此后的三年间，水稻种植面积递增。2006 年，水稻生产又是一个丰收年，市场价格较高，效益增加。2007 年，水稻生产出现快速增长的好势头。

2003 年以后，推广应用叶龄模式管理技术，以主茎叶龄作为指标掌握水稻的生育进程和长势长相，进行田间的水肥管理，确保安全抽穗、安全成熟。2011 年，共落实叶龄跟踪点 170 处，每 5 天万亩片技术员上报水稻叶龄进程，根据叶龄进展确定施肥、防病、灌水等技术措施。

2000 年，农场水稻面积达到 13333.33 公顷；2005 年，水稻面积达到 15333.33 公顷，占总种植面积的 35.94%；2012 年，水稻种植面积达 66733.33 公顷。2020 年，水稻面积达 56623.53 公顷，占总种植面积的 72.04%。

2005 年 4 月 20 日，乌苏里江灌区主体工程竣工，当年实现灌溉面积 1000 公顷，为农场发展绿色有机水稻创造了得天独厚的自然条件。2020 年灌溉面积 1.4 万公顷。2006 年，二十一作业站李长山用江水种植水稻 23.33 公顷，公顷产达 9900 公斤，公顷利润 6000 元。

2013 年 9 月，农场投资 3000 万元建设工厂化智能浸种催芽基地 4 个。每个大棚 2000 平方米，每箱可浸种 15 吨，单次催芽量 250 吨，可满足 26666.67 公顷水田秧苗需求。2014 年投入使用。

2014 年，农场与八一农垦大学水稻科研组联合开展水田旱起垄双侧双深分类施肥机的研制和水稻旱平垄作双侧双深高效栽培新模式试验示范。水田旱起垄双侧双深分类施肥机于 2016 年 1 月获得实用新型专利。2016 年，该技术模式被列入总局种植业典型示范项目，在建三江管理局示范 133.33 公顷，在八五九示范 20 公顷，公顷增产 375 公斤。

2018 年，水稻高效栽培新模式列入全国农技补助推广项目，包括“旱平垄作双侧双深”和宽窄行，在垦区 4 个农场试验，从实收实测看，旱平垄作比常规的搅浆平地增产 6.44%。2019 年推广 266.67 公顷，公顷节约成本 945 元，公顷增产 450～600 公斤。

2018 年，水稻产量最高达 1.02 万公斤/公顷，实现水稻产量新突破，增收 3412 万元。

2019 年，实施鳅稻、蟹稻生态种养共计 133.33 公顷。

农场从 2014 年开始实施侧深施肥试验项目。2015 年，推广侧深施肥 933.33 公顷，引进35台高性能侧深施肥插秧机。2020年，农场推广水稻侧深施肥技术，施肥面积17866.67公顷，占水稻种植面积的61%，侧深施肥插秧机达1034台，实现增效2500万元。

2020年，推广叠盘暗室出苗技术，出苗提前了7～9天，抢回积温150℃，使种植户种上了12片叶的优质水稻品种绥粳18。第六管理区曲红采用该技术，每公顷多打750公斤，公顷产9750公斤。农场地处第四积温带下限、第五积温带上限，积温在2300℃左右，多年来都是主栽11片叶水稻品种，公顷产在8250公斤左右。

2022年，全场共有育秧大棚1.45万个，其中，集中育秧大棚基地有10766个。有工厂化智能浸种催芽基地9个，实现统供种子100%浸种催芽。

三、水稻科技园区

1996年，农场针对当时水稻生产技术到位率低、新技术推广难，公顷产只在6750公斤徘徊的实际问题，决定在1997年建立一个集品种试验、良种繁育、高产示范为一体的水稻科技园区。科技园区设在农场十队10号地，该地号前三年平均公顷产大豆870公斤，地块长度1800米，高低差7米，是十队产量最低的地块。农场委派相关技术人员前往佳木斯向徐一戎、安炳政、李季禾、周耀群等垦区知名水稻专家请教，利用当时最新技术，建设垦区一流水稻样板田。以农场机关人员集资入股的形式构成资金来源，每股现金3000元，计300余股，总计形成100万元的投资规模。科技园区占地100公顷，种植水稻80公顷。做到10个100%，即大棚育苗、钵育摆栽、三膜覆盖、宽窄行、“三带”下地、井水增湿、叶龄跟踪、浅温灌溉、优良品种、航化追肥。当时，科技园区的建设在黑龙江垦区属于首创。1997年5月29日，垦区水稻专家徐一戎到科技园区参观并题词“水稻高新技术园区”“靠高新科技创垦区一流”。当年6—8月，垦区各农场领导、技术人员和种植户1500多人次到科技园区参观学习。

从2003年开始，农场在主干公路两侧，建立了农业科技示范带。开展了品种区域试验、品种筛选、高产攻关、农药、化肥、种衣剂、微肥、激素等试验示范与推广工作，由农业科和水稻办负责对科技示范带内的示范户进行技术培训和生产指导。

2004年，农场还投资10余万元，在七队1号地牛占友稻田建设了集高效农业、试验示范、科普培训、信息交流及休闲观光为一体的水稻科普教育基地。面积46.67公顷，年试验课题30个（分局、总局级课题10个）。每年参加现场观摩学习的人数达3000余人次，成为科技示范的展示窗口。2005年被列入总局级农业科技示范园。

2009年，农场依托土地整理项目，在第十作业站建立科技园区。有旱田试验、示范区 4.67 公顷，水田试验、示范区 2.67 公顷。

2020 年，加强 238.5 公里科技示范带建设，建设农业示范区 15 个，每个管理区打造科技示范户 2 户，打造 4 条高标准科技示范线，科学布局重点试验示范及推广项目，全面提升农业生产整体标准水平（另见第三编第一章第十一节）。

第九节 种　　子

种子是种植业生产的基础，选用良种是农业生产的传统经验。八五九农场在现代农业生产实践中，选择出许多优良农作物品种，形成具有垦区特色的新品种试验和良种繁育与推广模式。

一、机构沿革

1986—1987 年，农场种子工作隶属农业科管理，由桂珍万负责。

1988—1990 年，农场成立种子公司，经理付振彪。

1993 年，种子公司并入农业科，种子管理工作由桂珍万负责。

1995 年，农场机构改革，成立农业服务中心，种子管理隶属农业服务中心，主任分别为马相林、杨忠军。

2001—2002 年，农场成立种子管理科，科长由农业科科长王世国兼任。2003 年以后，种子管理科与水稻办合署办公，由水稻办主任于英杰兼任。

2004 年，成立种子公司，位于原物资科院内。

2008 年，有工人 17 人，其中管理人员 4 人。有水泥晒场 2100 平方米，种子库房 705 平方米，种子检验设备 1 套，自动化气象站 1 个。

公司经营范围包括种子的检验、收贮及销售、气象服务、航化作业、科技园区、土肥站以及生产资料销售。

2004 年，建三江分局对于现有的种子资源进行整合，成立了黑龙江北大荒集团建三江种业有限责任公司，下属 16 个单位，八五九种子公司改为黑龙江北大荒集团建三江种业有限责任公司八五九分公司。2009 年 3 月，种子公司与农业技术服务中心合署。2012 年根据农垦总局的要求，打造一流种子行业，整合整个农垦种子资源，于 2012 年 1 月 1 日成立黑龙江垦丰种业有限公司，八五九分公司更名为黑龙江垦丰种业有限公司八五九农场分公司。2013 年 7 月，农业技术服务中心的一些业务合并到科技研发中心。2014 年，又更名为北大荒垦丰种业股份有限公司八五九农场分公司。

领导成员更迭情况如下：

农业中心主任：马相林（1995—1996）

杨忠军（1997.1—2000.7）

农业中心（种子公司）经理：朱志宏（2001.3—2019.7）

范　潇（2019.8—2022.10）

杨福勃（2022.10—）

书　记：张奎义（1994.4—1997.1）

石智生（1997.1—1999.3）

朱志宏（1999.3—2001.3）

秦民东（2001.6—2004.3）

朱志宏（兼，2004.3—2011.4）

孙建国（2011.5—2020.1）

范　潇（兼，2020.1—2022.10）

二、优良品种

1984年以前，先后采用23个小麦品种、14个大豆品种和8个玉米品种。这些种子除了1975年从外地大量调进的以外，都是通过农场科研站试验、鉴定以后，认为适合农场自然条件，高产、质佳的，一个个引进，一个个高繁推广的。

20世纪80年代，品种的更新换代速度是5～10年一次，到20世纪90年代就缩短到5～6年一次，品种的高产性、品质、抗病、抗逆性不断提高。从2000年起，在品种使用方面坚持调早、调优、调专、调高、调特的原则。

在引种过程中，坚持先试后繁、边引边繁、稀植高繁、少引快繁，杜绝盲目乱引乱繁，加快了品种更新换代速度，准确掌握后备品种、品系的动向，缩短了新品种推广应用周期。

（一）小麦

1958年，调进的小麦品种有甘肃69号、农林29号、秃不齐和松花江2号，共计1200吨左右，都是从克山农场、克山粮库和笔架山农场调进的。这些种子是商品粮，混杂严重，抗逆性差，产量不高。1965年，引进松花江7号，属中熟品种，在该地区适应性强，品质良好，产量稳定逐渐推广扩大。1974年，该品种占小麦总面积的90%以上，是农场栽培时间最长，品质最好（面筋多，好吃），威信最高，贡献最大的主栽品种。可是由于长期的栽培，没有提纯复壮，产量虽稳但不高，1980年被中熟丰产性能高的克丰1

号和钢-108 所取代。

小麦品种的搭配，要求早熟品种占 20%～30%。但早熟品种垦-149，公顷产只有 405 公斤；中熟品种松花江 7 号和 E6358，公顷产 2250 公斤。因垦-149 比中熟品种公顷减产 1845 公斤，所以，从 1980 年以后，早熟品种压缩到 3%，把中、晚熟品种分别扩大到 67%和 30%。

小麦主栽品种：20 世纪 80 年代，为克丰 4、龙麦 13、辽春 4 号、克丰 3 号、克旱 6 号、东农 120，种植年限都超过了 10 年；20 世纪 90 年代以后，推广使用的品种是克丰 6 号、垦红 6 号、垦红 10 号、垦红 14 号、龙麦 22 号，种植年限在 4～6 年；2003 年以后，主要推广种植龙麦 26 号、新克旱 9 号等。2007 年，推广大麦种子垦啤 2 号、垦啤 7 号。

（二）大豆

1957 年，由八五〇农场和八五二农场调进满仓金品种。品种晚熟，生育期 130 天以上，风险性大，稍遇低温早霜，就有上不来的危险，产量不高不稳，混杂退化严重。1966 年引进了产量高、品质好的合交 6 号和合交 8 号，取代了满仓金，种植面积占大豆种植面积的 80%，成为主要栽培品种。由于品种单一，于 1972 年引进了耐瘠薄、产量稳定的 54-554 早熟品种作为搭配品种。1979 年又引进合交 13 号（早熟）和合丰 22 号（中晚熟）代替了以上品种。但是，合交 13 号秆软，合丰 22 号熟期偏晚，退化严重，后被黑河 3 号（早熟）和中早熟哈系 70-5179 所取代。

大豆主栽品种：20 世纪 80 年代，是黑河 7 号、合丰 29 号、九丰 1 号等，种植年限都超过 10 年；20 世纪 90 年代推广的品种有绥农 11 号、绥农 14 号、垦农 8 号、垦农 9 号，北丰 9 号等，种植年限 5～6 年；2000 年以后，大豆主栽品种有绥农 11 号、绥农 14 号、绥农 15 号、绥农 17 号、合丰 35、合丰 40，垦农 18 号以及大批垦鉴豆系列品种，种植年限 3～5 年。2010 年，大豆主推品种为垦丰 16、黑河 38、绥农 11 号、绥农 14 号、绥农 15 号。2020 年，重点推广东升、黑河系列、合农 95、垦农 30 等市场销售好的高蛋白品种，种植面积达 86.5%。

（三）玉米

1957 年，农场开始种植玉米，种子的来源是从当地高级社民主、二龙、四平、和平和胜利村调来的，约有 6 吨，都是农家老品种小粒黄、白头霜。由于品种混杂，产量不高。1962 年，调入大马牙品种，后因熟期偏晚而淘汰。1970 年，引进大穗黄，遇低温、早霜成熟不好。1980 年，由科研站技术员李求欣用红 33×北 711 制成单交种。该品种最大的优点为成熟期早（9 月中旬成熟），结棒整齐，丰产性能高。但由于 1980 年自交系不纯，所制种子产量不高。种子还是农家品种和从西德引进的木梃品种。

玉米主栽品种：20世纪80年代有孚尔拉、木梃，20世纪90年代有垦早1号、合玉15号、龙单5号等，2000年之后以龙单王、绥307、东农248、合玉14号为主。2010年，玉米主推品种为哲单37号、克单8号、绥玉7号。2019年，推广种植哈育189和利合228两个玉米品种3333.33公顷。2020年，重点推广玉米德美亚1号、利合228、利合328等优质品种，种植面积达92.4%。

（四）水稻

20世纪80年代主要使用品种是合江19号，种植年限超过10年；20世纪90年代推广的品种有绥粳3号、龙粳3号、东农416、垦稻6号，种植年限5～7年；2000年以后，出现优质粳稻米需求强劲势头，尤其优质、耐冷、早熟品种需求迅速扩大，空育131上升为主栽品种。2005年，空育131栽培面积达到水稻种植面积的70%以上。2010年，主推垦鉴稻6号、垦稻21号、龙粳21号、龙粳26号等，其中空育131、三江1号种植面积达到95%以上。

2020年，推广种植龙粳31、空育131、龙粳39、龙粳46、绥粳18、三江6号、垦稻32、绥粳27、龙粳57等10余个品种。

（五）试验机构

1958年，在东安气象站成立八五九农场试验站，有农业技术员2名，张恨昔和臧春庆都是苏北农学院毕业生。有试验地数十亩，主要是摸清现有小麦、大豆品种在农场的适应性和对栽培、密度、播种的试验。场社合并后，1959年试验站随农场迁移饶河。1964年由饶河迁回三队，名称为科研站。1965年又迁至二龙，名称为良种场，梁明泉任场长，技术员有胡启文、付书田、李兴国，良种场有333.33公顷耕地。1967年又迁回三队，成立试验站。1971年改名科研站，技术员有王汉清、齐玉芹。1976年增加李兴国。1978年调回李求欣。除农场科研站外，各分场都设有种子队。

1980年，农场因地制宜建造40个经济又有实效的“土圆仓”，可贮种子或粮食3500吨。

三、良种繁育

1990年，贯彻执行国家《种子管理条例》，实施《种子生产许可证》制度。在繁育过程中始终坚持小麦以强筋、丰产、抗病品种为主，大豆以高产、优质、早熟、耐涝旱、抗病品种为主，水稻以早熟、丰产、抗病、优质、抗寒耐冷品种为主。

1995年，农业部提出品种布局区域化、种子生产专业化、种子加工机械化、种子质量标准化的“四化一供”方针，以农场为单位实行统一供种，逐步改变了过去的户户种田，家家留种的“四自一辅”供种方式。

农场的良种繁育工作经历了2004年建三江分局整合、2012年农垦总局整合，使种子繁育工作走向正规化。从2000年起，农场逐步建立规范的三级良种繁育体系，分局科研所负责提供水稻原原种，农场繁育生产用种。对种子户采取承包责任制，按照公司＋基地的形式与农户签订育种协议，规范了种子生产的程序标准。

每年3月份做好种子田的选择落实。选择交通方便，距种子加工厂较近，地势平坦、土壤肥沃、排水条件良好，上一年病虫草害轻的耕地作种子田。同时，规范种子繁育生产档案、严格田间检验制度，在种、管、收各环节跟踪到位，记录真实全面，严格良繁生产技术管理。

旱作种子田做到6个100％，即合理轮作、喷灌、秋整地（秋施肥、秋起垄）、不重茬、不越区、大豆玉米种子田覆膜100％。

稻作种子田做到8个100％，即盐水选种、大棚育苗、三膜浸种、机械播种、井水增温、秸秆还田、优质品种、不越区率100％。

为了确保水稻良种的数量及质量，种子田用种100％原种。

同时按照推广一个品种、储备一个品种、开发一个品种的模式，确保优良品种的良性循环。

农场活动积温在2300～2400℃。根据气候特点，合理分布品种，杜绝越区种植。种植活动积温2300～2400℃的生育期120天大豆品种不超过20％，不允许种植生育期130天的12叶水稻和生育期110天的中熟玉米品种。水稻以活动积温在2200～2300℃的生育期125～127天品种为主；玉米以有效积温2200℃的生育期100天的品种为主；大豆以积温2200～2300℃的生育期115天以内的品种为主。

2008年，种植水稻良种400公顷，分布在11个管理区，聘请3名种子质量监督员。清选水稻良种2500吨，品种为三江1号和空育131。2010年，建立标准化良繁田1266.67公顷（其中水稻种子田866.67公顷）。2012年，种植种子田733.33公顷。2013年，建立566.67公顷水稻原种繁育基地。

2018年，农场与农垦科学院、科研所以及黑龙江八一农垦大学共同开展的水稻适口性项目研究中，在品种试验方面共收集了128个品种（品系），经过多年优质品种试验，筛选出适合该地区种植的优质水稻品种11个。其中，11叶品种4个，即龙庆稻3号、保育1号、龙洋11、初香粳1号；12叶品种6个，即三江6号、绥粳18、绥粳15、垦稻26、龙垦201、龙粳21等。在品种推广上适应市场需求，以绥粳18、垦香稻08-169、三江6号、龙粳系列为主要订单和特色种植品种。在实际销售中，这几个主打的优质水稻不但卖得快，而且价格高。

2020 年，共设置种植繁育田 10 处（五区 2 处、六区 4 处、十一区 2 处、十五区 2 处），繁育面积达 410.4 公顷，品种有龙粳 31（372.4 公顷）、龙垦 257（38 公顷）。

为适应市场需求，以推广优质品种为主。推广绥粳 27、龙垦 257、龙粳 57、龙粳 1525、龙粳 1624 等优质品种，通过优化品种结构，加快农户从种得好向卖得好转变，良种覆盖率达到 100%。

2020 年，共留种 1800 吨，其中龙粳 31 为 1500 多吨、龙垦 257 为 300 余吨。

四、种子供应

从 2001 年起，随着《种子法》的颁布实施，种子市场实现全面放开，出现民营种子店，改变了国有种子企业独家经营的局面。

按照《种子法》的要求，严格加工、检验、储藏保管、复检、留取扦样等各环节，按规范建立种子繁育、生产、经营档案。2007 年，投入 2.72 万元购进了新的检验设备，用于种子检验及化验工作。

2012 年以前，农场的种子加工基本依靠单机清选。为了实现供种优质化，农场于 2011 年投入 1300 多万元，建立了占地 2.5 万平方米的种子加工厂。有 1.1 万多平方米的水泥场院、4000 多平方米的仓储库房、日烘干 300 吨的智能化烘干塔、日处理 120 吨的种子加工生产线。

2007 年，销售种子 1460 吨。其中水稻种子 1125 吨，主要品种为空育 131、三江 1 号优质品种；大麦种子垦啤 2 号 300 吨、垦啤 7 号 35 吨。

2008 年，为农户统一供应空育 131 水稻良种和三江 1 号水稻良种 2100 吨。

2009 年，销售水稻种子 2680 吨，其中三江 1 号 380 吨、空育 131 种子 2294 吨、垦鉴稻 7 号 4 吨、绥粳 4 号 1 吨、普粘 7 号 1 吨。种子田用种 100%原种，空育 131 种植 573.33 公顷，三江 1 号种植 40 公顷。

2010 年，销售种子 4000 余吨。当年，全场实现了玉米统一供种，大豆统一供种率 80%。

2011 年，销售种子 2869 吨，其中三江 1 号 114 吨、空育 131 种子 2057 吨、龙粳 26 种子 425.8 吨。

2012 年，销售种子 3133 吨，其中水稻种 2913 吨、玉米种 220 吨。种子田以种植空育 131 为主，龙粳 36、三江 1 号为辅。

2013 年，与 3 个有旱田的管理区签订 13333.33 公顷的玉米供种合同；与 8 个管理区签订 4 万公顷的水稻供种意向。

2013 年，收储毛粮种子 3817 吨，总计入库成品 2449 吨。其中龙粳 31 为 1337 吨，已生产成品 685 吨；空育 131 为 2480 吨，已加工成品 1764 吨。向建三江分公司申请调入龙粳 31 种子 105 吨。订购德美亚 1 号玉米种 400 吨。当年销售种子 3034 吨。

2014 年，销售种子 2596.29 吨。其中，销售水稻空育 131 种子 1497.84 吨，龙粳 31 种子 931.6 吨；玉米种子 166.85 吨，德美亚 1 号 154.11 吨，哲单 37 种子 12.74 吨。种子田空育 131 种植 187.93 公顷、龙粳 31 种植 192.47 公顷、龙粳 26 种植 78.93 公顷，以龙粳 39、龙粳 41 为辅。

2015 年，种植空育 131、龙粳 26、龙粳 31 等 5 个优质水稻品种，种子田 333.33 公顷。

2019 年，销售水稻种子 1348.39 吨、玉米种子 0.53 吨。

2020 年，销售水稻种子 2080.39 吨，供给面积达 30333.33 公顷。其中，龙粳 31 种子 1148.68 吨，绥粳 18 种子 512.23 吨，绥粳 27 种子 158.68 吨，龙垦 202、龙垦 203、垦稻 32 等 228.78 吨。玉米种销售 112.53 吨，其中玉米德美亚 1 号 102.63 吨、德美亚 3 号 9.9 吨。

积极推广优良品种，重点推广玉米德美亚 1 号、哈育 189 等优质品种。大豆以东升、黑河系列、合农 69、垦农 30 等市场销售好的高蛋白品种为主，实现良种覆盖率 100%。

2012 年以后，随着种子加工中心的建立，种子加工体制逐渐形成。自建三江管理局整合以来，农场种子公司按照管理局及农场的要求，加强种子繁育田管理，提高种子的质量和标准。通过信息多方共享的优势，选择适合八五九农场的优良品种，逐步得到农户的认可，为农业生产的优质高效打下了坚实的基础。

第十节　农业气象

一、气象站

八五九农场气象站成立于 1963 年 5 月，属国家一般气象观测站。主要观测地面气象和农业气象两大项目。隶属于农业科领导。1965 年开始对小麦、大豆、玉米三种主要作物的物候观测和土壤水分测定。

初期，配备气象工作人员 2 名。1978 年以前，人员调动频繁，先后在气象站工作的有 14 人，变动较大。

随着农场生产发展，气象站所需各种设备逐年添置，工作条件不断改善。1966 年建工作室 40 平方米。1982 年，在场部北建新气象站 269.5 平方米，1983 年交付使用。

这一时期，虽然人员变动较大，但站长任双升一直在任，所以保持了业务上的连续性和资料的系统性，基本掌握了该地区天气变化的规律和短期天气预报，其预报准确率年平均达85%，在群众中享有较高的信誉。1980年3月被评为总局先进气象站，1982年1月被评为总局模范集体。

1993年以前，农业气象工作归属农业科管理。1994年开始，归属农业技术服务中心管理。朱志宏、隋景奎先后任站长。2003年3月，迁至场部西新址。11月，农场投资重新建设了标准化自动气象站，更新了自动化的仪器设备，使之能够更准确地为农业生产提供气象资料，服务于职工群众的生产和生活。

2010年10月，投资255万元新建的科技研发中心综合办公楼投入使用（其中气象站130平方米）。2014年，气象业务归属省气象台考核，自动站数据直接上传至国家，参与国家气象数据的交换工作。

2020年，农场气象站主要设备为DZZ5型和DZZ6型自动气象站，人员设置3人，工作任务是按照全国统一制定的农业气象观测规范进行系统的农业气象观测和资料整理，为种植户和领导提供气象趋势预报和气象要素统计。

二、气候状况

农场位于三江平原沿江三角洲亚区，属寒温带季风性大陆气候，地处第四积温带下限、第五积温带上限。四季分明，春季多风气温偏低，夏季湿热雨量集中，秋季偏旱雨量偏少，冬季漫长寒冷多雪。年平均气温2.7℃。1月份为最低，平均气温－22.6～－12.6℃；7月份为最高，平均气温20.5～23.7℃。极端高温出现在1996年7月26日，达42.5℃；极端低温出现在1996年1月16日，达－39.5℃。常年降水量500～680毫米，最大日降水量达79.9毫米，出现在2006年8月14日。年蒸发量900～1300毫米，最高为1976年的1409.8毫米；最低为2002年的704.9毫米。全年无霜期130～160天。全年≥10℃积温2100～2600℃。农场属全年盛行偏西风的季风气候区，季节风向变化十分明显，平均风速4.08米/秒。年平均日照2200～2500小时。封冻日期多在11月初，冻土平均深度141厘米，最大为1976年，冻土深度198厘米；最小为1983年，冻土深度81厘米。

（一）积温

1964—1982年，农场区域全年≥10℃积温为2397.6℃，稳定通过0℃日期在4月5日，稳定通过10℃日期在5月18日。

1983—2005年，农场区域内全年≥10℃的平均积温为2439.96℃，稳定通过10℃的日期为5月8日左右，最早日期为1996年的4月21日，最晚为1994年的5月29日。

2006—2020年，农场区域内全年≥10℃的平均积温是2659.1℃，稳定通过10℃的日期一般为5月10日左右，最早日期为2009年4月28日，最晚日期为2008年5月29日。

表3-8 1984—2020年全场积温≥10℃时间和积温状况统计表

单位:℃

年份	积温≥10℃时间		全年≥10℃活动积温	全年≥10℃有效积温
	初始时间	终结时间		
1984	5月3日	9月24日	2704.5	—
1985	5月7日	9月18日	2444.3	—
1986	5月18日	9月26日	2455.9	—
1987	5月28日	9月25日	2222.7	—
1988	5月9日	9月30日	2723.3	—
1989	5月14日	9月19日	2424.4	—
1990	5月23日	9月22日	2342.3	—
1991	5月14日	9月27日	2480.5	—
1992	5月24日	9月24日	2282.1	—
1993	5月4日	9月29日	2609.9	—
1994	5月29日	10月6日	2612.5	—
1995	5月6日	10月1日	2665.2	—
1996	4月21日	9月30日	2661.9	—
1997	5月13日	9月15日	2460.9	—
1998	5月11日	10月3日	2676.9	—
1999	5月9日	9月15日	2221.0	—
2000	4月27日	9月29日	2923.3	—
2001	4月25日	9月20日	2657.1	—
2002	4月25日	9月23日	2606.2	—
2003	5月11日	9月29日	2640.9	—
2004	5月8日	9月29日	2626.6	—
2005	5月17日	10月3日	2676.7	—
2006	5月3日	10月8日	2920.0	1330.0
2007	5月7日	10月7日	2803.2	1263.2
2008	5月29日	9月22日	2423.6	1253.6
2009	4月28日	10月2日	2749.6	1169.6
2010	5月13日	9月20日	2695.8	1385.8
2011	5月15日	9月19日	2415.9	1135.9
2012	5月9日	10月5日	2800.6	1300.6
2013	5月6日	9月29日	2758.9	1288.9
2014	5月8日	9月28日	2772.8	1332.8
2015	5月17日	9月27日	2507.8	1167.8
2016	5月8日	10月2日	2711.1	1231.1
2017	5月2日	9月27日	2729.2	1239.2

（续）

年份	积温≥10℃时间		全年≥10℃活动积温	全年≥10℃有效积温
	初始时间	终结时间		
2018	5月8日	10月7日	2726.1	1196.1
2019	5月11日	9月20日	2458.4	1128.4
2020	4月29日	10月4日	2795.2	1205.2

（二）气温

1964—1982年，年平均气温2.1℃。1月份为最低，平均－20.2℃。极端低温出现在1969年12月30日，达－37.6℃。7月份最高，平均气温21.7℃。极端高温出现在1982年8月5日，达37.7℃。

一般在春末夏初，由于北方冷空气南下，造成该地区急剧降温，对农作物生长发育影响较大。不同作物在不同的发育期所需温度各异。如播种到出苗期的下限温度，玉米9℃，小麦3℃，大豆7℃。出苗后进入下一个发育期的下限温度，玉米为13℃，小麦8℃，大豆10℃。若低于下限温度，易出现烂种、死苗现象。如果长时间低温，将造成作物生长机能失调或导致病虫害发生。

根据1964—1982年19年来的气象资料分析，5—6月份，气温比历年增高1℃，粮豆平均公顷产可提高150公斤左右（个别其他因素除外）。

1983—2005年，农场年平均气温由1983年的2.5℃上升到2.94℃，年平均气温最高出现在1990年，达到3.9℃。1月份为最低，平均气温－19.27℃，极端低温出现在1996年1月16日，为－39.5℃。7月份为最高，平均气温21.62℃，极端高温出现在1996年7月26日，达42.5℃。

2006—2020年，农场区域内全年平均温度3.6℃。极端最低气温－39.2℃，出现在2010年1月13日；极端最高气温37.5℃，出现在2006年7月3日。冬季各月日较差最大，春秋次之，夏季最小，日较差空间分布的各月差异不大。1月份平均气温－22.6～－12.6℃，7月份平均气温为20.5～23.7℃。冬季气候严寒，历年10月上中旬候均温低于10℃开始进入冬半年，1月是最冷的月份，是国内也是世界同纬度地区最冷的地方。春季增温迅速，气温变化无常，5月上旬候均温高于10℃开始进入春季。夏季气温与国内南方各省相差无几，6月下旬候均温高于22℃开始进入夏季，7月是气温最高的月份。秋季气温迅速下降，8月下旬候均温低于22℃开始进入秋季，昼夜温差变化较大。

表 3-9 1965—1982 年全场平均气温情况统计表

单位:℃

年度	年平均	年最高	年最低	年度	年平均	年最高	年最低
1965	1.3	32.4	−36.5	1974	1.6	33.6	−30.2
1966	1.7	—	−31.7	1975	3.8	31.4	−29.9
1967	2.4	36.2	−33.8	1976	2.3	32.8	−36.5
1968	2.6	35.2	−31.9	1977	1.7	32.1	−34.1
1969	2.3	31.4	−37.6	1978	2.4	32.0	−33.0
1970	2.1	32.5	−37.5	1979	2.7	33.0	−33.8
1971	2.4	36.0	−31.0	1980	1.1	32.8	−35.8
1972	2.3	32.6	−32.1	1981	2.0	30.5	−33.9
1973	2.2	32.4	−32.0	1982	3.5	37.7	−34.7

表 3-10 1983—2020 年全场平均气温情况统计

单位:℃

年度	1月	2月	3月	4月	5月	6月	7月	8月	9月	10月	11月	12月	年平均
1983	−17.1	−16.9	−4.8	6.4	10.7	14.5	20.5	21.0	15.4	3.2	−4.9	−17.9	2.5
1984	−20.6	−17.9	−10.1	4.6	15.7	18.2	21.7	20.5	13.9	3.7	−6.8	−16.3	2.3
1985	−22.2	−15	−5.6	6.5	13.1	17.4	21.4	21.3	13.2	4.7	−7.0	−20.1	2.3
1986	−21.4	−16.1	−5.3	4.9	11.9	20.0	21.9	19.7	13.8	3.3	−7.4	−15.0	2.5
1987	−20.7	−15.2	−8.3	4.0	10.7	19.6	19.5	19.6	13.1	5.8	−10.4	−18.1	1.6
1988	−17.1	−19.4	−7.2	6.1	12.4	20.0	22.0	21.7	14.6	5.3	−6.7	−15.6	3.0
1989	−17.2	−12.0	−3.6	5.8	11.3	19.5	22.1	21.3	13.3	4.8	−4.7	−16.9	3.6
1990	−22.5	−13.9	−3.6	6.1	14.4	17.9	22.1	20.6	13.5	8.6	−3.7	−12.6	3.9
1991	−18.5	−16.4	−7.8	5.7	13.7	17.8	19.7	21.6	13.6	6.4	−6.4	−17.5	2.7
1992	−16.9	−14.1	−3.7	5.0	12.0	18.3	20.5	19.8	13.5	6.8	−8.2	−15.7	3.1
1993	−17.6	−12.3	−4.6	3.9	13.0	17.3	22.5	19.2	14.9	5.6	−6.0	−17.1	3.2
1994	−22.7	−13.9	−7.1	4.6	12.0	18.5	22.1	21.5	14.6	7.0	−5.2	−17.7	2.8
1995	−17.9	−15.9	−7.0	5.1	13.1	19.0	21.8	20.3	13.4	7.5	−5.3	−13.8	3.4
1996	−19.3	−14.6	−5.3	5.4	14.3	17.8	21.8	19.1	13.8	4.2	−7.2	−19.0	2.6
1997	−18.9	−13.2	−8.1	5.8	13.2	18.0	22.8	20.0	12.7	3.8	−3.2	−14.3	3.2
1998	−21.8	−12.1	−2.3	7.7	14.8	19.6	22.9	19.6	15.2	8.5	−9.6	−16.8	3.8
1999	−17.0	−15.7	−9.7	5.3	10.9	18.0	23.7	20.2	14.7	4.9	−6.1	−15.4	2.8
2000	−20.8	−15.4	−7.7	5.2	14.1	19.1	22.8	22.3	15.8	4.7	−8.3	−20.2	2.6
2001	−20.3	−17.3	−7.0	5.6	14.8	18.6	20.8	20.8	12.7	6.8	−4.8	−16.4	2.9
2002	−15.7	−10.3	−3.4	6.4	15.5	17.2	20.7	18.4	14.4	4.2	−11.7	−18.6	3.1
2003	−19.4	−16.0	−3.3	7.5	13.5	20.5	21.7	19.2	14.4	5.8	−6.7	−15.6	3.5
2004	−18.6	−13.6	−6.1	4.4	12.6	19.0	21.0	19.4	15.7	6.2	−2.6	−18.3	3.2
2005	−19.2	−17.1	−7.2	4.4	10.7	21.3	21.3	21.0	15.7	6.3	−4.7	−18.3	2.9
2006	−20.2	−15.5	−7.5	2.7	15.0	17.4	22.2	22.3	15.3	5.7	−6.7	−14.7	3.0

（续）

年度	1月	2月	3月	4月	5月	6月	7月	8月	9月	10月	11月	12月	年平均
2007	−12.6	−12.2	−6.8	4.6	12.6	19.8	22.5	21.5	15.6	6.4	−5.3	−8.2	4.8
2008	−18.5	−12.0	1.0	8.9	11.7	21.6	23.6	20.2	14.9	6.6	−6.8	−14.2	4.8
2009	−17.3	−15.0	−6.6	6.2	15.2	16.9	20.5	20.4	14.2	6.0	−8.9	−19.7	2.7
2010	−20.0	−18.2	−10.2	2.9	14.0	23.1	21.8	21.0	14.2	5.4	−5.0	−18.0	2.6
2011	−20.7	−12.8	−7.4	4.1	12.3	17.2	23.9	20.5	12.4	7.2	−6.0	−17.7	2.7
2012	−22.6	−16.9	−7.5	5.0	14.3	20.5	21.4	20.6	15.4	5.5	−5.1	−19.8	2.6
2013	−21.9	−16.9	−8.6	2.6	14.2	20.4	22.3	20.8	14.1	5.7	−3.3	−16.2	2.8
2014	−20.2	−15.2	−4.3	8.2	13.4	20.8	22.4	21.3	15.1	5.1	−4.5	−18.7	3.6
2015	−16.4	−12.1	−2.0	5.9	11.4	18.3	21.2	21.8	15.2	5.8	−5.9	−13.0	4.2
2016	−18.3	−14.7	−2.9	5.0	13.4	17.7	22.0	20.8	15.4	3.1	−10.8	−15.2	3.0
2017	−15.9	−11.7	−3.3	6.5	14.8	17.2	23.1	20.6	14.7	4.6	−8.0	−18.2	3.7
2018	−18.3	−16.2	−5.0	6.9	14.1	17.7	22.5	19.7	14.1	8.0	−3.6	−13.5	3.9
2019	−14.4	−10.4	−0.9	7.0	14.1	16.5	22.1	19.8	15.3	7.9	−7.1	−16.1	4.5
2020	−14.5	−11.8	−1.0	5.6	14.5	16.6	22.2	19.6	15.8	7.0	−4.6	−15.1	4.5

（三）降水

1964—1982 年，年平均降雨量 557.2 毫米。农场区域雨量充沛，多集中在 6—8 月份，此期降水量占全年总量的 53.7%，并多连阴雨和大暴雨，对农作物夏管夏收影响很大。1961—1962 年，由于连续阴雨，小麦发生赤霉病。1981 年从 6 月 6 日至 8 月 31 日，断断续续降雨 63 天，共计降水量 592.3 毫米，比历年同期多 299 毫米，使预测公顷产 2250 公斤以上的小麦，只收回 511.5 公斤。并且粮食质量低劣，入库小麦发芽率平均在 60%左右，尚有不同程度的赤霉病，严重的在 10%以上。当年大豆也由于雨水过多而发生草荒，机车无法下地作业，无法管理。全场大豆平均公顷产量只有 255 公斤。

春旱、春涝为农场地区性气候的特点。据 1964—1982 年 19 年来气象记载，其中有 8 年春旱、6 年春涝、5 年正常。逢春涝使播期推后，错过高产期，甚至播不上种。1973 年春涝，小麦播到 6 月 18 日结束，超过了正常播期，违时强行晚播，结果造成部分绝产。春旱一般出现在 4—5 月份，而持续时间不长，虽有影响种子发芽和苗后生长，但春旱能保证正常播期。只要播后保墒措施得当，出苗一般不受太大影响。所以当地农民有“不怕播前地生烟，就怕春前连雨天”之说。

1983—2005 年，农场区域内平均年降水量为 595.52 毫米，最高为 1987 年，降水量为 796.2 毫米，最低为 1986 年，降水量仅为 386.1 毫米。降雨多集中在 6—9 月份，平均降水量为 316.87 毫米，占全年总降水量的 53.2%。4—5 月的平均降水量为 97.9 毫米，占年平均降水量的 16.44%。

1983—2005年，有11年为春涝，最高为2004年4—5月降雨175毫米。5年为春旱，1989年、1993年和2003年4—5月，仅分别降雨29毫米、33.4毫米与32.6毫米。只有7年4—5月的降水量在正常范围内。

2006—2020年，农场区域内常年降水量430～980毫米，降水季节分布不均且年际变化较大。多雨年和少雨年降水量可相差2～3倍，降水变率为15%～20%。夏季降水量占全年降水量比重最大，雨量高峰在夏季的7月、8月，月均降水量120～145毫米；冬季降水量占全年降水量比重最小，降水低谷在冬季的1月、2月，月均降水量10毫米左右。最大日降水量79.9毫米，出现在2006年8月14日。暴雨多出现在7月、8月，6月、9月次之。春季降水量比冬季稍多，某些年份春季因东北地区的冷涡低压无法东移，在低压控制下时而发生低温多雨天气。秋季降水量普遍超过春季。

本地气象谚语：

南山向北发黑云，二龙山下雨淋淋。

和平沟起乌云，立刻大雨赛倾盆。

连阴雨天暴雨到，庄稼冲着老爷（太阳）笑。

闷热天，最难熬，不下暴雨下冰雹。

蚊子咬人欢，有雨在明天。

表3-11 1965—1982年全场降水量统计表

年度	年降水量（毫米）	日最大		最长连续		最长无降水	
		降水量（毫米）	出现日期	日数	出现日期	日数	出现日期
1965	559.5	58.6	7.29	11	8.31—9.10	12	2.25—3.8
1966	573.9	64.7	8.27	5	8.27—8.31	11	3.5—3.15
1967	518.3	26.0	7.11	6	8.30—9.4	20	2.2—2.21
1968	462.6	31.5	7.26	7	8.21—8.27	11	3.17—3.27
1969	562.2	42.4	7.25	9	8.12—8.20	24	2.10—3.5
1970	410.8	38.9	9.2	7	6.6—6.20	23	12.9—12.31
1971	685.8	97.6	8.15	9	9.26—10.4	19	10.25—11.12
1972	738.5	66.6	8.1	7	11.19—11.25	17	2.29—3.16
1973	697.2	51.9	8.21	7	4.23—4.29	20	2.27—3.18
1974	541.5	38.6	9.3	8	6.16—6.23	18	3.12—3.29
1975	437.0	45.9	8.1	5	7.2—7.6	20	2.17—3.8
1976	425.4	33.8	8.20	4	6.14—6.17	22	9.29—10.20
1977	484.8	34.9	8.13	7	5.1—5.7	14	9.21—10.4
1978	535.4	55.9	8.2	5	7.9—7.13	24	12.31—1.22

（续）

年度	年降水量（毫米）	日最大		最长连续		最长无降水	
		降水量（毫米）	出现日期	日数	出现日期	日数	出现日期
1979	547.0	79.5	8.18	6	6.26—7.1	19	2.17—3.7
1980	526.9	83.2	9.12	5	8.3—8.7	18	7.25—8.11
1981	837.1	46.2	7.5	12	8.15—8.26	11	1.25—2.7
1982	450.9	29.0	10.19	8	12.22—12.29	16	7.23—8.7

表 3-12　1983—2020 年全场降水量统计表

单位：毫米

年度	1月	2月	3月	4月	5月	6月	7月	8月	9月	10月	11月	12月	年降水量
1983	0.9	2.0	12.2	91.0	68.4	126.3	128.1	93.7	69.5	53.3	38.2	7.5	691.1
1984	8.3	10.7	6.9	49.3	53.3	118.0	122.2	209.9	86.3	71.6	10.0	2.6	749.1
1985	6.7	5.8	14.7	33.7	33.8	71.9	98.7	253.8	115.7	37.3	17.0	3.5	692.6
1986	3.7	2.7	10.5	33.8	51.3	8.3	65.0	100.3	85.1	9.3	13.8	2.3	386.1
1987	8.6	10.3	13.4	37.0	60.4	94.1	198.4	185.2	92.7	56.5	29.5	10.1	796.2
1988	14.7	2.6	7.2	23.4	52.0	12.9	96.0	145.9	30.3	46.3	38.1	2.5	471.9
1989	5.9	2.1	12.7	8.8	21.2	28.8	207.5	38.7	93.1	33.8	12.0	11.2	475.8
1990	1.4	14.2	14.1	26.8	69.5	120.6	44.1	213.2	61.3	16.5	20.0	19.1	620.8
1991	12.6	1.1	0.4	46.5	59.6	149.7	245.0	63.6	70.7	81.0	22.4	6.7	759.3
1992	5.0	4.1	3.5	37.7	39.8	66.3	110.8	37.5	103.1	10.0	10.1	11.1	439.0
1993	8.9	5.3	9.5	19.4	14.0	37.4	16.0	125.8	59.0	76.1	36.3	7.8	495.6
1994	1.4	4.0	12.7	37.0	114.3	107.1	193.7	124.6	88.3	40.3	27.1	12.6	763.0
1995	6.6	6.0	6.9	41.6	73.2	42.3	60.4	70.8	76.6	34.4	13.0	13.2	445.1
1996	1.0	3.0	45.6	93.0	26.5	111.9	99.6	85.8	87.5	20.2	40.6	7.5	622.2
1997	16.2	7.6	19.3	16.9	84.2	64.9	126.3	274.8	57.9	75.1	5.4	7.7	756.3
1998	1.7	10.3	27.7	38.6	50.6	12.7	54.9	173.3	59.4	55.5	10.9	8.2	503.8
1999	6.4	2.7	12.6	29.5	66.2	53.3	118.8	84.2	19.0	46.7	14.8	8.3	462.5
2000	10.3	0.9	23.2	46.8	65.4	16.5	196.5	144.3	79.1	43.3	8.4	8.6	643.3
2001	13.4	5.5	48.3	23.5	62.5	51.4	237.0	106.9	36.9	18.5	12.8	7.9	624.6
2002	23.8	13.9	13.5	83.4	30.7	112.0	116.8	202.0	10.7	96.6	18.8	4.9	727.1
2003	29.6	8.2	2.0	15.1	17.5	21.6	39.1	149.1	75.9	78.2	46.1	6.5	488.9
2004	23.1	29.1	27.3	21.7	153.3	4.0	146.5	54.5	36.3	38.0	23.1	24.7	581.6
2005	13.5	27.1	12.4	88.3	52.5	18.2	171.1	75.0	73.5	11.6	22.0	11.2	508.9
2006	10.5	8.7	43.8	40.1	50.2	66.5	147.7	180.1	27.4	44.1	44.1	5.8	669.0
2007	13.8	38.6	53.5	9.4	49.3	41.6	98.9	96.0	75.8	34.2	0.0	38.0	549.1
2008	0.6	4.9	25.2	37.1	87.5	20.6	111.9	58.1	34.8	21.1	21.9	9.4	433.1
2009	25.7	17.8	25.4	18.2	30.2	104.9	178.6	118.1	45.6	20.0	6.5	34.6	625.6
2010	16.6	16.0	32.5	52.2	69.7	32.6	120.3	158.9	22.5	28.1	31.7	77.6	658.7
2011	11.3	5.7	10.5	31.7	31.3	41.2	98.2	174.6	121.6	12.8	25.7	8.6	573.2
2012	4.1	7.5	20.0	36.1	83.5	54.9	112.3	46.6	104.4	70.9	37.4	25.6	603.3

（续）

年度	1月	2月	3月	4月	5月	6月	7月	8月	9月	10月	11月	12月	年降水量
2013	7.9	3.3	28.4	18.9	30.4	31.3	81.9	194.3	66.2	61.6	43.2	5.8	573.2
2014	5.8	6.2	0.9	6.4	50.2	54.9	109.6	28.4	95.5	21.4	28.2	56.4	463.9
2015	8.3	27	42.7	28.6	48.2	79.0	125.3	148.2	32.5	62.2	4.9	35.1	642.0
2016	12.3	5.2	11.2	106.9	158.1	115.2	158.0	171.2	72.8	28.1	20.4	5.6	865.0
2017	13.3	9.1	8.8	50.3	64.5	140.0	101.8	141.6	52.0	24.5	20.1	16.4	642.4
2018	16.0	2.3	21.6	48.2	82.9	66.8	131.3	98.1	121.1	34.2	27.4	2.8	652.7
2019	6.2	0.6	11.5	2.3	167.1	137.9	171.3	292.4	60.3	88.2	33.2	13.6	984.6
2020	1.3	2.9	16.1	40.2	80.5	142.5	122.9	233.7	79.7	37.7	8.0	3.3	768.8

（四）蒸发

农场所在区域年平均日照2435.8小时。

1964—1982年，平均蒸发量1252.1毫米。最高为1976年，蒸发量1409.8毫米。最小为1983年，年蒸发量1005.8毫米。

1983—2005年，平均年蒸发量1002.33毫米。最高为1986年，年蒸发量1297.6毫米。最低为2002年，年蒸发量704.9毫米。

2006—2020年，农场区域内年际蒸发量800～1300毫米。最大蒸发量在2017年，年蒸发量1270.6毫米。全年1月蒸发量最小，月平均10毫米左右。随着气温的迅速回升和风力的增大，每年5月蒸发量最高，可达150毫米以上。

表3-13 1983—2020年全场蒸发量情况统计表

单位：毫米

年份	年蒸发量	1月	2月	3月	4月	5月	6月	7月	8月	9月	10月	11月	12月
1983	1005.8	12.9	15.9	59.2	128.9	149.5	106.7	157.8	155.9	91.8	77.2	36.1	13.9
1984	1000.0	6.9	13.0	39.7	98.2	178.6	141.9	153.3	126.5	110.1	75.1	40.4	17.3
1985	1140.0	12.7	23.6	53.5	112.40	240.4	177.8	167.3	124.0	95.9	79.0	39.8	13.6
1986	1297.6	17.5	25.0	48.3	129.7	206.3	253.8	215.9	143.1	109.9	90.6	35.5	22.0
1987	1094.7	16.0	23.0	54.7	112.3	182.8	222.6	133.1	111.0	88.2	96.0	34.9	18.4
1988	1159.2	26.7	25.7	54.9	115.2	162.6	210.0	187.1	132.8	104.2	73.3	45.5	21.2
1989	1216.7	21.2	33.4	60.0	143.1	205.1	212.9	159.7	141.5	101.8	76.9	32.7	28.4
1990	1183.2	12.9	17.0	61.1	122.6	224.3	140.1	182.4	148.9	92.8	107.2	44.0	29.9
1991	981.6	15.9	23.2	55.3	117.1	175.4	112.7	124.3	143.6	91.1	70.1	38.7	14.2
1992	1017.6	10.1	19.5	71.7	90.5	146.4	158.6	164.5	147.1	74.7	80.6	45.4	8.5
1993	1177.4	7.0	16.6	64.3	99.5	219.1	181.3	211.6	150.6	90.8	85.8	34.6	16.2
1994	960.8	10.5	24.8	44.7	86.5	133.5	180.8	131.7	119.4	79.7	71.9	61.4	15.9
1995	940.2	15.1	15.3	29.1	55.5	160.2	205.6	162.2	112.4	76.7	52.1	42.8	13.2
1996	992.0	13.6	28.5	33.7	97.3	184.4	111.0	173.7	151.2	92.1	73.8	26.1	6.6

（续）

年份	年蒸发量	1月	2月	3月	4月	5月	6月	7月	8月	9月	10月	11月	12月
1997	843.1	7.0	15.5	37.8	96.3	146.0	120.9	140.1	88.2	89.4	52.2	39.9	9.8
1998	980.7	3.7	19.2	55.9	126.4	209.7	179.1	127.2	73.7	84.1	74.3	20.5	6.9
1999	972.7	7.6	14.2	40.5	114.6	142.2	148.1	166.1	128.0	102.5	73.8	24.9	10.2
2000	893.4	6.6	12.8	53.4	99.0	127.7	188.5	140.7	113.7	82.0	48.0	15.8	5.2
2001	864.1	5.1	13.1	33.3	76.8	159.6	198.9	132.2	85.3	78.5	49.9	23.9	7.5
2002	704.9	8.0	17.4	45.1	67.2	177.3	111.7	79.3	76.9	68.4	34.2	12.6	6.8
2003	974.9	6.3	12.6	37.4	112.3	178.6	198.7	168.1	86.2	90.4	46.5	27.3	10.2
2004	829.1	8.9	14.6	38.6	96.6	136.2	175.0	106.6	101.3	65.6	52.7	23.8	9.2
2005	823.9	11.2	14.1	36.2	58.1	115.7	186.8	120.9	104.6	86.0	45.5	29.6	15.2
2006	799.1	9.8	14.5	27.2	55.6	184.0	92.5	131.5	102.6	71.5	59.3	26.4	8.3
2007	925.9	11.0	16.3	36.4	86.9	113.2	170.9	189.0	124.0	71.5	61.3	35.1	10.3
2008	915.7	7.4	16.0	46.3	99.6	105.0	190.5	157.5	103.0	92.7	59.0	23.2	15.5
2009	973.2	10.7	15.1	36.0	113.5	185.4	86.0	150.8	135.8	111.5	71.7	41.9	14.8
2010	1073.7	13.8	11.9	39.0	61.2	160.7	256.6	152.3	124.9	110.1	91.3	32.3	19.6
2011	917.5	14.6	25.5	37.1	81.5	142.7	139.1	168.0	107.9	76.5	82.1	30.9	11.6
2012	882.9	9.2	10.1	26.9	94.1	150.3	179.5	127.7	141.2	60.6	53.1	19.7	10.5
2013	928.6	11.18	18.8	37.3	76.8	159.3	191.0	156.3	90.0	97.0	57.7	21.9	11.4
2014	1051.0	8.0	8.6	56.5	149.5	147.7	173.0	165.0	145.8	87.7	70.1	30.2	8.9
2015	1114.3	15.2	13.2	51.5	95.9	104.4	118.3	236.7	218.4	124.8	72.1	50.8	13.0
2016	973.6	9.5	10.0	61.6	98.6	144.0	88.1	159.8	176.7	94.3	79.6	35.5	15.9
2017	1270.6	11.0	14.2	57.8	132.2	185.0	192.8	295.4	139.9	118.2	77.9	34.3	11.9
2018	1115.8	7.2	10.4	47.2	149.4	203.5	179.9	145.8	115.0	83.2	100.6	46.7	26.9
2019	1116.9	25.4	38.1	85.1	160.5	176.1	158.1	138.6	73.0	110.8	104.4	32.4	14.4
2020	973.3	11.8	15.1	79.7	98.3	152.2	104.5	218.1	101.9	75.6	59.3	36.5	20.3

（五）风

农场属全年盛行偏西风的季风气候区，季节风向变化十分明显，平均风速 4.08 米/秒。每年 9 月到翌年 5 月盛行偏西风、西北风，西南风次之；常年 6—8 月盛行东北风。年均风速 2.5～3.9 米/秒，春季风速较大，常以 4 月为最大，平均风速多在 3～6 米/秒，并且多有超过 17 米/秒的大风，其次是冬季。夏季风速最小，风速多在 3 米/秒左右，7 月平均风速低于 4 米/秒。

1978 年 5 月 13 日，曾达九级大风，风速 32 米/秒，由于防护林带尚未形成，春风将地表土吹走，使种子露出地面，造成缺苗。除春风外，秋季时有大风天气出现，造成作物倒伏，影响产量。

表 3-14 1983—2020 年全场年均风速情况统计表

单位：米/秒

年份	年均风速	1月	2月	3月	4月	5月	6月	7月	8月	9月	10月	11月	12月
1983	4.0	6.1	4.7	3.8	6.3	4.7	2.6	2.6	2.7	2.8	4.6	4.3	3.1
1984	3.5	2.4	3.1	2.4	3.6	2.5	3.1	2.3	3.7	3.8	3.7	7.3	3.7
1985	4.3	4.3	6.0	4.7	4.3	5.5	3.9	2.5	4.0	3.5	4.4	4.5	4.1
1986	4.4	4.9	3.7	3.6	5.4	5.6	3.9	3.0	4.0	3.3	4.4	6.1	4.6
1987	4.9	4.0	5.6	5.4	5.2	6.0	4.6	3.4	3.5	4.6	5.9	6.0	4.9
1988	4.5	7.3	4.7	4.4	4.4	4.0	3.4	3.2	3.6	3.3	4.2	6.0	5.0
1989	4.5	4.8	6.2	4.6	5.8	5.3	4.4	3.5	2.5	3.7	4.3	4.6	4.1
1990	4.3	5.4	2.9	3.3	5.5	5.7	3.6	3.4	3.8	3.0	4.3	5.3	5.4
1991	3.7	3.7	1.4	4.8	5.3	5.0	2.9	2.8	2.7	3.3	4.1	4.7	4.0
1992	4.2	4.3	4.9	4.5	4.1	3.7	2.8	3.6	3.2	3.1	4.2	6.2	5.5
1993	4.5	5.1	6.2	5.0	6.0	5.2	3.7	3.1	2.8	3.0	5.4	4.5	4.0
1994	4.8	4.1	3.1	4.4	5.0	5.1	4.1	4.5	4.6	4.1	5.9	7.2	6.0
1995	5.0	5.0	3.0	4.8	5.0	6.0	3.6	4.2	10.0	4.3	3.2	5.7	4.7
1996	4.0	4.6	4.7	5.3	6.2	3.3	3.1	2.7	2.6	3.4	5.6	3.6	2.6
1997	4.7	4.5	4.5	5.3	3.4	4.0	3.3	10.0	3.8	4.0	5.0	4.6	4.1
1998	3.5	3.3	2.8	4.6	4.8	4.4	3.8	2.0	1.9	3.3	3.8	3.8	3.8
1999	3.6	4.2	3.2	2.6	4.1	3.9	4.4	2.7	3.5	3.3	4.4	3.6	3.5
2000	3.6	3.9	3.2	3.8	3.7	3.6	4.5	3.4	2.0	1.8	5.6	4.1	3.2
2001	4.2	2.7	5.1	4.2	5.2	4.4	4.7	3.5	3.4	4.9	4.5	3.9	3.4
2002	4.0	3.1	3.9	4.2	5.0	4.6	4.5	3.7	3.6	3.7	4.8	3.5	3.5
2003	4.2	3.6	2.5	2.7	4.7	7.0	3.9	3.2	3.5	5.2	4.8	5.1	4.2
2004	3.0	2.5	3.1	3.4	3.3	4.2	3.3	2.8	2.4	2.8	3.3	3.0	1.8
2005	2.6	1.9	3.1	4.2	3.9	2.9	1.9	1.0	1.5	2.0	4.7	2.2	1.6
2006	3.0	1.9	2.3	1.5	3.2	4.9	3.4	3.6	2.1	2.6	3.4	3.6	3.8
2007	3.3	3.2	3.5	3.4	3.2	3.2	3.3	2.9	2.8	2.8	3.8	4.1	3.3
2008	3.3	4.3	3.7	3.0	3.5	3.2	2.5	2.3	2.3	3.7	3.8	3.6	3.8
2009	3.1	3.1	3.4	3.9	3.7	3.6	2.8	2.2	2.7	2.9	2.4	3.8	2.9
2010	3.1	3.6	3.1	4.3	3.5	3.3	3.0	2.6	2.7	2.9	3.0	2.9	2.5
2011	2.7	2.4	2.5	2.7	3.5	4.2	3.2	2.1	2.3	2.7	2.6	2.5	2.2
2012	2.9	2.8	3.3	3.3	3.6	2.8	2.7	2.2	2.6	2.5	2.7	2.3	2.7
2013	2.5	1.8	2.4	2.8	2.7	3.4	1.7	2.0	1.5	3.5	3.5	3.0	1.8
2014	3.5	3.1	3.5	3.3	3.6	3.6	3.4	3.7	2.7	3.1	3.8	4.0	4.3
2015	3.7	4.5	3.6	4.0	4.3	3.3	3.2	3.7	2.8	3.3	4.3	3.8	3.9
2016	3.9	4.1	4.4	3.8	4.4	4.3	3.3	3.7	3.1	3.5	5.1	3.6	4.0
2017	3.7	3.8	4.1	3.0	3.8	4.4	3.4	3.2	3.4	3.8	4.1	4.2	3.6
2018	3.7	4.2	3.9	4.3	4.4	3.3	3.2	3.2	2.8	4.0	3.3	3.4	3.8
2019	3.3	3.6	3.8	3.1	3.2	3.6	2.6	2.5	2.4	3.3	3.4	4.4	3.5
2020	3.1	3.5	3.2	3.4	3.3	3.0	2.7	2.4	2.9	2.3	3.0	3.9	3.7

（六）霜

1964—1982 年，场区年平均无霜期 131 天，春霜一般在 5 月 16 日结束，秋霜在 9 月 27 日左右降临，所以农业生产必须根据霜期安排。1961 年，引进外地高产晚熟玉米品种“大马牙”，由于生长期遇早霜不成熟而绝产。

1983—2005 年，无霜期平均 138 天左右。最多为 2000 年 156 天；最少为 2003 年 117 天。初霜期一般在 9 月 20 日左右，最早为 1997 年 9 月 12 日，最晚为 2000 年 10 月 12 日；终霜期一般在 5 月 16 日左右，最早为 1984 年 4 月 25 日，最晚为 1987 年 5 月 30 日。

2006—2020 年，春末秋初时节冷空气活动频繁，常有霜冻出现。历年初霜期多出现在 9 月下旬或 10 月上旬，终霜日多出现在 4 月下旬和 5 月上旬。全年霜期比较长，无霜期比较短，130～160 天。特殊年份的 2011 年无霜期只有 127 天。地区冰期相对较长，10 月上旬地表和河流相继出现结冰现象，结冰终日多在 4 月末至 5 月中旬。

表 3-15　1965—2020 年全场霜期，年最低、最高温度统计表

年份	终霜时间	初霜时间	无霜期（天）	年最高温度（℃）	年最低温度（℃）
1965	5 月 16 日	10 月 1 日	154	32.4	−36.5
1966	5 月 14 日	9 月 25 日	131	—	−31.7
1967	5 月 10 日	9 月 15 日	150	36.2	−33.8
1968	6 月 6 日	9 月 25 日	150	35.2	−31.9
1969	5 月 14 日	9 月 20 日	128	31.4	−37.6
1970	5 月 7 日	9 月 27 日	135	32.5	−37.5
1971	5 月 27 日	10 月 12 日	157	36.0	−31.0
1972	5 月 22 日	9 月 10 日	105	32.6	−32.1
1973	5 月 5 日	9 月 27 日	127	32.4	−32.0
1974	5 月 18 日	10 月 7 日	154	33.6	−30.2
1975	5 月 6 日	9 月 11 日	132	31.4	−29.9
1976	5 月 16 日	9 月 18 日	134	32.8	−36.5
1977	5 月 30 日	9 月 20 日	126	32.1	−34.1
1978	5 月 14 日	10 月 4 日	126	32.0	−33.0
1979	5 月 17 日	10 月 6 日	144	33.0	−33.8
1980	5 月 10 日	9 月 23 日	128	32.8	−35.8
1981	5 月 10 日	9 月 28 日	140	30.5	−33.9
1982	5 月 10 日	9 月 30 日	142	37.7	−34.7
1983	5 月 5 日	9 月 29 日	146	31.1	−31.8
1984	4 月 25 日	9 月 28 日	155	32.7	−32.6
1985	5 月 8 日	9 月 23 日	137	31.0	−36.5
1986	5 月 11 日	9 月 29 日	140	32.8	−37.3

（续）

年份	终霜时间	初霜时间	无霜期（天）	年最高温度（℃）	年最低温度（℃）
1987	5月30日	9月29日	121	32.2	−34.6
1988	5月7日	10月5日	150	22.8	−33.0
1989	5月15日	10月2日	139	34.3	−33.3
1990	5月23日	10月8日	137	33.3	−37.9
1991	5月3日	9月29日	150	29.8	−33.1
1992	5月5日	9月20日	137	30.9	−33.4
1993	5月8日	10月2日	134	32.4	−34.2
1994	5月16日	10月8日	146	32.6	−35.9
1995	5月15日	9月14日	121	33.0	−32.1
1996	4月30日	9月26日	148	42.5	−39.5
1997	5月11日	9月12日	125	33.3	−34.5
1998	5月10日	9月22日	135	35.0	−32.3
1999	5月21日	9月15日	123	35.2	−31.4
2000	5月9日	10月12日	156	36.0	−35.5
2001	5月17日	9月21日	127	33.5	−35.0
2002	5月8日	9月22日	137	32.0	−33.9
2003	5月20日	9月15日	117	31.7	−33.2
2004	5月8日	9月29日	137	33.0	−35.5
2005	5月17日	10月3日	146	32.5	−35.5
2006	5月2日	9月25日	145	37.5	−30.5
2007	5月5日	9月29日	146	33.1	−27.8
2008	5月14日	9月24日	132	35.8	−30.0
2009	5月20日	10月7日	139	32.9	−31.0
2010	5月5日	9月23日	140	37.1	−39.2
2011	5月15日	9月20日	127	32.7	−35.4
2012	5月2日	10月7日	157	33.3	−30.5
2013	5月6日	9月30日	146	32.5	−30.1
2014	4月23日	9月30日	159	32.4	−31.4
2015	5月9日	9月30日	143	32.5	−29.7
2016	5月2日	10月4日	154	31.1	−31.0
2017	4月23日	9月28日	157	34.0	−29.4
2018	5月2日	10月8日	158	31.4	−30.0
2019	4月26日	10月5日	161	31.3	−25.1
2020	4月28日	10月9日	163	31.3	−26.0

总之，气候对农业生产影响较大，人们只有掌握气象规律，巧用天时，并且采取一些必要的抗灾措施，才能夺得农业丰收。

三、气象服务

2012 年，投入 7 万余元，在第二十二作业站、第二十六作业站、第三十作业站建立 3 个覆盖全场的温雨小型气象站——华云 CAWS600 型温雨站。

2013 年，投资 66 万元，改造自动气象观测场 625 平方米。依托中国气象局投资和农场自筹资金，引进了 DZZ5 型自动气象站。同年 7 月，国投资金 80 万元，自筹资金 30 万元，采用安徽四创的 X 波段中频相参雷达 SCRXD-03。主要作用监测灾害性天气，用于增雨防雹，防灾减灾工作。

2014 年 3 月，新建的自动监测气象站正式运行，全年地面观测设备稳定运行率 100%，及时率 95.87%，数据传输到报率达到 95%以上。建立农业气象服务信息手机及网络发布平台，全年累计发送短信预报 1600 条，发布降雨及雨量统计 72 次，及时为农业生产相关部门和种植户提供气象服务。当年，气象站站长张永志与二位同事一起，花了 3 个月的时间，将农场 1965 年以来的纸质气象数据记录本，全部录入成电子表格，实现了电子化。同时将这些年的月报表、年报表生成纸质版 663 本，为气象数据积累了历史资料并提供了应用便利。

2015 年，农场气象站通过省气象局的验收，成为省气象局入网达标站。当年，引进了 DZZ6 型自动气象站系统，实现双站并轨运行，双套自动观测，更加准确地为农业生产提供气象服务。同年，中频相参多普勒天气雷达正式投入使用。全年预警 27 次，指导防雹作业 6 次，起到防雹减灾的作用。2016 年，发布预警 21 次，指挥防雹作业 15 次，编发气象、病虫害防治、农事指导信息 3.8 万条。

2020 年，利用瑞万思气象预报软件和多普勒天气雷达，做好关键时期的农业气象服务工作。全年累计开展农业天气预报、农业气象灾害预报、农田土壤墒情等服务共计 18 次，发布天气短信预报 2.8 万余条，与生产部、阳光保险等部门开展联合会商 12 次。自 4 月 1 日进入增雨防雹工作状态以来，气象站观测员在极端天气出现时昼夜值守，参与指导消雹作业 23 次，使用高炮作业 6 炮次，用弹 160 发，在农业抗灾、减灾、气象服务等方面成效显著。

增雨防雹工作方面，配备有 65 式双 37 高炮 2 门，工作人员 16 人。

（另见第一编第二章第六节）

第十一节 科技园区建设

2009年3月，农场改革，水稻公司更名为科技园区；2010年9月更名为科技研发中心；2016年4月更名为农业技术推广中心。马振松任主任。

2009年，农场依托土地整理项目，在第四管理区第十作业站建立科技园区。有旱田试验、示范区4.67公顷，水田试验、示范区2.67公顷，有科技管理人员7人。投资305万元，建成占地面积398平方米的科技园区展厅及办公室和5000平方米的科普教育广场。

2009年以来，共承担了国家级试验课题4项、总局级试验课题7项、建三江管理局试验17项。承担各级、各类试验、示范项目180余项。其中推广水稻绥粳18、三江6号、龙垦257、垦稻32等水稻优质品种5个；推广农垦总局水稻适口性项目、节水控制灌溉项目2项；推广水稻侧深施肥技术、生物有机肥施用技术、优质稻谷栽培技术、测土配方施肥技术等6项。

科技园区成立以来，开展了大量的试验示范和技术推广工作，为农业生产提质增效提供技术支撑。

一、承担国家科技项目

依托科技园区这个试验平台，先后申报和承担了国家科技支撑计划、国家星火计划项目、国家“863”科技计划及国家测土配方施肥项目、全国基层农技推广补助项目的实施工作。同时，还承担了大量的科研机构及院校的试验项目。

2010年，农场与八一农垦大学联合承担的国家863计划项目——水稻生长环境监测控制系统落户科技园区，该系统可进行园区气象监测和生长环境中的空气温湿度、降雨量、水温、水量、泥温、进出水阀门、植株高度、叶片数、分蘖及病虫害等22项参数的监测，为探索新型的水田栽培模式和病虫害防治提供理论基础和数据保障。

2011年，与八一农垦大学信息技术学院共同开发水稻节水灌溉监测系统，通过对水稻灌溉的控制及水量的累计，分析出水稻的最佳用水量以及水稻的田间长势。系统数据表明：满足水稻生理需求亩均用水300～400立方米，但实际水稻生产亩均用水高达450～500立方米，节水灌溉势在必行。

2020年，完成试验项目21项，规划示范田10公顷，引进水稻品种13个，探索研究新肥料6个，植保试验8个。承担北大荒集团植保联网试验项目5项，承担张启发院士工作站试验项目3项，开展侧深施肥技术研究与无人机减除草剂试验研究2项。全年撰写试验报告 21 篇，采集植株考种样品 158 个，为试验、示范的下一步推广提供数据支撑。

2020 年，八五九农场“绿色超级稻”院士工作站，依托华中农业大学作物遗传改良国家重点实验室张启发院士科研团队，采用先进的基因组育种技术，通过杂交选育出全新胭脂米稻种——乌苏红糯 2 号。

二、新品种试验

共引进水稻、玉米、大豆等作物的新品种 119 个，进行了区域适应性、丰产性对比试验示范以及良种良法配套试验，为农场科学确定主导品种提供了依据。

2015 年，筛选适应该地区栽培的优质、高产、适口性好的水稻新品种。对 27 个品种进行对比试验，并成功筛选出龙粳 36、龙粳 39、龙粳 41、垦稻 23、垦稻 26、空育 163、保育 1 号等 7 个品种，同时筛选出抗逆性和适应性较强的 5 个品系，即庆 02-4、垦系 10-08、垦 13418、垦系 10-212、垦系 10-123。

2018 年，推广 11 叶品种 4 个，即龙庆稻 3 号、保育 1 号、龙洋 11、初香粳 1 号；12 叶品种 6 个，即三江 6 号、绥粳 18、绥粳 15、垦稻 26、龙垦 201、龙粳 21。

2020 年，推广绥粳 27、龙垦 257、龙粳 57、龙粳 1525、龙粳 1624 等优质品种，通过优化品种结构加快农户从种得好向卖得好转变。

三、新技术试验

重点开展了水肥一体化应用技术、稻谷品质提升、水稻侧深施肥技术、壮秧剂应用示范、暗室育秧技术、不同育苗基质试验、苗床增温剂试验、秸秆腐熟剂应用试验以及新型除草剂应用试验等试验项目 38 项。

水稻侧深施肥对比研究。此项技术的推广应用可提高水稻产量，降低肥料投入成本。试验结果表明：6 种侧深施肥肥料对水稻生育进程无影响，4 种肥料表现为对水稻有增产效果，最高处理产量为 8826.45 公斤/公顷，增产率 2.14%。

2015 年，对 3 个玉米品种进行了比较试验。经田间和室内考种，参试品种德美亚 1 号平均每公顷产量 9412.5 公斤左右；德美亚 2 号当年表现较好，每公顷产量 1.05 万公斤以上；瑞福尔 1 号每公顷产量 0.98 万～1.05 万公斤。

氨基酸功能有机肥技术试验。选取龙粳 46 为示范品种，通过施用氨基酸功能有机肥减少基肥用量。产量结果表明，应用该技术每公顷均产 7806.45 公斤，增产率 1.12%。

四、新技术示范

围绕耕地保护与质量提升促化肥减施增效项目，在管理区建立寒地黑土监测点 20 个。在肥效试验方面，设计落实水稻“3414”试验 10 个、水稻中微量元素试验 1 个、肥料利用率试验 1 个、配方校正及示范试验 10 个。

水稻变量施肥技术示范。严格落实变量施肥技术示范，通过与常规侧深施肥方式对比，考察该技术的优势及产量变化情况。试验结果显示：变量施肥技术可有效地提高水稻产量，每公顷增产 2.05%，施肥公顷节约成本 82.2 元，每公顷增效益 483.45 元。

水稻锌肥应用技术示范。锌是植物生长发育必需的微量元素之一，缺锌的土壤施用锌肥增产效果显著，水稻施用锌肥尤其明显。示范结果表明，每公顷施用 22.5 公斤锌肥的产量最高，每公顷产量为 8017.5 公斤，比不施用锌肥的增产 889.5 公斤/公顷，增产率 2.7%。

水稻药肥一体化技术示范。通过施用各种防病药剂、调节剂及叶面肥，筛选出适合当地生产的一种药肥配比，实现药肥一体化。试验结果表明：药肥一体化技术使水稻每公顷产量达 9394.5 公斤，增产率 2.43%。

调优施肥模式。推广生物肥代替化肥技术控制水稻的施肥时期及用量，打破以往的氮肥施用方式，降低肥料的投入成本，使肥料的效果得以最大限度地发挥，从而确保水稻优质与高产。

五、技术集成推广

开展了水稻“侧深施肥技术”、水稻节水控制灌溉技术集成推广应用。与北京师范大学、黑龙江八一农垦大学、农垦水稻研究所等科研院校开展水稻适口性技术研究、农业生产胁迫下的土壤环境变化、水稻优质米生产技术集成示范等示范项目 7 项。通过技术示范和集成推广，提高了农场水稻的产量，提高了农户的经济效益。

2015 年，重点推广项目 7 项，累计完成推广面积 3200 公顷。其中推广水稻自动控制灌溉系统应用技术，通过该系统的应用水稻全生育期平均用水量为 5547 立方米/公顷，每公顷节水 279 立方米。全面落实水稻适口性试验项目，推广水稻上育 397、垦稻 26、空育 163 等优质稻米品种。推广水稻黄腐酸水溶肥施用技术、水稻苗床增温剂施用技术。主推“四精两管”高产栽培模式，即精细耕作、精密栽培、精准施肥、精确防控，叶龄管理和标准化管理。

华中农业大学张启发院士工作站于 2020 年正式运行，在第六管理区规划试验基地

3.3公顷，依托建三江分公司的绿色超级稻研发中心，利用基因组育种技术，在“选优品种”“低氮栽培”“肥效试验”三个方面展开深入研究。

聘请农垦科学院水稻研究所副所长那永光、八一农垦大学水稻研究中心主任郑桂萍教授等专家为农业推广中心的首席顾问，为农业科研工作的顺利开展提供技术保障。

六、科技指导服务

建立“农技人员＋示范户＋农户”“农技人员＋基地＋农户”的推广方式。通过农业科技直通车、微信互动平台等多种形式，为农户提供技术指导服务。同时，开展“农业科技服务到田间”活动，农技人员在农业生产的关键环节深入田间、地块，并现场进行技术指导。

建立“科技园区—示范基地—科技示范田”的三级农技推广网络。形成了水稻“智、精、侧、暗、防、节、提”技术模式，即智能化育秧、机械化精准作业、侧深平衡施肥、暗室育苗、全程绿色植保、节水控制灌溉和提质稳产增效。通过大面积推广成熟技术模式，实现水稻稳产增产。

2010年10月，分公司投资255万元新建的科技研发中心综合办公楼投入使用。占地面积1000平方米，其中化验室200平方米。

2011年，投入30余万元在科技园区水稻大棚内安装了群体水稻育秧棚监控系统，对水稻在育秧期间的生长进行实时监测，电脑记录秧苗生长所需的温度、水分等各项数据，水稻出芽率达98%以上。能催出30吨优质芽种，可为400公顷水田提供优质秧苗。

2014年3月，新建自动监测气象站正式运行，全年地面观测设备稳定运行率100%，及时率95.87%，数据传输到报率95%以上。利用瑞万思气象预报软件和多普勒天气雷达，积极做好关键时期的农业气象服务工作。

为农业生产提供专业化的服务，依托园区水稻试验田开展新技术、新品种研究15项，通过示范、展示、农业技术培训，辐射带动种植户种植技术革新。提供专业化的气象产品服务，通过手机短信等形式发布天气预报和气象数据3万余条，为农业生产提供防雹作业，有效地提高抵御农业自然灾害的能力。提供黑土地保护与化肥减施增效服务，为农户免费测定土壤养分，提供施肥指导建议卡5000余份，提高了肥料利用率。

2020年，推广“两个模式”。一是推广标准种植模式154户（核心示范户14户、辐射示范户140户），推广面积3620公顷，14户核心示范户平均每公顷成本16777.5元以内，较常规种植模式每公顷效益提高1950元以上。二是推广数字管控高产模式示范户20

户（核心示范户 6 户、辐射示范户 14 户），推广面积 513.33 公顷，20 户示范户平均每公顷增产 760.5 公斤。发放培训资料 5000 多份，优质水稻高产高效栽培技术手册 800 多册（另见第三编第一章第八节）。

第二章　农业机械

1957—1963年，这一时期的机务工作，队伍新、作业水平低、驾驶技术不熟练，但对开拓荒原、扩大耕地面积立了头功。

1964—1968年，机务工作有明显进步。在机务管理上提出5个标准化，即田间作业标准化、技术保养标准化、管理标准化、技术档案标准化和修理标准化。农机管理出现了可喜的局面。

1969—1976年，刚刚建立的规章制度遭到破坏。1973年以后，又开始重视机务工作，在机关设机务办公室，连队设机务副连长，一部分专业人员恢复了工作，并着手建立机务管理规章制度，机务工作又开始好转。

1977—1983年，从组织上恢复了机务管理机构，农场设机务科，分场设机务副场长，生产队设机务副队长。并且开展了机务管理标准化运动。一队等21个农业生产队被管理局认定为标准化生产队，整个机务工作向前迈进一大步。

1985年，随着职工家庭农场的兴办，全场的农机具转让给个人，后经两次收回两次转让，于1995年彻底退出国有，产权实现了私有。

随着农机管理体制的转变，农机具更新速度加快。1985年，全场有链轨拖拉机231台、收割机243台，全场农机总动力2.87万千瓦。到2005年，全场有大中型轮式拖拉机419台、链轨拖拉机261台、自走式收割机126台、插秧机674台，农业机械总动力3.51万千瓦，是1985年的1.2倍。旱田90%实现了机械化，水田机械化程度达80%。

2020年，农场农业机械总动力达24.72万千瓦，农业动力机械及配套农具3.33万台（套），水旱田作业综合机械化率达98.6%。

第一节　机构沿革

1957年，农场设机务科，编制5人（正、副科长各1人，科员3人）。

1958年，机务科改为农机水电科，简称机电科，编制3人。

1964年，新八五九农场设机务科，编制6人（副科长1人，技术员5人）。

1967 年，农场成立革命委员会，取消机务科，只在生产组留 1 名管理机务的工作人员叫服务员，其余人员全部下放劳动。

1969 年，组建生产建设兵团，在生产股设 1 名机务参谋。

1974 年，生产股下设机务办公室，配 1 名副股长为办公室主任，有机务参谋 3 人。

1977 年，农场恢复机务科，设科长 1 人、技术员 3 人。

1983 年，机务科增设副科长 1 人。

1993 年，农场机构改革，机务科与农业科、科技科的一部分合并成立生产办，定编 5 人，主任由农场副场长范洪仁兼任，原机务科科长赵兴义为副主任。

1994 年，生产办解散，机务科单设。

2002 年 7 月，机务科与农业科、水稻办合并为北大荒农业股份有限公司八五九分公司生产技术部，下设农机部。

2005 年，农机工作获总局级标准达标农场。2010 年 1 月，被总局农机局评为 2009 年度总局农机管理标准化标兵农场。2016 年，农场获得“全国农垦农机标准化示范农场 AAAA 级”称号。2017 年，被农业部授予 2017 年度全程机械化示范县称号。

领导成员更迭情况如下：

机务科科长：于水河（1957.3 任命）
何儒林（1957.8 任命）
何家修（1958.8 任命）
韩景发（1960，副科长）
徐士海（1964，副科长）
徐士海（1974，副股长）
徐士海（1977.2—1979.2）
袁庆年（1979.10—1986.8）
赵兴义（1986.8—1990）
于金友（1990.11—1991）
李子成（1991—1992，副科长）
赵兴义（1993 任命）
王军饶（1994 任命，副科长）
李江生（1995 任命，副科长）
李江生（1996.4—1998.5）
冯国才（1998.5—2001.4）

俞高江（2001.4—2005.12）

丁兆亮（2005.12—2009.3）

农机部长： 丁兆亮（2009.3—2012.1）

贾乃九（兼，2012.1—2012.12）

丁兆龙（兼，2012.12—2014.3）

周宝林（2014.3—）

第二节　农业机械设备

老八五九农场时期（1957—1963年），拖拉机以国外进口为主，国产为辅。拥有拖拉机191台，有苏联、西德、东德、匈牙利、罗马尼亚、捷克产的拖拉机，有国产东方红-54型19台。收割机有开封产49型12台、苏联产5台。

1960年春，第一批国产拖拉机东方红-54运抵农场。同年秋，第一批国产牵引式联合收割机运抵农场。

新八五九农场时期的机械设备总量由于土地面积减少而减少，但是国产机械增加，进口设备逐渐淘汰。1964年，链轨拖拉机总计45台。其中，国产东方红-54型37台，每台平均担负面积158.47公顷。收割机26台，农具开始配套。

到1983年底，拖拉机已经发展到315台。其中，国产东方红-75型198台，国产东方红-54型17台；轮式拖拉机有国产铁牛-55型58台，上海产-50型29台，美国产约翰迪尔-4450型3台，国产东方红-28型10台。收割机213台，其中轮式自走收割机114台（东德产E-512型和国产东风-90型为多），各种农具配套齐全。每台链轨拖拉机平均担负面积133.33公顷，每台收割机担负面积131.33公顷。

1985年，为适应职工家庭农场的需要，全场的农机具全部转让给个人。当年12月，又将已转让的农机具收回，以生产队为核心，实行单车核算，统一经营。

1987年底，开始第二次转让，转让期三年。1991年，再次收回。

1995年，除项目队外，凡农业生产队的农业机械、晒场机械又第三次转让给个人。对项目队的外国进口机械和全场没有转让的1065、1075、E514等大型收割机实行上缴风险抵押金、折旧费和大修理基金的承包制。1996年3月，农场对上述未转让的大型机械进行了转让。至此，全场所有农机具全部转让给个人，农机产权制度改革彻底结束。全场农业机械的更新走上了谁投资、谁引进、谁受益的快速发展轨道。

1985年以来，全场农机具不但在数量上有较大增长，机车类型、科技含量也有了很大提高。

1985—1994 年，为农场更新时期。这一时期农机具更新速度很快，但机具型号和类型不多，利用补偿贸易引进的外国机械也只有少量的大胶轮拖拉机和收割机，有民主德国的 E512、E514、E516 收割机，大部分机具为国产机械。该时期随着农场大豆三垄栽培面积的扩大，农具以引进大豆垄作播种机为重点，1985—1994 年共引进各种型号的播种机 140 台。由于这一阶段涝灾频繁发生，农机具引进以抗涝作为重点，在收割机防涝上引进 134 台半链轨、72 台挠性割台。

1995—2000 年，为个人更新初期。这一时期由于家庭农场兴办，机车转让给个人，机车产权归己，使职工吃了定心丸，职工纷纷更新和购买新机车。农场出台了分期付款等优惠政策，但由于受资金短缺的限制，且所购机车金额大，更新速度不快。

1997 年，家庭农场主葛柏林投资 78 万元购买了 1 台纽荷兰 M-160 拖拉机，系纽荷兰公司在中国销售的第一台样车。1999 年 7 月 1 日，农场购进 7 台纽荷兰 M-160 拖拉机。购机户预付 5 万元抵押金，其余部分分期偿还。

2001—2005 年，为快速更新阶段。这一时期由于农业结构调整步伐加快，国家和农场出台了购机补贴、购机低息贷款等一系列农机更新的优惠政策，大大促进了职工更新农机具的积极性。5 年间，农场新增农业机械总动力 7105.08 千瓦，增加机车 301 台，新增农具 578 台（套）。农机具更新总金额达 1633.86 万元，其中总局补贴 49.3 万元、分局补贴 16.27 万元、农场补贴 128.6 万元、职工自筹 134.49 万元。

2001 年，十队郑建国采取个人投入 3.8 万元，农场贷款 1 万元，其余 8 万元分 3 年付清的方式，购买了 1 台价值 12.8 万元的 1002 东方红拖拉机。同年，农场共引进 10 台 1002 拖拉机、6 台 1042 收割机、2 台 3060 收割机，投入资金 200 万元。

2006—2020 年，为高速发展阶段。农业机械在数量、机车类型、科技含量方面有了很大提高，有机户更新农业机械的积极性空前高涨。农机具更新总金额达 8.08 亿元，新增农机具 2.36 万台（套），使农业机械装备能力在自然条件允许的条件下保证每个农时阶段 7 天完成任务，为抢抓农时、上标准、增产、增收奠定了基础。

先后引进了世界上先进农机具及国产农机具。2006 年，购买 3316 收割机 4 台、3080 收割机 6 台、玉米下棒机 6 台。2007 年，购买 309 马力凯斯 2388 收获机 5 台。2008 年，引进国产东方红 1804 大马力拖拉机 4 台、迪尔 3316 收割机 10 台。2009 年，购进意大利产的水稻撒肥机 19 台。2011 年，引进高性能插秧机 122 台、浸种催芽设备 13 套。2012 年，购进进口马斯奇奥播种机 17 台、12 行导航起垄机 5 台、重耙 12 台、凯斯 6130 收割机 15 台。2013 年，引进进口大马力迪尔 1654 拖拉机 4 台、马斯奇奥 6 行播种机 9 台、自走式高杆喷雾机 5 台、大马力拖拉机配套卫星导航设备 9 台（套）、进口贝松犁 7 台。

2014 年 8 月，三十站种植户于国强自筹资金 258 万元购买了 1 台进口约翰迪尔 S670 收割机。S670 收割机是首次在中国引进，一共引进 15 台，八五九农场种植户购买了 5 台。每台总价 298 万元，国家每台补贴 40 万元。

2017 年，引进水稻侧深施肥插秧机 277 台、动力驱动耙 2 台、深松机 9 台、进口玉米播种机 7 台（套）。2020 年，引进旱田拖拉机导航 44 台，深松监控系统、深松机等农具 46 台，配备插秧机导航 64 套，引进割晒机 72 台，重型水田灭茬犁 180 台，国产卫星平地机 41 台。

农场在 2010 年时就开始应用全球定位系统（GPS）、地理信息系统（GIS）、卫星遥感（RS）“3S”技术，购买 30 多套卫星定位系统应用于农机上。旱田实现了整地、起垄、播种等全部标准化、精量化。2020 年，农场有旱田拖拉机导航 56 套、智能喷药控制系统 17 套，旱田已经实现全面积导航作业。

农场利用各种扶持资金，加大农机具更新步伐。2010 年，国家发放农机购置补贴资金 547.5 万元，农场出台政策补贴资金 90 万元。2015—2020 年，国家农机购置补贴资金共计 13094.9 万元，农场出台政策补贴资金共计 3959 万元。其中，2020 年，国家农机购置补贴资金 4400 万元，农场出台政策补贴资金 1029 万元。

2020 年，农场农业机械总动力达 24.72 万千瓦，有农业动力机械及配套农具 3.33 万台（套），水旱田作业综合机械化率达 98.6%。

表 3-16　1964—1983 年全场主要农机具配备情况统计表

单位：台

年度	链轨拖拉机	胶轮拖拉机	推土机	联合收割机		主要农具							
				合计	其中：自走	犁	耙	播种机	镇压器	中耕机	联结器	扬场机	拖车
1964	45	2	—	26	4	67	155	52	23	82	55	—	—
1965	48	10	—	30	4	44	229	72	70	74	68	—	—
1966	49	18	—	30	4	50	153	64	71	79	67	15	18
1967	54	18	3	35	4	45	138	57	77	77	72	15	18
1968	57	18	6	36	4	48	164	60	77	80	81	16	18
1969	58	18	6	37	5	52	172	72	77	91	88	20	18
1970	74	19	6	42	6	65	172	83	86	83	88	23	19
1971	69	35	5	48	8	101	233	105	96	92	94	23	35
1972	120	39	5	63	15	111	284	120	103	92	95	26	39
1973	123	40	8	63	15	148	357	130	88	82	93	38	80
1974	127	45	11	80	19	148	357	171	94	82	119	48	90
1975	128	50	11	99	26	151	360	182	94	117	122	48	100

（续）

年度	链轨拖拉机	胶轮拖拉机	推土机	联合收割机		主要农具							
				合计	其中：自走	犁	耙	播种机	镇压器	中耕机	联结器	扬场机	拖车
1976	132	55	12	108	33	161	404	191	94	121	137	48	110
1977	129	54	12	114	39	148	364	170	98	122	142	42	108
1978	160	74	17	148	54	186	314	231	100	132	153	42	144
1979	179	82	55	156	62	206	409	253	185	132	198	52	164
1980	201	92	55	165	78	225	536	292	200	151	227	57	160
1981	215	97	55	166	93	219	550	367	149	125	216	53	140
1982	215	98	58	175	102	229	550	269	149	125	216	53	156
1983	215	100	58	213	114	229	572	290	179	140	249	57	166

表 3-17　1984—2005 年全场新增农机具情况统计表

单位：台、套

年度	主要购买农机具数量、购买方式及政策
1984	农场购买：东方红-75，39 台，铁牛-55，57 台（其中个人购买 35 台），东方红-60 推土机 6 台，E512 半链轨 10 台，龙江 6 大豆播种机 18 台，七铧犁（Ⅱ）大豆播种机 25 台
1985	补偿贸易：迪尔 4450 拖拉机 3 台，加拿大产 885 自走割晒机 1 台，迪尔 1075 收割机 2 台，佳联 1075 收割机 3 台；农场购买：E512 收割机 30 台，E512 半链轨 10 台，东风收割机半链轨 20 套，七铧犁（Ⅱ）大豆播种机 20 台
1986	农场购买：（哈产）玉米精点机 9 台，青贮自走收割机 1 台，E512 收割机半链轨 10 台，挠性割台 10 台，七铧犁（Ⅲ）大豆播种机 20 台，玉米点播机 2 台
1987	农场自购：开封产 1065 收割机 2 台，小麦比重选种机 23 台，E512 收割机半链轨 57 台，东风收割机半链轨 12 套，大豆挠性割台 37 台，七铧犁（Ⅱ）大豆播种机 5 台，2BFZT6 大豆播种施肥机 6 台，依兰产大豆精点机 9 台，佳联产联合耕作机 3 台，牵引青贮机 2 台，迪尔 4450 拖拉机 2 台（补偿贸易），液压平地机 2 台，波兰产喷药机 8 台
1988	农场自购：大豆挠性割台 5 台，依兰产大豆精点机 24 台，组合重耙 2 台，大豆精点机 3 台，喷药机 2 台，进口 E512 收割机发动机 8 台，手扶拖拉机 10 台，插秧机 10 台
1989	农场购买：E512 收割机半链轨 15 台，大豆挠性割台 30 台，佳联 1075 收割机 2 台，2.2 缺口重耙 40 台（每台 3850 元），种子拌药机 10 台，海伦产大豆精密播种机 20 台，依兰产大豆精点机 10 台，小麦播种机（哈尔滨产）3 台，东方红-75 拖拉机后悬挂 10 台，手扶拖拉机 5 台，哈产玉米播种机 10 台
1990	农场购买：佳联产自走割晒机 6 台，1065 收割机（风冷）10 台，农场修造厂钢轨平地器 35 台，（哈尔滨产）小麦播种机 9 台，（八五二农场产）种子拌药机 5 台，农场修造厂造 V 型镇压器 60 台，依兰大豆播种机 10 台，2.2 缺口重耙 17 台，农场修造厂造喷药机 6 台，四平产 E514 联合收割机 5 台，牵引割晒机 15 台，佳联 1065B1 收割机 10 台
1991	农场购买：开封产 1065 收割机（水冷式）发动机 2 台
1994	农场购买：德特-75 拖拉机 19 台
1995	个人购买（先交 5 万元，余款分期付款）：佳联 1075 收割机 10 台
1996	个人购买：佳联 1075 收割机 10 台（8 年还清，每年 22 吨出口大豆），玉米覆膜播种机 8 台
1997	分期付款：德特-75 拖拉机 50 台；分期付款，农场贷款 60%：1075、E514 收割机半链轨 15 套（每套 7.35 万元）
1998	农场贷款 60%，分期付款：654 胶轮拖拉机 5 台（每台 7.35 万元），东方红 802 拖拉机 6 台（每台 10.6 万元），804 胶轮拖拉机 9 台（每台 10.6 万元），施耕机 7 台，旋转五铧、四铧犁 2 台，桦川大豆精点机 4 台，东方红 1002 拖拉机 2 台
1999	个人自购（分期付款）：纽荷兰 M160 大马力拖拉机 7 台；个人定购：八五二农场产小麦通用播种机 9 台
2001	农场补贴 1 万元/台，分期付款：东方红 1002 拖拉机 10 台；年初交 40%，年末还 60%：1042 收割机 6 台；全额自购：3060 收割机 2 台，挠性割台 8 台，抛散器 8 台，深松机 7 台，组合耙 9 套，小麦通用播种机 1 台，插秧机 25 台，水稻割晒机 20 台，激光平地机 1 台，青贮机 1 台

（续）

年度	主要购买农机具数量、购买方式及政策
2002	每台补贴7万元，分期付款：3518联合收割机2台；个人自购：插秧机65台，（瓦房店）大豆气吸播种机（三行）3台，水稻播种机1台，354水田拖拉机9台，青贮机2台（每台补贴2万元）；农户自行贷款：1042收割机6台
2003	个人自购：东方红724拖拉机5台，东方红1204拖拉机1台；农场补贴2万元，个人购买：大豆覆膜播种机（八五二农场产）1台；农场补贴500元：小四轮气吸大豆播种机18台；上级拨款：喷灌机54台；首付3.8万元，分期付款：3070收割机10台；首付30%，贷款分期偿还：1042收割机5台；销售商贷款：1062收割机1台，总局补贴2000元，其余全额付款：水田搅浆平地机10台；个人购买：水稻插秧机10台，秧田播种器50台；首付30%，农场贷款：1004拖拉机1台
2004	农场补5000元，首付30%，其余款8年还：佳联气吸大豆精点机4台；农场补2万元，个人自筹（八五〇农场产）：大豆气吸式覆膜播种机6台；现代化农机装备区：凯斯285大型胶轮拖拉机1台；现代化农机装备区：迪尔7820大型胶轮拖拉机2台；首付30%，其余款8年还：小麦通用播种机4台，组合耙3套；个人自购：镇压器9台，深松犁1台，搅浆平地机4台，双向犁1台；总局补贴500元，其余全额付款：插秧机54台；个人自购：水稻播种器200台，水稻催芽器20台
2005	农场补2万元，其余全额付款：东方红1202拖拉机3台，东方红1204拖拉机9台；国家补15%，其余自筹：804拖拉机5台，724拖拉机10台，454拖拉机7台，宁波404拖拉机6台，3316收割机9台，3080收割机6台；个人自筹：重耙1台，中型耙3台，大豆（小四轮）覆膜机92台；总局补5000元，其余个人自筹：插秧机45台；农场补2000元，其余个人自筹：割晒机4台；国家补15%，其余自筹：搅浆平地机30台，旋耕机15台，水田犁20台

表3-18　2006—2020年全场新增农机具统计表

年度	主要购买农机具的型号及数量（台、套）	投入（万元）	新增农机具合计（台）
2006	3316收割机4台，3080收割机6台，全履带式稻麦收割机96台，40～50马力中型水田拖拉机125台，水田插秧机419台，稻麦割晒机、割晒机10台，玉米割台2套，玉米下棒机6台	1200	668
2007	309马力凯斯2388收获机5台，40马力以上大中型水田拖拉机134台，搅浆平地机147台，插秧机289台，玉米摘穗机3台，稻麦割晒机13台，大中型水稻收割机54台，旋耕机56台	1728	2216
2008	国产东方红1804大马力拖拉机4台，迪尔3316收割机10台，35～90马力胶轮拖拉机26台，高性能洋马八行、久保田六行、井关六行等插秧机5台，国产传统插秧机172台，进口撒肥机5台，搅浆平地机20台	1132	441
2009	意大利产水稻撒肥机19台	5100	866
2010	水稻高性能插秧机93台，大型收割机40台，100马力以上拖拉机40台，割晒机100台	6500	1020
2011	高性能插秧机122台，浸种催芽设备13套，播种机5台	4803	2568
2012	进口高性能插秧机123台，大棚圈帘器800台，撒肥机25台，大棚水稻电动精密播种机100台，浸种催芽设备7套，进口马斯奇奥播种机17台，12行导航起垄机5台，重耙12台，各类搅浆整地机30台，玉米灭茬机25台，凯斯6130收割机15台，CF806型收割机34台，沃得4LZ-6型收割机5台，履带式全喂入水稻收割机150台，四行玉米联合收割机6台，自走式割晒机48台，导航10台	8050	1312
2013	大马力迪尔1654拖拉机4台，重耙14台，马斯奇奥六行播种机9台，中耕机5台，自走式高杆喷雾机5台，等离子种子处理机2台，东方红80～90马力水田拖拉机142台，水田高性能插秧机8台，带侧深施肥高性能插秧机1台，大马力拖拉机配套卫星导航设备9台（套），水稻大棚电动播种器80台，80～90马力拖拉机配套的水田搅浆机78台，起垄整形机5台，进口贝松犁7台	8900	1309

（续）

年度	主要购买农机具的型号及数量（台、套）	投入（万元）	新增农机具合计（台）
2014	水田筑埂机 25 台，履带式自走式打浆机 4 台，运苗车 10 台，50～125 马力轮式拖拉机 95 台，凯斯 210 拖拉机 2 台，水田带侧深施肥高性能插秧机 7 台，大马力拖拉机配套卫星导航设备 1 台，进口贝松犁 5 台，进口迪尔 S670 收割机 5 台，履带式收割机 44 台	1252	474
2015	200 马力以上拖拉机 2 台，收割机 152 台，高性能插秧机 22 台，进口六行精量播种机 11 台，进口翻转犁 6 台，自动导航设备 6 台，水田多功能运苗车 35 台	4900	690
2016	拖拉机 248 台，收割机 145 台，测深施肥插秧机 63 台，插秧机 75 台，拖拉机履带 18 套，运苗机 37 台，自动驾驶系统、打浆机、组合耙等配套农具 35 台（套），移动式低温烘干机 7 台	6675	6230
2017	水稻侧深施肥插秧机 277 台，运苗机加装割晒机 1 台，沃德收割机挂装拾禾器 2 台，200 马力以上拖拉机 6 台，动力驱动耙 2 台，深松机 9 台，大马力拖拉机用橡胶链轨 2 套，1.1 米大垄起垄机 12 台，进口玉米播种机改装 1.1 米大豆垄上三行播种机 7 台	7800	931
2018	200 马力以上拖拉机 2 台，140 马力以上拖拉机 4 台，动力驱动耙 5 台，进口玉米播种机改装大豆播种机 21 台，侧深施肥插秧机 197 台	6314	1609
2019	进口 200 马力以上拖拉机 8 台，国产 200 马力以上拖拉机 15 台，动力驱动耙 6 台，旱田拖拉机导航 14 台，组合耙、起垄机、镇压器等农具 41 台，侧深施肥插秧机 225 台，大棚喷雾机 54 台，双轴打浆机 124 台，各类割晒机 59 台，拾禾器 99 台，旱田进口大型收割机履带 5 副，小型旱田收割机履带 6 副，割晒机履带 6 副，旱田大马力拖拉机高花胎 41 副	6694.5	1253
2020	进口 300 马力以上拖拉机 1 台，国产 200 马力以上拖拉机 61 台，动力驱动耙 1 台，旱田拖拉机导航 44 台，组合耙、起垄机、深松监控系统、深松机等农具 46 台（套），侧深施肥插秧机 247 台，插秧机导航 64 台，运苗轨道车 33 台，割晒机 72 台，重型水田灭茬犁 180 台，国产卫星平地机 41 台	9800	1984

第三节 机务队伍

1957 年 4 月，从伏尔基河、查哈阳、二龙山、友谊、集贤、永安、赵光等老农场抽调 150 余名拖拉机驾驶员，又从宁安、红星、铁力、九三等技校和东北农学院、哈尔滨农业机械化学校分配近百名学员，总计 250 人，来场担任各级机务工作管理人员、车长、驾驶员。他们是农机事业的奠基者和机务队伍的骨干。首批配备的助手和学员，是经过短期训练的铁道兵复转军人和佳木斯市招收来的青年工人（约 300 人）。随着生产发展和机械增加，又相继从 1958 年复转官兵和 1959 年山东支边青年中选配一批机务人员，构成了老八五九农场的机务队伍。每台大型车配 9 人、中型车 6 人、小型车 2 人、康拜因 2 人，机务队伍总计在千人以上。

1964 年新八五九农场成立时，由于耕地面积减少，机车数量也相应减少。机务人员从 1000 余人下降到 300 余人。此时除机务技术人员外，机车驾驶员、助手以山东支边青年为主力。

1969—1978 年的 10 年间，机务队伍发生了重大变化。原来的机务人员，一部分因年老退出，一部分当了各级领导干部。当时大批来场的城市知识青年，便成为这一时期机务队伍的主要力量。这批人员多是初、高中毕业生，文化程度较高，接受能力强，对农机事业发展发挥了很大作用。

1979 年，大批城市知青返城，出现了机车无人开的局面。农场马上配备充实了以农场职工子弟为主要力量的机务队伍。到 1983 年，全场有机务人员 1204 人，其中车长 451 人、驾驶员 359 人、助手 394 人。65％以上是初、高中毕业生，5％是大、中专毕业生。70％在 30 岁以下。

1985 年以前，由于农业生产体制一直为统营时期，农场对农机队伍建设十分重视，分场配有农机副场长，生产队配有农机副队长和技术员。车长、驾驶员和助手的选拔十分严格。

1985 年，兴办职工家庭农场，机车转让给个人，农场出现了一些技术水平低、缺乏经验的人驾驶机械。当年冬季，农场利用职业高中放寒假时间，举办了东方红拖拉机、E512 收割机、东风收割机培训班，聘请农机工程师、技术人员和有实践经验的工人师傅讲课。学习内容包括机车原理、使用与保养、调整和常见故障排除等。

1994 年以后，农业生产实行“两自”后，由于体制的变化，农机队伍建设进展缓慢。到 2005 年，农场机务科有人员 2 人，管理区、作业站农机副队长 26 人，机务工人 1359 人。

农场每年举办农机管理人员和农机驾驶员培训班，组织开展新机具使用、安全操作等实用技术培训，并对农机驾驶员进行考试，确保持证上车。

2006 年，第六管理区标准作业能手杨俊海参加省青年技工技能比赛，在农机青工比赛中荣获第三名。

2007 年 6 月 30 日，组织 12 名购机户和驾驶员赴宝泉岭管理局参加第一期凯斯 2388 收割机技术培训班。9 月 12 日对 122 名驾驶员进行培训。

2008 年，通过培训、考核等方式共选拔培养农机标准作业能手 96 名，并在农场广泛开展标准作业大比武活动。

2017 年，邀请侧深施肥插秧机、电动摆盘机、深松机、动力驱动耙的厂家，进行现场操作讲解，对农机驾驶员进行培训。

2001 年，九队成立了由 8 名老技术工人组成的老工人维修队，为有机户服务。当年，检修插秧机 4 台、座机 2 台、手扶 4 台、旱田农机具 6 台件。

到2020年，全场共有农机作业服务组织33个，农场组建农机合作社1个。涌现出了一批专门从事机耕、植保、运输、维修的农机专业户，在农业生产中发挥重要作用。

第四节　农机管理

一、管理制度

从1963年开始，根据〔1963〕场机山字第51号文件精神，在机务管理上建立了总场机务总工程师（机务副场长）、副总工程师（机务科长）、机械检查师，分场机械师（分场机务副场长），生产队机务副队长的三级技术责任制。在技术保养上实行了“三八”保养措施，即三项纪律（按时保养、逐条逐项、保证质量）；八项措施（其中重要的七项为：滑——坚持使用质量良好而又清洁的润滑油料，加油必须过滤；油——柴油必须经过沉淀96小时，地头沉淀48小时方可使用，加油必须过滤，保证燃油绝对清洁；水——使用煮沸清洁的软水；净——保养、修理使用过程中，必须经常保持机器内外清洁；温——正常掌握机器温度，起车温度最低应达到45℃，作业温度80～90℃；调——正确调整，标准作业，合理使用，不超负荷；检——班次作业中，实行停车检查制度，预防故障）。从此，机务管理状况开始好转。

新八五九农场成立后，进一步加强了机务管理工作。1966年3月3—6日，召开了八五九农场第一次机务代表大会，222名代表聚集在一起，专门讨论了机务工作。大会提出了机务队伍四过硬，即思想、作风、技术、基本功过硬。

在管理上，一是坚持技术保养标准化。认真执行按时、按号逐条的计划保养制度；在方法上执行双班保养，明确分工，做到五净、三好、六封闭。即水净、油净、空气净、机具净、工具净；机车使用好、调整好、保养好；主油箱口、副油箱口、磁电机、机油加注油口、油尺、汽化器封闭。二是管理标准化。农具场、停放场做到四好（排列好、技术保养好、清洁卫生好、交接手续好）；四无（夏无草、冬无雪、机无生锈与腐蚀、零件无乱放）。机车必须做到无油泥、不漏油、不漏水、不漏气、不缺零件。

1966年6月10—13日，农场组织机务副队长、包车组长、驾驶员和农具场组长30余人，对全场13个农业生产队、33台中型车、4台小型车、12个农具场和油材料库进行了检查。普遍管理较好，二队（六队）获五项标准化流动红旗。

1973年，团里开始制定机务工作措施。从团到连配备了机务干部，从此机务管理开始好转。

1979年，农场农机部门将全场胶轮拖拉机集中于场部进行逐台检查评分，优胜则奖，后进则罚。

1985年以后，虽然全场农业机械经历了转让、收回、再转让、再收回，到1995年彻底退出国有的10年，但农机管理仍没有减弱。这一时期无论在管理制度，还是管理方法上，都本着农机为农业生产服务这一宗旨，在管理机构上农场设有农机科，分场配备农机副场长，各生产队配有机务副队长。虽然农机转让给个人后，一些技术水平不高的机务人员购买了机车，但农场加大对机务人员的培训，使这些机务人员很快掌握了操作和保养技能。

1985—1992年，农场农机管理工作主要以技术保养、标准化作业、农机具统一停放为重点。从1993年起，农业生产由于实行“两自”，以及机车彻底卖给个人后，农机管理转向指导和服务，农机标准化作业和农机具统一停放得到加强，农机管理工作逐步走上制度化、规范化和科学化发展的轨道。

1984—1993年，农场农机技术保养十分严格，农场要求机车要随时达到“五净四不漏”，即油净、水净、空气净、机车净、工具净；不漏油、不漏水、不漏气、不漏电；农机具要达到“六不”“三灵活”“一完好”，即不松动、不旷动、不锈蚀、不钝刃、不变形、不缺件；转动灵活、升降灵活、操作灵活和技术状态完好。

2002年以来，一是推行优车优具、优质优价政策。优车标准是五净、四不漏、六封闭（主副油箱、水箱加注口和检查口共四处、液压快速接口两处）；优具标准为六不、三灵活、一完好。二是实行农机管理六统一，统一停放和保管、统一保养和维修验收、田间作业统一质量和验收、油料统一供应、统一管理和指挥、田间作业统一收费和结算。

从2006年开始，严格执行机具作业验收标准化制度。按照总局及分局下达的各类机具验收标准，对全场的机具状况、农具场管理进行全面的检查。对检验不合格、作业效率低下、高能耗、低产出，超期服役的机具彻底淘汰。

2007年，制定农机管理《千分制考核责任状》，制定“备耕生产准备、大田机具准备、半年农机工作、秋收农机准备、农机监理工作、农机冬季封存工作及全年综合评比”七次检验标准。各阶段检查后进行打分排榜通报。

2008年，对全场29个单位的各种动力机械和机具进行了作业前的验收，逐一对全场的大型喷药机进行田间验收，全部取缔了不合格喷头，保证了喷雾作业的标准。

2015年，向作业站有机户发放质量验收单，各作业站成立质量验收小组，严格按照作业质量标准进行验收。

2016年，制定并下发《创建农机标准化示范农场实施方案》和《八五九农场农机标准》，规范农机管理。建立机车技术档案、工作日记，健全农机岗位责任制度、机务区管理制度、田间作业标准等 22 项管理制度。

二、农机作业

建场初期，农场机械作业以开荒为主，作业质量要求不严，主要表现为粗放作业，广种薄收。

1964 年以后，对机械田间作业有了具体标准。要求做到五不准，即任务、质量不明不准作业；田间准备不好，有障硬物、无标杆不准作业；农具技术状态不标准不准作业；机车运行路线、作业速度不明不准作业；安全措施不全不准作业。

由于田间作业要求标准化，这一时期的生产效益逐年好转，粮豆产量逐年提高，比老八五九农场时期增加 3.17 倍。

1977 年以后，农场在田间作业标准化方面取得了明显效果，机械田间作业水平提高了一大步。

在播种作业方面，较成功地解决了大豆侧深施肥和垄作全层施肥。

中耕管理作业，突出抓了常规灭草措施，苗前耙、蒙头土、三杆齿深松、中耕追肥和药剂灭草。

整地作业，重点解决了翻严扣严、整平耙碎，特别强调用改制的三角平地器作业，保证了地面平整，为播种和苗期生长创造了条件。旱田所有整地作业均到头到边、垄堑笔直和不重不漏。

收获作业，成功解决了小麦分段收割放鱼鳞大铺的技术改装，大豆收割解决了炸荚、泥花脸和出现破碎粒现象。

1984 年，十二队车长詹树和单车蒙头土超万亩，成绩突出奖励 100 元，同时晋升一级浮动工资。

1985 年以后，随着职工家庭农场的兴办，以及机车三卖二收，农场农机标准化作业一直抓得很紧。每个生产队都成立机车田间作业质量验收小组，对达不到规定标准的机车不允许作业。1994 年以后，由于农业生产实行“两自”，机车卖给个人，农机部门每年都制定各类机车的作业标准，种植户与有机户达成代耕意向，质量由种植户监督，作业费自行结算。

2006 年，严格田间作业质量检查验收制度，有 9 个单位 13 个地号因整地质量未达标返工，处罚 4 个单位的管理人员。评出 10 个车组为标准作业标兵车组。

2008 年，所有参加作业的机具必须经农机部门验收合格，粘贴检验合格证后方可参加作业。实行优机优价政策，农机具分“甲乙”两级标准，乙级车组作业费比甲级车组下调 0.5 元/亩，收割费下调 1 元/亩。

水稻分段收获在水稻生产中发挥重要作用。近年来，农场推广应用的多为活秆成熟、加之枯霜期在 10 月 1 日之后的品种。应用分段收获技术，一可以提早收获时期，有效规避早雪危害；二可以早完成收获，为秋整地赢得宝贵时间；三可以提高水稻品质。第八管理区王波种植水稻 50.87 公顷（品种为绥粳 18），他通过农场农机补贴，购买割晒机 2 台，采取分段收获技术，拾禾后，粮商在地里直接将水稻拉走，年盈利 30 余万元。2020 年，农场采用水稻分段收获技术占水稻种植面积的 48.3%。

2020 年，农场实现全年新购农机车辆 100%落户、挂牌率 96%以上、持证率 95%以上，农用机车及机具安全警示标识安装率达 100%。禁止无驾驶证人员参加农业机械作业，强化安全教育签字制度和安全责任状制度；拖车、农具 100%安装安全链、反光牌、反光贴，预防并消除各类农机安全隐患。

三、场库棚建设

农机标准化管理主要是指农机停放、油料管理以及后勤保障的标准化。1993 年以前，农场农机标准化建设抓得实、标准高。农具场有专人管理，定期除草，农机具夏秋入库两次。修理间、烘炉、电焊间都有专人负责，随时保障机车修理。油料管理做到了缓冲卸油，浮子取油，三级沉淀 48 小时，三级过滤封闭加油。十七队、七队、九队都实现了管道加油。

1993 年以后，由于机车卖给了个人，有机户自备主副油料和修理设备，农机标准化管理只限于农机基础设施建设、农机具停放以及标准化作业上。

1992 年，农场对 10 个生产队的农具场采用铁围栏围护，这是全场第一批建设铁围栏的农具场。当年，农场投入资金为 9 个生产队新建了油料库，8 个生产队新建了材料库，10 个生产队新建了保养间和烘炉。

1997 年，为 11 个生产队的农具场建设了铁围栏。1998 年，为 8 个生产队的农具场建了铁围栏。

农场始终把农机具入库作为重要工作来抓，每年春播和秋收结束后要求各类机车统一停放到农具场，不准停放在营区内，每年检查两次。全场农机具入库率达 100%。

农场加大对农具场的管理和维护，提出了农具场建设的标准，即场地平整、砂石铺垫、沟渠通畅、房屋整洁、绿树成荫、花香宜人、定期维护、专人负责。全场农具场 100%实现了围栏化。

为了保证农机具入库清洁无泥土，从 2000 年起，各单位都建了水泥刷车台，配备了刷车泵，机车入库整洁一新。进场的机具必须做到“净、齐、封、垫、涂、卸、放、全、美、好”。

2002 年，农场新建了一队和十七队的金属农机库房。2003 年，利用自有资金建设农机场库一个。2005 年，新建农机库房 986 平方米；年底，共建农机具金属库房 4086 平方米，总投资 157.2 万元，分布 8 个生产队，大型机车全部停入库内。

2006 年，投入 95 万元，完成第十七作业站、第二十六作业站农具场区建设，新建农机库房 590 平方米。

2007 年，建收割机库房 350 平方米、拖拉机库房 392 平方米、插秧机库房 729 平方米。

2008 年，投入 60 余万元，用于各管理区、作业站农具场基础设施建设。硬化农具停放场 2400 平方米，维修农机库房 6 处、农机修理间 6 处、油料库 3 处。

2009 年，投入 500 余万元在第十九作业站建设现代农机装备示范区。占地面积 2.85 万平方米，房屋建筑面积 1.24 万平方米，建有钢结构带玻璃幕机车停放展示库房，可停放展示大型谷物联合收割机 10 台、大马力拖拉机 20 台。农具场停放进口收割机、凯斯迪尔、200 马力拖拉机、平地机等现代化大型农机具 700 台（套）。还有砖混结构办公室、员工休息室、技能培训、设备维修、配件供应、进口装备保管、油料供应、设备清洗等 8 个区域。

2010 年，投资 220 万元，在第十一作业站新建 1.6 万平方米农具场；投资 200 万元在科研站新建 3.3 万平方米农具场。

2011 年，投资 400 万元在第四作业站建设农具场；投资 100 万元在第十二作业站新建 2.6 万平方米农具场；在第二管理区建农机库 300 平方米、农具场 3 万平方米。

2013 年，在第二十八作业站建农机库 1200 平方米、农具场 2.2 万平方米。

2015 年，在第三十作业站建农机库 1000 平方米、农具场 2 万平方米。

2016 年，在第三十七作业站建农具场 3 万平方米。

2017 年，投资 96.4 万元，在第三作业站新建农机管护水泥场地，硬化面积 0.767 万平方米；在第三十五作业站建农具场 2 万平方米、农机库房 700 平方米、围栏 600 米；在第十六作业站建农具场 22570 平方米。

2019 年，投资 156.07 万元，新建农机管护设施。其中，第一管理区混凝土路面 2250 平方米、混凝土台面 1718 平方米、碎石路 5080 平方米、圆管涵 70 米；第四管理区围栏及大门 1007 米；第九管理区围栏及大门 770 米；第十四管理区管理用房 73.6 平方米；第六管理区农具场 17091 平方米、80 平方米管护房 2 座、围栏 1245 米、电动伸缩门 2 个、465 平方米油料库 1 座。

2020 年，投资 105.79 万元，在第十一管理区建农具场 2 万平方米。

到 2020 年，农机具入场入库标准明显提升。各管理区农具场及库房都能达到环境整洁，机具停满、放严，并制作了遮阳棚，包封物、支垫物齐全，使农场农机管理水平上了新台阶。

第五节　农机技术革新

为更好地发挥机具作用，农场机务技术人员根据不同的工作条件和生产环节，努力进行技术革新和改造，提高农机的生产效率。

加宽拖拉机链轨和五铧犁行走轮，改装犁铧。1959 年，荒地水分大，草皮子厚，作业时常陷车，严重影响开荒进度。四分场机务技术员吴树绵发明低湿地改装拖拉机及五铧犁装置，加宽履带防陷开荒法，简称“二五五”开荒法（链轨板与五铧犁二项改装、开荒五项措施和开荒五项注意事项）。为拖拉机和大犁安装加宽木，用以降低地面压力。加大犁壁曲面，增加了垡片翻转速度，犁铲尾部加一个延长板，长 150 毫米，宽 50～70 毫米，用以切断垡片。1960 年 6 月 22 日，牡丹江农垦局在总场召开开荒“二五五”标准作业现场会，与会人员参观加宽链轨改装现场。

胶轮穿木鞋。1981 年麦收期间，十九队机务副队长李连方为东德、东风的胶轮改装成宽幅穿木鞋，解决了陷车问题，并改装收割倒伏小麦的扶倒器。

改装三角平地器。用材为 200～250 厘米的槽钢，底边长 10～12 米，斜边长 8～10 米或等腰三角形，有两个点是悬挂在-11 联结器上，合并的另一端通过条挂接在拖拉机牵引板上。由此，三角平地器的入土深度可自由调整。此项改装是 1982 年，十九队机务副队长李连方在生产实践过程中不断总结试验而设计出来的。

侧深施肥装置。1982 年，在场长李忠山的提议下，机务科组织有关人员去外地农场参观学习，较成功地改制成播种 48 行和播种 24 行的侧深施肥装置。1983 年，全场大豆平均公顷产 1875 公斤，创历史最高纪录。

鱼鳞大铺的改装。在前悬挂割晒机的出口位置上，安装一个能够转动的滚子，动力由木翻轮带动，滚子的切线速度与大帆布的切线速度相同，在小麦割晒的过程中，放出麦铺的形状是鱼鳞状即麦穗全部朝上。该项改装是 1982 年机务科工程师姜永宏与三队机务副队长王怀建共同研制成功的。

牵引茎秆粉碎抛撒器。机务科工程师姜永宏和修配厂副厂长张宝珠参观学习八五〇农场、五九七农场生产的牵引茎秆粉碎抛撒器，综合其各自的优点，1983 年设计制造成功。共生产 32 台，外援 2 台，经使用效果良好。

1985 年，农场修造厂改装了 E512 收割机防大豆泥花脸装置，将从动盘前部铁片卸下，安上筛子，使泥土漏下，减轻了大豆沾泥。

1993 年 8 月，修造厂技工段文生对拖拉机发动机喷油嘴进行研磨改造，经十六队、十九队、六队试验，修复后每台一个标准亩耗油 0.75 公斤，恢复功率 6.5 马力，拉力可达 4000 公斤，一台车年节油可达 1.5 吨。

1997 年，十九队机务工人刘海良改造大豆精量点播机，将 4.2 米宽幅的 6 行播种机改为 7 行，70 厘米的垄距变成 60 厘米，增产 20%。

2003 年，研制了适应农场耕作需要的鹅掌式深松机。外购同类产品需 1.7 万元，而自行研发仅需 5000 元。当年自主研制折叠式平地器，全场推广 12 台。

2004 年，自主研发折叠式组合耙，在全场推广。获得了分局科技进步奖，并奖励 1 台价值 4 万元的平床。

2005 年，研制麦类窄行匀播播种机 23 台，解决了多年来麦类条播密度不匀、种子集堆、保苗不合理的问题。该设备在建三江分局全面推广，平均增产 15%。

2007 年，针对水稻秧盘播种密度不匀、下种量不精确的问题，王荣安、丁兆亮、王双宝与佳木斯明瑞农机公司研发可控密度水稻育秧均匀播种机，经过 4 个多月的研究和反复试验，终于在 11 月研制成功。这项成果在水稻秧盘播种上取得了历史性的突破。2008 年推广应用 100 台，2009 年生产 700 余台（套），推广到建三江各农场。此项技术获得了国家专利，专利申请号为 20072001594.7。

当年，研制可拆装分体式水稻浸种箱，并制造 60 个。在一队、二十一队、二十六队、三十五队、水稻小区等单位使用，效果良好，受到水稻专家徐一戎的好评，农场给予研发制造者奖励 2000 元。2008 年生产 416 个，装备在水田面积较大的 15 个单位，每单位装备 30～40 个。

同年，改造深松除草耙。常规的深松犁是普通的铁钩子做成的，丁兆亮加宽了深松犁，并在犁底加上了刀片，耙地的时候把芦苇连根铲除。在第十七作业站改造 6 台，耕地里的芦苇荡逐渐消失了。

2007 年 4 月，第四管理区（十七站）农机工人宋恒波在农机科、水稻办的协助下，研制成功组合式浸种箱，当年投入使用 200 余个。

2011 年，改装 12 行起垄机为自动液压型，由原来 7.8 米的长度，折叠成三段后仅 4.2 米，改装 3 台。

2012 年，十九站农户改装起垄夹肥一体机，由 6 条垄增加到 12 条垄，机械效率大大提高，使玉米深施肥达 12 厘米。

2018 年，通过更换播盘、增加单体等方式将进口玉米播种机改装成大豆、玉米兼用播种机 21 台。

2020 年，第五管理区种植户李斌改造“1.3 米垄上四行气吸式大豆精量播种机”和第三管理区兰友改造“本田轨道车”分别荣获省优秀“五小”创新成果二等奖和三等奖。

2021 年，农业生产部周宝林改装的变量插秧机系统、王双超改装的旱田施肥机排肥装置、第十五管理区古云波改装的旱田收割机分别获得省“五小”创新成果一等奖和三等奖。

第六节　农机安全监理

1985 年 3 月 2 日，农场成立农机安全监理所，与机务科合署办公，业务上受管理局农机监理站领导。人员编制 5 人，所长袁庆年，副所长赵兴义，监理员范洪仁、姜永宏、刘继庆。

农机监理负责辖区拖拉机和自走式联合收割机、小四轮、三轮手扶等机车的落户、安全行驶技术状态、安全设施的监督检查工作，负责组织农机安全员培训，勘查道路外农机事故，农机统计年检和农机监理费收缴等工作。

到 2005 年，全场累计办理农用驾驶证 762 个，其中履带式 158 个、大中轮式 293 个、自走式收割机 126 个、小型轮式 185 个。

2006—2007 年，完成全省统一换发 2005 式新农机牌证。

2008 年，换发牌照 630 套，核发牌照 123 套，审验机车 1140 台，核发驾驶证 132 人。4 名农机监理员及部分机务副队长共同进行田查路检、执法检查 4 次。共清理无牌无证车辆 132 台，处理无证驾驶、违章驾驶 48 车次，安装反光标识 1300 余套。

2011 年，共检处车辆 627 台次，处理违规、违章车辆 450 余台次，张贴反光标识 3600 张，安装安全链 300 余条，办理机车落户 275 台，办理驾驶证手续 146 份。

2015 年，联合交警部门上路检查 18 次，检验车辆 468 台。签订安全生产责任状及农机安全生产“十不准”4500 余份。

2016 年，投入 12.2 万元，为各作业站农具场配备灭火器、防火沙箱、防火桶等消防安全设施。

2017 年，联合安全、质监、工商、消防等部门对辖区内 30 余家农机维修网点进行检查，对存在安全隐患的进行限期整改。对外引跨区作业机车进行安全教育，并签订安全责任状 460 余份。

2020 年，组织农机安全培训 23 次、组织农机安全事故应急演练 1 次。共签订农机安全责任状、农机安全保证书、农机安全教育书 1.8 万余份。

到 2020 年，全场累计办理农用驾驶证 1197 个。2020 年，此项工作移交饶河县。

第三章　农业综合开发

农业综合开发是指中央政府为保护、支持农业发展，改善农业生产基本条件，优化农业和农村经济结构，提高农业综合生产能力和综合效益，设立专项资金对农业资源进行综合开发利用的活动。

八五九农场通过农业综合开发项目，建成了一批旱涝保收、持续高产稳产基本农田，取得了显著的经济、社会和生态效益。

第一节　机构沿革

1988 年，伴随着国家对三江平原治理，农场开始农业综合开发工作。1988—1990 年，农场的农业综合开发工作由计财科负责。1990 年 4 月 15 日，农场成立项目开发办公室，办公地点设在农场机关楼内，主任唐孝忠，编制 3 人，并设财务。

1992 年 12 月，项目办与水稻办合并，成立项目开发公司，姜东良任主任，闫晗任副主任，办公地点搬到农场气象站，编制 4 人。

1994 年 10 月，水稻办从项目开发公司中分出，项目开发公司全面负责农场的农业综合开发工作，主任闫晗。1997 年 2 月农场成立乌苏里江集团筹建办公室，设在项目办。农场还成立友情办公室，负责知青联谊、老垦荒聚会庆典等事宜。

2009 年 3 月，农场改革，取消项目办建制，业务归属企业发展部。2013 年企业发展部更名为发展计划部。

领导成员更迭情况如下：

项目办主任：　　唐孝忠（1990.3—1991.9）

金帮河（1991.9—1992.3）

姜东良（1992.3—1993.12）

闫　晗（1993.12—1999.2）

王　军（1999.2—2002.1）

魏建平（2002.1—2009.3）

企业发展部部长：滕艳莉（女，2009.3—2012.4）
马永辉（2009.3—2015.7）（副，农业开发办主任）
彭松龙（2012.4—2021.11）
贾春阳（2021.11—）

第二节　开发项目

农业综合开发采取先确定项目，进行可行性研究，然后上报上级业务部门批准后，拨付资金进行开发。农业综合开发资金由中央财政资金、银行贷款、自筹资金三部分组成，整个开发工作三年为一期。

1988—2005年底，农场共计完成6期开发任务，完成旱田治理11333公顷（其中开荒2000公顷），旱改水8667公顷，喷灌2333公顷，低产水田改造3600公顷，苗圃33公顷，优质粮食基地2267公顷，优质饲料作物基地1333公顷，多种经营项目5个，科技示范项目1个。

2006—2008年，农场第七期农业综合开发项目，3年总投资3146.16万元，其中中央财政资金1573万元、自筹资金1573.16万元。3年共计建设项目区4处，改造中低产田3933.34公顷，建设奶牛养殖基地1处。

2009年，农业综合开发项目为勒北小区中低产田改造项目，建设地点在第三管理区。改造中低产田800公顷，其中水田266.6667公顷、旱田400公顷、旱改水133.3333公顷。项目总投资925万元，国家补贴资金600万元，自筹资金327.24万元。

2010年，农业综合开发项目为民主小区中低产田改造项目，建设地点在第一管理区，老水田改造733.33公顷。项目总投资1010万元，中央财政资金655万元，自筹资金355万元。

2011年，农业综合开发项目为第二管理区中低产田改造项目，改造中低产田800公顷。项目总投资1097万元，中央财政资金712万元，自筹资金385万元。

2012年，为和谐小区中低产田改造项目，在第八管理区。建高标准农田733.33公顷。完成总投资1152.67万元，中央财政资金760万元，自筹资金392.67万元。

2013年，为八五九农场丰裕小区中低产田改造项目，在第二十八作业站。建高标准农田933.33公顷。完成总投资1562.63万元，中央财政资金1000万元，自筹资金562.63万元。

2014年，为第二十八站高标准农田建设项目，建高标准农田533.33公顷。完成总投资 948.99 万元，中央财政资金 720 万元，自筹资金 228.99 万元。

2015 年，为第二十九作业站、第三十三作业站、第三十作业站古云平种粮大户高标准农田建设项目，共建设高标准农田 1653.33 公顷。完成总投资 3349.12 万元，中央财政资金 2580 万元，自筹资金 769.12 万元。

2016 年，为第六管理区第三十三作业站二期高标准农田建设项目，建高标准农田 800 公顷。完成总投资 1455.24 万元，中央财政资金 1416 万元，自筹资金 39.24 万元。

2017 年，为第三十五、四十作业站高标准农田建设项目，建高标准农田 1333.34 公顷。完成总投资 2319.88 万元，中央财政资金 2200 万元，自筹资金 119.88 万元。

2019 年，为第五、六管理区高标准农田建设项目，建高标准农田 2066.67 公顷。完成总投资 3774.34 万元，中央财政资金 3300 万元，自筹资金 474.33 万元。

2020 年，为第六管理区第十作业站、第八管理区第十二作业站二片区中央财政补助高标准农田建设项目，建高标准农田 3733.34 公顷。完成总投资 4872 万元，中央财政资金 3889 万元，自筹资金 983 万元。

表 3-19　1988—2005 年农业综合开发完成情况统计表

年度	改造中低产田（公顷）	其中（公顷）				营造防护林（公顷）	草原（草场）建设（公顷）	多种经营项目（个）
		旱田治理	旱改水	喷灌	低产水田改造			
1988	2666.67	2666.67	—	—	—	—	—	—
1989	2333.33	2000.00	333.33	—	—	—	—	—
1990	2666.67	2000.00	666.67	—	—	666.67	1666.67	1
1991	1200.00	666.67	533.33	—	—	66.67	333.33	—
1992	1466.67	1000.00	466.67	—	—	133.33	266.67	—
1993	2133.33	1666.67	466.67	—	—	133.33	400.00	—
1994	733.33	666.67	66.67	—	—	46.67	—	1
1995	733.33	666.67	66.67	—	—	46.67	—	—
1996	733.33	—	733.33	—	—	40.00	—	—
1997	1333.33	—	1333.33	—	—	100.00	—	—
1998	2666.67	—	2666.67	—	—	100.00	—	1
1999	—	—	—	—	—	—	—	1
2000	1333.33	—	1333.33	—	—	66.67	—	—
2001	1000.00	—	—	1000.00	—	66.67	—	—
2002	1333.33	—	—	1333.33	—	66.67	—	1
2003	933.33	—	—	—	933.33	26.67	—	—
2004	1333.33	—	—	—	1333.33	26.67	—	—
2005	1333.33	—	—	—	1333.33	13.33	—	—

注：1988 年建苗圃 33.33 公顷；1989 年开荒 1333.33 公顷，1992 年开荒 666.67 公顷；1998 年建科技示范点 1 个；2001 年建优质粮食基地 666.67 公顷；2002 年建优质饲料作物基地 1333.33 公顷；2003 年建优质粮食基地 1600 公顷。

表 3-20　2006—2010 年八五九农场农业综合开发情况统计表（一）

年度	项目名称	计划总投资（万元）	实际完成投资（万元）					计划完成面积（公顷）
			合计	其中财政投资	自筹			
					自筹合计	自筹（企业）	自筹（群众）	
2006	中低产田改造项目	946	946.16	473	473.16	287.6	185.56	1466.67
2006	奶牛养殖基地项目	1000	1000.00	500	500.00	267.0	233.00	—
2007	中低产田改造项目	1200	1200.00	600	600.00	360.0	240.00	2466.67
2009	中低产田改造项目	925	925.00	600	327.00	228.0	99.00	800.00
2009	产业化经营奶牛养殖项目	540	540.00	160	380.00	330.0	50.00	—
2010	改造中低产田项目	1010	1010.00	655	355.00	248.5	106.50	733.33
2010	奶牛养殖基地项目	540	540.00	160	380.00	266.0	114.00	—

表 3-21　2006—2010 年八五九农场农业综合开发情况统计表（二）

单位：公顷

年度	项目名称	实际完成面积	建设内容
2006	中低产田改造项目	1466.67	开挖水利土方 76.94 万立方米，修建建筑物涵桥水闸 105 座，购置大中型农用动力机械 65 台，配套农机具 11 台（套），购置钢骨架大棚 300 栋，营造防护林 13.33 公顷，示范科技推广 1466.67 公顷
2006	奶牛养殖基地项目	—	建造牛舍 7975 平方米，修建运动场 1.6 万平方米，修路 5600 平方米，建围栏 1250 米，建青贮窖 3200 立方米，建榨乳站畜牧房 950 平方米，购置大型榨乳设备 1 套，购置青贮收割机 2 台，购买奶牛 300 头，购置仪器设备 63 台（套）
2007	中低产田改造项目	2466.67	项目区分迟德小区和桥北小区两个中低产田改造项目，共建排灌渠系 67.25 公里，渠系建筑物 65 座，机耕路 6 公里，购置农用动力机械 50 台，技术培训 500 人，示范推广 1600 公顷，良种库 660 平方米，良种晒场 4000 平方米，大棚 350 栋，衬砌渠道 1.5 公里
2009	中低产田改造项目	800.00	开挖水渠系 32.25 公里，土方 72 万立方米，修建桥涵 10 座，提水泵站 2 座，水泥晒场 1.25 万平方米，新建库房 1750 平方米，购置农机具 4 台（套）、水稻浸种催芽器 1 台，农田防护林 13.33 公顷，修建育秧大棚 30 栋，推广液体肥 2 吨，叶面肥 1.4 吨，农具场 1.5 万平方米
2009	产业化经营奶牛养殖项目	—	建造牛舍 4517 平方米，建造服务站 150 平方米，修路 1250 平方米，建青贮窖 3600 立方米，购置奶牛 66 头，科技推广措施 3 项
2010	改造中低产田项目	733.33	开挖疏浚渠系 24.4 万立方米（70 公里），修建建筑物涵闸 4 座，衬砌渠道 2 公里，输电线路 19.5 公里，水泥晒场 1.5 万平方米，机耕路 6 公里，农机库房 2600 平方米，农具场 3 万平方米，购置大中型农用动力机械 6 台（套），营造防护林 13.33 公顷，示范科技推广 733.33 公顷
2010	奶牛养殖基地项目	—	建牛舍 3740 平方米，运动场 7600 平方米，修路 1000 平方米，建青贮窖 1 万立方米，购买奶牛 114 头

表 3-22　2011—2020 年八五九农场高标准农田建设情况统计表（表一）

单位：公顷

类别	序号	项目名称	建设地点	建设内容	项目区面积
发改委项目	1	国家新增千亿斤粮食生产能力规划 2013 年黑龙江垦区八五九农场田间工程建设项目	八五九农场第一管理区	改造斗沟 83.89 公里、机耕路 23.31 公里，新建方涵 11 座、圆涵 7 座，购置成套浸种催芽设备 2 套	2394.13

（续）

类别	序号	项目名称	建设地点	建设内容	项目区面积
发改委项目	2	国家新增千亿斤粮食生产能力规划2014年黑龙江垦区八五九农场田间工程建设项目	第八管理区第二十八、第三十作业站	沟道改造14.24万立方米，方涵60座，机耕路15.77公里，新建晒场2万平方米，晒场围栏600米，电动伸缩大门1个，浸种催芽车间厂房1890平方米，浸种催芽设备1套	944.73
	3	国家新增千亿斤粮食生产能力规划2015年黑龙江省八五九农场田间工程建设项目	第七管理区第三十五站、第八管理区第二十八站	沟道工程15.32立方米，涵闸32座，机耕路18.15公里，水泥晒场2万平方米，围栏720米，电动门1个，催芽车间2025平方米，设备1套，机电工程1项	832.47
	4	国家新增千亿斤粮食生产能力规划2016年黑龙江省八五九农场田间工程建设项目	第四管理区第十五作业站	沟道工程19.34公里，桥涵5座，机耕路31.34公里，水泥晒场2万平方米，围栏1296米，看护房78平方米，浸种催芽业务用房2025平方米，机电井1眼，机电工程1项，浸种催芽设备1套	875.00
	5	国家新增千亿斤粮食生产能力规划2017年黑龙江省八五九农场田间工程建设项目	第五管理区第十四作业区、第六管理区第二十六作业区、第七管理区第三十五作业区	沟道工程46.64公里，废弃沟道平整23.28公里，1.8×1.8米×10米方涵6座，1.8×1.8米×12米方涵6座，移动式泵站及基础11座，泵房18座，新建6米宽机耕路23.31公里，修缮6米宽田间路12.8公里，回水堤10.91公里	999.07
	6	国家新增千亿斤粮食生产能力规划2018年黑龙江省八五九农场田间工程建设项目	第二管理区、第五管理区	田间路57.38公里（新建田间路30.1公里，维修机耕路27.28公里），回水堤16.32公里，新建沟道92.85公里，废弃沟平整30.1公里，池埂填筑46.42公里，方涵3座，方涵闸8座，钢涵闸14座，移动式泵站及基础8座、泵房8座	868.07
	7	国家新增千亿斤粮食生产能力规划2019年黑龙江省八五九农场田间工程建设项目	第三管理区	道路工程17.12公里（修缮田间路17.12公里）；沟道清淤113.09公里；沟道衬砌0.56公里；新建建筑物71座（方涵69座，方涵闸1座，过水路面1座）	804.98
财政项目	1	2011年八五九农场第二管理区中低产田改造项目	第二管理区	疏浚沟渠28公里，渠系建筑物20座，输电线路10.58公里，田间路15.75公里，水泥晒场1万平方米，农机库300平方米，农具场3万平方米，农田防护林13.33公顷	970.93
	2	2012年八五九农场和谐小区中低产田改造项目	八五九农场第八管理区	疏浚沟渠71公里，涵45座，输电线路10公里，农田路17公里，水泥晒场3万平方米，防护林6.67公顷	883.33
	3	2013年八五九农场丰裕小区中低产田改造项目	八五九农场第二十八作业站	疏浚沟渠103公里，涵57座，输电线路10公里，池梗衬砌1公里，农田路13.5公里，水泥晒场1万平方米，农机库1200平方米，农具场2.2万平方米，防护林13.33公顷	1169.47
	4	2013年八五九农场胡尊凯种粮大户（试点）	第二十六作业站	疏浚沟渠27.69公里，涵18座，水泥晒场5000平方米，机耕路4公里，库房500平方米	222.80
	5	2014年八五九农场二十八站高标准农田建设项目	第二十八作业站	疏浚沟渠57公里，涵11座，水泥晒场1.3万平方米，围栏700米，检测房60平方米，大门1个，机耕路11.7公里	580.73
	6	2015年，八五九农场第二十九作业站高标准农田建设项目	第二十九作业站	渠道183.64公里，涵12座，输电线路15公里，农田路15.8公里，农具场2万平方米，农机库1000平方米	789.53

（续）

类别	序号	项目名称	建设地点	建设内容	项目区面积
财政项目	7	2015年八五九农场第三十三作业站高标准农田建设项目	第三十三作业站	渠道55.74公里，涵70座，农田路28.96公里，新建晒场2万平方米，检测房60平方米，围栏700米，12米宽大门1个	1241.80
	8	2015年八五九农场古云平种粮大户高标准农田建设项目	第三十作业站	渠道10.93公里，涵4座，农田路3.86公里，库房2400平方米	272.00
	9	2016年八五九农场第六管理区第三十三作业站二期高标准农田建设项目	第三十三作业站	渠道32.48公里，涵55座，农田路21.06公里，晒场2万平方米，围栏400米	976.00
	10	2017年八五九农场第三十五作业站高标准农田建设项目	第十二管理区第三十五作业站	沟道工程34.53公里，涵50座，农田路15.03公里，农机停放场2万平方米、围栏600延长米、电动伸缩门1个、库房700平方米	1478.73
	11	2017年八五九农场第四十作业站高标准农田建设项目	第十三管理区第四十作业站	渠道27.49公里，涵50座，农田路13.75公里，水泥晒场2万平方米、围栏600延长米、电动伸缩门1个、管理用房80平方米	762.40
	12	2019年黑龙江省八五九农场第五管理区高标准农田建设项目	第五管理区	沟道清淤14.62公里，沟道改造0.78公里，渠道衬砌2.56公里，渠系建筑物44座，棚间沟衬砌6.05公里，棚间沟道清淤15.95公里，修缮田间路25.45公里，棚间路5.6公里，土地复垦0.24公顷、水田格田化16公顷	1007.03
	13	2019年黑龙江省八五九农场第六管理区高标准农田建设项目	第六管理区	沟道清淤85.99公里、渠系建筑物89座、新建晒场2.43万平方米、新建农机具场1.71万平方米、新建80平方米管护房2座、围栏1245延长米、电动伸缩门2个、新建465平方米油料库1座、棚间沟道清淤4.06公里、棚间路1.1公里、棚间涵49座、修缮机耕路29公里	1777.87
	14	2020年黑龙江省八五九农场第六管理区第十作业站中央财政补助高标准农田建设项目	第六管理区第十作业站	灌溉工程81条，总长79.03公里；排水工程75条，总长88.79公里；新建渠系建筑物45座，架设高压线0.74公里，配备变压器5台；修缮田间道路70公里；水田标准格田化示范区1处	—
	15	2020年黑龙江省八五九农场第十三管理区第四十作业站中央财政补助高标准农田建设项目	第十三管理区第四十作业站	沟道清淤105.27公里，新建渠系建筑物128座，修缮田间路37.14公里	—
土地整理项目	1	2011年农垦建三江管理局八五九农场第五管理区第十二作业站二片区土地整理项目	第五管理区	沟渠清淤198.35公里；方涵206座，方涵闸17座，圆涵闸44座，桥7座，其他建筑物2座，共计276座；修缮砂石路63.37公里；输电线路15条；鱼池1处	4339.60
	2	2011年农垦建三江管理局八五九农场第五管理区第十二作业站一片区土地整理项目	第五管理区	沟渠清淤220.66公里；方涵234座，圆涵12座，方涵闸91座，桥1座，共计338座；修缮砂石路56.87公里；育秧基地1处；输电线路19条；鱼池1处	3531.87
	3	2011年黑龙江省农垦建三江管理局八五九农场撤队并点土地整治示范项目	第一、第二、第四、第九管理区	方涵10座；修缮砂石路10.18公里	717.53
	4	2012年八五九农场第一、第三管理区第一、第二十作业站高标准基本农田建设补建项目	第一、第三管理区	沟渠清淤27.75公里；方涵60座，方涵闸2座，桥1座，共计63座；修缮砂石路100.5公里	8722.60

（续）

类别	序号	项目名称	建设地点	建设内容	项目区面积
土地整理项目	5	2013年八五九灌区八五九农场第六管理区土地整治项目	第六管理区	沟渠清淤356.07公里；方涵279座，圆涵4座，方涵闸83座，共计366座；修缮砂石路120.32公里；输电线路11条	5690.33
	6	2013年黑龙江省农垦建三江管理局八五九农场第六管理区（第二十六、第二十七、第三十三作业站）高标准基本农田建设项目	第六管理区	沟渠清淤171.53公里；方涵265座，方涵闸35座，共计300座；修缮砂石路36公里	2767.87
	7	2014年八五九灌区第二管理区（第二十二作业站）土地整治项目	第二管理区	沟渠清淤279.04公里；方涵166座，方涵闸125座，共计291座；修缮砂石路60.52公里；晒场2处；农机停放场2处	3862.27
	8	2016年农垦建三江管理局八五九农场第七管理区第三十七作业站土地整治项目	第七管理区	沟渠清淤137.16公里；方涵267座；修缮砂石路101.91公里；育秧基地4处；晒场2处；农机停放场2处	3966.33
	9	2017年农垦建三江管理局八五九农场第九管理区第十六作业站土地整治项目	第九管理区	沟渠清淤154.88公里；方涵144座，圆涵8座，其他建筑物1座，共计153座；修缮砂石路48.22公里；晒场2处；农机停放场2处	3862.27
节水	1	黑龙江省八五九农场2013年小型农田水利设施建设补助专项资金项目（节水增粮）	第三、第四、第九管理区	购置平移式喷灌机1台（套）、中心支轴式喷灌机1台（套）、卷盘式喷灌机11台（套）、滴灌面积320.8公顷、水泵21台、机电井16眼、移动泵2台、移动管道式喷灌机38套	707.13

表3-23 2011—2020年八五九农场高标准农田建设情况统计表（表二）

项目类别	序号	项目名称	建成高标准农田面积（公顷）	计划总投资（万元）	实际完成总投资（万元）	其中（万元）			竣工验收时间	建设年度
						中央预算内资金	中央财政资金	自筹资金		
发改委项目	1	国家新增千亿斤粮食生产能力规划2013年黑龙江垦区八五九农场田间工程建设项目	1666.67	750	679.47	600.00	—	79.47	2017.10.15	2013
	2	国家新增千亿斤粮食生产能力规划2014年黑龙江垦区八五九农场田间工程建设项目	666.67	1500	1472.21	720.00	—	752.21	2019.12.1	2014
	3	国家新增千亿斤粮食生产能力规划2015年黑龙江省八五九农场田间工程建设项目	666.67	1500	1512.10	1200.00	—	312.10	2019.12.1	2015
	4	国家新增千亿斤粮食生产能力规划2016年黑龙江省八五九农场田间工程建设项目	666.67	1500	1499.50	1200.00	—	299.50	2019.12.1	2016
	5	国家新增千亿斤粮食生产能力规划2017年黑龙江省八五九农场田间工程建设项目	666.67	1500	1472.30	1200.00	—	272.30	2021.1.7	2017
	6	国家新增千亿斤粮食生产能力规划2018年黑龙江省八五九农场田间工程建设项目	666.67	1500	1448.41	1200.00	—	248.41	2021.1.7	2018
	7	国家新增千亿斤粮食生产能力规划2019年黑龙江省八五九农场田间工程建设项目	533.33	1046	1059.00	836.00	—	223.00	2021.1.7	2019
财政项目	1	八五九农场第二管理区中低产田改造项目	800.00	1097	1097.00	—	712.00	385.00	2011.12.30	2011
	2	八五九农场和谐小区中低产田改造项目	733.33	1160	1152.67	—	760.00	392.67	2012.12.5	2012
	3	八五九农场丰裕小区中低产田改造项目	933.33	1540	1562.63	—	1000.00	562.63	2013.12.30	2013
	4	八五九农场胡尊凯种粮大户（试点）	200.00	327	322.02	—	195.90	126.12	2013.12.30	2013

（续）

项目类别	序号	项目名称	建成高标准农田面积（公顷）	计划总投资（万元）	实际完成总投资（万元）	其中（万元）			竣工验收时间	建设年度
						中央预算内资金	中央财政资金	自筹资金		
财政项目	5	2014年八五九农场第二十八作业站高标准农田建设项目	533.33	946.00	948.99	—	720.00	228.99	2014.12.31	2014
	6	八五九农场第二十九作业站高标准农田建设项目	653.33	1410.00	1334.59	—	1080.00	254.59	2015.1.15	2015
	7	八五九农场第三十三作业站高标准农田建设项目	800.00	1560.00	1505.00	—	1200.00	305.00	2017.6.7	2015
	8	八五九农场古云平种粮大户高标准农田建设项目	200.00	403.00	509.53	—	300.00	209.53	2015.1.15	2015
	9	八五九农场第六管理区第三十三作业站二期高标准农田建设项目	800.00	1560.00	1455.24	—	1416.00	39.24	2017.6.7	2016
	10	八五九农场第三十五作业站高标准农田建设项目	666.67	1210.00	1143.46	—	1100.00	43.46	—	2017
	11	八五九农场第四十作业站高标准农田建设项目	666.67	1212.00	1176.42	—	1100.00	76.42	—	2017
	12	2019年黑龙江省八五九农场第五管理区高标准农田建设项目	666.67	1264.00	1258.20	—	1100.00	158.20	2021.5.20	2019
	13	2019年黑龙江省八五九农场第六管理区高标准农田建设项目	1400.00	2529.00	2516.13	—	2200.00	316.13	2021.5.20	2019
	14	2020年黑龙江省八五九农场第六管理区第十作业站中央财政补助高标准农田建设项目	2066.67	2697.00	—	—	—	—	—	2020
	15	2020年黑龙江省八五九农场第十三管理区第四十作业站中央财政补助高标准农田建设项目	1666.67	2175.00	—	—	—	—	—	2020
土地整理项目	1	农垦建三江管理局八五九农场第五管理区第十二作业站二片区土地整理项目	3690.33	6034.46	6034.46	—	6034.46	—	2013.12.2	2011
	2	农垦建三江管理局八五九农场第五管理区第十二作业站一片区土地整理项目	2898.33	5796.71	5796.71	—	5796.71	—	2013.12.2	2011
	3	黑龙江省农垦建三江管理局八五九农场撤队并点土地整治示范项目	570.27	1158.99	1158.99	—	1158.99	—	2013.6.26	2011
	4	八五九农场第一、第三管理区第一、第二十作业站高标准基本农田建设补建项目	6881.33	2782.41	2782.41	—	2782.41	—	2014.12.2	2012
	5	八五九灌区八五九农场第六管理区土地整治项目	4894.80	8730.00	8730.00	—	8730.00	—	2016.11.14	2013
	6	黑龙江省农垦建三江管理局八五九农场第六管理区（第二十六、第二十七、第三十三作业站）高标准基本农田建设项目	2197.00	3905.21	3905.21	—	3905.21	—	2016.11.14	2013
	7	八五九灌区八五九农场第二管理区（第二十二作业站）土地整治项目	4400.87	6336.00	6336.00	—	6336.00	—	2016.12.12	2014
	8	农垦建三江管理局八五九农场第七管理区第三十七作业站土地整治项目	3178.20	8504.90	8504.90	—	8504.90	—	2019.1.2	2016
	9	农垦建三江管理局八五九农场第九管理区第十六作业站土地整治项目	3077.40	3997.83	3997.83	—	3997.83	—	2019.10.25	2017

（续）

项目类别	序号	项目名称	建成高标准农田面积（公顷）	计划总投资（万元）	实际完成总投资（万元）	其中（万元）			竣工验收时间	建设年度
						中央预算内资金	中央财政资金	自筹资金		
节水	1	黑龙江省八五九农场2013年小型农田水利设施建设补助专项资金项目（节水增粮）	629.87	914.43	752.79	752.79	—	—	2016.4.15	2013

第三节 开发原则与成效

按照“灌排设施配套、农田平整肥沃、田间道路通畅、农田林网健全、生产方式先进、产出效益较高”的标准和要求进行规划、实施和验收。

一、开发原则

一是因地制宜，全面规划，突出重点，分期实施，集中连片，形成规模；二是择优立项，对水土资源好，开发潜力大，投资小，见效快，效益高，干部群众迫切要求开发的项目区和项目优先开发；三是突出粮食生产，兼顾其他配套建设，综合治理，综合开发；四是坚持深度开发与广度开发相结合，以深度开发为主，主攻中低产田改造；五是坚持工程措施、生物措施、技术措施相结合，以工程措施为主，工程措施以水利建设为主，水利建设以小型配套、完善为主；六是农田防护林、水保林和水源涵养林相结合，以农田防护林为主；七是坚持依靠科技搞开发，提高科技在农业综合开发中的贡献率；八是坚持谁投资，谁开发，谁经营，谁受益的原则。

二、开发成效

（一）增强了抗御自然灾害的能力

由于农业综合开发实行山水田林路综合治理，农业、林业、水利、科技措施综合配套，大部分项目区基本建成了“田成方、林成网、旱能灌、涝能排”的高产稳产农田，改善了项目区的农业基本生产条件和生态环境，提高了抗御自然灾害的能力。在2006年遭受比较严重的干旱灾害、2007年遭受严重低温灾害下，项目区的粮食产量仍比开发前增长20%以上。

（二）增加了职工收入

项目区通过农业综合开发治理，粮食生产能力明显增加。迟德开发区在开发前，粮豆公顷产 3900 公斤，经过开发治理后达到 9300 公斤，人均收入开发前 8300 元，开发后当年就达到 9800 元。东道林小区的马振松在开发前水稻公顷产 6000 公斤左右，经过开发治理后，水稻公顷产在 9000 公斤以上，年收入在 10 万元以上。桥北小区于守文在开发前水稻公顷产 6750 公斤，通过开发治理，利用江水灌溉，新技术措施的应用，2008 年水稻公顷产达到 1.01 万公斤的历史新高。2007 年整个项目区的人均收入达到 9800 元，比非项目区人均收入增加 1200 元左右。2008 年整个项目区的人均收入达到 1.07 万元，比非项目区人均收入增加 700 元左右。2013 年，粮食总产由 2007 年的 3.05 亿公斤增加到 8.03 亿公斤，人均生产总值由 2.84 万元增加到 9.71 万元。

（三）种植业结构得到调整

农业综合开发能够及时调整种植业结构。农场在没有实施农业综合开发前种植结构比较单一，旱田重茬现象比较严重，通过农业综合开发，水田大面积的发展，优良品种大面积推广，优质饲料大面积种植，经济作物得到发展。

（四）科技含量得到提高

农业综合开发中十分重视科技投入，提高科技含量，使项目区种植户的科技种田水平得到很大的提高。新品种、新农肥得到大面积的推广，农业科技服务体系进一步健全，井水综合增温、配方施肥、叶龄诊断、病虫害防治、配合饲料等技术得到推广应用。

第四章　水　　利

水利是农业的命脉，以水兴农是现代化农业的发展根基。多年来八五九农场水利行业始终围绕着“统一治水、联合治水、综合治水、规范治水、科学用水”的方针开展水利工程建设、水利工程管理、水政水资源管理、防汛抗旱工作，充分发挥水利的“排、蓄、灌、养、观光”五大功效。

尤其2013—2020年，是八五九农场水利发展的黄金时期。在此期间，农场相继实施了四项重点水利工程建设，分别为条田化水利工程，老别拉洪河沿线65公里围堰工程，国家千亿斤、农发高标准农田建设项目，灌区田间配套工程建设。

在水利工程管理方面，农场水务局牵头开展了水利工程固定资产清查工作，并制定了严格的水利工程管理及考核办法，与农业生产考核挂钩，形成了完善的水利工程管理机制。在防汛抗旱方面，农场逐年加大防洪设施工程的投资力度。随着近些年的不断治理，农场易涝耕地面积逐年缩减，经受住了2016年及2019年两次大型洪涝灾害。农场域内的防洪除涝工程形成了一道坚固防线，有效地将洪涝灾害损失降到最低。

经过64年的奋斗，农场的水利建设已初步形成了防洪、除涝、灌溉、水土保持和城乡供水等五大工程体系，有力地保证了国家和人民生命财产的安全，为农场经济和社会发展起到了重要的支撑和保障作用。

第一节　机构沿革

1982—1988年，农场设立农建科，负责农场的水利工程建设与管理工作。1989—1996年，农建科更名为水利科。1997—2000年，水利科改称水利局。2001—2005年，水利局更名为水务局，内设水利工程管理站、防汛抗旱办、水政水资源办、水土保持办。

2020年，农场水务局有在职人员9人，其中局长1人、书记1人、副局长1人、会计1人、科员5人。水务局工作职能主要包括水利工程建设、水利工程管理、水政水资源管理、防汛抗旱工作。

1996年，农场水利科被省科技领导小组授予黑龙杯竞赛银奖。1995年，何敏被农垦总局评为黑龙杯竞赛三等功。2000 年，邵拥军被农垦总局评为黑龙杯竞赛先进个人。2005 年，何敏被省水利厅评为省水利系统先进工作者。2010 年，水务局被评为垦区水务工作先进集体。2013 年，于明涛被评为农垦总局水务局系统抗洪抢险先进个人。2019 年，高文军被评为农垦总局优秀共产党员。当年，农场获管理局抗洪救灾先进集体荣誉称号。

领导成员更迭情况如下：

水利科科长：温玉印（1982.11 任命）

衣景文（1984.2—1991）

姚玉龙（1992.12 任命）

局　长：何　敏（1996.4—2014.4）

高文军（2014.4—2015.3，主持工作）

高文军（2015.3—2022.7）

水利工程部：于明涛（2022.8—2022.11，副总经理主持工作）

总经理：于明涛（2022.11—）

书　记：胡　全（2011.5—2017.9）

王　斌（2019—2022.7）

第二节　河流及水资源

一、河流及水库

整体情况详见第一编第二章第三节。

（一）乌苏里江

为黑龙江支流，中、俄界河，发源于俄罗斯东部锡霍特山脉西麓和兴凯湖东北面的松阿察河，在俄罗斯哈巴罗夫斯克附近流入黑龙江。总流域面积为 18.7 万平方公里，在我国境内 5.6 万平方公里，河流长度 905 公里，流经农场长度为 32 公里。

（二）挠力河

发源于完达山主脉那丹哈达岭北坡七里嘎山，在东安镇注入乌苏里江。全长 596 公里，流经饶河县内 130 公里，流经农场长度仅为 2 公里。2002 年 7 月，经国务院批准成立挠力河国家级自然保护区，保护区八五九管护站管护面积 3907.2 公顷。

（三）别拉洪河

别拉洪河为乌苏里江下游左岸支流。发源于富锦市北部东石砬子山以西平原区，自西向东北流经同江、饶河、抚远三县（市），在抚远东部别拉洪亮子附近注入乌苏里江。全长170公里，河宽25～40米，水深0.6～2.5米，流域面积4393平方公里。流经农场长度为65公里。

1977—1982年，农垦总局统一组织对别拉洪河进行改道。改道后，从一队开始沿老河道南侧向东，在二十二队南侧向东南方向经十队和十二队之间流向瓦盆窑，注入乌苏里江。别拉洪河新河道流经农场长度为46.5公里。

（四） 阿布胶河

为农场内河流。发源于喀尔喀山与斯摩勒山相接的龙山洞，流经农场场部，西连阿布胶水库，东靠千亩人工养鱼池，至瓦盆窑注入乌苏里江。全长38公里，流域面积106.4平方公里。

（五） 阿布胶水库

阿布胶水库为小山区（1）型水库，位于农场场部西南，属山峪地带，三面陡坡，一面筑堤。1958年冬施工。1970年6月，由兵团设计院完成规划，当年重建，动用两个水利工程连，几十台推土机，施工两年后停工。1974年10月部分竣工，1981年竣工，总投资48.8万元。总库容117万立方米，集水面积20平方公里，设计标准20年一遇，工程等别为Ⅳ等，主要建筑物为4级。大坝附属建筑物包括输水洞1座、溢洪道1座、送水渠420米。水库最大坝高8.9米，坝顶长度633米，宽度30米。坝顶高程79.5米，水库最高保证水位78.3米，警戒水位77.8米。1981年、1992年、1999年分别进行维修加固。从1984年起，开始人工养鱼。

2008年，阿布胶水库列入国家小型病险水库除险加固工程项目。工程于2009年11月10日开工，2010年10月30日完成，工程总投资414.93万元。

（六） 和平水库

位于水利队东，从1979年开始陆续建设，1986年建成完工，下游是养鱼池。坝长462米，集水面积17万平方米。和平沟及和平水库正南的二道沟等4股山水注入和平水库。

二、水资源

农场水资源总量为26722万立方米/年，其中地表水资源总量为12961万立方米/年、地下水资源总量为13761万立方米/年，地下水补给模数为12.32万立方米/平方公里。

农场共有5眼长观井对地下水位实行全面观测，分布于一队、二十一队、二十三队、二十六队、三十七队，这些长观井从1997年开始观测，到2008年为止已观测了12年。

表 3-24　八五九农场长观井高程变化情况统计表

项目	一队	二十一队	二十三队	二十六队	三十七队
1997 年 4 月 1 日高程（米）	49.8	46.12	48.42	45.33	41.85
2008 年 4 月 1 日高程（米）	47.1	44.73	45.12	42.73	39.65
下降（米）	2.7	1.39	3.30	2.60	2.20

其中，一队长观井观测点地面高程为 54.08 米。水位，1997 年 4 月 1 日高程为 49.8 米，2008 年 4 月 1 日为 47.1 米，2019 年 4 月 1 日为 41.58 米，2020 年 4 月 1 日为 41.38 米。

根据以上数据分析，农场地下水位还是呈下降趋势，说明年补给量已小于年用水量。这是由于农场水田面积逐年加大，用水量逐年增加所致，因此搞好节水灌溉及地表水灌溉势在必行。

2011 年年初，农场与八一农垦大学信息学院合作成立“地下水位全自动观测示范点”。共设立了水库、泵站、一站、园区、二十八站 5 个水位观测点，每个观测点都分别安装了水位传感器将观测到的数据通过 GPRS 网络传送到电脑主机，计算出当前的观测点水位。

2019 年 10 月 1 日，由北京艾力泰尔信息公司在东安水位观测站安装站间数据转发系统，可实时记录乌苏里江水位资料，对农场抗洪抢险及水文资料积累具有重要意义。

三、河长制

农场区域内江河总长度为 183.5 公里，包括乌苏里江的 32 公里，别拉洪河总干中游段（新河道）的 46.5 公里、别拉洪河下游段（老别拉洪河）的 65 公里，挠力河的 2 公里，阿布胶河 38 公里。

河长的主要任务是“保护水资源、防治水污染、改善水环境、修复水生态”。

2017 年 7 月，农场建立“河长制”组织体系，设立农场级河长 2 人、农场级河段长 5 人、农场级河警长 1 人、管理区级河长 18 人、管理区级河段长 9 人、河道巡查员 9 人、管理区级河警长 9 人。安装公示牌 23 块。

2018 年，深入开展“清四乱”（乱占、乱采、乱堆、乱建）专项整治行动和水污染防治行动。拆除挠力河鱼亮子 1 处、房屋 2 处。

2019 年，开展河湖管理划界工作（完成规模以上河流划界 4 项、水利工程划界工作 21 项、河湖水域岸线划界工作 1 项）。

2020 年，开展取用水管理专项整治行动，自查摸清机电井 2905 眼（其中农业 2891 眼、生活 8 眼、工业 6 眼）。通过卫星软件定位并采集影像资料。对未经批准擅自取水、监测计量不规范、未按规定条件取水等问题进行整改。

第三节　水利工程建设

农场的农田水利建设是伴随着开荒和建点同时开始的。

1957—1984 年，水利投资 260 余万元，完成土方 600 余万立方米，修建排干、支沟 86 条，长 242 公里，受益面积 6666.67 公顷，占总耕地面积的 23%；修建钢筋混凝土桥梁 6 座、涵洞 50 个、水库 1 座。

1985 年、1988 年，在农垦勘测设计院的指导下，农场进行了两次大规模水利规划，开始了对低洼涝区的全面治理。

1985—2005 年，共完成排涝水利配套土方工程 3124.48 万立方米，排涝工程总投资 6419.31 万元。建设施工桥梁 15 座，配套涵洞 1353 座，凿机电井 831 眼。

2006—2020 年，共完成水利配套土方工程 6860 万立方米，工程总投资 4.54 亿元。现有排水干沟 23 条，长度 202.8 公里；支沟 254 条，长度 746.48 公里；斗沟 3366 条，长度 4260.32 公里；方涵 2754 座、圆涵 291 座、涵闸 755 座、钢制涵闸 134 座、桥 44 座、贴片闸门 44 座、跌水 9 座；移动泵站 26 座。

历经多年的水利工程建设，八五九农场已初步形成旱能灌、涝能排、洪能防的完整灌溉治涝体系。

一、初期建设

1966 年以前的 10 年间，是农场水利工程的奠基阶段。这一阶段的施工方式是人工排水，靠镐刨锹挖，以创造条件开荒和环山挖截流沟，防止桃花水下山为主要目的。施工期以冬季施工为主，少数小工程在农田夏锄的空隙进行。1959 年 11 月，农场进行水利大会战。其中，一分场 400 余人参加大会战，完成土方 1.6 万立方米。

1962 年以前，还有由劳改人员组成的专业水利工程队常年排水。随着时间的推移和生产条件的改变，当年的排水渠道有的现已平掉，尚存有里小山第一干渠（位于二十五队西北部）及两条支沟——“洪一干”“洪二干”（位于十二队北十三队南），全长 20 余公里，靠山地区截流沟 50 余公里。这些工程当初发挥过良好的排涝作用。尽管有的地段没有开通或标准不高，但它为后来的水利工程逐步发展奠定了基础。

1967—1976 年，曾组织过阿布胶河取直和小青沟会战等较大的水利施工，至今尚存。1975 年，全场完成排水总土方量为 20 余万立方米。

1977—1984年，特别是1982年以后是农田水利建设大发展阶段。前期以人工作业为主，采取排水与修路相结合的办法，加上别拉洪河新河道改造成功，为东部十几万亩农田排除内涝创造条件。

1982年以后，总结农场历史上旱涝年景对农业生产的影响。农场党政班子认识到，涝灾是粮豆生产的主要灾害，它左右着整个农场的农业生产形势和经济形势。因此，决定在排水治涝上要花大本钱，下大力气。这一阶段排水的重点是十队以东的低洼易涝地，解决了十队、十一队全部和十二队的部分涝洼地号，受益面积在6666.67公顷左右，占农场总耕地面积的23%。仅1982年就完成土方196万立方米，创造了本场农田水利建设史上的最高纪录。1977—1983年，全场排水与修路结合（排水的同时修路60余公里），完成土方80万立方米，解决了9个生产队的交通运输。73条221公里的干、支、沟配套排水工程中，除4条是原有渠道外，均为这7年修建的。而且从1981年起施工方式转为机械施工为主，专业水利施工队发挥了重大作用。

1982年，建成全长6公里的三十六排干。

1983年，建成全长9.5公里的三十五排干、建成全长12公里的三十七排干、建成总长33公里的别拉洪河副沟8条。建有洪一支、洪二支、洪三支、洪四支、洪五支、洪七干、里干一、钓鱼台排干及50公里截流沟。建有新河桥、和平沟桥、三十五干桥、十七队桥、三十六干桥、一道桥等。

二、建设新河桥

新河桥位于十队与十二队之间，是钢筋混凝土双曲拱桥，全长58.5米，桥面宽为7米+2米×0.5米。横跨别拉洪河新河道主干渠上，是农场内最大的主干公路桥。

1977年7月，农场临时组建桥梁队。历经8个月技术及物资设备准备，1978年7月13日正式开始施工，整个工期跨越3个年头，于1979年7月1日正式竣工。

北京农业工程大学农水系毕业的基建科长温玉印担任现场总指挥，哈军工舰艇专业毕业的孙庆锐担任技术员。

因没有机器设备，施工非常艰苦，桥桩浇筑完全靠人工。全队50多人集体出动，接力相传，每个胶皮桶装满混凝土足有四五十斤重，中间不能停顿，常常是昼夜奋战，一个桥桩浇灌下来，大家都是筋疲力尽，手掌都磨出了血泡。

因新河桥荷载等级较低，已无法满足日益发展的交通需求，于2019年6月20日拆除。同时，一座新的大桥在原址重建，造价为360万元，于2020年6月1日竣工通车。新桥为预应力砼空心板梁桥，桥长68.84米，宽7.5米+2×0.5米，跨径

4×16 米，上部采用预应力混凝土简支空心板，下部采用柱式桥台、柱式桥墩、钻孔桩基础。

三、别拉洪河改道工程

别拉洪河流域内地势低平，平均坡降只有 1‰，水流缓慢。上游无明显河床，承泄力极差。每逢汛期到来，河水出槽，四处浸溢，两岸几个农场的耕地屡遭水害。

1974 年 5 月，水电部部长钱正英亲临现场视察。在别拉洪河旁，六师师长王少伯向她汇报要治理别拉洪河，她表示这项工程可以提前上马。

1974 年秋收一结束，兵团设计院和六师农田办就开始勘测设计。1977 年 7 月 1 日，破土动工。由省农垦总局统一组织施工，建三江、红兴隆、嫩江等管理局抽调 500 余台推土机集中作业。1985 年 10 月，配套工程完工。

别拉洪河老河道从一队流入农场，经二十二队南、向十三队北、沿十四队、二十五队北，至抚远县东部，流入乌苏里江，流经场内 65 公里。改道后，从一队开始沿老河道南侧向东，在二十二队南侧向东南方向经十队和十二队之间流向瓦盆窑，注入乌苏里江。流经场内 46.5 公里。新河道在农场域内施工设计底宽 30 米，上口宽 50 米，水深 2.5～3 米，工程土方量 430 万立方米，投资 1100 万元。

农场在别拉洪河改道工程施工中，组织 55 人的专业队伍，抽调 7 台推土机参加管理局统一组织的施工队，如期完成 7.75 公里长、9 万余立方米土方量和架设新河桥的任务。别拉洪河改道对解决沿河各农场排涝，开发两岸荒原，具有重要作用。

1992 年，别拉洪河主河道已运行 13 年，河道淤积严重，洪水排泄不畅，使沿线 10 个农场形成了严重的内涝灾害。据此，管理局利用小水利资金，对别拉洪河上中游段进行了清淤。清淤长度 35.1 公里，完成投资 76 万元，完成土方 62.4 万立方米。同时，投资 20 万元在别拉洪河中游段瓦盆窑处建成长达 3.2 公里的出口一处。建三江垦区腹地的排水能力有了进一步的提高。

四、东安护岸工程

乌苏里江东安镇护岸工程位于乌苏里江段中方一侧，起点为东安西山头，终点到俄罗斯的舍列密切沃村（即谢村）对面。

据调查，自 20 世纪 50 年代至 1988 年，江岸坍塌足有 500 米。严重的地段，我国江岸已向西北，以平均每年 8～15 米的速度推移近 700 米。江岸以每年 3～4 米的速度被冲刷掉，近 10 年来江岸坍塌达 20～70 米。造成航道改线，国土流失。东安镇临江街道相当于冲走了过去的一条街。

1988 年，松辽委下发〔1988〕基建处 4 号文批复，由饶河县水利局进行勘测设计，批复长度 900 米，批复投资 67.8 万元。

该工程从 1988 年 4 月开工至 1990 年 10 月 30 日完成。从东安西山头至东山头，全长 900 米，坡长 14 米，采用干砌石护砌，厚 30 厘米。

2002 年 5 月 23 日，松辽委以松辽规计〔2002〕186 号文，对东安护岸工程初步设计进行了批复。批复工程量为 17.12 万立方米，其中土方 13.85 万立方米、石方 3.05 万立方米、混凝土 0.22 万立方米。批复总概算投资 1119.63 万元，设计防洪标准 20 年一遇。9 月 20 日开工建设。

2004 年 6 月 29 日，松辽委以松辽规计〔2004〕127 号文，对东安护岸初步设计修改报告进行了批复。批复工程总投资 1486.39 万元，比原计划增加投资 379 万元。

2002—2006 年，建三江水利公司、七星水利公司，从东安东山头至俄罗斯谢村段护岸进行了施工。采用 30 厘米干砌石护砌，干砌石下设 10 厘米碎石垫层及无纺布一层，在护岸［（2＋550）～（4＋850）］段设耐特笼护底，以保证护岸固脚的稳定。2006 年 10 月 30 日全部完工。共完成护岸长度 6.5 公里，桥 2 座，涵 1 座，闸 1 座，完成土石方 229.9 万立方米。

五、条田化水利工程

在 2013 年以前，农场二十六站、三十三站、三十五站、三十七站、四十站、二十八站、三十站域内的 23333.33 公顷耕地没有进行系统水利规划，排水体系不完善，沟道布局错综杂乱，导致大面积耕地无排水出路，域内耕地常年内涝，作物连年受灾，严重影响农业生产。

农场聘请专业设计院对条田化项目区进行总体规划布局，总体思路为先骨干、后配套。首先打通洪五干、洪八干、抚远界沟、高丽河排干共计 55 公里排水骨干，重新布置干、支、斗沟及建筑物，修建高标准田间路，形成完善的排水体系。

2013—2015 年，农场整合企业自筹、农业综合开发、小型农田水利等水利建设资金共计 6623 万元。清淤扩建干沟 55 公里，修建支、斗沟 484 公里，配套田间路 350 公里，回填废弃沟 82 公里，完成土方量 580 万立方米。修建临时性土埋涵 847 座，混凝土建筑物 229 座。完成条田化水利工程面积 23333.33 公顷。

工程完工后，一是解决了排水难的问题。项目实施前，汛期内降雨量超过 50 毫米时，排水历时需 10～15 天；项目实施后形成了完善的排涝体系，排水历时可缩短至 3 天。二是解决了交通问题。项目实施后，修建的高标准农田路对路基进行了加高，路宽达到8米以上，有效地解决了交通问题。三是改善了耕地的作业条件，条田化工程对原有不规则耕地重新规划，形成了平均长度600米，宽度300米的条田型耕地，有效改善了农机具的作业环境。

六、别拉洪河围堰工程

老别拉洪河流经农场65公里，沿线耕地面积1万公顷，多以旱田为主，土壤肥沃。但由于地势低洼，并缺少围堰、回水堤、排水建筑物等防洪设施，十年九涝，洪涝灾害平均每年造成3000多万元的经济损失。

农场规划了3年治理方案。2016—2018年，争取上级资金3972万元，实施沿别拉洪河围堰工程。修筑围堰72.1公里，回水堤32.6公里，排水闸19座，强排站26座。

别拉洪河围堰工程筑起了八五九农场的“万里长城”，从根本上解决了农场沿河耕地的“外患”问题，实现了外水能防、内水能排。沿河耕地公顷增产1500公斤，1万公顷耕地的水患问题得到彻底解决。

七、高标准农田建设工程

2009—2020年，农场抓住高标准农田建设的有利时机，共计争取投资2.28亿元，建设高标准农田21406.67公顷。

其中，2009年，利用农业综合开发工程资金925万元，建设地点位于十九站、二十一站，治理耕地面积1466.67公顷。2020年，利用农业综合开发资金4872万元，建设地点位于第六、第十三管理区，治理耕地面积3733.34公顷。建设内容包括沟渠清淤239公里，建矩形槽8.1公里，渠道衬砌改造21.12公里，渠道衬砌3.9公里，新建建筑物173座，建输电线路0.74公里，修缮田间道路107.14公里，建泵站5座。

高标准农田项目建设实现了机耕路全部砂石化，建筑物永久化，有效增加了农田抵御自然灾害的能力。

八、节水增粮工程

2013年，国家下达小型农田水利设施建设补助专项资金914.43万元，用于农场节水增粮工程建设，项目区总覆盖面积629.87公顷。其中，在十九站建平移式喷灌机2处，灌溉面积97.47公顷；中心支轴式喷灌机1处，灌溉面积101.87公顷；卷盘式喷灌机7台，灌溉面积84公顷。在七站、科研站建滴灌工程16处，滴灌面积292.6公顷；卷盘式喷灌机 4 台，灌溉面积 36.6 公顷；移管式喷灌 1 处，灌溉面积 17.33 公顷。工程于 2013 年 4 月 10 日开工，2014 年 7 月 20 日完工。

九、水土保持工程

农场地势总走向是南高北低，南部山区坡降为 1/20 以上，坡岗丘陵区在 1/20～1/200，东北部平原区在 1/200 以下，山地海拔高度多为 100～300 米，丘陵区在龙山以北，老迟山以东处，海拔 55～100 米，除四平山周围几座山头外，多为坡地，地形地势客观上是造成水土流失的直接原因。

随着农业生产活动的不断加剧，耕地面积不断扩大，再加上林木采伐及山区矿山开采等生产建设活动逐年增加，植被破坏严重，部分地区土壤裸露。由于地形坡降大，平均为 1/20～1/200，土质为砂性壤土，黏性小，易流性强，客观上易造成水土流失。农场内冲刷沟总计 6 条，长度 17 公里，宽度为 5～8 米，冲刷沟深度为 1.5～3.2 米，分布在三十三队、三队、四队、二十队、十七队、五队等单位。截至 2005 年底，农场因水土流失造成直接经济损失 258.1 万元，包括毁路 18 公里，毁田 1100 公顷，毁林 80 公顷，毁桥 4 座，毁涵 90 座，毁排水沟 71.75 公里。

1985 年以后，农场自筹资金 148.5 万元，完成截流沟工程 36.55 万立方米；投资 18 万元，植树 80 公顷，治理水土流失面积 500 公顷，取得了一些经济效益和社会效益。

1991 年 6 月，农场区域内的水土流失治理被纳入治理改造计划。施工机械采用挖掘机，工程设计按 10 年一遇标准进行，做到治理一片，成功一片，见效一片，使整体治理效益明显。

同时，采取生物措施，营造水土保持林，种植草本植物。对水土流失较严重的坡耕地，则采取退耕还林、退耕还草的办法，宜林则林，宜草则草。沿坡近山耕地加密农防人工林带，防止风蚀，切实保护好土壤的有机质含量。

截至 2020 年，农场共治理水土流失面积 6670 公顷，完成土方工程量 223 万立方米。

十、阿布胶强排站

阿布胶强排站位于阿布胶河与乌苏里江堤防（桩号 9＋567）处，排水面积 172.15 平方公里，5 年排水流量 29.69 立方米/秒，站前为低洼地，抽排系数 0.7，该站设计排水流量 20.78 立方米/秒。为中型，主要建筑物 3 级、次要建筑物 4 级。2015 年开工建设，2016 年竣工，4 台机组，总投资 1000 多万元。在汛期来临时，起到排除积水和抗洪的作用。

区域内另有小型强排站26座，位于老别拉洪河沿线。

表3-25 2005年全场水利建筑物工程建设情况统计表

序号	名称	建设年度	位置	数量	长度（米）	宽度（米）
1	新河桥	1978	十二队	1	58.8	7.5
2	民主新河桥	1979	一队	1	55.4	7.5
3	民主老河桥	1979	一队	1	55.4	7.5
4	三十五干桥	1983	十二队	1	13.5	7.5
5	三十七干桥	1984	三十队	1	16.5	7.5
6	洪二干桥	1987	二十六队	1	19.5	7.5
7	洪三干桥	1988	二十六队	1	13.5	7.5
8	三连桥	1988	三队	1	13.5	7.5
9	二连桥	1988	二队	1	16.8	7.5
10	洪四十干桥	1990	二十二队	1	16.5	7.5
11	二龙桥	1990	四队	1	55.5	7.5
12	兴稻桥	1993	二十三队	1	54.0	7.5
13	三十六干桥	1983	十一队	1	8.0	6.0
14	四队桥	1992	四队	1	2.0	7.5
15	二十八干桥	1980	三十二队	1	8.0	6.0
16	阿布胶河1号桥	1986	场直	1	16.5	7.5
17	阿布胶河2号桥	1987	二十四队	1	17.5	7.5
18	东安桥	1986	东安	1	26.0	6.0
19	水利队桥	1983	水利队	1	6.0	8.0
20	十六队桥	1992	十六队	1	6.0	8.0
21	十七队桥	1983	十七队	1	6.0	8.0
22	洪四干1号桥	1998	三十三队	1	16.0	8.0
23	洪四干2号桥	1998	三十三队	1	16.0	8.0
24	涵洞		全场	1412	—	—

表3-26 2005年全场土方工程建设情况统计表

序号	名称	建设年度	条数	长度（公里）	土方量（万立方米）	备注
1	别拉洪河总干	1978	1	42.50	380.00	—
2	乌一干	1986	1	5.95	48.51	2005年清淤扩建
3	乌二干	1988	1	7.60	26.16	2003年清淤扩建
4	乌三干	1989	1	12.00	24.39	2000年延长3.7公里
5	洪二干	1987	1	14.30	68.56	1999年清淤
6	洪三干	1987	1	7.50	27.13	—
7	洪四干	1983	1	8.40	20.77	1997年清淤
8	洪四十干	1983	1	8.40	17.35	1998年清淤

（续）

序号	名称	建设年度	条数	长度（公里）	土方量（万立方米）	备注
9	二十八干	1982	1	7.95	28.62	2003 年清淤
10	三十四干	1982	1	0.70	1.52	—
11	三十五干	1983	1	8.99	18.63	1999 年清淤
12	三十六干	1983	1	8.46	18.46	1997 年清淤
13	三十七干	1984	1	12.20	42.86	2004 年清淤
14	阿布胶排干	1988	1	6.20	24.14	2004 年清淤
15	独立排干	2001	1	8.65	10.48	—
16	二龙山排干	2001	1	4.38	12.35	—
17	乌一干支沟	1986	2	7.30	4.67	—
18	乌二干支沟	1983	7	19.45	14.21	—
19	乌三干支沟	1988	7	18.66	23.61	—
20	洪二干支沟	1988	11	27.95	34.62	—
21	洪三干支沟	1987	4	11.50	13.37	—
22	洪四干支沟	1988	10	27.00	30.60	—
23	洪四十干支沟	1985	21	56.25	58.90	—
24	三十五干支沟	1985	15	31.85	29.12	—
25	三十六干支沟	1985	11	36.78	21.33	—
26	三十七五支沟	1985	12	28.80	37.98	—
27	阿布胶排干支沟	1989	5	12.05	11.83	—
28	老别拉洪河系统支沟	1989	9	33.20	29.21	—
29	乌苏里江系统支沟	1989	2	7.10	8.19	—
30	新河总干副沟	1983	9	41.98	62.20	—
31	新河总干副沟二支沟	1984	14	37.62	30.48	—
32	新河总干副沟三支沟	1985	4	11.10	8.01	—
33	新河总干副沟四支沟	1985	2	3.95	3.07	—
34	新河总干副沟五支沟	1985	2	6.10	4.90	—
35	新河总干副沟六支沟	1986	2	2.10	1.35	—
36	新河总干河北副沟支沟	1987	4	5.00	3.28	—
37	截流沟	1985	13	46.93	52.59	—
38	斗沟	1985	3522	3169	2064.00	—

表 3-27 2006—2021 年全场水利工程统计表

年度	资产名称	建设内容	投资（万元）
2006	2006 年小型农田水利自筹建设	土石方 70.87 万立方米，桥 1 座，涵 16 座，大棚高台建设 1101 栋	224.39
	2006 年小型农田水利财政补贴	四干渠配套，渠堤 131 公里，土方 125 万立方米，涵 74 座，闸 34 座，合计 650 万元。水稻小区 5 万元	655
2007	2007 年小型农田水利工程财政补助——灌区配套	灌区四干渠五支、六支配套，桥 6 米，渠堤 71 公里，土方 71 万立方米，桥 1 座，涵 48 座，闸 11 座	600
	八五九农场阿布胶河灌区工程	地表水截留利用，渠堤 0.8 公里，土方 3.3 万立方米，闸 1 座	120
2008	2008 年小型水利财政	渠堤 25 公里，清淤土方 98 万立方米	205
2009	八五九农场标准田建设项目	晒场 5000 平方米，圆涵 4 座，育秧大棚 200 栋，核心水泥晒区圆涵 1 座，U 型槽衬砌 0.64 公里，池梗水泥板 2.36 公里，彩砖路 465 平方米，晒水池 1 座，改造沟道 32.9 公里，农渠 85 公里，机耕路 1.5 公里，田间路 13.4 公里	384
2011	黑龙江垦区八五九农场新增千亿斤粮食产能规划田间工程及农技服务体系建设项目	育秧大棚 200 栋，水泥晒场 5000 平方米，涵闸 5 座，机耕田间路 15 公里，改造沟渠 118 公里	384
	八五九农场洪二干、洪三干、洪四干、洪四十干治理工程	洪二干、洪四干 2 条干沟清淤长度 17.75 公里，φ80 厘米×6 米钢涵 7 座，2.5 米×1.5 米×8 米砼方涵闸 2 座，2.5 米×1.5 米砼节制闸 5 座	200
	别拉洪河下游涝区洪六干、总干渠副沟治理工程	新建洪六干 6.02 公里，扩建总干渠付沟 4.5 公里，土方 15.24 万立方米，2.5 米×1.5 米×8 米砼涵闸 6 座	185
2012	八五九农场涝区治理及灌区维修工程	新建及清淤排水干沟 81.82 公里，新建滴灌工程 1 处，维修灌区 1 号渡槽 1 处，新建农道桥 1 座	500
2013	八五九农场 2013 年小型农田水利设施建设补助专项资金项目	建设内容为平移式喷灌机 2 台（套）、中心支轴式喷灌机 1 台（套）、卷盘式喷灌机 11 台（套）、滴灌面积 320.8 公顷、水泵 23 台、机电井 23 眼、移动泵 2 台、输水管线 4560 米	914.48
2014	2014 年八五九农场第二十八作业站高标准农田建设项目	渠道 57 公里，涵 11 座，农田路 11.7 公里，水泥晒场 1.3 万平方米，围栏 700 米，检测房 60 平方米，大门 1 个	946
	八五九农场第三十五作业站水利配套治理工程	本次规划扩清界沟 7.4 公里；新建排水支沟 12 条，长度 25.03 公里；新建排水斗沟 62 条，长度 44.51 公里；平整废弃沟道 56 条，长度 60.25 公里	550
2015	别拉洪河下游涝区洪六干、总干渠副沟治理工程	干沟清淤土方 8.11 万立方米；支、斗沟清淤土方 42.29 万立方米；旧沟填筑土方 24.88 万立方米；堤防填筑土方 12.97 万立方米；新建方涵 21 座，方涵闸 1 座	660
2016	八五九农场排水七区配套治理工程	新建高标准田间路 1 条，总长 4.2 公里；平整废弃沟 1 条，长度 4.2 公里	195.05
	2016 年小型农田水利设施建设补助专项资金项目八五九农场新河以北灌区骨干与配套衔接工程	排灌沟渠清淤 31.85 公里；沟渠回填土方 7 处。新建 Φ1 米钢制闸门 48 座，已有方涵安闸门 25 扇，架设简易涵洞 22 处，新建方涵闸 3 座，圆涵 1 座，钢制圆涵闸 4 座，维修启闭机 20 处、闸门 80 处	200
2017	2017 年农田水利设施建设补助资金项目八五九农场灌区衔接及涝区治理工程	清淤排水沟道 22.81 公里、安闸门 3 处、分水闸 3 座、节制闸 18 座、涵洞 33 座、建筑物防渗护砌 13 处	430

（续）

年度	资产名称	建设内容	投资（万元）
2018	国家新增千亿斤粮食生产能力规划2018年田间工程建设项目	田间路57.38公里（新建田间路30.1公里，维修机耕路27.28公里），回水堤16.32公里，新建沟道92.85公里，废弃沟平整30.1公里，池埂填筑46.42公里，方涵3座，方涵闸8座，钢涵闸14座，移动式泵站及基础8座、泵房8座	1500
2019	国家新增千亿斤粮食生产能力规划2019年田间工程建设项目	沟道清淤113.1公里，沟道衬砌0.56公里，新建建筑物71座，道路工程17.12公里	1046
	2019年黑龙江省八五九农场第五管理区高标准农田建设项目	建设优质高产稳产粮田666.67公顷（水田666.67公顷）。沟道清淤14.61公里、渠道衬砌修复1.66公里、渠系建设物44座、棚间沟衬砌6.05公里、棚间沟清淤15.95公里，修缮田间路25.73公里，棚间路5.6公里、土地复垦0.24公顷、水田格田化16公顷（田埂修复4.13公里）	1264
	2019年黑龙江省八五九农场第六管理区高标准农田建设项目	建设优质高产稳产粮田1400公顷（水田1400公顷）。沟道清淤85.99公里、渠系建设物89座、新建晒场2.46万平方米、新建农具场1.71万平方米、新建80平方米管护房2个、围栏1245延长米、电动伸缩门2座、新建465平方米油料库1座、棚间沟道清淤4.06公里、棚间路1.09公里、棚间涵49座、修缮机耕路29.66公里	2529
2020	2020年黑龙江省八五九农场第六管理区第十作业站中央财政补助高标准农田建设项目	建设优质高产稳产良田2066.67公顷。灌溉工程81条，总长79.03公里；排水工程75条，总长88.79公里；新建渠系建筑物45座，架设高压线0.74公里，配备变压器5台；修缮田间道路70公里；水田标准格田化示范区1处	2697
	2020年黑龙江省八五九农场第十三管理区第四十作业站中央财政补助高标准农田建设项目	建设优质高产稳产粮田1666.67公顷，沟道清淤105.27公里，新建渠系建筑物128座，修缮田间路37.14公里	2175
2021	2021年黑龙江省八五九农场中央预算内高标准农田建设项目	建设优质高产稳产粮田1333.34公顷。建设内容包括：沟道清淤工程67.54公里；沟道衬砌工程2.08公里；建筑物工程量92座；道路工程41.45公里；晒场工程1.5万平方米；农田防护与生态保持防护工程布置谷坊10座	2641
	2021年黑龙江省八五九农场第六管理区中央财政补助高标准农田建设项目	排水沟清淤20条，总长22.99公里；新建格宾石笼衬砌0.3公里，新建谷坊3座；新建渠系建筑物105座；修缮田间道路29.01公里	1400
	黑龙江八五九农场2021年独立三支渠建设项目	新建提水泵站1座，方涵10座，方涵闸2座	238
	黑龙江省八五九农场灌区五干渠节制闸建设项目	新建五干渠节制闸2座	50

第四节　灌区建设

八五九灌区位于乌苏里江下游左岸，为乌苏里江提水工程，灌区控制面积68586.67公顷，总灌溉面积41726.67公顷，包括八五九农场、二道河农场，灌区人口0.8万人。渠首距乌苏里江2.4公里。渠首站总设计流量56.36立方米/秒，总装机容量1.28万千瓦，概算总投资6.28亿元。

一、工程施工

1996 年，八五九农场提出利用乌苏里江水灌溉水田的宏伟设想。2001 年 12 月 5 日，建三江分局完成八五九乌苏里江灌区 10 项骨干工程初步设计。21 日，经国务院正式批复，同意建设八五九乌苏里江灌区。29 日，水利部松辽委下发《松辽委关于三江平原防洪除涝工程八五九农场乌苏里江灌区渠首及总干工程初步设计的批复》（松辽规计〔2001〕474 号）。2002 年，列入国家基本建设计划。2003 年 10 月，黑龙江农垦勘测设计研究院完成《三江平原防洪治涝工程八五九乌苏里江灌区渠系工程初步设计报告》。

2002 年 10 月 25 日，建三江第一个大型地表水灌区——八五九灌区开工建设。同年，根据（黑计投资〔2002〕668 号）和（黑计投资〔2002〕747 号）批复投资 6401 万元。其中，国家投资 2702 万元，企业自筹资金 3699 万元，工程量 149.33 万立方米，长度 5.343 公里。

2003 年末，灌区渠首泵站工程全部建成。2004 年，根据（黑计投资〔2003〕540 号）批复投资 1058 万元，工程量 59.46 万立方米，长度 5.8 公里。当年，（黑垦局文〔2004〕140 号）批复第一批小水计划 140 万元，（黑垦局文〔2004〕202 号）批复农发资金 435 万元。2003 年 6 月 1 日，八五九灌区补充批复（松辽规计〔2004〕102 号）《关于三江平原防洪治涝工程八五九农场乌苏里江灌区渠首及总干渠工程初步设计报告的批复》，设计灌溉面积 20740 公顷，工程总投资 1.14 亿元，比原有批复增加投资 180.2 万元。当年完成 4 部机组设备和 10 台水泵安装、输变电线路、泵站自动化、变电所工程与部分干渠工程。

2005 年 4 月 20 日，渠首 4 部机组一次试车成功，当年实现灌溉面积 1000 公顷。7 月 4 日，八五九灌区续建开工，总投资 1900 万元用于配套工程建设。其中，小水利投资 1200 万元，农业发展资金 300 万元，优质商品粮基地资金 300 万元，自筹资金 100 万元。（黑垦局文〔2005〕99 号）批复投资 900 万元、（黑垦局文〔2005〕264 号）批复投资 300 万元、（黑垦局文〔2004〕292 号）批复投资 300 万元（优质商品粮基地建设）、农总（农发字〔2005〕14 号）批复投资 300 万元（项目资金）。完成工程量 182.94 万立方米，长度 82.11 公里，安装提水机电泵 10 台（套）。2005 年 10 月 31 日竣工。

截至 2005 年末，八五九灌区累计投资 1.01 亿元，其中国家投资 3230 万元、总局匹配投资 2575 万元、农场自筹资金 4329 万元。完成管理站房、渠首提水站、引渠、总干渠和一支渠至四支渠的建设以及配套工程。完成泵站工程，安装水泵 10 台、电机 10 台，新建输电线路 13.38 公里、变电所 1 座、1170 平方米的管理站房等。完成土方 622.56 万立方米，完成混凝土 2.63 万立方米。

2007年11月21日，水利部松辽水利委员会以《关于三江平原防洪治涝工程八五九乌苏里江灌区渠系工程初步设计报告的批复》（松辽规计〔2007〕259号）对八五九灌区渠系工程进行批复，批复概算投资1.4亿元。

2010年10月，投资447万元建设的渡槽完工。

自2005年4月20日开闸提水，当年灌溉面积1000公顷。2007年达4133.33公顷，2011年为4953.33公顷，2015年为5400公顷。

2016年，改造直流灌溉面积近200公顷，变为二级提水，较往年节省水资源120万立方米，节省动力费5.2万元。当年灌溉面积8266.67公顷。

2017年12月20日，由垦区物价局批复执行，灌区水费收费标准为直流灌溉975元/公顷、二级提水灌溉825元/公顷、三级提水灌溉675元/公顷。当年灌溉面积10266.67公顷。

2019年，灌区（近期）田间配套工程投资4448万元。建设涵、闸281座，建设高标准示范区133.33公顷，硬化田间路2.4公里，渠道护砌2.6公里。当年灌溉面积1.4万公顷。

2020年，自筹资金1846.1万元完成渠首泵站更新改造项目，包含更新改造2套66千伏主变压器保护、测控装置，更新改造10千伏高压电机保护测控一体化装置10套，更新改造一体化电源系统、水泵机组自动化系统、计算机监控系统，更换水泵8台、电机10台、拍门10座及土建和配电等工程项目。

2006—2020年，灌区累计投入建设资金1.71亿元。2020年灌溉面积1.4万公顷，预计2021年灌溉面积达到近期设计灌溉面积2.07万公顷。

到2020年，共建设灌区引渠1条，长2.4公里；总干渠1条，长20.95公里；东总干渠1条，长13.925公里；干渠10条，长度41.79公里；支渠57条，长度151.03公里。

二、工程效益

为科学利用丰富的过境水资源，合理涵养地下水资源，发挥江水灌溉优势，实现可持续发展。八五九农场从1996年开始筹划建设乌苏里江灌区，实现江水灌溉水稻。

八五九灌区是黑龙江省三江平原“两江一湖”重大水利工程规划中重要工程项目，是三江平原三大灌区中建设最早、受益最早的灌区。

乌苏里江水量充足、水质好、无污染，有机质含量高，为农场发展绿色有机产业创造了得天独厚的自然条件。由于江水水温高且富含营养，可以大幅度提高稻米的营养度和口感度，生育期可提前 4～5 天。水稻采用地表水灌溉比井水灌溉每公顷多收入 1350～1650 元。旱改水每公顷多收入 2250～3000 元。

2010 年 9 月 17 日，二十一站农户赵洪彬利用江水灌溉的水稻，经实收实测，公顷产超过 1.35 万公斤。

2012 年，经试验研究证明，江水灌溉水稻公顷产比井水灌溉增加 799.5 公斤；同年销售价格，江水灌溉比井水灌溉每公斤增加 0.08 元；公顷收入，江水灌溉比井水灌溉增加 1945.5 元；灌溉水费，江水为 645 元/公顷，井水为 570 元/公顷。江水灌溉比井水灌溉公顷增效益 1870.5 元。

李富志是第五管理区种植户，几年来一直在江水灌溉区种植水稻，种植面积 33.33 公顷，每公顷产量都在 9000 公斤以上，年盈利 25 万元左右。他种植的水稻已成为客户争抢的“香饽饽”，许多从事绿色、有机稻米精深加工的企业与他签订收购合同，水稻每公斤销售价格高出市场价 0.1～0.2 元，每公顷增收 900～1800 元。农场利用江水灌溉种植水稻的种植户有 756 户，水稻产量都比较高。

利用江水灌溉将有效缓解地下水紧张矛盾，可大大减少地下水的开采量，平均每年可节约地下水约 9500 万立方米。灌区可直接向乌苏里江自然保护区湿地补水，起到改善生态环境、良化气候的功能。

三、机构设置

2002 年 8 月 12 日，建三江分局八五九灌区管理处成立。定编 4 人，设处长 1 人、副处长 1 人、管理人员 2 人。另外雇泵站运行工 6 人、闸门工 6 人。八五九灌区管理处行政隶属于建三江分局水务局。

2009 年 2 月 26 日，在分局副局长于金友的主持下，分局水务局、八五九灌区管理处和八五九农场完成了灌区运行管理委托交接手续。八五九灌区的运行管理由八五九农场负责，分局水务局负责灌区工程建设和运行管理监督指导工作。

2009 年 2 月 26 日至 2015 年 7 月，王军任八五九灌区管理站站长；建三江水务局下属的灌区管理站由王斌负责。2015 年 4 月，王东立任党支部书记；7 月 30 日，穆洪启任灌区管理站站长。2018 年 7 月至 2022 年 7 月，韩永利任党支部书记。2022 年 8 月，穆洪启任八五九分公司水利中心主任。

2019 年 7 月 31 日，原建三江水务局下属的灌区管理站与八五九灌区管理站合署办公。

2005年5月26—27日，全国水稻机械化生产农垦现场会在建三江分局召开。农业部副部长张宝文、农业部农业机械化管理司司长王智才、农业部农垦局局长杨绍品、农业部科技教育司司长张凤桐、总局党委书记吕维峰、分局党委书记王道明、分局局长王金会等参加会议。与会的12个省农垦局领导和11个省农机局领导共96名代表，参观了八五九乌苏里江灌区渠首。

2006年8月17日，我国著名经济学家厉以宁考察建三江时，慕名来到渠首，并挥毫为乌苏里江灌区题词“踏遍三江风雪路，世间何事不能为”。

2005年2月，八五九乌苏里江灌区工程被水利部评为“2004年度水利系统文明建设工地”；2019年，荣获垦区三江平原灌区田间配套工程先进单位荣誉称号。2021年被农场工会命名为“龙江工匠创新工作室”。

2020年10月16日，陈福宝在全省水利行业《泵站运行工》职业技能竞赛中荣获第四名，张吉盛荣获第十名。

2020年12月30日，黑龙江省总工会评选的2020年度“龙江工匠”揭晓。灌区管理站站长穆洪启荣获2020年度“龙江工匠”称号；灌区陈福宝和张吉盛师徒获“好师傅好徒弟”称号。

2022年7月6日，穆洪启荣获黑龙江省第十三届劳动模范称号。

第五节　水利工程管理

随着农场水利工程建设不断加快，涝区工程配套率大幅度提高，水利工程的管理与养护工作，逐步纳入了农场工作日程。

1987年，管理局根据总局〔1986〕140号文件精神，成立了建三江管理局水利工程管理站。农场也相应成立了水利工程管理站，配置2名专职水管员，业务上隶属于农场水利科领导，经费从所收取的水费中解决。具体负责农场范围内的水利工程管理、河道和砂石管理、水资源管理等。

1991年，水利工程管理工作又增设了水利公安这一执法体系。

1995年，管理局水管总站下发《黑龙江省建三江国营农场管理局水利工程管理实施细则》（建垦局发〔1995〕7号文件），明确了目标责任，强化了水利管理工作。

一、委托管理

1998年，根据分局水管工作的要求，农场将支渠以下的工程和附属建筑物，委托给生产队管理。农场下达委托文件，场长与生产队长签订委托合同，水利科出具委托工程现状图及工程汇总表，全年共签合同34份。

1999年，在总结工程管理经验教训的基础上，农场进一步规范、完善了分级管理制度。总干、干沟由分局或农场水管站直接管理，支渠及以下的工程和附属建筑物，委托生产队的农户直接管理。采取单独签订合同或在土地承包合同中，增加条款的方式，将工程委托到户进行全民管理，使职责更加明确，管理范围更清晰。到2005年，共签订分级管理合同988份。

2020年，农场制定了详细的水利工程管护及考核方案，明确了水利管护工作的具体内容，包括沿河各强排站、排水闸、防洪围堰的管理，防汛期间各管理区应重点巡查的水利工程薄弱环节，申报水利工程维修资金的具体程序等。同时，制定了考核评分标准，并与农业生产考核和年终绩效挂钩。

二、水利物联网

2016年，农场开始推进水利物联网建设。由水利部门牵头召集5个行业部门、15个管理区，抽调业务人员40余人，历时4个月，对农场区域内水利工程固定资产进行了无死角、地毯式全面清查，共涉及45个工程项目，8190项水利固定资产。

完成水利物联网制图、水利工程基础现状图数据更新、水利固定资产基础信息录入等项工作，为水利工程管理提供了切实可靠的基础数据。

三、地形图测绘

2013年，农场水务局成立了建场以来第一支水利测量队，由齐海峰、徐欣、徐岳、王强4人组成，主要任务是完成全场86666.67公顷耕地的地形图测绘任务。

测绘的总体方案是以200米×200米的方格网模式对全场耕地进行地毯式测量。水务局局长高文军带领测量队克服重重困难向前推进，他手术治疗后第七天就马上投入工作当中。从2013年4月测量队成立至2019年10月测量任务完成，历时6年半，测量队员们不畏严寒酷暑、蚊虫叮咬，每天步行10～14公里，以平均每年13333.33公顷耕地的测绘进度，完成了全场耕地外业地形图测绘任务。

从2019年7月至2020年4月，测量队员对测量成果进行内业处理工作。利用测量数据生成全场4063条沟道的原始地面高程，地形图测绘成果图上共有8万个高程点，按流域划分形成成果性文件。形成了农场地形图测绘成果图、水利工程现状图基础名录、全场沟渠现状基础数据等。

第六节　行政执法与水资源收费

一、行政执法

1993年10月30日，根据《中华人民共和国水法》和省水利厅、总局水利局文件，农场成立水政水资源办公室。配备兼职水政监察人员2人。1996年，农场水政监察人员增加到3人。主要职责包括河道管理、采砂管理、办理水行政许可及规费收缴、解决水事纠纷等。

到2005年底，共查处在河道内设障堵鱼案件28起，毁烧护堤林案件8起，破坏水利工程管理设施案件5起，无证采砂拒交水资源费1起。

2013年，通过与作业站联合执法，收缴拦河网800余条。2014年，查处了老别拉洪河违法建拦河坝206米，主河道私设捕鱼工具，新河道违法采砂，界沟违法设置建筑物等多项违法案件。2016年，为38个用水单位办理了取水许可，安装计量设施15处。

2019年以后，农垦系统水行政权力职能移交属地化管理，水资源费上缴地方水务局。

二、水资源收费

1991年，按总局的要求，管理局下发《建三江国营农场管理局关于建立筹集农田水利发展基金和以资代劳基金制度的通知》（建垦局发〔1991〕15号文件），全局建立"农田水利发展基金"和"以资代劳基金"制度。

按1990年统计年报中现有耕地数，每亩筹集1～1.5元，作为农田水利发展基金，进行田间配套工程建设。

1998年，每亩筹集10元。

2016年1月1日以前，农场执行黑龙江省物价监督管理局、黑龙江省财政厅、黑龙江省水利厅联合印发的关于《黑龙江省物价局关于调整水资源费征收标准及有关问题》的通知（黑价联〔2010〕46号），进行水资源费收缴。

2016年1月1日以后，农场执行黑龙江省物价监督管理局、黑龙江省财政厅、黑龙江省水利厅联合印发的关于《黑龙江省物价局关于调整水资源费征收标准及有关问题》的通知（黑价联〔2015〕72号）。

表 3-28 2015—2020 年全场用水总量及水资源收费情况统计表

年度	用水总量（万吨）	生活用水（万吨）	工业用水（万吨）	生活用水收费标准（元/立方米）	工业用水收费标准（元/立方米）	水资源费（生活+工业）（万元）
2015	66.67	63.84	2.8325	0.20	0.4	13.90
2016	54.08	50	4.0770	0.35	0.7	20.83
2017	67.13	62.5	4.6300	0.35	0.7	25.12
2018	79.21	74.5	4.7100	0.35	0.7	29.37
2019	71.55	67.22	4.3300	0.35	0.7	26.56
2020	88.89	83.55	5.3400	0.35	0.7	32.98

三、地下水压采工作

自 2017 年开始，省水利厅开始推行地下水压采工作。截至 2020 年，八五九农场分配的地下水总用水量指标为 8424 万立方米（其中在饶河县行政区内农业用水量为 3200 万立方米，非农业用水量为 100 万立方米；在抚远市行政区内农业用水量为 5124 万立方米）。

根据农垦总局办公室《关于切实做好地下水压采工作的通知》（黑垦局办文〔2017〕116 号）文件的要求，农场编制地下水压采方案研究压减区域内地下水开采，节约农业种植用水，大力度推行地表水置换地下水工作。通过轮作休耕、节水农业及高效用水技术、灌区引用地表水等，大力推行停水、节水、换水“三水”措施。

农场内拥有沟渠 4063 条，地表水资源十分丰富。2020 年，新建永久性拦蓄地表水设施 33 处、临时性拦蓄地表水设施 430 处，全力打造节水农业。

第七节 水利队伍

一、水利大队

1972 年以前，农场没有专业水利队伍，平时由各农业生产单位自行组织排水。农闲季节组织全场性水利施工会战。

1972 年，在参加场部至建三江公路施工修路队的基础上，组建专业水利工程连（当时称工程二连），人数 70 余人，拥有中小型推土机 7 台。1975 年，水利工程连改为水利连，人员增加到 120 余人，有大中小型推土机 18 台。

别拉洪河改道工程上马后，1977 年建三江管理局以八五九农场水利连为基础，组建一个 200 余人的水利大队。从 1980 年起水利大队行政上归农场领导，业务上受总局水利局领导，后为管理方便，于当年 1 月，农场水利连与总局水利大队合并，组成一支有 280 人的专业水利施工队，1983 年改称农田水利建设工程公司。拥有大型（140）推土机3台、100型推土机6台、60型推土机30台、胶轮运输拖拉机4台、汽车5台。1984年，购买7台日本产挖掘机，1台合肥产挖掘机。1985年，购进大型推土机（220型）8台、T150型6台、TS140型4台、大型运输车（黄河大托）1台。至此，水利工程公司成为拥有固定资产3000多万元，人员达400多人，全部机械化的专业水利施工队伍。

1984年4月，水利大队被评为总局先进集体。

1997年7月，水利大队因经营管理不善及其他多方面原因，宣布破产。

领导成员更迭情况如下：

水利连（大队）队长：李振阶（1975），张振德（1977.6）

李振阶（1980.3—1982.2）

吴志仁（1982.2—1985.5）

刘广生（1985.5—1985.9）

姚玉龙（1985.9—1995）

书　记：周　信（1977.6）

刘增金（1980.3—1982.8）

曾凡武（1984.1—1985.11）

袁春启（1985.11—1986.11）

方永才（1987.2—1996.8）

乔　强（1992.12，副）

水利大队在外施工情况：1985—1986年，在二道河农场施工。1987—1988年，在浓江、鸭绿河农场施工；1989—1990年，在山东海阳推虾池；1991—1992年，在安徽黑茨河工程治理项目施工。以上四项工程，验收达到优质工程标准。

1993—1994年，水利大队在挠力河、七星河、富锦河进行河道治理工程。1993年5月，水利大队出动60余人、20台机车参加挠力河治理二期工程会战，并承担全管理局1/5的施工量。

二、水利机械队（挖掘机队）

1996年，总局用“日棉”项目贷款为垦区进口了大批日产日立挖掘机，分配给农场5台。在水利大队经济严重亏损、资不抵债的情况下，农场决定公司破产，重新组建一个以服务农场水利事业的专业施工队。3月21日，水利机械队正式成立，王斌任队长，李江生任书记。拥有机械日立EX200-L-3挖掘机5台、黄河大板1台、60型推土机2台、北京2020S1台。2000年6月，农场利用总局项目贷款购进8台挖掘机。2001年5月，根据企业转制改革要求，农场将水利工程机械队的4台挖掘机转给个人，1台挖掘机、1台黄河大板车资产转移给修路队，水利工程机械队宣布解散。

水利工程机械队组建以后，共完成农田水利建设土方800万立方米。完成主要工程有洪二干清淤延长段及工程配套，洪四干及骨干配套工程，三十五干、三十六干、四十干及支沟清淤工程，振兴路工程、民心路工程，乌五干新挖，九队高标准示范区，农场与抚远县界沟，农场6666.67公顷水田水利发展项目土方工程。

第八节 抗洪抢险

农场地处别拉洪河涝区，场域内水发达，涝灾频发是制约该地区经济发展的重要因素。2016年及2019年，遭遇了两次大型洪涝灾害，洪水等级为20年一遇。

一、阿布胶水库抢险

1985年8月13日，农场日降雨达150多毫米。14日上午大雨渐渐停下来，中午时分，场部阿布胶水库洪峰到来。广播站发出了抗洪抢险的紧急通知，300多人及时赶到水库大坝。农场场长李忠山站在大坝上大声呼喊：“一定要保住大坝!”

桥队经理鞠凤歧火速组织人员和车辆，拉着铁锹、编织袋赶到大坝。随后修路队红旗-100、东方红-75推土机也赶到现场。这时现场参加抢险的人员有500多人，大家搬运编织袋加固堤坝。大坝南端溢洪道洪水的咆哮声震耳欲聋，渐渐地洪水高度和大坝持平，下午约1点多大坝北段出现漫堤。桥队职工排成人字墙，接过人们扛来的土袋牢牢加固大坝。洪水还在继续上涨，当洪水越过新垛的编织袋阻水墙时，飞溅起1米高，场长李忠山大声指挥推土机到大坝北端开临时泄洪道。

洪水在漫堤，推土机在掘口减压，约2个小时后出现转机，洪水从临时泄洪道泄洪，大坝终于保住了。

2011年9月5—6日，农场遭受强降雨，使阿布胶水库水位暴涨1米左右，最高水位已超过限洪水位，给周边及下游地区农田造成威胁。农场采取开闸放水、泄洪、疏通河道、碎石固堤等措施，6日下午2点险情排除。

二、2016年抗洪抢险

从2016年8月23日开始，八五九农场乌苏里江段水位持续上涨。自8月23日至9

月20日，水位累计上涨2.81米，已达45.94米，达到近30年以来最高水位。江水水面高过边防路（低洼处）路面0.6米。自9月16日开始，农场防汛指挥部组织机械、人力加高培厚边防路路肩10公里，投入抢险救灾人力1455人次，挖掘机124台班。抢险物资消耗编织袋5万条、石料90立方米、彩条布4200平方米、土工布1200平方米。累计投入抗洪救灾资金98余万元。经过10昼夜的连续奋战，险情基本排除。截至9月28日，江水水位已下降至45.2米，较最高水位下降0.74米。

三、2019年抗洪抢险

从2019年8月14日以来，受9号台风“利奇马”和10号台风“罗莎”外围云系影响，农场降雨频繁，全年有效积温2444℃，是近10年最低。从8月14日到9月20日，降雨量达262毫米。全年总降雨量达971毫米，超过近30年平均值403毫米。同时，受上游泄洪影响，乌苏里江每日上涨20厘米以上，8月17日达警戒水位45.5米，9月2日达历史最高水位46.51米。阿布胶河最高水位达77.8米、新别拉洪河二十二站桥最高水位达50.8米、老别拉洪河十三站桥最高水位达49.1米，均超过历史最高水位，农场遭遇了建场以来最大洪水。作物成灾面积达22393.33公顷、绝产面积达2393.33公顷，造成损失1.68亿元。为将灾害损失降到最低，全场共投入抢险人员1.18万人次、防汛编织袋16万条、编织布5.2万平方米、砂石料2000立方米、油料87吨、救生衣450件，耗电48万度，出动挖掘机85台、抢险舟15艘、翻斗车20台、通勤车160台。共修筑围堰133公里、添堵溃口63处、疏通涵洞41处、疏通沟渠57公里。全场2000余名党员干部、职工群众众志成城、顽强拼搏，日夜奋战在抢险一线近1个月的时间，直到洪水退去、灾情解除，有力保障了11333.33公顷耕地免受洪涝灾害。

历经多年的抗洪抢险，农场积累了丰富的抗洪抢险经验。

一是未雨绸缪，提前筑牢抗洪防线。从2013年开始，农场投入大量水利工程资金用于防洪工程建设，包括条田化水利工程、别拉洪河围堰工程，治理易涝耕地33333.33公顷，有效降低了洪涝灾害带来的损失。

二是制定详细的险工弱段分布图，做到有的放矢。2019年，农场水务局对全场水利工程险工弱段进行了详细实地踏查，并绘制了《八五九农场防汛指挥及险工弱段分布图》，对抗洪抢险起到了关键性指导作用。

三是布设多个水位观测点，有效掌握水情变化。农场布设水位观测点四处，分别为东安水位观测站、新河道二十二站桥、老别拉洪河十三站桥、阿布胶水位观测点。区域内警戒水位，别拉洪河一站桥50.7米、新河道二十二站桥49.3米、别拉洪河十三站桥47.6

米、东安水位观测站 45.5 米、渠首泵站 45.3 米、阿布胶强排站 45 米、边防路最低洼处 44.5 米、新河道十二站桥 48 米、阿布胶水库 77.2 米。

四是做好防汛物资储备，随用随调，做到有备无患。农场备有防汛物资库 160 平方米，储备的防汛物资种类齐全、充足。

第五章　林　业

农场林业生产主要围绕以人工造林为主的农田防护林体系建设。"三五〇"工程、别拉洪河护岸工程、绿色通道、绿色城堡，以及农田防护林建设，使农场沿主干、分支道路两侧的防护林带及农田防护林，构成了纵横交错的防护林体系，形成了林网化的格局。

第一节　机构沿革

1958 年，农场设农林科，科长汤永禄，林业技术员韩景民。

1959 年 1 月，场社合并后的饶河（八五九）人民公社，设立林业科，科长赫江海。同时在五林洞和石场分别成立林业一、二分场。

1963 年底，八五九总场撤销，两个林业分场划归完达山林业管理局。

1964 年，新八五九农场成立，农业科设助理员代管林业工作。

1965 年，由东北农垦总局分配来农场 1 名园艺系毕业生，安排在农业科专管林业工作。

1980 年，农场成立林业科，科长吴居沛。

1982 年，组建解放、宏山、东海 3 个林业站，受林业科领导。

1983 年 1 月，林业科改为林业公司，经理吴居沛。配会计、出纳、技术员、干事、森林调查员各 1 人。分场配林业助理员 1 人、生产队设营林员 1 人。同年建毛金沟林业站。

1986 年 3 月 12 日，农场撤销 8 个大公司，林业公司改为林业科，恢复原行政科室职能。以园林队为基础成立中心林场，正队级建制，负责管理各林场。

1988 年 3 月 28 日，林业科改为林业管理站，为经济实体。

1993 年 2 月 23 日，农场机构改革，林业科、园林队、制材厂及 4 个林业站（解放、宏山、毛金沟、东海）组建林业公司，实行自主经营，自负盈亏。

1994 年 3 月 28 日，农场恢复林业科。

1997 年 12 月，农场撤销 4 个林业站，人员和资产就近划给生产队。

1998年，农场在总局绿化竞赛活动中荣获第三名。2006年9月，被省政府授予2004—2006年度森林防火先进集体。2008年2月，被农垦总局授予2002—2007年垦区造林绿化模范单位。2016年，被评为垦区森林草原防火工作先进单位。

2022年7月，八五九农场有限公司管理体制改革，林业工作并入经济发展部。徐欢任经济发展部总经理，李彦波任副总经理。

领导成员更迭情况如下：

林业科科长：吴居沛（1982.11—1984.2）

洪渭昌（1986.3任命）

于崇堂（1988.3—1989.4）

王绪真（1992.12—1997.1）

马玉才（1997.1—2012.1）

张东胜（2012.1—2016.4）

马永辉（2016.4—2022.7）

书　记：洪渭昌（1984.2任命）

张久思（1992.1—1999.3）

黄玉明（1999.3—2001.8）

马玉才（兼，2009.3—2010.9）

张东胜（2010.9—2012.1）

王立辉（2012.1—2017.11）

华国葳（2017.11—2019.11）

李彦波（2020.11—2022.7）

解放林业站：1982年建，站址在二十队。有干部职工10人，经营寒葱沟以东山区，包括龙山、蛇山、馒头山等。经营面积1466.67公顷。1997年12月撤销。

宏山林业站：1982年建，站址在原31连。有职工15人，经营农场至建三江公路以北，东至二龙山的森林，面积有2533.33公顷。老迟山系其主山。1997年12月撤销。

毛金沟林业站：1983年建，站址在原24连，喀尔喀山西麓。有职工15人，经管大板鹿场以西1800公顷山林。兼种大豆、木耳段、平贝、人参、烧木炭等项目。1997年12月撤销。

东海林业站：1982年设立，站址在原四分场部（三十五队南3公里处）。有职工8人。1997年12月撤销。

园林队：建于1977年。1979年农场成立林业科，园林队改为林业站，实行科站合一，吴居沛任科（站）长。1980年又恢复园林队，除经营果园外，兼管大板鹿场以东，和平沟以西的233.33公顷次生林。1993年2月归入林业公司。

东安林场：原称东安林业站，始建于1965年。1993年成立东安林场，隶属饶河县。林场地处完达山东北支脉东端。地形以山区丘陵地貌为主，植被主要是天然次生阔叶林，另有部分人工落叶松、樟子松中幼林。经营总面积3741公顷，其中有林地面积2150公顷，纳入重点生态公益林面积2082公顷。森林总蓄积量15.6万立方米，森林覆盖率58.1%。东安林场办公场所在东安下营，林场地理坐标为北纬47°19′35″—47°25′5″，东经134°5′30″—134°16′20″（1973年秋，东安林业站站长吴景权于东安后山直播红松13.33公顷、核桃13.33公顷，均获成功）。

第二节　林业资源

农场场域属完达山余脉的半山区，天然森林分山区与平原次、散生林两类。山区次生林多分布在场域西南部边缘。平原散生林分布在场域的东北部边缘。全场散、次生林的总面积为8207.2公顷，森林的分布，形似一道苍绿的屏障，环绕在场域的四周。农场森林资源划分为西南部次生林区和东北部平原散生林区。

一、西南部次生林区

山区有喀尔喀山、老迟山、前山、二龙山、斯摩勒山，次生林覆盖面积6540.53公顷。

山区有四条山沟，在斯摩勒山有解放沟、寒葱沟，在喀尔喀山有大板沟、毛金沟。山上沟旁覆盖乔木类有杨树、柞树、桦树、椴树、水曲柳、槐树、暴马子、黄菠萝、核桃楸等，其中柞树占山区覆盖面积90%。灌木类有映山红、刺梅、榛柴、苕条、山葡萄、山梨、山丁子等。

二、东北部平原散生林区

散生林区的南边起点是从横山沟以北，下至公路（场部至东安公路）过小桥（原东安中学附近）以水沟为界，水沟以南归东安林业站，水沟以北就是我场的南边起点，北至寒海公路。东起石头山真子午线，西到别拉洪河。散生林面积1666.67公顷，划分为两大林区进行管理。

（一）南部散生林区

从三十三队向南至原东安中学附近的水沟以北，包括乌苏里江沿江我侧1公里的散生林（边防站管）在内，面积266.67公顷。所有散生林分布在沼泽地带中的高岗漫坡地，1966年以前，被无计划的砍伐，如今多为次生林。1982年成立东海林业站后，才对这一地区的散、次生林进行管理。

（二）北部次生林区

从三十三队以北至抚远县分界线，有次生林面积1400公顷。该林区在石头山有少量黄菠萝、水曲柳、核桃楸等。

2005年，农场森林面积23951公顷，其中天然林为19112公顷、人工林面积4839公顷。林木蓄积量为80.43万立方米，其中用材林60.32万立方米、防护林20.11万立方米。森林覆盖率17.7％。

2020年，农场有林地面积12221.5公顷，林木总蓄积292.33万立方米。其中，天然林面积9375.2公顷，蓄积量224.89万立方米；人工林面积2846.3公顷，蓄积量67.44万立方米。全场森林覆盖率9％，城镇绿化覆盖率35％。

农场有重点生态林3465公顷，一般生态林1990公顷，商品林7783公顷，防护林1525.5公顷。

农场有9375.2公顷的天然林区，林木生长茂盛，林下资源丰富。森林中有山梨、山丁子、山里红、榛子、山葡萄、野刺梅等野果类植物，年产量达20吨以上。有蕨菜、薇菜、广东菜、刺老芽等山野菜，年产量达10吨以上。还有丰富的蘑菇、黑木耳等食用菌资源，年产量达5吨。已查明的中药材有100多种。主要有人参、刺五加、黄柏、五味子、平贝、黄芪、党参、百合、金银花等，年蕴藏量15吨以上。

2003年，十九队农户种植板蓝根26.67公顷，可创效益16万元。2005年，引进了西洋参种植户，计划在大板山种植人参10公顷，当年种植3.33公顷，6年后公顷效益可达60万元。2018年，魏洪刚种植10公顷黄芪、防风、苍术和五味子。贺力种植6公顷防风中药材。

2020年，农场区域内种植中药材40公顷。

第三节　林木种苗

1957年，农场于东安镇马家地营育落叶松苗0.133公顷，此为饶河县落叶松引入的发端。因当时忙于开荒，苗木自成一小片落叶松林。后有少量移植东安公路用于绿化。

1958年，总场设农林科后，在东安建苗圃5.33公顷。1960年，当时的五分场在制材厂南侧的公路以东建苗圃0.67公顷。1966年，在二龙队建苗圃2公顷。1967年，在科研站建苗圃2公顷。1977年，园林队建苗圃4.67公顷。1970年以后，除重点培育苗圃外，每个农业生产队每年都自己培育苗圃0.07～0.33公顷。历年培育的树苗有杨树、樟子松、落叶松、糖槭树等，解决了农场植树所需的树苗。到1984年，全场停止了苗圃的培育工作。

1997年，农场建立苗圃，位于场部南侧，面积3.33公顷。2020年，面积达26.67公顷，可育苗面积20公顷。年生产苗木数量在200万株左右，主要培育黑松、云杉、农垦1号杨、垂柳、各种宿根花卉、榆树等6种造林绿化苗木。

2009年，实行股份制经营，自收自支。

2006—2020年，在原有苗木的基础上又培育花卉5万余株、樟子松苗10万株、云杉苗28万株、榆树50万株、青扦30万株、草本宿根花卉30万株。种植五味子1公顷、防风5公顷。利用蓄水池每年养鱼2000尾、培育荷花1000株。苗圃累计投资120万元，累计产苗203万株，总收入180万元，利润60万元。

第四节　造　　林

农田防护林带的有效防护范围为树高的20～25倍，可以降低风速39.9%；提高土壤温度（0～10厘米处）0.9～1.5℃；大豆增产17.8%，小麦增产18.4%。

根据1979年总局156号文件规定，要求农场的农田3年（1980—1982年）要实现林网化。农田防护林带山区要达到耕地的5%，平原要达到10%，每条林带相距300～400米。经过4年的努力，到1983年，农场造农田防护林605.27公顷。

1980—1983年，农场还营造薪炭林81.2公顷、用材林852.33公顷、绿化林21.87公顷、经济林9.87公顷、护堤林24.2公顷。由于1979年以前，农场对造林工作不够重视，农场的造林总面积只有211.8公顷，保存面积183.73公顷。到1983年底，全场共造林1908.53公顷，保存面积1780公顷，占耕地面积6%。其中造农田防护林666.6公顷，占耕地面积2.3%。

20世纪80年代中期至90年代中期，农场林业生产主要以营造农田防护林、薪炭林和别拉洪河护岸林为主。

1985年，农场决定给生产队职工每户划拨0.2公顷薪炭林，本着“自管、自护、自用”的原则，林权归己，搬家移交，荒废收回，农场每公顷只收取30元的土地占用费。当年，农场造林77.83公顷。1986年，造林14.07公顷。

1985年，临近别拉洪河的部分生产队，营造了新河护岸林，当年营造53公顷。1986

年又进行了补苗。

1985—2005年，农场共营造农田防护林2298.3公顷，使全场的农田实现了林网化。

从2002年开始，根据国家封山育林的文件精神，农场实行退耕还林。到2005年，农场共退耕还林401.73公顷。

一、造林工程

多年来，农场的造林绿化一直以杨树为主，随着营区环境改善力度的加大，逐渐被垂柳、云杉、银中杨、草木花卉所取代。公路两侧的绿化树种，则以樟子松为主。经过20多年的绿化，形成了营区以绿色城堡，道路以绿色通道，公园以人工林和天然树种移栽相结合的绿化网。

（一）“三五〇” 工程

“三五〇”公路绿化工程，是1991年总局批准立项，管理局综合防护林体系的“骨架”工程。绿化林带位于大部分农场公路两侧，总长度350公里。因此，命名为“三五〇”工程。

1992年5月1～3日，农场启动“三五〇”工程。八五九农场段是从胜利路口至十七队，沿公路两侧进行绿化，绿化总长度32公里，造林46.73公顷，栽植樟子松、云杉8.53万株。被管理局评为“三五〇”工程植树活动第二名。农场与27个场直单位签订责任状，一包5年。

（二） 绿色城堡

2003年4月26日，农场在场部以北的公路两侧，营造场区绿色城堡绿化工程。栽种的云杉和樟子松全部从勤得利农场购进。3天时间，场直各单位共植树24.67公顷、3万余株。2005年5月19日，绿色城堡二期工程栽植农垦1号杨树。

2003年，农场在四队居民区西侧，栽种0.8公顷樟子松；在十七队营区东西两侧，栽种2.73公顷的云杉、樟子松和落叶松。这三处绿色城堡面积共28.2公顷，有效地改善了农场营区的空气质量和环境。

（三） 绿色通道

1998年之后，农场决定以振兴路和民心路为重点建设绿色通道，并向各分支公路延伸，形成有路便有沟，有沟必有台，有台必有树的绿色走廊。1999年4月24日，场直各单位栽植场部至一队振兴路两侧的绿色通道18公里，全部为樟子松。

2000年4月25日，振兴路植树二期工程，栽植樟子松2万多株。4月28日，十四队至二十六队6公里道路两旁栽植樟子松2万余株。

2001年4月25日，场直各企事业单位栽植了十二队至二十六队公路两侧的樟子松35

公里。

2002年4月20日，在十二队至三十队公路北部两侧10公里两沟一台栽植樟子松。

2003年，由部分生产队栽植了三队路口至四队，共10公里，11.73公顷的绿色通道，全部采用樟子松。

2004年4月22日，又在十二队至三十队公路南部两侧栽植樟子松10公里。

1992—2005年，农场共建设绿色通道101公里。

（四）世纪园绿化

2004年10月底，农场世纪园主体工程基本结束，为把世纪园建设成绿树、广场、绿草、鲜花相衬的生态园，农场决定利用秋冬之际，从山上移植松树、核桃楸等大树，并种植了榆树球、银中杨、垂柳等4000余株。

2005年秋，农场在总结上年经验的同时，栽种5年龄核桃楸400株，由葛柏林无偿提供。从山上移植胸径5～8厘米的白桦树200多株，从一队移回糖槭树300株，从二队山上移植大椴树7株、柳树1株，从二十队山上移回水曲柳、黄菠萝、槐树、白桦、柳树、柞树11株。总计移栽21株大树，分别栽在广场北侧和“聚石”周围。动用翻斗车20多台，拉山土375车，计1500立方米。到11月24日公园绿化结束，共栽各种树木1500株。

2006年11月15日，在世纪园内外栽植水曲柳、核桃楸、银中杨等1万株。2007年11月，移栽24株大树。2008年4月9日，机关及场直各单位在公园南山坡空地中栽植松树，机关5天共栽4884株，每人84株。

（五）中日青年挠力河生态绿色示范林

中日青年挠力河生态绿色示范林项目主要目的是改善母亲河——挠力河流域的生态环境、拓展中日青年交流领域，进一步推动中日青年友好事业和生态环保事业发展。项目区位于挠力河国家级自然保护区缓冲区内。项目累计投资222.51万元，其中日方资助160.57万元、农场自筹61.94万元。分2014年、2015年、2016年三期实施。项目总造林137公顷，栽植杞柳纯林，总株数23.37万株，苗木成活率均在80%以上。

二、林业生态建设

农场围绕提升林业生态建设质量开展造林绿化，全面实施重点林业生态工程，全力推进造林绿化工作上台阶、上水平。农场林业资源逐年得以恢复，年生长量大于采伐量，活立木生长量逐年增长。

（一）用材林

农场用材林造林总面积为133.5公顷，植树28.1万株。其中，新增造林面积40.2公顷，植树 17.7 万株；封山造林面积 93.3 公顷，植树 10.4 万株。

2007 年，造林面积 11.9 公顷，栽植杨树、落叶松、樟子松，植树 4.6 万株，现主要分布在第二、四、十、十五管理区。

2008 年，造林面积 9.1 公顷，栽植杨树、落叶松，植树 5 万株，现主要分布在第十、十五管理区。

2009 年，造林面积 19.2 公顷，栽植杨树、落叶松，植树 8.1 万株，现主要分布在第三、十管理区。

2014 年，封山造林面积 93.3 公顷，栽植云杉，植树 10.4 万株，现主要分布在第三、四、五、十二管理区。

（二）防护林

2006—2020 年，农场防护林造林总面积为 687.2 公顷，植树 151.08 万株。其中，新增造林面积 563.1 公顷，植树 137.58 万株；补植补造 124.1 公顷，植树 13.5 万株。

表 3-29　2006—2020 年防护林造林统计表

年份	造林面积（公顷）	栽植树木种类	栽植数量（万株）	主要分布地点	备注
2006	103.0	杨树、落叶松、樟子松	3.90	第一、二、五、六、七管理区	—
2007	21.7	杨树、落叶松、樟子松、云杉	8.80	第二、三、四、七、九管理区	—
2008	31.2	杨树、落叶松、樟子松	11.00	第一、四、七、九、十五管理区	—
2009	75.1	杨树、落叶松、樟子松、云杉	32.90	第二、四、五、七、九、十、十一、十五管理区	—
2010	74.6	杨树、落叶松、云杉	24.30	第一、二、四、五、七管理区	—
2011	0.4	云杉	0.08	第九管理区	—
2012	51.0	银中杨、樟子松	10.00	第七、八管理区	“绿色通道”工程
	1.2	云杉	0.50	第一、四、五管理区	“见空插绿”工程
2013	28.3	樟子松	7.20	第四、八管理区	绿色通道
	1.9	柳树	0.20	第五管理区	大棚基地
	38.9	落叶松	12.90	第三管理区	林间空地
2014	53.3	柳树	8.90	挠力河保护区	—
2015	26.7	柳树	4.40	挠力河保护区	新增造林
	20.0	樟子松	1.50	万家河口至四十作业站公路延线	补植补造
2016	20.0	柳树	2.50	中日生态绿化示范林项目	补植补造
	13.3	杨树	0.20	二十八站至三十作业站公路两侧	“绿色通道”补植补造
2017	12.5	柳树	3.10	挠力河保护区三期建设项目	—
	40.9	柳树	7.10	中日生态绿化示范林项目	补植补造
	3.2	云杉	0.80	场部至水泥厂公路两侧	“绿色通道”工程补植补造

（续）

年份	造林面积（公顷）	栽植树木种类	栽植数量（万株）	主要分布地点	备注
2018	26.7	云杉	1.40	第二、三、四、七管理区公路沿线	补植补造
2019	33.3	柳树	8.30	第一、十管理区	—
2020	10.0	云杉	1.10	第一管理区	—

（三）封山育林

为了扩大林业面积，改善、恢复和提高森林的生态效益，根据国家的有关政策，农场于2004年实行了全面封山育林。对天然林实行集约性经营，企业化管理。经过多年的努力，农场封山育林面积达9386.2公顷，林分结构趋于完整，趋势良好。通过封山育林，林区植被生长得到了全面恢复，乔木、灌木植物全面生长，形成较完整的森林生态群落，促进了生物多样性的发展。

农场退耕还林工程从2003年纳入国家建设规划，国家退耕还林建设任务为453.33公顷。其中，退耕还林工程面积133.33公顷，投入苗木资金10万元；宜林荒山荒地造林面积320公顷，投入资金23万元。

“十三五”期间（2016—2020年），农场林地总面积保持在12375.2公顷，活立木蓄积292.36万立方米。采伐面积648公顷，占林地面积5.2%；蓄积1.17万立方米，占活立木总蓄积0.4%。控制了资源消耗，提高了林地生产力。

表3-30　1958—2020年全场造林情况统计表

单位：公顷

年份	总造林		农防林		薪炭林		用材林		绿化林		经济林		护堤林	苗圃
	造林面积	保存面积	原面积	保存面积	原面积	保存面积	原面积	保存面积	原面积	保存面积	原面积	保存面积		
1958	0.99	0.80	—	—	—	—	0.99	0.80	—	—	—	—	—	5.33
1963	0.22	0.20	0.22	0.20	—	—	—	—	—	—	—	—	—	0.67
1964	2.39	5.13	0.09	0.07	—	—	1.07	1.00	1.20	1.07	3.37	3.07	—	0.67
1965	13.37	10.70	6.02	4.70	—	—	1.38	1.18	4.65	2.93	2.67	2.67	—	—
1966	13.36	10.27	6.77	4.89	—	—	1.38	1.18	5.21	4.19	—	—	—	2.00
1967	10.40	8.80	1.61	0.84	—	—	6.47	5.89	2.32	2.07	—	—	—	2.00
1968	8.20	7.07	1.73	1.67	—	—	3.65	2.95	2.82	2.43	—	—	—	3.20
1969	13.68	12.32	4.08	3.64	—	—	0.95	0.85	3.18	2.36	5.47	5.47	—	1.33
1970	6.69	5.77	0.71	0.67	0.37	0.33	5.33	4.53	0.28	0.23	—	—	—	2.00
1971	1.88	1.40	—	—	—	—	0.95	0.64	0.92	0.76	—	—	—	2.53
1972	1.68	1.49	1.11	1.07	—	—	0.47	0.29	0.13	0.12	—	—	—	2.67
1973	13.68	11.95	4.68	3.97	—	—	5.52	4.97	3.48	3.00	—	—	—	2.93

（续）

年份	总造林		农防林		薪炭林		用材林		绿化林		经济林		护堤林	苗圃
	造林面积	保存面积	原面积	保存面积	原面积	保存面积	原面积	保存面积	原面积	保存面积	原面积	保存面积		
1974	3.91	3.33	0.27	0.16	—	—	0.60	0.53	3.05	2.78	—	—	—	3.07
1975	7.09	6.01	4.49	3.48	—	—	—	—	0.60	0.53	2.00	2	—	3.33
1976	5.28	4.22	0.78	0.71	—	—	0.83	0.76	3.70	3.08	—	—	—	2.67
1977	24.22	21.47	3.48	2.14	—	—	—	—	0.74	0.67	20.00	18.67	—	2.93
1978	5.79	5.19	4.54	4.13	—	—	—	—	1.25	1.07	—	—	—	2.67
1979	75.62	68.57	31.53	28.61	—	—	42.43	38.51	1.65	1.45	—	—	—	3.20
1980	232.11	206.54	152.36	140.46	—	—	64.09	53.70	3.52	3.05	—	—	9.33	5.33
1981	341.34	287.11	206.29	190.76	—	—	132.65	127.43	2.40	2.24	—	—	—	5.73
1982	186.11	171.90	60.81	53.93	6.67	6.13	109.68	103.30	6.92	6.53	2.00	2	—	6.00
1983	937.18	896.00	229.27	220.14	79.48	75.10	594.81	567.92	10.33	10.05	8.14	7.92	14.87	12.00
1984	1119.89	1001.45	521.71	484.06	303.74	222.95	294.44	294.44	—	—	—	—	17.75	2.29
1985	483.71	483.71	95.15	95.15	77.83	77.83	310.60	310.60	0.13	0.13	—	—	53.00	0.62
1986	296.65	262.86	158.11	124.33	14.07	14.07	124.47	124.47	—	—	—	—	—	—
1987	419.07	402.40	93.07	93.07	—	—	326.00	309.33	—	—	—	—	—	—
1988	263.6	222.87	63.73	26.33	—	—	199.87	196.53	—	—	—	—	—	1.00
1989	270.47	256.13	49.33	42.67	—	—	221.00	213.33	0.13	0.13	—	—	—	0.60
1990	213.33	213.33	20.00	20.00	—	—	156.67	156.67	36.67	36.67	—	—	14.00	1.15
1991	246.67	246.67	29.66	29.66	—	—	180.34	180.34	36.67	36.67	—	—	—	2.33
1992	258.6	258.60	34.13	34.13	—	—	177.73	177.73	46.73	46.73	—	—	—	6.60
1993	340.67	340.67	134.00	134.00	—	—	206.67	206.67	—	—	—	—	—	2.01
1994	243.27	243.27	53.33	53.33	—	—	166.47	166.47	23.47	23.47	—	—	—	2.60
1995	256.00	256.00	47.60	47.60	—	—	145.73	145.73	62.67	62.67	—	—	—	—
1996	298.00	298.00	173.00	173.00	—	—	41.33	41.33	83.67	83.67	—	—	—	5.73
1997	183.33	183.33	168.00	168.00	—	—	—	—	15.33	15.33	—	—	—	3.33
1998	240.00	240.00	222.93	222.93	—	—	—	—	17.07	17.07	—	—	—	5.97
1999	271.00	271.00	97.47	97.47	—	—	92.40	92.40	81.13	81.13	—	—	—	10.47
2000	270.67	270.67	—	—	—	—	247.67	247.67	23.00	23.00	—	—	—	10.47
2001	320.00	320.00	—	—	—	—	284.80	284.80	35.20	35.20	—	—	—	10.67
2002	278.33	278.33	—	—	—	—	271.13	271.13	7.20	7.20	—	—	—	13.33
2003	342.60	342.60	302.67	302.67	—	—	—	—	39.93	39.93	—	—	—	13.33
2004	20.00	20.00	2.87	2.87	—	—	—	—	17.13	17.13	—	—	43.60	13.33
2005	91.14	91.14	31.54	31.54	—	—	59.60	59.60	—	—	—	—	—	13.33
2006	103.00	103.00	103.00	103.00	—	—	—	—	—	—	—	—	—	—
2007	33.60	33.60	21.70	21.70	—	—	11.90	11.90	—	—	—	—	—	—
2008	40.30	40.30	31.20	31.20	—	—	9.10	9.10	—	—	—	—	—	—
2009	94.30	94.30	75.10	75.10	—	—	19.20	19.20	—	—	—	—	—	—

（续）

年份	总造林		农防林		薪炭林		用材林		绿化林		经济林		护堤林	苗圃
	造林面积	保存面积	原面积	保存面积	原面积	保存面积	原面积	保存面积	原面积	保存面积	原面积	保存面积		
2010	74.60	74.60	74.6	74.6	—	—	—	—	—	—	—	—	—	—
2011	0.40	0.40	0.4	0.4	—	—	—	—	—	—	—	—	—	—
2012	52.20	52.20	52.2	52.2	—	—	—	—	—	—	—	—	—	—
2013	69.10	69.10	69.1	69.1	—	—	—	—	—	—	—	—	—	—
2014	146.60	146.60	53.3	53.3	—	—	93.30	93.30	—	—	—	—	—	—
2015	46.70	46.70	46.7	46.7	—	—	—	—	—	—	—	—	—	—
2016	33.30	33.30	33.3	33.3	—	—	—	—	—	—	—	—	—	—
2017	56.60	56.60	56.6	56.6	—	—	—	—	—	—	—	—	—	—
2018	26.70	26.70	26.7	26.7	—	—	—	—	—	—	—	—	—	—
2019	33.30	33.30	33.3	33.3	—	—	—	—	—	—	—	—	—	—
2020	10.00	10.00	10	10	—	—	—	—	—	—	—	—	—	—

注：2014年用材林93.3公顷为林冠下造林；2015年农防林其中20公顷为补植补造；2016年农防林33.3公顷全部为补植补造；2017年农防林其中44.1公顷为补植补造；2018年农防林33.3公顷全部为补植补造。

第五节　病虫害防治

一、林木病虫害

1974年和1982年5—6月，农场发生天幕毛虫灾害，人工林和次、散生林受害严重，尤以杨树为重，柞树次之。危害严重的地区，散、次生林及人工林的叶片全部被吃光。

1982年又发生干旱，有20%～30%的落叶松枯死，这是建场以来发生较大的灾害。

1984—2005年，农场森林病虫害发生的次数较少，只有1995年发生一次天幕虫灾害，人工林和次生林、散生林受灾严重。

2006—2020年，农场森林病虫害发生的次数较少。2011年，场区绿色城堡栽植云杉个别树木发生病虫灾害。2015—2020年，栽植“三五〇”工程发生了樟子松枯梢病，少部分人工林受灾，由于发生面积较小，得到有效的救治。

二、防治

农场森林病虫害防治和林业植物检疫工作逐步走上正轨，林业科加强病虫害的调查监测及预防预报，对常发病虫害制定了有效的防治方案。

2006年7月，农场用5天时间对全场1万公顷次生林进行航化灭虫作业，喷洒药剂，确保森林资源安全。

2011 年，林业公司组织工作车辆 5 台次，工作人员 20 人次，背负喷药壶对场区绿色城堡栽植的云杉进行病虫害防治，主要喷施氧化乐果，防治面积 12.13 公顷，防治树木约 3 万株。

2012 年 5 月，对绿色城堡进行人工喷药除虫害工作。

2015—2020 年，开展“三五〇”绿化工程樟子松枯梢病防治工作，及时清除病死树木枝丫。组织工作车辆 3 台次，工作人员 15 人次，利用车载高压喷枪对农场“三五〇”绿化工程 21.06 公顷林地进行了病虫害防治，主要喷施 75%的百菌清 800 倍液。防治工作共喷施药液 8.32 吨，防治战线长达 24 公里，防治树木约 5.2 万株，防止病原菌的蔓延。

2017 年 5 月，对场区榆树喷洒药剂，消灭柳蓝叶甲虫。

第六节　林政管理及护林防火

一、林政管理

《森林法》自 1985 年 1 月 1 日起实施以来，农垦总局依据《森林法》《野生动物保护法》等法规于 1990 年 9 月制定了《黑龙江省国营农场林政管理条例》。从此，农场的林政管理也纳入了法制管理轨道，做到有法可依，依法治林，违法必究。

农场于 1986 年、1988 年、1993 年和 1995 年，分别出台了关于基层单位营林员管理的相关规定，加大林政管理工作力度。20 世纪 80 年代至 90 年代初，农场平均每年查获盗伐林木案件 80 起（其中一般案件 70 起，重大案件 10 起）。通过林业部门严查严管，破坏森林资源的现象逐年递减。1997—2005 年，农场林政案件只发生 20 起，且均为一般性林政案件。

1996 年 4 月初，砖厂夏某城擅自砍伐村屯防护林 157 株，致使群众争相效仿，又砍伐近 15 年龄的防护林 140 株。农场给予夏某城罚款 1.02 万元和行政记大过处分。

2006—2020 年，平均每年查获盗伐林木案件 20 起（其中一般案件 15 起，重大案件 2 起）。在此期间通过林业部门加大检查管理力度，破坏森林资源的现象逐年递减。

自 1980 年成立林业科起就组建了林政执法队伍，现今农场的林政执法队伍共有执法人员 6 人。根据农场 1 号文件精神，农场不配置专职林业员，由各个管理区主任和作业站站长为其辖区的责任人，负责管护辖区内的森林资源。共划分林政管理责任区 49 个，责任人 49 人。

2019 年，林政执法权移交饶河县。

二、护林防火

八五九农场有森林和草原面积17793.47公顷，防火任务重，每年春季3月15日至5月31日，为森林防火期；4月20日至5月20日为森林防火戒严期。秋季，9月20日至10月20日为戒严期。

从建场到1984年，危害森林的大火有两次。一是1967年3月29日，七队（今十七队）因烧荒不慎跑火，顿时大火冲天，虽经3个小时的打火、终于熄灭，但喀尔喀山的次生林部分受到火害。二是三分场1982年烧荒跑火，火势蔓延到二十五、二十六、二十八、三十、三十三、三十五、三十七、四十等队，大片的草原和附近的散、次生林都遭到大火的危害。

1989年，大兴安岭林区森林火灾后，国家加大了对森林防火设备的投入。农场于1990年，在八队四平山建立一座护林防火瞭望塔，配备电台1部、对讲机8部、风力灭火机4台，组建了专业森林扑火队伍，成立了一支由50名基干民兵组成的快速反应护林防火小分队。各生产队也相应地成立了护林防火组织和机构。随着体制的变化，快速小分队解散，一般性森林火灾，临时组织抽调公安干警和机关干部及临近生产队人员扑救。1997年底，打通了70余公里的防火道。

1984—2005年22年间，农场未发生重大森林火灾。

林业科每年春季完成10公里计划点烧工作，杜绝了农场重点绿化工程火险火灾的发生。加强重点火险区域、重点时段的巡护和检查，严格闲散、入山人员的管理，在全场形成了纵横交错的防火网络，为预防和控制森林火灾创造了有利条件。2014年4月1日，在挠力河保护区清理出一条3公里长的防火隔离带，点烧宽度1公里，面积9万平方米。

2006年，争取上级划拨12台风力灭火机，对讲机14部，GPS定位仪5部，配备防火服、防火靴、头盔20套，灭火水枪26个，登山包10个及高倍望远镜1个。2008年10月，投资170万元，在南山建造28米7层级钢骨架观光、防火瞭望塔。2009年，农场投入18万余元，购买风力灭火机50台，阻燃服装100套，2号工具2000把，对讲机10部。2010年，投资20万元，建设防火营房200平方米。2012年，上级部门下拨防火指挥车1辆，价值8.04万元。2014年，农场出资1.8万元，购进德国进口吹风机4台。2018年农场出资6万元购进背负式灭火机30台。

到2018年，配备有进口灭火机80台，灭火设备300余台，专业灭火队伍20人，预备队员50人，将全场森防地区划分为5个战区，每个战区配备50人。

2006—2020年，农场未发生1起重大森林火灾。

第七节 野生动物资源与保护

场区内的野生动物资源丰富，鸟类有15目32科110多种；兽类5目12科27种，其中珍稀动物9种。属国家重点保护的珍稀鸟类有12种，《中日候鸟协定》保护的65种。还有国家重点保护的野生动物梅花鹿、驼鹿、雪兔等。

饶河县林业局物资站站长陈德新介绍说，他童年居住于东安镇的四平村，每逢一年农事结束，居民纷纷在雪地里捉捕野鸡、乌鸡，以木夹子或搭秫秸窖，用高粱或玉米穗引套。1943年冬，他与其兄一天捕到野鸡、乌鸡50余只，可谓丰获。通常本地农村，冬季每人支10盘木夹子，日可捕野鸡10～30只。“野鸡飞进饭锅里”之说并非虚传。

一、鸟类

农场区域内各种鸟类初步调查为15目32科110余种，其中迁徙鸟70余种、候鸟40余种。主要有大天鹅、丹顶鹤、白鹳、野鸭、红嘴鸥、苍鹭等。

国家重点保护的鸟类有丹顶鹤、白鹳、细嘴松鸡、鸳鸯、白头鹳；国家二级保护的鸟类有大天鹅、白额雁、红隼、红脚隼、白尾海雕、虎头海雕。

区域内候鸟数量较多，尤其是大型水禽。有丹顶鹤50～60只、大天鹅100只左右、白鹳20～30只、鸳鸯30～40只，大杓鹬近百只，大雁、野鸡、野鸭近千只。鸟类主要分布在乌苏里江、别拉洪河、挠力河附近水域、沼泽地、灌木林和岛状林中。

二、动物

农场区域内有兽类5目12科27种，其中珍稀动物9种、有较大经济价值的动物18种，如麝鼠、赤狐、狼、狍子、野猪、貉、雪兔等。国家一级保护兽类有梅花鹿、棕熊、马鹿、麝鼠、水獭、驼鹿、雪兔和猞猁。这些动物数量不多，大多分布在天然次生林和草甸中，水獭、麝鼠多以湿地沼泽地为活动范围。梅花鹿20～30只，马鹿、驼鹿10只左右，熊5～10头，野猪30头左右，狼、狐20只左右，狍子数量较多，常年在200只以上。

两栖类动物有3种，即极北小鲵、黑龙江林蛙、中国林蛙。数量不多，生活在草甸和水沟中，以食小鱼、昆虫为主。

爬行动物有土球子、松花蛇等，分布在次生林中。

农场有国家和省级保护野生动物50余种，其中有国家一级重点保护动物梅花鹿。国家二级重点保护野生动物14种，其中鸟类8种，有天鹅、鸳鸯、灰鹤、丹顶鹤、雀鹰等；

兽类 6 种，有黑熊、水獭、猞猁、马鹿、驼鹿、雪兔。省地方保护野生动物 40 余种，有狼、赤狐、灰雁、小杜鹃、黑眉蝮、普通刺猬、野猪、苍鹭、绿头鸭、环颈雉等。

三、动物保护

1959 年春，农垦部部长王震到八五九农场视察，赠送养鹿队队长王佐良一支猎枪。狩猎队利用这支猎枪开创野生动物的围捕和驯养工作，还捕获了东北虎、黑熊、马鹿等野生动物，分别送到北京、上海、西安等动物园。

1959 年 11 月上旬，一分场狩猎组组长王顺在骆驼砬子以西秦琼沟山场捕获一只 70 公斤重雄性东北虎，第二年送给上海动物园，动物园奖励农场 1 万元。

1992 年，十队水稻种植户姜守国、孙淑云夫妻俩收养了一只翅膀受伤的白天鹅，并像照顾子女一样养育着这只白天鹅。

2001 年暑假期间，中学初三学生宫振军在一块豆地里捡到一只小鸟，经过 3 个月的精心饲养后，联系佳木斯市动物园。11 月 8 日，佳木斯动物园专程来车接走了这只大鸟。经专家鉴定，是国家二级保护动物白枕鹤。

2015 年 6 月 2 日，种植户李宝林将一头闯进自家地里（患病的）的国家二级保护动物野生马鹿移交给洪河自然保护区养护。

2016 年 11 月，东安镇渔民丛星在路边发现一只国家一级保护动物东方白鹳，并将这只受伤的东方白鹳送到洪河自然保护区救治。

2020 年 7 月 22 日，林业科人员在森防时发现一只掉队的国家二级保护动物鸬鹚，饲养一阶段后放归大自然。

第六章　畜 牧 业

农场地处三江平原东北部，场域内江河纵横、水足草丰，是发展畜牧业的良好场所。1956年冬，农场从内蒙古引入黄牛400头。1957年，农场从内蒙古引进牛马1600余头，由于进场途中和饲养管理不善，到1958年死亡过半。1959年，引入莱亨鸡1万只和北京白鸭千只。1962年末，马存栏665匹、牛356头、猪1547头、鸡1458只。1960年建设的7700平方米的养鸡大楼下马。

1964年，新八五九农场成立，对发展养猪业采取派养和公养相结合。1965年，建立养马场（在十一队）并引进3头毛驴。1967年，引进东北细毛羊167只。对派养猪超交部分给予奖售棉布票和饲料。

1975年，兵团提出"粮、豆、猪、林"一起上。1976年，二十三团确定14个养猪队，提出了养猪"十化"与"五定""五有"，并对户养饲料放宽供应，每养1头肥猪供应200～400斤精饲料。到1979年末，猪存栏1.01万头（户养1948头，集体养586头）。全场有2个分场（一、二分场）、23个生产队，实现1人1头猪。全场2663户，平均每户出售肥猪1.93头。有13个生产队实现了每户上交肥猪超2头，受到总局的表彰。

1983年，中央发表1号文件，授予企业自主权、广开生产门路、发展多种经营。从此农场放宽政策，饲料敞开供应，户养毛猪不限，允许个人养牛养马，并贷款给个人买奶牛，这一年畜牧业长足增长。年末，猪存栏达4289头（户养1457头），猪肉开始敞开供应。

1984年，猪肉自给有余、并上交总局肉联厂600头猪。年末，猪存栏6345头，奶牛存栏增加到125头。

1985年以后，农场畜牧业开始步入快速发展轨道。农场提出了经济建设种、养、加齐发展的改革思路，在调整产业结构的同时，大力发展家庭养殖业，以发展肉鸡、奶牛为主，猪为辅。先后建起了日处理鲜奶5吨（1987年改建为40吨）的乳品厂、年屠宰肉鸡100万只的肉禽加工厂、年产综合饲料6000吨的饲料加工厂。制定了一系列鼓励发展奶牛、肉鸡的优惠政策，引导、鼓励、扶持职工群众通过养殖奶牛、肉鸡勤劳致富。到20世纪90年代初，农场畜牧业生产已形成规模，产值占总产值的20%。90年代中期，随着畜牧业政策的调整、市场供求关系的变化、畜产品价格的制约，农场畜牧业生产呈波浪形发展。肉鸡生产线被迫停产，奶牛业也呈下滑趋势。90年代末，随着市场经济体制的逐步完善，农场集中力量抓优良畜群繁育，畜群防疫检疫，规范化饲养，使畜牧业得以稳步发展。

2005年，实现存栏奶牛3285头、绒山羊1.72万只、黄牛143头、猪8082头、家禽12万只、蜂100箱，畜牧总产值5235万元。

2006年以来，农场畜牧工作始终坚持依法治牧、科技兴牧，加快推进畜牧业转型升级，大力推进畜牧业向标准化、规模化和产业化方向发展，稳步推进畜禽养殖污染治理工作，积极应对禽流感和非洲猪瘟等重大动物疫情的影响，全力抓好动物防疫和畜产品安全工作，推动畜牧业稳步向前发展。

2020年，实现存栏肉牛1445头、生猪7072头、羊880只、禽类4.18万羽；完成出栏肉牛627头、生猪6729头、羊200只，禽类4.41万羽；生产肉类546吨、禽蛋52吨。畜牧总产值2914万元。

第一节 机构沿革

从建场到1963年，农场设生产科配备畜牧技术员管畜牧。1964年新八五九农场成立，设畜牧科，科长李潮海。1969年（二十三团成立），改为生产股，并配备畜牧技术员管畜牧。1975年12月，设畜牧办公室，由副主任杨明月主管。1977年恢复农场后，又设畜牧科。1977年6月，兽医站指导员为洪渭昌。1983年成立畜牧公司。1986年3月，恢复畜牧科行政职能，下辖奶牛公司、养禽公司，负责全场畜牧业工作。奶牛公司、养禽公司的经理由畜牧科副科长兼任。

2006年，畜牧科办公室从农场旧小学楼搬到农场原粮贸科。兽医站也一并从奶粉厂南侧搬到粮贸科。当年，农场投资40万元在原粮贸科东侧办公室改建畜牧科化验室。2009年，畜牧科更名为畜牧公司，建立三站一室，即兽医站、繁育站、动检站、化验室，负责全场动物疫病防疫、生猪屠宰检疫、繁育改良、免疫抗体监测、养殖小区建设等工作。

2022年7月，八五九农场有限公司管理体制改革，畜牧工作并入经济发展部，徐欢任经济发展部总经理。

领导成员更迭情况如下：

畜牧科科长：李潮海（1964任命）

杨明月（1975.12 任命，副）

孙成福（1984.2 任命）

刘增华（1991.11—1992.12）

王作新（1993 任命）

刘增华（1994—1999）

李春金（1999.3—2004.3）

尹德江（2004.3—2009.3）

景桂林（2009.3—2012.4）

王　军（2012.4—2022.7）

书　记：吴忠仁（2007.3—2009.3）

姜全胜（2010.3—2022.7）

1992 年 12 月，成立畜牧公司，李德忠任经理，刘增华任副经理兼牛场场长。

第二节　畜禽饲养

一、引进优良品种

1957 年，从内蒙古引进牛和马。

1958 年，从哈尔滨引进“苏白”和“长白”种猪。从牡丹江种畜场引进荷兰黑白花和西门达尔（乳肉兼用）奶牛。从牡丹江种鸡场引进来航鸡。

1964 年，从哈尔滨引进克洛米夫、约克和吉林黑种猪。

1965 年，从牡丹江种畜场引进 3 头毛驴。

1967 年，从曙光农场引进东北细毛羊。

1969 年，从满洲里引进内蒙古细毛羊。从绥棱鹿场引进梅花鹿。从佳木斯种貂场引进水貂。

1970 年，从吉林延边引进朝鲜牛。

1972 年，从哈尔滨王岗引进黑白花奶牛。

1983 年，从内蒙古海金山种牛场引进乳肉兼用的草原红牛。

二、奶牛

1985 年，农场奶牛存栏只有 165 头。为发展奶牛产业，农场从绿色草原牧场引进了草原红奶牛 300 头。草原红奶牛属乳肉兼用型牛，日产奶量 20 多公斤，年产奶 2 吨左右，适应性强、繁殖率高、发病低、饲养成本低，比较适宜农场的饲养环境。

农场在奶粉厂建成后，开始引进奶牛专业户。先后从海伦、望奎等县引进奶牛专业户80多户，带来奶牛800多头，多数为黑白花奶牛和杂交牛以及西门塔尔牛，但质量参差不齐，每头牛年产奶量4吨左右。

1986年，农场利用世界银行贷款从法国购进30头黑白花成母牛，多数为孕牛，放在六队、九队饲养。法国牛体型大，腹围发达，采食量大，产奶量高，日产鲜奶40多公斤，整个泌乳期产奶10吨左右。当年发展奶牛1208头，奶牛专业户增加到311户。1987年，奶牛达2104头。

1991—1992年，农场利用贷款从北京郊区牛场先后引进300头北京黑白花奶牛，多数为大育成牛。100头放在奶牛良种场饲养，另200头分给职工饲养。北京黑白花奶牛刚到农场时对环境、饲草、饲养方式要求比较高，冬季怕冷，发病率高。经过几年的驯化后，这些奶牛逐渐适应了当地的环境，产奶量和繁殖率都比较高，一般年产奶都在8吨左右。

1991年，农场在扶持职工群众发展家庭养殖的同时，建起了奶牛良种场。位于场部东南角，当年建牛舍3栋，每栋500平方米、150位牛床，1、3号牛舍为生产车间，2号牛舍为产房和犊牛车间，另建办公室、技术室、锅炉房共800平方米。当年从北京引进奶牛100头，都是大育成牛，多数怀孕3个月左右。1992—1993年农场建牛舍2栋，每栋100位牛床、1000平方米。奶牛良种场总面积达5300平方米。

1992年，北京奶牛开始产犊，第一胎日产奶50公斤左右，奶牛良种场年上交鲜奶250吨左右。饲养方式为全部舍饲，机器榨奶，每天榨奶3次，精饲料由饲料厂供给，粗饲料以青贮饲料为主，有少量的青干草。到1994年底，农场奶牛存栏2000头，产奶牛200头，上交鲜奶900吨。奶牛良种场还培育出北京黑白花奶牛300头。到2005年，农场奶牛多为北京黑白花奶牛后代。

从1999年起，由于饲料放开，饲养成本加大，奶价低、奶资兑现不及时，农场出现奶牛淘汰率、死亡率上升，奶牛存栏下滑现象。

2001年3月28日，八五九农场乳品厂加入完达山乳品集团，生产经营形势越来越好。

2001年4月26日，农场组织18名养牛专业户赴完达山乳业集团所在地八五一一农场参观学习。

2001年9月10日，由农场投资50多万元修建厂房等基础设施，完达山乳业集团投入榨乳设备的奶牛场集中榨乳站及二队榨乳站已竣工并投入使用。农场还与完达山集团联系，先后建起 6 个收奶站、9 个收奶点。

2002 年 3 月 6 日，农场召开“奶牛当年实现 5000 头”动员大会，全场总动员，立即掀起外出引牛、购牛热潮。

2002 年，农场奶价提高到每公斤 1.8 元（当时在全省为最高），按月兑现奶资，全场又一次掀起了养奶牛热潮。2002—2003 年，农场牛价上涨，每头奶牛可卖到 2 万元，新生犊牛可卖到 4000 元。

2002 年，农场出台给予免费提供牛舍的优惠政策，将奶牛良种场改为奶牛小区，先后有 4 户养牛大户在小区饲养奶牛，使奶牛小区舍饲奶牛存栏达到 200 头。全场有 38 名干部带头养奶牛 121 头，其中计财科 10 人养奶牛 16 头。

1968 年下乡的哈尔滨知青陈桂花带领老伴和 3 个儿子，1985 年从 800 元起家，到 2001 年已饲养奶牛 24 头，年收入 10 万元以上，固定资产达 30 多万元，农场特奖励 2 个铡草机和榨奶器。陈桂花于 1999 年被评为总局三八红旗手，2000 年被评为分局妇女十大标兵。

张桂发原是海伦农村的村主任，受农场养牛政策的影响，他不当“村官”当“牛官”，1998 年带着 6 头奶牛举家来到农场养奶牛，3 年累计上交鲜奶 160 吨，纯收入 12 万元。农场出现了 2 个奶牛专业队（二队、十队），80 个养牛大户。

2003 年，农场投资 100 多万元，将原种鸡厂 13 栋鸡舍改建成 13 栋牛舍，建成第二奶牛小区，并对奶牛小区的道路，舍内地面、饲槽进行了建设，每栋舍设置 30 头牛床，奶牛存栏达到 260 头。当年，全场有 126 名干部带头养奶牛 200 头。

2004 年，养牛小区从新西兰引进 100 头育成牛，都在 14 月龄左右，来农场后配种。2005 年，产犊 80 头，产母犊率 60%左右，第一胎平均单产奶量 30 公斤，个别奶牛产奶 37.5～40 公斤。新西兰奶牛特点是体型大，采食量大，消化能力强，适应性好，产奶量高，乳中的蛋白质、脂肪都高于当地牛 2～5 个百分点，最高蛋白质含量可达 4.5%左右。

2006 年，农场始终抓住奶牛生产不放松，将奶牛生产作为强场富民的主导产业来抓。

2002—2010 年，全场奶牛存栏数量一直维持在 3000 头以上，最高峰的 2007 年达到 4410 头。为加快奶牛业的发展，农场出台了一系列优惠政策：一是饲料地优惠政策，划拨饲料地 0.2～0.33 公顷/头，收费标准优惠 50%；二是资金扶持政策，由农场担保给养殖户解决部分购牛贷款，按银行利率计算利息；三是优先划拨建舍用地和放牧用地；四是实行“配种、治疗、防疫、交奶、送料”不出队的服务模式。

奶牛饲养全部应用青贮玉米饲料、规范化饲养、冻精配种，奶牛生产步入了良性发展的轨道。

2009—2011 年，奶牛小区先后投资 2000 多万元新建牛舍 1.18 万平方米，新建 150 平方米服务站 1 处，264.73 平方米固液筛分车间 1 处，新建自动化挤奶厅 2 处，实行了机械集中榨乳，开启了现代化养殖模式，节约了大量劳动力。

管理区、作业站整体搬迁后，促进了奶牛集中、规模化饲养，养殖水平及小区饲养率大幅度提升。但同时 90%以上小规模散养户遭到淘汰，弃牧转行，直接导致全场奶牛存栏逐年下降。同时，出现了疫病防控、禁止外地引进奶牛、养殖成本增加、奶价低廉、上级畜牧优惠政策减少、奶粉市场冲击等因素均造成农场奶牛存栏减少。很多规模养牛户也选择了出售、转产或异地饲养等。从 2010 年开始，奶牛存栏数急剧下降。

2012 年，乳品厂停产，加重了奶牛滑坡。直至 2017 年军川乳品厂停止收奶，奶牛业彻底萎缩，到当年年底，全场奶牛仅为 636 头。2018 年，奶牛全部转产为肉牛。

表 3-31　1985—2017 年全场奶牛生产情况统计表

单位：头

年度	成母奶牛	大育成	小育成	犊牛	总数
1985	100	24	10	31	165
1986	564	210	234	200	1208
1987	1387	310	200	207	2104
1988	1182	350	250	212	1994
1989	1276	360	240	206	2082
1990	1297	400	150	318	2165
1991	1214	400	209	350	2173
1992	1084	350	250	150	1834
1993	961	354	200	215	1730
1994	1200	350	250	200	2000
1995	1090	270	230	236	1826
1996	1210	360	240	201	2011
1997	1212	320	280	220	2032
1998	1020	290	310	208	1828
1999	945	210	190	240	1585
2000	1474	250	194	206	2124
2001	1134	210	196	202	1742
2002	2676	310	300	228	3514
2003	2721	310	300	290	3621
2004	1840	450	350	370	3010
2005	1960	553	423	349	3285
2006	2273	475	460	603	3811

（续）

年度	成母奶牛	大育成	小育成	犊牛	总数
2007	2456	655	593	706	4410
2008	2013	558	448	606	3625
2009	2305	612	622	656	4195
2010	2124	368	646	583	3721
2011	1541	315	470	484	2810
2012	1472	306	502	490	2770
2013	625	105	110	180	1020
2014	469	106	115	140	830
2015	492	121	135	162	910
2016	618	162	158	106	1044
2017	308	101	136	91	636

三、肉牛

从1985年开始，职工家庭饲养黄牛逐步由驭用向肉用发展，家庭饲养黄牛开始由1、2头向大牛群发展。奶牛业兴起后，公牛经去势后作为肉用牛饲养，使肉用牛在农场发展较快，到1987年底，农场肉用牛存栏达到703头。肉用牛除在农场销售很少一部分外，大多销往外地。1999年，二十队从外地购进黄牛45头，发展成肉用牛群。饲养黄牛周期为2～3年，每头效益500元左右。2005年，农场肉用牛存栏达465头。

2006—2010年，农场一直以奶牛业为主。由于肉牛养殖周期较长，放牧的地域受限等因素，所以养殖规模较小。肉牛开始在栏100多头，到2010年年底，肉牛全部出栏。2017年，完达山奶站对农场停收奶后，一部分养殖户仍有养牛意愿，农场畜牧公司支持他们奶牛转产为肉牛养殖，并且饲养肉牛的养殖户享有与奶牛同等的政策。部分养殖户外出购入优质的西门塔尔肉牛，肉牛养殖规模逐渐扩大，到2020年年底，肉牛存栏1404头。

四、肉鸡

1986年，农场相继建成了种鸡厂、孵化厂、屠宰厂、饲料厂等肉鸡生产线，成立了养禽公司。1987—1988年，农场从西德进口罗曼父母代肉用种鸡2000套。当年，生产肉鸡20万只。

1986年，养种鸡8400只，养肉鸡45.1万只，养鸡专业户达319户。1987年，养肉鸡 54.5 万只。

1988—1995 年，农场从美国爱拔益加育种公司及哈尔滨青年农场引进 AA 父母代肉用种鸡，每年引进 0.6 万～1 万套。

1988—1995 年，农场肉鸡出栏数在 50 万～100 万只，肉料比为 1∶2.45。

在农场提出的“养牛发大财、养鸡发快财”的鼓舞下，上到机关干部下到生产队职工，都发展养鸡，促进了农场肉鸡产业的快速发展。1990—1992 年，农场养鸡业达到高峰，肉鸡饲养周期短、见效快，部分职工依靠饲养肉鸡走出困境，脱贫致富。肉鸡产品远销日本、欧美等地。1993—1997 年逐渐衰落，1998 年停产。其原因是泰国正大集团进入国内市场，鸡雏、饲料同时进入东北地区，导致肉鸡市场调节出现紊乱，出口受限，销售量锐减。加之 1996 年以后，日本商家取消原有的合作形式，拒绝进口建三江垦区的肉鸡产品，肉鸡产品出现积压现象，导致产品无法变现，肉禽屠宰加工厂无力继续收购毛鸡，加工的产品也销售无门。

肉鸡生产线的生产过程：农场种鸡厂每年负责引进种鸡，产出的种蛋由孵化厂负责孵化，鸡雏卖给养户饲养。肉鸡饲养周期为 8 个星期，成熟后由屠宰厂到养户家中收购毛鸡再屠宰加工。

在十几年的养鸡生产中，农场为保证肉鸡生产健康发展，提供“五不出队”服务，即送雏、送料、防疫、收鸡、送科技咨询。养禽公司专门成立了肉禽防疫站，为养户提供防疫灭病、饲养管理等服务。

自 2006 年以来，农场的家禽生产都是零散家庭户养。饲养家禽的主要品种多数都是肉蛋兼用型，鹅的主要品种是三花鹅，鸭的品种主要是麻鸭，鸡的品种有良凤花鸡、青脚麻鸡、三黄鸡、芦花鸡、乌鸡等。大多数情况是种植户本人利用空余时间和剩余粮食、草场等资源兼养肉、蛋共用型鸡鸭鹅等禽类，基本没有形成规模化。

2018 年，畜牧公司经理王军帮助贫困户杨桂兰在第七作业站养殖大鹅 200 只、鸡 1900 只。畜牧公司全体党员干部对杨桂兰发展养殖业进行全程技术指导与跟踪服务。养殖的大鹅 1 只可以卖到 120 元以上，溜达鸡 1 只可以卖到 80 元以上。几年来，杨桂兰共收入 10 多万元，除去养殖成本纯收入也达到 8 万多元。

五、生猪

1985 年，农场开放生猪经营，生猪生产由公养转为专业户承包饲养，最后全部变成户养。多数职工采用传统饲养方式，饲养成本高，瘦肉率低，生长速度慢，饲养周期长，品种退化。

1990年以前，全场生猪自食有余，每年可外销1000头左右。职工养猪多采用破瓣豆、玉米、豆皮、麦麸等作饲料，饲养成本低，每头猪可盈利300元左右。

1992—2005年，生猪存栏每年都在2000头左右。农场猪肉自食不够，主要从福利屯、集贤县、富锦等周边地区购进商品肉猪进场后屠宰上市。

2006—2012年，生猪存栏都在1万头以上。2012—2017年，随着农场撤队并区，生猪存栏数量出现下滑，生猪饲养模式由以前的散养户向集约化大户转变，主要分布在农场第一、四、五、八管理区等地。2018年8月，非洲猪瘟首次传入国内，供给相对减少，猪肉价格上涨，养猪的积极性有所提高。2020年，猪肉市场逐渐回归正常，养殖规模平稳发展。

六、绵羊、绒山羊

1985—1993年，全场羊的饲养量为700只左右，大多是绵羊，山羊占的比例很小，分布在三分场奶牛队，十七队有一群200只左右，其他为职工群众家庭零星饲养1～3只。1994年，奶牛队霍龙福从汤原县引进200只绒山羊；到2003年，繁殖到800只左右，每只羊年产绒0.75～1公斤，每年卖种羊和羊绒收入都在5万元左右。霍龙福是农场建场以来第一个养绒山羊专业户。这群羊适应当地环境，它的祖代为辽宁盖县绒山羊，发病率低，产仔率高，每年春秋两季产仔，多数为双胎，个别羊产三胎，绒纤维长而柔软。

2003年，分局党委决定在全局大力发展绒山羊，建立绒山羊发展基地和羊绒加工厂，并给各农场下达了指标。为了完成指标，农场曾多次召开大会动员全场干部职工发展绒山羊养殖，并出台了一系列优惠政策。农场从2003年开始大量引进绒山羊，利用职工置换身份补偿金，当年从内蒙古引进绒山羊3000多只。

2003年9月，从河南商丘引进300只马头山羊。

2004年，从内蒙古引户30多户，引进羊6000只。年底，农场绒山羊存栏3.5万只。内蒙古羊抗病力差，发病率高，春季羔羊死亡率高达70%左右。

2005年，全场春季羊检疫，检疫出布病阳性病羊351只。当年淘汰、自然死亡、捕杀、外卖后，年底存栏1.7万多只。

2006年，全场羊存栏1万只左右，主要以绒山羊为主，分布在奶牛队、三十五队、三十七队、十六队、十七队、十九队、二十队、二十一队、二队，全场共有养户53户。2006年以后，羊存栏逐年减少，到2012年年底为0。随着布病的逐年净化，2020年农场又有4户开始养殖绵羊，存栏为802只。

表 3-32　2006—2020 年全场畜牧业生产情况统计表

年份	奶牛存栏（头）	肉牛存栏（头）	生猪存栏（万头）	羊存栏（万只）	鸡存栏（万只）	肉类产量（吨）	肉猪出栏（万头）	肉牛出栏（头）	肉禽出栏（万只）	牛奶产量（吨）	禽蛋产量（吨）
2006	3811	144	1.00	1.01	13.26	1758	1.41	136	30.01	11496	372
2007	4410	81	1.21	1.31	15.62	2044	2.81	208	42.13	12330	487
2008	3625	51	0.92	1.30	15.64	2299	2.12	138	25.64	10131	556
2009	4195	48	0.91	1.31	15.70	3350	3.16	123	41.23	12670	671
2010	3721	31	0.81	1.00	15.48	3088	3.97	80	49.31	13573	781
2011	2810	—	1.11	0.85	19.00	5780	1.51	—	58.14	9505	1203
2012	2770	—	1.21	0.50	19.20	5896	5.95	—	68.20	9258	1501
2013	1020	—	0.46	—	5.87	2648	2.27	—	48.00	4850	1350
2014	830	—	0.34	—	4.60	1378	1.49	—	14.40	3370	350
2015	910	—	0.3	—	2.84	378	0.42	—	3.57	2010	114
2016	1044	—	0.34	—	4.27	340	0.38	—	2.97	1911	56
2017	636	238	0.36	—	3.23	583	0.63	—	6.20	1418	58
2018	—	1088	0.46	—	3.45	725	0.76	120	7.87	—	65
2019	—	1303	0.52	—	3.58	653	0.55	506	8.43	—	72
2020	—	1404	0.66	0.08	3.57	864	0.66	708	8.02	—	80

第三节　特色养殖

1918—1922 年，刘蒙古（山东黄县人）由江东岸运入 15 箱蜜蜂，在东安镇下的芡实湖居住放养。

1985 年，农场出现养貉热，养殖户达 300 多户，存栏 650 多对。种貉多数从山上野外抓回驯化饲养后，变成家养。乌苏里江貉独具特色，很有市场竞争力，每只可卖到 200 元，每对断奶种貉可卖到 2000 元左右。1990 年，由于皮张出口受国际市场影响，养貉存栏下降。到 2005 年，全场存栏 300 只左右。

2000 年，农场部分养殖户引进獭兔养殖。2002 年全场獭兔存栏 100 只。幼兔断奶可卖到 200 元一对，每只兔产绒和卖肉可收入 60～80 元。2005 年，农场獭兔存栏 300 多只。

农场还有养肉鸽、火鸡、山鸡和肉用狗的，但没有形成规模。十六站李明耀于 1998 年投资 1700 元，从上海引进丹麦王、卡奴鸽、白羽王等优质种鸽 80 多对，搞起了肉鸽养殖，当年获效益 7000 余元。1998 年，养户引进康贝尔鸭和金宝鸭在鱼池和水库饲养。2000 年，王云阁利用种鸡厂的厂房养肉狗 200 只。

2001 年，从八一农大畜牧兽医专业毕业的刘斌在阿布胶河边养起了大鹅 500 只，当年就收回成本 4 万元。

2003年，卜海霞养殖了70多只火鸡、黑风乌鸡、鸳鸯鸭等，仅靠卖种蛋年收入3000多元。

2012年，陈林胜在承包的13.33公顷山林地间养起了野猪和林蛙，1头野猪净利润达2500元。

2013年，刘战成建立蓝狐养殖基地，饲养蓝狐100多只。

2014年，养殖户在三队养殖跑山鸡3000只，在水利队养殖大鹅1万只，在东安灌区养殖蛋鸭5000只，在大板养殖野猪、孔雀、鸵鸟等，经营效益较为可观。李亚华养殖藏香猪、北京香猪100多头，并新建1000平方米的养殖场，到2015年1月，已发展到300多头。

2016年，三站居民李作桐在二龙山下散养溜达鸡1000多只。二十七站种植户齐秀志利用20公顷林带养殖野猪200多头，出栏1头利润1000元。

2017年，赵学江利用林下资源养殖1000多只公鸡、400多只大鹅，每只鸡的效益在50元左右。

第四节 繁育改良

1958年，配种站成立，张凤果和谭辉照为配种员。1959年，调入杨茂松为配种员。

1958—1964年，当地母猪与苏白公猪或哈白公猪进行杂交。种猪达到良种化、母猪杂交一元化、肥猪杂交三元化，并为附近农场和公社支援了种猪。

1972年，从延边敦化县鹿场引进公梅花鹿24只、母鹿46只，杂交第一代，成活率高，产茸量也多。农场鹿的品种是远亲梅花鹿杂交种。

从1978年开始，当地黄牛与西门塔尔公牛进行杂交，采用人工授精。农场黄牛的品种是改良后的蒙荷朝杂交种。

1983年，农场引进76头乳肉兼用的草原红牛，为将来发展奶牛业奠定基础。

1985年，农场建立奶牛繁育站以后，配齐了生产队的繁育技术员。建成6栋防疫、配种、收奶三用房，每栋120平方米，配齐各类设备。

1985年以后，全场繁育工作不断更新进步。1985—1991年，用颗粒冻精；1991—2005年，使用细管精液。奶牛建档后制定选种选配方案，每年的受胎率和总受胎率不断上升。

1992年，养猪大户杨佰春从八五七农场种猪场引进迪卡种猪1套，1公2母，场直地区及周边的猪都用迪卡猪改良，该猪产的后代优于本地猪。用迪卡猪与本地猪杂交，产仔率高，窝产仔15～20头，生长速度快，瘦肉率高，深受养猪户欢迎。

1999年，农场开始建奶牛档案，组织全场繁育技术人员来到各生产队逐户调查奶牛来源、生产性能、胎次、体貌、体表、产奶量等，用6个月时间完成全场奶牛现状、基本情况的调查，建立了基础档案，制定了选种选配方案。

2002年，农场落实省长工程，引进奶牛胚胎移植技术。东北农业大学李武教授和农场繁育站在农场做3例胚胎移植手术，成功1例，第二年产1头母牛犊，母牛和牛犊健康。

2006年，农场繁育站由原奶粉厂南侧搬迁到农场老粮食科院内，繁育站有3人，连队繁育员有8人，负责场直及31个连队的繁育工作。当年，农场在基层生产队设立了8个畜牧综合服务站，繁育所用的冻精、液氮均从建三江管理局畜牧兽医总站购入。

2009—2010年，从建三江畜牧兽医总站购入奶牛性控冻精和羊性控冻精400余支，免费给养户使用，提高了产母犊（羔）的比率。

2006—2010年，每年配种奶牛2000头左右，年产犊1600头，冻配率达80％以上。

第五节　疫病防治

1974年以后，兽医站每年在4—5月定期普遍地对牛马进行一次检疫。

农场牛马传染病的发生，是来自外进人员和引进畜禽带进的传染源，加上场里养狗多，易传染所致。从1974年以后，凡是引进的畜禽，必先检疫。1983年，从内蒙古引进12头三河奶牛，检疫发现有6头带“布病”，随之捕杀深埋。

1963—1983年的20年中，猪死于传染病、多发病的达2200余头。特别严重的是猪瘟、猪口蹄疫和副伤寒。

畜牧技术人员也摸索到一些成熟的经验。如农场是草甸白浆土，畜体缺乏微量元素硒，在仔猪生后第七天注射0.1％亚硒酸钠，可防止“白肌病”。用土法灌黄柏药水或三棵针水，口服链霉素对防止仔猪下痢效果显著。

1970年6月，杨明月研制的“两分钟止血粉”、马耳针灸麻醉、九一眼药水、钢胶粘裂蹄等药品和科研成果，曾在六师技术交流会上做现场表演。

1972年，十队防疫员宁德俊用针灸埋线对治疗仔猪下痢效果良好。

农场兽医站负责全场防疫、检疫、治疗以及生猪屠宰检疫、白条鸡检疫、流通领域检疫、兽药经营、执法与监督。

2006年，对兽医站化验室进行改建，配有外检室、中心化验室、无菌室等，配齐各类仪器设备，对动物疫病的检查、诊断、监测能力有所提高。

一、防疫

农场畜禽防疫工作坚持“预防为主，防治结合”的原则。生猪以定期防疫与坚持常年补针为主，奶牛、黄牛注射口蹄疫疫苗每年2次，妊娠后期产犊后补针。绒山羊、绵羊口蹄疫疫苗每年2次，羊痘苗每年1次，三联四防苗每年2次，传染性口疮苗每年2次，绒山羊布病口服苗每年2次。

坚持强制免疫与常规免疫相结合，主要是抓好“四个重点”和搞好“七个常规”防疫工作。“四个重点”防疫，即做好牲畜口蹄疫、高致病性禽流感、高致病性猪蓝耳病、猪瘟四个重大疫病的强制免疫工作，免疫密度必须达到100%。“七个常规”防疫，搞好羊布鲁氏菌病、羊痘、三联四防、羊传染性胸肺炎、猪丹毒、猪肺疫、鸡新城疫（鸡瘟）等七项常规防疫工作，免疫密度达到95%以上。

二、检疫

农场每年春秋两季对全场奶牛、黄牛进行结核、布病检疫。

1970年以后，从六团调进部分职工，由于带进“鸡新城疫”病菌，引起全场内发生“鸡新城疫”，尤以场直地区严重。由于坚持春秋两季防疫注射，才得以控制。

1975年，农场检查出阳性“布病”羊34只，当年全部扑杀深埋。

1975—1980年，农场一直没有发生“布病”。1981—1983年，在私人户养中，共检出阳性“布病”奶羊7只，个人处理深埋。

1986年，由于引牛缺乏经验，把关不严，只注重数量，没注重质量，将一些产奶量低、品种差和一些患病牛引进了农场，而且引进了新的牛病。从哈尔滨郊区引进的牛检出了结核和布病，从法国进口牛中检出了黏膜病。过去农场是无疫区，由于引牛不慎，造成13个生产队发生结核和布病，并确定13个疫点。

1989年，农场发生猪肺疫，主要在场直地区、科研站，发病300多头（其中死亡100多头）。同年，全场发生猪瘟疫情，八一农大教授宣长河来农场确诊。当时初发在工业三连住宅区，后呈蔓延之势。病猪症状明显，皮肤可见有大小不等指压不退的出血点。剖检可见淋巴结有出血性坏死，肝脏边缘硬化，回盲口有扣状水肿。

1991年，全场检出奶牛结核阳性牛32头、布病阳性牛5头，当年疫点13个，37头病牛全部扑杀，进行了无害化处理，保险公司按保价的70%赔付。后期通过检疫净化，检出率明显下降，疫点仅剩2个。

1992年春季，肉鸡传染性法氏囊病首次在农场发生，呈爆发性流行。由于农场为新疫区，肉鸡和种鸡体内无抗体，对本病毒异常敏感，发病死亡率40%左右，对肉鸡生产造成巨大损失，很快波及全场。种鸡厂也相继发病，肉鸡防疫站迅速制定了免疫程序，购进了法氏囊疫苗，为养户紧急预防接种，迅速控制了疫情。

1993年3月，十八队发生猪口蹄疫，死亡仔猪60多头，销毁15头。此次发病是由富裕县外来人员搬家到农场，将病毒带入造成猪感染。

1994年11月，生猪屠宰点发生猪口蹄疫，当时待宰圈中的28头全部发病。经查是因为从福利屯买猪时将发病猪拉回农场所致，遂将28头肥猪全部销毁，损失3万元，造成屠宰点2天不能屠宰生猪，市场没有鲜肉出售。

2002年，全场奶牛、黄牛、羊结核布病全部净化。10月，十八队养兔户饲养200多只肉兔发生兔瘟病，2天内全部死亡。

2003年，农场普遍发生羊痘病、口疮病，羔羊死亡率高达50%左右，原因是引进内蒙古绒山羊时带进病毒。

2005年，农场绒山羊发生布病阳性，传染给奶牛40头，黄牛22头，还造成人感染布病（兽医技术人员就有13人）。此次疫情扑杀阳性羊351只、奶牛40头、黄牛22头，直接经济损失160万元。

2009年，检出阳性结核牛1头、布病阳性牛10头。2010年，共检出阳性牛91头，其中布病90头、结核1头。2011年，共检出布病阳性牛313头。

2012年，对全场牛羊加大了检疫频次，每月进行一次检疫，直至连续两次检疫无阳性病例出现。共检测出阳性牛110头，其中布病阳性牛35头、结核牛75头。在公安、卫生、保险、管理局兽医站等部门的配合及监督下，对全部病牛进行了扑杀深埋，无害化处理。

2013年，共检出阳性牛35头，其中布病27头、结核8头。2014年，共检出阳性牛36头，其中布病32头、结核4头。2015年，共检出阳性牛8头，其中布病2头、结核6头。2016年，检出结核阳性牛5头。2017年，检出结核阳性牛3头。2018年，检出结核阳性牛2头。

2019年、2020年未检出阳性牛，两病（布病、结核）得到了逐渐的净化。被扑杀的阳性牛，每头牛按照国家补贴2400元，农场补贴5000元的价格给予补偿。

2020年，完成强制免疫5.61万头份，开展牲畜屠宰检疫6729头、产地检疫642头，牛布病、结核检疫1862头，实现内疫不发生。

三、屠宰检疫

农场生猪屠宰检疫开始于1992年，检疫员到市场床位进行检疫。1994年，农场投资将原配种站的闲置房改建成生猪屠宰点，新建了待宰圈10个，于1995年5月11日开业，年屠宰肥猪3500头左右。检疫员在屠宰场对猪肉检疫后方可上市，真正实行了定点屠宰，集中检疫，统一纳税，分散经营的方针。防止了病害肉流入市场，为居民吃上放心肉提供了保障。

2006年，农场建有300平方米生猪定点屠宰场一处，待宰圈舍200平方米，设计年屠宰量5000头。

检疫工作常年坚持“三个到位、三个100%”，即产地检疫到位、屠宰检疫到位、执法人员到位；确保产地检疫率达100%、屠宰检疫率达100%、上市肉品合格率达100%。

2019年，由于农垦改革将行政权力移交饶河县，为保证居民吃上放心肉，屠宰检疫由饶河县委托农场官方兽医进行检疫。

第六节　草原、饲料

一、草原

农场草原分布于北部、东部和东北部，南部和西部为山地，森林地带无可利用草场。经1983年9月8日至10月10日的调查，全场有草原面积57470.8公顷。去掉长年积水的水线、水泡和季节性积水的重沼泽，牧业可利用的草原面积占60%左右。

由于地势、水流方向以及植被的成分、数量的不同，草原分为三种类型，即沼泽地灌丛草原（生长着小叶章、小桦树、空心柳、三棱草、小杨树、小叶柳和水冬瓜）、沼泽地草甸草原（主要以小叶章、三棱草为主，前者占2/3）、沼泽地林间草原（生长着小叶章、三棱草、空心柳、小树和蒿子等）。小叶章、三棱草生长速度快、返青早，非常适宜早春放牧。

随着“五荒”开发及农场水利建设的逐步加大，草原被大面积开垦。1998年7月，处理了1起在科研站和三队自然放牧草场开垦0.67公顷荒地的案件。

2005年，农场草原主要分布在东安下营至十五队、三十队至二十八队周边、三十五队至三十七队、二十二队至十四队、十三队交界。

2020年5月，农场草原面积为5573.49公顷。

二、饲料

农场畜禽饲料有 7 类 40 余种，分为精饲料、粗饲料、青绿饲料、青贮饲料、动料性饲料、矿物性饲料、添加剂饲料。

饲料单一与全料、整喂与粉料，熟喂与生饲都跟畜牧业发展直接有关。1974 年春，十二队养猪房母猪 95 头、仔猪 900 余头，由于 1973 秋玉米不成熟，而又较长时间单纯喂大豆，致使母、仔猪消化不良，引起肠胃病及下痢，结果死亡 600 余头。

1976 年，总局检疫发现农场缺乏“微矿硒”。这是使当年五队、六队的猪群发生“白肌病”，死亡 200 余头的致命因素。

机械粉碎精、粗、青饲料，既便于消化吸收、喂饲，又省工省料，对发展畜牧业起到促进作用。

三、青贮

青贮玉米（饲料）保存了饲料植物青绿阶段的营养物质，具有适口性好、吸收快、消化率高的特点，且易于大量贮存。农场全力推广“全株青贮玉米”的种植和贮存技术，建设永久性青贮窖。

2008 年，农场投资 30 万元，新建永久性青贮窖 8 座，容积可达 6400 立方米，可为 500 头奶牛提供全年舍饲青贮。

2012 年，青贮饲料地全部由养户个人种植，具体标准为每头成母牛 0.13 公顷青贮、0.07 公顷玉米饲料地；每头育成牛 0.07 公顷青贮、0.07 公顷玉米饲料地并免缴 50%的利费。青贮饲料实行统一品种、统一地号、统一种植，分管分贮的“三统一分”种植模式。

2020 年，青贮玉米种植面积 148.87 公顷，平均公顷产 60 吨以上。年末，共拥有永久性青贮窖 24 个，总容积达到 5.34 万立方米，共有各种类型青贮收获机械 3 台，小型秸秆切割揉碎机 6 台。

优质的饲草、饲料，为畜牧业实现标准化、规模化生产，提供了充足的保障。

第七节　畜牧技术队伍

1958 年，农场设畜牧分场 1 个。场社合并后，取消畜牧分场，各农业分场分别成立畜牧队。到 1959 年，全场有 6 个畜牧队、77 个饲养班。1964 年新八五九农场成立后，建立1个养马场（十一队）、2个畜牧队（四队、三十八队）、11个饲养班。1976年，农场确定14个养猪队。到1981年，全场共有35个饲养班、1个畜牧队。

1982年，全场畜牧搞专业承包，牛、马、猪、羊、蜂全包给个人户养。原来的畜牧卫生员，多数承包猪房，饲养队伍变为个体饲养户。

随着农场畜牧业的发展，畜牧技术队伍得到扩大。1982年，畜牧科技术员杜雨春赴加拿大实习6个月。1986年，农场从汤原农校畜牧班招收15名学生。1987年，农场从海伦、望奎等地招聘了有实践经验的兽医和配种人员。

1986年，农场选派5名职高毕业生去八一农垦大学牧医系学习4年，毕业后分配到奶牛良种场和兽医站工作。

1988—1990年，八一农垦大学在农场举办畜牧大专函授班，在职畜牧人员、职业高中畜牧班学生共40多人参加函授学习，1990年结业颁发八一农垦大学结业证。

2001年10月，农场送贾春伟、刘景升2名高中生到八一农垦大学学习兽医，毕业后分配到兽医站工作。2002年9月至2004年7月，选送丁原军、石建华到内蒙古农业大学牧医系代培学习，毕业后分配到兽医站工作。2006年，选送刘云阁、王宝龙、季连星到八一农垦大学畜牧兽医大专班培训。

1991年，从东北农学院引进本科生1名；2009年，从东北农业大学引进研究生1名、从八一农垦大学引进本科生1名；2013年，从省农业职业技术学院引进大学生1名。引进人员充实了畜牧队伍。

2017年9月，农场出台政策，畜牧兽医技术人员工作满30年工龄或者年龄达到50周岁的布病患者可以申请离岗待退，畜牧公司当年内退14人。到2020年，畜牧公司技术人员由2006年的29人缩减为11人。

第七章　渔　　业

农场区域内渔产资源丰富，江、河鱼类繁多而且质量较好，尤以乌苏里江产的大马哈鱼和挠力河产的红肚鲫鱼闻名。20 世纪 50 年代和 60 年代初，曾远销苏联。

农场渔业生产，1961 年鱼产量曾达 2339 吨。到了 20 世纪 70 年代和 80 年代初，鱼产量大为减少。1970 年最低年产才 35 吨、1980 年为 121.1 吨、1985 年为 89 吨、1991 年为 181 吨。

从 1982 年起，农场开始发展养殖业，使渔业生产进入一个新的发展阶段，即捕养结合阶段。

1985—2005 年，农场渔业生产经营体制由原来的统一经营发展到个人承包。虽然经营体制从国有转变为个体经营，但生产模式却没有大的变化，仍然是以自然捕捞和池塘养殖为主。在生产管理形式上，采取了渔政监督管理，公司全面负责制。

1986 年，全场累计建养鱼池 153.33 公顷。全年捕鱼 5.4 万公斤，其中自然捕鱼 4.3 万公斤、人工养捕 1.1 万公斤，养鱼专业户达 45 个。1987 年修建养鱼池 268.47 公顷。

2013 年，水产品产量达到 720 吨，产值 840 万元。自然养殖水面 40 公顷、水库养殖面积 23.33 公顷、池塘养殖水面 33.33 公顷。

2017 年，完成水产品总产量 370 吨，产值 592 万元。其中养殖产量 100 吨、捕捞产量 270 吨。池塘养殖面积 23.33 公顷，其中精养面积 17.33 公顷、河蟹特色养殖 6.67 公顷。

2020 年末，渔业产品总产量 372 吨，其中捕捞产量 280 吨、池塘养殖产量 92 吨。渔业总产值 595.2 万元。

第一节　机构沿革

1984 年以前，农场的渔业管理工作由多种经营办负责，由一名副科长主抓渔业生产。

1984 年，农场成立水产公司，下设水产养殖场和渔业队。

1986 年 3 月 12 日，农场撤销水产公司，恢复水产科，成立渔政监督管理站。

1988 年 3 月，农场机构改革，再次成立水产公司。

1996 年 11 月 25 日，水产公司与水产养殖场、渔业队合并。

2019 年 5 月，水产公司改为东安社区居民委，有 226 户 381 人。2019 年 5 月至 2022 年 7 月，王斌任书记兼主任。

2022 年 7 月，八五九农场有限公司管理体制改革，水产业务并入经济发展部，徐欢任经济发展部总经理。

领导成员更迭情况如下：

多种经营办：　张云凤（1984—1985.6，副）

水产公司经理：冯景云（1985.6—1990.12）

梅立河（1990.12—1992.12，副）

冯景云（1992.12—1996.11）

吕学贵（1996.11—1998.3）

徐树静（1996.11—1998.3，副）

徐树静（1998.3—2017.9）

党支部书记：　李生贵（1994.1 任命）

吕学贵（1994.1 离任）

徐永奎（1994.1—1999.3）

陈　富（1999.3—2007.3）

贾乃军（2011.5—2017.9）

渔业队队长：　许延义、吕学贵（1982.9 离任）

李德忠（1982.9 任命）

邱　富（1987.2—1992.1）

吕学贵（1992.12 任命）

王宪文（1996.8 离任）

吕学贵（1996.8 任命）

书　记：　　　闫文贵（1981.2 离任）

刘玉生（1981.2 任命）

廉广泽（1982.9—1983.1）

李德忠（兼，1983.1 任命）

方永才（1987.2 离任）

魏文岩（1987.2—1991.4）

黄克义（1991.4—1992.1）

吕学贵（1992.1—1994.2）

李生贵（1994.2 任命）

第二节　渔业资源

农场东濒乌苏里江，加之贯穿场内的别拉洪河、挠力河和阿布胶河及天然泡沼、人工养鱼塘，共有水面 7342 公顷，占总面积的 5.4%。农场宜渔面积为 59.4 公顷，其中水库面积 36 公顷、池塘面积 23.3 公顷。

乌苏里江流经农场长度为 32 公里。农场在挠力河的捕捞区南至西丰嘴亮子，长度为 32 公里。2014 年，按照挠力河国家级自然保护区要求，退出挠力河全域的生产经营活动。

每年秋季，大马哈鱼由海上逆流入乌苏里江，白露前后产卵繁殖成鱼后，随水流入海里生长，3～4 年长大后，再洄游乌苏里江（大马哈、牙里红、七里浮子为伊彻满语）。

乌苏里江是当今世界上为数不多的未被污染的大江河之一，是中国唯一盛产鲑鱼的水域。盛产“三花五罗”等名贵鱼类。三花即鳌花、鳊花、鲫花。五罗即哲罗、法罗、雅罗、胡罗、铜罗。江河池沼中常见的天然鱼种有鲤鱼、鲶鱼、白鲢、鲫鱼、鳙鱼（花鲢）、重唇（虫虫鱼）、蛇蚼（船丁子）、狗鱼、鳡条、鳌（白漂子）、江老头、七星鱼等。其他鱼类有 50 余种。20 世纪 80 年代，大个体经济鱼类和名贵品种日趋少见。蒙古红鲌、细鳞、鲤、鲫、鲶、鲢、鳙、鳊等中小型鱼类繁殖形成群体，鳇鱼、鲟鱼、鳡鱼、哲罗鱼等大个体鱼类已基本绝迹，鳜鱼、油鲤、乌苏里鮠等名贵鱼种所剩无几，三角鲂、鳊花、翘嘴红鲌等难以见到。甲鱼为特种水产品，进入 20 世纪 90 年代，数量逐年递减，到 2005 年几乎绝迹。

每年 4 月初，冰雪融化时，鱼群开始由乌苏里江逆流进入河套泡沼，在水浅处寻食产卵。到 8 月以后，进入秋季，气候凉爽，水温下降，鱼群便顺流进入乌苏里江，准备在水深处越冬。渔工们利用鱼群繁殖、生长越冬的活动规律，在不同季节，使用不同网具与捕鱼方法进行渔业生产。

河流中有雅罗、细鳞、哲罗、乌苏里白鲑、江鳕等品种。挠力河的红肚鲫鱼以背高、体厚、肚宽、脂肪含量高而闻名省内外。

挠力河的渔业资源非常丰富，号称“北国鱼仓”，在挠力河一带流传着这样一首民谣：

挠力河啊是宝河，谁知鱼儿多不多。

鲫鱼遮住河水面，鲤鱼扬起三尺波。

遇到鱼群游过来，踏着鱼头能过河。

1956年夏，东安粮库会计李乃祖划舢板去挠力河口汜汊中割苫房草，行进中，忽见鱼儿纷纷跃起，乒乒乓乓蹦入船舱内，不到20分钟，蹦入船中大胖头鱼50多尾。李乃祖不顾割草，满载鲜鱼而归。

1959年12月10日，农垦部电影队专门来到东安镇拍摄一部反映挠力河冬天捕鱼的纪录片《冰上捕鱼队》，现场拍到八分场鱼丰队在钱柜河湾处冰下捕到1尾2.15公斤重的大鲫鱼，世称鲫鱼王。

1961年，农场鱼产量达2339吨，其中鲑鱼14.52万尾。1966年以后，鱼产量明显下降，到1983年年产量133吨。1985年以后，大马哈鱼的产量由1985年以前的每年捕获1000～3000尾，减少到2005年的每年只捕获100～200尾。其他鱼类的年捕捞量，也由1985年以前的100吨以上，减少到2005年的10吨左右。

表3-33　1957—1983年全场渔业生产情况统计表

年份	总产量（吨）	其中鲑鱼（万尾）	年份	总产量（吨）	其中鲑鱼（万尾）
1957	382.0	3.00	1971	114.5	—
1958	633.0	0.81	1972	154.3	—
1959	1031.0	5.81	1973	108.3	0.56
1960	1249.0	2.91	1974	312.0	0.36
1961	2339.0	14.52	1975	132.0	1.28
1962	879.0	1.85	1976	190.4	2.97
1963	571.0	—	1977	142.5	0.15
1964	624.0	—	1978	87.0	0.45
1965	786.0	—	1979	95.3	0.78
1966	178.8	—	1980	121.1	0.30
1967	225.5	—	1981	112.4	0.02
1968	177.0	—	1982	241.0	0.11
1969	36.8	—	1983	133.0	0.66
1970	35.0	—	合计	11091.0	36.54

第三节　渔业生产

渔业生产主要以自然捕捞和池塘养殖为主。捕捞的方式分为定点捕捞和游动捕捞。

一、捕捞

（一）定置渔业

定置渔业生产，即挡鱼亮子，这是一种古老的捕鱼方法。它借助于河床平缓，河岸高陡，河面不太宽的有利地形，设置鱼亮子。1896年，赫哲族人吴龙奎帮助挠力河口卡伦建成河口鱼亮子，以前称船营鱼亮子，位于挠力河口1公里处，距东安4公里，亮子上设有拦河桩和梁箔。1946年以前，是私人经营；1947—1950年，船营鱼亮子由抚远县“裕东公司”经营；1951年，划归饶河县水产科经管；1984年，重建钢轨桩鱼亮子。1985—1993年，由渔业队统一管理。1993—2005年，采取承包的形式，对外承包。

1983年以前，东安鱼亮子捕捞量年均40～50吨，2005年的捕捞量只有4～5吨，减少了近10倍。

2014年1月1日，《黑龙江挠力河国家级自然保护区管理条例》正式施行。东安鱼亮子停止发包，于2018年2月拆除。

（二）游动渔业

游动渔业生产，分明水期和冰冻期。

在明水期进行的捕捞方式，是利用机动船只或其他工具，不固定地点，只固定网滩的捕捞。从明水期开始到封江前，捕捞的方式为2人一船，船的马力4～12马力不等。主要捕捞工具有淌网、挂网、圈网等。

1956年，秋季捕捞大马哈鱼，每只渔船一个渔季（1个月）竟捕获2000多尾。

1960年5月1日，农场召开第一次水上生产运动会，场党委书记翟雪桥任总裁判。近200条渔船参赛，赛期15天，有3条船日捕捞5000公斤以上，比赛前提高功效1倍。

1961年，农场对渔业队实行“三包一奖”后，截至9月25日，共捕大马哈鱼14.52万尾。东安多种经营队的渔船创日捕174尾的最高纪录。大网日捕最高898尾，创饶河县有史以来最高纪录。

此期，仅东安镇日产鲤鱼3000～4000公斤，最高时超5000公斤。到20世纪70年代，下降至日产1500～2000公斤。20世纪80年代以后，日产最多不超过1000公斤，且小鱼、杂鱼占多数，2公斤以上鲤鱼甚少。大马哈鱼的捕捞生产受苏联钳制，绝大多数被其所劫获。每年我国所捕得数量，仅及苏联所捕总数的1%～2%（60万～120万尾）。漏网上溯至本地之鱼，更为数了了。

（三）冰下冻鱼生产

冰冻期主要采用打冻网进行捕捞，多年来一直沿用。

1917年，挠力河船营鱼亮子捕获鲫鱼、鲤鱼、草鱼、狗鱼等冻鱼50车皮，达150万公斤。新中国成立后，冻鱼生产量最高为1957年，产冻鱼28.5万公斤。

冻鱼生产在江河水下撤、冰层下沉，鱼群归窝时进行。1957年12月17日，东安镇高级农业生产合作社捕鱼队在队长朱秉礼及副队长于坤阳带领下，在挠力河北大弯子冰上捕鱼，一网捕获半斤以上鲫鱼 3.1 万公斤。1959 年冬，别拉洪河曾一网打 1.35 万公斤，挠力河一网打 1500 公斤，菜嘴子鱼亮子打 4500 公斤。

20 世纪 80 年代，鱼产量大大减少的主要原因如下：

其一，渔船增多、渔网改进。据水产公司调查，抚、饶两县加县内农场的打鱼船，到 1985 年底已达 480 只，比 1963 年以前增加 8 倍（原 50～60 只渔船）。渔网由线网到尼龙网，今发展到胶丝网，网眼也由大变小。在 20 世纪 50 年代以前，2 斤以下的鲤鱼和半斤以下的鲫鱼不捕，后来 1 斤以下的鲤鱼和半斤以下的鲫鱼都捕获。

其二，苏联在入江口堵截，大马哈鱼减产。

其三，20 世纪 60 年代以后，乌苏里江水浅了，内河水也小了，不利于鱼类繁殖生长。

加之，适宜鱼类生存的渔业水质逐步改变，捕捞船只因技术设备的进步，捕捞能力大大加强，鱼类自然繁殖的能力极大降低，结果导致捕捞业逐渐萎缩。特别是经济鱼类的产量下降，已很难再形成较大的捕捞产量。

2005 年，省渔业部门要求控制捕捞船只，只需减少不许增加，捕捞产量开始有所上升。

2020 年，东安的渔民们一改以往各自捕鱼和卖鱼的经营模式，通过组建合作社实现抱团闯市场，带动了农场渔业经济发展。“东安渔民合作社”由东安社区牵头，合作社共有 14 只捕捞渔船、28 名社员，合作社的日产量能达到 900 公斤左右。随着水情越来越好，日产量可增加至 2000 公斤。批发可以发往佳木斯、哈尔滨、长春等地，零售主要以周边的广大居民为主。

二、养殖业

人工养殖分为池塘养殖、水库养殖（即小水面养殖）和网箱养殖。

由于江河捕捞业不景气，所生产的江鱼满足不了人们生活的需要。从 1982 年开始，农场转向发展养殖业，当年在阿布胶水库投放鱼苗 9 万尾，收回大规格鱼苗 2 万余尾。

1983 年，投资 45.7 万元（总局 23 万元、农场自筹 22.7 万元）在场部前阿布胶河南岸，动用几十台推土机，推成养鱼池 38 公顷。当年，投放鱼苗 30 万尾。

1984 年，继续建造养鱼池 28.67 公顷。

到 1985 年，水产公司拥有养鱼池水面 66.67 公顷，共投放鱼苗 120 万尾，当年生产商品鱼 1.5 万公斤。年底，有 41 户个体户，开挖养鱼池水面 66.67 公顷，投放鱼苗 60 万尾。

1986—1988年的3年时间里，农场在大板、二十二队、二队、四队、十五队等单位，相继建设了一批养鱼池，鼓励职工群众从事养鱼业，农场还出台了一系列的优惠政策。

水产养殖场（鱼种场）从1983年兴建，1985年基本形成规模。最初只是粗放经营，经济效益很低。1986年，鱼种场开始对外分组承包，主要养殖品种有草鱼、花鲢、白鲢和鲤鱼。鱼苗用飞机从南方运往佳木斯，再用汽车运回，放入鱼池中喂养。1987年，养殖场开始自己繁殖、孵化鲤鱼苗，但由于早春气温低，又没有一定的设备，自然孵化鱼苗晚，秋季出池规格小，次年很难达到商品鱼规格。

1990年，鱼种场孵化鲤鱼苗，面积0.67公顷；到1994年达46.67公顷，经济效益良好。这一时期生产的鱼苗，销往七台河、双鸭山、富锦等十几个网点，并且供不应求。1996年，沈阳市周边地区人工养殖的鲤鱼大量进入农场市场，周边各农场养殖水面扩大，养殖场经济效益下滑，养殖面积递减。

经过市场考察，农场开始在乌苏里江试验网箱养鱼。1997年，发展网箱养鱼100平方米，每平方米效益359元。1998年，姜远生网箱养鱼56个箱1680平方米，每平方米效益300元。网箱养鱼每平方米平均产鱼25公斤，总产120吨，实现产值120万元，还可养殖鳌花、鲇鱼等珍稀鱼种，为此农场还建了越冬池。1999年11月25日，在佳木斯市设立乌苏里江活鱼行，经销乌苏里江活鱼产品。

2000年，综合养殖场引进河蟹养殖，获得成功。4月份，从辽宁引进河蟹苗，中秋节前后上市。每公斤6～8个，价格40～50元，经济效益可观。2001年5月，张景全从密山引进1万尾蟹苗投入鱼池内饲养。经过半年的饲养，重量0.1公斤左右，每公斤效益100元以上。

2010年，东安居民孙益波在乌苏里江边投放了2个网箱，养殖鲤鱼和鲟鱼。投放鱼苗700公斤，中秋节期间可出鱼1200公斤以上，效益在1万元以上。

2012年，十六站居民阮全纪利用鱼池养殖河蟹。春天投放200公斤蟹苗，国庆节期间收获1000公斤河蟹。

2020年，赵学江利用0.27公顷大棚和鱼池，养殖药用水生动物——水蛭50万尾。投入3万元，纯利润达2万元，并与原料商签订了订单。

2013年，推平60公顷鱼池，建设东方嘉州小区，水产养殖场仅剩23.33公顷。2014年1月1日，《黑龙江挠力河国家级自然保护区管理条例》正式实施，东安西山头40公顷养鱼池不再进行发包。近几年，由于周边农场养鱼场相继推平改为水稻田后，供给减少。至此，水产养殖户的经济效益明显上升。

2013年，水产公司首次推广特种水产养殖，投放泥鳅苗1500公斤，面积1.33公顷；

龙虾苗200公斤，面积0.33公顷；河蟹苗200公斤，面积3.33公顷。2020年开展特种水产品试验示范养殖，试验养殖水蛭90万尾，面积4公顷；养殖“鳅稻”100公顷。

第四节　渔业管理

1958年，场社合并后，原饶河县水产科与农场工交科合并，原县管挠力河水面和乌苏里江水域也归农场管理。当时挠力河有8个鱼亮子，即驼腰子、王八脖子、菜嘴子、西丰亮子、桦木林（大佳河）、小佳河、西丰嘴子、东安鱼亮子。别拉洪河有迟德二号鱼亮子和小河沿一号亮子（今三十五队鱼亮子）、五队东侧三号鱼亮子，计11个鱼亮子。其他鱼亮子分别归所在分场经管，分场设多种经营助理员1人兼管渔业。

1962年8月27日，虎饶县人民政府下发《关于县场分家水面划分的问题》规定，挠力河上的西丰嘴子鱼亮子及东安鱼亮子归农场经营，其他6个鱼亮子饶河县收回。1979年，西丰嘴子鱼亮子划给胜利农场经营。

按1962年8月27日虎饶县人民政府规定，农场在乌苏里江水域：南起小青河，北止瓦盆窑（水域全程，小青河—冰障—162号航标—南通河—东安—瓦盆窑），全长60公里。

1997年5月11日，省水产局责成渔政处，组织双鸭山市水产局、农垦总局畜牧渔业处负责人来到八五九，处理乌苏里江水面权属问题。本着尊重历史、尊重现实、尊重民族习惯的原则，县场双方达成协议，小青河以下水面归八五九管理。农垦总局畜牧渔业处副处长张忠旭、双鸭山市水产局局长史兴文代表双方在协议上签字。签字仪式在宾馆举行。

乌苏里江水面，162号航标—南通河—东安—瓦盆窑130航标（阿布胶河口），32公里段为八五九捕鱼区。

挠力河水面，西丰嘴子鱼亮子以下至挠力河口，32公里段为八五九捕鱼区。

1982年实行承包后，别拉洪河的鱼亮子全都包给个人，东安鱼亮子仍由东安渔业队经营。到1985年，在乌苏里江水域捕鱼的37只渔船全部承包给个人。

1983年，农场成立多种经营办公室，主任曲文亭，副主任张云凤主管渔业生产。东安渔业队有干部职工131人，小铁板船57只，机动船4艘，兜网1台，圈网1500个，扒网200块，大拉网1台，滩网50台，毛、钝钩2000把。养殖场有职工10人，解放牌粪车1台，胶轮55型及28型拖拉机各1台，130型汽车1台，磨浆机2台，铁板船3只。

1983年建冷库一座，容量100吨，配备职工13人，收储冷冻鱼及畜产品之用。

第五节 渔政执法

1986 年之前，饶河县水产局负责乌苏里江的渔政管理。内河的渔政管理由农场水产科负责。

1986 年，农场成立渔政监督管理站，配备渔政管理员 4 人，设备有 66 马力机动船 1 艘。主要职责是对辖区内渔业资源的管理，对禁捕区和禁渔期的检查，并且收取渔业资源费。

1992 年，农场渔政管理工作划归建三江畜牧渔业处管理。

1997 年，农场渔政管理站配备渔政人员 4 人，徐树静任站长，更换 48 马力快艇 1 艘。2018 年，上级拨款和农场投资 152 万元，购买 350 马力渔政船 1 艘。

2018 年底，渔政监督管理行政职权移交给饶河县。至此，农场不再负责行政执法。

1985 年以前，渔业资源增殖保护费由东安渔业队统一收缴。取消了鱼棚子之后，渔业资源费由农场渔政监督管理站向渔民收缴。2006—2018 年，水产公司累计在挠力河筑巢 700 余处，为保护增殖渔业资源打下坚实基础。

加强禁渔期管理。禁渔期船网全部实行三脱离，即机体与船分离、网与水分离、人与船分离。控制捕捞强度，坚决取缔违法捕捞和无证作业船只，严格按照省水产局核发的捕捞许可证和船舶证书数量下江捕捞生产，对不按《捕捞许可证》规定的时间、水域、渔具、捕捞方法、规定的网目尺寸进行作业的，发现一处，查处一处。

乌苏里江水域禁渔期：6 月 11 日至 7 月 15 日、10 月 1 日至 20 日。挠力河水系禁渔期为 67 天，4 月 15 日至 6 月 20 日。

2016 年，为东安镇渔船免费安装 19 套 GPS 卫星定位系统。

截至 2020 年末，全场有捕捞船只 17 艘、网滩 4 处、捕捞从业人员 34 人。

第八章　工　　业

农场系大型机械化农业企业，建场初期所办工业的目的是为农业生产和群众生活服务。

1961年以前，农场有面粉加工厂8个、农机修配厂（所）8个、砖瓦厂3个、制材厂1个。1962年场社分家后，农机修配厂（所）减为4个，砖瓦厂减为1个。

1964年，新八五九农场成立后，工副业生产是以原五分场为基础发展起来的。到1983年，有农机修造厂、面粉厂、油米加工厂、皮革厂、石灰厂、机械钻井队、冰棍厂、糕点厂、被服厂、酒厂等，有制砖厂2个。共有职工924人，占职工总人数11.7%。固定资产（净值）362万元，年总产值557万元，人均创造价值6030元，年均盈利84万元。

1985—2005年，农场工业发展经历了1985—1990年的快速发展阶段，1991—1995年的稳定发展阶段，1996年以后的急剧滑坡阶段和2001年企业转制为民营后的恢复发展壮大阶段。

1986年，全场工业企业有12家。1991年，实现工业总产值3542万元。

20世纪90年代中期，场办工业企业的经济效益急剧下滑，生产经营陷入困境，农场开始对工业企业实行委托租赁经营，由个人承包经营，但多数企业亏损或停产。

从2000年开始，国家实行国有资产转制，根据上级要求，农场把闲置企业公开招标转卖给个人。2001年底前，农场对10家工业企业的固定资产进行了分期退出。至此，国营体制下的场办工业，多数转变成为民营性质。民营企业缩减人员，引进技术，改造设备，降低成本，使企业经济逐步得到恢复。从2003年开始，部分企业顺应了市场规律，从而健康稳步地向前发展。

2006年，农场工业企业以民营为主，有粮食加工、食品加工、建筑材料、供暖、速冻食品加工等20多家企业。2007年，工业销售收入1.5亿元，实现工业增加值4410万元，工业产值约占农业总产值的1/3，其中粮食加工占农场工业比重较大。

2020年，有工业企业15家，实现工业总产值6871万元，增加值2520万元，营业盈余1173万元。

第一节　机构沿革

1985 年，农场组建工业科。对各企业实行技术管理、设备管理、产品质量管理、标准化管理、计量管理、统计管理。2000 年以后，随着经营体制的变化，工业科的管理职能也发生了重大变化，由过去的管理转为协调、指导、服务和监督。

2009 年 3 月，农场改革，工业科与物流中心合署，设专人负责工业业务。

2011 年 4 月 10 日，农场成立工业科和工业园区管理委员会，宋广山为工业科科长。2012 年，工业科搬回机关。

2017 年 11 月，更名为工业科（商务科）商贸流通部，负责工业、商务及旅游。

2022 年 7 月，八五九农场有限公司管理体制改革，工业（商务、旅游）工作并入经济发展部，徐欢任经济发展部总经理。

（另见第二编第三章工业企业改革）

领导成员更迭情况如下：

工业科长：　　　　　耿学忠（1991.8—1993.2）
　　　　　　　　　　张宝珠（1993.2—1996.1）
　　　　　　　　　　耿学忠（1996.1—1997.1）
　　　　　　　　　　崔海青（1997.1—2001.8）
　　　　　　　　　　黄玉明（2001.8—2011.2）
　　　　　　　　　　宋广山（兼，2011.2—2012.1）
工业（商务）科科长：李富志（2012.1—2017.9）
　　　　　　　　　　刘青春（2017.11—2022.7）

第二节　粮食加工

一、粮油食品

（一）面粉厂

建场初期，农场职工口粮由国家供给。从 1959 年秋开始自给。由于当时农场没有加工厂，粮食加工靠石磨、石碾，供不应求，只好把原粮运往富锦县粮油加工厂加工。

1963 年，在东安下营建成面粉加工厂，当年投产。1964 年新八五九农场成立后，东安面粉厂划归新八五九农场。同时，还经营豆油、酿酒、酱油、醋等加工业。

1969年，为适应战备需要，二十三团决定将面粉厂从东安下营搬迁到喀北村（十七队）东侧，改称工业二连。1977年，归商业科领导。

建厂初期，从天津郊区公社购入500毫米单式磨粉机，日产面粉12吨。

1978年，管理局在八五九面粉厂召开面粉生产现场会，剖析认为该厂加工工艺不完善，缺少润麦工艺，设备又不配套，是面粉质量上不去的关键。会后，厂里用半年的时间，自力更生进行技术改造。对运转十几年的磨粉机，进行了更新改造，采用加强清杂、升温润麦，提前刮尽、筛选、前路出粉的先进技术，日加工小麦36吨，比原设计生产能力提高2倍；出粉率由1979年以前的77.7%提高到81%；面粉质量也由以往的普通粉上升为国家规定的标准粉，一直居全管理局首位。1982—1983年，面粉均被评为垦区优质产品。1984年，该厂被管理局评为先进企业。面粉吨成本由1979年的459.5元，下降到1983年的428元，比国家规定标准低28元。

到1983年底，有职工70人，固定资产37.38万元，厂房面积3095平方米（其中三层楼式砖瓦结构厂房913平方米），当年面粉厂利润9.5万元。

面粉厂主要生产面粉和挂面。产品有特优粉、特一粉、特二粉和标准粉、饺子粉，生产的挂面有六种规格。年加工小麦3500吨、挂面350吨。小麦主要由农场统一组织各生产队上交口粮，年存储在6300吨左右。面粉主要供应农场职工，一部分麦麸销往外地。

面粉厂搬到场部以后，农场统一调配小麦。由于设备更新，出粉率达81%，产品除供应场内，同时也外销抚远、佳木斯、哈尔滨、双鸭山、富锦等地。年外销面粉1000吨、挂面300吨。

1988年，农场在场部建设新面粉厂，并于1990年从十七队迁到场部东侧，名称改为面粉加工厂，6月份正式投产。

（二）综合加工厂

综合加工厂建于1966年，开始时面粉、豆油加工车间在东安下营；粗粮（玉米面、大碴子、小米等）加工、酱油、豆腐、皮革加工车间在场部。1969年兵团组建后，综合加工厂更名为工业三连。面粉车间分离，成立面粉厂。豆油车间也从东安迁移到场部。生产的大豆油达到国家二级标准。

1969年，农场派谢益顺、王秀菊到上海学习糕点制作技术，增加糕点花样品种，提高产品质量，满足了市场供应，还远销佳木斯等地。

1977年，兵团撤销后，工业三连又改为综合加工厂。

1976年，新建厂房680平方米，位于场部东侧。1982年，又将分离出去的糕点、酱油、豆腐、面条加工车间和粮油门市部回归综合加工厂。1983 年，有职工 89 人，厂房面积 2160 平方米。每年生产豆油 190 余吨、粗粮 260 余吨、酱油 70 吨、豆腐 500 吨、糕点 60 吨、面条 50 吨。固定资产净值 33.7 万元。当年，综合加工厂盈利 10.83 万元。

（三）粮油食品公司

1992 年 12 月 29 日，农场机构改革，面粉加工厂和综合加工厂及粮食科合并成立粮油食品公司。1993 年底，粮食科从粮油食品公司中分离。

合并组成粮油食品公司后，以生产豆油、挂面、酱油、糕点为主。1997 年以后，酱油和糕点停产，厂房改为粗粮车间，后停用。

1997 年，公司以生产豆油和挂面两种产品为主。豆油主要供应农场职工，挂面销售到佳木斯、双鸭山、福利地区。豆油出油率 11%～12%。

1988 年，新建面粉车间 1367 平方米，成品库 800 平方米；制油车间 849.6 平方米，成品库 220 平方米；挂面车间 876 平方米；精米车间 950 平方米。1990 年 8 月，在面粉厂西侧筹建 1 个年产量 3000 吨的挂面车间。2002 年，挂面车间及公司的原有厂房改建为北大荒米业公司八五九分厂。

公司有制粉、制油、挂面、精米加工、粗粮加工五大生产车间，年生产能力分别为 1.5 万吨、6000 吨、3000 吨、2.5 万吨、500 吨。

1989 年，面粉获省优质产品称号、乌苏里江牌挂面获农业部优质产品奖；1990 年，标准粉、挂面获垦区优质产品称号；1991 生产的小麦特二粉获垦区优质产品奖。公司通过国家技术监督局鉴定达到质量管理三级，标准化管理三级，计量管理二级合格企业，1996 年获总局标准化计量质量管理达标合格企业称号。

1985 年生产面粉 2476 吨，利润 3.2 万元；1995 年生产面粉 5768 吨，利润 106 万元；1996 年生产面粉 4600 吨，利润 124 万元；2005 年生产面粉 2600 吨。

1997 年 5 月 6 日，农场对粮油公司实行委托经营，由兴富中标，年上缴 120 万元，上交风险抵押金 25 万元，委托经营 3 年。2000 年 5 月 9 日，粮油公司委托经营期满，农场将资产转让给本公司的 29 名职工，采取股份制的形式成立八五九粮油食品有限公司，实行股份制经营，由兴富控股，农场将没有出资参加集资入股的 100 名职工关系移交到劳务管理站。2001 年 5 月，由于公司经营状况不佳，经入股职工申请，农场同意解除合同，收回资产，只保留党支部书记张凤云看管厂房和设备。6 月，农场将榨油车间的资产卖给张兰池，但一直闲置。

2001 年 10 月，农场以 26.5 万元的价格将面粉厂的资产卖给勤得利的杨宝林，更名为黑龙江省建三江农垦八五九粮油食品有限公司。企业转为民营后，28天就恢复生产，并投入20万元进行技术改造，面粉质量有了很大提高，年可加工小麦6000吨。生产的乌苏里江特二粉、标准粉、饺子粉已顺利通过产品质量验证，产品销往全省各地，站稳了市场。

2004年，新上一套日处理30吨的大米加工设备。2007年，投资60万元购进一套日处理150吨的粮食烘干设备。2008年，将原有的面粉加工生产线拆除；3月，投资100多万元新购进一套浙江齐鲤大米加工生产线，年生产能力3万吨。当年烘干玉米2000吨，生产加工大米1.5万吨，实现工业增加值1039.36万元。产品销往河北，以及郑州、杭州等地。

2009年，杨宝林与南京、义乌、郑州等地的大米经销商签订了1.5万吨的大米销售合同，成立了绿之源稻谷加工厂。

2018年2月，八五九粮油食品有限公司注销。

领导成员更迭情况如下：

油米厂（综合加工厂）厂长：赵义福（1985年）
孙岩凤（1986.3—1990.3）
付玉才（兼，1990.3—1990.9）
闫立勤（1990.9—1992.1）
戴　勇（1992.1—1992.12）

粮油食品公司经理：戴　勇（1992.12—1997）
由兴富（1997.5—2001.5）

书　记：樊光美（1982.2任命）
付玉才（1983.2任命）
闫立勤（1992.1任命）
王金龙（1992.12任命）
韩茂来（1994.1—1996.1）
张凤云（1996.1—2001.5）

面粮厂厂长：樊光美（1982.2离任）
赵恩发（代，1982.2任命）
张凤云（1986.3—1988.3）
戴洪太（1988.3—1992.12）

书　记：樊光美（兼，1982.2离任）
戴洪太（1982.2任命）

二、精米厂

北大荒米业八五九精米厂分为老厂和新厂。老厂建于2001年，在原粮油食品公司院内，有日烘干300吨的烘干塔一座，日产100吨的生产线一条；新厂建于2011年，在工业园区。

2001年5月，北大荒米业有限公司开始在农场筹建分公司。11月，成立了北大荒米业有限公司八五九分公司，隶属北大荒米业建三江总公司，经理徐忠文，厂址在农场原粮油食品公司院内。7月23日，日本佐竹大米生产线破土动工，年加工能力4.5万吨，主厂房900平方米，总投资490万元，其中农场投资300多万元。10月20日设备安装完毕。2002年1月开工生产，3月重组为北大荒米业有限公司八五九制米厂（老厂），隶属总部设在哈尔滨的北大荒米业。到2005年，累计加工大米3.21万吨，收储水稻10万吨，固定资产1349万元，人员达28人，生产的大米由公司统一销售。

2011年10月，北大荒米业集团在工业园区内建八五九制米厂（新厂）。总投资5400万元，年加工能力30万吨，占地面积5.09万平方米，其中建筑物占地面积5740平方米，生产车间建筑面积3374平方米（车间为三层建筑物）。拥有3000立方稻谷暂存仓6座，可储存企业30天的稻谷加工量；有1254平方米的成品库房，可以满足存放5天的产品。

拥有日加工250吨的日本佐竹大米生产线，生产线谷糙分离筛2台和立式砂辊碾米机2台为日本佐竹品牌，3台色选机为韩国大原品牌，抛光机、电子流量秤等其他生产设备均为国内粮食加工的先进设备。

2012年2月24日，省粮食局向北大荒米业八五九精米厂颁发“省级稻米加工园区”牌匾，八五九精米厂晋升为省级稻米加工园区。

2014年5月，按照总局党委关于北大荒米业公司分立改革的总体部署，八五九精米厂上划北大荒米业集团，更名北大荒八五九制米厂。2015年7月，制米厂退回农场。2015年7月至2018年7月，将老米厂出租给国创热电厂。2015年9月至2018年9月，将新米厂出租给百川金谷有限公司，增加职工再就业40余人。百川金谷收购农场玉米、水稻7万余吨。

三、工业园区

2009年以前，农场只有几家零散稻米加工小作坊，年加工总量不足5万吨。2009年，农场在粮库东侧规划建设工业园区。

工业园区建设共分两个部分，一部分是农场公共配套建设实行六通一平，即给水、排水、电力、通信、绿化、道路，投资900多万元用于完善园区基础设施建设；第二部分是进驻企业建设办公室、生产车间、设备、库房等。

2011年，工业园区占地面积达107.1万平方米，入驻企业9家，收储粮食能力达95万吨，年加工水稻能力35万吨。10月，工业园区被评为总局级工业园区。2012年，被省人社厅批准为省级创业孵化基地。

近年，“稻强米弱”现象导致园区内加工企业大多以仓储为主，暂时都未加工生产。

2009年3月，农场成立物流中心；2010年3月更名为粮食中心；粮食中心在工业园区内，占地10万平方米，可储水稻6万吨，有金属罩棚1.32万平方米，可仓储水稻4.5万吨，有日处理水稻500吨的烘干塔1座。

2008—2010年，粮食中心生产的“乌苏里江”牌绿色大米打入上海、浙江等长三角地区，每年有10万吨绿色优质稻谷进入国内、国际高端市场。2010年，上海光明食品集团以每公斤5.4元的价格与农场稻米加工企业签订了300吨绿色大米购销合同，加工企业获利150万元。

2020年，工业园区有企业10家。其中，黑龙江省建三江农垦凯赢粮油工贸有限责任公司，水稻加工能力5.5万吨；黑龙江省建三江农垦寒地香米业有限公司，水稻加工能力5万吨；黑龙江省建三江农垦诚信米业有限公司，水稻加工能力4.5万吨；黑龙江省建三江农垦东硕粮油工贸有限责任公司，水稻加工能力5万吨；黑龙江省建三江农垦江畔明珠商贸有限公司，水稻加工能力20万吨（老厂5万吨，新厂15万吨）；黑龙江省建三江农垦宏泰粮油工贸有限公司；黑龙江省建三江农垦利众粮油工贸有限责任公司；黑龙江省建三江农垦百川金谷粮食收储有限公司；黑龙江农垦东安粮库有限责任公司；八五九农场种子加工厂。

第三节 乳制品加工

乳品厂建于1985年4月，11月正式投产，日处理鲜奶5吨。1987年，乳品厂日处理鲜奶能力达到40吨；1995年，最大日处理能力达到60吨。1997年4月4日，农场对乳品厂公开招标委托经营，刘增林中标，交风险抵押金20万元，期限3年。2000年12月10日，农场将乳品厂的资产租赁给刘增林，租金每年10万元，租期10年。2001年3月，农场与刘增林协商收回资产。3月28日，农场通过有效资产和鲜奶资源入股的方式加入完达山乳业集团，更名为完达山乳业股份有限公司八五九分公司，成为完达山乳业集团第二十五家分厂。2006—2012年，闫树德任厂长。

2003年5月，完达山乳业股份有限公司八五九分公司因受市场影响停产，农场将固定资产租给完达山乳业股份有限公司。2011年12月，收回出租固定资产180万元，2015年11月完成交接。

乳品厂拥有固定资产850万元，工厂占地面积2.6万平方米，主要生产北雁牌系列乳制品。有员工168人，技术力量雄厚，拥有国内先进乳品加工设备和现代化水平的标准检测设施，是国家二级计量单位、二级全面质量管理单位，标准化管理通过国家验收。

乳品厂采用庆丰农场奶粉厂的一整套设备及工艺流程。投产后加工出的产品经省轻工厅一次性检验合格。理化、生物中共九项指标全部达到国家部特级标准。1986年4月，发给产品合格证。建厂时设计规模为日处理鲜奶5吨。由于建厂后奶牛业发展较快，5吨的乳品厂已不能满足奶牛发展的需要，于1987年扩建，设计规模为日处理鲜奶能力40～60吨的中型企业，扩建采用双效真空浓缩压力喷雾干燥工艺。

1989年1月，乳品厂对RPP-Y350型干燥塔进行技术改造，经改造后特级粉率为77.5%，比改前的39.8%提高了37.7%；二级粉率为8.2%，比改前的23%降低了14.8%；工业粉率为14.2%，比改前的37.2%下降23%。

1994年6月9日，投入11万元更新设备，研制生产出婴儿配方2号母乳化奶粉。到2000年，生产婴幼儿补钙、中小学生增智助长、中青年补钙补锌、中老年高钙等8个品种的系列奶粉。产品占领山东、辽宁、河南等地市场。

1986—2005年，累计生产奶粉8092.61吨，豆粉538.08吨，产值6520.8万元。其中，1986年生产奶粉88.56吨，1991年生产奶粉700.3吨、豆粉178.3吨，2005年生产奶粉619.73吨。

1990年利润103.2万元，1991年利润100万元。

完达山乳业八五九分公司共有职工52人，设计每天鲜奶加工能力40吨。2008年企业乳粉的年生产规模为1.2万吨，主要生产半成品的全脂奶粉。夏季产奶高峰期实际收购每天不到30吨，冬季每天奶量12吨左右，夏季每天生产半天，冬季两天生产一次，企业处于半生产状态。2011年年底，停产。2017年，军川乳品厂停止收奶，农场奶牛业彻底萎缩。

1990年，八五九乳品厂通过全面质量管理三级验收。

1989年，全脂粉获省优质产品称号；1990年，婴儿粉获垦区优质产品称号；1991年，婴儿粉获农业部优质产品称号；1992年，加锌全脂奶粉获全国农展会金奖。

乳品厂历任厂长：张久思（1985—1987.7）、国强（1987.8—1989.4）、杜中行

(1989.4—1989.11)、付廷秀（1989.12—1991.12)、李德忠（1992.1—1997.3)、刘增林(1997.3—2001.3)。

第四节　酒业与冷饮

一、冷饮厂

1973年，农场引进冰棍机一套，建小型冰棍厂，隶属服务站领导。配职工4人，年产冰棍80万支，每支零售价5分，供应场部地区为主。1980年以后，销售到生产队。

1984年7月，冰棍厂扩建为冷饮厂，配职工16人，隶属副业队，厂址在6连的大食堂。实行自负盈亏，单独核算。年产冰棍57万支、汽水1.5万瓶、汽酒10万瓶、雪糕50万支。扩建厂房400平方米，新购进冷饮流水作业线一套，计11万元。1985年至1991年6月，王明秋任厂长。

二、酒厂

1960年，农场面粉加工厂成立制酒车间，开始酿酒，有职工11人，地址在东安下营。1961年，名称为东安镇滨江制酒厂。

1969年兵团组建后，为适应战备需要，在面粉厂搬迁的同时，制酒车间也迁入大板，职工发展到22人，为该队一个排的建制。1977年，恢复农场时改名酒厂，仍属十八队领导。有职工17人，有红砖结构厂房636平方米。

酿酒原料有残次小麦、破碎玉米、大麦、麦麸等。

随着设备增加，工艺、技术的不断提高，出酒率由25%提高到30%，生产65度白酒。从20世纪60年代的年产7～8吨，提高到20世纪80年代的40吨。1983年生产白酒49吨，实现产值9.46万元。

1983年，十八队酒坊的20位工人（制曲、制酵、蒸焙3个车间），在主料残次、副料缺乏的情况下，几改工艺，提高了次料淀粉利用率，创建场以来班次产酒480公斤最高纪录。

三、乌苏里江大板酒业公司

乌苏里江大板酒业公司是在原罐头厂、冷饮厂、大板酒厂的基础上合并而成的。

1984年1月，农场场长李忠山、总会计师李维民带队，前往佳木斯、哈尔滨、上海等地考察罐头加工生产情况，还分批派出通过考试招收的12人到河南、浙江等地罐头厂学习先进技术，聘请上海益民食品厂专家和技术人员进行指导。

当时，全场有2000多个家庭进行蔬菜种植、饲养家禽、采集山野菜等。建罐头厂可实现过腹增值，使产品就地加工转化。

罐头厂建厂本着“以加工肉鸡、鹅肉为主，山野菜和蔬菜为辅”的方针。设计年产禽肉类罐头500吨、菜类罐头500吨，年产量1000吨，利润16万元，项目投资35万元。资金全部由农场通过银行贷款解决，可安置80人就业。

罐头厂1985年4月兴建，厂房面积504平方米。11月投产，当年共生产产品100吨，达产率10%；第二年达产60%，生产600吨；第三年满负荷生产达到1000吨。第一期上瓶装生产线，第二期（1986年）上铁盒生产线。厂长李德忠，副厂长蒲玉凯。

1985年，农场兴建饮料厂，采用上海金江机械厂出厂的全套半自动饮料加工设备，工艺流程采用高级净水器、紫外线杀菌。因生产车间较小且品种单一，所产饮料只供应农场的需要。

1988年，对罐头厂（冷饮厂）的厂长进行了公开竞聘。罐头厂与饮料厂合并为冷饮厂。1992—1996年，划为八五九乳品厂的冷饮车间。1993年5月，开发生产保鲜山野菜产品，品种有蕨菜、薇菜、刺老芽、黄瓜香。

1994年3月18日，王明秋中标任冷饮厂厂长。6月13日，研制生产红果牌茶王果茶。

1997年4月，农场对冷饮厂委托经营，姜智中标，5年上交20万元，上交风险抵押金5万元。1998年，新购进清泉水生产线设备1套，6月8日大板清泉水上市。为提高市场竞争力，开发大板酒资源，经农场党委同意，以原冷饮厂为基础兼并了大板酒厂，组建乌苏里江企业集团大板酒业有限公司。

1999年，农场委派于勇、姜智远赴内蒙古赤峰市大板镇，与巴林右旗罕露矿泉水厂达成转让大板酒和大板清泉水注册商标的协议。自此，大板酒和大板清泉水的品牌归八五九农场所有。2001年6月，公司转为民营企业，经理张永理。9月8日，企业开工生产。当年投入30万元改造基础设施，投入20万元购进一套清泉水生产设备。11月，开发仙人掌酒。2002年，新上五加仑全自动灌装线。

大板白酒主要销往建三江、饶河、抚远、佳木斯、哈尔滨等省内城市和河北、山东等地。

1988年3月，大板酒获总局果露酒行评第四名；4月，获垦区优秀产品称号。45度大板（酒）兼香型白酒荣获1996中国地方名优产品博览会金奖名牌和大众认可品牌。在1998年莫斯科世界轻工业博览会上获得好评；在1998年东北三省百家畅销民营品牌（夏季）展示会上被推荐为“百家畅销品牌”，被推荐为北大荒知青节专用饮品。

1986年，生产白酒24吨。1999年，生产白酒250吨，产值105万元。2005年，生产白酒100吨，产值420万元。

1986—2005年，共生产白酒1200吨，产值1350.16万元。

大板酒业有固定资产160万元，总资产270万元，占地面积1万多平方米。企业有瓶装清泉水生产设备和瓶装大板酒生产线各一套，生产加工能力0.8万～1万箱，五加仑清泉水全自动灌装线每天生产加工能力50桶。企业主要生产大板纯粮白酒、低度精装乌苏醇酒、大板原酿酒，其他产品有饮料、清泉水。产品主要销往省内及天津、邯郸、北京、温州等地。

大板郭三酒厂和郭庆喜酒厂于2013年7月分别取得了配制酒的生产许可证，白酒质量得到了保证。

2013年，郭三酒业还建立了自己的网站和微信平台，带动网上订单、线下销售。

2020年，农场有白酒加工企业3家。

第五节 畜禽产品加工

一、养禽公司

养禽公司是由种鸡厂、孵化厂、屠宰厂、饲料厂、防疫站组成。1984年开始筹建，1985年、1986年相继正式投产。

1984年，农场筹建饲料加工厂、种鸡厂和屠宰厂。1985年建成饲料厂，当年9月投产。种鸡厂于1985年投产，当年进AA种鸡3000只，饲养肉鸡20万只。屠宰厂于1986年6月投产，当年屠宰肉鸡18万余只。

1989年，农场成立养禽公司，包括饲料厂、种鸡厂、孵化厂、屠宰厂、防疫站。张喜魁任公司经理兼屠宰厂厂长，姜万玲任屠宰厂书记。

1991年，养禽公司撤销，下属5个单位独立。

1991年底，重新组建养禽公司，张喜魁任公司经理，石智生任党总支书记，韦凤吉任屠宰厂支部书记。2001年，农场将屠宰厂和饲料厂先后卖给个人。

养禽公司除1986年亏损10万元以外，到1994年平均每年盈利在60万元以上，其中1987年盈利120余万元。

1996年1月12日，农场对饲料厂、种鸡厂、屠宰厂公开招标，选聘厂长，实行委托经营3年。经过7名报名者激烈角逐、职工群众民主评议、评审会综合审定，最后韩茂来、王云阁、甘鸿滨分别中标。交风险抵押金分别为5万元、3万元、3万元。饲料厂当年需上交农场25万元，种鸡厂和屠宰厂为平衡指标。

二、饲料厂

饲料厂筹建于1984年，1985年9月正式投产。1996年1月，农场将饲料厂委托给韩茂来经营，合同期3年，自1996年1月1日至1998年12月31日。委托经营期满后，1999年3月2日，农场将饲料厂抵押承包给姚明伟经营，承包期3年。经营了2年半，经营亏损，农场收回，并于2001年12月，将饲料厂的固定资产卖给郝文林，企业转为民营。2002年成立乌苏里江饲料加工厂。2010年10月转产，2016年成立八五九利民货站。

饲料加工厂占地面积2.5万平方米，机械设备选用兴凯湖机械厂生产的MSJ-5000设备1套，设计规模为年产粉料5000吨。1997年，安装了一次降水15个，日处理150吨，年可处理3万吨的5HSN玉米烘干塔一座。1998年，添置了江苏正昌集团生产的KVW32b1颗粒机组一套，改造后年产颗粒料能力为3500～4000吨。企业产品品种为鸡料、牛料、鱼料等。

1988年，牛饲料获总局行评第一名；4月，牛饲料获垦区优秀产品，产品质量达到部颁标准；1991年，肉鸡饲料获垦区优质产品称号。

1996年，饲料厂向俄罗斯出口饲料300吨。

历任饲料厂厂长：张喜魁（1984—1987.1）、姜万玲（1987.1—1988.2）、邢景隆（1988.2—1989、1993—1995）、韩茂来（1989.2—1990、1996—1999）、姜智（1991—1992）、姚明伟（1999.3—2001.12）、郝文林（2001.12—）。

三、种鸡厂

1985年4月，农场兴建种鸡厂。5月动工，9月试生产。当年生产能力达20%，1986年生产能力达60%，1987年生产能力达100%。年生产肉鸡100万只，产肉1200吨，投资总额222万元（含300吨冷库）。项目包括育种孵化、专业饲养、屠宰加工，年利润84万元，安排就业180人，扶持养鸡户700户，增收85万元。土建面积3110平方米。历任种鸡厂厂长李尚玉、王德金、吕爱华、刘振江、杜中行、齐秀志、杜华民、张喜魁、王云阁。

1989年12月，种鸡厂与孵化厂合并。当年种鸡厂产蛋13.1吨，家禽3490只，产值10.2万元，利润0.4万元。

1998年4月，农场将种鸡厂转让、租赁给王云阁经营，合同期1998年1月1日至2002年12月31日。价值48.9万元的资产，分5年还清，经营4年未按合同完成货币指标，厂房处于闲置。2003年，农场将种鸡厂改为第二养牛小区。

四、孵化厂

1985年，农场已建成515平方米孵化室和1000平方米种鸡舍。当年，全场养鸡专业户达220户，养鸡总数达14万只。1986年，养鸡专业户增加到1000户，养鸡总数80万～100万只。1995年，由于养鸡生产线停止，孵化厂也停产。

1988年，产蛋4.06吨，鸡雏81.6万只，现价产值35.85万元，利润13.19万元。

1989年，产鸡雏49.63万只，现价产值66.86万元，亏损6.56万元。

历任孵化厂厂长：王爱杰（1985—1986）、杜中行（1987—1988）、景树香（1989—1990）、甘鸿滨（1991—1995）。

五、屠宰厂

屠宰厂于1985年5月破土动工，1986年6月投产。拥有固定资产255万元，职工109人，工厂占地面积2.6万平方米。采用的设备是山东诸城轻工机械厂立式打毛机设备，采用检疫、浸烫、打毛、除腔、预冷、分割处理、包装速冻工艺流程，年生产能力为屠宰肉禽100万只以上，配有100吨、250吨冷库各一座。是国家三级计量合格单位、三级全面质量管理合格达标单位，标准化管理已通过国家验收，是农场屠宰肉禽的龙头企业。主要产品有乌苏里江牌速冻分割肉鸡，出口日本及东南亚地区，销往香港等国内大中城市，是具有国内先进水平的中型肉禽加工企业。

每年，省肉禽进出口公司下达农场600吨肉鸡出口任务。为了冷藏和中转冷藏肉鸡及部分速冻蔬菜，1986年10月8日，在换新天火车站建250吨冷库。另在场部建设100吨速冻冷藏库。两座冷库共投资130万元（土建100万元、设备30万元），可储中转肉鸡1000吨、蔬菜500吨。

1987年，加工肉禽54.5万只，加工肉禽产品717.94吨。其中，出口产品117.99吨、内销599.95吨，达产率83.19%，利润50.9万元。1985—2005年，累计生产肉鸡产品6013.72吨，产值4059.15万元，实现利润5490.6万元。

1986年，产品获国家进出口商品检验局颁发的“出口食品厂、库”注册证书，产品质量达到国家出口食品标准。

1993年，肉禽加工厂亏损208.6万元。1994年，肉鸡生产343.42吨，达产率20%。

1996 年，实行委托经营，肉鸡产品没有市场，全部停产，主要处理 1995 年库存产品。

2001 年 9 月，农场将肉禽加工厂的固定资产以 50 多万元价格卖给于淑艳。她又投资 100 多万元进行了设备更新，进行黏玉米、蔬菜的收贮、加工、冷冻，取名为绿源食品有限责任公司。

2002 年，绿源食品有限责任公司生产速冻玉米、蔬菜等产品销往全国各地，并带动有机黏玉米种植。2004 年，种植黏玉米 40 公顷，纯效益达 25.6 万元。2008 年，生产加工玉米 60 万穗，速冻蔬菜 10 吨，年创产值 45 万元，工业增加值 12.6 万元。主打产品有乌苏里江牌速冻黏玉米，附属产品有速冻西红柿、速冻豆角、速冻毛豆、速冻黄瓜等蔬菜类产品。与辽宁、山东、北京等客商签订了加工回收合同，产品销往青岛、沈阳等地。

第六节　建材加工

一、水泥厂

水泥厂建于 1974 年。1977 年，划归建三江管理，更名为建三江水泥厂。1978 年 2 月，郭广誉任厂长。1991 年 2 月，又划归农场管理。

水泥厂建厂时，年生产能力为水泥 3000 吨、块白灰 1000 吨，年产值 50 万元，年利润 10 万元。产品主要满足农场和胜利、前锋等临近农场建设所需，当时编制为队级。

1979 年，水泥厂在原有设备基础上扩建了生产线，建成了一座年产水泥 1 万吨的土立窑及生产线，并在原有石灰窑的基础上扩建年产 3000 吨的袋装白灰生产线。使水泥、白灰的生产量大增，年产值达 300 万元，实现利润 30 万元，机构由队级晋升到科级。随着产量的增加，销售渠道也由周边农场向周边市县拓展，饶河、抚远两县大多用农场的水泥。

1983 年，为了提高水泥的质量，特地邀请省地质三队工程师郭朝旭到厂里，对矿山地质进行勘查。查明所选用的矿石二氧化硅的含量超过 10%，需要对立窑进行改装，才能提高质量。1987 年，建成了机械化水泥立窑后，水泥标号由 325 号提高到 425 号，产值一跃达到 600 万元，利润达 50 万元。

水泥厂自建厂到 1993 年近 20 年的时间，年产量最高时水泥达 1.3 万吨、白灰 3500 吨，利润最高达到 50 万元，职工最多达 200 多人。1994 年经营亏损。1995 年，只生产部分白灰和水泥。

1996 年 3 月，农场对水泥厂的经营体制进行改革，实行租赁承包，由刘成杰承包，承包期3年。1999年，水泥厂承包给本厂职工窦柏昌，承包期2年，到2000年承包期满。2001年4月，农场将水泥厂的固定资产卖给宝清县李福臣，价值50万元。他投入30万元进行技术改造，年产水泥1万吨。2001年以后，又停止了生产。当年，水泥厂并入一队。

石灰窑建于1959年，归农场基建科领导。生产石灰主要供应农场基建需要，少量外销。农场派1名干部和1名会计主持生产，工人15～20人，全部是雇用的常年与季节性临时工。石灰的生产一直以人工劳动为主，仅有的机械是1台“东方红60型推土机”。1974年成立水泥厂，石灰窑与之合并。1977年水泥厂归建三江管理局。石灰窑复归农场基建科管理。

1995年3月20日，农场对水泥厂白灰车间招标承包，窦柏昌以年上缴10.6万元中标，并上交风险抵押金8.3万元。

领导成员更迭情况如下：

水泥厂厂长：田　猗（1974—1976）
郭广誉（1978.2—1980）
孙庆刚（1981—1983）
张子斌（1984）
耿学忠（1985—1991）
王方胜（1992—1993）
耿学忠、徐永奎（1994—1995）
刘成杰（1996—1998）
窦柏昌（1999—2000）

书　记：史纯信（1974—1976）
胡启文（1977.5—1978.2）
孙庆刚（1979—1986）
徐永奎（1987—1995）
窦柏昌（1996—1998）
孙本池（1999—2000）

二、砖瓦厂

砖厂建于1959年，厂址在饶河县城北门外，由总场基建大队领导。1963年，由张靖宇带领44名职工从饶河迁移到东安下营桥头建点，后因土质不好，于1964年迁移到龙山洞桥头（十九队和水利队之间）建点，当年投产。因地理条件不适应生产发展需要，于1966年冬，又迁到和平，成立八五九农场砖瓦厂。又因受土质土量限制，20门小轮窑所生产出的红砖，远远满足不了农场基建的需要，1975年冬，由吕文悦、方樟茂带领职工到蛇山村东建点。经2年建设，1座36门轮窑和高耸的烟筒巍然屹立在蛇山之东、乌苏里江畔。

1981年，农场派出一名职工到北京学习制砖先进工艺流程技术，对机械进行改装，增加制砖用土的含沙量，砖坯质量明显提高。1982年1月，砖厂被评为总局先进集体。1983年被国营农场总局定为合格红砖，抗压力居总局第二位。

1983年，有职工165人、季节性临时工80人，年均生产红砖600万块。主要设备有制砖机2台、搅拌机2台、推土机4台、柴油发电机2台、小型车4台、1850平方米36门轮窑1座，固定资产77.4万元。1982年，盈利3.33万元。1983年，生产红砖1440万块。

1988年，对砖厂厂长进行了公开竞聘。

1994年10月2日，农场对砖厂实行改革，采取公开选举、竞争上岗的办法，民主选举厂长。原九队职工夏春城当选厂长，任期3年。

1997年3月，农场再次对砖厂进行改革，实行租赁经营。当时农场将原砖厂分为两块：一块是将原砖厂的制砖设备和机械承租给经营者，属纯生产经营单位；另一块是将原砖厂的退休工人、职工组成副业队，农场划给66.67公顷土地用于多种经营，姚素珍任书记。1998年通过民主选举王德江任队长。砖厂通过竞标，由甘南县的刘殿海承包，承包期5年，每年向农场交纳租金11万元。他投入40万元改造后，日产砖坯10万块，当年可生产红砖1000万块。

2001年10月29日，农场对砖厂的国有资产进行竞标买断，来自肇州的高长成以42万元的价格中标。他投入26万元对制砖机进行了改造，增加翻斗车1台，上料机1台，粉灰机、滚筛1套。生产能力由原来的每小时出坯1万块，提高到1.5万块。并进行设备更新和技术改造，烧制内燃砖，产品质量大大提高，达到了国家标准，产品销往周边地区，供不应求。

1985—1993年，砖厂生产红砖年产量在500万～1000万块。其中1992年，由于农场场直地区居民建房多，生产红砖达1032万块。

1994年停产1年。1995年、1996年仅生产红砖100万块左右，红瓦没有生产。2005年生产红砖800万块。

1985—2005年，砖厂累计生产红砖1.18亿块，瓦233万块，利润38万元。

2006 年，红砖生产能力为 1350 万块；2007 年生产红砖 700 万块，创产值 196 万元；2008 年生产红砖 850 万块，总产值 238 万元，工业增加值 66.64 万元。

2009 年 3 月，成立八五九农场春城砖厂。2013 年 10 月，停产。2014 年，环保局下达了停产转型告知书，砖厂关停。

领导成员更迭情况如下：

砖 厂 厂 长：吕文悦（1985—1986.4）

刘宝玉（1986.4—1991.3）

李德玉（1991.4—1992.1）

季玉祥（兼，1993.2—1994.10）

夏春城（1994.10—1997.3）

1997 年 3 月，砖厂改为副业队，领导成员更迭情况如下：

副业队队长：夏春城（1997.3—1998.3）

王德江（1998.3—2015.3）

书　记：李若平（1981.2 任命）

吕文悦（1986.4—1988.4）

龚　平（1988.4—1992.1）

邱　富（1992.1—1993.5）

马现有（1993.5—1994.2）

李兴海（1994.1—1996.3）

姚素珍（女，1996.3—2003.4）

王德江（2003.4—2009.3）

三、制材厂

1959 年，农场在东安镇建木材加工厂，年加工能力 5000 立方米左右，该厂 1961 年撤销。

1964 年 10 月，农场在场部建制材厂。1968 年 4 月，与工程连合并。1978 年，又与工程连分开。制材厂主要生产任务是供应场内的基建用材及家具车间用材，兼为职工加工原木。

1964 年以前，农场基建用材都是从五林洞、江口制材厂运进。成本高运输又困难，远远满足不了全场基建用材的要求。1965 年，建造一栋 350 平方米的土木结构车间，安装了大带锯和 8 台规格不一的圆盘锯基本上解决了基建用材。

1983 年，有职工 82 人，厂房面积 1800 平方米。年均完成制材 3880 立方米。主要生产设备有大带锯，小带锯，立铣机，发电座机，小型运输车、磨床、积材-50型拖拉机各1台，圆盘锯2台，生产用固定资产15.93万元，盈利9.4万元。

1985年以来，制材厂仍以加工木材和制作建房门窗，满足农场基建用材所需。

1997年1月10日，农场对制材厂实行风险抵押委托经营，孟宪柱中标，承包期为5年，仍以加工木材为主。改制后每年上交16万元，同时扩大经营规模，开发生产项目，新增固定资产17万元，企业增强了生机和活力。

2000年7月12日，农场将车队房屋租给制材厂，开始生产蒸汽养生涵管和楼板，并停止了木材加工。成立建三江农垦乌苏里江通达建筑材料有限公司，占地面积1.5万平方米，注册资本251万元，拥有固定资产460万元，员工87人。

公司先后建成了蒸汽养生水泥预制件、水泥涵管生产车间，成立了水泥涵管安装施工队，水泥涵管每天最高产量146节，年产量1.3万节，产品销往建三江各农场、抚远、同江、饶河等地，是分局水利局指定的涵管生产厂家。

2005年，为降低成本，增加效益，从佳木斯租来挖沙船一艘，在东安办起沙场、在三队开了石场，企业生产所需原材料除钢材外，全部自给。

2017年末企业停产，2018年注销解体。

领导成员更迭情况如下：

制材厂厂长：徐永茂（1979.4任命）
吴宪文（1981.2任命）
王宝管（1990.9离任）
李玉胜（1990.9—1993.9）
王维洲（1993.9—1997.1）

书　记：张乾华（1988.4—1990.9）
李锦华（1990.9—1992.9）
李兴海（1992.9—1994.1）
王维洲（1994.1—1997.1）
姜明涛（1997.1任命，副）

第七节　农机修造

农场的农机修造主要以修造厂、一、二、三分场修理所为主。1993年12月，农场撤销三个分场修理所建制，将资产、设备、人员就近划给生产队，从此全场农机修造只有修造厂一家。随着“两自”步伐加快，个体修造业也不断发展，2001 年底，修造厂制造及修理工作量明显减少。到 2005 年底，修造厂只有卖给个人的机加车间、制造车间在生产，其他车间停工，管理人员也自谋出路，修造厂处于半生产半停工状态。2007 年 3 月，修造厂解体。

1958 年，农场在东安镇建立简易农机修配所。1959 年，建立东安修配厂，开始引进刨床、旋床、镗床、铣床等各种机械设备，共有各种技术人员及修理工人 180 名。农场修造厂是在原五分场修理所发展起来的。1957 年，设有烘炉两盘及一些简单修理工具。所里有 9 名机务人员，从事简单的农机修理工作。1964 年新八五九农场成立后，与原六分场修理所合并，成立新八五九农场修配所，王富国任所长，职工增加到 45 人。1965 年 11 月，老八五九农场修配厂（东安修配厂）解体，主要机械设备和部分工人、技术人员与新八五九农场修配所合并，成立八五九农场修配厂，崔庆之任厂长。合并后，职工增加到 88 人，技术力量加强了，规模扩大了，农场的拖拉机、康拜因大修均可自行解决。

1968 年以后，由于大批知识青年来到农场，生产扩大，机修任务加重，修理连职工人数增加到 234 人。1977 年，兵团撤销，修理连改为修造厂。1982 年 1 月，修造厂被评为总局抗灾自救先进集体。

1983 年底，有职工 135 人、技术员 11 人，固定资产 59.3 万元。有砖瓦结构厂房 3330 平方米，包括主修车间、机械零件加工车间、铸造车间、锻工车间、电器修理车间、制造车间、修旧车间、锅炉房与物资库等，另有办公室及集体宿舍 1 幢。当年，修造厂盈利 27.19 万元。

修造厂承担农场的拖拉机、收割机及农具的大修和配件业务。每年冬季集中修车70～80 台，全年 150 台左右。根据生产需要，制造各种农用机械及生产设备，有制肥机、喷药机、入囤机、抛撒器、打浆机、粉碎机、扬场机、输送机、孵化器、大豆精选机、车床、刨床、环形镇压器、油罐、滚丝机、拔丝搓丝机等。特别在 1974 年、1977 年，自行建造了 400 吨位机动船“燎原 401”和“燎原 02”号船头，担负农场化肥、油料、原煤等水上运输任务，年产值达 60 万元。

领导成员更迭情况如下：

修造厂厂长：卜宪仁（1975.8 任命）

曲文亭（1980.10—1983.1）

吴国钰（1983.1—1987.2）

韩茂来（1987.2—1988.2）

吴连哲（1988.3—1992）
桑云波（1992—1993）
王荣安（1993.3—1997.3）
杨忠杰（1997.3—1997.10）
俞高江（1997.10—2001.4）
王盛遵（2001.4 任命）

书　记：宁连德（1977.6）
李桂荣（1978.2—1979.1）
方樟茂（1979.1—1983.4）
姜亦培（1983.4—1988.3）
李　仁（1988.4 任命）
于可胜（1990.3 任命）
俞高江（1997.1—1997.10，副）
杨忠杰（1997.10—2007.3）

1988 年 2 月 29 日，农场对修造厂改革，实行“厂长招标承包责任制”，吴连哲以 71 票（占总数的 70%）中标，承包 3 年，分别上交农场 4 万、5 万、6 万元。实行承包后，修造厂不断转变经营机制，并建起了铸钢车间。当年，从河南洛阳拖拉机厂引进设备和技术，生产链轨板，年产量达 4 万块。

1992 年，吴连哲调到北京，桑云波任厂长。

1993 年，王荣安任厂长后，实行了以车间为单位的改革，各车间由车间主任承包，完成上交指标，收入全部归承包者，由于生产积极性高，当年创产值 10 万元。

1994 年 7 月 15 日，农场对修造厂 5 大车间 3 大班组进行租赁招标。

1997 年，俞高江任厂长后，农场对修造厂实行“租壳卖瓤”经营。12 月 25 日，农场对修造厂各车间实行股份合作转制，多数车间由职工集体买断。

2001 年以后，修造厂仅有个人买断的车间在经营，管理费只是靠收缴各车间的上交费，产品和维修都由各车间按市场所需决定。到 2005 年，只有转卖的几个车间在生产。2007 年 3 月，因受市场经济冲击，修造厂解体，资产转卖给个人。撤销修造厂支部，党员归街道办。

自 1984 年以来，修造厂先后制造出水井头、履带板、水耙轮、筑埂机、节能炉、（单、双、五）铧犁、浅翻深松机、全方位深松机、中耕机、旋转锄、镇压器（V、环型）、平地器、液压组合重耙、悬挂式（三、四、五）铧犁、水稻脱粒机和农机金属库房。

所生产的产品除满足农场外，远销到周边农场及市县。1992 年 6 月，自修半链轨支重轮 250 个，节约资金 7 万元。1993 年 4 月，自行制造 42 片组合重耙。1998 年 3 月，生产的液压组合耙一次就被二十一队农户购走 3 台，当年还生产出中耕机、开荒犁、悬挂式五铧犁等农机具 48 套。1997—1999 年，研制生产出 5TG -140、5TG -180 型高效多功能脱粒机，可用于小麦、大豆、水稻的脱粒清选。销售 60 余台，并与哈尔滨物资贸易总公司达成代销协议。

1967 年 12 月，建成 800 平方米大修理车间。1977 年，建二层楼的 460 平方米办公室及集体宿舍。1986 年，建成 655 平方米的铸造车间。1990 年，新建 849 平方米的铸钢车间和 300 平方米锅炉房。

第八节 复合肥生产加工

农场蕴藏着丰富的草炭资源，腐殖酸含量高。1997 年探明储量为 2000 万吨。1993 年 8 月，农场从东北师范大学技术开发中心引进泥炭型煤开发技术，在二十四队试产 5 吨，经过燃烧试验，效果良好。

1996 年 10 月，农场成立复合肥厂筹建办，由工业科长耿学忠、原汽车队队长李福洪和 2 名财会人员组成，办公室在原汽车队办公室。

1997 年 5 月，农场决定将复合肥厂厂址确定在原水利大队，利用该公司现有厂房和场地建一个年产 2 万吨的腐殖酸复合肥厂。利用农场丰富的腐殖酸草炭资源，生产小麦、玉米、大豆和水稻专用复合肥。厂长耿学忠，副厂长刘志伟。

建厂时从虎林购进泥炭全肥主机一套，丹东复合肥设备厂的烘干机等附属设备。

1998 年 1 月，从江苏正昌购进主机颗粒机一台，经 1 个月调试成功，当年生产复合肥 1500 吨。经联网试验亩增产 11.6%，增收 23.76 元。同时，农场聘请东北农业大学土肥专家刘德裕教授担任科技顾问，进行腐殖酸复合肥的推广。

1999 年 3 月，刘志伟任厂长，龚平任党支部书记。由于大力宣传企业产品，跟踪农户进行技术指导和服务，开展施肥对比和产量对照，使腐殖酸复合肥很快被农场职工和周边农场农户所认同，当年生产 3500 吨全部销售一空。9 月 9 日，产品被国家列为综合开发项目，获得国家技术监督局颁发的工业产品生产许可证。

1999 年底，复合肥厂有干部职工 20 人，其中干部和技术人员 8 人、工人 12 人。12 名工人是农场安置的复员军人，生产季节大部分是雇用临时工，最高达 80 人。

2000 年，生产并销售复合肥 3800 吨，配合销售赠送腐殖酸叶面肥 70 吨。

2001年，复合肥厂停产。2004年4月1日，复合肥厂留守工作移交街道办。

另有：1985年4月26日，农场与山东省日照市石臼镇联合投资建设山东石臼黄海豆制品厂。1986年9月30日，工厂建成，开始试生产，桑景堂任厂长。1987年10月1日，工厂解体。

1997年11月，农场成立乌苏里江工艺建材厂，由项目办牵头，建筑公司扶助生产。主要工艺是利用稻壳、稻草、锯末，制作活动板房、仿古家具等。孙涛、朱乃文先后任厂长。2001年1月，建材厂解散。

1985年4月1日，农场与山东省临沭县蛟龙镇合资兴办大理石场，曾凡武任厂长。10月，因经营亏损而停产。

2002年，从安达和牡丹江引进了两家亚麻种植和加工企业，组建了两个亚麻厂。一个投资120万元建在水利大队；另一个投资150万元建在九队，并于2003年4月正式投产。2005年由于效益不好，两个亚麻厂停产。

表3-34 1970—2020年全场工业产品产量统计表

年度	大米（万吨）	小麦粉（吨）	大豆油（吨）	糕点（吨）	配混合饲料（吨）	奶粉（吨）	肉鸡（吨）	白酒（吨）	砖（万块）
1970	—	2240	64	30	—	—	—	14	286
1971	—	2504	70	48	—	—	—	17	353
1972	—	2839	71	59	—	—	—	28	321
1973	—	3032	112	44	—	—	—	46	172
1974	—	2833	101	48	—	—	—	22	244
1975	—	2900	114	67	—	—	—	36	229
1976	—	3005	44	70	—	—	—	23	422
1977	—	3192	210	70	—	—	—	69	428
1978	—	3316	140	75	—	—	—	38	365
1979	—	3847	187	82	—	—	—	28	750
1980	—	3771	151	80	—	—	—	36	800
1981	—	3610	193	85	—	—	—	50	1081
1982	—	3110	131	53	—	—	—	41	1248
1983	—	3030	294	60	—	—	—	49	1440
1984	—	3207	301	49	—	—	—	39	1330
1985	—	2476	287	44	—	—	—	37	1149
1986	—	3100	407	90	3576.0	88.56	389.00	24	751
1987	—	3276	335	107	4670.6	279.00	717.94	—	510
1988	—	3727	279	72	5793.8	426.00	863.00	25	800
1989	—	3140	363	80	4834.8	534.20	595.50	20	930
1990	—	2716	309	72	5169.4	589.10	843.56	—	923
1991	—	2696	339	43	5375.9	700.30	1079.28	—	950

（续）

年度	大米（万吨）	小麦粉（吨）	大豆油（吨）	糕点（吨）	配混合饲料（吨）	奶粉（吨）	肉鸡（吨）	白酒（吨）	砖（万块）
1992	—	2642	—	—	4353.0	577.00	428.70	44	1032
1993	—	—	—	—	3750.0	405.10	526.44	—	703
1994	—	—	—	—	1713.4	348.10	343.42	64	—
1995	—	5768	—	—	1240.0	245.00	186.00	53	130
1996	—	4600	—	—	1572.0	372.00	停产	69	100
1997	—	3400	—	—	499.0	356.00	5.00	7	200
1998	—	3000	—	—	996.0	420.00	—	40	450
1999	—	1300	—	—	498.0	364.00	—	250	300
2000	—	4939	—	—	440.0	72.00	—	61	200
2001	—	5000	—	—	493.0	218.33	—	47	300
2002	—	1600	—	—	160.0	473.00	—	129	300
2003	—	1850	—	—	260.0	499.24	—	212	500
2004	—	2166	—	—	280.0	505.95	—	100	700
2005	—	2600	—	—	300.0	619.73	—	100	800
2006	—	—	—	—	—	—	—	100	700
2007	5.00	5000	—	—	—	—	—	100	700
2008	5.30	2000	550	95	980.0	7880.15（半成品）	—	330	850
2009	4.40	1441	520	100	1665.0	—	—	2321	1209
2010	5.21	—	580	120	1670.0	—	—	2330	1400
2011	11.00	—	620	135	1800.0	—	—	2400	1700
2012	12.11	—	650	150	1850.0	—	—	3120	1900
2013	10.90	—	330	100	944.0	—	—	1537	1040
2014	9.00	—	—	125	—	—	—	1730	—
2015	6.35	—	—	100	—	—	—	1861	—
2016	5.78	—	—	120	—	—	—	1800	—
2017	0.64	—	—	110	—	—	—	3400	—
2018	—	—	—	60	—	—	—	340	—
2019	—	—	—	8	—	—	—	230	—
2020	—	—	—	10	—	—	—	400	—

第九节　江畔明珠商贸有限公司

黑龙江省建三江农垦江畔明珠商贸有限公司于2018年9月20日注册成立，有员工31人。位于八五九农场工业园区内，占地面积3.51万平方米，日烘干能力500吨，日加工处理能力130吨。2020年，正式开始运营。2022年4月27日，完成企业化改革。

2017年11月，农场成立农产品电子营销商务中心，主任汪伟。2020年7月，农场成立营销指挥部，同时成立市场营销中心。11 月，正式成立江畔明珠商贸有限公司。12 月，农产品电子营销商务中心与市场营销中心合并。

领导成员更迭情况如下：

江畔明珠商贸有限公司经理：宋广山（2020.11—）

党支部书记：孙　健（2020.11—2022.7）

王鸿皓（2022.11—）

市场营销中心主任：王鸿皓（2020.12—）

党支部书记：汪　伟（2020.1—2022.1）

农场在营销工作中，以“一主体，四中心”（即以农场控股的江畔明珠商贸有限公司为运营主体，成立粮食仓储中心、稻米加工中心、市场运营中心、农业服务中心）为运营模式，打造优质稻米种、产、储、加、销全方位生态产业链条。

围绕营销“12345”的工作思路，大力实施营销提档增盈工程，通过率先推进企业化改革，让集农服、收储、加工、营销“一核四驱”功能于一体的江畔明珠商贸有限公司成为八五九土地外的第二个经济增长点。

营销中心成立至 2020 年底，共打造出近 60 款产品。

2022 年 5 月 21 日，乌苏里江品牌馆建成开馆。农场对乌苏里江品牌进行了全新打造，对产品外包装、IP 形象、LOGO、超级符号等进行全方位升级，展示乌苏里江品牌系列大米——珍珠米、长粒香和稻香米。

2022 年 6 月 28 日，八五九农场有限公司召开乌苏里江品牌发布会。北大荒农垦集团建三江分公司党委副书记、总经理于家傲，建三江分公司党委委员、副总经理张卫华，饶河县委副书记、政府县长付殿军，八五九农场有限公司党委书记、北大荒农业股份八五九分公司总经理尹显洪，北大荒商贸（收储）集团党委委员、副总经理苏万成，北大荒粮食集团有限公司副总经理律海军，黑龙江省农副产品产销商会会长安杰，黑龙江音乐广播副主任姜波等嘉宾以及百余家企业、媒体齐聚一堂，共同见证八五九农场有限公司新征程、新发展、新品牌。

一、营销

营销中心“绿色智慧厨房”位于明珠家园商业街，为二层商业服务楼，面积 165 平方米，是集八五九农场市场营销指挥部办公室、北大荒绿色智慧厨房、大学生创业孵化基地于一体，以销售北大荒绿色智慧厨房榜单产品和当地特色农产品，宣传北大荒品牌的综合性营销中心。

一楼为产品展示区、二楼为办公运营区，可实现产品展示、线上运营、业务洽谈、直播带货、物流配送等功能。

2020 年 12 月 1 日，农场对江畔明珠商贸有限公司副经理兼营销中心主任进行公开竞聘，通过答辩考评和组织考察，秀水良田创办人王鸿皓当选。

2022 年 6 月 23 日下午 3 点，建三江分公司总经理户外直播带货活动走进八五九农场有限公司世纪公园。八五九分公司总经理尹显洪向粉丝介绍了八五九特有的优势资源，并现场烹饪了乌苏里江各类江鱼，展示了乌苏里江特有的“三花五罗十八子”及江水灌溉稻米。向广大网友们介绍了“我在三江有亩田”活动情况和八五九农场有限公司特色、健康、优质、高端的稻米专属基地。在直播带货环节，黑龙江音乐广播《搜货女王》DJ 多多、DJ 佳佳现场助力，网友与主播互动交流热烈。活动线上粉丝最高达 3000 余人。到直播结束产品销售额再创历史新高，达 21.98 万元。点赞量达 503 万。在建三江总经理直播活动中，八五九线上产品销售排名第一。

2022 年，八五九结合得天独厚的地理环境优势、绿色有机生态种植模式，开展“我在三江有亩田”认购，打造以“互联网＋农业”“基地＋市场”“消费＋体验”为理念的私人订制营销模式。已有 5000 个家庭、20 家企业认购生态种植基地 213.33 公顷，实现利润 318.2 万元，省外认购率 88%。

（一）品牌整合

借助八五九农场百万亩自然富硒连片黑土种植，域内三个国家级自然保护区、一个省级自然保护区，位于世界三大黑土带，特别是没有被污染的乌苏里江水灌溉等得天独厚的地理环境优势。确定以“乌苏里江”为主打品牌，并与“建三江”商标联牌，以“建三江”“乌苏里江”优质大米为名片，宣传北大荒品牌。

打造了专属品牌标志——乌苏里江米娃，标志以一粒大米为主体，巧妙添加了稻穗、稻田、江水、粮囤、红日、耳麦等元素，象征着自然富硒的黑土地、无污染的江水灌溉、智能化的生产过程等寓意。

2022 年，农场有限公司对乌苏里江品牌进行了全新打造，重新提取了品牌特点、升级了品牌形象。画中是《乌苏里船歌》中唱到的“乌苏里江水长又长”“金色的阳光照帆船”，LOGO 以江水蓝、天空蓝相呼应，融合充满生机的绿色，展现产品的天然生态。画面暗藏在一粒稻米当中，表现了乌苏里江大米的自然、生态环境。

更新后的乌苏里江品牌 IP 形象“乌苏里里”，是一个以米粒为主形象的卡通形象，绿色象征着生态，腰间的流水代表着潺潺的乌苏里江水。“乌苏甄珍”IP 是以“乌苏里江”IP 形象为主体进行的延展，打造“甄博士”形象，整体 IP 形象突出了“乌苏甄珍”好物甄选、产品精良的品牌特性。

农场现拥有“乌苏里江”“乌苏甄珍”两个自主品牌，涵盖大米、杂粮、山珍、水产、蜂产品等农副产品。同时培育推广乌苏甄珍高端品牌。

（二）产品

大米品种有珍珠米、长粒香、稻花香、有机稻花香、蟹稻米、鳅稻米。包装类型有编织袋、真空手提袋、真空礼盒。规格有2.5公斤、5公斤、10公斤、25公斤，共计26款产品。酒类产品有“大板酒”等30款，饮用水有“斯摩勒山”3款产品等。

珍珠米以龙粳31为主，长粒香主要是绥粳18，稻香米主要是三江6号、初香粳1号和香7，同时还有绿色有机种植的鳅稻米等。与华中农大联合开发“乌苏甄珍胭脂米”等特色产品。为满足不同消费者需求，开发真空手提袋大米产品14款，精品真空礼盒3款。

（三）销售

农场特有的肥沃黑土以及较充足的水分条件，适合于寒地单季粳稻生长。生产出的硬质粒胶质型粳稻米，具有颗粒晶莹、洁白透亮、米饭绵软、清香适口的特点。它的淀粉粒小、粉质细，粗纤维含量少，但生物价（即吸收蛋白质构成人体蛋白质的数值）很高，可以与大豆、牛奶相媲美。因为品质好，营养价值高，是省内人民喜爱的细粮主食品种之一。这种粳稻米特有的品质及营养含量，深受南方用户的喜爱。

2020年末，共销售大米3000吨，营业额1252万元，其中线上销售大米135吨，营业额90万元；线下销售大米2865吨，营业额1162万元。

在长春设立云仓中转库，通过抖音、快手等短视频平台线上销售，以短视频方式吸粉引流，进而直播带货。抖音平台已有粉丝1.1万，抖音小店已上线13款“乌苏里江”大米产品。“乌苏里江”微信小程序商城，实现线上集中展示、集中宣传、集中销售、直播带货、一件代发等功能，已有会员3万余人。与北京招商局开展线上战略合作，乌苏里江大米作为招商局员工指定销售产品，在京东内部小程序商城销售，与招商局联合开设“北大荒乌苏里江大米京东自营旗舰店”，销售中高端大米产品75吨。通过快手、抖音、CCTV、今日头条、央视网等媒体直播带货。参加湖北省“战友杯”退役军人直播大赛，“乌苏里江大米”作为直播大赛指定销售产品，同时作为战友集团走访慰问的慰问品。

全国招收销售代理，采取代理＋定制、联合经营、OEM贴标＋供货、经销商等方式进行合作。其中，与海南省三亚市签订海南省总代理合同，每月采购八五九农场大米产品不低于200万元，全年采购额不低于2400万元。已采购高中低档大米产品200万元。同时，与云南福利企业（集团）有限公司、顺丰集团旗下顺宠有限公司、湖北省战友企业管理集团有限公司等达成战略合作意向。通过与37个大型企业合作，实现销售农产品400余万元。

2021年，打造低、中、高多类别大米产品26款，重点打造“米中贵族”——乌苏里江胭脂米。构建“线上+线下+全民营销”特色营销模式，与河南润农等30余家企业集团达成战略意向合作；线上线下销售大米3912吨。

广泛开拓线下销售渠道，开拓南方市场。已与江苏、福建、江西、上海市等多个省市各大企业和商超开展多维合作。开展海南省总代理营销模式，在烟台设立了“物流中转库”，大米销售市场可辐射渤海湾区域。

积极推进乌苏里江大米“海南销售模式”。已入驻“宜之佳”“福万佳”“千佰汇”等大型连锁商超30余家，成立一家自营店。销售区域覆盖海口市、三亚市、陵水县、乐东县。

在海南省三亚市开设“乌苏里江大米品牌体验店”。店内展示了“乌苏里江”系列产品，以及高端认证型品牌“乌苏甄珍”。展出产品30余款，有优质大米产品、杂粮产品、山珍产品、渔产品、酒产品等。

二、收储加工

江畔明珠商贸有限公司于2018年9月成立，2020年正式开始运营，启动收购链及加工链。收购原粮5667吨，加工成品大米235吨。

2020年，投资342万元，对北大荒米业精米厂进行设备维修、技改，对办公楼、烘干塔、机房、库房机械、水、暖、电等进行维修改造，并建立真空包装流水线，启动5万吨大米加工流水线，已加工大米1000吨，实现利润65万元。

建设产地供应库，农场自有仓储37.5万吨。建设物流节点库，在哈尔滨有云仓，在无锡市惠山区设立物流中转仓，在烟台设立中转站直供海南大米。

三、订单种植

与玖福团膳餐饮管理有限公司合作，打造大米及杂粮产品种植基地，签订产品采购订单，按订单要求现磨现卖，最大程度保留大米及杂粮的鲜度及营养成分，积极打开高端合作市场。

大力发展订单种植。近年来，签订水旱田订单59666.67公顷，实现增收2041万元。拓宽玉米销售渠道，与富锦象屿公司进行“二次保价”和“专品种收购”专项合作，种植户增收266万元。

依托乌苏里江江水灌溉稻米优势，引入上海紫尊科技、嘉禾生物科技、湖北海稻、垄鑫肥业等公司，引导本地诚信米业、凯赢米业、绿之源水稻合作社等私营企业与农户签订优质水稻订单合同。

2020年，签订收购订单面积14466.67公顷，其中，与饶河县胜利米业有限责任公司、江畔明珠商贸有限公司、哈尔滨市嘉禾生物科技有限公司3家企业签订收购水稻订单10306.67公顷，价格高于市场价格0.04～0.1元/公斤；与富锦象屿公司签订收购玉米订单1860公顷，价格高于市场价0.02元/公斤；与江苏东台市国泰豆制品厂签订高蛋白大豆收购订单2300公顷，价格高于市场价0.1元/公斤，农户增收966万元。

2021年，与富锦象屿公司和北大荒物流公司签订玉米保管和采购合同，销售金额4783.46万元。

第十节　技术监督

一、机构沿革

1992年3月16日，农场成立技术监督站，与工业科合署办公，定员3人，设站长、副站长和检验员各1人，行政隶属饶河县技术监督局。负责农场辖区内工业企业生产的产品质量、标准和计量的监督及管理工作。1996年4月5日，技术监督站更名为黑龙江省农垦八五九技术监督局，与工业科合署办公，定员2人。1997年，成立非强检计量检测站，对场内非流通领域的计量器具进行检定。2001年12月，随着垦区技术监督工作由省垂直管理，农场技术监督工作也逐步与饶河县脱钩。从2005年开始，农场技术监督工作退出市场流通管理，主要负责辖区内加工企业的管理，标准化、计量、质量和特种设备安全监察监督管理工作并行使执法监督职能。

2009年3月，农场改革，技术监督局从工业科分出，与武装部合署，武装部副部长兼局长。2012年1月，设独立科室。

2019年7月下旬，八五九农场的质监业务移交饶河县。9月，八五九辖区内的地秤由双鸭山市衡器检定所进行计量检定，质监业务由红兴隆管理局标准化科接管。

领导成员更迭情况如下：

技术监督站长：张喜魁（1992—1995）

局　长：　　　崔海青（1996—2000.12）

　　　　　　　黄玉明（2001.1—2009.3）

　　　　　　　王　军（2009.3—2012.1）

林雪梅（女，2012.1—2019.10）

二、计量监督管理

加大对加油站、电子汽车衡使用单位、集贸市场、医疗卫生等领域计量器具的监管和定期检定工作。在粮食交易期，配合上级质监局技术人员对全场20余家电子汽车衡使用单位进行计量检定和防作弊宣传。定期对本辖区内快递行业用于贸易结算的电子秤、行李秤等称重计量器具情况进行专项检查。

做好“关注民生、计量惠民”专项行动，利用“3.15消费者权益日”、质监护农“春雷行动”“5.20世界计量日”“质量月”等活动，受理、解决百姓的咨询投诉和供暖测温。重调解零投诉，营造放心的市场计量消费环境。

1991年，八五九农场被省局确定为二级计量合格单位。

三、质量监督管理

加大食品安全监管力度。对酒厂、米厂、纯净水厂等食品生产加工企业进行不定期专项检查，并按文件规定定期对产品进行抽样检验。特别是学校食堂的饮食安全和卫生，严把质量关，杜绝食物霉变，禁止伪劣和来路不明的物品进入食堂，采购的物品必须有产品合格证和食品安全许可证。

严格实施市场准入，严格生产许可，加强证后监管工作。2017年经过几次提取原水抽样送检和成品水抽样送检，向黑龙江省质检院抽送样品，“斯摩勒山饮用水”获得生产许可证，得以批量生产。

加大建材、农资等存在安全风险、量大面广、社会影响广泛的重点产品的质量监督抽查力度，对实行工业产品生产许可证管理的重点产品全部纳入定检计划。2012年5月底，接到农户投诉称其购买的封闭药，将水稻苗全部杀死。工作人员到现场进行查看，并做现场笔录，将农药封存送检，成功地挽回了农户的经济损失。

深入贯彻《特种设备安全监察条例》，组织特种设备操作人员培训学习，并取得相应证件，锅炉、压力容器、电梯等设备操作人员的持证上岗率达100%。

在食品行业推进采用国际标准，从源头上保障食品企业严格按标准组织生产，使企业产品标准覆盖率达100%。

2013年，黑龙江省建三江农垦郭三酒业有限公司在八五九农场成立，企业法人郭海。农场质量技术监督局对其进行了跟踪服务。2014年完善升级所有取证工作，并通过ISO9001质量管理体系认证。产品销往全国10个省份，共有代理商50家，分销店360家。

第九章　城镇建设与建筑业

建场以来，农场的房屋建设也同其他各行各业一样，经过了从无到有，从简陋的土坯房到砖瓦房再到楼房的过程。

建场前，原有7个自然村屯的房屋都是土木结构。1957年春，进场的铁道兵战士们在未曾融尽的雪地上插旗定点、就地建房。职工的第一批住宅小马架就在千古荒原上矗立起来。

1958年，第一栋砖瓦结构的总场办公室在东安下营落成。从此，各生产队相应建起了拉哈辫、干打垒、木头垛等各式简易住房。1964年以后，简易房停止建设，除少数公用房为砖瓦结构外，职工住宅普遍建造土坯房。1979年以后，农场停建土坯房，开始建造砖瓦平房和少部分楼房。

到1983年底，仍有2058户职工住土坯房，占总户数的55%。

1987年以前，无论哪种住房，都是公建公有。从建土坯住房后，住户开始交房租费。

从1984年开始，农场的基本建设项目主要是居民住宅、工业企业厂房和农牧业基础设施建设。1984年，农场投资875万元完成了基层生产队2万平方米职工住宅建设，所建房屋全部是砖瓦结构。这一年的建房总面积是1964—1982年19年间居民住宅建设的一半。1987年4月，农场出台了《改革职工住房的实施方案》。1988年，出台了《关于职工住房实行自建公助的通知》，使职工住房从此由福利房向商品房过渡。1990—1994年，农场为鼓励职工改善居住条件，允许以应付款转账购买农场生产的建材。这一时期新区一栋栋新房相继竣工，使职工自建住房达到最高峰。

1995年，农场第一幢住宅楼——农行住宅楼竣工。1996年，场区第一栋以集资形式兴建的住宅楼——交通住宅楼竣工，为农场小城镇建设快速发展探索出一条成功经验。1997年的供电住宅楼、1998年的粮贸住宅楼、项目住宅楼都是采取这一方法建设的。从2000年起，由农场自主开发并出售商品房。1996—2005年的10年间，场区以各种融资形式建设的楼房面积达5万平方米，是建场以来建造楼房最快、面积最多的时期，场部居住楼房的户数达720户，占场部总户数的31%。随着场区第一条水泥路（中央大街）于2002年10月1日完工；2005年10月1日，农场第二条水泥路（四平路）的交付使用，农场小城镇建设已初具规模。

2020年，农场城镇化率达96%，人均道路面积25平方米，居民人均居住面积35平方米，城镇绿化覆盖率35%；生活垃圾无害化处理率和污水处理率均达到90%以上，排水设施全部完成雨污分流，供水普及率100%；住宅小区物业覆盖率100%，城区机械化清扫率达60%以上。

第一节 机构沿革

1959年，八五九总场时期设建设科。1969年，二十三团时期设营房股。1977年恢复农场后，设基建科。1983年，农场把带有企业、半企业性质的行政科室改为企业经营型的八大公司，成立基建公司。1986年3月，撤销基建公司，恢复基建科行政科室职能。

1988年4月，基建科与基建公司合并成立建筑安装工程公司。1992年初，建筑安装工程公司撤销，恢复基建科，后更名为建设科。12月，农场机构改革，建设科与房产科合并，成立房地产管理局。1997年1月，撤销房地产管理局，建设科更名为建设管理中心。2009年3月，建设中心更名为建设局。

2022年7月，八五九农场有限公司管理体制改革，建设科改为工程建设管理部。

1998年，建设科被农垦总局授予先进单位称号。2006年2月，建设科荣获2005年垦区小城镇建设先进单位称号。

领导成员更迭情况如下：

建设科营房股长：郭广誉（1972.10任命）

建设科科长：温玉印（1980.12—1982.11）

张兆顺（1984.2—1986.3）

姚士德（1986.3—1990）

李友福（1990.9—1996）

胡永禄（1997—2014.4）

张　军（2014.4—2016.3）

李红莲（女，2016.4—2017.9，副科长主持工作）

孙　磊（2019.5—2022.7，副科长主持工作）

工程建设管理部：孙　磊（2022.7—，副总经理主持工作，同年11月任总经理）

1987年7月，为加强房屋产权的管理，农场成立房产管理办公室，抽调邹玉善参加全场房屋有限产权转让工作，办公地点设在基建科。1989 年 1 月，房产办与土地科合并成立土地房产管理科，科长于崇堂，设科员 2 人。1992 年 3 月 5 日，农场设立房产科，科长王永福，设科员 1 人，负责全场房屋产权变动的审查、登记、发证、产籍管理、房产、纠纷仲裁、房屋交易和租赁管理工作。1992 年 12 月，建设科与房产科合并，成立房地产管理局后，房产科作为其中的一个部门管理全场房产工作。1997 年 1 月，单设房产科，邹玉善任科长，设科员 2 人。2001 年 3 月，房产并入建设管理中心，由一名科员具体负责此项工作。

1987 年 4 月 10 日，农场下发《关于改革职工住房的实施方案》，将全场住房〔除生产队正队级以上现职干部、场直地区（含分场）副科级以上干部外〕全部转让给个人，老干部和项目队的房屋暂不转让。

1993 年，农场对 1987 年转让的房屋在原基础上增加转让费，全砖房增加 20%，半砖半坯的增加 10%，土坯房不增加。付完房款者发给房屋产权证，产权归己，可以进行自由买卖。当年 6 月 15 日，对第一次房屋转让时生产队正职、场直地区（含分场）副科级以上干部、老干部和项目队等没有转让的房屋全部转让给个人。从此全场彻底告别了福利房，房屋产权实现商品房化。

第二节　房屋的变迁

建场初期，由于条件限制，房屋建设发动群众，因陋就简、就地取材，快速建起了大批小马架住房。以后逐渐盖起了拉哈辫、干打垒和木头垛等各式简易住房，后来又盖了一些“穿鞋戴帽”房。

一、马架

在地上打三排木桩，用木杆搭成人字形架，上面铺上树条子，苫上草或盖上草帘子即成。里面用树条搭成床，铺上草便可以住人。这种房用料少取材方便，并且几个人一天就可以完成一栋。1957 年、1958 年，农场大批建造了这种临时性住房。

二、拉哈辫

“拉哈”为满语，即以泥草纠结之意。拉哈辫是指墙壁以泥草编辫而成，不用砖石。用木桩为墙柱，两桩之间架以横木，然后将茅草拧成胳膊粗细的草把，在和好的稀泥中粘上泥，一把一把地编在横木条上，泥干后便成墙，房盖苫上草即成。这种房省工、省料，也较坚固，但保暖不好，多建于 1959 年至 1963 年。

三、干打垒

先立好两排对称木桩，夯入地下 60～70 厘米，在桩两侧用木板固定，然后把黏土置于中间，再用木棍捣结实。这类房保暖好，但墙壁不易干，不适于急用。又因本场土质缺砂，筑墙不牢。1959 年，只建少部分干打垒房，以后无建设。

四、木头垛房

以木当墙，取碗口粗原木，去皮，中间用柞木锲子连接，垛成木墙，然后两面抹泥，加顶后成房。这种房结实耐用，墙壁干燥。但需用木料多，造价较高。而在建场初期木材较多的情况下，多被人们采用，直到 20 世纪 70 年代仍有新建生产队建造木头垛房。

五、土坯房

土坯房是农场房屋建设史上沿用时间最长的建筑。从 1958 年开始，公用库房、机房、食堂、办公室等均造土坯房。1964 年以后，职工家庭住房也以土坯房为主，直到 1979 年，土坯房才停止建造。

由于各时期条件不同，土坯房的建造质量也不断提高。1958 年所造土坯房多为马尾型。墙壁不高，石头地基 40～60 厘米，有的不用石头地基，直接在地面砌土坯墙。一般 2 户一栋，每户建筑面积 25～35 平方米。1964 年以后，土坯房设计面积每户 35～40 平方米，2 户或 4 户一栋。1968 年以后，由于大批城市青年来场，人员的增加也同时增加了建房数量，这时虽有大量砖瓦结构房屋出现，但建造土坯房的数量也相应加大，尤以生产队为多。房盖多数用油毡纸代替草苫。

“穿鞋戴帽”房是在土坯房的基础上建造，质量不断提高，在砌筑地基时采用石头做基础，窗台以下砌红砖，窗台以上仍用土坯墙，房顶采用油毡纸、瓦盖或草盖，故称之为“穿鞋戴帽”房。这种房要比其他几种房稍好一些，有的吊有灰棚，室内粉刷白灰墙，光线也较好，多建于 1970—1979 年。

六、砖瓦房

从 1958 年总场在东安建砖瓦结构办公室以后，砖瓦结构的房屋建设已经开始，并且在 1959 年农场建立了自己的砖瓦厂后，建砖房逐年增多。到 1979 年，停止了其他结构的房屋建设，全部建造砖房。

总场办公室：在东安下营，建于1958年。砖是用手工制坯，土法烧制，石头是在山上采来的，木料是从完达山采伐的红松，其他材料从外地购买。建筑面积为1000平方米，楼房建筑似同字形，中间是二层楼，两厢是平房。这一栋办公室在建场初期是最大建筑。从6月1日起，经过4个月的时间建成，9月底交付使用。

新八五九农场办公室：在场部，建于1964年，1050平方米。这是农场体制变动后第一项重大房屋建筑。结构为石基、砖墙、铁皮屋面，室内有火墙、硬杂木地板。

俱乐部：建于1971年，面积1400平方米，座位1096个。建设开始，场部地区各单位职工利用早晚工余时间参加挖地基，然后由工程队包建施工。1972年12月，俱乐部建成，成为全场职工群众看电影、开会、文艺演出的活动中心。设计者为山西大学生魏广来。

连队大食堂：1968年以后，城市知青来场，每个连队都建一个300～400平方米砖木结构的大食堂。这样的食堂可以三用，即开会是会场，看电影、演节目是俱乐部，吃饭是食堂。1968—1978年，全场共建食堂30个，总面积1.17万平方米。

七、楼房

农场楼房建设始于1960年。1960年6月，为发展家禽养殖业，总场奉农垦部部署，于饶河镇东1.5公里北大带河桥头西侧，修建三层养鸡大楼7703平方米，计划养鸡100万只，投资40.9万元，实际耗资达65万元。组织几百人的施工队伍投入施工，上冻前只完成工程的80％。由于粮食不足，未等竣工即荒废。投资无处支付，经农场研究决定，将全场职工10％地区津贴取消，每月节省4.8万余元，全年共为57.6万余元，刚好弥补。

职业高中教学楼：面积1717.8平方米，三层楼17个教室，建于1979年，第二年秋交付使用。教学楼后面另有500平方米二层宿舍楼、职高食堂959.4平方米，2栋楼房均是农场自己设计自己施工的。楼前有3万平方米的体育场。

小学教学楼；面积1516平方米，是三层、二层混合楼，18个教室，建于1982年。由湖北省来的包工队包建，农场基建科设计。

干部住宅楼：1981年，为抗日战争以前参加工作的老干部和科技干部建设2栋二层住宅楼，第二年秋完工。每栋6户，每户70平方米，每户上下2层、3屋1厨，内装有自来水、自烧土暖气，是农场第一批楼房住宅。

水利连于1976年建600平方米二层楼，1982年交给党校，1985年交给公路站使用。修造厂于1977年建460平方米二层办公室。汽车队于1979年建1200平方米大修车间，楼上有300平方米会议室。自来水公司于1981年建400平方米楼房。另有一队、十七队等单位也建筑了办公楼。1983 年，建 100 吨水产冷库。

第三节 建筑队伍

1958 年 8 月，总场组建 1 个基建大队，下设 3 个基建队、1 个砖厂、1 个圆锯制材厂、1 个右派队和 3 个劳改队，共计 2000 余人。1964 年体制改革，成立二级制新八五九农场时，重建工程队，有职工 100 余人，属生产队级编制，第一任队长孟令典，党支部书记李成荣。这支工程队（到 1983 年）共有职工 183 人，队长叶需土，党支部书记李若平。

建筑工程队主要负责场部地区的砖瓦房建筑。1964—1982 年，19 年间共建房屋 4.08 万平方米，平均每年完成建房 2145 平方米。

1969 年，六师组建，从八五九、胜利、勤得利 3 个农场的工程连抽调一部分骨干力量来师部搞房屋建设。1971 年 10 月，以在师部执行任务的二十三团工程连人员 57 名为骨干，组建师工程连。1979 年扩建为管理局建筑公司。

到 1984 年底，农场派出 5 人到哈尔滨建筑工程学院进修学习，毕业后分配在基建科和建筑公司。

1988 年以前，工程连内设土建 2 个排、木工制作 1 个排、运输 1 个班、采石采砂各 1 个组和后勤保管，队长李友福，建制为队级。1988 年 4 月，成立建筑公司后，增加了一些班组，设有土建 3 个队（其中施工二队是集体性质的），运输 1 个队、采石组扩大为 1 个队、采砂 1 个组、打井队、木工组和后勤材料保管。2003 年以前，建筑公司与农场实行定额上交。2004 年实行了租赁经营，由公司经理李海河租赁，公司名称更改为云海建筑有限公司。

1995—2005 年，建筑公司先后承建了交通住宅楼，客运站楼，建行楼，乌苏里江小学教学楼、学生公寓楼，项目住宅楼，怡园小区 1、2 号楼，云海小区 1、2 号楼和润海小区 1、2 号楼。11 年间平均每年完工一栋楼房。

截至 2005 年，公司有职工 15 人，塔吊 2 台、搅拌机 2 台、电焊机 2 台、电锯 2 台、钢筋下料机 1 台、弯曲机 1 台、钢筋拉直机 1 台。

2012 年 1 月，取消建筑公司建制，人员关系转至职业介绍所。

领导成员更迭情况如下：

工程队队长：林乐强（1982.2—1983.1）、叶需土（1983.1—1984.1）、李友福（1984.1 任命）。

1988年成立建筑安装公司，经理：姚士德（1988）、李友福（1985）、崔长久（1992）、国安（1993）、李友福（1994）、李海河（1995.5任命）。

书记：穆国卿（1983.1离任）、李若平（1983.1任命）、郭公若（1984.1—1985.3）、洪渭昌（1988.4任命）、周信（1991年任命）、李兴海（1990.3—1992.9）、杜华民（1992.9—1997.6）、郭升洪（1997.6任命）。

第四节　主要建设项目

1984—2005年，农场累计完成土建工程17.3万平方米，总投资1.3亿元。其中1995—2005年居民住宅建设总面积为5万平方米，投资4300万元。人均居住面积由1984年的16平方米增长到2005年底的22平方米。

1984年，为新中国成立前参加工作的离休老干部和农场副处级以上干部建设每户建筑面积85平方米砖瓦结构住宅8栋32户；1986年，为离休干部每户建设85平方米砖瓦结构住宅2栋8户；1987年，为农场离退休干部和在职的科级干部及有专业技术职称的一般干部在新区与老干部区建设每户建筑面积50平方米砖瓦结构住宅24栋96户。到20世纪90年代中期，场部地区职工住宅砖瓦化率基本达70%以上。生产队职工住宅这一时期砖混结构比例也得到迅速提高。

1996年，建设场部地区下水工程。2002年，铺设中央大街水泥路工程。2005年，铺设四平路水泥路工程。城镇化的基础性工程建设为小城镇的快速发展奠定了基础。

1996年，方圆饭店申请建二层楼房。时任场长王道明要求，要高起点、长远规划建设，坚决不盖“后悔楼”。副场长张开成协调并帮助解决实际困难，最后建成四层1795.5平方米集饭店、住宿、门市于一体的综合楼，并与周围建筑融为一体。

1995年，第一栋以职工集资形式建设的农行住宅楼竣工。场区下水工程完工后，又有交通科、供电局、粮贸公司、项目办（土地科）、税务局、公安分局、医院等单位建设职工住宅楼。从2003年起，农场开始自主开发建设商品住宅楼。农场相继在老商店、俱乐部、招待所等位置开发建设了云海小区1、2号楼，福苑楼，南市场综合楼等商住一体的住宅楼。2005年以后，开发商以土地转换形式，开始在农场开发建设商住一体的商品住宅楼。2009—2011年，整体搬迁，农场在明珠家园分三期开发建设了91栋住宅楼。加上开发商开发建设的怡园小区、润海小区、金盛家园、金海明珠、唯美寓居、世纪园小区、阳光小区、安居小区、交通小区等，加之农场与个人开发建设的公园别墅区（新型住宅小区），农场场部的整体面貌焕然一新，已经具备了现代化小城镇雏形。农场加大基础设施投入，在已建成的小区内配套了水、电、气、热、路、排水、光纤数字和环境美化的七通一美化工程。到 2015 年，场部地区住宅楼房化率已达 85%。

2000 年，农场建设乌苏里江商城之后，围绕着城镇公共服务设施逐步建设与完善，城镇化率明显提高。相继建设了世纪公园、机关大楼、文体馆、医院、交通客运站综合楼、乌苏里江宾馆、综合办公楼、幼儿园等公共服务设施。完善了场区绿化工程、场区亮化工程，使城镇化的综合服务功能明显提升。

世纪园占地面积 30 万平方米，建于 2004 年 5 月，2005 年 10 月竣工，总投资 2000 多万元。园内有健身区、景观区、文化区、游乐区，是集水利和旅游、休闲、健身于一体的民心工程。世纪园二期工程于 2019 年 9 月开工，2021 年 10 月 1 日完工，总面积 44.5 万平方米，投资 1050 万元。

2008 年，投资 2000 余万元，建设集文化、图书、体育、娱乐于一体的文化体育活动中心。占地 2996 平方米，建筑面积 5688 平方米，包括篮球场、舞台、活动室、图书阅览室、场史馆等。

2009—2011 年，建设了明珠家园小区，建设住宅楼 91 栋、商服楼 7 栋、办公楼 2 栋，总建筑面积为 36.26 万平方米，是建场 52 年以来的总和。人均居住面积由 2008 年末的 24 平方米增加到 30 平方米，农场城镇化率由 2008 年末的 47.5%提高到 2013 年末的 95%。共搬迁 30 个作业站 4329 户 9243 人，场区人口由 9100 人增加到 18343 人。到 2013 年末，自来水普及率 100%，城镇道路硬化率 75%，集中供热普及率达 63%以上，城镇绿化面积覆盖率 35%，人口居住楼房率 63%。

2010 年，投资 8000 万元建设长 70 米、宽 25 米的步行街，建有 7000 平方米地下商场和 2 栋商服。另建有世纪综合楼、鑫利商城、综合服务楼（小白楼）、社区综合楼（天缘楼）、教师周转宿舍等。

2012 年，引资开发建设东方嘉州、唯美寓居、华庭苑、鑫顺嘉园住宅小区。

2015 年 5 月，农场编制 2015—2035 年城镇体系规划、城镇总体规划、控制性详细规划。

1996 年 10 月，场区下水工程开工建设，由农场和部分驻场单位共同投资 67 万元，长度 1460.5 米。2008 年，农场投资 185 万元，改造建设场部新区 5 公里排水管线。同年，场区有排水管道 24.5 公里。2009 年，新建排水管线 7 公里。2011 年，建成雨排 4500 米。2014 年，铺设排水管网 1271 延长米。2015 年，建设雨排 800 延长米。2016 年，配套建设排水外网。到 2020 年，排水管道达 36.5 公里。

2006—2020 年，农场基本建设特别是小城镇建设投入较大，发展较快，成效显著。

15 年来，农场在小城镇建设上立足“打造精品，争创一流”，坚持科学设计、风格独特、品位高雅、功能齐全的原则，按照“城在绿中、房在树中、人在花中”的思路，自然景观与人文景观融为一体，努力把场部建成生态型优美城镇，增强城镇功能，提高人民生活质量。

表 3-35　1957—1983 年全场房屋建设情况统计表

年度	合计		生产用房						非生产用房							
			农业		畜牧		工副业		学校		卫生		职工宿舍		其他	
	面积（平方米）	投资（万元）	面积（平方米）	投资（万元）	面积（平方米）	投资（万元）	面积（平方米）	投资（万元）	面积（平方米）	投资（万元）	面积（平方米）	投资（万元）	面积（平方米）	投资（万元）	面积（平方米）	投资（万元）
1957	35002	28.09	1297	8.080	3216	0.95	—	—	—	—	—	—	27661	16.91	2828	2.15
1958	81951	94.90	3030	5.130	5368	3.81	—	—	—	—	—	—	73553	85.95	—	—
1959	96507	104.14	5324	8.638	43296	26.49	3268	4.55	—	—	—	—	44619	64.46	—	—
1960	37914	93.67	3566	11.850	18449	44.53	6836	20.55	—	—	—	—	4972	7.11	4091	9.63
1961	24576	36.40	16548	8.010	848	1.32	6189	24.87	—	—	—	—	991	2.19	—	—
1962	17070	43.66	7681	11.270	3440	5.08	2395	12.60	—	—	—	—	2624	11.60	930	3.11
1963	1655	58.88	—	7.840	—	—	1655	18.50	—	—	—	15.19	—	12.65	—	4.70
1964	8329	39.45	596	2.140	360	0.78	—	—	—	—	—	—	6311	23.16	1062	13.37
1965	14563	30.20	307	0.300	1235	2.10	500	5.00	—	—	—	—	9767	14.75	2754	8.05
1966	24043	31.00	4652	5.600	2368	1.70	—	—	—	—	2312	5.40	14711	18.30	—	—
1967	7807	33.15	1712	5.190	1920	1.65	200	0.46	—	—	300	0.16	2422	24.39	1253	1.30
1968	16771	37.18	1820	7.050	3116	2.16	—	—	—	—	2408	11.39	9427	16.58	—	—
1969	15644	74.99	1360	1.860	2534	2.71	1330	14.28	—	—	580	28.40	9840	27.74	—	—
1970	28189	75.83	1717	3.850	6868	9.00	1432	8.91	601	2.71	300	1.50	10060	24.15	7211	25.71
1971	23151	70.89	7201	19.900	5698	9.24	—	—	540	2.04	—	—	8012	30.38	1700	9.33
1972	18989	142.96	3623	17.650	5213	18.25	—	—	825	5.86	330	2.48	8998	41.04	—	57.69
1973	15133	108.89	1226	6.140	1306	4.03	2420	63.23	200	1.00	—	—	—	29.44	9981	5.05
1974	12117	60.94	2197	13.870	2420	7.07	400	5.62	—	2.00	—	4.66	7100	27.72	—	—
1975	10924	57.37	2400	13.000	2464	7.91	—	4.87	200	0.43	—	—	5860	31.16	—	—
1976	16997	82.08	3827	26.810	5599	13.33	—	—	1320	7.78	521	4.24	5730	29.92	—	—
1977	6480	30.08	1598	12.280	4022	11.01	—	—	—	—	—	—	—	—	860	6.79
1978	10873	123.90	1401	15.120	2768	7.95	—	62.54	—	—	—	—	6248	35.99	456	2.30
1979	16232	140.69	3991	34.820	2081	6.27	—	38.68	1702	19.16	—	—	7587	37.08	871	4.69
1980	14070	89.03	2967	18.600	—	—	—	—	606	10.20	322	2.94	10175	57.29	—	—
1982	838	6.00	838	6.000	—	—	—	—	—	—	—	—	—	—	—	—
1983	10222	81.92	—	—	—	—	—	—	—	—	121	2.80	7410	71.60	2691	7.52

表 3-36　1984—2005 年全场基本建设情况统计表

年度	工程名称	建筑面积（平方米）	造价（万元）	设计单位	施工单位	备注
1984	生产队居民住宅	20000	875	农场基建科	工程连	—

（续）

年度	工程名称	建筑面积（平方米）	造价（万元）	设计单位	施工单位	备注
1985	罐头厂	504	—	—	—	—
	5 吨乳品厂	396.5	10.3	—	—	1985 年 8 月 31 日建成
	孵化厂、种鸡厂	4647.9	13.2	—	—	1985、1989、1991 年建
	场直中学	3090	62.9	—	—	1985 年 11 月建成
	宾馆	2040	47.1	—	—	1985 年 11 月建成
	饲料厂	1666	9.3	—	—	1985 年 11 月建成
	屠宰厂	3021	30.6	—	—	1985 年 11 月建成
	老干部住宅楼	1908.96	28.3	—	—	1985 年 11 月建成
1986	40 吨奶粉厂	2204	300	建三江设计院	工程连	1987 年 6 月 16 日竣工
	乳品厂恒温库	361.6	5.9	农场基建科	工程连	—
	修造厂翻砂车间	615	13	农场基建科	工程连	—
	屠宰厂办公室	142.4	2.8	农场基建科	安徽荡山建筑公司	—
	兽医站	270.82	4.86	农场基建科	工程连	1987 年 9 月 10 日竣工
	酱油房	252	6.6	农场基建科	工程连	—
	农用飞机场	16156 平方米，其中飞机跑道 1.2 万平方米	53	农场基建科	工程连	1986 年 6 月 27 日建成
	100 吨水塔及 156.96 平方米的水泵房	水塔 176	8	—	—	1986 年 10 月 25 日竣工
1987	供电站配电间	43	0.7	农场建设科	建筑公司	—
	科级房	377.3	8.1	农场建设科	建筑公司	—
	科级房仓房	171.5	2.1	农场建设科	建筑公司	—
1988	机关办公楼	1350	115	建三江设计院	安徽荡山建筑公司	1988 年 10 月 31 日建成
	中学大食堂	1025.23	25	农场基建科	—	—
	50 吨面粉厂车间大楼	1367	187	建三江设计院	工程连	1989 年 9 月 22 日竣工
	新物资库	2095.84	41	—	—	科研站北，4 栋库房
1989	粮贸办公楼	484	22	农场基建科	工程连	—
	物资科办公楼	552.2	25	农场基建科	工程连	1989 年 11 月 16 日竣工
	面粉厂成品库	800	16	农场基建科	工程连	—
1990	面粉厂晒场	1.49 万	75	农场基建科	工程连	—
	面粉厂金属粮仓	4000（吨）	22	—	—	—
	综合楼（小白楼）	765	38	农场建设科	工程连	1990 年 9 月 1 日建成
1991	电视台办公楼	673	27	农场建设科	建筑公司	1991 年 11 月 5 日建成
	种鸡舍（4 栋）	1042.54	40	农场建设科	建筑公司	1991 年 8 月 23 日建成
	奶牛良种场牛舍（2 栋）	1032.68	44	农场建设科	建筑公司	1991 年 10 月 31 日建成
	幼儿园及老干部活动中心大楼	2723.22（其中老干部活动中心 483.39 平方米）	153	建三江设计院	湖北建筑公司	1992 年 11 月 12 日建成
	大牛舍	809	36	农场建设科	建筑公司	1991 年 11 月 3 日建成
	牛场办公室	129	7.2	农场建设科	建筑公司	—
	牛场技术室	129	7.2	农场建设科	建筑公司	—
	牛场锅炉房	129	7	农场建设科	建筑公司	—

（续）

年度	工程名称	建筑面积（平方米）	造价（万元）	设计单位	施工单位	备注
1992	大牛舍	820	41	农场基建科	建筑公司	—
	粮油公司榨油车间	849	59	农场基建科	建筑公司	—
	建筑公司木工房	403	10	农场基建科	建筑公司	—
1993	医院锅炉房	246.48	22	建三江设计院	建筑公司	—
	饲料厂围墙	709.4米	16	建三江设计院	—	—
1995	农行住宅楼	1650	110	建三江设计院	湖北孝感建筑公司	1995年3月3日开工
	建行营业楼	832.43	96	建三江设计院	建筑公司	—
	客运站及交通科办公楼	1283.74	130	建三江设计院	建筑公司	1995年9月28日建成
1996	四队办公室	190	17.2	建设科	建筑公司	—
	二十六队办公室	336.37	40	建设科	建筑公司	—
	场区下水工程	1460.5米	67	建设科	建筑公司	1996年10月竣工
	方圆综合楼	1795.5	—	—	—	4层
	交通住宅楼	1705.7	144.5	建三江设计院	建筑公司	—
1997	供电住宅楼	2123	210	建三江设计院	湖北队	—
	乌苏里江小学教学楼	4145	445	建三江设计院	建筑公司	1997年5月26日开工，1998年8月18日竣工
	农行营业楼	1660	220	建三江设计院	湖北队	1997年12月8日竣工
	邮局营业楼	718	90	建三江设计院	建三江建筑工程公司	—
1998	粮贸住宅楼	3109	308	建三江设计院	建筑公司	1997年9月28日开工
	项目土地综合楼	4440.87	398	总局设计院	建筑公司	1998年6月1日开工
1999	国税办公及住宅楼	2686.61	264	建三江设计院	山东队	1999年6月2日开工
2000	1号经济适用住宅楼（医院住宅楼）	3676	320	建三江设计院	建筑公司	—
	2号经济适用住宅楼（警官公寓）	3636	315	建三江设计院	建三江建筑工程公司	—
	公安工商办公楼	2299	240	建三江设计院	建三江建筑工程公司	1999年9月27日开工
	乌苏里江商城	8062	1200	建三江设计院	农垦第二建筑工程公司	2001年12月21日竣工
2001	北大荒米业（主厂房）	900	490	—	—	2002年1月开工生产
	乌苏里江学生公寓	4778	465	建三江设计院	建筑公司	入住学生750～800人
2002	怡园小区2号楼（土地与医院住宅楼之间）	3050	260	建三江设计院	建筑公司	—
	场区白色路面3公里（中央大街2.2公里、乌苏里江大道0.8公里）	3000米	1100	总局设计院	路桥公司	2002年6月28日开工，投资700万元，2002年10月1日竣工 2003年投资400万元，完善白色路面工程，安装路灯148盏
2003	云海小区1号楼（原农场大商店处）	6410	750	新奥博设计有限公司	建筑公司（李海河）	—
	医院大楼	3130	370	新奥博设计有限公司	新奥博设计有限公司	2003年11月26日竣工

（续）

年度	工程名称	建筑面积（平方米）	造价（万元）	设计单位	施工单位	备注
2004	云海小区2号楼（原俱乐部处）	5880	854	新奥博设计有限公司	云海建筑工程公司（李海河）	—
	公园别墅	2400	290	新奥博设计有限公司	农垦建工集团1605项目部	2005年10月竣工
	社区综合楼（天缘楼）	2564.71	—	—	—	2004年竣工
	世纪园（一期）	（占地）300000	2000	新奥博设计有限公司	农垦建工集团1605项目部	2004年5月开工，2005年10月竣工
2005	机关大楼	5463.79	1000	新奥博设计有限公司	农垦建工集团1605项目部	2005年4月25日开工，10月26竣工
	小白楼	3547	340	新奥博设计有限公司	农垦建工集团1606项目部	—
	公园别墅	800	120	新奥博设计有限公司	农垦建工集团1607项目部	—
	润海小区1、2号楼（供电住宅楼西）	6575	535	新奥博设计有限公司	云海建筑工程公司（李海河）	—
	福苑楼（原农场招待所处）	6100	520	建三江设计院	佳木斯市佳凤建筑公司	2005年10月竣工
	融鑫著（农行东）	1350.99	—	—	—	—
	增加小学教学楼面积	930.9	70	—	—	—

表3-37　2006—2020年全场建设工程统计表

时间	工程名名称	建筑面积（平方米）	投资（万元）	开工、竣工时间	备注
2006	润海住宅3号楼	3300	280	—	—
	交通办公楼与客运站	2243	115	—	其中，交通科838平方米、客运站540平方米、社保局342平方米
	东安客运站	487.67	50	—	—
	交通小区3号楼	5000	500	—	—
	世纪园住宅小区1～4号楼	11500	920	—	—
	场区白色路面	—	—	—	2000米
	场部四平路路灯	—	—	—	90盏
	农场办公楼前文化广场	—	430	—	—
	挠力河保护区界碑	占地400平方米	计划投资11.6万元，自筹20.15万元	2005年10月5日完工	主体高11.65米，长宽各为2.4米的长方体
	中学教学楼更新改造	—	110	—	进行全面的更新改造
	畜牧科化验室	—	40	—	原粮贸科东侧办公室改建

（续）

时间	工程名名称	建筑面积（平方米）	投资（万元）	开工、竣工时间	备注
2007	场部家属区水泥路面	—	—	—	4.5公里
	农场场区支线	—	350	—	5公里
	生产资料大市场	5820	—	—	—
	南市场综合楼	5920.66	—	—	—
	乌苏里江宾馆	1737.37	—	2006年8月—2007年8月5日	—
2008	阳光小区、润海小区、世纪园小区、金盛家园小区、鑫利商城、新型住宅小区	43723.1	—	2008年5月开工	金盛家园5780平方米，鑫利商城4500平方米，阳光小区1号、2号楼8483平方米，世纪园小区5号楼7960平方米、6号楼7500平方米，新型住宅小区（9栋别墅）3950平方米
	学校水泥篮球场	3712	46	—	—
	学校综合教学实验楼	4613	560	2008年5月23日开工	—
	文体馆	5688	2500	2007年5月10日开工	占地2996平方米，主体建筑高17.4米3层
	南山防火瞭望塔	—	170	2007年8月10日—2008年10月1日	塔高28米7层
	润海小区4号商业服务楼	2082.61	—	—	润海小区4号楼6780平方米
	场区水泥路	—	—	—	3350米
2009	整体搬迁安置住宅小区工程（明珠家园一期住宅3个标段、阳光小区1个标段）	50362	8903	2009年7月5日开工，2009年10月15日竣工	云海建筑公司、富锦华夏建筑公司、博然建筑公司、新奥博分公司，共16栋楼
	中学运动场、中学校园大门场地、小学运动场及绿化、中学教学楼改造、学生公寓改造	4.9万	1143	—	新奥博分公司
	学校大门和景观大道	2.7万	532	—	—
	学生食堂	2430	460	—	可供700名学生进餐
	小学教学楼改造	5013.84	120	—	佳昌建筑公司
	明珠家园基础工程、阳光住宅小区排水、别墅小区基础工程、场区排水主网工程、明珠家园小区“三通一平”	5万	—	—	基础管网工程量：2.15万米
	医院综合检验楼	912	160	—	2010年9月25日投入使用
	场区亮化工程	—	90	—	—
	场史陈列馆	400	70	2009年7月18日竣工	文化体育中心三楼
	世纪园音乐喷泉	长36米、宽18米	73	2009年8月	最高喷射高度可达50米，共有38套泵口，305个电脑程控喷头
	锅炉房及管道更新	1910.77平方米锅炉房14313.2米管道	1500	2009年5月31日—2009年9月15日	4台10吨锅炉的锅炉房
	新自来水厂	308	245.5	2009年9月20日竣工	房屋58万元，井13.7万元，设备投资173.8万元

（续）

时间	工程名名称	建筑面积（平方米）	投资（万元）	开工、竣工时间	备注
2010	幼儿园	6169.39	1560	—	总占地面积13216平方米，2011年9月1日使用
	广播电视、街道办、地税办公楼（综合楼）	7164.93	1199.6	2010年7月12日开工	总占地面积13263平方米
	科技研发中心综合办公楼	1550	255	2008—2010年10月	占地面积1000平方米，化验室面积200平方米
	明珠家园二期工程	15.16万	15639	2010年6月17日—2010年10月14日	建有住宅楼33栋、商服楼2栋、办公楼1栋
	鑫顺嘉园小区	21696.99	—	2010年4月20日—2010年11月20日	1号楼11295平方米、2号楼10350平方米
	世纪园3号楼	4541.09	—	2010年5月18日—2010年10月10日	—
	商场1号、2号，步行街，地下商场	3万	8000	2010年6月18日开工，2012年1月竣工运营	商场1号、2号每个面积5400平方米，共1.08万平方米；步行街长70米、宽25米；地下商场7000平方米
	400米标准塑胶体育运动场	17820	431	2009年6月—2010年8月	2010年5月，铺设人工草坪和塑胶胶体
	街道办办公楼	990	157	2010年10月4日	—
	唯美寓居5号、8号	4062.8	—	—	—
	北大荒米业（新厂）	1391	5400	—	占地面积5.8万平方米，总投资1.1亿元
	物流园区	9.6万	4600	2010年6月3日开工	房屋面积10270.35平方米，地坪6万平方米
2011	明珠家园三期及二期扩建工程	16.1万	2.1亿元	2011年10月底竣工	住宅楼42栋（其中二期扩建8栋），商服楼5栋，办公楼1栋
	金海明珠小区	25374.33	—	—	共4栋218户，1～4栋面积分别为6894.54平方米、5713.46平方米、6878.87平方米、5887.46平方米
	东方嘉州	27079.09	5000	2011年10月11日开工	共17栋124户
	华庭苑小区	11164	1800	—	共2栋82户
	鑫顺家园二期	2.3万	4000	—	共2栋170户
	安居小区（共5栋）	36657.68	—	—	1～5栋面积分别为7918.69平方米、6979.1平方米、6979.1平方米、6682.4平方米、8104.39平方米
	劳动就业社会保障服务大厅	400	100	—	—
2012	主干街道9幢楼房立面改造，场区道路维修加宽、购置LED节能路灯177盏	—	4500	2012年7月11日—2012年11月30日	对乌苏里江大道、中央大街的两侧道路扩宽，硬化改造及人行道路6.6公里；投资520万元，铺设供热管网1665米；环岛雕塑210万元；楼立面改造9栋500万元；改造给水外网2200米，雨排管网4500米
	商混搅拌站	10705（占地面积）	1300（建筑及设备）	2012—2014年	—
	唯美寓居	9867.65	2000	—	B栋、C栋

（续）

时间	工程名名称	建筑面积（平方米）	投资（万元）	开工、竣工时间	备注
2013	农场保障性安居工程基础设施配套供热工程	831	—	2013年9月5日—2013年11月10日	—
	主干路、世纪园、明珠家园小区进行绿化	8000米	1200	2013年12月完工	共栽种大型乔木2700多株，景观树及花卉近百万株
2014	保障性安居基础设施配套供水工程	—	1630	—	新建发电车间和水质化验室
	“美丽乡村”建设	—	200	—	新建水泥路1750平方米，改造给水管网4559米、铺设排水管网1271延长米，新建围栏1990米
	人畜饮水工程	—	100	—	铺设供水管线2000米，新建深水井1眼，新建60平方米水房1处，购置水处理设备1套
	商城、公园等公共服务设施维修	—	395.5	—	—
2015	垃圾处理厂	35147.9（用地面积）	1850	2015—2018年	垃圾处理厂填埋区2万平方米，日处理垃圾40吨，渗沥液处理站日处理规模20吨，处理工艺为二级DTRO
	危房改造项目，新建150户搬迁住宅楼	—	1469	2015—2016年	世纪园7号楼56户，建筑面积5800平方米，共投资860万元；唯美6、7号楼共88户，建筑面积共计5762.52平方米，共投资825万元
	教师周转宿舍33套	1148	266	2015—2016年	—
	敬老院	2098.45	635	2015—2017年8月30日	占地面积3185.73平方米，主体3层
	维修改造项目	—	270	—	改造扩建水泥路7000平方米，铺设人行道1490平方米，路缘石1486米等
	居民区基础设施改造项目	—	118	—	维修改造住宅小区水泥路面8000平方米，明珠家园小区修建停车场2000平方米，道路硬化9800平方米，38延长米，雨排800延长米等
	幼儿园消防设施改造项目	—	75	2014年10月15日	建设400立方消防水池1座，泵房72平方米
	乌苏里江商城消防设施改造项目	—	168.5	—	—
	场区道路改造	—	302	—	消防路加宽总长度450米，建设规模1489.5平方米，学府路及民海路道路加宽共计500米
	楼门前硬化	—	40	—	商场1号北面，商城1、2号西侧，机关及综合楼门口硬化，总面积共计9200平方米
	中小学校危房改造项目	—	110	—	3000平方米校舍维修
	危房改造建设项目	—	870	—	安置危房56户，新建住宅5863平方米
2016	世纪园8、9号楼	10510.75	—	2016—2017年	8号楼5326.92平方米、9号楼5183.83平方米

（续）

时间	工程名名称	建筑面积（平方米）	投资（万元）	开工、竣工时间	备注
2016	场区基础设施配套项目	—	170	—	供热、供水、排水外网
	南山石阶路（2.8公里）	—	400	—	—
2017	危房改造（世纪园小区8、9号楼）基础设施配套建设项目	—	150	2017—2018年	硬化地面4000平方米，铺设给、排水外网900米，供热外网800米，供电外网1450米，新建检查井40个，安装路灯5盏
	城区绿化	—	300	—	世纪园小区绿化2000平方米、世纪园9号楼南侧空地绿化6000平方米、乌苏里江大道东绿化4000平方米、创东路至加油站绿化12000平方米
	敬老院室内装修及室外硬化	—	165	—	装修面积2000平方米，室外硬化1300平方米，活动场地铺砖600平方米，围栏260米
	小区路灯安装	—	231	2017年9月29日	264盏太阳能LED路灯
	世纪综合楼	10933.88	—	—	占地面积3871.76平方米
	金海明珠10号	6686.49	—	—	—
	场直居民区监控	—	350	—	增加视频监控探头，达到380个；辖区企建、民建视频监控点位1300个
2018	四平路改造工程	—	1200	—	新建白色路面6900平方米、路缘石9200延长米，铺设人行路9200平方米，道路两侧绿化8400平方米，购置安装路灯90盏，铺设雨排管道5000米
	改造供水、排水管网及供电线路	—	370	—	铺设排水管网2.1公里（阿布胶河沿线污水管网1100米、创业街至南外环路污水管线1000米），新建供水管道2200米、160米水井1眼
	安装外挂电梯（2部）	—	120	—	—
2019	场直住宅小区及广场基础设施建设	—	250	—	住宅小区及广场地面铺装7000平方米，污水管网200米，停车位800个
	门球场建设	1000	100	—	—
	文体馆改造工程建设	—	160	—	搭建420平方米舞台、建9平方米设备间，更换屋面2000平方米、外墙铝塑板等
	公共卫生厕所建设项目（3个）	—	60	—	—
	南山塔行车路改造工程建设项目	—	220	—	长2.3公里宽6米水泥路、停车平台硬化339平方米。另投入14万元建54.59平方米管理用房、15平方米厕所
	世纪园、南山景观塔亮化	—	170	—	安装路灯86盏、音箱8台、洗墙灯150套、装饰灯3159个、投光灯136盏
	室外体育场建设项目及9000平方米大集场地	1.5万	163.8	—	其中体育场3740平方米，铺设9毫米的硅PU地面，围栏高4米，长度380米，内设4个篮球场、2个排球场
	世纪园二期建设项目	44.5万	1050	2019—2021年	—

（续）

时间	工程名名称	建筑面积（平方米）	投资（万元）	开工、竣工时间	备注
2019	社区室外舞台搭建项目	—	49	—	搭建160平方米舞台、140平方米背景墙
	飞机场航站楼	490	100	—	跑道长度700米
2020	供电所客服中心	1391	—	—	占地面积3809平方米
	整体搬迁小区外墙改造建设项目	—	—	—	11栋楼外墙涂料
	铺设场区黑色沥青路面	11.1万	1782	2020年9月30日竣工	2019年完成2.7万平方米，2020年完成8.4万平方米

第五节　供暖、供水

一、机构沿革

为了加强场部地区供暖和自来水管理，1990年4月15日，农场决定在原招待所2个锅炉房（3台锅炉共12个吨位）和建筑公司管辖的场区自来水厂基础上，成立水暖站。为副科级单位，财务单设，有员工28人，站长郭华、书记井福泉。

2005年，水暖站有员工29人，其中管理人员7人、供水8人、司炉工14人。

2020年，水暖站有职工20人，其中管理人员8人、工人12人。

领导成员更迭情况如下：

水暖站站长：郭　华（1990.3—2012.1）

王喜顺（2012.1—2017.9）

马战红（2017.11—2019.11）

华国崴（2019.11—）

支部书记：井福泉（1990.3任命）

刘文志（1997.1任命）

范明江（1999.3任命）

王苏里（2001.4—2010.10）

王喜顺（2011.2—2012.1）

崔金生（2012.1—2017.9）

王立辉（2017.11—2022.7）

王　军（兼任，2022.10—）

二、供暖

水暖站的主要职能是负责场直地区的供水和供暖，承担全场水暖设备的安装与维修。

1997 年，农场在中学原锅炉房的基础上进行扩建，增加 1 台佳木斯市锅炉厂制造的 6 吨热水锅炉。1998 年，将小学锅炉房进行扩建，购置 1 台 6 吨热水锅炉，报停 2 台 4 吨旧锅炉。2001 年，将修造厂停用的 1 台双鸭山锅炉厂生产的 4 吨热水锅炉调入中学锅炉房。2005 年 9 月，水暖站增加 1 台宝清锅炉厂生产的 4 吨热水锅炉。

随着改革的不断深入和周边农场将锅炉房卖给个人，2003 年 8 月，农场决定将原招待所锅炉房和修造厂锅炉房及其供热设备全部卖给个体经营户李德利，并负责所辖区域的供暖，更名为商城锅炉房，供热面积 8000 平方米。从此水暖站管理的锅炉房由 3 个减为 2 个，人员由原来的 39 人减至 29 人。

商城锅炉房为了降低成本，于 2003 年、2004 年改用稻壳代替原煤，供热效果不减，降低了成本。2005 年，冬季采暖后期由于稻壳供应不足又改为以煤作燃料。

到 2005 年底，场部地区有小学、中学和商城锅炉房，共有供热锅炉 7 台 32 吨位，其中小学锅炉房为 1 台 6 吨位和 1 台 4 吨锅炉、中学锅炉房有 1 台 6 吨位和 1 台 4 吨位的锅炉、商城锅炉房有 3 台共 12 吨位。

1997 年以前，农场单位和个人（场级干部、老干部、小车班司机）的取暖费均以农场内部转账的形式结算。1997 年 10 月以后，农场下发场办发〔1997〕29 号文件《关于房屋集中供热有关规定的通知》，制定了收费办法。每平方米按 30 元收取，其中，副处级干部补贴 15 元/平方米、老干部补贴 20 元/平方米，科级干部年补贴 600 元，其他人员年补贴 500 元，开始以货币形式收取取暖费。取暖费补贴一直到 2005 年。2005 年 10 月，由于煤炭价格不断上涨，经建三江工商物价局在农场召开听证会，农场取暖费由 30 元/平方米调到 38 元/平方米。2016 年 10 月，根据黑垦价发〔2016〕45 号文件精神，居民取暖费价格调到 36 元/平方米、非居民 42 元/平方米。

2005 年，水暖站供暖面积 5.8 万平方米，李德利的商城锅炉房供热面积 2.3 万平方米，全场总供热面积 8.1 万平方米。

2008 年，李德利经营的供热服务站新建一个 760 平方米锅炉房，安装 2 台 15 吨热水锅炉。场部供暖面积达 16.3 万平方米，其中水暖站 6.5 万平方米、李德利 9.8 万平方米。全年消耗原煤 6000 吨左右。

2009 年，农场建设了明珠家园等小区，新增住宅楼 5.03 万平方米，场区供热总面积达到 21 万平方米。农场投资 1500 万元改造场区供热管网，改造 1.1 万延长米供热管道，引进3台10吨大型供暖锅炉，供热能力达36万平方米。取消了分布在场区周围的三处供热点，净化了场区环境和空气质量。2009年，新增供热住户1000多户，场区共有2000多户居民享受到集中供热。

2011年8月16日，农场与黑龙江国创生物质热电有限责任公司签订供热协议，水暖管理站不再承担八五九农场集中供热事宜，以供水工作为主。

2011年移交前，水暖站有10吨锅炉3台、20吨锅炉1台，供暖面积为31万平方米，供暖年收入621.57万元（含农场补贴）。

2020年，国创热电公司的供热能力达72.14万平方米。

三、供水

井队成立于1974年，隶属水利连。1980年，又划归汽车队。从1981年始，独立建队，由基建科领导。1983年有36人，设备有1台上海产“红星”-300型钻机、1台汽车钻、1台“上海”-50型胶轮拖拉机，主要承担农场打机井的钻探任务。

1981年，建400平方米二层楼一栋。1982年购入一台“解放”汽车。1983年购进一台“黄河”-300型钻机。在保证农场打机井外，又组建一支钻井队到北京承包打机井。

1982—1983年，安装场直地区自来水支管道2379米、主管道4500米，总计6879米。

井队独立核算后，1981年打机井11口，总钻探深度766米；1982年打机井9口，钻探深度723米；1983年打机井13口，钻探深度1196米。

1983年，经营利润5.03万元。

1984年6月，井队黄河钻井组进入北京钻井5个月，总收入18万元，上交农场9万元，个人收入2500元。

1982年9月，农场成立自来水厂，场部地区部分住户开始饮用自来水。1988年4月以前，自来水厂归农场井队（又称水文队）管理。1988年4月，农场成立建筑安装公司兼并井队，自来水厂为其下设的单位。1990年3月，又并入新成立的水暖站。

1986年10月25日，农场投资8万元建成100吨水塔及156.96平方米的水泵房。随着农场小城镇建设的飞速发展，自来水管网也逐年递增，从1984年以前的6.9公里发展到2005年的32公里。从1996年起，农场投资对自来水管网进行更新改造，将地下腐蚀严重的熟铁管更换成耐腐蚀的塑料管，彻底解决了因管网腐蚀跑冒滴漏的现象。到2005年，更新管道12公里。

1994年以前，个人和单位的水费均由各单位从工资中代扣，年底以内部转账形式交水暖站；1994年以后，开始入户收取水费。1997年，为2元/立方米；2002—2005年，生活用水 2 元/立方米、非生活用水 3 元/立方米。

2005 年，水暖站有自来水机电井 3 眼，100 吨水塔、水罐各 1 座，日供水能力400～2300 吨，年供水能力 10 万立方米左右，固定资产净值 276 万元。

2009 年 3 月 21 日，311.88 平方米新型水厂开工建设，10 月 14 日竣工。2010 年 7 月 1 日投入使用，可提升场区供水能力至 3000 吨/日，能满足场区居民 24 小时生产、生活用水。新型水厂含过滤设备、压力泵、配电间、中控室、蓄水池等整套水处理设备。地下水经过过滤、沉淀等水处理流程，铁、锰元素得到有效去除，自来水达到国家自来水饮用标准。

2011 年，场直地区有自来水机电井 4 眼，年供水 40 万立方米，基本上保证了场直地区 5145 户生活、工业、建筑施工用水，自来水年收入 55 万元。

2012 年，农场对新建楼房开始使用技术含量高、计费标准的磁卡智能水表，自来水收费工作由工作人员上门收费向用水户主动交费转变。当年，农场出资改造供水管道 2095 米。

2013 年 6 月 1 日，农场执行水价调价，根据黑龙江省垦区建三江物价分局黑垦建发〔2013〕9 号文件《关于八五九农场供水价格调整的批复》，建三江物价分局对八五九农场自来水价格进行调整。调整后自来水价格：居民生活用水 3.5 元/立方米（经农场补贴 0.5 元后减为 3 元/立方米），非居民用水 5 元/立方米，特种行业用水 7 元/立方米。

2013 年，全年水费收入达 100 万元，更换深水机泵 2 次。农场投资 28 万元，完成自来水厂围墙改造。完成全场商服老式水表更换工作。

2014 年，农场投资 1800 多万元，用于全场供水管网改造及配套基础设施建设，新增 139 米水电井 1 眼，新建 120 平方米门卫室、发电机房、化验室，供水基础设施进一步完善。当年，输配水管网达 20 公里（1994 年以前建设 6 公里、1995—2004 年建设 8 公里、2005—2014 年建设 6 公里）。

2015 年，为自来水厂铺设 670 平方米水泥路面，将使用 31 年的院墙更换为 400 米铁质围栏和电动门，供水环境得到进一步改善。

2016 年，为自来水厂配备 300 千瓦发电机 1 组，做到场区停电不停水。自来水厂新建 303 平方米水处理车间、188 平方米门卫室和化验室，供水管理走向标准化。场区新建 149 米深取水井 1 眼。6 月，农场投入 100 多万元，给居民免费安装磁卡式水表，更换磁卡水表 2000 余块。

2017 年，改造场区供水管道 700 余米，检修取水井泵 4 次，更换取水井泵 1 个。2018 年，在场区新建 151 米深取水井 1 眼。改造拆迁平房区供水管道 900 余米。2019 年，在场区新建160米深取水井1眼。改造拆迁平房区供水管道1700余米。

2020年，农场出资引进远传阀控智能水表，实现用水户网上交费。在场区新建164米深取水井1眼。完成自来水厂水电分离改造工程，新建80平方米控制室1栋，购买有限空间应急装备2套，供水安全和施工安全得到进一步保障。

2020年，水暖站拥有场区供水管网46公里，取水井7眼，日供水能力3500吨，年供水78万吨，固定资产净值2630万元。水费收入由2019年的140万元增长至2020年的177万元。

2020年，有居民用水户7899户、商业用水户1059户。

水暖站站长郭华被评为1995—1996年度管理局劳动模范。30年如一日工作在水暖维修岗位的水暖站工人赵贵，被推荐为第三届感动八五九人物。

四、国创热电

黑龙江国创生物质热电有限责任公司是农场从虎林招商引资引进的。筹建于2011年3月，5月4日工程正式破土动工，16日在工商局注册，于当年正式投入生产，总投资8000万元。公司为股份制企业，注册资金2000万元。有职工86人，其中管理岗20人、技术岗56人、普通员工10人。公司内设燃料供应部、供热首站、技术部、生产计划部、综合管理部等5个部门。

领导成员更迭情况如下：

总经理：赵洪斌（2011.4—2017.6）

孙光军（2017.6—2020.11）

昝同军（2020.11—）

2011年8月16日，与农场签订供热协议，承接八五九农场集中供热事宜。公司有偿租用农场供热管网管线，每年租金35万元，供热设施的日常管理、维修和养护由公司负责并承担费用。公司进入后将原农场负责供热的16名员工全部留用，并自行投资8000余万元购进1台75吨生物质专用锅炉并改造配套设施，替代原3台10吨和1台20吨的烧煤热水锅炉。利用稻壳、秸秆等生物质供热、发电，居民购买服务，实现集中供热的社会化、市场化运营。供热周期从原来的每年10月20日开始提前到10月1日，由原来的下年4月20日结束延长到5月1日，供热期增加30天。全年供热时间长达7个月200天以上。

2012年，国创热电投资120万元对供热设备及供热管道进行维修。投资300万元建设一座80米高的滑模烟囱，采用国内先进的静电除尘设施，排烟除尘达到环保要求。

2014 年 1 月 17 日，与建三江电业局签订并网调度协议，系统正式联网运行。

2017 年 7 月 19 日，黑龙江省环保厅下发《关于农垦八五九农场热电联产项目竣工环境保护验收的函》，环保验收完成。

2020 年 8 月 23 日，经股东会议研究决定，由陆月江承包经营国创热电。

企业为热电联产项目，是利用稻壳等生物质作为能源进行供热、发电的新型能源企业。公司原材料稻壳来源为 100 公里范围内的各个农场和农村，年消耗稻壳 8 万吨，每年可为当地农户带来近 2000 万元的收入。年可替代标准煤 4.3 万吨，每年可减少烟尘排放量 56 吨，减少二氧化硫排放量 183 吨。工程装机容量：锅炉 1×75 吨/每小时，汽轮发电机组 1×12 兆瓦，预计年供电量 5.61 万兆瓦时；年供热量 43.8 万吉焦。2015 年供热面积 70 万平方米，供热用户 1.01 万户，年发电量 4100 万千瓦时。

2020 年，供热面积 72.14 万平方米，供热用户 1.01 万户，年发电量 5449.8 万千瓦时。

公司被国家能源局评为电力安全生产标准化“达标企业”，被建三江管理局安委会评为企业落实安全生产主体责任“达标单位”，被黑龙江农垦工会评为“模范职工之家”。

第十章　交通运输

20 世纪初，本地无公路建设，唯冬季出行靠爬犁，以牛、马或犬牵引，用以载人载物。随着居民村落的布设、人畜往来，渐成荒道（较宽的道，无路边沟）。旱季往来可通行二轮或四轮马铁车。1916 年以后，地方保甲组织民工修建由东安镇到别拉洪（民主村）的乡道，途经太平镇、四平山等几个村屯，全长 55 公里。同时修筑由四平山到大板屯 6 公里的乡道，夏行牛马车、冬跑牛马爬犁。

1938 年，伪满归并集团部落后，连年征调民夫，遍修村屯公路。1939—1943 年，修成东安镇至别拉洪（民主村）、四平至太平镇（和平屯）至大板至大孤山（胜利屯）、东安镇经明山至大孤山至西南山（胜利农场）等地公路。公路全部为土路，两侧开沟，便于积水宣泄，河沟架简易木桥，可通行马车、爬犁等。20 世纪 30 年代，从抚远县城到东安镇有“爬犁道”（山林小路），途经海青、蒿通、国富镇、瓦盆窑等村屯，全程 180 公里。

胜东公路，是胜利至东安镇段，修于 1939 年。1957 年春，农场派 120 余人修复此路，并由胜利屯延伸至翠屏山。1978 年，整修胜东公路，铺砂石，建桥 3 座（其中永久性桥梁 1 座），全长 30 公里。

东洪公路，东安镇经四平镇西北至别拉洪河桥（民主村），1940 年修。1958 年后重修，全长 34 公里。

1957 年以前，场区内有 7 个自然屯，村屯之间有简易马车便道相通。对外没有公路，夏秋靠水路，冬季靠雪路冰道与饶河、虎林、富锦、佳木斯等地来往。主要运输工具是轮船与马爬犁。

1964—1968 年，进场物资，一靠夏秋江运，二靠冬季冰道汽车运输。那时，要从民主屯经别拉洪河冰道跑佳木斯运输，直至富锦二龙山才能见到简易砂石公路。场内生产队之间有土公路可通。

1968 年修通胜七公路后，从此打开与外地的陆路交通。1972 年，胜七公路达到路面砂石化。到 1983 年底，有 43 个生产单位有公路可通。

1984—2005 年，农场的交通运输业随着道路和桥梁的建设实现了跨越式发展。

随着振兴路、民心路、消防路、场区白色路面，以及创东路、民海路的相继完工，彻底改变了道路交通不便的历史，道路等级不断提升，客货运输方便快捷。货物运输可与各省、市连通。旅客运输除农场至建三江的客运线路外，相继开通农场至佳木斯、东安至饶河县、农场至前进镇、农场至哈尔滨、农场至前锋、农场至抚远县的客运班线。场内还开通了场部至生产队的客运班线 13 条，形成了外连省城、内连周边农场四通八达的交通网络体系。

1995 年 9 月 28 日，位于场部中心的交通科办公楼及客运站建成，面积 1283.74 平方米，投资 130 万元，其中总局投入 11 万元，管理局投入 30 万元，农场自筹 50 多万元。1996 年，农场第一栋由职工集资兴建的交通住宅楼竣工，面积 1750.7 平方米。

2006 年，投资 115 万元，建成建筑面积 2243 平方米的交通办公楼与客运站。新客运站使用面积 500 平方米，达到了二级站标准。同年，又争取上级投资 50 万元，在东安建立了 487.67 平方米的客运分站。

第一节 机构沿革

1963 年以前，老八五九农场设工业交通科，分场设一名多种经营助理员兼管交通运输。1964 年，新八五九农场成立，设工业交通科管交通运输。1969 年 4 月，成立二十三团，团后勤处设装备股管交通。

1977 年，恢复农场体制，设基建交通科。1978 年，改为工交科；1983 年，改为交通运输公司。由行政科室改为经济实体，既是交通管理机构，又是独立核算的运输企业。公司设经理、副经理、会计、出纳及交通助理、监理共 6 人。

1985 年，农场从交通运输公司抽调人员成立交通监理站，负责农场的交通安全管理工作。1986 年，原工交科人员从交通运输公司中分离出来，办公地点迁至农场机关，更名为交通科，交通监理站同时并入交通科。1989 年，交通科的交通安全管理职能分出，纳入交警中队管理。1990 年 4 月 14 日，交通科和交警中队合并，成立交通、交警合署办公室。1991 年，交通交警合署办公室撤销，交通科单设。1992 年，农场交通科归属管理局交通局管理。交通科负责运输管理、征费稽查、公路、客运、水运管理等工作。

2018 年，黑龙江农垦政府行政职能移交，交通科的执法权被收回。

2009 年 1 月 1 日，国家实施成品油税费改革，取消原在成品油价外征收的公路养路费、航道养护费、公路运输管理费、公路客货运附加费、水路运输管理费、水运客货运附加费等。

1997 年，被总局交通局评为交通系统文明标兵。1998 年，被省交通厅命名为文明单位，被总局命名为文明标兵单位。1991—1993 年、1995—1998 年、2005—2009 年在建三江交通局年度综合评比中荣获第一名，连续 2 年获总局交通系统评比第一名。2007 年 9 月，被省交通厅评为文明单位标兵。2011 年 1 月，被总局交通局评为 2010 年度先进单位。

领导成员更迭情况如下：

工交科科长：王三明（1964—1966.5）

工交股长：赵印生（1969.9—1971.2）

装备股股长：李治远（1972.1 任命）

基建交通科科长：郭广誉（1977.2—1978.2）

工交科（交通运输公司）：张学鹏（1979.1—1986.3）

交通科科长：张永俊（1986.3—1988.3）

张开成（1988.5—1997.3）

穆景印（1997.3—2005.2）

王宝学（2005.2—2012.8）

张　力（2012.8—2019.10）

王宝学（2019.10—）

第二节　公路与水路运输

1968 年以前，农场与外界没有公路可通。汽车在场内各队之间运种子、口粮和饲料，运上交粮到东安镇，从东安码头运煤、油料、肥料到各生产队。封冻后汽车可沿乌苏里江冰道到饶河县运日用百货和生产所需的物资。

1969 年，“胜七公路”修通后，进出场物资可从佳木斯、福利屯、建三江管理局运进，出场粮豆也可运出。

一、运输管理

交通运输管理是交通科的一项经常性工作。每年的春、秋季节，以及农业生产需要进行大宗货物运输时节，交通科对辖区内的各类车辆进行技术检验，对驾驶人员进行安全教育，对运输力量进行统一管理与调配。

1964—1983 年，陆路汽车货运量为 6 万～12 万吨。1978 年，有载重车辆 57 台，货运量 7.22 万吨；1982 年有载重车辆 58 台，货运量 12 万吨。运出物资主要有大豆、小麦和农副渔业产品，运进的物资有化肥、原煤、油料、零件材料以及日用百货。

1985—1990 年，农场运输公司是承担各类大宗货物运输的唯一企业。1986 年完成货运 780 万吨。1991—1995 年，部分生产经营企业购进运输车辆，承担本单位的经营运输工作。农场个人购置运输车辆，从事个体运营活动出现快速增长的势头。但主要的运输市场仍由国营运输企业占据着 2/3 以上的份额，其他运输力量只作为运力不足时的补充。

1995 年以后，个体运输业发展速度加快，并以其吨位大、速度快、运价低、结算方便等优势，逐步扩大了运输市场所占份额。哈尔滨、佳木斯等城市的 6 家物流企业，也跻身于农场的运输市场，加速了物流市场的流通，也给个体经营业户带来了更多的便利。农场汽车运输公司在激烈的市场竞争冲击下，将企业所属车辆变卖给职工个人经营。

1995 年 12 月 25 日，运输公司解体。原其他企业自行购置的运输车辆，也都开始转卖给职工个人经营。从此，货物运输完全进入市场化运营。运营车辆更新速度加快，运营车辆类型迅速增多，从 30 吨位的大型车辆到 1 吨位的小型车辆，均以不同的形式进入运输市场，充分满足了不同种类、不同运距、不同数量的运输需求。

1996 年 1 月，为了加强对货运市场的管理，农场成立了货运管理站，负责全场个体运输车辆的管理，实行统一调配、统一管理、统一停放、统一结算的四统一。1997 年，运输公司剩余资产及人员并入公路管理站。至此，经营了 30 多年的国营运输企业，退出了运输市场。

2009 年，费改税开始，交通科负责治理公路超限超载，将辖区公路超限率控制在 2%。

1969 年，全场有汽车 28 台；1978 年，有汽车 73 台；1984 年，有汽车 118 台；2006 年，辖区内有客车 9 台、货车 59 台、出租车 4 台，合计 72 台；2012 年，有客运班车 12 台、出租车 82 台；2013 年，有客车 12 台、货车 120 台、出租车 82 台，合计 214 台，达到最高峰；2020 年，有客车 4 台、货车 23 台、出租车 71 台，合计 98 台。

表 3-38　2006—2020 年全场各种车辆统计表

单位：辆

年份	客车	货车	出租车
2006	9	59	4
2007	9	57	4
2008	9	57	4
2009	9	78	4
2010	9	90	59
2011	12	120	81

（续）

年份	客车	货车	出租车
2012	12	108	82
2013	12	120	82
2014	12	118	82
2015	12	112	82
2016	9	117	82
2017	7	97	82
2018	5	23	79
2019	4	23	76
2020	4	23	71

二、出租车管理

2009年，是燃油税改革的第一年，交通科的工作重心从征费转移到以交通运输管理为主。在规范出租车市场上，对原来购买的车辆重新登记、审批，符合经营条件的车辆统一改变车身颜色为蓝天白云版，统一安装出租标志灯，展示出八五九农场出租车的新形象。结合农场的发展实际，当年10月，由符合经营资格的人员统一购进15台羚羊出租车进入出租市场。2008—2011年，出租车发展到82台，公交车发展到24台。

2009—2012年，出租车效益较好。少数私家车没有注册登记，私自拉客，扰乱了出租车市场秩序，也带来很多安全隐患。从2012年开始，按照上级的工作安排，开展打黑治违工作。联合交警中队开展“珍爱生命拒乘‘黑车’”法制宣传活动，提醒广大居民提高安全出行意识。

不断加强和完善出租汽车“举报—接报—查处”快速反应机制，在出租车市场成立值班小组，专门处理出租车违章行为。在商场、车站等主要地段设立出租车“待租区”，规范正规出租车的停放。同时，加大对非法营运“黑出租车”的打击力度，派专人、专车流动监管，采取晨检夜查、点面结合方式，针对“黑出租车”的经营特点，灵活安排工作时间严厉打击，对查实的非法营运“黑出租车”，严格按照有关法规罚款上限处罚。

2016—2018年，公交车辆行驶期限陆续到期，按照黑龙江省公交车辆公示的车型，个人没有能力更新，到期后全部下线。

2020年，从事出租车运输的部分人员转岗，出租车保有量71台。

三、水路运输

1904年，俄国轮船开辟黑、乌两江航线，允许搭载我国商客。那时沿江无煤矿，运输难，都以柞木、桦木柈为燃料。东安镇为上木柈站口。1920年，民国政府禁止外国船只进入我国内江。1921年起，正式建立停泊码头，开东安镇、四排、饶河三埠头，上溯至虎头，不定期开船。1947年，合江轮船公司开辟佳木斯至饶河、东安等航线。

自古，东安镇是通往宁古塔和三姓的水上交通要塞。从东安镇起航，沿乌苏里江南下饶河县和虎头镇，北抵抚远县沿黑龙江转入松花江，可达同江县，再抵佳木斯，北上哈尔滨。因具有运价低的优势，煤炭、建材、石油、木材、化肥、粮食等主要靠水上运输。

以东安码头为起点，沿乌苏里江分南北两条航线。南线乌苏里江航道，东安镇至饶河航程70公里；东安经饶河至虎头，航程210公里。北线经抚远入黑龙江、松花江达佳木斯市，航程650公里。东安至抚远204公里，至同江414公里，至富锦474公里，至依兰759公里，至哈尔滨1105公里。乌苏里江段可通航500～1000吨船舶。枯水期水深0.9～1.2米，饶河以下1.5米。5月中旬至10月下旬为航运期。

1957年，铁道兵农垦局利用淘汰的坦克发动机，自己动手造船，建立铁道兵农垦船队。1959年，船只增至15艘。1963年，东北农垦总局成立后，铁农船队船只交八五九农场使用管理，农场建立2个船队，承担农场水运任务。

1963年以前，农场有机动船10艘。1964年以后，农场自己的船队停航，所需油料、燃料（煤）均由佳木斯航运局承运。1974年，农场自行建造2艘机动货轮（燎原401及燎原02）开始航运，江上运输又开始活跃起来，每年平均航次20～22个，货运量1万吨左右。1974—1983年，运输物资10.4万吨，盈利22万元。

1984年，船队完成江运1.28万吨；1986年，完成江运6014吨。1984年，“燎原401”号被合江航运局评为先进单位。

20世纪90年代，公路建设速度加快，公路等级不断提高，由于公路运输快捷方便，加上乌苏里江枯水期长，水运市场逐渐萧条，水路运输基本停滞。1艘渔政艇由水产科管理，1艘旅游船、2艘400吨级机动船归物资科管理。1993年以后，根据总局交通局要求，成立八五九农场航运分站，分站长由交通科长兼任。1997年4月，除保留1艘渔政艇外，所属机动船全部卖给个人经营。2艘大型机动船卖给个人后，用于江沙采挖，其他船只则开展乌苏里江旅游。到2005年，农场从事江上旅游的船只达到5艘。

1961年，合江航运局下设佳木斯港务局，管辖饶河、东安等7个港站。1966年，合江航运局在东安镇下营设立航运站，同时派驻在员办理客、货航运业务。东安港站货物吞吐量，1962年1.2万吨、1965年1.7万吨、1970年2.4万吨、1975年1.2万吨、1980年2.93万吨、1981年1.6万吨、1982年9.33万吨、1983年1.9万吨。1986年，东安码头建设项目列入垦区“十五”计划。

2002 年，投资建设了 2 个 1000 吨级泊位的重力式码头。2004 年 6 月 11 日，满载 2700 吨水稻的货船，从东安码头起航抵达温州港，开始了农场有史以来的第一次江海联运。

2013 年，辖区内有旅游船 6 艘、渔政船 1 艘、挖沙船 2 艘。

2020 年，辖区内有旅游船 3 艘、渔政船 1 艘、巡逻艇 1 艘。

四、汽车队

汽车队建于 1964 年，开始有型号不一的各种汽车 17 台，全为载重汽车，另有油罐车 1 台。随着生产发展，车辆也不断淘汰更新。1982 年，全队有解放牌汽车 28 台、东风牌汽车 9 台、油槽车 2 台、嘎斯车 4 台、吊车 2 台、客车 3 台。修理设备有摇臂钻、台钻、刨床、电焊机、镗缸机、30 瓦发电机、天吊各 1 台，车床 2 台，2 吨锅炉 1 座。

1964 年建车队时，全队人员 30 人，其中 21 名驾驶员（多为复转官兵）。建队后共选配三批学员，第一批 1964 年选配 5 人，第二批 1965 年选配 7 人，第三批 1969—1976 年，选配 36 人，三批共选配 48 人。1984 年，车队共有职工 142 人，其中汽车驾驶员 57 人、修理工 43 人、行政管理人员和其他职工 42 人。

自 1964 年建立汽车队至 1978 年的 14 年间从来未发生过交通事故，安全行车 1500 万公里，受到建三江管理局交通主管部门的奖励。1976 年，被沈阳军区黑龙江生产建设兵团六师评为“先进汽车连”。1978 年，被合江地区授予“交通红旗单位”，司机姜学义、徐明发、王本桐 3 人被饶河县评为“安全标兵”。1990 年，农场车队被省交通厅评为优质服务运输企业。1994 年，车队轮胎质量管理小组先后被农垦总局交通局评为优秀质量管理小组，被交通部评为优秀质量管理小组。

汽车队是牡丹江桦林橡胶厂 900-20 钢丝胎（活胎面）汽车轮胎试验单位。每逢冬天，刘启和、陶景良等工程师来到农场现场实地试验。专门设计活胎面带钢钉的胎面，应用效果好，得到批量生产。

1972 年，开展百公里耗油节油竞赛和安全行车竞赛活动。按月统计核算单车每月总行车里程和总耗油量，并张榜公布。在公路上行驶时，采取跑经济速度、下坡滑行等节油措施。节油标兵李昌文百公里耗油 17 升，打破了国家标准 22.5 升的纪录。党支部书记张开方制作安全行车 2 万、5 万公里锦旗，悬挂在驾驶室内，大大调动了安全行车的积极性。

老司机付克敏开车 30 余年，安全行车 120 万公里，为全队树立了榜样。王本桐，1959 年 8 月从山东支边到八五九农场，1963 年到小车班，1984 年任车队驾驶员。1987 年车队承包，全年行车 5 万公里，节油 2.7 吨，盈利 1.36 万元。1984—1987 年累计盈利 4.19 万元，名列全场第一。1987 年，被评为总局劳动模范。

汽车队修理间于 1975 年冬发生火灾后，1979 年，新建 1200 平方米的汽车大修车间，楼上设 300 平方米会议室。

1995 年，汽车运输公司在激烈的市场竞争冲击下，将企业所属车辆变卖给职工个人经营。12 月 25 日，运输公司解体。29 日，对汽车修配厂承包招标，俞高海以上交 4.4 万元中标。

领导成员更迭情况如下：

历任汽车队队长：曹振东（总场汽车队队长）、李正明、李伟、张学鹏、张兆顺（1981.6 任命）、张永俊（1984.2 任命）、宋殿彦（1986.3—1990.3）、李福洪（1990.3 任命）。

书记：张学鹏、郭连众、李文贤、张开方、黄乐年（1981.6—1984.2）、张永俊（兼，1984.2 任命）、李吉安（1986.3 任命）、宋殿彦（1990.3 任命）。

第三节　公路建设与养护

一、机构沿革

1965 年，东北农垦总局决定由胜利、八五九农场联合修筑胜七公路（胜利至七星）。1968 年，由东北农垦总局设计院对胜七公路进行全线勘测。4 月 20 日动工，11 月 6 日竣工通车，全长 65 公里。

1968 年修通胜七公路后，从此打开与外地的陆路交通。从 1965 年以后，农场也开始重视场内公路的建设。到 1983 年底，建设场内公路 144 公里（其中砂石路 93 公里），43 个生产单位有公路可通。

八五九农场公路站一直是一支拉得出、打得赢的队伍。这支队伍的精神支柱就是“小铁锹精神”。“小铁锹精神”产生于公路站机械力量十分薄弱时期，那时农场资金和油料紧张，公路站还没有挖掘机、平地机等机械。全体养路工人在老书记程立华、站长李培江的带领下，就是靠人手一把铁锹，就地取土、人工备料、清理路沟、铺垫砂石，在 242.18 公里的公路线上，夏干三伏、冬练三九，风雨不误、风雪不停，对公路进行及时、彻底的养护。公路站因此每年可节约资金 2 万余元。此举被时任建三江交通局局长高国荣誉为“小铁锹精神”。

1988 年，公路站的一台装载机坏了，站里派专人到哈尔滨买零件，采购人员回到农场等待哈尔滨销售单位托运。老书记程立华知道后，立即赶往哈尔滨，历经4个昼夜的长途跋涉，硬是将100多公斤重的零件给背了回来，提前20天修好了装载机。正是这种“小铁锹精神”，提高了农场自养公路的标准，使当时八五九农场在农垦公路建设中名声远扬，激励着一代代的公路人，顽强拼搏，自强不息，战胜了一个又一个的困难，取得了今天辉煌的成绩。

1992—1996年，公路站连续5年在建三江公路综合评比中获得第一名；1992年，被管理局交通局评为先进集体；1994年，在全省地方路评比中获先进单位；1996年8月，被省公路局评为1995年度地方道路建设先进单位；1997年，被省交通厅命名为文明单位；2002年，被总局命名为文明单位；7月，在全省交通系统“六杯”劳动竞赛中被评为“好路杯”；2003年，被黑龙江省授予“全优公路站”称号；同年，被总局评为先进文明单位；2005年，被省公路局授予公路建设先进场；2006年2月，被省政府授予2003—2005年农村公路建设先进单位，并获2005年度全省农村公路养护管理三等奖；2006年4月，被建三江交通局授予2005年度交通工作先进单位。2007年1月，被总局交通局评为2006年垦区硬化农村公路养护管理C级单位、垦区砂石路养护管理先进单位。

2020年，公路管理站有职工29人，拥有平地机4台、东风自卸翻斗车5辆、挖掘机1台、装载机2台、皮卡1辆、工程抢险车1辆、洒水车1辆、客车2辆。负责农场公路、桥梁养护、香化、保洁及清雪等工作。截至年底，管养省道31.43公里、县道86.1公里、乡道66.15公里、村道98.41公里、专用公路215.92公里。

1979年，农场组建专业修路队，为汽车队二队。1986年，成立修路队。1992年，改为公路站，为独立核算企业。

领导成员更迭情况如下：

二队队长：刘广生（1985.5离任）

修路队队长：张开成（1986.3—1988.7）

程立华（兼，1988.7—1989.4）

姜学义（1989.4—1990.3）

程立华（1990.3—1992.1）

公路站站长：李培江（1992.1—1996.12）

李福洪（1997.1—2009.3）

方　军（2009.3—2017.9）

于风华（2017.11—）

书 记： 刘广生（1985 任命）
程立华（1986.3—1990.3）
邢景隆（1990.3—1992.1）
程立华（1992.1—1999.3）
马 义（2000.7—2004.3）
李福洪（兼任，2004.3—2006.7）
徐 伟（2006.7—2009.3，副）
魏建平（2009.3—2017.9）
徐 伟（2019.5—2022.7）
张广龙（兼任，2022.10—）

二、公路建设

1963 年以前，队与队之间只有便路可通，夏涝冬雪阻碍通车。1964 年，开始修建场内公路。到 1983 年，以场部为中心的场内公路交通网已形成。两条主干公路呈十字交叉穿过场部中心，东西南北联结 43 个居民点。

1967 年，农场组织修路队从场部修到胜利农场九队，长 16 公里。1968 年与胜利农场一起从胜利农场场部修到火烧盂（创业场部），从而沟通八五九农场至七星农场的陆路交通。

1969 年以后，通往场外公路：北面从场部—前锋农场 30 公里—抚远县 140 公里，西面先到胜利农场 20 公里—红卫农场 51 公里—创业农场 82 公里—建三江管理局 119 公里，往南行经胜利农场—小佳河 43 公里—饶河县 123 公里。自从陆路通车后，交通四通八达，再不受水涝冰雪限制，一年四季均可通车。

1982 年，场内公路已具雏形。以南北线东安至民主，东西线四十队（石头山）至抚饶公路胜利路口，两条主干公路呈十字交叉结构，并在主干线上交接着通往生产队的分支公路，形成了以场部为中心的放射状公路网络结构。全场公路总里程 242.18 公里，全部为专用公路。

20 世纪 80 年代，偏远生产队的道路不通畅，从四十队到场部 57 公里，要走好几天，有时要坐链轨拖拉机才能出来，很多人出来一趟都要先走到十二队，才能搭上车到场部。

1981 年 12 月，哈师大数学系学生王学伦放寒假回家，因四分场不通车，他就坐客车到海青，计划步行到老三十九队，路途是 15 公里。那天正刮烟炮（雪风、白毛风），路被掩盖，看不清楚，结果被冻死在途中。为此农场下决心一定要修好场部至三分场方向的公路。

1985 年以后，场内公路建设主要是对原有的低等级公路进行改造与扩建。工程从

1995 年以后开始，其中 1997—1999 年的 3 年间，农场改扩建公路里程达 101.12 公里。

1997 年，改造九队至十一、十五、二十四队公路。在交通科的组织下，沿线生产队有车的出车，有人的出人，出现了罕见的由小四轮、农用车组成长龙的壮观场面。在 5 天内共有 45 台小四轮参加抢运砂石料，出工 320 人次，铺砂石、挖排水沟。

1997 年 11 月 8—25 日，农场为了改造一条通往饶抚公路的快速通道，拉动农场经济的快速发展，对一队至三队 10.5 公里路面进行改造大会战。调集挖掘机 5 台，路宽由原来的 6～8 米加宽到 12 米，路面普遍加高 60 厘米，取土 40 万立方米，修桥 6 座，弯道取直 5 处，共投资 150 万元。修路还解决了沿线 2666.67 公顷耕地的排水问题。1998 年 6 月初，仅用 25 天的时间就完成振兴路铺路工程，共铺设砂石料 5 万立方米。使公路等级提高到二级公路标准，被建三江交通局评为优质工程，并将此路命名为“振兴路”。

1999 年 8 月 4 日，三十三队至四十队 21.5 公里“民心路”工程开工，路基高 1.8 米，路面宽 12 米，9 月 30 日路基工程竣工，可解决 1333.33 公顷耕地的排水问题。农场投资 100 万元，建三江分局局长帮助解决 100 吨柴油。

在加快两条主干道路改扩建的同时，农场加速了对场部居民区和生产队住宅区道路的建设。特别是针对老住宅区建设布局混乱、道路不畅的情况，进行了重新规划。1993 年 9 月，在农场资金极其紧张的情况下，采取个人拿小头、农场拿大头的方式，筹资修建场部新区的道路。

1999 年 4 月 12 日凌晨，一场大火烧毁了住在六队的王东立等 6 户居民的住房，场直单位及个人纷纷捐款，总额达 2.75 万元。因道路不通，消防车无法靠近，延误了救火。农场决定，一定要开辟一条消防路。8 月 3 日，位于场区东南部原六队居民区的“消防路”开通，并与场区外环线连通，构成了相对完整的场区外环道路。

2002 年 6 月 28 日，场区白色路面建设项目开工，10 月 1 日竣工。全长 3 公里（中央大街 2.2 公里、乌苏里江大道 0.8 公里），路面宽 16 米，两侧人行道各 3 米，总造价 1100 万元，为场区第一条水泥路。

2005 年，农场抓住省通乡公路建设的契机，申请立项建设了四平路至饶抚公路胜利交叉路口 15.6 公里水泥路，于当年 9 月 28 日竣工。

2006 年 5 月，勤东公路东安镇至胜利路口全长 31.4 公里的水泥路基白色路面开始施工，第二年 10 月全面完成。2007 年 5 月，民主至场部全长 16.5 公里的水泥路基白色路面开始施工，当年 10 月完成。到 2007 年，农场辖区内白色路面达到 50 公里。

2009 年，农场建设 46.45 公里的骨架公路和 21.5 公里的通村公路，实现农场骨架路全部贯通、硬化，总投资 7080 万元。截至年底，农场辖区内共有白色路面 63.85 公里，路面宽度为7米、均为三级公路，共计连通15个作业区站。

2011年，是全省公路建设决战年，农场重点实施“公路畅通化”工程。为解决整体搬迁后居民如何到管理区进行农业生产的问题，打造“作业站拆到哪，水泥路就修到哪，公交车就开到哪”的畅通工程。当年投资9269万元，建设水泥路93.45公里，完成全场“两纵七横七个循环网”265公里的水泥路循环网络，使全场耕地极大增值。

2017年10月31日，完成三十一队桥（在二十二站，长23.74米）及东海林业站桥（在三十五站，长17.54米）的桥梁主体建设项目，共投资219万元。2020年6月，完成四队桥（长13.74米）、二十四队桥（长16.74米）、奶牛队桥（在二十六站，长18.56米）、兴稻桥（在二十三站，长55.74米）及新河桥（在十二站，长68.84米）5座危桥新建项目。

2018年，完成创东公路提档升级工作，经总局交通局同意，乡道Y401（创业—东安镇）提档升级为省道S307（东安镇—同江），公路站对辖区内31.43公里乡道里程碑更换为省道里程碑，更名为东同公路。

2019年8月20日，安全生命防护工程（东同公路）开始施工，设立标志牌241架、Gr-B-2E波形梁防撞护栏6675米、Gr-B-1E波形梁防撞护栏66米、附着式轮廓标365个、道口标柱136根，10月20日竣工。总投资267万元。

2021年9月7日，在农场与胜利农场交界处举行创东路沥青路面工程开工仪式。创东边防公路全长32.25公里，起点位于胜利路口与国道G331交叉处，终点位于东安镇。由6个标段分段施工，总投资7010.56万元，11月15日竣工。

表3-39 2005—2020年公路站重大工程统计表

年份	工程名称	工程地点	工程量（公里）	备注
2005	勤东公路	场部—胜利路口	15.6	水泥路
2006	勤东公路	场部—东安	17	水泥路
2007	第一管理区—场部	八五九农场一站—场部	16.5	水泥路
2009	十二队至二十八队	十二站—二十作站	18.3	水泥路
	二十二队—佳抚路口	二十二站—二抚路路口	6.65	砂石路
	科研奶牛小区—鱼池路口	鱼池	4.66	砂石路
	科研奶牛小区—苗圃路口	苗圃	3.89	砂石路
	第二管理区—第九管理区	三站路口—二十二站、场部—二十六站	46.5	水泥路
	八五九新河桥改造	十二站	58.2米	桥维修
	阿布胶河二号桥	外环路	12.4米	新建桥
	三十队公路	十二站—三十站	3.2	水泥路

（续）

年份	工程名称	工程地点	工程量（公里）	备注
2010	（创东公路）—十六队	十六站	2.8	水泥路
	民海公路—三十五队	三十五站	1.3	水泥路
	民海公路—十四队	十四站	2.7	水泥路
	水泥厂—二十三队	二十三站	3.9	水泥路
	二十六队—三十三队	二十六站—三十三站	6	水泥路
	民海公路—三十七队	三十七站	6.4	水泥路
	三十三队—四十队	三十三站—四十站	20.9	水泥路
	民海公路—五队	四站—五站	13.2	水泥路
	十一队—十五队	十一站—十五站	7.6	水泥路
	十队—十一队	十站—十一站	7.9	水泥路
	十九队—二十一队	二十八站—三十五站	22	水泥路
	二十二队—十四队	二抚路口—二十二站—十三站—十二站—十四站	31.1	水泥路
2011	九队—二十四队	九站—二十四站—十九站	13.8	水泥路
2014	外环路硬化	场区外环	11	水泥路
	副业队桥	灌区路口	13.74 米	新建桥
2015	民海公路至八五九新河桥通达公路	二十三站—十二站新河桥	20.54	砂石路
	三十三队桥	十二站	27.5	新建桥
	二十六队桥	二十六站	27.5	新建桥
	平交道口工程	全场路段	2.08 万平方米	砂石路
2016	十二队至抚远县四合村边防公路	十二队—四合村	26	水泥路
	干新桥	二十二站	55.74 米	新建桥
2017	三十一队桥	二十二站	23.74 米	新建桥
	东海林业站桥	三十五站	17.54 米	新建桥
2019	安全生命防护工程	东同公路	6675 米	标识护栏
	四队桥	四站	13.74 米	新建桥
	二十四队桥	二十四站	16.74 米	新建桥
	奶牛队桥	二十六站	18.56 米	新建桥
	兴稻桥	二十三站	55.74 米	新建桥
	新河桥	十二站	68.84 米	新建桥
2020	东安镇桥	东安镇	37.54 米	新建桥

三、公路养护

1979年，组建专业修路队，有筑路工35人，装备东德进口“依法”翻斗车10台、装载机1台、嘎斯车1台。到1983年，筑路工增至81人，设备又增加东风牌大板车1台、60型推土机3台、红旗100型推土机2台、压道机1台、刮路机2台。

1985年1月6日，农场将党校楼划给修路队。2008年，改建装潢办公楼600平方米，新盖停车库400平方米，扩建停车场3800平方米，新建材料库200平方米，在办公楼门前东西两侧新建草坪800平方米，还设置图书室、阅览室、活动室，建立休闲广场400平方米，并安装了各种健身器材。

2018年，农场投资47万元修缮站内设施，对公路站门卫室、围墙、材料库和修理车间等进行了维修和重建，使工作环境得到改善。

农场场域内的公路全部为专用公路，农场修路队具体负责全场242.18公里的专用公路的维护和保养。

公路的养护工作主要分为季节性养护和平时养护。季节性养护在每年的春秋两季分别进行。春季翻浆期过后，进行一次全面的养护，采用上砂石料刮平的方法。秋季养护是在入冬封冻前，用土和砂石按比例混合后，封路刮平，俗称为“土封路”“秋封路”。

交通科科长张开成带领大家总结出了掺土、加水、搅拌、碾压养护及处理翻浆路的有效方法。公路站从1997年开始，采用这两种养护方法后，解决了北方寒冷地区冬季公路养护的一大难题。这两种方法得到了上级交通部门的认同，并在全分局范围内进行了推广。

平时养护根据路况及受损程度，采取人工与机械相结合的方法，定期或不定期地进行养护。分支路段的管理养护一般由生产队负责，维护所需砂石由农场提供。

1985年以来，农场逐步加大公路养护机械的投入，分别于1989年、1998年购置了日本产和国产平地机各1台。1993年，农场通过总局项目办，用外汇从日本进口1台三菱刮路机。1995年，配备日本产小松挖掘机1台。1998年又调配挖掘机1台，使公路养护能力大大增强。2003年，购进4台8吨东风自卸车。2004年，农场在建三江分局公路建设评比中获得了第一名的好成绩，上级奖励农场5万元。农场党委经过研究决定，将这部分奖金奖励给了公路站，用于购买公路养护设施，增强了公路站的机械力量。

2009年，购置了国产徐工GR200平地机和国产柳工G50装载机各1台。2010年，购置了国产河南少林客车1辆。2011年，分别购置了国产解放自卸翻斗车和国产长城风骏5皮卡各1辆。2012年，购置了四轮打草车1台、清雪车1台、调配国产小解放工程抢险车1辆，实现了公路养护的全程机械化。

2012年的冬天，一场罕见的大雪封住了二十六站的出入道路。水稻点1位农户突发疾病，公路站养护车辆驾驶员唐伟利凌晨2点接到紧急任务，坚持3个小时连续作业，为农户铲开了一条求生之路，事后得知农户患的是急性阑尾炎，幸亏手术及时，否则危及生命。公路站每年冬季都安排铲车、平地机、翻斗车等机械，用来保障公路清雪工作的顺利开展。

2019年，抗洪抢险期间，参加东安抗洪抢险76人次、打草25人次、支援胜利农场抗洪抢险39人次，被农场授予抗洪抢险先进单位。

第四节 客　　运

1964年秋，农场汽车队配有一台和平牌客车。但由于对场外无公路，客车只能在冬季封冻后在冰雪道上不定期往返于场部至佳木斯。因风雪封道，多数时间还是以敞车开路后跟随客车，旅客集中运输多是用货车加盖苫布。客运管理工作设在车队。1969年，开辟八五九至福利屯客运线，日对开。年底，新增加一台长白山牌客车。1971年，开辟饶河至四平镇（八五九）线，周一、三、五发车，当日往返，有时延伸至东安镇，次日返回。1972年“胜七公路”路面铺砂石后，每2天一趟，往返场部与建三江管理局，途经胜利、红卫、创业3个农场，全程119公里，票价3.6元。每逢元旦、春节，客流量多时，客车也通往福利屯、佳木斯等地。每年客运量约2万人次。1978年增加一台嫩江产大客车，1980年又增加四平大客车一台。从此，3台客车倒班往返建三江管理局，旅客多时日出2台客车。

1982年，由饶河县运输公司客运站承担去往饶河的客运。

到1983年，累计客运量约26万人次，售票收入170余万元。

那时，客流量大、路况差，客车只有出站时间，没有到站时间。后来，又以个人集资的方式，购置一台70座的“黄海”大客车。

进入20世纪80年代中期以后，农场的客运工作得到了快速发展。1985年，建场史上第一个集旅客住宿、候车于一体的客运站建成，位于汽车队大门西，结束了旅客出行在室外、招待所、小馆候车的历史。当时客运班线，只有每天往返于场部至建三江的一趟班车。1987年夏，农场开通了东安镇至饶河县的客运班线，与饶河县运输公司实行班车对开，每天一班。1991年，开通了农场至佳木斯的客运班线，与佳木斯市客运公司实行班车对开，每日一班。

1995年12月18日，农场将运输公司管理的客车采取竞价的方式卖给个人经营。这一时期，由于农场种植业结构调整速度加快，季节性外来务工人员数量剧增。加之，商业流通渠道拓宽，商贸活动日渐频繁，使客流量不断加大，促进了客运市场的快速发展。

1995年9月28日，位于场部中心的客运站及交通科办公楼建成，面积1283.74平方米。

1998年8月，开通了农场至哈尔滨的客运班线。1999年，开通了农场至前进镇的每天2班客运班车。到2005年底，农场每天有5条客运线路、9个班次的客运班车，往返于哈尔滨、佳木斯、饶河县、建三江、前进镇、前锋农场等地。

场内客运也得到了快速的发展。从1995年起，临近主干公路的生产队为方便职工群众出行，开始有职工购买小型客车从事个体客运。场内客运往返于场部与各生产队之间，到2005年底，场内客运班线发展到13条。

进入20世纪90年代后，农场客运出租业悄然兴起，随着市场需求的不断扩大，出租车的种类与数量迅速增加。从开始时的农用三轮摩托车、北京吉普车等，发展到港田三轮摩托车、微型面包车、小排气量家用型轿车、豪华型轿车等。农场在场部建立了客运站，各营运线路途中建立了临时候车亭（点），旅客运输实现了出行便捷化。长途客运班车实现了中、高档化。生产队通车率达100%，出租车运输辐射了所有生产队和作业点，出行难问题得到彻底解决。

2000年，客运站被省交通厅授予文明单位称号。1989年，客运站司机鄂宝林被评为总局劳动模范。1992年9月2日，客车驾驶员高晓明在省第四届职工技术运动会（交通行业赛区运输赛场）汽车驾驶员决赛中，获全省第一名。1993年4月，高晓明被评为总局劳动模范。

领导成员更迭情况如下：

客运站长：于华东（1985）

李庆玉（1988—1990）

鄂宝林（1990任命）

李胜利（2000.2—2012.6）

李　睿（2012.6—）

农场客运站主要负责场内各作业站及场外各地客运服务工作。2006年客运站归农场交通科管理，2008年底划归建三江中心客运站。2015年6月又划回农场，并按场直单位委托经营管理。

2006年11月，建成540平方米的新客运站。同时，又争取上级投资50万元，在东安建立了487.67平方米的客运分站。2007年，完善站前广场的铺设工程和东安分站的内部装修工程，为农场进出的旅客提供宽敞整洁、舒适安全的候车环境。2019年，完成对客运站前院水泥地面、前门铝塑板、大门、卫生间、安检间、窗帘等设施设备的维修改造。

2008年，客运站有站舍540平方米、停车场2300平方米、站务人员7人、营运客车18台、司乘人员36人、始发班次10个，达到了二级站标准。有八五九至建三江、佳市、哈市、饶河、前锋、前进客运线路。场内有通往管理区作业站的12个班次。18台客车同时承担全场接送中小学生的任务。

随着白色路面的开通，路况好了，客运车主陆续开始更新大客车。2006年10月，张凤军购一台宇通大客车；2007年12月，郭承政购买一台金龙大客车；2008年1月，董京辉购买一台金龙大客车。

2009年9月24日，农场公交线路开通，组织个人共投资120万元购进9座公交车18台，从事运营线路9条，极大地方便了场区和作业站百姓的出行。

2010年，新增每日8点20分东安—佳木斯市的客运线路。年底新增农场至抚远客运班线。

2011年，每日有12个班次客车发往周边市县、8个班次发往场内生产队，100%的作业站都通上客运、公交班车。原来需要2个小时才能到达的作业站，现在只需要半个小时。"半小时"交通圈的形成，方便了农场百姓的出行，并为农业生产节约了运输成本。

2012年，有农村客运车辆8台8条线路，公交车24台7条线路。为了加强服务和管理，给公交车配备1名专职调度，负责统一调配车辆，每日每班的日常签到、安全教育、车辆安检等。同年，每逢周六客运站还开通了学生班车，16台车况、状态良好的客车接送30多个管理区、作业站的1000余名住校学生。农场对学生车费部分减免，对客车补贴，解除了基层学生上学的后顾之忧。

到2012年底，农村客运车辆基本退出市场，公交车实现全面覆盖。公交车分两部分：第一部分12台负责场区内3条线路，每条单程平均5公里，票价1元，每10分钟1个班次；第二部分12台负责别拉洪河以内25公里半径的5个管理区的运输，每条单程平均25公里，票价5元，公交车每小时发1个班次。百姓出行的实际问题得以解决。

2013年，随着务工人员增多，旅客也随之增多。当年客运量达10.8万人，创建场以来最高峰。

随着私家车的增多，铁路、飞机等出行方式的增多，旅客急剧减少，2018年客运量降到3.83万人。当年8月，场内客运班线全部停运。到2020年底，只有前锋、建三江、佳木斯、饶河方向的场外客运班车营运，其余班车停运。

2020年，实现售票额60万元，收入4.09万元，发送班次1624次、客运量1.47万人。当年，对客运站前院铺设沥青路面，划定停车位、下客区，优化了服务环境和交通秩序。

表3-40 2006—2020年全场客运量、周转量统计表

年度	客运量（万人）	与上年比增长（%）	客运周转量（万人公里）	与上年比增长（%）
2006	5.80	26.00	1015.43	12.00
2007	6.56	13.20	1095.31	7.87

（续）

年度	客运量（万人）	与上年比增长（%）	客运周转量（万人公里）	与上年比增长（%）
2008	8.25	25.67	1258.96	14.94
2009	9.30	12.68	1548.63	23.01
2010	9.74	4.78	1967.81	27.07
2011	9.01	−7.45	1375.97	−30.08
2012	4.75	−47.27	786.59	−42.83
2013	10.80	127.10	22676.45	2782.88
2014	10.01	−7.32	1635.85	−92.79
2015	8.80	−12.03	1537.56	−6.01
2016	6.64	−24.57	1107.37	−27.98
2017	4.59	−30.83	799.46	−27.81
2018	3.83	−16.63	632.16	−20.93
2019	3.41	−10.87	504.25	−20.23
2020	1.47	−56.80	231.44	−54.10

第五节　非煤矿山管理

1997年以来，由于油材料价格的上涨，使农场公路养护成本不断增加。为了弥补公路养护资金的不足，1998年1月，农场成立了砂石管理站，站长李胜利，副站长曲远海。1999年设财务。2000年，曲远海任砂石管理站站长。2014年3月，农场将砂石管理站、场县共建办、新农村办3个单位合并，组合成立公共资源办公室，冯国才任主任，曲远海、陈奇为副主任，其他管理人员4人。2015年8月，郑建国任主任。2017年，有3人内退、2人调动岗位，人员由7人减至2人。2020年，公共资源办公室设主任1人、管理人员1人。

2022年7月，八五九农场有限公司管理体制改革，公共资源工作并入经济发展部，徐欢任经济发展部总经理。

领导成员更迭情况如下：

砂石管理站站长：李胜利（1998.1—2000.2）

曲远海（2000.2—2014.3）

公共资源办主任：冯国才（2014.3—2015.7）

郑建国（2015.7—2022.7）

砂石管理站主要负责场内从事采砂、采石、江沙采挖业户的管理，协助农场安全办对砂石场安全生产监督管理，对不符合安全生产规定、没有办理采矿许可证的砂石场禁止开采。

加强非煤矿山开采监管，制定管理办法，保障合法、合规开采，杜绝越界、超范围开采现象。

2005 年，场内有采石场 6 个。2008 年，全场共有沙场 1 个（孙明江、王利、赵建军共用 1 个采矿许可证、安全生产许可证，名为东安沙场）、石场 8 个（建筑石场潘世强、大板石场李亚夫、民主石场康忠英、通达石场孟宪柱、南山石场张玉峰、二十队石场张永饶、三十二队石场陈广平、巨力石场樊金云）。

2002 年，农场修建场区第一条水泥路。当时正值二抚路全线施工，砂石料供应十分紧张。砂石管理站与各采沙、石场协调，加班加点生产，保证了场内外砂石供应。

2008—2010 年，为修建“佳木斯至抚远”铁路提供风化料 200 多万立方米、石子 30 余万立方米。2014—2015 年，为修建“建黑高速”提供石子 10 万立方米、风化料 250 余万立方米。为农场基层作业站农具场的建设提供了近万立方米石料。

为有计划地开发、合理利用自然资源，砂石管理站每年对全场场区内已开采正在经营和已开采暂未经营的石场、沙场、风化料场进行全面清理整顿，按照“谁开发谁保护、谁污染谁治理、谁破坏谁恢复”的原则，加强监管，严把采矿许可证、安全生产许可证等证件关，严厉打击非法生产经营行为和非法盗采行为。关闭在规定期限内未取得安全生产许可证的非煤矿山，对决定关闭的非煤矿山企业由工商吊销其营业执照，停止供电等生产资源的供应。利用生产停待时间对从业人员进行业务培训和安全知识教育，加强对职业安全健康工作的监督检查。

2012 年，对 4 家石场进行了永久关闭的处理，砂石管理站、水利、林业部门对已关闭的非煤矿山进行规划测量、荒山绿化设计以及土地复耕工作。

2013 年，对有证但影响环保和绿化的矿山给予关闭，电业部门对矿山给予停电处理。砂石管理站联合各单位不再办理相关证照。

2014 年 3 月 25 日，农场成立公共资源管理办公室后，多次对各非煤矿山采矿许可证所规定范围进行圈定和确认划界，明确各采矿区的范围。

2015 年，对违规生产、越界超采的采石场、风化料场下达停产通知书，并处以罚款。对私自弄炸药进行爆破的 1 连采石场（法人张桂成）下达停产通知书并移交相关部门处理。白灰窑采石场证照不齐全，全年停产处理。风化料场于 2015 年 12 月 30 日已全部封停。

2016 年，有 6 家采石场已办理全部开工生产的手续，2 家采石场报停。

2017 年，对所有无证的非煤矿山进行封停。年底，因农场处于饶河东北黑蜂国家级自然保护区内，根据上级部门要求，全场非煤矿山全部封停。关停前生产的原料可继续销售，但不允许新开采。

2018 年，全场共有非煤矿山企业 20 家，其中采石场 9 家、风化料场 11 家。

2018 年 2 月 7 日，公共资源办、安全、环保部门联合对农场域内矿山企业发放《黑龙江省八五九农场关于执行饶河县东北黑蜂国家自然保护区内矿业权退出监管的通知》。

2018 年，非煤矿山采矿许可证全部吊销，所有非煤矿山封停，机械生产设备拆除，所有生产用机动车辆及人员全部下山。其中，巨力采石场、大板采石场、建筑采石场、南山采石场、北山料场、二十站采石场等重点区域采石场的机械设备于当年 7 月 30 日前拆除完毕。大板山路口回填完毕。民主采石场、1 连采石场、白灰窑采石场、通达采石场、广运采石场已经封停，机械设备逐步拆除。

第六节　路桥公司

路桥公司是 1983 年 1 月，从水利大队和工程队抽调 23 名职工组建桥涵队的基础上成立的。1984 年，更名为桥队。1992 年 9 月，成立路桥总公司。公司成立之初在农场范围内进行道路桥涵、水利施工，培养了一批技术人员和管理人员，积累了一定经验后，走出去向外跨地域、跨省拓展。由 20 人扩充到了最多 300 多人，且斥资几百万元添置机器设备。

1994 年，撤销总公司，成立路桥公司。2001 年，更名黑龙江省建三江农垦八五九路桥公司。2014 年 4 月 21 日，取消路桥公司，成立黑龙江省农垦路缘工程建设有限公司，转制为民营企业。

领导成员更迭情况如下：

桥涵队队长：林乐强（1983.1—1984.1）
李振阶（1984.1 任命）
鞠凤歧（1986.3 任命）

桥梁公司经理：衣景文（1986.6—1988.1）
鞠凤歧（1988.1 任命）
孙文波（1992.9—）

书　记：张春田（1984.7—1988.9）
韩有柴（1988.9—1991.7）

黄大湘（1991.7—1994.2）

陈孝清（1994.3—1999.3）

徐联毅（女，1999.3—2020.7）

1984年，路桥公司建造的37排干桥被省水利局按国家验收标准评得98分的高分。1985年以来，路桥公司共承建大型水利、桥涵等多项工程，是分局路桥行业中技术力量与机械设备较为先进的专业施工企业。1985年开始在省内承揽工程，有职工79人，固定资产9.9万元。1987年有职工148人，固定资产89.1万元。几年来上交农场利润52.52万元。

1988年走出去，向外跨省承揽工程。1989年，参与国道同三公路建设。1990年建成144米嘎拉通大桥，奠定了公司在垦区路桥行业的地位。

1992年，公司已欠内外账达几百万元。9月，农场决定保留单位，调整公司领导班子，任命公司副经理孙文波为经理，实行委托经营，并给予一定的优惠政策。

孙文波上任后实行改革，原有的管理岗位人员不变，员工去留自由，将跨省施工队召回，把施工队的设备和家里的部分老旧机器设备卖掉。实行公司内部项目经理负责制，自负盈亏。并提出了认认真真干工作、勤勤俭俭抓效益的理念，对管理人员提出“为了那些期盼的眼神，我们要不懈努力”的要求。为了抢工期，他要求员工们（24小时）吃“3”睡“5”干“16”。公司用10年的时间还清债务，实现了企业起死回生并逐渐发展壮大。

面对激烈的市场竞争，公司为了找工程、投标、筹措资金、购置设备、与有关部门沟通、打陈欠账的官司、协商解决与当地村民的矛盾等，可以说是“走遍了千山万水、说尽了千言万语、历经了千难万难、吃尽了千辛万苦”。

1994年10月1日，路桥公司承建的二抚路过境前锋段白色路面工程竣工，该工程6月29日开工，长1公里，面积1万平方米，总投资160万元。为了赶工期，路桥公司18名员工在经理孙文波、队长叶需宝的带领下，抢晴天、战雨天，每天工作十四五个小时，终于如期完成任务。7月1日这天暴雨连降7个小时，他们拿出9床被褥支撑着，坚持施工。这项工程被施工指挥部评为优质工程。

1995年，争取到哈同公路施工项目，签订3座桥梁的施工合同，其中大桥1座131米、中桥2座均为33.5米。1998年，承建桦川至富锦段39米主干桥，由第二施工队刘伟负责。

2002年底，还清公司前10年的几百万元欠款。当年为农场修建了第一条场区白色路面。

2005年，路桥公司拥有职工48人，固定资产24万元。主要设备有JS500搅拌机2台、JS350搅拌机6台、50千瓦发电机组4台、组合钢模15吨、龙门吊1套。1986—2005年，共完成工程项目69个。2011年，公司生产总值首次突破1亿元大关。

在农场的支持下，从2010年10月开始，用2个月的时间，建成了一个年产10万立方米碎石的路缘采石场。2010年，筹划建设商混站；2012年，在场内选址并向农场提出立项申请，当年10月动工，12月设备安装完毕。商混搅拌站总投资1300万元，可以辐射周围50公里范围内所有使用混凝土的行业。有1台举高41米的泵车、5台罐车，产量120立方米/小时。公司有了新的经济增长点，有了相对稳定的收益。

2017年3月，孙文波投资580万元建设斯摩勒山饮用水厂，年可加工4000吨。水厂距乌苏里江边2公里，水源取自深达148米的地下，穿过50多米的花岗岩石层。经省质监局检测，该饮用水富含人体所需的微量元素，指标优良。

2010年以来，公司投资1000多万元购置大型机械设备30多台（套）。2006年购买公司总部办公室。以优惠的政策，陆续招聘了10名大学生技术员、内业和财务人员。积极参加农场的大合唱、秧歌、运动会等比赛，成绩均名列前茅。公司平均每年提供200多个就业岗位。

20年来，累计为员工发放各种福利达200多万元。出资200多万元，组织员工参加各种培训班300多人次。2005年，为农场世纪公园承担搬运85.2吨“聚石”的任务。

1983年以来，路桥公司参加了别拉洪河水利工程、广东省珠海市移山填海工程、湖北省宜黄公路工程、牡丹江七虎林河水利工程、同三公路工程、二抚公路工程、黑龙江省网化公路工程、农垦公路通村通乡公路工程、2008—2010年八五九农场土地整理（2008核心区）等工程项目。

30年来，承建大小桥涵近千座。建设了144米嘎拉通大桥、104米饶河大桥、84米虎迎大桥、55米二龙桥、52米新河桥等。2020年6月，在新河桥原址建设新桥，为预应力砼空心板梁桥，桥长68.84米。

表3-41　1986—2005年路桥公司完成主要项目工程统计表

年度	项目工程名称	工程负责人	基本情况（长度）
1986	七虎林河桥梁	—	—
1987	七虎林河桥梁	曹喜颜	—
	浓鸭河桥梁	夏佰友	—
	饶西公路大岱河桥	叶需宝	100米
1988	七虎林河迎虎桥	曹喜颜	84米
1989	七虎林河迎虎桥	孙文波	85米
1990	同三公路嘎拉通大桥	曹喜颜	144米
1991	同三公路嘎拉通大桥	叶需宝	—
1992	同三公路嘎拉通大桥	孙文波	—

（续）

年度	项目工程名称	工程负责人	基本情况（长度）
1994	佳抚公路三江过街段白色路面	叶需宝	—
	佳抚公路前锋过街段白色路面	刘永刚	—
	农场项目开发农道桥	刘　伟	57 米
1995	哈同公路十一标江家屯桥	刘　伟	—
	哈同公路十一标通道桥	文泽军	—
	哈同公路十二标段桥梁	叶需宝	—
1996	桦富公路富锦段一标	王　伟	—
	桦富公路富锦中央大街	刘　伟	—
1997	佳抚公路三江段四标	叶需宝	—
	桦富公路富锦十一标	文泽军	—
	二道河粮库库区干道	刘永刚	—
	桦富公路新河宫桥	刘　伟	—
1998	桦富公路东方红桥	刘　伟	—
	二道河粮库附属路	刘永刚	—
	农场场内小水配套	文泽军	—
	农场场区下水工程	王　伟	—
1999	哈肇公路甜水河桥	刘　伟	—
	荒穆新河下游涝区桥梁项目	叶需宝	—
	饶建公路饶河农场至小佳河段改建工程	刘永刚	—
	佳抚公路三江段桥梁项目	文泽军	—
	场内小水配套洛涵桥	邵爱民	—
2000	创东路老古山桥	刘　伟	—
	别拉洪河新河桥（维修加固）	文泽军	—
	鹤大公路桥梁项目	刘永刚	—
	龙三国防公路桥梁项目	叶需宝	—
	场内小水配套涵桥	邵爱民	—
2001	佳抚公路二期工程	—	—
	二龙山至寒葱沟段	—	—
	6 座 45 米桥	—	—
	①桥桩号 K53+831	文泽军	—
	②桥桩号 K86+443.68	王　伟	—
	③桥桩号 K89+0.367	王　伟	—
	④桥桩号 K171+480	母建华	—
	⑤桥桩号 K175+348	母建华	—
	⑥桥桩号 K188+109.7	邵爱民	—
	饶河农场半截河桥	刘永刚	19 米

（续）

年度	项目工程名称	工程负责人	基本情况（长度）
2002	饶建公路小佳河—西丰段	刘　伟	—
	佳抚公路三期工程	—	—
	二龙山—寒葱沟段 11 座	—	294.19 米
	小桥桩号 K1+770	王儒生	—
	小桥桩号 K6+443	王儒生	—
	小桥桩号 K13+703	乔祁军	—
	小桥桩号 K18+347	乔祁军	—
	小桥桩号 K104+167.7	刘　伟	—
	小桥桩号 K110+065	刘　伟	—
	小桥桩号 K121+482	王　伟	—
	小桥桩号 K128+839	王　伟	—
	小桥桩号 K158+011.6	王儒生	—
	小桥桩号 K148+206	叶需宝	—
	小桥桩号 K53+831	文泽军	—
	农场场部中央大街白色路面	李国斌　付尚成	2.8 公里
2003	乌苏里江商城地面工程	李国斌	—
	农场精米厂仓库工程	刘永刚	—
	五九七农场双柳河桥	刘　伟	26 米
	农场场部中央大街水泥路附属工程	叶需宝	—
2004	饶河大板河桥	王　伟	33.5 米
	农场东安桥	刘　伟	8 米
2005	饶抚公路民主桥	王　伟	—
	农场场部四平路水泥路面	刘　伟	—
	农场灌渠闸门	刘永刚	—

2000 年，路桥公司被农垦总局建设局授予垦区建设单位优秀施工企业。2001 年，被农垦总局建设局、人事局授予垦区经济效益显著单位。2006 年，获农垦总局防控松花江水污染抚远水道导流堰工程突出贡献奖；被农垦总局党委授予民主法制示范企业。2007 年，被垦区工商行政管理局授予重合同守信用企业。

1991 年，李宝华、刘伟、李宝林、李学义、邵爱红被湖北宜黄公路工程汉沙段工程指挥部授予先进生产（工作）者；张泽华、张军强被国道同三公路工程牡丹江管理局指挥部授予先进生产者。

1992 年，孙文波、赵春辉、毛贵秀获国道同三公路工程建设三等功。

1998 年，刘伟被佳木斯市交通局授予优良工程项目经理称号。2001 年，王伟被建三江管理局人事局授予优秀项目经理称号。

2004 年，孙文波获建三江分局劳动模范称号。2012 年，孙文波被评为感动八五九人物。

第十一章　通信、邮政、电力

第一节　通　　信

农场的通信工作由1957年建场初期的“徒步”传递信息开始，逐步发展为使用摇把式磁石电话单机，直至现在的光纤通信，充分体现了农场通信事业的发展和进步。

1983年，农场拥有有线通信网线236杆公里、490对公里，电话机188部，总机270门，会议电话总机1台，分机7部，单路载波机20部，无线电台4部，文字图表传真机1部，组成了有总机室、载波室和传真室的通信系统。全场电话机密度已达每百人1.6部。

20世纪80年代中后期，全场通信线路进行了大规模更新改造，线杆全部换成了油炸杆、水泥杆，导线换成4.0F、3.0F镀锌铁线，杆面制式与电气性能95%以上，达到国家三级通信线路标准。到1987年，共完成通信线路更新改造132杆公里、333对公里。

20世纪90年代初，农场将全场磁石电话交换设备更换为供电交换设备，并对建三江管理局开通了DDE-303型高12路载波机一套，NEC-22型高速传真机一台，对外通信中继线路增加到7条。1995年以后，逐步更新供电交换设备为数字程控交换设备，通信线路逐步实现光缆、电缆。内外通信传输实现了数字化，实现了全国联网。

到2020年末，八五九通信线路全部为光纤线路。

一、机构沿革

1957年初，总场装设10门磁石交换机，配话务员3名、机线员2名，隶属基建科管理。1958年底，场社合并，所有通信人员及设备归属饶河县邮电局管理。分场设有交换台，配话务员2名、机线员2名。1964年3月，新八五九农场成立，农场装有50门磁石交换机，配话务员2名、机线员2名，隶属工业交通科领导。1969年4月，农场改为兵团第二十三团，机关按部队编制，设通信股（开始为参谋股）。配通信参谋，收发员各1人。股以下设警通排，编制26人，其中电话班10人（话务员3人、机线员7人）；通信班4人（分步骑、机要、摩托通信员）；警卫班10人（包括警卫员和公务员）。同时6个营和东安镇7个单位设有交换台，各配话务员2人，均属通信股领导。此时全团有通信人员

43 人，是建场史上人数最多的阶段。1970 年 6 月至 1973 年 4 月，王宝田任股长。

1977 年 4 月，恢复农场体制，通信股改为通信科，撤销警通排，保留电话班。1978 年春，通信科与电力科合并，称通信电力科。1977 年 2 月至 1979 年 1 月，于占斌任科长。1979 年 1 月至 1981 年 4 月，付志友任科长。

1979 年初，通信与电力分开，单设通信科。1983 年 10 月，通信科改称通信站，科站合一，对外称通信科，站长吴喜文。分话务、机线、传真、载波、电源等业务。在编 30 人，其中各分场和东安镇分机话务员 10 人、机线员 4 人。

1984 年 2 月，通信科外线班共 8 人并入供电站。1985 年 1 月，通信与电力再度合并，对内称供电站，对外称通信电力科，科长于崇堂、党支部书记吴喜文。1989 年 8 月，通信、电力分开，恢复通信科，科长吴喜文。1992 年底，农场将三个分场所属的通信人员、农场办公室报刊信函投递人员、三分场邮政所人员共 15 人，划归通信科管理。1997 年 1 月，通信科改为通信站，与农场机关分离，成为独立核算、自主经营、自负盈亏的服务型企业，站长郭军。

2003 年 11 月，通信站全体人员（13 人）及全部设备，上划建三江通信处管理，更名为黑龙江省建三江农垦通信有限责任公司八五九分公司，经理郭军、党支部书记吴喜文。2017 年 1 月，张永华任八五九通信分公司经理兼党支部书记。2019 年 1 月，更名为农垦通信有限公司建三江通信有限分公司八五九通信中心，编制 3 人。原八五九通信分公司 9 人中，正式退休 2 人、内退 3 人、回农场安置 3 人。

2020 年有人员 3 人，其中在编 1 人、2 人为计划外用工。

1983 年，农场通信工作及传真室在全管理局总评中双获第一名。

二、有线通信网络

1931 年“九·一八”事变时，饶河至东安镇就有通话线路，当时使用临时线杆传输电话。东北解放后使用简易线杆传输电话。1957 年 12 月，修通饶河至东安镇跨越挠力河的长途电话线路。

1960 年，由场部至二分场部（九队）架设简易线路 12 公里。1968 年，由单线改为双线。1982 年，建成永久性水泥标准化电杆线路。同时，对分场部开设单路载波和电话会议分机各一台（套），从而形成了东、西、南、北四条干线网。

1968 年，架通对外经胜利农场通往建三江管理局、饶河县邮局，沟通全国通信线路，同时对胜利农场开设一套 3 路载波电话机。1980 年，对饶河县邮局开设一套单路载波电话机，对建三江管理局开设一套文字图表传真机。

到1983年底，全场唯有三十九队尚无有线电话通信设备。

1995年，通信科全体人员集资13.5万元，向社会筹资80万元，将场部300门人工交换设备更换为512门JNS-1型数字程控交换设备，更换场部地区通信电缆4.5公里。

1996—2005年，建三江管理局“三网工程”全面启动，新架设主干光缆401公里。1996年11月，架设农场至胜利20.5杆公里架空4芯光缆，12月开通使用，建成农场至管理局光缆中继传输60路通信网。1997年春，架设农场至前锋25杆公里架空光缆。夏季，自行设计并施工架设场部至东安19杆公里4芯架空光缆。至此，农场通信网络体系初步形成。1997年以后，农场通信网络建设主要以更新扩容为主。到2005年，已形成了以场部为中心，南至东安、北至民主、西至胜利、东北到二十二队以及邮局架设的原二、三分场的光纤通信网络。

2006年，已实现主干线全部为光缆线路。2012年，开始对用户终端线路电缆改光缆，场区架设光缆辐射到所有楼房小区。至2016年，用户终端线路全部改为光缆，实现了全场所有线路均为光缆通信。

建设上市公司物联网传输。2016年，架设场部至一站、二十一站、科技园区、十站灌区闸门处光缆共计46公里。物联网传输不仅可以实时对监控区域内的农业生产情况进行查看，还可实现远程操控，用户利用手机即可对大棚的温度、水分、通风等工作进行操控。

2019年，大唐H-04D、华为5300设备等全面关停，04机时代终结，数字化通信全面改为光纤通信。

到2020年末，八五九通信干线53公里，全部为光纤线路。交换设备由数字交换机更换为软件交换，用户终端与网络的连接直接通过总局网统一交换。

三、通信设备

1984年，农场通信设备有JGL-8型100门供电交换机2台、50门2台。供电电话160部、磁石电话65部。262型100门磁石交换机1台、30门4台。BDH-1型会议电话总机1台，BDH-2型电话会议分机7部，BDz-3型3路载波电话机1部，B84-C型单路载波机18部，122型文字、图表传真机1部，气象传真机1部。ZYR-81型引入试验架，DPH81型电流铃流架，DZWOl可控硅整流器，b14C电子交流稳压器各1部，71型2瓦电台3部。

1990—1991年，对场部交换中心增容，从100门增加到300门，全场人工交换分机全部淘汰了原来的磁石交换设备，供电交换设备增加到8台600门，装机370部。

1992年11月，对管理局开通了DDE-303-Ⅲ型高12路载波机一套，使对外中继电路达7条。开通传真电报和电话会议专线，开设NEC-22X型高速传真机一台。

1995年11月，通信科自筹资金改造场部交换中心，将300门供电人工交换设备，更换为512门JNS-1型数字局用程控交换机。安装架设进局电缆630对，实现了农垦电话等位拨号，国内电话长途直拨。

1997年底，原一分场、二分场、水泥厂、东安4个人工交换分机撤销。1998年5月，原三分场人工交换分机撤销。至此，全场全部实现了程控电话。到1997年，取消话务员岗位。

1997年9月，通过光缆中继传输通信网，农场财务科实现垦区内计算机联网。1998年6月，分局广播电视局通过光纤通信网，传送30余套有线电视信号。分局到各农场光纤“三网工程”（通信电话网、计算机网、有线电视网）全部竣工，实现了建三江垦区有线电视全区联网。与此同时，农垦中北寻呼中心在农场电视台开设175瓦传呼转发机，与全国各地联网，农垦系统建立起了自己的无线寻呼业务。

1999年12月28日，通信站利用买方信贷，将原JSN-1型数字程控交换机1024门及DVZ01-48/75型电源柜淘汰，更新HJD-04D型1024门数字程控交换机及DUM70-48/30数字控制电源柜。将各远端交换模拟模块淘汰，更新为RSU型交换模块，共1024门，通信线路全部采用4芯和2芯光缆，全长45.6杆公里，市话电缆29公里，结束了明线通信线路的历史，实现通信网络电缆化。

2001年，HJD-04D增容1024线，使交换机总容达到4000线。2005年1月，交换机升级为D+。

1999年12月20日，农场在宾馆三楼开通MTVC-3000型可视电话会议系统，垦区内的重要会议通过该系统都可以收听收看。2000年1月20日，新建170型自动电话费查询系统，实现了计算机收费自动查询业务。163、168、173等拨号上网业务也相继开通。

2001年，开通ADSL宽带数据业务，建成以分局为一级汇接中心，15个农场为二级汇接终端的宽带数据网络。宽带数据接入口两个，对八五九提供20兆宽带网络接入口。2002年，将PDH光端机全部改造为SDH光端机，使原有的4×2兆增加至每个农场16×2兆。2003年，完成垦区综合信息网（建三江部分）一期工程建设，分局至15个农场均通过2×2兆电路沟通，实现计财办公网的宽带接入，为垦区各系统、各部门搭建VPN数据专网提供基础保障。

2002年9月，通信站和电信支局分别开通ASDL宽带数据业务。截至2005年12月，农场宽带用户达200户、电信支局210户。

2004年10月，建三江通信责任有限公司投资60万元，增加170自动电话收费查询系统（网络版），使15个农场通信分公司全部实现收费统一管理。

2013年，增加华为GP光传输设备2560线和华为6502光传输设备。2019年，增加华为9303核心设备。2020年，增加华为640核心设备。用户使用终端设备进行上网、通信更加快速、稳定。

四、无线电通信

无线电通信作为一种辅助通信工具，是弥补有线通信的不足和特殊情况之急用，仍不能成为普遍通信手段。

1969—1972年，边境地区战备紧张，农场备用71型2瓦电台，构成与东安渔业队小规模无线电报通信。从1976年起，以2瓦电台对胜利农场、建三江管理局开通联络。1979年，对越南自卫反击战期间，开通对东安边防驻军的无线电通信联络。同年，为开发石头山附近荒地，组建四分场，开设60公里距离的无线电通信。1981年，开发二十二队、三十九队荒原时，开设35公里距离的无线电通信。

1981年，农场遭受特大涝灾。为了实施对基层生产队的生产指挥，确保通信畅通无阻，一方面抢修歪倒的线杆，另一方面开通无线电通信。使用了文字、图表传真技术，使收割进度，水涝灾情，机车收割防陷改装的经验、图纸，当天发生的变化和工作情况，通过传真机，及时、迅速、准确汇集到上级部门。对防涝抗灾起到积极作用，受到省领导表彰。

五、电话发展

建场初期的磁石电话机一直沿用到20世纪90年代初。30多年时间里，电话只限于指挥生产、上传下达。这一时期，电话只是各单位和机关科室的办公工具。单位增加电话、科级干部安装住宅电话，需经农场领导批准。

进入20世纪90年代，住宅电话有所增加，安装住宅电话的多是独立经营单位的主管领导。通信科开始由纯服务型职能科室向经营服务型方向转型。从1992年1月起，对全场各单位和住宅电话，实行全面收费。农场机关各科室和农场所属事业单位安装的办公电话，以及农场批准安装的住宅电话，由农场转账支付；独立核算的企业单位安装的办公电话和企业领导电话，由各单位与通信科现金结算。结算标准为电话初装费每部2000元，材料费另行结算；每部电话收取包月费用70元，串联电话减半；中继线路（总机间线路）月收通话费210元，维护费每公里2.5元。这一标准一直执行到1995年程控电话开通。

程控电话开通前，农场对外电话通信十分困难。1994年1月，农场总机开设了一条号码为0454—341352的全国直拨电话通信线路，结束了农场建场以来一直没有对外直拨电话的历史。但由于线路少，许多打长途电话的用户，只能在通信科总机室外排队。1995年末，程控电话正式开通，实现了全国联网，号源2000个，为0454—5701至5711号段。

2002 年，新增号源 1000 线，为 0454—5801 号段。实现了国内外长途电话等位直拨，彻底改变了农场通信落后的局面。

农场居民住宅电话的安装始于 1995 年。当年，建三江邮电局四平支局开始架设场部地区通信电缆，为居民安装程控电话，号源 3000 个，为 5768、5760、5769 号段。于 8 月开通全国直拨电话。为了站稳原有市场，通信科全体干部职工集资 13.5 万元，面向社会筹集资金 80 万元，购置更新程控交换设备，于 11 月开通，跻身居民住宅电话市场。

为尽快扩大居民住宅电话市场占有率，通信科于 1995 年 12 月，使用 HJD-80 小型程控交换机，在十六队装机 12 部，建立了农场第一个电话村。1997 年，投资 3.6 万元为东安镇安装了程控交换机，开通电话 23 部。到 2002 年底，全场建电话村 26 个，装机 3866 部。

邮局加紧占领生产队居民住宅电话市场，利用农场原有的通信线路，将邮政电信网向北、向东分别延伸了 14 公里和 39 公里，建立邮电通信网络程控电话村 12 个，并以其雄厚的实力，占领了农场 2/3 的居民住宅电话市场。

激烈的市场竞争，促使双方不断采取让利手段吸引用户。居民住宅程控电话初装费，由 1995 年的每部 1500 元，下降到 1997 年的每部 600 元，1999 年降到 300 元。2000 年以后，免交初装费居民就可以装上程控电话。在场部居民电话安装费下调的同时，生产队居民住宅电话初装费由每部 2000 元降到 1000 元。2000 年开始，免交初装费。由于在竞争中双方不断让利于用户，到 2005 年底，通信公司和邮局的电话总量达到 4700 多户（其中邮局 2500 户）。彻底改变了信息闭塞、通信落后的局面，实现了通信的现代化，促进了农场经济发展。

表 3-42　1983—2005 年全场固定电话装机情况统计表

时期	年度	场部户	分机户	百人电话普及率（%）	备注
人工交换机时期	1983	113	75	1.6	—
	1984	120	79	—	一分场 22 部，二分场 18 部，三分场 16 部，二十队 4 部，二砖厂 6 部，东安 13 部
	1986	165	96	—	一分场 27 部，二分场 25 部，三分场 29 部，东安 15 部
	1988	176	108	—	摇把子磁石电话机 50 部，其余为供电式电话机
	1989	194	110	—	—
	1990	207	112	2.0	—
	1991	231	117	—	—
	1992	245	122	—	一分场 31 部，二分场 32 部，三分场 33 部，水泥厂 13 部，东安 13 部
	1993	253	123	2.3	—
	1994	255	68	—	三分场撤销，电话减少 55 部
	1995.11	227	53	—	四平邮电支局 8 月开通程控电话

（续）

时期	年度	场部户	分机户	百人电话普及率（%）	备注
数字程控机时期	1995.12	266	53	—	通信科程控电话设备512门竣工
	1996.12	343	57	2.8	—
	1997.12	587	39	4.0	—
	1998.6	673	66	4.5	—
	1998.12	460	300	4.6	—
	1999.12	480	360	5.1	—
	2000.12	800	500	8.0	—
	2005.12	1200	1000	12.2	—

六、经营效益

1985年以前，通信科属于农场行政事业性科室、非经营性部门。1985年，与电力合并后，每年由农场从行政事业费中补贴4.5万元，作为人员工资。

1989年，恢复通信科后，开始设立财务，收取少量入户电话费，作为工资补充，其余部分仍由农场行政补贴。

从1992年起，通信科对全场入户电话以场内转账和现金结算两种方式，实行全面收费，农场取消行政事业补贴，免收人头费，人员工资自行支付。

1993年，通信科经营盈利8万元；1994年，经营盈利11万元；1995年以后，由于投入资金68万元用于设备改造，赊欠设备款100万元。1995—2003年，通信公司经营平衡。2004年上划后，实行报账制，不计算盈亏，由建三江农垦通信有限责任公司统一计算盈亏。

2006年，通信公司共有固定电话2200户，其中场部1200户、分机1000户，达到最高峰。随着互联网及手机的迅速发展，用户逐年减少。到2020年，仅有固定电话用户400户。

2006年，与电信合作，开通了1G电路出口。2016年以后，与联通公司合作，开通了12G电路出口。2020年电路出口加宽到30G。

2006年以后，陆续为农场财务、银行、公安、社保、电视台、土地整理等8个单位、部门安装了宽带专网，数据带宽均为千兆。

2011年，传真电报业务停止，各单位不再利用传真电报传送各种文件。电视电话会议设备由农场投资，目前使用的是华为设备，通信中心负责管理。

2012年之前，用户上网均使用电话拨号上网。2013年开始对线路改光纤，2016年之后，用户直接使用光纤上网。

2016年，响应国家号召降低电信资费，个人宽带用户由1200元/年，陆续降到现在的360元/年或600元2年。固定电话费用月租费8元/月。本地通话前3分钟共0.16元，3分钟后每分钟0.1元；市话0.4元，长途0.8元（后增加17909通话长途话费每分钟0.1元）。2020年，本地话费包月25元。

目前，八五九通信中心主要工作包括固定电话、宽带业务、农场企事业单位专网、电话会议、上市公司物联网业务等。

截至2020年末，通信中心已有宽带办公用户96户，住宅宽带用户821户，共计917户，有固定电话用户400户。

七、联通、移动、电信及网通

（一）联通

1998年3月19日，黑龙江省国脉寻呼有限责任公司成立，建三江电信局将寻呼业务从电信局中剥离出来，成立建三江国信寻呼公司。8月，建三江邮电局分为邮政局、电信局两家独立企业。1999年7月，电信局企业改组，将移动通信业务从电信局剥离出来，成立建三江移动通信分公司。2000年，国信寻呼公司并入联通公司。2002年10月16日，国家对电信企业进行改制，黑龙江省通信公司成立，建三江电信公司更名为黑龙江省通信公司建三江分公司。2003年12月，国家对通信企业重组改制，黑龙江省吉通与网通合并，统称为网通公司，建三江通信分公司更名为中国网通建三江分公司。

2008年，联通公司分家，一部分和老电信合并成为电信公司，另一部分与网通合并为联通公司。

1995年，四平支局开始架设场部地区通信电缆，为居民安装程控电话。号段为5768、5760、5769。当年8月开通农场级市话和长话业务。刚开始，居民安装一部电话需要2000元的安装费，后来随着成本降低、移动电话迅速发展等原因，现在免费安装。

1995年，上微波设备，架15米微波塔一座。安装HJD04-256门RM程控交换机。1996年10月，开工铺设建三江至四平地下光缆125公里，11月27日竣工。1996年11月，开通光缆电路，建三江至四平120路。1997年8月，GSM基站建45米塔一座，开通数字通信。1998年2月，增容到4000门。2005年，省公司将微波传输系统下网，全部实现光缆传输。四平邮电支局到1997年末建成电话村15个，达55杆程公里，电话用户700多户。场直地区达23.5杆程公里，发展用户1900多户。

1993年3月27日，建三江开通无线寻呼业务。1994年，建三江开办移动通信业务。

1996 年，所属各支局普遍开通无线寻呼业务和移动电话业务。2002 年 12 月，开通小灵通业务。

2004 年，王宝清在云海小区 2 号楼 1 层开办的营业厅，负责办理全场联通业务。受手机业务迅速发展及使用不方便等因素影响，寻呼业务（BP 机）迅速萎缩。2002 年，寻呼业务停办。

手机拨打长途电话最初费用较高，且接打均收费。后来联通、电信和移动曾推出 IP 电话，即固话及移动电话用户在拨打长途电话时，在拨打的电话号码前加 17909、17911 或 17951，资费为每分钟 0.3 元，比区间电话每分种还便宜 0.1 元。

联通宽带网络最初为利用电话线拨号上网，上网费按分钟计费，每户 800 元/年，最高时 1200 元/年。2020 年，单独宽带费 600 元/年。当年，用户每月交费 59、79、99 元手机话费（含手机流量）即可免费使用宽带。由于单独使用宽带费用相对较高，近几年联通宽带用户使用宽带均与手机话费绑定。宽带带宽由最初的 10 兆、20 兆、50 兆，逐渐发展为现在的 200 兆、300 兆、500 兆。

1995 年（当时还隶属四平邮电支局），开始开办固定电话业务，最初每个用户安装费为 1500 元，每月月租 8 元，长途每分钟 0.7 元。到 1997 年末，四平邮电支局建成电话村 15 个，电话用户 700 多户，场直地区发展用户 1900 多户。到 2005 年底，电话总量达到 2500 户。随着移动电话的普及，农场固定电话用户逐年减少。

2020 年，全场联通固定电话用户 200 户左右，资费多为包月，市话包月为 25 元、29 元、33 元不等。不包月市话电话费为前 3 分钟共 0.2 元，3 分钟后每分钟 0.1 元。

中国联合网络通信有限公司建三江分公司八五九支局现有员工 6 人，其中支局长 1 人（公司正式员工）、维护 2 人、发电 1 人（均为华通公司员工）、营业员 2 人（劳务派遣用工）。办公场所位于综合楼一楼东侧。

联通网络维护最初由内部维修部门负责，2015 年以后交由华通誉球通信产业集团股份有限公司承担。联通网络发生故障相对较少，维修速度也较快，一般一天内信号均可恢复。目前有基站 20 余个，4G 网络信号已覆盖场区及未搬迁的作业站。

2020 年，联通公司八五九支局有手机用户 4350 户，手机绑定宽带用户 1658 户。年收入 180 万元。

（二）电信

1998 年 8 月，按照国家信息产业部要求，实行邮、电分营，建三江电信局成为独立企业。各支局（所）全部开通程控交换机（胜利除外），全面发展市话用户。1999 年 7 月，电信局企业改组，将移动通信业务从电信局剥离出来，独立运营。2003 年 12 月，国家对通信企业重组改制，将中国通信企业按照南北划分，南方统一更名为中国电信公司，北方统一更名为中国网通公司。

2008 年，联通公司分家，一部分和老电信合并成为电信公司，另一部分与网通合并为联通公司。

八五九电信公司线路维护维修由佳木斯通服公司负责。2020 年，有基站 20 余个，还将陆续新建。同年，冯佳佳为八五九农场电信业务负责人。办公室与主营业厅在一起，位于世纪综合楼南侧门市。八五九共有两家手机店可办理电信业务。

2016 年，电信开办宽带业务。带宽 50 兆，办理宽带需要绑定手机卡，费用为交话费送宽带，每年交 990 元或 1290 元，送 2 年 50 兆宽带服务、净水器、1 部手机及 2 张电信手机卡。2 张手机卡每月最低消费 69 元。后来资费逐年下降，办理手机卡绑定宽带时还赠送光猫、机顶盒、摄像头等。

手机用户月消费 79 元以上免费赠送宽带，月消费 99 元以上除免费赠送宽带外，还赠送小家电等。用户单独办理宽带是 360 元/年。手机卡资费变化大，2020 年主要资费为每月最低消费 39 元，10G 流量及 1000 分钟通话。

固定电话业务较少，须安装宽带才可办理。2020 年，全场用户大约 20 户，号段为 6024、7577，资费为月租 10 元，全国拨打 0.1 元/分钟，接免费。

2020 年，全年营业额 232.8 万元。移动卡在网用户 5000 户左右，宽带用户 1433 户，带宽为 300 兆。

（三）移动

1999 年 6 月 24 日，电信局企业改组。建三江移动通信从原建三江电信局分离出来，成立建三江移动通信分公司，开始正式独立运营。

2000 年 3 月 12 日，首次开办本地通业务（后称神州行），月租 30 元，接打 0.2 元/分钟。至此，移动电话由高档奢侈品回归为中档消费。2001 年 5 月 1 日，建三江分公司参与全国范围模拟转数字工程，成功将 1000 余户原使用模拟手机的用户全部转为数字手机用户，模拟移动业务从此全面退出历史舞台。

八五九移动业务最早由赵健开办的营业厅办理。

移动手机卡资费最初为包年，500 元打 1700 元，240 元打 800 元，每月最低消费 15 元（限量），接打均收费。本地话费接每分钟 0.1 元，打每分钟 0.25 元，长途话费打 0.6 元，接 0.4 元。在非本地打电话还有漫游费，IP 电话资费为白天每分钟 0.3 元，晚上 0.2 元。

2020 年，单独移动手机卡资费主要有每月最低消费 19 元，赠 6G 手机流量及 100 分钟通话费，超过100分钟后每分钟0.15元，手机流量超过6G后为5元/G；每月最低消费39元，赠13G手机流量及300分钟通话费，超过300分钟后每分钟0.15元，手机流量超过13G后为5元/G；还有39元40G手机流量卡等。

2016年，开办宽带业务，带宽50兆、2年费用600元。单独宽带资费为每月50元，目前无单独宽带用户，宽带用户全部为交手机费赠宽带。移动手机卡用户每月最低消费69元即免费使用宽带业务、赠23G手机流量及400分钟通话。为吸引用户，这其间还临时开展过500元、360元3年宽带等优惠活动。2020年，移动宽带带宽达到300兆。

现八五九的移动业务主要由中国移动建三江管理局八五九农场指定专营店（加盟店）负责，专营店位于世纪综合楼一楼南门市，负责人孙鹏。2020年底，汤茹接任。

办公场所与加盟店在一起，上级部门视其业务量完成情况给予一定的办公补贴。除专营店外，八五九农场还有5家社会渠道即移动手机店可办理移动业务，这5家手机店除不可办理补卡、销户业务外，其他权限与加盟店基本相同。

线路维护维修由移动公司维修部负责，基站维修外包给铁通公司。

2020年，全场有移动手机卡用户1.1万户，宽带用户近3000户，全场各店营业额35万元左右。

第二节　邮　　政

一、机构沿革

1957年，老八五九农场五分场配邮电员1名，隶属饶河县邮政局领导。

1958年，饶河县邮电局在八五九农场五分场建立邮电所，隶属饶河县邮电局东安镇邮电支局管理。第一任所长游古荣，游古荣调走后张桂华接任邮电所工作。1959年业务量猛增，农场配1名营业员，增为2人。

1960年，刘增贵任五分场邮电所所长，增设邮电员1名。

1964年，成立新八五九农场，五分场邮电所改为八五九农场邮电支局（四平支局），仍属饶河县邮局领导，局长刘增贵，职工增至5人。开办业务有报刊、函件、包裹、汇款等。同时增设东道林邮电所、民主邮电所、毛家沟邮电所、东安邮电所。

1971年8月1日，建三江邮政局成立，包含电信业务。四平支局划归建三江邮政局，支局长刘增贵。四平邮政支局定编21人，其中四平支局8人、东安所2人、东道林所（在十一队，后改为三分场部）3人、民主所3人、毛家沟所（十七队）2人、东风所（反修营）3人。四平支局定编8人，有支局长1人、营业员2人、乡邮员2人、封发员1人、场内投递员 1 人。

1971 年 10 月，刘增贵调到民主所，颜顶水接替。1972 年 2 月，王玉坤负责支局工作。7 月，陈善勇任四平支局长。1983 年 10 月至 1998 年 8 月，赵玉柱任支局长。

1977 年 8 月，民主邮电所移交前锋农场，与东风所合并成立了前锋邮电支局。1979 年 5 月，毛家沟邮电所撤销。1980 年，撤销东安邮电所；东道林邮电所改为代办所，1993 年秋代办所撤销。1982 年，在四分场建石头山邮电代办所。

1973 年 5 月 1 日，成立建三江电信局，原饶河县电信局在建三江地区开办的电信业务由建三江电信局接办。至此，电信业务独立运营，但分营不分家，仍在一起办公。9 月，根据国务院、中央军委关于邮、电合并的决定，邮政、电信合并，更名为四平邮电支局。

1998 年 8 月，按照国家信息产业部要求，实行邮、电分营，建三江邮电局分为建三江邮政局、建三江电信局两家独立企业。四平邮电局分为四平邮政支局和中国电信，赵玉柱、刘振云先后任电信局长。分立后四平邮政支局人员 10 人，其中有 4 名邮递人员。2001 年，邮递人员由农场出资配备 1 人，负责场直地区的邮递任务，各生产队由生产队派专人到邮政局自取。这期间徐永华、李明、刘春秋、耿伟庆曾任局长。2005 年底邮政支局有人员 7 人，局长赵玉红。

2020 年，四平邮政支局有人员 8 人，其中局长 1 人、综合柜员 1 人、理财经理 1 人、柜员 2 人、邮政营业员 1 人、投递员 2 人。2012—2021 年刘春波任局长；2022 年 3 月，谭英任局长。

二、建设与发展

1926 年，由同江县邮政局调派李海山（字子玉，后改名李广富）来饶河县，正式建立邮政代办所（邮务所），开办邮递信件业务。1928 年，代办所升局，为三等局。主要邮务线路，夏季为轮船兼陆路传送，即饶河—东安镇—蒿通—富锦—依兰，陆运为邮差步行或骑马送递，冬则靠雪橇（马爬犁）送递，无雪则用马匹驮运或邮差徒步背送。饶河—四排—西通—东安镇—蒿通班次，每 7、8 天一班，4 天到达。1956 年 6 月，饶河县成立邮电局，下设东安镇邮电代办所。邮路为饶河—四道沟—胜利—四平镇，每 2 日随客车送递一次。

1957 年，饶河县邮局在八五九农场五分场部设立邮电所，仅有营业员，负责报刊、函件、包裹投递和电报、汇款等营业项目。当时邮件是通过水路（乌苏里江）从饶河邮局用船运到东安镇，然后再用“热特-28”（苏联产的胶轮拖拉机）运到邮电所。由于天气和江水变化无常，所以邮件都是不定期来的，一般为一个星期送一次报刊和邮件。从封江到冰道可以跑车，通常有两个月不能通邮。当时只有一名营业员，因交通不便，缺乏运输工具，往往是报刊、邮件由生产队自己派人来取，或者让人顺路捎回。

1964 年初，邮电所增至 2 人，为使职工及时看到书报、邮件迅速送到群众手里，农场派 2 人到邮电所帮助工作（工资由农场支付）。于 1965 年开设投递业务，开辟 4 条自行车邮递线路共 47 公里。由于当时道路不好，没有砂石路，稍一下雨，自行车就无法骑行，但投递员仍风雨无阻，不能骑车就步行。冬天大雪封路，他们就赶着马爬犁送邮件，使每个生产队都能及时收到邮件、及时看到报刊。在兵团时期，四平邮政支局曾尝试用摩托车投递邮件，但由于冬天天寒路滑，发动机不易起动，遇上大雪行走困难，没有推广使用。

1969 年，六师建立建三江邮政局，在二十三团设四平支局，邮政信箱号码为“防字 607”信箱，开始通过建三江邮局沟通对外邮递网路。1972 年，设车辆邮递，专车往返于团部至建三江这条邮路。1987 年 1 月 1 日，《邮政法》实施，并规定寄递邮件要逐步实行邮政编码。八五九农场邮政编码：156326。

1979—1980 年，取消了东安、东道林 2 个邮电所。1982 年，在四分场场部（石头山）设一个邮电代办所。由于人员精简，在邮递员人手不够的情况下，生产队只好派专人来邮局取报刊、邮件。

1983 年之前，乡邮路线 3 条，皆为自行车班。四平至砖厂、十九、二十、二十一队 4 个点，邮路长 14 单程公里；四平至二、三、四、五队、一分场部 5 个点，邮路长 25 单程公里；四平至六、七、八、九、二十四、十五队、二分场部 7 个点，邮路长 26 单程公里。1983 年，按国务院文件精神投递段撤销，改为自取。

1972 年，开办人工有线电报业务，增配专职电报员一人，支局改为邮电支局。1973 年 5 月 1 日，开通建三江—四平电报电路。1984 年改为无线电报，有 55 型 15 瓦收发报机一部。1991 年，无线电路全部停止。支局电报仍改回邮送。从 1996 年起，建三江邮政局（电信局）与各支局陆续开通光缆电路，来、去电报采用传真。2005 年，电报业务停止运营前，电路传输已实现全省光纤通信。

1984 年 6 月 2 日，建三江集邮协会成立。1987 年，开办集邮业务；5 月 1 日开办邮政储蓄。1990 年，开办特快专递业务。

2011 年之前，信件及包裹单送至各基层单位及生产队，收件人持包裹单到支局领取包裹。2011—2015 年，由于大部分生产队已搬迁到场部，包裹单送至社区街道办，收件人到支局领取包裹。2015 年以后，开展送货上门服务。包裹可直接送到收件人家中，有些邮件由工作人员电话通知来支局领取。

2020年春节前后，疫情防控期间，支局各项业务正常开展。周六、周日均不休息，由于其他快递、物流停运，承担了所有包裹的收、取工作，居民限制出行期间送货至用户楼下。此期间每日收寄物品达1000件左右，超过平时的3倍。

1969年以前，四平邮电支局的邮件、汇款数量一直不多。组建兵团时，大批城市知识青年来场，邮件、汇款额大幅度增加。1973年，收进包裹7953件，汇款额（包括进、出）10.04万元。这一高潮一直保持到1979年知识青年返城。1982年，营业额又开始增加，超过了兵团时期的营业额，1983年达到24万元。

1995年，四平支局收入43万元。1997年，收入126.07万元，其中邮政收入62.51万元、电信收入63.56万元。当年的收入比1995年增长了3倍。

1997年，邮政储蓄余额达245万元。

2020年，四平支局各项业务合计纯收入148万元左右。

三、报刊发行

建场至1966年以前，农场订阅报刊的人很多，特别是复转官兵，在机关、生产队有许多职工家庭订阅报刊。主要有“两报一刊”，即《人民日报》《解放军报》《红旗》杂志和沈阳军区办的《前进报》等理论性的报刊，每年订户都在3500份以上。1967年以后，许多报纸、杂志停刊，订户有所下降，但《人民日报》和《红旗》杂志的订户仍没有减少。兵团时期，报刊发行量有所增加，平均每年订户为3000多户。恢复八五九农场以后，随着农场职工群众生活水平的不断提高，对文化生活也有了更高的要求，订阅报刊的数量猛增。1982年，报刊发行量达6000多份。1983年增至6800份。

报刊发行主要分为单位订阅及个人订阅两种。单位订阅数量近十几年变化不大。个人订阅受电视、手机、网络、新媒体的影响，近年来订阅数及金额有所下降。最高时报刊收入40万元左右。

2020年，全场共订报纸29.36万元、杂志8.64万元，合计38万元。

四、邮政业务

1997年，四平邮电局分营前经营的业务有电报电话、信函、特快专递、包裹、报刊、集邮等邮政业务，邮政储蓄和汇兑等金融业务，保险和联通话费等代理业务。当年分营后，除电报停止营业外，电话业务分出，其他业务未变。

函件根据其性质分为信函、明信片、邮筒、印刷品和盲人读物5种。1997年分营后，国内邮政特快的邮费仍以每200克为标准，起重200克为20元邮费，不足200克以200

克为准，超重部分每200克加收6元，不分路途远近。2003年9月1日，国家调整了特快专递的计量标准，由每200克1个单位改为500克1个单位，价格仍为20元，对超重部分由原来每200克6元更改为每500克6元、9元、15元（依据路途远近）。随着民营快递进入农场，对邮局的邮寄业务冲击较大。

金融储蓄和汇兑业务是1987年4月开办的，每笔汇兑业务按汇款额的1%收取汇费，最低收费2元，最高50元，最高汇票额为5万元。回执业务资费是在正常收费基础上加收3元手续费；2小时汇款在正常收费基础上每笔加收5元加急手续费；实时汇款业务在汇款基本资费的基础上每笔加收10元特急业务处理费；附信字数超过6个字的收取附言费，每个汉字加收0.1元。

1975年，建成236平方米邮电局，在俱乐部西。1989年迁到财政楼（原机关办公楼）东侧，营业面积150平方米。1997年由佳木斯市邮电局拨款兴建了710平方米的三层办公楼。当年邮政电信分开后，邮政支局使用面积为357平方米。2014年以置换的方式迁入综合办公楼一楼，面积425.23平方米。

2020年，为方便居民收取包裹，四平支局在商业街设立了一个便民服务点。

五、金融业务

1987年5月以后，各支局（所）先后开办邮政储蓄业务，邮政储蓄余额迅速增长。

2013年，除邮政储蓄存、贷款业务外，增加了理财、保险、基金等业务。当年贷款2000万元。2014—2020年，邮政只办理存款业务，不办理贷款业务。2020年，储蓄存款4752万元。2021年，恢复贷款业务。

第三节　电　　力

一、机构沿革

1957年，农场在东安镇及四平镇安装小型柴油机发电设备。

供电站是在老八五九农场五分场修理所发电车间的基础上扩建起来的。1959年，修理所发电车间有干部1人、工人7人，80平方米简陋土坯房1栋，55千瓦发电机1台，担负着本所的日常电机修理和各单位的照明用电。

1964年组建新八五九农场时，修理所改为修配厂，发电车间工人增至10人，增设62.5千瓦发电机1台。1965年，第五生产队首创粮豆千吨，成为农场典型机械化生产队，特奖励发电机1台，成为农场基层生产队中第一个有电灯照明的单位。同年修配厂发电车间增设135千瓦发电机2台。

1966年，新建砖瓦结构发电厂房400平方米，拥有发电设备4台，已具有一定的供电能力。从此，开始对场直地区工副业单位及附近的农业生产队供电。1971年，新进135千瓦发电机组1台，调出55千瓦机组1台。1977年，建变电所600平方米。1978年春，又进160千瓦发电机组1台。电力车间从修配厂分出，实行独立核算，业务隶属通信电力科领导。

1979年1月，设电力科，科长于占斌。同年7月，建三江管理局至八五九农场的水泥杆高压输电线路架通，农场发电厂变为建三江管理局的配电系统，由建三江电厂直接供电，原发电厂设备不变，以备急需。

1981年，正式改为供电站，职工增至34人，为副科级单位。1983年1月，于崇堂任站长；1986年3月，马振海任站长。

1983年，有职工32人，其中行政干部4人、技术员1人、技术工人27人（外线工7人、运行工7人、发电机组4人）。厂房1000平方米，发电机组5台，发电量715千瓦，运行10千伏高压开关柜10台，10千伏电容器1台，电力高压35千伏通信载波机（电力专用）1台。10千伏配电线路131公里，全部为10米水泥电杆，钢芯铝胶线。变压器42台，总容量2700千瓦。

1996年，更名为供电局，为正科级单位，局长马振海。2001年11月21日，黑龙江省农垦总局和黑龙江省电力有限公司签订委托代管合同后由省公司正式代管。2002年，垦区电力系统实行归口管理，农场供电局上划，隶属建三江电业局。

2005年，供电与运行分开，变电运行设13人。2020年为2人。

2013年3月29日，投资2000万元，完成变电所移出城区工程，在科研站建设66千伏变电所，增加变压器2台，改造线路2.4公里，供电总负荷由原来的6300千瓦增加到3万千伏安，农场辖区供电实现了提质增容。

2019年3月，建三江电业局八五九供电局更名为国网黑龙江省建三江电业有限公司八五九供电所，所长郑同斌。

2020年，全场供电区域面积1567平方公里。有66千伏变电站2座，主变4台，总容量6.78万千伏安；10千伏线路16条，总长度1311公里；配电变压器5600余台，总容量5.32万兆伏安。供电所有班子成员3人、工作人员24人。同年完成供电量7121.79万千瓦时，售电量6662.3万千瓦时。供电所主要工作为抄表、核算、收费、计量管理、报装接电、维修维护等。

1994年，供电局被总局命名为总局级文明单位。2003年5月，被命名为总局级文明单位标兵。局长马振海先后被评为建三江管理局1990年度劳动模范、总局第十届劳动模范（2003—2004年度）。

领导成员更迭情况如下：

电力科长：　于占斌（1979.1）

供电站站长：于崇堂（1983.1）

　　　　　　马振海（1986—1995）

供电局局长：马振海（兼任书记，1996.11—2006.8）

　　　　　　王允生（2009.8—2012.5）

　　　　　　杨锦利（兼任书记，2012.5—2018.9）

所　长：　　郑同斌（兼任书记，2018.9—2022.11）

　　　　　　马战旗（2022.11—）

党支部书记：吴喜文（1981—1990）

　　　　　　李　仁（1990—1995）

　　　　　　张　鹏（2000.5）

　　　　　　刘延福（2006.4—2009.7）

　　　　　　李　刚（2010.8—2012.5）

二、用电管理

1985—1994年，农场除二十二队、二十八队、三十三队、三十五队、三十七队、四十队、宏山林业站、毛金沟林业站等居民点没有统一供电外，其他单位都由农场供电站统一供电。没有统一供电的单位自行发电。1995年以后，农场的电力事业发展较快，国网电力输入农场，尤其是经过农网改造，新增输变电线路97.5公里。全场供电区有10千伏线路7条，总长218.8公里；0.4千伏线路87.8公里；0.22千伏线路168公里。供电半径达60公里，东到四十队（石头山），南到东安镇，西至十六队（迟东），北到一队（民主）4条干线，担负着38个生产队（居民点）、300多户个体用电户、22个工副业企业、6000多户居民用电户供电，形成了以66千伏变电所为中心的现代化供电网络。

1985—1987年，农场供电站对各用电户电费实行单位代收，单位用电电费通过农场转账结算。1988年，供电站成立营业班，对场部用电户电费采取“走收”制，由营业班收费员到各用电户直接收费；工副业单位和生产队的公用电费，仍然采取转账结算。

1994年，供电局对全场用电户的电表进行外移，按房定点安装，电费由电工收取。1997年，实行购电制，用电户每月初到供电局购电。1999年，供电局对部分单位和用电户实行磁卡电表计费，安装磁卡电表1500块。2004年，农场除二十六队以东的生产队聘用电工代管收费以外，其他基层单位取消电工，由供电局实行包片管理，到各用电户直接收取电费。

从2010年起，全面更换智能电表。实现电表数据自动采集，及时长传实时数据，不再出现以往手工抄表出现电量不准确、电量计量有误差等问题。

从2019年开始，国家电网公司推行“网上国网”App应用，实现足不出户进行电费缴纳，通过此项软件能实施观测日电量、月电量、年电量等电费信息账单，实现业务办理“一趟都不跑”，减轻用户负担。到2020年底，“网上国网”App参与用户达5000余户。

从2017年起，按照国家相应规定，全面开展电力清洁能源替代工作。八五九农场辖区自2006年开始完成电力线路架设970余公里，新建线路9条，安装高效节能变压器2200余台。开展国电入水田工作，同比柴油发电每亩节省100多元。开展电采暖工作，到2020年底完成电采暖用户业扩报装500余户。

2020年，完成建三江电业局首例新能源充电设施业务报装申请工作，为新能源时代打开大门。

居民电价，1986—1998年为0.8元/千瓦时、2005年为0.47元/千瓦时。2020年，居民电价0.51元，非居民10千伏0.71元、0.4千伏0.72元。

总供电量，1985年为192.7万度、1995年为396万度、2005年为715万度、2020年为7121万度。

三、输电线路建设

1993年10月27日，建三江66千伏输变电一期工程竣工送电，同时在创业变电所安装一台6300千伏安60千伏/35千伏的变压器，八五九用原35千伏电网运行送电。

1996年，农场投资架设了二十二队、二十八队、三十队、三十一队、辽阳点、奶牛队等单位供电线路60.5公里，结束了建场以来自发电的历史，用上了国电。

1997年10月，三期工程创业至八五九66千伏线路开工，1998年4月竣工。同年，架设三十三队、三十五队、三十七队25公里10千伏线路和营区0.4千伏线路。完成十队水稻小区10千伏线路5公里，安装变压器9台，可电力灌溉水田304公顷。当年完成：东安粮库高低压线路的扩建和变电所的安装调试，复合肥厂电力扩建安装，农场粮食处理中心烘干塔改装和内部调试工程，农场小学锅炉房线路改造，场部地区80%的0.4千伏线路和居民区线路维护，十四队、三十队、三十五队、三十七队住宅区高低压线路改造工程。

1998年，将原发电车间拆除，在原址上扩建了260平方米变电所运行车间。开关场地基础工程开始建设。架设了20公里66千伏线路，将变电所升级为66千伏临时变电所。

2001年，架设十队水稻小区10千伏线路5.2公里，安装变压器7台，增加电力灌溉水田面积171.33公顷。4月，农场自筹资金20万元，架设三十七队至四十队10千伏线路5.8公里，使全场所有生产单位全部通上国网电力。

2002年，拆除了2台1000千伏安变压器，由建三江调入1台4000千伏安变压器投入运行，使原35千伏变电所升级为66千伏变电所。架设了一队、七队、十二队、十三队、二十一队、二十八队、三十队10千伏线路8公里，0.4千伏线路13公里，新增变压容量520千伏安，新增水田用电容量450千伏安。

2003年，安装乌苏里江灌区5000千伏安变压器2台、安装北大荒米业八五九精米厂315千伏安变压器1台。

农场的电力农网改造工程始于2000年，用一年时间完成了全场供电线路的勘察工作。到2002年7月，完成全场农网改造工程施工图纸设计和绘制工作。10月18日，农网改造工程正式施工，供电局聘用14名2001年复员军人，与本单位技术人员组成施工队伍，投入农网改造工程。2003年11月25日，完成全场农网改造任务。总投资600万元，分两期投入，一期工程496万元、二期工程104万元。完成10千伏高压线路12.75公里、低压器线线路158.73公里、低压二线线路181.54公里，低压改造台区83个，更换变压器66台。

2009年10月4日，投资700万元的场区5公里供电线路改造工程开工，新电缆容量增加到10千伏。

2011年7月20日，供电局对第一居民委主干线路电缆进行了更换，2000多名居民从中受益，改造工程共投资16万元，更换电线杆60根，更换新式电缆2000延长米。

2013年3月底，投资2000多万元，建三江电业局与八五九农场共同实施的3万千伏变电工程投入使用，农场辖区供电实现了提质增容。

2013年，农场实施电网工程，有8000公顷水田实现了“油改电”，新架水田输变线路150公里，10千伏出口线路7.5公里，增加水田供电面积13333.33公顷。到2019年，“机井通电”工程新架设线路800多公里，增加配电变压器1500台，新增电机井2000余个。

2014年，建设九阳临时变电所，解决供电能力不足问题。2016年建设完成后，正式更名为“66千伏东瑞变电所”（在三十三作业站）。经过几年建设，从最初水田一线、水田二线2条线路，发展到现在水田一至七线7条线路，架设线路共计890公里，安装变压器1630余台。

2016年，完成四平路10千伏场西线干线线路拆除工作。拆除线杆70余基，线路3.8公里。同年，开始棚户区改造480余户，减少居民用电安全隐患。

2018年，改造老干部台区箱式变以及附属电力设施。改造更换导线2.7公里，并将原有315千伏安变压器更换为500千伏安变压器。同时完成场区内高压接线箱安装改造工作，改造水厂、米厂等11处地区，解决线路混乱问题。

2020年，对辖区内原有老旧线路进行拆除。包括10千伏东农线、10千伏南农线等4条线路。累计拆除40余公里，并将原有建场初期的杆塔导线进行正规整改整治。

结合农场为农业种植区域，在用电高峰期制定调峰制度，针对高负荷地区开展限电工作，安装智能真空开关22个。为解决线路末端电压低等问题，安装箱式电容器1台，柱上电容器18台。对养老院临时变压器进行改造，建设箱式变1台，改造低压导线0.4公里，满足养老院安全用电需求。

供电所党支部设立志愿者服务队20人，通过主题党日活动帮助用户解决电力问题600余起。2016年、2019年汛情严峻时，供电所为抗洪一线架设低压照明线路3.4公里、安装临时变压器3台、高压线路2.6公里、建立杆塔80余基、变压器总容量1315千伏安、安装照明设施200余件，为抗洪工作保电护航。

2020年初，疫情防控期间，党员服务队为民主、加油站、东安边防等四处卡口敷设电力线路，共计架设低压线路5.9公里，安装照明、取暖等电力设施80余件。

第十二章　商务、粮食、物资、旅游

第一节　商　　务

一、商业

1957年，一分场（今场部）只有和平村（水利大队）1个小商店。1958年，分场部设商店。1961年，农场设立高级饭店，高价出售饭菜，鲜鲤鱼由原来每斤2角提至1元以上。兵团时期（1969—1976年），在边远和比较中心的生产队设代销店。到1983年，发展到10个分店（一、二、四、九、十二、十七、十九、二十五、三十八队及东安分店），场部1个大百货商店。商业职工由1957年的5名发展到1984年的65名。

进货总金额由1957年的5.5万元，发展到1984年的276万元，为原来的50倍。商品销售品种由1957年的210种，发展到1984年的4500种，为原来的21倍多。商品销售总金额由1957年的6万元，上升到1984年的309万元，为原来51.5倍。购买力由1957年人均60元，上升为1984年的189元，是原来的3倍多。1984年，高档商品销售，其中自行车512台、电视机349台、收录机123台、洗衣机721台、缝纫机168台、手表488只。

兵团时期，十七分店邹悦鹏曾肩挑杂货到附近连队沿村叫卖。农场大百货商店也经常送货下队。

1977年6月，服务连分管招待所、小馆、被服厂、照相馆、理发馆、冰棍厂、面条厂、修表、修鞋等，主任胡仲瑛。兵团撤销恢复农场后，1978年撤销服务连，一部分归商店，一部分归工业三连。

1970年，成立收购站。到1985年1月，归商粮贸公司，改名为贸易货栈，其业务仍然为收购农牧副产品兼销轻工产品。自成立以来，收购大量皮张、中药材、菜籽、白瓜子、编织品等，购销品种最多达136种。1979年，营业收入达51.2万元，每个职工平均劳动效率为10.2万元。1983年，营业收入21万元。

1982年，多种经营办又组织开办青年商亭，后归家属大队管理。1983年，在综合加工厂区新建一栋浴池，面积200平方米。

1986年以前，农场场部有大百货商店、综合商店、收购站、照相馆、理发馆，基层单位设10个分店。经营的商品都是从农场大百货商店统一购进，每月与大商店结算销售额，工资由大百货商店发放。1986年，农场场部兴办了第一家个体商店——时代商店。从此，农场的商品流通进入了国营与个体共同发展时期。

1991年，农场大百货商店全年销售额达560万元，创下了历史最高纪录。1992年8月13日，大商店为十四、二十六、二十八队等5个边远生产队送货5吨，支援农业生产一线。

1994年1月1日，农场大百货商店实行改革，所有柜台由本单位职工承包，各分店转让卖给个人经营。第一轮承包3年。1997年、2000年实行了第二、三轮承包。这一时期承包者自主进货，自负盈亏，定额上交柜台费和取暖费。

2002年元旦，由于乌苏里江商城竣工，百货商店职工纷纷购买门市，从事个体经营。百货商店库存商品折价处理，大商店关闭解体。

到2005年，全场各类商店达110多家。2020年，全场有个体商业户112户。

领导成员更迭情况如下：

商店主任：王雪芬（1975.8任命）
崔怀俊（1977.6）
赵宗民（1981.2任命）
王雪芬（1983.2任命）
韩英淑（兼，女，1986.3—1988.4）
王雪芬（1988.4—1991.9）
韩英淑（1991.9—1999.3）
王　龙（1999.3—2002.1）

书　记：洪渭昌（1977.9任命）
杨茜媛（1980.3—1982.2）
付玉才（1982.2—1983.2）
姜电波（1983.2任命，副）
顾镜闽（1983.10—1984.1，副）
姜电波（1984.1任命）
王雪芬（1986.3任命）
韩英淑（1988.4—1991.9）
张贵才（1991.9—1992.1）

王金龙（1992.1）

徐金祥（1992.12—1999.3）

1999年4月撤销商店支部建制。

二、被服厂

被服加工厂建于1964年12月，职工5人。开始由职工个人自带5台普通脚踏缝纫机，为场内加工冬夏季服装。厂址在农场办公室东100米处，有土木结构厂房70平方米，负责人胡仲瑛。

1966年，被服厂扩大，职工增到16人。退还个人缝纫机，农场购入电动缝纫机8台、脚踏缝衣机10台。随着农场人员增加，加工的服装样式增多，同时还开始承担农场劳保用品的加工。厂里分加工班和零活班两个班组。

厂长胡仲瑛利用修配厂的边角料，自己组装电动剪裁机，可以一次裁剪几十层劳动布，使工作效率成倍增长。

1973年，厂址迁至俱乐部西侧，有砖瓦结构厂房120平方米。后来归商店领导。

1983年开始，裁制成衣出售。1985年，被服厂房址让给综合商店。1992年被服厂解体。

三、新华书店

1971年，二十三团办起了图书经销门市部，配1、2名图书员。

1972年12月，俱乐部建成后，新华书店设在俱乐部平房的西侧，主任徐志臣，工作人员3～4人。先后由宣传部、工会管理。1985年7月，新华书店划归商店管理。新华书店作为主渠道，历年负责全场范围的图书发行业务。

1990年7月，建行在新华书店西侧设立储蓄所，占据书店20平方米，新华书店并入旁边的综合商店。1994年以后，由沈筱娟个人承包经营。2000年，怡园小区1号楼竣工，新华书店搬入一楼门市。2004年，课本发行归教育科后，书店逐步转产至快递行业。

四、外贸

1993年以前，农场的经济贸易工作职能在商业科，后为粮贸科，主要负责农场的大豆出口和少量的农副产品出口。

1993年2月，农场机构改革，成立经济贸易总公司，实行有偿服务，独立核算，自负盈亏。总经理由农场副场长兼任，经理滕旭明、赵宝文、梅立河。年底，农场撤销分场建制，一分场副场长鲍文山调任经贸公司任总经理，经理滕旭明、梅立河。1995 年 2 月，经贸公司解散，人员调各单位，经贸工作职能又划归粮贸科。

1997 年，农场获得对俄罗斯边境小额贸易权。

1997 年 12 月 4 日，农场成立供销总公司，下设物资公司、农机公司、边贸公司、信息公司。农场副场长王国利兼任供销总公司总经理，副总经理梅立河兼任边贸公司经理，配业务人员 2 人。1999 年 3 月 4 日，供销总公司撤销，重新组建物资总站和边贸公司，经理陈林富，副经理孙建国兼任边贸公司经理。2000 年 1 月，孙建国为物资总站经理并兼任边贸公司经理，全会坤为副经理，当时人员达 8 人。2001 年 1 月，孙建国租赁物资公司，赵宝文任边贸公司经理。2002 年 12 月，物资公司解体，房屋设备划给农业中心。

2002 年 8 月，粮贸科更名为北大荒农业股份有限公司八五九分公司市场部，2003 年 3 月，边贸公司职能划归市场部，经理赵宝文兼市场部副部长，隶属于市场部领导。2004 年 4 月，赵宝文内部退养，边贸公司的日常工作由徐洪昌代理。

1998 年 8 月 7 日，边贸公司在饶河县工商行政管理局登记注册，公司全称为黑龙江乌苏里江企业集团边贸公司，法人代表为农场场长王道明，注册资金 50 万元。经营范围包括建筑材料、农业机械及配件、农副产品、对俄小额贸易。经营性质属国有。

（一）对俄贸易

1998 年 4 月，边贸公司与俄罗斯哈巴罗夫斯克红河农场签订了农业生产技术合作及种地协议，农场出农业机械、农药、种子等生产物资和派驻农业技术人员、劳务工人。由边贸公司副经理全会坤带队，赵学江（翻译）、王永贵等 13 人前往俄方开展蔬菜种植，种植面积 20 公顷。当年年底所有人员全部回国。

2001 年 5 月 18 日，边贸公司组织 12 名劳务人员奔赴俄罗斯哈巴红河村种植蔬菜。边贸公司与俄罗斯红河农业股份公司签订了合作种植 26.67 公顷蔬菜的劳务合同，蔬菜收获后按 4∶6 分成。

2004 年初，在边贸公司的运作下，农场与俄罗斯犹太自治州签署了在列宁区开发土地 2000 公顷的合同，投资 11 万美元。5 月，由农场二十队队长李富志带领丁瑜等一行 6 人前往俄罗斯承包土地，当年开发种植 133.34 公顷。实行境外自主经营，自负盈亏，到 2005 年开发土地 1800 公顷，经济效益良好。

2004 年 9 月 15 日，在俄犹太州下列区注册新时代有限责任公司。与俄犹太州下列区签订 2000 公顷土地租赁合同，有效期限 10 年。

2005 年，完成 800 公顷大豆种植面积。公顷成本 1800 元，公顷效益 870 元。种植大豆利润 69.6 万元。

2006 年，完成 1000 公顷大豆种植任务，公顷成本 1800 元，公顷利润 975 元，大豆种植利润 95 万元。

2009 年，在俄租种土地全部转让给同江市龙健经济贸易有限责任公司经营。

（二）国内经贸活动及出口商品

1978 年 6 月，组建建三江管理局外贸处和建三江外贸站，国家外贸部搞大豆基地建设，在农场建了外贸专用土圆仓。

1983 年，农场完成出口大豆 1.22 万吨，获利 213.6 万美元，为全管理局“大豆出口”做出了贡献。

1984 年，完成大豆出口 1.3 万吨，在全管理局排名第一。还出口白瓜子 20 余吨、山野菜 10 吨、皮张（马皮、牛皮、羊皮、貉皮、原皮、兔皮等）1500 张和鹿茸 340 两，总价值 870 万元，给国家增加了外汇收入。

1997 年 6 月 26 日，七队蔬菜种植户关德国采用双模覆盖技术，种植的 20 吨大头菜通过饶河边贸，出口俄罗斯。

1998 年 5 月 13 日，与俄罗斯滨海地区发电厂签订出口 100 吨鱼颗粒饲料的合同。

1998 年 12 月 20 日，场长助理闫晗、供销总公司副总经理姜国华一行 6 人，参加 1998 黑龙江省名优特农副产品——深圳经贸洽谈会。参展产品 50 余个，签订 1 万吨大米的销售合同。

1999 年 5 月，与上海东陵公司签约。当年种植白芸豆、红芸豆达 1333.34 公顷，并做到技术指导、订单收购。

2002 年 12 月，利用水稻地租粮加工大米 400 余吨，代理出口俄罗斯，创汇 8 万美元。

2003 年，边贸公司与东安粮库合作代理出口俄罗斯大米 3600 吨，创汇 62 万美元；农场米业公司代理出口东欧等国大米 2040 吨，创汇 43 万美元；农场十六、二十队代理出口东欧白瓜子 70 吨，创汇 34 万美元；农场绿色食品开发公司代理出口日本有机大豆 1200 吨，创汇 50 万美元；农场药材协会代理出口美国、日本水飞蓟 1500 吨，创汇 163 万美元。

2004 年，边贸公司自营出口俄罗斯犹太自治州机械 32 台件，创汇 6 万美元；供货出口日本有机大豆 600 吨，创汇 25 万美元；供货出口美国、日本水飞蓟 750 吨，创汇 81.5 万美元。

2005 年，自营出口俄罗斯犹太自治州机械 21 台（套），大豆种子 50 吨，创汇 22 万美元；供货出口美国水飞蓟 150 吨，创汇 55.08 万美元；销售给中国台湾省白瓜子 200 吨，收入24.48万美元；供货出口日本绥农14大豆5500吨，创汇165.12万美元；供货出口韩国小粒豆300吨，创汇11.02万美元。

2003年5月，在饶河经贸洽谈会上与俄罗斯哈巴罗夫斯克签订1.2万吨大米销售合同。12月23日，参加第四届中俄经贸经济技术洽谈会，展出五大系列30余个品种。2005年6月15日，参加第十六届哈洽会，签约项目总额近7000万元。

2006年，ISO9001和ISO14001双体系及BCS通过认证及有效运行，农场拿到了农产品销往国际市场的通行证。当年，通过代理出口，向日本、欧洲出口大豆1200吨，向中国台湾销售白瓜子60吨。向国内各大城市销售江水有机大米220吨、有机大豆180吨，实现销售收入214万元。同年，农场通过代理实现出口创汇342.2万美元，自营出口俄罗斯农机11.12万美元，利用外资8020万元。

2008年，完成进出口总额433.7万美元。2009年，外贸出口额419.5万美元。2011年，供货出口总额实现620.98万美元，其中对俄出口130万美元、自营出口50万美元。

2012年，完成自营出口俄罗斯大米1900吨，累计金额144万美元。供货出口大米7500吨，累计金额540万美元，完成外贸出口680万美元。

2004年6月15日，在第十五届哈洽会上乌苏里江大米荣获“畅销产品奖”，乌苏里江有机大豆荣获“产品包装创新奖”。

2014年，依托大连等地港口企业，出口俄罗斯8000余吨优质稻米。大米生产许可证赋予大米分装权限，依托乌苏里江水灌溉优势，完成水稻适口性大米加工28吨。统一包装上市，延伸农业产业链。

2017年9月，在黑龙江绿博会上，郭三酒坊自酿酒设备及酿酒高粱包得到消费者认可。以每套1000元的价格，销售了600多套。

五、招商引资

农场充分发挥资源、区位、环境优势加大招商引资力度，吸引国内外投资者来场投资兴业。按照建三江管理局招商引资优惠政策，农场在政策、制度、服务、监督等多个层面提供保障。重点引进增加税收、解决就业、拉动产业的项目，促进农场经济社会快速可持续发展。

2006年，新引进加工企业4家，招商引资1000万元。2008年，招商引资5200万元。2009年，招商引资6730万元。

2011年，引进国创生物质热电有限责任公司，投资8000多万元建设装机容量12兆瓦的热电联产项目，提供供热面积60万平方米。

2015—2020年，共招商引资落地12个项目，累计投资金额达2.21亿元。

第二节 粮 食

一、机构沿革

从1959年开始，每个农业生产队配粮食保管员1人。兵团时期（1969—1976年）生产规模较大的生产队配2人。1957—1963年农场供销科设粮食助理员。1964年，改由经销站管。1969年兵团成立，设商业股管粮食。1971年，赵宗信任股长，1972年滕世江任股长。1978年，恢复农场，改股为科，粮食归商业科管。科、站、股都设粮食助理员1人，粮食化验员1人，兵团时化验员设2人。

1985年，农场商业科、外贸科合并为粮贸科，负责全场的粮食管理及外贸出口工作，对面粉厂、商店和综合加工厂的生产经营进行业务指导，实行独立核算，自负盈亏。科长滕世江，有工作人员10人。

1986年，商业科被评为中国粮油食品进出口公司黑龙江省分公司先进集体。

1993年，农场机构改革，粮食科定编3人，行使科室职能，科长孙岩凤，其余人员并入粮油公司，粮油贸易职能并入粮油公司。

1994年，重新恢复粮贸科职能，负责全场地租粮、议价粮、国库征购粮、补贸还贷粮工作，科长张玉旺。

1996年，王金龙任科长。1997年4月，农场对粮食科实行委托经营，年上缴利润100万元，孙岩凤任科长。

1999年，粮食科由经营型改为以服务为主的职能科室，科长徐忠文，工作人员增至22人。

2002年，粮食科更名为北大荒农业股份有限公司八五九分公司市场部。负责分公司的粮食管理、对外经济贸易、营销与市场开发工作，部长王军，人员减至15人。后由于体制改革，人员只留5人。2005年，梁志斌任市场部部长。2008年3月，粮食科更名为粮贸科。

2009年3月，农场改革，成立物流中心，宋广山任主任兼市场部部长，粮食科、工业科与物流中心合并，由粮食、工业、商务、旅游、鑫亚分公司组成，工作人员增至50人。2010年3月，更名为粮食中心。

2012年，工业、商务、旅游从粮食中心剥离，成为机关科室。

2014年7月，粮食中心整体出租给黑龙江省建三江农垦百川金谷粮食收储有限公司，原人员大部分留在百川金谷。农场成立经贸流通部与粮食科合并成为机关科室，部长宋广山，主要负责晒场管理、粮食销售、辖区内仓储企业管理。

2017年，经贸流通部更名为综合经济部，部长何敏。

领导成员更迭情况如下：

商业股长：　　　　　　　赵宗信（1971.3—1972.10）
　　　　　　　　　　　　滕世江（1972.10任命）
商业科（商粮贸公司）科长：滕世江（1977.2—1989.4）
粮食科科长：　　　　　　孙岩凤（1991.12—1993.2）
　　　　　　　　　　　　戴　勇（1993.11—1994.1）
　　　　　　　　　　　　张玉旺（1994.1—1996.3）
　　　　　　　　　　　　王金龙（1996.3—1997.4）
　　　　　　　　　　　　孙岩凤（1997.4—1999.2）
　　　　　　　　　　　　徐忠文（1999.2—2001.5）
　　　　　　　　　　　　曹恩军（2001.5—2002.1）
　　　　　　　　　　　　王　军（2002.1—2005.9）
　　　　　　　　　　　　梁志斌（2005.9—2009.3）
物流（粮食）中心主任：　宋广山（2009.3—2014.7）

2010年3月，改名为粮食管理中心（市场部）。

主　任：　　　　宋广山（2010.3—2014.7）
经贸流通部部长：宋广山（2014.7—2015.7）
　　　　　　　　何　敏（2015.7—2017.9）
　　　　　　　　宋广山（2018.5—2020.11）
综合经济部部长：李　斌（2020.11—2021.11）
　　　　　　　　丁千龙（2021.11—）
书　记：　　　　王金龙（1992.12任命）
　　　　　　　　王金龙（1994.1任命）
　　　　　　　　孙岩凤（1996.3—1997.4）
　　　　　　　　王金龙（1997.4—2004.3）
　　　　　　　　王　军（兼，2004.3—2005.9）
　　　　　　　　徐洪昌（2007.3—2008.3，副）
　　　　　　　　徐洪昌（2008.3—2009.3）

黄玉明（2009.3—2011.2）

徐洪昌（2011.2—2014.4）

荆新羽（2014.4—2015.7）

二、粮食管理

生产队对于粮食，只有保管权，处理权归农场商业科掌握。各队之间种子、饲料、口粮的调拨凭商业科的调拨令。凡是符合出口质量的大豆由外贸组织出口；达不到出口的粮豆，由交粮办负责组织上交国库。1968年以前，农场粮食交东安粮库。1969年，改交小佳河粮库。1979年胜利粮库建立，接收八五九农场上交粮。20世纪80年代，交“61粮库”。农场自1960年开始上交粮豆，到1984年，累计上交国家粮豆31.96万吨，其中出口大豆3.13万吨。

上交粮豆，1964年实行奖售制，规定每超交基数1吨小麦，奖售布票30尺、棉絮5公斤。1967—1976年，受“文革”影响，一度中断。1978年又恢复奖励制，改奖现金取代棉布票，规定每超交基数小麦1吨，加价奖50%。1983年取消基数，每上交1吨小麦，加价奖35%。

1985—1993年，农场粮食管理实行“交售单轨制、价格双轨制”。即计划内的粮食由粮食科统一组织征购、保管、加工、上交；计划外的粮食由粮食科统一组织征购，结算后统一对外销售，场内外任何单位和个人不得以任何理由私自处理或套购粮食。粮食管理实行“六统一”，统一入场院、统一入库、统一检斤、统一上交、统一出库、统一结算。

从1994年起，农业生产实行“两自”，农场只收取地租粮，其余产品农户可以自行出售。农场收取的地租粮执行国家三等粮标准，并收取一定数量的服务费用于粮食科在交粮中所发生的各项费用。1998年，生产队的粮食实行“统一进场、统一保管、统一上交、统一结算”的四统一管理办法。2000年，农场取消了服务费，一切费用由种植户自理，种植户自己找车上交地租粮。2001年，农场取消了实物地租的征收，一律采取货币交纳地租。这一时期粮食科只负责征购粮、期货大豆和统贷统还豆的收购、上交和结算工作。

2009年，粮食中心开始收粮，进行政策性粮食存储。粮食中心在工业园区内，占地10万平方米，可储水稻6万吨。有金属罩棚1.32万平方米，可仓储水稻4.5万吨，有日处理水稻500吨的烘干塔1座。

2011年收购粮食5万多吨，并销售给北大荒粮食集团。2012年，完成仓储代存水稻3.3万吨，实现销售收入145.2万元。2013年，完成3000余吨玉米的收储、烘干、整理销售。2014年，完成向东安粮库销售水稻，为农户收储、烘干、销售玉米500余吨。

2018年，扩大订单促进粮食销售，与倍丰恒泰公司、湖北海稻公司、垄鑫肥料公司、上海紫尊公司等8家企业签订水稻订单18773.33公顷，与江苏东台市国泰豆制品公司、苏州金纪食品有限公司签订高蛋白大豆订单2013.33公顷，与富锦象屿集团达成了收购玉米10649.33公顷的意向。

2019年，签订农产品订单13106.67公顷。其中水稻签订10106.67公顷，高于市场价0.1～0.2元/公斤（收购），实现增收1500余万元；玉米签订1706.67公顷，高于市场价0.02元/公斤，实现增收40余万元；大豆签订1293.33公顷，高于市场价0.1元/公斤，实现增收29余万元。

2020年，收购长粒水稻1714.9吨，销售金额514.47万元，净利润22.92万元。拓宽玉米销售渠道，与富锦象屿公司进行“二次保价”和“专品种收购”专项合作，种植户增收266万元。

2020年，农场粮食总产59万吨，实现商品粮55.78万吨，商品率94.4%。

三、口粮供应

每年秋收后，商业科对全场“三留”（口粮、种子、饲料）要做出安排，留足口粮，分批分期从生产队调运粮食到面粉加工厂和粮油加工厂加工。按工种口粮定量标准进行供应，全年平均每人供应180公斤成品粮，全场年供应量为2800～3000吨成品粮。

豆油供应，1978年以前每人每月供应半斤，1978年以后每人每月1斤，农忙及节日另加补助，全年每人达9～10公斤。加上副食糕点用油，全场全年供应量达200～250吨。

粮票供应，粮库要求农场交周转粮（等内粮），对换粮票。农场每年要交几十万斤等内粮对换粮票。周转粮不算上交基数和超交价奖，只是交一斤换一斤粮票。农场换粮票（通用和省粮票）供应职工出差、探亲、治病、开会，买糕点、挂面用。

1985年，农场下达了有益于恢复平价粮油供应的通知，规定每公斤面粉为0.35元、豆油1.6元、挂面0.5元，大米议价。职工家庭农场中种植业的一律按土地面积每公顷上交农场22.5元粮油倒挂，其他职工按每人120元上交，由单位统一收取并上交。

1985年，老干部每月供应猪肉1.5公斤、豆油1.5公斤，助理工程师职称以上科技人员每月供应平价豆油0.5公斤，并对1984年以前的余粮、油归自己记账保留。

1998年，农场取消了口粮供应，全部议价销售。2001年5月1日，国家取消了粮油供应关系，口粮供应面向市场。

四、基础设施建设

晒场（土、水泥）凉棚、仓库、土粮囤建设：1957—1963年是土晒场时期，每年麦收前，选一岗坡地，现翻现压而成。1964 年重视基本建设，六队（前二队）开始修第一个水泥晒场，面积 3000 平方米，按耕地面积 1‰的比例。到 1984 年，全场共修水泥晒场 17.6 万平方米，占总耕地面积的 6‰。

1957—1963 年，生产队建简易凉棚。1965 年以后，逐步建永久性凉麦棚，面积多为 500 平方米，以木或以砖砌为柱，上盖油毡纸，到 70 年代改为石棉瓦。在凉棚四周，有的生产队用砖砌成围墙，既可晾麦，又可当仓库。

种子仓库：1966 年，在二龙建 200 平方米砖瓦结构种子库。1968—1969 年，在二队、六队、十队、十二队、科研站分别又扩建 200～300 平方米砖瓦结构的种子库。

土粮囤建设：1979 年管理局拨款，生产队每建一个土粮囤且储粮 50～70 吨的，国家补贴 1500～2000 元。经 2 年的建设，生产队普遍建土粮囤，少则建 6 个、多则建 10 个，是农场主要的粮仓。

晒场机械化建设：1957—1962 年，晒场扬场、摊晒、入库全靠人工。1963 年引进扬场机，到 1965 年每个生产队配 1、2 台。70 年代后期，自造入囤机（修造厂造的，生产队也有自己造的，如十九队）使晒场粮食入库，由笨重人力转为机械入库。有的队把小型轮式拖拉机改为摊场机和收场机，改变了 1978 年以前由人力畜力摊场收场的局面。

建场至 1977 年，粮豆入库多用人力肩扛。从 1978 年起，生产队自己设计和制造入囤输送机，十九队就自造了一台入囤机。节省了大量人力，避免了人力上高跳板摔伤的危险。

十七队电工杜中行，1954 年 8 月入解放军第三地面炮兵学校学习，后任炮兵 560 团见习排长，1958 年转业来到八五九农场。他自学机械制图，1977 年，利用废铁、废料、废轮胎自行设计制造 13 米长的输送机，后又制造喂入机、拌种机，实现了晒场机械化。他先后为生产队设计制造 10 台输送机，设计的拌种机属农场首例，并在全场推广。

1979 年，引进八五二农场造的清粮机、上海造的比重选种机。10 月，全场启用建三江管理局电力，晒场机械由电力带动，改变以往由康拜引擎当座机使用的局面。至此，晒场除装袋灌袋外，从扬场、摊场、收场、入库、选种、清选等实现了机械化。

1985 年，农场各生产队几乎没有储粮仓、房式库。1991 年，农场投资为基层生产队建设砖粮仓、金属仓，土地面积大的生产队一般建 4 个砖仓，小的 2 个，金属仓一般都建 1 个。2002 年以后，农场投资 850 万元共建水泥晒场 9.22 万平方米，投入 211 万元为 7 个生产队建金属和砖铁房式种子库，这一时期所建的水泥晒场和种子库是面积最大、规格最高的。

1989 年，粮食科建设 1.1 万平方米的水泥晒场，建 485 平方米的办公楼和 188 平方米的化验室。1992 年，建设了 2 座烘干塔，日可烘干粮食 312 吨。

到 2005 年，全场水泥晒场面积 12.74 万平方米；砖粮仓 50 个，储粮能力 4960 吨；金属粮仓 17 个，可储粮 1 万吨；房式仓 14 个，可储粮 1280 吨；种子库 7 栋，面积 4655 平方米，可储粮 5000 吨。全场储粮能力达 2.13 万吨。

2015 年，投资 192 万元，完成罩棚改造 2 万平方米。

2018 年 9 月，农场注册了江畔明珠商贸有限公司，经营范围包括粮食收储、加工、销售等。

2019 年，15 个管理区共有水泥晒场 97.33 万平方米、土晒场面积 18.58 万平方米。

2014 年以来，每年两次对各管理区、作业站的晒场进行检查、验收、评比，对不达标的晒场下达整改通知，整改验收合格后方可使用。2020 年，与 15 个管理区签订晒场管理责任状，做到有规可查、有患必究。

到 2020 年，农场粮食仓储能力 248 万吨；金属粮仓 82 座，可储粮 243 万吨；水泥晒场 158 万平方米；粮食处理中心 3 座，日处理 1500 吨。

五、粮食收储企业

2020 年，农场辖区内有 20 家粮食收储企业。总仓容 250.66 万吨，已储粮 126 万吨；烘干塔 26 座，日烘干能力为 1.33 万吨；地坪 73.4 万平方米。

2022 年 1 月，黑龙江省甘澍粮食收储有限公司成立，地点在工业园区。2021 年，农场投资 3245 万元，收购私营仓储企业 4 家（东硕粮油工贸、寒地香米业、利众粮油工贸、宏泰粮油工贸），农场自有 2.5 万吨砖混仓，总设计仓容 15.8 万吨，入股北大荒粮食收储集团黑龙江建三江收储有限公司。其中 4 家仓储办公室总面积 2505.6 平方米（实际使用 1472 平方米）；罩棚总面积 3.17 万平方米；地坪总面积 4 万平方米；烘干塔共 3 座（其中日烘干能力 300 吨 2 座，200 吨 1 座）；2.5 万吨砖混仓占地面积 1.87 万平方米。人员编制 20 人，其中管理人员 7 人、工人 13 人。主任宋宇航，书记汪伟。

表 3-43 2020 年全场粮食收储企业情况统计表

序号	企业名称	地点	成立时间	总仓容（万吨）	烘干塔（座）	日烘干能力（吨）	地坪（万平方米）	备注
1	黑龙江省农垦东安粮库有限责任公司	工业园区、东安镇	1997	65.8	3	2000	22	包括东安二库区
2	黑龙江省建三江农垦旭丰粮贸有限责任公司	九站道南	2014	10.5	2	1000	4	—

（续）

序号	企业名称	地点	成立时间	总仓容（万吨）	烘干塔（座）	日烘干能力（吨）	地坪（万平方米）	备注
3	黑龙江省建三江农垦龙江商贸有限公司	十二站	2013	16.5	1	500	1.5	—
4	黑龙江省建三江农垦诚信米业有限公司	工业园区	2010	10	1	300	1	—
5	黑龙江省建三江农垦绿之源水稻专业合作社	三十二站	2014	10	1	500	2.8	—
6	北大荒粮食集团八五九粮食收储有限公司	二十八站	2015	16.2	1	1600	4	—
7	黑龙江省建三江农垦华龙粮油食品加工有限责任公司	水利队	2014	25	2	1000	1	—
8	黑龙江省建三江农垦禾嘉水稻专业合作社	九站道北	2014	7.5	1	500	2	—
9	黑龙江省建三江农垦百川金谷粮食收储有限公司	工业园区	2015	24.36	4	1800	7.5	—
10	黑龙江省建三江农垦凯赢粮油工贸有限责任公司	工业园区	2012	5	1	300	1.2	—
11	黑龙江省建三江农垦东硕粮油工贸有限责任公司	工业园区	2012	2	1	300	2	—
12	黑龙江省建三江农垦寒地香米业有限公司	工业园区	2012	8	1	300	4	—
13	黑龙江省建三江农垦裕辉粮贸有限责任公司	二十二站	2014	8.3	1	500	1.1	—
14	黑龙江省建三江农垦鑫天宝商贸有限责任公司	十二站	2014	19	1	500	2	—
15	黑龙江省建三江农垦鑫海达水稻农民专业合作社	三十站	2014	2.5	1	500	1.8	—
16	黑龙江省建三江农垦利众粮油工贸有限责任公司	工业园区	2010	3	1	200	—	—
17	黑龙江省建三江农垦宏泰粮油工贸有限公司	工业园区	2012	2	—	—	1.6	—
18	黑龙江省建三江农垦福旺水稻种植农民专业合作社	马小山（二砖厂）	2014	5	1	500	1.4	—
19	黑龙江省建三江农垦嫁禾盛工贸有限公司	十九站	2014	5	1	500	2.1	—
20	黑龙江省建三江农垦昌荣水稻种植农民合作社	四十站	2014	5	1	500	1.4	—

第三节 物　　资

一、机构沿革

1988年以前，农场物资仓库位于场部南部，修造厂东侧。1988年，在总局有关部门的支持下，农场投资41万元，在科研站北建设新物资库。建成4栋库房，建筑面积为

2095.84平方米，建围墙601.4延长米。1989年，建办公楼552.2平方米，警卫房32平方米，锅炉房65.65平方米和15米高烟筒一座，建围墙118.7延长米。经过2年建设，形成了远离居民区，长200米、宽190米、占地3.8万平方米的物资库。1990年，物资库迁入新库。

1984—1992年，物资科作为全场物资管理部门，机构没有变化。1992年12月29日，农场机构改革，物资科更名为物资公司。1995年7月28日，物资商场开业，经理鲍文山。1997年12月21日，乌苏里江企业集团成立供销总公司，下设物资公司、农机公司等公司。1999年3月11日，撤销供销总公司，原物资公司更名为物资总站。2001年1月，经理孙建国租赁物资总站。2002年租赁期满，房屋和设备划给农业技术服务中心，物资总站解体，人员自谋职业。

领导成员更迭情况如下：

股　长：　马绳斌（1971.3—1975.3）

　　　　　袁庆年（1975.3—1978.2）

物资科科长：　钱家行（1981.6—1992.12）

　　　　　唐孝忠（1992.12—1996）

　　　　　陈林富（1999任命）

　　　　　孙建国（2000—2002）

书　记：　国　强（1990—1991）

　　　　　唐孝忠（1991.9—1992.12）

　　　　　钱家行（1993任命）

　　　　　熊承举（1994任命）

　　　　　范明江（1994.1—1994.12，副）

　　　　　范明江（1995.1—1999.3）

　　　　　赵荔梅（女，1995.3任命，副）

二、物资计划管理

1964年新八五九农场成立后，供销科设配件计划员李勋之、物资计划员钱家行、油料助理员孙超，在机务技术员徐士海的配合下，每年6月开始制定下一年度的年物资计划，来年1月执行。物资计划管理步入正轨。

1978年，农场下发《物资管理制度（草案）》。农场编计划时，依据当年生产、财务的基本建设计划，以及各类物资的供应标准与消耗定额。在制定时，还要参照上年物资消耗水平和库存潜力及修旧利废能力，从而制定全场的物资计划。

1980 年以后，实行财务大包干，农场又制定了物资管理制度，并下发场物字〔1980〕2 号文件，对物资管理更具体化。1982 年实际采购数 874.5 万元。1979—1982 年，这 4 年的物资采购计划与实际采购金额，每年只相差 10 万元左右，是历史上从来没有过的“好”局面，使物资计划管理更接近实际需要。

1985—1993 年，物资科根据各单位当年的生产规模和各类物资的消耗定额，并参照前三年的平均消耗水平、上年库存、当年修旧利废情况和各生产队提出主要物资需求数量，制定物资计划。

1993 年以来，开始实施国家统一采购，特别是大宗生产资料，必须按计划上报，统一由上级部门采购。1994 年，物资（除化肥、油料外）进入市场，一般的生产资料都可以到市场购买。1997 年，全面放开后，职工群众从市场上可以购买到所需物资，有的直接到物资部门自行购买。

三、物资管理

化肥、农药、油料、材料、原煤、工业原料、生产资料、低值工具用具、机务配件等，是物资管理的范围。

1985 年，物资科强化了内部管理机制，物资实行“统一计划、统一采购、统一管理”。物资管理做到调拨与保管账物相符，库房清洁明亮，物资五五摆放，货签齐全。物资科下设仓库，仓库设主任、财务组、配件组、废旧物资管理组和驻外机构。各组均配有计划员、调拨员和保管员。

物资仓库物资堆码，要求以五和五的倍数堆放，整齐、美观，并便于清点发放。

（一）油料

1964 年，主管油料的孙超首次制定油料管理制度，从油料的计划、管理、领发、废旧回收、保管、防火、加油、装卸、运输、容器、工具使用、节约等，都制定了一整套管理制度。

1960 年，苏联停止供油，为解决冬季柴油和机油供不应求的困难，从 1960 年开始，规定废油回收炼新油。1965 年，停止回收。

1960—1965 年，农场抓“废油”更生。利用回收的废柴油、机油，经过土蒸锅，炼出的油冷却后与 0 号柴油勾兑，得到相当于负 10 号机油，即冬季柴油。每年油库夏秋炼油，日净炼 80 公斤，月可炼油 2000 公斤；5—10 月，可炼得冬季柴油 12 吨，解决了冬季柴油供不应求的困难。1965 年春，炼油房失火后，停止炼油。

1972 年以后，油料管理进行了技术革新。油库创建在洗油桶间，用自造手摇洗桶机，洗刷脏油桶。自己设计漏斗型油罐口过滤器，保证油净。

1975 年，全场推广十七队黄油、机油、柴油全过滤和浮子取油、封闭自动加油等先进办法。

到 1985 年，全场储油容量，生产队共有大小油罐 135 个，合计 1920 立方米，可储主油 1612.8 吨。油罐最小 2 吨，最大 50 吨，多数是 10 吨罐。

东安下营有 2 个立式金属油罐。1959 年，建成千吨油罐 2 个；1963 年，建 1070 立方米，可储油 898.8 吨；1975 年，建 1000 立方米，可储油 840 吨。

农场西油库（1979 年建）有 3 个立式金属油罐，计 500 立方米，可储油 420 吨。

农场加油站可容油 150 吨，全场储油能力近 4000 吨。每年全场消耗柴油 4000 吨左右、汽油 1000 吨、副油 200 吨左右。

1992 年以前，油料供应由生产队统一从农场物资部门购进，结算采取转账方式，主燃油供应分计划内和计划外（计划内按播种面积和吨公里等标准供应，计划外的高价供应）。副油按耗主燃油数量的一定比例供应。其中，机油按耗主燃油的 2.3％供应，齿轮油、黄油、机械油按耗主燃油的 0.5％供应，耗议价主燃油不供应副油。农场对油料采取分段供应的办法。农业用油以春播阶段供应总数的 40％，管理阶段供应 20％，麦收供应 20％，秋收供应 20％，工副业单位按季度供应。

1993 年，农业生产实行“两自”后，油料供应渠道多样化。生产队油料员自行购油，现金结算，购货渠道以物资科为主，但也有从外地购进的。2000 年以来，有机户开始自备油罐和油桶，油料采购自主灵活，方便快捷。

2000 年，农场加油站上划实行系统管理，归属黑龙江省农垦石油燃料总公司佳木斯分公司，更名乌苏里江加油站，人、财、物与农场脱离。2001 年 6 月 26 日，乌苏里江燃料生资站从物资科迁到粮贸楼一楼门市，为农户提供汽油、柴油、润滑油、化肥、农药等。

油料实行市场化供应后，农场车辆都到加油站现金购主燃油。随着个体经济的发展，个人经销配件和润滑油的店铺不断增加，李军润滑油商店从 1994 年就开始经营副油。随着国际原油价格的上涨，从 2001—2005 年，油价增长了 1 倍。

油料消耗量，其中柴油：1985 年 4487.3 吨、2000 年 3200 吨、2009 年 9532 吨；汽油：1985 年 912 吨、2000 年 800 吨、2009 年 1751 吨；润滑油：1985 年 153 吨、2000 年 10 吨、2009 年 180 吨。

（二）材料、工具、配件

从 1966 年开始，已有“五制管理”制度，经 1971 年、1978 年修改，进一步完善，即计划制、领发制、委托制、责任制、报废制。

1978年以后，常用低值工具发给个人，限期使用。木工工具卖给木工，农场发给工具磨损费，不再发给工具。工程队从1966年就开始执行，工具磨损费每天1角钱，延续到1982年。农业生产队的木工工具磨损费，是从1978年以后开始执行的。各队不同，有1天6分的、8分的、1角的。

（三）化肥与农药

1998年以前，化肥和农药作为农业生产的主要生产资料，由农场实行统一经营。物资部门根据计划进行采购，然后下发给各生产队。1998年，化肥和农药经营仍以物资科为主，个体经营只占很少部分。2000年以来，随着物资科的经营体制转变，化肥、农药市场放开，凡证照齐全的个体户都可以经营。这一时期农业技术服务中心在全场农药化肥市场中占有很大比重，年经销数量多于一般个体经营户。到2005年，全场从事农药化肥经营的农资商店达20余家，市场十分活跃。

化肥消耗：1985年7827.5吨、1991年6624.9吨、1999年5316吨、2000年467吨。

农药消耗量：1984年63.35吨、1991年87.5吨、1999年8.61吨、2000年1.34吨。

（四）煤炭

1995年以前，农场工业和居民用煤全部由农场统一供应，物资部门统一按各单位提供的计划供应，转账结算。生产队居民生活用煤平均每年每户不高于2.5吨，集体取暖用煤，全采暖期供应35公斤/平方米，企事业单位按取暖用煤50公斤/平方米供应，生产队烘炉每年按6～8吨供应。1995年，煤炭放开进入市场后，物资部门经营数量大减。

全场煤炭消耗量：1984年1.09万吨、1990年1.43万吨、1999年3305.7吨、2000年909吨。

四、物资供应、采购、运输

（一）供应

大宗物资供应：煤、主油、化肥。1958—1967年，每年夏、秋，靠水路从佳木斯总局（1957年从密山供应站陆运至农场）运进煤、主油、化肥，分别卸在东安、西通、饶河3个点，由东安再转运至四、五、六分场，由西通转运三、八分场，饶河直供一、二分场。

1968年修通“胜七公路”，打通了到福利屯的陆路。福利屯和东安作为陆路和水路，煤、主油、化肥的转运站。

1981年，全场实行代金券后，各单位凭代金券到仓库买料。

1985—1992年，各种生产资料供应都由农场垫支，通过转账结算，采用现金购买的较少。

1993 年以后，由于农业生产实行了“两自”，农场不再为生产队或种植户垫支，生产队或农户自己用现金购买。1998 年，物资市场搞活了，用户可以自行采购。

（二）采购、运输

1985 年以前，农场生产生活所需物资都是统一采购、统一供应。

农场物资采购：85%～90%由农垦局负责，10%～15%由农场自购。1957—1962 年，由密山农垦局（后改牡丹江农垦局）负责采购；1963—1968 年，由东北农垦总局负责；1969—1976 年，由兵团哈尔滨供应站负责；1977—1985 年，由佳木斯农垦总局负责。

1960 年，农场在佳木斯设转运站，派雷茂殿为驻在员。兵团时期（1969—1976 年），雷茂殿兼管福利屯货物转运。1969 年在福利屯又设一个转运站，李保先为驻在员，后周在民接任，负责福利屯和富锦的物资转运。1969—1977 年，建三江在富锦北炮台码头建仓库，为各场储供物资。

1980 年建三江通火车后，福利屯转运站于 1982 年撤销。1983 年在换新天（创业农场）建一个转运站，李全玉为驻在员。1983 年以后，水路由佳木斯发货至东安，陆路物资直达建三江火车站。农场通过这两条运输线，源源不断运进所需的各类物资，特别是大宗物资（煤、主油、化肥）。

五、修旧利废

1972 年，物资库成立了修旧利废小组，设白铁和粘补两种工艺，由段吉贵、董以发、李广富、仪广志负责。到 1974 年，他们利用收回的废品，制作了洗桶机、扒胎机、砂轮机、压力机、压桶机、压楞机，还自制工作台 3 个、卸车台 1 个、倒换油桶装置 1 个。用扒胎机扒下的废轮胎制作各种规格的胶皮桶，解决了当时基建需用的胶皮桶，畜牧用喂大罗（俄语）和民用水桶的问题。

1973 年，修旧利废小组完成修旧利废 2167 件。其中钣金（白铁）1831 件，包括播种机各型漏斗及锁片等 933 件，康拜因反射器、杂余推运器 32 件等。

1981 年粘补工作停止。1984 年钣金工董以发退休，修旧利废工作结束。

第四节 加 油 站

一、乌苏里江加油站

农场加油站于 1984 年建成，可容油 150 吨。

2000年，农场加油站上划实行系统管理，归属黑龙江省农垦石油燃料总公司佳木斯分公司，更名乌苏里江加油站。有职工24人，退休人员9人，站长陈林富，书记耿学忠，人、财、物彻底与农场脱离。2001年6月26日，乌苏里江燃料生资站从物资科搬迁到粮贸楼一楼门市，为农户提供汽油、柴油、润滑油、化肥、农药等。

2002年8月20日，乌苏里江加油站与胜利加油站合并，由胜利加油站站长赵平山兼管。2004年1月，于金华被聘任为加油站站长。4月，财务核算体制改革，只在饶河、红卫、八五九和胜利农场设加油站，财务实行报账制，油料按需配送，售后汇款。12月，农垦石油燃料总公司进行改革，员工可以内退和买断工龄。2003年1月1日，改制为新的股份公司——中油黑龙江农垦石油有限公司乌苏里江加油站，于金华被聘为油站经理。2005年，乌苏里加油站有员工12人。2012年5月，任命李运涛为油站经理。2020年末，有员工14人。

2010年，加油站在原址进行重建。改地埋罐，建新站房、罩棚、加油场地、油罐区。油站总占地面积3400平方米，其中站房面积157平方米、罩棚面积180平方米、储油罐5具（40立方米2具、50立方米3具）、加油机4台、加油枪8把。

2014年随着汽油车保有量的逐年递增，油站向公司申请更换1台4枪汽油加油机，油站共有加油枪10把。2017年对油罐区进行油气回收改造。2018年再次对油罐区进行防渗漏双层罐改造。更换1台汽柴油双油双枪加油机，新增2把汽油枪，现油站共有12把加油枪。

2006年销售5516吨，上缴税金32万元；2011年销售1.17万吨，上缴税金65万元；2015年销售1.41万吨，上缴税金76万元；2017年销售1.12万吨，上缴税金55万元；2020年销售8744吨，上缴税金65万元。

2013年，乌苏里江加油站被公司评为“销售标兵加油站”。

二、诚泰加油站

2006年8月14日，黑龙江省商务厅批准成立“黑龙江省建三江农垦诚泰石油有限责任公司”（加油站）。由自然人韦绍全和邱军林各出资150万元建设，系个体私营企业。

诚泰加油站于2006年9月初开始规划设计和施工建设，于年末建设完成。2007年1月28日正式营业。占地面积3750平方米，有加油机4台、加油枪8把，存储柴油140立方米、汽油80立方米，属二级加油站，共有员工10人。截至2020年末销售汽油、柴油近3万吨，上缴国家各项税金180多万元。

公司投资6万多元购置了汽油、柴油检测设备，做到每车油品必须检测，确保油品质量。2017 年 8 月，投资 9 万元对汽油加油机改造，加装油气回收装置，并一次验收合格。2018 年 7 月，投资 46 万元，对地下储油罐防渗漏进行改造。

坚持“安全第一，预防为主”的工作方针，公司成立安全生产领导小组，建立健全各项安全生产责任制和规章制度，认真开展安全生产风险评估隐患排查工作。协同农场消防队组织各种消防演练。2007 年运营至今，未发生安全生产事故。

第五节 旅游资源及历史遗迹

八五九农场地处三江平原东北部、乌苏里江畔，特殊的地理地貌、气候条件和人文历史，构成了原始、神奇、古朴的旅游资源特色。冰雪旅游资源得天独厚，江河湖泊网罗四布，湿地类型多面积大，农业观光旅游资源富集，历史人文资源特色明显，民族风情文化浓郁，对俄边境旅游具有优势，新型城镇观光富有特色。2000 年被中国旅行社黑龙江分社定为农业生态游景点。

八五九农场内有三个国家级保护区、一个省级保护区，生态环境优美。乌苏里江流经农场 32 公里，乌苏里江被联合国环保组织认定为没有被污染的江。

场内旅游资源丰富，有乌苏里江畔的东安镇、乌苏里江灌区、天然野生荷花泡、五花山、世纪园、白桦林等多处旅游景点。

2017 年，聘请旅游规划公司巅峰智业公司，规划八五九国家农业公园、东安镇特色小镇项目，打造东极度假村、圈河家庭农场、农场小城镇、第五管理区现代化大农业万亩示范区及农具场、东海假日乐园、鳌花岛橡树园“环乌苏里、依完达山”特色旅游景区。推进“旅游＋城镇、农业、文化”等产业融合发展，将军旅文化、渔猎文化、现代化大农业观光、历史遗迹遗址等有机结合。融入“乌苏里船歌百里黄金旅游带”。构建以农业旅游、文化休闲、健康养老为框架的旅游格局。

2012 年 1 月至 2015 年 7 月，农场的旅游管理工作设在工业（商务）科。2015 年 7 月 28 日至 2017 年 9 月，单设成立了旅游局，编制 1 人，局长贾乃生。2017 年 9 月，旅游工作并入工业（商务）科。2022 年 7 月，八五九农场有限公司管理体制改革，工业、旅游、商务工作划归经济发展部，徐欢任经济发展部总经理。

一、旅游资源

（一）百年古镇——东安镇

东安历史悠久，据史书记载，远在西汉（公元前 206 年）以前，东安这块土地便是肃慎人（满族的祖先）劳动、生息的地方。1964 年以后，曾多次发现古居址和石器陶器。1984 年 7 月，在镇西侧稻田地发掘出大量的明代的矛、箭镞和马镫等古文物。东安镇地层古生物地质遗迹保护区是喀尔喀旅游区的一部分。东安镇晚侏罗世—早白垩世海相地层（东安镇组）及菊石、雏蛤类动物化石，为国内独有。

历史上东安有过诺罗噶珊（元朝）、诺罗路（明朝）、挠力口（清代）的称谓。1917 年改名饶河，1925 年改名东安镇。

元朝曾在乌图哩设千户所（有推测设在东安），明朝东安属窝集部诺罗路，清咸丰九年（1859 年）至光绪二十四年（1898 年）在诺罗河口增设卡伦，为军队驻守，相当于县的治所。

1917—1925 年，东安曾是饶河县署所在地。1934 年，东安为饶河县第二区，东安为区治所。1938 年东安划归抚远县管辖。1951 年，东安复归饶河县管辖。1958 年，东安设镇。

东安镇曾是乌苏里江沿我国边界的第三大镇（1949 年以前），历史上素有东北亚水上“丝绸之路”的美誉，是周边地区的水运交通枢纽。在清代，世居在诺罗河（挠力河）两岸的瓦尔喀人和赫哲族人生产的毛皮、土特产品皆以东安为集散地。向朝廷进献的贡品，多从东安转运。明清以来，诺罗路（即东安）一直是通往宁古塔（今宁安市）和三姓（今依兰县）等地的水运交通要塞。

乌苏里江是当今世界上为数不多的未被污染的大江河之一。东安盛产大马哈鱼和“三花五罗、十八子、七十二杂鱼”等名贵北方冷水鱼类。

三花，即鳌花、鳊花、鲫花。五罗，即哲罗、法罗、雅罗、胡罗、铜罗。

百年木刻楞房取材于优质松木，榫式衔接，由甘氏商人投资，俄罗斯工匠建造，取名“振丰号”，经营日杂生意。

在东安镇西偏南的挠力河左岸台地上发现清代的卡伦遗址。

1942 年 7 月 7 日，在东安镇发生了震惊中外的伪靖安军起义事件。当时伪靖安军一团二营六连调驻东安镇，六连战士周岩峰、祁连生、国如阜等人打死了 4 名伪军官后，率领 71 名伪靖安军起义，乘船过江，毅然投奔在苏联的东北抗日联军，受到了东北抗日联军领导人周保中和李兆麟的高度赞扬。

在东安镇诺罗山北有侵华日军于 1943—1944 年建的飞机场遗址。东安西山头、东山头还有日军碉堡岗楼、工事战壕遗迹。这些军事设施是切断苏联西伯利亚大铁路的前沿瞭望哨所。

现镇内有各式鱼馆和旅游船只，乘船游江、品东安全鱼宴是旅游和度假的好去处。乘船游江可观赏对岸俄罗斯风情，东北方向有舍列密切沃村（谢村），距离东安镇 7.17 公里；南侧有俄罗斯维德诺耶村。

2010 年 9 月，东顺水路运输公司经理孙浩投资 100 多万元，从佳木斯购进长 29.8 米的游船，集餐饮、游江于一体，准载人数 200 人，名称“东顺客 458 号”。2011 年，东鑫水路运输服务公司经理王荣山投资 120 万元从江苏常州购买一艘游艇，准载人数 60 人，名称“东安 1 号”。2014 年，王荣山又投资 35 万元从江苏常州购买了一艘游艇，准载人数 12 人，名称“东鑫号”。2021 年 8 月，王荣山投资 25 万元从佳木斯造船厂购进一艘游艇，准载人数 80 人，名称“东鑫 001 号”。

（二） 鳌花岛原生态旅游度假村

该度假村建于 2008 年 6 月，是留场知青、全国“十大种粮标兵”葛柏林、林莉夫妇自投资金建设的，景区占地 710 公顷。度假村由“一园一场”组成，即位于东安镇的橡树园和位于二十二作业站的葛柏林圈河家庭农场。2012 年 10 月，被命名为国家 AA 级旅游景区。2015 年 8 月被国家旅游局评为全国乡村旅游模范户。

橡树园占地面积 26.67 公顷，东濒乌苏里江，隔江 6 公里与俄罗斯边陲小镇舍列密切沃（谢村）相望，西依郁郁葱葱的诺罗山，后靠乌苏里江灌区。该园是依托乌苏里江畔鳌花岛自然景观建设的，碧波荡漾的乌苏里江、百年古橡树与天然的湖泡形成了一道原始奇特的自然生态景观，“西看大江不见来水，天门开；东看江水不见去路，地户闭”可谓风水宝地。2008 年春，栽植 20 万株松树、柳树、核桃楸、黄菠萝、水曲柳等。2014 年，自投资金建设 2000 米长的沿江景观路和具有欧洲巴洛克建筑风格的游客服务中心，为游人观光、休闲和度假提供了特色的人文景观。游人扶栏眺望，平台垂钓，美不胜收；大自然的奇特景观和人与自然和谐巧妙融合，以及绿色有机果蔬，使游客驻足观望，流连忘返。该度假村还是自驾游房车最佳宿营地。

葛柏林圈河生态型家庭农场与二道河农场万亩大地号毗邻。家庭农场有耕地 466.67 公顷，林地 200 公顷，湿地 66.67 公顷，是“全国十大种粮标兵”葛柏林夫妇用 30 年时间精心打造的，被称为“中国最美家庭农场”。自 20 世纪 90 年代起，葛柏林开始大规模植树造林，退出 200 公顷土地，种下了红松、落叶松、钻天杨、青冈柞、黄菠萝、核桃楸等树木近百万株。

该家庭农场还创造了三个“第一”，即第一个中国农民自办的湿地保护区、第一台由中国农民自购的进口大马力拖拉机、垦区第一个家庭农场党支部。

游客在此既可体验踏湿地、观荷花、看东北“三大宝”之一的乌拉草，还可以重走家庭农场发展历程。可以穿越千亩人工林、听松涛、观奇鸟、赏北大荒各种珍稀树种，还可以到湖中下网捕鱼和试驾进口大马力拖拉机等。游人可驻足家庭农场200平方米的展览馆，观看6000年前出土的石器和改革开放30年来家庭农场各个时期的农机博览、家具陈列以及可持续发展的企业文化。

2016年10月，圈河家庭农场被确立为八五九农场青少年教育基地。

（三）乌苏里江灌区

乌苏里江灌区位于乌苏里江下游左岸，为乌苏里江提水工程，灌区控制面积68586.67公顷，总灌溉面积41726.67公顷，工程总投资6.28亿元。渠首距乌苏里江2.4公里。渠首站总设计流量56.36立方米/秒，总装机容量1.28万千瓦。2002年10月25日，开工建设。2005年4月20日，渠首4部机组一次试车成功。2020年灌溉面积1.4万公顷。

灌区引乌苏里江水灌溉稻田，可提高稻谷品质、节省地下水，同时为乌苏里江自然保护区和三江自然保护区进行补水，具有良好的经济效益、社会效益和生态效益。

2006年8月17日，我国著名经济学家厉以宁视察建三江时，慕名来到渠首，并挥毫题词“踏遍三江风雪路，世间何事不能为”。

（四）世纪园

世纪园占地面积30万平方米，建于2004年5月，2005年10月竣工，总投资2000多万元。园内有健身区、景观区、文化区、游乐区，是集水利和旅游、休闲、健身于一体的民心工程。

农场因地制宜、因势利导，利用废弃的鱼塘，结合阿布胶河库区改造，发挥了水库扩容、水土保持、农业灌溉、休闲健身等综合功能。建有3个人工湖，面积20多万平方米。世纪园临山而建，依水而成。园内一山、二桥，湖面三分，一石、二亭，柱列八方。建有12生肖、九曲桥、四季亭、七拱桥、万寿亭、太极八卦图等。九曲桥全长130米，共有13曲。

世纪园的镇园之石——聚石。采自完达山深处，高约2米，重达85.2吨，体积为30.6立方米，属花岗岩。取其谐音凝聚的聚，有聚党心民心，聚全场之智，共建美好家园的意思。

说起搬运聚石还有一个故事，这块大石头是大板山石场放炮蹦出来的，当时就想选一个镇园之石。可是石场距世纪公园道路曲折，运距是5.6公里，折点共计11处，12度以上坡度有3个，而且要途经4个村屯，运输难度非常大。2005年5月30日，路桥公司20多名员工在经理孙文波的带领下，将聚石用吊车吊到厚2厘米重5吨的铁板上，然后用3台大型推土机牵引，后面1台挖掘机向前推。这样4台车一起用力，直径3厘米的钢丝绳就断了好几根，一路上可以说是开山修路，遇沟架桥，经过4天的艰苦奋战终于运抵公园。

世纪园广场呈大半圆形，环抱东方，预示着八五九人每天都在迎接太阳，迎接新生活。广场约5000平方米，广场周围有8根汉白玉图腾柱，每根柱子的直径是85厘米，高度为9米。柱子上有福、寿、安、康、五谷丰登、天下平安等字，柱面上有百鸟朝凤和巨龙腾飞的图案，表达了八五九人对美好生活的渴望。

在世纪园的周边和绿地里混植着白桦、黄菠萝、核桃楸、水曲柳、槐树、榆树、青松、白杨、垂柳、糖槭、柳毛子、椴树、山丁子、枫树等25个品种，共栽各种树木1500株，其中大树21株。

2022年8月，依托世纪园打造北大荒文化主题公园，设置“北大荒故事”“北大荒声音”“北大荒力量”“北大荒奇迹”“北大荒精神”等五大篇章，设计地理标识1处，打卡地标4个，功能展示图版95块。

世纪园二期工程于2019年9月开工，2021年10月1日完工，总面积44.5万平方米，投资1050万元。

打造枫桥景观，建湖心岛5600平方米，建环湖路1280延长米，铺设了5000平方米彩色沥青沿湖路，湖边栽种了122株红枫树，通岛路两侧安装汉白玉扶栏。湖心岛中央矗立着风车造型，仿荷兰、欧式，投入150万元。

湖中停放了“燎原02”号船，以此纪念当年八五九人于1974年、1977年自行建造“燎原401”号和“燎原02”号机动轮船的事迹。

同时，将北大荒精神和压舱石（廉石）、谋篇布局落廉子等特色景点融合，打造廉政文化公园。

（五）斯摩勒塔

斯摩勒塔位于南山上。2007年8月10日开工，2008年10月1日竣工，总投资170万元，为28米7层级钢骨架观光、防火瞭望塔。

2016年，农场对斯摩勒山森林公园进行开发建设，投资400万元，从南山脚至山顶铺设攀爬石阶路2.8公里。2019年，投资220万元硬化行车路2.3公里。又投入72万元通上了电，进行了塔体亮化等。切实方便了游客登山游览，使世纪园与登山观塔连成一体。

斯摩勒山是满语“立还愿神杆处”的意思，主峰海拔333.4米，为完达山余脉。建塔的山顶是附近的最高点，海拔265米，老人们都叫烽火台，日军侵华时在山上建有石头垒起来的碉堡，也叫炮楼、岗楼。四周有战壕，主要是控制大板、太平（和平）、二龙、四平、二甲子、四甲子等地的归屯居民，防止给抗联送粮食。这是一个战略要地，苏军出兵东北时炸毁。很多50多岁以上的当地人在20世纪70年代曾到此，那时还剩2米高的石头墙体，后来倒塌了。斯摩勒塔就坐在碉堡的原址上。

（六） 第五管理区旱田示范基地

2009年，农场投资500万元在十九作业站建设旱作农业示范区，总面积1200公顷，包括农机管理区和标准化旱田种植区。

农机管理区占地面积2.85万平方米，房屋建筑面积1.24万平方米。建有钢结构带玻璃幕机车停放展示库房，可停放展示大型谷物联合收割机10台、大马力拖拉机20台。农具场停放进口收割机、凯斯迪尔、200马力拖拉机、平地机等现代化大型农机具700台（套）。建有库房900平方米，并依地势呈阶梯状。共分办公室、员工休息室、技能培训、设备维修、配件供应、进口装备保管、油料供应、设备清洗等8个区域。

旱田示范区创建了旱田“1＋n”自愿联合体，由98户农户联合组成，通过统一地号设计、统一播种、统一施肥、统一技术标准、统一植保、统一监测、统一销售的“七统一”高科技管理技术，实现580公顷旱田规模经营，带动农场旱田标准化生产。旱田示范基地采取GPS导航起垄、物联网监控、飞机航化作业、叶龄观测等高科技技术。2019年实现玉米公顷产1.5万公斤的历史纪录，辐射周边旱田增产8%以上。

（七） 东海假日乐园

2014年底，砖厂经营者高长成在停产砖厂废弃、闲置的土坑上投资建设休闲旅游项目。总投资2000万元，设有儿童乐园、餐饮、歌厅娱乐、冰雪乐园、室外滑雪、房车自驾游等项目。

该园总占地面积12万平方米，园内建有5000平方米滑雪游乐场、400延长米的滑雪场、3000平方米儿童乐园。室内游乐场有20余种娱乐设施。室外滑雪游乐设施投资200万元，滑雪场有滑雪道、雪圈道、雪地爬犁、碰碰球、章鱼转转、雪地龙舟、四驱雪地漂移车、雪地摩托、卡丁车、香蕉船等12项。

2019年1月，垦区冬季运动会暨建三江管理局首届冬季运动会的主要项目就是在这里举办的。

（八） 泽明园林

位于八五九农场原第三作业站的拆迁旧址。2015年开始建苗圃基地，经过土地整理，种植乔木、亚乔木100多种，高大乔木30万株，各种乔灌木和宿根花卉1280万株。绿化园林面积133.33公顷，建设总投资5000万元。获省林木种苗建设十佳单位，被评为2016年度“全国十佳苗圃”。

设有集装箱别墅、房车宿营地、军旅文化体验基地、书画室、战友茶社、荷花苑、微地形景观、园林景观观赏区等。

栽植的苗木有金叶榆、白桦、红叶梅花、紫叶稠李、海棠、红枫树、梅花、梨树、杏树、玫瑰、李梅、郁金香、芝樱等。

藏品有军品收藏、榻榻米、百年沉船木、香樟木木墩、印度花梨、越南貔貅、枣木花瓶、广西黄龙石、法国伊藤贝尔藤木家具、手工荷花灯、水晶灯、崖柏人参、巴西花梨、整木红木大板等。

（九） 天然荷花泡

天然野生荷花泡位于农场三十站西南10公里，距离场部约50公里，面积约33.33公顷。每年7月底8月初，荷花盛开。荷花泡处于乌苏里江自然保护区腹地，沼泽连片，苇草茂盛。1995年随着“五荒”的开发，才被人们发现，前去观赏的游人也多了起来。东安西山头挠力河入江口河汊子及大泡子处也有天然野生荷花湖。

（十） 五花山

丰富的树种和特殊的气候条件，广袤的林海在秋季形成独特的五花山景观。每年10月1日前后，秋高气爽，红松的绿、枫叶的红和落叶松的金黄，将山岭装点得五彩缤纷，被人们称为五花山。

场内多山，有诺罗山、斯摩勒山、喀尔喀山、老迟山及二龙山，都属完达山余脉。五花山形成后，放眼望去，层林尽染，色彩缤纷，万山如画，各种色彩相互交错独成一景，仿佛一幅巨大的山水油画展现在人们面前。从2001年起，前来观赏和拍照五花山的游人多了起来。尤以挠力河口秋色、斯摩勒山森林公园、白桦林、老迟山石林和解放坡下的伊甸园最为著名。另有谢村对面的金色沙滩、桃园山庄有机葡萄园、清河山庄、科技园区、第一管理区现代农田展示区、明珠家园、场史馆也吸引了部分游人。

（十一） 白桦林

白桦林位于场部至东安公路6公里处，孟家店至十九队路南，面积为33.33公顷。白桦林树干高20米左右，胸径15～20厘米。

（十二） 金沙滩

位于东安镇东北，舍列密切沃即谢村对面，乌苏里江我国岸边。有一长1000米，宽200米的大沙滩，每年8月枯水期时，沙滩露出水面，沙滩周围江水清澈见底，水深适宜。大沙滩背后的岸上，古树参天，千姿百态。离岸1公里沼泽湿地中，有面积近13.33公顷的天然荷花泡。2000年以后，吸引众多游人前来观光。

（十三） 石林

石林是老迟山山脊的一小部分，山石陡峭，蜿蜒起伏。每到“五一”前后，石缝间、惊险处，一窝一窝的达子香盛开。秋天的老迟山色彩斑斓，形成五花山色，吸引户外爱好者慕名前来。

（十四） 稻梦乌苏农乐园

“稻梦乌苏农乐园”是农场于2022—2023年打造的集历史呈现、品牌展示、农业科技、休闲观光、旅居康养等为一体的现代化农业体验区。

“稻梦乌苏农乐园”位于第一管理区，总占地面积近400公顷，G331国道穿区而过。2024年6月，农乐园晋升为国家AAA级旅游景区。有游客服务中心、“红动江畔”党建品牌馆、农业科普研学区、农业观光游览区、特色种养推广区、自然生态展示区、历史文化追忆区等30余个沉浸式体验空间，有观光电瓶车10辆。游客可观看稻田画，乘坐观光车至东方白鹳湿地，途经鸭稻田、蟹稻田、露营区、梦幻田园区、老农机展示区、农文旅区，在1920平方米的“禾能空间数智馆”，见证“乌苏里江”大米作为东北大米的“课代表”充满科技范儿的“一生”。农场实施旅游“12345”提速增收工程——绘制一条精品路线，建设两个农乐园，打造三个创新展馆，建立四大基地，展示五个特色文化节点。

二、历史遗迹

2017年，农场有41处聚落址、城址、军事建筑及设施被饶河县列为不可移动文物，年代分别为商、汉、南北朝、辽金、明、清、民国等。2014年，大板西北城址被确定为第六批省级文物保护单位。

（一） 饶河县衙

饶河县治所于民国六年（1917年）迁至挠力口（今东安，又称饶河口），并租用三间民用二层木刻楞楼房，县署及游巡队房租每月30大洋。楼上一半由房东住家，另一半由房东另招民户。民国十一年（1922年）1月，县署二层楼房所住居民户失火，火势由上而下，所幸桌椅、文件都抢救出来。县知事钱光陆向吉林省长呈奏请求将县治所迁至团山子。直至民国十四年（1925年）才获批迁往团山子，团山子也改名饶河。

饶河县府在东安镇期间，有8任县知事在东安任职，其中举人2人、贡生2人、1人为北京大学毕业。县府在东安镇后山坡，木柱板门。

民国二年（1913年），挠力口子（东安镇）设警察分所，分所长由冯起山担任。民国六年（1917年），县城迁往挠力口子（东安镇），警察队改为公安队。挠力口子为第一公安队，计有警察24人。

据此地老人讲述，1960年场县合并之际，在哨所下还能看到当时县衙门口的两根柱子。县衙遗址在边防军营后面的山坡上，现为耕地。

（二） 东安镇侵华日军飞机场遗址

1943 年，侵华日军在东安镇诺罗山北建飞机场一处，为军用。场地长方形，东西宽 250 米，南北长 600 米。当时动用民工和俘虏大约 1500 人修建这个土飞机场。1943—1944 年只修了一年，跑道砂石尚未垫完，未及交付使用，日本投降后此地变为次生林地（位于东安后山，边防山后 2～2.5 公里、大椴树后 0.5 公里多的地方）。当时建这个军用飞机场是为了防御或进攻苏联之用。

东安西山头、东山头还有日军碉堡岗楼、工事战壕遗迹，岗楼在山顶，四周战壕密布。当时因为是军事工事，为了保密起见没有征用当地人，全是民工、俘虏修建的。

这些军事设施是切断苏联西伯利亚大铁路的前沿瞭望哨所。东安对面的山后就是西伯利亚大铁路哈巴至符拉迪沃斯托克段，该铁路是苏联远东地区的交通动脉。东安是一个战略要地。

（三） 东安镇挠力河口“卡伦”古遗址

挠力河口古代遗址位于八五九农场东安西偏南的挠力河左岸台地上。遗址平面呈长方形，仅存有房基址，面积 80 平方米，建筑范围内覆盖一层陶瓦。陶瓦为灰色泥质，有几何纹饰。筒瓦的上端在多边形的平面编织形图案边缘压印有“庚午”二字，该筒瓦应当为官方窑口制作。瓦当，纹饰由非对称菱形组合的花瓣、凸起的圆点、圆圈线条组成。红砖，手工脱坯烧制。在房屋与挠力河左岸边之间有一眼石砌的古井，深 3 米左右，井壁用碎石块砌筑，工程量不是普通居民可以承受的。在该处基址的西北处缓坡上，发现“冂”型房屋残墙遗迹四处，开口朝南。

根据遗迹现象及采集的铜勺、瓷片、陶片等标本分析，此遗址应当为清代的卡伦。卡伦是清朝特有的一种防御、管理设施。其作用：一是巡查边界、防止沙俄入侵骚扰，二是管理地方事务、行使行政管理之职。

挠力河口卡伦为常设卡伦，驻扎兵勇近 200 人，相当于县级（七品），为一方基层军政长官。卡伦属军事与地方管理机构，有异于村落布局。1870 年正是庚午年，该遗迹距今已有 150 多年。

（四） 百年木刻楞房

清末，东安是与俄国民间通商的贸易口岸，在佳木斯一带知名度很高。贸易关系延续扩展到海参崴，我方渔民用鱼类产品换取对方的木材或其他工业、日杂产品。随着贸易往来的频繁和深入，沿江修筑了许多砖瓦结构和俄罗斯式木刻楞单层门市及二层楼房，有十余户商号、店铺，繁华一时。

百年木刻楞房取材于优质松木，榫式衔接，由甘氏商人投资，俄罗斯工匠建造，取名

"振丰号"，经营日杂生意。该商号还配备一艘"洪霖号"小火轮，沿江跑运输。

该木刻楞房是欧式风格，雕栏套窗，打眼接榫。窗户里外三层，最外一层是活动的全封闭的木板，晚上关上后就与整个房子合为一体，中间一层是玻璃，窗棂大，采光好。最里面一层是百叶窗，可以根据光线自由关合。

悠悠岁月历尽沧桑，该构造依然如故。从土改到农会、合作社、镇公所、乡政府、总场，这座木刻楞房始终是东安的政治活动中心。

20世纪60年代，木刻楞房由东安镇公安局派出所使用，后来改成了商店，现为办公场所，室内面积78平方米。

19世纪末及20世纪初，俄国的建筑形式与生活习俗对此地有一定影响。1945年以前，东安镇的俄式木刻楞房屋及二层木楼比比皆是。此种房屋结构以粗圆木用锛子砍成方楞砌墙，用麻刀灰腻缝。西式玻璃门窗。门窗框四周（室内外）都镶有框边，外部门窗顶上镶有叠锯齿式的木刻花纹。梁上钉有双层天棚板，房脊呈45度角，顺向覆以双层木板，刨有两道小圆沟，上涂油漆或不涂。房檐外部露椽处及山墙顶端露檩处，均钉遮檐板或遮檩板，或山墙防雨檐。屋内铺横楞镶地板。这种房屋的特点是暖和、干爽、明亮，惟不防火。

1998年，建三江分局局长拨款8万元，对木刻楞房进行修缮，加高了50厘米左右的地基，并用混凝土打上底座圈梁，铁皮瓦、窗户、门和地板等都是以前的原物。

东安百年木刻楞房现被列为饶河县不可移动文物。

2020年7月，在木刻楞房内建成东安古镇历史文化展厅。

（五）大板山遗址

大板城址位于饶河县八五九农场大板村西约1000米的小山处，处于挠力河左岸，遗址北约200米为创东公路，南约800米是小河沟，面积23.54万平方米。

遗址发现地表坑110个，为半地下人居坑，一个坑为一户人家。其中西南、东南两端发现较浅地表坑76个，遗址主峰南70米处，发现两排排列较为整齐的地表坑22个，主峰东端有南北排列的两排地表坑12个，坑多呈圆形。

遗址东端有两层修整平直掘筑而成的土台（部分为石砌），发现有石头堆积的石堆31处，北端有石堆13处，疑是积石冢。主峰周边有人工修整的土台环绕，北端的土台九级，从山顶一直延伸到山底。南端有土台三级，东端四级，被环绕的主峰没有发现地表坑，疑是祭坛。遗址南端中央部分有一条宽1.5米、长12米南北走向的裸露石块突出地表，疑是早期铺成的通道。

遗址完全被林木覆盖，西端被采石场破坏，留有长方形居住坑剖面，采集的标本有旋纹夹砂红陶、旋纹夹砂红衣灰褐陶、手指纹夹砂黑陶、指甲纹夹砂灰褐陶、陶环、圆形器物底等陶器残件。口沿有直口斜唇、直口圆唇。出土大量的陶片说明当时大板城有制陶能力、有陶窑。

大板城址属商周—汉时期文化遗存，距今3000多年以前，为满族的祖先肃慎、挹娄城址。

该遗址于2007年10月在第三次全国文物普查中发现。2009年10月，饶河县政府将该城址列入第二批县级文物保护单位。2014年12月，该遗址被省政府列为第六批省级文物保护单位。

（六）大板旧石器时代文化遗存

2015年11月16日，饶河县文物管理所在调查时，发现了一处距今一万年前的旧石器时代遗址。该遗址是三江平原首次调查发现的旧石器时代遗址，对研究三江平原的早期开发历史具有非常重要的里程碑的意义。

大板遗址位于八五九农场大板村东高出阿布胶河大约15米的台地上。调查发现采集到一批旧石器标本，主要有石叶石核、细石核、石片、石叶、双面器、刮削器等，反映了旧石器时代晚期石叶、细石叶技术的特点。

省考古专家李有骞博士根据地貌和石器类型判定，该遗址属于旧石器时代晚期的文化遗存，该地点是一处旧石器时代加工场。这批材料的发现，对进一步开展黑龙江及东北亚地区旧石器考古，旧石器时代向新石器时代过渡问题的研究，了解该地区的考古学文化的性质、分布、编年，研究古代社会的生活形态和人类生存的环境，迁徙的路径，提供了宝贵的考古学资料。

（七）葛柏林家庭农场——老别拉洪河遗址

葛柏林家庭农场耕作的土地在老别拉洪河流域内。家庭农场在开荒时曾翻出过石雕的人头像（后遗失在荒地里）。在别拉洪河老河道一处向阳的台地上出土了石斧、石臼、石圆、石刀等十分有价值的石器。在老河套台地上还散落着泥制陶片。

（八）赫哲人居住地

据沙俄文尼克夫统计，19世纪50年代，乌苏里江的赫哲人约有1400人。据赫哲老人讲，清末饶河县域内有四五个赫哲村屯，较大的有东安下营和四排。抚远县赫哲族人傅玉民说，他家就是下营的老户，那时下营有60多户赫哲人。到1930年，乌苏里江西岸的赫哲人只剩下400人。到2020年，八五九农场辖区有赫哲族6人。

清咸丰十年（1860年）以后，哥萨克人来此地烧杀抢掠，并带来了天花和性病，一个村屯有90%的人死亡。

乌苏里江流域最早的鱼亮子，要数挠力河口船营鱼亮子。创始人是一位赫哲族人——吴龙奎，清光绪二十年（1894年）至光绪二十二年（1896年）鱼亮子建成。

（九） 瓦尔喀人居住地

在清代，世居在诺罗河（挠力河）两岸的瓦尔喀人和赫哲族人生产的毛皮、土特产品皆以东安为集散地，向朝廷进献的贡品，多从东安转运。

据《清史稿》记载，瓦尔喀人属地南至现在的吉林珲春，东至俄罗斯伊曼城，北至饶河，西近富锦市。语言系阿尔泰语系，同满语相似，同赫哲语极为相似，但又不完全一样。他们与赫哲人的重要区别是原始居住地不同，瓦尔喀人自古以来就生活在乌苏里江流域，穆棱河两岸；而赫哲人自古以来居住在黑龙江，松花江下游同江至抚远一带。瓦尔喀人和赫哲人同属远古肃慎人后裔。《清史稿》对生活在密山、虎林、方正、饶河一带的居民统称为瓦尔喀人，对生活在富锦、同江一带的居民称为赫哲人。

瓦尔喀人主要以渔猎为生，不事农田，依山傍水而居，夏天住撮罗（圆锥形泥草屋），冬天挖地窨子住。

清咸丰初年，瓦尔喀人是当时饶河县内的主要居民，约1500人，占全县总人口的80%以上。后来，瓦尔喀人融进其他民族中。

（十） 南山旧石器遗址

2019年4月，饶河县文物保护中心和省文物考古研究所根据丁远平提供的线索，在南山塔西南200米山坡处发现石器采集地，地理坐标为北纬47°23′32.2″，东经134°4′08″。在0.5平方米的范围内采集石制品142件，包括石核、石片和两面尖状器等，大多处于制作的初级阶段。石制品以凝灰岩为原料，为打制石器。确定为约一万年前的更新世末期的石器原料产地及石器制造场，为乌苏里江地区旧石器遗存。

（十一） 二龙马架小屋

马架小屋建于1938年，是日军侵华并屯的见证。抗战时曾有抗联战士到此借过火柴和食盐。1958年，复转官兵曾在马架小屋住过。1968年城市知青经常到小屋听故事。

二龙屯（四队）因坐落于二龙山下而得名。

（十二） 日军炮弹

20世纪70年代，八五九场直学校上下课时就敲“炮弹”做的那口“钟”，当时学校还专门安排1名女职工负责敲钟。每当“当——当——”的钟声响起，半个场部都能听到，真可谓是响彻云霄！20世纪80年代，上下课有了电铃，这口“钟”就不知去向了。

据东安老人讲，大炼钢铁时从虎头运来过“日本炮弹”，是准备炼铁的，后来在五分场修理所当钟敲，再后来又搬到了场直学校。最初是木架子，后来焊的铁架子。炮弹的尖部被切掉了，焊上了一个大螺帽样式的东西。

经与虎头要塞博物馆里的炮弹比对，学校的这口“钟”应该是30厘米榴弹炮弹，直径30厘米，厚5.5厘米，高有140厘米左右，从底部看是空心的。虎头要塞日军的主炮就是30厘米口径的榴弹炮。

也有人说，炮弹是从虎头江运过来的，应为虎头要塞的炮弹头，而不是壳。当年还运来一个炮盘放在19连。

第六节　东安粮库

早期的东安粮库建于1959年，位于东安下营，面积4000平方米，仓储量5000吨，露天折席存储1万吨。当时因陆路交通未开，粮食运出，靠江上运输，挠力河北粮食集中于东安粮库。1968年，粮库最大仓储量为1.8万吨，共有职工120人。1971年，东安粮库撤销，人员分拨至小佳河粮库。挠力河北4个国营农场（包括前锋农场）的粮食统交小佳河粮库，转运至东方红车站。

随着种植业结构调整步伐的加快，水田面积不断扩大，1996年，农场粮豆总产达10.57万吨，比1994年增加近1倍。但由于农场生产的粮食全部通过胜利粮库交售，运距远，售粮运费高，导致职工种地成本加大。面对这一现实，农场积极争取上级立项建设东安粮库。1997年，经省粮食厅会同有关部门协商决定以贴息贷款的方式组建东安粮库。

1997年5月5日，东安粮库项目得到上级有关部门批准，选址在东安下营依山而建，负责接收农场生产的粮食，通过水路外运。粮库隶属分局粮食局领导，主任李志文。

领导成员更迭情况如下：

主　任：　　　　　李志文（1997.5—2004.12）
　　　　　　　　　汪　辉（2004.12—2012.8）
董事长兼总经理：马凤革（2012.8—2014.6）
　　　　　　　　　朱春海（2014.6—2022.11）
党支部书记：　　　张乐文（1997.5—2014.6）
　　　　　　　　　朱春海（2014.6—2017.7）
　　　　　　　　　宋广民（2017.7—2022.10）

2022年7月，韩天龙任黑龙江东安粮库有限责任公司副董事长。10月，马艺（女）任东安粮库有限责任公司总经理。

1997年7月12日，东安粮库破土动工。当年建成办公楼1040平方米，化验室108平方米，30吨地称房110平方米，锅炉房220平方米，收粮场地8万平方米，日处理200吨粮食的烘干塔一座，并于当年接收新粮1.67万吨。

1998年建1300吨钢板仓5座，总仓容6500吨，资材库750平方米，平扩场地2万平方米，建千吨码头一座，建水泥晒台1万平方米。为防止山坡水土流失，建挡土墙700延长米。

由于粮库依山面江而建，场地无法继续扩建，到1999年已将5个金属仓6500吨的仓容装满，同时露天席穴钢筋仓储粮13万吨，已无场地和仓容收储粮食。为了解决收粮场地紧张的难题，及时接收2000年新粮，于2000年4月4日与农场协商，在粮贸科东侧征地10万平方米，新建粮食收购点，为现在的东安粮库所在地。8月动工，修围墙350米，建化验室160平方米，建50吨地称房44平方米，警卫房10平方米，当年施工当年接收新粮4.4万吨，全部采用席穴钢筋囤，从根本上缓解了粮库收粮场院场地不足问题。

2002年建白色路面1万平方米，建金属罩棚仓2880平方米，存粮1500吨。东安粮库收粮点将作为其一个分库继续扩建。分库的建设缩短了农场北片生产队运距，节省了上交粮运费。

2003年11月13日，位于东安粮库的利源米业开业，利源米业是东安粮库员工集资200万元兴建的股份制米厂，占地面积888平方米，引进日本佐竹先进设备和技术，日产大米100吨。

2003年12月27日，东安粮库主任李志文获全省农村青年星火带头人称号。2004年12月20日，李志文调到三江粮库任主任，汪辉接任主任。

2005年9月，建三江粮食系统进行体制改革，东安粮库隶属黑龙江农垦北大荒粮食购销有限公司，年储存能力达20万吨（东安粮库及场部收粮点各10万吨），粮库职工由79人并轨为59人，其中干部5人，主任汪辉。粮库内设保卫部、质检部、仓储部、机修部、财务部、销售部和综合部7个部门。

2009年农垦总局粮食局针对市场形势，为加强国有粮库企业化、集团化、产业化管理，增强国有粮库市场竞争力，将东安粮库并入北大荒粮食集团有限公司，并更名为“黑龙江农垦东安粮库有限责任公司”。

2009年，由北大荒粮食集团批准，为改善粮库办公条件，购买土地906.25平方米，用于新建粮库综合办公楼一栋。新建地坪6.35万平方米，购买输送设备及办公设施，完善粮食收购设施。

2010年，粮库在新库区申请建设的2.5万吨仓容项目得到批准，并由国家投资建设，建筑面积5940平方米。

2011—2018 年，共收购粮食 67.42 万吨，调出粮食 23.27 吨，实现利润 5966.86 万元。

2011 年 8 月，中央储备粮前锋直属库与八五九东海农民合作社合作在东安粮库设立收储机构，直接收购农户手中的粮食。

2012 年 8 月 15 日，聘任马凤革为东安粮库董事长。应安全局要求，新建消防水泵房一栋，建设防雷设施及监控设备。

2013 年，购买土地 1.53 万平方米，建设平房仓 1 栋（建筑面积 4800 平方米），罩棚 1 栋为国投，新增仓容 3.5 万吨。

2014 年 6 月 12 日，聘任朱春海为董事长兼党支部书记。同年，购买土地 2.98 万平方米，建设平房仓一栋（建筑面积 2160 平方米），罩棚二栋（建筑面积 1 万平方米），千吨仓 30 座，新建烘干塔一座（日烘干能力 500 吨），新增仓容 8 万吨。

2015 年，购买土地 1.74 万平方米，新建地坪 2000 平方米，建设平房仓四栋（建筑面积 1.63 万平方米），新建千吨仓 20 座，新增仓容 7.5 万吨。7 月，进行办公楼水暖改造，将仓储办公室改造成单位的食堂和宿舍。

2016 年，购买土地 2.08 万平方米，建设平房仓五栋（建筑面积 2.32 万平方米），新增仓容 10 万吨。在库内铺设消防管网及建设消防水泵房。

与东海粮油贸易有限公司解除租赁合同，将位于东安的老库区收回，并与黑龙江省建三江农垦福顺粮食贸易有限公司开展合作经营，老库区荒废的厂房及地坪得以有效利用，实现利益最大化。

2017 年 7 月 26 日，聘用宋广民为东安粮库党支部书记，聘用王志勇为东安粮库副经理。当年，购买土地 1.27 万平方米，建设平房仓五栋，新增仓容 14 万吨（建筑面积 3.13 万平方米）。新建砖墙 1150 米、栅栏 270 米，加高原有围墙 870 米。

2018 年，库区总面积达 24.72 万平方米，有 7 万平方米是近 5 年内扩建。库区共有平房仓 18 栋，罩棚 3 座，建筑面积共计 9.86 万平方米。千吨囤 50 座，仓容合计 47.5 万吨。水泥硬化地面 9 万平方米，烘干塔 2 座（日烘干能力分别为 300 吨和 500 吨）。其中 16 栋平房仓、二座罩棚均为近 5 年内建造。近 5 年内，铺砂石路近 3.8 万平方米，库内新增仓容 39.5 万吨。

2019 年，储存国家政策性粮食 55.78 万吨（本库区 43.52 万吨、二库区 12.26 万吨），贸易粮库存 3080 吨，均为水稻。

2020 年，在岗员工 43 人。储存国家政策性粮食 49.48 万吨（本库区 34.49 万吨、二库区 14.99 万吨），出库政策性粮 9.31 万吨。按照集团“产购储加销”一体化要求，敞开收购玉米 1775.2 吨。

表 3-44　2011—2018 年粮食收购、调出及利润明细表

年份	粮食名称	收购（万吨）	调出（万吨）	库存（万吨）	利润（万元）	备注
2011	自营玉米、水稻、中央储备粮	7.25	0.50	6.15	154.37	收购自营玉米 1010 吨，水稻 4916.14 吨；中央储备粮 66560 吨
2012	最低收购价水稻	6.93	0.70	12.38	182.20	收购最低收购价水稻 69258 吨
2013	最低价水稻、中央储备粮	4.26	3.46	13.18	202.69	收购最低价水稻 38876 吨，中央储备粮 3781 吨
2014	最低收购价水稻，中央储备粮，国家临时存储玉米	9.56	2.08	20.66	433.85	最低收购价水稻 75579 吨，中央储备粮 11489 吨，国家临时存储玉米 8567 吨
2015	水稻	8.75	—	29.41	902.03	收购水稻 87458 吨
2016	水稻	10.37	7.92	31.86	1475.03	收购水稻 103651 吨，秋季历时 23 天，收购量达到历史最高，日进度量也达到历史最高量 1 万吨
2017	水稻	13.75	—	45.58	1489.69	收购水稻 137462 吨，秋季历时 24.5 天
2018	水稻	6.55	8.61	55.78	1127.00	收购水稻 65453 吨，本库区库存粮食 435125 吨、东安二库区库存 122634 吨

第十三章　金融、保险、税务

金融机构的设立是随着农场的生产发展和体制的变革而发展的。1955 年秋，组建东安镇信用合作社。1957 年，饶河县人民银行下设东安镇办事处，承办国营农场金融业务。1958 年，设立东安营业所，在四平设储蓄所。1964 年，在农场设立饶河县人民银行四平营业所。1981 年，国家金融机构调整，改为饶河县农业银行屯戍镇营业所。1987 年，饶河县农业银行屯戍镇营业所改为农业银行建三江支行八五九办事处。1990 年 7 月，建设银行建三江支行在农场设立储蓄所。1994 年 8 月，建设银行建三江支行在农场设立办事处。2003 年 7 月 9 日，饶河县信用联社在农场设立四平农村信用社。2017 年 12 月，在原饶河县农村信用合作联社基础上成立黑龙江饶河农村商业银行股份有限公司四平支行。

2013 年 5 月 27 日，哈尔滨银行股份有限公司农垦八五九支行成立。金融机构的发展对农场的经济发展起到了积极的推动作用。

第一节　金　　融

一、农行八五九办事处

1958 年，饶河县人民银行在一分场场部（今场部）建储蓄所，设储蓄员 1 人，无结算业务。一直到 1964 年农场一切资金往来，财政收支结算，都由饶河县人民银行东安镇营业所办理。

1964 年 4 月，成立饶河县人民银行四平营业所，配备 4 人，由郭忠良临时负责，随后农场抽调张庆清担任主任。营业所开办储蓄、信贷、结算等业务，隶属地方和农场双重领导。

1971 年 4 月，营业所改为六师二十三团办事处，行政业务隶属六师人民银行支行领导。

1974 年 9 月，根据省行指示，业务复归饶河银行，行政隶属农场领导。1975 年 3 月，改为屯戍镇营业所。1981 年，改为饶河县农业银行屯戍镇营业所。

1982 年，任命郭忠良为营业所主任。到 1985 年，营业所在编人员 16 人，储蓄代办所 39 个，简易代办所（只代办小额存款）18 个。

1986 年 10 月，归属中国农业银行建三江支行管理。10 月 5 日，农业银行饶河县支行屯戍镇营业所更名为农业银行建三江支行八五九办事处。账务正式从农行饶河县支行移交给农行建三江支行，移交后简易代办所撤销，编制增到 17 人，主任何承涛。

2014 年 8 月，升格为中国农业银行黑龙江农垦分行建三江八五九支行。2020 年，有员工 8 人。

随着农场规模的扩大，银行业务量增多，所址曾四次搬迁。1958 年的储蓄所是一间 40 平方米的土坯草房；1964 年移至新盖办公室内 15 平方米的小间；1967 年秋又搬到新建的 80 平方米的砖房；1974 年建 204 平方米的砖房，营业地点在农场原商店西侧。

1989 年，农行八五九办事处办公场所迁至农场财政楼西侧，面积 525 平方米，一楼为营业大厅，二楼为办公室。

1997 年 12 月 8 日，农行八五九办事处办公大楼竣工，建筑面积 1660 平方米，共五层。编制增到 25 人，主任曲金钟。

1990 年 6 月 18 日，农行八五九办事处成立中心储蓄所，隶属于农行八五九办事处，编制 4 人。初设时营业地点在农场招待所，后迁到小白楼一楼，营业室面积 60 平方米。2001 年，根据上级行精神，将基层储蓄代办所全部撤销，账务移交到中心储蓄所，所长陈荣秀。2005 年 10 月 10 日，中心储蓄所并入办事处。

2014 年 3 月 29 日，中国农业银行 ATM 自动存取款机在乌苏里江商城投入使用，方便了周围商户及居民就近存取款。

2018 年、2019 年，办事处被评为黑龙江省农行春天行动卓越网点。

领导成员更迭情况如下：

主　任：何承涛（1985—1993）
　　　　马晓林（1994—1995）
　　　　曲金钟（1996—2001）
　　　　胡成森（2002—2004）
　　　　陈德阳（2005.4—2008.8）
　　　　宋　龙（2008.8—2013.1）
　　　　马长春（2013.1—2016.2）

赵明珠（2016.2—2019.2）

杜维权（2019.2—2021.10）

孟　波（2021.10—）

（一）储蓄

1958年，饶河人民银行在一分场（今场部）建储蓄所，设储蓄员1人。到1964年储蓄所工作人员有高志臣、高志兴、覃友清等人，生产队储蓄代办员7人（核算员兼）。1965年3月末，储蓄存款总额22.86万元。

1982年储蓄代办所增至39个，存款总额324.15万元。代办所比1965年增长4.5倍，储蓄额增长13.2倍。按人口平均存款计算，1965年为38.21元、1982年为204.17元，增长4.34倍。1980—1982年，3年储蓄总额超过1979年前14年总额的54.2%。

1985年，农行除在营业室办理储蓄业务外，还在场部商业地段设中心储蓄所。在各基层单位都设有储蓄代办所，人员一般由会计或出纳兼任，最多时有代办所28个，简易代办所17个。储蓄存款一直呈上升趋势，到2005年底，21年净增个人储蓄存款17274万元，平均每年增加822.57万元。

1997年农行八五九办事处开办了通存通兑业务后，储蓄额不断增长，到2005年底储蓄存款达19134万元。2014年，储蓄存款34500万元。2020年，储蓄存款62353万元。

（二）信贷

1964年以前，农场农业生产亏损，国家给予核销，所以没有贷款。1965—1979年，农场仍执行统收统支，经济有所好转，时有盈利，国家每年还给农场贷款，所以这一阶段，农场没有向银行贷款。

1980年，农场实行财务大包干。1981年，遭到特大涝灾，当年总产值比1980年减少1453.9万元，五业亏损1323万元。农场资金周转开始发生困难，从1981年起，开始向银行贷款60万元。1982年，银行又贷给农场674.9万元，有力地支援了农场恢复和发展生产。当年农场扭亏为盈，盈利333万元，银行收回到期贷款150万元。

1985—1993年，农行八五九办事处向农场投放的贷款有农业贷款、集体个体贷款、农办工业贷款、农办商业贷款、技改贷款、家庭农场贷款、个人抵押贷款等信贷业务。

2005年贷款总额15819.45万元；2006年贷款3242万元；2018年贷款11087万元；2020年，贷款5330万元。

表 3-45　1965—2020 年农业银行存款、贷款统计表

单位：万元

年度	年底存款	年贷款额	年度	年底存款	年贷款额	年度	年底存款	年贷款额
1965	22.86	—	1984	618.21	1040.00	2003	10816.00	13833.00
1966	29.34	—	1985	765.00	1168.00	2004	15107.00	14267.00
1967	31.13	—	1986	928.00	1449.00	2005	19134.00	15819.45
1968	39.09	—	1987	1265.00	1801.00	2006	22869.00	3242.00
1969	47.79	—	1988	1275.00	1901.00	2007	24313.00	3621.00
1970	45.33	—	1989	1766.00	2346.00	2008	25139.00	2976.00
1971	52.89	12.77	1990	2161.00	2312.00	2009	26472.00	3860.00
1972	60.10	19.65	1991	2465.00	2209.00	2010	27969.00	4588.00
1973	57.91	3.63	1992	2755.00	2710.00	2011	28153.00	3719.00
1974	83.28	0.55	1993	1881.00	3198.00	2012	28809.00	3028.00
1975	86.39	6.00	1994	2618.00	3733.00	2013	28887.00	4561.00
1976	94.72	11.5	1995	3126.00	4206.00	2014	34500.00	5628.00
1977	112.13	5.98	1996	3640.00	4674.00	2015	37416.00	4628.00
1978	124.74	6.08	1997	2967.00	5618.00	2016	46325.00	3927.00
1979	141.38	4.04	1998	3016.00	6278.00	2017	53541.00	4166.00
1980	213.53	—	1999	3726.00	8595.00	2018	51708.00	11087.00
1981	290.07	60.00	2000	5283.00	9328.00	2019	54938.00	3672.00
1982	324.15	674.90	2001	6456.00	10271.00	2020	62353.00	5330.00
1983	448.06	487.90	2002	8618.00	12443.00	—	—	—

注：农业银行 1981 年前为饶河人民银行下属营业所。

二、哈尔滨银行八五九支行

哈尔滨银行股份有限公司农垦八五九支行于 2013 年 5 月 27 日成立。成立之初至 2014 年 12 月 24 日，隶属哈尔滨银行股份有限公司双鸭山分行建三江支行，全名为哈尔滨银行股份有限公司双鸭山八五九支行。12 月 25 日，哈尔滨银行建三江支行鉴于经营业绩突出，经中国银监会黑龙江省监管局批准升格为哈尔滨银行农垦分行，与哈尔滨银行双鸭山分行平级，隶属于哈尔滨银行总行。八五九支行全名更改为哈尔滨银行股份有限公司农垦八五九支行。

哈尔滨银行农垦八五九支行是首家入驻八五九农场的城市商业银行。截至 2020 年末，共有员工 11 人，行长 1 人、会计主管 1 人、理财经理 1 人、综合柜员 4 人、客户经理 4 人。

领导成员更迭情况如下：

行长：赵洪柱(2013.5—2015.8)

（2016.8—2019.8）

（2020.4—）

安长杰（2015.8—2016.8）

（2019.8—2020.4）

哈尔滨银行农垦八五九支行先后被哈尔滨银行农垦分行授予“卓越支行”“贷款卓越支行”“运营卓越团队”“存款营销先进单位”“贷款营销先进单位”“贷款规模贡献奖”“贷款突出贡献奖”“存款增量贡献奖”等殊荣。

（一）负债业务

2020年底，哈尔滨银行农垦八五九支行金融资产余额6.37亿元（其中存款余额5.7亿元、理财产品余额0.67亿元），在农垦分行下属的5家支行中排名第一。

哈尔滨银行农垦八五九支行开展的具体负债业务有定期存款、大额存单、结构性存款、理财产品、基金、保险、黄金等贵金属。

（二）资产业务

2005年，哈尔滨银行双鸭山分行开始在八五九农场投放农户种植业贷款；2007年，哈尔滨银行双鸭山分行建三江支行成立后由建三江支行进行投放。到2020年，哈尔滨银行在八五九农场连续投放农户种植业贷款15年，累计贷款13.5亿元（其中2020年贷款1.8亿元）。

哈尔滨银行农垦八五九支行开展的具体资产业务有农户种植贷款、养殖贷款、个人经营贷款、个人消费贷款等。

三、饶河农村商业银行四平支行

2003年7月9日，四平农村信用合作社成立，隶属于饶河县信用联社，人员4人，主任王清友，办公地点在农场幼儿园楼内。2004年4月1日，建行八五九分理处撤销，全部资产负债划给四平信用合作社，办公地点迁至建行八五九分理处办公楼内，员工增至10人。2005年5月10日，主任王清友调回饶河镇信用联社工作，许丰玉任主任；2010年1月，张庆祯任主任；2015年5月，周洪滨任主任。2017年12月，在原饶河县农村信用合作联社基础上经过改制组建，成立黑龙江饶河农村商业银行股份有限公司四平支行，隶属于黑龙江饶河农村商业银行股份有限公司，属于地方性银行机构，地点在农场综合楼，人员13人，行长王然。2021年9月，崔琳任饶河农商银行四平支行行长。

四平信用合作社成立后，先后开办了种植业贷款、畜牧业贷款和个体商业贷款。为农场种植户、养殖户和个体工商户在解决生产经营资金上提供了便利的服务。贷款户只需用有效资产作抵押，同时有 1 名担保人就可办理贷款。方便快捷，当天办理当天能拿到贷款。

黑龙江饶河农村商业银行股份有限公司四平支行业务范围为吸收存款，办理短期、中期、中长期限贷款，代理收付款项及受托代办保险业务，国内结算，办理经国务院银行业监督管理机构批准的其他业务。

2017—2020 年，累计发放农业贷款 11.2 亿元。2017 年存款 3.86 亿元、贷款 2.28 亿元；2020 年存款 3.2 亿元、贷款 2.86 亿元。

四、建设银行八五九分理处

1990 年 7 月 20 日，建设银行建三江支行八五九储蓄所成立，隶属于建行胜利办事处。营业地点位于农场老新华书店西侧，营业厅面积不足 20 平方米，有员工 4 人，所长黄金刚。

1994 年 8 月 26 日，建设银行建三江支行八五九办事处成立。营业地点在供电综合楼一楼东侧，营业厅面积 70 平方米。1995 年 7 月 7 日，建行新营业楼奠基，总投资 96 万元。1997 年 4 月 26 日，迁入位于场部中心地段新建的 839 平方米三层营业楼。办事处有员工 8 人。配有运钞车 1 台，办公实现了自动化，配有终端微机 5 台，主机 1 台，全国微机联网。开办的电子联运业务，实现了省内汇款实时到账，国内 2 小时到账。

1996 年 10 月 26 日，主任黄金刚调到建行八五二办事处，黄新林接任主任。2002 年，建行系统所有办事处改为分理处。2004 年 3 月 31 日，建行八五九分理处由于管理不善被撤销，部分资产负债移交给饶河县四平农村信用社。到 2004 年撤并时，分理处存、贷款余额分别达到 7600 万元和 2600 万元。

第二节　保　　险

一、社会保险

1988 年农场建立社会劳动保险机构，名称为黑龙江省建三江国营农场管理局社会劳动保险公司八五九分公司。1997 年，更改为黑龙江省农垦建三江社会保险事业管理局八五九分局。2006 年更名为黑龙江省八五九社会保险事业管理局。

农场的社保机构自成立起到 2001 年一直与劳资科合署办公，实行一个机构两块牌子。

2001 年 12 月，社保分局从劳资科中分出单设，办公地点随之迁到建行楼内，2005 年 10 月，迁至国税办公楼内，2007 年 6 月搬入交通中心办公楼，面积 342 平方米。

社保局原有员工 3 人，随着各项社会保险业务的开展，业务量逐年增长，工作人员增到 9 人。负责八五九农场辖区内社会保险的政策宣传、保险费收缴和保险待遇支付等相关业务。

领导成员更迭情况：

社保局局长：何文学（1988—1992）

王维海（1993）

钟月尚（1994—2010.3）

李德望（2010.3—2022.7）

张淑焕（女，2022.7—，八五九农场有限公司公共服务管理中心副主任，负责社保经办机构管理工作）

（一）社会保险开展情况

农场从 1986 年开始实行劳动合同制职工劳动保险制度，并缴纳养老保险费和失业保险费。养老保险费缴纳标准：企业按全日制职工工资总额的 15%缴纳，个人按 3%缴纳；失业保险费企业不缴纳，个人每月缴费 1 元。从 1994 年起，固定职工也实行养老保险制度，固定职工企业不缴费，个人按本人工资总额 2%缴费。从 1995 年起，原固定职工和劳动合同制职工统称为企业职工，实行统一的缴费制度。

2003 年 1 月，在实行养老保险和失业保险基础上，又实行了工伤、医疗和生育保险。到 2005 年，共实行五项保险，即养老保险、医疗保险、工伤保险、失业保险和生育保险。

社保局现已开展城镇职工“五项”保险、城镇居民养老保险、城镇居民医疗保险，做到了本辖区内应保尽保，实现了社会保险全覆盖。

2004 年，开办城镇职工基本医疗保险业务，通过大力宣传《建三江分局医疗保险统筹实施细则（试行）》和大额医疗救助保险政策，全场在职职工、退休职工、灵活就业人员共 5785 人参加了医疗保险。

2009 年，根据黑人保发〔2009〕36 号、37 号文件精神，会同农场劳资、财务部门为“五七工”“家属工”办理养老保险缴费业务，为 375 人收缴个人部分养老保险费 602.6 万元，农场为 390 名“五七工”“家属工”配套基本养老保险费 55.3 万元。

从 2008 年 12 月 16 日开始，为断保、漏保人员办理社保。2009 年农场投资 560 万元，扩大社会保险覆盖面。对凡是符合参保条件的断保、漏保人员及职工子女，所交保费给予 50%的补贴，已有 1993 人受益。

2009年，社保局会同有关部门开展垦区居民基本医疗保险工作，为了摸清各类人员的参保情况，利用早、中、晚休息时间深入居民家中，逐户登记，发放宣传单1.2万份。在农场电视台作电视讲座，讲解有关政策，共计参保1.01万人。

2013年7月20—30日，根据农垦总局《关于开展社会保障卡发行工作的通知》（黑垦局文〔2013〕89号）精神，完成各类人员共计1.46万人的社会保障卡数据采集工作。该卡在农业银行开户，具有“一卡多用”和“全国通用”的特点。

2014年，参保7949人，其中个体参保2344人。当年为企业职工缴纳养老保险1845.8万元，医疗保险1019.2万元，报销医疗费500多万元，为重残低保人员缴纳保险3000多元。

2015年，根据建三江管理局《关于开展社会保险数据库信息核对工作的通知》精神，协调有关部门，提供人力、物力，清理核对6952人的基础信息。同年，黑龙江农垦社会保险业务进入黑龙江省“金保工程”。从此，社会保险工作逐渐走向更规范、更标准的全省统一的操作系统。

2018年，农场企、事业参保职工8006人，离、退休职工5156人，灵活就业参保人员2723人，居民医疗保险参保人员8593人。全年收缴企业职工基本养老保险费2005.9万元，支付养老保险待遇1.6亿元。年收缴城镇居民社会医疗保险费188万元，年支付待遇327万元。

2020年，农场企、事业参保职工7836人，离、退休职工5689人（含灵活就业人员2087人），灵活就业参保人员3159人。全年收缴企业职工基本养老保险费2064万元，由于疫情原因，国家给予中、小企业部分减免政策，八五九减免了592万元。支付养老保险待遇1.81亿元。当年收缴失业保险费33.7万元。失业保险稳岗补贴支出48.4万元。收缴医疗保险费1732.4万元，基本医疗保险全年定点医院住院报销及网上结算4656人次，支付统筹医疗费547.8万元，个人账户医疗费801万元，大额医疗救助保险费1.8万元。支付47名职工生育保险待遇31万元。城镇居民社会医疗保险参保人数8881人，年收缴保险费271.8万元，年支付待遇210.5万元。年收缴工伤保险费27.1万元，支付34名工伤人员工伤保险待遇74万元。

采取多种领取养老金身份认证方式，全年采集指纹745人次，远程视频139人，黑龙江人社App身份认证4514人次。

“五险”单位和个人的缴纳比例：基本养老保险企业单位部分16%，个人部分8%；失业保险单位部分0.5%，个人部分0.5%；职工基本医疗保险单位部分7.5%，个人部分2%；工伤保险0.45%由单位缴纳，职工个人不缴纳工伤保险；生育保险2020年起并入职工基本医疗保险。

表 3-46　1986—2002 年全场缴纳养老保险费、失业保险费统计表

年度	参保人数（人）	企业单位养老保险费（万元）		失业保险费（万元）	
		企业缴费	个人缴费	企业缴费	个人缴费
1986—1988	1545	36.79	4.97	3.31	1.65
1989	1595	22.97	2.54	2.54	1.27
1990	1610	27.23	3.07	2.04	1.02
1991	1726	30.99	3.84	2.56	1.28
1992	2149	45.07	4.85	3.23	1.61
1993	2101	41.94	5.34	4.26	2.13
1994	5563	43.72	22.38	1.81	1.81
1995	5335	31.74	47.92	2.12	2.12
1996	4481	49.01	49.02	2.17	5.38
1997	4619	65.16	86.88	1.37	5.64
1998	4639	93.13	93.38	43.96	21.98
1999	4533	87.71	109.73	38.67	19.33
2000	4087	136.22	137.85	51.38	25.69
2001	3694	424.75	113.38	38.61	19.31
2002	3643	424.75	161.44	46.49	22.87

表 3-47　2003—2020 年全场缴纳养老保险费、失业保险费统计表

年度	参保人数（人）	企业单位养老保险费（万元）		事业单位养老保险费（万元）		失业保险费（万元）		医疗保险费（万元）		大额医疗救助保险费（万元）		工伤保险费（万元）	生育保险费（万元）
		企业缴费	个人缴费	企业缴费	个人缴费	企业缴费	个人缴费	企业缴费	个人缴费	企业缴费	个人缴费		
2003	5865	130.0	185.1	—	—	46.1	23.4	211.9	49.1	—	—	24.9	23.0
2004	6082	424.7	186.5	—	—	46.6	46.6	213.9	46.5	11.5	23.0	23.3	23.3
2005	6130	465.0	240.9	—	—	30.4	30.5	218.6	47.4	11.5	23.0	31.3	11.9
2006	6109	506.0	281.4	—	—	63.2	36.1	298.6	68.9	11.4	23.0	31.6	31.6
2007	6116	676.0	326.6	—	—	71.0	41.7	331	81.9	11.7	22.6	36.0	36.0
2008	6864	738.0	402.0	—	—	77.7	38.9	367.7	101.8	16.7	24.7	8.0	7.8
2009	6913	1024.0	449.5	—	—	28.4	26.3	436.3	115.5	14.6	25.5	24.3	24.3
2010	7006	982.0	514.7	—	—	26.9	31.5	542.6	136.5	12.2	24.6	26.9	26.9
2011	7385	1425.0	531.6	335.7	77.4	75.1	76.0	602.5	155.4	12.1	25.2	36.0	11.9
2012	7534	1544.3	591.3	366.8	78.8	84.5	82.8	714.0	175.9	20.6	25.3	93.3	27.1

（续）

年度	参保人数（人）	企业单位养老保险费（万元）		事业单位养老保险费（万元）		失业保险费（万元）		医疗保险费（万元）		大额医疗救助保险费（万元）		工伤保险费（万元）	生育保险费（万元）
		企业缴费	个人缴费	企业缴费	个人缴费	企业缴费	个人缴费	企业缴费	个人缴费	企业缴费	个人缴费		
2013	7752.0	1786.0	626.0	460.2	98.0	91.3	90.4	862.7	189.4	12.5	25.3	93.0	27.2
2014	7949.0	1845.8	731.2	479.8	92.6	108.0	102.3	1019.2	215.1	25.0	25.0	67.9	36.3
2015	7979.0	1931.7	728.9	608.6	54.1	168.0	53.6	1102.9	223.1	24.7	24.7	73.4	43.0
2016	7779.0	2144.0	834.3	755.7	117.3	142.6	59.5	1249.8	249.3	24.8	24.8	50.8	36.6
2017	7984.0	2001.7	819.1	874.5	125.8	59.9	59.1	1312.7	254.7	23.7	23.7	47.7	34.5
2018	8006.0	2005.9	793.8	1000.8	106.3	56.8	56.4	1343.1	239.4	24.1	24.1	47.5	34.1
2019	7859.0	2791.9	867.6	1141.9	113.9	54.5	54.2	1364.8	229.1	23.8	23.8	46.5	32.7
2020	7836.0	2064.0	835.8	1216.6	115.0	33.7	52.2	1732.4	221.9	23.5	23.5	27.1	—

注：2020 年生育保险并入医疗保险。

（二）离退休养老金发放

1994 年底以前，农场离退休人员离退休由农场审批，其离退休费由农场发放。从 1995 年起，离退休人员由农场审批，管理局社会劳动保险公司审核，凡符合正常离退休条件的人员，养老金由社会劳动保险机构发放。自 2002 年起，办理离退休审批手续由分局劳动局审批，分局社保局审核。

2001 年 5 月，全场离退休人员养老金纳入社会化发放，每月由农场社保分局将养老金通过银行批量支付业务存入存折中，离退休人员到指定的金融机构领取。

2001 年发放养老金 1184.48 万元，有离退休人员 2201 人；2006 年，发放养老金 1877.6 万元，有离退休人员 2305 人；2020 年，发放养老金 18079.54 万元，有离退休人员 5689 人。

表 3-48　2001—2020 年全场离退休养老金纳入社会化发放情况统计表

年度	离退休人数（人）	实发养老金（万元）	年度	离退休人数（人）	实发养老金（万元）
2001	2201	1184.48	2011	3786	5862.25
2002	2198	1227.55	2012	3717	6879.63
2003	2238	1391.13	2013	4237	8524.57
2004	2270	1382.80	2014	4311	9826.97
2005	2305	1594.44	2015	4518	11545.56
2006	2305	1877.60	2016	4773	12786.26
2007	2408	2306.39	2017	4990	14098.03
2008	3131	3102.10	2018	5156	16018.52
2009	3578	4089.36	2019	5278	16872.77
2010	3709	5008.02	2020	5689	18079.54

二、阳光农业相互保险

阳光农业相互保险公司成立于2005年1月，是由北大荒集团发起、经国务院同意、中国保监会批准的，国内首家相互制农业保险公司，是黑龙江省唯一一家国家一级法人金融机构。曾荣获“中国十大最具社会责任保险机构”“黑龙江省金融支持经济发展先进单位”“黑龙江省诚信企业”等称号。

1995年，农场成立农业风险互助办公室，办公地点设在计财科，由计财科副科长朱晓霞负责此项工作。成立后的农业风险互助办公室业务上受管理局农业风险办公室指导，行政受农场领导，对全场农作物灾情进行上报和理赔。从1997年起，农业风险互助工作设专人负责，编制1人，主任石寿庆。

2005年1月11日，经国务院批准，阳光农业相互保险公司在垦区成立。4月18日，农场成立农业互助保险理事会，理事长由分公司总经理刘相增兼任，全面负责农场农业保险工作；分管副总经理为副理事长，负责组织、指导、协调、监督农场农业保险工作。同时建立了保险社及基层单位保险分社。农场农业保险理事会办公室设在保险社，主任石寿庆，工作人员张军。

阳光农业相互保险公司建三江中心支公司八五九保险社开展的险种有水稻、大豆、玉米等种植业保险，能繁母猪、育肥猪等养殖业保险，财产保险、责任保险、机动车辆保险和其他涉农保险。

商业保险有企业财产保险、汽车保险、农用机动车保险、农业机械保险、城镇家庭财产保险、农村家庭财产保险、中小学生平安保险、雇主责任保险、团体人身保险等险种。

阳光保险坚持以“惠农政策公开、承保情况公开、理赔结果公开、服务标准公开、监管要求公开和承保到户、定损到户、理赔到户”为主要内容的“五公开三到户”制度。

2005年，承保户数792户，承保面积16459.3公顷，赔付金额118.49万元，赔付率68%。2020年，承保户数4976户，承保面积64863.8公顷，赔付金额3384.39万元，赔付率69.03%。

2020年，八五九保险社有工作人员8人，其中主任1人、副主任1人。历任阳光保险主任：石寿庆（2005.11—2012.3）、杨臣军（2012.3—2021.3）、李艳全（2021.3—）。

表 3-49　2005—2020 年种植业保险承保、理赔情况统计表（表一）

年度	合计						水稻				玉米			
	承保户数（个）	理赔户数（个）	承保面积（公顷）	保险费（万元）	赔付金额（万元）	赔付率（%）	承保面积（公顷）	保险费（万元）	赔付金额（万元）	赔付率（%）	承保面积（公顷）	保险费（万元）	赔付金额（万元）	赔付率（%）
2005	792	158	16459.3	174.25	118.49	68.00	2701.0	25.93	—	—	847.0	6.86	—	—
2006	2104	464	17825.9	264.97	192.32	72.58	5887.5	77.48	69.31	89.45	1336.6	14.36	—	—
2007	1893	653	15483.6	256.31	180.39	70.38	5194.2	78.11	52.51	67.23	1999.6	24.65	—	—
2008	2102	463	43830.0	1314.90	675.80	51.40	22603.5	678.10	262.14	38.66	2899.5	86.99	59.72	68.65
2009	4818	692	69306.4	2079.19	1578.75	75.93	38310.1	1149.30	574.65	50.00	6396.2	191.89	106.40	55.45
2010	5479	577	53105.7	1593.17	938.86	58.93	29995.9	899.88	401.76	44.65	6963.2	208.90	70.45	33.73
2011	5767	650	54042.9	1621.29	736.01	45.40	30687.9	920.64	290.53	31.56	14391.2	431.74	206.68	47.87
2012	5194	1544	53406.4	3204.39	1357.35	42.36	33169.9	1990.19	858.33	43.13	13835.3	830.12	388.77	46.83
2013	4607	910	53528.4	3211.70	2100.78	65.41	35958.0	2157.48	1090.53	50.55	8869.5	532.17	215.56	40.51
2014	4544	1284	55410.8	3324.65	2497.52	75.12	34815.5	2088.93	1294.91	61.99	12184.5	731.07	243.46	33.3
2015	5066	2051	54617.3	3277.04	2614.98	79.80	33952.8	2037.17	778.77	38.23	12537.7	752.26	660.67	87.82
2016	4609	3500	53931.4	3911.34	7768.09	198.6	35313.4	2383.66	1871.13	78.50	2694.6	222.31	677.16	304.60
2017	5543	2563	65491.0	3929.46	3512.63	89.39	45998.5	2759.91	1168.69	42.35	804.9	48.29	71.15	147.32
2018	5153	4378	63756.4	4781.73	3762.77	78.69	45588.7	3419.15	2270.82	66.41	9982.0	748.65	471.28	62.95
2019	5250	5492	63763.7	4782.28	8713.99	182.21	44167.0	3312.52	2258.45	68.18	5274.2	395.57	818.88	207.01
2020	4976	2659	64863.8	4902.66	3384.39	69.03	44394.5	3329.59	629.55	18.9	5049.6	416.59	302.04	72.50

表 3-50　2005—2020 年种植业保险承保、理赔情况统计表（表二）

年度	大豆				小麦				大麦			
	承保面积（公顷）	保险费（万元）	赔付金额（万元）	赔付率（%）	承保面积（公顷）	保险费（万元）	赔付金额（万元）	赔付率（%）	承保面积（公顷）	保险费（万元）	赔付金额（万元）	赔付率（%）
2005	10666.67	115.20	64.34	55.85	2244.60	26.26	54.16	206.22	—	—	—	—

（续）

年度	大豆				小麦				大麦			
	承保面积（公顷）	保险费（万元）	赔付金额（万元）	赔付率（%）	承保面积（公顷）	保险费（万元）	赔付金额（万元）	赔付率（%）	承保面积（公顷）	保险费（万元）	赔付金额（万元）	赔付率（%）
2006	7750.46	124.89	62.85	50.33	677.88	11.47	21.22	185.04	2173.48	36.77	38.93	105.87
2007	6289.77	115.53	61.62	53.34	—	—	—	—	1999.96	38.02	66.25	174.23
2008	17346.58	520.40	339.83	65.3	980.40	29.41	14.12	48.01	—	—	—	—
2009	24326.73	729.80	897.70	123.01	273.33	8.20	—	—	—	—	—	—
2010	16146.70	484.40	466.64	96.33	—	—	—	—	—	—	—	—
2011	8963.80	268.91	238.79	88.80	—	—	—	—	—	—	—	—
2012	6401.27	384.08	110.25	28.71	—	—	—	—	—	—	—	—
2013	8700.90	522.05	794.68	152.22	—	—	—	—	—	—	—	—
2014	8410.83	504.65	959.15	190.06	—	—	—	—	—	—	—	—
2015	8126.78	487.61	1175.55	241.09	—	—	—	—	—	—	—	—
2016	15790.01	1302.68	5212.91	400.17	—	—	—	—	—	—	—	—
2017	18687.63	1121.26	2272.80	202.70	—	—	—	—	—	—	—	—
2018	8185.68	613.93	1020.68	166.25	—	—	—	—	—	—	—	—
2019	14322.48	1074.19	5636.66	524.74	—	—	—	—	—	—	—	—
2020	15419.70	1156.480	2452.80	212.10	—	—	—	—	—	—	—	—

三、中保财险

1986年，中国人民保险公司饶河县分公司在农场设立办事处，主任石寿庆，有工作人员2人。

1996年7月23日，中国人民保险公司更名为中国人民保险（集团）公司，下设中保财产保险有限公司等4个子公司。1998年6月19日，成立建三江农垦保险业务部，农场保险代办处由原来的属地饶河县管理划归建三江垦区管理，名称更为中保财产保险有限公司佳木斯分公司建三江农垦业务部八五九代办处。1999年1月18日，更名为中国人民保险公司。

2003年7月19日，经国务院批准，中国人民保险公司重组后更名为中国人保控股公司，并同时发起设立了国内最大的非寿险公司——中国人民财产保险股份有限公司。至此，农场代办处的名称改为中国人民财产保险股份有限公司佳木斯分公司建三江农垦营销服务部八五九代办处。

分立后的中保财险办事处人员仍为2人，主任滕旭明，后为许孝华，办公地点在信用社二楼。2006年，滕旭明调至建三江公司，由于业务需要工作人员改为1人。2008年10月，因信用社楼拆迁，搬到润海小区1号楼办公。2011年6月，市公司将单位改为建三江管理局八五九农场三农保险服务部，经理许孝华。

保险服务部开设的险种有企业财产保险、家庭财产保险、机动车辆保险、个体私营经济保险。从1998年起，增加了变压器保险、锅炉压力容器保险和雇主责任险等险种。2018年2月，增加了人人安康、岁岁安康等重大疾病险。

2007年保费收入32.64万元，理赔款13.37万元；2008年保费收入33.45万元，理赔款56.74万元；2009年保费收入57.14万元，理赔款35.68万元；2015年保费收入53.84万元；2016年保费收入60.58万元；2019年保费收入42.97万元；2020年保费收入25.22万元。

四、中国人寿保险

1980年，中国人寿保险公司在国内恢复保险业务以后在饶河县成立人民保险公司，主要经营财产险、人身险业务。1996年3月，按照国务院批准的保险公司机构改革方案，中保人寿保险公司在承接原人民保险公司寿险业务和重组17家地方寿险公司的基础上，实行产、寿分业经营。1997年10月，在饶河县成立中保人寿饶河县保险公司。内设个险部、团险部、理赔部。1998年3月8日，正式成立八五九代办处，主任徐立新，招聘9名业务员。2003年10月，更名为中国人寿保险股份有限公司双鸭山分公司饶河县八五九农场营销服务部。现有管理人员1人、主管3人、营销员33人，持证率100%。

领导成员更迭情况：

主　任：徐立新（1998.3—2004.11）

经　理：丁远平（2004.11—2006.3）

　　　　杨兴堂（2006.3—）

1996年分立前开展的人寿险种有简易人身保险、儿童两全保险、中小学生平安保险、人身意外保险、法人人身意外伤害保险等5个险种，均属单一的储蓄型保险。1996年以后，人寿保险的险种由储蓄型发展为纯风险型，险种类型有人身意外伤害保险、儿童保障型保险、健康险、健康医疗型保险、人寿保险、养老型、两全型、意外伤害型等40多种。2006年，有健康保险、少儿保险、养老保险、理财保险、定期寿险、年金类保险、意外保险以及各类团体保险等93个保险产品。

2009年，公司在原有险种基础上又推出国寿鑫年金保险、易宝年金保险、如意年金保险、美满至尊（白金版）保险、易宝（白金版）保险、如意随行保险，以及号称“吉祥三宝”的乐行宝、乐康宝、乐居宝等银保系列产品。安欣无忧组合保险，国寿福保险也将疾病病种由原来40种，提升到180种。

八五九农场营销部保险业务，1998年成立初为13万元，2020年为300万元。2006—2020年，收取新单保费共计2100万元，共处理寿险理赔案163起，理赔金额达320万元，为农场提供了各种人身保险保障。

2020年，全年个险渠道共收取新单首年期保费289.55万元、长险首年标准保费109.84万元、保障型产品128.22万元、短期险保费23.4万元。

2006—2020年，是全县唯一一家报捷全年考核指标的网点，各项考核分别位居全县前列。

营销部办公室于2019年搬迁至鑫利商城二楼门市。营销部在已有的网络系统之上，通过微信平台进行日常管理、策划和销售。应用寿险App实现了客户自助办理业务。

2010年7月，杨兴堂被黑龙江省分公司授予“品牌营销员”；2012年营销部被黑龙江省公司授予“三星级营销网点”，2016年被省公司授予“五十强农村网点”，2020年在龙江国寿两乡评比中荣获“优秀职场”奖。

五、太平洋保险

2002年12月，中国太平洋人寿保险股份有限公司佳木斯中心支公司在农场设立办事机构，名称为中国太平洋人寿保险股份有限公司佳木斯中心支公司八五九营销服务部。经理胡乃斌，办公地点在交通科。人员全部实行聘任代理制，到2005年达到38人，并且全部通过考试取得了保监会颁发的保险代理证书。2006年9月，刘英燕接任经理。到2017年，业务室共有刘英燕、姜海燕、朱润梅、赵小波4名主任。每名主任领导若干营销员，队伍人数增加到100人。

2005年，八五九营销服务部的胡乃斌、韦成红、程玉杰、徐莉、姚建军、韦成杰、于秀敏等7人荣获佳木斯中心支公司40名风云人物。2017年2月4日，刘英燕、胡广军、姜海燕、桑云丽、朱文香等代表农场营销部应邀参加中国太平洋人寿佳木斯中心支公司的2016晋升表彰会暨年度峰会。11月20日，刘英燕、胡广军、桑云丽、朱文香去哈尔滨喜来登酒店参加太平洋寿险黑龙江分公司2017年百强绩优大会。

2016年以来，公司的科技手段突飞猛进，可以实现远程签单，突破了地理限制，业务范围全国各地均可覆盖，极大地便利了客户。手机应用也日益完善，2018年签单实现全程无纸化，台式电脑的业务逐步移至手机，便利性进一步增加。

八五九营销服务部经营的险种有健康保险，意外保险，养老保险，教育保险，终身、定期保险，两全保险和投资理财保险七大类，业务范围覆盖周边农场和小佳河等地。公司于2017年7月上市了一款医疗险——乐享百万2017，理赔额度达到百万级别，使客户得到全方位的大额医疗保障。

2003年保险费收入50万元，理赔金额7.2万元；2005年保险费收入55万元，理赔金额10万元；2020年保险费收入60万元，理赔金额38万元。

第三节　税　　务

1962年以前，农场税收由饶河县税务局派人跑收。1963年体制调整，农场设乡政权，税收转由乡政府代管。1969年建税务所，配税收专管员2名，办公室设在计财科，所长由计财科副科长栾永奎兼任，属于饶河县税务局的派出机构，受县和农场双重领导。

1973年，税务所改为税务分局，配备3人，副局长孙孝一，属农场建制，业务行政归农场领导。1979年7月，黑龙江省将业务领导权收回，复归饶河县税务局领导。1994年9月15日，八五九税务分局按照国家税制改革的要求，分为国家税务分局和地方税务分局两个机构。2018年6月15日，按照国务院关于国税地税征管体制改革的决策部署，原黑龙江省国家税务局、黑龙江省地方税务局合并成立国家税务总局黑龙江省税务局。10月，八五九国地税合并为税务局，唐伟任分局长，编制3人。

2020 年度，实现税收 3800 万元，有纳税户 763 户。

一、国税

1994 年 9 月 15 日，八五九税务分局分为国税分局和地税分局后，国税分局编制 3 人，局长徐希君。2001 年 9 月，徐希君调回饶河县国税局，张冬基任局长。2004 年 10 月，张冬基调友谊县税务局，唐学杰为国税分局负责人，编制为 2 人。2005 年 10 月，唐伟调回任副局长，人员编制增至 4 人。2006 年 3 月唐学杰调任饶河农场分局长，纪卫国调任八五九分局局长。2007 年 4 月纪卫国调任饶河县局副局长，朱勇任八五九分局局长。2010 年 5 月朱勇调任饶河县局副局长，秦艳萍任八五九分局局长。2012 年 8 月唐伟调任八五九分局局长，人员编制为 2 人。2018 年 10 月，国税地税合并，更名为国家税务总局黑龙江省农垦建三江税务局八五九税务分局。唐伟任分局长，人员编制 3 人。2022 年 8 月，王法龙任八五九税务分局负责人。

1994 年设国税分局后，主要征收工商企业增值税、消费税、国营企业所得税、金融企业营业税及利息税共 5 个税种。1994—2005 年 12 月，累计实现税收 989 万元。其中 1994 年 48 万元、1999 年 75 万元、2005 年 120 万元，2005 年的税收收入比 1994 年增长了 150%。开设了纳税申报、税款征收、税收政策咨询、税务登记和税收发票销售共 5 个窗口，纳税户达到 200 户。

1994 年，分设后的国税分局仍在农场综合楼内（小白楼）办公。1999 年，八五九国税分局为改善办公条件，经省、市两级税务局批准，建设集办公、住宅为一体的税务综合楼。该楼总建筑面积 2686.61 平方米，共五层。一层办公，面积为 511 平方米，以上为住宅。该楼办公部分总投资 100 万元，其中省、市税务局投资 60 万元，县税务局及兄弟农场国税分局资助 30 万元，自筹 10 万元。该办公楼于 1999 年 12 月交付使用。

1996 年，八五九国税分局被双鸭山市税务局评为文明税务分局；2000 年，被农垦总局评为综合治理先进单位；2002 年，被建三江分局评为文明单位。

从 1999 年开始，国税分局开展了涵养税源和为春雷献爱心活动，扶持了农场个体户彭孝孟，使其摆脱贫困。帮助工程连一位个体商业户的孩子顺利完成了高中学业，考入哈市一所大学。2002 年、2003 年，国税分局主动与农场小学、中学的两名品学兼优学生结成帮扶对子，解决他们在学习和生活中所遇到的困难。

二、地税

1994 年 9 月 15 日，分立后的八五九地税分局，隶属于饶河县地税局。分局局长刘金宝，编制 2 人。2001 年，付庆民任税务分局局长。2009 年，张普学任税务分局局长，编制 3 人。2018 年，李建华任税务分局局长。所收税款按预算比例上交饶河县地方财政和省级财政。税收额从 50 万元增长到 2016 年的 5000 万元。主要征收营业税、企业所得税、个人所得税、资源税、城建税、房产税、印花税、城镇土地使用税、土地增值税、车船税、烟叶税、耕地占用税等。

1985—1989 年，八五九税务分局在农场办公楼办公，1989 年冬迁到小白楼。1994 年，税务分局分成地税和国税后，仍在小白楼内办公。1998 年 10 月，迁到建行楼内。2000 年 9 月，迁到项目住宅楼一楼，由县局出资购买 125 平方米办公室。2011 年，搬至综合楼。

上缴税款：1985 年 9.1 万元，1995 年 39.8 万元，2002 年 110 万元，2005 年 310 万元。

2018 年 10 月，八五九国税、地税合并。

三、农业税

1986 年，饶河县财政局在农场设农税所，全称为饶河县财政局农业税征收管理所，负责征收农场的农业税。1989 年开征了特产税，1992 年开征了契税。2004 年 3 月，黑龙江省全部免征农业税。2006 年 1 月 1 日，国家全面取消农业税，农税所只收取契税。

农税所建所时只有所长马俭生 1 人，1988 年增到 2 人。1996 年王德胜任所长，编制 3 人；2000 年增到 4 人。2003 年张允光任所长，编制 2 人。2004 年，只有王淑安 1 人。

农税所主要负责农业税、特产税和契税三种税的征收工作，征收后上缴饶河县财政局。在开征的三种税中，农业税收缴任务最大。农业税是以亩计征，按年缴纳，各年度税率不等。1986 年最低，只有 2.48 元/亩；1999 年为最高，达到 11.17 元/亩。到 2000 年，旱田 9.2 元/亩，水田 13.25 元/亩。

农业税每年由农场统一代收并于年底一次上交农税所。特产税主要是向农场内种植特种作物和特种行业所征收的税。建所以来主要对林木采伐、花卉种植、瓜果生产和水产养殖等行业进行征收。契税和特产税由农税所税收人员向纳税人直接收取，2003 年停收了特产税。

契税是 1992 年在农场开征，主要征收对象是房屋交易过程中，向购房方按交易额的一定比例收取的一种税。税率 1997 年 10 月 1 日前为 6%，1997 年 10 月 1 日至 1999 年 8 月 1 日为 3%，1999 年 8 月 1 日以后住宅房屋为 1.5%、商业用房为 5%。从 2005 年 1 月 1 日起，对建筑开发商开征了按土地出让金的 5%收取的契税。

征收农业税：1986 年 59.86 万元，1995 年 215.23 万元，1998 年 446.56 万元，2000 年 379.71 万元，2002 年 17.03 万元。

表 3-51　1964—1985 年全场税收完成情况统计表

单位：万元

年度	经营税	土地税	合计
1964	13.70	12.30	26.00
1965	15.40	14.00	29.40
1966	21.50	19.70	41.20
1967	26.80	25.50	52.30
1968	26.70	25.20	51.90
1969	1.50	—	1.50
1970	26.80	25.00	51.80
1971	28.00	26.90	54.90
1972	3.20	—	3.20
1973	3.00	—	3.00
1974	1.30	—	1.30
1975	—	46.50	46.50
1976	6.24	—	6.24
1977	6.40	—	6.40
1978	7.62	—	7.62
1979	7.66	55.30	62.96
1980	9.09	66.80	75.89
1981	11.42	—	11.42
1982	11.90	50.50	62.40
1983	12.44	64.70	77.14
1984	24.01	67.10	91.11
1985	30.84	50.14	80.98

表 3-52　1985—2005 年全场税收完成情况统计表

单位：万元

年度	国税	地税	农税所税收				备注
			合计	农业税	特产税	契税	
1985	—	9.1	—	—	—	—	1986 年开征农业税
1986	—	13.7	59.86	59.86	—	—	—
1987	—	24.4	36.99	36.99	—	—	—
1988	—	29.2	61.30	61.30	—	—	—
1989	—	38.7	64.70	63.17	1.52	—	—
1990	—	44.0	111.31	110.07	1.25	—	—
1991	—	52.0	83.40	83.08	0.32	—	—
1992	—	67.7	90.97	89.52	0.69	0.05	1992 年开征契税

（续）

年度	国税	地税	农税所税收				备注
			合计	农业税	特产税	契税	
1993	—	75.8	90.30	88.85	1.45	0.67	—
1994	48	41.7	119.77	116.30	1.58	1.89	1994 年设国税分局
1995	55	39.8	217.03	215.23	0.9	0.90	—
1996	55	52.3	376.95	372.80	1.97	2.18	—
1997	72	54.6	435.26	430.13	1.50	3.63	—
1998	75	72.4	453.23	446.56	1.15	5.52	—
1999	75	84.4	356.06	352.65	0.90	2.51	—
2000	79	67.8	387.45	379.71	1.20	6.55	—
2001	90	52.0	11.43	7.16	1.09	3.17	—
2002	100	110.0	20.69	17.03	1.31	2.35	—
2003	110	140.0	1.73	0.43	—	1.30	2003 年停收特产税
2004	110	150.0	—	—	—	—	—
2005	120	310.0	3.90	—	—	3.90	—

第四编

经济管理

中国农垦农场志丛

第一章　经营情况

八五九农场自建场以来，从体制更迭上划分为老八五九农场时期、新八五九农场时期、兵团时期、恢复农场体制和改革发展时期四个较为重大的时期。各时期生产经营活动，始终贯彻农业为主，林、牧、副、渔全面发展的方针。

第一节　老农场时期（1956—1963年）

八五九的开拓者们历尽艰辛、披荆斩棘，历时7年，在荒无人烟的黑土地上建立起了初具规模半机械化的大型国营农场。

到1963年，累计开荒6.2万公顷，耕地2.6万公顷。建立农业分场六个，辖46个生产队；畜牧场一个，辖4个畜牧生产队，工副业队10个；渔业分场一个，辖8个渔业队；基建大队一个，辖6个基建队；农业试验站一个；粮油加工厂8个。总人口达1.7万余人，职工6038人。有拖拉机465台，康拜因57台，汽车43台。

7年累计生产粮豆6.51万吨。从1960年起，农场口粮自给（1959年部分自给）。并上交国家粮豆2280吨（其中出口大豆1601.3吨）、上交生猪1445头、菜牛332头、大马哈鱼145吨、大马哈鱼子13吨、冻鱼1422吨、猪肉28.5吨、蜂蜜201.1吨、木材2.82万立方米、鹿茸4050两。

这一时期的经营状况是“三低一高”，即粮豆单产低，劳动生产率低，商品率低，生产成本高。

第二节　新八五九农场时期（1964—1968年）

新八五九农场成立后，耕地面积仅有原五、六分场合并的9275.6公顷，有农业生产队11个、畜牧队2个、渔业队1个、米油加工厂1个、面粉加工厂1个、修造厂1个、砖瓦厂1个。全场户数1856户，人口10395人，职工3231人。

1966年亏损77.7万元，1965年亏损41.1万元。自1964年9月8日中央对国营农场经营管理工作的指示（简称5条批示）以及1965年4月6日农垦部党组制定《关于改革国营农场经营管理制度的规定（草案）》（简称16条）之后，由于政策上的改变，较好地调动了职工生产积极性，并相应地发展了多种经营生产。这一时期的后3年共盈利279.1万元。1964年播种面积7133.33公顷，粮豆总产6100吨，公顷产852公斤，上交粮豆2606吨，职工平均收入113.5元；1968年播种面积11500公顷，粮豆总产1.78万吨，公顷产1506公斤，上交粮豆1.08万吨，职工平均收入1315.21元。1968年与1964年相比，播种面积增长61.2%，粮豆总产增长近2倍，公顷产增长近1倍。

这一时期"五业"全面发展，多种经营也形成了规模，劳动生产率有了很大程度的提高，国内生产总值也有了较大幅度的增长。

第三节　二十三团时期（1969—1976年）

二十三团时期，在经营上仍以农业为主，兼有林、牧、副、渔，另有部分为生产和人民生活服务的工业、商业、饮食业等。

这一时期生产经营没取得较好成果，每公顷产量一直在1500公斤上下徘徊。

"五业"盈亏，有6年盈利共476.1万元，有2年亏损468.48万元。畜牧业发展缓慢。

兵团时期经营规模发展较快，生产队由1968年的26个发展到1976年的59个，增加1.3倍；耕地由原来12466.67公顷，扩大到26333.33公顷，增加1.1倍。农场经营规模翻了一番。8年共上交国家粮豆8.65万吨，占建场27年23.56万吨的30%。

职工总数扩大到9080人，有营级单位9个，连级单位61个，农业连队37个，拥有拖拉机187台。

第四节　恢复农场体制和改革发展时期（1977—2020年）

1976年以后，经济得到了恢复和发展，农业生产稳步提高。1977年粮豆总产3.28万吨；1978年总产3.56万吨；1979年总产3.52万吨；1980年总产5.73万吨；1981年，农场遭受建场以来罕见的涝灾，农业生产受到严重影响，粮豆总产仅1.15万吨，农业生产亏损1324万元。

1982年，农场实行了联产计酬、专业承包的生产责任制，调动了职工的生产积极性，增强了职工群众抗灾自救的信心，当年生产粮豆3.43万吨。1983年，进一步完善了生产责任制，农业生产狠抓了种、管、收三个环节，粮豆总产提高到 7.12 万吨，农业盈利 1153 万元。粮豆亩产、人均利润、百元成本利润、人均生产粮豆、人均产值、百元资金利润，六项主要经济指标名列垦区第一。

工副业发展较为迅速。1982 年，联产承包责任制的实行，扭转了连年亏损的局面。1983 年，在 1982 年的基础上经营盈利增加到 220.6 万元。渔业生产也由亏损变为盈利，经过企业整顿林业生产达到平衡。

恢复农场体制后，农场经历了 43 年的发展，生产经营活动步入按经济规律发展的轨道，完成了从计划经济体制向社会主义市场经济体制的转变，建立并完善了以“自主经营、自负盈亏”为主体的大农场套小农场的双层经营体制。

恢复农场体制初期，农场将 5 个营级单位重新划分为 3 个农业分场，下辖 35 个生产队。

1985 年，八五九农场有 3 个农业分场，57 个生产单位，其中农业生产队 34 个、林业站 4 个、畜牧队 1 个、渔业队 1 个，另有 17 个工副业单位。拥有拖拉机 231 台、收割机 243 台。

经过 21 年的发展，2005 年农场土地总面积 135580 公顷，总人口 18444 人，户数 6723 户，有职工 3357 人。全场有 11 个管理区，下辖 32 个作业站。拥有耕地 42666.67 公顷，拥有拖拉机 451 台、水田整地机械 486 台、收割机 126 台，农业机械总动力 3.5 万千瓦。畜牧业发展迅猛，奶牛由 1983 年底的 59 头发展到 3285 头。场办工业由 1983 年的 4 家发展到 1997 年的 13 家，1997 年以后逐步退出国有转为民营。水产养殖业已拥有 66.67 公顷人工鱼池，年饲养面积达 73.33 公顷，年产各种鱼类和河蟹 278 吨。

1985—2005 年的 21 年中，由于农业生产受自然灾害的影响，农场经济效益很不稳定。21 年有 8 年亏损，亏损总额 6349.7 万元，有 13 年盈利，盈利总额为 3413.3 万元，盈亏相抵净亏损 2936.4 万元。

1986 年，全场社会总产值 4605.9 万元，其中农业总产值 3129.2 万元、工业总产值 934.4 万元。1994 年，农场经济发展迅速，社会总产值达 1.4 亿元，其中农业总产值 1.01 亿元、工业总产值 2595 万元。2005 年末，全场国内生产总值 3.74 亿元，居民生活水平不断提高，人均收入 7354 元。

2006—2020 年的 15 年中，有 8 年亏损，7 年盈利。其中，2017 年粮食总产 64.95 万吨，利润 4565 万元；2019 年粮食总产 47.93 万吨，利润 8063 万元；2020 年粮食总产 59.13 万吨，利润 6516 万元。

2020 年，农场耕地面积 68733.33 公顷，下设 15 个管理区、30 个场直企事业单位、

29个驻场单位及民营企业。全场总户数7747户，人口19104人。农场实现地区总产值17.05亿元，实现产业增加值8.84亿元，人均可支配收入3万元。

2002年以后，农场变为存续农场与北大荒农业股份有限公司八五九分公司并存，38326.68公顷耕地划归北大荒农业股份有限公司，存续农场与分公司的经济也一同步入了新的发展时期。

第二章 专项管理

第一节 计划、统计

一、计划

1961年，省计划委员会《关于改进1962年农业计划的几点意见》规定凡是国营农业企业，要纳入国家计划。从此，农场生产计划和农副产品交售计划，在东北农垦总局计划指标下达后，结合农场情况，每年制定。同时，物资计划管理也执行了集中统一全面管理的方针。农场对资金的管理，也纳入国家财政预算。

1963年1月，东北农垦总局颁发《计划管理试行方法（草案）》，农场在每年10月编制下一年度的生产、财务和物资计划，同时推行生产季度计划和小段生产作业计划。在制定计划时，强调要符合实际留有余地。所以，1963—1968年的计划管理比较切实可行，起到了指导和约束作用。

1969年4月，二十三团成立，没有继续实行中央关于1964年9月8日下发的《对国营农场经营管理工作的批示》（简称5条）和农垦部1965年2月25日《关于改革国营农场经营管理制度的规定（草案）》（简称16条）。

党的十一届三中全会后的1979年2月，国务院批转财政部、国家农垦总局《关于农垦企业实行财务包干的暂行规定》的通知。4月，党中央提出"调整、改革、整顿、提高"的方针。1980年，农场开始执行自负盈亏、亏损不补，有利润自己发展生产的财务大包干。农场每年向管理局上交财务包干80万元。从此，农场在经营管理上才重视计划管理，注重讲成本、讲效益。1980年以后，农场计划管理才走上了正轨。年初农场计划部门都要下达生产计划，年终检查计划的完成情况。

1993年，农业生产实行"两自"；1997年，场直工副业单位转换经营机制，农场计划管理工作随着市场经济的发展，一改原来的指令性计划为指导性计划，计划经济进入全面市场经济。从2003年起，分局对农场下发指导性计划指标。

到2005年，工副业企业全部实行民营，生产什么、生产多少都取决于市场。农业生产单位的作物种植也在合理轮作的前提下根据市场和需求决定。

农场计划部门负责全场生产建设长远规划，年度计划的编制上报与检查，组织重点建设项目计划任务的呈报与审批，同时定期汇报项目进度。

农场的计划工作，无论是指令性计划还是指导性计划，在不同历史时期都发挥了重要作用，在农场产业结构调整、种植业结构调整、项目建设等方面取得了显著效果。

1995—2000 年，农场被农垦总局评为“九五”期间计划系统先进单位。

1989 年以前，农场的计划、统计和财务一直合署办公，机构名称为计财科。1989 年 4 月，计划、统计与财务分开，成立了计划统计科和财务科。1992 年 1 月，农场为加强财务监督，成立了财务稽核科，对全场的财务活动进行跟踪稽核；12 月，农场机构改革，撤销财务稽核科，计划统计科和财务科合并为计财科。2002 年 7 月，原计财科分为北大荒农业股份有限公司八五九分公司财务部和农场计财科。

二、统计

1958—1963 年，八五九总场设计划科，负责计划和统计工作。基层生产队由核算员兼统计，负责原始记录汇编、数字统计上报分场。

1964 年新八五九农场成立，计划科专设统计助理员 1 人，张柏春负责全场统计工作，各基层单位相应设统计员 1 人。“文革”期间，统计工作曾一度中断。

1969 年 4 月二十三团成立后，设计划股。

1976 年，管理局在八五九农场举办了一期综合统计学习班，培训了 120 多人。主要是农业生产队统计，聘请了“八一农大”的 1 位副教授、2 位讲师授课。

1977 年，恢复八五九农场后，注重经营管理和成本核算，统计工作受到重视。计财科专设统计室，配备专职统计助理员 1 人。

1980 年以后，农场实行财务大包干，生产队又实行基本工资加奖励。各级领导为了掌握年度计划完成情况和有利于指挥生产，转而重视统计工作。使统计工作日趋完善，为“五业”成本核算提供了可靠的数据。

1983 年，经农场考核评定，有 18 人被授予统计员的技术职称，并列入干部管理，享受浮动一级工资和每月补贴 15 元的待遇。

从 1979 年开始，先后 4 次对统计员进行培训。有 43 人参加中央电视台举办的《统计原理电视讲座》，参加统计电视函授学习 2 人，参加辽宁财经学院统计函授学习 2 人。同时对统计工作实行定期的统计报表（月报、季度报、半年报及年终报表）评比制度，提高统计工作的及时性和准确率。

1972 年，曾汇总过一次农场全面系统的统计汇编，后来又中断。到 1981 年才完成全面系统的数字汇编和统计工作，延续至今。1981—1983年，总局在各农场做“农产量及家庭经济调查”。

1985年，全面兴办家庭农场，统计工作由农业副队长或副职干部兼任，统计内容仍坚持报表制度。为各级领导了解计划执行情况、指挥生产、掌握开支、了解生产进度等提供了可靠的数据。

随着各时期体制的变化，农场统计管理工作也发生了变化。1985—1992年，农场计财科有1名专职统计人员负责计划统计工作，3个分场也有1名专职综合统计，各基层单位都配有专职统计，这一时期队伍健全，统计人员业务水平良好。1993年12月，农场撤销了3个分场建制，各队统计报表直接上报计财科。1997年，农场核定各农业生产单位编制后以及场直工副业转制，统计人员大部分为兼职，场直地区多数由出纳员兼任，生产队由农业副队长兼任。2005年，全场有统计填报单位53个。

为了提高统计人员素质，1990年国家首先在统计行业实行专业技术资格考试，农场共有26人取得全国统一的统计员专业技术职称，其中3个分场各5人，场直单位11人。这是农场首次通过全国统一考试取得的职称。1991年农场有53人取得统计员职称。以后每年都有相应人员通过资格考试取得专业技术职称。1999年，按国家规定统计人员实行上岗制度，各单位的统计人员需参加培训获得上岗资格证后方可上岗。2004年，有80名统计人员获得了上岗资格。2005年，全场在岗的统计人员中有高级职称1人、中级（统计师）5人、初级20人。

随着国民经济的快速发展，统计报表制度不断发生变化，增加了新的核算指标。统计报表仍然分年报表、半年报表和月报表。从1994年开始，统计报表开始采用计算机程序报表；到2005年，全场的统计报表全部采用计算机录入、汇总和上报。统计管理工作走上了规范化、数字化发展轨道。

1985年以来，农场的统计部门完成了许多项全国大型统计活动。1990年，完成了第四次全国人口普查工作，获得省级先进单位称号；1991—1994年，在总局统计状元评比中，农场获先进单位称号。

1993年，完成了第一次全国第三产业普查工作，农场获得省级先进单位称号，滕艳莉获省级先进个人称号；1994年，完成了第一次全国基本单位普查工作，滕艳莉获国家级先进个人称号；1995—2000年和2000—2004年农场获总局统计工作先进单位称号；1997年，完成了第一次全国农业普查工作，农场获省级先进单位称号；2000年，完成了第五次全国人口普查工作，农场被饶河县评为先进单位称号，滕艳莉被评为省级先进个人称号，并有26人被饶河县评为先进个人称号；2002年，完成了第二次全国基本单位普查工作，农场被总局评为先进单位称号，朱晓霞获总局先进个人称号，滕艳莉获国家级先进个人称号，张淑焕获省级先进个人称号；2004 年，完成了第一次全国经济普查工作，农场被评为省级先进集体，滕艳莉被评为省级先进个人。

1997—2004 年，连续 8 年在分局统计工作业务评比中，农场名列第一。2005 年 11 月，被农垦总局授予 2001—2005 年度统计工作先进单位，荣获总局 2013 年经济调查工作一等奖。

1992 年 10 月，统计科编制完成《八五九农场历年统计资料（1970—1991 年）》。

2008 年，完成全国环境污染源普查和第二次全国经济普查；2010 年，完成第六次全国人口普查；2013 年，完成第三次全国经济普查；2017 年，完成第三次全国农业普查；2018 年，完成全省人口劳动力抽样调查工作；2020 年，完成全省人口劳动力调查、第四次全国经济普查、第七次全国人口普查。

2020 年，全场有统计 33 人，其中兼职 14 人、专职 19 人。本科学历 24 人、专科 8 人、高中及以下学历 1 人。副高级职称 1 人、中级职称 6 人、初级职称 14 人。

第二节 财　　务

一、机构沿革

老农场时期（1957—1963 年），总场设有财务科。财务管理以实行“统收统支、财务包干”为主，所需资金、物资由国家供应，亏损由国家核销。农场基层单位只设核算员，人员多是从复转官兵中有一定文化基础的人员中选拔，绝大多数人员仅经过短期培训。

新八五九农场时期，虽然农场根据上级的要求建立起了三级管理、二级核算体系，财务核算依旧由农场设立的财务科负责。

1965 年，中央六部委联合下发了四项财务管理制度，对农垦的财务管理制度进行了初步的、切合实际的改革。“5 条”“16 条”的贯彻执行，极大地调动了职工群众的生产积极性，促进了农场生产经营的发展。

二十三团时期，财务科改为财务股，基层单位开始设会计、出纳职务。人员多从城市知识青年中选拔，经过短期培训后由团政治处委派到各基层单位，人员管理由干部股负责。

恢复农场体制后，财务股更名计财科、财务科，随着财务工作步入正轨，业务量的不断加大，人员增多。特别是随着计划经济的结束，市场经济逐步完善，财务管理逐步受到重视。

1983年10月，总局下发《关于颁发〈黑龙江省国营农场总农艺师、总农机工程师、总经济师（总会计师）工作暂行条例〉的通知》。1984年3月，李维民作为首任总会计师上任，并以副场级干部的身份进入农场领导班子。

2002年7月，北大荒农业股份有限公司八五九分公司成立，原总会计师职务改任财务总监。

财务机构的内部设置在不同的历史时期略有不同。设置科长、副科长、成本会计、基建会计、财务会计、固定资产会计、材料会计、记账会计、财务稽核、电算会计、出纳员、计划、统计、农业综合开发、农业风险等岗位。有的岗位兼职。

2022年7月，八五九农场有限公司管理体制改革，计财科改为财务管理部。

领导成员更迭情况如下：

计财科科长：冯梦才（1964任命）
李玉炳（1967任命）
股　长：曾宪权（1969.9—1970.6）
王英增（1974任命）
科　长：高士俊（1977任命）
李英武（1982.11—1988）
李亚发（1989—1990）
王立贤（1991任命）
孙宝林（1992任命）
李英武（1992.12—1996）
朱晓霞（女，1997—2003.1）
高喜平（2003.1—2017.9）
赵祥春（2017.11—2021.10）
高树伟（2021.11—2022.7，负责人）
财务管理部：高树伟（2022.7—，副总经理主持工作，同年11月任总经理）
社区财务科长：杨登誉（2003.1—2009.3）
北大荒股份八五九分公司财务部部长：
崔立华（女，2014.4—2017.9）
杜　彬（女，2020.5—）

二、财务管理

1957—1979年，在统收统支的形势下，财务管理不被重视。1980年，农场实行财务大包干后，财务管理才被重视，特别对资金的管理，越发起到指导和约束作用。

1985 年，全场财务核算，农业单位实行生产队、分场和农场三级管理、三级核算，工副业及事业单位实行三级管理、二级核算。1992 年，生产队、分场都配有会计和出纳员，实行三级管理、三级核算，而工副业、卫生等行业实行二级管理、二级核算。各基层生产队不在银行开设账户，不对外结算，均由计财科对外结算。

1993 年，农场执行新的《农业企业财务会计制度》，新的会计科目设置分为 5 大类，共 68 个一级会计科目。农业企业会计报表发生了较大变化。

通过 1993 年决算及新财会制度运行后，农场财务核算正式步入国家制度要求的轨道。

1993 年 12 月，农场撤销了 3 个分场建制，核算体制由三级转为二级核算。从 2002 年起，实行行业会计集中核算，先后通过了两次调整和完善。

2002 年，农场成立核算中心，下设改制企业核算组、管理费核算组和企业核算组 3 个核算组。

2003 年，设 4 个会计核算组、8 个会计核算账套。

2005 年初，农场的财务核算体制全面推行二级管理、一级核算的财务核算体制。将原有的 8 个会计核算账套结转合并为 1 个会计核算基本账套，全场只保留 3 个银行存款账户。在分局要求建立“五大会计档案”的基础上，补充完善为“七簿一账一卡”。即应收款、应付款、固定资产、土地管理、资源性资产管理、职工基本情况、住户基本情况、畜牧业基本情况及呆账核销后账核案留账等。

2006 年，实施财务刚性化管理，细化预算科目，层层分解到各单位，实现增收节支，保证资本良好运营。

2009 年 3 月，农场机构改革，取消了作业站的会计，财会人员由原来的 33 人减至 18 人，其中管理区会计 9 名、专职出纳 9 名。

2013 年 7 月 2 日，调整管理区、作业站财务体制。取消管理区出纳配置，作业站配核算员，管理区会计兼管理区所在地——作业站的核算员。作业站核算员负责向农场财务科（分公司财务部）报账，报账须经管理区审核。管理区由财务报账单位变成财务审核单位。

2017 年 11 月 30 日，农场将原有的 9 个管理区、29 个作业站、3 个居民组撤销，重新组建 15 个管理区。财务由三级管理变为二级管理。各管理区设会计 1 人、出纳兼统计员 1 人。

（一） 流动资金管理

企业流动资金是企业为完成生产计划所必需的最低限度的定额资金及非定额资金。农场每年编制财务计划时，按国家规定的定额流动资金核算标准，计算出储备资金、生产资金、产品资金，经上级批准后，分期拨付。农场的流动资金主要来源于上级拨款、银行贷款、企业自筹三部分。

1957—1980年，国家每年都给农场投资。到1980年，国家共投资4835.2万元用于农牧、电力、交通、电讯、工业、水利以及非生产建设。

1981年，国家停止对农场投资。农场要搞基本建设除自筹资金外，就是向银行贷款。自筹资金有农场自筹、管理局自筹、总局自筹和省自筹。当年农场开始向银行贷款60万元。

1957—1979年，国家按农场耕地面积，按生产最低需要，每亩投资20元作为流动资金。农场流动资金分材料、产品和货币资金。

农场物资采购计划每年6月份制定，来年1月开始执行。所需的物资按计划由农垦局统一采购供应。少部分急需物资，由农场在外驻在员负责采购。

1994年，家庭农场实行两费自理以来，农场把生产资料等物资推向市场。主要产品统一由农场组织上交国家或出口，基层单位无权处理产品。所有销售产品资金，均由粮食科收回并上交计财科。

1994年，农场全面实现了“两自”和“四到户”，应上缴农场利费可用现金和产品两种形式。粮食科协助生产队回收部分产品顶替农场利费。

（二）货币资金管理

从建场开始，现金的核算与管理均由农场计财科统一管理与使用。计财科总管全场现金，分场及基层单位设出纳员，负责保管及收付。

1978年，每个基层单位配一台小金柜，保护现金的安全。出纳员要做到收支两条线，收入现金要及时上交。不准坐收坐支，不准以白条顶现金，不准私设小金库。现金管理要做到日清月结。

1981年，农场开始启用代金券。1985年，因银行不给办理转账业务，场内仍沿用代金券。

1985年以后，货币资金的管理按农场制定的《货币资金集中管理办法》进行集中管理。

农场统一在银行开设账户，办理各项结算业务。各单位按照中国人民银行发布的《现金管理暂行条例实施细则》，办理货币款项存、取、结算业务。

农场所有货币资金，收入存入银行收入账户，支出纳入预算管理。各单位坚持主管领导“一支笔”审批制度，重大经济事项开支必须经本级管理部门集体研究决定。

严格执行国家支农、惠农政策和补贴资金发放程序，实行专款专用，专户管理，及时足额将国家支农惠农资金发放到种植户手中。其中，2009年发放4068万元、2010年发放4332万元、2014年发放7250万元、2015年发放7883万元、2016年发放10312万元、2018年发放14136万元、2020年发放2.23亿元。

（三）成本核算

1962年4月，农场印发《生产核算办法（草案）》主要成本核算在生产队进行，分场及总场只进行汇总计算。"文革"期间曾一度中断，1977年又恢复成本核算。

成本核算按农、林、牧、工、副、渔五业核算。农业按小麦、玉米、大豆主要作物核算，牧业按名称分群核算，工副业按主要产品计算成本，机务按班组、单车核算等。

农场实行产品生产全过程成本控制，参照同行业先进水平，制定各种产品标准成本和各生产环节消耗定额。

农场机关和所属各单位实行管理费用与管理人员工资挂钩。采取"费用包干，控制使用，节余留用，杜绝超支"。

1986—2005年，根据财政部、农牧渔业部〔1986〕财农字424号文件规定，对农业成本核算的原则：农场统一经营的部分，由生产队核算主要农业产品成本，承包给家庭农场经营部分，也要核算主要农产品的成本。

工、商、运、建等单位，始终坚持《国营农场成本核算规程》的要求进行账内核算成本。

计划经济时期，农场的场办工业有面粉厂、粮油综合加工厂、修造厂、砖瓦厂、水泥厂、饲料厂、乳品厂、孵化厂、种鸡厂、肉禽加工厂、制材厂、复合肥厂、酒厂、冷饮厂、罐头厂、豆制品厂、大理石厂、石灰窑、皮革厂、柳编厂等；商业有大商店、新华书店、收购站、冰棍厂、综合商店、照相馆、粮油经销站等；运输业有汽车队、客运站、船队等；建筑业有工程队、水利队、井队、桥队；服务业有招待所、综合食堂、被服厂、理发馆、浴池等。

1997年以后，随着经济体制改革的步步深入，农场在改革开放大形势的推动下，通过关停并转租等方式，将国有的工、商、运、建、服企业全部变为个体方式经营。

场办工商运建服企业按照计划经济管理方式，实行独立核算，由农场下达经济计划指标，企业自行安排生产，进行相应的成本核算。主要有工资及福利费、材料费、燃料及动力费、运输费、水电费、其他直接费、车间经费、企业管理费等。

在成本与费用管理方面，强化成本预算约束，实行成本定额管理、全员管理和全过程控制；认真执行费用预算，不得突破农场下达的各项费用指标；严格执行国家规定的成本开支范围和农场规定的费用开支标准，不得随意变更。

（四）财经纪律

从1963年起，农场按国务院发布的《会计人员职权试行条例》执行。

1979年5月和1982年10月，省农场总局两次颁发的《农垦企业财务制度汇编》，对财会人员制定了12项规定和要求。其中要求：不准以任何名义，擅自扩大开支范围和提高开支标准、乱发补助费、奖金等；不准擅自出借、报废、拆卸、变卖固定资产；不准搞计划外基本建设，非经批准严禁修建楼、堂、馆、所。

1979年以后，农场每年组织财会人员对全场各基层单位进行1或2次财务大检查。优则奖、劣则罚。

自1985年1月21日第六届全国人大第九次会议通过《会计法》后，针对基层兴办家庭农场，农场每年由计财科和审计科等部门组成检查组，下基层进行检查。检查的内容是《会计法》及国家统一的会计制度执行情况。

根据1993年12月29日第八届全国人大第五次会议通过修改的新《会计法》、1999年10月31日第九届全国人大第十二次会议通过的《工会法》要求，重点对全场财会人员进行职业道德教育。截至2000年末，农场先后累计送外地短期培训148人次，场内以会代训和业务学习累计259人次。会计人员业务素质和爱岗敬业精神都有了新的提高。特别是1996年实施动态管理后，财会人员竞争上岗，工作细心，积极上进的现象普遍增强。

表4-1　2006—2020年全场财务状况统计表

单位：万元

年份	资产总额		所有者权益			流动负债	总收入	总成本	利润
	流动资产	固定资产	实收资本	资本公积	未分配利润				
2006	1826	4647	220	4280	−1809	15652	65	1642	−1577
2007	2169	4931	220	5856	−11556	14432	111	535	−424
2008	3737	2265	220	6396	−12715	15155	232	2048	−1816
2009	6232	6385	450	7927	−22556	22578	7119	9739	−2620
2010	5332	10528	532	9457	−27653	23292	9697	14316	−4619
2011	9548	14544	532	10761	−30378	29629	14354	16792	−2438
2012	3777	17144	1026	11809	−32246	28094	11367	13235	−1868
2013	12414	21665	1730	12905	−28939	36409	23439	20089	3350
2014	16945	27548	1730	12905	−27763	47819	20678	18476	2202
2015	16610	34670	2254	24152	−29435	43372	23595	26742	−3147
2016	14429	38315	2254	24667	−29428	65307	25456	25449	7
2017	16091	49104	2254	30402	−24863	57853	24844	20279	4565

（续）

年份	资产总额		所有者权益			流动负债	总收入	总成本	利润
	流动资产	固定资产	实收资本	资本公积	未分配利润				
2018	23784	52901	2254	33426	－24526	59266	28329	27992	337
2019	31166	56311	2254	35506	－16963	63099	31238	23175	8063
2020	35350	60728	2254	39515	－10947	62450	29765	23249	6516

三、固定资产管理

从1970年开始，农场计财科设固定资产会计。

固定资产的管理在不同时期列为固定资产的范围价值有所不同。建场初期单价在200元以上，使用年限在1年以上的生产和非生产的机械设备、工具、房屋、建筑物等列为固定资产管理范围。到1985年时单价调整为500元以上。1993年7月1日，新会计制度实施后，单位价值调整为2000元以上，使用年限仍为1年以上的经营性资产作为固定资产管理；不属生产经营的主要设备和物品，且单位价值在2000元以下，而使用期限超2年的，也作为固定资产。事业单位固定资产一直沿用使用年限1年以上，单价200元以上的各种设备。

农场建立固定资产管理制度，严格履行固定资产的购建、更新、使用、报废审批手续。

各单位建立固定资产档案，设置账内、账外固定资产账卡，对固定资产购进、更新、报废等实行财务监督。台账设立固定资产编号、名称、购入时间、保管使用人签字等项目，并按照固定资产编号附上固定资产设备的实物照片。

实行实物管理专人负责制，把各项固定资产（包括账外在用）管理责任落实到人。建立固定资产盘点制度，每年6月和12月，对固定资产进行全面盘查，登记造册。行政领导和会计工作调动，必须对固定资产进行清点，保证固定资产账物相符。

2005年，建立了应收应付款、存货、固定资产、土地和资源性资产五项档案及固定资产卡片等“八簿一卡”。签订固定资产管护合同，确保固定资产完好无损。

2020年，开展资产全面清查工作，利用元道经纬相机、奥维互动地图软件绘制农场房屋、建筑物的资产现状图，极大提升了固定资产管理精细度。手机端定位固定资产位置，可以准确提供经纬度信息，为日常管理提供便捷。全年处置报废资产53项，盘活闲置资产增加收入47万元，有效保障资产安全、完整、保值、增值。

1997年，分局成立国有资产监事会，下发《关于建立国有资产监督管理机构全面贯彻落实垦区国有资产监督管理办法实施细则的通知》（建垦局文〔1997〕99号），要求农场设立国有资产管理办公室，并配备副科级以上专职管理人员。

2009 年 3 月，农场改革。成立国有资产管理中心，清欠办归属国有资产管理中心。2009 年 3 月至 2017 年 9 月，毛春梅任国资中心主任。2017 年 9 月，业务归属计财科。

2012 年 6 月 26 日，垦区国有资产管理现场会在八五九农场召开，八五九农场作了典型经验介绍。

四、政府采购

1994 年 4 月 1 日，经省政府控制社会集团购买力领导小组办公室同意，农垦总局对垦区社会集团购买力实行系统控制管理。农场在计财科设控制社会集团购买力办公室，编制社会集团购买力月报表。

2001 年，农场对预算内资金、预算外资金、事业收入、专项资金、企业自有资金等采购行为实行政府采购。采购形式分集中采购和分散采购。农场采购办公室建立“政府采购资金专户”，用于管理和核算采购资金。政府采购资金实行统一管理，统一支付，统一核算的办法。凡纳入政府集中采购范围的项目，除自筹以外的资金不再下拨给采购部门和单位，而将款直接划转到“政府采购资金专户”存储。采购单位自筹资金，在采购启动前，也必须将款存储到“政府采购资金专户”上。严格执行农场基本建设投资计划，认真履行招投标、比质比价采购及合同签订等程序。严格执行《采购管理制度》。

2020 年，完成固定资产采购 109 万元。

五、内外欠款清理

1994 年 12 月 12 日，农场成立了清理欠款领导小组。成员由法庭、审计科、水稻办、场办、计财科、畜牧科的领导组成，并出台了家庭农场偿还欠款的有关政策。

1995 年 10 月 19 日，农场临时成立清欠办公室。办公室设在审计科，主任由农场纪委书记袁春启兼任，人员从计财科、审计科、监察科、检察室、法庭、司法科和水稻办等部门抽调。

1996 年 7 月 31 日，清欠办从审计科分出单设，主任由审计科副科长李振友担任，人员 3 人。

1998 年 3 月，清欠办与审计科合署办公，原清欠办工作人员回原单位。

1999 年 3 月，清欠办再度从审计科分出单设，主任谢若明，配备 4 名财会人员和 1 辆北京吉普车，办公地点迁至宾馆三楼。

2001年5月，冯国才任清欠办主任。后来农场抽调待岗会计13人充实了清欠队伍。

1994年10月27日，农场出台了家庭农场偿还欠款文件，并出台了一系列鼓励还款的优惠政策。

1995年，农场出台了清收欠款文件，对内部欠款，按当年欠款总额的30%还欠款。并对种植户、养殖户、退休工人在还欠款上给予一定优惠。

2000年，清欠办根据农场各单位欠款的余额，下达回收欠款指标，由各单位自行清收。

2001—2005年，农场加大了清欠力度，把领导干部、开发性家庭农场和五荒家庭农场欠款作为清欠重点。

2009年3月，农场改革，清欠办归属国有资产管理中心。

农场加强应收应付账款管理。各单位的内部应收应付款项，须经常与对方进行核对，每年至少一次。对职工欠款须逐户核对，张榜公布，办理认账签字手续，做出还款计划，限期收回。财务科每年与基层单位主管会计签订欠款回收责任状。对于企业外部欠款，组织人员回收或发函催收，对短期内难以收回的欠款，要取得对方盖有有效公章的证明或落实到经办人、责任人名下，严防形成呆死账。

2020年末，收回欠款524万元，账销案存收回34万元；收回整体搬迁楼房欠款367万元；加大化债力度，自有资金偿还以前年度债务3120万元。

六、会计队伍

建场初期，因为农场基本是按部队建制转制过来的，因而采用“供给制”体制。1957—1968年，农场只在总场设置财务科负责全场的相关核算工作，分场与基层单位仅设置核算员。基层单位只是层层向上设立报账制度。这种状况一直延续到20世纪60年代中期。

1964年新八五九农场成立后，财务核算体制才开始正式建立。那一时期的会计队伍基本上是由其他老农场调配过来的财会人员和由1958年复转官兵中有一定文化程度的人员。其中极少一部分人员在部队或地方接触过财务工作，也有少部分人员在学校学习过财会专业知识，他们经过短期培训后充实到财会队伍中来。这一时期基层单位基本建立起了计划经济体制下的财务核算体制。财会队伍相对稳定。

“文革”时期，全场有57名基层单位的财会人员，受到了不同程度的牵连与处理，离开财会工作岗位。之后，基层财会人员80%以上改由城市下乡知青担任。兵团时期各基层单位不仅设有会计岗位，还配备了专职的出纳，归干部股管理。经济核算和财务管理工作在边干边学的实践中摸索前行。

1975 年，六师后勤部供应科为提高广大在职财会人员业务技术水平，与黑龙江八一农垦大学农经系联系，聘请了农经系田良果、张万双、程能润等老师，在东安镇举办了六师第一期财会人员学习培训班，时间 2 个月，参加学习的各团在职财会人员 200 多名。通过比较系统的财会基础理论和专业知识的短期学习培训，使参加学习的财会人员专业理论和业务水平有了很大提高，许多人员后来成为各级财会部门的领导和业务骨干。

从 1978 年开始，大批城市知识青年开始返城，使基层财会队伍几乎陷于瘫痪状态。在这种情况下，农场一边安排刚刚恢复工作的老财会人员迅速投入财务工作，一边从应往届高中毕业的职工子女中选拔一批优秀青年补充财会队伍，并采取“以老带新和传帮带”的办法，让新加入财会队伍中的职工子女在短时间内投入工作。1981 年，农场又从应届职业高中毕业生中，招聘了 20 多名职工子女充实到财会队伍中。又有一批大中专毕业生和建三江职工中专毕业生陆续进入财会行业。从 20 世纪 80 年代中期开始，一大批早年参加工作的老财务工作者相继离退休。截至 20 世纪 90 年代中期，农场在 80 年代初期培养起来的财会队伍中，有一些人员陆续地寻求到南方省市发展。全场财会队伍处于人才缺乏并且不稳定状态。直到 20 世纪 90 年代中期以后，农场采取“竞聘上岗、考试考核、择优录取”等措施，全场的会计队伍才稳定下来。

到 1983 年底，农场从事财会工作的人员有 142 名，其中会计 83 名，出纳 59 名。在会计人员中，经考核及格有技术职称的 50 名，其中会计师 2 名、助理会计师 9 名、助理统计师 1 名、会计员 38 名。

这支财会队伍担负着各行各业计划、核算、预算、现金管理、年终决算以及平时财务管理的重任。从 1983 年 10 月起，农场给每个有技术职称的（会计员以上）人员浮动一级工资，并每月补贴 15 元。

为提高财会人员的综合素质，农场从 20 世纪 80 年代中期开始，以联合办学、脱产培训、函授学习、继续教育等方式，千方百计提高在职人员的学历层次。1988 年 9 月，农场委托八一农垦大学在农场举办了财务与会计函授大专班。全场会计、出纳共 90 人参加了 3 年函授学习，于 1991 年 7 月结业。1995 年 9 月，农场又与省委党校、总局党校联合举办了经济管理函授本科班和大专班，全场大部分在职财会人员参加了学习，使基层单位财会人员的学历层次基本达到了大专毕业程度。农场还采取走出去请进来的办法，聘请各专业院校的教授、专家来场，对基层财会人员进行培训。基层财务人员的专业知识、综合素质、业务能力都有明显提高，在农场的经济建设和经营管理中发挥了积极作用。

2001年，农场对全场财会人员实行会计委派制。后来，又改为由财务部门建议，组织部门任用与管理。

财会行业作为专业性较强的行业，2009年前后，农场开始从各专业院校引进本科以上应往届毕业生。这些新引进的大学毕业生陆续地接替达到退休年龄的财会人员，走上了财会工作岗位，有序地实现了财务战线上的新老交替。农场的财会队伍中女性工作者占到总数的80%左右。

2017年9月，20世纪70年代末与80年代初走上财会工作岗位的人员全部办理了退休或内部退养手续，进而由有朝气、有专业知识、有文凭学历的80后、90后大学毕业生替代，这是60年来财会人员又一次大的变动，被称为财务战线上的“更新换代”。

2020年，全场有财务人员69人，其中高级职称3人、中级5人、初级25人。本科59人、大专6人、专科2人、中专2人。

2020年，建立财务人员考核制度。采取网站培训、集中学习的方式，有8人通过职称考试，其中中级会计师1人、初级会计师7人，提升了财务人员的整体素质。

第三节 审 计

一、机构沿革

1986年12月，建三江管理局发布《关于设立审计机构的通知》，农场成立审计科，编制2人。

1993年，农场机关进行机构改革，成立由审计、纪委、监察、检察等部门组成的纪检监察审计部。

1993年12月，纪检监察审计部分立，审计科恢复原体制。

2002年7月，审计部门分为农场审计科和上市公司审计部。审计科、审计部合署办公。

2019年10月，分公司审计部更名为内控审计部。

1997年、1999年、2000年、2020年分别被农垦总局审计处评为审计工作先进集体；卓宝军被评为2010—2011年度总局审计工作先进个人。

2020年，审计科配备审计人员4人，其中正科1人、副科2人、科员1人。高级职称1人，中级职称3人。

2022年7月，八五九农场有限公司管理体制改革，综合管理部内设审计办（与分公司合署，由分公司审计部主管）。杜红臻任综合管理部总经理。

领导成员更迭情况如下：

审计科科长： 高士俊（1987.2任命）
付庭秀（1988任命）
王立贤（1989—1994.1）
孙宝林（1990任命）
钟月尚（1991—1992）

纪检监察审计部主任：袁春启（1993任命）

审计科科长： 王立贤（1993.12任命）
陈林富（1994.1—1999.3）
高喜英（女，1999.3—2004.3）

审计部负责人： 吕晓慧（女，2002.7—2009.3）

审计部部长： 卓宝军（2009.3—2015.3）
臧桂荣（女，2015.3—2017.9）
滕艳静（女，2017.11—2020.4，主持工作）
滕艳静（2020.5—）

内控办主任： 卓宝军（2015.3—2017.9）

二、审计工作

审计科是农场财务监督部门，在场长的直接领导下对全场财务活动进行审计监督。审计监督属企业内部监督，1987年成立时只是对企业财务收支进行审计。随着农场经济的快速发展和市场经济的不断完善，工作范围逐渐拓宽为财务收支、经济效益、任期经济责任、内部控制、固定资产投资、基本建设投资审计等。

1993年，为加强对农场财务决算的真实性、合理性的监督，农场审计科对全场所有核算单位的年终决算进行事前验证。

三、审计项目

审计项目包括财务收支审计、经济责任审计、基本建设审计和专项审计。

财务收支审计，对所属企事业单位的会计记录的正确性、完整性，财务决算报表的真实性、公正性，财务收支的合规性、合法性进行审计监督。

经济责任审计，对所属单位领导干部财务收支的真实、合法和效益情况，固定资产的管理和使用情况，重要投资项目的建设和管理情况，内部控制制度的建立和执行情况，以及所属单位财务收支、有关经济活动应当履行的职责和义务进行审计监督。

基本建设审计，对用于建设生产性固定资产活动的货币资金、对用于固定资产扩大再生产的新建、扩建、改建工程的投资进行审计监督。

专项审计，对于国拨资金、投资建设基础设施资金进行审计监督。

2006—2020 年，共审计项目 223 个，审计总金额 22.15 亿元。其中经济责任审计项目 75 个，审计金额 8.33 亿元；财务支出审计 63 个，审计金额 9.54 亿元；专项审计及专项审计调查 40 个，审计金额 2.36 亿元；固定资产审计项目 24 个，审计金额 895 万元，预算监管 21 个，审计总金额 1.83 亿元。共挽回经济损失 108 万元，收缴违规违纪金额 1323.66 万元，提出各项合理化建议 148 条。

四、审计监督

审计科自成立至 2005 年，进行各项审计 236 户，审计金额 8.73 亿元，查出违纪资金 2062.5 万元，上交农场违纪资金 51 万元，调账处理金额 2037.5 万元，为农场挽回经济损失 2441.7 万元。共提出合理化建议 725 条，全部被农场领导采纳。审计处理有关责任人 25 人，罚款 7.1 万元。移交纪检监察机关查处 2 人。

表 4-2　2006—2020 年审计项目、金额统计表

年度	项目	经济责任审计	财务收支审计	固定资产投资审计	专项审计调查	专项审计	预算监管	合计
2006	项目（个）	12	—	—	—	7	—	19
	审计金额（万元）	13553	—	—	—	5901	—	19454
	挽回经济损失（万元）	—	—	—	—	2	—	2
	收缴违规违纪金额（万元）	1.1	—	—	—	1296	—	1297.1
	提出合理化建议（条）	6	—	—	—	4	—	10
2007	项目（个）	14	—	—	—	2	—	16
	审计金额（万元）	14556	—	—	—	1967	—	16523
	收缴违规违纪金额（万元）	0.24	—	—	—	—	—	0.24
	提出合理化建议（条）	10	—	—	—	2	—	12
2008	项目（个）	—	14	1（基本建设审计）	—	1	—	16
	审计金额（万元）	—	18183	400（基本建设审计）	—	1200	—	19783
	收缴违规违纪金额（万元）	—	7.2	—	—	—	—	7.2
	提出合理化建议（条）	—	10	—	—	2	—	12

（续）

年度	项目	经济责任审计	财务收支审计	固定资产投资审计	专项审计调查	专项审计	预算监管	合计
2009	项目（个）	15	5	—	2	2	—	24
	审计金额（万元）	5677	5150	—	486	394	—	11707
	收缴违规违纪金额（万元）	1.4	—	—	—	—	—	1.4
	提出合理化建议（条）	9	2	—	3	1	—	15
2010	项目（个）	3	6	—	2	3	—	14
	审计金额（万元）	3782	10602	—	46	1752	—	16182
	挽回经济损失（万元）	1	—	—	—	—	—	1
	收缴违规违纪金额（万元）	2	—	—	—	—	—	2
	提出合理化建议（条）	5	1	—	2	3	—	11
2011	项目（个）	1	6	8	1	2	—	18
	审计金额（万元）	4717	8993	155	42	1684	—	15591
	挽回经济损失（万元）	—	—	8	—	—	—	8
	收缴违规违纪金额（万元）	—	—	14	—	—	—	14
	提出合理化建议（条）	2	2	6	1	2	—	13
2012	项目（个）	5	2	13	2	2	—	24
	审计金额（万元）	10058	1590	199	281	1699	—	13827
	挽回经济损失（万元）	—	—	14	—	—	—	14
	收缴违规违纪金额（万元）	1.3	0.4	—	—	—	—	1.7
	提出合理化建议（条）	4	2	1	—	—	—	7
2013	项目（个）	5	—	2	1	1	21	30
	审计金额（万元）	5604	—	141	42	219	18320	24326
	挽回经济损失（万元）	—	—	26	5	—	—	31
	提出合理化建议（条）	1	—	—	—	—	—	1
2014	项目（个）	2	4	—	3		—	9
	审计金额（万元）	2822	1377	—	1946		—	6145
	挽回经济损失（万元）	31	—	—	—	—	—	31
	提出合理化建议（条）	4	3	—	2		—	9
2015	项目（个）	4	4	—	2		—	10
	审计金额（万元）	14337	1505	—	286		—	16128
	提出合理化建议（条）	3	3	—	4		—	10
2016	项目（个）	2	5	—	1		—	8
	审计金额（万元）	1674	2282	—	274		—	4230
	提出合理化建议（条）	—	3	—	—	—	—	3
2017	项目（个）	8	—	—	1		—	9
	审计金额（万元）	6746	—	—	292		—	7038
	挽回经济损失（万元）	17	—	—	—	—	—	17
	提出合理化建议（条）	4	—	—	—	—	—	4

（续）

年度	项目	经济责任审计	财务收支审计	固定资产投资审计	专项审计调查	专项审计	预算监管	合计
2018	项目（个）	2	1	—	1	1	—	5
	审计金额（万元）	2017	1	—	48	294	—	2360
	提出合理化建议（条）	1	—	—	—	—	—	1
2019	项目（个）	4	4	—	2	—	—	10
	审计金额（万元）	664	18394	—	4501	—	—	23559
	挽回经济损失（万元）	0.02（处罚个人）	—	—	—	—	—	0.02
	提出合理化建议（条）	8	5	—	6	—	—	19
2020	项目（个）	3	7	—	1	—	—	11
	审计金额（万元）	2706	21693	—	240	—	—	24639
	挽回经济损失（万元）	—	4	—	—	—	—	4
	提出合理化建议（条）	4	17	—	—	—	—	21

第四节　劳动与社会保障

一、机构沿革

劳动管理是农场经营管理的一项重要内容，包括劳动力管理、工资管理、劳动保险和安全生产管理等。

1957 年，农场设人事科，主管人事和劳动工作，分场设 1 名劳武干事。

1958 年 12 月 10 日，农场设劳武科。

1962 年 4 月 2 日，农场劳武科与计财科合并，在计财科内设劳武助理员。

1964 年 3 月，新八五九农场成立，农场在计财科内设 2 名劳武干事。

1969 年 4 月，组建兵团二十三团，司令部下设军务股，主管劳资工作。

1977 年，恢复农场体制，农场设劳动工资科。

1985—2005 年，农场的用工制度、分配制度、就业方式、劳动保险等均发生了很大的变化。农场劳资科内设劳动工资管理、安全生产管理、劳动与社会保障管理。

2011 年 5 月，劳资科更名为人力资源和社会保障科。下设职业介绍所、人力资源市场、劳动就业社会保障服务中心。2013 年，职业介绍所与科室分离，成为独立单位。

人力资源和社会保障科主要负责人事管理与工资分配、劳动关系与劳动就业、人才引进与培养、社会保险、劳动监察与劳动仲裁、技能培训、职业介绍、劳务输出、劳动事务代理、劳动就业服务和金保工程信息系统建设管理、退休人员认定、劳动合同签订与解除等工作。

2004—2012 年，连续 8 年被建三江管理局评为劳动保障工作“先进集体”；2012 年，被建三江管理局评为人力资源和社会保障工作“标兵单位”；2009年被总局劳动和社会保障局评为“垦区劳动保障诚信示范单位”。

2020年8月18日，与饶河退休社会化管理办公室签订退休移交协议书，完成国企退休人员社会化管理移交3186人。退休人员及党组织关系移交社区管理，档案移交饶河县人社局。当年，将原保存在职介所的大学生档案116份移交饶河。将农场未退休在编教师和编制内已退休人事档案移交饶河教育局。

2022年7月，八五九农场有限公司管理体制改革，综合管理部内设人力资源办。杜红臻任综合管理部总经理，副总经理李晓雪为科办负责人。

领导成员更迭情况如下：

劳资科劳武助理员：张兆顺、孙孝斌（1964任命）
李永言（1967任命）

军务股股长：王宝田（1969任命）
朱文明（1971.2—1974.6）
于占斌（1974.6—1976.10）

劳资科长：许洪安（1977.2—1978.12）
郭友德（1978任命）
马奉禄（1979.10—1982.11）
栾永奎（1982.11—1985.3，副科长）
郭公若（1985.3任命）
王维海（1988任命）
钟月尚（1993.10—2003.1）
王宁晋（女，2003.1—2012.4）
万　英（女，2012.4—2022.7）

二、职工队伍

农场职工队伍主要由部队复转官兵、并入的公社社员、老农场调来的机务人员、山东支边青年、城市下乡知青、职工子女就业、外场调入和逐年分配的大中专毕业生构成（详见第一编第三章第二节）。

建场初期，1957年全场职工2387人，其中农业工人1592人、林牧副工及服务行业人员503人、非生产人员292人。

1959年由于场社合并，职工人数增加到14307人，其中农业工人8971人、林牧副工及服务行业人员 2738 人、非生产人员 2598 人。

1959 年 10 月至 1961 年底，农场支援外地干部（复转业军官）1226 名，奔赴内蒙古、青海、甘肃等地。1959 年春和 1960 年春，分别向安达市和大兴安岭地区支援一批干部。1959 年 9 月，200 多名干部调往黑河地区。1960 年，350 名拖拉机手分别调往湖南、湖北、山东、海南岛支援开发建设。1963 年 1 月，行政二十二级以上的干部和部分职工 1000 人调往地方林业部门。

在 1961—1965 年全国性职工大精减中，农场于 1962 年精减职工 1140 人，1963 年精减职工 581 人。

新八五九农场成立后，1966 年职工总数减到 3231 人，其中农业工人 1506 人、林牧副工及服务行业人员 1161 人、非生产人员 564 人。

兵团期间，1971 年职工人数最高为 9080 人，其中农业工人 5512 人、林牧副工及服务行业人员 1282 人、非生产人员 1386 人。

恢复农场后，1977 年职工总数 7683 人，其中农业工人 3181 人、林牧副工及服务行业人员 2750 人、非生产人员 1752 人。

国营农场调入和招收的工人，在被吸收为正式职工后，即纳入国家劳动工资计划之内。1978 年，国务院 20 号文件规定：农场职工，包括上山下乡知识青年和农场安置就业的职工子女都是国家正式职工。

根据 1978 年 6 月 6 日国家农垦总局、国家劳动总局《关于国营农场 1971 年以前参加工作的临时工改为固定工的通知》，1979 年 1—3 月，管理局按政策规定对在册的计划内长临工办理了转正手续。与此同时，总局召开的“东四局”劳资会议上确定 1966 年底以前参加工作，1979 年被原兵团辞退，1970 年应收回而未收回的每年劳动在 260 天以上的临时工可以改为固定工，俗称“临改固”。

1983 年职工总数 7904 人，其中农业工人 2861 人，林牧副工及服务行业人员 4350 人，非生产人员 895 人。

1985—2005 年，农场职工队伍主要由职工子女就业、1978 年后投亲来场人员、退伍复员军人、外场调入和逐年分配的大中专毕业生组成。

2005 年职工构成：全场职工总数 3357 人，其中职工子女就业 2624 人，复员军人 236 人，投亲来场 202 人，红光、海伦、肇源农场调入 114 人，大中专毕业生 104 人，城市知青 46 人，外场调入 30 人。

1985—2005 年，由于用工制度从合同制职工到实行全员劳动合同制的改变，使农场职工人数发生了很大的变化。从 1984 年开始，农场进行了用工制度改革，在接收新工人时，实行劳动合同制。

1984年底，农场职工人数7042人；2005年底，职工人数3357人。其中，新招用合同制工人2894人，接收大中专毕业生149人，复员军人72人，外场调入266人，恢复职工身份1500人。离退休1970人，调出农场2105人，终止劳动关系4180人，死亡262人，并入完达山49人。

1995年11月10日，农场根据黑政发〔1995〕23号、黑垦局发〔1995〕3号、建垦局发〔1995〕60号等文件精神，制定下发了《企业全面实行劳动合同制度实施方案》（场发〔1995〕36号）文件，确定从1996年9月30日开始，全场所有企事业单位全部实行劳动合同制度，取消原来的固定工、劳动合同制工人的身份界限；取消工人和干部的身份界限，对所属企事业单位的干部，实行聘任制或聘用制，统称为“企业职工”。

1998年以后，农场所属工商运建服企业逐步改制，大批职工下岗。根据《关于国有企业下岗职工基本生活保障和再就业工作若干问题的意见》（黑垦发〔1998〕7号文件）精神，农场妥善安置下岗工人，积极向种植业、养殖业、第三产业及非国有经济分流转岗。水泥厂、乳品厂、招待所、饲料厂、客运站、修造厂、制材厂、物资科、商店、通信科、复合肥厂、冷饮厂、养禽公司、基建公司、粮油公司、种鸡厂、汽车队、桥梁施工队等单位分流下岗职工636人，分别转入一队、三队、七队、九队、十六队、十七队、十九队等单位，从事种植业、养殖业。

2008年，全场职工总数3711人，其中事业在编364人，退休工人3109人。与企业解除劳动关系未参保2208人（由职介所托管）。灵活就业参保人员732人。

2017年，对全场职工续签劳动合同。2016年12月31日前与农场签订劳动合同满10年以上（含10年）的，可签订无固定期限劳动合同；2016年12月31日前与农场签订劳动合同不满10年的，可签订3年期限劳动合同；农场新招入的大学毕业生，实习期满后可签订1年期限劳动合同。企业与职工全员签订劳动合同。

2020年，全场职工总数2096人，其中管理人员438人。同年，农场招聘22人，全部签订劳动合同。

表4-3　1985—2020年全场职工增减变动统计表

单位：人

年度	增加						减少						年末人数	其中：女
	小计	新招工人	接收大中专生	调入农场	复转军人	其他人员	小计	离退休	调出农场	解除关系	死亡	其他人员		
1985	855	824	2	28	1	—	232	42	169	5	16	—	7665	2707
1986	487	335	6	22	1	123	304	39	261	3	1	—	7848	3183

（续）

年度	增加						减少						年末人数	其中：女
	小计	新招工人	接收大中专生	调入农场	复转军人	其他人员	小计	离退休	调出农场	解除关系	死亡	其他人员		
1987	395	377	7	8	3	—	860	341	236	280	3	—	7383	2843
1988	530	166	7	29	3	325	730	383	299	44	4	—	7183	2801
1989	243	204	6	33	—	—	465	26	197	235	7	—	6961	2636
1990	337	318	6	13	—	—	431	9	161	249	12	—	6867	2604
1991	555	238	12	12	7	286	212	35	150	21	6	—	7210	2735
1992	113	92	7	14	—	—	123	36	36	38	13	—	7200	2680
1993	45	33	7	5	—	—	201	35	74	81	11	—	7044	2665
1994	87	74	5	2	6	—	978	63	106	797	12	—	6153	2293
1995	58	42	10	6	—	—	638	70	89	465	14	—	5573	2070
1996	83	56	3	11	13	—	1107	85	55	951	16	—	4549	1674
1997	241	68	16	8	8	141	171	67	37	58	9	—	4619	1757
1998	242	7	14	11	11	199	222	83	37	74	28	—	4639	1643
1999	119	37	10	29	—	43	225	76	55	69	25	—	4533	1624
2000	132	11	10	5	11	95	578	134	31	397	16	—	4087	1533
2001	123	—	6	15	—	102	523	117	31	362	13	—	3694	1462
2002	113	5	2	3	—	103	164	81	26	42	15	—	3643	1351
2003	24	2	5	5	1	11	126	78	18	5	25	—	3541	1428
2004	43	3	7	3	—	30	173	87	26	4	7	49	3411	1454
2005	49	2	1	4	—	42	103	83	11	—	9	—	3357	1396
2006	115	26	4	8	—	77	124	91	24	3	6	—	3348	1376
2007	124	40	4	2	—	78	130	96	12	13	9	—	3342	1346
2008	496	166	2	6	—	322	127	102	13	8	19	—	3711	1354
2009	202	5	48	7	—	142	264	109	11	2	10	132	3593	1342
2010	205	64	59	9	6	67	237	131	19	10	11	66	3561	1368
2011	536	165	90	19	8	254	385	96	13	16	11	249	3712	1287
2012	252	75	13	11	2	151	345	183	29	29	13	91	3619	1371
2013	174	20	11	14	4	125	423	179	28	37	7	172	3370	1236
2014	394	28	5	21	—	340	584	192	54	23	7	308	3180	1139
2015	171	30	—	1	—	140	388	216	4	18	10	140	2963	1002
2016	65	43	11	10	—	1	245	191	19	29	4	2	2783	897
2017	21	15	4	2	—	—	239	204	9	17	5	4	2565	777
2018	24	17	4	3	—	—	206	188	1	14	1	2	2383	677
2019	42	12	17	10	—	3	173	148	9	11	5	—	2252	606
2020	31	17	8	1	—	5	187	154	13	15	5	—	2096	548

表 4-4　1985—2020 年全场职工行业分布情况统计表

单位：人

年度	职工总数	企业单位														事业单位	国家机关	其他人员
		合计	工人															
			小计	种植	林业	牧业	副业	渔业	工业	商业	运输	建筑	服务	管理人员	技术工人			
1985	7665	6534	5816	3943	113	29	—	182	447	84	238	280	500	661	57	389	23	719
1986	7848	6768	6005	3815	123	33	—	180	606	75	242	413	518	659	104	409	27	644
1987	7383	6451	5571	2966	93	114	—	172	694	75	166	704	587	741	139	387	28	517
1988	7183	6470	5626	3155	74	82	—	180	839	94	101	677	423	685	160	371	29	313
1989	6961	6438	5594	3092	57	67	84	145	871	99	190	547	442	695	149	334	30	159
1990	6867	6275	5339	2906	55	73	74	119	786	105	147	601	473	796	140	309	47	236
1991	7210	6663	5748	3187	56	123	76	86	805	93	213	365	744	805	110	432	47	68
1992	7200	6599	5647	2979	72	141	85	123	886	77	164	319	801	837	115	407	47	147
1993	7063	6396	5781	3043	75	111	52	132	1376	114	194	381	303	615	—	579	47	41
1994	6153	5596	4994	2596	58	70	37	109	1204	115	180	321	304	602	—	475	47	35
1995	5573	5039	4415	2457	44	68	37	62	1026	73	80	245	323	624	—	455	47	32
1996	4549	4004	3590	1981	45	61	37	60	682	73	83	245	323	414	—	468	47	30
1997	4619	4113	3515	2119	35	29	—	98	595	65	89	231	254	598	—	430	48	28
1998	4639	4123	3510	2005	34	26	—	84	724	64	86	290	197	613	—	442	47	27
1999	4533	3994	3383	2021	—	21	—	75	685	64	87	176	254	611	—	462	49	28
2000	4087	3594	3047	1798	—	32	—	48	336	57	49	78	649	547	—	426	47	20
2001	3694	3233	2730	1504	1	13	—	35	286	41	47	47	756	503	—	358	60	43
2002	3643	3212	2807	1768	3	12	—	35	75	43	47	44	780	405	—	319	61	51
2003	3541	3125	2715	2117	3	10	—	41	64	—	47	43	390	410	—	292	56	68
2004	3412	3002	2606	2084	2	10	—	38	12	—	44	43	373	396	—	291	51	68

（续）

年度	职工总数	企业单位														事业单位	国家机关	其他人员
		合计	工人															
			小计	种植	林业	牧业	副业	渔业	工业	商业	运输	建筑	服务	管理人员	技术工人			
2005	3357	2963	2581	2076	3	10	—	34	—	—	44	43	371	382	—	291	47	56
2006	3348	2290	2198	2132	6	10	—	36	—	—	—	14	—	92	—	372	40	646
2007	3342	2294	2294	2189	11	42	—	38	—	—	—	14	—	—	—	390	40	618
2008	3711	2658	2658	2550	11	46	—	37	—	—	—	14	—	—	—	364	40	649
2009	3593	2538	2538	2437	11	42	—	34	—	—	—	14	—	—	—	323	40	692
2010	3561	2445	2445	2349	10	41	—	31	—	—	—	14	—	—	—	298	33	785
2011	3712	2364	2364	2288	9	33	—	34	—	—	—	—	—	—	—	290	33	1025
2012	3619	2255	2255	2180	11	32	—	32	—	—	—	—	—	—	—	287	37	1040
2013	3370	2123	2123	2051	12	32	—	28	—	—	—	—	—	—	—	281	36	930
2014	3180	1945	1945	1873	13	32	—	27	—	—	—	—	—	—	—	270	32	933
2015	2963	1784	1784	1717	13	31	—	23	—	—	—	—	—	—	—	249	30	900
2016	2783	1644	1644	1581	13	31	—	19	—	—	—	—	—	—	—	249	30	860
2017	2565	1623	1623	1575	12	28	—	8	—	—	—	—	—	—	—	221	29	692
2018	2383	1569	1569	1521	11	28	—	9	—	—	—	—	—	—	—	198	28	588
2019	2252	1469	1469	1424	9	27	—	9	—	—	—	—	—	—	—	210	28	545
2020	2096	1412	1412	1366	10	27	—	9	—	—	—	—	—	—	—	77	24	583

表 4-5　1985—2020 年全场退休人员情况统计表

单位：人

年度	退休人数	年度	退休人数
1985	1040	2003	2238
1986	1107	2004	2270
1987	1448	2005	2314
1988	1605	2006	2612
1989	1732	2007	2801
1990	1718	2008	3109
1991	1661	2009	3526
1992	1672	2010	3624
1993	1737	2011	3733
1994	1902	2012	3980
1995	1979	2013	4127
1996	1858	2014	4398
1997	1926	2015	4649
1998	1971	2016	4844
1999	2010	2017	5047
2000	2109	2018	5244
2001	2186	2019	5346
2002	2210	2020	5491

三、劳动分配

建场以来，职工的劳动分配始终以工资制为基本形式，以奖金和补贴为补充形式。1985 年以后，农场工资制度进行了较大改革。实行企业自主分配，自主确定适合本企业特点的具体工资形式。方式有固定工资、计件工资、浮动工资、年薪工资、奖金等。

（一）工资制度

农场的建场职工队伍是部队的复转官兵，他们带着原工资级别来到农场，固定等级工资制度便一直延续下来。

1964 年以后，实行过月薪日记，将月工资额被 25 天半来除为日工资，然后按出勤天数发给。1982 年以后，实行专业承包，才以浮动工资制取代固定等级工资制。

1962—1966 年，实行基本工资加奖励，也叫“包定奖”。

1966 年，农场在二队（今六队）和四队（今五队）进行“两结合”工资试点。

1974 年，农场在 2 连、7 连、12 连 3 个单位进行工分制试点，试点延续到 1979 年停止。

1982年，在企业整顿中，实行浮动工资制。以基本工资为基数，平时发放80%，另20%视年终计划指标完成情况返回或按比例扣减。

1985年，场部工商运建服企业实行计件工资。1985—1986年，农业生产队实行土地承包责任制，工资以预借方式发放，年终从利润中扣回。1987年以后，生产队工人不再发放工资。

固定等级工资制采用月工资标准，加各项补贴。执行单位有机关、公安分局、检察室、法庭、司法科、教育、卫生等行政事业单位。2006年以后事业单位实行的是岗位基薪+津贴补贴，不再以固定工资形式发放。

2002年，机关及生产队管理人员开始实行年薪工资制。农场取消等级工资制及各项补贴，根据职工岗位，确定工资标准，实行"一岗一薪、岗变薪动"，较大幅度提高了工作量。

（二）奖金和各种补贴

奖金属于平时或阶段性奖励。根据年终利润或贡献大小，由企业自行确定，按一定比例发放。

1962—1966年，实行计划利润奖，年终一次性发给，并同时实行阶段作业奖。

1979—1983年，实行超利分成得奖，但奖金数额控制在300元之内，个别"大包干"生产队奖金不封顶，如十队、一队，1983年人均得奖在千元以上。

2001年，理顺省级统筹项目，剔除省级统筹21项以外的各项补贴，御寒津贴、高寒补贴视企业财力情况自行发放。

职工补贴保留以下各项：

地区津贴：基本工资的10%。

女工卫生费：企业2元，事业10元。

洗理费：事业10元。

报刊费：企业14元、16元、18元，事业10元。

科技补贴：15元（有技术员以上技术职称和中专以上学历的在岗人员。事业单位有学历无职称的不享受此待遇）。

岗位津贴：以学历或职称和工作年限为依据，享受科技岗位津贴（有技术员以上技术职务和中专以上学历，受聘的专业技术人员）。

2017年以后，增加了工龄和技术津贴。

（三）工资调整

国营农场是一个工农商学林牧副渔各业俱全的企业单位，有农牧工人级、机务工人级、行政级、教育级、卫生级等工资标准。

1959—1983 年，农场共进行了 8 次工资调整。

1985 年，国家进行了第三次全国性工资改革，打破了企业统一实行的八级工资制。

1985 年，国家机关、事业单位的工资制度实行以职务工资为主要内容的结构工资，按照工资的不同职能，分为基础工资、职务工资、工龄津贴和奖励工资四个部分。

1985 年，根据《黑龙江省国营农场总局关于企业工资制度改革若干问题的实施意见》（黑企工改〔1985〕7 号、农总劳〔1986〕13 号），农场于 1986 年 4 月，开始第三次企业工资制度改革工作，工改时间定为 1985 年 6 月 30 日。全场参加工改人数是 5438 人，月增资 12.27 万元。

1985—2005 年，企业职工工资共进行了 10 次调整。

2002 年，机关及生产队管理人员开始实行年薪工资制。

2009 年，继续执行年薪制。制定管理人员薪酬标准及绩效考核实施方案，机关薪酬标准基础工资占 70%，风险收入占 30%。管理区主管领导薪酬按管理区分管的土地面积分为 3 个档次，作业站站长年薪为管理区主管领导的 60%，副站长年薪为站长的 80%。场直单位年薪的 80%为基薪，按月发放，20%作为浮动，根据工作目标完成情况，按照得分给予兑现。新招录人员试用期内按合同签订的薪酬标准执行，试用期满按 2 万元标准执行发放。

2012 年，企业薪酬实行年薪制，事业单位工资实行岗位绩效工资。在编的事业单位人员按事业单位档案工资标准执行，80%作为基薪，20%作为绩效考核。卫生员年薪 1.8 万元，80%作为基薪，20%作为基效考核。机关科室、场直单位、管理区、作业站的绩效考核排名前三名或后三名的上浮或下调工资。

2020 年 1 月，对绩效部分进行了调整。具有博士学位 4800 元，硕士学位 3800 元，研究生学历 3500 元，本科学历 3100 元，大专（及以下）2800 元。

规范工资管理，按照农场《薪酬管理办法》要求，认真做好全场各类人员的工资审核和调整工作。

2011 年，完成农场《职工薪酬标准及绩效考核实施方案》《八五九农场薪酬管理办法》的制定、实施和汇总工作。及时完成各单位审核审批及调整工资工作。

2014 年，完成事业单位（医院、学校）薪级调资 314 人，事业单位（学校）初聘 9 人、续聘 99 人工作。2017 年，完成学校、医院薪级调资 264 人，岗位变动调资 12 人。2019 年，完成学校、医院薪级 223 人调资工作，岗位变动调资 7 人。

表 4-6　2020 年八五九农场（分公司）管理人员薪酬统计表

序号	项目名称	薪酬总额（元）	月基薪（元/月）	基薪（元/年）	绩效（元/年）
一	机关				
1	科（部）长	72060	3980	47760	24300
2	正科（部）级科员（主管）	67420	3980	47760	19660
3	副科（部）长	61060	3170	38040	23020
4	副科（部）级主管	57700	3170	38040	19660
5	科员（主管）	52060	2700	32400	19660
二	场直单位				
1	党政主管领导（正职）正科级	72060	3980	47760	24300
2	党政主管领导（正职）副科级	62340	3170	38040	24300
3	党政主管领导（副职）副科级	61060	3170	38040	23020
4	党政主管领导（副职）无级别	55420	2700	32400	23020
5	一般管理人员（含财务人员）	48460	2400	28800	19660
三	社区管理服务站				
1	社区管理服务站（正职）	86960	3880	46560	40400
2	社区管理服务站（副职）、居民委主任（书记、一站式服务大厅主任、商城负责人）	61060	3170	38040	23020
3	居民委副主任（副书记）无级别	52060	2700	32400	19660
4	其他人员（含财务人员）	48460	2400	28800	19660
四	管理区				
1	甲类管理区	第五、十一、十三、十四、十五管理区			
（1）	主任、书记	86960	3880	46560	40400
（2）	副主任、会计	62020	3160	37920	24100
（3）	统计员	43960	2300	27600	16360
（4）	技术员	43960	2200	26400	17560
2	乙类管理区	第一、二、三、四、六、七、八、九、十、十二管理区			
（1）	主任、书记	82960	3730	44760	38200
（2）	副主任、会计	58020	3060	36720	21300
（3）	统计员	42960	2250	27000	15960
（4）	技术员	42960	2100	25200	17760

四、就业和再就业

与场内各类企业协调，掌握用工情况，提供就业信息。并充分利用电视及新媒体，宣传政策，发布用工信息，实现窗口一站式服务。

2006年7月，农场结合新农村建设规划安置了178名“4050”人员从事保洁、保安、公共维护、交通协管工作，签订一年以上劳动合同，缴纳了社会保险补贴资金48.62万元。

2008年，为290名灵活就业人员申请社会保险补贴37万元，申请职介补贴24万元，享受政府优惠政策率100%。为下岗失业人员办理再就业优惠证53人，累计办理2102人，培训下岗再就业人员385人。

2009年，开发就业岗位，解决职工子女的就业问题，实现新增就业700人。下岗失业人员就业300人、公益性岗位开发70人、职业介绍登记求职800人、职业介绍成功就业650人、城镇劳务输出300人。

2011年，农场将原有的“劳动力市场”和“人力资源市场”整合，统称为人力资源市场。成立了1个劳动就业社会保障服务中心、5个服务站，招用大学生15人。完成企业职工培训462人，在岗农民工培训339人，阳光工程培训315人。发布各类用工信息355条。

2012年，成立了7个劳动就业社会保障服务站，每个服务站配备2名协理员，实现了窗口一站式优质服务，达到了总局级充分就业社区的要求。建立16岁以上人员就业基本信息网，实行网络化动态管理。建立入户信息档案7902个、户卡134本，建立10大类数据库台账70本和各类就业服务台账189本，人员信息全部实行动态管理。

当年，开发公益性岗位200人，申请岗位补贴和社会保险补贴238.5万元；企业吸纳就业困难人员89人，申请社保补贴48.86万元；灵活就业（4555）人员192人，申请社保补贴48.98万元；高校毕业生、彩虹工程25人，申请岗位、社保补贴51.46万元。

2013年，共入户采集基本信息8437户1.66万人。完成总局充分就业社区4个委申报工作和金保工程信息网录入工作，并已通过管理局和总局的初审。

当年，共登记各类求职人员1006人，发布各类用工信息200余份，提供政策咨询300人次。

五、劳动纪律

1982年3月12日，国务院发布《企业职工奖惩条例》。3月20日，农场职工代表大会通过了《八五九农场劳动纪律管理办法》。行政处分分为警告、记过、记大过、降级、降职、撤职、开除、留用察看、除名、开除场籍。

1993年2月25日，农场《整顿劳动纪律加强劳动力管理的暂行规定》经六届二次职工代表大会讨论通过，对违反劳动纪律做出了15条规定。

2013年，农场制定《八五九农场职工考勤和休假管理制度》，对旷工、迟到、早退、脱岗都有明确规定。工人按照签订的劳动合同及单位内部管理条例、用工制度、考勤制度等进行管理。

六、劳保福利

职工的劳保福利有工伤、病假、事假、产假、职工探亲假、公休、医疗、职工死亡待遇等。

1989年，农场四届二次职代会通过《关于职工劳保福利待遇的暂行规定》，以后年度略有修改。

（一）工伤待遇

职工因工负伤治疗期间，工资照发，医疗费全部报销。医疗终结后，按有关规定执行。

1984年底以前，因工负伤的职工医疗费用由农场负担。

1985年以后的，一切费用由所在经济实体基层单位负担。

1992年，农场对职工工伤待遇做部分修改，按伤残等级享受待遇。

1996年，黑龙江省根据《中华人民共和国劳动法》和《企业职工工伤保险条例试行办法》（劳部发〔1996〕226号），制定了黑龙江省实施《企业职工工伤保险试行办法》细则。

1996年8月，农场对1996年以前工伤人员进行了重新鉴定。共有97人参加，确认为1—4级的人员，按80%享受生活费，按农场规定报销医药费。

2004年1月1日，农场执行2003年4月16日国务院第五次常务会议讨论通过的新的《工伤保险条例》。

职工因工伤造成病、伤、残等，应填写《工伤报告表》，经工伤鉴定后，农场批准工伤假；工伤假期间工资按照国家及有关政策执行。

（二）病假待遇

企业职工患病，停工治疗在6个月内的短期病假及6个月以上的长期病假，其生活费分别按工龄、按一定比例发放。

2000年10月1日，农场根据国发〔1981〕52号和黑人办字〔1998〕131号文件精神，对事业单位病假做出规定。

（三）医疗待遇

1984年以前，职工医药费按工资总额6.5%提取，每年农场还要补助5万元，以保证全场职工就医用药。农场的干部、职工享受免费医疗，直系亲属享受半价医疗。自1980年10月起，对领取独生子女证的儿童就医，实行免费医疗。1985年开始，农场职工医疗费逐步实行零星药费包干，住院医疗费按比例报销。

1989年，农场职工非因工负伤或患病住院期间的医疗费用，按下列标准报销：新中国成立前老干部、老工人及独生子女全额报销，工龄30年以上的报销95%，工龄20年以上的报销90%，工龄10年以上的报销85%，工龄10年以下的报销80%。1991年增加一条：具有中级技术职称及副场级以上干部，报销95%，在聘的中专以上毕业生和助理工程师以上技术人员，报销90%。职工供养的直系亲属在农场居住有户口的，其手术费、药费报销50%，其他费用自理。

1992年、1993年、1997年、2002年对医药费报销有所调整。

2003年1月1日以后，根据《建三江分局职工基本医疗保险制度实施细则》（建垦局文〔2003〕1号文件），农场开展了养老、失业、医疗、生育、工伤等五项保险，由社保分局按保险条例统一管理。

（四）探亲假待遇

按国家规定，凡符合探亲条件的职工，均可享受探亲待遇，农场仍按国发〔1981〕36号文件规定执行。为鼓励知识分子安心农场建设，对已婚大专以上毕业生和中级以上科技人员的探亲假由4年1次为2年1次，并按规定报销车船费。

（五）产假待遇

女职工正常生育，产假为90天，难产增加15天，工资照发。产假期满后，如上班有困难的，经本人申请，单位批准，可给哺乳假至婴儿1周岁。有条件的企业、事业单位可适当延长哺乳假，但不准超过18个月，哺乳假付本人标准工资的75%。

（六）带薪年假

农场出台《职工带薪休年假管理办法》，从2018年1月1日起，企业在岗正式工作人员连续工作1年以上即可享受一定时间的带薪年假。年休假期间享受与正常工作期间相同的工资收入。工作人员累计工作满1年不满10年的，年休假5天；已满10年不满20年的，年休假10天；已满20年以上的，年休假15天。年休假在一个年度内可以集中安排，也可以分段安排，不跨年安排。

2013年，《八五九农场职工考勤和休假管理制度》规定，职工休假分为病假、事假、婚假、产假、工伤假、丧假、计划生育假、年休假八种，除计划生育假和年休假外，其他休假期间扣除绩效薪金。

（七）丧葬补助费

1985 年，农场职工非因工死亡，享受企业平均工资 2 个月的丧葬补助费，供养 1 人发给 6 个月、2 人发给 9 个月、3 人以上发给 12 个月的本人标准工资，作为供养直系亲属救济费。1992 年，农场职工非因工死亡，享受 300 元丧葬费、400 元抚恤费，供养直系亲属生活补助费 1 人每月 30 元、2 人以上每人每月 28 元。1993 年，根据黑劳字〔1993〕34 号《黑龙江省企业职工死亡待遇改革办法》，农场非因工死亡职工，享受丧葬费 500 元、抚恤金 1000 元，供养直系亲属生活补助费每人每月 55 元。从 1995 年起，农场生活补助费每人每月再增加 10 元。新中国成立前参加工作的职工遗属，每人每月再增加 15 元。2020 年，丧葬费 4000 元，丧葬抚恤金 6000 元，总计 1 万元。

七、职称申报

根据国务院《工程技术干部技术职称暂行规定》，农场于 1980 年 10 月分别下发场字〔1980〕27 号、37 号文件，授予徐士海等 79 名技术干部技术职称。

1981 年，建三江管理局根据农场总局对技术职称复查要求，于同年下发《关于工程技术干部技术职称复查工作安排意见》，对全场在职的技术干部进行技术考核。经考核评定后，晋升或套改为各类工程师 38 人、助理工程师 22 人、会计师 2 人、助理会计师 9 人、各类技术员 70 人（其中会计员 38 人，农、机、畜牧技术员 20 人）。

1987 年 7 月，建三江管理局实施职称改革。从 1988 年起，进行每年一度的专业技术职称评审工作。职称评审办公室设在劳动人事科。1988—1989 年共评审各级各类职称 779 人次。

1990 年，国家对专业技术人员职务评审事务实行进一步改革，其重点是评审和考试相结合。经济类系列实行以考代评，实行统计系列统计员级职务试点考试；1991 年，实行经济系列经济员级职务考试；1992 年，实行统计系列助理统计师级职务考试；1993 年，实行经济系列经济师级职务考试，同年开始会计系列（包括审计系列）员级、助级、中级三个层次的职务考试。考试实行全国统一组织、统一大纲、统一试题、统一评分标准，这些考试每年举行一次，并增加了除中小学教师系列外其他系列的职称外语和职称计算机考试。

1991 年 6 月，农场成立职称评聘领导小组，下设办公室，简称职称办，隶属农场组织（人事）部，负责全场每年的职称评审推荐工作。

1998 年，农场在事业单位开展了职称评聘分开工作。

2001 年，职称评聘分开工作在农场企、事业单位中全面展开。农场根据各单位专业技术人员总数及各系列职称的分布情况按系列进行岗位数额比例控制。此次评聘分开工作，全场共聘任专业技术人员 617 人，其中高级 29 人、中级 213 人、初级 375 人。共低聘、待聘、辞聘 246 人，其中低聘 8 人、待聘 27 人、辞聘 211 人。各单位主管领导与受聘人签订聘书，聘期 3 年，从签订聘书之日起按照受聘职称兑现工资待遇。

截至 2005 年，全场在岗的专业技术人员有 380 人，其中高级技术职称 36 人、中级 179 人、助级 22 人、员级 143 人。

2006 年以来，严把职称晋升申报的入口关，按要求做好各系列专业技术职称申报工作，严格审核程序。

2013 年，晋升高级职称 3 人、中级 11 人、初级 20 人。

2016 年，晋升高级职称 12 人、中级 26 人、初级 22 人。

2020 年，晋升高级职称 9 人、中级 12 人、初级 9 人。

2006—2020 年，共晋升正高级职称 14 人、副高 80 人、中级 197 人、初级 221 人。

表 4-7　1988—2020 年全场专业技术职称晋升情况统计表

单位：人

年度	高级		中级	助级	员级
	正高级	副高级			
1988	16		116	307	311
1989	3		—	13	13
1990	—	—	—	—	26
1991	—	2	23	81	102
1992	—	—	29	62	67
1993	—	2	34	50	52
1994	—	2	24	46	53
1995	—	2	37	47	39
1996	—	3	47	35	26
1997	—	8	19	43	27
1998	—	5	9	20	46
1999	—	6	28	76	21
2000	—	11	23	—	—
2001	—	1	16	66	17
2002	—	8	10	20	36
2003	—	6	17	—	—
2004	—	1	13	—	1
2005	—	6	10	—	6
2006	—	1	5	—	1
2007	—	—	10	9	—
2008	2	1	5	8	—
2009	—	5	9	8	—

（续）

年度	高级		中级	助级	员级
	正高级	副高级			
2010	—	8	25	14	—
2011	1	5	11	43	3
2012	—	6	20	30	1
2013	—	3	11	20	—
2014	2	8	6	21	—
2015	3	3	17	10	1
2016	2	10	26	17	5
2017	1	4	17	2	—
2018	1	11	10	12	—
2019	1	7	13	7	—
2020	1	8	12	9	—

第五节　劳务市场管理

一、机构沿革

1982 年 10 月，农场成立大集体生产办公室，主任卜宪仁。1983 年，农场成立 8 个大公司，成立劳动服务公司。1990 年 4 月 15 日，再次成立劳动服务公司，并开办饭店、商店、招待所、托儿所、食堂等，安排十多位年轻人就业。

1993 年 11 月，林安民为正队级劳服劳务监察员。1997 年 1 月，农场撤销劳动服务公司，成立劳务市场管理站，归劳资科管理。编制 4 人，站长 1 人、劳动监察员 2 人、会计 1 人。4 月，劳务市场管理站站长晋升为副科级。

劳务管理站主要负责社会劳动力用工管理、职业介绍、求职登记、办理务工（用工）手续、外来劳动力管理、劳动合同签订和劳务监察、劳务信息传递、反馈及咨询、收缴劳动力管理费。2002 年全国减负工作会议后，劳动力调节费取消。

1999 年，农场成立再就业服务中心，由劳务管理站站长林安民负责。2001 年 8 月，农场成立劳动再就业中心支部，林安民兼任书记。先后有 1001 名下岗职工进入再就业中心。2003 年，根据中发〔2002〕12 号《关于做好下岗失业人员再就业工作的通知》精神，农场对 1626 名下岗失业人员发放《再就业优惠证》。农场有个体工商户 167 人享受再就业优惠政策。

2002 年 7 月 16 日，农场职业介绍所正式成立，属公益性中介服务机构，下设劳务管理站和再就业服务中心，隶属劳资科管理。所长王宁晋，副所长林安民、霍宪章。负责全场的劳务管理、职业介绍、再就业培训。2003—2005年，职业推荐1596人、再就业培训960人。

2006年，职业介绍所为劳资科下设单位，包含职业介绍所、人力资源市场，负责与就业服务相关的社会保障性工作。编制4人，为所长1人、会计1人、工作人员2人。

2009年3月，更名人才劳动中心，归属劳资科管理。2011年5月根据上级要求，劳资科与职业介绍所合并更名为人力资源和社会保障科，在综合楼合署办公。2013年，人社科与职业介绍所分开办公，职业介绍所设所长1人、副所长1人、副主任1人、会计1人、管理人员4人、协理员13人。2014年，12名协理员分流。

2020年，职业介绍所设所长1人、会计1人、管理人员3人，所长（主任）高风波。

职业介绍所主要负责农场以就业服务管理为主的人力资源管理、劳务市场管理、劳动监察、职业介绍、《再就业优惠证》办理、就业专项资金申报落实等社会保障性工作。

2010年，按照（黑人保发〔2010〕91号）《关于印发黑龙江省高校毕业生就业援助彩虹工程实施方案的通知》精神，有4名应届毕业生担任劳动就业和社会保障协理员。2011年，落实上级关于按照辖区服务对象人口数配备专职工作人员的要求，招收10名应届大学生充实到农场基层劳动就业和社会保障服务平台。

2011年，农场投资100多万元，建成400余平方米劳动就业社会保障服务大厅，投入20多万元配备了20台计算机、打印机及20套办公桌椅、电子显示屏、档案室和能容纳30人的会议室，进一步优化了办公条件。

2012年7月24日，建三江管理局副局长李荣华带领局直及15个农场的人力资源和社会保障科领导，在八五九农场召开基层民生公共服务平台建设工作现场会，学习八五九农场一个创新和六项突破的先进服务理念及工作模式。

2022年7月，八五九农场有限公司管理体制改革，职介所工作并入社会事务部，于风华任社会事务部副部长（主持工作，同年11月任部长）。职介所相关工作由社会事务部副部长兼公共管理办公室主任高风波分管。

领导成员更迭情况如下：

劳动服务公司经理：张久思（1990.3任命）
姜万玲（1992.12任命）
程显友（1994.1—1995.2）
姜万玲（1995.2—1999.3）

职介所所长：王宁晋（兼，女，2003.1—2012.3）
万　英（兼，女，2012.4—2014.4）

陈建华（2014.4—2017.9）

高凤波（2017.11—2022.7）

二、劳动用工管理

2009年以后，每年约有1.3万外来务工人员来农场从事农业生产和其他行业的生产劳动。农场制定措施，规范劳动用工管理，保护农民工的合法权益。

与管理区、作业站签订《农民工务工合同》，起草《八五九农场关于农民工工资支付（用工）管理暂行办法》。

对农场辖区内的国有企业、私营企业、股份制企业、个体工商户等16家用人单位进行年检暨诚信等级评定，对用工单位进行专项检查。对建筑企业等单位用工情况实行实名制管理，建立管理台账，实行实时监控。联合纪委、农机、综治、安全等18个单位（部门）进行水稻种植用工专项检查。确保用人单位和个人能够合法用工、按时支付工资及安全生产。

多举措解决劳动纠纷。与司法科、信访办、建设局等部门齐抓共管，达成调解“战线”，使劳动纠纷能够在最短的时间得到有效解决。加大宣传力度，开展劳动保障法规、工伤政策的宣传咨询活动。

开发公益性岗位，扩大就业。积极安置就业困难人员从事保洁、环卫、保安等公益性岗位就业。对符合特定政策条件的均按要求报审、进行网格化管理。

2011年，成立了1个劳动就业社会保障服务中心和7个劳动就业社会保障服务站，健全网络服务，使人社服务重心向基层下移，工作关口向基层前移，做到“机构、人员、场地、工作、制度、经费”六到位。

积极做好公益性岗位申报、补贴申请工作。2013年，彩虹工程申领补贴4.78万元，基层平台招用高校毕业生申报专项补贴54.97万元。2014年，共申报公益性岗位194个、彩虹工程2个、高校毕业生23人。

劳动纠纷调解工作扎实有效。2011年，专项执法监察用人单位19家，查处拖欠农民工工资案件12起，涉及农民工62人，追回拖欠农民工工资14万元。2012年，调解来访劳动工资纠纷案件17起，为农民工挽回经济损失25万元。2013年，调解劳动纠纷38起，为农民工挽回经济损失39.2万元。2014年，解决劳动纠纷24起，为农民工追回拖欠工资31万元。2015年，解决劳动纠纷22起，为农民工追回拖欠工资89万元。2017年，为农民工追回拖欠工资219万元。劳动纠纷的数量从2018年的52起降到2019年的24起再到2020年的11起，劳动纠纷发生率连年下降。

三、社会保险补贴

2009 年，为落实（黑政发〔2009〕11 号）（黑财社〔2009〕14 号）（农总劳社发〔2009〕15 号）（黑垦局文〔2009〕128 号）“关于实施更加积极的就业政策和就业专项资金使用管理办法”对进入职业介绍所托管的灵活就业“4050”人员给予社保补贴。2011 年以后，按“4555”就业困难办理“就业失业登记证”，按要求申报社保补贴。

到 2014 年 7 月，农场共有 702 名灵活就业人员享受社会保险补贴，共申领 2013 年灵活就业人员社会保险国家补贴金额 159.74 万元。

2015 年，为 598 名“4555”灵活就业人员申请灵活就业补贴 161.1 万元，为 108 名新增“4555”人员申请灵活就业补贴 18.13 万元，为 2838 人申请失业保险稳岗补贴 150.84 万元。

2016 年，为 723 名灵活就业人员申请补贴 160 余万元，为 2663 人申请失业保险稳岗补贴 93.58 万元。

2017 年，为 763 人申请灵活就业社会保险补贴 170 余万元，为 2378 人申领失业保险稳岗补贴 50.53 万元。

2018 年，为 584 人申请灵活就业社会保险补贴 133.53 万元，为 2312 人申领失业保险稳岗补贴 49.52 万元。

2019 年，为 584 名灵活就业人员申请灵活就业社会保险补贴 77.2 万元，为 2177 人申请失业保险稳岗补贴 48.41 万元。

2020 年，完成 108 名个体退休人员的档案调转、手续办理工作，为 2112 人申请失业保险稳岗补贴 61.11 万元。

实行各类档案的灵活管理、动态调配。到 2018 年，档案总数量 4378 份。其中，与企业解除合同人员已参保档案 839 份，与企业解除合同人员未参保档案 1240 份，灵活就业参保人员档案 1634 份，大、中专毕业生参保人员档案 29 份，大中专毕业生托管档案 127 份，大集体档案 1 份，复转军人档案 23 份，企业托管档案 84 份，“384 号文件”参保人员档案 140 份，“45 号文件”参保人员档案 100 份，作废档案 161 份。

2020 年，管理档案总数 4220 份。

第六节 安全生产与应急管理

建场初期，农场对安全生产无统一明确要求和具体规定。1963 年 3 月 30 日，国务院

《关于加强企业生产中安全工作的几项规定》发布以后，农场一直按“规定”精神组织安全生产。“文革”期间，安全措施和规章制度“失灵”，事故较多。恢复农场以后，上级对安全生产工作要求严格。

1981 年，总局制定了“安全生产工作细则”，使农场安全生产工作有了新的转变。

2022 年 7 月，八五九农场有限公司管理体制改革，于风华任社会事务部副部长（主持工作，同年 11 月任部长）。社会事务部内设安全应急办公室（与分公司合署，由分公司安全应急管理办公室主管，同时管理消防应急管理中心）。

领导成员更迭情况如下：

安全办主任：冯景云（1984—1988）

王维海（1988—1994）

钟月尚（1995—2002）

黄玉明（2002.6—2009.3）

王　军（2009.3—2011.1）

杨福勃（2011.2—2022.10）

范　潇（2022.10—）

一、安全生产组织

建场初期没有专门的安全生产机构，安全工作归劳动工资科兼管。1964 年以后，农场成立了安全生产委员会，但无专职干部管理。1981 年，农场劳资科配一名专职干部和科长（兼职）负责安全工作，并成立了由劳资、农机、工会、公安分局等部门领导参加的安全生产委员会，主任由场长兼任，副场长兼副主任主持日常工作。生产队和生产单位均有安全生产小组，负责本单位安全工作。1984—2002 年，安全生产工作由劳资科兼管。2002 年 6 月，农场专门设立了安全生产办公室，主任由黄玉明担任，并设一名专职安全员。

2009 年 3 月，农场改革，安全办从工业科分出，与武装部合署，由武装部副部长兼任安全办主任。2011 年 2 月，安全办分出，设独立科室。2015 年 12 月按总公司文件要求，八五九分公司设立安全生产监督管理办公室，与农场安全办合署。

2020 年 8 月，农场安全生产管理办公室更名为安全应急管理办公室，安全生产委员会更名为安全应急委员会。

二、安全管理

恢复农场后，根据上级精神和行业特点，农场曾制定各种安全生产管理制度，如交通运输安全规章、机械作业安全操作规程、防火制度、采石作业安全规定、伐木作业安全规定、基建施工安全措施等。

从1984年起，农场每年都下发《麦收阶段安全生产奖罚标准》《收获机田间作业安全规定》《场院作业安全规定》《运输车辆安全规定》等。1989年，农场安委会制定并下发了《安全生产管理办法》和《安全生产奖评办法》，实行安全生产百分考核制度。安全办组织有关部门对各单位进行综合检查，并做出检查通报，对安全检查不合格的单位做出了相应的处罚。

2002年以后，安全办在每年年初下发安全生产管理方案，安委会主任（场长）与生产队队长、场直单位主管领导签订安全生产责任状，层层落实安全责任，建立健全安全管理组织，制定应急预案。制定并下发《重特大火灾事故应急救援预案》《危险化学品应急救援预案》《重特大公共卫生应急救援预案》《重特大民用爆炸物品应急救援预案》《矿山重大事故应急救援预案》《重特大交通事故应急救援预案》《烟花爆竹应急救援预案》。

2006—2020年，农场制定并下发《突发事件总体应急预案》《生产安全事故应急预案》《自然灾害综合应急预案》《火灾事故专项应急预案》《防汛应急预案》《森林草原防火应急预案》《农业机械事故专项应急预案》《抗旱应急预案》《农用危险化学品事故专项应急预案》《飞机航化事故专项应急预案》《增雨防雹专项应急预案》《特种设备事故专项应急预案》《火灾事故现场处置方案》《触电事故现场处置方案》《车辆伤害事故现场处置方案》《淹溺事故现场处置方案》《中毒窒息事故现场处置方案》。

根据安全生产目标管理百分考核评选先进单位和达标单位，农场给予表彰和奖励；对未达标的单位，给予批评和罚款。发生火灾、交通事故和其他生产事故的，罚生产单位主管领导3000元、分管副职1000元；情节严重的和对隐瞒事故不报、谎报或者拖延不报的单位，从严从重处理，情节严重的追究刑事责任。发生安全生产事故的单位和单位主管领导不能评为先进。考核工作由农场安全办组织有关部门进行，农场安全生产委员会审定通过。

2002年11月1日，《中华人民共和国安全生产法》施行以后，农场加强了对中小学校、幼儿园、乌苏里江商城、宾馆、饭店、网吧等公共聚集场所的检查力度。从2003年起，已申报审批危险化学品经营许可证36家，非煤矿山安全生产许可证8家。

在安全管理方面，一是严格实行安全生产工作“一票否决制”和责任追究制。二是严格隐患排查和治理工作制，先后在春节、“两会”、春播、五一、汛期、中秋节、国庆、秋收期间及岁末年初开展安全生产大检查行动，组织消防、交通、交警、建设、电力等相关部门开展专项治理工作，从根本上防范遏制各类事故。三是强化安全宣传教育培训工作，每年6月，结合“安全生产月”活动，先后开展了“安康杯”知识竞赛、“安全生产宣传咨询日”、安全生产大讲堂、事故警示教育、安全宣传“五进”、应急演练等一系列宣传教育活动。组织企事业单位“三项岗位人员”参加安全资质培训。四是强化落实安全生产责任，按照“党政同责、一岗双责、齐抓共管、失职追责”的要求健全完善安全生产责任体系。农场与管理区、经营单位，管理区与有机户、农业工人、水稻种植户签订安全应急工作责任状，层层落实安全责任。

三、安全事故

1967年3月29日，十七队因烧荒不慎跑火，立刻烈火冲天，当场烧死4人。

1972年2月27日，修造厂修理车间由于地面油污清理不干净，电焊工马玉全在电焊时不慎将火花喷到旁边一个草袋子上而起火。当往外抬油箱时，又不慎将油箱碰倒，顿时火上加油，熊熊大火冲天而起，烧毁整个大修理车间，损失20余万元。

1975年冬天，一天晚上10点左右，汽车连修理排底盘修理工、哈尔滨知青李国良在油箱底下放油清洗零件，不慎将汽油喷到马灯上引发火灾，烧毁300多平方米修理车间、解放牌汽车2台、车床、备用发动机、修理设备等。事后对李国良追究了刑事责任。

1976年7月，一个星期天的清晨，原医院化验室上海知青沈鸿根在天棚上抽烟引着锯末引起大火。因医院是王字形的建筑，房子连在一起，没有防火墙，最后烧得一间不剩。沈鸿根因过失纵火，被判了8年徒刑。

1977年8月23日，二十五队康拜因在作业中发生故障，驾驶员正在排除故障时，其助手没有察看和事先鸣笛，便启动机器，当即将驾驶员压成重伤而后死亡。

1983年8月15日，十二队小型车驾驶员潘海军给轮胎打气过猛，钢圈飞出击中头部致死。

1984年8月的一个星期天，建三江水泥厂车工谭春风在机加车间门口开玩笑，拿烟头触碰矿山支部书记苗爱芝新领的2盒雷管（200个），当场发生爆炸，苗爱芝死亡，5人受伤。

1984年12月22日，农场党校二层楼失火。

1985年3月6日晚（元宵节），招待所棚顶起火，烧毁1630平方米的招待所、职工之家、孵化室，损失8.3万元。

1985年11月8日8时，水利大队1台挖掘机在吊8吨油罐时，由于挂在挖掘机斗齿上的捆油罐的大绳滑出，油罐倾斜落地，将油料员砸死。

1988年3月10日18时，十九队场院麦棚由于人为吸烟造成火灾，1栋530平方米麦棚及化肥、麻袋等物资被烧毁，造成重大损失。

1989年2月26日19时，三十五队晒麦棚发生火灾事故，烧毁400米的麦棚和草苫子、豆种、化肥，共计损失4500元。

1989年7月6日20时，乳品厂职工李忠军在冷凝水池洗澡时溺水身亡。

1989年8月30日，位于俱乐部东侧的佳滨饭店于0点30分起火，到2点半左右全部化为灰烬。

1990年9月11日11时左右，位于二十四队和十五队之间的核心牛场不慎着火，烧毁房屋1栋，雇用的1名饲养员被烧死。

1991年4月27日，场部养牛户王泽林，从电表盒引线窃电，致使线路短路，烧毁民房3间，损失千元以上。公安部门依法将其拘留5天，罚款50元，全场通报批评。

1992年11月1日，十六队康拜因驾驶员杨太进在收割大豆时，收割台堵塞。在没有熄火的情况下，下车排除故障，机车突然自动结合，杨太进不幸死亡。

1995年7月2日8时左右，十六队副书记荆新飞在查看地号时，穿越因横担腐朽脱落离地面只有1.52米的1万伏高压电线时，不幸触电死亡。

1997年5月27日3点50分，市场大门前（四平路位置）占地430平方米的商业木板房突然起火，大火持续1.5小时，20多家店铺被烧毁。

1997年7月6日，奶牛场高东明的27头奶牛因意外触电身亡。24日，建三江风险办为奶牛场兑现了风险互助理赔款7万余元。

1998年5月3日，康振江非法采石，石场作业人员石昌国、龚云富2人擅自冒险处理探头岩石被砸死。

2003年7月12日5点左右，十一队奶牛户韩业华在放牛过程中，1头奶牛路过场院电线杆时，被线杆拉线电击死亡，经济损失1.3万元。

2004年10月28日，农场学生食堂发生了38名学生食用豆角集体中毒事故，经及时救治，未造成不良后果。

2009年2月26日8时12分，工业园区1台铲车因烤车引燃保温被起火，财产损失8000元。

2009年4月30日上午，第三作业站1位居民在营区附近烧荒，火星随着当时五级大风飘落在营区的草房上，致使发生大火。农场组织各单位人员救火。胜利、前锋农场及粮库的消防车也赶来救火，经过近1小时的扑救，大火被顺利扑灭。

2012年4月23日19时14分，十队米厂烘干塔因粉尘未清理起火，损失约6万元。

2014年12月16日14时35分，明珠家园小区三期32号楼车库起火，因车库内给电瓶充电时间过长导致电瓶爆炸，财产损失 3000 元。

2018 年 1 月 16 日 12 时 15 分左右，阳光小区 3 号楼 2 单元 402 室失火，屋内电褥子漏电导致沙发床起火，财产损失 4000 元。

2020 年 7 月 24 日 4 时 10 分左右，联合生鲜超市疑似冰柜保鲜柜超负荷用电，南门口电闸打火引发火源，财产损失 1 万元。

第七节　工商物价

一、机构沿革

1979 年，农场设工商行政管理科，与商业科合并办公，由副科长崔怀俊负责。1982 年，科里增设市场管理员 1 人。1984 年 6 月，工商行政管理科与商粮贸公司分开。1985 年，又增设物价管理员 1 人，工作人员达 3 人。1990 年归属建三江工商物价局。1998 年，体制上划，更名为建三江农垦工商物价分局四平工商物价所，隶属于建三江农垦工商物价局。2005 年，四平工商物价所人员增加到 7 人，其中所长 1 人、副所长 1 人。内设督查组、3 个区域巡查组、1 个内业组。2019 年 6 月，黑龙江省垦区四平工商行政物价管理所移交双鸭山市市场监督管理局；12 月，更名为“双鸭山市市场监督管理局红兴隆分局四平所”。

2020 年末，四平工商行政物价管理所有在岗公务员 5 人。

领导成员更迭情况如下：

副科长：崔怀俊（1984—1992）

局　长：母鸿翔（1990—1996）

　　　　唐伟东（1996—2003）

所　长：刘国富（2004—2009）

　　　　唐伟东（2010—2014）

　　　　姚延昌（2015—）

办公环境和办公设备得到改善。2001 年 2 月 20 日，在农垦总局工商局的支持下，360 平方米的办公楼落成，并配备了桑塔纳轿车 1 台，北京吉普车 1 台，办公实现了自动化。2011 年 10 月 29 日，四平市场监督管理所搬离公安局办公楼，搬迁至场部十四区新型住宅 2 号楼 0104 室。

二、发展情况

1981 年，开始对市场、执照、物价进行管理。从 1982 年开设农贸市场后，集市贸易日益活跃。经过四次整顿，农贸市场由露天变为室内；由开始仅 5 个活动商棚发展到 1985 年具有 400 多平方米、内设有 18 个售货台的大型室内农贸市场。

1994 年，农场将老机关办公室改为轻工厅，面积为 1200 平方米，间隔成不同面积的精品屋，租赁给个体户从事服装、针织等商品经营。

1995 年 8 月 21 日，综合市场轻工厅、农贸厅开业，可容纳 138 个摊位。9 月 13 日，个体劳动者协会和消费者联合监督协会成立，由母鸿翔、胡启文分别担任会长，崔怀俊担任个体劳协副会长。

1997 年 5 月 27 日，市场大门前占地 430 平方米的商业板房被烧毁，当时容纳 20 多家店铺。

2000 年，农场建设乌苏里江商城，于 2001 年 12 月交付使用，建筑面积 8062 平方米，可容纳 150 户商户。2002 年元旦，关闭大商店、市场轻工厅和农贸厅。

2001 年以后，随着农场住宅楼的开发建设，部分个体户还购买和租赁门市作为经营场所。随着鑫利商城，综合服务楼，商场 1 号、2 号楼的建成为个体经营提供了更多的经营场所。

2005 年，个体工商户由 1981 年的 3 户发展到的 361 户（其中工业 27 户、交通业 10 户、商业 226 户、饮食业 32 户、服务业 42 户、修理业 19 户、其他行业 5 户），从业人员 487 人。上缴个体工商管理费 41.38 万元，个体劳动者协会会费 4.02 万元，价格调节基金 1.3 万元。

表 4-8　1981—2005 年营业执照统计表

单位：户

发照时间	个体		全民、集体	合计		其中									
	发照户数	退照户数	发照户数	从业人数	发照户数	手工业、小型工业	商业	饮食业	服务业	交通运输业	修理业	文教卫生	建筑	长途贩运业	其他
1981	3	1	—	—	3	—	—	—	—	—	—	—	—	—	—
1982	10	3	7	—	17	—	—	—	—	—	—	—	—	—	—
1983	12（其中 5 户临时）	—	8	—	20	—	—	—	—	—	—	—	—	—	—
1984	54	—	18	—	72	—	—	—	—	—	—	—	—	—	—

（续）

发照时间	个体		全民、集体	合计		其中									
	发照户数	退照户数	发照户数	从业人数	发照户数	手工业、小型工业	商业	饮食业	服务业	交通运输业	修理业	文教卫生	建筑	长途贩运业	其他
1985	56	—	29	—	84	—	—	—	—	—	—	—	—	—	—
1981—1985	126	—	29	—	155	40	50	10	9	26	6	3	2	5	4
1984—1992	—	—	—	35	30	2	10	3	6	8	1	—	—	—	—
1993—1996	—	—	—	165	165	13	102	10	20	8	12	—	—	—	—
1997—2003	—	—	—	350	310	13	216	25	27	10	17	—	—	—	2
2004—2005	—	—	—	487	361	27	226	32	42	10	19	—	—	—	5

2020年，全场有个体工商户875户（其中交通业17户、商业112户、饮食业402户、服务业227户、修理业104户、其他行业13户），从业人员1425人。农工（民）专业合作社117个。

1998—1999年，八五九综合市场被评为垦区级文明市场；1999年，工商物价所被授予垦区物价系统先进集体和“青年文明号”称号；2012年6月，被垦区工商行政管理局授予“红盾护农”执法行动宣传工作先进单位；12月，被建三江管理局党委、建三江管理局授予“文明单位标兵”称号。

三、集贸市场管理

在十一届三中全会以前，一切商品统一由农场商业科及商店统购统销。从1981年起，外地商贩涌入农场，走门串户推销商品，在场部也开始出现摆摊设点，推销农副业产品。

1982年，农场在俱乐部和第二职工食堂之间的公路两侧设贸易市场，做活动商棚5个（每个2×5米）。当年交易额为5万元，1983年发展到7.2万元。

为扩大市场贸易，1983年，农贸市场移到商店北侧，仍设5个商棚。1984年为适应集市贸易的需要，在老机关办公室的东北侧专设一个农贸市场，占地700平方米，设8个商棚。在市场内还设理发、饭馆、商亭等行业。

1985年秋，农场将招待所改建，在东侧设一个室内农贸市场，总面积为425.5平方米，内设18个摊床、54个货位。当年9月1日开张典礼，当日交易额达3000多元，这一年成交额达9万多元。1999年，由商店筹资3万元建设200平方米、集销售瓜果、蔬菜、鱼类于一体的综合市场。

根据国家工商行政管理局、财政部〔83〕工商第91号文件规定，对从事购销活动，按收益额2%～3%收取工商行政管理费。2008年9月1日，工商行政管理费停收。工商行政部门把主要精力投放到强化市场监管，服务经济又好又快发展，依法保护消费者和经营者合法权益等方面。四平所执法人员加大巡查力度，将个体工商户是否证照齐全、商品“三证”是否齐全、商品摆放是否整齐、牌匾与字号是否相符等列为日常重点检查项目。

截至2020年，八五九农场有1个生产资料综合市场。

开展农资专项及联合检查，涉及种子、化肥、农药、农机、修理、配件、油品等。严格规范了证照、“三证”、进销货台账、信誉卡、价签使用情况等。与农资经营者签订守法经营责任书，指导农资经营户办理危险化学品经营许可证及营业执照变更业务。认真受理群众投诉举报，鼓励群众举报各类制售假冒伪劣农资的违法违规行为，严厉查处违章违法行为。

四平所严格按照分局食品科的要求，开展各类食品市场检查，多次联合卫生、畜牧、质监等部门集中行动。进行了以食安龙江百日行动、酒类质量、节假日食品流通领域、校园周边食杂店、食盐专项治理、肉类市场、五毛食品等为主题的专项行动，平均每季度行动2、3次，形成了常态化管理。

按照食品信用等级分类。四平所将辖区内食品类经营户经过二次严格分类，划分出A级、B级、C级、D级四类风险等级。同时，建立食品经营户台账，标注食品经营许可证有效期，不断加强辖区食品监管，按频次巡查，详细填写巡查记录，做到检查有“痕迹”。加大死角巡查，对居民区、平房区、作业站等隐藏的食品经营户加大巡查力度，积极引导办照办证。对于房产手续及民改商证明问题，积极联系农场房产科、街道办帮助经营户办理。

开展其他专项检查、综合联合检查，涉及生产企业安全生产、建筑企业安全施工、重点餐饮单位食品安全、成品油及加油站监管、大集食品安全监管、流动展销监管、虚假违法广告宣传、非法医疗美容、地条钢排查等。开展药品经营企业约谈会，检查药品经营店铺，确保各项制度落实到位，药品随货单、发票、进销货记录完整清晰，可随时备查。

四、物价管理

农场工商行政管理部门对市场商品有监督权，而无物价的制定权。市场一切商品流通交换价格，都由上级物价部门确定。农场根据上级的规定贯彻执行。1982年以后，市场物价发生较大变化。由原来一种商品的一个价格，发展为多个价格，即国家计划价（标准价）、议价、浮动价、地区差价。农场地区差价，根据合江地区行署龙革生字〔1971〕129号文件精神，农场由建三江管理局三级站进货，里程超过75公里，被划为五价区，按照规定所购入商品，分别加运杂费，途中消耗损失等加价0.5%～6%。

凡国家统一涨价的商品，直接影响职工的生活水平，涉及职工切身利益的，国家采取补贴办法。如1966年粮食提价，国家规定按当时户口，每人补助0.64元/月。1981年，副食品提价，按职工人数为准，每个职工补助5元/月。1985年10月，猪肉提价，每个职工补助2.5元/月。

2006年以来，积极开展明码标价一条街活动，加大市场巡查力度，广泛宣传价格法，发放商品标价签，规范了商品明码标价行为，进一步提高了商品和服务实行明码标价的标识率。2013年，四平所配合分局开展了两次价格调节听证会，分别为八五九农场自来水价格调节听证会与供热价格调节听证会。

表4-9　1958—2005年市场主要副食品价格对比统计表

单位：元/公斤

项目	1958年	1966年	1975年	1977年	1982年	1984年	1985年	1989年	1991年	1994年	1997年	2000年	2005年
鲤鱼（江鱼）	0.38	0.54	0.58	0.58	0.70	1.48	4.00	5.00	6.00	16.00	20.00	30.00	30.00
鲫鱼（江鱼）	0.34	0.32	0.36	0.36	0.52	1.12	3.00	6.00	10.00	18.00	20.00	24.00	36.00
鲇鱼（江鱼）	0.10	0.10	0.24	0.24	0.38	1.04	1.60	3.00	12.00	18.00	20.00	20.00	24.00
大马哈鱼	0.84	0.84	0.92	0.92	2.80	3.20	5.00	—	—	—	—	—	—
猪肉	1.60	1.60	2.16	2.16	2.16	2.16	2.60	10.00	10.00	12.00	13.00	14.00	14.00
牛肉	0.9	0.9	0.9	0.9	1.0	1.4	3.6	8.0	12.0	14.0	14.0	14.0	14.0
马肉	1.0	1.0	1.0	1.0	1.2	1.6	2.0	—	—	—	—	—	—
羊肉	0.9	0.9	1.0	1.0	1.2	1.3	3.6	8.0	12.0	14.0	14.0	14.0	14.0
活鸡	1.4	1.4	1.4	1.4	1.4	2.0	2.2	3.6	3.6	4.8	6.4	8.0	9.0
活鸭	1.1	1.1	1.2	1.2	1.2	1.5	1.8	3.6	3.6	4.8	6.4	8.0	9.0
活鹅	1.0	1.0	1.1	1.1	1.2	1.3	1.6	3.6	3.6	4.8	6.4	8.0	9.0
鸡蛋	1.50	1.50	1.50	1.50	1.77	—	2.20	3.60	4.80	4.80	6.00	6.00	6.00
鸭蛋	1.36	1.36	1.36	1.36	1.58	—	1.80	3.60	4.80	4.80	10.00	10.00	10.00
鹅蛋	1.24	1.24	1.22	1.22	1.40	—	1.80	3.60	4.80	4.80	10.00	10.00	10.00
沙果	—	—	0.16	0.20	0.40	0.50	0.50	1.00	1.20	1.60	1.60	2.00	2.00
木耳	—	16	24	24	22	24	24	30	40	56	56	60	60
干蘑菇	—	1.6	2.0	2.0	2.0	2.0	2.4	16.0	20.0	24.0	24.0	30.0	30.0
土豆	0.06	0.06	0.06	0.06	0.10	0.10	0.12	0.30	0.50	0.70	0.90	1.00	1.00
红萝卜	0.04	0.04	0.04	0.04	0.04	0.06	0.10	0.30	0.60	0.80	0.80	1.00	1.00
大白菜	0.04	0.04	0.04	0.04	0.06	0.06	0.08	0.20	0.30	0.40	0.40	0.50	0.50
大头菜	0.04	0.04	0.04	0.04	0.06	0.06	0.08	0.20	0.30	0.30	0.40	0.40	0.48
大葱	0.06	0.08	0.10	0.10	0.10	0.16	0.30	0.30	0.40	0.40	0.40	0.50	0.50
白皮蒜	0.01	0.01	0.01	0.01	0.02	0.02	0.02	—	—	—	—	—	—
紫皮蒜	0.03	0.02	0.02	0.02	0.02	0.03	0.03	—	—	—	—	—	—

（续）

项目	1958 年	1966 年	1975 年	1977 年	1982 年	1984 年	1985 年	1989 年	1991 年	1994 年	1997 年	2000 年	2005 年
豆角	0.06	0.10	0.12	0.12	0.16	0.20	0.40	0.30	0.20	0.20	0.20	0.50	0.50
菠菜	0.06	0.08	0.10	0.10	0.20	0.20	0.20	0.20	0.30	0.30	0.40	0.40	0.50
西红柿	0.2	0.2	0.3	0.3	0.4	0.4	0.6	0.8	1.0	1.2	1.80	2.0	2.0
大辣椒	0.20	0.20	0.20	0.26	0.40	0.40	0.50	0.40	0.50	0.80	0.80	1.00	2.00
茄子	0.12	0.16	0.20	0.20	0.30	0.30	0.40	0.30	0.40	0.50	0.60	0.80	1.00
黄瓜	0.16	0.16	0.16	0.16	0.20	0.40	0.30	0.30	0.30	0.40	0.40	0.50	0.50
香瓜	—	0.2	0.2	0.2	0.3	0.4	0.4	0.4	0.4	0.6	0.6	0.8	0.8
西瓜	—	0.2	0.2	0.2	0.3	0.6	0.4	0.4	0.4	0.5	0.5	0.6	0.7
芹菜	—	—	—	—	—	—	0.3	0.3	0.4	0.5	0.6	0.7	1.0
蒜薹	—	—	—	—	—	—	0.8	1.0	1.2	1.8	2.2	3.6	4.0
大蒜	—	—	—	—	—	—	0.02	0.02	0.04	0.04	0.05	0.05	0.05
韭菜	—	—	—	—	—	—	0.2	0.2	0.2	0.3	0.3	0.4	0.5

注：白皮蒜、紫皮蒜及大蒜计量单位为“元/头”。

五、个体、企业工商业管理

1980 年以前，无营业执照登记制度。1981 年，发放营业执照 3 户，全场第一个缝纫个体户是“英霞缝纫铺”（李风英和李云霞合办）。到 1985 年，共发放 155 户，其中全民企业 25 户、集体企业 4 户、个体经济 126 户。

2006—2020 年，个体工商业稳步发展。数量增加、经营规模扩大、经营领域拓宽。个体工商业从“提篮小卖”逐步发展到大店铺经营。个体经济从商贸、餐饮等少数服务领域，逐步扩展到第二产业和基础设施、社会事务等公共领域。

2017 年 6 月 15 日，黑龙江省工商局启动企业登记全程电子化登记。四平所借助商事登记制度改革和“前置变后置”等诸多新政策，积极宣讲引导辖区无证无照市场主体办理执照。截至 2020 年，辖区共计排查出无照经营户 35 户，已规范办理营业执照 32 户，仍未办理执照的无照经营户 3 户，下达《责令改正通知书》。

同时加大辖区内餐饮行业和食品行业办证意识，积极引导食品户网上自助申请食品经营许可证，压缩办证时间，提高办证效率。

帮助工业园区企业办理工商执照，上门为企业提供登记、办照服务，在最短时间帮助企业拿到工商执照。帮扶海洋水业等微小企业，为他们提供上门服务，帮助他们准备相应的手续，简化程序，缩短办照时间。

1982 年《中华人民共和国商标法》颁布后，四平市场监督管理所把宣传商标注册的意义与打击假冒注册商标违法行为结合起来，开展各项商标管理工作。2013 年，八五九农场凯赢米业有限公司成功申请垦区级知名商标，成为垦区重点商标帮扶企业。

2006—2020 年，全场共注册商标 67 个。

2016 年 3 月，接到群众投诉，称辖区内快递取件存在乱收费现象，经调查核实，农场共有快递公司 11 家，其中有 7 家快递公司在经营过程中涉嫌自立名目、强制收费。为保护消费者合法权益，对存在违规收费的快递公司约谈下发责令整改通知书，除商家通知其代收费外，不允许收取任何取件费用。

第八节　国土资源管理

一、机构沿革

1984 年，农场成立土地管理办公室，负责全场的土地管理工作，隶属于农建科，科长衣景文、土地管理员邵拥军。1988 年 9 月，土地管理员为郭志东。1989 年 3 月，农场设立八五九农场土地管理科，科长于崇堂、科员郭志东，编制 2 人。1990 年，机构编制上划到建三江管理局；1993 年，上划到农垦总局更名为黑龙江省土地管理局驻农垦建三江土地管理局八五九土地管理科，编制 2 人，编外人员 3 人。1997 年 1 月，科长于崇堂退休，副科长郭志东任科长。2000 年，土地管理科更名为黑龙江省国土资源厅驻八五九国土资源科，属省国土资源厅的派驻机构，科长郭志东，编外人员 6 人。2005 年 12 月，更名为黑龙江省国土资源厅驻农垦总局国土资源局建三江分局八五九国土资源所，所长田清森，编制外人员 5 人。2011 年 3 月，按照管理局国土局轮岗交流工作安排，班玉泉由胜利国土资源所调任八五九国土资源所任所长，有聘任制科员 2 人。2021 年 7 月，农垦政府职能进行属地化改革，划归双鸭山市饶河县，更名为饶河县自然资源局八五九自然资源管理所，有在编人员 1 人、聘用人员 4 人。

土地管理部门成立时，办公地点在农场机关楼内。1990 年，迁至农场原物资科办公室。1993 年，又迁至农场老机关办公室。1997 年 1 月，办公地点迁至建行八五九办事处办公楼内。1998 年 3 月，建三江土地局出资 50 万元，土地科自筹 40 万元，建设办公综合楼（其中办公室 400 平方米、招待所 400 平方米）。1999 年 12 月，办公地点迁至新建成的土地办公楼。2012 年 8 月通过置换方式迁址安居小区 1 号楼，办公面积 640 平方米。

2006 年，八五九国土资源所被分局评为“先进集体”。2012 年 8 月，被农垦总局国土资源局评定为五星级国土资源所。

二、土地测量

1991 年 5 月 18 日，农场从水利科抽调邵拥军、王军，从水产科抽调陈新文担任测量指导，水利科科长衣景文为技术总顾问，经农场纪委、教育科、组织部等部门联合考核，从职业高中毕业生中招录了杜永全、张宏伟、王喜林等 12 名毕业生，调跃进牌汽车 1 台，并由土地管理科全面负责，开始了建场以来前所未有的土地利用现状调查。整个调查分 3 个组，分别由郭志东、邵拥军、王军带领，每组 5 人。从 5 月 28 日开始，利用光学大平板仪及 1986 年航空摄影测量的影像图进行外业调绘，直到 11 月 17 日天气寒冷，外业才暂停，只留下 5 名人员转为内业成图和面积量算。1992 年 6 月 28 日，又将上年没完的外业调绘完，并于 10 月结束外业调绘工作，只留杜永全、张宏伟、王喜林进行面积量算。

1994 年，通过全省土地利用现状验收，查清农场土地总面积 135581 公顷，其中耕地 29982 公顷、林地 21378 公顷、牧地 1433 公顷、水面 7342 公顷。此项成果荣获省科技进步二等奖。

1994 年，对全场居民区进行了土地申报登记工作，查清全场居民宅基地 1815 宗，单位用地 48 宗。1995 年，为了摸清部分生产队耕地面积，由副场长张玉旺带队，土地科杜永全、张宏伟、王喜林负责，对部分生产队耕地面积进行了核实，查出计划外耕地面积 2000 公顷。

1998 年，农场聘请建三江土地局对全场土地面积进行清查，查出新增耕地面积 3300 公顷。

2007 年 5 月，国家第二次土地调查工作正式启动，八五九农场的土地调查作业单位是黑龙江省恒信测绘有限公司，统一采用卫星遥感影像矢量化后成图进行判读举证。6 月份进驻农场，外业工作于 10 月底全面完成。2008 年全国第二次土地调查成果通过国家验收，“二调”成果数据正式启用。

2018 年，对全区域内的农用地在原数据库中部分界址、权属不准确、数据未及时更新的问题，含“五荒地”、长期承包地、各类保护区用地，进行了重新测绘更新。

2019 年，国家第三次国土资源调查工作正式启动。八五九农场由黑龙江盛源测绘公司对全场范围内各类土地进行调查，国土资源所配合作业单位全面完成了国土三调外业核查图斑 8405 个，其中 A 类 4322 个、B 类 4073 个举证任务。此次调查成果——八五九农场新增耕地 7300 公顷，其中争议地 5400 公顷。2022 年 4 月 15 日，第三次土地调查成果正式启用。

三、场界划定

根据黑政发〔1980〕113号文件、建局〔1982〕107号、建局〔1984〕22号文件及与抚远县〔1980〕的协议书，农场与抚远县的界线：以石头山最高点真子午线为界，即东经134°30′00″，南到乌苏里江边，北至寒海公路，以东归抚远县，以西归农场。农场四十队其界线由石头山最高点向南沿坐标线延伸1500米，向北延伸3500米，以此作基线向东拐90°延伸3000米，在此范围内由农场四十队经营。

与前锋农场界线为：以别拉洪河老河道中心线为界（二十二队除外）。

与二道河农场界线为：以二道河自然水线及别拉洪河为界。

与胜利农场界线为：原以洪二十八排干向西3000米以及老迟山分水岭为界。2001年，两场的界线以实际经营界线为准，并由省政府核发了土地证书。

与饶河县东安林场的界线为：根据黑土界定〔1988〕7号文件，沿乌苏里江1公里的范围为东安林场经营，1公里以外属农场经营。砖厂居民区和二十队的一块耕地划归农场，东安镇和下营居民区属农场地界，但不能扩大，居民区以外的林地全部划归饶河县东安林场。

1998年7月，农场聘请农垦总局勘探设计院，由农场土地科、水利科、项目办组成勘测队伍，对省政府批准的农场与抚远县边界即石头山真子午线实地勘测定界，落界49公里，测得抚远县农民越界开荒面积为2466.67公顷。9月，按照水利规划，农场抽调4台挖掘机于界线位置挖掘宽为16米界沟，二十八队南至江边6公里的界沟未完成。2008年10月28日，农场派2台挖掘机利用6天时间，完成了二十八队与抚远交界6公里界沟工程，界沟直通乌苏里江。

2002年7月22日，省国土资源厅委托省测绘局派出工作小组进驻三十七队，对农场与抚远的边界进行测量和确认。这次划界工作涉及边界线49公里、土地面积2000多公顷。

八五九农场与抚远县海青乡边界经常发生土地权属纠纷，历史遗留问题多年没有解决。根据黑政发〔1980〕113号文件、省国土资源厅2003年8月19日会议纪要精神及省国土资源厅划界处提供的数据。2006年，农场收回地方农民越界耕种的土地1044公顷。2007年8月，国土所配合农场经过20多天的现场勘测，落实了733.34公顷应收承包费耕地面积。

2018年，将调入饶河区域的13.27公顷土地勘测定界后，上报省厅进行确权登记。清查农场与抚远边界耕地资源，新增发包面积800公顷。积极与抚远保护区沟通，实施“三访三送”轮回谈判等措施，收回争议耕地1533.34公顷。

四、土地管理

（一）土地巡查

自2005年开始，农场在基层管理区设立兼职土地信息员，负责本辖区每周一次的巡查工作。国土所采取不定期随机抽查、盲区死角无人机重点检查的方式，实现了执法监察范围全覆盖、无盲点。

（二）土地登记发证

在地籍管理方面，使每宗地都能够达到"权属合法，界址清楚，面积准确"。自1991年开始，通过土地申报、地籍调查、宗地勘丈、绘制地图、权属审核、注册登记、颁发土地使用证书等程序，全场各企事业单位土地、职工宅基地在使用面积、位置、用途、坐落等方面有了法律依据和凭证。

2013年，根据省国土资源厅、农垦总局国土资源局《关于推进土地使用权确权登记发证工作的通知》精神，由黑龙江省恒信测绘公司对八五九农场城镇地籍进行了全面更新调查。以此为基础，完成了场区内平房类住宅类用地的土地登记确权工作，共登记确权发证1760宗，有效化解宅基地权属纠纷30余起。

2015年，按照管理局国土局的安排部署，八五九国土资源所为此次城镇地籍确权登记发证试点单位。对全场19个调查区、2496宗地进行确权登记工作，经总局及省厅验收，已完成组卷、打证2批次共850宗。

2016年，土地确权登记发证工作进入收官阶段，共计调查宅基地2184宗，其中场直地区1823宗、未拆迁管理区居民点361宗。已完成组卷、打证3批次共1914宗，已完成发证1196宗。

（三）档案管理

依据分局对基层所档案管理工作的要求及国土资源管理档案分类，重新整理归档了按规定留存的原始档案。2014年，新增完成档案整理47盒，城镇地籍初始登记档案2496宗。2015年，新增完成档案整理85盒，城镇地籍初始登记档案850宗。2016年，新增档案1934宗395盒，其中城镇地籍初始登记档案1914宗。2017年，新增土地利用卷7卷、设施农用地18卷、文书档案24卷。2018年，依据管理局办12号文件要求，接收房产部门房产档案2552卷，同时对所有归档的档案进行了扫描拍照，建立了电子档案，实现了日常档案无纸化查询。

五、土地利用

国土资源所严格依据批准文件、选址规划、出让合同等相关要件对建设项目进行多次实地复核确认，严禁超面积、改变用途、移位等违规行为。定期对全场范围内、重点是工业园区内的用地进行了全面清查。有部分项目规划中存在公共设施、绿地设计指标超大的问题，限期得到了整改。

2006年，审批建设了农场客运站，东安客运分站，宾馆，世纪园1、2号楼。

2007年，审批建设了农场文体中心、生产资料大市场。

2008年，审批建设了金盛家园商住楼，阳光小区1号、2号商住楼，世纪园5号商住楼，鑫利商城商业楼，住宅房价达到了2800元/平方米，商业门市房价达到了1.5万元/平方米。

2009年，农场全面实施整体搬迁危房改造工程，国土所超前介入，对项目用地进行勘测定界，与规划部门沟通协调，统一勘测坐标数据进行规划选址，严格按照国家政策给予住宅类危房改造项目免收土地出让金，在上半年全部完成了阳光3号、整体搬迁一期建设项目用地的审批工作，保证了工程如期竣工。

2010年，农场在场区东南建设工业园区，国土所按照土地利用总体规划，对项目区用地29.2公顷耕地进行了规划调整并报省厅批复办理了农用地转用手续，实现了当年选址，当年开工，当年竣工。整体搬迁二期工程，商场1、2号项目，鑫顺嘉园1、2号，北大荒米业（八五九制米厂）同年落地审批、同年建设完成。当年，建三江国土资源分局开始对占用耕地建设项目实施补充耕地措施，原则是占一补一，无条件补充耕地的，需要缴纳每公顷12万元的补充耕地费，由管理局统一安排异地补充。

2016年，已办结农转用项目，需建设局出具选址后以挂牌出让方式供地项目1宗，农垦东安粮库有限责任公司拟建4万吨粮食仓储设施建设项目，项目拟用地总规模为2.0788公顷，农用地2.0767公顷（其中耕地1.9769公顷、乡村道路0.0998公顷）。

2018年，共上报审批开发类建设项目1宗，（C18）占地面积2397.72平方米，缴纳土地出让金37.88万元，调整局部土地利用总体规划一次，调整面积9.8552公顷，已完成上报审批备案。

表4-10 2011—2020年审批建设项目用地统计表

年份	审批建设项目	占地面积（平方米）	建筑面积（平方米）	备注
2011	综合办公楼	13263	6935	农场以划拨方式供地，位于广播电视综合楼
	物流中心	42340	—	农场场区西侧
	金海明珠1、2、3、4号商住楼	28069	35588	以出让方式供地

（续）

年份	审批建设项目	占地面积（平方米）	建筑面积（平方米）	备注
2012	东方嘉州	73328	83000	农场引进庆安宜家房地产公司开发，完成用地出让审批。当年完成一期、二期建设工程量的50%
	引进国创生物质热电联产项目	14211	—	以出让方式供地，当年实现了发电、场直地区集中供热
	引资华庭苑1、2号楼、唯美寓居B、C商住楼	—	—	全部以出让方式供地
2013	（鑫顺嘉园小区3、4号商住综合楼）整体搬迁安置住宅项目（唯美5、8号商住楼）	—	—	批准落地博然房地产公司建设的开发类项目。规划选址、用地审批当年同步完成，当年竣工
2014	八五九农场商混搅拌站	10705	—	农场建设项目共计5宗地，全部占用存量建设用地，用地总面积52219.16平方米，出让金433.5万元。其中，工业仓储4宗，商混住宅用地1宗
	东安粮库1万吨粮食仓储设施项目	5591.07		
	东安粮库1万吨粮食罩棚项目	6828.82		
	东安粮库6万吨粮食仓储设施项目	5591.07		
	金海明珠小区6号楼	4854.27		
2015	农垦东安粮库6万吨仓储项目二期	17431.39	—	共审批建设用地项目6宗，其中出让方式供地3宗
	国投2.5万吨仓储项目	18656		
	教师周转宿舍	1148		
	唯美寓居6、7号	3360.5		
	三十三站66千伏输变电工程	2025		
	中心敬老院	3185.73		
2016	八五九农场危房改造项目世纪园小区8、9号楼	1923.61	—	以商服、商品住宅协议出让方式供地，回迁住宅划拨方式供地，土地出让金35万元，协议出让用地面积1923.61平方米，划拨用地面积5641.22平方米（总计7564.83平方米）
	八五九农场垃圾处理工程	35147.9		划拨用地
2017	世纪综合楼	3871.76	10933.88	均为存量建设用地，全部以出让方式供地，土地出让金316.16万元
	世纪综合楼（地下）	2344	2344	
	金海明珠小区10号楼	4258.21	6688.12	
	东安粮库2万吨粮食仓储项目	12737.2	5171.27	
2018	开发类建设项目（C18）	2397.72	—	土地出让金37.88万元
2019	C18（地块二）	3787.51	—	批准用途为商住用地，占地类别为存量建设用地，已完成挂牌出让手续
2020	供电所客服中心	3809	1391	—

六、耕地保护

认真实施土地利用总体规划，严格用途管制，控制建设用地规模，基本农田保护率达100%。乱圈滥占、圈大占大的现象得到有效控制。

针对农场耕地面积大、权属复杂的地域特点，创新工作思路。一是协助中介机构按土地调查成果及结合土地利用总体规划重新调整划定了全区域的基本农田保护区片。2019 年，利用“三调”成果对农场境内的黑蜂保护区、挠力河保护区、三江保护区、乌苏里江保护区界线进行套合。结合“二调”成果进行比对，提供佐证数据，提出调整意见，完成了农场生态红线重新划定工作，并汇交成果。二是按照分局要求分别以管理局与农场、农场与管理区逐级签订了耕地保护责任状，并在与种植户签订的耕地承包合同书中，列入了耕地保护相关责任条款，确保耕地面积不减少，质量不降低。三是定期更换基本农田保护标志、更新基本农田保护宣传牌。四是严格实行耕地占补平衡制度，加强设施农用地项目的管控，按照设施农用地核定标准，全部依审批程序由农场立项，报分局国土局办理了设施农用地手续。所有占用耕地备案项目全部进行了表土剥离，剥离土方全部用于农业生产和城市绿化。五是通过土地整治、确权划界、居民点复垦、低产田改造项目的逐步实施，实现了耕地总量动态平衡。

七、“五荒”开发

五荒是指荒地、荒山、荒滩、荒原和荒水。1995 年 3 月，根据总局 5 号令，农场鼓励单位和个人对辖区荒地进行开发。土地使用权 30 年不变，前五年不交农业税。从 2000 年起，开始交纳农业税；2004 年国家取消农业税后，“五荒”征收的农业税也随之取消。农场内职工购买荒地的，除上交国家财政的 20%出让金用现金交纳外，其余可用农场欠职工的应付款，全部用现金购买的优惠 16.6%。农场出售的荒地使用权期限为 30 年，价格每亩为 142 元（其中土地出让金为 120 元、土地管理费 20 元、土地勘测费 2 元）。1995—1998 年，全场共出让 30 年“五荒”土地使用权面积 7678.2 公顷。1998 年底，国家对湿地进行保护，禁止开发荒地。从此，停止了“五荒”开发。

在“五荒”开发的同时，对不具备买断 30 年土地使用权的以及原家庭农场的土地，实行年租制，每年向农场交纳地租粮。2000 年以后，地租标准由农场统一制定并收取。

因为历史原因形成的“五荒”出让土地普遍存在面积不符、地块移位等问题。2018 年，对全场范围内 30 年出让的“五荒”土地进行重新落界，单独计算面积。对照省发《国有土地使用证》档案及农场“五荒”出让合同进行逐宗签字确认，建立台账。对所有“五荒”土地由农场与权利人签订变更协议后，进行不动产更正登记，更换宗地图。

八、不动产登记

2016 年 4 月，根据《黑龙江省农垦建三江管理局办公室关于加快推进不动产统一登记工作的通知》（建垦局办文〔2016〕36 号文件）精神，农场成立不动产登记中心，全称为建三江管理局不动产登记中心八五九分中心。办公地点设在国土资源所一层大厅，业务工作由国土资源所及管理局不动产登记中心统一管理。

2016 年 10 月底组建完成，配备工作人员 5 人，其中有国土所转岗 2 人、房产 1 人、林业 1 人、文体中心 1 人，人事档案进入农场职业介绍所，按照农场企业编制由人社局归档。2016 年 10 月至 2022 年 7 月，李红心任主任。

2017 年，不动产登记分中心开始办理业务。“五证”登记、档案移交工作逐步开展，土地、房产登记开展入库登记审核工作，将符合不动产登记标准合格的“五荒”土地及宅基地、楼盘全部进行了扫描入库。

投入 76 万元，委托省地理信息局完成了场部地区的地籍信息数据库的实测维护更新、三维倾斜摄影测绘、农场及分公司企事业不动产的房屋土地测绘工作，为顺利开展不动产确权登记发证工作奠定了基础。

2019 年，依据省委办〔2018〕35 号文件精神及管理局强力推进历史遗留建设项目不动产确权登记的实施办法，自 1 月份开始，对辖区内 35 个历史遗留建设项目进行了全面摸底调查，分类收集权属资料和审批要件并依现状全部完成权籍测绘调查举证工作。5 月底，全部完成农场历史遗留建设项目 35 宗地、163 幢楼（涉及 7395 户）的首次登记工作。2019 年，完成首次登记 147 宗、转移登记 275 宗、抵押登记 33 宗、补换证 60 宗、更正登记 4 宗、变更登记 2 宗、注销登记 28 宗、查封登记 37 宗，发放不动产证书 521 本，已全部完成组卷、装订、归档。

2019 年，根据建垦局办文〔2017〕40 号《关于国有土地使用权确权登记发证的通知》精神，分中心抽调专人，组织农场财务科、国有资产局等相关部门历时 20 天，逐宗地进行权籍测绘，收集权属来源资料，并将分公司 105 宗、农场 31 宗、其他单位 17 宗的企事业资产分类整理，同时协调农场与分公司对权属不清或权属界线重叠、重复发证的宗地集中梳理，报管理局领导小组会审解决。

2020 年，针对历史遗留问题的建设项目会同建设、税务部门进行会商，优先对住宅类不动产开展登记发证工作，根据会签意见单，由不动产登记分中心出具登记函告知税务机关，缴纳契税后直接办理不动产登记，当年为农场职工群众办理不动产登记 860 宗。

2021 年初，不动产登记职能移交到饶河县不动产登记中心，单位名称为饶河县不动产登记中心八五九分中心。业务流程实现了无缝对接，人员因县政府部门未完成定编及财政预算，暂时还在农场机构编制内，为农场预算单位。

第九节　土地整理

土地整理是近年来在我国土地资源紧缺性日益突出的形势下，国家为保证粮食安全和生态安全以及土地占补平衡提出的，是提高土地资源有效利用为目的的主要手段。

农场东北部除少数山丘外，是别拉洪河和乌苏里江冲积而成的低洼湿地和平原，耕地内泡泽较多，土地的利用率和耕地质量不高，农田基础建设不够完善，建设质量标准低，占地面积大。田间路、生产路路况差，没有一条砂石路，水利工程占地较大且不配套，防洪除涝标准低，无法建成高产稳产农田，致使粮食产量低。同时，灌区工程开工后，已完成工程的区域内存在取土坑、弃土堆占用耕地的现象，农场无资金投入，农户没有能力解决，致使地块无法种满种严，造成土地的利用率和耕地质量不高。而且随着农场由以前的旱作农业向灌溉农业的转变，对农业基础设施的建设提出了更高的要求，急需进行土地整理，加快农业现代化步伐。

根据国务院提出的确保基本农田总量不减少、用途不改变、质量不降低的总体要求。2008 年 7 月，国家为加快现代化农业生产发展，保障国家粮食安全，把三江平原列入国家土地整理重点项目实施区。农场依托已建成的八五九灌区的有利条件，抓住国家实施土地整理战略的有利时机，积极争取土地整理项目。

在经过认真论证分析之后，决定将第二、六、七管理区的部分土地申请 2008 年土地整理项目，借此机遇，提高农业科技含量和农业的生产标准和抗灾能力，增加农业生产后劲。

2008 年 12 月 11 日，由国家国土资源、水利、林业等部门人员组成的国家三江平原东部地区土地整理重大工程专家评审组来到八五九，就土地整理项目进行实地评审。

2009 年 4 月 1 日，八五九农场土地整理项目正式开工。2008 年 11 月，设立土地整理办公室，由水务局局长兼任。2009 年 6 月 14 日，农场成立土地整理中心。

领导成员更迭情况如下：

土地整理办主任：何　敏（2008.12—2009.9）

丁兆亮（2009.10—2012.12）

何　敏（2013.3—2015.7）

宋广山（2015.7—2020.11）

徐　欢（2020.12—2022.7）

2009 年 8 月 26 日，国土资源部部长、党组书记、国家土地总督察徐绍史在副省长于莎燕的陪同下，到八五九农场就土地整理、基本农田保护等工作进行调研。2010 年 7 月 18 日，国土资源部党组副书记、副部长鹿心社来到八五九农场就土地整理、水利等工作进行考察。

八五九农场土地整理项目（后期称土地整治项目）从 2008 年开始，至 2019 年基本结束，其间历时 11 年，总投入 73911.89 万元，共开展整理、整治项目 15 个，总面积 54003.4286 公顷。

一、土地整理项目

2008 年，八五九农场土地整理重大工程核心区项目（一期）：项目区位于第九、十作业站。总面积 2346.1112 公顷，建设规模 2209.43 公顷，新增耕地 210.89 公顷，新增耕地率 9.54%。项目总投资为 5065 万元，单位面积投资 2.29 万元/公顷。2009 年 4 月开工，2011 年 12 月下达竣工批复。

2009 年，八五九农场（第三、四、五管理区）土地整理项目（二期）：项目区位于第二十一、二十四作业站，第九、十、十一、十五作业站。共 3 个项目，项目区总面积 6382.2106 公顷，建设规模 6241.55 公顷，新增耕地 660.93 公顷，新增耕地率 10.59%。项目总投资 11612 万元，单位面积投资 1.86 万元/公顷，其中第三管理区投资 2363 万元，第四管理区投资 4684 万元，第五管理区投资 4565 万元。2010 年 4 月开工，2012 年 12 月下达竣工批复。

2010 年，八五九农场土地整理项目（三期）：项目区位于第十二、十三、十四作业站和第二十六作业站。共 2 个项目，项目区总面积 6467.8686 公顷，建设规模 6170.97 公顷，新增耕地 662.71 公顷，新增耕地率 10.74%。项目总投资为 9988.38 万元，单位面积投资 1.62 万元/公顷。其中第五管理区十二、十三、十四作业站项目投资 5530.85 万元，十三、十四、二十六作业站项目投资 4637.53 万元。2011 年 7 月开工，2013 年 9 月下达竣工批复。

2011 年，八五九农场第五管理区第十二作业站土地整理项目（四期）：项目区位于第十二作业站、第二十六作业站和第三十作业站。共 2 个项目，项目区总面积 7871.477 公顷，建设规模 7382.75 公顷，新增耕地 406.76 公顷，新增耕地率 5.51%。项目总投资为 11831.17 万元，单位面积投资 1.6 万元/公顷。其中第五管理区第十二作业站一片区项目投资 5796.71 万元，第五管理区第十二作业站二片区项目投资 6034.46 万元。2012 年 7 月开工，2013 年 12 月下达竣工批复。

2011 年，八五九农场撤队并点土地整治示范项目：项目区位于八五九农场第二、四、五、八、十六、二十三作业站及水泥厂 7 个作业站。项目区总面积 717.5247 公顷，建设规模 568.2 公顷，新增耕地 138.55 公顷，新增耕地率 24.38%，项目总投资 1158.99 万元，单位面积投资 2.04 万元/公顷。2012 年 7 月开工，2013 年 6 月下达竣工批复。

2012 年，八五九农场第一、三管理区第一、二十作业站高标准基本农田建设补建项目：项目区位于第一、二十三、三十二作业站和第二十、二十四作业站。项目区总面积8722.6287公顷，建设规模7763.63公顷，项目总投资为2782.41万元，单位面积投资0.36万元/公顷。2013年4月开工，2014年12月下达竣工批复。

2013年，八五九农场第六管理区（二十六、二十七、三十三作业站）高标准基本农田建设项目（新一期）：项目区位于第二十六、二十七、三十三作业站。项目区总面积2767.875公顷，建设规模2414公顷，基本农田2197公顷。项目总投资为3905.21万元，单位面积投资1.78万元/公顷。2014年3月开工，2016年11月下达竣工批复。

2013年，八五九灌区八五九农场第六管理区土地整治项目（新二期）：项目区位于第二十六、二十七作业站和第三十作业站。项目区总面积5690.3467公顷，建设规模5454.8798公顷，基本农田4894.6954公顷，新增耕地95.8839公顷，新增耕地率1.76%。项目总投资为8730万元，单位面积投资1.6万元/公顷。2014年7月开工，2016年11月下达竣工批复。

2014年，八五九灌区八五九农场第二管理区（二十二作业站）土地整治项目（新三期）：项目区位于第二十二作业站。项目区总面积5208.7755公顷，建设规模5007.83公顷，基本农田4400.8398公顷，新增耕地14.1136公顷，新增耕地率0.28%。项目总投资为6336万元，单位面积投资1.27万元/公顷。2014年10月开工，2016年12月下达竣工批复。

2016年，八五九农场第七管理区第三十七作业站土地整治项目：项目区位于第三十五、三十七作业站。项目区总面积3966.3491公顷，建设规模3585.1547公顷，基本农田3178.1736公顷，新增耕地1.3456公顷，新增耕地率0.04%。项目总投资为8504.9万元，单位面积投资2.37万元/公顷。2017年1月开工，2019年1月下达竣工批复。

2017年，八五九农场第九管理区第十六作业站土地整治项目：项目区位于第十六、十七、科研站。项目区总面积3862.2615公顷，建设规模3218.8694公顷，基本农田3077.4316公顷。项目总投资为3997.83万元，单位面积投资1.24万元/公顷。2018年10月开工，2019年10月下达竣工批复。

表4-11　2008—2017年八五九农场土地整治项目基本情况统计表

项目	批复项目名称	项目区总面积（公顷）	实际建设规模（公顷）	实际新增耕地（公顷）	新增耕地率（%）	批复投资（万元）
2008年土地整理项目（一期）	农垦建三江分局八五九农场土地整理重大工程核心区项目	2346.1112	2209.43	210.89	9.54	5065

（续）

项目	批复项目名称	项目区总面积（公顷）	实际建设规模（公顷）	实际新增耕地（公顷）	新增耕地率（%）	批复投资（万元）
2009年土地整理项目（二期）	合计	6382.2106	6241.55	660.93	10.59	11612
	黑龙江省农垦建三江分局八五九农场（第三管理区）土地整理项目	1318.7166	1292.68	188.79	14.6	2363
	黑龙江省三江平原东部地区土地整理重大工程农垦建三江分局八五九农场（第四管理区）土地整理项目	2629.5305	2587.82	296.94	11.47	4684
	黑龙江省三江平原东部地区土地整理重大工程农垦建三江分局八五九农场（第五管理区）土地整理项目	2433.9635	2361.05	175.2	7.42	4565
2010年土地整理项目（三期）	合计	6467.8686	6170.97	662.71	10.74	9988.38
	黑龙江省三江平原东部地区土地整理重大工程农垦建三江分局八五九农场（第五管理区第十二、十三、十四作业区）土地整理项目	3453.2457	3227.79	300.14	9.3	5350.85
	黑龙江省三江平原东部地区土地整理重大工程农垦建三江分局八五九农场（第五管理区第十三、十四、二十六作业区）土地整理项目	3014.6229	2943.18	362.57	12.32	4637.53
2011年土地整理项目（四期）	合计	7871.4770	7382.75	406.76	5.51	11831.17
	农垦建三江管理局八五九农场第五管理区第十二作业站一片区土地整理项目	3531.8880	3355.16	225.65	6.73	5796.71
	农垦建三江管理局八五九农场第五管理区第十二作业站二片区土地整理项目	4339.5890	4027.59	181.11	4.5	6034.46
2011年撤队并点项目	黑龙江省农垦总局建三江管理局八五九农场撤队并点土地整治示范项目	717.5247	568.2	138.55	24.38	1158.99
2012年补建项目	八五九农场第一、三管理区第一、二十作业站高标准基本农田建设补建项目	8722.6287	7763.63	—	—	2782.41
2013年高标准项目（一期）	黑龙江省农垦建三江管理局八五九农场第六管理区（二十六、二十七、三十三作业站）高标准基本农田建设项目	2767.8750	2414	—	—	3905.21
2013年土地整治项目（二期）	八五九灌区八五九农场第六管理区土地整治项目	5690.3467	5454.8798	95.8839	1.76	8730
2014年土地整治项目（三期）	八五九灌区八五九农场第二管理区（二十二作业站）土地整治项目	5208.7755	5007.83	14.1136	0.28	6336
2016年土地整治项目	农垦建三江管理局八五九农场第七管理区第三十七作业站土地整治项目	3966.3491	3585.1547	1.3456	0.04	8504.9
2017年土地整治项目	农垦建三江管理局八五九农场第九管理区第十六作业站土地整治项目	3862.2615	3218.8694	—	—	3997.83

为了抢工期赶进度、保证施工质量，土地整理中心与施工单位采取了许多超常规的措施。2008年，为了最大化增加有效耕地面积，农场组织各相关单位，集思广益，提出了一个新颖的设计理念——即混凝土管暗埋工程。传统的明渠灌溉水利用系数只能达到

60%～80%。然而，通过混凝土管暗埋工程的实施可以将原来占地近 40 米宽的明渠回填成良田。这项技术的运用可以直接减少灌溉水的损耗 15%，使得灌溉水利用系数可达 75%～95%，每年可节约水资源 260 万立方米，并且可以增加有效耕地 56 公顷。

2009 年，从 4 月 1 日工程开工，到施工期结束共降雨 68 天，降水量 510 毫米，给施工造成很大影响，土地整理中心会同施工方采取建施工围堰和施工导流的方法，保证施工进度。荒草地客土回填工程，只有在水稻泡田前和收割后才能施工，施工单位采取冻土爆破的方法进行施工，抢前抓早赶工期。

二、土地整理效益

土地整理的根本目的是提高耕地等级、提高耕地产出率、提高农户收入，在此基础上提高社会效益和生态效益。

通过土地整理实行田、水、路、林的综合治理，将项目区整理成高标准、高质量的水稻田，大幅度增强项目区的抗灾能力，使项目区原来的旱田成为旱涝保收的稳产高产水田，光、热、水资源利用率得到提高，产量也可提高 10%～30%。沟渠、电力设施及建筑物配套，灌排顺畅，耕地质量提高一等。

土地整治项目的实施，提高耕地质量 43050.3467 公顷、完成旱改水 1901.7406 公顷、新增耕地 2191.1831 公顷、水田油改电 13200 公顷。通过土地整理，年新增产值 1.5 亿元，年均新增利润 0.85 亿元，年增产粮食 0.98 亿斤，净效益达 0.85 亿元，静态投资收益率 12.16%。

水稻、大豆、玉米平均单产分别由 2008 年的 8700 公斤/公顷、2235 公斤/公顷、8400 公斤/公顷，增加到 2015 年的 1.02 万公斤/公顷、2700 公斤/公顷、9675 公斤/公顷。

小格田变大格田，荒草地平整回填后变成集中连片耕地，田块平整规则，从而更加适合大型农业机械生产作业和飞机航化作业，项目区水稻生产全程机械化率已达到 98%以上，从而有效提高了劳动生产率。

可有效保护地下水资源。项目实施后，可实现江水灌溉面积达 2 万公顷，年节约地下水 1.35 亿立方。通过多年的观测，地下水位由每年下降约 10 厘米减缓至每年下降约 5 厘米，最大限度地改善了项目区供水条件，调节了局部小气候，降低了地下水开采量。

与科研相结合，突出科研支撑功能。为监测土地整治效果，体现整理后现代化农业的示范、辐射、带动和增效作用，代表今后土地整治项目成果展示和发展方向，在项目区建设了土地整治高标准示范区，示范区由 9 个（50 米×50 米）2.25 公顷的高标准实验田组成，农场自筹资金 300 万元建设了 305 平方米管理站房和 5800 平方米科普教育广场。示范区具有现代农业试验示范、成果展示研究、分析测试和农业信息服务四个作用，是集农业科研、休闲观光于一体的新型农业技术推广和科技培训服务的重要基地。

北京师范大学科研项目落户项目区。2009年，国土资源部组织国家有关专家对三江平原进行考察，并两次来到农场土地整治现场进行实地考察，最后确定2010—2013年国家自然科学基金委重点项目——《三江平原农业活动胁迫下的区域生态环境过程及安全调控研究》科研项目落户农场。该项目通过原位实验、区域模拟，找寻生态环境安全下的农业生产范式，从而找寻出土地整治项目对“3S”农业生产的最佳方式，为今后的土地整治项目实施提供有力的科技支撑。

第十节　环境保护

一、机构沿革

1984年，农场环保工作由建筑公司代管，当时只是与饶河县环保部门有业务联系，工作人员郭华。

1986年8月26日，农场成立环保委员会，配合饶河县政府环保部门做好农场的环保工作，主任由农场副场长吴居沛担任，副主任为农场工业交通党委书记张兆顺、医院副院长张哲。成员由农场各部门主要领导组成，办公室设在工业科，日常工作由崔海青负责。

1988年，环保工作由工业科移交给基建科，由基建科负责农场的环保工作。1994年3月，农场的环保工作由基建科移交给劳资科，由劳资科科长钟月尚兼任，并由1名工作人员具体负责。1995年3月，劳资科副科长程显友兼管全场环保工作。1996年7月，成立环保科，程显友任科长。2000年5月，农场成立环保局，配2名科员。

2017年，环境保护科由林业科长马永辉代管，科员安文宇。

2019年，秸秆禁烧工作由农业部门划归到环保科管理。同年，环保行政职能移交到双鸭山市饶河生态环境局。

2022年7月，八五九农场有限公司管理体制改革，环境保护工作并入社会事务部，于凤华任社会事务部副部长（主持工作，同年11月任部长），副部长兼公共管理办公室主任高凤波为科办负责人。

环保科主要负责农场大气污染、水污染、噪声污染、黄色污染、固体废弃物的监测管理及全场生态建设。

领导成员更迭情况如下：

科　长：程显友（2000.5—2009.3）
　　　　张　军（2009.3—2011.10）
　　　　荆新羽（2011.10—2014.3）
　　　　胡永禄（2014.4—2017.9）
　　　　唐延屾（2017.11—2020.7，副）
　　　　马永辉（代管，2017.11—2022.7）

二、污染防治

（一）水污染防治

农场水资源丰富，水质良好，由于该地区无工业污水排入江河，地表水和地下水没有受到污染，居民生活饮用水均达国家饮用水二级标准。

1996年以后，农场加大环境保护监督检查力度，对种植户用过的农药包装废弃物集中堆放，统一处理，减少了水体污染。

2006年，场区生活废水年排放量4万吨左右，乳品厂工业废水排放量1.6万吨，共计5.6万吨，排放阿布胶河。

2010年，对农场饮用水源地进行了规划和保护。依据《饮用水水源保护区划分技术规范》的要求，调整和划定了农场饮用水水源保护区，明确了各部门职责。委派专人管理水源，实行24小时值班制度，将饮用水水源保护区管理工作制度化、长效化，同时清除保护区内违规行为。

2015年，依据《八五九农场场部饮用水源保护区划分技术报告》中水源地保护区监督与管理的要求，供水管理站完成了饮用水源地保护区标准化建设任务，在水源地保护区边界埋设了高2.2米的围栏，设立了警示标志牌和界标十余处。

2016年，对国创热电公司的废水采用先进的反渗透超滤处理方式，不含树脂等危险废物，废机油有专门的贮存场所，定期移交危险废物处置机构处置。

从2017年起，与水务局、林业科、畜牧科等部门联合开展河长制专项检查行动，不定期开展巡河、清河行动，维护八五九农场河湖生态安全。

2020年，对生活污水排污口进行了两次水质检测。

（二）空气污染治理

1997年以前，农场烟尘污染冬季较重、夏季较轻，冬季主要是场区24台大中小型锅炉和居民冬季取暖烧炉子排放烟尘所致。

随着企业撤并，锅炉相对减少。1998年，农场投资100多万元购进2台6吨环保型除尘锅炉安装在水暖站的 2 个锅炉房内，大大降低了可吸入颗粒物的排放。2000 年以后，农场小城镇建设加快，楼房集中供热面积增加，减少了小型锅炉烟尘排放量。2003—2004 年，农场投资 15 万元，改造了乳品厂、方圆饭店、李德利锅炉房共 3 台锅炉，并配备水磨除尘设备，减少了大气污染。

2009 年，实施稻壳污染防治专项行动。对群众反映的污染企业进行及时处理，责令黑龙江省建三江农垦八五九供热服务站整改稻壳仓，减少稻壳灰的排放；责令通达公司改建锅炉并安装了除尘设备；责令民乐浴池安装了除杂机、除尘器减少烟尘排放。

2012 年，对民乐浴池燃烧稻壳、对东方嘉州存放稻壳灰造成空气污染情况进行了处理。

2016 年，下发了《八五九农场大气污染防治专项行动方案》（2016—2018）。按照管理局大气污染防治“冬病夏治”的要求，大板酒业和天缘洗浴完成了燃煤锅炉更换型煤锅炉的改造任务，乌苏里江加油站和诚泰加油站完成了油气回收装置安装任务，减少了大气污染物的排放。

2017 年，对辖区内供暖燃煤锅炉进行排查，并向所涉及企业下发了淘汰 10 蒸吨/小时以下供暖燃煤锅炉通知书。2018 年，东安粮库和乌苏里江加油站已更换生物质锅炉。

2020 年，按照国家《打赢蓝天保卫战三年行动计划》要求，配合饶河生态环境部门对辖区内开展收储及烘干的 15 家企业进行排放监测。

2014 年，制定了杜绝秸秆焚烧工作方案，并以文件形式下发到相关单位和各管理区。2015 年，将场直地区周围 10 公里，粮库周围 1 公里，山地、林地周围 1 公里划定为秸秆禁烧区。要求收割机下地作业必须配备抛撒器，保证将秸秆切碎、抛开。佳木斯泉林造纸厂在八五九农场设立秸秆收储点。2017 年，建立农场禁止露天焚烧网格化管理体系，“横向到边，纵向到底”，全覆盖、无死角。农场成立秸秆禁烧督察组 11 个、应急灭火队 16 个、秸秆禁烧巡查队 18 个。建立 15 个管理区秸秆禁烧网格，严格执行 24 小时驻守、巡查和值班制度。2019 年，建立禁烧三级网格，开展各种宣传、夜间督查活动，与农户签订禁烧承诺书，确保禁烧工作零火点。2020 年，落实省里提出的“全域、全时段、全面”禁烧的工作目标，坚持秸秆还田为主、离田为辅的原则，通过“以禁促用”，实现“以用解禁”。农场每年有 60 万～70 万吨秸秆产出。

（三）噪声、废弃物等污染治理

对噪声污染、黄色污染、固体废弃物、危险化学品、辐射设备等加强管理。

2012 年 3 月 20 日，处理了农场三委 164 号北方电脑校泵产生噪音污染问题。

从 2013 年起，加强农场中学学生中考期间噪声管理，发布了《关于加强中考期间环境噪声管理的通告》。对学校周围的建筑工地、工业企业、餐饮服务业、经营性文化场所、个体工商户发放通告，考试期间建筑工地24小时“禁声”，严格控制交通噪声及群众自发组织的各类产生噪声污染的活动和鸣炮、鸣笛以及娱乐场所产生的噪声等，给考生创造良好的考试环境。

各米厂年产稻壳3万立方米，国创热电公司年消耗稻壳10万吨，基本解决了稻壳污染问题。锅炉炉渣年产生量约2195吨，用于铺路、制砖。

2013年，按照垦区《生态农场建设“十二五”规划》的通知要求，环保科起草了《农药瓶化肥包装废弃物处置规定》，在15个管理区各设置一处农业投入品废弃物回收点，全面集中回收处理废弃物。

2020年，农场医院与有资质的双鸭山市欧尔东环保有限公司签订处理医疗废弃物协议。有密闭的医疗废物暂存设施并配备专人保管，现场配有监控设施。2018年，医院完成医疗废水设施建设任务，保证医疗废水及时处理。

医院和客运站的辐射设备有专人负责管理使用，学校危险化学品储存场所已安装监控设施，应急预案和管理使用制度齐全。

（四）环保管理

1993年9月，管理局环保局组织开展对排污企业的污水排放进行监测，对八五九乳品厂生产综合污水开展污染源监测工作，主要测定污水COD5、SS、pH和色度指标。对全场餐饮服务行业排放污染物进行监督管理。

2009年，查处于某武非法开垦湿地案件，罚款5000元，责令恢复原状。配合林业、公安、环保部门查处二十八作业站农户赵某磊私自开荒问题。

2013年，制定了《八五九农场环境污染和生态破坏突发事件应急预案》。

2014年，全面完成烧结砖企业关停工作。对八五九农场春城砖厂下达了停产转型告知书。

2014年，配合畜牧科完成规模化养殖小区粪污治理标准化工程建设任务。2017年，会同畜牧公司完成农场畜禽养殖禁养区、限养区的划定工作，从源头控制畜禽养殖污染。现阳光肉牛小区采用干清粪＋堆肥发酵＋农田利用模式，建有1200平方米加盖顶棚硬化堆粪场1座。

2015年，国创热电公司在原有静电除尘器的基础上新安装了一套布袋除尘器、一套在线监控设备。对1连采石场粉尘污染环境上访案件进行了处理。

2016年，配合建设科完成垃圾处理场用地、选址、规划、环评等相关手续。2017年，完成垃圾处理厂建设。

2016年，对农场内的27家涉嫌违规未批先建企业进行了全面检查，协同管理局环保局对21家违规企业下发了整改通知书。

2017年，全面落实中央环境保护督察整改意见，农场与国创热电公司签订《2017年度八五九农场环境保护目标责任状》，每月现场检查整改进度，已完成锅炉改造任务。

2017年，强力推动环境保护"一岗双责"的落实。按照《八五九农场环境监管网格化管理工作实施方案》要求，农场环境保护工作实行网格化管理，各网格责任主体和各成员单位明确职责分工和环境监管任务。完成辖区内29家企业名录登记、环保基本信息填报工作，并将企业名录在农场网站进行公示。诚泰加油站投资35万元完成5个储油罐防渗改造任务，有效杜绝油品渗漏对地下水和土壤造成污染。完成农场供暖企业20吨以上锅炉脱硫脱硝设施建设任务。

2018年5月3日，开展黑龙江省第二次全国污染源普查工作，按照上级下发的名录，经实际普查，最终完成了农场23个生活源锅炉、12个小型工业源、2个入河排污口、1个规模化畜禽养殖小区的普查工作。完成了工业园区规划环境影响评价报告书编制，通过专家技术评审，并完成审批工作（黑垦环审〔2018〕15号）。

2020年，对场内8家涉污企业进行排查及监管，联合旱田部、水田部、林业科，形成2个检查组，对15个管理区进行农业面源污染专项检查。对浸种催芽基地增加了污水处理设施1个。场内2个加油站完成储油罐防渗改造和油气回收装置。国创热电公司在线监控设备已与环保部门联网并达标排放。

开展污染防治攻坚战，对场内6家涉污企业进行排查及监管，对15个管理区进行农业面源污染专项整治，每个区设置1处农业投入品废弃物回收点，全面集中回收处理；饮用水源地保护区按规范设有围栏、警示标牌、界碑界桩，水源地内配备专职人员24小时值班，配备监控系统，每个季度均采样送检；大型锅炉在线监控设备与环保部门联网并达标排放。

三、环保宣传教育

在抓好环境污染治理的同时，农场环保科开展了一系列保护环境、爱护家园的活动。利用世界地球日、世界环境日、世界无烟日等时机举行纪念活动。举办爱我家园知识竞赛活动，开展清除白色垃圾活动，举办环保知识征文，设立环保法律咨询台，普及环保知识。

2003年，组织中小学生参加分局环保局举办的环境知识科普活动，有2名教师获分局级环境教育优秀园丁奖、2名小学生获分局级环保小卫士奖、5名中学生获一等奖。

2004年"6.5"世界环境日，农场团委、环保科、学校、司法科联合组织开展以"保护环境、爱我家园、携手共建、碧水蓝天"为主题的纪念活动，并举行了签字仪式，参加学生1100多人。

2016年，与学校联合开展"童绘蓝天"环保绘画大赛，共征集20余幅绘画作品，并选送5幅优秀作品参加全国环保绘画作品比赛。

2005年，河北1名客商欲投资120万元在八五九农场建一小型造纸厂，并提出要往荒地里排污水。虽然农场希望招商，但仍然予以拒绝。八五九分公司总经理刘相增表示，我们要快发展、大发展，但不能以牺牲环境为代价。

2005年5月，八五九农场被国家环境保护总局评为"国家级生态示范区"。（另见第一编第二章第七节生态环境）

第十一节　政　　务

一、机构沿革

1985年以后，农场办公室一直是党政合署办公。主任主持党政办公室的工作，分工1名副主任具体负责党办工作。行政工作主要由主任负责，设1名兼职副主任管理宾馆接待工作，配1名管理员协助主任管理机关小车班和处理机关日常事务。1998年底，不再设兼职副主任管理宾馆。2001年3月，小车班只保留场长、书记的生产指挥专用车，其他小车全部变卖，不再设管理员。

党办工作主要负责文稿起草、党政班子会议记录、文件制发、公文处理、督办检查、印信管理、信息反馈、文档管理和保密工作。党办在1988年以前只设秘书处理日常工作。1989年开始设专职副主任负责日常工作。办公室下设档案室、打字室，配专职档案员、打字员。从2001年7月开始，场史办划归办公室。2020年，设主任1名、副主任2名（其中1人主管文秘兼史志办主任）、档案员1名、打字员1名、通讯员1名。

2022年7月，八五九农场有限公司管理体制改革，杜红臻任综合管理部总经理。综合管理部内设综合办（与分公司合署，由分公司办公室主管）。

领导成员更迭情况如下：

办公室主任：严　谨（1964—1966.5）

滕延斌（1977.2—1978.2）

王　会（1979.10—1981.2）

于占斌（1981.2—1983）

刘凤昌（1983.9—1985.5）

方樟茂（1985.11—1988.3）

张士凡（1988.3—1989.4）

张兆顺（1989.4—1990.4）

王永福（1990.4—1991.11）

国　强（1991.11—1994.5）

杨　利（1994.5—1998.9）

王苏里（1998.9—2001.5）

王　斌（2001.5—2002.8）

刘进有（2002.8—2008.12）

魏建国（2003.1—2004.3，农场）

刘　斌（2009.3—2011.12）

于风华（2012.1—2016.3）

宋玉凤（女，2016.4—2017.11）

沈建平（2017.11—2022.9）

徐　瑞（2022.9—）

二、文秘及机关管理

文秘工作主要是加强政务管理，保证政令畅通，上情下达，下情上达，协调机关部门之间公务，保守机关工作秘密。

1985年以后，农场一直设保密委员会。农场党委副书记兼任保密委员会主任，加强传输密级文件资料和会议记录的保密工作，按规定销毁文件和资料，保密委员会人员每一季度开展集中学习一次。各基层单位建立保密小组，对文件密级保管和传阅有严格规定。多年来，农场没有发生泄密事件。

农场党办对机关文件处理建立了一整套文件制发、传阅、管理制度。1990年，制发了农场基层单位收文管理制度，规定各单位出纳员兼任文书，负责文件管理。收到文件后，必须登记收文时间和传达时间。党办每年对基层单位文件管理进行检查评比，并进行通报。通过制度管理，使农场各单位的文件管理逐步走上规范化。1993年，制发了《机关文件制发制度》《印章刻制制度》和《印章管理制度》。1997年，鉴于基层单位在经济活动中，由于使用印章不当导致经济纠纷增多，将绝大部分基层单位的印章统一上收到农场办公室保管，在经济活动中对外用印章需要经过批准。

建立健全管理机制，完备完善规章制度。对上级公文实行收、登、批、传、催、归一条龙运转，即收到上级公文时及时登记，及时交主任或副主任批转，及时送领导或相关部门传阅，及时催办落实领导批阅意见，及时收缴公文归档；并建立公文登记、公文借阅、公文归档、公文保密等一系列规章制度，保证上级公文及时、有序、高效运转。对本级文件制发实行起草撰稿，办公室审核改稿，领导审定签发，缮印校对下发层层把关，不符合文件制发程序的一律推倒重来。

2006—2020 年 15 年间，农场制发本级公文 3904 件，从未出现任何过失。

2005 年，出台新的机关管理办法，对办公室管理做出了进一步的规范。3 月 14 日，为进一步规范作息时间，在机关实行了指纹考勤制度。11 月，办公室迁入新办公楼后，安装了安全监控系统。2006 年，由于农场办公室与上市公司办公室合署办公，工作多任务量大，在 2005 年机关管理办法的基础上继续完善了机关管理制度，出台了《机关考勤管理办法》《机关卫生管理制度》《政务值班制度》。建立政务值班制度，实行场领导带班、科室值班制。仅 2006 年，共接待群众来访 200 多人次。加强考勤管理，新购进一台精密的指纹考勤机，1 天 4 次考勤，避免了人为考勤的误差和人情因素。2019 年初，推行钉钉打卡，严格执行上下班考勤制度。

2011 年，制定《八五九机关管理办法》。实行绩效考核制度，年终考核与工资挂钩，机关人员工资的 20%作为浮动工资。

1989 年以前，农场打字室打印文稿使用铅字手动打字机和油印机，打印文稿费时费力，劳动强度大，2 名打字员经常加班加点才能完成任务。1989 年 4 月，农场购进四通打字机 1 台、速印机 1 台。1997 年，配康柏电脑 1 台、打印机 1 台。1999 年，接收项目办 1 台微机，拨号上网。2000 年，购进微机 2 台、复印机 1 台，彩色印刷一体机 1 台，实现了文稿打印现代化。

强化现代办公手段。2003 年，农场在机关办公楼建设局域网，服务器设在财务科微机室。2004 年，由总局统一配置公文传输系统，农场机关实现了网络办公自动化。2010 年，农场为了提升办公效率，投资 20 万元引进 A6 系统（用友致远 A6 协同管理软件），在全场实行文件网上办理。

2011 年，建立了督办检查工作责任制，对上级领导交代的督办事项，第一时间进行督办，并要求承办单位回复办理结果。同年，在春耕生产中进行督办工作 6 次，在秋收工作中进行督办工作 5 次，对各单位口头督办 600 余次。

加强岗位专业培训。从 2006 年初开始，农场每年定期举办机关公文写作专业培训班，办公部门全员培训面达到 95%以上。

加强信息报送工作。2002年以来，办公室加强了信息上报工作，信息上报数量逐年递增，质量也得到提升。2005年，农场获分局信息工作先进单位。2006年，在《建三江信息》上稿30多篇。2011年，上报政务信息33篇，被采用13篇。在《建三江信息港》上稿1800多篇、《北大荒日报》400多篇、各类报纸300余篇。2013年，在《建三江信息》上稿23篇、《农垦信息》8篇。2015年，在《农垦信息》上稿7条、《建三江信息》上稿12条。2017年，在总局上专报1条、专送1条，《农垦信息》上稿20条、《建三江信息》上稿27条。2012年，撰写调研报告20多篇。

2020年，农场办公室印发文件96件；撰写工作报告、领导讲话、调研报告等31份；下发督办通知15件、电话催办21次；组织召开会议19次；完成领导交办事项308件；报送政务信息16篇；政务公开32件；使用印信260次。2019年，荣获管理局综合工作先进单位。

三、档案管理

档案室主要负责文书档案、会计档案、科技档案、照片档案、声像档案等各项档案的收集、整理、档案查阅利用等工作。

1984年，农场建立档案室，当时库房面积非常小，只收集了一些文件和资料。从1985年起，农场档案管理逐步规范，在机关设档案室，配1名专职档案员，负责收集管理机关文书档案和各科室的业务档案。1989年，农场将宾馆三楼140平方米会议室按档案管理要求改建成档案室，配备了卷柜30套。抽调人员，对收集的文书档案979卷、科技档案472卷、会计档案248卷进行整理、立卷、归档，使档案管理逐步走向正规化。1991年，农场将人事、劳资档案共7262卷全部收到档案室，将农场所有档案全部统一管理。对建场34年的文书档案重新换上了标准卷皮，并抄写卷皮819卷。配备档案员4人，并进行档案整理，力争档案达标升级。

1992年，经农垦总局档案管理部门检查验收，被评为总局级先进单位达标档案室。1999年，为改善档案管理条件，农场投资12万元购买密集架8列32节，档案室存放档案达到2万卷，档案员只配1人。2002年，人事档案从档案室分出由组织部保管。2004年，农场投入9万元购买密集架和档案用具。2005年，档案室迁入机关新办公楼，库房面积达到210平方米，存放档案2.4万卷，劳资档案从档案室分出由劳资科保管。随着农场经济建设的发展，档案利用逐步走向正轨。

1999—2005年，档案利用1.5万卷次，查阅档案3362人次。

2005年，重新整理了会计档案，整理会计凭证5799卷、账本6635卷、工资表1208

卷、决算1140卷，共整理会计档案1.5万多卷。对文书档案进行了重新整理，全部实现目录微机打印，共整理文书档案560卷。

2006年，投资15万元购进了2组密集架，投入6万多元购进档案封皮，投入2万多元购进办公自动化系统。丰富了科技档案、基建档案、合同档案等。当年查阅档案620人次，利用档案3200卷。同年，通过了省级档案标兵验收。

2006—2020年，整理文书档案2556卷1.85万件，其中永久885卷1.06万件、30年508卷3787件、10年194卷3614件。气象档案84卷，审计档案615卷，会计凭证2.05万卷，会计账本1.32万卷，会计报表3618卷，基建档案2411卷，项目档案1250卷，合同509卷，图书资料785册，2000—2020年照片2571张，影像资料光盘45张。2020年，收集疫情防控档案151卷384件。

2006—2020年，档案利用1.7万卷次，查阅档案3769人次。

2006年以后，农场档案室为清理欠款、处理来信来访、查处违纪案件、代理诉讼案件、解决各类纠纷、土地承包、外来务工人员工资、布病以及“五七工”“家属工”的基本养老问题提供了大量有力的依据，充分发挥了档案的作用，取得了较好的社会和经济效益。

为全面系统地反映农场各项工作成果，农场档案室认真编写了《八五九农场改革方案汇编》《八五九农场科级干部任免职汇编》《八五九农场职代会汇编》《八五九农场受表彰情况汇编》等档案资料，利用馆藏档案及编研材料为农场及各业务部门编史修志工作提供了真实、准确、丰富、完整的资料。

2019年，农场投入10多万元购买了密集架29列224节以及五节柜等档案用具，库房面积增加到240平方米，档案室基础设施和办公条件得到进一步改善。

2006年11月10日，八五九农场档案室被省档案局评为企业档案工作目标管理省级标兵。

四、小车班

1985年，农场机关只有4辆北京吉普车和1辆五十铃生活用车。吉普车固定给场长、书记各1辆，另2辆由场办安排给其他场领导使用。1988年，农场购进1辆切诺基213吉普车，用于领导外出和接待客人。1990年，农场购进4辆北京2020吉普车，给每位场领导固定1辆车，根据工作量核定油料使用。场办有2辆车负责日常工作用车。机关科室需要用车，原则上找其分管场领导派车，因特殊情况出不了车由场办安排用车。1995年，农场购进三菱吉普车1辆。1998年，购进丰田4500吉普车1辆。1999年，购进三菱V6

吉普车1辆。2001年3月，机关小车班的小车除留场长、书记2台生产指挥车外，其他生产指挥车全部变卖给个人，驾驶人员自谋职业。2013年12月31日，总局下发文件，要求各单位超编制配备使用和超标准配备使用的公务用车，全部封存处置。

五、宾馆

1968年12月，农场在十字路口建成600平方米招待所。其北侧的小馆（后为第二食堂、佳滨饭店）也归招待所管理。

1985年11月，宾馆建成，位于老干部房南侧，建筑面积2040平方米，投资47.1万元。1989年8月30日，佳滨饭店起火烧毁。1990年9月，在此位置建成小白楼。

2006年12月，乌苏里江宾馆竣工，位于文体馆东侧，占地面积1737.37平方米。2007年8月5日，投入使用。

宾馆是农场接待客人的主要食宿场所，是独立的经营单位，设财务，隶属农场办公室。每年的资金来源除农场补贴费用外，再收一部分住宿费维持经营。宾馆在2001年以前一直是农场补贴经营，2002年转换经营机制后，由经理刘文志承包经营，实行自负盈亏。2009年3月至2015年2月，实行补贴经营。2015年2月之后，由古云平承包经营。

领导成员更迭情况如下：

招待所所长：赵会刚（1977.9任命）
黄瑞霞（1980.3任命）
朱学民（1981.7任命，副）

宾馆经理：朱学民（1984.1—1996.1）
刘文志（1996.1—1997.1）
王苏里（1997.1—1998.9）
刘文志（1998.9—2009.3）
尹德江（2009.3—2015.2）
古云平（2015.2—）

书　记：慈敬珍（女，1982.2任命，副）
顾永娟（女，1983.10任命，副）
慈敬珍（1984.1任命）
赵荔梅（女，1989.4—1995.3）
滕旭明（1995.3—1997.1）
赵继荣（女，1997.1—2002.6）

六、史志工作

1983年3月11日，参加总局在牡丹江管理局召开的史志工作会议的林精潘向农场党委汇报会议精神之后，农场当即决定成立由党委书记为主任的场志编审委员会，下设由5人组成的编纂办公室。20日，办公室人员到位，随即进行一段时间的编史修志基本知识学习之后，便开始了紧张的搜集资料工作。从1983年9月开始，进入边收集、边核实、边整理、边汇编、边试写阶段。经过22个月的努力，形成了一部45万字的征求意见稿，又用3个月的时间进行调整、补充、修改之后，第二次送管理局审查。然后再用几个月的时间进行完善和统一规范，最后才正式定稿。1987年5月20日，《八五九农场志》（1956—1984）编写成书，下发各单位，印数1000册，字数45万字。

《八五九农场志》（1956—1984）编印成书后，场史办人员分别调往各部门，其中主任张士凡调农场政研室任主任，编辑孙岩、林精潘调往农场信访办，林精潘负责收集整理农场大事记。1988年3月，管理局要求各农场史志工作要有兼职人员负责，农场将此项工作交由办公室兼管，由农场办公室主任张士凡兼任史志办主任，林精潘、孙岩为兼职工作人员。1997年3月20日，农场专设场史办，返聘内部退养干部张士凡任主任，配备2名编辑。1998年6月，主任张士凡迁居分局。1999年3月，农场机构改革，场史办与农场成人教育办公室合署办公，由孙岩兼职负责史志工作。

2001年7月12日，场史办划入机关管理，办公地点设在农场机关，编制为1人，主任贾乃生，隶属农场办公室。2003年3月10日，老干部科副科长裴磊调入场史办。2004年，开始启动第二轮场史编纂。2006年4月1日，农场为加快志书编写进度，返聘教育科内部退养干部杨利、借调教育科孙岩参与场志编写，经过7个月的努力，到2006年10月底，初稿形成。后经修改校对，于2007年8月送分局审阅，于2008年3月总局终审。2009年6月，《八五九农场志》（1985—2005）印制成书。

之后，场史办的主要工作是编纂年鉴以及收集整理各年度的大事记。先后完成《建三江农垦年鉴》2006、2007、2015—2018；《黑龙江农垦年鉴》2007—2020以及《饶河年鉴》各年度八五九部分的编纂任务。完成《北大荒股份八五九分公司年鉴》2010—2016、《北大荒股份年鉴》2013—2020八五九部分的编纂工作。完成《北大荒股份志（1998—2008）》《建三江农垦志（1985—2005）》八五九部分的编纂工作。

2020年7月24日，八五九农场入选第一批中国农垦农场志编纂农场名单。2018年9月，雇用1名内退人员。2020年8月，又雇用2人；同时启动中国农垦农场志编纂工作。9月15—16日，安排2人赴哈尔滨参加中国农垦农场志编纂培训班；12月10日，农场召开八五九农场志编纂工作会议，140 人参会，并进行了业务培训。80 个单位和部门 77 人参与专业志编纂。

八五九农场史志办公室被评为 2006 年度垦区史志工作先进单位、2010 年分局史志工作先进单位。贾乃生被评为 2006 年度垦区史志工作先进工作者，梅立河被评为 2010 年建三江分局史志工作先进个人。

领导成员更迭情况如下：

场史办主任：张士凡（1983.3—1985.9）

张士凡（1997.3 聘）

贾乃生（2001.7—2009.3）

梅立河（2009.3—2015.4）

马永辉（2015.7—2016.4）

宋玉凤（兼，女，2016.4—2017.11）

金　琦（2017.11—2022.8）

七、信访工作

1985—1993 年，农场设信访办，编制 2 人，主任先后为郑云樵、王永福。1993 年 11 月至 2011 年 2 月，信访办并入民政局，由民政局局长兼任信访办主任。2011 年 2 月，信访办从民政局分出，设独立科室，由办公室主任兼信访办主任。10 月，信访办设立专门机构，编制 2 人，主任李淑芬。2015 年 7 月，信访办编制为 3 人，主任姜厚国。

1995 年 10 月，国务院颁布《信访条例》。这是我国第一部规范性信访法规，标志着我国信访制度从行政命令管理走上依法管理的法制化轨道，为做好群众来信来访工作提供了重要依据。2000 年，分局党委做出了《关于进一步加强信访工作的决定》。结合文件精神农场制定六项信访工作制度，即党政领导班子信访工作例会制度、领导轮流接待群众来访日制度、信访矛盾纠纷排查制度、领导干部接访包案制度、信访案件跟踪督办检查制度、信访保证金制度，使信访工作步入依法信访的良性发展轨道。

特别是 2001 年推行信访首问责任制、领导包案责任制以及信访保证金制度以来，基层领导干部的政治意识、责任意识不断增强，处理信访问题的能力持续提升，越级信访、集体信访等重大信访案件大幅下降，农场信访形势持续好转。

2005 年 5 月 1 日，国务院新修订的《信访条例》正式实施。该条例通过强化行政机关和信访工作机构的责任，维护了信访秩序及信访人合法权益，建成了一整套比较完整的法律制度和工作机制。

农场党委始终把信访工作作为头等大事来抓，加强组织领导，建立健全信访工作各项责任制，强化源头预防及信息联动，周密安排部署各项工作。

一是抓好“源头”信访治理工作。各单位尽一切努力把问题化解在基层，基层干部认真倾听群众心声，发现和掌握群众关注的热点、难点问题，准确界定群众信访问题性质，做到底数清、情况明，力争信访问题源头稳控、源头化解、源头预防。

二是落实信访工作责任制。每年年初与各单位签订《信访工作目标管理责任状》，按照“属地管理，一岗双责，分级负责”的原则，将稳定工作任务量化到岗位、责任到人头，形成“一级抓一级，层层抓落实、责任全覆盖”的信访维稳工作格局。

三是领导干部接访、下访、约访常态化。领导干部主动变上访为下访，变接访为回访。深入基层走访调研，发现问题积极研判，建立动态管理台账，因案施策。按照“三到位一处理”的要求，千方百计解决群众合理诉求，把群众反映的苗头性、倾向性信息，第一时间办理。及时采取防范措施，把矛盾化解于萌芽，消化在初始，从严从细抓好重点人员稳控工作。推动信访问题快速有效就地解决和化解。

四是抓宣传教育，引导信访人依法信访。利用广播电视、新媒体、LED 电子屏幕、标语条幅、宣传展板、宣传图册等载体宣传《信访条例》及相关法律法规，帮助和引导群众依法依规表达合理诉求。

五是推进网上信访工作改革创新。全面实行网上受理信访制度，实现办理过程和结果可查询、可跟踪、可督办、可评价。逐步将网上信访打造成为群众反映诉求的主要渠道。在 2020 年疫情防控期间，及时发布信访接待场所暂时关闭的公告，鼓励信访群众通过信、网、电等方式表达诉求。

2020 年，农场被北大荒农垦集团有限公司信访工作联席会议办公室评为信访工作“三无”农场。

2022 年 7 月，八五九农场有限公司管理体制改革，杜红臻任综合管理部总经理。综合管理部内设信访办，与分公司合署，由分公司合规风控部主管。八五九分公司成立合规风控部，将分公司内控审计部中风险控制职能与办公室中法律事务、信访职能调整至合规风控部。负责分公司内控体系建设、法律事务、信访稳定、规章制度合规性审查、各类合同合法性审查等工作。

领导成员更迭情况如下：

信访办主任：郑云樵（1985—1992）

王永福（1992.12—1993.11）

王永福（兼，1993.11—1997.7）

李忠侠（兼，1997.7—2000.1）

梁　军（兼，2000.2—2011.2）

姜厚国（2011.2—2011.5，副主任）

李淑芬（女，2011.5—2011.10，第一副主任）

刘　斌（兼，2011.5—2011.10）

李淑芬（2011.10—2015.7）

姜厚国（2015.7—2022.10）

合规风控部总经理：姜厚国（2022.10—）

八、政策研究

1984 年 1 月，为兴办职工家庭农场的需要由农场场史办兼管政研工作，主任由场史办主任张士凡兼任。1985 年 9 月 2 日，农场成立政研室，由何文学任政研室副主任并主持工作，陈明德、唐慧英为干事。

政策研究室主要负责政策研究，指导经济体制改革、兴办家庭农场等工作，并根据农场实际制定改革方案和 1 号文件。从 1985—2005 年，组织调研活动，编写调研、总结报告，撰写论文，为农场党委进行决策、制定政策提供了科学依据。在改革开放进程中发挥了关键作用。

1985 年前后的双层经营体制改革，使兴办家庭农场热潮在农场全面展开，这是一场史无前例的历史变革，没有成熟的经验约定俗成的模式。1986 年，兴办职工家庭农场工作遭遇挫折以后，管理局政研室牵头组织 5 个调研组分赴胜利、八五九、勤得利、前锋、前哨等农场进行调查研究，总结了兴办家庭农场工作中的经验教训。《坚持改革、探索前进，对八五九、胜利两场改革情况的调查报告》《对 13 个开发性家庭农场的调查报告》，为完善和提高大农场套小农场的双层经营体制起到了重要作用，从而巩固了以家庭农场为主要承包形式的双层经营体制。

从 1996 年起，政研室负责起草农场与场直工副业单位签订的合同。1997 年 8 月，管理农场与场直单位签订的合同。1999 年，按分局的规定起草、管理农场与家庭农场签订的土地承包合同。1999 年 10 月 1 日，《中华人民共和国合同法》施行之后，农场的内外经济活动均签订合同。政研室负责内外合同的起草工作，2001 年以前由司法科对合同进行把关，2001 年以后农场聘请的法律顾问对合同进行把关。

从 1985 年起，农场对场直工副业单位下达各项经济指标。年初由农场主管财务的场领导与计划财务部门对工副业单位经济指标进行测算，由工副业单位的领导与农场签订合同，明确经济指标，这种管理方式一直延续到1996年。1996年，农场对场直工副业单位开始实行委托经营、承包、租赁、转让、转卖等经营方式，政研室负责合同的起草工作。

农场工副业企业经过10年的改革，最终退出国有，实行民营。

2002年，上市分公司设立企业发展部，农场政研室与企业发展部合署，负责农场及分公司体制改革、政策研究、土地承包、分公司项目管理等业务。2014年，政研室与分公司企业发展部分开，在农场单设政研室至今，负责农场及分公司体制改革、政策研究、土地承包等工作。

2016年，为全面推进农场改革发展各项工作，经农场党委研究决定，成立了八五九农场推进改革发展工作领导小组。领导小组下设办公室（简称“农场改革办”），作为常设性机构负责农场改革相关事宜。主任由财务总监兼任，副主任由政研室主任杜红臻担任。

2022年7月，八五九农场有限公司管理体制改革，综合管理部内设党委改革办公室，负责人为综合管理部总经理杜红臻。

领导成员更迭情况如下：

政研室主任：张士凡（1984.2任命）

徐志铭（1988.3任命）

张兆顺（1990.4任命）

李忠侠（兼，1992.12—1997.7）

姚明伟（1997.7—1999.3）

梅立河（1999.3—2009.3）

滕艳莉（女，2009.3—2012.4）

彭松龙（2012.4—2014.4）

杜红臻（女，2014.4—2015.3，主持工作）

杜红臻（2015.3—2022.7）

九、国际交流

（一）国际交流活动

1953—1958年，我国同苏联签订贸易协定，每年12月份，由饶河县东安镇交付苏联伯力州水产公司冻鲤、鲫、鲇、狗鱼15万～22.5万公斤，由饶河县水产公司经办、收购、包装及出口。1959年，冻鱼停止出口。

1957年11月7日，应苏联比金区委会邀请，八五九农场场长赵明高与饶河县委副书记蔡春延、县长窦忠到比金参加俄国十月革命胜利40周年庆祝活动，参观了比金郊区的奶牛场。

1959年10月1日，八五九农场邀请苏联比金区边防大队长阿布罗希姆及随从人员共3人到饶河（场部），参加了庆祝中华人民共和国成立十周年活动。

1959年11月7日，八五九农场场长赵明高和饶河县委书记张福裕应邀前往苏联比金区，参加当地举行的庆祝十月革命胜利42周年活动。

1961年，苏联比金区第三书记两次前来邀请八五九农场党委书记到比金，参加庆祝“中苏友好同盟互助条约”签订11周年活动。党委书记翟雪桥等4人于11月7日上午，乘坐由比金区第二书记带来的小轿车前往比金，到达时受到比金区委第一书记、边防大队长等人的热烈欢迎。下午，应邀参加了庆祝大会，翟雪桥在会上致祝词。莫斯科广播电台将庆祝活动情况和翟雪桥的祝词进行了报道。8日，在比金区委第一书记等陪同下，翟雪桥等4人参观了比金郊区的集体农庄。9日，比金区委第一书记及夫人、边防大队长阿布罗希姆及夫人等6人陪同翟雪桥等4人回到饶河。农场举行了答谢宴会。双方还互赠了丝绸、蒙古马、收音机等礼品。临走，农场机关全体工作人员列队为苏联客人送行。

1995年6月17—20日，中美专家考察团对乌苏里江流域进行为期4天的实地考察。考察团对八五九农场农田水利工程、农业综合开发、农业机械装备、农作物生长、野生动物保护等课题进行了详细考察。

1996年9月27日，经农场邀请，俄罗斯比金市边防机关代表谢尔纠克夫一行6人，在饶河边防部门领导的陪同下到农场进行参观会晤。

1997年6月25日，俄罗斯比金市边防部队队长瓦西里叶夫一行5人到东安镇，对两岸的边民关系进行会晤。会晤前，俄方邀请场长王道明去俄罗斯舍列密切沃村进行了2个小时的友好访问。

1998年4月，新加坡籍华人景志刚到八五九农场，投资300多万元种植水稻200公顷。

1998年5月13日，俄罗斯滨海地区发电厂经理瓦连金娜、农庄主戈理高利到农场参观考察，并与农场饲料厂签订了出口100吨鱼颗粒饲料的合同。

1998年9月25日，俄罗斯红河区农业股份有限公司总经理由里奇奇克、哈巴市维亚泽姆斯基区农业局局长寒伊万到八五九农场考察农业和畜牧业。

2001年5月18日，农场边贸公司的12名劳务人员到俄罗斯哈巴红河村种植蔬菜。农场边贸公司与俄罗斯红河农业股份公司签订了合作种植26.67公顷蔬菜的劳务合同，蔬菜收获后按4∶6分成。

2004年6月24日，联合国工业发展组织中国投资与技术促进处绿色产业专家委员会一行6人，到农场对绿色水稻的生产加工等进行考核验收。

2004年7月18日，加拿大德勤公司首席执行官鲍毅一行参观考察乌苏里江灌区。

2005年9月15日，美国驻沈阳领事馆总领事康大卫及助理崔大伟到农场参观。

2006年6月19日，加拿大农业及农业食品部前部长、现加拿大安大略分院高端农业管理专家温克莱先生在黑龙江省外国专家局副局长刘文斌等陪同下，到八五九农场就农业、基础建设等情况进行参观考察。

2009年10月21日，新西兰投资咨询公司董事长欧大维在分局农机局领导的陪同下，到葛柏林家庭农场参观考察。

2010年7月30日，加拿大14位农场主到葛柏林家庭农场考察。

2010年8月10日，以色列农业部官员拉兹一行到农场考察。

2014年9月5日，日本植树访华团到八五九农场，考察中日青年绿化林项目。中日青年挠力河生态绿色示范林项目由“日中绿化交流基金”投资。项目总造林137公顷，栽植杞柳纯林，2014—2016年分三期实施。项目累计投资222.51万元，其中日方资助160.57万元、农场自筹61.94万元。

2016年8月28日，日中国际交流协会理事长长谷川隆淑率领植树访华团一行，在中国国际青年交流中心环保合作部部长陆铁钧的陪同下，到八五九农场中日青年绿化示范林，就双方绿化合作项目进行考察。

（二）出国学习

1982年，农场畜牧科技术员杜雨春通过考试，被农牧渔业部选送到加拿大，在一个家庭农牧场进行专业的生产实习。杜雨春是1968年来场的北京青年，1971年被推荐到八一农垦大学畜牧专业学习，毕业后分配到农场畜牧科工作。多年来他坚持自学，在巩固专业知识的同时还自学了英语。1981年参加出国实习生的考试，被录取后又在国内专攻了一个时期的英语，1982年赴加拿大实习6个月。1983年，他通过考试取得了出国深造的机会，赴新西兰攻读硕士学位。

2015年，大学生王鸿皓参加农垦总局举办的赴日本学习交流活动。通过层层选拔，经过为期半年的日语学习后，王鸿皓在日本学习了3个月的水稻种植技术。

第五编

党群组织、法制、民兵组织

中国农垦农场志丛

第一章　农场党组织

第一节　党员代表大会

一、老八五九农场时期

（一）第一届党员代表大会

1958年12月初，中共黑龙江省铁道兵农垦局八五九农场第一届党员代表大会在饶河召开。赵明高作关于建场两年来的工作报告，讨论了场社合并的有关具体问题，选举产生了中共八五九农场第一届委员会。赵明高为党委第一书记，张一千、翟雪桥、蔡春延为书记。

（二）第二届党员代表大会

1959年6月25日，中共铁道兵农垦局八五九农场第二届党员代表大会在饶河召开。赵明高代表上一届党委作工作报告，选举产生了第二届党委会。由赵明高、张一千、翟雪桥、蔡春延、王连山、刘纯德、陈维业、崔寿方、张武生、迟鹤年、于水等25人组成委员会。赵明高为第一书记，张一千、翟雪桥、蔡春延为书记。

（三）第三届党员代表大会

1960年7月25日，总场第三届党员代表大会在饶河召开，历时6天半。参加大会的正式代表224人、列席代表94人。赵明高代表前届党委作工作报告。选举产生了中共八五九农场第三届委员会，当选委员22人。由翟雪桥、王连山、刘纯德、夏生祥、陶冠贤、云东山、邵义山、张国才8人组成常委会。

（四）第四届党员代表大会

1961年2月1日，在饶河召开第四届党员代表大会，历时9天。出席代表235人、列席69人。翟雪桥代表前届党委作工作报告。选举产生了中共八五九农场第四届委员会，当选委员24人。经牡丹江农垦局党委批准，由翟雪桥、王连山、刘纯德、宫绍文、刘占元、陶冠贤、夏生祥、孙行涛、邵义山、姚友彬、张国才11人为常委，并由翟雪桥、王连山、刘纯德、宫绍文、刘占元、陶冠贤6人组成书记处，翟雪桥为第一书记。

（五）第五届党员代表大会

中共八五九总场第五届代表大会于1962年9月26日至10月4日在饶河召开。出席大会的代表223人、列席代表50人。翟雪桥代表前届党委做了题为《总结经验，提高认识，坚定信心，增强团结，进一步办好国营农场》的工作报告。会议选举产生了中共八五九农场第五届委员会，当选委员18人。10月5日，召开五届一次全委会，选举翟雪桥、王连山、逄守谦、夏生祥、耿国栋、宫绍文、于水河、邵义山为常委，翟雪桥为书记，逄守谦为副书记。

二、新八五九农场时期

（一） 第一届党员代表大会

新八五九农场于1965年8月25日在场部（四平镇）召开首届党代会，历时5天。耿国栋做了《进一步掀起大学毛主席著作，促进机关、生产队职工革命化》的党委工作报告。29日，选举产生了中共八五九农场第一届委员会，当选委员15人。由耿国栋、高清林、张宝林、顾洪翥、王建元组成常委会。耿国栋为书记，高清林为副书记。党委监察委员会由顾洪翥、张宝林、王三明、鲍景诗、斗志武5人组成。

（二） 第二届党员代表大会

1970年5月，召开中共二十三团首届党员代表大会（即农场第二次党代会）。会议主要任务是恢复党的各级组织，选举二十三团党的委员会。会议决定，成立营党委和恢复连队党支部。通过无记名投票，选举史书才、李宝山、何鹤、李永厚、赵印生、李孔弟、王兴义、张守臣、马奉禄、付志友、张宝峰、严正平、张宝林、乔淑琴（女）等15人为党委委员。史书才为书记，李宝山为副书记。

（三） 第三届党员代表大会

第三届党代会于1979年6月30日至7月3日在场部召开。出席大会代表218人。分7个代表团，代表着全场1088名党员。郑行广代表党委作工作报告。大会闭幕后，立即召开第三届委员会第一次全体会议，选举产生党委委员，正、副书记及纪律检查委员会，报上级党委批准。通过投票选举，27人当选党委委员，有卜宪仁、马春茂、马维达、马奉禄、王兴义、王以良、王喜福、王会、方樟茂、李勋之、李文士、李桂荣、李刚（女）、许洪安、张学鹏、张士凡、张宝峰、郑行广、赵印生、胡启文、徐士海、顾洪翥、曹宗山、杨奎祥、滕延斌、滕世江、魏天宝。纪律检查委员会由滕延斌、顾洪翥、李桂荣、李生选4人组成。

（四） 第四届党员代表大会

中共八五九农场第四次党员代表大会于1983年12月9—11日在修造厂会场召开。出席代表162名、列席代表4名。李勋之代表上届党委做工作报告。大会通过投票，选举产生了中共八五九农场第四届委员会和纪律检查委员会，当选党委委员6人，王以良、刘相重、许洪安、李忠山、李勋之、胡启文。李勋之为书记，刘相重为副书记。当选纪委委员5人，方樟茂、刘相重、杨玉山、钟文权、唐宝华。刘相重为书记，方樟茂为副书记。

（五）中共八五九农场第五次党员代表大会

1989年3月5—7日，中共八五九农场第五次党员代表大会在修造厂会议室召开，历时3天。大会选举产生了中共八五九农场第五届委员会和纪律检查委员会。当选党委委员7人，闫树国、何忠泽、刘忠胜、范洪仁、胡启文、李维民、顾镜明。闫树国为农场党委书记，刘忠胜、何忠泽为农场党委副书记。当选的纪委委员5人，胡启文、董润芳、顾镜明、郑春林、李刚（女）。胡启文为农场纪委书记。

（六）中共八五九农场第六次党员代表大会

1997年6月10—11日，中共八五九农场第六次党员代表大会在交通楼会议室召开。出席大会的代表198名、列席代表47名、特邀代表6名。选举产生中共八五九农场第六届委员会和纪律检查委员会。大会历时2天。当选党委委员7人，王道明、许学友、任守忠、李刚、张开成、杨臣江。王道明、李刚为农场党委副书记。当选纪委委员5人，刘江、文军、杨臣江、陈林富、董润芳。

（七）中共八五九农场第七次党员代表大会

2002年1月29—30日，中共八五九农场第七次党员代表大会在交通楼会议室召开。出席大会的代表186名、列席代表41名。大会选举产生了中共八五九农场第七届委员会和纪律检查委员会。当选党委委员7人，王伟、王荣安、刘庆君、刘相增、张开成、张乾华、吴国民。刘庆君为农场党委书记，刘相增、王伟为农场党委副书记。当选纪律检查委员会委员5人，王伟、文军、刘江、张乾华、高喜英。王伟为农场纪委书记。

（八）中共八五九农场第八次党员代表大会

2007年1月9日，中共八五九农场第八次党员代表大会在农场机关六楼会议室召开。出席大会的代表166名、列席代表36名、特邀代表24名。农场党委书记刘庆君做了《加强党的领导，凝聚全民之力，为开创农场三个文明建设新局面而努力奋斗》的工作报告。大会通过投票选举产生了中共八五九农场第八届委员会和中共八五九农场纪律检查委员会。当选党委委员7人，刘相增、刘庆君、王伟、王荣安、朱晓霞、魏文华、张乾华。刘庆君为农场党委书记，刘相增、王伟为农场党委副书记。当选为纪委委员5人，王伟、文军、王宁晋、张乾华、卓宝军。王伟当选为农场纪委书记。

（九）中共八五九农场第九次党员代表大会

2011年11月18日，中共八五九农场第九次党员代表大会在农场机关六楼会议室召开。出席大会的代表175名、列席代表37名、特邀代表24名。农场党委书记李建军做了

《加强党的领导，实现跨越发展，为开创农场现代化建设新局面而努力奋斗》工作报告。大会通过投票选举产生了中共八五九农场第九届委员会和中共八五九农场纪委检查委员会。当选党委委员9人，李建军、刘进有、王荣安、王庭柱、高红星、邱勇健、杜海波、刘斌。李建军为农场党委书记，刘进有为农场党委副书记。当选为纪委委员7人，刘进有、刘斌、张乾华、张国光、卓宝军、王宁晋、郭学军。刘进有当选农场纪委书记。

（十）中共八五九农场第十次党员代表大会

2016年11月29日，中共八五九农场第十次党员代表大会在机关六楼会议室召开。出席大会的代表175名、列席代表43名、特邀代表14名。会上，农场党委书记孙鹏做了《全面从严治党、优化发展环境，为率先建成更高标准、更加全面的小康社会而努力奋斗》工作报告。大会通过投票选举产生了中共八五九农场第十届委员会和中共八五九农场纪律检查委员会。当选党委委员11人，孙鹏、杜德旺、刘志友、李军、王庭柱、王勤玉、邱勇健、张宝贵、韩东来、许艳平、滕艳莉。孙鹏为农场党委书记，杜德旺、刘志友为农场党委副书记。当选纪委委员7人，王勤玉、张国光、滕艳莉、宋玉凤、臧桂荣、刘洁、李卫东。王勤玉当选为农场纪委书记。

（十一）中共八五九农场有限公司第一次党员代表大会

2021年12月14日，中国共产党北大荒集团黑龙江八五九农场有限公司召开第一次党员代表大会。来自各条战线的135名党员代表参加会议。会上，农场有限公司党委书记孙鹏作了题为《全面从严治党，凝聚奋进力量，为实现新时代八五九高质量发展提供坚强政治保障》的工作报告。会议选举产生中共八五九农场有限公司第一届委员会和纪律检查委员会。党委委员为孙鹏、尹显洪、刘志友、李军、刘桂涛、李建勋、岳传喜、崔洪滨、乔丹。纪律检查委员会委员为刘桂涛、林雪梅、陈奇、万英、杜红臻、滕艳静、姜艳欣。

12月16日，中共北大荒集团黑龙江八五九农场有限公司召开第一届委员会第一次会议。选举产生了农场有限公司第一届委员会党委书记、副书记，孙鹏担任八五九农场有限公司党委书记，尹显洪、刘志友担任八五九农场有限公司党委副书记。同日召开了八五九农场有限公司第一届纪律检查委员会第一次会议，会议选举了纪委书记、副书记，刘桂涛担任八五九农场有限公司纪委书记。

第二节　机构设置

建场以来，随着农场体制多次变革，机构设置也随着改变。大体可分为老八五九农场（1957—1963年），新八五九农场（1964—1966年），革命委员会（1967—1968年），二十三团（1969—1976年），恢复农场后和改革发展时期（1977—2020年）五次大的变革时期。每次体制变革，机构设置均有所改动；每个时期，机构也常有部分调整。

一、老八五九农场时期（1962年3月前）

党委下设监察委员会、党委办公室和政治部。政治部内设宣传部、组织部、团委、公安局、农工部、财贸部、党校和秘书室。

行政部门有办公室、农林水利科、机电科、多种经营科、工业交通科、建设科、计财科、劳武科、供销科、生活福利科、科委会。

1962年4月2日，政治部下设组织科、宣传科、保卫科、秘书办公室。

二、新八五九农场时期（1964—1966年）

党委下设政治部、监察委员会，政治部内设组织科、宣传科、保卫科、团委。

下设行政办公室、农业科、机务科、畜牧科、工交科、供销科、计划科、财务科、经销站、武装部。

三、革委会时期（1967—1968年）

下设行政办公室、毛泽东思想委员会、政治委员会、生产委员会、武装委员会。

四、二十三团时期（1969—1976年）

政治处下设组织股、干部股、宣传股、保卫股和文教办公室。1975年成立团委、妇联。

司令部下设军务股、作训股、通信股、管理股、生产股、机务股。

后勤处下设财务股、计划股、装备股、供应股、商业股、工交股、营房股。

五、恢复农场后和改革发展时期（1977—2022年）

1979年底，取消政治处。党委设办公室、组织部（科）、宣传部（科）、纪检委、团委。行政部门设办公室、劳资科、科技科、农业科、机务科、通信科、计财科、畜牧科、林业科、工交科、物资科、商业科、水产科、基建科。1983年，增设多种经营办。

场直单位有基建公司、交通运输公司、物资公司、商粮贸公司、畜牧公司、水产公司、农建公司、劳动服务公司等八大公司，同时还成立了教育培训中心。

2002年7月，黑龙江北大荒农业股份有限公司八五九分公司成立。2020年，分公司机关设“六部两办”，即办公室、人力资源部、发展计划部、财务部、内控审计部、农业生产部、综合经济部、安全生产监督管理办公室。下设15个管理区，下辖农业技术推广中心。

到2005年末，农场下设机关科室21个；场直企事业单位38个（其中事业单位10个，企业单位22个）；管理区11个，作业站27个。

2009年3月，农场成立决策咨询委。2012年1月，与国有资产管理中心合署；4月，分出单设，2015年4月撤销。

2017年11月，成立农产品电子营销商务中心。2020年12月，与营销中心合并。

2019年，农场设立公共管理办公室，编制1人。

2020年，农场机关科室设办公室、组织部、宣传部、工会、团委、政研室、工业科、人社科、环保科、计财科、民政局、信访办、纪委、武装部、安全办、公共管理办、综治办、史志办、关工委。农场下设15个管理区，30个场直、企事业单位。

2021年9月29日，八五九农场正式改制为北大荒集团黑龙江八五九农场有限公司。2022年7月15日，八五九农场有限公司对管理体制进行改革。农场有限公司原有机关部门21个，场直单位17个，管理人员194人。此次改革，将原机关21个部门和8个场直单位整合构建为七部一委一中心。其中机关内设部门8个，为党群工作部、纪委、人民武装部、综合管理部、财务管理部、工程建设管理部、经济发展部、社会事务部。社会事务部下设1个中心，为公共服务管理中心。改革后机关内设部门8个，下设1个中心，场直单位9个，人员152人。

第三节　组织工作

一、组织部

建场初期，总场政治部下设组织科、干部科，分场设政治处，组织、干部分别各设1名助理员。1959年1月15日，公社党委下设组织科。5月9日恢复农场之后，总场党委下设组织部。1960年，邵义山任组织部长。1962年4月2日，根据牡丹江农垦局政治部颁发的新编制，农场党委决定成立政治部。1964年组建新八五九农场时，农场政治部下设组织科。1967年10月，农场革命委员会下设政治组。1969年4月，兵团组建以后，政治处下设组织股和干部股。1977年4月，恢复农场，撤销政治处，成立党委组织科，编制4人。1980年，改组织科为组织部，编制5人。

1985—2005年，农场党委组织部有人员3、4人，设部长、副部长、组织员。1995

年，增加了1名职称、工资（人事）干事。2002年以后，农场实行改革、压缩人员，组织部人员为3人。

2006—2020年，组织部的人员编制为3人，其中部长1人、副部长1人、组织员或干事1人。

领导成员更迭情况如下：

组织部长：　迟鹤年（1959—1960）

邵义山（1960—1962）

李松波（1962—1963.12）

组织股长：　何连柱（1971.2）

干部股长：　王喜福（1972.8—1976）

组织科长：　李桂荣（1979.1—1980.7）

组织部长：　李勋之（1980.7—1982.11）

胡启文（1982.11—1985.7）

顾镜明（1985.8—1990.5）

郭公若（1990.5—1990.7）

袁春启（1990.7—1992.12）

姜电波（1992.12—1993.10）

王维海（1993.10—1994.2）

杨臣江（1994.2—1995.2，副）

杨臣江（1995.2—1998.12）

吴国民（1999.2—2001.1）

张乾华（2001.5—2011.11）

刘　斌（2011.11—2012.3）

滕艳莉（女，2012.4—2020.5）

党委工作部部长：乔　丹（2020.12—2022.7）

党群工作部部长：乔　丹（2022.7—）

北大荒股份八五九分公司人力资源部部长：

陈建华（2002.7—2014.4）

杨臣宏（2014.4—2022.7）

丁德会（2022.9—）

2022年7月，八五九农场有限公司管理体制改革，党群工作部内设组织办，负责人为党群工作部部长乔丹。

二、各级党组织

1957年，总场下设一分场（今八五九农场）和二分场（今胜利农场）两个分场党委。随着生产发展和场社合并，农场范围不断扩大，单位不断增多。到1959年，分场级党委（总支）14个。1962年，场社分开后，分场级党委减少到9个。

1964年新八五九农场成立时，改为农场和生产队二级制。从此，取消了分场级党委组织。二十三团时期，1971年2月，全团共有营级党委9个。兵团结束，恢复农场后，1977—1980年，设7个分场级党委、3个总支。1983年，有分场级党委5个、总支4个。

农场的基层党组织就是生产队和相当于生产队一级单位的党支部。每个基层单位，凡是有党员3人以上的，便建立党支部。老八五九农场时，1959年共有党支部151个；新八五九农场时，1965年有党支部28个；二十三团时，1976年有党支部52个；1983年有党支部77个。

1985年，农场在各分场设基层党委、生产队设立支部。场直各基层单位设支部。1994年，农场进行改革，撤销3个分场实行二级管理。

2002年7月，在党组织设置上，只保留了机关党委、教育卫生党委和社区总支，其他为支部。支部数量由最多时的94个减少到67个。

2005年末，农场党委下设2个基层党委（机关、教育卫生）、1个基层党总支（社区街道）、62个基层党支部。

2006年以来，农场党委在党员集中、数量多的基层单位、机关、教育卫生设基层党委，在社区设基层党总支；在作业站和场直单位党员超过3人以上设党支部。2007年，为适应教育体制改革，医院支部从教育卫生党委分出，取消教育党委建制，成立教育党总支。

2009年，农场实行管理体制改革，成立了文体中心党总支（下设第一、第二支部）；成立了9个管理区党总支。2011年，成立了社区党委；2012年1月，改为社区党工委。

2017年11月，农场将三级管理改为二级管理，撤销了原9个管理区和29个作业站建制，重新组建了15个管理区。取消了9个管理区党总支，成立了15个管理区党支部。

2019年，按照上级文件要求，将退休党员全部纳入4个居民委党组织管理。

到2020年底，农场党委下设2个基层党委、1个基层党总支、47个党支部。

表 5-1　1985—2020 年全场基层党委、总支、支部统计表

单位：个

年度	党委	总支	支部数
1985	一分场、二分场、三分场、机关、直属	教育、交通、商粮贸、基建	78
1986	一分场、二分场、三分场、工交、机关、直属	教育	79
1987	一分场、二分场、三分场、工交、机关、直属	教育	79
1988	一分场、二分场、三分场、机关	教育、工交、粮贸、基建、修造、水产、桥梁	83
1989	一分场、二分场、三分场、机关	教育、交电、粮贸、基建、畜牧、修造、水产	83
1990	一分场、二分场、三分场、机关	教育、交电、粮贸、基建、畜牧、修造、水产	83
1991	一分场、二分场、三分场、机关	教育、交电、粮贸、基建、畜牧、修造、水产、水泥厂	92
1992	一分场、二分场、三分场、机关、工业、直属	教育、交电、畜牧	93
1993	一分场、二分场、三分场、机关、文教、畜牧、建筑	粮贸、交通、林业、修造	93
1994	机关、教育	交通、粮贸、林业、修造、乳品、养禽、水产、建筑、水泥厂、物资	94
1995	机关、教育	交通、粮贸、林业、修造、乳品、养禽、水产、建筑、水泥厂、物资	94
1996	机关、教育、畜牧	交通、粮油、林业、修造、水泥厂、物资	92
1997	机关、教育、工业	乳品	86
1998	机关、教育	供销站	85
1999	机关、教育	供销站	85
2000	机关、教育	—	78
2001	机关、教育	—	75
2002	机关、教育	—	67
2003	机关、教育	—	65
2004	机关、教育	社区	62
2005	机关、教育	社区	62
2006	机关、教育	社区	56
2007	机关	教育、社区	57
2008	机关	教育、社区	57
2009	机关	教育、社区、文体中心、一区、二区、三区、四区、五区、六区、七区、八区、九区	64
2010	机关	教育、社区、文体中心、一区、二区、三区、四区、五区、六区、七区、八区、九区	62
2011	机关、社区	教育、文体中心、一区、二区、三区、四区、五区、六区、七区、八区、九区	62
2012	机关、社区党工委	教育、文体中心、一区、二区、三区、四区、五区、六区、七区、八区、九区	65
2013	机关、社区党工委	教育、文体中心、一区、二区、三区、四区、五区、六区、七区、八区、九区	66
2014	机关、社区党工委	教育、文体中心、一区、二区、三区、四区、五区、六区、七区、八区、九区	61

（续）

年度	党委	总支	支部数
2015	机关、社区党工委	教育、文体中心、一区、二区、三区、四区、五区、六区、七区、八区、九区	59
2016	机关、社区党工委	教育、文体中心、一区、二区、三区、四区、五区、六区、七区、八区、九区	59
2017	机关、社区党工委	教育、文体中心	59
2018	机关、社区党工委	教育	43
2019	机关、社区党工委	教育	47
2020	机关、社区党工委	教育	47

三、党员队伍

八五九农场是以复转军人为基础组建的。特别是1958年接收了大批转业军官，党员数量较多。到1958年底，全场党员达2350人。八五九总场期间，虽有大批干部调出支援全国各地，但有接收的新党员补充，到1962年有2366名党员。1964年新八五九农场成立时，由于体制缩小，党员人数为376人，是农场党员人数最少的阶段。"文革"期间停止了党员的发展。1970年，恢复党的组织生活时，全场有党员400余人。兵团期间强调党员发展速度，到1978年，全场党员达到1261名。1983年底，全场党员总数为1148人。

表5-2　1978—2005年全场党员状况统计表

单位：人

年度	总数	性别		年龄						文化程度					
		女	男	25岁以下	26～35岁	36～45岁	46～55岁	56～60岁	61岁以上	大学	中专	高中	初中	小学	文盲
1978	1261	196	1065	133	460	637		31		19	—	89	563	531	59
1979	1153	113	1040	68	345	696		44		21	—	82	344	628	78
1980	1171	100	1071	60	358	415	319		19	18	—	107	334	648	64
1981	1187	94	1093	42	332	438	348		27	17	—	110	338	626	96
1982	1186	97	1089	43	321	432	367		23	16	—	110	381	623	56
1983	1148	95	1053	40	333	352	397		26	13	—	114	337	626	58
1984	1136	95	1041	38	331	349	298	94	26	14	2	116	334	613	57
1985	1124	97	1027	20	326	341	319	84	34	26	20	67	353	601	57
1986	1123	97	1026	24	289	253	358	126	73	36	26	89	352	570	50
1987	1137	97	1040	40	284	247	366	120	80	51	37	101	353	549	46
1988	1100	81	1019	36	291	215	350	133	75	59	37	104	363	487	50
1989	1122	83	1039	39	294	210	383	131	65	73	43	117	376	472	41

（续）

年度	总数	性别		年龄						文化程度					
		女	男	25岁以下	26～35岁	36～45岁	46～55岁	56～60岁	61岁以上	大学	中专	高中	初中	小学	文盲
1990	1124	97	1027	14	234	237	329	174	136	88	59	105	373	453	46
1991	1155	102	1053	8	254	251	332	175	135	112	61	109	372	455	46
1992	1165	103	1062	11	257	261	333	171	132	165	50	97	358	451	44
1993	1183	104	1079	6	291	264	337	192	93	171	53	106	358	451	44
1994	1237	145	1092	47	319	272	321	190	88	180	91	213	358	351	44
1995	1075	144	931	56	332	98	211	127	251	192	96	60	356	345	26
1996	1151	153	998	60	359	104	219	147	262	220	108	68	392	342	21
1997	1160	174	986	62	360	106	215	148	269	230	125	70	386	334	15
1998	1190	140	1050	66	382	117	216	146	263	255	132	96	369	325	13
1999	1217	159	1058	21	184	356	174	158	324	277	135	107	370	317	11
2000	1201	165	1036	14	196	351	180	146	314	362	119	132	344	236	8
2001	1189	181	1008	17	212	348	178	113	321	378	123	125	328	229	6
2002	1184	161	1023	10	161	343	207	63	400	418	111	92	305	254	4
2003	1192	161	1031	6	145	343	223	55	420	425	113	92	558	—	4
2004	1186	179	1007	—	150	243	226	61	406	467	100	122	497	—	—
2005	1071	165	906	—	130	334	218	58	331	455	91	82	443	—	—

表 5-3　2006—2020 年全场党员状况统计表

单位：人

年度	总数	性别			年龄						文化程度					
		女	男	少数民族	25岁以下	26～35岁	36～45岁	46～55岁	56～60岁	61岁以上	研究生	大学	专科	中专	高中	初中及以下
2006	1122	183	939	24	48	98	341	222	72	341	4	118	353	93	90	464
2007	1099	183	916	12	43	82	340	236	67	331	4	176	337	69	104	409
2008	1108	188	920	12	16	95	335	255	77	330	4	181	340	73	105	405
2009	1150	190	960	13	40	80	274	292	122	342	5	209	327	72	130	407
2010	1189	214	975	15	47	95	286	290	124	347	8	210	373	73	122	403
2011	1220	219	1001	16	50	101	270	313	128	358	9	220	384	78	126	403
2012	1209	235	974	16	58	116	249	315	136	335	8	253	383	76	125	364
2013	1201	240	961	15	58	119	226	322	139	337	8	252	385	77	130	349
2014	1208	246	962	14	53	128	205	364	138	320	7	264	393	76	131	337
2015	1175	249	926	16	54	124	193	363	122	319	10	269	386	73	129	308
2016	1172	261	911	18	53	129	176	359	121	334	11	281	389	73	125	293
2017	1185	278	907	20	51	134	165	371	123	341	15	272	320	78	215	285
2018	1191	283	908	20	46	141	157	362	126	359	17	279	322	78	219	276
2019	1200	294	906	20	44	153	153	326	159	365	18	297	320	78	220	267
2020	1204	304	900	19	44	165	144	299	181	371	19	303	326	80	216	260

1978 年发展党员 52 名，其中女 7 名；1979 年发展党员 67 名，其中女 9 名；1980 年发展党员 43 名，其中女 8 名；1981 年发展党员 37 名，其中女 9 名；1982 年发展党员 18 名，其中女 3 名；1983 年发展党员 12 名，其中女 1 名。

1985 年以后，农场发展党员的重点分为两个时期。第一个时期是 1985—1995 年，侧重点为农业生产领域的优秀积极分子，即工人和技术人员，文化水平大多数在中专水平以下。第二个时期是 1996—2005 年，侧重点为各个领域中的优秀中青年干部，如教师、技术人员等。大多数是中专、大专、本科以上学历。

1985—2005 年，农场共发展党员 726 名。2005 年，全场有党员 1071 名。

农场党员发展工作依据中国共产党发展党员工作细则，按照控制总量、优化结构、提高质量、发挥作用的总要求和发展党员“坚持标准、保证质量、改善结构、慎重发展”的 16 字方针，坚持入党自愿和个别吸收的原则，成熟一名发展一名。

2006—2020 年，根据上级党委组织部门“严把入口，保证质量”的要求，每年下达发展党员的指标数额在十多名或二十多名不等，发展党员工作侧重生产工作一线，注重在青年、妇女、少数民族干部中发展党员，注重在高知识群体和各类优秀人才集中的部门、单位发展党员。

2006—2020 年，农场共发展新党员 285 名。其中，女党员 90 名，占 32%；少数民族 3 名；35 岁以下 193 名，占 68%；大专以上学历 218 名，占 76%；生产一线 246 名，占 86%。外地转入 39 名。2020 年，全场有党员 1204 名。

表 5-4　1985—2020 年全场发展党员情况统计表

单位：人

年度	合计	性别		文化程度					年龄						生产一线	非一线
		男	女	本科	专科	中专	高中	初中及以下	25 岁以下	26～30 岁	31～35 岁	36～40 岁	41～45 岁	46 岁以上		
1985	42	37	5	4		3	10	25	9	10	9	9	5	—	30	12
1986	36	29	7	3		4	12	17	5	15	5	7	1	3	23	13
1987	41	37	4	9		7	12	13	10	19	7	4	1	—	31	10
1988	20	16	4	—		1	8	11	3	7	7	3	—	—	12	8
1989	29	26	3	2		5	9	13	1	27	1	—	—	—	23	6
1990	28	21	7	7		5	7	9	3	8	11	6	—	—	18	10
1991	32	25	7	7		6	8	11	1	10	16	5	—	—	18	14
1992	30	24	6	6		5	12	7	2	10	10	6	1	1	20	10
1993	37	29	8	15		13	7	2	1	24	10	2	—	—	27	10
1994	49	42	7	31		14	4	—	2	15	32	—	—	—	41	8

（续）

年度	合计	性别		文化程度					年龄						生产一线	非一线
		男	女	本科	专科	中专	高中	初中及以下	25岁以下	26～30岁	31～35岁	36～40岁	41～45岁	46岁以上		
1995	40	31	9	14		7	16	3	4	11	17	6	2	—	32	8
1996	37	28	9	10		12	8	7	4	17	10	6	—	—	29	8
1997	48	34	14	20		16	5	7	4	15	16	11	2	—	36	12
1998	52	37	15	26		7	10	9	2	17	17	6	8	2	38	14
1999	42	27	15	25		1	8	8	6	7	13	10	6	—	23	19
2000	43	29	14	24		5	8	6	6	15	12	7	3	—	25	18
2001	42	24	18	26		6	5	5	3	6	14	11	8	—	37	5
2002	14	9	5	9		4	1	—	—	9	—	5	—	—	8	6
2003	20	17	3	13		3	3	1	1	8	5	2	4	—	4	16
2004	23	17	6	18		2	2	1	3	5	3	5	7	—	14	9
2005	21	16	5	14		1	5	1	—	—	11	7	3	—	—	—
2006	19	10	9	6	6	2	2	3	—	5	6	3	3	2	18	1
2007	23	16	7	6	9	1	4	3	3	5	5	3	4	3	17	6
2008	21	13	8	8	6	1	4	2	1	3	4	6	4	3	19	2
2009	19	17	2	6	6	2	4	1	2	5	4	3	3	2	17	2
2010	20	15	5	1	9	3	7	—	2	4	4	3	4	3	16	4
2011	22	17	5	6	9	3	4	—	3	6	4	3	3	3	18	4
2012	28	16	12	13	15	—	—	—	3	7	12	3	2	1	25	3
2013	18	15	3	7	6	2	3	—	3	5	5	2	1	2	15	3
2014	15	11	4	9	4	—	2	—	2	5	3	2	3	—	15	—
2015	14	8	6	5	6	—	3	—	2	8	1	3	—	—	13	1
2016	14	7	7	7	7	—	—	—	—	8	2	3	—	1	12	2
2017	13	9	4	8	4	—	1	—	—	4	5	3	1	—	12	1
2018	21	16	5	9	7	—	4	—	3	7	7	3	—	1	14	7
2019	23	13	10	15	5	1	2	—	2	9	9	2	1	—	22	1
2020	15	12	3	7	5	2	1	—	1	6	8	—	—	—	13	2

注：1985—2005年本科、专科均统计为大学。2018年另有研究生1名。

第四节　党员干部教育活动

一、整党工作

根据中央和上级党委关于整党的工作部署，农场整党工作分两批进行。第一批参加整党的单位是农场机关和场直的企事业基层单位。时间是1985年11月至1986年6月，参加整党单位38个，党员563名；第二批参加整党的单位是3个分场及所属的42个基层党支部，党员549人，从1986年11月至1987年1月。

二、社会主义思想教育活动

1991 年初，中共中央办公厅转发中宣部、中组部《关于在农村普遍开展社会主义思想教育的意见》以后，省委和总局党委就社会主义思想教育工作进行了具体部署。

1991 年 11 月 16 日，社会主义思想教育活动在农场全面展开。农场派党委副书记、宣传部长、组织部长到管理局的社教试点单位——前进农场取经，根据农场的实际制定了《八五九农场社教实施方案》。农场共派出 47 名机关和基层干部到前哨（33 名）、胜利（14 名）农场参加社教。前哨、胜利农场的 42 名社教队员在管理局办公室主任郭仁政的带领下进驻农场，举办历时 7 天的学习班。22 日，社教队员进驻各生产队。共向基层单位下派 81 个工作组，每组 2 人（农场 1 人、外场 1 人）。下派到生产队的工作组 39 个，与生产队职工群众同吃同住同劳动。全场 73 个单位全部开展了社教活动。

社教主要是对广大职工群众进行了坚定社会主义方向教育、反和平演变教育、坚持党的基本路线教育。共分四个阶段，即思想发动阶段、理论学习阶段、查摆问题阶段、整改阶段。社教历时四个半月。

1992 年 3 月 31 日，第一批社会主义思想教育工作结束，经过总局社教办公室的验收，全部达到合格标准。

三、保持共产党员先进性教育活动

根据党中央的决定，按照佳木斯市委和分局党委的统一部署，农场保持共产党员先进性教育活动从 2005 年 7 月 18 日开始，至 12 月 20 日结束。教育活动涉及 2 个基层党委、1 个总支、61 个党支部。参加活动的党员 1044 人，其中场处级党员 13 人、科级党员 116 人、一般党员 893 人。

四、民主评议党员

1989 年，农场党委根据中央组织部《关于建立民主评议党员制度》和上级党组织关于开展民主评议党员的通知精神，在全场开展了民主评议党员工作。全场参加评议的有 4 个基层党委、7 个总支、83 个支部，共有 1122 名党员参加民主评议。评议结果分合格、基本合格、基本不合格、不合格四个档次。评出合格和基本合格的党员占 97%。此后，每年都进行一次党员民主评议活动。

2006—2020 年，在民主评议党员中处置不合格党员和因违反党纪党规受处分党员共 62 人。

五、学习实践科学发展观教育活动

根据党中央关于在全党开展学习实践科学发展观教育活动的决定，农场党委按照省委、总局、管理局党委的统一部署，从2008年10月至2009年2月，历时5个月，开展学习实践科学发展观教育活动。学习实践活动以基层领导班子和党员干部为重点，涉及1个基层党委、2个党总支、57个党支部，参加活动党员1108人，教育面达100%。

六、党的群众路线教育实践活动

按照中央、省委、总局、管理局党委的统一部署，在全党深入开展第二批党的群众路线教育实践活动。从2014年2月开始至9月结束，历时8个月。1218名党员参加活动，受教育面达98%。

全场设立意见箱26个，召开各级座谈会99次，发放征求意见函1158份，下基层调研516次。共征求意见建议381条，查摆问题309条。通过认真梳理修订完善制度30个。

七、“三严三实”专题教育活动

根据党中央关于在领导干部中开展“三严三实”专题教育的决定，农场党委于2015年6—12月，历时6个月，开展“三严三实”专题教育活动。此项活动以基层领导班子和领导干部为重点，参加教育活动的领导干部共505人，干部受教育面达100%。

此次活动共举办党课12堂，受教育干部1846人次；举办研讨会10次，形成专题研讨材料37篇；征求意见建议286条，形成整改材料120份。

八、“两学一做”学习教育

2016年2月，党中央做出了关于在全党开展“学党章党规、学系列讲话，做合格党员”学习教育活动。全场2个基层党委、11个党总支、59个党支部、1172名党员参加了教育活动，受教育面达100%。

农场中心理论组学习18次，各基层党支部开展学习650次，参加培训560人次。59个支部建立问题台账178条；党员829人建立问题台账960条。党员公开承诺2570条。

九、“不忘初心、牢记使命”主题教育

根据《中共中央关于在全党开展“不忘初心、牢记使命”主题教育的意见》，2019年6—8月，农场党委开展“不忘初心、牢记使命”主题教育活动。

活动期间，农场班子成员到分管单位讲课48人次、支部书记讲党课124人次、开展解放思想推动高质量发展大讨论46次。

深入基层一线开展调研30余次、召开座谈会44次。农场班子查找问题30个、基层班子查找问题91个。

依托14个田间党小组、55个楼宇党小组、46个党员服务队、20个机车服务队，开展各类便民服务1500余人次。帮助贫困户种植蔬菜大棚29栋，受益72户。

十、党史学习教育

根据《中共中央关于在全党开展党史学习教育的通知》，农场党委于2021年3—12月开展党史学习教育。全场2个基层党委、1个基层党总支、47个党支部和1256名党员参加，党员干部受教育面达100%。

采取党委理论学习中心组学习、班子成员深入基层讲党课等多种学习方式，利用党员干部教育基地、党建文化主题广场等载体创新开展学习活动，1800余名党员干部接受教育。

十一、评选先、优、模活动

农场党委十分重视培养先进典型，发挥典型引领、典型示范的作用。多年来，开展了先进基层党组织、模范党务工作者、优秀党员、“学帮带”先进个人、“六型干部”、道德模范、最美人物、感动人物等评选表彰宣传活动。营造了“一个支部就是一个堡垒，一个党员就是一面旗帜”“比学赶帮超”的良好氛围，有力地促进了农场党建工作的创新发展。

2006—2020年，涌现出一大批先进集体和先进个人。其中，省、国家级表彰3人，总局党委表彰先进党组织4个、模范党务工作者3人、优秀党员3人，管理局党委表彰先进党组织28个、先进集体13个、模范党务工作者24人、优秀党员36人、先进个人7人；农场党委表彰先进党组织73个、优秀党小组31个、优秀党务工作者103人、优秀党员683人、其他先进个人586人。

第五节　干部管理

一、干部队伍

1956—1984年，农场干部队伍的来源，一是部队复员转业军人（其中有1956年复员的铁道兵、1958年的复转官兵、1966年转业军人），在农场建设中，曾是干部的主要来源；二是1959年来场的山东支边青年；三是1968—1976年来场的各大城市知识青年；四是逐年分配来场的大、中专毕业生和农场就业的职工子弟。上述四批人员，成为农场干部队伍主要来源。

老八五九农场时期，1960年有干部2463名，大学文化47人，占总数的1.9%；高中293人，占11.9%；初中以下2123人，占86.1%。兵团时期1973年统计，干部总数951人，大学文化34人，占3.6%；高中166人，占17.5%；初中以下751人，占78.9%。1983年干部总数531人，大学文化36人，占6.%；高中（含中专）161人，占30.3%；初中以下334人，占26.9%。

2005年末，全场有干部511人，其中男229人、女282人，干部党员264人，本科学历83人、大专学历374人、中专学历47人、高中7人，31～35岁150人、36～40岁150人、41～45岁154人、46～50岁37人、51～55岁15人、56～60岁5人。

随着农场经济和社会的发展，改革的不断深化，干部结构也在发生变化。2009年、2017年农场进行了两次大的改革，每次调整任用干部140余人，两次内退干部114人。2009年引进大学生51名，2010年又引进大学生53名（其中硕士研究生2名），充实到各条战线，为农场发展增添了新生力量。

2019年3月，按照北大荒农垦集团总公司（农垦总局）管理体制改革方案，事业单位（职能部门）划归地方，农场学校编制内的119名教师（干部）划归饶河县教育局管理，农场减少干部119人。

2020年末，全场干部人数438人，其中男323人、女115人，干部党员324人，场处级11人、正科级71人、副科级109人、一般干部247人。

全场干部学历结构：研究生17人、本科223人、大专140人、中专14人、高中44人。年龄结构，30岁以下82人、31～40岁178人、41～50岁125人、51～55岁50人、56～60岁3人。分布情况，管理区168人、场直单位126人、社区44人、农场机关42人、分公司机关58人（含研发中心14人）。

2000年12月，农场被评为垦区人事系统先进集体。

表5-5　1985—2005年全场干部基本情况统计表

单位：人

年度	总数	性别		文化程度					政治面貌			年龄结构								
		女	男	本科	大专	中专	高中	初中以下	党员	团员	无党派	25岁以下	26～30岁	31～35岁	36～40岁	41～45岁	46～50岁	51～55岁	56～60岁	61及以上
1985	542	138	404	5	29	53	106	349	306	90	146	—	—	—	—	—	—	—	—	—
1986	529	112	417	5	29	66	89	340	300	80	149	—	—	—	—	—	—	—	—	—

（续）

年度	总数	性别		文化程度					政治面貌			年龄结构								
		女	男	本科	大专	中专	高中	初中以下	党员	团员	无党派	25岁以下	26～30岁	31～35岁	36～40岁	41～45岁	46～50岁	51～55岁	56～60岁	61及以上
1987	728	183	545	6	32	92	212	386	358	134	236	—	—	—	—	—	—	—	—	—
1988	1076	357	719	6	162	226	281	401	403	187	486	—	—	—	—	—	—	—	—	—
1989	1078	351	727	9	189	261	237	382	408	163	507	152	299	206	123	82	121	76	19	—
1990	1149	393	756	11	221	273	206	438	421	134	594	153	345	227	134	75	101	81	31	2
1991	1248	420	828	17	248	287	320	376	455	159	634	143	343	284	157	93	82	104	42	—
1992	1336	494	842	27	499	308	294	208	463	219	654	189	331	270	162	109	93	114	68	—
1993	1288	490	798	26	466	284	264	248	415	142	731	150	311	283	179	105	78	105	77	—
1994	1197	439	758	19	417	253	243	265	426	170	601	109	262	321	194	102	44	81	84	—
1995	1190	438	752	21	476	277	229	187	427	157	606	99	247	345	195	123	50	52	76	3
1996	1062	399	663	27	457	277	135	166	399	68	595	67	208	306	194	107	61	55	64	—
1997	1039	396	643	47	483	240	152	117	434	106	499	—	273	296	189	115	59	41	61	5
1998	921	361	560	96	442	176	157	50	377	41	503	—	244	248	227	116	59	17	10	—
1999	868	347	521	116	441	151	111	49	376	—	—	—	202	245	230	118	54	11	8	—
2000	800	336	464	123	428	129	84	36	375	—	—	—	—	356	391	—	52	—	1	—
2001	765	323	442	126	449	113	55	22	383	—	—	—	—	298	384	—	77	—	6	—
2002	523	266	247	89	303	86	17	18	241	—	—	—	—	176	265	—	71	—	1	—
2003	501	260	241	89	306	86	20	—	232	—	—	—	13	76	123	155	110	24	—	—
2004	515	283	232	83	375	50	7	—	286	—	—	—	—	152	150	—	156	37	15	5
2005	511	282	229	83	374	47	7	—	264	—	—	—	—	150	150	154	37	15	5	—

二、干部选拔任用

老八五九农场时期，科以下任免权在总场，总场副场长以上干部任免权在牡丹江农垦局。1977年恢复农场后，队以下干部由农场任免，正、副科级干部由建三江管理局任免。副场长以上干部由总局任免。1983年以后，正、副场长级干部由管理局任免。

有关干部培训、考核和奖惩等工作，由组织部门组织进行。

1984年，农场干部的选拔任用都是由基层组织推荐，组织部门考核考察后，经农场党政班子研究决定再任命。1992年，开始在个别生产队民主选举生产队长。1994年，根据总局《黑龙江垦区民主选举队长试行办法》，在八队、十七队、十九队进行了民主选举生产队长的试点工作。1998 年，农场民主选举生产队长工作全面铺开，分年初和年底两个阶段，民主选举生产队长共 16 个，占生产队总数的 50%。

1999 年 11—12 月，民主选举队长 16 个。

农场民主选举党支部书记从 1999 年 11 月开始，到 2000 年 1 月，全场共有 25 个生产队民主选举了支部书记。

2003 年，为规范干部选拔程序，农场出台《关于加强科队级领导班子和干部人事选拔任用工作的决定》，规定了干部选拔任免程序。

2010 年 6 月，根据建垦局办发〔2010〕2 号及建垦文〔2010〕15 号文件《关于做好建三江分局民主选举基层领导干部民主程序的指导意见》要求，农场在全场范围内开展了民主选举管理区及场直单位领导干部工作和“公推直选”党支部书记、委员工作。从 6 月开始到 9 月 10 日，对全场 21 个单位开展了民主选举工作，选举出管理区主任 9 人、副主任 27 人，选举出场直单位科长（局长或经理）12 人、副科长（副局长或副经理）13 人，共选出领导人数 61 人。“公推直选”基层党支部书记 18 人。做到公正、公平、公开，扩大了选人用人机制。

2016 年，建三江管理局下发建垦文〔2016〕13 号文件，出台《干部选拔任用工作预审办法》。自 2018 年起，由管理局党委组织部、纪委联合对各级党委干部选拔任用工作实行预审和专项巡查。

三、干部培训

农场党委十分重视干部的教育培训工作，按照《干部教育培训工作条例》，把此项工作纳入重点工作来规划、部署、实施。

1958 年 11 月，根据铁道兵农垦局第一届党代会决议，农场开办党校，对党员、干部进行短期轮训。1962 年，党校撤销。

1973 年，重新建立党校，校址在东安下营，以办各类短期轮训班为主。1982 年迁至场部，培训对象转为党员干部和后备干部。1985 年撤销。

1985 年，农场对拟提拔任用的干部采取中青年学习班、短训班等方式进行培训。

1993 年，农场出台了《关于干部培训问题的若干规定》。1989—2000 年，农场采取各种形式对干部进行轮训。轮训的对象有农场领导、机关干部、队长、书记、副队长（农业、机务、水稻）、统计、会计、兽医、教师、卫生员、公安人员等。

由组织部、宣传部、纪委、工会等政工部门对全场支部书记、政工干部、工会干部、宣传报道员、入党积极分子、职工代表等进行党的方针政策、理论知识、党纪党规、新党章、党风廉政、形势任务、政工业务、工会工作、宣传工作及业务进行培训。每年培训支部书记 98 人、工会干部 68 人、宣传报道员 48 人、入党积极分子 52 人、职工代表 240 人。累计培训 45 次，年培训人数 506 人次。

2018 年，建三江管理局分两批组织农场 7 名党务干部赴沂蒙山革命老区，开展红色精神主题党性教育；农场党委选送 41 名优秀的一线干部到井冈山、沂蒙山接受红色党性教育。

2006—2020 年，聘请总局党校、省委党校及高校的专家教授来场，对全场干部开展重点内容教育培训，共举办 11 次，授课 36 人次，累计受教育干部 3720 人次。

2006—2011 年，按照总局党委下达的干部调训任务，农场选送了场处级后备干部和有发展潜力的优秀青年干部 49 人参加了各级培训班。有场处级北大班、上海班、省妇女干部班、东北农业大学管理区干部班、大连企业家培训班、总局党校干部班、垦区职业经理培训班等。

2016 年，农场选派 2 人参加北大班农垦部农垦改革与发展干部培训班。2019 年，选派 4 人参加北大青年干部理论培训班，选派 4 人参加农业农村部管理干部学院农垦职业经理人才培训班。2020 年，选派 6 人参加农垦总局党校基层管理人员能力提升培训班。

四、老干部工作

1984 年以前，由党委组织部管理老干部工作。1984 年，成立老干部科，由老干部李若平任老干部科副科长，配备保健医生邵发，活动室服务员孙春华，编制 3 人。1992 年，农场老干部活动中心建成，单设了财务，人员最多时 5 人。1999—2005 年，老干部科编制 3 人。2009 年 3 月，老干部科与离退休干部活动室迁至文体中心楼内，由文体中心主任周华虎兼任老干部科科长。

2022 年 7 月，八五九农场有限公司管理体制改革，党群工作部内设离退休干部工作办，科办负责人周华虎。

领导成员更迭情况如下：

老干部科科长：李若平（1986.3—1987，副）

张宝峰（1988.3—1990）

袁庆年（1990.11—1992）

周　信（1992.12—1995.5）

刘玉金（1995.9—2008.10，兼书记）

周华虎（2009.3—）

老干部主要是指建国以前参加革命工作的干部。

1984 年，老干部科成立时有老干部 84 人、老干部遗孀 3 人。2005 年底，农场有老干部 50 人，其中享受副厅级待遇的 1 人、享受处级待遇的 29 人、享受科级待遇的 20 人。老干部在异地生活的有 21 人，其中易地安置 6 人、异地居住 15 人。

2020 年底，农场有老干部 14 人，其中享受处级待遇的 6 人、科级的 8 人。老干部在异地生活的有 8 人，其中易地安置 2 人、异地定居 6 人。老干部遗孀 22 人。

本着“政治待遇不变，生活待遇略为从优”的原则，农场全面落实了老干部的各项待遇。组织老干部参加各项政治活动，每年有计划地召开老干部座谈会，定期组织身体健康的离退休干部外出参观游览。制定并完善了重大节日走访慰问制度、体检制度、为离休干部庆祝寿辰制度。2011 年，针对离休干部年纪大、身体弱的现状，申请购买金杯小型客车一台，作为老干部通勤车。2016 年以后，由于老干部年龄偏大不便出行，老干部科开始为老干部送学上门服务，传达上级和农场的有关文件。申请资金 2.44 万元，为每位老干部征订了《退休生活》《老年报》《北大荒日报》等报刊。

1981 年，农场盖 2 栋科技楼，有 6 户抗日时期的老干部入住，每户建筑面积 70 平方米。1985—1991 年，农场先后为老干部统一在场部建设了集中供暖住房，其中享受厅级待遇的 90 平方米、享受处级待遇的 70 平方米、享受科级待遇的 60 平方米，把全体老干部集中到场部居住和管理。1997 年，为全体老干部住房安装了下水管道，达到了统一供暖，上下水畅通，提高了生活质量。

1991 年以前，老干部的离退休费由原工作单位发放，一切福利待遇和生活管理也由原工作单位负责。1992 年，老干部科设立财务室，配备会计、出纳，全场的老干部工资关系都转到老干部科，离退休费由老干部科统一发放。1995 年，农场分两次补发了以前因经济困难欠发的老干部离退休费和医疗费共 56 万元。在医疗待遇方面，农场在职工医院设立了老干部病房，对老干部就医用车做到优先安排。老干部医疗费用实行 100%报销。每年的重大节日，对老干部进行慰问，发放慰问品或慰问金。年满 70 周岁的老干部，按其级别每年发给 51～61 元不等的护理费。2017 年 7 月 1 日，按照“关于调整建国前参加革命工作有关人员护理费标准的通知”将老干部护理费统一提高到每人 2500 元/月。

对异地居住的老干部，农场制定了两年一专访制度。加强与安置地老干部工作部门的沟通和联系，使易地安置老干部的晚年生活得到保障。2020 年武汉疫情开始时，97 岁高龄的农场离休干部彭跃民老人身在武汉江夏疫区，两个定点医院都已经紧急改为新冠感染定点医院，不能接收其余病患。在农场的努力下，及时为彭跃民老人解决了就医问题。

1982年，农场将工会原图书室改设为老干部活动室。1986年，老干部活动室房屋拆除，活动室搬迁到工会“职工之家”东侧的大房间里。1992年，农场投资150万元在宾馆东侧兴建了500平方米老干部活动中心。2009年3月，农场将老干部科与离退休干部活动室迁至文体中心楼内。

1989年秋，农场在原机关大楼前修建了门球场，成立老干部门球队，有队员11人，享受副厅级待遇的老干部马春茂任队长。1990年，老干部门球队参加管理局首届门球赛获得冠军。此后，老干部门球队虽然人员逐年变动，但比赛成绩一直良好，1991年、1996年在管理局门球赛中荣获冠军。2010年，在文体中心西侧建成沙地门球场；2013年，改建为建三江管理局内第一块人造草坪门球场，并承办了第二十四届“饶河地区五场一县离退休干部门球友谊赛”。

2009年5月，农场在文体中心成立老年大学。2012年，老年大学太极拳班曾代表八五九农场获得总局千人太极拳大赛第三名。

2019年，农场投资100万元在文体中心后侧新建1000平方米高标准门球场地，并承办了第三十届“饶河地区五场一县离退休干部门球友谊赛”。门球队每年坚持训练，不间断地参加“建三江管理局离退休干部门球赛”“饶河地区五场一县离退休干部门球友谊赛”。2008年9月24日，获得“建三江分局第十七届离退休干部门球赛冠军”；同年，获饶河县第十九届门球赛冠军。2011年9月，获得“建三江管理局离退休干部第二十届门球赛”冠军。2015年9月，获得第二十六届“饶河地区五场一县离退休干部门球友谊赛第一名”。

1998年6月27日，八五九农场3位平均年龄70岁的老干部王百奎、陈正能、孟凡忠，在老干部党支部的培养下光荣入党，在农场引起轰动。建三江电视台和八五九电视台以此为题材联合拍摄了专题片《党旗辉映夕阳红》，获首届黑龙江农垦新闻奖二等奖、2000年度总局电教片评比三等奖。

党支部为离退休党员发挥余热搭建平台，有4位离休党员参加关工委工作（其中2人担任学校校外辅导员、2人担任农场廉政建设监督员）。离休干部马春茂在自己家的庭院开办了青少年教育基地，由原来20多平方米扩建到50多平方米，每年可接纳参观庭院和借阅书刊的青少年及中老年人3000人左右。马春茂被评为省级“三好老干部”。老党员谭德炎2004年受聘担任农场关心下一代净化环境监督员后，每年拿出600元资助1名贫困学生。2009年，谭德炎被授予黑龙江省关心下一代先进个人。

1998年4月21日，64名老干部获“开发建设北大荒40周年功勋章”。

2019年9月，47名新中国成立前参加革命工作的离休干部、老战士，获得建国70周年纪念勋章。

2020年11月，50位抗美援朝志愿军老战士事迹材料，被建三江党委工作部“英雄谱”书籍收录。

1997年7月，农场老干部党支部被总局党委授予先进老干部党支部；1998年10月，被总局党委授予老干部工作先进单位、授予老干部工作先进集体；1999年9月，被中共中央组织部授予全国离退休干部先进党支部；10月1日，被省委组织部、省委老干部局授予先进离退休干部党支部；2003年12月，被总局党委组织部、老干部处授予老干部工作先进单位。

2010年12月，中共黑龙江省委老干部局授予农场离退休干部活动中心“省级标兵之家”称号；2011年12月，获垦区离退休干部工作先进单位；2012年2月、2013年3月、2015年3月，被农垦建三江管理局委员会离退休干部工作处授予“管理局标兵离退休干部工作单位”；2017年4月、2018年4月、2019年4月，被建三江管理局委员会办公室授予“建三江管理局离退休干部为党和人民事业增添正能量活动先进单位”；2020年12月，被北大荒农垦集团有限公司建三江分公司党委工作部授予“2019—2020年度离退休干部工作先进单位”。

第六节　关心下一代工作

关心下一代工作委员会（关工委）成立16年来，涌现出一大批农场、分局、总局、省级先进集体和先进个人。其中，先进集体47个、先进个人113人次。

2004年，李刚在农场工会主席岗位退休。参加关工委工作，担任秘书长，后任副主任。她身体不好，1995年患恶性淋巴瘤，大剂量的化疗致使肝脏受损和白细胞低下。但她仍创造性开展工作，使关工委在贫困生救助、帮教转化、道德养成教育、基层组织建设等方面实现了规范化、制度化、多样化、网络化。学校、家庭、社会三位一体联动共育格局基本形成，关工委工作受到了党委、群众的认可和好评。2008年12月，被省委办公厅授予关心下一代先进个人；2011年6月9日，被评为黑龙江省百名优秀“五老”。

2006年8月，农场关工委被评为总局关心下一代工作先进集体标兵；2007年，谭德炎被授予省关心下一代先进个人；2009年6月，谭德炎荣获黑龙江垦区“社保杯”2008年度优秀离退休人员称号；2012年2月，葛柏林荣获黑龙江省“十大关爱标兵”称号；2015年，古云平荣获黑龙江省关爱标兵称号；2016年11月，社区关工委荣获黑龙江省创建“未成年人零犯罪”先进集体称号。2022年6月27日，关工委副主任张乾华荣获全国青少年普法教育优秀辅导员称号。

领导成员更迭情况如下：

关工委常务副主任：马春茂（2004.7—2012.5）

李　刚（女，2009.3—2010.12）

张开成（2013.3—）

秘书长：李　刚（女，2004.7—2009.3）

李淑芬（女，2009.3—2010.10）

姚素珍（女，2010.10—2017.9）

王　杰（兼，女，2017.9—）

2022年7月，八五九农场有限公司管理体制改革，党群工作部内设关工委，负责人为关工委秘书长王杰。

一、组织建立

关工委组织的主要任务是教育、培养青少年成为有理想、有道德、有文化、有纪律的社会主义事业建设者和接班人。负有对关心下一代工作进行组织、协调、指导、检查、服务的职能。

2004年7月，根据建三江分局建垦办发〔2004〕7号文件精神，农场成立了关心下一代工作委员会。农场党委下发九垦办发〔2004〕8号文件《关于建立健全各级关心下一代工作组织的通知》，建立健全了农场关工委组织，主任由农场党委书记刘庆君、分公司总经理刘相增担任，常务副主任由离休老干部马春茂担任，秘书长由原农场工会主席李刚担任，办公室设在老干部科，成员由农场办公室、组织部、宣传部、工会、团委、教育科、政法委、老干部科、卫生科、司法科、法庭及3名老干部组成。2004年8月，农场各基层单位、管理区、作业站共44个单位建立健全了关心下一代工作领导小组。2010年，关工委设独立科室，配专职人员负责。2017年9月，农场机构改革，关工委合并到组织部，由组织部人员兼任办公室主任及秘书长。

到2020年底，农场有基层关工委组织3个、基层单位关工小组34个、基层关工组织五老成员84人、十大员186名。

二、"五老""十大员"队伍

为进一步动员和组织"五老"（老干部、老教师、老战士、老模范、老专家）参加关心下一代工作。从2004年10月开始，在"五老"队伍中设置"八大员"，2005年改为“十大员”。根据《黑龙江省关心下一代工作细则》要求，统一设置思想道德报告员、优良传统宣传员、校外活动辅导员、净化环境监督员、法律心理咨询员、捐资助学协调员、行为规范帮教员、家庭教育指导员、科技文化传授员、脱贫致富帮扶员，简称“十大员”。

16年来，累计参加农场各基层单位关工小组“五老”十大员的有728人次，参加农场关心下一代工作委员会和“五老”十大员的有48人次，他们离休不离岗、退休不褪色，发挥余热，传播正能量，进一步开创了农场关心下一代事业新局面。

三、教育活动

农场党委高度重视关心下一代工作，做到“三纳入、四同时”，把关心下一代工作纳入党委议事日程、纳入精神文明建设总体规划、纳入思想政治工作考核体系；把关工委工作与其他工作同时安排、同时检查、同时总结、同时表彰；把组织部、人事局、老干部科、财务科、工会、共青团、妇联等部门也纳入关心下一代工作行列中来。

2008年7月3日，建三江分局关心下一代工作推进会议在八五九农场召开。分局领导、各农场党委书记、各有关单位和部门共计110余人参会，会程1天，参观了4个现场。会上农场党委、关工委、学校、“十大员”谭德炎等分别作了典型发言。

16年来，农场关工委紧紧围绕党委中心工作，组织开展了丰富多彩的活动。

（一）捐资助学活动

深入开展“大手牵小手”捐资助学活动，采取农场出资一部分，爱心单位、爱心企业、爱心人士1人或多人资助1名贫困学生的方式，每个学生每年能得到600元、800元、1000元不等的资助，直至九年义务教育毕业。农场关工委建立长效帮扶机制，采取“N+1”帮扶模式，建立帮扶档案，跟踪问效。16年来，开展捐资助学活动累计资助526名贫困学生，捐助资金42.82万元，参加捐助爱心单位、爱心企业124个，参加捐助爱心人士1095人。

全国十大种粮标兵、关工委五老成员葛柏林连续十年捐资助学，共帮扶60名贫困学生，累计捐款6万元。北京知青宋承武从2008年开始参加农场的捐资助学活动，每年捐助2000元。从2018年开始她每年拿出3000元长期资助1名上建三江一中的贫困学生姜宇彤，直到她大学毕业。到2022年，累计捐款3.5万元。

表5-6　2005—2020年“大手牵小手”捐资助学统计表

年度	受资助学生人数	资助金额（万元）	捐资爱心单位（个）	捐资爱心人士（人）
2005	34	2.04	7	27
2006	44	4.48	8	51

（续）

年度	受资助学生人数	资助金额（万元）	捐资爱心单位（个）	捐资爱心人士（人）
2007	44	2.99	19	253
2008	55	3.74	29	353
2009	32	1.88	6	30
2010	42	2.52	7	56
2011	40	2.4	6	38
2012	41	2.46	4	38
2013	29	2.34	4	34
2014	32	3.36	4	45
2015	27	3.12	4	42
2016	34	3.18	5	51
2017	26	2.64	3	37
2018	17	2.1	9	12
2019	14	1.73	5	13
2020	15	1.84	4	15

（二）“学、育、奔”活动

从2006年起，农场宣传部、团委、教育科、关工委联合开展“崇尚真善美，做文明青少年”主题教育。重点开展社会主义荣辱观、北大荒精神、道德规范养成等主题教育。组织“五老”进校园，讲爱国主义、革命传统、战斗英雄、劳模事迹、北大荒精神等报告会26场。在基层12个单位建立了图书室，购书3.42万册。在学校和各单位开展青少年读书活动，在寒暑假组织开展丰富多彩的老少同乐、老少共建活动，累计参加学生家长2300余人，参加的“五老”216人。学校以班、年级、少先队、团支部等为单位，组织青少年开展“读、写、讲、唱、比、做”等各种读书教育活动，提高青少年自我教育、自我管理意识。

享受副厅级待遇的老干部马春茂应邀担任农场中小学校外辅导员。2006年，马老在自家小庭院里创办起“革命传统教育基地”。在50平方米的门房内，藏书总量已达2000多本。马老根据中小学生的心理志趣和当前形势，将展览板块划分为人物春秋、旧事重提、新闻联播、心灵港湾等23个部分。他整理出的剪报达到18本，收集革命传统教育故事段落9800多个，整合出故事类、新闻类、人物类专题性的报刊合订本77个。基地开放后，受到了中小学生及青少年的热烈欢迎，每年来此参观、学习的人员络绎不绝，已累计达4800余人次。

（三）“中华魂”读书活动

组织广大青少年广泛开展“中华魂”主题读书活动，使青少年读书活动成为青少年思想道德建设的一个品牌。

从 2006 年开始，把读书活动引入了评比机制。农场、分局、总局每年举办一次青少年读书演讲比赛。农场关工委、学校组织选拔赛，前两名的推荐参加分局以上演讲赛。几年来，累计参加比赛的青少年有 330 余人次，听演讲比赛受教育青少年达 3680 余人次。2009 年 2 月，农场关工委获全省青少年“中华魂”读书活动优秀集体组织奖。2011 年 2 月 14 日，农场中学学生赵金平代表建三江管理局到省里参加比赛获得第一名的好成绩，被授予省十大读书状元荣誉称号；7 月 12 日参加全国青少年夏令营活动，在 500 多名孩子中，被选为夏令营优秀主持人。在分局、总局读书演讲比赛中王英潼、王楚慧、张博雅等 26 名学生分别获得第二名、第三名的好成绩。

以创建“书香校园”“红领巾第二课堂”为特色，利用寒暑假培养青少年“爱读书、多读书、读好书”，让他们在读书中享受快乐。读书活动延伸到了社区、学校、家庭之中，累计有 3.37 万多名学生和家长参与到活动中，形成了良好的读书氛围。

（四）开办家长学校

关工委从 2005 年开始开办了家长学校，并作为做好关心下一代工作的切入点。每年举办两次中小学生家长培训班，并深入到部分管理区讲课。全场 26 个基层关工小组均开办了家长学校，采取学习、座谈、讲课、观看教育专家授课光盘等方式，提高家长的素质。农场党委书记刘庆君特意抽出时间给家长们讲课，家长们的学习积极性高涨。16 年来，家长学校累计培训家长 1.74 万人次，家长培训率达 92%。

（五）义务监督网吧

义务监督网吧，确保青少年健康成长，是关工委的一项常规工作。在净化文化环境工作中，农场党委态度坚决，明确落实相关部门责任。农场党委在“十大员”中聘请了六名老同志为文化环境监督员，协调文化市场管理部门每周一次，对网吧和游戏厅进行监督检查。无论白天、黑夜，无论临时抽查还是常规检查，郑云樵、王维洲等六名同志随叫随到，没有任何怨言。自 2004 年起，共查处网吧 4 家，整改 3 家，有效遏制了未成年人进入网吧现象的发生。

（六）青少年法制教育

农场关工委自成立以来，就把青少年法制教育作为重点工作来抓，聘请农场司法分局人员担任学校法制副校长和校外辅导员，开展法制教育和心理健康讲座。开展创建“未成年人零犯罪学校和社区”“护校安园”“六五、七五普法”“平安学校”“平安社区”“关爱明天、普法先行”等主题教育。农场社区获得创建“未成年人零犯罪”先进单位，学校被评为普法先进单位。每年进学校、进社区讲法制课 11 次，累计上课 165 次，受教育人数

9660余人次。

发挥“五老”作用，积极参与社会管理。社区成立了由关工委“五老”、退休老党员组成的巡逻队，常年在居民区内巡逻。组织“五老”义务检查维护学校、幼儿园周边环境。

（七）“传承红色基因，争做时代新人”主题教育活动

2018年以来，农场关工委和各基层关工小组围绕“传承红色基因、争做时代新人”主题教育，开展了“中华魂”读书演讲赛，“送红色书籍、感悟红色力量”夏令营，“传承红色基因、感受国防力量”进军营活动，参观青少年教育基地、党员干部教育基地、场史馆进行党史和北大荒精神教育等活动248余次，受教育学生1.11万人次。

2016年10月24日，建立在葛柏林家庭农场的八五九农场青少年教育基地正式揭牌。教育基地有文化长廊、绿色人工林、自然风光、湿地保护区、劳动实践田、图书阅览室等，是对青少年进行北大荒精神教育和传统教育的良好场所。

2019年7月3日，省关工委副主任付晓波、副秘书长刘善琦到八五九农场调研关工委工作。一行人参观了青少年教育基地、党员干部教育基地、场史馆、社区党建文化广场等，对八五九农场开展传承红色基因活动给予了充分肯定和好评。

（八）“好家风、好家教、好家训”教育活动

打造学校、家庭、社会“三位一体”教育格局，建立社区大讲堂，请老复转官兵、先优模代表讲课，传承好家风、好家训和孝老爱幼中华传统家庭美德。农场关工委在全场开展了“好家风、好家教、好家训”故事征集活动，共征集到29篇文章，整理编辑了13篇小故事共2万余字，印刷了200册。

四、捐资助学典型事例

1999年，十七队职工姜淑玉的儿子闫所晨由于家庭困难，上学受到影响。分局水利局对他进行资助，使其顺利考上哈尔滨建筑工业大学，为表达谢意，姜淑玉一家人特给分局水利局送上一面题为“行道有德、为善最乐”的锦旗。

家住十九队的夏青，因父母身体不好，种地连续亏损，家境状况不佳。2001年，夏青考入农垦师专，学费和生活费一直靠亲友接济，三年来夏青一直靠搞家教维持学业。2003年，夏青以优异的成绩专升本考入哈尔滨师范大学，因无力承担高昂的学费，开学一个月仍无法就读。夏青曾向农场求助，希望帮助解决贷款事宜，农场党委书记刘庆君了解到情况后，与分局民政局协调解决了6000元贫困贷款，还免去了利息。经过刻苦攻读，夏青已顺利毕业并应聘到哈尔滨工业大学担任教师。

2001年，二十队特困户季克林之子季国举因家庭困难欲退学。国土资源科科长郭志东得知情况后，组织单位工作人员每人拿出一个月工资，资助其上学。2002年季国举考入东北农业大学法学系，国土资源科的5名工作人员又凑齐了4000元，为其交上了学费。财务科的全体人员也为他捐款1000多元。5年来，国土资源科的5名同志每年资助其学费3000元。

2002年，家住二队的白丽丽以557分的优异成绩考入哈尔滨师范大学化学系。白丽丽的家庭生活非常困难，父母都没有正式工作，父亲还患有癫痫病，不能干重体力活。初中三年，白丽丽的成绩始终排在全年级的前三名。1999年，白丽丽以全分局第29名的好成绩考取了建三江一中。马上要开学了，白丽丽还在外地打工，挣学费。建三江教育局招生办副主任李方田来农场中学监考时，无意中了解到了白丽丽的基本情况。当他得知白丽丽因生活困难没有到一中报到时，毫不犹豫地拿出了2000元钱替她垫上了各种费用，还同妻子一起送来了许多学习用品。靠着好心人的资助，白丽丽顺利完成了高中三年的学业。白丽丽考上大学后，李方田夫妇表示将继续资助白丽丽直至大学毕业。

2003年7月23日，农场考生尹飞龙在高考中，以总分617分的优异成绩考入清华大学汽车工程系，这是农场有史以来第一个考入清华的考生。农场决定对该生在校期间每年给予1万元资助。7月30日，尹飞龙及父母将一面写有“悠悠助学情，拳拳爱国心”的锦旗送到农场领导手中。尹飞龙1982年出生于伊春，1996年随父母迁入八五九农场。

2005年8月16日，由全场89名新党员和部分老党员共同资助的十队贫困学生王辉以642分的成绩被哈尔滨工业大学国际经济贸易专业录取。从2002年开始，农场组织部牵头共资助王辉高中学习费用9000元。王辉考入大学后，农场党委为其捐赠5000元，新党员捐助2000元，十队党支部组织本队党员干部捐助1200元。

2009年5月28日，中学初二5班的刘宏超同学与关工委谭德炎结成“大手牵小手”资助对子。刘宏超的父母没有固定工作，生活一直很困难，她每年的上学费用都需要东拼西凑才能交齐，但她学习非常努力，成绩始终排在班级前三名。谭德炎每年资助其600元，直至她完成初中学业。

2010年8月2日，农场考生黄芯蕊以635分的成绩被北京大学法学院录取，农场特资助其1万元。黄芯蕊的父母没有固定工作，长年在外地打工，但她学习非常刻苦。现工作在北京证监会总部。

第七节　文化、宣传

一、机构沿革

党的宣传工作是农场党委工作的重要组成部分，宣传部作为农场党委意识形态领域工作的综合部门，负责指导全场的理论学习、思想政治工作、新闻宣传、典型选树、精神文明、党员思想建设、文化市场管理、政工职称评定等工作。

1958年，农场设宣传部。1962年改为宣传科，编制5～8人。1964年，新八五九农场设宣传科，编制3、4人。1967年，宣传科改为革命委员会领导下的宣传组。1969年，随着兵团组建，在团政治处下设宣传股，人员编制最多达14人。1977年恢复农场，同时恢复宣传科，1980年改为宣传部。

1985—1992年，宣传部是独立的科室。1993年，农场机关改革，宣传部与广播电视局合并为宣传文化中心，但对外业务还是对口管理。1995年，宣传部增加文化市场管理职能。1996年，增加精神文明建设创建职能。2005年12月，广播电视局上划，宣传文化中心撤销，宣传部恢复为独立科室，编制2人。

2022年7月，八五九农场有限公司管理体制改革，党群工作部内设宣传办。

领导成员更迭情况如下：

宣传部部长：崔占武（1958任命）
孙行涛（1960任命）
科　长：梁衍山（1965—1966.5）
股　长：何　鹤（1969.10—1970.10）
陆开益（1971.3任命）
韩　敏（1975.3任命）
科　长：李勋之（1977.2—1979.10）
部　长：宋连福（1979.10—1985.7）
张士凡（1985.9—1988）
许学友（1988—1994）
张清隆（1995.1—2005.12）
任俊青（2006.7—2010.5）
高　杰（2010.6—2013.10）
付甲东（2015.3—2017.9）
张广龙（2017.11—2023.3）

二、宣传工作

（一）理论教育

1958—1959年，为配合人民公社化运动，农场普遍开展共产主义教育。

1964 年以后，学习毛主席著作运动掀起高潮。

根据农场地处边疆，又以复员、转业官兵为基础的特点，形势教育则以“屯垦戍边”为主要内容。兵团成立后，“以一手拿镐，一手拿枪，备战备荒为人民，建设边疆红哨所”为内容进行宣传教育。

1979 年初，在全场开展了实践是检验真理标准的学习和讨论。农场宣传部培训了一批以支部书记为主的理论学习骨干，然后在全场重点讨论了“什么是真理”“检验真理的标准”等专题。1980—1983 年 4 年中，农场举办了 4 次后备干部培训班。

1985 年，为了鼓励职工群众兴办家庭农场、办好家庭农场，农场组织了由机关干部组成的 30 多个工作组，到各生产队大张旗鼓地宣传党中央一号文件精神和农垦总局党委扩大会议精神以及农场党委制定的各项方针政策。农场的广播站、宣传栏、各生产队板报，都围绕兴办家庭农场展开宣传，形成了强大的舆论氛围。农场按照中央一号文件精神，发展养奶牛、养肉鸡、养鱼等多种经营，宣传工作在动员群众勤劳致富中发挥了舆论引导作用，“养牛发大财，养鸡发快财，养鱼发横财，谁发家谁光荣”的宣传口号家喻户晓。农场及时发现、总结推广先进典型人物，引导职工群众勤劳致富奔小康，先后推出了兴办家庭农场的带头人葛柏林、养牛女状元陈桂花等一大批种、养、加行业的典型人物。

1990 年，组成 10 人的北大荒精神报告团，来到各单位巡回宣讲，选树了医院护士班等一大批先进典型人物。

1993—1997 年，是农场由“两借”向“两自”实现历史性转变时期。农场通过举办专题报告会，开办电视访谈栏目，印发典型材料，开座谈会等方式，使“两自”深入人心。

1994—1996 年，农场大力发展水稻生产，宣传工作紧紧围绕水稻开发展开。对内利用一切宣传形式，大力宣传农场种植水稻的优惠政策，推出了二十三队女职工康振玉等致富典型。对外大力宣传农场得天独厚的自然、绿色、生态优势，吸引了浙江、辽宁、吉林、内蒙古及省内大量水稻种植户来农场发展水稻生产。

1999 年 1 月，被总局党委授予学习邓小平理论先进党委。

2015 年，积极落实“理论学习年”活动，与“三严三实”专题教育有机结合，印制学习书籍 15 本，收集学习心得 400 余篇。领导干部理论学习走上制度化、多样化、常态化和规范化轨道。

2016 年，发挥社区大讲堂的优势，开展践行社会主义核心价值观、北大荒精神、社会公德、职业道德、家庭美德、个人品德等方面的学习教育培训。

2018 年，农场成立了以党委书记为组长的意识形态工作领导小组，完善各种制度，明确职责，将意识形态工作列入党委理论中心组学习科目，抓好舆论引导，重点领域舆情研判不放松。2020 年，出台《八五九农场突发重大网络舆情应急处置预案》，开展意识形态专题培训 3 次，处置网络舆情 1 次，帮助农民工梁忠太追回拖欠工资 3479 元。

2019 年，利用文体中心党员干部教育基地、明珠家园党建文化主题广场、第一居民委党性体验室开展党员干部思想教育。其中，党员干部教育培训 568 人次，青少年教育培训 232 人次。2006—2020 年，农场通过讲座、报告会、集中学习、专题辅导等形式开展学习教育 150 次，累计参加学习 1.5 万余人次。

2020 年，全年开展党委理论学习中心组学习 10 次，班子成员深入分管单位带头讲党课 48 人次。利用“北大荒党员课堂”“四学四有四课堂”等载体，全年党员干部培训达 3600 余人次。

（二） 典型选树

培养树立了全国劳动模范穆文亮、全国十大种粮标兵葛柏林、全国公安机关爱民模范邓功富等先进典型。

2010 年 3 月，开展“感动八五九人物”评选活动。经过基层推荐，各政工部门深入挖掘和电视局一年的跟踪拍摄，12 月，农场电视台播出了四位人物的专题片，并引起了强烈反响。李斌、王德江、张丽丽、于淑华被评为首届“感动八五九人物”。

2011 年，各基层单位推荐第二届感动八五九人物候选人 36 人，最终推选出 12 人为候选人，采取电视局记者与政工各部门相互配合的方式，进行全年的材料收集、跟踪拍摄，最后评选出 6 名感动八五九人物。

2014 年，各基层单位推荐第三届“感动八五九”人物 28 人，最终确定候选人 7 人。对评选出的 4 名感动人物在“七一”庆祝大会上予以表彰。

2015 年，开展了最美白衣天使、最美辛勤园丁、最美森林卫士、最美科技青年等 10 项“最美人物”评选活动，共评选出各类先进典型 10 名。

2017 年，开展了“最美人物”、道德模范、“六型”干部评选活动，各评选出 10 名先进人物。

2019 年，开展了“最美人物”、道德模范、“六型”干部评选活动，评选出“最美人物”和“六型”干部各 10 名、道德模范 5 名。

三、新闻报道

（一） 对内报道

1958 年 5 月，农场建立有线广播。总场宣传部设 1 名宣传助理员，每天在 30 分钟的自办节目中，报道农场的好人好事。

1958—1962年，八五九总场政治部创办了自己的内部报刊——《乌苏里江报》和《乌苏里江文艺》。

《乌苏里江报》是在1958年12月场社合并的日子里创办的。1961年4月，由于全国农业遭受自然灾害，全国县级报纸一律停刊。牡丹江农垦局党委规定全局除保留《农垦报》和《乌苏里江报》外，其余所有农场的报纸全部停刊。可见《乌苏里江报》还是有一定地位的。1962年9月，报纸停办。

《乌苏里江报》创办的3年多时间里，共出版390多期。报纸为八开两版，后改为四开四版，每期近2万字，一周出二期，开始时油印，后改铅印。报社编辑人员有米磐石、杨廉沅、陈木石、柳诗炳、龚宗涤、林哨、白丁、汪烈、王水心。

《乌苏里江文艺》于1959年5月创办第一期，每期10万字左右，定为月刊。刊物出版后，受到广大官兵的欢迎，500本《乌苏里江文艺》被一抢而空，许多人还拿去寄给亲友和家人。当年8月停刊，1960年4月，又出了1期后停刊。一共出了4期。主要登载诗歌、电影剧本、小说、故事、散文等文学作品及绘画作品。每期都有作品被《北大荒文艺》《嫩江文艺》转载或发表。编辑人员有武德、郑文汉、白丁、龚宗涤。

1992年5月，组建农场广播电视局。5月23日，用临时竖立的天线发射播出了农场第一期自办的电视新闻节目。农场电视台开办的八五九新闻节目一直延续至今。

2011年10月1日，开通了农场网站《八五九网》。2015年7月，开通了八五九网微信公众号；9月开通了八五九网腾讯、新浪2个微博；11月改为八五九农场官方微信公众号。至此电视、网站、微信、微博四大平台全媒体格局已形成。当年，微信平台总用户数7768人，年内有72万次阅读，38万人浏览。微博粉丝6029人，文章阅读14.13万次。视频播放量9.51万次，总阅读量256.2万次。

2016年9月20日，农场的“两微一网”建设，在垦区网信工作现场会上作了典型经验介绍，受到总局党委委员、宣传部长高跃辉的好评。

（二）对外报道

从1958年起，农场设1名专职新闻干事，负责对外报道。

1964年新八五九农场成立时，新闻报道工作由1名宣传助理员负责。

1969年4月，二十三团宣传股开始设专职新闻干事，并组成“红哨所”报道组，从此，地区以上报纸、电台时有农场稿件发表。

1983年，除宣传部有专职新闻干事外，全场还有8名业余报道员。这一年被地区以上报纸、电台采用的稿件达61篇。

1985—1990年，宣传部设专职新闻干事1名。1991年，农场将1名写作能力强的业余报道员调入宣传部任专职新闻干事。

1992—1996年，农场采取走出去请进来的办法，对基层单位的业余报道员进行培训。每年派出专职新闻干事带2、3名业余报道员到农垦日报社参加培训班，1996年派10名业余报道员参加培训班。每年还从农垦日报社请记者、编辑来农场对业余报道员进行辅导、培训、改稿，因此有效地提高了专职新闻干事和业余报道员的写作水平，在《农垦日报》及省级、国家级报刊的上稿量有明显增加。专职新闻干事胡志刚1993年被农垦日报社评为十杰。

1997年5月，农场公开招聘专职新闻干事1名，新闻专职人员达2人。他们与业余通讯员一起共在《农垦日报》上稿达71篇，全垦区排名第二十八名，在建三江分局排第三名。农场被农垦日报社评为新闻报道先进农场。

利用各种新闻媒体提高农场和特色产品知名度。1998年，投资46.4万元，在《人民日报》《农民日报》等20种报纸杂志刊登引资广告20多次，在中央电视台3个频道进行了专题宣传。当年4月，在原建三江宾馆的楼顶树立了4幅广告牌，宣传复合肥、大板酒、活动房等企业产品和企业宗旨。1999年，《乌苏里江畔的温州客》在《温州时报》发表后，吸引了5批客商来场考察水稻种植。

1998年，农场设立了新闻奖励制度，充分调动了业余报道员的写作积极性，当年农场在《农垦日报》发稿超百篇，在省级、国家级报刊发稿超50篇，4名通讯员被农垦日报社评为百强通讯员。2000年，农场在《农垦日报》上稿排行榜跃居第七名。农场被总局党委评为宣传战线先进农场，被《农垦日报》评为新闻报道先进农场。张碧岩、胡志刚、林必茂、李冬生、任俊青、刘家祥、丁智华、李春雨、金琦等先后被评为《农垦日报》《北大荒日报》百强通讯员。

农场宣传、广播电视部门唱响主旋律，打好主动仗，紧紧围绕农场中心工作，按照上大报、上头条、上大稿、上专题的思路，制定年度宣传目标和考核方案。

2001年4月23日，农场举办通讯报道员学习班，邀请农垦报社许跃兵、建三江分局宣传部侯绍纯授课，并表彰了10名优秀通讯报道员。2011年10月7日，在街道办举办新闻骨干培训班，邀请建三江信息港主编付光友讲课，38人参加培训。2020年7月28日，利用下午及晚上共6个小时，邀请《黑龙江日报》驻垦区记者站站长吴树江、《北大荒日报》副总编辑许跃兵授课，100多名报道员参加培训。

2006年，在地市级以上报刊、各网站发表稿件261篇，其中《农垦日报》103篇。2010年，农场成立了新闻中心，全年在《北大荒日报》发稿140篇，发表头题2篇，专版13个。在其他报纸发稿294篇，在网络发稿2840篇。2011年，宣传部荣获垦区宣传系统“创先争优“活动先进宣传部称号。2013年，在《北大荒日报》发表专版13个，在各类网站发稿3899篇，在报纸发稿245篇。

2016年，农场在各大报纸上发表稿件654篇，在主要网站上发表稿件2500余篇，外宣工作在北大荒股份公司排第一名。2017年，在省级以上报纸及《北大荒日报》上发表稿件600余篇，在管理局级以上网络媒体上发表稿件2400余篇，在北大荒股份公司排第二名。

2018年，农场在省级以上报纸及《北大荒日报》上发表稿件517篇，在管理局级以上网络媒体上发表稿件680余篇，在北大荒股份公司排第二名。

2019年，农场在各大报纸报刊上发表稿件首次超过1000篇，在北大荒股份公司排第一名。

2020年，农场在各大媒体上发表稿件1764篇，其中在《北大荒日报》上发表稿件53篇、在北大荒股份公司网上发表稿件98篇，在北大荒股份公司排第三名。

四、精神文明建设

1982年，农场相继开展了“五讲四美三热爱”和精神文明建设活动；职业高中被建三江管理局授予“精神文明标兵”；一队被授予“精神文明生产队”。1983年，一队、七队、十七队被建三江管理局授予“精神文明生产队”；十六队、二十队、二十六队被农场授予“精神文明生产队”。

1990年4月1日，农场成立社会主义精神文明建设办公室，主任张兆顺。1992年底，机关改革，撤销。1996年，农场再次成立精神文明建设办公室，设在宣传部。1997年1月，农场党委出台了场党发〔1997〕1号文件《关于加强精神文明建设实施方案》。

1997年12月，在场部地区和部分生产队开展了“十星级文明户”评比挂牌活动，制定了“五爱星、致富星、法制星、科技星、团结星、卫生星、新风星、教育星、计生星、拥军星”十星级文明户标准。评比的方式是由户自评、单位互评、支部审核定星的方法进行，当年评出“十星级文明户”714户。2020年，评出十星级文明户20户，在政工会上挂牌。

从2001年起，农场党委书记与各基层党支部书记签订精神文明建设目标责任状。年终由农场组织相关部门联合考评，前五名的单位予以奖励，对考核不达标的单位主管领导给予组织处理。

（一）文明单位创建

文明单位创建活动始于1993年，农场精神文明办公室依照《黑龙江省文明单位建设条例》，对于经济效益好、基础建设好、班子团结、员工素质好的单位，进行全面指导，定期检查，组织他们争创各级文明单位荣誉称号。

1994年，供电局被命名为总局级文明单位。

1996年，公路站、乳品厂、粮油公司、交通科、幼儿园、项目队被命名为分局文明单位。

1997年，交通科、项目队被命名为总局文明标兵单位。

2000年，二十六队被省政府命名为省级文明村称号。

2002年，公路站被命名为总局文明单位。

2005年，二十六队被省政府授予“省级文明村标兵”。

2005年4月，第二管理区（二十二队）被总局党委授予文明管理区称号。2007年，被评为“省劳动模范集体”。2011年，被评为“省级文明村标兵”。

2009年，二十六队被中央文明办授予全国创建文明村镇工作先进村镇称号。

2011年，第一管理区（一队）被评为省级四星级新农村建设示范村。2012年5月，被授予黑龙江省五一劳动奖状。

2011年，农场被省委、省政府授予“文明乡镇”光荣称号。

2012年10月29日，在第四届全省“六个十佳”和谐单位（家庭）创建评选活动中，八五九农场街道社区获得了垦区唯一一个“十佳和谐社区”称号。2013年，农场荣获“省级文明单位”的荣誉称号。

2016年，评选出十佳环卫工人10人，最美家庭8户。

在2018年度群众性文明创建活动中，医院、水暖站被授予管理局级文明单位标兵；学校、公安分局被授予管理局级文明单位；社区第一居民委被授予管理局级文明社区。

2020年，评选出党员先锋岗、示范岗、服务岗、标兵岗、文明岗共计119个。

（二）新农村建设

2006年5月，农场成立新农村办公室，设在建设局，由建设局长兼任办公室主任。2010年10月从建设局分出，成立独立科室。2014年3月，与公共资源办公室合并。

2006年，农场编制了《八五九农场建设社会主义新农村实施方案（2006—2010）》。确定了新农村建设的目标，以环境为突破口实现场容区貌大变样。制定了《八五九农场环境建设责任制》，确定了环境建设的目标和奖惩办法。

2006—2007年，各管理区作业站，拆除影响规划的园杖子2万多延长米，各类偏厦子、牛棚、猪圈等200多个，搬迁柴草垛500多个，清理农机具300多台（套）。在场区环境治理方面，采取科室包街的方法，加大治理力度，做到各住户门前“四清”。将责任落实到人头，对影响规划的园杖子、偏厦子、仓房全部拆除，场区共拆除园杖子3万多延长米，偏厦子、仓房120多个，清理家属区农机具30台（套），家禽全部实行圈养，建桥涵36个，挖排水沟2400延长米。

自2005年开始，以第二管理区（二十二站）和第九管理区（二十六站）为重点，加快了微型城镇建设步伐。实现了道路硬化、营区绿化、卫生净化、街区亮化。第二管理区引导职工以节约、实用为原则，共改造住房30户。对房屋进行装修、美化，通过换彩钢房盖、贴墙面砖，达到整齐美观的效果。

2006年，第一管理区以泥草房拆迁为突破口，共拆迁土坯房36栋，农场每户补贴2万元，新建上下水齐全的小康房36栋。同时，规划实施道路硬化工程。2009年，第一管理区被确定为省级新农村建设示范点。当年小康住房达到了117户。新建管理区办公室390平方米，管理区办公室总面积达820平方米。

2006—2007年，在全分局新农村大检查中，获得综合排名第三名、第四名的好成绩。2011年，迎接建三江新农村办三次检查，总体排名第三名。2012年，两次管理局场区环境建设大拉练，排名第三名。

2007年，农场被省政府确定为“省级新农村示范镇”，第一、第二管理区被确定为“省级新农村示范村”。

五、文化艺术

（一）企业文化

农场依托独特的历史和地理条件，形成了军旅文化、北大荒文化、黑土文化、知青文化为一体的文化发展氛围，把文化融入经济、社会、生活等各个领域，推动了农场经济的快速发展。

2000年4月，被农垦总局评为文化先进农场。

从2000年起，农场把每年的6月18日定为“八五九农场文化艺术节”。2000—2005年，共举办了6届。

从2004年开始，农场每年用于企业文化阵地建设的资金达200万元以上，先后建成世纪园、文化体育中心、机关休闲广场、场史馆、明珠家园广场等，形成了文化活动场所网络化。

农场通过开展丰富多彩的文体活动，占领群众的思想阵地。2006年以来，先后开展乒乓球赛、篮球赛、拔河赛、田径运动会、广场文艺演出、大合唱、秧歌表演、知识竞赛、演讲赛、春节文艺演出等文化活动，营造了良好的群众文化氛围，形成了特有的企业文化。又于2009年6月28日、2012年8月27日、2015年6月29日、2017年6月15日、

2019年6月29日，各编排一台文艺节目赴建三江文化广场进行专场汇报演出。

2009年，建三江分局文化局向农场下摆设备，实施基层文化信息共享工程。2011年，在公园广场安装了价值70余万元的60平方米LED大屏幕。

2015年，以“区域特色旅游”为主题参加北大荒文化产业博览会，展出图版4块，印发旅游宣传画册1000份，参展各种手工艺品70余件，有力宣传了农场的旅游特色和资源优势。

2000年8月，由农场业余作家刘家祥创作的42万字的长篇小说《多雨的季节》，由哈尔滨出版社出版发行。该书是一部全景式展示垦区改革、“两自”和“旱改水”的长篇力作，系向国庆50周年献礼作品。

2018年6月5日，在社区一委二楼设立书画、摄影、文学工作室，有58名书画、摄影、文学爱好者参加活动。

2019年9月，为了繁荣农场文化，培养本场文学人才，农场自办内部刊物《乌苏里江文化》，当年刊发2期。每期10万字左右，至2022年已办7期。

2022年9月22日，由八五九农场有限公司出品、中麒品牌策划有限公司承制的乌苏里江大米《情系乌苏里·挚爱北大荒》系列品牌微电影《问江》（6分45秒）、《归田》（6分48秒）、《鉴米》（6分26秒）在文体中心首映。三部影片以八五九农场为原型进行创作，通过不同主人公的故事，挖掘八五九农场的文化底蕴和人文特色，展现乌苏里江文化，展示八五九优美的生态环境和人文魅力。通过影片，更好地宣传“乌苏里江”“乌苏甄珍”品牌。

（二）文化市场管理

从1991年9月8日起，根据省文化厅黑文函〔1991〕22号、建垦党宣〔1991〕16号等文件精神，管理局宣传部承担全局文化市场的系统管理。

1995年，农场根据上级文件精神，在宣传部设立文化市场管理办公室，办公室主任由宣传部部长兼任，下设1名干事。

1995年，全场有歌舞厅1家，音像放映厅1家，网吧2家，电子游艺室2家，书店2家，棋牌室3家，其他娱乐场所2家。

文化市场管理办公室每两年对经营业主进行一次培训，培训合格的发给《文化经营许可证》。农场组成由文化部门牵头，公安、工商、教育等部门配合的文化市场检查小组对文化经营场所进行定期或不定期检查。1995—2000年，查封了4家无证经营、容留未成年人上网的经营户，对校园周围200米范围内的所有娱乐场所予以取缔，进一步规范了文化市场。到2005年底，全场有文化经营户12家，其中歌舞厅4家、影碟书屋2家、电子游戏厅 1 家、网吧 4 家、打字复印社 1 家。

2001 年，农场被评为全国边境长廊文化建设先进单位；天利园个体游乐场经营业主被评为全国边境长廊文化建设先进个人。

2004 年关工委成立之后，加大了文化市场突击检查力度，对发现未成年人上网的网吧进行批评教育，并与 4 家网吧签订了责任状，查封了管理区 2 家“黑”网吧。2013 年，按上级要求完成了网吧“净网先锋”系统的升级工作。

2019 年 6 月，文化市场移交前，共有歌厅 3 个、网吧 7 个。

六、政工职称评定

1991 年 8 月，根据中央颁发的《企业思想政治工作人员专业职务暂行条例》的精神，按照农垦总局的统一部署，首次政工专业职务评定工作在农场展开。农场成立了政工职称办公室，隶属宣传部。同时在全场摸底，做申报准备工作。

凡 1990 年 4 月底以前，在农场党务、宣传、团委、工会、武装等党群工作岗位的专职人员，都可申报参加评定。政工职务申报共分五个等级，政工员、助理政工师、政工师、高级政工师、教授级高级政工师。

到 2005 年，农场晋升高级政工师 16 人、政工师 62 人、助理政工师 76 人、政工员 56 人。

2010—2020 年，农场晋升高级政工师 39 人、政工师 72 人、助理政工师 89 人。

表 5-7　2010—2020 年政工职称晋升情况一览表

单位：人

年度	正高	副高	中级	助级
2010	—	2	3	9
2011	—	1	7	16
2012	2	—	6	12
2013	2	—	6	12
2014	8	—	6	11
2015	2	3	9	3
2016	1	4	10	13
2017	—	3	5	2
2018	1	2	3	1
2019	—	4	7	1
2020	—	4	10	9

第八节　纪检监察

一、机构沿革

从1957年建场起，在农场党委领导下设立党的纪律监察委员会。

1964年新八五九农场成立，于当年3月成立纪律监察委员会，由农场党委常委顾洪翥任监委书记。并由顾洪翥、张宝林、王三明、斗志武、鲍景诗5人组成纪律监察委员会，下设办公室，配有2名干事。

从1967年1月开始，由于受“文革”冲击，纪委工作中断。

1979年7月，改纪律监察委员会为纪律检查委员会，经农场党委三届一次全委会选举，由滕延斌、顾洪翥、李桂荣、李生选4人组成纪检委员会。农场党委副书记滕延斌兼任纪委书记，顾洪翥为专职副书记，办公室设干事2人。1982年，又增配2人。

纪委的任务：检查监督农场各级党组织和全体党员有无违纪违法行为，并对党员进行遵纪守法，端正党风教育。

1979年7月至1982年底，农场纪委共受理群众来信来访267件。其中控告案件216件、申诉案件28件、重访案件23件。在处理上述案件中，有20名党员受党纪处分、5名党员被开除党籍。

1979年7月，农场党委三届一次全委会选举产生第三届纪律检查委员会委员。1984年1月27日，农场召开了第四次党代会，选举产生农场第四届纪律检查委员会委员。1989年3月29日、1997年6月12日、2002年3月16日，分别召开了中共八五九农场第五、六、七次党代会，选举产生了第五、六、七届纪律检查委员会委员，委员会组成人员为单数。

1990年4月15日，农场成立监察科。1993年，纪委与监察科合署办公，实行一个机构，两块牌子，一套人员。年初，农场机构改革，由纪委、监察、审计、检察四个部门组成纪检监察审计部，主任由纪委副书记袁春启担任。年底，纪检监察审计部解散，纪委、监察科恢复原体制，纪委、监察科合署办公，一直到2020年6月止。纪委、监察科同时履行纪检、监察两种职能。

2020年6月，根据农垦改革要求，不再行使监察职能。农场纪委现有在编专职干部4人。

纪委副书记、监察科长更迭情况如下：

纪委副书记：方樟茂（1984.10—1985.11）

李忠侠（1986.3—1988.10）

董润芳（1988.10—1991.3）

衷克寰（1991.3—1992.12）

袁春启（1992.12—1993.12）

刘　江（1994.3—1999.6）

文　军（1999.6—2010.6）

张国光（2010.6—2017.9）

刘　洁（女，2017.11—2019.10）

林雪梅（女，2019.11—2022.10）

滕艳艳（女，2022.10—）

监察科长：　李春祥（1994.1—1995.3）

刘　江（1995.3—1997.1）

文　军（1997.1—2010.6）

张国光（2010.6—2017.9）

刘　洁（2017.11—2019.10）

（纪委书记更迭见第八编第三章第三节）

二、党风廉政建设

农场纪委、监察科在抓党风廉政建设中，始终坚持“监督、惩处、教育、保护”八字方针，不断加强党风廉政建设和行政监察力度。20世纪80年代，主要查处领导干部在住房和子女就业上存在的腐败问题。20世纪90年代初，主要查处党员领导干部贪污、失职和生活作风等方面的问题。进入20世纪90年代中后期，随着市场经济的快速发展，腐败现象呈多元化并向高层次发展，这时期以查处领导干部贪污受贿、以权以地谋私、挪用侵占、违反财经纪律等经济案件为重点。

1986—1989年，在严厉打击经济领域犯罪活动中，全场共有25名党员干部被查处。

1994年，在专项清理重点整顿中，原十二队队长、会计、粮食保管员合伙贪污案价值达7万元，是当时群众反映最强烈、社会影响最大的一件事。当年6月25日，农场召开由1000多名党员干部参加的公开处理违法违纪案件大会，对全场党员干部进行了一次深刻的反腐倡廉教育。

1997年，为良化社会环境，遏制领导干部用公款大吃大喝，农场聘请马春茂、朱思玉、曹振东三名老干部为农场党风廉政建设监督员。纪委会同有关部门不定期进行检查，发现问题予以电视曝光，并给予纪律处分。

2000 年，农场纪委、监察科主要以查摆案件、开展警示教育和加强廉政建设为工作重点，开展了以“弄清问题、惩处腐败、挽回损失、改善管理、促进发展”为重点的专项清理工作，对全场各单位 1998—1999 年退休工人的欠发工资、兑现工资、粮款和职工养老保险金有无被侵占行为进行检查，共立案 5 起，为农场挽回经济损失 11 万元。4 月 10 日，农场在交通楼二楼会议室召开科队级干部参加的党风廉政建设大会，通报了对 5 起案件的处理结果。9 月，农场集中 2 个月时间，在全场党员干部中开展了以胡长清案件警示录和农场纪委处理的几起典型案件为反面教材的警示教育活动。

2002 年以后，对领导干部购买“五荒”、水利工程和单位私设小金库、领导干部欠款问题开展四项清理活动。

1980—2006 年，农场纪委监察科共接待群众来访 413 人次，处理违纪党员干部 152 人（其中科级 17 人，开除党籍、公职 14 人），移交司法机关 10 人，为农场挽回直接经济损失 145.07 万元。

1992 年 3 月，农场纪委被总局纪委评为先进集体；1992 年，监察科被总局授予先进集体；1994 年，八五九农场被总局授予重点清理整顿先进单位。

2011 年，农场两个党风廉政建设示范区（第一管理区、文体中心）通过了管理局党委的检查验收。

2012 年，农场党委被农垦总局党委授予党风廉政建设先进集体；2013—2014 年，农场纪委监察科被管理局纪委监察局授予纪检监察工作和案件查办工作先进集体。

（一）落实“一岗双责”

农场纪委紧密围绕农场的中心工作，党委、纪委密切配合，“两个责任”同向发力，“一级抓一级、层层抓落实”，抓好党风廉政建设责任制的落实。农场党委每年年初召开党风廉政建设工作会议，听取纪委工作汇报，总结上一年农场党风廉政建设取得的成绩及存在的不足，并对下一年党风廉政建设和反腐败工作做出具体要求和部署，支持纪委依法、依规开展工作，担负起党风廉政建设主体责任。农场党政班子成员认真履行“一岗双责”，充分发挥了分管范围内党风廉政建设“第一责任人”的职责。特别是在重要工作部署、重大问题过问、重要环节协调、重要案件配合督办等工作中，将主体责任扛在肩上、抓在手中。

农场纪委积极协助农场党委签状明责，累计签订全面从严治党主体责任书、部门工作责任书和个人承诺书 4633 份，全面推行了公职人员廉政承诺制。

（二）加强廉政教育

农场纪委以党风廉政建设为中心，以提高党员干部整体素质为目标，开展党风廉政教育工作。近年来，农场党委、纪委共召开了60余次党员干部警示教育会议、作风建设专题会议，多次通报农场纪委近年来查处的贪污、挪用公款、违规办理贷款、酒驾等典型案件，以案明纪，以案说法。聘请上级纪委领导来农场进行廉政教育。多次组织学习党章党规、“三重一大”决策制度实施办法等规定。开展向康金环、徐联众、廉洁从政“十佳”公仆及优秀共产党员王瑛、徐元林、陈大玉等学习活动。下发廉政学习材料833本。党员领导干部的党性意识、法纪意识、廉洁自律意识和接受监督意识明显加强。

在开展廉政活动和廉政文化建设方面，组织领导干部观看10余部专题教育片和廉政微电影。举办了“七月清风”、讲廉政故事、诗文朗诵活动，“廉政摄影、书法、漫画作品创作征集活动”“我家家风”主题征文活动以及廉政微电影拍摄活动，征集各类作品500余幅。多次组织开展“学规守纪”知识竞赛，充分发挥廉政文化教育基地作用，打造廉政教育展厅、廉政广场、主题廉政公园等，迎接参观学习2000余人次，促使全场党员干部常怀律己之心，永葆廉政本色。

2012年6月28日，参加管理局纪委组织的党员干部“学规守纪”及廉政文化知识竞赛，获得第二名。2016年6月，选派代表队参加管理局纪委举办的“两项法规”知识竞赛活动，取得了集体“二等奖”、个人第三名的好成绩。

2012年，将文体中心作为全场廉政文化教育基地。2018年，在社区第一居民委打造廉政教育展厅。2019年，延伸打造第二居民委廉政文化宣传阵地。2021年，在世纪园二期建设廉政文化主题公园。

2015年，组织拍摄的廉政微电影《当选》，获管理局三等奖，并在管理局电视台展播。

2018年，借助农场微信公众号，创建“互联网+廉政建设”平台，不定期推送党风廉政建设工作动态，公布党纪法规，及时发送廉政提醒。

（三）廉政制度建设

2006—2020年，农场纪委围绕业务职能抓制度、围绕日常管理抓制度、围绕工作运行抓制度，严格落实“一岗双责”“责任追究”“任前考核”等事项。制定了“三重一大”决策制度实施办法，明确了决策范围，细化了决策形式，规范了决策程序；出台了“三公经费管理”“目标考核”“专项整治”等实施方案；下发了“加强工作作风建设”“个人消费就餐”“个人种地情况申报”等通知；印发了“严禁党员干部举办学子宴”“狠刹四风问题”“节日期间廉洁自律”“疫情防控期间13个严禁”等制度文件。为落实巡视组反馈意见和整改工作，下发了整改落实方案，建立了整改台账，着力构建制度防腐的有效性。为进一步规范权力运行，近年来组织种植户、金融机构等签订“两书”1.15万份，有效筑牢全面从严治党制度基石。

（四）党内外监督

2012年6月，农场纪委围绕监督职能，开展行政效能建设和效能监察工作，制作图版107块，860名党员向社会公开承诺，746名干部挂牌服务。同时开展了行风评议、廉政风险防控工作，36个参评单位通过电视台向社会做出了公开承诺，查找出风险点3035个，制定了防控措施2826条。

对土地承包、“两补一免”发放、“五七工、家属工”及职工子女参加社会保险、居民参加医疗保险、贫困户救济、干部选拔任用、党员发展以及征兵、大中专学生招聘、重要部门人员配置等职工群众关注的焦点、重点、热点问题，提前一周向社会公示。

强化对资金使用情况的监督检查，由农场纪委牵头与相关部门每年对“小金库”和“小额农贷”进行专项检查，保障资金安全运行。对惠民资金发放、专项资金使用等人民群众反映强烈的热点问题进行监督检查，着力解决好群众反映的突出问题，如“领导干部及配偶子女经商办企业”“党员干部对婚（丧）事宜申报”、工作纪律、上打租金的收取以及粮食补贴资金到位情况、单位的收费情况、享受基本田人员的资格等。2014年、2016年、2018年3年分别对全场干部及公职人员种地情况进行了全面清查，对发现的问题做出了相应处理，有效防止领导干部与民争利现象；在节日期间加大了明察暗访力度，对易发“节日病”的重点场所进行突击检查，对各单位工作人员在岗履职情况进行经常性检查，党员干部工作作风明显好转；组织171名科级干部建立廉政档案，对基层领导干部权力进行梳理，制定小微权力清单及廉政风险防控清单，梳理排查廉政风险点582个，制定防控措施602条，有效强化对领导干部的动态监管。

2020年疫情防控期间，纪委不但履行监管职责，还牵头负责全场市场监督的各项疫情防控工作，围绕各单位工作人员在岗履职、车辆管控、消毒消杀等方面开展督导检查74次，抽查在岗履职人员682人次，用实际行动为疫情防控工作助力。

（五）纠正不正之风

始终牢记“全面从严治党永远在路上”，聚焦中心、突出主业、严纠“四风”、严惩腐败。

通过精简会议和控制庆典活动、制止公款吃喝、实行领导干部职务消费货币化、清理纠正超标小汽车等，不仅节约了大量资金，而且有效制止了党政机关奢侈浪费、挥霍公款的不正之风。

开展了以纠正医药购销中的不正之风、减轻农民和企业负担、治理公路“三乱”和中小学乱收费为重点的纠风专项治理工作，取得了明显成效。

2011年，下发《八五九农场开展“清风润三江，净土促发展”行风评议活动实施方案》，在全场行政执法监督部门、社会经济管理部门、社会公共服务单位开展清风净土示范单位、示范窗口、示范岗活动。农场纪委还聘请了两位离休老干部作为行风评议活动监督员，对行风评议工作进行监督。

2014年，通过对干部及公职人员种地情况进行清查，干部及公职人员退出承包一年期耕地1600公顷。当年清理腾退办公用房1571平方米。

2017年，开展“作风建设提质年”活动以及政治生态“清风净土”工程，以“十廉”活动为抓手，整治“六大陋习”。19个窗口单位共查摆问题97个，51个基层单位共查摆问题125个，全场487名党员领导干部共查摆问题3409个，并建立问题台账，逐一整改“销号”。2018年，为巩固作风建设提质年取得的成果，开展了“作风建设深化年”活动，创新廉政教育方式，丰富廉政教育载体，通过家庭助廉、文化促廉、考试树廉、承诺倡廉、谈话醒廉、现场讲廉等一系列廉政教育活动，统筹推进政治生态建设“清风净土”工程的深入开展。近两年，农场纪委把党员干部作风建设、执行中央八项规定精神等方面作为常态抓紧抓实，在节日期间签订廉洁过节承诺书187份，对家中有高考、中考升学子女的党员干部提醒谈话96人，以更高的政治标准、更严的纪律要求、更优的工作作风，推进党风廉政建设和反腐败斗争取得更大实效。

（六）严肃执纪问责

农场纪委始终把案件查办工作作为重中之重，坚持有案必查、查必有果、查实必究、绝不姑息的原则，查办违法违纪案件，认真做好群众投诉工作。2006—2020年，共受理群众来信来访168件，立案63件，给予党政纪处分63人，为农场挽回经济损失193.07万元，收缴违纪资金51万元，核查清收领导干部及公职人员应收款168万元。

坚持以零容忍态度惩治腐败，保持反腐高压态势，对在工作中不认真履行职责、工作拖拉、工作失职的领导干部及公职人员，给予诫勉谈话24人、批评教育39人、警示谈话11人；对违反工作纪律、不如实申报个人有关事项的领导干部，给予全场通报批评13人。综合运用监督执纪“四种形态”，靶向治疗，精准惩治，使党员干部心有所畏、行有所止，永葆清廉政治本色，营造风清气正的政治生态环境。

三、案件查处

（一）刘某喜职务侵占案

2008年，刘某喜在担任三十五作业站站长期间，利用职务之便，将单位收取的承包费103万元，据为己有。

2008年9月至2008年底，将三十五作业站计划内3块地约93.34公顷耕地重复承包给9人，并将收取的承包费42万元据为己有。

2008年11月至年底，擅自将三十五作业站计划内的58.67公顷耕地分别转让给3人，并将所收取的转让耕地款61万元据为己有。

其行为已构成职务侵占罪，被判有期徒刑7年。

（二）刘某良违纪违法案

2008年11月28日、12月29日，2009年1月9日、1月15日、1月19日，第十九作业站站长刘某良分5次从单位出纳员处取走收取的利费人民币11万元，用于其个人水稻种植的支出。

2010年4月5日，刘某良从管理区副主任处取走本单位收取的机耕费人民币13万元，用于其水稻种植支出。

刘某良多次挪用公款合计人民币24万元进行营利活动，且未归还。

2012年11月6日，建三江农垦法院认定刘某良犯挪用公款罪，判处有期徒刑10年。同年6月19日，刘某良因犯骗取贷款罪已被建三江农垦法院判处有期徒刑2年零6个月。决定合并执行有期徒刑11年零6个月。2013年1月28日，经农场纪律检查委员会及监察科科长会议讨论决定，报农场党委、场长办公会议批准，给予刘某良开除党籍、行政开除处分。

（三）丁某亮、贾某九、刘某庆违纪违法案

2005年底，丁某亮任农场机务科长后，为收取管理费用，擅自决定对农户购买农场、分局、国家补贴的农业机械按照不同类型收取不等的机械加价款。2010年，贾某九任农机科科长后，继续对农户购买的农机具分不同型号加价。收取的加价款，扣除垫付公用的外，对剩余部分进行私分。

2006—2009年，丁某亮共分得机械加价款7.22万元；2010—2012年，贾某九共分得机械加价款3.49万元；2006—2012年，刘某庆共分得机械加价款22.32万元。贪污赃款共计33.03万元予以收缴，上缴国库。

2013年10月21日，建三江农垦法院认定丁某亮、贾某九、刘某庆犯贪污罪，判处丁某亮有期徒刑10年，判处贾某九有期徒刑10年，判处刘某庆有期徒刑9年。

2013年11月6日，经农场纪律检查委员会及监察科科长会议讨论决定，报农场党委、场长办公会议批准，给予丁某亮、贾某九、刘某庆开除党籍、行政开除处分。

（四）杨某志挪用公款、诈骗案

2012—2013年，杨某志在任第二作业站站长期间，经手收取了作业站代收代付整地机车作业费，截止到农场纪委调查时，杨某志经手收取整地机车作业费中，有 20.9 万元的机车作业费没有兑现给整地作业车主，有多收取农户的机耕费 5.75 万元没有退还给农户，杨某志擅自将这两笔资金共计 26.65 万元，挪作偿还个人债务和个人购买农用机车使用，其行为已构成挪用公款行为。

经建三江管理局纪委监察局审理后，于 2015 年 4 月 21 日移送建三江农垦区人民检察院。7 月 7 日，建三江农垦法院认定杨某志犯挪用公款罪，判处杨某志有期徒刑 10 年。

2015 年 1 月，杨某志谎称自己是第二作业站站长，以帮助杨某某承包耕地为名，骗取杨某某人民币 5.6 万元。4 月 30 日，经农场纪委监察科研究决定，报农场党委、场长办公会议批准，给予杨某志开除党籍、行政开除处分。6 月 10 日，因诈骗被饶河县公安局立案侦查。杨某志犯诈骗罪，判处有期徒刑 3 年零 7 个月。数罪并罚，决定执行有期徒刑 13 年零 7 个月。

第二章　群众团体

第一节　工　　会

一、机构沿革

农场工会建于1957年，分场和生产队等基层单位也相应地建立了工会组织。

1958年底，根据全国总工会文件精神，铁道兵农垦局决定在农场停止工会活动。

1962年，全国农垦工作会议决定在农垦系统恢复工会。6月，八五九总场工会正式恢复。

“文革”时期，工会组织停止了工作。

1979年2月，重新成立工会筹建小组。3月20日，召开八五九农场第二届工会会员代表大会，选举产生了由19名委员组成的农场工会委员会。按照中组部〔1985〕40号文件规定，农场工会主席务必配备相当于同级党政副职，并能参加党委领导的专职主席担任。农场工会副主席配备正科级干部担任。

1982年3月20日，改选农场工会委员会。

1984年1月28日，农场工会又一次改选。

工会机关是工会委员会的办事机构，设组织民管部、生产生活部、宣教文体部、女工委员会等部门，行政在农场党委的领导下，业务在上级工会机关的指导下开展工作。

农场工会主席实行上级党委任命与会员代表大会选举相结合的办法产生。科队级工会主席实行民主选举党委任命制。生产队工会主席选举的候选人，一般在农场任命的副队长或生产队管理人员中产生。1999年，又改为由各基层支部书记兼任。

2018年，有基层工会43个，会员7015人，其中私企工会12个，建会率100%。

2020年，下设29个基层工会组织，配备专兼职工会主席29人，会员4617人，职工入会率100%。

领导成员更迭情况如下：

1962—1966年历任工会主席：逄守谦（1962年任命）、孙栋一（1964.4—1964.7）、王建元（1964.7—1966.5）。

（1979 年之后历任工会主席详见第八编第三章第三节）

工会副主席：武　德、杨　铭

李生选（1979.10—1983）

卜宪任（1981.2—1982.10）

马奉禄（1982.11 任命）

张宝峰（1986.8 任命）

王永福（1986.8—1989）

徐志铭（1990—1992）

李　刚（女，1990—1991）

张清隆（1993—1995.1）

梅立河（1995.2—1997）

林　莉（女，1997.1—1998）

王　军（1998—2011）

滕艳艳（女，2012.4—2022.10）

2022 年 7 月，八五九农场有限公司管理体制改革，党群工作部副部长兼工会副主席。

二、职工代表大会

职工代表大会是农场决策的最高权力机构，有关职工生产、生活方面的重大决策，都必须经职代会讨论通过后实施。

1960 年 3 月 17 日，八五九农场第一次职代会在饶河镇召开，会期 3 天，出席代表 348 人。农场党委书记翟雪桥做了题为《树立雄心壮志、高举毛泽东思想红旗、为实现 1960 年持续大跃进而奋斗》的工作报告。

1964 年 7 月 19 日，新八五九农场召开首届职代会，出席代表 185 人。农场党委书记耿国栋做了题为《认清形势、大鼓干劲，深入开展革命化运动，争取农业大丰收》的工作报告。

1965 年 5 月 30 日至 6 月 2 日，农场召开职工代表大会，出席大会代表 188 人。会议总结社教运动，表彰五好战士和五好集体。

1982 年 9 月 11 日，农场召开职工代表大会，会议专题讨论了秋收工作，审议农场秋收方案，会议为期 3 天。

1983 年 12 月，农场召开职工代表大会，专题讨论审议 1983 年农场工作总结。

1986 年 12 月 15—16 日，农场在修造厂二楼召开职工代表大会，农场党委书记李忠山做了题为《农场目前的改革形势》的报告，场长闫树国做了题为《八五九农场七五期间社会经济发展规划及2000年战略设想》的报告。出席大会代表243名。

职工代表大会是企业实行民主管理的主要形式。1979年3月，恢复农场工会后，于1982年3月20—23日，召开了第一届一次职工代表大会。此后，基本每年召开一次职代会，逐步完善了以职工代表大会为基本形式的民主管理制度，制定并通过了《八五九农场职工代表大会试行条例》。

1992年1月23日，召开的第六届一次职工代表大会，建立了职工代表民主评议副处级以上行政领导干部的制度。1997年1月16日召开的第八届二次职工代表大会，将职工代表民主评议行政领导干部的范围，由副处级以上扩大到科级行政主管干部，还建立了工会代表职工与企业行政领导，就《集体合同》的具体内容、条款，进行平等协商的制度。《集体合同》（草案）经职工代表大会审议通过后，由农场工会主席代表全体职工与企业法人代表或委托人签订。从1998年1月6日召开的第九届职工代表大会起，将基层领导干部也列入了职工代表民主评议的范围。

2002年1月14日，召开的十一届一次职代会上，增加了场（厂）务公开报告制度，对职工关心的焦点、热点、难点问题，都要在报告中逐一汇报。

每次职工代表大会闭幕后，各基层单位都要召开科队级职工民主大会，是科队级工会实行民主管理的主要形式。从1982年起，民主管理工作的重点就是抓好科队级工会的职工民主大会，使之程序化、规范化。工会还制定下发了《科队级职工民主大会条例》和《科队级职工民主大会实施细则》，建立了科队级职工民主大会的审批制度。

到2005年底，已召开了11届、27次职代会。2006—2020年，共召开了15次职工代表大会。

2006年1月18日，农场第十一届七次职工代表大会在新机关大楼召开，分公司总经理刘相增做了题为《开阔视野，自主创新，科学规划，和谐发展，为建设社会主义新垦区而努力奋斗》工作报告。

2019年12月27日，召开农场第十五届五次职工、分公司第六届五次员工、农场第九届五次会员代表大会，分公司总经理杜德旺做了题为《牢记嘱托，勇担使命，奋力描绘新时代八五九全面振兴发展新画卷》的工作报告。会议审议通过了《八五九农场二〇二〇年深化改革实施方案》《八五九农场二〇一九年度财务决算和二〇二〇年度财务预算报告》《八五九农场二〇一九年度业务招待费使用情况报告》《第十五届四次职工代表大会提案落实报告》《八五九农场二〇一九年集体合同履行报告》《八五九农场二〇一九年女职工权益保护专项集体合同履行报告》《八五九农场二〇一九年场（厂）务公开工作报告》。签订

《八五九农场二〇二〇年集体合同》《八五九农场二〇二〇年女职工权益保护专项集体合同》《八五九农场二〇二〇年工资集体协议》。民主评议全场各级领导干部。

2021年2月21日，八五九农场第十六届一次职工、分公司第七届一次员工、农场第十届一次会员代表大会召开。按照疫情防控要求，会议以云端直播、视频连线的形式召开，设机关六楼主会场1个、分会场9个。建三江分公司党委委员、副总经理苏彦山参加大会并讲话。分公司总经理杜德旺做了题为《深耕主业闯市场，创新经营增活力，为实现新时代八五九高质量发展而努力奋斗》的工作报告。

从2009年起，按照建垦局文〔2009〕44号，关于《建三江分局提高职工代表素质、监督代表履行职责的意见》的通知精神，农场实行职工代表补贴制度和巡视制度。同时，农场党委决定对职工代表进行免费体检。

2015年，为91名无工资性收入职工代表发放补贴3.28万元，为237名职工代表免费体检，并建立健康档案。

2018年，组织80名一线职工代表开展职工代表巡视活动，对农场10个重大工程项目现场进行巡视评价，提出共性问题、意见和建议21条。2019年，组织150名职工代表对农场职代会精神的落实情况进行巡视，提出的共性问题19条，征集意见、建议25条。2020年，组织58名一线职工代表开展巡视活动，征集意见15条，全部整改完成。

表5-8　1982—2021年职工代表大会情况统计表

届次	时间	代表人数（人）	女代表（人）	列席代表（人）	特邀代表（人）	提案（个）	代表团划分（个）	主席团（个）
一届一次	1982.3.20—23	295	36	7	—	—	5	25
一届二次	1982.9.11	265	—	—	—	—	5	—
一届三次	1983.3.24—27	273	—	—	—	—	5	—
二届一次	1984.1.28—30	237	42	—	—	47	6	23
二届二次	1985.6.11—14	262	37	—	—	340	6	—
三届一次	1986.3.28—30	242	36	—	—	118	6	—
三届二次	1987.3.29—31	234	—	—	—	—	6	—
四届一次	1988.3.29—31	230	30	9	—	—	6	23
四届二次	1989.3.16—18	232	—	—	—	—	6	—
五届一次	1990.3.1—3	244	36	16	13	—	6	25
五届二次	1991.1.21—23	258	36	84	—	127	6	—
六届一次	1992.1.23—25	286	52	209	—	116	8	30
六届二次	1993.2.17—19	279	47	119	—	—	8	—
七届一次	1994.1.28—30	239	43	—	—	—	8	—
七届二次	1995.1.18—20	218	39	—	—	64	8	29
八届一次	1996.1.25—26	216	60	—	—	—	7	29

（续）

届次	时间	代表人数（人）	女代表（人）	列席代表（人）	特邀代表（人）	提案（个）	代表团划分（个）	主席团（个）
八届二次	1997.1.16—17	202	23	49	—	173	7	—
九届一次	1998.1.6—7	157	26	89	—	158	6	—
九届二次	1999.1.12—13	158	25	87	—	25	6	29
十届一次	1999.12.27—28	165	30	70	—	51	6	29
十届二次	2001.2.8—9	159	29	64	—	69	6	26
十一届一次	2002.1.14—15	159	32	64	—	40	6	30
十一届二次	2003.1.8	162	32	58	—	49	6	30
十一届三次	2003.9.22	161	16	—	—	6	—	—
十一届四次	2003.12.28	166	33	59	24	37	6	29
十一届五次	2004.12.9	—	—	—	—	—	—	—
十一届六次	2005.1.23	164	32	54	21	82	6	24
十一届七次	2006.1.18	163	—	54	—	—	—	—
十二届一次	2007.1.9	146	32	26	28	148	6	32
十二届二次	2008.3.5	216	54	25	28	156	6	20
十二届三次	2008.12.24	129	50	—	27	114	4	28
十三届一次	2009.12.15	217	54	—	30	30	3	29
十三届二次	2011.2.22	167	60	—	32	272	3	29
十三届三次	2012.3.17	217	60	50	34	385	3	29
十四届一次	2013.3.26	217	62	40	36	35	14	25
十四届二次	2014.3.13	237	62	39	35	21	14	25
十四届三次	2015.3.11	237	63	42	33	15	14	25
十五届一次	2016.2.25	238	87	40	34	18	14	25
十五届二次	2017.2.13	238	88	40	26	19	14	25
十五届三次	2018.1.29	238	88	33	24	97	11	25
十五届四次	2018.12.27	238	88	32	23	95	11	25
十五届五次	2019.12.27	238	88	35	28	10	11	25
十六届一次	2021.2.21	258	67	30	16	6	10	25

注：十一届五次职工代表大会为土地承包专题职代会。

三、工会会员代表大会

工会会员代表大会是按照《工会法》和上级工会组织要求进行的。工代会的主要议题是审议工会工作报告、工会经费的使用报告，选举产生新一届的农场工会委员会及主席、副主席，选举安全生产管理委员会、工会经费审查委员会、职工劳保福利委员会等。

1963 年 7 月 21—24 日，八五九农场工会在饶河镇召开第一次工代会。

1979 年 3 月 20 日，农场召开了恢复工会组织后的首届工代会，出席代表 120 人，选举王喜福为农场工会主席，选举产生了由 19 名委员组成的工会委员会。

1984年2月26—29日，农场召开第二届工代会，出席代表154人，选举王以良为农场工会主席，选举产生了由21名委员组成的第二届工会委员会和经费审查、劳保福利委员会。

1990年2月28日，农场召开第三届工代会，代表244人。选举李维民为工会主席，选举产生了第三届工会委员会、工会经费审查委员会。

1994年9月18日，农场召开第四次会员代表大会，大会代表130人，选举李刚为农场工会主席，选举产生了27人的第四届工会委员会和第四届工会经费审查委员会。

1999年12月27—28日，农场召开了第五届工代会，大会代表166人，选举产生了第五届工会委员会、常委会和经费审查委员会。

2013年3月26日，第八届工会会员代表大会与八五九农场第十四届一次职工代表大会同期召开。工会主席王勤玉代表第七届工会委员会做了题为《创新发展、凝心聚力，团结广大职工为农场跨越发展再立新功》的工作报告。会议选举第八届工会委员会主席王勤玉，副主席滕艳艳。

2016年2月25日，第九届工会会员代表大会与八五九农场第十五届一次职工代表大会同期召开。工会主席刘志友做了题为《围绕大局，服务职工，全面推进工会工作创新发展》的工作报告。

四、劳动竞赛

因建场初期的干部职工多来自部队，所以习惯于部队的立功创模活动。

1964年新八五九农场成立后，在劳动竞赛中，进行过一些物质奖励。在麦收和豆收中，曾给特级飞刀手以手表、自行车的现场奖励。1983年，十队东方红54-20号包车组长刘春利，被农场授予“播种、中耕标准作业能手”称号，并给予晋升一级工资。

1985年以后，农场工会每年都围绕农场的中心工作和农业生产各环节，组织开展不同形式的社会主义劳动竞赛，并对优胜者给予一定的物质和精神奖励。1993年以前，农场按土地面积将劳动竞赛资金划拨给工会，由工会掌握使用。1993年以后，因农场资金紧张，劳动竞赛规模缩小，开支相对压缩。

2002年春季，农场拿出资金21万元，开展以土地承包为目的的劳动竞赛。同年，为了扩大农场的奶牛养殖业，农场对完成发展奶牛数量（当年发展80头，包括外引奶牛户）的生产队，进行资金奖励。

2010年5月，开展春播生产劳动竞赛，评选出优秀单位4个、达标单位5个，发放奖励资金2.8万元。

2011 年，农场开展建设现代化大农业劳动竞赛，对取得前三名的单位，分别奖励 3 万元、2 万元、1 万元；对劳动竞赛中涌现出的先进个人，每人奖励 500 元；对技术创新、技术比武获得前三名的个人，每人奖励 2000 元。各管理区、作业站都成立了职工技术创新活动小组，全年开展创新技术改造 15 个，提高经济效益 420 万元。

2015 年，开展以水田插秧、旱田播种、医务技术比武、教师岗位练兵为载体的劳动竞赛。参与职工 200 余名，评选各行业技术能手 40 人。

2016 年，联合农业、学校、医院、幼儿园开展行业技能大赛，评选插秧、护理等各类行业能手 80 人。

2019 年，农场工会组织开展行业技能大赛，医院、幼儿园、学校 3 个单位共计 100 余名职工参与，评选行业能手 39 人。

2019 年 9 月 23 日，第十五管理区梁庆军参加“中国农民丰收节”黑龙江省主会场哈尔滨市方正县的机械收割水稻比赛，并荣获“最佳水稻收割农民”二等奖。

2020 年，开展“当好主人翁，建功北大荒”“五个百万”职工劳动和技能竞赛。分别开展现代化劳动竞赛、重点项目工程劳动和技能竞赛、行业技能竞赛、五小创新竞赛、节能减排竞赛、安康杯知识竞赛等共 99 场次，累计参与职工 4800 余人次，评选各类技术能手 180 人。对 70 个先进集体和 90 个先进个人进行表彰。

2020 年 10 月 16 日，灌区陈福宝在全省水利行业《泵站运行工》职业技能竞赛中荣获第四名，张吉盛荣获第十名。

2020 年 12 月 30 日，第五管理区种植户李斌改造“1.3 米垄上四行气吸式大豆精量播种机”和第三管理区兰友改造“本田轨道车”在黑龙江省工会组织的“当好主人翁，建功新龙江”“五个百万”职工劳动和技能竞赛活动中，分别荣获省优秀“五小”创新成果二等奖和三等奖。

同日，黑龙江省总工会评选的 2020 年度“龙江工匠”揭晓。灌区管理站站长穆洪启荣获 2020 年度“龙江工匠”称号，灌区陈福宝和张吉盛师徒获“好师傅好徒弟”称号。

五、扶贫帮困

从 1986 年起，农场工会以提供无息贷款的方式，扶持贫困职工发展养殖业。每户扶持资金 1000 元，使用期限 3 年。

1993 年，总局工会在全垦区范围内开始启动“9513”滚动扶贫工程，（即用 3 年时间，到 1995 年，使垦区内 3 万户贫困职工家庭，达到年人均收入 1000 元，户均收入 3000 元）。1994 年，上级工会下拨扶贫低息贷款 10 万元，农场配套资金 2 万元。其中，7 万元由农场直接用于扶持开发畜牧业；2.4万元分别贷给八队、十队2个由工会建立的扶贫帮困联系点；0.8万元贷给4户扶贫对象；1.8万元用于发展工会实业（蔬菜种植）的启动资金。

从1996年起，垦区工会又相继实施“9522”扶贫工程（“九五”期间，使2万户贫困职工家庭人均收入达到2000元），拨给贷款8万元；1997年拨给贷款7万元，1998年拨给贷款9万元，1999年拨给贷款3万元，2000年拨给贷款7.5万元。“9522”扶贫工程，共发放低息扶贫贷款34.5万元，扶持农场75户贫困职工家庭。

从2001年起，垦区工会相继实施“1533”扶贫工程（即第十个五年计划期间，使3万户贫困职工家庭人均收入达3000元），使用期限2年。当年，下拨给农场扶贫款3.5万元。“1533”扶贫工程，共发放给农场扶贫贷款33万元，农场78户贫困家庭得到扶持。

1993—2001年，垦区工会实施扶贫工程以来，农场工会累计发放低息扶贫贷款68.3万元，扶持贫困职工家庭157户。80%被扶持的贫困职工家庭，都达到脱贫标准。

在资金援助扶持的基础上，农场建立了干部联系户制度，并层层落实到人。农场给各单位划拨一定数量的扶贫土地，免收利、费，并制定优惠政策，鼓励贫困职工发展庭院经济。

为了帮助困难职工群众解决好生活问题，农场每年都在“两节”期间，拿出一部分资金，解决他们的基本生活问题。除了发放一定数量的现金补助之外，还配套发放一定数量的米、面、油等生活用品。1999—2005年，农场共发放生活救济23.2万元，实物9.5万元，救济1647户特困户家庭。

2006年，实施“扶低致富”工程。实施领导干部“一帮一”扶贫措施，全场副队级以上干部必须包扶1户贫困职工，提供帮扶资金不少于2000元。共扶持3000元以下低收入贫困职工266户。

2007年，建三江垦区实施“扶低共富升级工程”。建三江分局工会下拨扶低资金20万元，农场配套65万元。共计提供扶贫扶低资金、物资等总计338万元。共扶持低收入职工群众203户。

2008年，农场配套105万元资金，全场副队级以上干部无息集资58万元，管理区、作业站垫资生产资料98万元，帮助贷款115万元。总计提供扶低资金、物资376万元，帮扶低收入职工群众155户。

2009年，建三江垦区实施“扶低致富共享工程”。农场贴息200万元扶持低收入户，全场共计筹集帮扶资金323.2万元，扶持低收入户139户。

2010年，农场拿出200万元作为启动资金，重点扶持97户低收入户。各级干部拿出现金和生产物资，总价值170余万元，扶持低收入户。接收来自社会捐助资金近20万元，农场配套资金20万元，资助贫困中小学生42人、贫困大学生15人，当年发放帮扶资金9.225万元。

2011年，实施扶低共富保扶升级工程。农场贴息200万元启动资金，全场共筹集扶低资金626万元。确定了“四帮一”的捆绑帮扶方式，即每位低收入户有一名领导干部作为主要帮扶人投入帮扶资金，配有一名种地大户让地，一名有机大户代耕代收，一名技术指导人进行跟踪问效指导的一条链式服务模式。共扶持低收入职工201户。

2012年，实施“保、扶”提档升级工程。全场共计筹集帮扶资金697.5万元，帮扶低收入职工155户。

2013年，农场无息借款200万元，领导干部投入帮扶资金697.1万元。143户人均收入达到1.7万元以上。重点救助鳏寡孤独、残疾智障、无劳动能力低保家庭306个。

2014年，农场无息借款250万元，领导干部投入帮扶资金465万元。全场结成帮扶对子157个。通过采取“多帮一”和“管帮带”的帮扶模式，扶持109户种植水、旱田，48户发展第三产业，为低收入家庭提供就业岗位163个。

2015年，农场无息借款274万元，领导干部投入帮扶资金498.5万元。全场结成帮扶对子148个。

2016年，全场510名党员干部、23个驻场单位、4个私营企业与188个困难家庭结成保扶对子，为低保、低保边缘户累计捐款21.5万元，为低收入户提供无息借款250万元，投入有偿帮扶资金450.37万元，协调贷款304.07万元，为不可扶持低保边缘户投入无偿救助资金41.85万元。

在助困工作中，农场党委通过“两学一做”和党员干部进社区活动相结合，全面开展“走千家访民情解民忧”行动，摸清不可扶持困难家庭89户，启动“四帮一+1”的精准助困模式，即四个领导干部，加上一个驻场单位负责帮助一户不可扶持户，切实解决不可扶持困难家庭生活上的一切难题。全场356名党员干部与89个困难家庭结成解困助困对子，保证脱贫工作精准、全面。

2017年，精准扶贫正式启动。通过开展精准扶贫回头看，最终确定符合贫困户标准的36户56人。累计投入精准扶贫资金133.8万元。通过一年的有效帮扶，36户56人贫困家庭中有33户50人年底家庭人均纯收入达到9374元以上。通过建立“以地、以业、以城、以岗”四项精准帮扶措施，提供无息借款16.5万元。以地帮扶15户，以产业扶持11户，以城扶贫3户，以岗扶持7户，实现36户贫困户收入有来源。依托农场第五管理区蔬菜大棚打造精准扶贫产业基地。协调9个管理区、14个场直单位，帮扶36户贫困户种植大棚25栋，并对每栋大棚给予2000元的补贴，保障每户贫困户增收1500元以上。

2018年，实施“精准扶贫、精准脱贫”脱贫攻坚。累计投入精准扶贫资金262.08万元。有效帮扶75户166人，贫困家庭人均纯收入达到1.94万元，75户人均收入比上年度增长1264元，两不愁三保障得到有效实现。

2019年，实施精准脱贫巩固提升工程。累计投入精准扶贫资金267.5万元，其中政策性投入资金94.53万元。对已脱贫退出的72户161人“稳得住、不返贫”，年底家庭年人均纯收入达2.17万元以上，实现巩固扶持稳步提升。

2020年，农场投入扶贫资金280万元，对已经脱贫退出的70户160人实施巩固完善工程，实施“2351”帮扶措施和“2＋1帮一”帮扶办法。

通过开展多维度立体式精准帮扶，贫困户的人均收入从2016年的6003元增长到2020年的2.3万元，实现脱贫退出户稳定脱贫不返贫，家庭收入稳步提高。

2011年4月12日，农场在街道办成立困难职工帮扶中心和爱心责任超市。

2017年5月，农场在第一居民委成立精准扶贫服务中心。为每户贫困户发放价值500元爱心救助卡，每月的10号、25号凭卡在爱心超市内领取生活必需品，解决了贫困人员的基本生活问题。

2020年，开展“两节送温暖”活动，走访困难职工478户，发放慰问金23.92万元。

六、自营经济

1988年，自营经济（庭院经济、非国有经济）工作并入工会与生产生活部合并办公，当时称庭院经济办。1993年，农场决定单独设立庭院经济办公室，主任由工会副主席兼任，配备专职副主任负责庭院经济工作。1999年以后，庭院经济办公室改称为自营经济办公室。2000年，又改称非国有经济办公室。2001—2002年，非国有经济办公室划归农场工业科管理。2003年以后，又重新划归工会管理，并入工会生产生活部，并改称自营经济办公室。

1996年，农场成立蔬菜种植技术指导站，聘请农场蔬菜种植大户李显忠为技术员，并拨给66.67公顷土地作为蔬菜生产基地，负责全场的蔬菜种植、销售及种植技术指导。

庭院经济作为一种新的经济形式，已成为农场产业结构调整的重要组成部分。20世纪80年代中期，以养殖业为主的庭院经济得以迅速发展。进入90年代后，庭院经济逐步向经济作物及蔬菜种植方面发展，庭院经济的规模有所扩大，产品进入俄罗斯市场。出现了80年代末的养貂热，90年代初的肉鸡饲养，1994年种植红小豆、白瓜子，1995年种植苏子、蔬菜，1997年种植早甘蓝、水飞蓟等，庭院经济很大程度上受到市场经济的制约。

从2000年起，自营经济包含范围由庭院扩展到自营，延伸到非公有经济，统计范围包含种、养、加、运输、服务等行业。

2004年，农场相继成立了自营经济专业技术协会、农业技术协会、奶牛协会等。

2010年7月，在第七作业站建设蔬菜大棚基地，其中日光温室大棚8栋、普通大棚18栋，有5户在此承包经营。

农场以林地资源为依托，扶持林下经济。建设了野猪、林下猪、林下鸡、林下鸭、林下鹅、东北黑蜂为主的特色养殖基地。

七、场务公开

场（厂）务公开是实行民主管理的主要形式。1998年，首先从实行政务公开开始，到2001年，公开范围从政务扩大到财务、党务。公开形式也由会议、记录、公开板、微信群、电子屏等发展到多媒体。

2012年，依托社区管理服务站建立一站式服务大厅，公开服务承诺，设立监督岗。在搬迁小区内通过区委共建推行三栏两区一站式公开。在机关、社区设立来访信箱，设立场领导信访接待日，建立领导联系点制度。

2016年，依托农场网站和微信公众平台开设工会专项版块和职工之家栏目，下设工会动态、职工风采、职工话题、场务公开、员工文苑五个版块，每天对农场大情小事进行更新。让职工群众零距离了解农场信息，随时随地提出意见。自建立以来，已有8000余人关注，发表工会实时新闻1000余条。

2017年，借助LED电子屏、多媒体、QQ群、微信等多样化公开载体，建立“两微一网”公开专栏。发表场务公开实时新闻百余条。公开供暖费标准、提拔任用干部、土地发包等事项。

2019年，农场出台关于加强场务公开民主管理工作实施方案。场务公开事项64项，其中机关部门公开事项25项、基层单位公开事项三大类23项、事业单位公开事项16项。

2020年，场务公开落实率达100%，群众满意率达95%以上。

八、女工工作

农场女职工工作由女职工委员会负责。女工委接受同级工会和上级工会女工委的双重领导和业务指导。1989年以前，名称为妇女工作委员会，后改为女职工委员会。各基层企事业单位，也相应地按行政建制设立女职工委员会。

2020 年，农场下设 28 个基层女职工组织，设立女工主任 24 人，拥有女职工 548 人。

1959 年 9 月 8—12 日，总场在饶河镇召开首次妇女代表大会。

1960 年 9 月 4 日，总场在饶河镇召开第二届妇女代表大会，出席代表 354 人，崔淑芝当选主任。

1975 年 12 月 23—26 日，二十三团召开第一次妇女代表大会（称为农场第三次妇代会），出席代表 182 人，大会选举了由 24 人组成的妇女联合会。

1983 年 7 月 22—24 日，农场召开妇女工作会议，出席会议的妇女干部、妇女代表 70 余人。徐继贤作妇女工作报告，大会选举产生了 11 名妇女联合会委员。

随着 1956 年铁道兵和 1958 年复转官兵以及 1959 年山东支边青年来场，农场的妇女队伍逐渐形成。

1957 年，八五九总场成立妇女工作委员会，设主任 1 人、副主任 1 人、干事 3 人。分场政治处配有专职妇女干部，生产队设立妇女副队长（有兼职的，也有专职的），层层有组织。

1956—1961 年，总场妇联连续三年被授予“东北农垦总局先进单位”，总场托儿所两次获评总局“一类院所”。董桂芬参加了全国三八红旗手表彰大会。同时，还出现了金秀兰、韩英玉、黄淑嫣等一批总局五好标兵。

1959 年 8 月 27 日，2698 名山东支边青年来场，其中女青年 1300 多名。从此上百名女青年加入机务队伍，当时全场由女青年组成的“三八”包车组就有 14 个。六分场东方红-11 号宋显芝“三八”包车组，在开荒竞赛中以班次开荒 7.02 公顷的成绩，打破男包车组创造的班次开荒 6.2 公顷的纪录。1960 年 9 月，宋显芝“三八”包车组荣获“全国三八红旗集体”称号。

1960 年，六分场的“三八”包车组又扩大成立了“三八”机耕队。3 台东方红拖拉机创造班次开荒 7.52 个标准公顷。在后勤，建立了“三八”食堂、“红旗”托儿所。东安分场的田美珍、宋桂珍组织“三八”渔船，参加总场召开的水上生产运动会，平均日捕鱼 28.65 公斤，获得二级捕鱼能手的称号。

秋收，她们成立“大豆姑娘班”，挥舞镰刀投入秋收战斗，天不亮就下地，看不见太阳才收工，创造日割小麦 0.67 公顷、日割大豆 0.65 公顷的最高纪录。1960 年麦收，六分场“花木兰”班在班长于兰花的带领下，与本队小伙子进行挑战、应战活动，结果她们以平均日割小麦 0.67 公顷的好成绩，把小伙子们甩得远远的。

1975 年 12 月，宋承武任妇女主任。

1979 年恢复工会后，为配合党的中心工作，在工会里设立妇女工作委员会，配备 1

名专职女工干事。

1982 年，工会重新组建了妇女工作委员会。1983 年 7 月，徐继贤任妇女主任。

农场各级女工委员会组织广大妇女，发展养殖业、庭院经济、第三产业。涌现出种稻能手二十三队女职工康振玉、二队养牛状元陈桂花、个体餐饮户胡乃斌等依靠勤劳致富的妇女典型。涌现出省级学雷锋先进集体医院护士班，国家级优秀教师侯雅范，省级优秀教师杨秀花、潘丽美、于桂艳，省教育系统劳动模范罗燕等一大批先进女工代表。

1994 年 3 月 19 日，农场召开第三次女职工代表大会，出席代表 104 人，选举委员 17 人，李刚当选女职工委员会主任。

1998 年 10 月，农场召开第四次女职工代表大会，选举产生女职工委员会主任王伟丽，委员徐兰欣、林雪梅、李淑萍、臧春英、张宁、孙岚、李春英等 8 人。

2009 年，农场工会调整了女职工委员会，主任滕艳艳，委员滕艳莉、隋景霞、马金花、姚素珍、隋淑梅、杨海英。

1988 年以后，农场女职工委员会（女工部）一直设在农场工会。1988 年，农场工会女工部长李刚；1991 年，女工部长袁鹰华；1993 年，女工部长钱东方；1995 年，女工部长林莉；1999 年，女工部长王伟丽；2009 年，女工部长滕艳艳。2012 年，滕艳艳任工会副主席、女职工委员会主任。

为了更好地落实女职工权益保护工作，农场工会从 2007 年 1 月 9 日八五九农场第十二届一次职工代表大会开始，建立与农场平等协商签订《女职工权益保护专项集体合同》制度，此后每年的职工代表大会上都与农场进行平等协商签订《女职工权益保护专项集体合同》。基层工会也在每年一度的职工民主大会上，代表职工方与企（事）业行政进行平等协商签订《女职工权益保护专项集体合同》，并由工会负责对企业就合同的执行情况进行监督。

1979—2020 年，农场女工委员会广泛开展“女职工建功立业”活动、“女职工爱心帮扶”“手拉手姐妹献爱心”活动、“女职工素质提升”“文明和谐家庭创建”等活动。

从 2004 年起，工会女工部组织开展“国寿团体女性安康保险”项目，全场每年有 1100 余名女职工主动参加安康保险，增强妇女抵御大病风险的能力。

2010 年，在社区管理服务站建立女职工教育培训基地。举办女职工法律知识培训、健康知识培训、实用技术培训等各类培训班 16 期，培训女职工人数达 1800 余人次。女职工余爱红，通过女职工学校学习养殖技术，成为农场的养牛大户，养奶牛 50 头，年收入达 30 万元。

2011 年，被评为总局级创建“标准化女工组织”先进单位；2012 年被黑龙江省总工会命名为省级“女职工培训示范学校”。

2013年，评选“五好文明家庭”“绿色文明家庭”“和谐家庭”80余户、“好媳妇、好婆婆”20人、美丽女工20名、美丽班组2个。

2014年，为全场女职工发放卫生费11.5万元。免费为4304名妇女进行体检，为32名困难女职工免费进行两癌筛查。在学校和医院开办女职工劳模（技术）创新工作室，获国家成果奖2个，省级成果及论文奖42个。

2015年，各基层女工委标准化女工组织创建率100%。建立私企女工组织12个，组建率100%。

2017年，在全国第五届“书香三八”读书活动中，学校于桂艳撰写的《那里的夕阳一定很美》荣获优秀家书奖。

2020年，开展“传播身边声音·凝聚必胜信心”首届网络书香三八诵读音频、微视频评选大赛，评选优秀音频作品11件，优秀视频作品15件。

2017年，徐娟、于洪家庭被评为总局“五好文明家庭”。2019年3月，林莉家庭荣获“全省女职工最美家庭”称号；4月，常春英、李斌家庭荣获总局“五好文明家庭”称号。2021年1月，常春英家庭荣获省“最美家庭”称号。

2015年，农场女工部联合司法部门在街道办设立维权站。一区一女职工遭受家庭暴力，接到救助电话后，女工部及时联系基层女工主任，替女职工维权，化解矛盾，使其重回幸福家庭。维权站自成立以来结案率达100%。

九、文化活动

1957年，生活艰苦，居住条件差，职工每个月只能看到1、2次电影。1958年，大批复转官兵来场，他们当中有许多文艺战士，还带来一些乐器。每逢节假日或农闲季节，他们自编自演一些形式多样、新鲜活泼、能反映时代感的节目，丰富了职工的业余文化生活。

1958年5月，徐先国的诗《永不放下枪》在《人民日报》发表后，总场文工队的文艺战士为此诗谱了曲，由农垦局文工团小合唱队演出，使这首歌曲广为流传，唱遍了北大荒的各个农场。

1960年，总场成立文工团，是以华东军区前线话剧团和60军文工团的部分演员、乐队为骨干组成的，人员35～40人。主要演员有苗戈、徐征、杨小浓、李尔文、唐宗纯、宋长江、段小霞、王月英、马玉成、刘淑文等。当年，牡丹江农垦局开党代会时，特邀农场文工团前去演出，巡回演出两个月。1962年，场社分开后，文工团解散。

1966年麦收后，农场成立了“毛泽东思想宣传队”，队长陆再生，指导员张士凡。

兵团时期，二十三团以知青为骨干成立了文艺小分队。演职人员前期在工程连后期在园林队工作，属于有演出任务集中排练，平时参加单位劳动的业余宣传队。主要演员有包定、杨晓丽、李美云、储玲玲、郑琦、钱光炬、苏玉成、付雪英等。

1960年春节，总场组织了由各分场参加的文艺汇演，有180人参加了演出。五分场获团体总分第一名，有12个节目获优秀节目奖。六分场被评为优秀演出队。

1965年12月，农场举办新八五九农场第一届职工文艺汇演，历时3天，有150人参加。

1966年元旦到春节期间，农场业余演出队参加了总局举办的为期半个月的文艺汇演。“文革”开始后，农场业余演出队员大都是城市知识青年，音乐水平较高，这期间以演样板戏为主。

1969年冬，农场组织人力上完达山伐木，总场组织了一支文艺演出队，到山上为职工们演出。自编、自导、自演了大型现代京剧《大战完达山》。

恢复八五九农场后，农场文艺活动又蓬勃发展起来。1977年，农场排演的话剧《枫叶红了的时候》到各队巡演，受到观众一致好评。

1983年元旦，本场一队组成24人的演出队，参加建三江管理局第二届职工文艺汇演，演出了山东吕剧《打碗记》。

1984年1月，农场工会组织一支26人的演出队参加管理局第三届职工业余文艺汇演，获总分第二名，同时被评为“优秀演出队”。

1985年12月27—28日，农场工会举办场直地区文艺汇演。

（一）职工之家

自1979年恢复了工会后，农场在场部设立了图书馆，设专职图书管理员一人。三个分场场部建立了“三室”（图书室、活动室、电视室）。有18个基层单位建立图书借阅室，有16个单位建立了“三室”。共有图书4685册，乐器70多件，以及各类娱乐用品。

1984年，在老招待所南改建职工之家和工会图书室。1987年，在职工之家室内又增添一个活动室。

1991年，“建家”活动在科队级工会全面铺开，全场95个科队级工会78%达到“合格职工之家”标准，15%进入“先进职工之家”行列。

1999年8月12日，农场为丰富退休工人和退休干部的业余文化生活，成立了退休职工活动中心。

1985年11月，刘玉琴接管图书室管理员。这时图书已增加到6000余册，借书者也有分场和生产队的读者。1987年12月，农场工会又增设了100平方米的阅览室。

1994年，图书管理员离任，机构改革精简，活动室不配备管理人员，1万册图书分配给学校和其他单位。

1998年10月，张巽英接任退休职工活动室管理员。

由于这时期农场退休工人逐渐增多，为了解决退休工人的活动场所，农场决定建设一个与老干部活动中心相同的职工活动中心。劳资科于1999年7月，专门购买了台球、乒乓球、健身器等设备，增添了象棋、麻将等休闲娱乐用品。农场工会重新购置了养殖、农业科技方面的书籍，订阅报刊，新增图书200余册。8月12日，农场投入2万元维修资金，分局劳动保险局注入4万元购买设施，把原职工之家会议室改建成退休工人活动室。

农场党委于2001年9月3日，成立了"职工之家"党支部，将一些不在原支部所在地居住的退休党员，划归到该支部进行管理。

2004年8月31日，退休职工活动室搬迁到幼儿园。2005年12月10日，又迁至交通二楼会议室。2009年3月，迁至文体中心。

2010年，建成总局级职工学校1所，管理区职工业校9所。

2012年底，农场工会在文体中心建设国家级标准化"北大荒职工书屋"1个；在农场学校、社区和管理区建设总局级"北大荒职工书屋"10个；在其他科队级单位建设管理局级"北大荒职工书屋"16个。

1995—2004年，公安分局、职工医院、教育科、宣传文化中心，被评选为总局级职工自学成才先进集体。闫晗、罗燕、徐建国、刘运东、胡志刚、刘家祥、王世国被评选为总局级自学成才标兵。

2011年8月，中华全国总工会授予八五九农场为"职工书屋"示范点。省总工会授予八五九农场"省基层工会先进组织"称号。12月，中国农林水利工会全国委员会授予农场工会"全国农林水利系统模范职工之家"称号。

2017年，第三管理区（十九站）和国创生物质热电公司获得总局模范职工之家荣誉称号。

（二）文化艺术节

为倡导健康活泼的文化活动，培育积极向上的企业文化，塑造良好的企业形象，推动农场物质文明、精神文明和政治文明协调发展，农场从2000年起，把每年的6月18日定为"八五九农场文化艺术节"。"6"代表农场有60万亩耕地，"18"代表农场有1.8万人口，"6.18"是兵团成立日还是乌苏里江企业集团的诞生日。2000—2005年，"八五九农场文化艺术节"举办了6届。

2000年6月18日晚18点，农场首届文化艺术节在原农场机关楼后的文化广场举行。首届“文化艺术节”分三个部分：开幕式、文艺演出、燃放鞭炮和礼花。来自36个单位的5000余人参加了开幕式，1700名演员表演了14个节目。

首届文化艺术节结束后，农场决定当年的7、8、9月的18日由各单位联合举行文化广场月活动。活动时间为每月18日18—19点，地点在文化广场。

2001年6月18日上午8时，农场第二届文化艺术节在文化广场举行。整台节目增添了3辆花车和舞狮子表演，还在主会场南侧搭建了小舞台，1500名演员表演了16个节目。下午，建三江工商物价局文艺小分队来场慰问演出。

2002年6月18日上午8点，农场第三届文化艺术节在文化广场举行。增加了能容纳1000名小学生的方阵背景台，还进行了拔河、拉力赛等趣味体育项目，1100名演员表演了15个节目。

2003年6月18日，农场第四届文化艺术节由于受“非典”影响，没有举行大型广场文化活动，改为MTV《我的家乡八五九》电视歌会的形式。农场抽调电视局骨干，选拔歌手14人。经过外景拍摄、录音、制作，历时1个月，录制歌曲14首。

2004年6月18日，第五届文化艺术节开展了“六个一”活动，即一次文艺下乡、一台文艺节目、一次大合唱比赛、一次演讲、一次中小学生书法展览和一场知识竞赛。文艺下乡小分队先后到九队、二十二队、一队、二队进行慰问演出。在时间安排上，各项活动一直持续到“七一”。

2005年6月18日，农场第六届文化艺术节以赞美家乡巨大变化的MTV《山水情》电视歌会形式举行。歌会由电视局负责摄制，共拍摄12首歌曲，参与歌手8人。

（三）文艺演出

2003—2011年，农场先后参加管理局举办的6届职工文艺会演。又于2009年6月28日、2012年8月27日、2015年6月29日、2017年6月15日、2019年6月29日编排一台文艺节目赴建三江文化广场进行专场汇报演出。

2003年1月7日，农场组织排练的《放歌八五九》春节文艺节目，参加分局第六届暨“热电怀”职工文艺会演，荣获三等奖和优秀组织奖。

2005年1月30日，《乌苏春潮》春节文艺节目，参加分局第七届暨首届“通讯杯”职工文艺会演，获得第三名，同时获得优秀演出队、优秀创作奖。11个节目全部获单项奖，有7个节目获创作一等奖、2个节目获优秀节目一等奖、3个节目获表演一等奖。

2006年1月14日，《乌苏放歌》春节文艺节目，参加建三江分局第八届职工暨“科技杯”文艺汇演，获总分第二名。

2007 年 2 月 4 日，《乌苏欢歌》春节文艺节目，参加建三江分局第九届职工暨绿色米都杯文艺汇演，取得第二名的好成绩。

2009 年 1 月 13 日，《乌苏神韵》春节文艺节目，参加分局第二届“绿色米都杯”文艺汇演，获总分第二名。

2011 年 12 月 16 日，农场组队参加建三江管理局第十一届“绿色米都杯”职工文艺汇演，共参演 12 个节目。

2005 年 5 月 5 日，在建三江分局举办的纪念母亲节“家家乐”才艺表演赛中，张淑红家庭获第二名。

2008 年 10 月 23 日，组织 15 人排练 3 个节目，参加黑龙江省电视台举办的《咱这也有文艺人》比赛，战胜了饶河农场，在 18 个参赛农场中取得了总分第三名的好成绩，有一名演员代表八五九农场到新疆参加比赛。

2009 年 1 月 15 日，建三江分局 2009 年迎春文艺晚会在农场新落成的文体中心举办。

1985 年以来，每年春节、七一、国庆节农场都举办不同形式的文艺活动。特别是世纪园和文体中心建成后，繁荣了农场文化大舞台。农场先后举办了春节文艺晚会、时装表演赛、交谊舞表演赛、卡拉 OK 大赛、大合唱比赛、诵读比赛、文艺下队、秧歌表演赛、元宵节焰火晚会、演讲赛、知识竞赛、棋类赛、迎春游园会、雪雕赛、社区广场文化活动及书画、摄影、征文、板报展等活动。另有哈尔滨歌剧院、哈尔滨话剧团、北大荒文工团、建三江文艺小分队等来场慰问演出活动，也丰富了职工群众的文化生活。

2022 年 1 月 21 日，八五九农场有限公司举办“金虎贺岁，欢乐祥瑞”雪雕展，喜迎春节的到来和冬奥会的召开。农场有限公司聘请哈尔滨十方冰雪文化艺术发展有限公司的专业雪雕团队进行施工，10 余名雕刻师历时 12 天，制作出《百年征程》《江畔明珠》《以科育农》《相约冬奥》《党在心中》《奋斗 70 载，启航新征程》等 19 座雪雕作品。

十、体育活动

建场初期，职工的体育活动仅限于打打羽毛球、篮球和单双杠活动。

1959 年 7 月 1 日，农场举办第一届职工运动会。1960 年 5 月 1 日，农场召开第一次“水上生产运动会”。

1966 年 6 月，在场部场直小学的操场上，举行了第一届全场职工田径运动会，参加运动员有 140 多人。从此，各基层单位和农业连队都相继建立了篮球场，购置了各种体育活动器材。

1969 年，成立二十三团，大批城市知识青年来场，这些知青成了体育活动的骨干。

全团各营连都相继组织了篮、足球队和乒乓球队。从此，每年6月18日都举行一次田径运动会和各类球赛。1976年，团篮球代表队曾与沈阳军区代表队进行了友谊比赛，取得较好的成绩。

1979年，农场工会相继恢复，全场的体育活动便由工会负责。从1980年开始，每年召开一次职工业余田径运动会，培养了一批体育活动骨干。

1979年9月18—21日，农场工会举办第一届职工篮球比赛。1980年10月1日，农场工会举办全场第一次乒乓球比赛。

1983年6月27—28日，农场举办第六届职工田径运动会，这次运动会是新八五九农场成立以来规模最大、比赛项目和参赛运动员最多的一次。运动员达518人，比赛项目60多个。

1984年6月，农场女子篮球队代表建三江管理局参加了总局“丰收杯”篮球赛，获“精神文明”队称号。7月10日，农场组织一支30人的体育代表队，参加了管理局第一届田径运动会，获男子团体总分第四名，女子团体总分第二名的好成绩，农场代表队荣获“优秀代表队”称号。

到1984年，农场共举行了6届职工运动会。参加运动会的代表队由第一届的6个队、140名运动员，增加到18个队、518名运动员。比赛项目由开始的11项增加到21项。先后有46人次打破农场职工运动会的纪录。

1985年，全面兴办职工家庭农场后，职工运动会停办了。而各分场的男女篮球代表队仍云集场部进行男女篮球比赛。

1985—2020年，农场体育活动以职工运动会为重点，以篮球、乒乓球赛和全民健身活动为补充，组织开展各项体育活动。

1997年6月，参加建三江分局工会举办的“迎回归，振兴杯”职工篮球赛，农场选派男女两个代表队，男队获得第六名。

2003年8月23—25日，分局第十届乒乓球赛在农场举办，来自全分局42个代表队的180多名运动员参加了比赛，八五九农场获得干部组男团冠军。

2004年9月25日，组织35名女职工参加建三江分局举办的“迎十一健身新秧歌”比赛，荣获三等奖。

2008年7月19日，农场组织54名运动员参加首届绿色米都杯职工运动会，取得团体总分第一名的好成绩。

2009年9月，农场代表队在第二届绿色米都杯职工运动会上，获得团体第一名。

2011年6月，参加分局举办的“前进杯”排球赛，男排获得第一名，女排获得第三名。

2011 年 7 月，八五九代表队在第三届绿色米都杯职工运动会上，获得亚军。

2012 年 6 月，参加管理局举办的创业杯篮球赛，男队获得亚军。参加管理局“百场万人舞太极”广场演出等大型文体活动。

2017 年，成功承办“燃情单车纵行龙江”黑龙江首届群众骑行活动建三江站（八五九—胜利分站）开幕式。同年，学生丁可欣和张佳欣代表管理局到总局参加乒乓球比赛，荣获双打亚军。

2019 年 1 月 15 日，由黑龙江垦区文化委员会、农垦建三江管理局共同主办的 2019 年度黑龙江垦区冬季运动会暨建三江管理局首届冬季运动会在八五九农场拉开帷幕。共设 11 项赛事，参与运动员总数 320 人。在八五九举办了雪地足球、森林穿越和 10 项冰雪趣味体验赛事。

2019 年 7 月 1 日，农场组织 48 人参加建三江管理局第四届职工运动会。张春红取得 50 米负重跑女子组冠军，农场取得了综合排名第六名的成绩。

到 2020 年，农场共举办了 12 届职工运动会、10 届乒乓球赛、14 届职工篮球赛、2 届全民健身舞大赛。另举办了职工排球赛、羽毛球比赛、笼式足球赛、拔河比赛、跳绳比赛、环城徒步走等活动。

从 2000 年开始，广场文体活动逐渐兴起，农场以文化体育活动中心、世纪园文化广场、明珠家园广场为平台，开展各项丰富多彩的全民健身活动。成立足球、篮球、乒乓球、摄影等文体协会 13 个，会员 389 人。

2005 年，农场投入 19 万元，购置了体育健身路径器材 122 台件，安装在世纪公园 90 台件，一队、九队各 16 台件。

2014 年，争取上级项目资金 22 万元为明珠家园广场安装健身路径 238 台（套）。

2017 年，上级投资 30 万元建成可拆装式移动冰壶场一处，申请省体育项目建成两联笼式灯光足球场一处。在世纪公园和第一管理区安装健身路径 52 台（套），在社区、文体中心等公共场所安装室内健身器 29 台（套）。

2019 年，投资 160 万元建设国家级现代化室外体育场。总占地面积 6000 平方米（其中体育场 3740 平方米），铺设 9 毫米的硅 PU 地面，体育场围栏高 4 米，长度 380 米，内设 4 个篮球场、2 个排球场。

八五九农场体委被总局评为 2003 年度先进体委。2006 年 8 月，经省体育局批准，八五九农场工会被命名为 2002—2005 年度全省群众体育先进单位。

2009 年 10 月，国家体育总局授予八五九农场 2005—2008 年度全国群众体育先进单位。2010 年 8 月，省体育局授予八五九农场 2006—2009 年度黑龙江省群众体育先进单位。

第二节 共青团

一、机构沿革

1957 年，八五九总场按军队组织形式，建立共青团工作委员会，隶属政治部。分场在政治处内设 1 名青年干事负责团的工作，生产队建立团支部。

新八五九农场成立后，1965 年 8 月成立共青团八五九农场委员会，在政治处领导下，设团委办公室，配备 2 名专职团干部。

1967 年，受“文革”影响，团委停止工作。

1972 年恢复共青团工作，在机关组织股设专人负责团委工作，并于 1973 年 2 月正式成立二十三团共青团委员会。此时各营也相继建立团工委，连队建立团支部。

1977 年，共青团无专门组织机构。1979 年 8 月，农场机关正式设立团委，隶属政治部。并且在三个分场和工交系统分别建立团委，生产队建立团支部。

1983 年，根据体制变动情况，除三个分场团委没有变动外，撤销了工交团委，成立教育中心团委和机关、直属、基建公司、商粮贸公司和运输公司等 5 个团总支，生产队仍成立团支部。

1992 年以前，农场团委设专职副书记 1 人，配备专职干事 1、2 人。之后，随着农场机构改革的不断深化，只设专职副书记。1993 年，在农场机构改革中，团委与工会、武装部合并成立群工部，1994 年恢复编制。1998 年 4 月，再度与农场工会合署办公。2002 年 1 月，农场团委从工会中分出，设兼职团委副书记。2006 年 1 月，农场团委副书记由办公室副主任兼任。2009 年 3 月，农场团委副书记由司法科矫正员兼任。2010 年，团委成为独立科室，设团委书记 1 人。2011 年 3 月，设团委干事 1 人。2015 年，设团委干事兼女工干事 1 人。2019 年 5 月，设团委副书记 1 人。

2006 年，八五九农场团委有团委副书记 1 人，下辖 1 个团总支，35 个团支部。2009 年，新增医院、公安分局、物流中心、畜牧公司、宾馆等团组织 11 个。

2020 年，农场进行企业化改革，团支部缩减为 17 个，有专兼职团干部 31 人，有团员 273 名（其中学生团员全部移交饶河县），并在团中央智慧团建网站中进行注册。

2022 年 7 月，八五九农场有限公司管理体制改革，团委划归党群工作部，负责人单宝坤（借调）。

领导成员更迭情况如下：

团委书记：　侯一峰（1959 任命）
张绪柱（1961）
陆龙波（1964.1—1966.5）
杨殿绪（1973.2—1975.9）
宋承武（1975.9 任命）
刘希彪（1979 任命）

团委副书记：陈留纪（1973.2—1976.10）
龙锡太（1973.2—1975.9）
姜　萌（1975.9 任命）
郑　琦（1980—1982.11）
韩　波（1982.11—1983.10）
国　强（1985.3—1987.8）
杨　利（1987.8—1988.3）
沈　毅（1988.4—1990.11）
李　斌（1990.11—1991.11）
滕旭明（1991.12—1992.12）
吴洪海（1993.1—1993.7）
钱东方（兼，女，1993.7—1995.1）
孙纯军（1995.2—1995.9）
王　军（1995.9—1996.12）
周华虎（1997.1—2001.12）
高　杰（2002—2009.3）
薛洪涛（2009.3—2010.10）
薛洪涛（2010.10—2011.3，团委书记）
王倩倩（女，2011.3—2015.3，主持工作）
曹　静（女，2015.3—2019.5，主持工作）
曹　静（2019.5—2021.11）
单宝坤（女，2021.11—，借调）

二、团代会

八五九总场期间，共召开 3 次团代会。第一届 1959 年 9 月 17—21 日在饶河召开，第二届 1961 年在饶河召开，第三届 1963 年在饶河召开。在此期间，侯一峰、张绪柱先后担任团委书记。

新八五九农场成立后，重新建立共青团组织——1965 年 8 月成立，由陆龙波、冯维国、洪渭昌、韩英玉 4 人组成首届团代会筹备委员会。10 月，在场部召开第一届团代会，出席代表 120 人，大会历时 3 天。

1973 年 2 月，共青团二十三团委员会组织召开了第二届团代会，到会代表 200 余人，杨殿绪为团委书记。

1975 年 9 月 7 日，召开第三届团代会，地点俱乐部，参加会议的正式代表 221 人，其中 138 人来自生产第一线，女代表 91 人。这次会议内容丰富，生动活泼，是建场史上空前的一次青年盛会。会议开始的第一天即 9 月 7 日，200 多名代表到离团部 10 公里的 9 连参加豆收，当年的豆收是由团代表开的第一镰。下午各代表团举行预备会议，学唱革命歌曲。晚上举行开幕式，二十三团党委常委宋承武致开幕词。随后，六师团委副书记王建、二十四团团委书记陆士龙、上海市知青慰问团代表朱惠英分别致辞祝贺大会召开。接着代表们登台表演文艺节目，会场气氛欢快热烈，体现了青年的特点。会议第二天，全国共青团十大代表二十五团七营副教导员朱守成介绍经验。会议第三天，通过无记名投票选出由 25 人组成的团委会，宋承武为书记，陈留纪、姜萌为副书记。

1979 年 8 月，农场第四届团代会在场部召开，历时 2 天。会议制定了基层团支部工作条例（共 5 项 18 条），大会选举刘希彪为团委书记。

1989 年 3 月 23—25 日，共青团八五九农场第五次代表大会在修造厂二楼会议室召开，参会代表 130 人。农场党委副书记刘忠胜代表农场团委作了工作报告。会议选举产生了共青团八五九农场第五届委员会委员 9 人，沈毅任农场团委副书记。

1998 年 3 月 5 日，共青团八五九农场第六次代表大会在交通楼二楼会议室召开，参加会议代表 100 人。会议选举产生了共青团八五九农场第六届委员会委员 7 人，周华虎任农场团委副书记。

三、组织状况

1965 年全场有团员 350 人，1983 年有团员 1401 人（青年 4429 人），增加 75%；团支部由 1965 年的 24 个，发展到 1983 年的 73 个，增加 68%。

1988 年，农场团委下辖一、二、三分场 3 个基层团委、6 个团总支、70 个基层团支部，团员总数保持在 1200 人左右。

1994 年以后，随着农场撤销分场建制，职业高中停办，工业企业用工制度改革以及家庭农场全面推行“两自”，加之青年工人停薪、下岗、待业、外出打工、自谋职业等，大部分与原单位团组织脱离了组织关系，从而使团员人数锐减2/3。

2005年，基层团组织只保留2个团总支，48个支部，全场团员总数只有400多人，且学生团员占较大比例。团组织机构健全并能开展活动的只有学校、机关和少部分企业单位。

2006年，共有在册团员350人，其中学校团员170名。

2009年，新增医院、公安分局、物流中心、畜牧公司、宾馆等团组织11个。

2012年，新增人力资源和社会保障团支部，新增1个两新团组织——国创生物质热电厂团支部。

2015年，发展团员170人，成功推荐6名优秀青年加入党组织。

2020年，团支部缩减成17个，有团员273名。其中学生团员全部移交饶河县。

四、组织活动

20世纪50年代末至60年代初，农场的团组织活动，主要是开展适合青年特点的生动活泼的政治宣传、生产鼓动和文体活动。组织“地头演唱队”，把食堂布置成俱乐部，出墙报、板报，开会之前读报、教歌等。青年干事下队组织“三八包车组”“青年突击队”“大豆姑娘班”，开展“飞刀手”竞赛活动。

1965年6月，社教运动结束，青年团的活动也空前活跃。第一次举办了由全场24个团支部参加的体育活动和文艺演唱比赛，中学团支部栽种了“青年林”（现科研站的松树林）。

1978—1979年，许多基层团支部种了“青年田”，并用活动经费购置了文体活动器材。1980—1982年，全场团支部共种青年田114.67公顷。1983年，种青年田获得活动经费1万多元，有27个团支部办起青年之家，购置电视机、录音机、照相机和大量图书，以及各种文体器材，极大地活跃了青年们的文化生活。

1980年2月，举办了为期5天的团支部书记学习班。“五四”青年节期间，召开全场性的新长征突击手表彰大会，表彰了5个新长征红旗单位、70名新长征突击手。

1981年，十一队张玉国获总局建设社会主义青年积极分子光荣称号。1982年，商店韩静、七队李娟获总局建设社会主义青年积极分子光荣称号；在总局团委组织的“为一年恢复立功”活动中，共青团员周曙光等4人分别荣立一、二、三等功，崔效达等12人受到通令嘉奖。

在胡耀邦总书记号召的“采集草籽、树种”支援甘肃省建设的活动中，全场青少年踊跃参加，翻山越岭，不畏艰苦。1983 年，采草籽、树种超额完成任务的 5 倍，受到省采种支甘领导小组的通令嘉奖。1988 年，被团省委授予“采种支甘”先进集体。

1985 年、1989 年 7 月、1990 年 1 月，农场团委联合其他部门举办了 3 次青年集体婚礼。

1989 年春节，组织排练了一台文艺节目，在俱乐部演出 5 场，并赴二道河农场慰问演出。

1989 年 8 月，姚玉龙被评为垦区青年企业家。1991 年 3 月 8 日，张树山被命名为全省“交万斤粮青年标兵”；6 月，小学生穆晓梅的《慈母情》在垦区首届少年儿童讲北大荒故事电视大赛中荣获二等奖。1992 年，大学生张碧岩荣获总局社会主义建设青年积极分子光荣称号。

1997 年 4 月，组织救助贫困生募捐活动，收到捐款 2.3 万元，当年扶助贫困学生 16 名。1998 年，扶助学生 5 名。

1988 年，王凯被总局团委评为青年积极分子，刘颖被评为垦区青年科技示范户。

1988 年，农场团委被总局团委授予优秀团委称号。1989 年，农场团委被团省委授予颁证工作先进团委。

1991 年，农场团委被总局团委授予优秀团委称号；被团省委授予“增收千万元活动”立功单位。11 月，被总局团委授予抗洪抢险先进集体称号。

1991 年 7 月，医院护士班被团省委授予“学雷锋先进集体”称号；同年，面粉加工厂 QC 小组被农垦总局团委授予“优秀青年 QC 小组”称号。

2002—2005 年，中学团总支连续四年被总局团委评为先进团总支。

2006—2020 年，农场团委组织团员青年重点开展了建功立业活动、青年志愿者活动、扶贫帮困活动和各项文体活动。拓展“互联网＋”青年创新创业工作，拓宽青年服务阵地，提升青年服务的能力，充分展示新时期团员青年的青春形象。

2009 年，承办建三江分局“双十佳”大学生表彰颁奖晚会。在“温馨红五月，感恩八五九”活动中，共募集社会各界捐款 20.8 万元，全部用在农场的弱势群体帮扶和突发性灾难事件救助上。

组建八五九大学生青年联合会，开展大学生入职培训、联谊等活动，引导一批刚走上岗位的大学生成为农场的生力军。2011 年，组织 50 余名青年开展“相约八五九，青春在飞扬”青年联谊活动。

成立了八五九农场志愿者协会，健全志愿服务组织体系。建立了由团委、学校、社区团组织、基层团支部为龙头的三级志愿服务工作网络。2009 年，全场共有志愿者 1000

多人。

2010—2011 年，社区团总支被评为总局先进基层团组织。2012 年，高杰、赵彩贵被授予管理局五四奖章。2014 年，社区青年张文旭被评为省优秀社区志愿者。

2014 年，原创音舞诗画作品《有一个地方，梦想在这里绽放》在建三江管理局团委举办的“青春共筑三江梦”诗歌朗诵大赛中荣获第二名，作者李文山获最佳创作奖。2015 年，组织拍摄微电影《雏燕双飞》参加团省委举办的微电影大赛，荣获三等奖。

2017 年 6 月，举行志愿服务活动启动仪式暨志愿者服务队成立大会，注册志愿者 173 名。共成立了精准扶贫志愿服务队、爱心志愿服务队、医疗救护志愿服务队、科技惠农志愿服务队、环境保护志愿服务队等 5 支志愿者服务队。同年，社区管理服务站被评为黑龙江省青年文明号。

2018 年，组织广大青年与贫困学生开展“1＋1”助学结对活动，累计开展助困行动 6 次，得到社会捐助 6500 元。13 名青年志愿者成立七彩服务小组，为 13 名贫困学生提供学习辅导、生活救助、心理关怀，全方位保障贫困学生成长环境。

2018 年 12 月，农场广播电视局、科技园区获建三江管理局 2018 年“青年创业就业见习基地”称号，李建莹、李志昊获“青年岗位能手”称号。

2019 年，在全场范围内组织开展映客直播“北大荒青年电商培训班”，培训辐射全场 16 个基层团组织的团员青年 200 余人次。

2020 年，开展“画说五四”手绘活动，“疫情之中谈感悟话成长”主题征文活动。携手爱心青年走访慰问各类青少年和困难家庭 150 余人次，开展“精准扶贫·青春活动”活动 6 次，筹集爱心资金 9520 元。

五、少先队

1995—2005 年，农场开始集中办学，水利队小学、一分校、三分校相继合并到场直小学，扩大了少先队组织的规模，并为少先队配备了最新式的鼓号队、腰鼓队服装。农场小学成立了舞蹈室、音乐室、美术室、体育室，扩大了少先队的活动场所。

1985 年教学改革后，农场小学少先队组织以体验生活、感悟人生、提高品质、提高素质为教育目标，以社会实践活动为载体，引导学生接触社会、接触生产劳动、接触现代科学、接触大自然。同时，加强和改进青少年思想道德建设，认真做好《未成年人保护法》《预防青少年犯罪法》和《黑龙江省未成年人保护条例》的宣传普及。

1985—2005 年 9 月，张宁任少先队大队专职辅导员，有校外辅导员 4 人。1985 年，少先队大队有 14 个中队 682 名队员。2005 年，少先队大队有 30 个中队 1420 名队员，9

月，王德成任少先队大队辅导员。2020 年，有少先队员 1035 人。

2002 年 7 月 1 日，农场团委表彰 10 名分局首届“联通杯”十佳少年、113 名首届二星级雏鹰奖章队员、十佳优秀少先队辅导员。少先队员黄豆同学在 2001 年“申奥杯”全国青少年书画大赛中获三等奖；2003 年考取电子琴五级证书，并在全国英语奥林匹克竞赛中获一等奖；2002—2003 年被评为建三江十佳少年。

2011 年，少先大队落实执勤按周轮岗制，让更多的队员参与管理活动，提高自我管理能力。6 月，王德成荣获管理局“十佳少先队辅导员”称号。

2012 年，办好学校“校园之声”广播站，开设了“欢乐队生活”“语文知识百花园”“英语天地”和“环保与我”等栏目，由队员们投稿、采编，每周两次播出。

2013 年，开展了“美德少年”“四好少年”“校阳光队员”评选活动。2014 年，开展《小学生守则》和《小学生日常行为规范》知识竞赛活动。进行了 2 次防火、防震演练，4 次防溺水教育。2016 年，开展“我最喜爱的班主任”评选、“四好少年”评选、“世界地球日”主题演讲比赛等活动。

2019 年，沈静宜同学被省委宣传部授予首届“龙江向上向善好少年”称号。2020 年 4 月，学校少先大队被建三江分公司委员会授予“优秀少先大队”称号；陈艳洁被评为“优秀少先队辅导员”。10 月，苏文昊同学荣获饶河县第七届“十佳少先队员”荣誉称号；中心学校少先队大队被授予“饶河县第七届优秀少先队集体”荣誉称号。王德成被评为“黑龙江省优秀少先队辅导员”。

2018 年 12 月 18 日，召开少先队八五九小学第一次代表大会暨少工委成立大会，农场团委、关工委负责人、学生家长代表参加。会议总结了上一届少先队工作，选举产生了新一届大队委。表彰了优秀辅导员、优秀队干部、优秀少先队员。选举了少工委成员，并颁发聘书。

第三节　知青回访

1968—1976 年，农场共接收城市知识青年 5993 人。他们响应党的号召，从繁华的京、津、沪、哈、佳等大中城市来到北大荒，成为生产建设兵团的一名战士，他们与当地职工群众一道，战天斗地，屯垦戍边，建设边疆。城市知青的到来，为信息闭塞、文化落后的边疆送来了文化，传递了信息，促进了农场与外界的交流。1976—1979 年，有 5721 名城市知青返城。到 1998 年 8 月，留场知青只有 67 人。

1997 年，农场为适应市场经济的发展，组建了乌苏里江企业集团。为提高企业集团知名度，让集团的产品走向大都市，2月20日，农场成立了知青友情联谊办公室，设在项目办，主任由项目办党支部书记魏建平兼任，聘请退休干部熊承举为副主任，特邀分局工会主席孙英为名誉主席。27日，分别向北京、上海、天津、哈尔滨、佳木斯的知青发出倡议书，各城市知青都成立了联络小组。北京负责人于怀、杨永才、姜萌，上海负责人李荣根、吴立辉，天津负责人王伟庄、刘淑锐、刘常武，哈尔滨负责人范振波、张洁、于爱民，佳木斯负责人贾绪义、韩丽霞、滕春华。各地知青联络小组分别向二十三团知青们发出倡议，宣传企业集团的产品，积极为第二故乡的教育事业奉献爱心。

一、百名知青回访

1997年5月25日，农场举办捐资助学仪式，筹建小学。26日，乌苏里江小学教学楼破土动工，面积4145平方米，总投资445万元。

1997年6月18日，在第八届哈尔滨经济贸易洽谈会上，农场在花园邨宾馆举行了乌苏里江企业集团成立发布会，并特邀京、津、沪、哈、佳等城市知青代表12人参会。会上农场宣布在1998年8月18日举行知识青年上山下乡30周年庆祝活动。

1998年8月17日，农场机关前彩旗飘飘，巨大的横幅上写着“魂系乌苏里江畔、情结京、津、沪、哈、佳”。上午10时，10名干警骑着摩托车开道，在全场上千人列队欢迎下，上海、哈尔滨的知青回到了农场。17时30分，天津、北京、佳木斯的知青也来到了阔别30年的第二故乡。18时，农场在宾馆举行了欢迎宴会，场长王道明向回访的知青致欢迎词。8月18日上午8时59分，在乌苏里江小学教学楼前举行了“城市知识青年上山下乡30周年纪念大会暨乌苏里江小学教学楼及‘希望之碑’揭幔仪式”。农垦总局原党委副书记邓灿、建三江分局工会主席上海知青孙英为乌苏里江小学“希望之碑”揭幔。“希望之碑”的碑座是由宽800厘米、高50厘米、长900厘米的花岗岩组成，象征着农场事业的基础，也象征着无私为农场教育事业捐资的人；用将军色大理石组成的碑体，像奉献给孩子的书本；碑体上三枝像绿叶一样的碑顶，象征着农场正在茁壮成长的新一代；在叶中间的金色球体，如一轮喷薄而出的金色太阳，散发出一道世纪之光。邓灿还向小学赠送了亲笔书写的“乌苏里江小学”校名。

庆祝大会上，44名上海知青向农场小学捐赠价值10万元的图书，上海知青冯桂林向农场小学捐赠10万元用于购买微机。场长王道明当场宣布乌苏里江小学微机室命名为“冯桂林微机室”。场长王道明、祁书记为知青们颁发“捐款荣誉证书”。庆祝活动结束后，知青们参观了供销公司、乳品厂、建材厂、供电局、粮油公司、粮贸科、水稻小区、项目队、复合肥厂。8月21日早7点，上海、佳木斯知青33人离开农场；上午11时，哈尔滨、北京知青返回；8 月 22 日，天津知青和部分北京知青离开农场，知青回访结束。

此次活动，来自京、津、沪、哈、佳等 101 名城市知青及子女共 119 人回场。回访活动历时 4 天。

到 1998 年 8 月，共有 46 个单位、3295 人，为筹建乌苏里江小学总计捐款 128 万元。其中场内单位捐款 5.6 万元，场外单位捐款 6 万元，驻场单位捐款 19 万元，开发性家庭农场捐款 2.3 万元，知青捐款 19 万元，个人捐款 75 万元。

二、回访第二故乡

1991 年 8 月 7—11 日，李荣根、宋承武、吴立辉、于怀、杨永才、邓爱国、孙亚东等来自京、津、沪、哈、佳的 16 名知青回访第二故乡。

1994 年 6 月 10 日，国务院特区开发办口岸司副司长、原 9 连上海知青柳孝华回访第二故乡。

1995 年 3 月 10 日，黑龙江《农民致富之友》杂志社记者、1968 年下乡的上海知青赵进在十九队和张树山家庭农场试种大豆王中王。

1995 年 8 月 16 日，上海汇达商行总经理、上海知青张宪华，哈尔滨市政建设材料工业公司、哈尔滨知青杜德培，哈尔滨自来水公司满淑芳，回到曾下乡的 36 连。

1996 年 8 月 19 日，北京轻工学院学生处处长、上海知青姜萌回到农场，并来到九队、八队、二十四队、二十八队探望。

1997 年 6 月 25 日，欧美同学会秘书长、哈尔滨知青于隶群来场参观考察。

1997 年 7 月 19 日，团中央少儿部主任、1968 年下乡 8 连的佳木斯知青赵武军回访第二故乡，佳木斯知青、总局公安局副局长孙盛槐陪同。

2001 年 9 月 5 日，中国人民银行总行宣传部长、1968 年下乡 12 连的北京知青张惠敏回访第二故乡。张惠敏当过农工，两年后调入学校任教，1972 年被推荐到北大上大学。

2001 年 10 月 10 日，省公路局行业管理处处长、原 19 连哈市知青刘力新来场检查指导工作。

2008 年 8 月 27 日，原二十三团常委北京知青宋承武、北京房山区政协主席范文彦夫妇回到农场开展捐资助学活动。

2010 年 7 月 22—25 日，李光启、冯学勤等 15 名原 32 连、2 连的上海、天津知青回访第二故乡，探望老战友，感受农场的变化和成就。

2011 年 7 月 17—20 日，原砖瓦厂 48 名知青“回家”探亲。

2011 年 7 月 23 日，农场在机关四楼会议室举办回访知青献策座谈会，分公司副总经理王荣安与来自北京、佳木斯等地原13连20多名知青汇聚一堂，交流座谈。

2016年7月28日至8月1日，原二十三团汽车连京、沪、哈、佳38名知青回访八五九，12名农场战友也一同参加了聚会活动。

2018年8月6日，38连56名知青回到第二故乡，举办纪念知青下乡50周年庆祝活动。

2018年8月10—12日，来自北京、上海、天津、哈尔滨、佳木斯等地的原18连124名知青及战友回到农场，开展知青下乡50周年庆祝活动。

2018年8月16日，原农场场长、北京知青何忠泽与哈尔滨知青钱丽萍夫妇回到农场参观。

2021年7月6日，原八五九农场党委副书记刘忠胜与北京知青于滌夫妇回到农场探亲。刘忠胜曾任北京崇文区环卫局党委书记兼局长、崇文区政协副主席。

三、知青人物

柳孝华：上海知青，1968年9月下乡到二十三团9连。是“从北大荒田埂走进中南海”的知青代表，曾任国务院特区办政策法规司司长、综合司司长，中国WTO谈判专家组成员，中国（深圳）综合开发研究院特聘高级专家。参与了深圳、海南等特区的规划和建设。作为中国加入“WTO”谈判组成员，参与了8年漫长而艰难的入世谈判。

范文彦：北京知青，1968年6月至1979年3月，在二十三团9连任战士、指导员。曾任北京丰台区物资回收公司副经理，丰台区委党校校长，房山区委副书记、区委组织部部长、区委党校校长，房山区政协党组书记、政协主席。

李福顺：女，北京知青，曾下乡到二十三团9连。1973年被保送上北京外国语大学，毕业后分配到外交部工作。2009年5月，任中国驻加蓬共和国大使。当年9月，让蒂尔港发生严重骚乱，危及当地华侨华商生命财产安全。她临危不乱，联系加蓬国防部，动用军力警力、军用飞机解救22名华人华侨到首都利波维尔，受到华人华侨的高度赞誉。2012年2月14日，加蓬总统邦戈授予她“赤道之星”荣誉勋章。

柴玺：北京知青，1969年下乡到二十三团38连担任兽医。1976年6月毕业于北京外国语学院。1993年9月，任外交部亚洲司处长。2002年5月，任云南省红河自治州委副书记。2003年10月任中国驻孟加拉国大使。2010年6月至2014年1月，任中国驻马来西亚大使。

李忠平：天津知青，1969年5月下乡到二十三团16连，1980年毕业于东北林业大学。1980年1月至1990年6月先后在林业部人事司、办公厅工作，1998年8月任国家林业局森林资源管理司副司长，2002 年 10 月任国家林业局调查规划设计院院长、党委副书记。

王伟庄：天津知青，1968 年下乡，曾任二十三团 6 营 42 连排长、副连长。回城后曾任天津大港区组织部长、区长，2006 年 10 月任天津市政法委副书记、市综治办主任。

王铁阳：北京知青，1968 年下乡在二十三团 19 连。返京后，曾任丰台区宣传部副部长，西罗园工委书记，丰台区副书记、纪委书记，后任市委巡视组副组长。

于怀：北京知青，1968 年 7 月下乡到二十三团 1 连，曾任 2 连教师、指导员，1978 年 4 月赴佳木斯师范专科学校上学，1979 年 12 月毕业分配回北京。曾担任核工业管理干部学院干部教育培训部主任和党校工作部主任，2009 年加入中国摄影家协会。他先后于 2007 年 7 月、2008 年 7 月、2009 年 1 月、2009 年 9 月、2010 年 9 月、2012 年 5 月 6 次回到农场，拍摄第二故乡的山山水水和四季风光，并通过微信朋友圈陆续与各地知青朋友分享，起到了一定的宣传效果。

朱玉生：天津知青，1969 年 5 月下乡到二十三团 18 连，历任农工、卫生员、医生、总局史志办编辑。为中国书法家协会会员、北大荒书协秘书长、国家一级美术师，曾获全国及地区多项书法大奖。

于瀛波：北京知青，1968 年 6 月至 1973 年 9 月任二十三团电影队队长。1976 年从黑龙江省艺术专科学校毕业，后留校任教，在省文化厅和省群众艺术馆美术部工作。1992 年调回北京，在人民美术出版总社做编辑出版工作，副编审。2019 年 8 月 17 日回访八五九。

钟亚平：北京知青，1968 年 6 月下乡到二十三团 6 连，1974 年 10 月进入北京师范大学中文系学习。1979 年 9 月调入中国人民大学工作，先后在俄罗斯东欧中亚研究所任外事副所长、在国际关系学院任研究馆员。2008 年 8 月 25 日回访八五九。

冯桂林：上海知青，1968 年 9 月，下乡到二十三团 6 连。1978 年 12 月返城。1991 年 8 月任香港金马有限公司董事长；1995 年 6 月任美国金马（纽约）有限公司董事长。1998 年 8 月向八五九农场小学捐赠 10 万元用于购买微机，农场特命名“冯桂林微机室”。

宋承武：北京知青，1968 年 7 月下乡到八五九，曾任二十三团常委，人称宋常委。1979 年返城，曾任丰台区人事局编委办主任。2008 年开始，参与农场金秋助学“大手牵小手”活动，每年都捐赠 2000 元。2018 年，采取“一对一”的方式资助姜宇彤同学，助学资金达到 3000 元/年，直至其成长成才。从 2008—2022 年这 15 年里，她已累计出资 3.5 万元用于资助第二故乡的贫困家庭优秀学生。

宣国江：上海知青，1968 年 9 月下乡到二十三团，当过团部宣传股通讯员、连队副指导员、营部中学校长。回到上海后，曾任街道科委办公室负责人等职务。2007年，他创立859e家园，成为八五九农场数千名各地知青、农场老职工后代联谊交流的平台。宣国江为网站建设呕心沥血，无私奉献，花费大量时间和精力，坚持不收网友一分钱，靠自己的努力维持网站的运行。

杨斌杰：1995年12月26日，《北京时报》报道了北京知青杨斌杰无私帮助女教师徐占玉赴京治病的事迹。农场女教师徐占玉患风湿性心脏病20多年，1994年7月，病情恶化危及生命，去北京手术治疗时，找到了当年同在26连工作的杨斌杰。当时，杨斌杰只是北京市燃气公司第一管理所一名普通女工。从徐占玉抵京到康复离京的138个日日夜夜，杨斌杰跑医院联系手术，找荒友筹措资金，搞护理调剂膳食，一家人付出了许多心血。为了节省资金，杨斌杰把徐占玉一家安排在30平方米的家中吃住。为了让徐占玉休息得舒服些，杨斌杰又腾出卧室，自己与丈夫、老人、孩子睡在地上。久病的徐占玉家境十分困难，杨斌杰拿出4000元弥补手术费用的不足，还给徐占玉的孩子找到了一份燃气安装的临时工作。杨斌杰说，荒友情是不能用金钱来衡量的，我不能眼看着自己的战友倒下而不去救助。农场中小学教师、场领导、徐占玉的四名同学也纷纷捐款。1996年5月2日杨斌杰回访第二故乡。

第三章　农场法制

第一节　农场综治工作

一、机构沿革

2007年以前，农场的社会治安综合治理工作由公安分局负责。2007年6月8日，按照建三江分局党委要求，农场在机关设立综合治理办公室，原综治办业务从公安分局分出，从公安分局抽调一人担任主任。2011年，农场设立政法委办公室与综合治理办公室合署，2015年7月撤并。

2022年7月，八五九农场有限公司管理体制改革，杜红臻任综合管理部总经理。综合管理部内设综治办，科办负责人为综合管理部副总经理姜颖。

领导成员更迭情况如下：

综合治理办公室主任：段祥伟（2007.6—2011.5）

王鹏先（2011.5—2014.4）

宋玉凤（女，2014.4—2021.8）

姜　颖（女，2022.1—2022.7）

政法委副书记：张乾华（2011.11—2015.7）

二、社会治安综合治理

社会治安综合治理是在农场党政统一领导下，在发挥政法部门特别是公安机关骨干作用的同时，组织和依靠各部门、各单位和人民群众的力量，综合运用政治、经济、行政、法律、文化、教育等多种手段，通过加强打击防范、教育管理、建设改造等方面的工作，实现从根本上预防和治理违法犯罪，化解不安定因素，维护社会治安持续稳定的一项系统工程。

八五九农场综治工作以社会管理创新、矛盾纠纷化解、公正廉洁执法三项重点工作为抓手，以创建平安农场为重点，坚持“打防巡控”一体化建设，严厉打击和专项整治相结合，强化依法打击犯罪活动力度，实现了行业平安、系统平安、单位平安。

农场把思想政治工作与综合治理工作同部署、同落实，在工作检查中与思想政治工作同评比、同奖罚，并实行一票否决。

开展“平安九创”活动，学校、医院、社区、幼儿园、第一、二、五、十管理区为平安创建示范单位。平安单位创建率100%，群众安全感达95%以上，群众对平安建设工作的知晓率、参与率、满意率达95%以上，实现“三降三无”工作目标。社会治安综合治理措施到位、效果明显，信访事件、道路交通事故案件逐年下降，防范处理邪教工作实现了“四个零”的目标，实现了网格化管理全覆盖。连续多年无重大火灾事故。

“矛盾纠纷排查分析月报”“反宣品清缴”“法律大集”“反邪教宣传教育”“平安建设知识讲座”“基层单位安全消防演练”“警风警纪执法检查”“流动人口检查”“重大节日和敏感日防控”工作成为每年开展的常规性工作。

社区、学校、第一管理区被命名为总局级无邪教单位；第六管理区、医院、第二管理区被命名为管理局级无邪教单位。

2004年3月，被总局党委授予垦区社会治安综合治理先进集体。2008—2009年，连续2年被分局评为“社会治安综合治理先进单位”和“防范处理邪教工作先进单位”。2011年，获管理局级综治宣传先进单位；2012年，综治工作全局排名第四，防处工作全局排名第三；2013年，晋升为总局级平安农场，防处工作全局排名第四；2014年，综治工作全管理局排名第二，防处工作排名第一；2015年，防处工作全管理局排名第一；2017年，被建三江管理局评为社会治安综合治理工作先进集体。代表管理局迎接省扫黑除恶督导组检查；迎接总局年度政法综治工作检查验收，并得到总局领导的好评。2018年，综治（平安建设）工作全管理局排名第一。2020年，被建三江分公司评为综治（平安建设）工作优秀单位。

三、队伍建设

在政法队伍建设上，开展“双评”“学创”等活动，开展学政治、学法律、学业务、学文化、学科技等业务培训活动，提升业务能力。

2006年，农场成立了社会治安综合治理委员会。各基层单位均成立了由党政一把手牵头的综治工作领导小组。

2007年，农场首次建立了专兼职保安队伍38人。2009年成立了保安大队，有保安员59名，分别配备给重点要害单位。

2011年，农场配备专职政法委副书记1名（正科级）、调整专职综治办主任1名（正科级）、专职防处办副主任1名（副科级）。

2013年8月，成立综治维稳中心，面积200余平方米，设警务室、接待室、矛盾调处室、信息室、指挥室、120平方米服务大厅。服务大厅挂牌服务部门包括法律咨询、信访接待、综治维稳、平安建设、人口计生、警区服务、社区服务等。综治中心常驻值班科室有公安分局、司法分局、卫生科、社区管理服务站。各管理区、居民委、场直单位成立了综治维稳站，并配齐配强工作人员，组织机构及各项职责、制度健全。

各管理区及作业站配备了更夫，24小时值班。晒场、农具场、库房等地落实人防、技防、物防，有效降低了可控性案件的发生。

实施“网格化管理”，建立了58个网格站。每个单位成立了网格服务队，配备一名专兼职网格员，每月按时向农场综治办上报矛盾排查情况、报表、信息等，形成了“网格化”全覆盖。

2018年，全场设置基层综治副职干部33人、综治信息员33人、调解员33人、基层调解委员会成员137人、保安员44人。

四、活动开展

（一）立体化治安防控体系建设

在打防工作上，重点防范，打防结合，严打刑事犯罪，加强重点部位防范。重点做好“三防”（人防、物防、技防）体系建设。

加强人防体系建设。各单位健全防范和防控方案、制度、措施，配齐配强更夫、保安员，完善治安巡逻、义务巡防、群防群治队伍建设。调动居民小组、义务巡逻队等组织的积极性，老党员、老职工、社区居民参与治安防范。健全栋户联防措施，扩大人防覆盖面。

加强物防建设。2006年，对基层单位5个警区办公室进行了整修。陆续为机关、商场、学校等重点单位、关键场所安装监控探头，场区内商户和业主投资安装监控器、报警器，在重点交通路段设立治安卡口2个。投资300余万元用于更新车辆、巡逻艇、装备、办公设备、办案区改造、新建警务室等。为一线民警配备了单警装备、对讲机和车辆等，开展24小时武装巡逻。

加强技防建设。农场投资350万元在新建小区、老旧单散小区进出口、重点街道及路口安装视频监控探头330个，全场技防覆盖率达90%。推进技防监控设备联网，沿街商户视频监控安装率达90%，并逐步进入分局监控指挥系统。

公安分局值班室、户籍室、办案区、会议室等实现了音、视频同步；建立应急反应处置机制，安装了“110”报警服务系统。

（二）平安农场创建

开展平安九创、平安农场创建活动。开展创建“平安八五九场”“平安企业”“平安社区”“平安管理区”“平安校园”“平安医院”“平安市场”“平安大道”“平安家庭”等系列活动。

2014年，开展“平安建设进社区”“防邪教知识进家庭”“护校安园”“政法干警警示教育”“法律大集”“学生暑期安全教育”“流动人口检查”“两节食品安全检查”“平安建设讲座”“消防安全、学生逃生演练”“政法部门执法、纪律作风检查”“反邪教知识讲座”“政法干警七查七治专项整治活动”等20多项活动。开展打击整治逃废银行债务行为专项行动，审结金融借款合同纠纷案件78件，涉案标的1400余万元。开展打击非法越境专项行动。

规范常住人口管理网格化、分区化、单位化模式，建立街道总体管理，警务区、基层综治机构配合，群防群治、栋户联防、义务巡防、技防覆盖的全方位管理体系。

2014年以后，常态化开展流动人口管理工作。流动人口全部纳入了微机管理，对出租房屋进行建档登记，对建筑工地、家庭农场等流动人口集中的场所开展安全法制教育。各管理区、作业站以地号为单位，对一年四季散落在田间、地头的种植户，流动人口，打工人员进行登记、注册，纳入“网格化”管理。

加强重点场所管理。组织相关部门对农场大型超市、市场、食品小作坊、管理区农具场等重点部位进行联合检查。联合安全、消防、工商等部门开展校园周边环境专项整治活动。

强化社区管理与服务的作用。以抓社区、抓源头、强管理、强服务为重点。严格落实“一岗双责”责任制，逐级、逐层、逐人落实责任。发挥环境卫生巡逻队、综治维稳巡逻队、党员服务队和青年志愿者服务队四支队伍的作用，在农忙和农闲期间开展“看家护院”行动，增强群众安全感。

公安民警进校园、进社区。建立社区警务室，在中小学校设立警务室，民警驻校，居民委与民警合署办公，做到综治工作有人抓，遇事有人管，矛盾有人调。

在场区主要干道建立干警巡防责任区，组织民警和群防队员联合巡逻。重点加强对主街道、车站、市场等治安复杂场所的巡逻防控和监控。加强夜间阵地控制，从2006年8月中旬开始，由公安分局民警和保安员组成巡逻小组，每天从晚上20时30分至次日凌晨2时，进行夜晚巡逻，有效地减少了各类案件发生。2007年9月17日晚，抓获盗窃摩托车犯罪嫌疑人2名，破获4辆被盗摩托车，并为兄弟分局侦破6辆被盗摩托车案件。

2016年，依托“七五”普法平台，加大法制宣传力度，全年深入基层开展法律知识培训5次，开展法律宣传活动2次，举办基层综治干部和调解员培训班1次，培训人员90余人，全年受教育人数6000余人。

2018年，向网安部门上报情报信息600条，对公安部上报舆情570条，省内舆情上报800条，其中有价值信息25条，垦区信息推广6.2万条。

2019年，农场的平安农场建设工作作为典型经验被管理局推送到总局政法委，并制作电视专题片《推进平安农场建设，撑起百姓祥和蓝天》。

（三）专项工作

2019年，组织各类宣传发动活动60余次，利用沿街商户显示屏播发宣传标语17条、制作宣传条幅60条、制作宣传单明白卡3.5万份、宣传卡片1000份、海报400张。

对农场的6处居民区、200多家重点行业场所、40家旅店、7家网吧、7家歌厅、8个重点行业单位做到每月走访一次。对管理区干部、职工代表、农户代表等进行走访，摸排线索，共计走访75人，制作谈话笔录75份；走进农场各企事业单位、大中型企业、重点行业等单位摸排线索，共计走访100余家，制作谈话笔录150份；深入农场辖区矿山企业6家、个体户35家进行摸排，共计走访52人，制作谈话笔录52份；29个基层党支部在本单位进行线索摸排，形成摸排材料29份；农场信访办对拖欠农民工工资问题和土地调整过程中各种利益纠纷进行排查。

农场成立由综治办、纪委、组织部、派出所组成的扫黑除恶督导小组，对基层单位的工作开展情况不定期进行督导，共督导检查3次。

第二节　农场公安

一、机构沿革

1963年以前，农场的公安工作归饶河县公安局管理，各分场设1—2名保卫干事。

1963年4月，四平乡政府成立，乡政府设3名公安特派员，由县公安局领导。

1964年3月，新八五九农场成立后，建立饶河公安局四平派出所。对内是八五九农场保卫科，由6人组成，饶河县和八五九农场各配3人，吴锦芳任所长（兼保卫科长）。

1967年10月，成立八五九农场革命委员会保卫组，只有1人管公安。

1969年4月，公安工作归二十三团保卫股，编制4人，股长黄香。

1977年，农场成立公安分局，隶属饶河县公安局领导。1981年转归建三江农垦公安局领导。公安分局局长郑春林。分局下设3个股和2个派出所，即治保股、刑侦股、边防股和东安派出所、三分场派出所。到1983年，公安人员编制26人。

1984年，公安分局被总局评为精神文明分局，被合江地区评为“五反”斗争先进分局。

1984年，公安分局下设刑侦股、治安股、边防政保股、政工股、消防股、刑警队、交警中队、行政拘留所、“110”报警服务中心、户籍室、财务室。1996年以前，还下设有东安、新建、四平、龙西4个派出所。1997年1月，将派出所撤销，成立了8个警务服务区，负责全场范围内的治安防范及警务服务管理工作。

1984—1989年，公安分局在编人数30人。1989年12月、1990年1月，农场两次分别在全场范围内招考巡警15人。到1992年，在编人数58人。1999年，垦区公安机构改革，考试录用人民警察，农场有38人通过考试，被录取为国家公务员，上级公安机关重新核定公安分局编制人数为32人。

2006年，公安分局设置“三队一组”工作制，即社区民警队、巡防队、案件队、综合组。2015年，进行了警务体制和运行机制改革，设置“三队一办”，即案件侦办队、社区警务队、交巡特勤队、综合勤务办。2016年，在“三队一办”基础上增设边防中队、特警巡防队，即“五队一办”工作模式。2017年，内部调整，取消特警巡防队，实行案件侦办队、社区警务队、交巡特勤队、边防中队及综合勤务办“四队一办”运行模式，沿用至今。

2018年6月7日，黑龙江省垦区公安机关正式移交省公安厅，实施“省直派驻、垂直管理”。16日，黑龙江省垦区公安局建三江分局八五九派出所正式揭牌。

2011年，在全场范围内招录辅警30余人，是有史以来招聘辅警规模最大的。2020年，派出所核定编制28人，实有编制20人；辅警核定编制45人，实有人数43人。年底，派出所共有民辅警63人。

领导成员更迭情况如下：

公安局长：陶冠贤

保卫科：　吴锦芳（1964—1965.5，副科长）

保卫股：　黄　香（1969.10—1973.4）

局　长：　郑春林（1980—1996）

霍显魁（1996.12—2006.3）

郭学军（2006.3—2012.9）

张　志（2012.9—2016.3）

赵玉福（2016.3—2017.2）

杨友杰（2017.3—2020.12）

陈　奇（2020.12—）

教导员：　张　琢（1985.3—1996.12）

董润芳（1996.12—2006.3）

兰立浦（2006.3—2012）

卢耀文（2012.9—2020.12）

2000年，投资240万元建设2299平方米公安办公大楼；自筹315万元建设3636平方米警官公寓。

2006年，投资100多万元，用于办公室装修和配置装备。2009年，加强信息采集装备建设，购置一批计算机、打印机、扫描仪、对讲机等；农场投资10万元，购置2辆巡逻车。2013年，农场投资50余万元，为公安分局购置4辆警车。2014年，进行了办案区达标改造，同年10月正式使用。2016年，进行整体改建，扩充了办公面积，建立警官食堂、民警心理缓解室、党建荣誉室、警体馆、陈列馆、警营文化长廊等，10月投入使用，办公面积2800平方米。当年，农场为公安分局购置2辆特警车辆。2018年，投入6.39万元配备移动警务终端设备，进入公安网可随时对在逃人员、常住人口、暂住人口、重点人口、车辆信息等进行查询。

二、队伍建设

1985年以来，公安分局坚持把从严治警，端正"行风"，牢记为人民服务的宗旨，作为促进队伍建设的重点，常抓不懈。先后开展了"集中整顿纪律作风""纠正行风"和"一查三清"等一系列教育整顿和自查自纠活动，对改进工作作风，提高队伍综合素质与业务素质，密切警民关系，起到了重要作用。

1996年7月15日，建三江管理局党委举行人民警察授衔仪式。

2002年，开展"学创满意年""政法队伍纪律作风整顿"等活动，加强队伍建设，提高队伍整体素质，强化落实"4334"工作机制，有力地维护了农场政治安定和社会稳定。

1983—2005年，先后4次被总局、管理局、农场荣记集体三等功；连续19次被管理局以上机关授予先进集体、标兵单位、文明单位称号；交警中队连续3年被省总队评为标兵中队；公安分局及所属股、所、队，先后有93次被评为先进单位。有35人次被荣立三等功；12人次受到省政法委和省公安厅的嘉奖。

2006年以来，始终坚持从严治警、质量建警、科学管理、持续发展的原则，不断加强队伍建设。先后开展了"纪律作风整顿""清风净土"行风评议、"两学一做"学习教育、"不忘初心、牢记使命"主题教育、"作风整顿优化营商环境""坚持政治建警，全面从严治警”教育整顿、党史学习教育、大练兵、“大走访”开门评警、“一窗式受理、一站式服务”等活动，对改进工作作风，提高队伍的综合素质与业务能力起到了十分重要的作用。

2010年1月，被省公安厅授予群众满意派出所称号；2018年1月，被省公安厅授予全省优秀公安基层单位荣誉称号。从2006年起，51次被农场以上机关授予先进单位、先进集体、文明单位、优秀分局等荣誉称号，16人次被荣记二等功、三等功，45人次受到垦区公安局的嘉奖，14人次被授予优秀共产党员称号，30人次被评为优秀辅警。

社区民警邓功富负责的二委辖区有756户居民、8个企事业单位、32个公共场所和特种行业，是户数最多的居民委。在搞好治安工作上，邓功富采取防范在先的办法，他所在的辖区公共场所、重点部位都已达到“三防”标准。2006年，他在公安分局组织的考试（常住人口）和考核（深入居民家中考核百姓对社区民警的熟悉程度）中，都名列第一，达到了100%的两个熟悉。心系群众、服务群众，邓功富把心思都用在了工作上，用在了老百姓的身上。2010年3月，被公安部授予“全国公安机关爱民模范”称号；2011年被中央政法委评为“全国政法系统优秀党员干警”；2012年10月被黑龙江省人民政府评为“黑龙江省劳动模范”。

2010年10月，垦区公安局以个人名字命名“邓功富警务室”，面积110平方米。

公安分局全面落实从优待警制度，为社区民警（辅警）解决了交通补助，购买了人身意外伤害保险，落实了民警体检、年休假、心理健康咨询、谈心谈话、民警维权制度，激发民警工作的积极性、主动性，增强了队伍的凝聚力和战斗力。

三、治安管理

1966年以前，派出所分户籍、内勤和外勤，重点抓以防（防特、防盗、防火、防治安灾害事故）为主的治安保卫工作。1967—1968年，派出所被“群众专政”所代替，只有1人负责户籍工作。1977年以来，公安工作逐步走上正轨。主要负责治安保卫、案件侦破、边防管理、户籍工作。

从1977—1982年的6年间，发生刑事案件299起，平均每年50起。其中青少年犯罪占210起，共268人。

为加强治安管理，公安机关在有关部门的配合下，开展综合治理和帮教活动。1982年，全场落实帮教对象32人，分别由学校、家长和所在单位的干部、党员、老职工负责帮教。经过一年的帮教工作，有22人停止了犯罪活动。如二砖厂学生姜某友，两年时间内在场部地区作案20余起，获赃款近千元，公安分局处理回单位帮教。经过一年劳动考察，没有再发生犯罪活动，表现较好。

从1982年起，公安分局在粮油加工厂、服务站两个单位狠抓“三铁”（即铁窗、铁门、铁柜）建设，并召开现场会，同时加强更夫管理工作。各单位均制定了安全保卫措施。

1977年以后，治保会组织开始恢复，为维护基层治安工作起到了良好作用。

1984年，增建了3个派出所（新建、龙西、四平），把大部分警力摆到了一线，实行民警包片制度。共抽出10名民警从事包片工作，平均每人包500户左右，对于搞好治安防范、发现线索、熟悉人口，都起到了积极作用。

加强基层治安管理，每年对治保会进行一次调整充实。1995年，通过基层治安组织提供的线索，破获重大案件3起，抓捕潜逃来场的犯罪嫌疑人2名。

到1997年，农场基层治保会达到77个，成员347人，治安积极分子81人，治安耳目44人，布建“321”30名。当年春天，场部地区成立了街道居民委员会，共有12名退休老同志参加。这些基层组织和治安积极分子网络，为打击各种犯罪提供线索200多条，在调解民事纠纷、化解矛盾、帮助违法犯罪青少年、做好治安防范等方面都发挥了重要作用。

抓好重点部位防范工作，对重点单位的“三室一库一店”进行严格防范，有85%的单位达标，减少了重点部位的刑事发案。

2006年，农场有特种行业51处、公共场所317处、重点要害部位80处、爆炸物品使用单位8个、出租车80台、出租房屋249处。有治安耳目58名，信息员54名，治安员、保干、警卫更夫149名。

2007年，农场首次建立了专兼职保安队伍，共38人，由公安分局负责统一管理，协助民警维护辖区治安。

2009年3月，在全场范围内开展了为期1个月的专项行动，共出动车辆10台次、出动警力46人次，检查行业场所341处，销毁赌博机41台。

2010—2011年，在农场的大力支持下，公安分局新建了邓功富警务室、东安警务室、校园警务室、社区警务室，实施警力下沉。民警付劲松创新绘制的“3D立体辖区示意图”将辖区所有的监控点位置、楼宇、街道、商铺情况标注十分准确清晰，得到了垦区公安局领导的肯定。

2016年，作业站保安取消，场直重点单位保安由所属单位管理。当年，公安分局建立了一支由15人组成的特警巡防队，通过车巡与步巡相结合的方式，24小时不间断在商铺、居民区、楼区、企事业单位巡逻。

2017 年，农场投资 350 余万元，增加视频监控探头，达到 380 个；辖区企建、民建视频监控点位 1300 个。街道、小区监控覆盖率达 95%以上，重点路段覆盖率 100%。

到 2020 年，派出所共有社区民警（辅警）11 名，治安耳目 40 名，治安信息员 45 名，协同辖区治安积极分子建立了红袖标巡防队。共提供案件线索 224 条，民警通过“839”系统信息比对，抓获网逃 3 名。

表 5-9　2006—2020 年全场治安案件基本情况统计表

年份	发案数量（起）	处理数量（起）	处罚人员（人）
2006	39	39	46
2007	36	36	47
2008	25	25	30
2009	34	34	42
2010	30	30	51
2011	44	44	39
2012	101	101	90
2013	141	141	102
2014	144	144	197
2015	112	112	125
2016	103	103	112
2017	143	143	148
2018	112	112	96
2019	63	63	91
2020	97	97	128

四、刑事侦查

1977 年以后，农场发生案件较多，公安分局每年破案率达 84%，及时打击了犯罪分子。

1979 年 3 月，文某某、高某某、高某某 3 名青少年在科研连弹药库盗取冲锋枪 3 支及全套子弹，后在砖厂食堂被发现，给予留校察看处理。1981 年春节，工业三连武器库 4 支冲锋枪被盗，造成场部地区人心惶恐，节日不得安宁。在上级公安机关的帮助下，农场公安分局干警经过 3 天 3 夜紧张工作，将盗枪的 2 名青少年付某、于某某及时捕获归案。

1984 年 4 月的一个晚上，在东安下营附近，发生 1 件拦路强奸抢劫案，这是农场首次发生此类案件。公安人员立即赶到现场，经 38 小时的勘查、了解、对证核实，将罪犯田某青当即捕获。罪犯被判处有期徒刑 7 年。

1984—1999年，农场刑侦工作由刑侦股负责。2000年，刑侦股改建为刑警队。

1984—2005年，公安分局先后开展了严厉打击各类刑事犯罪、集中打击黑恶势力和社会治安专项治理等行动。

2006—2014年，刑侦工作由刑侦中队负责。2015年，刑侦中队改为案件侦办队。2008年，公安局派出3名民警前往上级公安机关学习先进的技术和知识，增加知识技能储备。2011年，农场拨款为案件侦办队配置了先进的侦查器材、新警车、电脑、录像机、照相机及相关警用装备，侦查手段有了很大程度的改善。2016年，在“查控收戒1号”行动中共抓获吸毒人员16人，在“查控收戒2号”行动中抓获吸毒人员4人。

2006—2020年，先后集中开展“打盗抢、追逃犯”“治爆缉枪”“清网行动”“扫黑除恶”等专项行动。2014年，在扫黑除恶专项行动中，公安分局历时8个月一举打掉以李某某为首的黑恶势力团伙，追究刑事责任12人。

表5-10　2006—2020年全场刑事案件状况统计表

年份	发案数量（起）	破案数量（起）	重特大案件数量（起）	破案率（%）
2006	11	11	1	100
2007	26	13	—	50
2008	17	—	—	—
2009	12	11	1	92
2010	33	23	1	70
2011	52	21	—	40
2012	153	41	—	27
2013	148	90	2	60
2014	86	36	2	42
2015	130	22	3	17
2016	131	48	2	37
2017	103	51	1	50
2018	53	24	3	45
2019	77	33	—	43
2020	80	42	—	53

五、边防政保

1986年，为了加强农场企事业单位的内部保卫和边境工作，农场公安分局成立了边防政保股。主要负责场内的大型活动和重要的外宾来访的安保工作及边境教育。

在边境管理上，协同水产、渔政、外事、边防部队等部门，对边境一线有关人员和下江作业人员建立了下江作业人员档案，进行安全生产教育，签订了下江作业责任状，实行三证齐全方可下江作业。符合界江生产作业标准的船只，一律统一停泊，专人看护，有效降低了涉外案件的发案率。

2011 年 10 月，新建的东安警务室揭牌投入运行。警务室位于东安镇西，办公面积 65 平方米，设置了值班室、会议室、接待室、民警休息区等。配备警员 2 名、专职巡逻艇驾驶员 1 名、保安员 1 名。年底，农场为东安警务室配备了 8 米长的巡逻艇，最高时速可达 60 公里/小时。

2016 年，饶河县边境管理外事部门与公安部门联合为东安镇渔船免费安装 19 套 GPS 卫星定位系统，取缔三无船只，对所有下江船只实行“三分离”。并组建 10 名护边员、2 名船管员队伍，形成“三三四”动态立体管控格局。

六、交警工作

1988 年底以前，农场的道路交通安全和机动车辆管理权限，归饶河县交通部门负责。1989 年以后，省政府确定把上述职权交由农垦公安系统自行负责。1989 年 3 月，交警中队成立。一年后，农场决定交警队与交通科合署办公，交警中队归属交通科管理。1991 年，交警中队又重新划归公安系统管理。

交警队成立后，负责辖区内 189 公里路段的交通安全管理，对全场 1500 多台机动车辆、2000 多名机动车驾驶员进行管理。2001 年，中队长唐军被评为黑龙江垦区“十佳交警”。1993—1995 年，交警中队连续 3 年被省总队评为标兵中队，被总局交警支队授予达标中队称号。

表 5-11 2006—2020 年全场机动车辆数量统计表

单位：台

年份	大型货车	小型汽车	两、三轮摩托车	低速载货车	合计
2006	100	200	350	110	760
2007	180	410	670	156	1416
2008	245	625	965	235	2070
2009	295	860	1235	305	2695
2010	340	1100	1445	347	3232
2011	380	1351	1635	386	3752
2012	428	1652	1801	410	4291
2013	469	1922	1937	440	4768
2014	399	2196	1550	390	4535
2015	226	2376	1240	310	4152
2016	149	2666	970	265	4050
2017	107	2966	840	201	4114

（续）

年份	大型货车	小型汽车	两、三轮摩托车	低速载货车	合计
2018	85	3276	710	180	4251
2019	66	3536	605	169	4376
2020	46	3656	520	140	4362

2008 年，交警中队按“三基”工程建设，分批完成了交通事故处理人员的初、中级学习任务。

2009 年，农场投资 140 余万元增加监控点，达到 106 个，覆盖场区出入口、交通路口等重点部位。为交警部门提供车辆肇事线索 300 余条，有效地减少了违章、违法行为的发生。

2011 年，组建车管分所，主要办理五小车辆注册登记、转移登记、注销登记和驾驶员受理等业务；8 月，交警中队招录女辅警 6 名，经半个月的业务培训上岗。

目前，交警负责管理交通路段 260 多公里、机动车 4300 余台、机动车驾驶员 7000 名。依法设立交通安全标志、减速带、红绿灯，依法查处各类违章驾驶，处理交通事故，广泛开展安全教育，同时看护学生上、下学。

2006 年以后，交警先后开展了“百日行动”“雪剑行动”“大排查、大教育、大整治”“打四非、查四维”“酒驾”统一行动日等专项行动，取得了较好的成效。

表 5-12　2006—2020 年全场道路交通事故状况统计表

年度	事故数量（起）	伤残数量（人）	死亡数量（人）	经济损失（万元）
2006	19	5	3	—
2007	34	—	—	—
2008	13	—	7	—
2009	41	8	1	—
2010	104	33	3	—
2011	126	13	1	—
2012	85	—	4	—
2013	97	—	9	—
2014	99	—	—	—
2015	135	—	—	—
2016	120	—	5	—
2017	193	35	6	193
2018	121	32	6	121
2019	135	33	3	135
2020	166	36	3	166

七、户籍管理

农场的户籍管理由公安分局统一负责，设专职户籍民警1人。由于农垦系统的特殊体制，户籍管理工作接受本系统公安机关和饶河县公安局的双重管辖。1995年以前，凡农场居民外出上学、调动工作，需办理城镇户口及粮油关系的，均要到饶河县小佳河镇粮管所、饶河县公安局户政科、饶河县粮食局等部门办理。1995年，农垦收回户口管理权。从此，职工调动、居民户口迁移等，在公安分局户籍室即可办理。

1986年，国家开始实行居民身份证制度，年满16周岁以上的居民可申请办理居民身份证，办证权属于饶河县公安局。截至2005年，全场办理居民身份证人数为1.1万人。

户籍管理工作经历三个阶段。1986年以前，单位管理户口、登记常住人口；1987年，实行居民身份证与户口底卡登记，取代了《常住人口登记册》；1998年，人口管理全部进入计算机管理。到2005年，全场常住人口的居民身份证编码由15位升至18位。

1982—1985年12月底，婚姻登记工作由公安分局负责办理。办理结婚登记手续，男女双方需提供所在单位出具的本人婚姻状况证明和户籍证明，再婚的需要提供离婚证或丧偶证明。1986年1月，改为到小佳河镇办理。一年后，又改为农场司法科办理。2005年以后，由民政部门负责办理。

2006年，农场有常住人口18449人，总户数6843户，人户分离1770人，暂住人口登记1869人。同年，对常住人口进行了人像采集，为办理第二代身份证进行了纠错工作，更正重证号242人，办理第二代身份证4956人。

2011年，户籍完成了“同名同号”“两改一清”工作。2012年，按照上级公安机关的要求，对一代身份证换发二代身份证工作加大了宣传和工作力度。2017年，开展异地办理身份证业务，为异地居住人员提供了便利。

到2020年，共为居民办理二代证2.9万余人次。

表5-13　2006—2020年全场户籍人口统计表

年份	总户数（户）	总人数（人）	性别结构（人）		增加（人）		减少（人）		出生率（‰）	死亡率（‰）	自然增长率（‰）
			男	女	出生	迁入	死亡	迁出			
2006	6861	18434	9520	8914	104	161	84	173	5.64	4.56	1.08
2007	6983	18467	9488	8979	87	188	130	118	4.71	7.04	−2.33
2008	7174	18630	9526	9104	122	244	122	106	6.55	6.55	0.00
2009	7467	18779	9586	9193	114	237	146	73	6.07	7.77	−1.70
2010	7867	18831	9602	9229	140	112	128	73	7.43	6.80	0.63
2011	8208	18784	9571	9213	111	61	126	93	5.91	6.71	−0.80

（续）

年份	总户数（户）	总人数（人）	性别结构（人）		增加（人）		减少（人）		出生率（‰）	死亡率（‰）	自然增长率（‰）
			男	女	出生	迁入	死亡	迁出			
2012	8598	18772	9501	9271	137	259	195	213	7.30	10.39	−3.09
2013	8842	18720	9426	9294	143	97	158	66	7.64	8.44	−0.80
2014	8995	18639	9386	9253	139	18	143	65	7.46	7.67	−0.21
2015	9125	18506	9313	9193	107	17	144	76	5.78	7.78	−2.00
2016	9101	18570	9335	9235	163	132	110	121	8.78	5.92	2.86
2017	9030	18493	9308	9185	130	29	126	110	7.03	6.81	0.22
2018	8978	18437	9265	9172	127	96	137	133	6.89	7.43	−0.54
2019	8817	18348	9215	9132	104	34	94	133	5.67	5.12	0.55
2020	8677	18231	9149	9082	104	52	149	115	5.70	8.17	−0.25

注：数据源于公安局户籍室。

八、消防管理

1982年春，农场公安分局组建消防股。1983年，农场购进消防车，配备了消防司机。消防股成立后，民警、巡警、“110”队员及其他警力都是消防成员，内部管理、业务训练、执行任务均按《消防条例》和《中华人民共和国消防法》的要求进行，遇有火情不分警种集体参战。

1984年以来，消防股先后组织扑救：1984年12月22日，党校火灾；1985年3月6日，招待所火灾；1988年3月10日，十九队场院起火；1997年5月27日，工商市场木板房着火；1999年4月12日，六队居民区大火等重大火灾事故。

2006年，消防股设管理人员4人，消防员是公安分局全体民警。2012年1月，农场设立八五九公安分局消防中队，为副科级单位，配备消防车2台，核定人员编制22人。

2006—2020年，共组织实施扑救火灾行动226起，挽回经济损失161余万元，救援27次。组织扑灭了“十五队房屋起火”“三十队农用物资起火”“麦香那西餐厅冷饮厅着火”等火灾事故。

2020年，全场共发生救援火灾火警29次、交通事故救援4次。当年，消防中队共有人员21人。

2020年1月1日，改名消防救援应急中队。2021年1月1日，消防中队正式从公安剥离。

领导成员更迭情况如下：

消防股股长：顾永忠（2006—2011.12）

消防队队长：华国崴（2012.1—2017.11）

刘学军（2018.5—2022.7）

（一） 人员与设施配备

2007年，农场为公安分局购置了1辆消防车。2008年，农场投资20余万元，对旧消防车进行了翻修，建设了消防训练塔和室外加水栓。

2011年，农场投资54万元，配备了1台20米消防举高车，购买了14万元的消防器材装备，增强了消防队灭火战斗力。农场统一为4个保留居民点的管理区配备了8台消防水车及各种灭火器材，同时组建了4个义务消防队，并进行了消防知识和实战培训。

2015年，根据消防工作需要，向农场申请更换了营房，投入63万元购买消防车1台及3万元的各类消防装备，新增消防队员8名。

基层消防组织也是消防工作的重要力量。东安粮库设有消防队，配备消防车辆2台，消防队员10人。各企事业单位、管理区均有消防组织，设有兼职消防安全员。

（二） 消防监督管理

加强重点单位监督管理。对易发生火灾的单位进行重点监督管理，检查安全技术标准和安全操作程序、行使法人代表登记制度、更夫在岗情况和交接班记录，每季度监督检查一次，重点是春秋两季。

加强工厂企业监督管理。确定自来水公司、热电厂、稻米加工厂等9个企业为监督检查重点对象。深化“防火墙”工程和“清剿火患”战役成果。

加强居民住宅、公共场所监督管理。坚持每季度检查一次，重点检查居民住宅的用电线路老化及线路敷设，烟筒根部抹灰层是否牢固，柴草垛要远离居民区25米以外等。把15个公共娱乐场所列为消防安全监督管理的重中之重。

加强化学品、爆炸物等危险物的监督管理。严格审批手续，安全部门和公安消防部门检查初审合格，再由单位或个人申请办理《易燃易爆化学物品消防安全审核意见书》。

加强隐患排查。消防中队每年与场直各单位、各管理区、各经营场所签订消防安全责任状。每年春季、秋季对各单位、建筑工地、人员及物资集中场所进行消防安全重点检查。

对新开业的个体工商户，开业前要进行消防安全检查，达不到消防安全标准的，要求限期改正，达到了消防安全要求后在规定的时间内开具消防检查意见书。

2019年，开展了电动自行车清理整顿活动，共清理楼道内停放电动自行车15辆，清理室外飞线充电20处。

（三） 演练和培训

2006年以来，在米厂、学校、粮库、客运站、加油站等公共场所举办消防演练51

次，组织防火重点单位进行灭火疏散逃生演练。2020年，开展消防演练4次。

2011年，选送3名消防队员到抚远县消防大队进行了为期20天的学习培训。2012年，组织20家稻米加工企业和公共聚集场所人员到建三江农垦公安局进行消防安全培训，受训人员28人。对3家稻米加工企业、4个宾馆饭店、2个易燃易爆场所及1个供热行业的消防安全管理人员进行培训。2013年，组织8个管理区分管消防安全的8名干部到哈尔滨参加消防安全培训学习。与社区联合开展消防安全教育培训和演练，对居民进行消防安全教育，对管理区消防协管员定期进行培训。

按照《公安部消防部队业务训练大纲》要求，开展业务学习和体能训练，进一步提高消防队员的业务素质和战斗能力。

表5-14　2006—2020年消防工作统计表

年份	火灾（次）	救援（次）	演练（次）	发放宣传单（份）	支援（次）	挽回损失（万元）
2006	15	—	2	1000	—	9
2007	13	—	2	800	1	7
2008	16	—	1	1500	—	5
2009	14	—	1	1000	1	8
2010	10	—	2	2000	—	6
2011	13	—	3	1000	—	14
2012	21	2	6	1000	—	20
2013	5	1	6	2000	—	4
2014	9	1	5	6000	—	7
2015	13	3	5	3000	—	20
2016	15	4	3	1000	—	5
2017	12	6	3	2000	2	6
2018	17	3	4	1000	1	5
2019	24	3	4	1000	1	15
2020	29	4	4	500	—	30

第三节　农场检察室

一、机构沿革

1989年5月，建三江农垦区人民检察院在农场设立检察室，编制2人，1997增编1

人。检察室除业务归建三江农垦区人民检察院领导外，行政归农场管理。2005 年 4 月，检察室人员管理权划归建三江农垦区人民检察院，胜利检察室并入八五九检察室，农场检察室更名为建三江农垦区人民检察院八五九检察室。2018 年 9 月 26 日，更名为建三江人民检察院乌苏里江检察室并举行了挂牌仪式。

领导成员更迭情况如下：

检察室主任：董润芳（1989—1996.12）
刘　江（1997.1—2004）
刘新月（2005—2013）
王友毅（2015.4—2017.12）
李春祥（2018.9—2020）
仲大兴（2020—）

二、检察工作

检察室的职能是以查办贪污、贿赂、失职、渎职等职务犯罪为重点，打击犯罪，维护经济秩序和公平正义，为农场经济建设保驾护航。随着形势的发展和司法体制改革、监察体制改革的需要，检察机关的职能也发生了重大变化，现加大了生态环境、资源保护、食品药品安全、国有资产保护、国有土地使用权出让等领域公益诉讼案件线索的收集及办理，及时了解群众反映强烈的各类纠纷问题，广泛掌握社情民意，解决民众诉求，为群众提供法律服务，普及法律知识，解读法律政策等。同时不断完善执法办案流程管理及执法办案考评机制，深化执法办案信息公开，做到程序规范。

检察室成立之初，办公条件比较简陋。2001 年春，农场为加强检察室基础建设，创建标准化检察室，把机关办公楼东侧原邮局营业室划给检察室，经修缮后办公室面积达到 100 平方米。设有主任室、办公室、接待室、微机室和询问室，办公条件得到改善。2005 年 10 月，迁入新机关办公楼内。

1997 年，将 1994 年配备的旧北京吉普车更新为北京狂潮吉普警车。2002 年 2 月，再次更新为捷达王警车。2015 年，检察室迁入新型住宅小区。配有计算机 3 台、笔记本 2 台、打印机 1 台、数码相机 1 部、摄像机 1 部、便携打印机 1 台，办公条件和办案设备都达到了建三江农垦区人民检察院对检察室的标准化要求。

2017 年 12 月 16 日，检察室主任王友毅调入富锦市纪委监委。

2018 年 9 月 26 日，八五九检察室更名为建三江人民检察院乌苏里江检察室。这是检察机关司法体制改革的重要组成部分，标志着检察工作进入了新阶段。乌苏里江检察室职能也发生了相应转变，主要从事刑事立案监督、民事行政检察监督、公益诉讼及社会治理相关检察业务，负责辖区为八五九、胜利、红卫农场。检察室在编人员3人，社会化用工3人，办公用房面积201平方米。

三、案件办理

检察室1989年成立至2005年，共接待群众举报40件，立案14起。其中贪污贿赂案件11起、法纪案件1起、民事行政案件2起，追究刑事责任9人，为农场和职工群众挽回经济损失100余万元。

2001年，受案5起，为农场挽回经济损失9万元。帮助清回销售货款5万元，清回奶粉10吨。

2008年，检察室接待群众来信来访7件，查处违法违纪案件3起，挽回经济损失37万元。

2009年，接待群众来信来访、举报14件人次，查办案件3起。徇私舞弊、滥用职权立案查处1起，收缴赃款14.9万元，协助其他部门查办案件3起。

2011年，接待群众来信来访10余人次，初查案件3起6人，立案查处挪用公款职务犯罪案件1件1人（挪用公款92万元），查处并立案渎职案件1件1人，依法移送审查起诉2件2人，向农场纪委移交案件1件4人。挽回经济损失80余万元。

2013年查处案件5起，其中滥用职权3起、贪污2起。

2015年，接待群众来信来访10余人次，初查案件4起4人，立案查处挪用公款职务犯罪案件1件1人，涉案金额29万余元。依法移送审查起诉1件1人，下发检察建议3份，案件侦结率、起诉率100%。协助农场财务、纪委、审计等部门建立健全涉农资金监管体系，对涉农资金管理和发放进行全程监督。

2016年，接待群众来信来访15余人次，立案查处挪用公款、贪污职务犯罪案件共9件9人，依法移送审查起诉9件9人，其中大案8件，涉案金额300余万元。

2017年，接待群众来信来访22人次，立案查处挪用公款、贪污、职务犯罪案件共4件4人，依法移送审查起诉4件4人。

深化“法律六进”工作。围绕“惩防并举、反腐倡廉”宣传，开展“举报宣传周”、学生维权知识、职务犯罪预防讲座及送法进社区等活动。开展“检察蓝护卫中国饭碗”“黑土地资源和生态环境保护”公益事业宣传活动。对农场职工群众咨询及反映的问题进行答疑解惑，提供相关法律服务，解决实际问题。

2006—2007年，检察室异地办案5起。2009年，协助纪检机关和地方检察机关办案

3起。2011年，协助佳木斯检察院渎检局侦查案件1次、饶河县检察院渎检局调查案件2次。2015年，参加总局纪委专案1次，为总局商贸集团清回资金8414.98万元，其中收回不应该核销资金3000余万元，为国家挽回经济损失3380.98万元。2016年，办理洪河农场案件，挽回经济损失1800余万元。办理前进农场挪用公款案，挽回经济损失700余万元，收缴现金158万元。

四、典型案例

（一）原十二队队长、会计和保管员合伙贪污案

1994年，十二队队长于某义、会计高某华和粮食保管员徐某友利用职务之便合伙贪污达7万元。其中队长贪污3.73万元，被开除党籍、行政开除公职，同时判处有期徒刑5年；会计贪污1万元，被开除党籍、行政撤职并判处3年有期徒刑缓期5年执行；粮食保管员贪污5000元，免去粮食保管员职务。6月25日，农场召开公开处理违法违纪案件大会，对全场党员干部进行了一次深刻的反腐倡廉教育。对7名党员干部进行了公开处理，其中4起移交司法机关，已结案3起。

（二）李某全挪用公款案

李某全在担任七队会计期间，擅自将1997年、1999年两年度的职工养老保险金2.66万元据为已有，将1998年职工办理技术等级证书的办证费1300元擅自截留。1999年春季、秋季两次冒领退休工人工资2.04万元，年底又私自将退休工人价值1.5万多元的面粉卖掉。李某全挪用公款的行为已经触犯了《中华人民共和国刑法》，被依法判处有期徒刑。

第四节　农场法庭

一、机构沿革

1966年以前，农场不设立司法机关，所发生的民事、刑事案件等，均由饶河县人民法院受理。1977年4月，经饶河县人民政府批准，在农场建立法庭，定名“饶河县八五九农场人民法庭”，隶属饶河县人民法院领导。

1983年4月，农垦系统成立司法机构，改为“建三江农垦法院八五九人民法庭”，隶属建三江农垦法院领导。

2000年7月1日，农垦中级人民法院基层法庭进行改革，将胜利法庭并入八五九人民法庭，成立八五九中心法庭。原胜利人民法庭为八五九人民法庭的第二办案组，人员不

变，机构名称共称建三江农垦法院八五九人民法庭，受理和审理案件仍按原辖区管理。2004 年 2 月，恢复胜利人民法庭建制。

2018 年 12 月 6 日，最高人民法院批复同意黑龙江省建三江农垦法院更名为建三江人民法院。28 日，建三江人民法院举行了挂牌仪式。根据农垦、林区基层法院机构改革的要求，建三江农垦法院八五九人民法庭也一并更名撤并。

2019 年 1 月，按照省高院对农垦法院机构改革、基层法庭整合的要求，八五九人民法庭并入胜利人民法庭，变为胜利人民法庭的一个办案组。

2006 年，八五九人民法庭有在编人员 4 人，庭长、副庭长各 1 人，审判员 2 人。2020 年，有在编人员 2 人，另聘用 2 名书记员、1 名协警。

1999 年，在全省法院系统开展的学东莱、创建人民满意政法单位、政法干警活动中，八五九人民法庭被省政法委授予达标单位，有 2 名干警被评为办案能手，1 名干警荣立三等功。2002 年，被省高级人民法院评为法庭档案管理省级标兵单位。2008 年 1 月，被农垦中级法院授予民事调解工作先进集体称号。12 月，被农垦中级法院授予垦区优秀法庭称号。2013 年 1 月，被农垦中级法院授予 2012 年度优秀法庭称号。

领导成员更迭情况如下：

法庭庭长：顾洪翥（1977.4—1978.3）
王建元（代，1978.5—1979）
徐志辉（1979.4—1981.4）
付志友（1981.10—1983.5）
唐宝华（1983.5—1988.6）
王希勤（1988.6—1989.5，主持工作）
郭公若（1989.5—1991.3）
李忠侠（1991.3—1992.1）
胡幼宁（1992.1—1993.7）
刘玉生（1993.10—2002.5）
杨　利（2002.5—2003.4）
肖雍见（2003.4—2010.4）
陂继清（2010.4—2013.3）
隋景霞（女，2013.4—2015.12）
赵雄飞（2015.12—2020.6）
刘振义（2020.6—，负责人）

二、审判工作

1979—1983年的5年间，八五九人民法庭共受理民事案件66件，为婚姻案件、盗窃案件等。

八五九人民法庭在建立之初只是负责农场辖区内包括婚姻、债务、赔偿、赡养、抚养、土地、房屋、邻里关系等一般性民事案件和简单的刑事案件，并组织和指导农场各基层单位调解委员会的工作。20世纪80年代初为保证刑事案件的审判质量，法庭不再审判刑事案件，只审理民事和标的较小的经济案件。

进入20世纪90年代，农场各类民事案件数量上升。1994年以来，每年都在100件以上。从20世纪90年代末至今，每年审执案件在200件以上，结案率达98%以上。从1995年开始，八五九人民法庭协助农场的清欠工作。2001年以前，八五九人民法庭可自行立案编制案号；从2002年起，实行由建三江农垦法院统一立案给案号，由各基层人民法庭自行审理。

2010年，八五九人民法庭对涉及妇幼、老弱、病残及民生的案件开通“绿色通道”，做到快立、快审、快执行，切实维护其合法权益。新建、改建了立案大厅，实行咨询、立案、排期、送达、保全于一体的“一条龙”立案方式。对边远、交通不便的管理区、生产队设置便民联系点，指定联络员，采取预约立案、登门立案、双休日办案等措施方便当事人诉讼。法庭坚持巡回办案制度，到田间地头和百姓家中开庭、调解。对经济确有困难的案件当事人，通过缓、减、免交诉讼费、给予司法救助等方式，彰显司法人文关怀。

2011年，为八五九农场清收欠款263万元，为胜利农场清收欠款300余万元。

2012年，建立以法庭为中心，以司法科为重点，以居民委、管理区为基点的调解网络，聘请调解人员30人。涉及居民委、管理区的案件由居民委、管理区的人民调解委员会先行调解、全程参与调解，有效化解矛盾纠纷20件，调解结案33件。

2013年12月3日，建三江农垦法院创业、八五九、青龙山、胜利人民法庭依法处理三起恶意拖欠、拒绝交纳土地承包费案件。对八五九二十六作业站贾某等人的农产品进行诉讼财产保全、异地查封，在开庭审理后根据法院判决依法执行所保全的204吨水稻。

从2014年起，八五九人民法院开通了网上立案平台——华宇数字法院系统。受理案件不需案号，在数字法院系统内输入当事人资料等信息进行登记后，即可立案。开启“互联网+司法便民”的新模式，满足群众司法需求。

2015年，建立“假日法庭”“巡回法庭”“农民工维权绿色通道”等平台。

2017年，八五九人民法庭交叉审理时，联合司法分局充分运用诉调对接机制，当日立案，当日调解结案。经过1天的调解，18起农业承包合同纠纷的双方当事人心平气和地在调解协议上签了字，有效化解矛盾纠纷。

2008年，受理民商事诉讼案件86件，结案率达100%；其中调解案件64件、撤诉22件，调撤率达100%；执行案件13件，执结率达100%。

2009年，立案110件，调解45件，撤诉18件，公告判决6件，强制判决1件，执行案件5件。

2011年，受理各类案件111件，其中民商事案件106件、执行案件5件；民商事案件结案103件，结案率97%；调撤方式结案101件，调撤率95%，调解案件自动履行率98%；执行案件结案5件，结案率100%，执行标的到位率98%。

2012年，受理各类民商事案件64件，结案59件，结案率92%；调撤59件，调撤率92%；受理执行案件3件，执结3件，执结率100%。

2013年，受理各类民商事案件78件，结案72件，结案率92.3%；调解结案71件，缺席判决2件，调撤率100%；受理各类执行案件3件，执结3件，执行标的18.98万元，执结率100%，执行到位率100%。

2014年，办案82件，结案76件，结案率96%。

2015年，新收民商事案件141件（包括借款合同类专门合议庭案件42件，审结42件），结案111件，未结30件；其中调解57件，撤诉6件，缺席判决42件，判决6件，综合结案率78.17%；旧存案件4件，审结3件。

2016年，新收各类民商事案件92件，旧存2件，结案77件，结案率83.69%；通过"诉调对接"工作平台，诉前成功化解纠纷18件。

2018年，受理各类民商事案件217件，结案212件。

2019年，新收336件，结案336件。

2020年，新收245件，结案245件。

表5-15　1977—2020年八五九人民法庭受结案情况统计表

单位：件

年份	案件数	年份	案件数
1977	6	1983	22
1978	6	1984	24
1979	35	1985	19
1980	24	1986	19
1981	28	1987	17
1982	23	1988	21

（续）

年份	案件数	年份	案件数
1989	32	2005	131
1990	31	2006	120
1991	34	2007	120
1992	58	2008	100
1993	96	2009	110
1994	103	2010	92
1995	125	2011	111
1996	110	2012	59
1997	113	2013	81
1998	153	2014	118
1999	171	2015	101
2000	150	2016	84
2001	155	2017	223
2002	210	2018	217
2003	182	2019	336
2004	152	2020	245

三、“两庭”建设

“两庭”建设是指人民法院基层人民法庭建设和审判法庭建设。

八五九农场人民法庭建庭时办公场所不足50平方米，办案交通工具只有1台三轮摩托车。到20世纪90年代初，办公场所迁到农场招待所，并配备了1辆北京吉普车，办公场所达100平方米。1990年5月，法庭第一次使用公判庭。1997年3月，审判庭达到60平方米，并且有小车库和器械库。

2001年8月28日，法庭迁入小白楼二楼。农垦中级人民法院为加强基层法庭建设，拨给八五九人民法庭10万元。农场将小白楼二楼面积450平方米的场所交给法庭，经修缮设有大小审判庭，有专门的会议室、接待室、档案室、器械库、车库，审判人员按工作分工都有专门的办公室。现代化办公设备都有了极大改善，法庭建设达到了农垦中级法庭要求的标准。2002年，农垦中级人民法院授予八五九人民法庭为规范化、标准化达标法庭。2004年1月，在农场的支持下购进捷达警车1台。9月，由于小白楼动迁，法庭迁至幼儿园内原信用社营业厅内临时办公，后由于幼儿园整体维修，迁至国税局一楼。2005年10月，上级拨款50万元，农场配套30万元，在幼儿园改建了650平方米的法庭办公场所。

2011年初，搬入新盖的法庭办公楼。总面积860平方米，其中办公面积690平方米，审判庭面积170平方米。有立案大厅、会议室、档案室、办公室、荣誉室、小调解室等，农场投资30余万元进行了装修。

2012年，农场投入20余万元更换了所有办公设备，又投入22万元装备大小审判庭的庭审音像刻录系统与院网连接。

2008年，建立电子卷宗。2013年，根据上级法院要求，对法庭建庭以来的全部卷宗进行扫描上传。通过60余日的奋战，扫描上传卷宗1386册。

第五节　农场司法行政

一、机构沿革

1986年3月12日，农场成立司法办公室，主任张琢。1988年3月，司法办撤销，10月12日成立司法科，科长李忠侠。1993年12月15日，农场成立民政局，与司法科合署办公，司法科科长颜泽华兼民政局副局长，民政局局长王永福兼司法科副科长。1997年，民政局从司法科分出单设。1999年10月11日，法律服务所成立，所长由科长颜泽华兼任，聘用内部退养干部李忠侠任副所长。2004年12月，司法体制改革，人员管理权限上划，司法科更名为黑龙江省农垦建三江司法局八五九司法分局，人员编制为2人。2007年10月，社区矫正工作由公安机关移交司法行政机关管理。2012年7月，李卫东任司法分局局长。2019年12月，司法体制改革，八五九司法分局更名为四平司法所，由双鸭山市司法局红兴隆司法分局代管。

2011年1月，八五九司法分局被省司法厅评为“省级规范化建设司法所”。

领导成员更迭情况如下：

司法办主任：张　琢（1986.3—1988.3）

科　长：李忠侠（1988.10—1990.3）

刘玉生（1990.3—1993.10）

颜泽华（1993.10—2010.6）

李卫东（2010.10—2012.4，副科长）

李卫东（2012.4—）

二、普法活动

1985—2005年，农场相继开展了4次普法活动。即“一五”普法（1985—1990年），“二五”普法（1991—1995年），“三五”普法（1996—2000年），“四五”普法（2001—

2005年）。每次普法活动，农场都成立由各职能部门组成的领导小组，组长由农场主管领导担任。普法采取的主要方式：农场党委中心理论组集中学习；利用电视讲座、知识竞赛、组织职工群众集体学习有关法律知识；开展模拟法庭、征文比赛等多种形式，加强对青少年的法制教育。农场在“三五”普法期间，聘请了农垦总局党校范希华教授、建三江分局司法办主任王宝忠来场讲解法律知识。普法活动学习的内容有《社会主义法治建设基本知识》《公民必读》《干部法律知识读本》以及有关法律法规和条例。每次普法的参普率都在90%以上。被总局党委授予“三五”普法先进集体称号。2006年8月，被总局党委授予垦区“四五”普法工作先进集体。

“五五”普法（2006—2010年）。以领导干部、青少年为普法教育重点对象。开展了“关爱青少年、法律进学校”活动，宣传《未成年人保护法》《义务教育法》《治安管理处罚条例》等法律。每年党委中心理论组集体组织学法3至4次。制作法制宣传栏、张贴大型宣传标语、开展法律大集等多种形式普法宣传活动。主要宣传《农村土地承包法》《劳动法》《婚姻法》《人口与计划生育》《优生优育》等与百姓生产生活密切相关的法律法规知识。共散发宣传单6000余份，订购“五五”普法教材2922本，其中干部法律读本169本、企业管理人员法律读本45本、公民法律读本2208本、农民法律读本500本。2006年6月，被建三江分局评为“关心下一代工作”先进集体。2011年10月，农场普法依法治理办公室被建三江管理局评为“五五”普法依法治理先进单位。

“六五”普法（2011—2015年）。利用法律大集、安全生产宣传月、三八妇女节、全民国家安全教育日、全国法制宣传日等节日，通过设立咨询台、发放宣传单、悬挂条幅等形式，向广大居民宣传《宪法》《婚姻法》《合同法》《人民调解法》《道路交通安全法》、反邪教等法律知识。开展“微博，每周一法”普法宣传活动，通过微博、微信平台上传法律法规，转载法律援助、法律服务相关内容以及典型案例等。在用工高潮的四五月份，开展送法到基层，到田间法律宣传活动。2015年7月，与电视局联合录制了法治微电影《务工不成，走极端》，获得垦区法治微电影创作大赛三等奖。

“六五”普法期间，共开展法律大集18场，组织法制培训、讲座7场（次），悬挂宣传条幅20条，发放普法宣传单5000余份，录制法制微电影1部，订购并发放“六五”普法教材《领导干部学法用法读本》《企业经营管理人员学法用法读本》《社区居民学法用法读本》等共计1680本。2012年、2013年、2014年分别获建三江管理局“普法工作”“依法治理”“法律服务工作”先进集体称号。

“七五”普法（2016—2020年）。“七五”普法采取“线上+线下”的方式进行宣传教育。通过微博、QQ、微信等新媒体转载法律常识、法律援助相关内容以及典型案例等法律知识。通过开展电视讲座、拍摄法制微电影《债务风波》《这份婚前协议书有效吗》《租车肇事，保险公司要不要理赔》，录制“我与宪法”微视频《让宪法尊严成国家荣光》，向全场居民宣传民间借贷、侵权责任、财产保全等法律知识。联合各部门开展三八妇女节、情暖农民工法律援助、国家安全日、普法宣传月、国家宪法日等法制宣传活动，宣传《宪法》《婚姻法》《合同法》《侵权责任法》《人民调解法》《道路交通安全法》《刑法》等法律。

“七五”普法期间，共开展法律大集 15 场，组织法制培训、讲座 5 场（次），挂出宣传条幅 13 条，发放普法宣传资料 6000 余份，录制法治微电影 3 部，“我与宪法”微视频 1 部，制作宪法宣传栏 1 个。

三、法律服务

农场司法科还承担着法律服务工作。服务项目主要有人民调解、法律咨询、代写法律文书、诉讼与非诉讼业务代理和协办公证。

1986 年 12 月，农场司法办开始为建三江公证处协办公证业务，办理了五荒开发合同、开发性家庭农场种植合同、机车转让合同、清欠合同、借（贷）款合同、租赁合同、计划生育合同、承包工程合同以及婚前财产约定协议等方面的公证业务。法律服务所对职工群众在民事纠纷中涉及的法律问题，提供了法律咨询和法律代理服务。

农场在各基层单位设立了基层调解委员会，负责本单位的一般民事纠纷调解工作。基层调解委员会一般为 3～5 人，由党支部书记任主任。

农场现有 15 个管理区、4 个居民委、场直单位等 34 个调委会，107 名调解员。在调解案件的过程中向当事人进行法治宣传，以案释法、明法析理，既解决了纠纷又进行了普法，达到了“调解一案，教育一片”的法律效果和社会效应。

司法分局在减少纠纷和诉讼等方面起到了积极作用。在开展法律宣传活动中积极宣传法律援助条例，并重点做好外来务工人员的法律援助工作，为其提供免费的法律咨询服务。就劳务合同、意外保险等问题进行解答，引导务工人员合理表达利益诉求，运用法律武器维护自身合法权益。

2006—2020 年，共参与处理社会矛盾纠纷 271 件，代写各类法律文书 260 份，接待来访法律咨询 3550 人次，解答来电法律咨询 1410 人次，代理诉讼案件 36 件、非诉讼案件 23 件。

四、社区矫正

2007 年 9 月 14 日，根据《黑龙江社区矫正试点工作的意见》要求，建三江分局统一为各农场司法分局招录一名社区矫正员。社区矫正工作由公安机关移交司法行政机关管理，司法行政职能由过去单纯法律服务向矫正罪犯的犯罪行为和法律服务并存的方向转变。2012 年，根据《社区矫正实施办法》相关规定，由管理局司法局负责指导管理、组织实施社区矫正工作，公、检、法等部门协助配合，各农场司法分局具体承担社区矫正日常工作。

社区矫正坚持日记载、周报到、月学习、月劳动、季总结鉴定“五个一”制度，加强对社区矫正对象日常管理。强化教育矫正，因人施教，针对矫正对象的刑罚种类不同，选择一些针对性强的法律知识，实行专题化教育。如对交通肇事罪进行相关交通法规学习教育，对盗窃罪进行相关刑法知识的学习教育。通过开展读报讲报、集中训诫等方式，增强教育效果。

通过心理咨询、心理测评等手段进行心理危机干预，对一些矫正对象以面对面谈心的方式进行心理疏导。

通过与民政、人社、教育等部门沟通，协调解决社区矫正对象就业、就学、最低生活保障、临时救助、社会保险等问题。

2007 年以来，累计接收社区矫正对象 121 名。其中 114 名社区矫正人员圆满结束矫正期，回归社会。截至 2020 年，共集中教育 149 次，公益劳动 145 次，个别谈话教育 104 次，进行心理辅导 26 次，未发生重新违法犯罪现象。

根据中央八部委《关于进一步做好刑满释放、解除劳教人员促进就业和社会保障工作的意见》精神，对监狱释放人员和解除社区矫正人员统一纳入安置帮教管理中。农场司法分局设置刑释解教安置帮教工作站，落实安置帮教工作，避免刑释解教人员重新犯罪。对刑释解教人员造册建档，定期对其进行思想教育、法制教育，帮助解决生活困难。协调民政、税务、工商等部门，组织动员社会各界参与支持安置帮教工作。对刑满释放未满三年的人员作为帮教的重点对象。

截至 2020 年，有 34 名监狱释放人员被纳入安置帮教管理中。

第四章　民兵组织和兵役工作

第一节　机构沿革

农场的武装工作由武装部负责。主要工作任务为民兵建设和征兵工作，包括民兵组织建设、政治教育、军事训练，武器装备管理，组织民兵完成战备执勤任务，配合公安部门维护社会治安，参与农场两个文明建设；负责征兵工作和预备役士兵、军官登记工作，开展国防教育，做好退伍军人的安置和军烈属的优抚等。

自 1962 年开始，农场成立人民武装委员会。总场和分场均由党委书记任武装委员会主任，下设武装部，为办事机构，当时配部长 1 人。1964 年，新八五九农场成立后，武装部重新组建，设部长 1 人、干事 1 人，在农场党委直接领导下开展工作。1969 年，组建生产建设兵团，整个农场编入中国人民解放军序列，故取消武装部建制，以参谋股（后改为作训股）负责武装工作。1977 年，兵团解体；1977—1978 年，武装部只留 1 名干事处理日常工作。1979 年，重新组建人民武装部，配备部长 1 人，干事 3 人。

“文革”期间，农场武装部受上级（县）武装部领导负责“支左”，并以军方代表身份参加“三结合”革命委员会，由武装部长担任农场革委会主任。

多年来，农场武装部隶属农场党委领导，军事业务归建三江人民武装部领导。根据党管武装的原则和上级的要求，农场党委设立武装委员会，党委书记兼武委会主任，农场场长兼武装部第一部长，党委副书记主抓武装和复转工作。1999 年，农场武装部长进农场党委班子，农场党委每年召开一次议军会，研究武装工作。

从 1993 年开始，配合民政部门做优抚军、烈属及伤残军人工作。

1992 年以前，农场武装部设部长、参谋、干事，三个分场设专职武装干事。武装部在科研站西边设弹药库，编制有军械员兼保管员 1 人、警卫 4 人。1992 年春，随着边境形势的缓和，武装部人员进行精简，设部长 1 人，副部长、干事各 1 人和弹药库管理人员 1 人，分场不再设专职武装干事。1996 年，开始设部长、副部长、工人各 1 人。

领导成员更迭情况如下。

1962 年，武装部长马奉禄；1964 年，武装部长严正平；1969 年，参谋股长王宝田；

1974 年，作训股长朱世荣；1977 年，武装干事李德松；1980 年，武装部长许洪安；1985 年，武装部副部长王维海。

武装部部长：　　　冯景云（1982.12 任命，副部长）
　　　　　　　　　冯景云（1984.1 任命）
　　　　　　　　　任守忠（1988.4—1989.5，正科）
　　　　　　　　　任守忠（1989.5—2003.1，副处）
　　　　　　　　　汪东升（2004.3—2011.3）
　　　　　　　　　杜海波（2011.3—2013.6）
　　　　　　　　　许艳平（2013.7—2021.5）
　　　　　　　　　刘志友（兼，2021.7—）

副部长：　　　　　吴洪海（1993）
　　　　　　　　　李　斌（1994.11—1996.4）
　　　　　　　　　刘　斌（2003.3—2009.3）
　　　　　　　　　王　军（2009.3—2012.1）
　　　　　　　　　李　伟（2016.4—2017.11）
　　　　　　　　　于洪涛（2017.11—2022.7）

人民武装部副部长：于洪涛（2022.7—）

2006 年 8 月，被总局军事部授予垦区基层武装部建设标兵单位。2015 年，农场武装部获总局级先进基层武装部、总局级征兵工作先进单位称号。几年来，许艳平、王军、李伟、于洪涛先后获得农垦总局“优秀专武干部”荣誉称号。

第二节　民兵组织

一、民兵组织状况

1958 年 9 月，按农垦部紧急指示精神：“全体复转官兵要做好思想、组织上的准备，随时响应祖国号召，重返前线。”铁道兵农垦局党委决定，八五九农场为预备第九师，赵明高为师长兼政委，王连山为副师长兼参谋长，孙培军为副师长，张一千为副政委，翟雪桥为政治部主任。各分场成立民兵团。10 月 1 日，八五九农场预备师成立，揭开了农场民兵工作的第一页。

当时师里决定，18 岁以上（包括 18 岁）、45 岁以下（包括 45 岁）男女职工全部参加民兵组织。下设 5 个民兵团，另外设 5 个独立营，团营下均编制连、排、班组织，组织军事化。当时的一分场（即后来的五分场）编为第一团，并以生产队或相当于生产队的基层单位分别组成15个民兵连。

1964年新八五九农场成立，民兵组织重新调整。农场改为民兵营，生产队仍为民兵连，共计19个连，其中1个武装基干民兵连。

1968年1月，八五九农场民兵彭福旺、高林芹、张信如、蔡友柏在边境反干涉斗争中牺牲。1月9日，饶河县召开了大会，悼念为“反干涉斗争”而牺牲的烈士，民政部追认四位民兵为烈士。

1969年4月，组建生产建设兵团时，取消了民兵组织，以兵团战士代替了民兵，全团编有8个武装基干连。

1975年，根据团发104号、兵团作字409号文件精神，又开始筹建民兵组织。当年12月25日，在团部召开有1005名代表参加的二十三团民兵组建大会。从此，又恢复了中断多年的民兵组织。1977年，军事编制为1个民兵团。

1982年底，全场民兵又一次整编：全场为1个混编民兵团，下设3个营，30个连；另有1个基干民兵营，下设5个基干连。

1984年，农场编制1个基干民兵营，基干民兵年龄在18岁以上、35岁以下，以各普通民兵连抽调组成。1984—1987年，农场基干民兵410人，编为4个步兵连、1个机炮连。1988—1997年，基干民兵营436人，编为3个步兵连、1个机炮连、1个快速应急分队（42人）。1998—2005年，基干民兵380人，编为2个步兵连、1个机炮连、1个快速应急分队40人。

1988年，本着平战结合、着眼应急、反应快速的原则，组建快速应急小分队。人员由场直部分单位的基干民兵组成。主要任务：配合部队或单独执行防敌偷袭，坚守重点地域等应急作战任务；协助边防部队、武警部队巡逻执勤，执行边境政策，加强边境管理；配合边防部队和公安部门堵截追捕内潜外逃分子，打击刑事犯罪，维护社会治安；完成抢险救灾等急、难、险、重任务和上级军事机关赋予的其他任务。

普通民兵编制总体依照企业行政设置进行编制，凡年龄在18～45周岁的适龄男青年，均按户口所在单位参加普通民兵，全场编制54个普通民兵连。2000年，民兵组织整顿后，调整为35个普通民兵连。1984年以后，普通民兵连的连长、指导员，一般由各单位行政主管干部和党支部书记担任。

2006年，农场设1个基干营272人，下设营部36人、2个基干步兵连196人、应急分队40人。步兵1连设在场部东面和北面部分生产队，连部设在一队；步兵2连设在东面及西面部分生产队，连部设在二十六队。基干民兵营由场部企业和31个基层民兵组织组成。

2009年以后，基干民兵编组以场直地区为基础，尽量向社区街道扩编。基干民兵年龄控制在18～28岁，其中退伍军人比例达42%。民兵应急分队编组，采取每个管理区5人编制，达到每个管理区都有1个应急班，遇到各种紧急情况，能够及时迅速调动人员。

2020年，共有基干民兵99人。其中30人为特种应急分队、69人为边防巡逻分队。有普通民兵360人，15个管理区各有普通民兵24人。

二、民兵训练

从1963年开始，有专门时间的民兵训练。训练内容以队列、刺杀、投弹、爆破等基础科目为主。

1965年，为适应边境形势的需要，农场与东安边防驻军制定军民联防方案，“一旦发生暴乱、袭击、空投、颠覆时，全体公民要立即报告，民兵要绝对服从司令部的指挥，进行围歼、平息”。根据方案精神，3月5—30日，全场训练民兵395人，其中215人进行实弹射击训练。这次训练采取半天生产，半天训练的办法，既练战术，又练技术；既练思想，又练作风。民兵的素质有了较大提高。

“文革”期间，正常的民兵工作中断，组织战备演习（紧急集合）次数增多。

1970年，加强战备教育，大搞军事训练，1年内大小型军事演习130次。在全团进行战斗村建设，共构筑战壕4630米、交通壕4668米、坑道22米、掩蔽部167个、单人掩体1480个，使战备工作进入高峰。

1971年，以武装连训练为重点，开展“三五枪”“三五弹”活动。利用早操和工余时间，每天保证1个小时。

1972年6月，为纪念“六一八”批示4周年，全国组织军事考核。参加考核武装民兵战士68人，共7种武器，半自动步枪、轻机枪，重机枪、四〇火箭、六〇迫击炮、八二迫击炮和七五无后坐力炮。1974年6月，抽调42人参加师“六一八”军事会操。

1976年9月17日，二十三团、二十四团出动民兵配合东安边防部队搜山，其中二十四团出动2000余人。

1981—1983年，民兵训练采取分批训练方法，每批60人，每期30天。训练项目有队列、射击、投弹、土工作业、爆破、单兵战术、布雷、排雷等。

农场专职武装干部的训练，由总局武装部教导队逐年轮训。农场军事教练员的训练，由建三江人民武装部组织进行集训。

1984年开始，农场武装部每年按《民兵军事训练大纲》的要求，对基干民兵进行训练，一般训练时间为10～15天。主要是八二无后坐力炮、轻武器（全）半自动冲锋枪、六〇迫击炮、重机枪、手榴弹等专业训练。

1988年6月，总局在建三江管理局抓了两个农场的合成快速反应分队组训试点，并计划在垦区范围内推广。根据总局的要求，农场成立了快速反应分队，队员为57人。1990年，总局军事部对农场快速反应小分队进行了为期38天的严格训练。6月18日，总局武装部在八五九农场进行了民兵快速反应分队反渗透、反破坏演习。总局军事部和6个管理局人武部的军事科长观摩了军事演习。演习的内容为对抗赛，冲锋枪对隐显目标射击，八二无后坐力炮对固定目标射击等。这次联合军事演习，边防驻军出动了1个班、武警部队参加2人、快速反应小分队57名队员参加了演习。演习取得圆满成功，受到了总局武装部部长张向春的充分肯定和高度赞扬，并在垦区转发了民兵分队“组、训、建、用”的典型经验，为垦区民兵快速反应分队建设提供了成功经验。

1988年开始，农场每年的民兵军事训练主要以快速反应分队为主，农场为小分队队员每人配发了冬、夏季训练服各一套，配备了警棍盾牌。每年在“八一”前夕组织小分队进行实弹射击，评选表彰。

快速反应分队成立后，在农场的急、难、险、重任务中，发挥了积极作用。1988年7月，七队养牛户的1个10岁的小孩被牛踩伤，手术急需输血，在农场医院没有血源的紧急情况下，武装部组织饲料厂小分队10名队员赶到医院，经化验有2名队员血型与病人相同，当即进行了输血，使孩子脱离了危险。1989年11月，一股山火从饶河方向烧到胜利农场二十一队，并向农场境内扑来。着火面积大，火势凶猛，武装部仅用20分钟时间就将东安、桥队、东安二库等单位民兵113人迅速集中，与东安边防部队共同奔赴火场。经过9个小时奋力扑救，扑灭了山火，保护了国家财产和人民生命安全。

1985年开始，武装部每年在新学期开学时对中学生进行一周的军训。训练的内容有队列、射击、内务、兵器知识，并对学生进行爱国主义教育。

1993年10月31日，八五九农场民兵应急分队代表总局接受省军区考核验收，综合成绩名列全省第二名。2004年8月，八五九民兵应急分队在接受总局军事部的考核验收时，取得总评优秀的好成绩。2006年，农场民兵应急分队被列为总局受检和现场观摩单位，在与胜利农场的百人方队合练中，受到总局军事部首长的好评。在表彰会上，有2人被总局评为先进个人，武装部被总局评为先进基层单位。

三、“参建”活动

多年来，农场武装部与边防部队、公安分局完善落实联防制度，补充完善联防预案，抓好民兵联防巡逻工作，组织民兵为农场经济建设做贡献。

组建了民兵增雨防雹应急分队。2006—2020年，每年都进行增雨防雹作业，增强了农场抵御自然灾害的能力。

涌现出十七队民兵连机车修理技术攻关队、九队民兵连民兵号机车、大板酒业民兵号生产线、副业队民兵连快速护林分队、供电局高空架线抢险突击队等典型。

在抗洪抢险等急、难、险、重工作中勇立新功。2013年8月16日，接到管理局防汛指挥部的抗洪通知后，农场连夜紧急调动民兵应急分队170人，配备迷彩服、雨衣、雨靴、救生衣等装备，出动4台客车、1台指挥车、1台后勤保障车，携带6块（每块300平方米）编织布、编织袋1.1万条、铁锹100余把以及其他抗洪物资奔赴青龙山抗洪一线，圆满完成抗洪抢险任务。

2019年5月，40名基干民兵参加了洪河保护区草原灭火工作。通过两天两夜的努力，成功扑灭大火。8月，100名基干民兵和360名普通民兵参加八五九农场和胜利农场的抗洪抢险，共计作战15天，为抗洪抢险做出了贡献。

2009年，农场民兵帮扶贫困户和低收入户共计47户，投入帮扶资金达21万元；捐资8万多元用于扶持贫困学生。

1996年3月，参加省军区军事演习，李斌、刘斌分获三等功。

2009年7月，武装部抽调10名基干民兵到佳木斯参加省军区组织的跨区联训，取得了单兵基础动作考核第一名的好成绩。

2015年，在伊春集训中，抽调3名民兵，代表农垦总局军事部参加省军区扑火专业骨干集训。由民兵熊立波组织的班组灭火战术演练获得单项第一名，2人分别获得扑火专业技术个人全能第四名和风力灭火机战术基础动作第一名。

2016年6月，组织7名民兵代表总局军事部参加省军区组织的民兵边防勤务跨区集中训练，获得4个单项第一。

李伟于2013年、2015年参加省军区民兵兵种专业集训，均获得第一名的好成绩。

四、武器与装备

1965年以前，农场的武器装备全是旧式的。1967年，武器全交到饶河县人民武装部。1969年4月成立二十三团后，陆续装备各连武器。

1982年，农场武装部在科研站西边建弹药库，库房面积近600平方米。弹药库四周建砖围墙，架铁丝网，设一座高6米的岗楼，配警卫4人，昼夜值班。弹药库设有报警装置，保管着按农场编兵单位配备的武器弹药。武器种类包括手枪、（全）半自动步枪、冲锋枪、轻（重）机枪、高射机枪、六〇迫击炮、八二无后坐力炮、40 火箭筒、手榴弹、地雷、各类枪弹等。

1992 年，根据上级军事部门的指示，农场弹药库保管的武器弹药全部上缴建三江人民武装部弹药库集中保管。农场每次民兵训练所需的武器弹药，需到上级武装部领取，专人专车押运，用后送回。

2006 年，投资 11 万元对作战室进行了重新布置，制作了沙盘及“三图一表”。2009 年，购置迷彩服、迷彩鞋和迷彩帽等战备服装 40 套。2018 年，投入 2 万多元购买了民兵单兵运行和携行物资，使民兵装备更加完善。

第三节　兵役工作

一、征兵

从 1964 年起，饶河县兵役局根据适龄青年人数将应征指标下达农场，然后由农场征兵工作委员会组织实施，具体办事机构是武装部。适龄青年自愿报名，经所在单位党支部同意后上报农场，农场武装部会同组织、劳资、医院等有关部门进行政审和体检。合格后，再到县征集站体检。如体检合格，即应征入伍。每次送兵时，农场都举行新兵欢送座谈会。

1984—1992 年，征兵工作由饶河县人民武装部组织领导。1992 年以后，由建三江人民武装部组织领导。

1989 年以前，每年在春季进行征兵。1990 年 12 月，改为每年冬季征兵。1984—2005 年，全场有 149 人应征入武。2001 年，十五队毕春雷应征为进藏兵，是建场以来第一个进藏义务兵。2003 年以后，除特殊兵种要求，部队不再来接兵，由建三江人武部送兵。

2013 年，调整为每年秋季征兵一次。2020 年以后，又调整为每年春、秋季征兵两次。农场把好“选兵、育兵、征兵”三道关，力争让优秀青年投身国防建设事业，保证适龄青年上站率达到 3∶1，合格率 2∶1。

为把握征兵工作主动权，按照“一季征兵三季准备”的指导思想，早筹划、早部署、早启动。还采取到基层单位宣传及入户走访动员等方式进行征兵宣传，鼓励适龄青年报名参军。武装部还印制宣传资料寄给在外打工的适龄青年，扩大宣传、征集范围。2012 年，在哈尔滨务工的适龄青年于青龙具有大专学历，得知农场征集新兵的消息后，回到农场报名应征入伍，为适龄青年应征入伍起到示范带动作用。

2016 年，为落实国家优抚政策，进一步增强军属的荣誉感，在全社会营造参军光荣的浓厚氛围，武装部、民政局及社区工作人员对全场 28 名现役军人军属之家悬挂了光荣军属牌，激励适龄青年报名参军。

2018 年开始接受网上报名，当年网上报名人数达 13 人。有 2 名高校新生光荣入伍，并且在管理局人武部组织的新兵 10 天的预前训练中获得优秀学员称号。2019 年有 2 人参军入伍（其中 1 名女兵），并且 2 人都是大专以上学历。2020 年，网上报名人数达 23 人，有 2 名高校大学生光荣入伍。

应征入伍，1973 年 3 人、1977 年 20 人、1978 年 41 人、1981 年 39 人、1983 年 9 人、1994 年 8 人、2005 年 6 人。

2006 年有适龄青年 89 人，应征入伍 6 人；2012 年有适龄青年 83 人，应征入伍 5 人；2015 年有适龄青年 83 人，应征入伍 11 人。2020 年有适龄青年 68 人，应征入伍 2 人。

到 2020 年，八五九农场创造了 37 年无责任退兵记录，累计为部队输送了 200 多名优秀青年。

表 5-16　1973—2020 年义务兵征集情况统计表

单位：人

年度	征兵人数	年度	征兵人数	年度	征兵人数
1973	3	1989	7	2005	6
1974	5	1990	14	2006	6
1975	10	1991	6	2007	7
1976	14	1992	7	2008	7
1977	20	1993	9	2009	5
1978	41	1994	8	2010	5
1979	7	1995	6	2011	9
1980	5	1996	7	2012	5
1981	39	1997	7	2013	5
1982	11	1998	6	2014	8
1983	9	1999	7	2015	11
1984	7	2000	7	2016	4
1985	6	2001	4	2017	6（女兵 1 名）
1986	7	2002	5	2018	2
1987	7	2003	4	2019	1（女兵 1 名）
1988	7	2004	5	2020	2

隋恒，1977 年 1 月入伍。当年 8 月 6 日，在吉林省四平市双辽县 86242 部队舍己救人光荣牺牲，年仅 19 岁。13 日，解放军总政治部颁发革命军人牺牲证明书（军烈字第 00275 号），其家属享受烈士家属待遇。

2010 年 1 月 12 日，省民政厅授予刘斌优秀复员退伍军人称号；21 日参加了省优秀复员退伍军人表彰暨退役士兵安置工作会议。

二、优抚政策

从1990年开始，农场出台了鼓励义务兵安心服役报效祖国的优惠政策。当年，农场对应征入伍的战士实行优抚金制度。标准为服役3年的现役军人，每人由农场支付优抚金43元/月；3年以上者51元/月；在退伍后一次给付本人。对在部队荣立三等功以上者，在正常享受优抚金的同时，给予一次性奖励（三等功200元，二等功300元，一等功500元）。1993年，农场改优抚金为义务兵优待金，资金来源按每年10元/户征集，由各单位收取上缴农场民政局。义务兵在部队服役的优抚金，在其退伍后一次性发给。标准为职工应征入伍的，每人100元/月；待业青年入伍的，每人80元/月。义务兵在部队受奖的，可以一次性奖励。1998年，农场出台了义务兵优抚政策，实行拥军田。农场对义务兵在服役期间每年给2公顷拥军田，由义务兵家庭种植，免收利、费，只收农业税。从2002年起，增至3.34公顷。2005年，义务兵拥军田改为给付现金，每人4500元/年，并于年底一次性支付。

2007—2010年，优待金为每人9000元/年。

2013年，对退伍士兵选择自主就业人员，农场按相关文件精神一次性发放经济补助金2.65万元。

2020年，发放义务兵优待金每人3.36万元，发放退伍兵自主就业一次性经济补助金每人1万元、1.3万元不等。

按照上级的有关规定，为战时储备优质兵员，武装部每年对退伍军人进行预备役登记。到2005年，按退伍军人在部队的工作性质分类，对161名预备役人员进行了登记造册。

对历年的退伍军人，农场做了妥善的安置。1993年以前，退伍军人本着回原户口所在单位工作的原则进行安置。1993年，农场制定了《义务兵征集、优待、安置暂行规定》，把大多数退伍军人都安置在场直工副业企业中。

1984年以来，先后有30多名退伍军人被提拔到基层领导岗位，其中有8人是直接提拔的。1994年，华宝利退伍后被分配到供电局工作；2003年，他参加建三江电业局电力系统技术大比武，取得第一名的优异成绩。

2011年，分别在法庭、机务科、协警队和管理区安置退伍军人4人；选送1名退伍军人去八一农大学习培训；2012年，安置2名退伍军人到武装部和街道办工作；2016年，安置退伍军人6人，并落实五险一金政策；2019年，帮助协调3名退伍军人安置工作。

三、拥军优属

每年春节和“八一”建军节前，由农场领导带领武装部、民政局、公安分局等机关部门人员组成慰问组，对东安边防驻军进行节日慰问，给边防官兵送去慰问品，并与部队干部战士共同举行军民联欢活动。有时派出文艺宣传队到驻军进行慰问演出，驻军也用新上映的电影来慰问农场职工，密切了军民关系。

对场内军、烈属和伤残军人，每年春节由武装部、民政局、工会共同组成慰问组，逐户为他们送年画、春联和节日慰问品。对家庭生活困难者，由农场工会给予适当的经济补助。各基层单位对军、烈属和伤残军人，在生产生活方面给予了适当的照顾，并在每年的春节进行走访和慰问。

四、参军入伍提干情况

顾骁武，1978 年入伍，在武警辽宁总队司令部直属工作处任职，副团职、中校军衔。

蒋大军，1978 年入伍，在抚顺雷锋团任营教导员、团协理员，正营职、中校军衔，复员后在抚顺公安局政治部任职。

徐永林，1980 年 10 月入伍，在吉林省军区边防一团任职，后任浙江省公安边防总队宁波边防检查站副政委兼政治部主任，副团级、中校军衔，现任宁波广电集团组织人事部副部长。

刘云龙，1980 年 11 月入伍，1982 年考入大连军事学院，任吉林省武警总队副参谋长，副师级、大校军衔，退休后在云南。

于志学，1982 年 12 月入伍，陆军正团级、上校，曾在北京军区特种大队任职。

孙维国，1983 年 11 月入伍，任武警吉林总队一支队战士，1986 年 7 月考入中国武装警察部队特种警察学校（北京）。2009 年在吉林省公安厅警卫局任外宾处处长，正团级、上校军衔，现任吉林省商务厅总经济师。

曾祥军，1984 年 9 月至 1988 年 7 月在大连陆军学院就读，后任 81171 部队（原 39 军 115 师）司令部协理员，副营职、少校。现在辽宁省大石桥市公安局工作。

司辉，1992 年 12 月入伍，在部队为陆军副团级、中校。2017 年转业，现在辽宁盘锦市。

田军，1990—1994 年在国防科技大学就读。1994 年 12 月入伍，海军正师级、大校，现为海军青岛研究所所长。

刘纪祥，2008 年考入第四军医大学，2013 年分配到昆明军区。现为中甸边境昆明扫雷大队后勤保障所所长，少校军衔、正营级。

林雨，2009 年同济大学博士研究生毕业，2013 年由武警交通指挥部特招入伍。现任武警部队研究院工程设计研究所应急救援技术研究室主任，大校军衔、正高级工程师。

徐桂伟，2011 年 12 月在哈市松雷中学高三入伍，2013 年从部队考入公安边防部队广州指挥学校，在部队任中尉、副连级。现为同江出入境边境检查站四级警长。

第六编

科技、教育、文化、卫生

中国农垦农场志丛

第一章　科学技术

第一节　机构与队伍

1977 年以前，农场科技工作由农业科兼管。

1978 年 2 月，设科技科，科长袁庆年，副科长刘卫东。

1981 年，科技科副科长刘凤云。同年，农场成立科学技术委员会，由机务副场长徐士海为主任，刘凤云任副主任。委员有梁明泉、赵兴义、闫树国、杨明月、李勋之、吴居沛、温玉印、牛岳华等 8 名技术人员组成。

1983 年，科技科工作由李求欣负责。1984 年，由梁明泉负责，编制 2 人。

1982 年，农场各类科技人员迅速增多，到 1986 年达 585 人，其中自然科学研究人员 231 人、社会科学研究人员 354 人。

从 1980 年 10 月至 1983 年 7 月，全场先后晋升工程师 28 人，助理工程师 51 人，各类技术人员 114 人，形成了一支 290 人的科技队伍。

1986 年，农场有 13 项科技成果被评为管理局科技成果奖，农场党委被管理局评为落实知识分子政策先进单位，农机科等 5 个单位被评为科技工作先进集体，有 14 人被评为管理局先进科技工作者。

1987 年 7 月，农场送外学习已经毕业的大中专学生 107 人，其中大专 47 人。

2003 年，农场成立农业技术协会，会长由分公司副总经理魏文华担任，设常务理事 30 人，理事 34 人，设 31 个分会，协会会员 1327 人。协会成立后，建立了章程和规章制度，主要工作是组织协会会员开展科技培训，开展生产技术交流，统一购买优质化肥、农药、种子，享受农场在新技术推广中的优惠政策。

2005 年 3 月 25 日，以开发性家庭农场主葛柏林、谭东林、朱元臣、张惠民、齐秀志、刘伟、陈鹏等户自发组建了开发性家庭农场协会，有会员 12 人，经民主选举葛柏林为会长，并开展科技交流等活动。

分公司副总经理、高级农艺师魏文华主持的优质高产多抗强筋小麦新品种龙麦 26 的选育及推广项目，获 2001 年省科技进步一等奖；优质麦生产新技术集成与产业化项目，获2002年省科技进步一等奖；2003年，建农1号大豆品种选育，经黑龙江省农作物品种审定委员会定为推广品种。

农场副场长、高级农艺师闫晗主持承担农牧渔业丰收计划水稻应用工厂化育秧与快速插秧机技术推广，省农业现代化创新工程水稻应用高效硅肥和土壤磷素活化剂试验与示范，农业部科技跨越计划龙94-4083强筋面包小麦生产技术体系试验示范。其中，稻蓟马的发生与防治获中国城镇科技成果三等奖；浸种灵新型种子处理剂的开发及其推广应用，获农业部科技进步二等奖；水稻新品种“辽盐糯10号”获辽宁省科技进步三等奖。1999年12月28日，荣获垦区青年星火带头人称号。

农民技师井河泉是1987年农场引进的水稻技术人员。1997年底，他辞去了水稻办的职务，承包了场部附近的一处6.67公顷的稻田地，潜心研究培育水稻新品种（品质好、抗性强、生长期短、产量又高）。1999年，他向有关部门递交了成立个体水稻研究所的报告，获得了批准。井河泉选用的是浙江香稻和日本富士光米做原种，分离出40多个品种。通过试验，他解决了原种水稻成熟后爱掉粒等缺陷，成功地培育出了多个可以申请专利的高产新品种。

至2005年，全场有在岗专业技术人员为380人，其中高级技术职称36人、中级179人、助级22人、员级143人。

到2020年，全场有高级技术职称94人（其中正高14人）、中级197人、助级210人、员级11人。

2011年，成立“八五九农场老年科技工作者协会”并选举出会长、秘书长各1人，成员9人。

2012年1月，科技科从农业生产技术部分出单设。2015年3月，科技科又与农业生产技术部合署。

领导成员更迭情况如下：

科技科科长：袁庆年（1978.2任命）
刘凤云（女，1981，副科长）
李求欣（1983年，负责人）
梁明泉（1984—1985）
袁庆年（1986—1990）
赵兴义（1991）
唐孝忠（1992—1993）
金帮河（1994—1995）

石智生（1996.1—1999）

王世国（兼，2000—2009.3）

贾乃九（兼，2009.3—2012.1）

付甲东（2012.1—2015.3）

第二节　科技成果推广与应用

1958 年，总场在东安设立良种繁殖试验站，配备技术员张根昔、臧春庆，试验项目为摸清小麦、大豆在该地区的适应性、栽培、密度、植保和播期。1965 年新八五九农场在二龙成立良种站，1971 年更名科研站，进行小麦、大豆、玉米良种繁育和试验。

1978 年，分场设良种繁殖队，一分场为二队、二分场为九队。各农业队成立科研小组，农业技术员任组长，配 1、2 名助手，对本队小麦、大豆、玉米进行科学试验。科研站调李兴国和李求欣对小麦、大豆、玉米进行良种栽培、繁殖鉴定。经过多年的科学试验，到 1983 年共试验出优良品种 10 项，并在场内推广，可增产一至二成。

1958—1978 年的 20 年间，农场虽设有试验站、良种站、科研站，由于农场体制多变和受“文革”的干扰，科技工作时断时续，科技成果不明显。

1979—1983 年的 5 年中，成功地试验出优良品种 10 项、科研成果 1 项。推广的结果——粮豆单产提高一至二成。从 1983 年起，小麦由历年平均公顷产 1500 公斤提高到 2250 公斤以上，大豆平均公顷产也提高到 1875 公斤以上。

1992 年以前，农场设科研站，科技人员达 8～10 人。主要从事新品种引进推广、品种区域试验、土壤肥料试验、植保服务等。

1984—2005 年，农场科技工作坚持以传授新技术、引进推广和应用科技成果为重点。

1984—1991 年，主要开展了先进的耕作栽培技术推广应用，新品种的引进推广，科研站小区品种区域试验、示范、调查，承担总局、管理局品种区域试验课题。

1986 年，《大豆垄作栽培技术及配套机器》《小麦播前深施肥技术》在全管理局普遍应用，仅此二项纯增效益 2100 多万元，其中大豆 1700 多万元、小麦 400 多万元。

1987 年，为了发展水稻，从方正县、延寿县引入部分稻农来到农场种植水稻，引入了水稻旱育稀植技术，并使用小棚、中棚、大棚育苗，由于当时的技术处于试验中，产量不高。

1991—1995 年，主要推广深松耙茬技术、浅翻深松技术。引入作物新品种，小麦引进辽春 4 号、垦大 4 号、龙辅麦 5 号、龙麦 16、龙麦 26 号；大豆引进新品种垦农 4 号、合丰30、农大84-203、合丰40、绥农14-15、绥农17、垦农18-19等新品种。在区域试验中，先后参加总局级品种区域试验和土壤肥料联网试验工作。

1995—1996年，推广玉米钵育摆栽栽培技术，与省农科院进行了龙麦26号优质高产配套技术的研究试验。1999—2001年，参加省和总局的小麦优质高产综合技术组装、试验。

1999年，组织参加省长创新工程。该工程包括四个课题：优质麦综合配套技术工程，奶牛人工胚胎移植技术研究，优质羊胚胎移植技术，大豆超微粉体种衣剂、硅镁肥试验研究。经过与省科院科研人员两年的合作，完成项目规定的内容。同年，农场与省农业科学院联合实施国家首批跨越计划龙94-4083项目、优质高产配套栽培技术及其产业化课题，为小麦高产栽培技术的实施奠定基础。省农业科学院土肥研究所的科研人员，在农场进行超微粉体种衣剂和镁肥、硅肥项目试验。通过试验和调查研究，有效地促进了农业科技的应用与推广。

2000年，在小麦生产上推广增肥、增密（密度指克丰4号品种）技术；在大豆栽培技术上，采用大垄密植技术。

2002年，大垄密植与缩垄增行栽培技术得到广泛应用与推广。其中九队、三十七队、四十队大垄植技术应用面积达50%以上；三十七队当年推广面积达266.67公顷。到2005年，农场推广面积达到大豆种植面积的90%以上。

2003年，在大豆栽培技术上，农场推广大垄行间覆膜技术。在二队3号地3区试种10公顷，使用八五二机械厂生产的2B-4平作行间覆膜机，公顷产达2640公斤。在二十队推广了白瓜子覆膜试验6.67公顷。

2005年，大面积推广应用大豆和白瓜子大垄垄上行间覆膜技术，重点示范单位在二队、三队；白瓜子覆膜在十六队、十七队、十九队。同年，农机科组织改装23台通用机实现窄行匀播，改装2台组合轻耙，在生产中应用效果较好。

2007年，玉米、大豆原茬互卡技术得到推广，面积达666.67公顷，15项实用技术提高了农业科技含量。90公里科技示范带达到作业标准化、农田花园化、管理现代化的标准，实现优良品种覆盖率90%。

2009年，打造第四管理区国家一流的土地整理工程核心区，建成第一、二管理区水田标准示范区和第三管理区旱作精准农业示范区。

2011年，承担国家级水稻优质高产创建万亩示范片2处，总面积1336.07公顷。建立总局玉米高产创建示范点，共27个地号。建立总局大豆高产创建示范点，共19个地号。

2012年，实现优良品种覆盖率100%；推广马斯奇奥精密播种技术18813.33公顷；推广水稻浅湿节水灌溉技术66733.33公顷，水稻节水控制灌溉技术5333.33公顷。

2014年，与八一农垦大学联合承担宽窄行旱施肥插秧技术应用项目。自行研制水田起垄施肥机，同时配套东北农业大学高速宽窄行插秧机插秧，结合激光平地机的使用，为水田的种植模式带来一次技术革命。

2014年，省农业科学院土壤肥料与环境资源研究所承担的东北黑土区水田土壤合理耕层构建技术指标研究与集成示范项目在八五九农场实施。第十四管理区一块1公顷的稻田，以前是公顷产4875公斤的产量，通过6年的土壤改良2020年能达到9000公斤以上。省农业科学院土壤与环境资源研究所土壤耕作改土课题组长王秋菊表示，土壤改良从改善土壤透气性、透水性开始着手。现在公顷产量能稳定地超过8250公斤了，每公顷增收9000元。

2016年，落实“全国基层农技推广体系”项目，落实水稻振捣提浆示范项目6.67公顷，购进振捣提浆机3台。

2017年，落实负离子植物细胞激活液水稻体质增效推广示范项目1333.33公顷。同年，与中兴集团开展1133.33公顷水稻技术服务合作。中兴农业技术人员全程跟踪服务，种植户实现增加效益143万元。农场与中兴集团合作，在国内首个把区块链溯源技术应用到大米产品溯源查询，领先介入和应用区块链技术对大米及农产品质量的溯源。

2018年，落实直播水管机械化栽培技术推广示范333.33公顷。其中旱直播水管示范196.67公顷、水直播水管示范136.67公顷。

2020年，发展优质、绿色农业产业，重点打造第一管理区水田高标准示范点、第五管理区旱田示范点、农业技术推广中心等5个示范点和1个专业示范园区，各管理区自行建设2个高标准示范点，形成238.5公里的农业科技示范带“闭合圈”。推广旱免搅浆、密苗机插、控氮减磷稳钾、本田轨道车应用等先进技术20余项，各管理区应用各类先进农业技术9项，试验示范8项。推广水稻叶龄灌溉、浅湿干灌溉等技术；推广生物有机肥替代化肥技术，有效保护耕地质量；推广病虫害测报、应用新型药械、旱田一次性用药等，可节省用药量10%～20%。开展旱平垄作、密苗机插等试验项目15项；示范推广水稻侧深施肥、节水控制灌溉、格田改造、暗化叠盘育秧等示范项目18项。

打造产学研、农科教相互结合的科技创新联合体。加大与农垦科学院、华中农业大学、东北农业大学、八一农垦大学等高校、科研院所的产学研合作力度。与华中农业大学共同开发“三江糯红6号”特色水稻品种审定、繁育、推广研究。与华中农业大学“张启发院士工作站”开展合作，投入科研经费200万元。八五九农场启发院士工作站于2020

年正式运行，在第六管理区科技示范带规划试验基地4公顷。依托建三江分公司的绿色超级稻研发中心，利用基因组育种技术，以基因的遗传、功能和表型信息为基础，结合农场农业生产情况在“选优品种”“低氮栽培”“肥效试验”三个方面展开深入研究。

2009年以来，以农业新技术、新品种、新模式的研究、引进、试验、示范为突破，完成国家级课题6项、集团级课题7项。水稻“旱平垄作双侧双深”高效栽培技术列入集团种植业典型示范项目，获得省级科技进步三等奖1项、集团级科技进步一等奖1项，获得“水田旱起垄双侧双深分类施肥机”国家实用新型专利等5项实用新型发明专利。农业科技贡献率达80%以上。

表6-1　2014—2020年全场农业科技项目统计表

序号	年份	项目名称	其他指标			资金情况（万元）		
			核心示范面积（公顷）	示范带动面积（公顷）	培训人数（人）	总资金	补贴资金	配套资金
1	2014	水稻双增100	33333.33	46666.67	1000	62	62	0.2
2	2015	水稻双增100	33333.33	46666.67	1100	47	47	—
3	2016	水稻振捣提浆机插常规种植技术推广示范	6.67	66.67	300	2.2	2.2	—
4	2017	负离子植物细胞激活液水稻体质增效推广示范	1333.33	6666.67	800	120	120	—
5	2018	寒地粳稻直播水管机械化栽培技术推广示范	333.33	2000	500	50	50	—
6	2019	寒地水稻智能叶龄诊断服务与智能病害预报服务应用	1666.67	10000	300	100	100	—
7	2020	长期稳定试验示范基地建设	13.33	53333.33	500	15	15	—

第三节　科技项目

2001—2002年，承担垦区大豆机械化“深窄密”“暗垄密”“大垄密”栽培技术示范任务1333.33公顷，平均公顷产2462.7公斤，新增公顷产283.5公斤。

2002—2003年，承担垦区高油大豆生产技术项目。每年种植任务1333.33公顷，平均公顷产2340公斤，增产243公斤，增产11.6%。

2015年，开展水稻、玉米、大豆高产创建和水稻适口性改良等试验示范项目共116项，完成适口性示范、水稻旱直播喷灌、水稻垄作机插等示范41.33公顷。农场先后获得国家级科技成果奖1项、总局级科技成果奖2项、总局级科技进步奖3项、国家级实用新型发明专利1项。

2016年，水稻“旱平垄作双侧双深”高效栽培技术列入总局种植业典型示范项目；

获得省级科技进步三等奖1项、总局级科技进步一等奖1项；获得“水田旱起垄双侧双深分类施肥机”国家实用新型专利等5项实用新型发明专利。

表6-2　1993—2004年全场科研项目统计表

序号	项目名称	起止时间	承担单位	课题来源
1	寒地玉米充苗机械移栽高产技术的研究	1993—1995	胜利、八五九	总局
2	寒地玉米大面积机械化增产技术示范与推广	1996—1998	分局、七星、八五九、胜利	总局
3	垦区水稻、大豆、玉米、小麦、油菜高产综合配套技术示范与推广	1998—2000	总局所、八五九	总局
4	玉米地膜覆盖及育苗移栽综合增产技术	1997—1998	科研所、七星、八五九	总局
5	黑龙江垦区优质高效水稻生产技术及其产业化研究	2001—2003	科研所、八五九	总局
6	大豆大面积机械化增产技术示范与推广	2001—2002	科研所、胜利、七星、八五九	部、省
7	寒地水稻生产机械化及其新型配套机具示范与推广	1999—2004	八五九、二道河、胜利	农业部丰收计划

表6-3　1999—2001年获得总局级奖励项目统计表

序号	时间	获奖项目名称	奖励等级	获奖单位、个人
1	1999	省春小麦大面积高产综合技术研究与示范	总局科技进步一等奖	八五九、万英
2	2000	寒地稻田秸秆还田增肥地力技术研究	科技进步二等奖	八五九、大兴、浓江、科研所
3	2001	水稻功能有机育秧盘应用技术	总局科技进步二等奖	八五九
4	2001	寒地水稻优势质米生产技术	总局科技进步一等奖	八五九
5	2001	寒地稻田秸秆还田增肥地力技术研究	总局科技进步二等奖	八五九
6	2001	小学生文化素质评价研究	农垦优秀教育科研成果奖一等奖	八五九教育科
7	2001	中青年学科带头人选拔与培养研究	农垦优秀教育科研成果奖一等奖	八五九教育科
8	2001	小学生作文训练序列研究	农垦优秀教育科研成果奖二等奖	八五九教育科
9	2001	中学生快速作文研究	农垦优秀教育科研成果奖二等奖	八五九教育科
10	2001	儿童自理与交往能力研究	农垦优秀教育科研成果奖二等奖	八五九幼儿园

第四节　绿色食品

农场发挥资源优势，加大绿色、有机、无公害农产品的开发力度，加快绿色、生态农业的发展进程。确保46666.67公顷全国绿色食品原料标准化生产基地、8.4万公顷无公害农产品产地、3066.67公顷有机认证证书持证有效。完成水稻全面积质量安全可追溯。扎实开展质量、环境双体系认证工作，并新增职业健康安全管理体系，确保三体系持证有效，全力打造优质安全食品生产供应基地。

一、绿色有机

发展绿色、有机、无公害稻米产业，满足人们高品质的粮食需求，已成为八五九农场农业发展的一项重要举措。农场作为建三江管理局水稻生产大场，几年来，积极探索发展绿色有机米产业发展，取得一定的成效，同时也有效拉动区域经济发展。

2013年，与大连胜方有机食品公司合作建设3000公顷ECO有机基地。

2014年，农场46666.67公顷绿色水稻基地经过总局绿办的审核验收。农场46666.67公顷全国绿色食品原料（水稻）标准化生产基地通过验收。顺利通过北京五洲恒通认证有限公司3066.67公顷有机产品的认证，并保持持证有效。大米生产许可证赋予大米分装权限，标有条形码、二维码和追溯码，统一包装上市，延伸农业产业链。

2016年10月8日，向省农产品质量安全中心提交申请八五九农场8.4万公顷“无公害农产品产地认定与产品认证复查换证”工作。

农场利用江水灌溉优势，积极发展绿色稻米产业。江水水温高更适合水稻正常生长发育，生育期可提前4～5天左右。江水中有机质含量高，水质无污染，可充分提高稻米品质、口感和食味值。出米率可达6.8左右，水稻每公斤价格高出市场价0.1～0.2元。

推进农业标准化进程，落实良种配良法种植模式。特别是江水灌溉区域，做到全面积、全覆盖发展有机、绿色、无公害稻米生产。加大品质优良、抗病、抗倒伏、产量潜力大优良品种的种植力度，实现优良品种覆盖率100%。鼓励种植户种植绥粳18、三江6号等适口性好、优质高产水稻。

2020年，实现3066.67公顷有机基地认证，建立46666.67公顷“全国绿色食品原料标准化生产基地”。

2012—2015年，农场连续4年被建三江管理局评为“农产品质量安全暨绿色食品工作先进单位”。

二、质量追溯

建立健全质量追溯平台，实现生产有记录、产品流向可追踪、储运信息可查询，建立完备的质量安全档案和追溯标签管理制度，形成农产品质量安全追溯信息网络。

2009年，农场申请农业部农垦农产品质量追溯项目，搭建农产品质量追溯系统的基础平台。2010年12月22—23日，农业部农业经济发展中心质量追溯项目验收组一行来到八五九农场，检查验收农产品质量追溯项目运行情况。农场顺利通过项目验收，取得全国最高的96分，大米产品追溯项目名列全国大米行业第一。当年，实现了8个管理区、14个作业站、9333.33公顷水稻、4.6万吨大米的质量可追溯。

2013年10月18日，农业部食品质量监督检验测试中心主任王南云、新疆生产建设兵团农业局杜艳处长等专家一行5人，代表中国农垦经济发展中心对八五九质量追溯系统建设项目的管理、生产、信息、质量及财务等5个方面进行总结验收。农场以97分的好成绩顺利通过验收，并在全国大米行业自2008年项目启动以来排名第一。至此，八五九农场9333.33公顷水稻、4.6万吨大米的农产品质量追溯体系全面建成。

完善农产品质量认证体系和质量安全监管追溯系统，逐步构建覆盖种、管、收、储、运、加、销的农产品可追溯体系，提升农产品质量和食品安全水平。

2020年，八五九农场稻谷追溯面积达61866.67公顷。已实现全面积“绿色”稻谷的质量安全追溯。

三、体系建设

自2005年起，八五九农场建立完善的ISO质量管理体系及环境管理体系，并连续17年保证持证有效。

2005年，通过了ISO9001和ISO14001环境、质量双体系认证，并严格按国际标准和程序文件的规定进行管理，按计划进行内部审核和管理评审，实现体系有效运行，农场的管理水平登上一个新台阶。

2013年8月20—21日，全项通过北京华夏认证中心有限公司对八五九农场进行的双体系第三次认证第二次监督审核。

2014—2018年，双体系审核顺利通过外审，顺利完成双体系换证工作。

2019年，建立ISO45001职业健康安全管理体系。

农场实现水稻、玉米、大豆有机产品认证，并通过了ISO9001、ISO14001、ISO45001质量管理体系、环境管理体系和职业健康安全管理体系认证。

四、科技培训

科技科充分利用农闲时间开展每月一次的培训活动，并进行新产品、新品种、新措施的推广应用。每年举办“科技之冬”培训，聘请郑桂萍、李艳杰、胡国华、穆娟微、那永光等专家授课。

2012年，共计培育示范户448户，其中水稻示范户400户、玉米种植户30户、奶牛养殖户9户、生猪养殖户9户。

当年，开展水旱田、农机培训各4次，累计培训400人次。召开现场会以会代训形式培训，其中水田15次、旱田10次、农机7次，累计培训2300余人次。为农户发放农业农机技术资料和技术知识宣传册，其中旱田技术手册1200本、水田技术手册2600本、植保手册1200本、测土配方施肥建议卡1000份。

2013年，成为建三江管理局5个“阳光工程”项目单位之一，采用场、区、站三级培训模式，承担农场810名农业技术人员的培训任务。建立月训培训考核模式，改变以往的“科技之冬”“科技之夏”等不定期培训方式，将培训形式整合成集中细化的“月训”。依托项目异地培训技术人员33人，先后到黑龙江农垦职业技术学院和八一农垦大学进行为期5天的培训。同年，落实旱田科技示范户23户、水田科技示范户68户。

2014年，承担建三江管理局新型职业农民培训任务162人。其中包括生产经营型40人、专业技能型和社会服务型122人。开展各类技术培训55次，累计1.23万人次。发放各类技术资料2万余份。依托项目输送12人参加异地培训，其中农垦职业学院6人、八一农大3人、农垦人才中心3人。当年，确立科技示范户95户。

2016年，聘请农垦科学院研究员李艳杰、八一农大郑桂萍教授等8名专家来场授课。全年科技培训1600余人，发放各类技术资料2万余份。

2018年，开展大型科技培训25次，培训人次1.5万人，发放技术资料2.3万份。当年2月28日，举办科技之冬培训班，聘请刘凤艳等专家进行授课。

将年龄在55岁以下、具有一定接受能力，迫切需要提升素质能力的种植大户、家庭农场主及农业合作社骨干等人员250人纳入培育范围，并建立学员培训档案。

2020年，开展室内外各类农业技术培训102次，累计培训2.03万人。推广标准种植模式154户（核心示范户14户、辐射示范户140户），面积3620公顷。推广数字管控高产模式示范户20户（核心示范户6户、辐射示范户14户），面积513.34公顷。

第二章　教　　育

第一节　机构沿革

八五九农场的教育事业经历新中国成立初期的初级教育，建场时期的基础教育，以及党的十一届三中全会后走入正轨的教育发展历程。企业办学的历史达到62年，农场的教育事业取得了长足的进步与发展。

1962年秋，总场在东安镇老八五九农校旧址办起该地区有史以来的第一所普通中学——东安中学。

1968年9月，中学与四平小学合并，并改制九年一贯制学校，校名为场直学校。当年，建600平方米场直小学。

1977年，农场设文教科。科长刘希彪、副科长尹兴堂，干事衷克寰、于爱民。同年，学校的组织机构开始恢复原有体制。

1981年，文教科改为教育科。1983年，将教育科改为教育中心。主任秦乃薪，党总支副书记兼副主任衷克寰，并配备干事、教研员7人。

1985年9月20日，撤销教育中心，成立教育委员会。

2001年9月，实行集中办学，全场只设立1所初级中学，1所小学和1所幼儿园。

2005年9月，中小学与教育科合并，实行“科校合一”的基础教育管理体制。

2011年1—2月，农场对教育领导班子进行两次全面调整。

从2011年开始，教育事业取得了长足的进步，教育管理体制更趋于合理，基础教育体制日臻完善，教育体制改革平稳过渡。

2020年，伴随着农垦企业化改革进程，义务教育纳入地方管辖，归属双鸭山市饶河县教育局管理。4月，八五九农场学校更名为饶河县八五九农场中心学校。

学校占地面积105416平方米，总建筑面积19997平方米，其中教学楼12785平方米、学生公寓2430平方米。

2006年9月，通过了省人民政府教育督导室对“实现高水平、高质量地普及九年义务教育”的督导评估验收。2007年3月，被农垦总局授予垦区教育工作先进单位。9月，被省人事厅、教育厅授予“全省教育系统先进集体”。2008 年 10 月，通过省政府“双高普九”验收。2011 年 9 月，通过了农垦总局代表省政府进行的“义务教育学校标准化建设”督导评估验收。2014 年 9 月，被省教育厅授予“师德建设先进集体”。2015 年，被中国学生营养与健康促进会、中国奶业协会授予“国家学生饮用奶计划推广示范校”。

领导成员更迭情况：

教育科长：　刘希彪（1977.2—1980.7）
秦乃薪（1982.11，教育中心主任）
衷克寰（1984.1—1990.5）
赵武军（1990.5—1991.5）
刘伟新（1991.5—1994.6）
张士凡（1994.7—1995.2）
吴国民（1995.2—1999.2）
张明海（1999.2—2010.12）
杨福勃（2011.1—2011.2）
邢俊祥（2011.2—）

书　记：　吴天河（1977.2—1979.1）
张士凡（1979.1—1982.11）

总支书记：　毛锦云（女，1985.9—1990.5）
张士凡（1990.11—1997.1）
徐兰欣（女，1997.1—2005.9，教育卫生党委副书记）
杨　利（2003.4—2005.9）
徐建国（2005.9—2010.12）
邢俊祥（2011.1—2011.2）
裴俊香（女，2011.2—2013.9）
王清芝（女，2013.9—）

场直学校校长：陆龙波（1977.2—1983.4）

中学校长：　马国栋（1979—1981）
赵武军（1981.10—1985.9）
刘伟新（代，1983.10）
张明海（1987.4—1997.1）
马金花（女，1997.1—2011.1）

书　记：　　刘　艳（女，1985.7—1985.12）
段洪学（1985.12—1991.1）
单秋霞（女，1991.1—1992.8）
马金花（1992.8—1997.1）
张明海（1997.1—1999.1）
徐建国（1999.3—2005.9）

小学校长：　韩光洙（1983.2—1983.11）
陆龙波（1984.2—1987.4）
赵荔梅（女，1987.4—1989.4）
吴国民（1989.4—1991.10）
孙秀春（女，1991.10—1992.8）
马庆友（1992.8—1993.10）
徐兰欣（1993.10—1997.1）
赵玉芹（女，1997.1—2006.7）
邢俊祥（2006.8—2011.1）

书　记：　　刘　艳（1983.2 任命）
杨文芹（女，1984.8 离任）
陆龙波（1987.4—1989.4）
单秋霞（1991.1 离任）
刘　江（1991.1—1992.8）
孙秀春（1992.8—1994.8）
赵玉芹（1994.8—1997.1）
徐建国（1997.1—1999.3）
梁秀珍（女，1999.3—2005.9，副书记）

职业高中校长：秦乃薪（1981.10—1982.11）
马国栋（1982—1983）
聂　峰（代，1983.10）
聂　峰（1984.6—1991.10）
吴国民（1991.10—1995.2）

书　记：　　陆龙波（1983.4—1984.2）
吴桐凤（1985.12—1990）

刘玉生（1990.3—1990.11）

沈　毅（1990.11—1992.8）

刘　江（1992.8—1994.3）

第二节　初创时期

1948年春，本地土改完成后，抚远县（当时东安镇属抚远县）民主政府当即采取民办公助方式，恢复了东安完全小学。当时招生近百人，开设6个年级，分3个复式班。首任校长蔺殿卿，教师3人。同年，以同样方式恢复了和平、民主两所初级小学，并在二龙办起了一所初级小学。和平小学当年招生40余名，开设4个年级1个复式班。首任校长兼教师尹文志。民主小学当年招生80余名，开设4个年级，分2个复式班，首任校长尹九村，另有1名教师。二龙小学当年招收学生40余名，开设4个年级，1个复式班。首任校长兼教师王宝林。1954年，饶河县人民政府在大板又办一所初级小学，开设4个年级1个复式班，当年招生30余名，教师王秀玉。

1938年以前，各初小毕业生，凡要升学的均入东安完全小学。故东安小学设有宿舍和食堂。1938年，民主、和平、二龙三所初小发展为六年制完全小学。

学校恢复后，居民们纷纷送子女入学。那时有些孩子已十二三岁，也兴高采烈地上小学一年级。高小学生中，有的已将近20岁，年龄和身材与老师相差无几。

1934年以前，东安区政府设文教助理员，在县教育科领导下，管理全区各校行政和教学业务工作。尹文志、王吉厚等曾先后担任过文教助理员。1934年以后，区政府撤销，由乡中心学校负责管理，指导全乡各校的教学业务工作。中心学校校长由东安小学校长兼任。

第三节　教育事业发展

一、最初发展的8年（1958—1966年）

1958年7月25日，密山农校迁校，在东安下营成立八五九农场农业技术学校。八五九农校共招收三届学生，总计500多人。首届173名毕业生享受大专待遇，第二届247名毕业生享受中专待遇。1962年4月，八五九农校撤销。

1958年，大批复转官兵来场，县办的5所小学已不能满足职工子女入学需要。当年10月，农场在五分场场部办起第一所小学——四平小学（今场直小学前身），校长分别由陈柏年、霍光科、赵永才、杨春华担任，开设6个年级，6个教学班，有学生150名。

1959—1966年，又先后在生产队办小学13所，连同县办的合计18所，教师增加到6名，在校学生增加到600名。1962年春，场社分家成立新八五九农场，原县属自然村屯（东安、民主、和平、二龙、大板）及县属各学校，一并归入农场。

1962年7月15日，八五九总场在东安镇老八五九农校旧址办起该地区有史以来的第一所普通中学——东安中学（“东中”，后称“八五九中学”）。首任校长马国栋，首批教师有陈敬元、朱恒、谭良先、孙德霖、李香木，还有炊事员两名。当年开设初一一个教学班，招生45名。1965年，“东中”为试行2种教育制度（全日制、半工半读），办了一个耕读班，招生40名。同年，“东中”改由新八五九农场领导管理。1966年，迁校至场部附近的老三队（今科研站），良种场亦于当年秋与“东中”合并。至此，“东中”发展到包括初中三个年级六个教学班和一个耕读班的两种教学制度并存的初级中学。教师增至12名，管理人员增至4名，工勤人员增至20余名，在校学生增至300名。

东安中学的教学基本上按照国家统一要求开设政治、语文、数学、俄语、物理、化学、历史、地理、生物和农业常识课程。政治、语文和农业课结合实际编选了补充教材。语文组选编了两册30余篇学生作文《学生优秀习作选》。学校仍按要求建立了学生档案和学籍管理制度，按要求严格执行考试与升留级制度。

1964年，“东中”一班自编自演的《两担水》，二班自编自演的《五好学生王亚明》，受到师生好评。1965年学校演出队编演的《歌唱建校劳动》参加农场演出，获优秀节目奖。

1958—1966年，尤其是最初的5年，各校办学非常艰苦。

建场前，东安小学食堂条件比较困难，学校组织住校生开展种菜、砍柴、打鱼、帮厨等勤工俭学活动，同时由学生自带口粮。因而，每个学生每月只需交几元钱的伙食费，就能吃得很好，顿顿有干有稀，饭热菜香，经济实惠，学生与家长都很满意。

建校最初的几年里，教学用房基本上是草木结构的。教学设备严重不足，且极为简陋。多数学校的课桌、板凳，都是用几根木桩楔入地下，桌面用几块木板钉成的，基本上无文体活动场所与设施。晚间照明，都是用旧墨水瓶自制的小煤油灯。冬季保暖条件差，学生冻伤手脚的现象时有发生。1963年冬，“东中”有的教师家属住房内，夜间室温在零下7℃。当时实行口粮“低标准，瓜菜代”。有一段时间，学生每人每月供应15斤粮，且是“头痛面”（即赤霉病小麦加工而成的）。

“东中”初办时，校址在东安诺罗山东北坡下，乌苏里江边的大片荒地上。除校区西边原八五九总场东安分场四队旧址有几户职工家属，校区内有一所仅住10人的敬老院外，四周荒无人烟。草木土坯结构的校舍破旧不堪。校区内外，野草丛生。1962 年 9 月初，马国栋校长和 5 名教师、2 名炊事员提前到校。清扫了伙房、办公室和教工宿舍后，立即通知学生入学。学生到校后的第一课，就是和校长、教师、炊事员一起，自己动手维修校舍、打扫环境、修理桌椅、砍伐烧柴。经过十多天的紧张劳动，200 多平方米的教学用房，男女宿舍以及周围的环境道路，面貌一新。教室内、走廊上张贴标语。这开学的第一课揭开了“东中”劳动建校的序幕，并形成了传统。

1965 年夏，全校 200 余名师生，割草 3.3 万多捆，将校舍房顶全换苫了新草。这些苫房草，绝大部分是师生利用早晚课余时间，从几里地外背回来的。当年 7 月，该校一班 20 名毕业生在班主任和班委会倡议下，推迟毕业后的回家时间，留校脱土坯 2000 多块献给母校，作为毕业留念。

1966 年迁校，全校 200 多名师生于当年 6 月末投入兴建新校舍的劳动。历时 4 个多月，脱土坯 5 万余块，在工程队工人和技术人员指导下，完成了两幢各 200 多平方米的教学用房和半砖半坯毡顶的宿舍及食堂的施工任务。

这一阶段，农场各学校的教学业务与行政工作，曾由原八五九总场宣传部或场宣传科负责领导。教师和办学经费的管理，则由县和农场有关部门分别负责（因当时的学校有县办和农场办两类）。

二、“文革”10 年（1966—1976 年）

“文革"开始后，1967 年春，东安中学耕读班停办。10 月，设“教育革命”领导小组。同年，东安中学和四平小学相继成立革委会，工宣队和贫下中农管校代表先后进驻各校。1968 年 9 月，与四平小学合并，并改制九年一贯制学校，校名改为场直学校。教导员刘希彪，校长陆龙波。

1969 年，农场改制为黑龙江生产建设兵团，团成立文教领导小组，于宣传股内设文教办公室，配干事 2、3 人。学校的机构体制则仿部队编制。团直学校设校长、教导员，设教改领导小组，年级称“连”、教学班叫“排”，各营连学校大同小异。

这一时期，农场开始接收大批城市下乡知识青年，生产建制迅速扩大，基本形成生产连队建设到哪里，学校就办到哪里的局面。同时，随着大批的城市知识青年充实到教师队伍中来，特别是“老三届”知青担任教师，给农场的教育带来一股清新的力量。

从 1969 年开始，在“教育革命”推动下，先后有 12 个连队的小学办起初中，竟在 4 个连队的学校先后办起 4 所高中。

1966 年 10 月，东安中学红卫兵组织选出十余名代表进京，参加毛主席在天安门广场接见红卫兵。

1975—1976 年，“朝农经验”红极一时。于是，开门办学、开卷考试几乎全部代替了正常、必要的课堂教学和闭卷考试。而文化课的教学基本上无要求，质量无检查。

“文革”中后期，团党委、团文教办对文体活动比较重视，曾连续四年（1972—1975 年）举办了四届全团中学生运动会。1976 年春，举办一次全团中小学生文艺汇演，对活跃学校生活起到一定作用。

三、调整改革的 7 年（1977—1983 年）

党的十一届三中全会以后，农场党委把教育工作列入议事日程，有场领导分管教育工作。

1977 年，农场设文教科。科长刘希彪、副科长尹兴堂，干事衷克寰、于爱民。当年，学校的组织机构，开始恢复原有体制。教育部门从实际出发，积极稳妥地进行中等教育结构改革和学校布局网点的调整。

高中班在科研连只办了一届，即七七届，刘金财老师任班主任，而后高中班就合并到场直学校了。

1978—1983 年，将 13 所初中合并为 8 所。1978 年下半年，除保留、充实场直学校的高中外，生产队办的高中全部撤销。

1979 年，农场投资 40 万元，为场直学校兴建 1717.8 平方米的三层教学大楼。该楼系建场以来第一栋高大楼房，有 17 个教室，第二年秋交付使用。楼后是 500 平方米的二层楼宿舍、959.4 平方米的食堂以及 100 平方米的锅炉房。

1981 年秋，初、高中分开。初中迁回原场直学校校址，高中改为职业高中，定名为八五九职业高中，校址在新校舍。同年，农场投资 36 万元为场直小学兴建 1516 平方米三层教学大楼和 140 平方米的附属建筑。1982 年校舍建成，场直小学于年底迁入，有 18 个教室。

1977 年上半年，文教科在场直学校配合下，组织对全场中小学语文、数学、物理、化学教师的备课笔记（教案）进行抽查。同年暑假期间，文教科分片组织全场教师举办了教材、教法研究为内容的学习班。寒假期间，又集中全场教师到场部举办学习班。这些举措极大地调动了教师振兴教学工作的积极性。

1978 年 2 月 22 日，管理局党委授予前卫农场 1 连学校为“教育战线先进集体”，授予马国栋为“教育战线模范工作者”，葛秀成为“优秀教师”。农场的教育工作在管理局 1984 年教育工作大检查中被评为第一名。

1978 年 5 月，文教科组织全场各校领导和教师代表，观摩十二队学校集中识字，三算结合教改实验公开教学。7 月，文教科统一命题，组织全场初中、小学毕业统一考试。

暑假期间，集中全场教师到场部举办学习班。10 月，对全场中小学语文、数学教师进行文化考试。

1979 年 12 月，总局教育处对垦区的应届高中毕业班进行了摸底测验。场直学校应届高中毕业班学生参加测验，成绩一般。寒假期间进行了集中补课。

1980 年 4 月末，校应届高中毕业班学生参加管理局一中举办的高考重点辅导班招生考试，录取了 36 名，占该年级人数 51%，占一中重点班录取人数的 23%，在全管理局名列第一。这 36 名学生于 2 个多月后参加高考，大学本科录取 2 名、专科录取 5 名、达到和超过中专录取分数线的 27 名。

从 1981 年开始，为进一步加强对教学工作的领导、检查和督促，教育科每学期都对全场中小学各年级组织期末统考，并公布成绩、进行总结，对提高教学质量起到一定的促进作用。

1983 年秋，通过考试，从全场各初中择优招收 40 名初三学生、26 名初中毕业生，在八五九中学开设了初三重点班和普通高中一年级各一个教学班。

各学校在振兴教学工作的同时，积极开展文体活动。从 1980 年开始，恢复了每年一届的全场中学运动会。1983 年，参加管理局首届中学生运动会和首届中学生文艺会演。体育代表队双获男女团体第三名，演出队获总分第二名。自编自演的快板剧《接班》获创作奖和优秀节目奖。

表 6-4　1965—1983 年教育事业发展情况统计表

		1965 年	1976 年	1983 年
学校数（所）	小学	18	34	41
	初中	1	13	8
	高中	—	普高 5	普高 1 个年级，职高 1 所
教师数（人）	小学	41	—	181
	初中	16	—	116
	高中	—	—	50
在校学生（人）	小学	550	—	1957
	初中	290	—	1364
	高中	—	—	630
适龄儿童入学率（%）		98	99	99.5
升学率（%）	小学升初中	70	95	80
	初中升高中	100	60	80
毕业率（%）	小学	75	100	80
	初中	100	100	80
	高中	—	100	—

（续）

	1965 年	1976 年	1983 年
教育经费投资（万元）	1.8	20.9	74.9

四、蓬勃发展阶段

1984 年以来，农场在建场初期初步建立起来的基础教育体系基础上，逐步优化教育结构，合理调整办学布局，加大教育投入，优化改善办学环境，使农场的教育事业步入了健康、快速发展的时期。

1985 年 9 月 20 日，农场党委撤销教育中心，成立教育委员会。教育科作为教育委员会的下设行政机构，负责全场的教育行政管理工作。下设教研室、督导室、职教办、财务室，负责全场的基础教育、职业教育、职工培训等各项工作。

1984 年，农场有职业高中 1 所、中学 1 所、初中 4 所、小学 14 所，另有分设在各生产队的教学点 27 个，有幼儿园 4 所及分布在各单位的学前班、幼儿班。通过实行集中办学，到 2001 年 9 月，经过逐步的撤并、调整，全场中、小学全部实现了集中办学，全场只设立 1 所初级中学、1 所小学和 1 所中心幼儿园。

1997 年，农场的教育发展顺利通过了国家教育委员会组织的“两基”（基本普及九年义务教育、基本扫除青壮年文盲）验收。2001 年，又顺利通过了省教育委员会组织的“两基”复检验收。

为全面深化教育改革，农场于 1999 年 8 月，下发《黑龙江省八五九农场实施素质教育工作方案》（场办发〔1999〕48 号），素质教育开始在农场基础教育工作中全面实施，成为管理局最早开始考试方法、评价方法改革的单位。

到 2002 年，以小学生“考试改革”为内容的一系列小学生文化素质综合评价体系，及与之相关的教师教学效果与能力的评价体系，已基本形成。由农场教育科牵头建立的一系列素质综合评价体系，开始在全分局内推广。基础教育，特别是幼儿教育和小学教育，摆脱了传统教育模式的桎梏，应试教育开始向素质教育转变。

1985 年以来，农场加大对教育基础设施建设的投入。1985 年 11 月，投资 62.9 万元，兴建 3090 平方米的场直中学教学大楼。1988 年，投资 25 万元，新建 1025.23 平方米的学生食堂。1997 年，投资 445 万元，建设 4145 平方米乌苏里江小学。2001 年，投资 465 万元，兴建 4778 平方米学生公寓，入住学生 750～800 人。2005 年，投资 70 万元，增加小学教学楼面积 930.9 平方米。

五、实行“科校合一”管理体制

2005年9月，根据上级要求，教育科与中小学实行“科校合一”的教育管理体制。原教育科职能通过逐步合并、下放、分摊等方式相应减少，教育科研、教师培训、学籍管理、教师管理等，基本分摊到中小学校直接管理，安全管理下放到后勤直接管理。教育科仅保留教育督学、成人教育、职工教育、综合业务等。

科校合并后，设置科（校）长1人、书记1人、中小学部副校长2人、后勤副校长1人、督学兼综合办公室主任1人。中小学部下设教务处、政教处，分别负责中小学校的教学业务管理和学生的思想教育管理等工作。后勤负责全校的后勤保障、服务管理及校园安全管理。

2011年1—2月，农场在不到2个月的时间里，对教育的领导机构进行了两次大的调整，使得农场的教育事业迎来了十年的蓬勃发展，步入了正常发展的轨道。

从这一时期开始，“科校合一”的管理体制逐步显现出作用，使中小学教学管理各自为政、互不干涉的局面逐渐形成了统一的整体，形成了以科校长为核心的管理模式。实行科校合一管理体制后，八五九农场学校成为了完全意义上的九年一贯制义务教育学校。

在教学管理方面，建立并完善了一系列教育教学管理措施，完善中小学教师业绩考核、考评机制，实行业务考核与教学实际相结合的原则。教育教学管理实行了目标管理责任制，实行分级管理，责任明确，措施有效，分工负责的教育教学管理机制。

学校制定并逐步完善一系列的教学管理制度与措施。进一步健全和完善《八五九农场中小学教师业绩考核实施方案》与《中小学教师业绩考核实施细则》，建立起一整套中小学教师业绩考核评价体系，以考勤情况、完成各项工作情况、备课、课堂教学、作业布置与批改、考试、学生评价、教学研究等为主要内容的，以教学成绩为基础，以综合业绩为辅助的中小学教师考核、考评机制。全面加强了对中小学教师的综合考评与考核，对全体教师实行动态管理，并把综合考评与教师的职称评聘、职务晋升、表彰奖励有机地结合起来，建立起有效的激励与竞争机制。在相同的条件下对优秀教师、骨干教师、教学能手给予优先考虑，并优先推荐骨干教师参加上一级学科带头人评选。提高骨干教师的地位与作用，在全体教师中形成人人争先的氛围。在农场制定的《中小学教师考核实施细则》的基础上，学校还根据实际情况制定出“优秀班主任”“教学能手”“教科研骨干教师”等评选条件和考核细则，每年都进行客观、公正的评选工作，有效地树立起了一批典型，带动并促进了教师群体的共同发展与进步。

2006年以来，农场不断加大对教育投入，努力改善办学条件。2006年，投资110万元，对中学教学楼进行全面的更新改造。2007 年，投入资金 449 万元，为每个班级配备了投影设备，为一线教师配备笔记本电脑 115 台。2008 年，投入 46 万元，建成水泥篮球场 3712 平方米；投资 560 万元建设 4613 平方米集实验、教学、活动于一体的综合教学楼。2009 年，投资 532 万元，硬化校园 2.7 万平方米，建设学校大门和景观大道；投入 431 万元，建设 400 米标准塑胶体育运动场 17820 平方米；投入 460 万元，新建 2430 平方米学生食堂，可供 700 名学生进餐。

随着作业站整体搬迁，从 2016 年 9 月 1 日起，不再有住宿生。学校食堂、宿舍工作从此结束。

第四节　幼儿教育

建场初期，农场住房简陋，生产队没有专设托儿所。农忙时，女性要参加田间劳动（如夏锄、麦收、秋收），生产队便指派 1 名女职工作为临时保育员，选一间保暖的房屋照看孩子。有时 1 名保育员要照看七八个 2 周岁以下的儿童。

1960 年，虎饶县委要求，5 月 1 日前，队队要有托儿所，场场要有幼儿园。1960 年后，各生产队都办起了托儿所，并配有炊具和桌椅，入托儿童自带午饭，保育员负责热饭喂饭。当时全场有托儿所 66 个，入托儿童 1307 人。1972 年，农场在场直学校西侧建砖瓦结构托儿所。

从建场初期开始，幼儿教育工作一直由农场妇联负责。1978 年以来，业务归教育科管理。场直幼儿园是在农场机关托儿所（位于场直学校西）的基础上发展起来的。1978 年秋，农场投资 13.53 万元，为场直幼儿园新建了 637 平方米的教学、食宿用房，扩建了 l000 平方米的活动场所，增添了文体活动器材。

1982 年 10 月，管理局筹备全局幼儿教师训练班，并抽调八五九农场包定赴京学习、搜集教材、准备教案。1982 年底，农场从职业高中高三班择优选送了 11 名同学到管理局参加为期半年的幼师培训，回场实习 3 个月后有 6 人分配在场直幼儿园工作。

1983 年下半年，总局进行了托幼工作大检查，八五九幼儿园被总局评为一类园所。

据 1983 年统计，全场共有托儿所、幼儿园 36 所，学前班 20 个，入园、入托儿童 910 名，占应入托儿童的 65%。全场共有专职保教人员 92 名。1994 年，场直幼儿园有在园幼儿 495 人，教职员工 87 人。2005 年有在园幼儿 307 人，教职员工 18 人。2007 年有教职员工 35 人，2008 年有 28 人，2010 年有 41 人。

1992 年 11 月 12 日，农场投资 153 万元建设的幼儿园大楼及老干部活动中心举行了落成典礼，建筑面积 2723.22 平方米，被总局质检站评为优良工程。

1995 年后，由各单位自办的托儿所、幼儿班全部停办，只保留 1 所场直幼儿园。

场直幼儿园招收 2 岁半以上至 7 岁的儿童入园。并按照年龄段，划分为小班、中班、大班、学前班。1985 年，幼儿教育开始使用正规的教材，小班（2 岁半～4 岁）以发展语言能力为主；中班（4～5 岁）以培养认识能力、交往能力、思维能力为主；大班（5～6 岁）以培养思维能力、动手能力为主；学前班（6～7 岁）以培养求知欲望、学习习惯、学习兴趣为主。并按教学计划开设了音乐课、游戏课、手工课、综合活动课等适合儿童综合发展的课程，为幼儿教育全面健康地发展创造了条件。

表 6-5　1985—2005 年幼儿教育发展情况统计表

年度	园（所）数（个）	班数（个）		在园人数（人）		教职工人数（人）					教师学历（人）			
		小计	学前班	小计	学前班	小计	园长	教师	保健员	保育员	小计	高中以上	初中以上	初中以下
1985	11	15	—	251	55	27	2	24	1	—	27	10	17	—
1986	2	6	—	266	—	12	3	8	1	—	11	7	4	—
1987	1	8	—	250	—	35	2	9	1	23	11	5	6	—
1988	4	11	—	300	—	43	2	9	1	31	11	5	6	—
1989	1	8	—	270	—	39	2	9	1	27	11	7	4	—
1990	1	8	9	275	204	39	2	11	1	25	13	10	2	1
1991	2	15	10	407	200	50	1	15	1	33	16	14	2	—
1992	4	18	4	419	117	60	1	13	1	45	14	12	1	1
1993	3	18	7	497	141	68	2	25	2	39	27	26	—	1
1994	2	27	8	495	219	87	2	33	1	51	35	29	—	6
1995	6	25	14	422	186	59	1	26	1	31	29	25	—	4
1996	1	11	5	280	95	40	2	11	1	26	13	12	—	1
1997	1	11	5	279	121	46	1	23	1	21	24	20	—	4
1998	1	10	3	306	111	40	1	16	1	22	17	14	—	3
1999	1	8	4	261	117	52	1	19	1	31	20	20	—	—
2000	1	8	4	260	130	50	1	22	1	26	23	22	—	1
2001	1	10	3	320	132	49	1	22	1	25	23	22	—	1
2002	1	10	3	315	134	27	1	20	1	5	21	21	—	—
2003	1	6	3	248	123	17	1	12	1	3	13	13	—	—
2004	1	10	4	309	127	18	3	12	1	2	15	15	—	—
2005	1	10	3	307	107	18	3	12	1	2	15	15	—	—

表 6-6　2011—2020 年幼儿教育发展情况统计表

年度	班数（个）	在园人数（人）	教职工人数（人）			教师学历（人）
			教师	保健员	保育员	高中以上
2011	13	440	32	2	20	32
2012	19	512	30	2	19	30

（续）

年度	班数（个）	在园人数（人）	教职工人数（人）			教师学历（人）
			教师	保健员	保育员	高中以上
2013	18	605	26	2	17	26
2014	18	607	26	2	16	26
2015	17	621	32	1	16	32
2016	17	601	31	1	15	31
2017	17	612	36	1	14	36
2018	16	588	36	1	14	36
2019	17	516	34	1	14	34
2020	16	452	36	1	17	36

农场逐年加大对幼儿教育的投入，先后为幼儿园添置了现代化教学设备，大型多功能游戏设备，以及不同种类的儿童玩具、教具。

幼儿教育事业的发展，社会各界也倾注了关爱。每年的“六一”儿童节期间，农场、农场各单位、驻场单位、部分职工家庭农场及个体工商户，多以捐赠的形式，对幼儿教育事业给予极大的支持。

1998年后，随着体制改革的进一步深入，农场对幼儿园实行承包经营，只承担房屋折旧费、取暖费及职工“五项保险”中企业应承担的部分，其余一切费用，均从承包经营的利润中支出。2000年起，为降低费用，压缩开支，实行竞聘、竞争上岗，解聘富余人员。

从1998年起，部分分流幼儿教师开始兴办个体幼儿园。到2005年，农场个体幼儿园有5家。

1983—2005年，陆续从幼儿师范学校分配和招聘幼儿教师16人，使幼儿教育步入正规化。

2004—2009年7月，农场幼儿园由园长田凤云承包。2010年春，老幼儿园拆除重建。

2009年7月29日，农场改变了幼儿园个人承包的管理体制，竞聘了园长、副园长、管理员。行政隶属农场、业务归教育科管理。8月30日，采取考试、考核相结合的方式招聘12名幼师。

2011年9月1日，投资1560万元建设的新幼儿园正式投入使用。10月1日，建三江管理局副局长李荣华参加幼儿园落成仪式暨开园典礼。新幼儿园是在老幼儿园原址经过一年半的时间建设的，占地面积13216平方米（建筑面积6169.39平方米），户外活动面积5900平方米。园内布局合理，有800平方米的室内阳光大厅和景观区、淘堡区。各班配备电视机，电钢琴等教学设备。有幼儿活动室、多功能活动室、寝室、盥洗室、卫生间、更衣室。设有保健室、体育室、玩具室。每个房间 53.8 平方米，保证了足够的空间。是当年单体建筑面积较大、现代化水平较高的幼儿园。

2012 年，农场投入 11 万元，用于墙面装饰、健全园所档案、补充班级物品等，同时建立早教室、图书室、科技馆、蒙氏教具室，丰富了幼儿的园内生活。

1998 年，八五九幼儿园“综合主题教学试验”被列为省“八五”期间重点科研课题，“幼儿汉字游戏识字”和“插板计算”课题被省校科所列为试验园所。2012 年，承接国家级《“十二五”教育科学研究规划重点课题之幼儿园主题整合课程教学设计的实践研究》。2017 年，成功申报“十三五”重点科研课题《幼儿园品德教育工作与 3—6 岁儿童一日活动融合的策略研究》的子课题《幼儿生活中的品德教育》的实践与研究。

2017 年 5 月，启动园际联盟活动，八五九幼儿园为盟主之一。此活动是建三江教育局开展的，以一所省示范园带动周边前锋、前哨、二道河 3 个农场公办园共同发展、结对的联盟活动。

2014 年，2 名教师在黑龙江省第二届幼儿园优秀自制玩教具大赛即全国第三届幼儿园优秀自制玩教具展中获奖。同年，园长韦成莉应邀参加全国第四届幼儿园园长峰会。

几年来，幼儿园先后举办了幼儿讲故事比赛、歌唱比赛、简笔画大赛、书信绘画大赛、表演操、绿色环保手工制作、亲子游园活动、幼儿手工坊、生日会、进社区文艺演出等活动，为幼儿营造了展示自己的舞台。

2019 年，创新开展幼儿义卖活动，共筹到义卖商品 462 件，义卖金额 1434 元，捐献给了 3 名贫困幼儿。同时还成立七彩党团关爱小组，开展贫困儿童牵手结对帮扶。为庆祝中华人民共和国成立 70 周年，大班 173 名幼儿在阳光大厅共同描绘 70 米长卷。

2021 年，充分利用冰雪资源，组织教师为幼儿堆建了一座雪地迷宫，并带领孩子们在雪地里开展户外体育游戏活动。

坚持开展教师岗位练兵、教材培训、教师说课比赛、演讲赛、指南测试、五项全能考核、玩教具制作等活动，努力提高幼儿教师的综合素质。

幼儿园自 1985 年被评为管理局“一类园所”之后，还分别于 1987 年、1994 年，两次被评为垦区“一类园所”；1998 年 3 月，被省教育委员会命名为省级示范幼儿园；1999 年，被省卫生厅命名为卫生文明单位；2011 年 10 月，通过省一类幼儿园验收；2012 年 12 月，被评为总局示范性幼儿园；2014 年，荣获总局学前教育工作先进单位称号；2017 年，通过省级示范幼儿园复评；2018 年，荣获建三江管理局教育工作先进集体；2020 年，荣获全国儿童美术教育先进单位；2021 年荣获农场安全生产先进单位；2022 年荣获农场五四红旗标兵集体。

2020 年，幼儿园有 16 个班，在园幼儿 452 名，有幼儿教师 36 人、保育员 17 人。

领导成员更迭情况如下：

幼儿园园长：尹　敢（女，1978—1979）
　　　　　　于云芝（女，1979—1983）
　　　　　　赵凤香（女，1984.1—1998.4）
　　　　　　田凤云（女，1998.4—2009）
　　　　　　韦成莉（女，2009.8—）

党支部书记：赵凤香（1998.4—1999.3）
　　　　　　田凤云（1999.3—2007.6，兼）
　　　　　　王倩倩（女，2015.3—）

第五节　基础教育

基础教育是以《教育法》规定的实施九年义务教育为基础的义务教育阶段的教育教学行为。它包括小学阶段教育与中学阶段教育，整个涵盖九年义务教育的全过程。

一、小学教育

小学教育是义务教育的基础阶段。

1958 年 10 月，八五九总场在五分场场部办起第一所小学——四平小学（今场直小学前身），开设 6 个年级、6 个教学班，有学生 150 名。

1959—1966 年，又先后在生产队办小学 13 所，连同县办的合计 18 所，教师增加到 6 名，在校学生增加到 600 名。1962 年春，场社分家成立新八五九农场，原县属各学校，一并归入农场。1968 年 9 月，东安中学与四平小学合并，并改制九年一贯制学校，校名改为场直学校。1976 年，农场有小学 34 所。

1984 年，全场有小学 14 所，农业生产单位的教学点、复式班 27 个。1985 年，将 14 所小学调整为 9 所。1990 年秋季，将生产队小学四年级以上的班级，全部集中到分场小学。1992 年秋，十二队以东生产队的教学点全部撤销，一至六年级学生全部集中到分场学校就读。生产队教学点也由原来的 27 个，减少至 18 个。1994 年秋，二分场小学撤并，东片生产队的学生并入三分场（三分校）小学；南片并入水利公司（二分校）小学。1998 年 9 月，水利公司小学并入场直小学。原来保留的生产队教学点，也一并撤销并入。2000 年 3 月，一分场小学（一分校），并入场直小学。2001 年 9 月，三分场（三分校）小学并入场直小学。至此，全场小学教育全部实现集中办学。

按中华人民共和国《义务教育法》的相关规定，农场小学实行儿童7周岁入学。1985年以前，小学教育一直实行五年制。1985年秋季，改为六年制。1998年秋季，根据省教委的规定，新生入学重新实行五年制。2008年9月，根据上级的要求，学制又重新改为六年制。

小学阶段的教育一直使用经国家教育委员会审定的教材，分别开设语文、数学、自然、思想品德、社会、音乐、美术、体育等课程。20世纪90年代中后期以后，随着素质教育的提出及课程改革，又相继开设英语、计算机、劳动技能等课程。

1999年6月，中共中央下发《关于深化教育体制改革全面推行素质教育的决定》。小学教育逐步开始由应试教育向素质教育模式转变。以考试改革、学生评价改革为主要内容，以提高学生综合素质和能力为突破口的全新教育理念、教育模式、教学方法、评价方法，在农场小学全面开始实施，并成为分局最早开始实行考试方法、评价方法改革的学校。

小学的考试科目以语文、数学、英语、科学等主课为主，其他科目的考试由学校组织。音、体、美等副科课程不列入考试范围，只列入考查科目范围。

1997年5月26日，场直小学新教学楼奠基，面积4145平方米。建设资金来源于上级拨款、农场自筹、场内外各界人士及曾在农场工作过的回城知青的捐资。1998年9月1日，新教学楼交付使用，命名为乌苏里江小学，其中操场16800平方米，容纳24个教学班、1100名学生。小学教学楼由建三江设计院院长谷智慧设计，获省优秀勘察设计三等奖。

表6-7　1984—2020年小学教育发展情况统计表

学年	学校（个）	教学点（个）	毕业生（人）	招生（人）	教师（人）	在校学生（人）						
						小计	一年级	二年级	三年级	四年级	五年级	六年级
1984—1985	14	27	276	211	154	1946	271	286	345	395	592	57
1985—1986	9	30	410	201	146	1859	222	263	284	326	385	379
1986—1987	9	30	195	286	119	1426	314	225	244	284	338	321
1987—1988	9	30	284	259	106	1676	301	267	231	234	341	302
1988—1989	9	30	276	298	113	1586	305	277	255	223	222	304
1989—1990	5	33	206	295	116	1749	329	305	329	290	288	208
1990—1991	4	35	211	268	112	1780	280	337	351	303	295	214
1991—1992	4	35	158	235	108	1653	247	262	355	275	280	234
1992—1993	5	18	195	219	84	1589	243	222	303	289	291	241
1993—1994	5	17	200	313	89	1520	318	252	195	256	258	241

（续）

学年	学校（个）	教学点（个）	毕业生（人）	招生（人）	教师（人）	在校学生（人）						
						小计	一年级	二年级	三年级	四年级	五年级	六年级
1994—1995	4	17	210	302	80	1403	305	280	213	183	221	201
1995—1996	4	15	159	297	98	1486	297	320	276	204	188	201
1996—1997	4	15	152	321	112	1571	337	319	312	262	198	143
1997—1998	4	14	141	398	101	1765	408	328	311	306	229	183
1998—1999	3	—	366	303	107	1624	303	393	324	327	277	—
1999—2000	2	—	256	284	103	1599	284	305	388	335	287	—
2000—2001	2	—	296	242	76	1563	266	302	317	379	299	—
2001—2002	1	—	287	253	101	1494	242	268	298	321	365	—
2002—2003	1	—	312	244	86	1289	244	248	249	262	286	—
2003—2004	1	—	286	207	86	1221	207	229	271	244	270	—
2004—2005	1	—	270	197	79	1148	197	198	257	289	207	—
2005—2006	1	—	270	197	79	1148	197	198	257	289	207	—
2006—2007	1	—	207	198	79	1196	198	210	223	257	308	—
2007—2008	1	—	—	216	79	1474	216	212	248	236	264	298
2008—2009	1	—	286	174	88	1192	174	206	165	226	215	206
2009—2010	1	—	181	167	88	1130	167	177	217	174	214	181
2010—2011	1	—	160	187	88	1121	187	178	176	213	169	198
2011—2012	1	—	275	229	85	1626	229	229	276	315	322	255
2012—2013	1	—	246	220	85	1509	220	215	224	263	289	298
2013—2014	1	—	199	205	77	1153	205	205	224	177	171	171
2014—2015	1	—	171	161	77	1126	161	198	208	218	174	167
2015—2016	1	—	167	200	83	1136	200	156	198	205	208	169
2016—2017	1	—	169	177	83	1161	177	203	158	203	208	212
2017—2018	1	—	210	180	83	1102	180	182	196	154	196	194
2018—2019	1	—	180	168	57	1050	168	190	167	175	192	158
2019—2020	1	—	158	165	53	1042	165	170	185	162	170	190

（注：数字来源于教育综合统计年报表）

二、中学教育

中学教育属于普及九年义务教育的第二阶段。农场的中学教育主要分为初中教育和高中教育两个部分。

1962 年 7 月 15 日，八五九总场在东安镇老八五九农校旧址办起该地区有史以来的第一所普通中学——东安中学，当年招生 45 名。1966 年，东安中学迁校至场部附近的老三队（今科研站），在校学生增至 300 名。

1968 年 9 月，东安中学与四平小学合并，并改制九年一贯制学校，校名改为场直学校。1969年开始，先后有12个连队的小学办起了初中，在4个连队的学校先后办起了4所高中。

1978—1983年，农场将13所初中合并为8所。1978年下半年，除保留、充实场直学校的高中外，生产队办的高中全部撤销。

1984年，管理局经过调整，按农场位置分片增设5所普通高中，八五九农场为五中。1988年以前，场直中学为初、高中教育并行的中学。3个分场设有3所初级中学。1988年秋季，经管理局教育局统一规划，将农场的普通高中，合并到红卫农场高中。从此，农场的基础教育只到初中为止，整个基础教育阶段完全成为九年义务教育。

1984年，农场共有中学1所，初中4所。根据（场党发〔1985〕30号）《关于加强教育工作的决议》，中学教育也相应地进行合理的调整。到1989年秋季，将分场设立的初级中学全部合并到场直中学。合并后的场直中学更名为八五九中学。

1998年以前，初中一直实行三年制。1998年秋季，新学年开始改为四年制。2008年秋季新生入学，又改回三年制。

中学教育使用的是经国家教育委员会审定的统编教材，开设的课程是按照教学大纲要求设置的。2005年，初中教育阶段开设的课程包括语文、数学、英语、思想政治、物理、化学、生物、历史、地理、信息技术、音乐、美术、体育与健康、劳动技术14门课程。

教学效果的检测，基本上沿用传统的考试方法。每年的期末考试，都由管理局教育局统一组织。考试结束后，由教育局根据考试成绩，按学校、年级、班级、学科、任课教师等情况，在全管理局范围内排名，并以此作为调动教育、教学积极性的一种手段。

初中毕业由农垦总局教育局组织考试，初中升高中由省教委组织考试，管理局教育局按中考升学率，在管理局范围内排名。

1999年6月，中共中央下发《关于深化教育体制改革全面推行素质教育的决定》之后，虽然全面实施素质教育被提上议事日程，但迫于中考的压力，中学教育仍无法彻底摆脱考试排名的束缚。长期以来，中考升学率的高低成为农场和社会评价中学教育的唯一标准。因此，抓中考升学率，围绕中考的教学工作，就成为中学教育工作的重中之重。

1997年，农场将原来职业高中和中学的教学楼，重新进行了修缮，为中学改建了微机室和语音教室，并按上级的要求和标准，为中学购置、更换了物理、化学、生物实验室的实验设备。

1980—2020年，农场学校考入建三江一中人数达1861人。

表 6-8　1984—2020 年中学教育发展情况表

学年	学校（个）	毕业生（人）	招生（人）	升入建三江一中（人）	教师（人）	在校学生数（人）				
						小计	一年级	二年级	三年级	四年级
1984—1985	5	459	276（39）	15	102（7）	1203（67）	374（39）	441（28）	388	—
1985—1986	4	395（25）	345（37）	12	80（12）	1258（104）	410（37）	369（32）	507（35）	—
1986—1987	4	330（24）	197（30）	30	76（12）	968（84）	215（30）	423（24）	330（30）	—
1987—1988	4	270（27）	209（24）	35	69（11）	835（85）	251（24）	254（25）	330（36）	—
1988—1989	2	264（39）	222	45	49	724	256	252	216	—
1989—1990	1	158	204	28	36	604	268	171	165	—
1990—1991	1	159	168	22	39	617	201	227	189	—
1991—1992	1	139	158	27	37	563	167	192	204	—
1992—1993	1	127	195	23	40	520	202	153	165	—
1993—1994	1	156	200	11	39	468	206	156	106	—
1994—1995	1	85	210	13	36	472	213	152	107	—
1995—1996	1	92	159	10	39	456	168	172	116	—
1996—1997	1	97	152	15	46	407	159	116	132	—
1997—1998	1	134	141	10	47	405	153	135	117	—
1998—1999	1	105	366	10	58	601	373	121	107	—
1999—2000	1	94	256	16	60	667	256	315	96	—
2000—2001	1	96	270	37	58	780	270	232	278	—
2001—2002	1	278	287	52	60	822	287	211	192	132
2002—2003	1	148	312	54	70	936	312	284	197	143
2003—2004	1	139	286	46	70	965	286	268	243	168
2004—2005	1	164	270	51	65	1013	270	251	262	230
2005—2006	1	164	270	62	65	1013	270	251	262	230
2006—2007	1	227	207	44	65	881	207	242	214	218
2007—2008	1	261	406	50	65	1198	406	267	264	261
2008—2009	1	149	—	49	56	616	—	242	186	188
2009—2010	1	188	181	49	56	540	171	—	217	152
2010—2011	1	171	176	67	56	515	176	168	—	171
2011—2012	1	286	275	79	59	892	275	305	312	—
2012—2013	1	269	284	78	59	838	284	265	289	—
2013—2014	1	212	199	84	67	517	199	156	162	—
2014—2015	1	162	171	81	67	488	171	174	143	—
2015—2016	1	143	167	87	56	482	167	161	154	—
2016—2017	1	154	166	76	56	482	166	160	156	—
2017—2018	1	180	152	80	52	470	152	156	162	—
2018—2019	1	154	177	83	52	577	177	202	198	—
2019—2020	1	198	154	95	49	520	154	170	196	—

注 1. 数字来源于教育综合年报表，（　）内数字为高中人数。

2. 升入建三江一中人数，1980 年 62 人，1980 年另考入 3 个月补习班 36 人、1 年制 26 人，1981 年 40 人，1982 年 31 人，1983 年 13 人，1984 年 27 人。

第六节　教师队伍

“文革”前，各校教师大部分是部队复转军官。农场教师几乎没有脱产或在职函授进修的。寒、暑假期间，小学教师参加县举办的集训班，东中教师则主要靠本人自修。

1977年以后，认真落实知识分子政策，安排了大部分老教师、下放农场劳动的知识分子、哈军工学生到校任教，充实了教师队伍。有衷克寰、韩光洙、胡克、朱恒、刘金财、崔天德、尹兴堂、贾福银、丁仁政、李殿福、李金培等老教师任教，再加上在农场精挑细选的一批朝气蓬勃的老三届知识青年，如高松山、张仲毅、赵武军、马述江、许斌、刘燕等补充到教师队伍，场直学校可谓人才济济。

1979年初，大批知青陆续返城，场直学校占教师队伍总数近80%的知青返城，给学校教育造成冲击。为解决燃眉之急，2月底，农场党委责成文教科采取果断措施，张榜招贤。通过考试，从农场历届高、初中毕业生和职工中择优录用142名，及时补充了教师队伍。

为解决新教师知识面窄，缺乏甚至没有教学经验的问题，各校采取“以老带新”，老教师讲示范课，新教师听“超前课”等办法。

教育科还采取几项措施。一是自力更生办短训班，就地培养提高。1975年3—5月，举办英语培训班，培训21名初中、小学英语教师。1980—1982年，连续举办6期培训班，先后培训小学教师163人次。1979年5—7月，管理局同时在胜利、八五九、勤得利、管理局看守所举办语文、数学、英语、物理、化学5个教师培训班。其中，八五九农场负责培训物理教师40名。基本上每个教师都得到了培训，教学质量开始回升。二是外送进修。1981年，派送2名教师到红兴隆农垦教育学院进修，达到大专文化程度。1982—1983年，有25名教师考入管理局教师进修学校学习。1983年，在管理局教育处统筹安排下，从外地招聘6名教师。这一年先后外送9名教师到大专院校代培进修。三是组织安排在职函授。全场先后有105名教师参加函授学习。其中高函13名、中函92名。四是配合管理局教育处对教师进行文化业务考核，促进教师自修，提高教学质量。

1984—1996年，农场教师队伍由三部分构成，一是农场职工子女高中毕业后经过选拔，择优录用后，再通过相应的培训，陆续补充到教师队伍中的人员，这部分人员是这一时期教师队伍中的主体力量；二是大中专院校分配来场的毕业生和农场以优惠政策招聘来场的外地教师，他们是这一时期教师队伍中的骨干力量；三是在农场从事教育工作多年，具有一定教学经验的老教师，他们是这一时期教师队伍中的宝贵力量。

20世纪80年代中期开始，随着改革开放的加快，科技人才向南方各省市流动，“北雁南飞”现象在教师队伍中也不可避免地出现。据统计，从1986—2005年，“南飞”及其他原因，调离教师工作岗位的人数就达到150余人，这个数字几乎相当于目前教师队伍的总数。在此期间，为了补充教师队伍的不足，农场陆续从大中专院校及师范类院校毕业生中，招聘年轻教师70余人，补充到中、小学教师队伍中，使教师队伍的年龄结构年轻化，知识结构层次上升。

20世纪90年代中期以后，老教师陆续退休。这之后，定向招生定向分配的师范类院校毕业生、农场招聘的外地教师及师范类院校毕业生的比例不断扩大，达到占教师队伍总数的40%以上，成为教师队伍中的主体。

从20世纪80年代初期到90年代中期，农场在经济十分困难的情况下，拿出相应的资金用于对教师的培训，并分期分批地选派优秀教师到中、高等师范院校进修深造。到2005年，绝大多数教师通过院校代培、函授进修、自学考试等方式，取得大专以上学历，中小学教师队伍整体学历达标率100%，教师队伍整体教育教学能力与水平相应得以提高。

1984—2005年，农场获得分局以上优秀教师、教学能手、骨干教师等荣誉称号的教师138人次。其中全国优秀教师1人、省级优秀教师3人、省教育系统劳动模范1人、省教育科研先进个人1人、总局级先进个人16人次、分局级先进个人116人次。

2005年，开始实行“科校合一”的教育体制改革。根据建垦局发〔2005〕13号《建三江分局教育系统事业单位改革实施意见》精神，当年办理内退手续49人。2009年，教育系统改革，办理内退45人。连续两批教师内退，占当时整个中小学教师队伍总数76%，给中小学校的正常教学带来严重的影响。

由于教师正式编制的限制给教师招聘工作也造成了一定的困难。2009—2012年，新应聘教师65人，但到2012年底，自行离岗就达29人之多。

2020年，双鸭山市教育局主持招聘特岗教师，饶河县教体局分配19名“特岗”教师到学校工作，给学校增添了新的教师力量。

1989年9月，侯雅范荣获全国优秀教师称号。潘立美、杨秀花、于桂艳、赵彦山分获省优秀教师称号。1995年9月，罗燕被授予省教育系统劳动模范称号。

第七节　特色教育

2006年以来，特别是2010年以后，学校坚持“质量强校、特色发展”的教育理念，一方面坚持狠抓教学质量，以质量求生存、求发展；另一方面力求在特色发展上闯出一条新路，以发展特色教育促进学生的全面发展。

学校以体育特色教育为切入点，首先开展乒乓球运动。从刚入学的小学一年级学生开始，要求人手一只球拍。学校购入乒乓球设备 40 台（套），利用学生食堂，改造成为乒乓球训练场，可同时容纳两个班的学生进行训练。

2019 年 4 月 29—30 日，丁可欣同学在饶河县第二十届中小学生乒乓球赛中获中学女子单打冠军，八五九学校获得初中组女子团体冠军。

学校还开展以“三大球”为重点的体育项目训练，修建塑胶草坪足球运动场、笼式足球场，扩建篮、排球场地，开展以三大球为基础项目的体育特色教育。

随着“百万青少年上冰雪”活动的开展，学校又相继开展春夏季的轮滑与冬季的速度滑冰、冰壶等冰上运动体育特色项目。学校成立 2 个速滑队、1 个冰球队、1 个冰壶队。2020 年累计为总局速滑队输送 9 名学员，其中 4 人进入省训练队、4 人备战北京 2022 年冬奥会。

教练王德成所教学生马德恩分别在 2017 年、2018 年两次入选国家短道速滑“天才计划”集训队，李可新进入省“花样滑冰队列滑”专业队，李心雨进入省“冰上后备人才中心”，刁君宝进入省“冰壶俱乐部”备战 2022 年冬奥会，李梓萌进入农垦总局速滑队在省队代训。2013 年至今，八五九学校连续 6 年参加省体育传统项目学校速滑比赛，单项成绩从中上等到名列前茅取得了质的飞跃。2016 年，参加“黑龙江省体育传统项目学校速滑比赛”，张明宇取得 500 米第一名、个人全能第一名的好成绩。2017 年，代表黑龙江省参加全国青少年俱乐部轮滑比赛，获得了 2 银 2 铜的好成绩，七年级学生冯依然获得少年女子组 500 米争先赛银牌、1 万米银牌的佳绩。

学校速滑队参加省台《美丽的梦想》节目录制。王德成带领速滑队员陈思、李殊彤参加由黑龙江卫视、北京卫视、河北卫视联合举办的“2019 环球跨年冰雪盛典”晚会，晚会上播放了八五九学校速滑队的专题片。同时，王德成作为唯一一个基层体育教师代表与中国滑冰协会主席、中国短道速滑队主教练李琰共同开启中国滑冰特色学校“百校计划”的启动仪式。

2012 年 9 月，八五九学校被省教育厅评为“体育艺术教育特色学校”。被评为 2014 年度黑龙江省百万青少年上冰雪活动先进学校，王德成获得先进工作者。2017 年 11 月，被省体育局、省教育厅评为“示范性体育传统项目学校”。2019 年 7 月，被教育部命名为全国青少年校园冰雪运动特色学校和北京 2022 年冬奥会和冬残奥会奥林匹克教育示范学校。11 月，王德成被授予垦区第三届道德模范荣誉称号。

2017年，农场配套30万元，安装建设移动式冰壶场和笼式足球场。12月10日，移动式冰壶场投入使用。

第八节 职业教育

农场的职业教育是从1981年创办职业高中开始的。根据总局《关于办好垦区职业高中的决定》（农总党〔1980〕15号）精神，农场党委决定将隶属于中学管理的高中分离出来，创办一所直接为农场经济建设培养各类适用性人才的职业高中。1981年秋，将已毕业待分配工作的七八届九年制高中和七九届十年制高中的两届学生重新召回，两届学生合为一届，在东安镇老医院的旧址上，成立首届职业高中班，分设农机、农学两个专业。并将在校的高一和高二的两届学生，直接并入职业高中，成立了八五九职业高中。

职业高中初期，除高中基础课程外，只开设农机、农学两门专业课程，专业课教师由农场从有关单位抽调有一定专业知识的技术人员担任。为使学生的理论知识和实践相结合，农场还划拨给学校33.33公顷实习基地和配套的农机设备。

后来，开设了畜牧、财会专业。根据农场多种经营的人才需求，先后开设“食用菌栽培技术”“葡萄种植技术”“羽绒画制作技术”1年制短训班。

1982年5月，农场职业高中被评为管理局1981年度先进集体；同年，被评为省“五讲四美”先进集体。

1984—1992年，是农场职业高中发展的鼎盛阶段。这一时期农场的初中毕业生中，80%以上都升入了职业高中。开设的专业也由初建时的2个增加到8个，专业课与文化课并行，学制3年。在校期间，学生除能学到正常的高中阶段的文化课外，还能充分掌握一定的专业知识与技术，为毕业后就能直接从事各项工作，打下了基础。

这一时期，职业高中靠创办校办企业，寻求一条以创收求发展的办学之路。农场在政策上给予相应的支持。学校自种实验田33.33公顷，还办起养鸡场、食用菌生产场、服装加工厂、工艺美术社和家具社等勤工俭学项目，既为学生提供实习的场所，同时也为学校创造相应的经济收入。

1986年，招生范围扩大到红卫、前哨、前锋、洪河农场，在校生人数达到1600余人。

1987年，在农垦总局职业高中达标检查验收中，八五九职业高中被评为“黑龙江垦区重点甲级职业中学”。10月17日，省教委在建三江管理局举行全省地、市职教处（科）

长及重点甲级职业中学校长会议，全省62个市、县和农垦系统的70多名职业教育专家和领导参观了八五九农场职业高中。

1989年6月19日，依靠羽毛原料充足的优越条件，农场职业高中从山东省栖霞县招聘工艺美术技术员2名，开设工艺美术班，招收学生10名，学习以羽毛、吹塑纸、棉花为原料的工艺美术品加工技术，生产加工的产品远销省外。

1984年，中央农业广播学校与职业高中以联合办学的形式，开设农广校八五九分校，在校的职业高中生可免试进入农广校学习，毕业时同时颁发职业高中毕业证和中央农业广播学校毕业证。1992年，农广校八五九分校最后一届招生后，由于职业高中学生大幅度减少，社会在职人员学历培训也趋于饱和，即停止招生。

1992年7月，职业高中高三毕业生共112人，分农机、畜牧、服装、食用菌4个专业。1993年，有114名应届毕业生。

随着农场经济体制改革的逐步深入，职工子女就业体制发生了重大转变。职业高中的毕业生也不再由农场包分配。职业高中无论从办学方针、办学机制、办学理念、办学方法上，都不能适应市场经济的转变。在校学生主动开始退学，新毕业的初中学生不再报考职业高中。到1993年，全校3个年级的在校学生仅剩134人。并且，当年仅从应届初中毕业生中招入新生30人。到1994年，在校生仅剩17人。

1994年7月，农场决定将职业高中高三年级农机、畜牧、服装3个专业的17名学生，并入中学管理。1995年9月，并入中学后的职业高中，又招收一届服装专业的学生，共21名，只上了一年就毕业了。至此，八五九职业高中结束了15年的办学历史。

八五九职业高中共为农场培养各类专业技术工人1765人，其中很多学生走上生产一线的领导岗位，已经成为农场经济建设的骨干力量。

第九节　成人教育

农场的成人教育主要由引进办学、外送代培、函授进修、自学考试、扫盲教育、职工培训等几个部分组成。20世纪90年代中期以前，伴随着“文凭热”的升温，以学历教育为主要形式的成人教育，曾一度受到广泛的关注。

职工（成人）教育依托农广校实施从业人员素质教育工程。2006—2010年，职工高中共招生4855人，有效地提高了从业人员的科学文化知识水平和综合素质。

2010年，八五九农广校被评为全国县级农业广播电视学校，办学水平评估A级校。

20世纪80年代中期开始，农场采取与大中专院校联合办学的形式，以半脱产、函授等形式，培训在职干部及专业技术人员。

1985年，与黑龙江广播电视大学联合办学，在农场设立半脱产三年制汉语言文学专科班，有100多人参加学习。其中多数为机关干部、基层干部和中小学教师。到1988年，仅有20人学完全部课程，取得毕业资格。

从1989年开始，黑龙江八一农垦大学相继在农场开设财务会计、农学、畜牧兽医、水稻等专业函授专科班，除财务会计专业面向全场企事业单位的财务人员、统计人员外，其他所设专业主要面向农业生产一线，为生产一线培养管理干部和技术人员。1998年7月，与八一农大联合开办水稻函授大专班，66人参加学习（3年）。八一农垦大学成为校企联合办学时间最长、为农场培养基层管理干部和专业技术人员最多的院校。

为了培养在职管理人员，农场还与省委党校、总局党校联合办学，开设经济管理、政工大专班、法律专业本科班等函授班，为农场培养了大批行政管理人员。2001年12月，省委党校开办经管大专函授班，24名学员参加为期3年的学习。

1981年2月20日，国务院下发了《关于加强职工教育工作的决定》。农场成立了职工教育管理委员会，下设职工教育办公室。1983年，职教办划归教育中心领导。这期间，农场机关、修造厂、汽车队及大部分生产队都相继办起了夜校。

1982年底，场直地区与一、二、三分场均举办了为期2个月的“双补”脱产学习班，参加人数200人，各单位举办为期不等的各类夜校15个，入学人数300人。

1983年7月，管理局教育处职教办对全管理局“双补”对象进行验收考核，农场有399人参加，两科（语文、数学）达到及格以上成绩的有252人。

2002年7月，农场荣获垦区“九五”期间职成教育工作先进单位。

第十节　教育科研

1991—1997年，是农场教育科研工作的起步发展阶段。1991年，教育科专门设立教研室并配备专职教研员。5月，农场成立了学术性质的民间组织教育学会，教育科研活动开始了有组织、有计划的进行。1999年12月，教育学会刘运东收集部分教师的研究成果，编辑印刷成学生心理健康教育论文集《走进心理世界》，在垦区内交流，引起分局内外广大教师和学校领导的关注和高度评价。

教育科研工作在常规教学指导的基础上，重点工作放在科研课题的开发与研究上，一大批课题获得省、总局、分局的科研成果奖。特别是《中小学素质综合评价实验研究》课题，被省教育科学规划办公室列为省“九五”期间重大科研课题的子课题。2000年，《小学生文化素质评价实验研究》成果，开始在分局内的所有小学逐步推广。教研室在“九五”期间，连续四年被农垦总局授予教育科研先进集体。

2003年7月，获国家“十五”教育科研重点项目“创新写作教学研究与实验”课题先进实验学校，获全国创新学习实验学校。

2005年，《小学生素质综合评价实验研究》《中小学生心理健康教育实验研究》两项科研课题，获得省“十五”期间重大科研课题一等奖；《中青年学科带头人的选拔与培养实验研究》获得二等奖。

教育科被农垦总局教育局授予“十五”期间教育科研先进单位，是分局教育系统内唯一在“八五”“九五”“十五”期间，连续三次获此奖励的单位。

教育学会共设9个分会，拥有会员214人。共收到会员撰写的研究性论文635篇，其中36篇在各级刊物上发表，50篇在省及总局级论文评选中获奖，71篇在分局级评选中获奖。

2005年，小学音乐教师滕艳艳被国家级课题组授予优秀实验教师称号。小学教师李桂荣获全国基础教育课程改革先进个人称号。2014年，中学教师李建莹在垦区第五届“创新杯”初中数学青年教师教学技能展评活动中获得特等奖；2017年9月10日，获得省初中数学教师说课大赛一等奖。

第三章　广播、电视、电影

第一节　广　　播

八五九农场有线广播站于1958年5月在总场场部东安镇建立，设备有150瓦扩音机1台，配有1名工作人员。8月，购进1台1千瓦扩音机。年底场社合并，农场广播站迁往饶河镇。1962年场社分开，广播站又迁回东安镇。这时期广播站配备工作人员4名，设备是1台1千瓦扩音机，广播范围是老八五九农场四、五、六分场场部。1964年新八五九农场成立，广播站从东安搬到现在的场部地区。工作人员2名（播音员1名、技师1名），设备有500瓦扩音机1台。1972年，开始在现在的一、二、三分场和原反修营分别安装了250瓦扩音机。1984年，农场广播站有工作人员2名，隶属于农场宣传部。设备有500瓦扩音机1台、录音机3台、转播机2台。

农场有线广播的传输一直是利用电话线路传输，专设线路很少。有线广播在20世纪60、70年代，作为主要舆论宣传工具发挥了重要的作用，做到了队队通广播、家家有喇叭。20世纪80年代初，随着收音机、收录机开始普遍进入农场职工家庭，有线广播开始受到冲击。

1984年以后，有线广播仍继续开办，每天早、中、晚除转播中央人民广播电台和省广播电台新闻节目外，还自办农场新闻节目，编播各单位通讯报道员来稿，以及部分文艺节目唱片。1986年，广播站自办新闻用稿1042篇。进入20世纪80年代中后期，电视机普及率逐年上升，有线广播已不能满足职工群众对业余文化生活的需求。农场在1992年又投资购买了调频广播设备，1993年春开办调频广播，在机关楼上安装4个音箱，但随着电视机的迅速普及，调频广播于9月停播，所有设备闲置。当年5月，有线广播停办。

第二节　电　　视

电视机于1979年开始进入农场，但由于农场地处边陲，接收效果差，农场仅有几台电视机，能收看到苏联边境地区的电视节目。1981年10月1日，饶河县电视转播台建成；1982 年 12 月 28 日，建三江电视转播台建成；1983 年 7 月 25 日，胜利农场电视转播台建成，本场在覆盖范围，架设适当高度天线，可以收看到其发射的电视节目，电视机也随之开始大量增加。年底，农场已有电视机 872 台。电视机进入农场，进入职工家庭，大大活跃了农场职工的文化生活。

八五九广播电视局成立于 1992 年 6 月 4 日，局长张乾坤，之前的广播电视工作由宣传部负责管理。1993 年 2 月，农场机构改革，宣传部、广播电视局合署办公，统称宣传文化中心。2005 年 12 月，农垦总局广播电视系统改革，农场广播电视局上划到北大荒影视集团。2008 年 8 月 27 日，各基层广播电视局又回归到农场管理。2016 年 1 月 1 日，有线电视部分上划黑龙江广播电视网络股份有限公司（龙江广电网络），成立八五九运维管理站。2020 年，广播电视局有人员 7 人。

2022 年 7 月，八五九农场有限公司管理体制改革，党群工作部内设新闻电视中心，负责人为党群工作部副部长。

领导成员更迭情况如下：

广播电视局局长：张乾坤（1992.6—1994.1）
许学友（兼，1994.1—1995.2）
张清隆（兼，1995.2—2009.3）
郑　浩（2009.3—2017.9）
安　彬（2017.9—2020.11）
王　雪（2022.11—2022.7，副局长、负责人）

党群工作部副部长：张广龙（2022.7—2023.3）
王　雪（2022.11—）

党支部书记：郑　浩（2003.1—2005.12）
高淑华（女，2011.6—2012.1）
王宁晋（女，2012.4—2017.9）
安　彬（2020.11—2022.7）

一、电视转播台

1986 年，农场向佳木斯市广播电视局申请建设 300 瓦电视差转台；1987 年，从省厅批回了 12 频道 300 瓦发射执照，从饶河县广播电视局购回 103 米的拉线铁塔塔身，从北京购回发射机，从哈尔滨购回接收天线，开始筹建电视转播台。1991 年，农场投入 27 万元，建成 673 平方米的电视台办公楼。

1992 年 5 月 23 日，用临时竖立的天线发射播出了农场第一期自办的电视新闻节目。8 月 25 日，从省广播电视安装公司聘请专业施工队伍，承建电视发射塔及发射设备的安装调试，经过近 1 个月的安装，到 9 月 20 日，总高度 115 米（含尾杆，到平台为 103 米）的发射塔安装完毕。经过 10 天左右的调试，10 月 1 日，农场自有的 300 瓦电视差转台正式开始转播中央一套节目。

1994 年 6 月 24 日，又向场部地区开通了 50 瓦发射机，转播中央电视台第二套节目。1995 年 9 月 25 日，有线电视开通后，只保留 300 瓦发射机转播中央电视台第一套节目。

2008 年，中央村村通无线覆盖工程下拨两台发射机，其中 1 台 1 千瓦发射机 CH12 频道转中央一套电视节目，另外 1 台 300 瓦发射机 CH15 频道转中央七套电视节目，铁塔还是用旧的拉线塔。并对办公室、无线发射机房、水暖、电力、过桥、防雷、接地等进行了修缮、维护、改造，总投资 37.25 万元。

2011 年 1 月 25 日，广播电视局搬入新建的综合楼五楼，面积 800 平方米。12 月 2 日，农场自筹资金 134.8 万元在综合楼后建成 95 米自立钢管塔（地理坐标为北纬 47°25′43.8″、东经 134°02′46.5″，海拔高度 76.66 米）。2016 年 7 月 31 日，国投 202.7 万元的八五九农场无线电视转播台更新改造建设项目顺利完工，建设内容为改扩建机房及技术用房，修建道路、围墙，建设改造供配电、给排水、冷暖通风、节传、防雷接地系统。

2017 年 8 月 22 日，电视转播台地面数字电视工程完工并开播，国家下拨了全套设备及 3 台发射机，共发射 16 套节目。2020 年 8 月 1 日，停止播出地面模拟电视信号。

二、有线电视

1995 年 9 月 26 日，由北京电视设备厂设计、农场广播电视局自行安装，场部地区每户居民交纳 400 元安装费的场直地区有线电视系统投入使用，使场部地区 1216 户居民告别了通过室外天线接收电视节目的历史。通过有线电视能收看卫星传送的 12 套有线电视节目。10 月，一队开通了有线电视。11 月 8 日，十二队开通有线电视。共有 14 个生产队陆续开通由地面卫星站接收的有线电视。

1998 年 6 月 12 日，建三江分局三网（计算机、通信、有线电视）光缆全线开通，农场有线电视归入建三江分局光纤二级网，有线电视用户收看的国内电视节目达到了 28 套。到 2005 年底，可收看 33 套电视节目。

2002—2005 年，农场投资 30 万元对场部地区有线电视二级网进行改造，将主干线由原来的电缆改为光缆。场部地区设 9 个小区，每个小区一个光接点，各户独设分线盒，分线入户，大大方便了维护和收费。二级网改造后，提高了电视节目的清晰度。

有线电视开通以后，为维护网络由广播电视局收取电视收视费。1995年，每月6元/户；1997年，改为每月8元/户；2000年，改为每月12元/户；2003—2005年，每月15元/户。广播电视局财务实行自收自支，差额补贴。

到2009年底，场部地区拥有有线电视用户2200户，入户率达90%左右。生产队有线电视网络建于2004年，拥有电视用户2095户，入户率达75%左右。全场光纤线路总长230公里左右，传输电视节目近40套，除二十八队等7个生产队因地域太远没有接入有线电视光缆网以外，其他生产队都已开通了有线电视，覆盖面达85%左右。

2010年，农场投资616万元建设场直地区数字电视工程。7月20日开始施工，从10月1日开始陆续开通部分区域的数字信号。12月6日，全场数字电视信号全面开通，6036户看上了90套数字电视节目。2011年1月16日，关闭原模拟电视信号。农场对居民购买机顶盒每户补贴200元，第一终端每月收费20元。5月，根据黑价经〔2011〕116号文件规定，新入网用户的初装费从300元调整为180元。到2015年12月，有线电视用户达7371户。

三、新闻编采

1987年8月，农场招聘2名电视采编人员，加上广播站徐爱国，负责录制农场电视新闻，并向建三江电视台投稿。1989年5月12日，新闻片《病瘫安度20年》在中央台新闻联播中播放；10月，《二次结瓜技术》在中央电视台晚间新闻中播出。

1992年5月23日，用临时竖立的天线发射播出了农场自办的第一期《八五九农场新闻》节目。7月11日，招聘3名新闻采编人员、1名播音员和5名无线技术人员。

在之后的农场新闻中根据农时和重大活动开办了一些栏目。有《职代会专题报道》《代表访谈录》《春播系列报道》《秋收快讯》《环境你我他》《党员风采》《先锋颂》等。同时编制各类汇报片、专题片、文艺节目、微电影等。农场新闻是两天出1组，重要新闻和农时新闻当天播出。加强新闻三审制：实行坐班编辑、新闻部主任、新闻副局长三审、局长终审制，明确分工，各负其责。

1995年2月，开通点播台，全年点歌680首，创收1.2万元。

1997年5月7日，招聘2名编采人员。2002年3月20日，招聘2名新闻编采人员。

到2014年，广播电视局有员工22人，其中党员11人、新引进大学生8人。2002年至今，一直享受稿酬奖励政策。每年下任务，超额部分执行奖励。

2011年1月14日，管理局在农场举办迎新春文艺晚会，首次进行了直播。2月22日的农场职代会和6月13日的管理局创先争优专场文艺演出及三八时装表演、七一大合唱、十一文艺节目都进行了实况直播，大大提高了宣传效果。

2012 年，农场投入 6 万元，选派孟天宇、安彬、林国明、王雪、姚石、雷杰 6 名电视新闻编采人员先后去北京中国传媒大学进行为期 1 个月的学习。

2012 年，投入 7.8 万元进行台站建设，建成 70 米文化长廊，各办公室布置了墙体文化。共安装玻璃展板 30 块、宣传板 18 块、书法 12 幅、摄影作品 12 幅。新建党员之家暨阅览室，配齐桌椅、书柜、空调和触摸屏，实现了党建和工会内业数字化。农场下拨职工书屋 840 册图书，各项规章制度上墙，办公条件得到进一步改善。建立图片资料库，为农场、各单位、部门提供优质图片资料。2013 年，系统拍摄了各作业站整体搬迁前的图片资料以及农场风光和成就类图片资料。

2010 年 3 月 30 日，八五九新闻中心正式挂牌成立，并招聘了 3 名编采人员。整合媒体资源，形成报纸、电视、网络三位一体，优势互补、资源共享、立体宣传的新闻舆论环境。

2011 年 10 月 1 日，开通了农场网站《八五九网》。2015 年 7 月，开通了八五九网微信公众号；9 月，开通了八五九网腾讯、新浪两个微博；11 月，改为八五九农场官方微信公众号。

2016 年 9 月 20 日，在垦区网信工作红兴隆现场会上，李明达就农场的“两微一网”建设作典型经验介绍，受到总局党委委员、宣传部长高跃辉的好评。

2003 年，电视局拍摄的电视歌会《我的家乡八五九》先后在黑龙江农垦电视台和建三江电视台播放。2005 年，拍摄了电视歌会《山水情》。这两部 MTV 电视歌会被许多知青和曾在农场工作生活过的老领导转录和收藏。连续几年的农场春节晚会在建三江电视台播放，使八五九的文艺节目走出三江、迈向垦区。2008 年 10 月 23 日，参加省台《咱这也有文艺人》比赛，赢饶河农场队，取得了总分第三名（97.5 分）的好成绩。

2015 年 9 月 8 日、9 月 14 日，本台采制的黑熊渡江入境和捉到黑熊的新闻分别在中央电视台《朝闻天下》和《新闻直播间》播出。

2018 年 4 月 13 日，央视新闻直播间、省台《共同关注》《共度晨光》栏目播发《乌苏里江开江现流凌》新闻。

习近平总书记来到建三江管理局考察后的第三天暨 2018 年 9 月 28 日上午，中央电视台新闻频道“秋收画卷”栏目组就走进八五九农场的田间地头，对农场的水稻收获进行现场直播。上午 10 时在央视 13 频道《新闻直播间》进行直播，时长为 2 分 35 秒，取得了较好的宣传效果。

2018 年 9 月 28 日，《新闻联播》习主席视察东三省新闻的第一个画面就是八五九农场乌苏里江稻田的场景。

2019 年 5 月 24 日，由省台纪录片频道摄制组策划的大型纪录片《希望的田野——乌苏里新歌》在农场农技推广中心开机拍摄。该片在央视 9 套和省台节目中播出，并于 2021 年 4 月 26—29 日，每晚 22：00 在央视 9 频道播出。

2019 年 9 月 14 日，《影响世界的中国植物》在央视 9 套播出，第二集有八五九农场种植水稻的有关内容。

2020 年 10 月 10 日，中央电视台《新闻联播》节目以《北方秋收全面展开》为题报道了八五九农场秋收的场景。央视 13 频道《新闻直播间》（10 月 9 日，《黑龙江：抓住晴好天气 人机齐上阵保秋收》）、央视 17 频道《中国三农报道》（10 月 8 日，《黑龙江：抓住晴好天气 人机齐上抢收快收》）分别报道了八五九秋收的情况。

2021 年 12 月 20 日，开通八五九农场有限公司视频号。

2022 年 5 月 13 日上午 9 时，新华网、新华网客户端“我为祖国种好粮”直播团队来到八五九农场有限公司，开展了以“矩阵播种显身手，稳粮扩豆保供给”为主题的直播活动。直播全程 1 小时 20 分，观看人数达 90 余万，13 台大豆播种机矩阵式开展了大豆播种作业。

四、新闻创优

农场新闻作品在省级获奖情况：

《葛柏林保护湿地得到回报》在全省广播电视新闻奖评选中，荣获 2000 年度县（市）新闻三等奖；《乌苏夜话》荣获 2003 年度全省县（市）级电视新闻组合三等奖；《东安纪事》荣获 2004 年度全省电视社教专题片一等奖。

《北大荒粮食跨国联运下江南》荣获 2004 年度全省电视长消息一等奖，《江水灌稻田再造“天池”来》荣获 2006 年度全省电视消息（县级）一等奖，《小米醋 大作用》荣获 2007 年度全省消息（县级）一等奖，《八五九农场为环保放弃 120 万》荣获 2007 年度全省消息（县级）二等奖，《北大荒人在俄罗斯种出“样板田”》荣获 2007 年度全省电视消息一等奖。

《马老的第二次青春》荣获 2008 年度全省电视社教一等奖；《片警老邓》在全省县级广播电视奖评选中，荣获 2011 年度电视社教三等奖；《黑熊来了》荣获 2015 年度全省电视新闻二等奖；《乌苏里江的馈赠》荣获 2017 年度全省电视社教一等奖。

有 4 篇论文在全省优秀广播电视论文评选中获奖。

五、新闻上稿排名

1997—2018 年，农场连续 21 年在建三江电视新闻上稿全局排名前三，总局广播电视台上稿一直名列前茅。

表 6-9　1997—2020 年新闻上稿排名统计表

年度	建三江电视上稿排名	总局电视上稿排名	年度	建三江电视上稿排名	总局电视上稿排名
1997	1	—	2009	3	8
1998	1	19	2010	2	14
1999	2	—	2011	2	9
2000	2	22	2012	2	3
2001	3	—	2013	3	12
2002	1	—	2014	3	3
2003	3	—	2015	2	3
2004	2	（分局排第一）	2016	3	2
2005	3	—	2017	3	4
2006	2	—	2018	3	3
2007	2	—	2019	—	5
2008	3	—	2020	—	3

六、编采设备更新

1987 年，农场投资 11 万元购进专业摄像机日立牌 Z31、JVC4900 录像机和 2 台索尼 5630 录像机。1989 年，投资 12 万元购进 1 套索尼 5850 编辑设备。1992 年，先后购进 2 台松下 M8000 摄像机和索尼 X50 大 1/2 编放机。1996—1997 年，先后购进 3 台松下 M9000 和 HS800 编放机。1998 年，配备 1 台 586 字幕机。

2000 年 3 月，购进 1 台松下 AG-EZ30 数字摄像机，开始步入数字化阶段。2001 年 4 月，又购进 1 台松下 AG-EZ35 数字摄像机。11 月，购进 39.6 万元的数字设备，从此实现了摄像、编辑、播出的数字化。主要设备：松下 DVCPRO 摄像机 AJ-D215HE，编辑机 AJ-D440、AJ-D455、AG-A850，放像机 AJ-D250，大洋非线 DY3000。

2002 年 5 月，自行改装了播音提词器。2004 年 5 月，购进数字摄像机松下 AJ-DVC180MC。2007 年 4 月，农场给电视局配备了索尼 DSR-PD190P 和松下 AJ-D615MC 摄像机。

2009 年 12 月，农场投入资金 64 万元更新编采设备，主要有松下 AJ-HPX500 摄像机 1 台、AG-HVX173MC 摄像机 3 台、中矩 7 米摇臂 JX-Z7、大洋 D3-Edit 3500A 广播级非线性编辑工作站、EDIUS5.1 非线编辑系统 2 套、硬盘播出系统、节目导播系统、磁盘阵列、提词器、无线话筒等。

2011 年 1 月，广播电视局搬入综合楼后，农场投入 7 万元更换了桌椅、空调，改善了办公条件。投入 10 万元装修了演播厅。2012 年 12 月，购进 55 寸触摸屏一体机。2014 年 12 月，更换了 8 台办公电脑。

2015 年，农场先后投入 42 万元更新了设备。7 月，购进大疆精灵 3“无人机”。10 月，购进 2 套 EDIUS7.3 非线编辑系统。12 月，购进 SMARTORI1600-48 盘阵和 SG-HDSDI600 高标清硬盘播放器。

2019 年，购进 2 台松下 AJ-PX298MC 广播级数字摄录一体机。

2021 年，购进传奇雷鸣 EDWS-500 非线性编辑工作站 1 台、松下 AJ-UPX360MC 摄像机 2 部、无人机大疆御 2 专业版 1 架，更换微信网站编辑专业办公电脑 2 台。

2022 年，购进传奇雷鸣 EDWS x2001 非线性编辑工作站 1 台、励得数码 U-TP 提词器 1 部。

七、获先进情况

1998 年 8 月、2001 年 9 月，农场分获省广播电视系统先进广播电视站；2001 年 9 月，张清隆被评为全省广播电视系统优秀站长、郑浩被评为全省广播电视系统优秀编采人员；1999 年，林文彩被评为省广播电视系统优秀维护员。2022 年 3 月，王雪荣获北大荒集团首届最美人物——“最美新闻人”称号。

2005 年，农场获垦区广播电视新闻宣传先进单位；获 2008 年度垦区广播电视强局活动新闻宣传先进单位；2008 年度垦区广播电视强局活动优秀广播电视台站；分获 2011、2012 年度垦区广播电视强局活动先进单位；被农垦电视台评为 2012、2013 年度优秀记者分站。

先后被分局（管理局）党委评为 1997 年秋收宣传先进集体，1997 年广播电视工作先进集体，1998 年度宣传工作先进集体，2008 年度宣传工作先进集体，2009 年度分局宣传工作先进集体，首届绿色米都新长征突击队，2013 年度先进广播电视局，文明单位标兵，党员先锋岗，2011、2013 年先进基层党组织。

先后被管理局党办授予 2014、2015、2016、2017、2018、2019 年度广播电视工作先进单位。2018 年，被管理局团委授予青年创业、就业见习基地。

第三节　有线电视运维管理

八五九运维管理站于 2016 年 1 月 1 日正式成立，全称黑龙江农垦广播电视网络有限公司建三江分公司八五九运维管理站。由原农场电视局有线台分离组建而成。主要任务是对农场场直地区及7个未拆迁作业站、居民点（一站、二十二站、二十六站、东安、水利队、科研站、大板）的有线电视线路进行维修、维护，确保有线电视节目畅通。

根据时任黑龙江省省长陆昊提出的要实现有线电视网络“全省一网”的要求，经过两年多的运作，原未纳入省有线电视网络的农垦系统等地的有线电视网络全部上划到省网络公司（属省管国企）。运维站由此脱离农场管理，成为农场驻场单位。按照划转文件，每700户有线电视用户配备1名工作人员，八五九农场电视局共有10人划入运维站，设站长、副站长各1名，财务人员3名（收费员、会计、出纳兼收费员各1名），维护员5名。

领导成员更迭情况如下：

站　长：孟天宇（2016.1—2020.11）

　　　　林　奎（2020.12—，负责人）

有线电视网络及有线机房一同上划。上划固定资产账面价值266.32万元，负债账面金额152.65万元，净资产账面金额113.67万元。其上级主管部门为黑龙江农垦网络有限公司建三江分公司。所有收入全部集中上交至建三江分公司，所需各项费用经运维站申请由建三江分公司报销。

从2016年5月起，陆续对全场标清机顶盒更换为高清机顶盒，用户使用高清机顶盒可收看到高清数字电视节目，智能卡及室内线路无须更换。截至2020年，全场76%以上用户都更换了高清数字机顶盒。有线电视收费方式由统一价格（2015年有线电视费为第一终端每户每年240元）、统一节目（100套左右）变为用户自选节目套餐，交费金额更加灵活。用户可根据收看节目数量的多少，每年交纳365、384、480、512元等不同费用，收看节目80～200套。生活困难等特殊情况用户，经建三江分公司同意后，还可交纳更低资费，相应节目套数也减少（节目确保有中央各台、黑龙江台、农垦台、建三江台、八五九台等）。

按上级单位要求，运维站对全场用户实行网格化管理，将全场用户按位置不同分成6个网格，包括站长在内每名员工承包1个网格，负责对网格内的有线电视用户线路及终端设施进行维护管理。员工工资由岗位固定工资改为按用户数提成，网格用户数与网格工资完全挂钩，2018年全面实行。

有线电视二级网线路由通信处负责维护。有线电视信号可由前锋或胜利两条环路传入，其中一条线路发生故障后电视信号仍可通过另一条环路正常传输。

2019年9月，建三江分公司投入9.6万元为八五九运维站购进OLT（光线路终端设备），同时对场区可改造的楼房区架设宽带线路，用户可同时收看有线电视节目和使用宽带网络，也可单独安装宽带。宽带带宽为100兆、200兆、300兆3档可选，费用为单独宽带240元/年、宽带+有线电视480元/年。运维站由此成为继联通、移动、电信、通信之后农场第五家经营宽带网络的运营商。

截至2020年底，全场已发展有线电视宽带用户105户。

2017年以后，网络发展迅速，电信、移动等各运营商上网费用逐年下降，且四大运营商全部开办赠送网络电视业务，加之智能手机的迅速发展，居民收视习惯开始转移为手机，有线电视用户数量出现塌方式流失。2016年1月，全场有线电视用户达6976户。至2020年底，全场仅有用户2627户（含单独使用宽带用户37户）。

为此，运维站按照上级部门要求，从2017年开始，陆续开展各种线上、线下商品营销活动，与TCL黑龙江代理、中国证券投资公司、中国大地保险公司等多家企业合作，销售电视机、手机及各种生活用品、产品，拓展营业范围，增加员工收入和运维站效益。

对有线线路的维护方面，此期间没有进行大的更新改造，采取哪有故障、维修哪里的办法保证信号正常传输运行。由于大部分线路建成时间长，线路老化，故障较多，维修任务较重。

随着网络和智能手机的发展，2018年以后，用户交费可以在营业厅交纳现金，也可通过手机在网上交费，收取的有线电视费也可以不通过银行柜台，直接用POS机或手机银行转入本单位账户（POS机至2019年基本停用）。

运维站成立后先后有1人离职创业、3人正式退休、3人内部退养。到2020年底，共有正式员工3人，其中站长（网格经理兼网格维护员）、收费员、网格维护员各1名。

第四节　电　　影

1958年，大批复转官兵来场，总场成立了电影队，配备5人，主要设备是1台仿苏联造35毫米K303放映机、2台16毫米捷克式放映机。这些机器都是复转官兵从部队带来的。K333放映机在总场部放映，2台16毫米放映机在5个分场巡回放映。

1958年冬，2台16毫米放映机分别分到四、五分场，成立2个放映组，每个放映组配备2名放映员。1959年，总场为三分场购买了1套35毫米的放映机，配备2名放映员。1962年场社分家，一、四、六分场没有放映机，电影队又分成2个大放映组。第一组在总场，配备7名放映员。第二组设在东安镇，配备3名放映员。

1964年新八五九农场成立，原设在东安镇的电影队分成两部分，一部分机器和放映员分配到新成立的胜利农场。新八五九农场分到 1 套 35 毫米放映机，2 套 16 毫米放映机和 3 名放映员，随即组建电影队，并设 3 个放映组，到生产队巡回放映。1969 年农场改制为兵团，除团部电影队外，还在一、二营成立了电影放映组，购置了放映机，负责各营所属连队的电影放映。1972 年 12 月，1400 平方米的职工俱乐部建成，可容纳座位 1096 个，大大改善了电影放映和观看条件。

1984 年，农场电影队有 13 名专职放映员，全场共有 15 套 16 毫米放映机、35 毫米固定座机 1 套、16 毫米固定座机 1 套、35 毫米提包式放映机 1 套。基层连队有 16 毫米放映机 10 套，一分场场部增添了 1 台 35 毫米提包式放映机，并设有 400 个座位的俱乐部。二、三分场也设了电影放映室，各配备 1 套 16 毫米放映机。

1964 年以前，没有砂石路，到处是泥泞便道。到开荒点巡回放映，放映员需要坐拖拉机拉的爬犁，路上蚊虫小咬极多，一巴掌可以打死七八个。但是，为了活跃职工们的业余生活，放映员们仍然坚持巡回放映。

1959 年秋，连续两个月阴雨，四周一片汪洋，大豆全部泡在水里，只露出一点头在水中摇晃。公路也让水冲垮淹没，放映组下连队放映只好划船去，开始由于不会划船，翻了几回连人带机器都掉进水里。他们把片子从水中捞出来，也顾不得衣服湿透，继续赶路，使职工们很受感动。当年一上冻，农场成立伐木团，进驻完达山，电影队派沈冠群、赵志胜带着放映机随团上山。放映组起早贪黑地巡回放映，每天工作十几个小时，给职工们带去了欢乐，解除了疲劳。放映组在山上工作了一冬天，直到第二年快开江时，才随伐木团撤下山。

1964 年以后，道路修通了，大部分连队都有了三用食堂（食堂、会议室、放映室），放电影可以在室内进行了。巡回放映都是坐车下队，交通及放映场所有明显改善。

农场电影队在 1966 年前是由合江地区电影公司供片。“文革”后由中国电影公司直接发片。1978 年恢复八五九农场以后，电影队由管理局电影站供片。到 1979 年以后，允许看外国片。因此，片子发行量剧增，影片质量也大大提高。影片放映场次增多了，场场满员，有时观众需提前一天购票。

1967 年以前，农场电影队每年大约放映电影 400 场，“文革”中，影片故事情节单调，有一次放映《钢琴伴唱红灯记》到最后一场仅有 2 名观众。组建兵团后，每年电影放映场次在 1000 场左右。1979 年放映电影 2603 场，1983 年放映电影 3911 场，1992 年放映电影 1426 场。

任声权自 1960 年参加电影放映工作以来 23 年如一日，脚踏实地地工作。他对技术精益求精，改革了几种电影放映器械。1979 年，他任农场放映队队长后，电影队曾连续 4

年被评为建三江管理局电影战线“爱机护片先进放映队”，连续4年被农场总局电影公司评为先进放映队。

1979年，任声权被评为农场总局劳动模范，1981年被评为农场总局电影公司模范放映员，农场总局授予他特级劳模称号。1982年1月电影队被评为总局模范集体；1988年电影站被省文化厅评为先进单位。

1985年，电影队改为电影站，编制3人，站长赵治春，机检兼放映员于昌善，发行兼放映员郑建华。电影站下辖一、二、三分场和场直工副业单位4个电影组。1998年，电影队撤编后并入农场工会，只保留郑建华1人兼管电影放映工作。

1985年以前，除农场俱乐部常年放映电影外，3个分场和场直工副业单位都有电影组，对所属单位进行流动放映。一分场还有队办电影，每个生产队都有放映设备和专职放映员。农场对电影放映实行承包，全场年放映场次均在4000场左右。票价为成人1角、学生5分。

1985年以后，随着电视机进入家庭，电影市场开始受到冲击，放映场次逐年递减，观众人数也逐年下降。1990年，农场投资对俱乐部进行维修，并更新16毫米、35毫米座机各1台，改换金属银幕，使影片放映效果大大增强。但随着彩色电视机的普及，年放映场次仍降至1500场左右。电影站一直靠农场补贴进行经营。固定资产折旧、取暖费、房屋维修费、电费均由农场承担。电影处于亏损放映。1994年，电影停演。1996年，计划复演，但因影片发行制度改革后拷贝发行制改为购买制，以及农场经济困难等多方面原因未能恢复上映。2003年7月13日，拆除俱乐部，放映设备拆除，全部设备闲置，电影停映。

历任电影队队长：1958年，总场电影队队长汪胜贵、副队长张敏；1964年新八五九电影队队长张敏；1967年，电影组组长赵治春；1968年，电影队队长于赢波；1969年，二十三团电影队队长王铁良；1975年，电影队队长任声权；1978—1984年，电影队队长赵治春。

2007年7月，国家为发展农村电影事业，扶持电影事业发展，由总局专门下拨到八五九农场1套电影放映设备，为16毫米提包机，1套双机。在世纪园广场和部分管理区、作业站播放。

2009年，垦区实施数字电影放映工程，下发一套数字电影设备，每周一至周五深入各管理区作业站免费放映，周末在世纪园广场放映。2012年9月17日，街道办在明珠家园广场放映爱国主义影片。2014年5月，街道办开展电影放映周活动，播放《焦裕禄》等10余部影片。

表 6-10　1978—1987 年全场电影放映场次及盈亏情况

年份	放映场次（次）	观众人数（万人）	本年收入（万元）	本年支出（万元）	本年盈亏（万元）
1978	2001	120.06	—	—	—
1979	2603	156.18	5.25	6.69	−1.43
1980	3014	180.84	6.90	10.56	−3.67
1981	2516	150.96	10.88	10.38	0.50
1982	2104	126.24	7.59	9.63	−2.04
1983	3911	156.44	6.38	9.50	−3.13
1984	2896	115.84	5.04	8.49	−3.45
1985	184	13.68	1.29	1.99	−0.70
1986	544	24.18	1.06	1.61	−0.55
1987	144	11.52	1.25	1.68	−0.43

第五节　文化体育活动中心

2007 年 5 月 10 日，农场文体中心动工建设，设计为三层，占地面积约 3000 平方米，建筑面积 5688 平方米，主体建筑高 17.4 米，总投资 2500 万元。2009 年 1 月 15 日，建三江分局 2009 年迎春文艺晚会在农场新落成的文体中心举办。4 月 1 日，文体馆正式开馆，全天免费开放，可供 1500 人同时进行各类文体活动。

2008 年 12 月，农场成立文化体育活动中心，是集全场文体活动开展、离退休干部管理与服务、对外接待、场史馆、党史馆、职工体育馆、老年大学、双老活动中心为一体的多功能场馆。文体中心设文体部、离退休工作部和后勤部三个部门。

文体馆共分三层，可举办体育比赛、文艺演出、大型展览、全民健身等活动。一楼为多功能区，大厅面积 1400 平方米，容纳 1040 个座位，能举办各种体育比赛、文艺演出、展览、庆典等大型文化娱乐活动。二楼为退休职工活动区和健身区，有棋牌区、练功房、器械区。三楼为场史馆和职工活动区，有台球、乒乓球、阅览区、信息共享区等。国家级标准化“北大荒职工书屋”面积 210 平方米，有图书 1 万余册、报纸杂志 26 种。信息共享有电脑 26 台。一楼走廊内安装了 120 个储物柜，并有休息座椅。2019 年，全馆安装监控设施，实行全覆盖。

领导成员更迭情况如下：

文体中心主任：周华虎（2008.12—）

书　记：　　　李淑芬（女，2009.3—2010.6）

张清隆（2010.6—2011.2）

杨　晶（女，2011.11—，副）

于丽英（女，2013.9—2017.9）

杨　晶（2019.5—）

文体中心现有在职人员9人，其中管理人员5人、工人4人。党支部现有党员12人，其中离退休干部党员6人、在职党员4人、内退党员2人。

2009年10月，荣获国家体育总局授予的2005—2008年度全国群众体育先进单位称号；2010年12月，中共黑龙江省委老干部局授予农场离退休干部活动中心“省级标兵之家”称号；2011年9月，被授予“总局级党建示范点”荣誉称号；2012年6月，被建三江管理局授予“创业、创新、创优”活动先进基层党组织称号；2013年，被管理局党委授予首届绿色米都建三江“十佳青年五四奖章集体”。

一、开展活动

文体中心成立以来，组织筹备举办大型文艺演出19场次，其中承办建三江春节晚会及广场演出3次、与饶河县场县共建文化交流广场演出1次、农场春晚11次、大型广场演出4次。举办各类群众性体育比赛活动42次，其中主办场县共建五场一县门球赛2次、农场春节游园会11次、农场四项棋类赛11次、各类中老年社团体育比赛18次。

从2009年4月开始，农场就举办了“离退休干部职工四项棋类赛”，一直延续至今。2020年8月，为丰富退休干部职工业余文化生活，组建棋社、篮球社、羽毛球社、乒乓球社、台球社等5个中老年体育社团，并在10月陆续举办首届各社团比赛。

文体中心是农场文化体育活动的重要基地，也是农场对外交流的窗口。平均每年接待来馆活动的离退休群众4万余人次，11年来接待来馆参观的各界人员达70万人次。2009年以来，共接待上级领导及各省市、兄弟垦区、周边农场参观团体500余次、7000余人。

2009年5月17日，老年大学在文体中心成立。学校开设有书画班、歌舞班、手工剪纸班、太极拳等课程。2011年4月，李春英担任老年大学班长，共有8个班级，学员80名，兼职教师4名。老年大学编排的节目多次参加农场举办的各种纪念活动与文艺演出。2012年，老年大学太极拳班获得北大荒“伍峰杯”太极拳比赛三等奖。

先后完善场馆及各活动室区的制度板33块、标志牌45个，形成了一套系统完整的规章制度。

二、场史陈列馆

八五九农场场史陈列馆建于2009年7月，总投资70万元，面积400平方米，共容纳大小板块 163 个，展出图片 706 张，实物 220 余件。场史馆共分图片、历史文物、景观沙盘 3 个区域。

党史陈列室建于 2009 年 9 月，是场史馆的一个区域，主要展示地方党史资料和新时期党建工作，面积 60 平方米，陈列图片 98 幅、实物 75 件，分红色火种、光辉历程、时代先锋等 6 大部分，共计 18 个板块。

2011 年 12 月，场史陈列馆被农垦总局党委、农垦总局命名为第二批北大荒精神教育基地。被建三江管理局党委命名为党史陈列室建设示范基地，也是农场青少年教育基地。自建馆以来，场史馆每年接待各级领导、回访知青、干部职工及子女回访，各地党员、积极分子、青年团员、中小学生累计达 6 万余人次，每年开展北大荒精神教育 1500 余人次。

2020 年 10 月 18 日，北大荒农垦集团有限公司（黑龙江省农垦总局）党委书记、局长、董事长在建三江分公司党委书记刘相增的陪同下，来到农场场史馆参观考察。

三、党员干部教育基地

2018 年 6 月，农场党委结合“不忘初心　牢记使命”主题教育，在人员集中的农场文化体育中心一楼大厅，建设 200 平方米的八五九党员干部教育基地。教育基地面向全场党员、干部、青年人、学生和职工群众开放。

教育基地采取图文并茂和讲故事的形式，共设两大展区，16 个展板，10 个墙体文化图版。第一部分是党的光辉历程展区，第二部分是北大荒发展历程展区。该基地同时被列为建三江管理局党员干部教育基地。

2018 年，为全场各单位进行党史教育 36 次。2019 年，接待总局党建现场会、周边农场及市县、场内人员共计 32 次。2020 年，接待农场基层单位党性教育 1000 余人次。2021 年，对部分内容进行了更新。

第四章 卫 生

第一节 机构沿革

建场前，本地无医疗卫生设施，平时小病多以乡间土方草药治疗。

从1954年起，增设东安镇卫生所，配备医士1、2人，助产站与卫生所合署办公。

1956年，铁道兵九师开荒大队带来医生3人、卫生员2人，成立卫生所。

1957年1月，八五九农场正式成立，建农场卫生所，仍保存开荒大队卫生所建制。

1958年5月15日，驻福州军区的中国人民解放军第五十二预备医院集体转业来场。第五十二预备医院（俗称“五二医院”），是一个团级野战医院的建制。带来500张床位的全部医疗设备，共200余人（医生护士100余人）在东安下营建立八五九农场医院。同时分场和开荒大队建卫生所。

1958年底，八五九总场与饶河县合并，场部从东安搬迁到饶河县城，“五二医院”也随场部一同迁往饶河，与饶河县医院合并。但在东安镇利用农场的机关用房开设了一个有50张床位、60多名医护人员的加强科（称为东安医院）。此时，已达到小病不出队、中病不出所、一般重病不出农场的态势。

1962年3月，场社分家，医院又一分为二。1963年底，饶河恢复县制。八五九总场一分为三，即八五九农场、胜利农场、饶河农场。各农场相继建立了自己的农场医院及分场卫生所，骨干力量均为“五二医院”的医护人员。同时八五九总场医院与饶河县医院合并，始称“饶河县人民医院”。“五二医院”的2/3（71名）医护人员合并到了这所医院。

1970年5月，黑龙江生产建设兵团六师医院成立，是以东安医院为基础扩大组成的。当时，医院暂时设在富锦县城内，1971年11月搬至建三江。“五二医院”的十来名医生及护士又离开八五九组建六师医院。另有一部分医护人员调至虎林和裴德医院，后又调入农垦总医院。至此，第五十二预备医院犹如一棵大树，开枝散叶，播下一粒粒种子，在北大荒这块土地上生根、开花、结果，代代相传。

1964年新八五九农场成立时，先由原五、六分场两个卫生所承担医疗任务。1965年10月，新的农场医院在场部建成并开始门诊。

1969 年 4 月，随着防疫工作的不断发展，在组建生产建设兵团卫生队的同时建立了卫生防疫站。

1977 年，农场专设卫生科，主管全场卫生工作。

1979 年，建立计划生育办公室。

随着医疗卫生机构的不断完善，医疗设备和卫生工作人员以及医疗水平也不断充实和提高。到 1983 年底，农场医院建筑面积 2150 平方米，床位 100 张，分场设有卫生所，生产队有卫生室，全场医务人员达 221 人，占全场人口总数 1.3%。

1984 年，防疫站、妇幼保健站、计划生育办分别被总局评为先进单位，妇保站被农牧渔业部评为先进单位。

1985—1991 年，农场的卫生管理机构实行科（卫生科）院（职工医院）合一。1992 年科院分开 3 个月后又合为一体。1996 年 12 月，科院再次分开至 2005 年。

2006—2010 年，卫生科一直延续科院分开管理体制。2010 年 5 月，农场对卫生系统进行改革，实行民主选举竞聘行政领导干部，时冬霜任卫生科科长兼医院院长。2012 年 1 月，袁兆明任卫生科科长兼院长。2013 年 9 月，科院分开，钱寿元任卫生科科长，谭大海任医院院长。2015 年 7 月，科院合一，谭大海任卫生科科长兼院长。2017 年 5 月，庄佩凤任卫生科科长兼院长。

根据农垦改革精神，2019 年 6 月，八五九农场卫生科行政职能全部移交属地饶河县管理。

领导成员更迭情况如下：

卫生科科长：郑开华（1977.2—1984.2）

韩洙泉（1984.2—1988.7）

许永良（1990.9—1992.6）

李　刚（女，1992.6—1994.12）

李金智（1994.12—1996.12）

时冬霜（1996.12—2012.1）

袁兆明（2012.1—2013.9）

钱寿元（2013.9—2015.7）

谭大海（2015.7—2017.5）

庄佩凤（女，2017.5—）

医院院长：雷　健（1956 年任开荒大队卫生所所长）

姚　政（1958）

吴恩文（1962）
斗志武（1965）
郑开华（1977.2—1984.2）
韩洙泉（1984.2—1988.7，其间上大学2年）
张　哲（1985—1987，任副院长，主持工作）
许永良（1988.7—1992.6）
李　刚（女，1992.6—1994.12）
李金智（1994.12—2010.5）
时冬霜（2010.5—2012.1）
袁兆明（2012.1—2013.9）
谭大海（2013.9—2017.5）
庄佩凤（女，2017.5—）

书　记：　刘志旺、张秀清（女）
付志友（1977.2—1979.1）
张宝峰（1983.1—1986.8）
李　刚（1986.8—1988.4）
李同熙（1988.4—1990.9）
黄大湘（1990.9—1991.7）
韩有柴（1991.7—2005.12）
郝文林（2005.12—2012.1）
钱寿元（2012.1—2013.9）
宋玉凤（女，2013.9—2014.4）
王爱玲（女，2014.4—2021.3）

第二节　医　　疗

一、职工医院

1958年5月，解放军第五十二预备医院集体转业复员来场建立医院。他们虽医术水平较高，设备齐全，但多数医务人员集中在总场，加之体制多变，分场和生产队还是缺医少药。生产队卫生员平时仅医治伤风感冒和工作中碰伤包扎等简单的治疗。重病和传染病必须送往饶河、佳木斯或裴德、汤原医院。因交通闭塞，迫不得已，有时送苏联比金医院求医问药。1959年，渔业队职工石翠兰的母亲实施前置胎盘手术，在分场办公室以蓄电瓶照明，用剃头刀当手术刀，饶河医院外科医生用长途电话指挥这次手术。

1965年10月，医院建成，面积2312平方米，投资54万元。新建的门诊部开始接诊。同时于合信、于桂英等内、外、妇科医生到佳木斯医院进修回场，农场职工医院正式成立，各种医疗设备陆续添置。从此，除较复杂的内、外、妇科患者，需送往外地医院治疗外，一般外科的切除，肠吻合、脾摘除、肝破修补、脑外伤、骨折、妇科的子宫切除、卵巢囊肿、剖宫产，内科的地方性传染病、麻疹、急性菌痢、出血热、中毒性小儿消化不良等疾病，农场医院均可治疗。

1978年以后，医务机构基本健全，设有内科、外科、妇产科、小儿科、五官科、口腔科、眼科、化验室、X光室、超声心电室、针灸理疗和药局等，有床位100张，每年门诊1.9万多人次，收住院病号1600余人。

1970年4月，医院建立中草药加工厂，自制药剂。医务人员自己动手采集药材，经过人工加工处理，制成的中草药达30余种。有针剂、丸剂、片剂、酊剂等。以参茸汤、止痢丸、止痢汤、当归、公英注射液，治疗的效果好，深受群众欢迎。参茸汤每瓶2.61元，因强身去风湿，销售到北京、天津、上海等城市，群众纷纷来信要求订货。1973年、1976年分别参加兵团及六师中草药产品展出，被评为黑龙江生产建设兵团及六师先进单位。后因医院失火，设备被烧毁，加之上级医药部门要求药品力求集中、统一制作和统一管理而停产。

那时，医院门前还建了花园，有榆树墙、果树及各种绿化树木等。这种设计理念在当时是很超前的。当年，医院的花园是人们照相取景的首选，冬季的花园银装素裹，秋季的长廊五彩斑斓。

从1964年开始，八五九农场医院陆续接纳了3位截瘫病人，即杨德才、上海知青李汝光和18岁的青年张振德。40年的岁月、40年的艰辛、40年的奉献，1.46万多个日出日落，护士们换了一批又一批，但精心照顾3位截瘫病人的重任一直延续下来。1989年5月12日，央视新闻联播报道了八五九护士班的事迹。1991年，医院护士班被黑龙江省政府评为“三八”红旗集体；1992年，被团省委评为学雷锋先进集体；被总局卫生局授予2006—2007年度“护理先进集体”。虽然3位截瘫病人相继离世，但医院护士班姐妹们的无私奉献精神还在代代相传。

1984年，医院被总局评为文明医院。

2003年5月9日，农场为改善职工医疗环境，投资370万元，在原职工医院北侧开工建设3130平方米的医院门诊住院综合楼。当年11月26日竣工。

1984—1997 年，职工医院医护人员 106～126 人。1998 年 4 月，农场精简机构，医院专业技术人员减至 69 人。到 2005 年，有专业技术人员 46 人，其中本科 8 人、大专 31 人、中专 3 人。高级职称 1 人、中级 13 人、初级 11 人。

主要设备：500 毫安 X 线机、日产日立 EUB-200 型黑白 B 超、日本智能 ECG-8110K 型心电图机、荷兰产半自动生化分析仪、尿八项分析仪、血流变机、激光血管内照射仪、牙科综合治疗机、胆结石治疗仪、胃肠治疗仪、妇科激光治疗仪、皮肤科奥桑机。

从 1995 年开始，职工医院自筹资金购入生化分析仪、汉 B 激光、骨质增生治疗仪、低温周波治疗仪、血球计数仪、无痛分娩仪、牙科光敏固化机、多功能电离子治疗机、高压消毒锅、大型美产 GE8800CT 机、尿十项分析仪及制氧机、洗胃机各两台。

1987 年随着 20 多名技术骨干的调离，职工医院技术力量大大削减。为了补充技术力量，农场从生产队卫生员中抽调素质高、业务能力强、技术水平过硬、工作时间长的医务人员充实到职工医院。同时加强大、中专毕业生的引进力度，选派在岗的医务人员到大、中专院校及大医院进行脱产培训和进修。到 2005 年底，共派出学习人员达 21 人，使医务人员的技术水平有了大幅度的提高。

进入 20 世纪 90 年代，农场职工医院的技术水平和医疗能力提高很快，对于一般的常见病、多发病及疑难病症达到了不出场就能治疗。

内科能诊治脑血管、心血管、呼吸系统、消化系统、泌尿系统、血液系统、神经系统等病症，以及各种休克、药物中毒、急慢性传染病等。

外科可做胃大部分切除术、脾切除术、胆囊摘除术、肠吻合术、甲状腺瘤切除术、胃肠修补术、骨科各种手术、颅骨内减压及胸腔引流术等。

妇科可做子宫次、全切术及卵巢囊肿摘除术、宫外孕术、刮宫产术、各种难产、子宫大出血等。

2019 年，升级为二级医院。有职工 106 人，病床 103 张。

2020 年，有卫生技术人员 84 人，其中高级职称 19 人、中级职称 16 人、初级职称 49 人。院内设有急诊科、内科、外科、儿科、妇产科、五官科、口腔科、中医理疗科、彩超心电科、检验科、药剂科、护士站、预防接种门诊等 13 个临床医技科室。医院配备有数字化 X 摄像机（DR）、计算机断层扫描机（CT）、彩色 B 超、全自动血球计数仪、全自动生化分析仪、全自动牵引床、麻醉呼吸机、电动手术床、高频电刀、双臂无影灯、妇科综合治疗仪、妇科 LEEP 刀、新生儿辐射温台、胎儿监护仪等设备。急诊室设有监护仪、呼吸机、除颤仪、洗胃机等急救设备。康复科新引进了 120 万元的整套康复设备。

医院现有的医资力量和设备，能为各种疾病诊断、治疗、康复和分诊提供可靠的保证。医院现有资产 217.48 万元，其中 2013—2019 年省级以上财政项目 7 个，拨款建设资金 642.8 万元，购置 84 台（套）设备及卫生院改建。2013—2019 年，农场自筹资金购入固定资产设备 146 台（套），价值 573.22 万元。

二、医疗卫生基础设施建设

1976 年 3 月，经农场申报国家计划，由黑龙江省卫生医疗机械厂生产（用南京跃进汽车底牌改装）的专用救护车进到农场卫生队。

1994 年 9 月 15 日，从哈尔滨总院引进 GS-2 型光量子血疗仪。2001 年 8 月 11 日，医院筹资 15 万元购进 1 套美国产 CE8800CT 设备。2007 年，农场投资 80 余万元添置先进的医疗器械，有效地改善了农场医疗水平。

2009 年，投入 160 万元，新建 912 平方米医院综合检验楼。2010 年 12 月，成立明珠家园社区卫生服务站，面积 137 平方米，隶属医院管理。同年，投入 177 余万元购置“彩超”、血液透析机等医疗设备 11 台（套）。

2011 年，投入 80 余万元购置“医院管理系统”“漏费系统”“中心给养”“负压吸引”等设施。2013 年，投入 77 余万元购置“多功能生化仪”“微量元素测定仪”“血常规”“妇科综合治疗仪”“血气分析”“血凝仪”“利普刀”“心电监护仪”等设备。

2014 年，投入 100 万元购置迈瑞 280 医疗设备 DigiEye 280/280T 数字化医用 X 射线摄影系统、美国 GE-p5 阴式超声探头、生物检验工作台、口腔治疗椅 2 台、牙钻 1 套、不锈钢单摇床 22 套、床头柜 22 个、高级海绵棕丝床垫 22 个、预防接种门诊冰箱、药品冷藏展示柜等。投资 51 万元，其中总局下拨 40 万的自助式健康指标检测设备，农场配套装修费用 11 万元，建立标准化健康小屋，免费为居民提供健康指标检测等服务。投入 40 万元（其中国拨 25 万元，农场配套 15 万元）对 5 个基层卫生室进行维修改造。

2015 年，投入 60.16 万元购置迈瑞五分类血球分析仪、糖化血红蛋白检测仪、尿液分析检测仪、骨质疏松治疗仪、DR 工作台、牙齿美白仪、五官科微波治疗仪、眼压检测仪、验光仪等。

2016 年，投入 90 万元对医院消防设施、大门、10 个卫生间、4 个老干部病房、供氧间等进行了维修改造。建立儿童早期发展指导工作室，项目有婴儿抚触、游泳、儿童口腔涂氟、龋齿检测、产后康复等。同时，引进 380 万元医疗设备。

2017 年 1 月，投入 200 万元引进美国 GE 双排螺旋断层摄影系统（CT）。

2018 年，投资 27 万元，用于医院污水处理系统建设；投资 70 万元，用于医院管理系统更新。

2019年，投资119.7万元购置彩色多普勒超生诊断仪。

农场加大对医院硬件建设，购置40万元国产血细胞分析仪，投资165万元建立600平方米康复大楼，投资130万元建立核酸实验室。

三、医疗服务

1993年1月，在场部农贸市场开辟第二门诊部，设医务人员2人。

1996年，医院门诊总人数2.6万人次，收治住院患者921人次，手术治疗175人次，抢救危重病患者42例。

2006年，设门诊咨询导诊处，方便病人就诊。妇产科手术实行最高限价。2009年，实行科室承包，基础工资加效益工资。

2011年，业务收入664万元，其中医疗收入220万元、药品收入444万元，非业务收入46万元。同年，先后有9名医务工作者分期分阶段到哈医大、北医大等院校进修学习。

2011年4月，农场医院经过23天的全力抢救，成功救治外来雇工人员王少海夫妻(浅二度烧伤，面积达到体表50%的重症患者)。

2012年，作业站整体搬迁到场部后，医院的病员量剧增，尤其心衰的急诊急救病人大量增加。全年，内科共抢救心衰病症60例，抢救成功率96%。社区卫生服务站建立健全健康档案4634户1.24万人。建立妇女电子档案6143人，重症精神病档案11人，并为857名65岁以上老年人进行了健康体检。

2014年，对病人实行“基层首诊，双向转诊，分级诊疗”就医制度。当年与建三江人民医院双向转诊病人56例，开展了“管理局级示范社区卫生服务中心”创建工作。

2015年，实施国家基本药物制度，实行基本药物126种零差价销售，患者收益率100%。当年，开展康复治疗1142人次，骨质疏松治疗600人次。

2016年，实现了临床电子病历、电子处方的统一应用。

2017年，家庭医生签约居民2461人，计生特扶家庭、孕产妇、新生儿全部实施家庭医生签约服务。2018年，医院总收入1340万元，取得了历史新高。

2020年，全年接受门诊患者1.81万人次，住院患者695人次，完成医疗收入878万元。建立居民健康档案个人信息电子版1.6万人。65岁以上老年人健康电子档案和纸质档案2005份，为辖区老年人开展免费健康体检1132人，开展老年人中医药管理1132人。系统规范管理慢性病1779人次，重性精神疾病78人。0～6岁儿童健康管理1297人，新生儿建卡率100%。一类疫苗接种2450剂次，二类疫苗接种1339剂次。育龄妇女免费体检862人。全年通过电话随访慢性病人群、母婴随访共8500余人次。

2014年8月，超声医学主任医师赵红《腹部超声诊断与临床》课题荣获黑龙江省科技优秀学术成果一等奖。2016年9月，汤悦在建三江管理局2016年基层卫生岗位练兵与技能大赛中荣获社区护理组个人一等奖，被授予“卫生技能标兵”称号；医院获团体二等奖。

2017年，被建三江管理局党委授予“巾帼创新示范岗”。2019年，被建三江管理局党委授予“文明单位标兵”。2020年，被建三江分公司党委授予2020年抗击新型冠状病毒“青年抗疫工作先进集体称号”。

在疫情防控工作中，认真落实医疗救治、集中隔离、推进新冠疫苗接种、18类重点人群核酸采集等工作。选派优秀医护人员36人为高、中风险地区及境外返场人员进行集中医学隔离工作90天。目前，累积接种新冠疫苗第一针18147人（含12～17周岁942人，3～11周岁1328人）；第二针17418人（含12～17周岁930人，含3～11周岁1122人）；第三针6710人；采集18类人群及冷链等重点物品核酸样本53487份。

第三节　卫生防疫

防重于治是医疗卫生工作一贯遵循的基本方针。农场的卫生防疫工作随着农场生产建设发展，不断提高与改善，为控制各种疾病蔓延，保障人民身心健康，采取了各项措施。

自1980年农场成立卫生防疫站后，其工作职能主要以疾病控制和预防为中心，对新生婴儿进行免疫接种疫苗，对公共饮食及服务场所进行卫生监督和检查，以达到控制传染病的传播，保障全场职工群众的身体健康。

一、传染病防治

卫生科主要负责预防和防治流行性出血热、布氏杆菌、甲状腺肿大、传染性肺结核、猩红热、非典型肺炎、人感染高致病性禽流感及儿童计划免疫工作。

1965年、1974年发生小儿流脑。从1964年起，小儿麻痹症流行2～3年，致残10人。1973年，出血热流行，患者达130余人，患者对象多是青壮年，病情重、危害大、死亡率高。

加强传染病的防治工作。建立健全各种档案，实施传染病、慢病、死因统计网络直报，对所发生的传染病按照要求在规定的时间内上报，无漏报、错报发生。对全体基层卫生员进行免疫规划、传染病知识的培训，传染病总发病率呈下降趋势。为有效控制流感、流脑等传染病的发生，每年不定期对中小学、幼儿园、医院、文体中心等人员集中场所、重点部门进行传染病防控情况检查督导，制定H7N9禽流感防控预案，到医院督导人感染H7N9禽流感各项防控措施的准备情况。

做好出血热预防工作，免费接种出血热疫苗7740人份，发放鼠药1000斤，使出血热发病率得到了有效控制。

广泛宣传结核病防病知识，结核病实行免费规律性用药管理，初治肺结核病人规律服药率100%，全部规范化管理。2006—2008年，连续3年被评为饶河县结核病防控工作先进单位。

建立甲型H1N1、狂犬病、禽流感、手足口病、流行性腮腺炎、霍乱等各种流行病及传染防治工作预案，做好人员、设备、物资、消毒药品的各项准备，不定期开展突发公共卫生事件应急演练，积极应对各种公共卫生突发事件。

2004—2020年，布病共发生113人，建立布病档案113人。

二、卫生监督

加强饮食业、服务行业的监督与管理。随着改革的不断深化，农场个体从业人员经营的食杂店、食品加工点、小吃部、饭店、旅店等服务场所大量增加，尤其是1992年以后，由原来的100多家发展到2005年的300多家。卫生防疫部门按照国家《食品卫生法》的规定，每年都不定期地对上述服务网点进行检查，防止疾病传播和过期伪劣食品流入市场。对从业人员在上岗前进行检查，发放健康证，并每年进行复检。

强化集贸市场及节假日食品安全管理。重大节日之前，联合工商、技术监督局等部门检查食品市场、超市、餐饮业等，确保节日饮食安全。建立严格的食品索证制度，严禁“三无”食品和超期食品进入市场。

2013年9月，根据总局关于《垦区食品安全“护绿打黑”专项行动工作方案》精神，开展了由卫生科牵头，综治办、工商所、技术监督局、公安分局、工业科、畜牧公司等部门参加的食品安全“护绿打黑”专项联合检查，重点对各食品生产加工企业、作坊、加工点、生鲜猪肉、酒厂、流动摊点、超市、食杂店、商城大厅等进行检查。共检查超市3家、商城1家、米厂4家、酒厂4家、豆制品加工厂7家、馒头加工店8家、食品生产加工店17家、干调店3家。

与食品业户签订《食品卫生安全责任状》，防控“禽流感、口蹄疫”安全责任状。每年3—4月，对所有企业进行卫生许可审验、换证及从业人员健康体检、卫生知识培训工作，卫生许可办证率100%，体检率100%。

加强餐饮业、学校食堂、集体食堂原料管理的监管，推广食品原料采购制度，严格实施索证、索票制度。抓好公共场所卫生监督工作，重点对洗浴、中小型旅店、理发美容、娱乐场所进行执法监督检查，落实公共场所卫生消毒设施的使用，对随机抽取的各类样品开展微生物检验。

2017 年，办理公共场所卫生许可证 26 家；量化分级管理 30 家，并完成国家双随机检查、抽检和网络录入工作。

加强生活饮用水的卫生监督，做好出厂水及末梢水水质监测工作，每季度现场采样送检一次。经检测，农场饮用水均符合 GB5749—2006《生活饮用水卫生标准》。

打击非法行医。重点监督检查未取得《医疗机构执业许可证》，擅自从事诊疗活动诊所、家庭诊所、无任何资格的游医及药店坐堂医，规范医疗市场秩序。

三、学校卫生

由于九年义务教育的普及和幼儿教育事业的发展，2005 年全场在校中小学生及学龄儿童达 2200 多名。根据《学校卫生管理条例》的要求，防疫站每年对学校学生进行健康体检，在学生中开展常见病群体预防与矫治工作。除卫生防疫站定期检查外，各学校的卫生所还开展定期消毒，为学生提供健康的学习环境。2003 年“非典”期间，由于严格管理，定期消毒，没有发生一例“非典”疑似病例。各学校多年来也没有发生重大传染病疫情。

2013 年，加大对学校食堂、幼儿园食堂的日常监督管理，查看索证、索票登记，消毒登记，物品采购登记、留样登记，对不足部分提出整改意见，保证学生用餐安全。从 2016 年 9 月 1 日开始，学校不再有住宿生，学校食堂和学生公寓关闭。

四、计划免疫、疫苗接种

按照国家计划免疫管理条例要求，农场的正常预防接种工作得以顺利开展，且群众自觉性较高。

自 1975 年开始，预防接种有麻疹疫苗、小儿麻痹糖丸、三联疫苗、破伤风类毒素、牛痘、结核卡介苗、乙肝疫苗等。

1990 年以前，接种率年均在 99%以上。1992 年达 100%。通过预防，各类传染病发病率明显下降。

到 2020 年，全场共有计划疫苗接种点 40 余个，基层卫生人员 40 人，负责全场 0～7 岁儿童的预防接种工作。全年完成乙肝、卡介苗、脊灰糖丸、百白破、麻疹等疫苗的基础接种，建卡率100%。五苗接种率达100%，无漏服、漏种现象。

农场疾病预防控制中心获2006年度垦区疾病预防控制工作先进集体称号，获2008年度全省疾病预防控制工作疾病监测先进集体称号。

表6-11 2006—2020年全场计划免疫情况统计表

单位：人

年度	0～6岁儿童数	一类疫苗接种数	二类疫苗接种数
2006	1023	1961	110
2007	1229	2048	203
2008	1211	2219	211
2009	1017	2908	231
2010	1383	3294	245
2011	1128	1738	517
2012	1406	1418	644
2013	1069	2185	751
2014	1219	3297	614
2015	1175	3736	2018
2016	1155	2421	838
2017	1132	2651	566
2018	1086	3193	1393
2019	1013	2439	995
2020	928	2558	935

五、改水改厕

水源引起的地方甲状腺肿（简称地甲病）是农场多年来未曾解决的问题。在1981—1982年的普查中，发现患地甲病患者2041人，患病率为全场总人数的18.3%。尤其是原三分场以东的大部分生产队，居民饮用水是“小压井”水，井深在8～12米，为地表水，水质碘高铁高等，严重影响了居民身体健康，尤其是对青少年的生长发育不利。为解决水源缺碘，除食用碘盐、碘化钾、碘油丸和注射碘油外，自1970年开始，打机井，吃地下水。到1984年已打机井43眼，深度100～150米。

自1982年起，场直地区都饮用机井水。

无机井单位，用大口井水，设井栏，井台高出地面50～70厘米，使用公用水桶，保证水的清洁。

据1998年统计，全场有12个单位使用了安全达标的自来水，受益人口1.53万人，占总人口的87%。但全场还有手压井398眼，涉及用水人口1598人，占全场总人口的

9%，还有4%的人口饮用浅水井水。2001—2005年，农场争取上级支持，投入84万元共打了12眼深水井，全场职工群众饮用水合格率达到100%。

自1995年开始，农场借助管理局加大改水的政策，增加改水资金的投入。2001年为四、三十、十二队打人畜饮用深水井3眼。10月3日，十二队200余户居民吃上了经过净化处理的自来水。2002年，投入30万元为十一、十三、十五、二十二队各打深水井1眼。2003年，投入40万元，分别为九、十、三十七队、副业队打深水井，并进行了水处理。2004年底，全场居民全部喝上了安全卫生的饮用水。

2008年3月1日—10月1日，在第二、九管理区实施安全饮水工程，投资54万元（国家投资24万元、农场自筹30万元）。2015年，投入水利建设资金145万元，完成东安镇饮水安全工程。新增水源井1眼，购置水处理设备1套，管网入户136户，解决东安镇400人的饮水安全问题。

在改厕上，到2005年，第一管理区（一队）、第二管理区（二十二队）、第九管理区（二十六队）都用上了防风、防尘、防蝇、粪便无害化处理的卫生户厕。

六、爱国卫生运动

改善环境卫生和居住条件。从1966年开始，农场定期组织巡回医疗队或卫生工作检查组，深入基层宣传爱国卫生常识，开展预防各种疾病宣传教育活动。督促检查各单位经常清扫垃圾，管理便所、畜舍，排除污水，整修街道，粉刷墙壁，修理锅炕、炉等，做到室内外清洁卫生。

从20世纪90年代开始，农场开展了大规模的爱国卫生运动，尤其是1996年以后，把“内聚人心，外树形象”作为开展爱国卫生运动的指导思想，常抓不懈。从场部到生产队、从单位到居民户，都落实了责任，建立了义务建、制度管的制度。2005年，农场在春播后夏管前，召开全场各单位领导会议，通过落实责任，强化管理，使基层营区环境达到了“香化、绿化和美化”。第一、第二、第九管理区达到了农场甲级示范生产队标准，为全场开展环境治理做出了样板。

1997年，农场被分局评为卫生先进单位。农场被省爱卫会评为省级爱国卫生先进单位。

广泛动员、全民参与、部门联动，开展爱国卫生运动。2012年整体搬迁后，农场加大了社区管理力度，建立由193名楼栋长、752名单元长组成的环境卫生检查小组，对场区环境卫生进行日常巡查监督。

2019年8月，农场在职党员干部以“不忘为民，服务初心，营造整洁环境”为主题，开展了为期一周的治理“脏乱差”，营造清洁、文明、整洁环境专项行动。

2020年，重点开展农贸市场环境综合整治行动，抽调11名有关人员，对乌苏里江商城周边300余个从业场所及市场环境进行综合整治。

七、抗击“非典”

2003年，我国一些地区相继发生非典型肺炎疫情。4月17日，农场制定了防治“非典”工作预案，并在一队、十七队路口设立了由防疫、公安、交通部门组成的防“非典”检查站。在种鸡场建立了“非典”留观站。

农场共投入资金43.5万元，为医院购置了呼吸机、监护仪、红外线测温仪2台，“非典”专用车1台，设立了发热门诊和隔离病房。

农场总结出了“五查一听”的工作方法，即对外来人员进行查体温、查乘车登记、查身份证、查车票、查去向，听口音。农场加强了环境卫生的管理，环卫队共清除垃圾960立方米、清理卫生死角18处、拆迁厕所18处。经过55天的严查死守，到2003年6月12日，全场没有发生一例疑似病例。

八、“新冠”疫情防控阻击战

2020年1月22日，农场第一时间成立了“新冠”疫情防控工作指挥部，启动重大突发公共卫生事件一级响应，迅速展开了疫情防控工作。24日，社区居民委对外来人员进行排查登记。当日晚，对农场经营服务场所进行逐一检查，按上级要求全部暂停营业。26日，紧急启动交通管制预案，设立卡口，24小时检查进出车辆及人员。自2月4日起，农场对社区4个居民委实行封闭式管理，实施“全民隔离，凭票出行”。

从2020年除夕开始，先后召开防控会议30多次，传达上级文件精神和要求，落实了农场各部门工作责任。3个卡口从寒冬至酷暑坚守168天。在抗疫一线，投入医务人员60人、路检25人、社区41人、公安干警52人，为疫情防控工作提供坚强的人员保障。

在防疫物资急缺的情况下，购买消毒酒精5吨，紧急调配20人对公共场所、经营场所、小区楼道、垃圾箱等多次进行消毒处理。农场累计投入356万元，用于购买口罩、防护服、酒精、药品等物资及人员、车辆的经费保障。

对高、中风险地区返场人员进行集中医学隔离，共集中隔离35人。全面开展入户排查及返场务工人员管理，管理区接回返场种植户，在地点隔离3203人，社区居家隔离6730人，实行台账管理和跟踪服务，零遗漏做好返场人员登记建档。

关停网吧、KTV、理发店、饭店等“九小场所”922家，仅超市、药店、食杂店等保障居民基本生活的经营场所开放。

全场 29 个党支部、576 名在职党员干部放弃休假，日夜坚守防控一线，开展入户排查登记、防控知识宣传、公共场所检查、代购生活物资等服务 3000 余次。

全面推行“网格化”精准防控机制，180 名党员干部担任网格员。开展志愿巡逻、地毯式排查等工作，累计劝返群众 812 人，入户排查 7.23 万人次。农场辖区疫苗接种率达 95%，有效保障了全场居民群众身体健康和生命安全。

2020 年 11 月 3 日，农场党委被建三江分公司党委授予“抗击新冠肺炎疫情工作先进基层党组织”称号。

2022 年 3 月 24 日，农场有限公司成立疫情防控指挥部，设在交通科办公楼。调整了“一办十四组”，全部由班子成员担任组长。设立了星火临时党支部、疫情防控作战室，从基层单位抽调 12 人负责指挥部统筹协调工作。

2022 年 5 月 6 日清晨 4 时，农场有限公司派出 6 辆“点对点”务工直通车，在疫情防控指挥部专班工作组的带领下，到绥化市接回 218 名务工人员，来场开展春播生产。5 月 7 日傍晚，6 辆务工直通车停靠在原第二作业站水泥晒场，在这里进行核酸检测，再由各管理区接回本单位。

第四节 妇幼保健

自 1979 年成立妇幼保健站以来，农场一直有一名技术人员负责新婚夫妇的婚前体检、办证、换发新生儿出生医疗证明、妇女儿童疾病普查和健康检查等工作。从 1998 年开始，还开展了对全场育龄妇女进行健康状况普查工作。

一、妇幼保健工作

依据“母婴保健法”“黑龙江省新生儿疾病筛查管理办法”，全年对新生儿 100%进行了筛查并建立健全了筛查档案，做好递送血样的记录工作，对孕产妇实行了早孕建卡、孕期保健，住院分娩 100%。出生医学证明实行证、章分离管理，领取、发放、登记程序进一步规范，保障母婴安全。

2016 年，建立儿童早期发展工作室。设有孕妈妈胎教区，婴儿游泳、抚触区，儿童早期智能开发区等三大功能区域，每周定期开放。配有专业妇幼保健管理人员 5 人、技术服务人员 2 人。开设了孕妈妈课堂，为婴幼儿免费提供了游泳、抚触及智力开发等项目 300 余人次。

二、计划生育

1963年10月2日，农场成立计划生育小组。组长由监委书记顾洪翥兼任，组员由卫生所、农场工会等单位8名人员组成，办公室设在工会。

1973年8月13日，按照黑龙江省计划生育办219号文件精神，提倡男25岁、女23岁为晚婚（法定结婚年龄男20周岁、女18周岁）。提倡一对夫妻生2个孩子，中间相隔3～5年。

严格控制结婚年龄。1980年9月10日，《中华人民共和国婚姻法》第五条规定："结婚年龄，男不得早于22周岁，女不得早于20周岁。"为实施计划生育，要求适龄青年响应号召，婚龄推后3年，即男25周岁、女23周岁。以女方为准满24周岁为晚育。提倡晚婚、晚育、少生、优生。1对夫妇只生1个孩子。

1979年，农场正式成立计划生育委员会，下设办公室，配备专职工作人员2人。计划生育办公室与卫生科合并办公，主任由卫生科长兼任。

1980年，节育率为98%，晚婚率100%，一孩率80%。

1983年8月，省政府授予农场"计划生育先进集体"奖状。

1985年以后，计划生育办以宣传与处理相结合的方式开展计划生育工作。通过大力宣传，广大群众都能自觉地实行晚婚晚育、少生优生。

1996年，人口出生率9.1‰、计划生育率98.4%、节育率95%、人口自然增长率7‰。

建立健全人口与计划生育工作目标考核责任制，年初与各基层单位签订责任状。1996年以后，场直地区计划生育工作由街道办负责管理。

不断加大经费投入，农场计生经费达人均22元。2006—2010年共兑现独生子女父母奖励费达135万元。退休独生子女父母一次补助费113.4万元。特别奖励扶助资金1.58万元，奖励扶助资金4320元。

完善计划生育服务站功能，坚持每年免费开展生殖健康普查普治活动，全场已婚育龄妇女均享有生殖保健普查及四术免费技术服务。已婚育龄妇女随访服务率达97%以上，建立药具发放站15个，药具免费发放率100%，随访率100%。

第五节　基层医疗

2005年，全面推行社区医疗点服务，职工民主选举3个医保定点药店，控制了药价。

2007 年，投入 7.8 万元用于卫生所建设，全场 11 个管理区卫生所达到甲级卫生所标准。2008 年，农场投入 21.2 万元用于甲级卫生所建设。

2006—2008 年，农场有基层卫生所 39 个，撤队并区后，先后有 22 个作业站搬迁到场部。

2009—2011 年，有基层卫生所 17 个〔一区、二区、六区、东安、十二站、十三站、十七站、十八站（大板）、二十八站、三十站、三十七站、副业队、科研站、幼儿园、老干部科、中学、小学〕，基层卫生员 21 人。

2012—2017 年，有基层卫生所 6 个（第一作业站、第二十二作业站、第二十六作业站、东安、中学、小学）。

2018—2020 年，有基层卫生所 6 个（第一作业站、第二十二作业站、第二十六作业站、明珠家园、中学、小学）。甲级卫生所达标率 70%。

自 1964 年 8 月开始，农场有计划地分期分批地选送医务人员去裴德、佳木斯、汤原、饶河等医院进修。学习时间 1～2 年。医院各科室医士以上人员，普遍都轮流进修 1 次，个别因工作需要进修 2、3 次。

从 1966 年开始，农场卫生系统开办学习班，培训生产队卫生员，每期为时半年，共开办 7 期 212 人次。学习结束，分配到生产队担任卫生员。第一、二批学员多数成为医院医务骨干。这批人员都是初中以上文化程度的职工子女和知识青年。

农场历来重视基层卫生工作，特别是“八五”期间，农场先后制定了《关于加强基层卫生工作管理的若干规定》场办发〔1994〕4 号文件。2003 年，制定了《基层卫生工作管理办法》等规定，对卫生员进行管理考核，对缺额补充卫生员实行联合会考制，即由组织部、卫生科、纪委联合组织考试考核，择优录用。

从 1997 年开始，先后对中学、十二队、二十四队、三十七队、三十队、十三队的卫生员进行了考核录用。本着公开、公平、公正的原则，对在职卫生员实行尾数淘汰制。每年由卫生科和组织部门进行考核，先后有 5 名卫生员被调离。

中国农垦农场志丛

第七编

社　会

中国农垦农场志丛

第一章　人口与居民

第一节　人口与民族

农场人口，主要由部队复转官兵、并入的公社社员、老农场调来的机务人员、山东支边青年、城市下乡知青、职工子女就业、外场调入和逐年分配的大中专毕业生构成。

一、人口

1957 年建场初期农场人口为 2386 人，大部分是铁道兵九师的 1236 名复转官兵，还有河北支边青年 120 余人，佳木斯的支边青年 100 余人，以及从各技校招收的近百名学员。1957 年春，从二龙山、友谊、集贤、伏尔基河、查哈阳、永安等农场调入拖拉机手 150 余人。

1958 年 12 月场社合并，并入饶河县各公社人口 10100 人，加上 1958 年复转官兵 3475 人、1959 年山东支边青年 2698 人，到 1959 年底全场人口达到 19134 人，是农场人口之高峰时期。

在 1961—1965 年全国性职工大精减中，农场于 1962 年精减职工 1140 人（其中女职工 742 人），1963 年精减职工 581 人。

1960 年，有 350 名拖拉机手分别调往湖南、湖北、山东、海南岛支援开发建设。1961 年，行政二十二级以上的干部和部分职工 1000 人调往黑河垦区和完达山林区。

1958 年底场社合并，1962 年场社分开，留在农场的地方社员 800 多人。

1964 年 3 月，成立新八五九农场时，因规模缩小，人口减到 5452 人。1966 年，从沈阳军区复转来场官兵 312 名。1964 年，从八五三农场调来 10 名北京青年。1966 年，111 名佳木斯青年来场。1968—1976 年，先后有北京、上海、天津、哈尔滨、佳木斯、齐齐哈尔等城市青年 5993 名来场。1973 年 4 月，从一师调入 328 人。

1976—1979 年，有 5721 名城市知青返城。1979 年为弥补劳力不足，从红光农场调入 373 人、肇源农场调入 455 人。1978 年以后，每年有一批职工子女和投亲靠友来场人员就业；到 1982 年，共接收职工子女 2293 人、投亲靠友人员 909 人。

1966 年以前大中专毕业分配来场的 28 人，1976 年后分配来的 58 人。还有科技人员、各地干部等。1971 年有 88 名、1977 年有 111 名复转军人来场。

到 1982 年 6 月 30 日止，全场共有 3696 户，人口 16311 人，比建场初期增加近 7 倍。1990 年 7 月 1 日，全场共有 4774 户，人口 17461 人。

1998 年 9 月，接受来自肇源受灾农场转移职工 28 户 89 人，富裕牧场 16 户 61 人，共 44 户 150 人。

2005 年底全场人口 18444 人，户数 6723 户。20 多年人口增长的主要原因：一是引进的大中专毕业生；二是 20 世纪 80 年代中期至 90 年代初，农场发展畜牧业从本省海伦、望奎等县引进的养殖户；三是 20 世纪 90 年代中期，农场种植结构调整步伐加快，从方正、海伦、庆安、绥化等地引进水稻种植户。农场 23 年增加人口 2133 人。

2000 年 12 月，全场人口 17495 人，户数 5900 户。其中，场直 1760 户、4623 人；生产队 3644 户、11579 人。其中职工 4087 人，在岗 1431 人，退休 2019 人。

2009 年，全场总户数 7415 户，人口 18779 人，其中男 9360 人、女 9419 人，少数民族 123 人。

2020 年，全场总户数 7747 户，人口 19104 人，常住人口 22567 人。

表 7-1　1956—1983 年全场人口统计表

单位：人

年份	总人数	性别结构		增加		减少	
		男	女	出生	迁入	死亡	迁出
1956	1150	—	—	360	—	—	—
1957	2386	—	—	389	—	—	—
1958	6365	—	—	387	—	—	—
1959	19134	—	—	348	—	—	—
1960	16841	—	—	403	—	—	—
1961	17566	—	—	292	—	—	—
1962	17354	—	—	437	—	—	—
1963	17480	—	—	527	—	—	—
1964	5452	—	—	407	—	—	—
1965	7267	—	—	—	—	—	—
1966	8154	—	—	359	—	—	—
1967	9110	—	—	331	—	—	—
1968	10395	—	—	318	1370	—	—
1969	13050	—	—	373	1969	31	48
1970	14031	—	—	362	1068	—	—
1971	16925	—	—	401	1358	19	208

（续）

年份	总人数	性别结构		增加		减少	
		男	女	出生	迁入	死亡	迁出
1972	17056	—	—	412	404	—	322
1973	16309	—	—	328	422	57	499
1974	16765	—	—	328	131	29	629
1975	16551	—	—	269	176	16	592
1976	16630	8942	7688	212	232	27	440
1977	15840	8250	7590	251	111	—	528
1978	16619	8938	7681	389	1273	33	612
1979	17432	9142	8290	277	3144	41	2567
1980	17249	9211	8038	222	513	46	876
1981	17013	8859	8154	221	284	38	876
1982	16311	8654	7657	291	219	46	734
1983	16555	8560	7995	320	201	28	392

表 7-2 1984—2005 年全场人口统计表

年份	总户数（户）	总人数（人）	性别结构（人）	
			男	女
1984	3858	16156	—	—
1985	4129	16016	8316	7700
1986	4438	16194	8394	7800
1987	4796	16459	8772	7687
1988	4544	16378	8786	7592
1989	4669	16564	8873	7691
1990	4696	16548	8828	7720
1991	4973	16619	8648	7971
1992	5012	16724	8694	8030
1993	5371	16943	8786	8157
1994	5308	16879	8797	8082
1995	5269	16919	8801	8118
1996	5561	17180	8944	8236
1997	5553	17205	8962	8243
1998	5626	17215	8917	8298
1999	5771	17390	9015	8375
2000	5900	17495	9055	8440
2001	6077	17758	9201	8557
2002	6206	17872	9272	8600
2003	6336	17899	9295	8604
2004	6635	18246	9489	8757

（续）

年份	总户数（户）	总人数（人）	性别结构（人）	
			男	女
2005	6723	18444	9533	8911

表 7-3　2006—2021 年全场人口统计表

年份	总户数（户）	总人数（人）	性别结构（人）		少数民族（人）
			女	男	
2006	6862	18434	8914	9520	140
2007	6983	18467	9525	8942	136
2008	7145	18606	9084	9522	116
2009	7415	18779	9419	9360	123
2010	7866	18832	9229	9603	123
2011	8765	21104	10487	10617	123
2012	8850	21244	10522	10722	123
2013	9357	23588	11556	12032	93
2014	9046	22780	11288	11492	93
2015	8981	22032	10502	11530	103
2016	9543	21992	10610	11382	102
2017	9371	21591	10196	11395	88
2018	9353	20902	9506	11396	91
2019	9296	20885	9499	11386	91
2020	7747	19104	9538	9566	275
2021	7805	19268	9620	9648	275

注：数据源于统计。

二、民族

农场居民，除汉族、满族、蒙古族、赫哲族等为本地已有或较早迁来的人口外，其他则均为后来不同历史时期进入本地的民族，汉族人口占 98%。朝鲜族大多是在 1921—1929 年移居此地；俄罗斯族是 1930 年前后，俄国十月革命后经济困难时期流入本地。

由于 1956 年、1958 年大批复转官兵来场，他们来自祖国四面八方，铁道兵 8509 部队复转官兵以广西、湖南、四川三省为多，山东支边青年以乳山、海阳等县居多，其间也有南方少数民族战士复员来场，增加了壮族、苗族、回族、瑶族、土家族、水族、仫佬族等民族职工。但在民族比例上，仍以汉族为主，少数民族仅占 2%左右。

1990 年 7 月 1 日，第四次人口普查，全场有汉族 16977 人、蒙古族 37 人、回族 7 人、侗族 2 人、苗族 16 人、壮族 37 人、朝鲜族 73 人、满族 291 人、瑶族 16 人、水族 4 人、仫佬族 1 人，共计有 10 个少数民族 484 人。

2005年12月，全场有汉族18025人、达斡尔族2人、蒙古族46人、回族4人、侗族5人、苗族13人、壮族14人、朝鲜族65人、满族243人、瑶族8人、水族6人、仫佬族1人，赫哲族5人、柯尔克孜族7人。全场有少数民族13个，人口419人，少数民族人口占全场人口2.27%。2020年12月，全场汉族占98%，人口18270人；有少数民族13个，人口272人。

建场初期（1957—1963年），职工中文盲及中小学程度占多数。1968年以后，大批城市知识青年来场，初、高中文化程度职工骤然增多，不识字的逐年减少。初、高中及大学人数由1969年的3426名发展到1987年的5386名，约占职工总数的69%。

在人口中，1964年不识字的（含识字很少的）有2983人，占总人口54.7%。到1982年，不识字的有410人，占总人口2.5%。经过18年的扫盲和普及小学教育，不识字的比例减少了。1964年中学生有576人，占总人口10.5%。1982年的中学生人数达7168人，占总人口43.9%。

大学文化程度，1964年全场有31名，占总人口6‰。1982年达37名，占总人口的2‰。

1990年有大学本科31人、专科272人、中专384人、高中2642人、初中5501人、小学4596人、不识字或识字很少2439人。

2020年末，全场干部人数438人，其中研究生17人、本科223人、大专140人、中专14人、高中44人。

表7-4　1979—1987年全场职工文化程度统计表

单位：人

年度	职工总数	不识字	小学	初中	高中（含中专）	大学	初高中及大学生占职工%
1979	6158	567	1593	3003	373	50	55.6
1980	6771	450	1793	3063	1093	46	62.1
1982	7278	410	1685	3284	1839	37	70.9
1987	7818	356	1626	3737	1554	95	68.9

注：1980年、1982年、1987年3年的初、高中生中有在校生每年约1500名。

表7-5　1964—1982年全场民族成分构成统计表

单位：人

年份	汉族	满族	朝鲜族	蒙古族	侗族	苗族	回族	瑶族	土家族	水族	仫佬族	俄罗斯族	赫哲族
1964	5345	12	53	—	31	6	—	—	—	2	1	1	1
1965	7156	15	55	—	31	6	—	—	—	2	1	1	—
1966	8041	14	55	—	34	6	—	—	—	2	1	1	—
1967	8990	16	57	—	38	6	—	—	—	2	1	1	—

（续）

年份	汉族	满族	朝鲜族	蒙古族	侗族	苗族	回族	瑶族	土家族	水族	仫佬族	俄罗斯族	赫哲族
1968	10254	24	61	5	38	9	5	—	2	3	1	1	—
1969	12881	31	65	11	41	9	5	—	2	3	1	1	—
1970	13849	37	69	11	41	9	7	—	3	3	1	1	—
1971	16734	40	67	14	45	9	7	—	4	3	1	1	—
1972	16858	47	65	14	45	9	9	—	4	3	1	1	—
1973	16107	52	65	14	43	9	9	—	4	3	1	1	—
1974	16561	56	65	14	43	9	9	—	4	4	1	1	—
1975	16340	61	65	14	43	9	9	—	4	4	1	1	—
1976	16419	63	63	14	43	9	9	—	4	4	1	1	—
1977	15589	62	70	12	43	7	7	—	3	4	1	1	—
1978	16402	62	74	12	47	7	6	—	3	4	1	1	—
1979	17188	75	80	18	49	7	6	—	3	4	1	1	—
1980	16970	84	83	26	48	11	9	8	4	4	1	1	—
1981	16704	103	81	38	46	12	11	8	4	4	1	1	—
1982	15974	119	82	49	46	12	11	8	4	4	1	1	—

表 7-6　2005 年全场民族构成统计表

单位：人

民族	人数		
	合计	其中：男	其中：女
合计	18444	9533	8911
汉族	18025	9304	8721
满族	243	138	105
朝鲜族	65	32	33
蒙古	46	24	22
侗族	5	3	2
苗族	13	6	7
回族	4	2	2
瑶族	8	4	4
水族	6	4	2
仫佬族	1	—	1
赫哲族	5	4	1
达斡尔族	2	1	1
柯尔克孜族	7	1	6
壮族	14	10	4

表 7-7　2020 年全场民族构成统计表

单位：人

民族	常住人口			户籍人口		
	合计	其中：男	其中：女	合计	其中：男	其中：女
总计	18542	9280	9262	20226	10075	10151
汉族	18270	9140	9130	19904	9909	9995

（续）

民族	常住人口			户籍人口		
	合计	其中：男	其中：女	合计	其中：男	其中：女
蒙古族	26	13	13	33	17	16
回族	9	3	6	6	2	4
维吾尔族	—	—	—	1	—	1
苗族	7	5	2	14	8	6
壮族	8	5	3	8	6	2
朝鲜族	24	12	12	49	25	24
满族	181	91	90	180	94	86
侗族	1	1	—	2	2	—
瑶族	7	4	3	9	5	4
土家族	—	—	—	1	—	1
柯尔克孜族	—	—	—	8	1	7
仫佬族	1	—	1	2	—	2
锡伯族	1	1	—	—	—	—
鄂温克族	2	—	2	2	—	2
赫哲族	4	4	—	6	5	1
未定族称人员	1	1	—	1	1	—

第二节 居民生活

建场以来，职工群众的物质、文化生活，随着农场生产的发展、交通条件的改善以及受全国政治、经济形势的影响，逐步发生着变化。

在衣食住行方面，经历了建场初期的艰苦创业，20世纪60年代初的暂时困难，农场改制后的开始好转，“文革”中的限制和党的十一届三中全会以后的稳步提高这样几个阶段。

20世纪80年代初，穿着颜色仍然是黑、蓝、绿、灰老四样，的确良、涤卡布料较为普遍。居民吃住条件差，20世纪50年代的土坯墙草房依然存在，白菜、萝卜和土豆是百姓家越冬的主要蔬菜。交通工具除生产队的农用胶轮拖拉机外，主要是自行车。随着改革开放的不断深入，居民生活发生了巨大变化。2005年，农场人均收入增长到7354元，农场人穿着也讲起时尚，购买成品服装越来越多，少数人还以名牌服装和鞋帽为主。主食可以自由选择，一年四季可以吃上新鲜的蔬菜。居住条件大大改善，从1995年起，农场陆续在场部建起15栋居民住宅楼，有420户居民搬进楼房。2004—2005年，在世纪园北侧又建起4栋别墅，居民楼内都进行装潢。生产队住房也不断翻新扩建，内部装修已达到城市住宅标准。冬季取暖大多数采用土暖气，居民生活采用液化气，各种电器走进家庭，还有一部分家庭有了电脑。多数人家都有摩托车，少数家庭已拥有高级轿车。2009－2011年，农场3年整体搬迁居民点30个，建设了明珠家园小区，居民的生活条件得到了彻底改善。

2009年，全场人均收入达1.44万元，储蓄额4.4亿元，人均储蓄2.34万元。2020年，实现人均可支配收入2.98万元。银行发放贷款2.82亿元。

一、服饰

1945年以前，该地区居民多以更生布和家织布缝制衣裳。男的多着青色对襟便褂，女的多穿有颜色的大襟上衣，老年人则以穿黑布衣裤为多。1945年东北光复后到20世纪50年代，青年人则多以“干部服”“中山服”“列宁服”取代了粗布便服。

1956年以后，大批复转官兵来场，带来了部队装束，当地群众也按军队装束，开始穿着自制的黄色军便服。进入20世纪60年代后，服装的颜色则一律是灰、黄、蓝。年轻人不分男女则都是一色黄军装。进入20世纪70年代，大批城市青年进场，受其影响人们的着装开始逐步向多样化发展。城市知青还从城市购买成衣或布料，样式多随城市流行样式，老职工也托知青捎带城市款式的服装。进入20世纪80年代后，随着人们生活水平的提高，人们的衣着无论是质地、款式、颜色都发生了很大的变化。所穿服装追求色彩艳丽、款式新颖、质地轻薄、穿着方便。由于部分城市青年在本地安家和外出人员的增多，本地衣着受城市影响很大，各式新颖服装均有体现。

改革开放的春风吹到服装领域以后，西服、喇叭裤、T恤衫、牛仔衣裤、风衣、短裙、运动服、皮装、羽绒服等国内外的服装款式在农场次第流行起来，人们的服饰衣着开始向着开放式、自由式、多样化的方向发展。各种色彩鲜艳的新潮服装和时尚的款式，呢、绒、丝、绸、纤、涤、棉以及进口服饰衣料应有尽有。20世纪90年代的服装五彩缤纷、时尚多样，裘皮服饰、高档服装开始进入寻常百姓家中。2000年以后，人们不仅一味追求新潮和时尚，更追求品牌、品质和品位。

二、饮食

建场前，本地居民多种植玉米、荞麦，那时主食主要以玉米面、大馇子、荞麦面及少量小米为主，副食则以自养的家禽肉、蛋、鱼类、蔬菜为主。

建场后，农场主要以种植小麦和大豆为主，所以主食主要以面食为主，也有部分玉米面、大馇子、高粱米及部分用面粉从外地换来的大米。粮食供应以国营粮店和单位供应为主，一直维持到1995年3月。粮食市场放开后，个体粮店出现，人们不再凭供应本购买粮油，而是以自己的需求去选购，品种也多了起来。越来越多的早餐店、快餐店、饭店满足不同人群饮食要求，更多家庭早餐中多了豆浆、鲜奶和豆腐脑。

蔬菜、蛋类、家禽以自种自产为主。居民住房前后均有面积不等的菜园，各单位还分给职工一块自留地，可满足蔬菜自给。冬季以储存大白菜、大头菜、萝卜、土豆为主，多用马葫芦状砖砌菜窖。许多人家还晒制干菜，腌制咸菜，备淡季食用。

水果有自产的沙果、李子、西瓜、香瓜等。每年秋季各单位还从外省购进大量苹果、梨和橘子等调剂群众的生活。由于市场繁荣，南方蔬菜、水果一年四季都能在市场上买到。

2002年以后，居民主食消费不断减少，副食消费不断上升，农场人的饮食已从温饱型向营养型转变。

2020年，全社会居民饮食购买力显著增强，饮食消费从节制状态转变到放开状态。过去以植物性食物为主的传统膳食结构，逐步演变为以动物性食物为主，再到谷物类食物、奶制品、豆制品、蔬菜水果为主的饮食结构。

三、住房

职工群众的居住条件随着生产的发展，逐步从马架、拉哈辫房、干打垒房、木垛房、土坯房、半砖半坯向砖瓦房、楼房、别墅过渡。建场前及建场初期，群众住房面积小，居住条件差，多为一家一室，老少同住一铺炕。

1968年，全场只有28户住砖房，1078户住土坯房。1976年，有252户住砖房、1837户住土坯房。1983年，住砖房的增加到1660户，占总户数45%；住土坯房的还有2058户，占总户数的55%。

从20世纪80年代初开始，农场于1981年为抗日战争时期参加工作的老干部和工程师职称的科技人员，新建了每户建筑面积80平方米的2栋12户二层住宅。1984年，为新中国成立前参加工作的离休老干部和农场副处级以上干部建设每户建筑面积85平方米住宅8栋32户；1986年，为离休干部建住宅2栋8户；1987年，为农场离退休干部和在职的科级干部及有专业技术职称的一般干部在新区与老干部区建设每户建筑面积50平方米住宅24栋96户。至此，场部地区砖瓦结构公建职工住宅已近150户。

建场以来，农场职工住房一直是公房分配制。1987年，农场将公有房屋转让给个人。1988年，农场出台了《关于职工住宅实行自建公助的政策》鼓励职工群众以自建公助的形式改造或新建职工住宅，同时停止了公建住房的建设，职工住房开始由福利分配向商品房过渡。1993 年房屋转让款再次加收 20%后，将房屋产权归给个人，允许自由交易，彻底实现了商品化。

1992 年以后，场直地区新区开始大量建砖瓦结构平房，居住条件大大改善。到 20 世纪 90 年代中期，场直地区职工住宅砖瓦化率基本达 70%以上，生产队职工住宅砖混结构比例也得到迅速提高，从此农场人的居住条件上了新台阶。

1995 年，第一栋以职工集资形式建设的农行住宅楼竣工；特别是场区下水工程建设完成后，又有交通科、供电局、粮贸公司、项目办（土地）、公安分局、税务局等单位建设起本单位职工住宅楼。2003 年以后，农场建筑公司承建了商用住宅楼云海小区 1、2 号楼等。2005 年以后，开发商以土地转换形式，开始在农场开发建设商住一体的商品住宅楼。

2009—2011 年，农场 3 年整体搬迁居民点 30 个，总户数 4329 户，搬迁总人口 9243 人，使场直地区的人口和户数增加了 1 倍。建设了明珠家园小区，建设住宅楼 91 栋、商服楼 7 栋、办公楼 2 栋，总建筑面积为 36.26 万平方米。人均居住面积由 2008 年末的 24 平方米增加到 2020 年的 35 平方米，农场城镇化率由 2008 年末的 47.5%提高到 2020 年末的 96%。

四、出行

建场初期，境内道路多为土路，质量较差，翻浆路段多，通行困难。1968 年以前，对外无公路。进场物资、人员，夏秋靠江运，冬季靠冰上汽车运输。1968 年修通“胜七公路”后，从此打开与外地的陆路交通。平时多用敞车或大客车接送旅客至师部，各生产队居民外出一般乘胶轮拖拉机或牛车、马车、马爬犁到团部。逢雪大、雨多，全线均不通车，有时长达半月之久，有急事夏天步行，冬天用履带式拖拉机挂推土铲牵引爬犁或拖车强行开路。

到 2005 年，农场大多数人家有摩托车，比较偏远的生产队有通往农场的小客车。农场有豪华客车通往建三江、饶河、佳木斯、哈尔滨、前进、前锋。从 2000 年开始，家庭轿车进入农场职工家庭，职工有急事还可打出租车，方便快捷。随着农场经济的发展，人们生活水平快速提高，许多家庭利用农闲和节日期间自驾外出旅游。2020 年，全场有小型汽车 3656 台，其中出租车 71 台，极大方便了居民出行。

第二章　社会事务

第一节　民政管理

一、机构沿革

1993年12月5日，根据省政府关于在农垦系统设置民政机构的精神，农场成立民政局和残疾人联合会，机构名称为黑龙江省农垦八五九民政局和黑龙江省农垦八五九残疾人联合会。一套机构，两块牌子，与农场司法科、信访办合署办公，办公室设在司法科。1997年1月，民政局和残疾人联合会从司法科中分出单设，与信访办合署办公。2011年10月，民政局和残疾人联合会与信访办分离，编制为2人。

民政局主要负责居民最低生活保障、婚姻登记管理、殡葬管理、义务兵优抚安置、赈灾救济、为老服务、社会福利、残疾人工作、地名管理、区划勘界。

2022年7月，八五九农场有限公司管理体制改革，于风华任社会事务部副部长（主持工作，同年11月任部长）。民政（优抚优待）业务由社会事物部下设的公共服务管理中心负责。

领导成员更迭情况如下：

民政局局长：王永福（1993.11—1997.7）

李忠侠（1997.7—1998.12）

梁　军（1998.12—2015.7）

张淑焕（女，2015.7—2016.4，副）

张淑焕（2016.4—2022.7）

二、居民最低生活保障

1998年，根据《黑龙江省城市居民最低生活保障制度实施办法》，按照总局、分局的统一布置和《垦区居民最低生活保障制度实施操作守则》的要求，对农场属地内达不到最低生活保障标准的居民实施最低生活保障制度。遵循“低标准起步，逐步提高，不养懒汉，公开、平等、民主”的原则，以残疾人、孤儿、重病、60岁以上双方无退休养老金的人为低保对象，重点保障“三无”人员和老弱病残人员的救助。居民最低生活保障标准：平均每个家庭成员月收入不足100～120元的，可以申报。1998年4月20日，农场举办居民最低生活保障金首发式，首次获得保障金的有76户192人，总额2.18万元。当年，农场有83户203人实行了最低保障制度，年发放8.54万元。随着市场经济的发展和工业企业产权的变更，部分职工下岗，收入偏低，进入最低生活保障线内。2005年，发放最低生活保障金32.82万元，受益248户520人。1998—2005年，累计发放最低生活保障金183.02万元。

2006－2020年，低保标准从每月135元/人提高到604元/人，低保金月补差标准从80元提高到404元，逐步提高保障标准。截至2020年，全场共有低保户212户，低保人员316人。

2006－2020年，累计发放低保资金2348.7万元。

农场从实际情况出发，建立健全社会救助制度。对“三无”老人、高龄老人和贫困老人实施救助，对低保户、低收入户的高龄老人每月发放高龄津贴，基本保证老有所养、老有所依的问题得到妥善解决。对低保家庭考入大中专院校的贫困学生实行救助，每人一次性获救助金1.2万元。2015年10月，实施低保户“一站式”医疗救助，救助标准为政策范围内住院自费部分的100%，切实减轻了困难家庭的生活负担。在助残工作中，对完全丧失劳动能力的残疾人100%纳入低保救助，同时扶持有劳动能力的残疾人参加就业。

2019年8月15日，农场民政局与饶河县民政局签订《农垦民政系统行政权力及公共服务事项交接书》。自此，最低生活保障的审核、审批权移交到饶河县民政局，农场民政局只负责管理在册的保障人口及资金发放。

2020年12月28日，八五九农场与饶河县民政局签订《八五九农场在保民政对象移交饶河县管理交接协议》《八五九农场移交档案协议书》，自2021年1月1日起，所有民政在保对象均移交至饶河县民政局管理，资金由饶河县民政局负责发放。

表7-8　1998—2020年居民最低生活保障情况统计表

年度	年度保障标准（元/人）	年底在保户数（户）	年底在保人数（人）	年度发放金额（万元）
1998	100	83	203	8.54
1999	100	86	205	9.89
2000	120	76	189	10.21
2001	120	85	203	11.16
2002	120	337	849	38.19
2003	120	337	849	38.19

（续）

年度	年度保障标准（元/人）	年底在保户数（户）	年底在保人数（人）	年度发放金额（万元）
2004	120	247	516	34.02
2005	120	248	520	32.82
2006	135	259	410	39.45
2007	165	277	440	46.61
2008	165	299	518	57.41
2009	200	307	568	99.27
2010	260	316	571	113.65
2011	300	316	571	137.04
2012	400	306	551	183.61
2013	450	306	551	185.14
2014	450	306	551	198.36
2015	500	309	557	221.90
2016	560	331	558	251.03
2017	600	328	549	266.16
2018	600	253	393	219.56
2019	600	218	329	174.80
2020	604	212	316	154.72

三、婚姻登记

农场的婚姻登记工作在1988年以前一直由公安分局户籍部门兼管。1988年，成立司法科，此项工作由司法科负责。1993年，成立民政局，婚姻登记职能划到民政局，由民政局助理员负责此项工作。

婚姻登记工作包括结婚登记、离婚登记和复婚登记。婚姻登记管理工作已完全实行计算机管理。

2004年4月，前锋农场婚姻登记工作并入八五九农场民政局管理。2017年11月，前锋农场婚姻登记工作划归前锋农场民政局。

2019年6月，随着垦区改革的推进，农场民政局停止办理婚姻登记工作，农场居民婚姻登记到饶河县民政局办理。

1994—2005年，共办理结婚登记1788对。2006—2019年，共办理结婚登记5381对。

表 7-9　1994—2019 年全场婚姻登记情况统计表

单位：对

年份	结婚登记	离婚登记	补领结婚证	补领离婚证
1994	160	12	—	—
1995	160	7	—	—

（续）

年份	结婚登记	离婚登记	补领结婚证	补领离婚证
1996	179	11	—	—
1997	143	26	—	—
1998	129	13	—	—
1999	155	27	—	—
2000	128	32	—	—
2001	119	31	—	—
2002	148	15	—	—
2003	92	31	—	—
2004	185	39	—	—
2005	190	36	—	—
2006	218	43	—	—
2007	247	54	20	2
2008	268	50	9	—
2009	349	99	20	—
2010	742	126	94	—
2011	882	230	317	20
2012	634	187	271	37
2013	528	250	353	35
2014	393	257	358	35
2015	323	237	369	46
2016	259	194	252	16
2017	192	198	171	29
2018	255	191	109	36
2019	91	71	56	21

四、殡葬管理

2001年以前，农场殡葬除特殊情况采取火化外，一直采取土葬。2002年10月1日，建三江分局所辖农场被列入火葬区。分局全面推行殡葬改革，实行火化，并在大板山建立公墓，占地4万平方米，为个人投资建设。11月，100平方米的骨灰存放厅建成投入使用。2003年以前，在农场医院因医治无效去世的病人，多数停放在太平间。2003年7月，建成告别厅。10月，个体经营户韦绍全自筹资金在职业高中楼东北建成殡仪服务站。

2010年，建设八五九农场平安殡葬服务中心，并于当年建设完成投入使用。该服务中心总投资180万元，占地面积7290平方米，实行民建民营的经营管理模式。

五、优抚优待、退役安置

中国人民解放军双鸭山军分区边防三团一连驻防东安镇。每年“八一”建军节、“十一”国庆节以及元旦、春节期间有组织地对边防驻军开展走访慰问活动，对辖区内军烈属、伤残复转军人等优抚对象进行走访慰问，安慰抚恤。

义务兵优待金是农场于1993年出台的一项优待政策。征集的标准和范围：凡在农场境内居住的，每年收取10元/户优待金，由各单位收齐后交民政局。义务兵优待金发放是在义务兵服役期满复员转业后到民政局一次性领取，但在服兵役期间父母生活确有困难，经本人同意也可提前支取。从2005年起，民政部门停止发放优待金，只有农场发放的义务兵优待金每年4500元/人。

2013年9月1日以后入伍的义务兵，取消城乡义务兵家庭优待金差别，实行城乡一体的义务兵家庭优待金制度。

按照《退役士兵安置条例》规定，选择自主就业的退伍义务兵和服现役不满12年的复员士官，地方政府不再负责安排工作，由部队发给其一次性退役金，地方政府按照城乡一体的原则，发给其自主就业一次性经济补助金。

1995—2005年，累计为义务兵发放家庭优待金26.15万元，共计发放人数86人；2006—2020年，累计为义务兵发放家庭优待金166.88万元，发放自主就业一次性经济补助金82.31万元。

表7-10　1995—2020年义务兵家庭优待金及自主就业一次性经济补助金统计表

年度	当年退伍人数（人）	当年发放义务兵家庭优待金（万元）	当年发放自主就业一次性经济补助金（万元）
1995	6	1.73	—
1996	2	0.58	—
1997	9	2.59	—
1998	6	1.73	—
1999	9	2.33	—
2000	5	1.64	—
2001	10	2.88	—
2002	8	1.82	—
2003	6	1.15	—
2004	6	1.15	—
2005	19	8.55	—
2006	7	3.60	—

（续）

年度	当年退伍人数（人）	当年发放义务兵家庭优待金（万元）	当年发放自主就业一次性经济补助金（万元）
2007	7	5.40	—
2008	5	5.40	—
2009	8	6.30	—
2010	7	5.40	—
2011	3	4.50	—
2012	4	6.75	—
2013	7	16.20	18.57
2014	2	7.20	6.59
2015	7	12.09	9.09
2016	7	20.32	11.19
2017	13	30.34	22.27
2018	5	13.00	6.00
2019	4	23.66	4.30
2020	4	6.72	4.30

六、赈灾救济

1998 年，农场接收了来自肇源农场灾民 28 户 89 人，富裕牧场 16 户 61 人，共 44 户 150 人，分别安置到 16 个生产队。农场对安置灾民工作十分重视，按上级规定发齐生活补助费、学生补贴和住房补贴款，解决了 1998 年冬季取暖费，免收了灾民子女 1998—1999 年的学费。1999 年，农场给灾民每户 4 公顷耕地，免收利费，用于抗灾自救。

2008 年 5 月 12 日，四川省汶川县发生 8 级强烈地震。灾情发生以后，农场干部群众、各企事业单位、个体工商户捐款捐物支援灾区，全场捐款总额达到 39 万元。

2012 年，农场遭受大风天气，造成农作物大面积倒伏，为解决受灾群众的口粮、衣被、取暖等生活困难，共计发放自然灾害生活补助金 13.6 万元，棉衣 13 套，确保受灾群众的基本生活不受影响。

2013 年，农场遭受了严重的洪涝灾害，部分群众的居民生活用房倒塌，为妥善安置灾民，为 5 户生活困难、受灾严重的本地居民给予建房补贴，共计发放补贴 14.5 万元。

2014 年，为解决上年遭受洪涝灾害的受灾群众冬春期间的基本生活，共计发放自然灾害生活补助金 5.57 万元。

2016 年 8 月 31 日，农场遭受“狮子山”台风灾害影响，为保证受灾人员顺利渡过难关，共计为 127 户受灾户发放冬春救助资金 9.3 万元。

七、社会福利

福利基础设施建设情况。2014 年，进行敬老院项目的申请报批工作。该项目于 2017 年 8 月竣工，总投资 635 万元，建筑面积为 2098.45 平方米，床位总数 71 张。2018 年 4 月，与裕鹿集团签订租赁合同，采取公建民营的形式进行经营。

社会福利基金融资情况。慈善捐款，2009 年 17.93 万元、2011 年 3.36 万元，2012 年 17 余万元、2013 年 28.55 万元。“慈善一日捐”捐款，2014 年 14.61 万元、2015 年捐款 15.83 万元、2016 年捐款 21.5 万元、2017 年捐款 9.57 万元、2019 年捐款 6.14 万元。

八、残疾人工作

对有需求的残疾人下发轮椅、手杖、助听器、助视器等残疾人辅助器具，切实维护残疾人合法权益。杨家佑是 1956 年从朝鲜战场回国复员到八五九农场的老铁道兵。2012 年，老人左腿截肢，经鉴定为三级肢体残疾，民政局为老人配发了轮椅，切实解决了生活困难。

2009—2020 年，为 352 名残疾人换发第二代残疾证，新办残疾证 167 人、发放轮椅 36 台、折叠坐便椅 2 台、配备助视器 48 台（其中社区服务中心 4 台）、发放助行器 5 个（其中社区服务中心 1 个）、手杖 9 个、功能护理床 2 张、发放困难残疾人生活补贴和重度残疾人护理补贴 188.59 万元。

2013 年，开展便民服务，为社区服务中心配备 2 台助视器，1 个助行器；2014 年，为社区服务中心配备了 2 个助行器。

表 7-11　2009—2019 年换残疾证、发放辅助工具、生活补贴及护理补贴统计表

年度	新办残疾证（人）	轮椅（台）	折叠坐便椅（台）	助视器（台）	手杖（个）	助行器（个）	功能护理床（张）	生活补贴和重度残疾人护理补贴（万元）
2009	352（换）	2	—	—	—	—	—	—
2010	8	1	1	—	—	—	—	—
2011	24	1	1	—	—	—	—	—
2012	5	2	—	—	—	—	—	—
2013	13	4	—	3	—	—	—	—
2014	9	8	—	—	1	—	—	21.18
2015	9	5	—	—	2	3	—	21.78
2016	16	3	—	—	4	1	—	27.82

（续）

年度	新办残疾证（人）	轮椅（台）	折叠坐便椅（台）	助视器（台）	手杖（个）	助行器（个）	功能护理床（张）	生活补贴和重度残疾人护理补贴（万元）
2017	20	10	—	41	2	—	—	28.99
2018	43	—	—	—	—	—	—	30.34
2019	20	—	—	—	—	—	2	31.48
2020	—	—	—	—	—	—	—	27.00

2015 年，送 3 名残疾人去参加手工编织培训，为 7 户发放阳光家园补助资金 8400 元，为 2 名残疾人补发了 2014 年残疾人燃油补贴资金 1078 元。5 月，总局残联共为 14 名需要药品的精神病患者免费送药，药品价值 7258.4 元。

2016 年 5 月，农垦总局精神病院医疗小组为贫困家庭精神病患者开展义诊送药活动，免费药品价值 8600 余元；8 月，联合医院对全场 376 名残疾人进行免费体检，并建立了残疾人健康档案。

2018 年 6 月 1 日，与农场康复中心医生一同到管理局残联领取了康复医疗设备。

2019 年 8 月 9 日，双鸭山残联与建三江残联完成职能移交工作。至此，农场除正常发放残疾人两项补贴外，残疾证的评定工作已移交至饶河县。

2020 年，积极与饶河县残疾人联合会沟通，开展便民服务，分别于 6 月、9 月，为农场行动不便的肢体残疾人及精神智力残疾人提供入场、入户残疾评定工作。

第二节　社区工作

街道办事处的主要工作：协调配合有关部门共同抓好场部小城镇建设和环境卫生，督促检查所有单位的环境卫生，规划、管理场部的公共卫生设施，负责对小城镇户外标语、广告的管理和对散放畜禽户主的处理，指导居委会、环卫队、市容监察队的工作，配合有关部门抓好卫生防疫、计划生育、综合治理等工作。

2006 年以后，农场街道办把工作的重心转到了环境治理和基础建设上来。重点改造了老居民住宅区的道路、沟渠、桥涵，种植了大量的绿化树木，栽种了各类花卉，拆除了影响观瞻的草棚、禽舍，统一了房前屋后菜园的范围，统一建设部分彩钢仓房，沟渠排水畅通，个体修理铺统一搬迁到物流中心及外环，美化了环境，居民的生活质量得到了很大的提高。

2010 年 11 月 20 日，建三江管理局城镇管理现场会在八五九农场召开，管理局党委书记王金会，局长陶喜军及其他局领导，各农场场长、书记及城镇建设主管领导参加会议。与会人员来到农场街道办综合办公楼进行参观考察，并听取了农场党委书记李建军的情况介绍。

2019 年 8 月 1 日，农场将场区公共场所环卫及绿化工作交给洁泰物业管理。居民委员会的职能发生转变，各居民委员会成立监管小组，每周对环卫、绿化工作情况进行监督检查。

2010 年 6 月，八五九社区被省社区建设领导小组评为“全省和谐社区建设示范社区”；2011 年获得“省级创建三优文明城市工程先进社区”；2012 年 10 月 29 日，在第四届全省“六个十佳”和谐单位（家庭）创建评选活动中，八五九农场街道社区获得了垦区唯一一个“十佳和谐社区”称号。2013 年 3 月，被省总工会女职工委员会授予“女职工培训示范基地”；2016 年 11 月，被省减灾委员会、省民政厅授予“全省综合减灾示范社区”；2017 年，被共青团黑龙江省委授予 2014—2016 年度“优秀青年文明号”；2018 年，被团省委授予“青年文明号”称号。

一、机构设置

八五九街道办事处由农场环卫局演变而来，环卫局是在农场精神文明办公室的基础上成立的。1990 年 4 月，农场成立精神文明办公室，张兆顺任主任，办公室设在机关楼内。精神文明办公室的主要工作是负责场部街道环境卫生，下设环卫队。1992 年，精神文明办公室撤销，环卫队归属劳动服务公司，继续负责场区环境卫生。

1997 年 3 月 30 日，农场成立环卫局，杜华民任局长、王永福任党支部书记、环卫队队长王明成，并设立财会人员，另有 7 名环卫工人，办公室暂设在车队院内，3 个月后搬到小白楼办公。环卫局成立后为便于环境卫生管理，设市容监察队。并对原有的垃圾点进行扩建，为场区及时清理垃圾做了大量的工作。

1997 年 4 月 5 日，农场在场直地区成立居民委员会，主任马庆友。根据人口的分布状况，场部分为 7 个区，聘用 14 名退休人员为居民委收费员。

1998 年 3 月 20 日，场直地区街道办事处成立，主任王永福，下设 3 个居民委。

6 月 12 日，农场制定卫生费收费标准，场直地区每户年交卫生费 20 元。

2006 年，农场街道办设主任 1 人、书记 1 人、副主任 1 人。下设 3 个居民委，每个居民委设书记兼主任 1 人、收费员 2 人。办公室地点在原小车班。管理区域东起外环，西至车队家属区，南起老 6 连、工程连家属区，北至电视台。

2009年1月，由于作业站整体搬迁，在原有3个居民委的基础上又成立第四居民委，共设4个居民委，原有的3个居民委管辖区域没有变动，第四居民委管辖区域为明珠家园一期、二期整体搬迁居民区。

2010年10月，街道办设主任1人、书记1人、副主任1人、女工主任兼工会主席1人、干事2人。办公室设在明珠家园广场北侧办公楼。下设4个居民委，每个居民委设书记兼主任1人、女工主任1人、干事1人、收费员2～4人。下设6个服务队，即环卫队、绿化队、城管队、物业队、商城管理所、物流园区。

2012年初，街道办更名为社区管理服务站，设6个居民委。2012年1月，居民委与管理区共建，第三、四、六居民委的书记兼主任，由管理区书记兼职。

2014年9月1日，社区下辖的6个居民委合并为3个，每个居民委设1名书记兼主任，设副书记、副主任、女工主任、综合干事2人。

2017年9月13日，八五九农场社区一站式服务大厅经整合完善后正式对外开展服务。服务大厅职能由社区调解、物业维修扩展到社区服务、法律咨询、人口卫生健康服务、自来水收费、有线电视收费等。

2018年5月，社区管理服务站设主任1人，书记1人，副主任2人，干事2人。将原有的3个居民委重新划分为4个居民委。每个居民委设主任1人（其中第一、二、三居民委的书记由社区管理服务站副书记、副主任兼职），副主任2人，干事3人。

2018年5月，以农场中央大街、乌苏里江大道为界限，重新划分居民委管理区域，设为4个居民委。

第一居民委管理区域：中央大街以北、乌苏里江大道以西，西至物流园区，北至养牛小区。

第二居民委管理区域：中央大街以南、乌苏里江大道以西，西至加油站，南至公园、水库。

第三居民委管理区域：中央大街以北、乌苏里江大道以东，东至外环，北至明珠家园二期北侧街道。

第四居民委管理区域：中央大街以南、乌苏里江大道以东，东至工业园区，南至鱼池。

2020年，社区管辖7436户，人口18416人；有党支部8个，党小组103个，党员524人。

领导成员更迭情况如下：

街道办主任：杜华民（1997.3—1997.7，环卫局局长）

王永福（1997.3—1999.9，居委会主任）
杜华民（1999.9—2002.1）
吴忠仁（2002.1—2007.3）
冯国才（2007.3—2010.10）
赵彩贵（2010.10—）

书 记： 王永福（1999.9—2003.4）
姚素珍（女，2003.4—2010.10）
贾乃生（2010.10—2015.7）
李淑芬（女，2015.7—2017.9）
石 剑（女，2017.11—2021.12）

二、社区党组织建设

2006 年 1 月至 2010 年 10 月，街道办党总支设 4 个党支部。2006 年设 3 个党支部。2009 年，又增加第四居民委党支部。

2010 年 10 月 4 日，成立街道社区党委，下设 4 个居民委党总支。公开招聘街道社区党委副书记 1 人、副主任 1 人，街道党委、居民委女工主任 5 人、干事 5 人。

2012 年初，街道社区党委更名为社区党工委。设 6 个居民委党总支，为了方便老党员就近参加组织生活，作业站退休老党员的组织关系都转入居民委党支部，各居民委党员数量增加。

2014 年 9 月，原有的 6 个居民委合并成 3 个居民委。每个居民委设 2 个党支部，社区共 6 个党支部。

2018 年 5 月，设 4 个居民委，每个居民委设 1 个党支部，社区共 4 个党支部。2019 年 5 月，为方便党员管理，每个居民委又增设 1 个党支部。2020 年秋季，国有企业退休人员党组织关系转入属地居民委党支部，划分到第二党支部，社区共 8 个党支部。

社区第一居民委辖区管理面积 75.4 万平方米，总户数 1496 户，共有工作人员 11 人。党支部有党员 104 人，下设 21 个党小组。办公楼总面积 1000 平方米，内含党员活动室、党小组活动室、党性体检室等阵地，涵盖党员素质教育、道德讲堂、红领巾课堂、会议学习等多项功能。成立了七彩服务队，即以红色为基色的党员先锋服务队、黄色的巡逻联防服务队、蓝色的文体志愿服务队、绿色的青年志愿服务队、青色的阳光宣讲服务队、紫色的爱心助困服务队、白色的医疗保健服务队。

2018 年 5 月，第一居民委党支部被总局党委组织部评为“北大荒堡垒工程”示范党支部，2019 年 6 月，被北大荒农垦集团总公司（农垦总局）委员会评为先进基层党组织。

2015 年 10 月 21 日，农场党委书记孙鹏带领相关部门深入到社区调研，了解居民生产生活情况，特别是对一些老弱病残、鳏寡孤独群体进行了详细的了解。农场党委通过党委议事，最终确定了开展“在职党员干部进社区”活动，并于 11 月 5 日召开了启动大会，明确了社区管理服务站为主要承办单位，机关、场直、管理区全体党员领导干部在规定时间内到社区报到，并根据党员干部自身行业特点、专业特长、兴趣爱好，主动认领包括政策宣传岗、科技传播岗、便民志愿岗、扶贫帮困岗等 10 个岗位中的 1、2 项，主动与群众进行对接。526 名在职党员干部认领公益性岗位 16 类，对接群众微心愿 30 余项，开展志愿活动 284 次，服务居民 1794 次，为居民解决生产生活困难 1320 件。

2019 年 6 月，农场在明珠家园广场建立党建文化主题广场。占地面积 3 万平方米，共有 15 个主题板块，三大主题标识，133 块展板。以“坚定理想信念、筑牢坚强堡垒、弘扬革命精神、传承传统文化、倡导优良家风、营造廉洁风尚”为主题，设立党群联系交流区、主题党日活动区、先优典型弘扬区、精神文明宣传区、居民健身休闲区五大功能区，有初心园、初心墙、党史长廊、清风林等主题板块。使辖区广大党员群众在休闲娱乐中潜移默化感受党建氛围，实现了党建教育由室内向室外延伸、教育模式由封闭向开放转型、教育对象由党员向群众普及。2022 年 8 月，对党建文化主题广场进行更新，设置核心引领区、文化传承区、信念教育区、精神弘扬区等 15 个主题区域，更新图版 133 块。

2020 年 12 月 28 日，为 2 名以上党员家庭悬挂“共产党员户”标志牌，首批挂牌 293 户。

三、环卫工作

环卫队成立于 1991 年，环卫队队长王明成，配清洁工 5 人和 1 台四轮车，每天用四轮车拉运垃圾 6 车，每年垃圾量 2880 立方米左右。1993 年 3 月，农场从副业队调给环卫队排污车 1 台，主要负责抽取宾馆化粪池的下水和场部主要楼房下水。1997 年 5 月，环卫队购进小解放 1 台，10 月购进排污车 1 台，负责农场下水外网 4322 延长米管护。设备有小四轮拖拉机 1 台、三星翻斗车 2 台、小解放牌车 1 台、推土机 1 台、排污车 1 台，每年运垃圾 1 万立方米，并在春秋两季利用排污车对场区下水进行排污。农场订做了 54 个斗式垃圾箱，分别放在一委和各楼区，使卫生环境得到了改善。

2004 年 4 月，农场执行国家的有关政策，在场区解决 40 岁、50 岁下岗工人再就业 54 人，由街道办管理。把“4050”人员分成 4 个小组，每个居民委 1 组，另有 1 个机动小组，主要工作任务是场区环境卫生治理。

（一） 道路清扫

2005 年，农场白色路面达到 5.99 万延长米，清扫队由原来的 6 人增加到 13 人，清扫队服装印有“八五九是我家，环境美靠大家”的字样，负责中央大街、四平路、乌苏里江大道三条主干道路的清扫和保洁工作。每个居民委 15～20 个工人，负责居民区环境卫生清理。

2018 年以前，场直地区主干道路积雪由场直各单位分责任区负责清扫。2018 年冬季，场直地区主干道路积雪由街道办负责清扫。农场从公路站抽调 2 台运输自卸车、刮路机和铲车各 1 台，协助街道办清理主干道路的积雪。清雪以机械车为主，人工清雪为辅，小雪 1～2 日清运完成，中雪 3～5 日清运完成，大雪 5～7 日内清运完成。

2009 年，购进 1 台自走式道路清扫车，相对减轻了环卫工人的劳动强度。

2010 年 10 月，随着明珠家园整体搬迁工程的陆续完工，硬化面积逐渐增多，街道办成立专业环卫队，设队长 1 人，环卫工人由 50 多人逐渐增加到 70 余人。环卫工人由居民委和环卫队双重管理。

2015 年 7 月，环卫队撤销。环境卫生工作仍然由居民委负责，环卫工人由各居民委直接管理。

2019 年 8 月 1 日，农场将场区公用场所环卫及绿化工作交给黑龙江省牡丹江农垦洁泰物业管理有限责任公司洁泰物业分公司管理。委托管理服务年限 5 年，自 2019 年 8 月 1 日起至 2024 年 6 月 30 日止。服务费用每年 286.9 万元，包括清雪、运雪、绿化、公共环境卫生、硬化部分的清扫及服务范围的清污费等所有费用。保洁面积 326.79 万平方米，绿化面积 56.7 万平方米。

居民委的职能发生转变。各居民委成立监管小组，每周对环卫、绿化工作情况进行监督检查，对监管中不合格部位居民委有权按照合同约定的管理办法扣除相应公益事业服务费。居民委现有环卫及绿化工人 75 人，由物业全员接收。

（二） 垃圾清运

2006 年，垃圾清运由环卫队负责，农场每年支付 35 万元承包费用，承包人自己购置 4 台小金刚翻斗车，聘用司机 4 人、装卸工人 12 人。车辆维修、油料及工人工资等费用由承包人承担。日处理垃圾约 48 立方米。2010 年，由于作业站整体搬迁，明珠家园小区入住居民增多，垃圾量增大，农场每年支付承包人 90 余万元费用，日处理垃圾约 60～70 吨。2020 年 1 月 1 日，垃圾清运工作交由洁泰物业管理。

2006—2008 年，农场场区垃圾全部填埋到大板沟垃圾场。2009 年，场部人口增加，垃圾量骤增。原来的大板沟垃圾场已经不能满足所需。农场利用大板山废弃的沙坑，投资

10 余万元，建成了一个可容纳 50 余万立方米的垃圾场，并对原来的垃圾场进行了掩埋处理。由于大板城址于 2014 年 12 月被列为省级文物保护单位，垃圾场使用 9 年后被填平，种植上树木。

2015—2016 年，农场利用第六管理区九站的沙坑，建成一处新垃圾处理场。投资 1850 万元，2018 年春季正式投入使用，日处理垃圾 40 吨。

2006—2008 年，垃圾箱仍使用 2006 年以前购置的梯形铁皮垃圾箱。2009 年，场直地区主要街道、居民区投入梯形铁皮垃圾箱 111 个。2010 年，投入梯形铁皮垃圾箱 75 个。2020 年，投入悬挂式铁皮垃圾箱 470 个。

2018—2019 年，为解决群众如厕难问题，农场在南山、世纪公园、第三居民委辖区大集场所新建 3 座公厕。

（三）环境卫生费

环境卫生费是社区环卫经费的主要来源，居民委按照预算收缴辖区环境卫生费，每个委配有专职收费人员 2～4 人，环卫经费差额部分由农场补贴。

收费标准按照（黑垦建价函字〔2002〕11 号）文件执行，其中居民卫生费每人 2 元/月，经营性场所（饭店）15 元/月，经营性场所（个体小店）8 元/月，排污费每年 1 元/平方米。

2006—2014 年（1—7 月），收卫生费和排污费 423.18 万元。

表 7-12　2006—2014 年收卫生费及排污费统计表

单位：万元

年度	收卫生费及排污费	备注
2006	27.03	—
2007	50.28	—
2008	32.96	—
2009	33.46	—
2010	34.60	—
2011	56.57	—
2012	75.83	—
2013	94.52	—
2014	17.93	1—7 月

2014 年 8 月 1 日，根据黑政办发〔2014〕38 号文件《黑龙江省人民政府办公厅关于清理规范部分涉企行政事业性收费项目和政府性基金项目的通知》之规定，取消环境卫生费。

四、市容监察与城管

2000年，组建市容监察队，为街道办下设部门。组建时只有1人持证上岗，到2005年有5人持证。市容监察队的工作是处理违反市容管理条例的事件，负责管理门市超范围经营时乱摆乱放，清理主街两侧的障碍物，配合清理违章建筑。

2012年，制定实施《八五九农场城镇管理实施方案》等五项管理制度。按照“十进、五出、五统一”的管理要求，规范场区商户牌匾，整治车辆乱停放、占道经营、私搭乱建等违规现象，营造整洁、文明、安全的居住环境。

2008年1月，成立城管队，人员2人，队长曹海龙。2020年为5人，队长赵立民。12月，城管队执法权移交饶河县。

五、社区活动

2009年9月，街道办组织开展“喜迎国庆”文艺演出活动，居民群众3000多人观看了演出。2011年元旦，明珠家园一期、二期整体搬迁居民纷纷入住，社区开展“搬新家、住新房、促和谐”文艺演出，丰富了居民群众的业余文化生活。2013年6月9日，开展“端午粽飘香，社区邻里亲”包粽子比赛。

2016年“五四”青年节，举办“唱响青春旋律，舞动社区风采”文艺演出，1500多名群众参加了活动。

2017年6月28日，社区党工委举办“两学一做、庆七一”文艺演出，给居民献上了一份文化盛宴，3000多名群众观看了演出。

2018年1月29日晚，社区在文体中心举办在职党员干部进社区文艺汇报演出。当年国庆节，社区党工委举办“彰显党性牢记使命谋幸福，凝聚力量不忘初心踏征程”文艺演出，演出活动高潮迭起，2000多名群众参加了活动。

2019年，在建党98周年之际，社区党工委组织开展“艺心向党、赞颂新时代”的庆祝活动。7月14日18时，社区在新建成的明珠家园广场文化舞台举办在职党员干部进社区暨首届社区文化艺术节文艺汇演。节目有朗读革命家书、小品、独唱、舞蹈、戏曲节目等。

2020年9月25日，社区党工委在明珠家园广场举办第二届社区文化节活动。分为邻里帮、邻里乐、邻里情、邻里颂四个板块，内容涵盖了演唱、游艺活动、闲置物品交换、讲述身边故事等。

到2020年末，八五九农场社区党工委组建社区秧歌队2支、舞蹈队6支、武术分会1

个。组织各民间团体利用元旦、春节、“三八”妇女节、“五一”劳动节、“六一”儿童节、“七一”党的生日和“十一”国庆节等重大节日，举办形式多样、寓教于乐的各种文娱活动、健身活动及社区文化节活动，营造浓厚的社区文化氛围，也给社区居民提供了展现自我的舞台。

2018年，社区开展精神文明建设评比活动，评比“五好文明家庭”40余户、“星级文明户”360余户、“双党员户”70余户，提升了居民的素质，增强了居民的认同感、归属感。

2020年疫情防控期间，社区所有工作人员取消假期，投入抗击疫情第一线。4个居民委实行封闭式管理，辖区严格交通管制，入户排查率100%，对返场人员及密切接触者建档并居家隔离，每日体温监测。运用电子屏滚动、两微平台、微信群、钉钉群、网络书法绘画展、悬挂宣传条幅、流动宣传车、发放防控手册等多渠道、多形式进行疫情防控宣传。共发放宣传手册5000本、宣传单5000份，建立了居民微信交流群8个，广场大屏幕每天6小时不间断滚动播放疫情防控工作宣传片，营造群防群控、科学防控和“不造谣、不传谣、不信谣”的安全氛围。以在职党员干部进社区活动为平台，发动党员志愿者、楼宇党小组开展大规模排查3次，累计共入户1.2万户，排查2.81万人次。

第三节　物业管理

一、机构沿革

2013年9月12日，农场第一家专业物业公司——兴城物业揭牌成立，属农场扶持，街道办监管的自负盈亏单位。

2016年1月1日，农场引入裕鹿集团洁泰物业管理公司从事物业服务，裕鹿集团入驻八五九农场成立黑龙江省牡丹江农垦洁泰物业管理有限责任公司洁泰物业分公司。接管了街道办个人承包的物业公司，开启了八五九农场第一家民营企业管理的物业公司。

2018年8月19日，裕鹿集团副总经理岳继全到洁泰物业八五九分公司，宣布陈富为分公司经理。

2019年7月22日，裕鹿集团董事长刘为荣、集团副总经理岳继全在农场机关与八五九农场签订公用场所环卫绿化委托服务合同。

2019年8月2日，裕鹿集团副总经理岳继全、八五九分公司经理陈富带领分公司管理人员与社区领导赵彩贵、石剑、杨金军、苏彦庆及社区工人在社区三楼会议室召开接收市政人员交接会议。

到2020年末，洁泰物业八五九分公司共有员工122人，其中保洁人员42人、环卫工61人、修理工9人、收费员3人、管理人员7人。

领导成员更迭情况如下：

经　理：陈广义（2016.1—2017.5）

　　　　张守京（2017.6—2018.6）

　　　　陈　富（2018.8—2022.10）

　　　　孟　欣（2022.10—）

二、物业管理服务

洁泰物业八五九分公司主要负责八五九农场安居小区、怡园小区、云海小区、润海小区、交通小区、世纪园小区、阳光小区、项目楼、银行楼、国税楼、警官公寓、南市场综合楼、粮贸楼、电业楼、福苑楼、金盛家园、华庭苑及明珠家园小区一期、二期、三期共125栋楼6200余户的物业管理服务，服务面积40.11万平方米、楼区绿化面积15.64万平方米。

服务内容包括：小区卫生、公共楼道卫生、业户下水堵塞疏通、业户电路免费维修、水管漏水维修、公共楼道的灯头维修、缴纳楼道灯电费等。

物业服务按《黑龙江省物业管理条例》规范管理，服务质量标准执行三级物业管理标准，居民按服务标准缴纳物业服务费每年6元/平方米，公司对残疾人和低保户减免50%服务费，对农场扶贫户全部减免。农场建设科联合社区居民委及居民代表加强对物业日常服务质量的监督，开展居民满意度测评。物业服务市场化后，农场每年可节约资金130余万元。

三、市政工作

2019年8月1日，八五九农场将原由街道办负责的场区和东安公共区域环境卫生、绿化管理、冬季清雪、垃圾清运等工作委托给裕鹿集团洁泰物业八五九分公司。委托管理服务年限5年，自2019年8月1日起至2024年6月30日止。

到2020年末，共有清扫机3台、清雪车5台，保洁面积326.79万平方米、绿化管理面积56.7万平方米。

负责居民区共用绿地、花木、建筑设施的保洁、养护与管理；居民区公共环境卫生，包括房前屋后公共场所、锻炼广场、房屋共用部位的清洁卫生；居民区内交通与车辆停放秩序的管理；冬季农场内所有道路及公共场所清雪；场区道路、外环路、绿化带、绿色城堡、排水沟及配套桥涵的保洁、养护与管理；东安镇垃圾清运、清雪、绿地的养护管理等。

购买服务前农场自营承担年费用达383万元，农场购买服务后，每年向洁泰公司支付服务费用287万元，每年可节省资金96万元。建设科、社区负责检查、监督、按月考核后农场支付服务费用。

洁泰物业八五九分公司积极参加农场组织的各项活动。2016年7月，参加八五九农场组织的职工篮球赛，获得第二名。2019年8月20—21日，出动机车8台、员工40人参加农场组织的抗洪抢险，获得裕鹿集团的表扬，并被农场授予抗洪抢险先进单位。经理陈富、物管员孟欣被评为抗洪抢险先进个人。

第四节　养老服务

1959年，八五九总场设三处敬老院，收留孤寡老人61人。1961年，又在和平设一处敬老院，收留老人18人（兼收东安孤身老人）。

八五九农场裕鹿集团中心敬老院始建于2015年，由黑龙江省牡丹江农垦伟宏路桥有限责任公司承建，于2017年8月30日建成，总投资635万元，占地面积3185.73平方米，建筑面积2098.45平方米，主体三层。

2018年3月9日，建三江管理局八五九农场裕鹿集团中心敬老院成立，院长布淑琴，副院长高文强。农场与黑龙江农垦裕鹿集团有限公司签订租赁合同，年租金5万元，以公建民营的形式进行经营，经营产生的所有费用、税金均由经营公司承担。

2020年，敬老院入住老人31人，有员工10名，床位总数71张。每个房间均为20平方米，24小时有热水，室内配备卫生间、安全扶手、人体感应灯、呼叫器、电视机、烟雾感应器等设备。配有老人专用电梯一部。敬老院配套有医疗室、保健室、老年活动室等。室外配有健身器材30余种，面积600平方米，活动小广场面积900平方米。

敬老院基础收费标准为3人间每人每月1280元、2人间每人每月1480元，对不能完全自理的老人视身体状况分7个档次增加护理费用每月300～2000元。服务内容除日常服务外，还长期开展“日托”“月托”服务；对居住在家、不方便做饭的老人开办“爱心小餐厅”，提供“一日三餐”。

第五节　市民服务中心

农场行政职能全部移交饶河县，饶河县向农场派驻政府行政职能联络工作组，在农场建立饶河县市民服务中心，受理居民各类办证业务。

2019 年 10 月 25 日，饶河县驻八五九农场市民服务中心正式挂牌成立，双鸭山市政府副秘书长张守和、饶河县副县长高胜军及农场领导、相关部门参加。

到 2020 年底，已经承接民政、残联、农业农村局等项工作，已承接办理农机监理、新增最低生活保障、高龄补贴等业务，并可代办烟花爆竹零售经营许可、公共场所卫生许可等业务。其他未承接的暂为代办。服务大厅应承接各类行政事务 324 项，已承接 30 项，接待群众业务咨询 1500 余人。

共办理各类事项 3610 件。

其中，①农业农村局办理拖拉机、收割机注册登记 709 件，农机驾驶证期满换证 57 件，农药经营许可证申请 35 件。②卫健局办理老年优待证 1160 件、医疗机构年度校验 8 件，卫生许可新申请 35 件。③交通局办理货车运输车辆年度审检 2 件。④民政局办理高龄补贴申请 30 件、临时救助 9 件、最低生活保障申请 25 件、低保二次报销 19 件。⑤应急局办理危险化学品经营许可 4 件。⑥残联办理残疾证并发放 320 件，残疾人困难、生活补贴申请 230 件，为残疾人发放辅助工具 25 件。⑦劳动局办理灵活就业补贴 277 件。⑧办理县退役军人基础信息统计业务 686 项。

2021 年 4 月，成立四平社区管委会，有人员 13 人，吕福生任管委会党工委书记。联络组 4 人（其中水产服务中心 1 人、林草局 1 人、自然资源局 1 人、住建局 1 人）。市民服务中心 8 人（其中 3 人属劳务派遣人员，5 人属农场借调人员）。

第三章　习　　俗

第一节　传统节日

一、元旦

公历 1 月 1 日是每年的元旦，俗称阳历年。农场按国家规定放假休息，农场人把元旦这一天作为辞旧迎新的分界线，表示新的一年开始。

二、春节

春节俗称过年，是一年中最隆重、最喜庆的节日。农历的腊月二十三习惯上称过小年，从这天起农场职工群众就进入了春节的准备之中。一些在外工作或务工的人员陆续回家，与亲人团聚。

除夕，人们挂对联、燃放烟花爆竹、吃年夜饭、看春晚、包饺子、发拜年祝福短信，热热闹闹欢度新春佳节。

三、元宵节

正月十五即元宵节。这天早晨有的家庭吃元宵，有的吃饺子。有些年份，农场组织秧歌比赛，举行焰火晚会，燃放烟花爆竹。场区各街道彩灯高挂，各家各户也放烟花，挂红灯笼，喜迎丰年。

四、二月二

农历二月初二被称为龙抬头，是万物复苏的日子，这一天，人们（回族除外）有吃猪头和猪蹄的习俗。这一天人们都到理发店理发，意为“龙”抬头。

五、清明节

清明节这天人们都很早起来为已故亲人扫墓、烧纸钱。2002 年以来，随着大板山公墓建成，前锋、胜利、八五九农场实行殡葬统一管理，3 个农场的扫墓人员都云集大板山，为已故亲人扫墓。

六、端午节

每年农历五月初五是端午节。这天，人们习惯吃粽子、吃煮鸡蛋。早晨，在太阳尚未出来时，人们到野外采回带有露水的艾蒿挂在门、窗、屋檐上。

七、七夕节

每年农历七月初七是我国汉族的传统节日——七夕节。这是我国传统节日中最具浪漫色彩的一个节日，尤其为年轻人所喜爱，现又被认为是“中国情人节”。2006 年 5 月 20 日，七夕节被国务院列入第一批国家非物质文化遗产名录。

八、七月十五

农历“七月十五”是中元节，在民间俗称鬼节，也是人们祭奠已故亲人的节日。

九、中秋节

农历八月十五——中秋节，是人们喜庆丰收的节日。人们吃团圆饭，品尝月饼。

十、重阳节

农历九月九日为传统的节日——重阳节。1989 年，国务院把每年的九月九日定为老人节，成为尊老、敬老、爱老、助老的节日。

第二节　婚　　嫁

农场人把结婚当成家庭中的大喜事，非常重视。有男女双方自由恋爱的，也有经他人介绍的。到婚姻登记部门履行婚姻登记手续，领取结婚证书，选择良日举行婚礼。结婚仪式随着时代不同而改变。在垦区男方没有聘礼，女方没有嫁妆，这是区别于附近地方市县婚俗的明显标志。

一、简易婚礼

一般选择节假日在男方家中或单位的大食堂举行。在新婚仪式上先由介绍人讲话，主婚人（一般为单位领导）讲话，内容通常是向新婚夫妇祝贺并提出希望，然后新婚夫妇介绍恋爱经过，向家长和来宾表示决心，最后新郎新娘敬送喜烟喜糖。来宾吃着喜糖，抽着喜烟，嗑着瓜子，纷纷祝福新郎新娘相亲相爱，白头到老。

二、集体婚礼

1962年，大板屯曾有三对男女青年举行集体婚礼。1982年5月1日，农场工会与团委为四对新婚青年举行了集体婚礼。1985年、1989年、1990年农场团委及工会举办了三次集体婚礼。婚礼节俭隆重，会场布置有彩灯、拉花、喜庆标语等，新婚夫妇胸佩大红花坐在台前，亲朋好友分坐于备有烟茶糖果的桌旁。婚礼开始后，单位领导代表、新婚夫妇代表、家长代表先后讲话，群团组织赠送纪念品表示祝贺，最后由青年或少年儿童表演文艺节目。各家不再操办，既省钱又省事，是移风易俗的好方式。

三、旅行结婚

1968年以后，城市下乡知青结婚多采取该形式。一般多回男方所在城市举行简易的仪式，再到女方原籍住几天。20世纪80年代后，旅行结婚成为主要结婚形式，年轻人多借新婚之机，到大城市、名胜古迹或祖籍游览，并购置一些商品和服饰。

四、结婚典礼

到了20世纪90年代，随着经济状况的好转，人们讲究结婚典礼的喜庆和规模，结婚必须办酒席宴请宾客，而且酒席也由家庭转到饭店，操办规模十几桌至50桌不等。办喜事那天，要租用比较讲究的私家车，要请专业司仪、录像、照相，要有伴郎、伴娘，由单位领导当证婚人。典礼隆重而热烈、庄重而又华贵。也有女方办出阁宴和回门宴的习俗。

其他宴请习俗：20世纪80年代，小孩满月、子女考上大学、祝寿、乔迁新居大多在家里操办。90年代开始，人民生活水平提高，上述宴请大多改在饭店举办。届时，亲朋好友要送礼金，表示祝贺。

第四章　方　　言

第一节　地区方言

农场虽域居偏僻，人口较少，但人口来源广阔。建场初期的大批复转官兵，除新疆、青海、西藏、台湾外，来自各个省份的都有。随后相继来场的有复转官兵和家属及河北、山东等地支边青年。1962 年场社分开时，有 800 余名当地社员留在农场。1968—1975 年，先后有北京、上海、天津、哈尔滨、齐齐哈尔、佳木斯等地城市知识青年来场。1978 年，大批“知青”返城后，又从红光、肇源农场调入 828 人，以及安置了部分各地投亲靠友及流入人员。

由于人员来自全国各地，其使用的语言几乎囊括了汉语的大部分方言，包括汉语八大方言区中的北方方言区、吴方言区、湘方言区、赣方言区、客家方言区和闽北方言区。其中使用北方方言的约占 80%。虽然大部分人使用北方方言，但北方方言区中又有若干个小的分支，由于地区的不同，其中也有不小的差异。如此多种不同的方言长期云集于一个地区，难免要相互影响和融合，部分南方方言已被北方方言同化了。

现农场区域内，使用北方方言者占 90%以上。“地方语”又以使用“东北话”和“山东话”居多。

1948—1951 年以后，因教育的普及，外来教员日渐增多，其中来自虎林、密山、富锦、宝清等地者，原籍多为辽宁、丹东、凤城、海城一带，所操辽东口音，形成本地特有的语音，主要特征为 zhī、chī、shī 三音与 zī、cī、sī 三音混淆，其为本地语音的大弊。此种平翘舌不分语音的形成，除受辽南辽东方音影响外，亦受来自山东烟台、牟平、蓬莱、黄县等地的居民语音的影响。另外，上海知青在此担任教师者也不少，本地区语音还受上海、杭州一带口音的影响。

第二节 地区方言词汇

一、地区方言中流行的四字词语

无肌留瘦、埋了咕汰、得得搜搜、吭哧瘪肚、突鲁反仗、老天扒地、皮儿片儿、武武玄玄、吊儿郎当、五迷三道、急溜拐弯、稀里马哈、犄角旮旯、费劲巴拉、鸡头掰脸、水裆尿裤、虚头巴脑、鼻涕拉瞎、舞舞喳喳、抠抠搜搜、磨磨叽叽、直吧愣蹬、油光崭亮、豁牙露齿、支棱八翘、五马长枪、叽叽歪歪、窝窝囊囊、比比画画、筋鼻瞪眼、鼓鼓秋秋、滴了当啷、闹心吧啦、连跑带颠。

二、方言词汇

日头、冰流子、雪壳子、哈气、洼兜儿、土塄子、土垃坷、街里、毛毛道儿、关里家、戗茬儿、旮旯儿、这疙瘩、当间儿、半截落儿、把头儿、上秋儿、头年儿、头晌儿、下晚儿黑儿、前后脚儿、疙瘩汤、当院子、下屋、外屋地、布拉吉、手闷子、懒汉鞋、嘎斯气儿、靠边儿站、一头儿沉、香胰子、电棒儿、洋火儿、喂的罗儿、线轱辘儿、脑瓜子、下巴颏子、酒坑儿、波楞盖儿、老摳、小尕儿、一对双儿、月窠儿、屋里的、连桥儿、秃老亮、欠儿登、赖搭儿、傻狍子、二百五、滚犊子、尥蹶子、跟趟儿、星崩儿、整个浪儿、浮溜儿浮溜儿的、面荒儿的、挡害、胆儿突的、明镜儿似的、砢碜、猴头儿巴相、守铺儿。

第八编

人　物

中国农垦农场志丛

第一章　人物传记

一、八五九第一任场长赵明高

赵明高（1921.3—1997.6），山西崞县人，1937 年 9 月参军，1938 年 2 月入党。抗日战争时期，曾历任八路军一二〇师三五九旅七一九团学员、战士、班长、警卫员、警备班长、区队长、卫士长、队长。解放战争时期，历任三五九旅七一九团和西北第一野战军二军五师副连长、连长、副营长、营长、团参谋、教导队长、师通讯科长等职。先后参加了羊马河、合水、环县、榆林、九里山、运城、金渠镇、夹沟桥、西渡黄河、延安保卫战、青化砭等战斗和战役，为保卫陕甘宁边区、保卫延安、解放大西北立下了功劳。

新中国成立和新疆和平解放后，为执行保卫边疆建设边疆的任务，随部队进驻阿克苏，历任新疆军区二军五师生产办公室副主任、生产科长、新疆军区生产建设兵团农一师参谋长。1957 年 1 月调到北大荒，任八五九农场场长兼党委书记。1960 年 8 月任牡丹江农垦局党委副书记，1960 年 10 月调回新疆生产建设兵团，任农一师副师长、副政委、农二师副师长、巴州党委副书记、农垦局党委书记、阿克苏地委副书记、农一师师长、党委书记等职。任八五九农场场长期间，赵明高继承和发扬南泥湾精神，与广大军垦战士一道踏查荒原、开垦良田、挖渠引水、修路架桥，在一片野兽出没、荒无人烟的荒原上建起了拥有 7 个农业分场、2 个林业分场的大型国营农场——八五九农场。1960 年，为省第二届党代会代表。1997 年 6 月，在乌鲁木齐病逝，享年 76 岁。

二、五好党员张华成

张华成，1933 年 2 月出生于四川璧山县，1950 年参加中国人民解放军，赴朝鲜参加抗美援朝战争，1956 年加入中国共产党，1958 年转业来到八五九农场。1962 年 12 月 20 日，农场汽车队运输排长张华成押车从五林洞往东安运输木材，同车的还有一位从辽宁来农场探亲的孙大娘，她坐在中间位置。那时，还没通公路，夏天靠船，冬天就走冰道。当汽车行驶到挠力河上时（小佳河鱼亮子附近），随着咔嚓一声冰层断裂的巨响，汽车前轮掉进冰窟窿里，河水马上涌进驾驶室，瞬间就没了膝盖。司机姚品生用尽力气推开车门，危急时刻张华成不顾自己的安危，竭尽全力往外推老大娘，小姚往外拉，刚把老大娘移过方向盘的一瞬间汽车一下子坠入河底，张华成光荣牺牲，年仅29岁。后被中共牡丹江农垦局委员会、八五九农场党委追认为五好共产党员。1990年5月4日，农场团委为张华成同志立碑“舍己救人，身重泰山”。

三、革命烈士刘振球

刘振球，男，1951年出生，住江苏上海县漕河泾（今属上海市徐汇区）。1968年9月15日，从上海下乡来到二十三团38连。10月，刘振球跟随大家来到东安下营挖菜窖。

大菜窖长7米、宽3米、深3米，在上面像盖房子一样放上大梁，铺上檩条，再铺上厚厚的一层树枝、豆秸和干草，最后再用挖出的土回填到菜窖顶盖上。

大家人歇铁锹不歇，挑灯夜战，又马不停蹄地拉木料、割条子、回填封顶。终于在第七天完成了任务。正当大家准备收工时，忽然听到菜窖里传来断断续续的木材的断裂声。“不好，可能是大梁断裂，大家准备好原木柱子，顶住大梁，我先下去。”刘振球边说边飞身从窖口跳了下去，紧接着冲着窖口大声喊道：“班长，断裂的地方找到了……”话音未落，“轰隆”一声，菜窖塌顶了……

1968年10月24日，刘振球因抢救集体财产壮烈牺牲。年仅17岁，他是知青在二十三团牺牲的第一人。刘振球从踏上黑土地到牺牲只有短短的39天，他大概也是最早被授予烈士称号的黑龙江兵团知识青年。1971年黑龙江省授予刘振球革命烈士称号。1983年，民政部追授刘振球为革命烈士。

四、改革先行者李忠山

李忠山（1931.12—1999.5），黑龙江省绥化县人，1948年中学毕业，1948年1月3日参加中国人民解放军，1949年4月入党，中专学历，农业经济师职称。1950年10月至1951年4月入朝任高炮五〇一团三连炮长，荣立三等功；1958年转业来到垦区，历任农工排长、分场副场长、分场场长、生产科科长、云山农场副场长、汤原农场副场长、普阳农场副场长等职；1979年1月至1981年4月，任绥滨农场场长；1981年4月至1985年6月，任八五九农场场长；1985年7月至1988年9月任农场党委书记，1988年9月退居二线，1991年12月30日离休。

李忠山在任场长五年间，大胆工作，勇于开拓，思路超前，农场先后建起了乳品厂、种鸡厂、孵化厂、屠宰厂、饲料厂等场办工业，形成了产供销一条龙的工业生产新格局。彻底改变了自建场以来仅靠种植业一统天下的单一生产模式。他提出了“养牛发大财”“养鸡发快财”“养鱼发横财”口号，使农场大部分职工群众靠勤劳苦干走上了致富道路。

畜牧业和场办工业的蓬勃发展，大大地缓解了全场人民关注的“就业难”问题。

他重视科技、珍爱人才，历来强调科技是第一生产力。通过加强管理增加科技含量，1983年，农场在全总局创造了“六项经济指标”第一的好成绩。1985年，农场在全管理局范围内率先推广大豆“三垄栽培”技术，面积达6666.67公顷，当年荣获了管理局大豆栽培技术及配套农机具一等奖。他重视农业基础设施建设，1981年大灾过后，在他的主张下全场掀起了一场大兴农田水利工程建设的热潮。

他思想解放、锐意改革，任职期间，农场的各项工作都在总局站排头。当时曾在全管理局范围内创造了全局学习八五九的光辉历史。他勤于学习、思维敏捷、求真务实、大胆尝试。他带领全场人民奋发创业、强场富民的先进事迹，曾在《人民日报》头版头条和中央电视台《新闻联播》中予以报道，使农场在全垦区乃至全省树起了一面光辉的旗帜。

1985年7月，李忠山场长改任党委书记。1986年荣获农垦总局优秀思想政治工作者称号。1987年，获管理局端正党风先进个人。1999年5月17日，在北京去世，享年68岁。

五、人民的好卫士邓功富

邓功富出生于1956年10月，四川省岳池县人，1976年参军，1982年参加公安工作，一级警督警衔。被黑龙江省公安厅评为“三查、三建、三落实”先进个人；获黑龙江省公安厅“全省优秀人民警察”“全省最佳社区民警”称号。

2010年3月，邓功富被公安部授予“全国公安机关爱民模范”称号；2010年10月，垦区公安局以个人名字命名“邓功富警务室”；2010年12月，被评为“首届感动北大荒人物”；2011年被中央政法委评为“全国政法系统优秀党员干警”，被中共黑龙江省委员会评为“优秀共产党员”；2011年9月被评为“省级道德模范”；2012年10月被黑龙江省人民政府评为“黑龙江省劳动模范”。

邓功富同志是一名社区民警，他负责的二委辖区内有756户居民、8个企事业单位、32个公共场所和特种行业，是八五九农场社区户数最多的。由于多年的劳累，邓功富身体严重透支，患上了早期肝硬化，每天需要服用护肝素等药品，但他从没因此影响过工作。

“发案少、治安好、群众满意”是衡量社区警务工作的标准，在搞好治安工作上，邓功富采取防范在先的办法，挨家挨户讲解“三防”工作的重要性，他所在的辖区公共场所、重点部位都已达到“三防”标准。

邓功富担任社区民警时已经50多岁了，记忆力明显不如年轻人，为此他每天早上4

点多起床，来到办公室熟悉辖区人口情况，还时常拉着妻子进行考试。功夫不负有心人，只要说起辖区的居民，他都能丝毫不差地说出姓名、年龄、门牌号等基本情况。

2006年，他在公安分局组织的常住人口考试和深入居民家中考核百姓对社区民警的熟悉程度时，都名列第一，达到了100%的两个熟悉。邓功富不看重名利，却时刻把辖区百姓的安危冷暖记在心上。虽然家中并不富裕，他还总是积极帮助比他更困难的人。

邓功富把心思都用在了工作和老百姓的身上。面对荣誉，邓功富没有丝毫松懈，每天仍然奔走在辖区的大街小巷，心系群众，服务群众，自觉地实践着入党时的铮铮誓言。

邓功富因患肝癌医治无效，于2014年12月23日病逝，享年58岁。

第二章　人物简介

一、彭福旺

彭福旺（1936—1968.1），河南宝丰人，中学文化。1958年支边来垦区，在八五九农场修造厂当锻工，成绩突出，多次受到农场通令嘉奖。1968年1月5日，在乌苏里江七里沁岛的边境斗争中英勇牺牲，后被省政府和民政部追认为烈士。

二、高林芹

高林芹（1939—1968.1），山东海阳人，初中毕业。1963年2月，调到八五九农场面粉加工厂工作，1965年调入马场工作。1968年1月5日，在乌苏里江七里沁岛边境斗争中英勇牺牲，后被省政府和民政部追认为烈士。

三、张信如

张信如（1945.2—1968.1），山东即墨人，初小文化。1967年7月，投亲来八五九农场，任基干民兵连轻机枪手。1968年1月5日，在乌苏里江七里沁岛边境斗争中英勇牺牲，后被省政府和民政部追认为烈士。

四、蔡友柏

蔡友柏（1948—1968.1），江苏人，1958年随父亲（复转军人）来垦区。1966年初中毕业后，分配在八五九农场砖瓦厂当工人。1968年1月5日，在乌苏里江七里沁岛的边境斗争中英勇牺牲，年仅20岁，后被省政府和民政部追认为烈士。

五、王世英

王世英（1921—1961.6），山东宁津人。1938年7月参加八路军，1939年入党。历任侦察员、保卫干事、政治特派员、八路军山东纵队第五旅军法处副处长、东北军区政治部解放一团团长兼政委。1950年1月，率部到宝泉岭筹建农场，是宝泉岭农场的创始人之一。1952年，调任省土地管理局局长。1958年以后，任合江农垦局副局长；1959年10

月，任八五九农场副场长。1960 年 1 月，调任新疆生产建设兵团农二师副师长。1961 年 6 月，在检查工作时，乘车因故遇难，年仅 40 岁。

六、董桂芬

董桂芬，女，1921 年出生于山东省胶南县（现胶南市），1958 年 12 月，来农场参加工作。1959 年 4 月，加入中国共产党。曾任老八五九农场畜牧分场副场长。1966 年 2 月，任饶河县畜牧场副场长。刚到农场时，她一人就担负着 60 多头猪的饲养任务，荣获“养猪能手”称号。自参加工作以来，年年被评为农场先进生产者，获省三八红旗手 3 次、省先进工作者 2 次。1960 年，被评为全省劳动模范；当年底，被评为全国三八红旗手并出席表彰大会。1961 年 12 月，她的事迹登上了《人民画报》。

七、穆文亮

穆文亮，山东省平度县（现平度市）人，1954 年 5 月出生于八五九农场。1972 年 2 月，在兵团二十三团参加工作。1992 年 7 月，加入中国共产党。1989 年 7 月，八一农垦大学农学专业函授专科毕业，大专学历，农艺师。曾任兵团六师二十三团渔业连机务工人、1 连机务工人、一队机务技术员；1982 年 9 月，任一队机务副队长；1986 年 1 月，任一队农业副队长；1989 年 12 月，任一队队长；2004 年 1 月，任第一管理区主任。1995 年、2002 年，荣获总局劳动模范称号；2002 年，荣获全省劳动模范称号；2004 年 12 月，被总局党委、总局命名为北大荒百面旗先进个人；2006 年，荣获全国五一劳动奖章；2010 年，荣获全国劳动模范称号。他带领职工群众走以稻治涝之路、翻新了办公楼、改建了职工住宅，成为全场农业生产和新农村建设的排头兵。2001 年 5 月，他被诊断患有直肠恶性肿瘤以后，仍坚持边化疗边战斗在工作岗位上。2014 年正式退休。

八、葛柏林

葛柏林，1947 年 9 月出生，浙江诸暨人。1958 年，随父亲集体转业到黑龙江垦区。1977 年 9 月，加入中国共产党。历经 30 多年的奋斗，他建起了拥有耕地 466.67 公顷、林地 200 公顷、湿地 66.67 公顷，总经营面积 666.67 公顷的现代化家庭农场。他创办的圈河家庭农场被称为“中国最美家庭农场”。

1968 年 7 月，葛柏林高中毕业后从佳木斯下乡来到了八五九农场，先后担任统计、副队长、队长、三分场场长。

1985 年，葛柏林辞去官职，创办开发性家庭农场。目前，家庭农场年产粮豆可达

3000 多吨，够装一列专列，可以解决城市 2 万余人的口粮。

自 20 世纪 90 年代起，葛柏林开始大规模植树造林，退出 200 公顷土地，种下了红松、落叶松、钻天杨、青冈柞、黄菠萝、核桃楸等树木近百万株。葛柏林把植树造林视为还债。他说："我当年曾和知青战友一起上山砍树开荒，欠下一笔不小的生态账，大批知青返城后，我自愿留下来，就是为了还账。我的家庭农场不但要承包一块土地、栽种一片树木，更要保护一方生灵，美化这片绿水青山！"

1996 年，葛柏林用 13.33 公顷好地置换湿地中的小开荒，又自费投入资金 12 万元，雇来挖掘机，沿湿地外围堆起一圈高高的土坝，把湿地彻底保护起来。这 66.67 公顷原始湿地成为我国第一个由个人自费建设的保护区，葛柏林成为自费保护湿地第一人。现在的圈河家庭农场，有稻田 466.67 公顷，年产稻谷 4000 吨。18 名员工，20 多家农户在这里生产、生活。2004 年 7 月 25 日，葛柏林家庭农场成立了垦区第一个家庭农场党支部。2005 年 3 月 25 日，葛柏林会同 12 名家庭农场主共同发起成立开发性家庭农场协会，并担任会长。

2008 年春，葛柏林在乌苏里江边斥资买下了 25.33 公顷的荒凉江岸，栽下了 20 万株松树、柳树、核桃楸、黄菠萝、水曲柳等。投资百万，护江堤 450 米，建成了鳌花岛橡树园原生态旅游度假村。2012 年，被评为国家 AA 级旅游景区；2015 年 8 月，被国家旅游局授予中国乡村旅游模范户。

1997 年荣获全省劳动模范称号；2003 年 12 月，被评为全国首届十大种粮标兵，是全国农垦系统中唯一入选的，并获得由农业部奖励的价值 8 万元的天津产"724"胶轮拖拉机 1 台；2004 年 12 月，被评为 2004 年全国粮食生产大户；2018 年 12 月 7 日，荣获《农民日报》农村改革 40 年"十大时代人物"；2019 年 7 月 23 日，央视《焦点访谈》节目组对葛柏林进行了采访报道，节目于 8 月 13 日播出。

九、王道明

王道明，山东省沂南县人，1960 年 2 月出生于黑龙江省七星农场。1977 年 7 月，在建三江农场学校参加工作。1982 年 12 月加入中国共产党。1994 年 7 月，省委党校经济管理专业本科毕业，大学文化程度，高级经济师、高级政工师。曾任建三江农场学校教师、七星农场文教科干事、七星农场学校大队辅导员、团委书记、建三江一中团委书记、建三江管理局党委组织部副科长（期间 1985 年 9 月至 1987 年 7 月为总局党校党政干部专修科学员）。1987 年 9 月，任建三江管理局团委副书记；1989 年 12 月，任建三江管理局团委书记；1990 年 6 月，任八五九农场党委副书记；1993 年 10 月，任八五九农场党委书记；

1996 年 10 月，任八五九农场场长；1997 年 6 月，任乌苏里江企业集团董事长兼总经理、八五九农场场长；1998 年 10 月，任建三江分局党委副书记；2000 年 12 月，任建三江分局党委副书记、局长；2003 年 12 月，任建三江分局党委书记；2009 年 6 月，任哈尔滨分局党委书记；2010 年 8 月担任北大荒农业股份有限公司党委书记、董事长。

他是黑龙江省第十届人民代表大会代表、佳木斯市第十次党员代表大会代表。1993—1995 年，被评为管理局模范党务工作者；1994 年，被授予管理局劳动模范光荣称号；2005 年，被国家环保总局授予国家级生态示范区建设优秀领导称号。2012 年 6 月 27 日，在哈尔滨去世。

十、刘相增

刘相增，黑龙江双鸭山市人，1962 年 10 月出生，1981 年 8 月参加工作，1984 年 12 月入党，大学学历，高级农艺师。历任勤得利农场科研所技术员、副所长，菌肥厂厂长、分场副场长、种子公司经理、农业科科长、农场副场长、农场党委书记；前哨农场场长；2000 年 12 月，任八五九农场场长；2002 年 7 月，任八五九分公司总经理。2008 年 8 月至 2012 年 12 月，任农垦红兴隆管理局党委委员、友谊农场党委书记、友谊县委常委、北大荒农业股份公司友谊分公司总经理；2012 年 12 月至 2018 年 6 月，任省农垦宝泉岭管理局局长、党委副书记；2018 年 6 月至 2020 年 12 月，任建三江管理局党委书记；2020 年 12 月，任黑龙江省国资委党委委员。2022 年 2 月，任省国资委一级巡视员。

1983 年，被评为垦区社会主义建设青年积极分子；2001 年，被评为佳木斯市优秀共产党员；2002 年，被评为黑龙江省科技星火带头人；2007 年，被评为垦区第四届十佳公仆；2010 年，荣获全国农村干部十大新闻人物称号；2011 年，获“全国五一劳动奖章”。

十一、王孝才

王孝才，1937 年 11 月出生，1957 年 7 月从安徽来到八五九农场，1962 年 4 月加入中国共产党，1999 年退休。先后担任九队机务副队长、二分场修理所所长、二分场修理所大库主任等职。他所带领的机务排连续多年被农场党委授予“先进机务排”称号，他本人也连续多年被农场评为“先进工作者”“优秀共产党员”，1972 年，荣获三等功一次。荣获 1972 年度黑龙江省劳动模范称号，并出席表彰大会。

十二、刘树松

刘树松，生于 1933 年 11 月，1959 年由山东招远县（现招远市）支边来场，1976 年加入中国共产党。曾担任八五九农场一分场四队粮食保管员。1963 年任包车组长后，精心保养机车，他负责的“东方红－75”34 号机车，一直无大修。1979 年，荣立三等功一次；1980 年，被评为省模范党员；1981 年，被评为合江地区五好党员，出席了合江地委召开的先进党员经验交流会；还曾获农场先进工作者 3 次、农场生产者标兵 1 次；1983 年，光荣地出席了省第五次党代会。

十三、杜中行

杜中行，1936 年 3 月出生，江苏江阴人，1954 年 7 月参军，1958 年转业来八五九农场。历任军校学员、步兵一八〇师五六〇团一营见习排长、指挥排长、八五九农校驾驶员、水产科轮机长、十七队技术员。1984 年 8 月，任农场养鸡场技术员、副场长、场长，农场乳品厂厂长，水暖站副站长。1986 年，被评为黑龙江省劳动模范。

十四、马春茂

马春茂（1924.10—2012.5），辽宁本溪人。1945 年 10 月参军，1946 年 3 月入党，大尉军衔。1950 年，广西剿匪荣立三等功。1958 年 10 月转业来垦区，历任省政府警卫连战士、班长、副排长；独立九师三团警卫连副指导员、卫生队副指导员；四野四十二军一五五师四六五团二营六连指导员；公安十九师五十七团三营副教导员、团后勤处副协理员、协理员；预备七师二十一团三营教导员；农场二分场副书记、工会主席、二分场书记；萝北县总工会主席，萝北县青年农场副书记；兵团六师六十团领导小组副组长；六师二十三团副参谋长，八五九农场副场长、调研员。1984 年 8 月离休，享受副厅级待遇。2004 年底，担任农场关工委副主任。2006 年，在自家小庭院里创办爱国主义教育基地，获“垦区关心下一代工作先进个人”。

十五、穆洪启

穆洪启，1979 年 9 月出生，祖籍山东平度。2005 年 7 月入党，1996 年 10 月参加工作，在职研究生学历，高级农艺师。曾任八五九农场水稻科技小区技术员、水稻办副科级科员、第二管理区主任。2015 年 7 月，任灌区管理站站长。2013 年 8 月在省“创新杯”竞赛中荣获创新能手称号；2020 年 12 月，荣获 2020 年度“龙江工匠”称号；2022 年 7 月，荣获黑龙江省第十三届劳动模范称号。

第三章 人物表录

第一节 新中国成立前参加革命工作的老干部

表 8-1 新中国成立前参加革命工作的老干部统计表

类别	序号	姓名	性别	出生日期	单位
抗日战士	1	顾洪翥	男	1924.9	农场纪委书记
	2	王 会	男	1927.4	场办主任
	3	曹振东	男	1928.1	汽车队队长
	4	常清胜	男	1928.4	生产队队长
	5	孙孝一	男	1921.4	场办副主任
	6	郭友德	男	1929.7	基建科副科长
	7	赵树堂	男	1928.1	八队保管员
	8	张振海	男	1913.1	二队下放干部
	9	陈玉明	男	1923.1	三十队下放干部
解放军	10	马春茂	男	1924.1	农场副场长
	11	李铁钢	男	1930.1	汽车队副队长
	12	马奉禄	男	1930.11	农场工会副主席
	13	王以良	男	1930.8	农场工会主席
	14	张学鹏	男	1929.6	交通科科长
	15	李延堂	男	1926.6	白灰厂厂长
	16	孟繁德	男	1928.6	十九队书记
	17	樊光美	男	1932.1	工业三连书记
	18	栾永奎	男	1926.4	劳资科副科长
	19	贾传君	男	1933.6	物资科驻在员
	20	黄瑞霞	男	1924.1	招待所所长
	21	朱子刚	男	1931.12	八队队长
	22	徐志臣	男	1926.2	书店主任
	23	回志强	男	1929.2	二十四队副队长
	24	李桂荣	男	1927.7	组织部部长
	25	曹宗山	男	1935.1	三分场场长
	26	肖寅林	男	1926.9	医院医生
	27	金海文	男	1928.1	一分场中学书记

（续）

类别	序号	姓名	性别	出生日期	单位
解放军	28	奚坤荣	男	1934.7	医院副院长
	29	于合信	男	1930.6	医院副院长
	30	李若平	男	1927.1	老干部科副科长
	31	王百奎	男	1931.12	九队会计
	32	陈正能	男	1934.7	十队会计
	33	邵　发	男	1934.2	老干部科保健医
	34	朱学明	男	1935.7	招待所所长
	35	张成冰	女	1932.4	场办科员
	36	周良民	男	1928.1	粮贸科助理员
	37	雷茂殿	男	1929.12	物资科驻在员
	38	吴良业	男	1927.6	八队司务长
	39	朱思玉	男	1927.9	七队副队长
	40	马振经	男	1929.3	一队队长
	41	赵会刚	男	1928.11	信访办主任
	42	石昭同	男	1923.1	敬老院院长
	43	谢家瑞	男	1930.2	汽车队司务长
	44	谭德炎	男	1928.1	二分场干事
	45	姚遂安	男	1930.12	砖厂副厂长
	46	乔林生	男	1934.2	三分场管理员
	47	胡　钧	男	1936.7	二砖厂厂长
	48	邹国良	男	1928.8	十队统计
	49	彭跃民	男	1924.8	修造厂副厂长
	50	谭徽照	男	1931.1	水泥厂副厂长
	51	董俊玉	男	1931.5	四十队卫生员
	52	宁连德	男	1929.2	法庭审判员
	53	付志友	男	1931.8	法庭庭长
	54	唐宝华	男	1932.2	法庭庭长
	55	王云龙	男	1926.9	管理员
	56	沈冠群	男	1930.5	水泥厂工会副主席
	57	闵青云	男	1929.5	副队长
	58	李生选	男	1927.1	农场工会副主席
	59	田应堂	男	1928.4	主任
	60	李忠山	男	1931.12	农场场长
	61	滕延斌	男	1928.12	农场党委副书记
	62	王喜福	男	1930.1	农场工会主席
	63	朱德富	男	1928.12	兽医站站长
	64	袁永昌	男	1925.2	办公室管理员
	65	李学孝	男	1933.6	砖厂卫生所医生
	66	孟兆义	男	1921.12	基建科副科长

（续）

类别	序号	姓名	性别	出生日期	单位
解放军	67	孙　超	男	1932.1	物资科仓库主任
	68	王道平	男	1928.9	收购站站长
	69	朱　恒	男	1926.6	学校教师
	70	刘洪起	男	1922.11	学校总务管理员
	71	黄玉珍	女	1924.11	学校会计
	72	郑开华	男	1932.8	医院院长
	73	顾士祥	男	1930.12	医院儿科医生
	74	王世龙	男	1922.1	一分场党总支书记
	75	严其伟	男	1927.1	四队卫生所医生
	76	王　毛	男	1928.5	八队队长
	77	程希元	男	1927.7	九队副队长
	78	李才民	男	1922.7	十队会计
	79	干体明	男	1928.11	十六队卫生所医生
	80	孟凡忠	男	1928.9	十九队下放干部
	81	孟庆林	男	1935.4	三十五队医生
	82	房子玉	男	1928.9	四十队技术员
	83	廉广泽	男	1927.1	渔业队党支部书记
	84	袁继胜	男	1930.7	六队下放干部

第二节　省、总局、管理局劳动模范及先优名录

一、黑龙江省劳动模范名录

表 8-2　黑龙江省劳动模范统计表

序号	单位	姓名	民族	性别	职务	籍贯	出生年月	授予时间	等级	备注
1	第一管理区	穆文亮	汉	男	主任	山东平度	1954.5	2010.4.25	全国劳模	2006 年 4 月荣获全国五一劳动奖章 2002 年度黑龙江省劳动模范
2	家庭农场	葛柏林	汉	男	家庭农场场长	浙江诸暨	1947.9	2003.12	全国十大种粮标兵	1997 年荣获全省劳动模范
3	九　队	王孝才	汉	男	副队长	安徽涡阳	1937.11	1973.3	省劳模	—
4	养鸡厂	杜中行	汉	男	厂长	江苏江阴	1936.3	1986.3	省劳模	—
5	公安局	邓功富	汉	男	民警	四川岳池	1956.10	2011.4	省劳模	2010 年 3 月授予“全国公安机关爱民模范”称号
6	灌区管理站	穆洪启	汉	男	站长	山东平度	1979.9	2022.7	省劳模	—

二、总局劳动模范名录

表 8-3　总局劳动模范统计表

序号	单位	姓名	民族	性别	职务	籍贯	出生年月	授予时间	备注
1	电影队	任声权	汉	男	电影队长	安　徽	1946.6	1981	总局特等劳模
2	七　队	闫立勤	汉	男	书记	河北临漳	1938.8	1982	总局特等劳模
3	桥　队	鞠凤歧	汉	男	经理	山东沂水	1945.3	1984	总局特等劳模
4	二十三队	康振玉	汉	女	工人	山东武城	1956	1993	总局特等劳模
5	粮油公司	戴　勇	汉	男	经理	山东海阳	1963.2	1995	总局特等劳模
6	第二管理区	邱勇健	汉	男	主任	河南遂平	1963.8	2008.5	总局特等劳模
7	十七队	邵　政	汉	男	队长	山东海阳	1937.4	1982	—
8	一　队	刘增富	汉	男	队长	黑龙江饶河	1942.3	1982	—
9	三分场	王殿义	汉	男	副场长	黑龙江龙江	1939.2	1982	—
10	十三队	李汉盈	汉	男	队长	安徽濉溪	1948.2	1982	—
11	修造厂	张宝珠	汉	男	绘图员	吉林四平	1948.8	1982	—
12	一分场	马维达	汉	男	书记	山东海阳	1934.2	1984	—
13	修造厂	于可胜	汉	男	车间主任	山东海阳	1939.1	1984	—
14	汽车队	王本桐	汉	男	工人	山东海阳	1942.4	1984	—
15	公安局	郑春林	汉	男	局长	辽宁朝阳	1940.1	1984	—
16	二十二队	尹传彪	汉	男	工人	黑龙江饶河	1958.4	1984	—
17	客运站	鄂宝林	汉	男	司机	黑龙江佳木斯	1956.4	1989	—
18	水利队	李善庆	汉	男	工人	山东临沭	1963.4	1992	—
19	二十六队	李平雪	汉	男	工人	黑龙江省	1966.5	1992	—
20	乳品厂	李德忠	汉	男	厂长	河北昌黎	1957.1	1993.4	—
21	水利科	衣景文	汉	男	科长	山东栖霞	1934.6	1993.4	—
22	客运站	高晓明	汉	男	司机	黑龙江兰西	1961.11	1993.4	—
23	家庭农场	张树山	汉	男	工人	山东海阳	1957.4	1995	—
24	十四队	宋　军	汉	男	队长	黑龙江海伦	1959.6	1995	—
25	广播电视局	张清隆	汉	男	局长	河南新蔡	1956.2	1999.7	—
26	财务科	朱晓霞	汉	女	农场会计师	安徽贵池	1960.2	1999.7	—
27	牛　场	景桂林	汉	男	工人	辽宁义县	1968.7	1999.7	—
28	十二队	宋广海	汉	男	队长	黑龙江肇源	1961.2	1999.7	—

（续）

序号	单位	姓名	民族	性别	职务	籍贯	出生年月	授予时间	备注
29	二　队	王德奎	汉	男	队长	山东博兴	1960.5	2002.4	—
30	公路站	李福洪	汉	男	站长	山东胶县（现胶州市）	1955.5	2002	—
31	农场小学	赵玉芹	汉	女	校长	山东招远	1953.1	2002	—
32	第十一管理区	宋广山	汉	男	主任	黑龙江肇源	1970.3	2005.5	—
33	机　关	李建军	汉	男	党委书记	江苏邳县（现邳州市）	1965.2	2008.5	—
34	机　关	张开成	汉	男	副场长	江苏灌云	1955.1	2008.5	—
35	第七管理区	兰志胜	汉	男	主任	四川省	1965.3	2008.5	—
36	机关	丁兆禄	汉	男	场长	山东日照	1970.12	2011.4	—
37	第八管理区	尹德海	汉	男	主任	山东平度	1958.4	2011.4	—

三、管理局（分局）劳动模范名录

表 8-4　管理局（分局）劳动模范统计表

序号	单位	姓名	民族	性别	职务	籍贯	出生年月	授予时间
1	纪　委	胡启文	汉	男	书记	黑龙江虎林	1937.1	1988.4
2	电影站	赵治春	满	男	站长	黑龙江双城	1938.1	1988.4
3	十队女工班	于文凤	汉	女	班长	山东海阳	1960.6	1988.4
4	水利大队	姚玉龙	汉	男	队长	山东荣成	1961.5	1988.4
5	二十六队	赵国林	汉	男	队长	山东海阳	1954.1	1988.4
6	奶牛专业户	于化彬	汉	男	工人	黑龙江桦南	1958.5	1988.4
7	三　队	袁安东	汉	男	工人	黑龙江海伦	1958.6	1991.3
8	十　队	张玉旺	汉	男	队长	黑龙江海伦	1958.2	1991.3
9	兽医站	李淑华	汉	女	技术员	黑龙江宾县	1939.2	1991.3
10	一分场	张奎义	汉	男	场长	山东海阳	1940.11	1991.3
11	乳品厂	付庭秀	汉	男	厂长	黑龙江	1960.3	1991.3
12	物资科	钱家行	汉	男	科长	浙江杭州	1934.12	1991.3
13	司法科	李忠侠	汉	男	科长	辽宁沈阳	1944.11	1991.3
14	供电站	马振海	汉	男	站长	山东博兴	1951.12	1991.3
15	综合加工厂	徐连根	汉	男	工人	—	—	1991.3
16	五　队	郝文林	汉	男	技术员	山东海阳	1958.5	1993.3
17	医　院	李淑萍	汉	女	医师	四川三台	1958.12	1993.3
18	二　队	刘建华	汉	男	工人	山东海阳	1961.4	1993.3
19	中　学	张玉洲	汉	男	教师	黑龙江海伦	1954.8	1993.3

（续）

序号	单位	姓名	民族	性别	职务	籍贯	出生年月	授予时间
20	二　队	张乐文	汉	男	队长	黑龙江饶河	1953.2	1993.3
21	八五九农场	范洪仁	汉	男	副场长	黑龙江安达	1940.2	1993.3
22	水产科	冯景云	汉	男	科长	黑龙江阿城	1939.8	1994.4
23	水泥厂	耿学忠	汉	男	厂长	山东寿光	1953.4	1994.4
24	奶牛专业户	韩林森	汉	男	工人	山东海阳	1934.4	1994.4
25	水暖站	郭　华	汉	男	站长	山东费县	1957.7	1994.4
26	二十六队	刘殿军	汉	男	队长	黑龙江海伦	1963.1	1994.4
27	个体户	崔金华	汉	女	工人	山东海阳	1940.5	1994.4
28	二十六队	王福利	汉	男	工人	黑龙江龙江县	1972.7	1994.4
29	一　队	周长喜	汉	男	工人	—	1945.2	1994.4
30	二分校	王玉春	汉	女	校长	山东海阳	1950.3	1996
31	法　庭	刘玉生	汉	男	庭长	山东文登	1943.3	1996
32	农　场	王道明	汉	男	书记	山东沂南	1960.2	1996
33	奶牛专业户	陈桂花	汉	女	工人	山东海阳	1955.7	1996
34	十　队	马　义	汉	男	队长	山东海阳	1958.6	1996
35	四　队	佟全喜	汉	男	工人	山东海阳	1967.8	1996
36	水稻办	于英杰	汉	男	主任	山东乳山	1968.6	2000.6
37	九　队	杨传宝	汉	男	工人	黑龙江饶河	1972.8	2000.6
38	个体户	胡乃斌	汉	女	工人	山东省	1968.11	2000.6
39	个体户	胡忠海	汉	男	工人	山东海阳	1965.2	2000.6
40	农　场	王荣安	汉	男	副场长	河南兴县	1958.7	2000.6
41	复合肥厂	刘志伟	汉	男	厂长	黑龙江饶河	1967.9	2000.6
42	农场	刘相增	汉	男	场长	黑龙江省	1962.7	2000.6
43	农业科	王世国	汉	男	科长	吉林扶余	1956.6	2003.6
44	副业队	姚素珍	汉	女	书记	河南临汝	1966.6	2003.6
45	通达公司	孟宪柱	汉	男	经理	黑龙江饶河	1958.4	2003.6
46	农　场	魏文华	汉	男	副场长	河北正定	1963.2	2003.6
47	建设科	胡永禄	汉	男	科长	黑龙江虎林	1966.4	2005.6
48	路桥公司	孙文波	汉	男	经理	吉　林	1957.4	2005.6
49	二十一队	梁志斌	汉	男	队长	江苏兴仕	1969.7	2005.6
50	十三队	杨臣军	汉	男	队长	广西南丹	1972.12	2005.6
51	十二队	张　军	汉	男	队长	山东海阳	1963.1	2008.3
52	八五九农场	王　伟	汉	男	副书记	黑龙江绥化	1964.5	2008.3
53	机　关	张乾华	汉	男	部长	四川三台	1960.7	2008.3
54	机　关	梅立河	汉	男	主任	内蒙古赤峰	1962.4	2008.3

（续）

序号	单位	姓名	民族	性别	职务	籍贯	出生年月	授予时间
55	副业队	王德江	汉	男	站长	黑龙江饶河	1964.6	2008.3
56	医　院	朱苏丽	汉	女	内科主任	吉林双阳	1960.1	2008.3
57	第二管理区	王　军	汉	男	书记	山东博兴	1973.1	2008.3
58	机　关	刘进有	汉	男	副书记	黑龙江海伦	1976.9	2011.4
59	工　会	王　军	汉	男	副主席	安徽濉溪	1961.3	2011.4
60	公路站	方　军	汉	男	站长	辽宁凌源	1963.11	2011.4
61	水稻办	韩东来	汉	男	主任	黑龙江汤原	1979.6	2011.4
62	第一管理区	李彦波	汉	男	主任	黑龙江庆安	1972.8	2011.4
63	二十二站	于　海	汉	男	站长	山东乳山	1968.1	2011.4

四、总局级及省级先、优、模名录

表 8-5　总局级及省级先、优、模统计表

年度	先进集体	模范党务工作者	优秀党员	省级
1986	—	李忠山	—	—
1987	—	—	—	闫树国
1988	农场	—	—	邵发
1991	一队	—	—	—
1995	二十六队	—	—	—
1997	一队	—	—	—
1998	农场党委	—	—	—
1999	—	—	—	省委先进：老干部科 中央组织部：老干部科
2000	十三队	—	—	—
2001	一队	刘玉金	—	—
2003	—	许佳宝、文军、姚素珍	—	—
2008	第一管理区、葛柏林家庭农场	—	—	—
2011	八五九农场党委	李建军	李彦波	省优秀共产党员邓功富
2016	—	滕艳莉	—	—
2019	社区一委	滕艳莉	高文军	—

五、管理局级先、优、模名录

表 8-6 管理局级先、优、模统计表

年度	先进支部	模范党务工作者	优秀党员	其他
1987	二队、七队	—	胡启文、董文斌、王建信、顾弥周、唐宝华、祝兰珍	—
1988	二十二队、政法、二队、乳品厂、水利队	袁春启、徐继贤、李同熙、胡启文、方永才	张玉照、张秀强、张学绍、王臣、钱家行、程立华	—
1989	二队、十队、十一队	赵新增、徐继贤	宋士芳、姚玉龙	—
1990	十一队、二十二队、教育、二分场	韩英淑、黄大湘、单秋霞、徐继贤	闵凤兰、张玉旺、曲文亭、赵国林、程显友	—
1991	十队、十一队、十三队、四队、修路队、供电站	龚平、许哲宽、胡乃波	崔文生、单秋霞、于庆春、赵英、姜增岩、王臣、郑云憔	—
1994	五队	王道明、齐社成	—	—
1995	一队、五队、十三队、公路站	程立华、胡乃波、齐社成	宋广海、李德忠、李子成、张乾华、张玉旺、马振海、李海波、戴勇、马金花、杨臣江	—
1996	十三队	王道明、张士凡、马金花、胡乃波、齐社成、周会孟、程立华	杨臣江	—
1997	农场党委、十三队、十四队、场直小学、公路站	杨臣江、程立华、胡乃波	王道明、李刚、许佳宝、穆文亮、刘江、宋广海、刘增金、赵凤香	—
1998	农场党委	—	—	—
1999	一队、场直小学	刘玉金、王文喜、许佳宝	穆文亮、赵玉琴、马振海、郑建军	—
2001	农场党委、十六队、场直小学、副业队	刘庆君、姚素珍、董国娟	穆文亮、郭华、李富志、于英杰、滕艳艳	—
2003	二十二队、副业队、小学、公路站	张乾华、刘玉金、王军	杨臣军、许泽龙、王德江、徐联毅、李福洪、郭华、甘鸿艳、梁秀珍、时冬霜	—
2005	十二队、二十六队、三十七队	王伟、张乾华、文军、郑浩	张所光、赵玉琴、李福洪、张兴志、魏建华、黄野飚、杨臣宏、刘新义、许明刚	—
2006	八五九农场党委、第一管理区、第九管理区、公路站、街道办	刘庆君、刘新义、许佳宝、王军	兰志胜、邱勇健、何敏、邓功富、王世国	学帮带先进集体：副业队先进个人：程显友、王德江、胡全
2008	八五九农场党委、第二管理区、公路站、第十管理区、第五管理区、第一居民委	王伟、陈富、王军、张乾华	刘相增、兰立甫、李刚、林莉、马玉才、刘海军	先进个人：穆文亮、邱勇健、兰志胜

（续）

年度	先进支部	模范党务工作者	优秀党员	其他
2011	第一管理区、文体中心、广播电视局	刘进有、陈富、贾乃生、杨臣宏、张国光	于淑华、张丽丽、王德江、李斌、王荣安、陈桂英	北大荒先锋工程先进单位：第六管理区、社区党委
2013	第九管理区、广播电视局	滕艳莉、贾乃生	于风华、李淑芬	优秀党小组：六委第五党小组、研发中心大学生党小组、公安分局第三党小组
2016	学校、社区党委、医院、第一管理区、第三管理区	杨臣宏、徐洪昌、王清芝、薛洪涛、王爱玲	高文军、李志昊、赵彩贵、孙健、沈建平、孟祥梅	优秀党小组：中学第一党小组、十九站第一党小组、医院第二党小组、一委第八党小组
2019	八五九农场党委、社区、学校、第一管理区、第五管理区	孙鹏、刘志友、王杰、李春雨	杜德旺、滕艳艳、杜红臻、穆洪波、陈海龙	优秀党小组：三委红星闪亮党小组、二委先锋党小组、五区互助田园党小组、六区为民党小组
2020	八五九农场党委、社区、医院	—	杜德旺、王宝学、王鹏先、林雪梅、齐颖、邢蕊	—

第三节　农场领导更迭

一、八五九总场时期

场　长：　孙培军（1956.9—1957年春，建场前）

书　记：　张鸣山：（1956.10—1957年春，建场前）

场　长：　赵明高（1957.1—1960.7）

王连山（1960.8—1964）

第一书记：赵明高（1957.1—1960.7）

翟雪桥（1960.8—1963.4）

党委书记：张国芳（1963—1964.10）

书　记：　张一千（1958.12）

翟雪桥（1958.12）

蔡春延（1958.12）

王连山（1960.2）

刘纯德（1960.2）

书记处书记：宫绍文（1961.2 任命）

刘占元（1961.2）

陶冠贤（1961.2）

副书记：逄守谦（1962.10—1963.12）

副场长：孙培军、王连山、王延卿、王世英、于　水、刘纯德、夏生祥、于水河、贾东山、何儒林、宫绍文、聂云美、曹　富、耿国栋

二、新八五九农场时期

场　长：马有民（1964.3—1964.10）

高清林（1965.2—1966.5）

书　记：耿国栋（1965.8—1966.5）

副书记：高清林

副场长：张宝林（1964.3—1966.5）

耿国栋（1964.1）

何儒林（1964.3—1966.5）

常　委：张宝林、顾鸿翥、王建元

三、革委会时期

主　任：严正平（1967.10—1969.1）

副主任：张宝林（1967—1969）

张登元（1967—1969）

四、二十三团时期

团　长：李宝山（1969.4—1972.3）

齐廷焕（1972.3—1976）

政　委：史书才（1969.4—1972.3）

李宝山（1972.3—1975.5）

陈才德（1975.12—1976.10）

第二政委：耿国栋（1972.5—1975.5）

副团长：张宝林（1969.4 任命）

郑行广（1970.8—1976.10 任命）

张　野（1970.11 任命）
杜文谦（1970.11 任命）
王欢喜（1973.4 任命）
王兴义（1975.10—1976.10）

副政委：　耿国栋（1970.11—1972.5）
李国良（1972.11 任命）

参谋长：　杜文谦（1970.1—1970.11）
王欢喜（1971.2—1973.4）
姚德鹏（1974.12—1976.10）

副参谋长：马奉禄（1969.4—1970.1）
杜　瑾（女，1969.4—1970.1）
高清林（1970.2—1971.10）
马春茂（1971.10—1976.10）
徐嘉祯（1971.12—1976.10）
王宝田（1973.4—1976.10）

书　记：　史书才（1969.4—1972.2）
李宝山（1972.3—1975.5）

第一副书记：陈才德（1975.12—1976）

副书记：　李宝山（1968.12—1972.3）
齐廷焕（1972.3 任命）
耿国栋（1972.5—1975.5）
李国良（1975.3 任命）
郑行广（1975.11 任命）
郭银珠

常　委：　郑行广、耿国栋、李国良、王欢喜、姚德鹏、王兴义、郭银珠、胡启文（1975.11 任）、宋承武（女，1974.6 任）

五、恢复农场和改革发展时期

革委会主任：　王兴义（1977.3—1979.2）

场　长：　王兴义（1979.2—1981）
李忠山（1981.4—1985.7）

闫树国（1985.6—1988.9）
何忠泽（1988.9—1992.6）
闫树国（1992.6—1993.11）
范洪仁（1993.11—1996.10）
王道明（1996.10—1998.10）
刘相增（2000.12—2001.5）
（2002 年 7 月至 2021 年 9 月，农场场长由农场党委书记担任）

党委书记：
陈才德（1977.3—1978.1）
郑行广（1978.1—1982.5）
都本祥（1982.5—1983.7）
李勋之（1983.7—1985.4）
李忠山（1985.7—1988.9）
闫树国（1988.9—1992.6）
逄金明（1992.6—1993.11）
王道明（1993.11—1996.10）
刘庆君（1998.11—2008.8）
李建军（2008.8—2015.9）
孙　鹏（2015.9—2022.3）

副场长：
王以良（1979.2—1983.3）
赵印生（1979.2—1981.4）
魏天宝（1979.2—1982.12）
马春茂（1979.2—1980.6）
徐士海（1979.2—1982.5）
闫树国（1982.12—1984）
李勋之（1982.12—1983.8）
许洪安（1982.12—1985.7）
吴居沛（1984.2—1988.3）
刘庆荣（1987.5—1991.4）
何忠泽（1987.9—1988.9）
范洪仁（1988.3—1993.11）
高士俊（1988.3—1990.11）

张立斌（1988.11—1989.12）

滕世江（1989.4—1997.3）

崔文生（1989.9—1998.7）

付廷秀（1991.11—1994.12）

孙承福（1992.6—1993.12）

李子成（1993.12—1995.10）

赵国林（1995.1—2000.12）

郑　文（1995.2—1997.2）

张玉旺（1996.3—1997.5）

李德忠（1997.3—2011.3）

王荣安（1997.3—2002.7）

王国利（1997.3—2001.1）

张开成（1997.3—2010.2）

闫　晗（1999.1—2001.1）

魏文华（2001.2—2002.7）

汪东升（2001.2—2004.3）

王庭柱（2011.3—2021.6）

崔洪滨（2021.5—）

农机总工程师：范洪仁（1983.8—1988.3）

总农艺师：牛岳华（1983.10—1988.3）

总会计师：李维民（1984.4—1988.3）

朱晓霞（女，2001.2—2002.7）

总工程师：季光照（2001.2—2002.7）

场长兼农场党委副书记：

王兴义（1977.3—1981.11）

李忠山（1981.4—1985.6）

闫树国（1985.6—1988.9）

何忠泽（1988.9—1992.6）

闫树国（1992.6—1993.11）

范洪仁（1993.11—1996.10）

王道明（1996.10—1998.10）

刘相增（2000.12—2001.5）

六、北大荒股份八五九分公司时期

总经理：　　刘相增（2001.5—2008.7）
丁兆禄（2012.7—2016.8）
杜德旺（2016.10—2021.12）
尹显洪（2021.12—）

副总经理：　王荣安（2002.8—2013.5）
魏文华（2002.8—2009.11）
季光照（2002.8—2010.8）
朱晓霞（女，2002.8—2011.6）
高红星（2009.12—2012.7）
邱勇健（2010.9—2018.9）
沈　英（2010.9—2013.5）
李　军（2013.5—2023.1）
韩东来（2013.5—2019.5）
李海森（2013.5—2019.4）
李建勋（2019.9—）
朱春霖（2019.4—2022.7）
岳传喜（2019.4—）
沈建平（2022.9—）
朱景林（2023.10—）

财务总监：　张宝贵（2011.6—2018.4）
高海英（女，2018.4—）

分公司总经理兼农场党委副书记：
刘相增（2001.5—2008.7）
丁兆禄（2012.7—2016.8）
杜德旺（2016.10—2021.12）
尹显洪（2021.12—）

七、八五九农场有限公司时期

农场有限公司党委书记：尹显洪（2022.5—）

农场有限公司党委副书记、执行董事兼总经理：苏勋利（2023.1—）
农场有限公司党委副书记、工会主席、武装部部长：刘志友（2021.9—）
农场有限公司纪委书记：刘桂涛（2021.11—）
农场有限公司副总经理：崔洪滨（2021.9—）

八、1979年之后历任党委副书记、纪委书记、工会主席、武装部长

党委副书记：滕延斌（1979.2—1982.4）
李勋之（1982.5—1982.12）
刘相重（1983.10—1986.5）
刘忠胜（1986.7—1990.6）
王道明（1990.6—1993.11）
李　刚（女，1995.1—1998.12）
杨臣江（1999.1—2000.12）
王　伟（2001.2—2008.8）
刘进有（2008.12—2011.7）
刘志友（2012.3—）

纪委书记：滕延斌（1979.7—1982.4）
刘相重（兼，1984.1—1985.7）
胡启文（1985.7—1993.11）
袁春启（1993.12—1997.5）
李　刚（兼，女，1997.5—1998.12）
杨臣江（兼，1999.1—2000.12）
王　伟（兼，2001.2—2008.8）
刘进有（兼，2008.12—2011.7）
刘志友（兼）（2012.6—2015.7）
王勤玉（2015.7—2020.1）
刁顺坡（2020.5—2021.11）
刘桂涛（2021.11—）

工会主席：王喜福（1979.10—1983.3）
王以良（1983.3—1985.7）
许洪安（1985.7—1987.11）

李维民（1988.3—1993.2）
李　刚（女，1993.11—1995.1）
许学友（1995.1—1997.5）
李　刚（1998.12—2001.1）
吴国民（2001.2—2005.2）
王　伟（2005.2—2008.8）
刘进有（2008.12—2011.7）
王勤玉（2012.3—2015.7）
刘志友（2015.7—）

武装部长：任守忠（1989.5—2003.1）
汪东升（2004.3—2011.3）
杜海波（2011.3—2013.6）
许艳平（2013.7—2021.5）
刘志友（兼，2021.7—）

第四节　农场基层单位领导更迭（1957—2005）

一、建场初期（1957—1966）

五分场场长：夏生祥、于　水、张新英、张宝林
党委书记：于　水、刘占元、赵庆寿
六分场场长：龚伯言、车会仁、林志远
党委书记：姜洪璋、刘敬伦、李秀春、孙栋一
东安分场党委书记：李成林、李秀春、孙序林
基建大队党委书记：聂云美、孙栋一
医院党委书记：姚　政、赵庆寿、史建国
农校党委书记：王连山（兼）、赵学良、孙行涛
党校党委书记：候一峰
机关党委书记：康保谦
修造厂党总支书记：曾凡文、董同和、何加修、密济川
东安指挥部党总支书记：顾洪翥
新八五九农场中学校长：马国栋（1964.1—1966.5）

党支部书记：　方樟茂

二、兵团二十三团时期（1969—1977）

一营营长：　王以良（1975.5 任命）
书记（教导员）：　李孔弟（1969.10—1971.2）
　滕延斌（1971.12—1976.10）
二营营长：　杨奎祥（1971.12 任命）
书记：　严正平（1970.6—1974.11）
　顾洪翥（1974.11—1977.4）
三营营长：　马奉禄（1970.1 任命）
书记：　付志友（1970.1—1970.6）
四营营长：　张守臣（1970.1—1971.12）
　王建元（1972.10—1975.5）
　王德金（1975.10—1976.10）
书记：　李孔弟（1971.2 任命）
五营营长：　王兴义（1972.10—1975.10）
　马维达（1975.10—1976.10）
书记：　付志友（1970.6—1976.10）
六营营长：　张守臣（1972.8 任命）
书记：　张宝峰（1972.8—1976.10）
七营（反修营）营长：
　吕元东（1971.10 任命）
书记：　滕延斌（1971.12 离任）
　朱祥信
工副业营营长：　张守臣（1971.12—1972.8）
书记：　张宝峰（1970.1—1972.8）
机关党委书记：　陈嘉慧
后勤处党委书记：　龙锡太

三、前卫农场时期（1977—1978）

一分场场长：　王德金（1977.2—1978.2）

书记： 王以良（1977.2 任命）
二分场场长： 杨奎祥（1977.2 任命）
书记： 顾洪翥（1977.2 任命）
三分场场长： 马维达（1977.2—1978.2）
四分场场长： 马奉禄（1977.2—1978.2）
党委书记： 张士凡（1977.2—1978.2）
18 连连长： 李龙宝（1975.8—1977.7）
指导员： 霍 臣（1975.12 任命）

1. 一分场

6 连连长： 冯桂林
指导员： 吴天河
17 连连长： 方永才（1972.3—1977.3）
指导员： 张 琢（1974.3—1977.3）
19 连连长： 邢景隆（1975.8 任命）
指导员： 王铁阳（1975.8 任命）
20 连连长： 马庆友（1975.8—1977.3）
指导员： 姜克德（1977.3 任命）
21 连连长： 黄毅仁
指导员： 严正声（1975.8 任命）
王永福（1977.9 任命）
24 连指导员： 王兴洲
38 连连长： 朱德富（1971 年任命）
指导员： 冯景云（1975.9—1977.3）
渔业连连长： 闫文贵
指导员： 隋凤岐
工业一连连长： 吕文悦
指导员： 方樟茂

2. 二分场

7 连连长： 李同熙
指导员： 李 恒
8 连连长： 石新民（1975.8 任命）

指导员：　　姜　萌（1975.8任命）

9连连长：　　桑景堂、张希俊

指导员：　　范文彦

10连连长：　　王殿义（1975.8任命）、刘文才

指导员：　　唐树林

11连连长：　　黄万国

指导员：　　由国臻

15连连长：　　由文远（1975.8任命）

指导员：　　韩永华（1977.9任命）

申永祥（1978离任）

34连连长：　　孙会民

指导员：　　孟繁德

35连连长：　　高吉信

指导员：　　朱兴邦

36连连长：　　史兴发

指导员：　　陈庭根

3. 三分场

1连连长：　　黄永川（1975.8任命）

指导员：　　刘玉生

2连连长：　　王兴义（1977.3离任）、唐　克

指导员：　　于　怀

3连连长：　　吴志仁

指导员：　　冷志坚（1975.8任命）

4连连长：　　张子彬

指导员：　　董文彬

5连连长：　　乔振田

指导员：　　张延桐（1969—1972）、孟宪俊

16连连长：　　李锦华

指导员：　　翟永生

23连连长：　　于海水

指导员：　　顾镜明（1975年任命）

31 连连长：　　孟宪金
指导员：　　刘永泰
32 连连长：　　吴宪文
指导员：　　王海龙

4. **四分场**

12 连连长：　　马相林
指导员：　　潘树春
13 连连长：　　姜志坤
指导员：　　方傲琪
14 连连长：　　乔林生（1975.9—1977.9）
指导员：　　潘玉文
25 连连长：　　闫树国
指导员：　　孙月金、周琪
26 连连长：　　朱作良（1975.8 任命）
28 连连长：　　何广生
指导员：　　魏国良
37 连连长：　　刘永祥
指导员：　　张　立

四、恢复农场之后（1978—1987）

一分场场长：　　李文士（1978.2—1979.10）
马维达（1980.1—1982.10）
李同熙（1982.10—1984.10）
刘玉生（1984.12—1986.11）
唐孝忠（1986.11 任命）
书记：　　马维达（1978.2—1986.1）
唐孝忠（1986.1—1986.11）
袁春启（1986.11 任命）
二分场场长：　　王建信（1983.4 任命）
井福泉（1980.1—1983.1）
杨奎祥（1983.4 任命）

书记：胡启文（1978.2—1982.11）
杨奎祥（1983.4 任命）

三分场场长：曹宗山（1978.2—1981.2）
闫树国（1981.2—1982.8）
范洪仁（1982.10—1983.8）
葛柏林（1983.12—1985.3）
于金友（1985.3 任命）

书记：马奉禄（1978.2—1979.10）
杨奎祥（1980.1—1981.6）
李文士（1981.6—1984.8）
于金友（1985.3—1986.11）
刘玉生（1986.11—1990.3）

四分场场长：卜宪仁（1979.1—1981.2）

书记：顾洪翥（1979.3—1979.10）
李文士（1979.10—1981.2）

工交党委书记：刘希彪（1980.7—1982.3）
张兆顺（1986.3 任命）

直属党委书记：方樟茂（1983—1984.9）
李同熙（1984.9 任命）

机关党委书记：王喜福（兼）、于占斌、刘凤昌、
方樟茂（1985.11 任命）、洪渭昌、杨　利

粮贸党总支书记：滕世江（1983.2—1986.3）

基建党总支书记：张兆顺（1983.1—1986.3）

交通运输党总支书记：张学鹏（1983.1—1985.3）
张永俊（1985.3—1986.3）

五、八五九农场时期（1988—2005）

一分场场长：唐孝忠（1988.3—1990.3）
张奎义（1990.3—1994.1）

书记：修国志（1990.3 任命）
程显友（1991.11—1994.1）

二分场场长：　王建信（1988.3—1990.3）

石智生（1990.3—1994.1）

书记：　杜华民（1990.3—1991.11）

石智生（1991.11—1994.1）

三分场场长：　刘玉生（兼，1988.3—1990.3）

于金友（1990.3—1990.11）

张玉旺（1990.11—1994.1）

书记：　于金友（兼，1990.3—1990.11）

张秀强（1990.11—1991.11）

范明江（1991.11—1994.1）

1. 一分场

一队队长：　刘玉生（1980.5—1980.6）

曾凡武（1980.6—1980.10）

刘玉生（1980.10—1981.2）

刘增富（1981.2—1982.8）

窦学思（1982.8—1986.1）

穆文华（1986.1—1987.2）

于天利（1987.2—1988.3）

韩有柴（兼，1988.3—1988.7）

穆文华（代，1988.7—1990.3）

穆文亮（1990.3—2005.1）

书记：　刘玉生（兼，1980.5—1981.2）

刘增富（兼，1981.2—1982.8）

刘增富（1982.8—1986.1）

穆文华（兼，1986.1—1987.2）

韩有柴（1987.2—1988.7）

穆文华（1988.7—1991.11）

窦学思（1991.11—1994.12）

穆文亮（兼，1995.2—1996.2）

许佳宝（1996.2—2005.1）

二队队长：　张奎义（1977.3—1980.5）

陈锡山（1980.5—1982.5）
赵玉佩（1982.8—1984.3）
张乐文（1984.3—1996.1）
王德奎（1996.1—2009.3）

书记： 王兴洲（1980.5离任）
董文斌（1980.5—1985.10）
李永奎（1985.10—1991.11）
时建场（1991.11—1994.1）
李永奎（1994.1—2004.3）
王德奎（兼）（2004.3任命）

三队队长： 吴志仁（1982.8离任）
鲍文山（1982.8—1991.11）
穆文华（1991.11—1993.2）
马振辉（1993.2—1994.4）
许泽宽（1994.7—1998.3）
时建场（1998.3—1998.12）
贾乃九（1998.12—2007.4）

书记： 顾镜明（1980.5离任）
顾镜明（1981.2—1982.8）
刘增金（1982.8—1986.1）
范明江（1986.1—1991.11）
徐哲宽（1991.11—1994.2）
于天利（1994.2—1997.3）
姜厚国（1997.3任命，副）

四队队长： 刘增华（1980.5离任）
姜增岩（1980.5—1982.2）
黄承川（1982.2—1982.8）
孟德福（1982.8—1987.2）
刘增华（1987.2—1991.11）
赵佩贵（代）（1991.11—1992.10）
贾乃军（1992.10—2005.1）

书记：　刘增华（1980.5—1981.2）
李永奎（1982.2—1982.8）
刘玉生（1982.8—1984.12）
陈再义（1985.1—1985.4）
赵长发（1985.4—2003.1）
李宝成（2003.1—2005.1）

五队队长：　陈锡山（1978.12 离任）
张贵才（1979.1—1988.1）
时建场（1988.1—1991.11）
郝文林（1991.12—2005.12）

书记：　孟宪俊（1972—1981.2）
刘增华（1981.2 任命）
王志兰（1984.1—1988.1）
张贵才（1988.1—1991.9）
齐社成（1991.9—2005.12）

十六队队长：　翟永生（1979.3 离任）
李锦华（1979.3—1986.1）
徐贵良（1986.1—1987.2）
孟德福（1987.2—1988.3）
于天利（1988.3—1991.11）
张同怀（1991.11—1993.3）
张会民（1993.3—1993.12）
于天利（1993.12—1994.4）
陈　鹏（1994.—1996.4）
丁军旗（1996.4—2003.1）
杨金军（2003.1—2005.12）

书记：　翟永生（1979.3—1980.5）
唐孝忠（1980.5—1984）
王海龙（1984—1986.11）
刘居伦（1986.11—1987.2）
侯家庭（1987.2—1987.7）

徐哲宽（1990.9 离任）
于飞斌（1990.9—1991.11）
于天利（1991.11—1994.2）
荆新飞（1994.2—1995.7，副）
王文喜（1995.9—2004.3）

十七队队长：
冯景云（1977.3—1979.3）
邵　正（1979.3—1986.1）
李锦华（1986.1—1987.7）
李子成（1987.4—1987.7，第二队长）
李子成（1987.7 任命）
李锦华（兼，1990.3—1990.9）
冯国才（1990.9—1994.12）
于飞斌（1994.12—1996.6）
张玉林（1996.6—1998.3）
丁兆亮（1998.3—2005.12）

书记：
冯景云（1977.3—1982.12）
邵　正（兼，1982.12—1986.1）
王金龙（1986.1—1987.7）
李锦华（1987.7—1990.9）
许泽宽（1990.9—1991.11）
于飞斌（1991.11—1994.1）
周　洪（1994.2—1998.3）
李　国（1998.3—2003.1）
丁军旗（2003.1—2004.1）

十八队（38 连）队长：
朱德富（1971—1982.8）
王冬柏（1982.8—1986.1）
杜法成（1986.1—1987.7）
张久春（1987.7—1989.12）
王冬柏（1991.1 任命）
邱永江（1993.12—2002.1）

书记：　隋凤岐（1977.3—1979.2）
朱子刚（1979.2—1982.2）
孟宪俊（1982.2—1984.2）
王冬柏（1984.2—1988.1）
张久春（兼，1988.1—1988.10）
王志兰（1988.10—1991.3）
王冬柏（兼，1991.3—1993.12）
吕永富（1993.12—2000.4）
全永生（2000.4—2002.1）

二十二队队长：　孟宪勇（1982.2 任命）
刘增华（1984.1—1986.1）
张秀强（1986.1—1990.9）
崔庆生（1990.9—1994.1）
王德奎（1994.1—1996.1）
梁志华（1996.1—1999.12）
赵　青（1999.12—2002.1）
邱勇健（2002.1—2005.1）

书记：　宫庆宝（1982.2 任命，副）
刘增华（兼，1984.1—1986.1）
刘增华（1986.1—1987.2）
穆文华（1987.2—1988.7）
张秀强（兼，1988.7—1990.9）
张秀强（1990.9—1991.3）
张会民（1991.3—1991.11）
侯家庭（1991.11—1996.1）
李江生（1996.1—1997.3）
徐高辉（1997.3—2002.1）
王　军（2002.1—2005.1）

二十三队长：　刘增富（兼，1980.5—1981.2）
杨登举（1982.2—1982.8）
周会孟（代，1982.8—1988.4）

冯国才（1988.4—1990.9）
王德奎（1990.9—1992.1）
王胜贤（1992.1—1993.2）
尹德江（代，1993.2—1999.3）
李海波（1999.3—2012.1）

书记：　刘增富（1980.5—1981.2）
孟宪俊（1981.2—1982.2）
刘广兴（1982.8—1984.1）
杜桐贵（1984.1—1988.4）
周会孟（1988.4—1991.11）
李海波（1991.11—1999.3）
尹德河（1999.3—2008.3，副）

三十二队队长：　吴宪文（1981.2 离任）
王顺先（1981.2—1982.2）
宋守国（代）（1982.2—1983.1）
陈锡山（1986.1—1987.2）
尹德江（1987.2—1990.3）
郝文林（1990.3—1991.12）
李福来（1991.12—1997.9）
于长海（1997.9—1998.12）
任书勤（1998.12—2002.1）
晁玉庭（2002.1—2010）

书记：　王海龙（1987.2—1988.1）
斗清礼（代，1990.3 离任）
刘朋洪（1990.3—1993.3）
穆文华（1993.6—1994.3）
许柏军（1994.3—1997.9）
贾乃民（1997.9—1997.10）
任书勤（1997.10—1998.12）
徐哲宽（1998.12—1999.3）
许泽龙（1999.3—2005.12）

科研站（科研连）站长：　袁春启（1977.7—1980.3）
马相林（1980.5—1981.2）
付振彪（1981.2—1981.10）
桑景堂（1981.10—1986.3）
段文春（1986.3—1991.3）
王海军（1991.3—1994.12）
全会坤（1995.1—1996.4）
郑建军（1996.4—2001.2）
吴忠仁（2001.2—2002.1）
张友福（2002.1—2009.3）

书记：　李龙宝（1977.7 任命）
马相林（兼，1980.5—1981.2）
付振彪（兼，1981.2—1981.10）
井福泉（1986.3—1990.3）
王海军（1990.3—1991.3）
王志兰（1991.3—1992.12）
张国光（1992.12—1997.1）
郑建军（兼，1997.1—2001.2）
赵佩典（2001.2—2002.1）
李宝成（2002.1—2003.1）
黄野飚（2003.1—2007.3）
姜厚国（2007.3—2009.3）

2. 二分场

六队队长：　刘忠文（1981.2 离任）
袁春启（1981.2—1985.9）
胡玉强（1985.9—1991.3）
郑　罡（1991.3—1994.3）
兰振海（1994.3—1998.3）
刘增金（1998.3—2002.1）
杨金军（2002.1—2003.1）

书记：　魏国良（1977.9 任命）

王冬柏（1980.10—1981.2）
吴天河（1982.2—1986.1）
于连浩（1986.1—1991.3）
姜克德（1991.3—1994.2）
郜　山（1994.2—1996.12）
黄克义（1996.12—2002.1）
谢　明（2002.1—2002.6）
黄野飚（2002.6—2003.1）

七队队长：闫立勤（1980.3—1982.8）
张久思（1982.8—1985.7）
周兆瑞（1985.7—1991.1）
张文成（1991.1—1992.10）
全会坤（1992.10—1994.12）
冯国才（1994.12—1998.5）
周兆瑞（1998.5—2002.3）
丁兆龙（2002.3—2009.3）

书记：闫立勤（兼，1980.3—1982.8）
闫立勤（1982.8—1990.9）
刁光高（1990.9—1991.11）
李广义（1991.11—1993.2）
刁光高（1993.2—1994.12）
王海军（1994.12—1998）
钟志江（1999.1—2007.3）

八队队长：王　毛（1982.8 离任）
于连浩（1982.8—1986.1）
马　义（1986.1—1989.4）
刁光高（1989.4—1990.9）
胡宝玉（1990.9 任命）
王树礼（1993.2 离任）
周兆瑞（1993.2—1994.1）
张全胜（1994.1—1997.9）

晁玉庭（1997.9—2002.1）
赵　青（2002.1—2003.1）

书记：　朱子刚（1982.2—1982.8）
刘帮义（1982.8 任命）
赵世远（1988.4 任命）
姚凤舞（1993.3—1999.3）
柳鲁渝（1999.3—2003.1）

九队队长：　于连浩（1982.8 离任）
由文远（1982.8—1986.8）
石智生（1986.8—1987.4）
由文远（兼，1987.4—1989.4）
马　义（1989.4—1991.12）
兰振海（1991.12—1994.3）
胡　全（1994.3—2005.1）

书记：　杜华民（1982.12—1986.8）
由文远（1986.8—1994.3）
张所光（1994.3—2005.1）

十队队长：　于洪斌（代，1982.2—1982.8）
葛柏林（1982.9—1983.12）
马　义（1984.1—1984.12）
张玉旺（1985.1—1990.11）
刘云健（1990.11—1993.2）
马　义（兼，1993.2—1999.12）
郑建国（1999.12—2005.1）

书记：　葛柏林（1982.8 离任）
于洪斌（1982.8—1991.11）
于庆春（1991.11—1997.1）
李　国（1997.1—1998.3，副）
李学民（1998.3—2004.3）

十一队队长：　黄万国（1981.2 离任）
张会民（1981.2—1982.12）

张玉旺（1982.12—1985.1）
程显友（1985.1—1991.11）
于厚军（1991.11—1992.1）
孙立国（1992.1—1995.10）
王洪军（1995.10—1999.12）
王运启（1999.12—2000.3）
周苏川（2000.3—2003.7）

书记：由国臻（1980.3 离任）
唐树林（1980.3—1982.12）
张会民（1982.12—1984.1）
姚凤舞（1984.1—1986.11）
赵新增（代，1986.11—1998.12）
于风华（1998.12—1999.12，副）
于风华（1999.12—2002.1）
王成福（2002.1—2003.7）

十五队队长：由文远（1975.8—1982.8）
卫　冲（1982.8—1984.12）
李学明（1984.12—1992.1）
谭更生（1992.1—1994.11）
王大力（1994.11—2001.1）
尹德海（2001.1—2009.3）

书记：由文远（兼，1978—1982.8）
卫　冲（兼，1982.8—1984.3）
赵新增（代，1984.3—1986.11）
姚凤舞（1986.11—1993.2）
全永生（1996.1—2000.4）
赵新增（2000.4—2005.12）

十九队队长：邢景隆（1975.8—1980.3）
刘帮龙（1980.3 任命）
邢景隆（兼，1986.1—1986.11）
任书勤（1986.11—1990.3）

兰振海（1990.3—1991.11）
郑建军（1991.11—1996.4）
李　斌（1996.4—2002.1）
刘成良（2002.3—2005.1）

书记：
邢景隆（1980.3—1982.12）
姜克德（1982.12—1986.1）
邢景隆（1986.1—1990.3）
胡玉强（1991.3—2002.1）
任书勤（2002.1—2004.3）
刘成良（兼，2004.3—2007.3）

二十队队长：
方永才（1977.3—1982.12）
张国占（1982.12—1986.1）
刘云健（1986.1—1990.11）
王学明（1990.11—1993.2）
刘云健（1993.2—1994.10）
王军饶（1994.10—1996.12）
李富志（1997.1—2010.10）

书记：
姜克德（1977.3—1982.12）
方永才（1982.12—1984.1）
祖光生（1984.1—1986.3）
苏会峰（1986.3—1991.10）
祖光生（1991.10—1993.2）
张国占（1993.2—1997.1）
尹德海（1997.1—2001.1）
李永义（2001.1—2004.3）
李富志（兼，2004.3 任命）

二十一队队长：
祖光生（兼，1980.3—1980.10）
孙德敖（1980.10—1982.8）
邹和安（1982.8—1990.3）
任书勤（1990.3—1994.3）
时建场（1994.3—1997.1）

王军饶（1997.1—1999.12）

申　伟（1999.12—2002.8）

梁志斌（2002.9—2005.9）

书记：　祖光生（1980.3—1982.2）

孙德敖（兼，1982.2—1982.8）

邢景隆（1982.12—1990.3）

周兆瑞（1991.11—1993.2）

关云昌（1993.2—1996.1）

廖登刚（1996.1—1997.1）

胡圣科（1997.3—1999.12）

廖登刚（1999.12—2007.3）

二十四队队长：　张振德（1980.1—1984.1）

张会民（1984.1—1985.1）

马　义（1985.1—1986.1）

张久春（1986.1—1987.3）

刁光高（1987.3—1989.4）

兰振海（1989.4—1990.3）

何东江（1990.3—1994.3）

兰振海（1994.3—1998.12）

于长海（1998.12—2016.3）

书记：　刁光高（1982.8 任命，副）

张会民（1984.1—1986.3）

祖光生（1986.3—1991.10）

张所华（1991.10—1996.1）

关云昌（1996.1—2004.3）

于长海（兼，2004.3 任命）

3. 三分场

十二队队长：　修国志（1981.2 离任）

李尚玉（1982.2—1986.10）

宁贺令（1986.11—1987.3）

宋广海（1987.3—1990.3，第一队长）

刘殿军（1990.3 任命）
于会义（1993.2 离任）
由彦路（1993.2—1994.1）
于会义（1994.1—1994.4）
王洪军（1994.4—1995.10）
贾乃民（1995.10—1997.9）
张　军（1997.9—2005.1）
张　军（兼，2005.1—2008.3）
杨臣军（兼，2008.3—2009.3）

书记：
姜志坤（1981.2—1986.11）
周曙光（1986.11—1988.1）
李忠侠（代）（1988.1—1988.4）
李合会（1988.4—1990.3）
姜万龙（1990.3—1990.9）
宁贺令（1990.9—1992.9）
王全胜（1992.11 任命，副）
于会义（1993.2—1994.4）
贾乃民（1994.4—1995.10）
王福军（1995.10—2002.1）
杨臣宏（2002.1—2003.4，副）
杨臣宏（2003.4—2008.3）
王福军（2008.3—2010.10）

十三队队长：
姜志坤（1981.2 离任）
李汉盈（1982.2—1982.8）
张福太（代）（1982.8—1982.12）
修国志（1982.12—1984.1）
毛庆怀（1984.1—1986.1）
宋广海（1986.1—1987.3）
张久春（1987.3—1987.7）
宁贺令（1988.1—1990.3）
郜　山（1990.3—1994.1）

宋广海（1994.1—2001.2）
杨臣军（2001.3—2008.3）

书记：
周　奇（1980.1 任命）
姜志坤（1981.2 离任）
修国志（1981.2—1982.12）
刘如常（1984.1 任命）
徐高辉（1986.11—1988.7）
胡乃波（1988.7—1998.2）
张兴志（1998.5—2008.3）

十四队队长：
张幼林（1977.9 任命）
刘永祥（1984.1 离任）
张子午（1984.1 任命）
张子午（1986.1—1988.1）
姜万龙（兼，1988.1—1988.7）
徐高辉（1988.7—1991.1）
李龙江（1991.1—1991.11）
刘殿军（1991.12—1995.1）
宋　军（1995.1—1996.7）
王会军（代，1996.7—2005.12）

书记：
李和会（1982.8—1984.1）
张子午（兼，1984.1—1986.11）
姜万龙（1986.11 任命）
姜万龙（兼，1988.1—1990.3）
徐高辉（兼，1990.3 任命）
徐高辉（1991.1—1991.11）
王成福（1991.12—2002.1）
刘新义（2002.1—2003.4）
杨北南（2003.4—2007.3，副）

二十五队队长：
乔正田（1982.8 离任）
唐临玉（1982.8 任命）
宁贺令（1986.11 离任）

项目队（二十六队）队长：

赵国林（1986.11—1991.1）

王臣（1991.1—1992.10）

赵国林（1992.10—1995.1）

刘殿军（1995.1—1999.12）

沈　英（1999.12—2005.1）

书记：

王春正（1982.3—1982.8）

王学强（1982.8 任命）

颜泽华（1984.1 任命）

刘居伦（1990.3—1990.9）

张久春（1990.9—1991.11）

张　友（1991.11—2003.4）

刘新义（2003.4—2005.1）

原二十六队队长：

于金友（1982.2—1984.1）

赵国林（代，1984.1—1993.1）

沈英（1993.2—1997.3）

奶牛队队长：

唐临玉（代，1988.1 离任）

孙连德（兼，1988.1—1988.4）

张子午（1990.9 离任）

冯平志（1990.9—1993.3）

徐高辉（兼，1993.3—1997.3）

沈　英（1997.3—1999.12）

黄立峰（1999.12—2002.1）

书记：

毛庆怀（1982.2—1984.1）

李合会（1986.11—1987.3）

张广祥（代，1987.3—1988.1）

孙连德（1988.1—1988.4）

王立军（1988.4—1991.11）

徐高辉（1991.11—1997.3）

陈夫孝（代，1997.4 任命）

二十八队队长：

吕志忠（代，1980.3 任命）

吕志忠（1982.8 任命）
柴春平（1986.1—1986.11）
王学强（兼，1986.11—1988.12）
贾乃民（1988.12—1990.9）
刘培义（1990.9—1991.12）
陈　鹏（1991.12—1993.2）
李江生（1993.2—1995.1）
黄　臣（1995.1—1997.9）
陈永刚（1997.9—1998.8）
王晓会（1998.8—2000.3）
王学良（2000.3—2003.3）
黄　臣（2003.3—2011.10）

书记：
王希勤（1984.1 任命，副）
周曙光（1986.1 离任）
王学强（1986.1—1988.12）
王志武（1988.12 任命）
王全胜（1991.1—1991.11，副）
陈永刚（1991.11—1997.9）
张少全（1997.9—2000.4）
王晓会（2000.4—2000.12）
康健强（2000.12—2003.1）

三十队队长：
曾凡武（1980.1—1980.6）
于德武（1980.6—1982.2）
张福太（代）（1982.2—1982.8）
任守忠（1982.8—1982.12）
张福太（1982.12—1987.3）
李合会（1987.3—1988.3）
王学强（代）（1988.12—1990.3）
张子午（1990.9—1992.1）
谭东林（1992.1—1997.3）
宋广山（1997.3—2005.1）

书记：　任守忠（1982.8离任）
董润芳（1982.8—1984.4）
周曙光（1986.1—1986.11）
孙连德（1986.11—1988.1）
柴春平（1988.1任命）
王成福（1990.3—1991.12）
姜万龙（1991.12任命，副）
姜万龙（1993.2—2002.1）
于风华（2002.1—2005.1）

三十三队队长：　李尚玉（1982.2离任）
于德武（1982.2任命）
郜　山（1988.3—1990.3）
王　臣（1990.3任命）
马　伦（1991.4—1992.7）
宋　军（1995.1离任）
姜亦波（1995.1—1996.1）
邹正强（1996.1—1997.9）
王成方（1997.9—2005.12）

书记：　刘增金（1977.3—1978.3）
戴洪太（1978.3任命）
李德忠（1981.2—1982.2）
于德武（兼，1982.2—1982.8）
袁　冰（1982.8—1986.1）
李合会（1986.1—1986.11）
王　臣（1986.11任命）
王晓会（1990.9任命）
宋占林（1991.3—1992.5）
周曙光（1992.5—1999.1）
王　军（1999.1—2002.1）
高文强（2002.1—2005.12）

三十五队队长：　于会义（代，1987.7任命）

石　山（1988.1 离任）
于会义（1988.3 任命）
由彦路（1993.2 离任）
邹正强（1993.2—1996.1）
贾乃九（1996.1—1998.12）
丁洪波（2000.3—2001.7）
刘洪喜（2001.7—2009.3）

书记：
李若平（1981.2 离任）
钟文权（1981.2—1982.2）
于友信（1986.11 离任）
柴春平（1986.11—1988.1）
周曙光（1988.1—1992.5）
冯海林（1992.5—1993.2）
于友信（1993.2—1994.1）
刘居伦（1994.1—1996.11）
王　军（1996.11—1998.12）
丁洪波（2000.3—2001.7）
徐高辉（2002.1—2009.3）

三十七队队长：
于　洲（1982.2 离任）
唐林玉（1982.2—1982.8）
孙连德（1982.8—1982.12）
毛　利（代）（1982.12 任命）
吕志忠（1984.10—1986.11）
李振祥（1986.11—1988.4）
王成福（1988.4—1990.3）
王晓会（1990.3—1990.9）
兰志胜（1990.9—2005.1）

书记：
廉广泽（1981.2—1982.9）
孙连德（1982.12 任命）
吕志忠（兼，1984.10—1986.11）
刘常如（1986.11—1987.7）

王成福（代）（1987.7—1988.4）
孙连德（1988.4 任命）
许明刚（1998.3—2005.1）

三十九队队长： 远作诗（1981.3—1982.2）
隋宝林（代，1982.2—1982.8）
韩 波（1982.8—1983.10）
张秀强（代，1983.10—1986.1）

书记： 李振阶（1982.2—1984.1）

四十队队长： 刘永祥（1980.10 任命）
闫 朋（1984.7 离任）
齐秀志（1984.10—1986.1）
宁贺令（1986.1—1986.11）
马 伦（1986.11—1988.1）
刘殿军（1988.3—1990.3）
谭世家（1990.3—1990.9）
安凤林（1990.9—2011.3）

书记： 孙连德（1980.5—1986.1，副）
王立军（1986.1—1988.3）
王晓会（1988.3—1990.3，副）
刘培义（1990.3—1990.9）
谭世家（1990.9—1996.12）
安凤林（兼，1996.12—2003.1）

六、连队名称更迭

二十三团时期的营部：一营在 20 连，二营在 9 连，三营在 17 连，四营先后在 25 连、12 连，五营在 2 连，六营在反修营 42 连。

22 连在东安下营，老 24 连在毛金沟林业站，33 连在水泥厂。

1970—1972 年建了 13 个连队。29 连在 12 连东，归四营。34 连位置与 11 连、15 连成三角形，后并入 10 连。9 连建 35 连（在北面）、19 连建 36 连（在南面），后 35 连、36 连合并为 24 连。老 37 连在飞机场附近。老 39 连在民主北、别拉洪河桥边，归六营。

老27连：1970年建，抽调9连、10连、20连和制材厂人员建点，在老26连西北5公里处，与25连、26连成三角形。1973年搬到六营建27连，同时从5连调去一些知青。

老31连：1970年建，位于老迟山东坡。1980年2月23日，农场将原二十八队（1970年建，在别拉洪河边、25连北）、三十一队原建制搬往饶岗地区新建点，两队原有土地分别划归十四队、二十五队和十六队、十七队。三十一队新址位于饶岗（二十八队）正北。1981年又迁往二十二队高丽沟，原耕地划给二十六队、三十三队。1982年撤销，土地划归二十二队。1982年，在老迟山31连原址建宏山林业站。

老三十九队：位于海青亮子里村正南8.5公里，1978年建。1981年，将四分场三十九队、四十一队、四十二队划给抚远县。当年搬到二道河建三十九队，1985年1月移交给二道河农场。

1972年，在现前锋农场开荒建点，建立六营27连、40连、41连、42连。1977年6月28日，将原六营27连、40连、41连、42连移交给前锋农场。

1978年3月，建四分场，1981年2月并入三分场。

1985年3月1日，撤销二砖厂，并入三十五队。

1986年11月，二十五队、二十六队合并组建项目队，地点在里小山北。1988年，在原二十六队位置组建奶牛队。1997年3月，原二十六队改为奶牛队。1997年3月，项目队改称二十六队。

1992年8月，水利大队农业中队从海青搬到二十二队北。1996年12月，收归农场，更名为三十一队。2002年1月，并入二十二队。

1993年12月3日，农场决定撤销3个分场建制。

1996年12月23日，副业队撤销，人员和资产并入六队。

1997年3月，砖厂人员和耕地组建副业队。

2001年2月，三十六队（家属大队）并入科研站。

2003年1月，六队并入科研站。

2012年1月，奶牛队更名为二十七作业站。

2014年3月，在原第八管理区二十八站划分出二十九站，三十站划分出三十一作业站。

2017年11月30日，农场将原有的9个管理区、29个作业站、3个居民组撤销，重新组建15个管理区。

第五节　管理区、作业站主管领导更迭（2005—2022）

一、管理区主管领导变更（2005.1—2009.3）

一区主任：　穆文亮（2005.1—2009.3）
　　书记：　许佳宝（2005.1—2008.3）
　　　　　　陈　富（2008.3—2009.3）
二区主任：　邱勇健（2005.1—2009.3）
　　书记：　王　军（2005.1—2009.3）
三区主任：　贾乃军（2005.1—2009.3）
　　书记：　李宝成（2005.1—2009.3）
四区主任：　丁兆亮（2005.1—2005.12）
　　　　　　杨金军（2005.12—2007.4）
　　　　　　贾乃九（2007.4—2009.3）
　　书记：　丁军旗（2005.1—2007.3）
　　　　　　荆新羽（2007.3—2009.3）
五区主任：　刘成良（2005.1—2009.3）
　　书记：　刘成良（兼，2005.1—2007.3）
　　　　　　许明刚（2007.3—2009.3）
六区主任：　胡　全（2005.1—2009.3）
　　书记：　张所光（2005.1—2007.3）
　　　　　　黄野飚（2007.3—2009.3）
七区主任：　郑建国（2005.1—2009.3）
　　书记：　郑建国（兼，2005.1—2005.12）
　　　　　　许泽龙（2005.12—2009.3）
八区主任：　张　军（2005.1—2008.3）
　　　　　　杨臣军（2008.3—2009.3）
　　书记：　杨臣宏（2005.1—2008.3）
　　　　　　刘新义（2008.3—2009.3）
九区主任：　沈　英（2005.1—2009.3）
　　书记：　刘新义（2005.1—2008.3）

杨臣宏（2008.3—2009.3）

十区主任： 兰志胜（2005.1—2009.3）

书记： 许明刚（2005.1—2007.3）

黄立峰（2007.3—2009.3）

十一区主任： 宋广山（2005.1—2009.3）

书记： 于风华（2005.1—2009.3）

二、管理区、作业站主管领导变更（2009.3—2017.11）

第一管理区主任： 穆文亮（2009.3—2010.6）

李彦波（2010.6—2014.3）

李　斌（2014.3—2017.11）

书记： 高　杰（2009.3—2010.6）

陈　富（2010.6—2017.9）

副主任： 隋玉刚（2012.1—2013.4）

王双宝（2015.2—2017.11）

第一作业站站长： 穆洪波（2009.3—2010，书记兼）

晁玉庭（2010—2012.1，书记兼）

隋万喜（2012.1—2014.3）

李　斌（兼，2014.3—2015.2）

王双宝（兼，2015.2—2017.11）

第二作业站站长： 宋忠华（2009.3—2012.1，书记兼）

杨本志（2012.1—2014.9）

杨双印（2016.4—2017.11，主持工作）

第二十三作业站站长：李海波（2009.3—2012.1，书记兼）

杜同海（2012.1—2017.11）

第三十二作业站站长：晁玉庭（2009.3—2010，书记兼）

穆洪波（2010—2012.1，书记兼）

马占红（2012.1—2014.3）

隋万喜（2014.3—2017.11）

水泥厂居民组组长： 张乐贵（2010—2012.1）

宋忠华（2012.1—2012.9）

第二管理区主任：　邱勇健（2009.3—2010.9）
李富志（2010.9—2011.3）
穆洪启（2011.3—2014.3）
穆洪波（2014.3—2017.11）
书记：　贾乃军（2009—2011.3）
薛洪涛（2011.3—2015.7）
王福军（2015.7—2017.9）
副主任：　倪　明（2012.1—2013.4）
隋玉刚（2013.4—2014.3）
张　健（2015.2—2017.11）
第三作业站站长：　周建光（2009.3—2011.6）
张　健（2011.11—2015.2）
张　健（兼，2015.2—2016.4）
栾亚欣（2016.4—2017.11）
第四作业站站长：　李宝成（2009.3—2011.3）
陈　奇（2011.3—2012.1）
郑　斌（2012.1—2014.3）
第五作业站站长：　杜宏宇（2009.3—2010.3）
郭春海（2010.3—2013.4）
隋玉刚（兼，2013.4—2014.3）
第二十二作业站站长：于　海（2009.3—2011.10）
倪　明（2011.10—2012.1）
徐　飞（2012.1—2014.3）
穆洪波（兼，2014.3—2017.11）
书记：杨本志（2009.3—2012.1）
第三管理区主任：　刘成良（2009.3—2010.10）
李　斌（2010.10—2014.3）
沈建平（2014.3—2017.11）
书记：　王德奎（2009.3—2015.7）
薛洪涛（2015.7—2017.9）
副主任：　孙　健（2012.1—2015.3）

第十九作业站站长：　李　斌（2009.3—2010.10）

孙　健（2010.10—2012.1）

王双宝（2012.1—2015.2）

贾　伟（2015.3—2017.11）

书记：　孙　健（2009.3—2010.10）

第二十作业站站长：　李富志（2009.3—2010.10）

王德江（2010.10—2012.1，书记兼站长）

吴　军（2012.1—2012.10）

孙　健（兼，2012.10—2015.3）

王德江（2015.3—2017.11）

第二十一作业站站长：许明刚（2009.3—2012.1）

李殿伟（2012.1—2014.3）

第二十四作业站站长：于长海（2009.3—2016.4）

吴叶军（2016.4—2017.11）

副业队（站长）：　王德江（2009.3—2015.3）

副业队居民组组长：　孙宏波（2015.3—2017.11）

水利队居民组组长：　刘德利（2009.3—2011.3）

邢　森（2011.3—2015.5）

丁　瑜（2015.5—2017.11）

第四管理区主任：　胡　全（2009.3—2011.3）

于风华（2011.3—2012.1）

尹子龙（2012.1—2016.8）

刘青春（2016.8—2017.11）

书记：　郑建国（2009.3—2011.3）

李宝成（2011.3—2014.4）

刘新义（2014.4—2015.7）

王宁东（2015.7—2017.9）

副主任：　杨兴玉（2012.1—2013.4）

张保锋（2015.2—2016.4）

于　洋（2016.4—2017.11）

第七作业站站长：　丁　瑜（2009.3—2015.5）

陈爱辉（2015.5—2016.8）
刘青春（兼，2016.8—2017.11）

第八作业站站长：许泽龙（2009.3—2010.6）
陈爱辉（2010.7—2015.5）

第九作业站站长：黄野飚（2009.3—2010.12）
张海龙（2011.1—2015.5）
邢　森（2015.5—2017.11）

第十作业站站长：马振松（2009.3—2010，兼科技园区主任）
倪　明（2010—2011.10）
赵洪波（2011.10—2016.4）
尹子龙（兼，2016.4—2016.8）
刘青春（兼，2016.8—2017.11）

第十一作业站站长：杨兴玉（2009.3—2012.1）
王伟鹏（2012.1—2015.2）

第十五作业站站长：尹子龙（2009.3—2012.1，2011.7，副主任兼）
刘振强（2012.1—2012.10）
杨兴玉（兼，2012.10—2013.4）
张保锋（2013.4—2016.4）
于　洋（兼，2016.4—2017.11）

第五管理区主任：丁兆龙（2009.3—2012.1）
沈建平（2012.1—2014.3）
刘青春（2014.3—2016.8）
尹子龙（2016.8—2017.11）

书记：刘新义（2009.3—2014.4）
王福军（2014.4—2015.7）
刘新义（2015.7—2017.9）

副主任：刘青春（2011.7—2012.1）
段罗刚（2012.1—2017.11）

第十三作业站站长：刘青春（2009.3—2011.7）
（2011.7—2012.1，兼站长）
（2012.1—2014.3）

（2014.3—2015.2，兼站长）
王伟鹏（2015.2—2017.11）
第十二作业站站长：纪晓军（2009.3—2010.4）
桑晓亮（2010.7—2011.3）
刘井权（2011.3—2015.5）
刘青春（2015.5—2016.4）
王新晨（2016.4—2017.11）
第十四作业站站长：王会军（2009.3—2010.4）
沈建平（2010.7—2011.7）
段罗刚（2011.7—2012.1）
丁德会（2012.1—2012.10）
段罗刚（兼，2012.10—2017.11）
第六管理区主任：沈　英（2009.3—2010.9）
周宝林（2010.10—2014.3）
马占红（2014.3—2017.11）
书记：杨臣宏（2009.3—2014.4）
徐洪昌（2014.4—2017.9）
副主任：沈建平（2011.7—2012.1）
穆洪波（2012.1—2014.3）
第二十六作业站站长：李彦波（2009.3—2010.6）
赵彩贵（2010.6—2010.10）
段罗刚（2010.10—2011.7）
沈建平（兼，2011.7—2011.12）
杨双印（2012.1—2012.10）
穆洪波（兼，2012.10—2014.3）
马占红（兼，2014.3—2017.11）
奶牛队居民组组长：高文强（2009.3—2011）
第二十七作业站站长：高文强（2011—2012.1）
许亚东（2012.1—2014.3）
范　潇（2014.3—2017.11）
第三十三作业站站长：赵彩贵（2009.3—2010.6）

杨双印（2010.6—2012.1）
高文强（2012.1—2013.4）
康　跃（2013.4—2014.3）
郑　斌（2014.3—2017.11）
第七管理区主任：　兰志胜（2009.3—2010.4）
纪晓军（2010.4—2013.4）
倪　明（2013.4—2014.12）
张恩阁（2014.12—2016.4）
孙　健（2016.4—2017.11）
书记：　黄立峰（2009.3—2017.11）
第三十五作业站站长：朱宝华（2009.3—2011.3）
刘德利（2011.3—2014.3）
倪　明（兼，2014.3—2014.12）
李殿伟（兼，2014.12—2017.11）
书记：孙宏波（2009.3—2012.1）
副主任：于　洋（2012.1—2016.4）
李殿伟（2015.2—2017.11）
孙　健（2015.3—2016.4）
第三十七作业站站长：胡　金（2009.3—2011.3，书记兼）
安凤林（2011.3—2012.1）
孙宏波（2012.1—2015.3）
孙　健（兼，2015.3—2017.9）
张恩阁（2017.9—2017.11）
第四十作业站站长：　安凤林（2009.3—2011.3，书记兼）
于　洋（2011.3—2012.1）
赵洪彬（2012.1—2012.7）
于　洋（2012.7—2014.3）
吴　迪（2014.3—2017.11）
第八管理区主任：　尹德海（2009.3—2011.10）
于　海（2011.10—2016.4）
张保锋（2016.4—2017.11，主持工作）

书记：　　于风华（2009.3—2011.3）
张恩阁（2011.3—2014.12）
倪　明（2014.12—2016.3）
李春雨（2016.4—2017.11）
第二十八作业站站长：黄　臣（2009.3—2011.10）
高文利（2011.10—2012.10）
古云平（兼，2012.10—2017.12）
第二十九作业站站长：杨兴玉（2014.3—2017.11）
第三十作业站站长：周宝林（2009.3—2010.10）
张恩阁（2010.10—2012.1）
于　亮（2012.1—2014.12）
倪　明（兼，2014.12—2015.2）
于　海（兼，2015.2—2016.3）
张保锋（兼，2016.4—2017.9）
于　海（2017.9—2017.11）
第三十一作业站站长：李殿伟（2014.3—2014.12）
魏建军（2014.12—2016.4，主持工作）
徐　哲（2016.4—2017.11）
第九管理区主任：荆新羽（2009.3—2011.10）
张　军（2011.10—2014.3）
李彦波（2014.3—2017.11）
书记：　　贾乃生（2009.3—2010.10）
王福军（2010.10—2014.4）
马春利（2014.4—2017.11）
第十六作业站站长：姜厚国（2009.3—2011.2）
张友福（2011.3—2011.6）
刘永敏（2011.6—2011.10）
姜　涛（2011.10—2017.11）
书记：　　姜厚国（兼，2009.3—2011.2）
第十七作业站站长：金　浩（2009.3—2010.3）
尹德河（2010.4—2012.1）

晁玉庭（2012.1—2015.5）
高国生（2015.5—2017.12）
科研站站长： 张友福（2009.3—2011.3）
高国生（2011.3—2015.5）
张海龙（2015.5—2017.12）
第十八居民组组长： 金 浩（2010.3—2017.12）

三、2017 年以后，管理区主管领导变更（2017.11—）

2017 年 11 月，农场取消原有管理区、作业站番号，根据地理位置和耕地面积重新划分为 15 个管理区。

第一管理区，原第一作业站、第二作业站、第二十三作业站、第三十二作业站。

第一管理区主任： 李 斌（2017.11—2020.11）
贾 伟（2020.11—2022.4）
徐 瑞（2022.4—2022.9）
张凌霄（2022.9—）
党支部书记： 乔 丹（2017.11—2020.11）
丁德会（2020.11—）
副主任： 李志昊（2017.11—2020.11）
丁 一（2017.11—）
杜同海（2017.11—）
冯富远（2020.12—）

第二管理区，原第二十二作业站。

第二管理区主任： 穆洪波（2017.11—）
党支部书记： 李 伟（2017.11—2020.11）
张文旭（2020.11—）
副主任： 张凌霄（2017.11—2022.9）
徐 瑞（2017.11—2020.9）
王鸿皓（2017.11—2020.11）
赵福军（2020.11—）
朱亚南（2020.12—）
刘广福（2021.11—）

刘德利（2022.9—）

第三管理区，原第三作业站、第四作业站、第五作业站。

第三管理区副主任：贾　伟（2017.11—2020.4，主持工作）

主　任：贾　伟（2020.5—2020.11）

李志昊（2020.12—）

党支部副书记：张　鹏（2017.11—2020.4，主持工作）

党支部书记：张　鹏（2020.5—）

副主任：由家东（2017.11—2022.9）

于新勇（2017.11—）

刘占魁（2017.11—）

郑　斌（2022.9—）

第四管理区，原第十六作业站、第十七作业站、科研站。

第四管理区主任：李彦波（2017.11—2020.11）

王新晨（2020.12—）

党支部书记：马春利（2017.11—）

副主任：姜　涛（2017.11—）

周宇艇（2017.11—2020.11）

于　雷（2017.11—）

李长远（2020.12—）

第五管理区，原第十九作业站（含第二十一作业站）、第二十作业站、第二十四作业站、水利队居民组、副业队居民组。

第五管理区主任：陈海龙（2017.11—）

副书记：李春雨（2017.11—2020.10，主持工作）

党支部书记：李春雨（2020.11—）

副主任：赵福军（2017.11—2020.11）

姜振华（2017.11—）

于庄园（2018.5—2020.9）

韩明哲（2019.5—2020.11）

李宝森（2020.12—）

韩成龙（2021.10—）

第六管理区，原第七作业站、第八作业站、第九作业站、第十作业站。

第六管理区副主任：范　潇（2017.11—2019.8，主持工作）
代理主任：丁千龙（2019.8—2020.5）
主　任：丁千龙（2020.5—2021.11）
张凌霄（2021.11—2022.9）
党支部副书记：丁千龙（2017.11—2020.10，主持工作）
党支部书记：王双宝（2020.11—）
副主任：刘志鑫（2017.11—2020.10）
李　铖（2017.11—）
李双强（2017.11—2020.11）
赵国利（2020.12—）
周宇艇（2020.11—）

第七管理区，原第十一作业站、第十五作业站。

第七管理区副主任：栾亚欣（2017.11—2020.4，主持工作）
主　任：栾亚欣（2020.5—）
党支部副书记：邢　森（2017.11—2020.4，主持工作）
党支部书记：邢　森（2020.5—）
副主任：于　洋（2017.11—2021.11）
陈岳君（2017.11—）
陈爱辉（2018.5—2020.11）
李承楠（2020.12—2021.7）
赵宇飞（2021.11—）
张昕悦（2021.11—）

第八管理区，原第十二作业站。

第八管理区主任：尹子龙（2017.11—）
党支部副书记：崔鹏飞（2017.11—2020.4，主持工作）
党支部书记：崔鹏飞（2020.5—）
副主任：王新晨（2017.11—2020.11）
王昌盛（2017.11—）
杨　林（2017.11—2020.11）
张钟波（2020.12—）
赵　宏（2020.12—）

第九管理区，原第十三作业站、第十四作业站。

第九管理区主任：　薛洪涛（2017.11—2020.9）
　　　　　　　　　徐　瑞（2020.12—2022.4）
　　　　　　　　　贾　伟（2022.4—）
党支部书记：　　　王双宝（2017.11—2020.11）
　　　　　　　　　孟令楠（2020.12—）
副主任：　　　　　赵　宏（2017.11—2020.11）
　　　　　　　　　孟令楠（2017.11—2020.12）
　　　　　　　　　王伟鹏（2018.5—）
　　　　　　　　　杨　林（2020.12—）
　　　　　　　　　李双强（2020.11—）

第十管理区，原第二十六作业站。

第十管理区副主任：张恩阁（2017.11—2020.4，主持工作）
主　任：　　　　　张恩阁（2020.5—）
党支部书记：　　　徐洪昌（2017.11—2019.12）
副书记：　　　　　高　成（2020.12—）
副主任：　　　　　徐　哲（2017.11—2020.10）
　　　　　　　　　卢宇轩（2017.11—）
　　　　　　　　　陈　瑞（2017.11—）
　　　　　　　　　于博文（2020.11—）

第十一管理区，原第二十七作业站、第三十三作业站。

第十一管理区副主任：隋万喜（2017.11—2020.4，主持工作）
主　任：　　　　　隋万喜（2020.5—2022.7）
副书记：　　　　　吴叶军（2017.11—2020.4，主持工作）
党支部书记：　　　吴叶军（2020.5—）
副主任：　　　　　刘德利（2017.11—2021.11）
　　　　　　　　　张　帅（2017.11—）
　　　　　　　　　郑　斌（2019.5—2022.9）
　　　　　　　　　刘桂才（2021.10—）

第十二管理区，原第三十五作业站。

第十二管理区主任：李殿伟（2017.11—）

党支部副书记：　　　张文旭（2017.11—2020.4，主持工作）
党支部书记：　　　　张文旭（2020.5—2020.11）
　　　　　　　　　　李　伟（2020.11—）
副主任：　　　　　　杨双印（2017.11—）
　　　　　　　　　　康　跃（2017.11—）
　　　　　　　　　　魏建军（2017.11—）

第十三管理区，原第三十七作业站、第四十作业站。

第十三管理区主任：孙　健（2017.11—2020.11）
　　　　　　　　　吴　迪（2020.12—）
党支部书记：　　　黄立峰（2017.11—）
副主任：　　　　　吴　迪（2017.11—2020.11）
　　　　　　　　　刘广福（2017.11—2021.11）
　　　　　　　　　段罗刚（2017.11—）
　　　　　　　　　曹　政（2020.12—）
　　　　　　　　　张　放（2021.11—）

第十四管理区，原第二十八作业站、第二十九作业站。

第十四管理区副主任：于　海（2017.11—2020.4，主持工作）
主　任：　　　　　　于　海（2020.5—）
党支部副书记：　　　丁德会（2017.11—2020.4，主持工作）
党支部书记：　　　　丁德会（2020.5—2020.11）
　　　　　　　　　　郝明俊（2020.12—）
副主任：　　　　　　杨兴玉（2017.11—）
　　　　　　　　　　李　俐（2017.11—2021.11）
　　　　　　　　　　郝明俊（2017.11—2020.11）
　　　　　　　　　　陈爱辉（2020.11—）
　　　　　　　　　　刘德利（2021.11—2022.9）
　　　　　　　　　　由家东（2022.9—）

第十五管理区，原第三十作业站、第三十一作业站。

第十五管理区副主任：张保锋（2017.11—2020.4，主持工作）
主　任：　　　　　　张保锋（2020.5—）
党支部副书记：　　　曲聚才（2017.11—2020.4，主持工作）

党支部书记：　　　曲聚才（2020.5—）

副主任：　　　　　王　亮（2017.11—）

孙　鑫（2017.11—）

高　成（2017.11—2020.12）

刘志鑫（2020.11—）

第六节　党代会代表、人大代表、政协委员

全国三八红旗手代表大会（1960.12）

董桂芬（女）　畜牧分场副场长

全国总工会积极分子表彰大会（1983.1）

王永福　机关干事

省第二届党代会（1960）

赵明高　农场场长

黑龙江省第五届工会代表大会（1979）

姜亦培　修造厂书记

中国共产党黑龙江省第四次代表大会代表（1980）

刘树松　四队粮食保管员

中国共产党佳木斯市第十次代表大会代表（2003）

刘相增　分公司总经理

中国共产党佳木斯市第十一次代表大会代表（2007）

穆文亮　第一管理区主任

饶河县第八届人民代表大会代表

于可胜　修造厂党支部书记

王以良　农场工会主席

衣景文　水利科长

饶河县第九届人民代表大会代表

许洪安　农场工会主席

方樟茂　办公室主任兼机关党委书记

饶河县第十届人民代表大会代表

李维民　农场工会主席

于可胜　修造厂党支部书记

韩英淑　（女）朝鲜族　商店党支部书记

饶河县第十一届人民代表大会代表

王道明　农场党委副书记

高晓明　客运站驾驶员

李　刚　（女）职工医院院长

饶河县第十二届人民代表大会代表

张开成　农场副场长

罗　燕　（女）群众　中学教师

饶河县第十三届人民代表大会代表

张开成　农场副场长

葛柏林　家庭农场场长

罗　燕　（女）群众　中学教师

饶河县第十四届人民代表大会代表

王　伟　农场党委副书记（2008年调离）

李建军　农场党委书记（2008年增补）

孟宪柱　通达建筑材料有限公司经理

常春英　（女）群众　中学教师

饶河县第十五届人民代表大会代表

杜海波　农场武装部部长（2013年调离）

许艳平　农场武装部部长（2014年增补）

孟宪柱　通达建筑材料有限公司经理

滕艳艳　（女）工会女工部部长

张巽英　（女）社区党工委副书记

宋广山　粮食管理中心主任

饶河县第十六届人民代表大会代表

孙　鹏　农场党委书记

许艳平　农场武装部部长

滕艳艳　（女）工会副主席

张巽英　（女）社区党工委副书记（2017年内退）

王清芝　（女）学校书记（2017 年增补）

马永辉　林业科长

饶河县第二届政协委员

梁明泉　科技科科长

饶河县第三届政协委员

陈伯松　计财科会计

饶河县第四届政协委员

陈伯松　计财科会计

饶河县第五届政协委员

张喜魁　养禽公司经理

饶河县第六届政协委员

邹玉善　房产科科长

饶河县第七届政协委员

吴国民　农场工会主席

朱晓霞　（女）分公司副总经理

饶河县第八届政协委员

朱晓霞　（女）分公司副总经理

梁志斌　分公司市场部部长

饶河县第九届政协委员

辛晓燕　（女）学校副校长

张　军　第九管理区主任

饶河县第十届政协委员

刘志友　农场党委副书记

于明涛　水利公司副经理

周华虎　文化体育活动中心主任兼离退休干部科科长

附　　录

文献资料

饶河县治所自小佳气河迁至
挠力口（今东安镇）的呈文及批示

编者注：本县自清宣统元年（1909年）批准建治，城址初设于小佳气河入挠力河之西岸，第二任县知事陈垣于中华民国二年（1931年）就任未久，即因小佳气河地处低洼，交通阻塞，提出将县治所迁至挠力口，当时未有获准。后经几任县官周旋，直至中华民国六年（1917年）第六任县知事陆迈经手，才将县治所迁至挠力口——今东安镇。兹将陈垣县知事呈请公文及吉林省都督府批饬指令附录如次。

饶河县设治委员准补新疆叶城县知事陈垣
为据实详呈请移县治挠力口事

吉林省都督陈：

窃维建治防边，形势必求其扼要，殖民辟地图谋先在乎农商。伏查饶河自宣统二年划界设治（元年十一月中央批准）。迄今三载，乃入其境，草莱未刈。市廛（音蝉，商店也，见《礼记》）未兴，野鲜服田之农，商无通行之货，心窃讶之，接任后周谘博访，涉历山川，乃知闭塞之由，实缘城址之未得地利，请为宪台详陈之：

饶邑地点，以挠力河口为最要，出口即为乌苏里江，与俄境接江之航路直达哈尔滨以至省城（吉林），近年俄国轮船上下行驶停泊皆在伊界，中国人若附载，则多方挟制，知事拟创办商轮，亦职是之故，或将县治移设于此，地势既然，交通商务，必臻发达。其利一：现今设治小佳气河，四望平阳，地宜垦而不宜城。缘地皮为草树根荄盘固。冬春冰凝无论矣，即夏秋消融，遍地皆水。车行苦泥淖，舟行畏浅阻，水陆不通，商贾裹足，所以筹措三年，除衙署筑屋六间暨一广济公司外，别无一户，民居实因地势不便也。若移县于河口，将此地放民开垦，则土面疏松，水可一泄低洼，积潦开沟，以引于河道，路自可畅通。其利二：饶邑方今急务莫要于移民，以全境三百余里，仅有户二百余家，有土无人，直同废土，然移民之经费难筹，则舍招徕无术矣。第查前任所放之荒，率多未垦，盖招佃难也，若非急为设法，终恐成效难期。如将县治移设河口，再有轮舟商务一兴，往来者众，无俄人之困难，人畜农具，皆宜输入，数年后，必当大有起色。其利三：易（周易）曰："王公设险，以守其国。"是知守土必扼据险要。挠力河口，一面临江，三面环山而又逼近俄境，实为全邑之咽喉。于此设治，无事则通商贾赉农工以收殖民之利，有事则侦敌备战守以固边圉之防，消息灵通，报告便利，非特一邑之幸福，实为大局所攸关。其利四：知事亦明知方令（世立）经营缔造三载于兹，一旦建议迁徙，必有疑为好事者，然审思熟计，及今迁移，尚不费事。盖城郭未筑，市宅未营，虽有衙署数间，而仓廒监狱概未建置。日后人民发达，或于此立一镇，则数椽板屋可作公所，固未尝废弃也。有四利而无一损。知事为利民筹边计，实非徙置不可。愚见若此，商诸父老，众议佥同（编者注：《尚书》："询谋佥同"，讨论一致赞同之意）可否之处，伏乞批示祇遵。或委员复勘，出自钧裁。至一切费用，仍放领城镇屯街基荒照费内动支，如或不敷需，另筹款自当随时呈请核示。除分呈外，所有拟移县治缘由，是否有当，理合具文说请，宪台训令施行，须至呈者。

计呈副呈一纸

中华民国二年二月六日

编者注：吉林省都督陈昭常二月二十二日收到。

吉林行省都督指令

民字第五十号

吉林行省为吉林民政司呈饶河县治移设挠力河口一案指令

令饶河县：

据呈拟将县治移设挠力河口等情，虽为利民筹边起见，但考察该县地势，现设治之小佳气河尚属四望平原，如果设法疏通积水，自不难变沮洳而成市廛，是在该知事之竭力经营，招徕安集。挠力河口，地固重要，唯偏于一隅，创办商轮，亦殊非易，欲谋交通便利，更非一蹴可就，所请自应从缓置议。再来呈，并开发文年月日期，未免疏漏，嗣后务须填注封发，以备查核，仰即遵照，此令。

陆军上将衔　吉林都督陈　批

中华民国二年二月二十七日

饶河县治所由挠力口迁至团子山（今饶河县城）前后所经情事及呈饬之公文

饶河县域自民国六年（1917年）迁至挠力口（今东安镇），一直租用三间民用二层木刻楞楼房，权且维持，达四年之久。迄未选定筹建县衙门基址。中华民国十一年一月二十日，突然县署二层楼房所居民户不慎失火，将整个房屋全部化为灰烬，所幸县署办公桌椅文柜，在前任知县孙嶽刚刚卸任，交待完毕，尚未离去的情势下，只得拼力协同新任县知事钱光陆及县署公务人员一起将县署所存文档抢救出来，损失不算太大。

尔后业经当时就任县知事钱光陆向吉林省长呈禀火灾情形，顺便提出将县治所由挠力口迁至团山子的请求。几经呈奏，方兹得到吉林省行政公署批准。直至民国十四年（1925年）第十三任县知事姜永昌经手，才将饶河县治所迁至团山子，遂改团山子为饶河，原县址挠力口改为东安镇。兹将当时饶河县公署被焚详情及请将县城自挠力口迁至团山子的呈文及省公署批准的饬令等文件附录如后。

饶河县公署关于县署被焚详情将县城自挠力口（东安镇）移至团山镇（今饶河县址）呈

吉林省长孙：

呈为具报职县署被火焚烧详细情形请鉴核示遵事，窃于本月二十日（中华民国十一年一月二十日）职县署被火焚烧，大概情形当经电陈在案，查职县署自小佳河迁移饶河即东安镇以来，向租二层洋式居房三间，楼上半由房东住家，半由房东另招民户，因陋就简，本为一时权宜之计。嗣因烟匪扰乱于前，胡匪猖獗于后，农商裹足不前，市面萧条万状，以致历任仍旧迁就数年于兹，知事此次奉委署理始于月之十五，驰抵饶城，十六日准孙前任（孙嶽全）资送县任及税局关防（公章）并监狱人犯清册前来，即于是日视事，所有票据、文卷等项，未准资交，业将视事日期具文呈报在案，十八日率同掾属迁入县署，二十日早九时，因楼上居户失慎，付之一炬，斯时火势由上而下，经知事督饬将文案器具及各种税票存根均已抢出，是否有无遗失，业由孙前任派员清理，俟接收清楚后再行遵照条例造册呈报，唯县署及游巡队房租每月现大洋三十元，并未编入预算，由知事公费项下开支。此次被火焚后，四处无房可租，不得已暂寄商店。查距饶河口一百二十里团山镇地方三面环山，一片带水，商家住户为全境之冠，且与俄亦因乌苏里江之隔，对面为俄人重镇，交涉繁呈。较饶河口为尤甚，去年经孙前任呈请迁移，未获照准，唯此变故之后，为因地制宜计，似以迁移此镇较为适宜，如蒙俯允，即请分咨督军署北满邮务管理局饬将河口营（业）部及邮政办事处一并迁移，以资镇摄而便要公，否则饶河口商民不过十余家，均属困难已极，就地筹款，万难办到，并请批拨公款一俟春暖冻开建筑县署，以为一劳永逸之计。至县署日用器具，均非公有制物品，向由前后任交接，并未具报，此次抢出孙前任所有旧管及新置各物，多属破坏不堪应用，一俟县署定后，知事拟由公费项下择要购置，应用器具连同发票呈报备案。嗣后历任即按八折移交，后任可否之处，统希均裁，除分呈外，理合具文呈请鉴核示遵，谨呈。

署理饶河县知事　钱光陆

中华民国十一年（1922 年）一月二十二日

八五九农场 1985 年全面兴办职工家庭农场方案

（1985 年 4 月 25 日）

第一章　总　　则

第一条：职工家庭农场是在全民所有制国营农场领导下、以户为单位、实行家庭自主经营、定额上交、自负盈亏的经济实体。

第二条：职工家庭农场长期承包使用国有土地、山林、草原、水面等生产资料，并拥有自购的生产资料，相对独立地从事农、林、牧、副、渔业生产和经营。其财产和权益受国家法律保护。任何单位和个人都不得侵犯。

第三条：职工家庭农场的收入，按合同规定上交国家和企业税利费之后，其余部分全归自己。

第四条：职工家庭农场是国营农场有机整体的组成部分。它同国营农场在行政上是隶属关系。国营农场负有领导、监督职工家庭农场执行国家计划、政策、法令的责任；在经济上是合同关系，双方都要受合同制约，通过合同体现国家计划，履行对国家的义务。

第五条：兴办职工家庭农场由职工本人申请、农场批准，并发给《职工家庭农场证书》。

第六条：职工家庭农场是国营农场分户经营的主要形式，同时允许实行其他多种形式的经济责任制。

第二章　条　　件

第七条：凡属农场职工及其家庭成员（在校学生例外）均可参加家庭农场。家庭农场场长应由懂生产、会经营的人担任。机械化型农场的农场场长还需要具备技术高、有全局思想、能按要求积极为他人代耕并得到多数群众信任等条件。家庭农场场长负责同国营农场签订承包合同，组织农场生产经营活动，并承担对国营农场的经济责任。

第三章　类　　型

第八条：机械化型家庭。为了发挥机械优势，提高科学种田水平，实行集约经营，缩短土地向种田能手集中的过程，将国营农场现有机具作价转让给家庭农场，成立单户、联户或挂户家庭农场。机车带地，原则上每台拖拉机或收割机 300～500 亩左右。具体每种车型带地多少，由管理站根据本单位土地多少决定。小型车不带土地。

第九条：多种经营型家庭农场。没有机械承包少量土地，以土地为依托，大力发展多种经营生产，积极改变农场现存的经济结构，待多种经营广泛发展之后，逐步将土地向机械化型家庭农场集中。这种类型的家庭农场，职工平均占地 40～70 亩，非职工（户口在农场）整劳力按职工的 2/3，半劳力按 1/3 划地。

第十条：专业化型家庭农场。以从事专业生产为主，也可经营少量饲料地、园田地。主要包括家庭林场、家庭牧场、家庭渔场和家庭作坊等。随着生产门路不断开展，这个队伍将日益扩大，对促进整个农场产业结构的变革具有重要作用。

第十一条：开发性家庭农场。自有农机具和其他设备，在农场统一规划下，开发荒原、山林和水面等自然资源。经营规模可适当大于非开发性家庭农场。

第四章　土地、机械

第十二条：家庭农场的土地、山林、水面等经营期要长期固定。一般在农场 15 年以上。生产周期长和开发性项目，要更长一些，可以继承和转包。

第十三条：职工可以集资联营办开发性家庭农场，也欢迎场外能人在农场域内办各种类型的家庭农场及其他事业。但都必须按统一规划进行。接受农场领导，按规定上交一切费用。

第十四条：国营农场的土地、山林、草原、水面等自然资源均属国有。职工家庭农场只有经营使用权、管理权，不准变卖、出租或非经批准改作别用。不准破坏原有水利设施、交通设施和防护林带。职工改营它业或因故不能继续经营者，应将土地等自然资源交还国营农场或经农场同意后转包给他人，转包后自谋职业者从第二年起办理停薪留职手续。

第十五条：职工家庭农场应按农场规定种地养地，培肥地力，改良土壤。否则每亩收培肥基金两元。严重者给予经济制裁，直至收回土地。

第十六条：家庭农场的农机具问题。

1. 自有资金外购、不受任何限制。

2. 单位现有机具作价转让、分期付款。作价办法，原则上拖拉机按净值加上 1982 年大修费用。大修后机车使用一年者加 2/3，使用两年者加 1/3，使用三年以上不加（机车使用半年以上按一年算，不足半年者按半年计算）。收割机按净值加当年修理费。农具按净值加 20％作价，特殊情况由农场组织的作价小组鉴定重新合理作价。对转让给家庭农场的农机具，3 万元以下的户四年还清，每年还 25％。3 万元以上（含 3 万元）的户六年还清，每年还 16.7％。不按期偿还的部分价款，按银行贷款利息收取资金占用费，超过年限部分按 50％收取占用费。如个人自有资金或从银行贷款一次还清者，按上述分期还款时间，农场承担贷款利息。但卖掉机具一年还清者，农场不承担利息。凡转让的农机具，不经批准不得变卖，要以此保证种好现有耕地。

3. 凡有转让农机具的家庭农场，必须先交 500 元机具转让费方可转让，交不上者按贷款利息收取占用费。

第五章　家庭农场流动资金和畜禽

第十七条：职工家庭农场的资金以自筹为主，生产用的流动资金以及平时生活费用，自筹不足者，可凭家庭农场证到银行贷款。

第十八条：原生产队所有畜禽及畜禽舍等一律作价转让到户，所欠价款按银行利率收取占用费，超过还款期限加收占用费。

第六章　上交指标

第十九条：家庭农场必须按国家现行税法上交各种应交税金。在承包期内如国家规定有变化，一律按新规定执行。

第二十条：非开发性种植业家庭农场按土地实用面积每亩年上交三级管理费 3 元（队 1.5 元、分场 0.5 元、农场 1 元）；场内砂石路、水泥晒场及电讯线路建设基金 2 元；政社补贴 1 元。按职工工资总额 13.5％上交福利费，工会经费和职工教育经费。土地资源占用费农场对各分场确定指标，1985—1987年三年内每亩上交标准：一分场11元、二分场10.5元、三分场7元。分场和管理站再区别情况落实到家庭。对劳均占地少的家庭农场经过测算可以酌情少收。对办家庭农场的老职工，新中国成立前参加工作的减收资源费260元。1955年以前的减收资源费170元。1959年以前的减收80元，但不能发生倒补现象。对伤、病、残人员的减收幅度由队酌定，实行包保结合，但全队综合平衡必须达到分场下达的指标数。

第二十一条：开发性家庭。从事种植业的以种上地为准。前三年收资源占用费，其他费用不变。

第二十二条：家庭林场、牧场、渔场、作坊必须按职工工资总额交以下费用：福利费10%；队场二级管理费20%；工会经费2%；职工教育经费1.5%。政社补贴每个职工上交80元，非职工53元。林场收费按场林字12号文件执行。自建养鱼池资源占用费，从第四年起每亩水面上交10～15元。公建鱼池按实际情况承包。家庭牧场前三年不收资源占用费，为鼓励养殖业发展，对专门从事养殖业的家庭农场，前三年上交费用不一一计算，每个职工每年只交150元和120元粮油倒挂费，以视优惠。家庭作坊上交应交费用外，其他收费另定。

第二十三条：职工退休基金，以管理站为单位，按工资总额20%上交农场。机械化型和多种经营型家庭农场按占有土地面积分摊，非职工占有土地不摊；专业化型、开发性家庭农场及其他职工仍按全管理站平均工资的20%上交。

第七章　权利和义务

第二十四条：职工家庭农场有下列权利。

1. 在国营农场统一计划下，自主确定生产经营项目和采取生产措施。
2. 按生产需要申请和选购生产物资。包括原材料、燃料、大中型农具、汽车等。
3. 确定生产过程中的劳动分工。自行安排农活和劳动时间，决定内部分配。
4. 在还清贷款后自销和加工合同外的多余农副产品。
5. 雇请少量帮工和对外实行劳力、资金联合。

第二十五条：职工家庭农场承担下列义务。

1. 模范遵守国家的政策、法令、执行国营农场的规章、制度。
2. 合理利用自然资源。科学种地养畜，积极保护生态平衡。
3. 认真实施国营农场的统一规划、区划和计划。
4. 严格按照合同规定上交产品、税金、利润和各项费用。

5. 完成国家和国营农场组织的劳动积累和义务工任务（每个劳力上交20个义务工）。

6. 积极参加社会主义精神文明建设和其他社会性活动。

第二十六条：职工家庭农场和农村专业户一样享受国家和当地政府给予的各项优惠政策。但超交粮加价奖，计划内部分归农场，计划外部分归家庭农场；大豆出口多收入部分1/3交农场，2/3归家庭农场。家庭农场可在当地银行申请立户。

第二十七条：职工家庭农场成员，原属国家职工的，其职工身份不变，原工资级别保留。调整工资和退休以及调动工作时仍然有效。职工子女，凡符合农场职工条件的，按上级指示，经劳资科批准，可计算工龄，加入工会。

第二十八条：职工家庭农场中的职工、合同工，不再由国营农场按工资级别支付报酬；凡按国营农场规定上交福利费、工会经费、职工教育经费、退休费的，可享受公费医疗，直系亲属住院享受半费医疗，以及职工业余学习、退休待遇和独生子女优惠待遇（独生子女同职工一样享受公费医疗；入学不收学费，入托费从本单位管理费中列支），其他劳保经费由家庭农场自负。

第八章　内部管理

第二十九条：职工家庭农场内部要合理分工，明确责任，建立必要的规章制度。内部分配实行按劳分配原则，必须年初经全体成员民主讨论通过，报管理站备案，充分体现民主管理。

第三十条：职工家庭农场要积极应用推广新品种、新技术，努力提高农业机械化和科学技术水平，实行集约经营。

第三十一条：职工家庭农场应建立财务收支账目，加强核算，降低成本，提高经济效益。

第九章　具体问题

第三十二条：农业单位（包括分场）每户拨给2亩园田地，（只上交土地税和管理费），用以发展庭院经济，可以按统一规划建造住宅。

第三十三条：管理站食堂可给50亩地作为补贴，团支部给5～10亩地，种白瓜子等经济作物，作为支部活动经费，以上土地只收税费，不收利。

第三十四条：农场下达给分场的上交指标，以计划面积为准。国家调整粮食统购价格的，由合同双方协商调整指标。

第三十五条：为了发展畜牧生产，鼓励种植玉米。按计划面积每亩在原定指标基础上减收资源占用费 5 元。不按计划种植或交不上产品由现金补齐。

第三十六条：家庭农场在没还清各项欠款以前，其产品必须交农场统一处理，还清欠款后可以自行处理。

第三十七条：管理站拥有的晒场及其所有设备、小型车、油材料等，可包给专业户经营。

第三十八条：管理站需留 10％～15％的公用地由站经营或由家庭农场代耕，收入归站，用以支付管理站人员奖金和以丰补歉等，上交指标不变。管理费不准超支，超支部分从管理人员工资中扣回。

第三十九条：管理干部奖惩。全站完成上缴税金和农场下达的利费指标后，全站职工收入达到原平均工资水平的，管理干部发原工资，职工分配高于原工资水平时，按全部家庭农场场长平均超出部分增加 10％～15％，计发管理干部奖金，正副职之间差距为 30％，完不成上交指标或职工收入低于原工资水平时，按家庭农场场长平均数，由农场确定罚管理人员 10％～15％。站管理人员平均月薪工资。

第四十条：机械化型家庭农场职工（以户为单位）不在同一个队的可以调到一个队，原则上调远不调近，特殊情况经农场批准可以跨队承包。

第四十一条：1984 年办的家庭农场，合同仍然有效。如需要调整和重新组合的，可由本场场长提出申请。经分场批准后另行组成单户家庭农场，对过去指标偏高的开发性家庭农场，由合同双方协商解决。

第四十二条：关于停薪留职问题。

1. 停薪留职必须本人申请，经所在单位同意后报农场办理手续。

2. 停薪留职合同最少为一年，一般应在 11 月初至 12 月 25 日之间办理。

3. 停薪留职人员必须遵守国家政策、法令，不准搞非法活动。

4. 停薪留职人员上交指标：一般职工停薪留职年上交 340 元，如专门从事养殖业者只上交 150 元；交通职工年上交 640 元；汽车小型车驾驶员年上交 1340 元。另外，凡停薪留职职工每年交义务工 20 个，不交义务工的交现金 60 元。由于粮油降为平价，所以停薪留职人员应另交 120 元粮油倒挂费。

5. 23 岁以下的青年职工，准备升学深造，可以免交一切费用，停职两年。这两年不计算工龄，只保留职工身份，升学后不享受职工待遇，超过两年者必须按规定交费用，方可保留职工。

6. 职工停薪留职期间，一切费用及劳保待遇全部自理，发生事故或造成伤残的一切费用也全部由个人承担。

7. 职工停薪留职期满返回农场时，仍同其他职工享受同样待遇。

8. 停薪留职人员仍由原管理站管理，每季必须上交一次费用，超过半年（生产周期长的一年）不交者按自动离职处理。

9. 职工停薪留职期间照常计算工龄，并可按规定参加工资调整。

10. 停薪留职人员，同家庭农场职工一样，享有评选劳模、入党、入团、提干等政治权利。

11. 以前办理的停薪留职合同仍然有效，合同期满后可以按规定重新办理。

第四十三条：家庭农场发生的伤亡事故，及病、产假和职工探亲假等工资路费，由家庭农场自己负担。城市青年探亲假路费，规定应报销部分由农场承担。家庭农场按1.5元/亩上交粮油倒挂费，粮油按平价供应。过去职工的一些工资性补贴及其他津贴等，均由农场自提自补。

第四十四条：为适应兴办家庭农场的新形势，生产队改为服务管理站，管理人员设3～5人。一般有站长、支书、农业、机务副站长、会计，出纳员不列入编制。管理人员费用从站管理费中列支。农业、畜牧技术人员可实行有偿服务，行政上归站领导，业务上受农场业务部门指导。新分配来的大、中专毕业生，如自己不愿搞技术承包，前三年按专业实习，为家庭农场服务，工资从站管理费中列支。有技术职称的科技人员参加承包者，其技术补贴和浮动级由本单位（管理站）补给，停薪留职者不补。

第四十五条：各家庭农场的经济合同及其他专业户，停薪留职人员的经济合同均由管理站负责签订，报分场批准，报农场备案。

第四十六条：退休工人（干部）平时医药费由单位报销，年终一次转给农场，但不能超过本人工资3.5%。

第四十七条：卫生员不列入管理站管理人员编制。从站留的3.5%医疗费中，抽一半作为卫生员工资和应交的其他费用，不足部分给予补充，平时预借生活费，年终结算。

第四十八条：1984年底以前的伤、病、残职工，完全丧失劳动能力者，报劳资科批准后，其按规定应享受的费用由农场承担。

第四十九条：家庭农场1985年度预借生活费，8月30日前不交利息，从9月1日起按贷款利率收缴占用费。

第五十条：因水利工程不配套发生涝灾而造成亏损者（以家庭农场为单位计算），按计划产量减产五成时，免交利润；减产八成以上，免交一切利费。（本条规定只限1985年执行）。

第五十一条：场内建设基金的使用，1.5元/亩交农场平衡使用；0.5元/亩由分场统一调剂使用。

第十章　加强领导

第五十二条：各级领导部门要加强对职工家庭农场的领导，切实改进领导作风和工作方法，满腔热情地帮助家庭农场安排好生产，帮助解决一些实际问题，帮助总结经验教训，促使职工家庭农场顺利发展。

第五十三条：承包合同是国营农场和家庭农场相联结的纽带和处理双方经济关系的凭证。承包合同要按国家的《经济合同法》原则签订。合同一经签订，即具有法律效力，任何一方未经协商，均不得随意修改或终止合同。如所签合同与上级新规定发生矛盾时，双方必须按新规定修改合同。

第五十四条：各专业公司按自愿互利原则同职工家庭农场签订各种服务合同，认真开展产前、产中、产后的各项服务活动，保证服务质量。

第五十五条：各单位在全面兴办家庭农场中所发生的一切有关政策性难题，一时不能确定的，应及时请示上级解决。

文　征

1942年东安镇拂晓的枪声

1942年7月7日，在现在的黑龙江省饶河县的东安镇发生了一场著名的伪靖安军的起义。指挥这次起义的是原籍辽宁省新民县，23岁的国如阜。

在纪念中国人民抗日战争暨世界反法西斯战争胜利70周年的日子里，国如阜的两个儿子张滨、张平讲述了这次起义的故事。

伪靖安军是伪满洲国傀儡政权的地方军，据《东北历史》记载，他们和森林警察队、铁路护警队及经济警察一样，属于当时不同的警种，主要是协助日军维持地方秩序和治安，并参加镇压抗日力量。其“警官多由日本退役军人或宪兵担任”，士兵大都是从沈阳、长春、哈尔滨和东北农村，被日本鬼子和汉奸连哄带骗“应征”的。还有的是“抓国兵”进来的，就是日本鬼子在大街上或在汉奸的带领下，挨家挨户抓适龄的青壮男丁，麻绳一系十几人一组，连打带骂赶上汽车，直接拉到火车站，再强行塞进停靠在月台上的“闷罐车”里，连和家人说一声的时间都没有。

国如阜于1919年出生在辽宁省新民县一个穷苦的家庭，祖辈都是“面朝黄土背朝天”，顺着地垄沟找食儿吃的农民。到他出生时家里有了一点薄地，可以吃上半饥不饱的饭了，他的父亲就把他送到屯子里一位前清的落第秀才那儿念私塾。不想两年多后的一场大旱，家道又败落了。他只好辍学回家，给屯子里的地主当“半拉子”——早晚给地主家干零活儿，白天在野地里放羊。在他12岁那年，日本鬼子占领了整个东北。他家的日子更不好过了，为了糊口他不顾大人的反对，开始给地主家当长工扛活。他起早贪黑、没白没黑地干活，一年到头挣的那点粮食不够半年吃的，有时日本鬼子下乡围剿抗日义勇军，把那点粮食也都抢走了。

1938年春的一天夜里，他从地里播种回来刚刚睡着，就被娘推醒，侧耳一听，屯子里狗叫一片，还有女人的哭声，夹杂着小鬼子和汉奸的叫骂声。他的父亲说：“这是他奶奶的小鬼子抓‘国兵’。你们哥几个都麻溜的，能跑的都跑。”

他对哥哥们说：“哥，你们有妻有儿的，快跑出去躲躲吧！我一个人到哪儿都没事，兴许还能碰上义勇军呢!”

哥哥们还想争辩，他爹眼一瞪，一挥烟袋锅子，说：“就按老小子的话办吧！快走!”

哥哥们从后门翻过院墙跑进了后山的树林子。

“咣当”一声，门被踢开，呼啦进来一群人，借着打头汉奸手上提着的马灯，看清是三五个日本关东军的宪兵和几个本地的汉奸。

李四过去是本村的一个大烟鬼，现在头上也戴一顶日军的战斗帽，腰间还别着一把王八盒子。他一把拽过国如阜的父亲，气势汹汹地说：“老国头，你的那几个大小子呢？让他们加入‘国兵’，为大日本皇军效力!”老国头一转身，挣脱了李四，说：“去年冬的时候，跟一个把头都去黑龙江大山里淘金子去了!”“你敢撒谎？欺骗皇军?”他又向日本宪兵点头哈腰说了句什么，旁边的翻译官做了翻译。“八嘎!”宪兵向前挥手“啪啪”扇了老国头两个嘴巴子，又一脚把他踹了一个跟头，“刷”地抽出战刀，说：“‘国兵’的不参加，全家死啦死啦的!”日本宪兵和汉奸开始打砸屋里的家什。

“住手!”国如阜说，“我跟你们走!”又回过头，说，“爹娘，您二老放心，老儿子知道该咋做!”

经过在沈阳的短训，他被编入靖安军，送到牡丹江一带的中苏边境线上。那时，日本帝国主义准备向苏联发动进攻，让他们打前站当炮灰。后来，国际形势发生了变化，他们被调到富锦驻防，又到抚远，再到饶河驻扎在东安镇。

东安镇位于饶河县东北部，地处乌苏里江西岸中下游，与苏联隔江相望，明清时期曾为交通要冲。在东北沦陷初期，全镇有居民 120 多户，700 来人。当时又是伪满洲国和苏联的边境线，为了防止苏联和东北抗联的活动，1938 年日伪政府把它划归抚远县，成立了伪警察所，并加派了伪满洲国靖安军第二团第二营六连在这里共同防守。1941 年春，日本关东军第一方面军第 124 师团山崎大队 1200 人进入饶河，分驻东安镇。

日本鬼子对这支靖安军的思想控制十分严格，所有的连队都是日本人做连长，并成立了“思想对策委员会”的秘密组织，成员都是死心塌地的汉奸，他们暗中监视士兵的一言一行，随时向日本连长报告。有的士兵因在言谈中流露出爱国情绪，就被以“思想不良”和“反满抗日”的罪名遭到迫害，甚至杀戮。

国如阜所在的六连连长根本正二，经常以拳脚、棍棒殴打士兵。有一回，他们在富锦县柳大村驻训时，根本正二看见两个士兵，就把他们招到面前，二话没说就扇他俩的嘴巴子，扇得他们鲜血顺着嘴角滴滴答答地往下淌，那俩士兵却一动不敢动。他打累了，就把亲日的一个排长找来，让他接着扇他俩的嘴巴子，他坐在大树底下乘凉观看“中国人打中国人”。

国如阜怒火中烧，拔枪要打死根本正二，被同连的结义弟兄祁连生、孙学义、周岩峰和薛兴起等人紧紧按住。过后，他和结义兄弟商量：干掉根本正二，把队伍拉出去投奔在富锦的抗联李景荫！但事儿有不巧，祁连生突然生病，没有实现这次暴动。

据《东北抗日联军后期斗争史》记载："他们四人白天（6 日）利用机会碰了头，做了行动分工。祁连生白天负责准备好渡江船只，晚上行动时负责控制兵舍。孙学义负责班长室并干掉亲日派祝上士。周岩峰负责干掉该连一副排长和日本人电台台长。国如阜负责全面指挥，控制弹药库。具体起义时间由国如阜临时决定。"

为了这次行动，国如阜做了精心的准备。他随部队调防到东安镇后，利用上街执行任务的机会，和当地可靠的老百姓交了朋友，了解边境线、乌苏里江水域和对岸苏联以及东北抗联队伍在这一带活动的情况。"1942 年夏，日本在太平洋战争中受挫，美国飞机轰炸日本东京市。尽管日本人极力封锁消息，国如阜还是利用值班机会收听到了苏联的华语广播，得到了这个消息。6 月末，国如阜同祁连生、周岩峰和孙学义打通了联系，决定于 7 月 6 日晚开始行动。"

为了顺利地举行暴动，他设法清除了连内嗅觉比狗鼻子还灵，经常侦探士兵思想向根本正二打小报告的亲日派走狗勤务班班长陈永灿。

国如阜在一次值班时，乘日本台长上厕所的机会，把电台调到事先掌握的频率，与在苏联远东休整的抗联部队联系上，汇报了他们准备在 7 月 7 日起义的计划。后又利用机会和抗联联系，对方表示：周保中、李兆麟两位领导代表抗日联军热烈欢迎他们的起义和会师，并确定了过江的地点和接头信号。

他从窗户往外看，夜空的那轮月亮已经偏西，星星也都有些乏意，时候差不多了。他轻轻咳了一声，试探营房里没有反应，就轻轻掀开被子，穿上衣服下地，悄悄溜出门。在墙角处按事先约定的暗号，双手捂嘴发出两声猫叫。不一会儿，祁连生、孙学义、周岩峰和薛兴起也都来了，确定在 7 日拂晓 2 点整开始暴动，每个人要按计划分别干掉自己负责的敌人。

他们偷偷撬开武器库门，拿出枪支和弹药，把弹药藏在营房门口的墙角，把枪拿到营房和衣盖在被子里。国如阜看着月亮的位置，感觉差不多到后半夜两点了，就端起枪快步走出营房。他刚跑到弹药库门口，就和巡逻的日本兵接上了火。他隐藏在暗处，一枪一个，打死五个日本鬼子，成功地控制了弹药库。

枪声，就是暴动的信号。孙学义"咣"的一脚踹开班长室，一枪击毙了被惊醒的亲日派杨上士，又一枪打死了正要仓皇摸枪的亲日派祝上士；周岩峰冲进日本电台台长住的房间，一刀刺死了还在梦中的台长。不想一出门遇到了刚才和根本正二巡夜的那个副排长，没等他拽出腰上的匣子枪，就被周岩峰一枪打到手腕上，又一枪打飞了天灵盖；薛兴起冲进了副排长住的房间，那几个副排长正在黑灯瞎火里，胡乱地穿衣服，薛兴起举枪，“啪”“啪”几枪，击毙了想要反抗的排长。根本正二听到枪声，知道大事不妙，从窗户跳出去骑马逃走……

这场战斗不到五分钟，就胜利结束。

对于这次由国如阜组织领导的伪靖安军起义，《东北抗日联军后期斗争史》是这样记载的：“全连 71 人携机枪 8 挺，掷弹筒 2 枚，步枪百余支及大批子弹，分乘几十条小船驶向东岸进入苏联境内。”在前几年拍摄的反映东北抗联的电视剧《远东特遣队》中，就有伪军起义的场景，其主要人物的名字叫——祁国峰，就是在祁连生、国如阜、周岩峰的姓名中各取一个字而塑造的。

7 月 8 日，他们受到苏联远东方面红军司令员阿巴纳申科大将的接见。《风雪征程——东北抗日联军战士李敏回忆录》这样描述：“1942 年 7 月 8 日，我们在野营驻地召开了‘欢迎反正抗日新战士’大会。会上周保中旅长、张寿篯（即李兆麟）政治委员做了演讲，沈泰山代表游击队，李敏代表女战士致了词，全体还演唱了《吉东军歌》等抗日歌曲，对他们起义参加抗联表示欢迎。”对此，周保中旅长在 1942 年 7 月 19 日的日记中也做了记载：“苏方决定将该起义人员编入抗联教导旅。至 7 月底，准备工作结束。8 月 1 日抗联野营正式改编为抗联教导旅。”并立即着手进行以下改编工作：扩充兵员；充实干部力量；旅、营、连三级的正职由抗联干部担任，副职由苏联军官担任；武器装备按苏军步兵装备配备；服装按苏军陆军服装配发；抗联人员凡担任排长以上干部者授予军衔。

国如阜改名为张为国，意为：张开双臂，不惜牺牲自己的生命，一切为了自己的祖国。他被任命为抗联教导旅二营一连三排排长。而早在 7 月 21 日，苏军就向他颁发了俄文的苏军中尉排长的“军官证”。

张为国被送往南营进行特殊培训，《红色特工姜德的故事》中有介绍：“当时在苏联的抗联营地分南野营和北野营两个地方，周保中、李兆麟率大部队驻在北野营，南野营是抗联驻在苏联的一个训练情报人员的学校，这个学校归苏联远东情报局管，校长是苏军中校劳庄林科，教员有中国人张维国、刘世林等人。”这里的张维国就是张为国。张为国和大家一同接受各种军事课目训练，学习跳伞、汽车驾驶和维修、无线电使用和维修、摄影、情报密写，以及侦察、刺杀等。张为国结业后留校担任东北抗联学员电报课程教官。他是活跃在东北地区日伪眼皮子底下、被誉为“红色间谍”的姜德的老师。

1943 年至 1945 年，张为国多次被苏军和抗联秘密空投或翻山越岭回到国内地区，侦察日本关东军军事部署和军事工程等机密。他又被任命为东北抗联教导旅副连长。在

1945年8月8日，苏联政府发表对日宣战后，他再次被苏军的飞机空投到牡丹江地区，侦察日军工事、兵力、运输、退却等情况，为苏联红军远东第二方面军横渡黑龙江、乌苏里江，长驱直入牡丹江等地区直至解放东北提供了重要的情报。

在苏军分三路、由三个方向进攻东北与日军做最后决战时，张为国所在的“抗联教导旅以独立步兵第八十八特别教导旅的番号编入第二方面军，为该方面军总部直属部队……他们的部队进入牡丹江地区后，即在同年的9月，张为国被任命为宁安县卫戍区司令部副司令，驻军十七团团长，宁安县公安局长，1946年8月1日，被任命为东北民主联军驻牡丹江铁路局军事代表兼铁路局副局长等职。新中国成立后，他在黑龙江林业的多条战线担任领导职务，转战黑龙江的林海群山，为林业的发展做出了贡献。1983年12月离休。1985年苏联政府授予他参加第二次世界大战卫国战争40周年纪念勋章；1995年俄罗斯政府授予他参加第二次世界大战卫国战争50周年纪念勋章，表彰他为世界反法西斯和抗击日本帝国主义所做出的贡献。

2003年1月8日，张为国病逝于哈尔滨。

（原载2015年7月22日《黑龙江日报》王宏波文）

一支珍贵的猎枪

饶河地区尚未开发，这里的老百姓除夏天打鱼、种地外，每当冬季，都有上山“撵皮子”（狩猎）的习惯。场社合并后，因为我是当地老户，被推荐到狩猎队去工作，除了打猎，我们还把捉到的马鹿集中起来驯养，这样就在八五九农场林业二分场完达山脚下的石场创建了农垦系统第一个养鹿场，我当这个养鹿队的队长。

那是1959年春天，我和驭手与另外一名养鹿工，套了一辆马车去起窖。行到半路，迎面开来了一辆吉普车，因为路面很窄，我赶紧跳下马车，将马车贴到路边。这时，吉普车在我的面前停了下来，头一个下车的我认识，是我们总场场长赵明高，他一边下车一边叫我的名字，随后下来一个穿着军便服，光着脑袋，胖胖的脸，身材不算太高的老者。赵明高场长立即为我们介绍说：“这是王震部长，来看你们啦！”“这是王佐良同志，是我们垦区第一个养鹿队的队长。”王震部长热情地向我伸出手来，我连忙丢下手中的鞭子和他握手，他问了我们鹿场情况，我一一做了汇报，他邀我上他的小汽车，说要到鹿场看看，当时我真有点为难，因为我穿着一身沾满鹿粪的工作服，怎么能和这么大的官一起坐小汽车呢？我正在犹豫，王部长好像看出了我的心事，拽着我的胳膊说：“上车吧！没有关系，工作嘛！哪能不带点味！”我无可奈何地进了他的小车后座。王部长就坐在我的旁边，我怕挨着他弄脏他的衣服，尽量向边上挤，王部长叫我坐过来，又说“没有关系的”，他坐在中间，两腿中间还夹着一支双筒猎枪。问我这里狩猎用的是什么枪，我说有沙枪亦有猎枪，打大野兽大都是用步枪，他拍了拍手中的枪说：“这能用吗?”我说：“能用，打独子一样可以打大野兽。”这时赵明高场长向王部长汇报了这里狩猎队的建立和打到的野兽品种，还着重汇报了我的情况。部长听了很高兴，连声说：“好！好!”随手把猎枪提起来说：“我感谢你们，我这支猎枪奖励给你，一要为民除害；二要改善好新来的同志们的生活；三是要把可以驯化的野生动物驯化好，开展好多种经营，农场发展是大有前途的。”部长以一个老兵的敏捷动作把他的一支私人猎枪交给了我，我抚摸着这支猎枪，不知道说什么才好。

王部长顾不得休息，一直走到了鹿圈内，看着一群经过驯养的马鹿连声说：“好！好!”马鹿也驯从地接受部长的慰抚。

这支猎枪一直珍藏在我的身边，虽然是奖给我的，但这也是王震部长对垦区养鹿事业的最大奖赏。我们狩猎队就用这支猎枪和大家一起开创了野生动物的围捕和驯养。我们除捕获了大量野生动物外，还捕获了东北虎崽、小黑熊、青狼、红狐、马鹿、狍子、水獭等多种幼兽，进行了饲养和驯化工作，然后分别送到北京、上海、西安等地动物园，供人观赏。当年到过上海的同志可以看到上海西郊公园美丽的东北虎和东北黑熊以及马鹿的后代，说明牌上写着产地“黑龙江饶河”。这就是我们当年捕获和驯化的幼崽。

想起这支珍贵的猎枪来，我心里总是热乎乎的，在漫长的岁月里，只要我一看到它，王震部长慈祥而又热情的面容，矫健而又敏捷的老兵身影，就在我面前晃动。然而，遗憾的是，在那个疯狂的年代，那支猎枪被“造反派”当作凶器没收，到现在还是音讯渺无，想起来真想大哭一场。

（王佐良口述，胡廷和整理）

赵明高——乌苏里江畔的创业者

赵明高，男，1921年3月生，山西崞县人，中共党员，高中文化。1937年9月投身革命，战争年代先后在八路军一二〇师三五九旅七一九团和西北第一野战军二军五师任职。新中国成立后，历任新疆军区二军五师生产办公室主任、生产科科长，新疆军区生产建设兵团农一师副参谋长、参谋长；1957年1月至1960年10月，曾任黑龙江垦区八五九农场场长兼党委书记、牡丹江农垦局副书记。1960年10月重返新疆，历任农一师副师长、副政委，农二师副师长，巴州党委副书记，农垦局党委书记，阿克苏地委委员，农一师师长、党委书记等职。1991年离休。1997年6月11日逝世。

赴命乌苏里江畔

1956年秋，王震部长指名调赵明高从新疆生产建设兵团农一师到北大荒工作。他在虎林县一下火车，王震部长就派小车把他接到铁道兵农垦局。吃过饭，王震部长对他说："北大荒地多，土质好，很有前途。"过了一会儿，王震部长忽然要他的介绍信，他把介绍信给部长，部长看了看说："先给我吧，我跟他们说一声。"他赶忙问："您要说什么?"部长说："你才十二级，北大荒工资低，给你增加二级。"他一听急了，忙说："不行！还没有上套拉车呢，怎么好加工资？十二级不低了。师长林清海才十级，怎么好同他一样的工资?"部长想了想，接受了他的意见说："那也行！回头再说。"过一会儿，王部长又对他说："怎么样？到饶河去吧！那里比较艰苦，你去闯一闯。"他说："哪都行！来，就是为吃苦的。"王部长一听很高兴："好！那就去八五九农场。那里的土地好，什么都能种，大豆可以出口，去把那个农场好好搞起来，要开好荒，种好地，养好猪，搞好职工伙食，选配好各级领导班子，组建好各级办事机构，为农垦事业培养人才要办好党校、农校，在工作上做好当前的计划，准备将来的大发展。"这天夜里他们谈到三点钟，王部长谈兴很浓，实在太辛苦了，他提议休息，才不说了。第二天，王部长带他到八五〇、八五三、友谊农场等几个场学习东北办农场的好经验，临走时对他说："去八五九，把老婆孩子都带去。"他就这样从祖国西北塔里木来到东北边陲乌苏里江畔。

初到八五九农场

八五九总场原在乌苏里江上游的虎头镇，后搬到下游饶河县的东安镇。赵明高奉命去任总场场长时，搬家任务已大致完成。全场仅有1000多名职工和几部随军转业的汽车、拖拉机，还有王部长批给的1000多头牛。赵明高到场后，听了张鸣山副书记和其他领导同志介绍了农场的历史和现状，几天后，同机关的同志一起坐爬犁到胜利屯的一个连队去调查。这年冬天没事干，职工都在家。赵明高把职工召集起来开座谈会，请大家畅所欲言。这个民主会一口气开了两天，他最后归纳讲了几条意见：一，农场是以铁九师番号命名的。九师是一支英雄部队，在抗美援朝和国内建设中打过许多硬仗，复转官兵来北大荒为创建八五九农场做了大量工作，希望今后继续发扬。二，业余时间动员职工收饲料草，每斤按二角钱收购。后来不知怎么变成一角钱，职工意见很大，经过调查后还是按铁道兵农垦局规定的二角钱执行。三，虎头镇条件差，生产建设没有打开局面，职工在农场又不安心，现在已搬到饶河县境内，土地肥沃，自然资源很丰富，在这里八五九农场大有希望。四，铁道兵复员转业时每人发了一张免费乘坐火车的火车票享受探亲假一次的规定，场里保证负责兑现，但得答应一个条件，回去一个回来必须是两个。这话使大家有些莫名其妙，赵明高解释说："北大荒女同志少，探家的人最好都带个老婆来。"大家高兴地说："这个场长怪，不但管生产还管娶媳妇。"因新迁场址冬天基本没有农活，赵明高安排大家伐木找地点盖房子，农场要有自己的房子，不能继续分散住在老乡家里。他又给大家介绍了新疆建设军垦农场的情况，同志们很感兴趣，这样一来，群众情绪高涨起来了，也安心了，干活更有劲了。有了这个经验，到第二个连队赵明高就先讲，讲完了问群众有什么讲的，大家说："我们要说的，都叫领导说完了，今后只要好好工作就行了。"

1957 年春天，他们着手搞八五九总场的规划。党委决定由赵明高带人负责勘查荒地。在两年时间里，他们边勘查、边开荒、边建设，先后在饶河和抚远两县境内共建起了 8 个分场。勘查规划工作十分艰苦，没有交通工具，只能步行，食、宿均无法保证。在勘查四分场时，他们曾在荒野上一个小窝棚里住了一夜。为了勘查挠力河两岸情况，他们一连在船上住了几夜。

在北大荒，开荒前要烧荒。1958 年 5 月，总场几乎全体出动，组织了一次声势浩大的烧荒战斗。烧荒区域包括别拉洪河以东、乌苏里江以西、四合屯以南的广大地区。他们把它分割成若干小块，一块一块地烧掉。有一次烧荒，大火从头一天上午烧起，一直烧到第二天早上才熄灭。一天下午他们一行四人坐东方红拖拉机去六分场检查烧荒工作。途中，拖拉机陷进泥塘，他们步行到天黑，迷了路，在荒原上住了一夜，第二天天亮一看，原来六分场就在眼前。

当年部队开荒情绪很高，他们又搞了竞赛，给先进个人和集体发了奖。第一年就开了 20 多万亩荒地。第二年这些地大部分种上了大豆。又动员部队业余种豆子，规定谁种谁收，并且给各连发了小石磨，解决了职工吃豆腐的问题。第二年一部分人继续开荒，一部分人就在头年开垦的大田里种小麦、大豆，粮食达到了自给有余，光大豆就收了 2000 多万斤。大豆主要是上交出口换外汇。部队连续开了几年荒，到他走那年，八五九总场开垦荒地 63 万多亩。

五林洞会战

1958 年，八五九农场同饶河县合并，原饶河县改为饶河镇，总场场部由东安迁至饶河镇。这时为支援国家建设，铁道兵农垦局部署所属农场冬季全面伐木，他们立即进驻五林洞，组织伐木大会战。五林洞地处完达山脉尾部。完达山里的林木，是东北著名的原始森林之一，盛产红松，而且还有水曲柳、黄菠萝等名贵树木。为适应大规模伐木形势，他们在原有两个伐木团的基础上，重新组织了伐木部队，由赵明高担任伐木指挥部总指挥，老红军王连山任副总指挥。树木砍倒后，先以人力或畜力拖到山下集中起来。五林洞离通往外地的水上码头乌苏里江畔有五六十里地，运输是个大问题。他们发动群众想办法，修两条冰道向外运输，用斯大林80型拖拉机做动力。每台拖拉机由每趟拉五个爬犁增加到十个爬犁，大大提升了运输效率。这年冬天，他们共伐木25万立方米，运出10万立方米。农垦局按60元/立方米的价格收购，使八五九农场增加了不少收入。在完成上交任务后，他们还做木材生意，用水曲柳、黄菠萝等名贵木料加工人字地板，运往外地销售，场里为此在乌苏里江边的饶河镇建立了木材加工厂。木材加工除加工各种木器以外，还负责造船，该厂造的第一艘船是一艘能载重100吨的大拖船。有一次佳木斯港务局长来场检查工作看到了，回去后就派人来要买它，因为农场已用它作运输工具，没有卖。

五林洞会战在八五九农场历史上影响是比较大的。它使部队和广大战士思想上、劳动上、组织纪律上，受到了一次锻炼。

创建文工团

1958年，十万复转官兵来到北大荒，八五九农场一下接收3000多人。这批转业军官军衔最高的是中校，最低的是准尉。这些人的到来，不但为农场增加了生力军，更重要的是输送了一批专业人才，从而发展了八五九总场的新闻、教育、文化、艺术等各项事业。他们对每个军官的情况调查后，根据这些人来场后的表现，针对情况逐步调整工作，做到因人而异、量才使用。

创办了《乌苏里江报》，抽调米磐石等六七个人组建了报社编辑部。后来报纸办得很活跃，受到群众欢迎。同时创刊了《乌苏里江文艺》，举办了美术展览，建立了电影队，成立了有二三百人规模的农校和党校，还建起了照相馆。

特别值得一提的是文工团的创立。有一年南京军区宣传部部长李纬来场检查部队转业来北大荒的军官工作。赵明高陪同李纬部长参观"南京新村"，这是南京军区机关转业干部给自己住地取的高雅别致的名字。走进去一看，原来军区机关下放干部住在这里，好多演员李纬部长都认识，见面后问长道短，场面非常热烈。李纬问大家有什么困难要求，大家提出丰富文艺生活，急需乐器。李纬说："好，我一定尽快给你们解决。"部长回去果然给他们送来好多乐器和书，一共装了一个车皮，主要是书籍，他们派汽车拉了好长时间才拉完。把书分配到连队，建起图书馆。他们把南京新村中的文艺骨干，调到总场，组建了总场文工团。当时农垦局正在举行会议，局领导就点名要八五九文工团去为会议服务。场里最初不同意去，怕一去就回不来，最后还是决定服从命令。文工团动身前夕，赵明高对大家讲话说："局里要你们去演出，你们是代表八五九农场去的，一定要好好干，不但要演好戏，还要当好招待员，当好学员。"文工团去了，待了两个多月，表现很好。许多机关干部说："没想到八五九还有这样一批人才。"

几件趣事

在八五九农场工作这段时间，有几件同赵明高有关的趣事，即捕鹿、捉虎、打狗熊、建果园。

先说捕鹿。因为鹿一可驯化饲养，二可锯茸，他们用科学的方法捉鹿，捉的全是活的。等王部长来场检查工作那一年，他们已经抓了1000多只鹿，建起了养鹿场。经过训练，鹿很听话，一敲钟都跑出来吃饲料。再说捉虎。有个老乡会捉虎，他们派人把他请来，他说他抓的是小虎，大虎捉不住，小虎断奶以后大虎就不管了，这个办法很管用。真的抓了小老虎，他们养了半年，王部长闻讯，写了一封信，叫上海动物园副园长来取虎。他们提出农场钢材紧张，装虎笼子要自备，或拿钢材换虎笼子，动物园副园长同意了，但当时也解决不了钢材。就拿了一万元钱，让赵明高他们去买钢材。老虎是按王部长来信的指示赠送上海动物园的。第三是打狗熊。有个连队指导员带着几个女职工业余种豆子，狗熊来了，指导员让女同志快走，他自己同狗熊打起来，等女工们回去把人叫来，狗熊把那位指导员活活啖死了。赵明高听到这件事气坏了，马上要调集打猎队上山收拾它。除了打熊，他们每年还要打几百头野猪。夏天野猪经常跑到地里啃苞谷，打野猪不但除害，还可以改善伙食，增加经济收入。第四是建果园。饶河这个地方无霜期短，过去没有果园。他们开辟了几百亩好地做果园，派人到外地学习东北种植果树的经验。几年后，果树开始结果了，虽然不是优良品种，但农场有了自己劳动的果实，为今后发展果木打下了基础。

（原载《那些拓荒者的故事》2017年11月林精潘文）

王顺生擒东北虎

王顺祖籍山东省掖县（现莱州市），父亲王学孟在十几岁的时候就闯荡到了海参崴，后来辗转到伊尔库茨克。娶了一个俄国媳妇，生了三个儿子，老二就是王顺。

1948年土地改革后，王顺参军，成为一名地方公安队的战士，后来复员转业回到村子，一直从事狩猎工作。1958年地方与农场合并后，王顺被编入八五九农场林业一分场狩猎队，由于精明能干，又练就一手好枪法，先后猎得老虎四只、黑熊与野猪上百只，成为虎饶县及八五九农场远近闻名的猎手。曾经当选为八五九农场劳模。

饶河县位于完达山余脉，深山里有东北虎，据说有几十只，场社合并后，曾因老虎伤人打死二只。

1959年冬天，赵明高场长去农垦局参加会议，乘汽车路过五林洞一分场时，分场党委书记赵春明向赵场长汇报，他们狩猎队打死了两只小老虎，赵场长过去一看，打死的两只小老虎只有大狗那么大，于是狠狠地批评了赵春明："这么小的老虎，你们为什么不抓住，打死太可惜了！是谁打死的，他一定是个怕死鬼，要狠狠地批评他，必须做检查！"赵春明本来是当喜事报告的，结果反而挨了批评，在全队职工大会上做检查，猎手王顺也挨了批评。为此，王顺很窝火，特别是说他怕死，很不服气，心里想，我狩猎多年，什么时候怕过死，打野猪从来不用枪，而是用刀捅，黑熊也不知打死多少只，从未含糊过。于是暗自下决心，一定要抓只活老虎给大家看看。

1959年11月上旬的一天，王顺与张永昌、孙培英三人狩猎小组进入骆驼砬子以西秦琼沟山场出猎，王顺为组长。骆驼砬子山位于饶河县五林洞西北，共有七座兀立的奇峰，主峰海拔544.7米，山顶多奇突剑峰、绝壁悬崖。入山的第一天，狩猎小组爬了三四个山头，连个老虎的蹄印都没发现。又是一天过去了，还是渺无踪迹，三人只好分路追寻，并规定了联络信号。

老虎有喜欢在陡岭高崖上活动的习性，王顺在越过第三座山峰时，很快就发现了虎的踪迹，便跟踪寻找。在骆驼砬子山场西，突然四只猎狗直往他身边围拢，有畏惧之感，显然是遇上了大野兽。于是他拨开树丛向前方观看，发现有一只彪形大老虎，正纵身站立在一棵大倒木上，向四周巡望。王顺立即操起猎枪，向着老虎上空放了一枪，老虎悚然一惊，向前一纵，但因为倒木上的冰雪发滑，一时竟滚落在倒木下，还没来得及翻转身来，四只猎犬就一齐围上狂咬起来，咬腿的咬腿、咬尾巴的咬尾巴，老虎的尾巴还被咬掉一块。此时，王顺挥起木叉猛击虎头，虎呈半昏迷状态，他转身骑在老虎身上，将肩上的麻袋背囊解下套在老虎头上，紧紧扎住，再用绑腿将老虎的四只爪子绑缚在大树干上。张永昌、孙培英闻听枪响，随即赶来帮助将老虎又缚了缚。这只雄性东北虎有140多斤重。

队里派马爬犁将老虎运回。分场领导向总场赵明高场长汇报，赵场长安排修配厂焊了一只大铁笼子将老虎装入，派专人饲养。王震部长闻讯，给上海动物园写了一封信。第二年（1960年）春天乌苏里江开江后，把老虎运往虎头，然后转运到上海动物园。上海动物园特奖给农场一万元钱。

捕捉老虎时，王顺31岁、张永昌24岁、孙培英29岁。擒虎并非轻而易举的事情，如果没有三个人的相互配合、群犬的围堵，也是不可能的。

事后，八五九总场党委特授予王顺"捕虎英雄"称号，并奖给狩猎小组每人一身皮袄、皮裤。1960年2月，王顺光荣地出席了牡丹江农垦局群英会。

王顺生擒老虎，轰动一时，成为远近驰名的新闻。1960年，记者林哨在《乌苏里江报》上进行了专访报道。在中央人民广播电台“小喇叭”广播节目中，著名儿童教育家、讲故事专家孙敬修爷爷还用配乐形式播放了王顺生擒猛虎的故事。1961 年结集印刷的《战斗在乌苏里江畔》一书，曾以文艺形式写过王顺擒虎的事迹。

（有删改，原载《爱林亭记》，作者邵义山、姚中晋）

“燎原 401” 诞生记

“燎原 401”是一艘轮船。1972—1974 年，黑龙江农垦八五九农场工作人员在无技术、无设备、无经验的条件下，自行建造的一艘 400 吨位的大型机动轮船，这可是垦区历史上前所未有的。

40 多年过去了，回顾“燎原 401”的诞生过程，仍然令人激动不已。

白手起家，建造“燎原 401”船体

1972 年初，农场交通运输还很落后。公路是砂石路，一开春就翻浆。而水路仅有三条木制舶船，加起来也只有 120 吨位，完成一次航行要耗时 13 天。为了解决物资运输难的问题，黑龙江生产建设兵团六师二十三团（八五九农场前身）决定自己动手建造一艘机动轮船。

6 月，团修理连接受造大船的任务。8 月，团修理连副连长徐士海与姜永宏、曲文亭等几名老同志带领来自修理连的 16 名技术人员组建造船队。在一无经验、二无设备、三无技术的情况下，开始白手起家造大船。

想造船，却发现连图纸都没有。徐士海费了好大的劲，才从大连造船厂找到一份 280 吨位轮船的图纸，但他们要建造的是 400 吨位的大船。徐士海翻来覆去地计算，将结构图看了一遍又一遍，逐渐产生一个在现有的图纸上加宽、加长船体来增加载重的技术设想，这个设计方案得到了当时佳木斯港务局袁立本工程师的认可。

12 月底，袁工程师被请到现场。当他看到造船队自己建的船台时，惊讶极了，不敢相信能在这么简陋的平台上造船。

袁工程师花了一个多月的时间给大家做具体指导。他教大家看图纸、放大样、理解船体曲线，还利用晚上上课辅导，讲解图纸上标识的学名与作用及造船知识。

元旦过后，在没有任何造船专业机械设备的情况下，大家用双肩把第一块钢板抬上了船台，接着两块、三块、五块、十块，每块钢板都是 1.4 米×6 米。

1973 年春节一过，造船队就全面开工。曲文亭带着八名小青年，加工船体的关键部

件——船首的鼻子。为了方便加工，造船队特意做了一个地炉子，将钢板放在上面加温。曲师傅手持一个带锤，8 个小青年每人一把 12 磅的大锤，在带锤的指挥下，叮叮当当、叮叮当当地敲着加温好的 12 毫米厚的钢板。整整干了一个星期，终于敲出了船首的弧形。船首被焊接到船头后，整个大船顿时气势大增，蓬“船”生辉。

从造船开始，徐士海就没睡过一个完整觉。他时常向青年人传授各种识图、下料的技巧。在船体整体焊接阶段，为了把钢板焊口焊透，造船队绞尽脑汁。一次，徐士海从一本介绍国外焊接技术的杂志中看到碳弧气刨技术时，顿时眼前一亮：如果掌握这种技术，造大船的主板焊缝就可以一次焊接成功。但是当时国内没有应用这种技术的经验，更没有可用的焊接气刨工具。不服输的徐士海同技术员姜永宏、焊工师傅徐兆曾一起，对现有的焊钳进行改装，历经无数次试验，经过近十天的努力，功夫不负有心人，终于取得成功。

炎炎夏季，阳光的照射和钢板反射的热浪让人喘不过气来。在这种环境下，施工人员每天都穿着被汗水浸透的工作服坚守岗位。在一个 30 多平方米的船舱里，每天都有 5 把焊钳同时工作。一到夜晚船台上弧光闪闪，火花飞溅，格外壮观。全体造船人员克服了一个又一个困难，攻克了一个又一个堡垒。在他们艰辛努力下，工程突飞猛进，船体一天一个样，隔堵、骨架、龙骨都相继安装到位。船体逐渐成形，昂首挺立在乌苏里江边的船台上。

从零开始，铺设“燎原 401”机电

不知什么原因，从大连找来的图纸唯独缺少电气部分。负责人赵印生处长和徐士海很为难，便找到修理连电修车间负责人李仁，希望他带头承接大船的全部电气工作。李仁接受了这个艰巨的任务，带着他的徒弟鞠斌进驻场地，他们连大船也没坐过几回，从来没有接触过机械船，更谈不上经验了，一切从零开始。

电气任务的首要工作就是绘制图纸，包括船舶启动、航行、停止、航行信号、报警信号、船上照明、生活用电、防爆防潮线路及设施等部分。他们搜遍渔业连，找到两艘拖轮，李仁和鞠斌仔细研究船上的电气设备，并虚心向老船员请教。由于乌苏里江是界江，所有界江航行的船只，都要遵守明确的灯光显示与使用的统一规定。他俩就在乌苏里江边观察苏联过往船只的信号，研究国际航行信号的规则，观察船上的各种报警信号和航行灯的设置等。功夫不负有心人，仅用半个多月时间，两人就绘出了大船电气部分的完整图纸。

图纸有了，电气器材的采购又成了大问题。20 世纪 70 年代物资匮乏，很多器材在市面上无从寻找。幸运的是，鞠斌通过多方联系、请人帮忙，采购到了关键的电气材料。对采购不到的电气设备如配电盘、各种防爆防潮设施，修理连电气车间的同事们便自行研制、生产。

与此同时，团里先后派人去佳木斯市航运局学习驾驶，去饶河学习船运管理，为首航做好了充分准备。1975年初，团里还安排五人去大连军工船舶修理厂学习动力轮机维护。

经过22个月的努力，凝结了八五九农场人心血和智慧的400吨位机动轮船“燎原401”号成功建成，于1974年6月23日成功下水！在船舶验收时，哈尔滨船舶检验所的专家们对“燎原401”的各项指标都啧啧称赞，钦佩不已。

“燎原401”号船长56.8米、宽10.26米、高7.5米，满载排水量600吨，结构形式为混合骨架式，钢质船体材料，水密横舱壁数9，大船造价几十万元。为了充分发挥“燎原401”的运输潜力，建造过程中就考虑到了将来不单单会运油，还会运送粮食、化肥等，所以一些必需的管路，在建造时就安装在甲板以下。8个舱口都集中到两个点，看上去就像一艘普通的货船。“燎原401”号配备的两台300马力的坦克发动机，是“12v150加农型”，拉上加农装置可达到450马力。当航速达到前进三时，发动机每分钟达到1400转，速度非常快，除了快艇，一般货轮都撵不上它，去佳木斯单程仅需30个小时。

劈波斩浪，“燎原401”首航成功

1974年7月1日上午9时整，船组人员全部到位，“燎原401”开始了第一次航行。进入主航道后，“燎原401”开足马力，劈波斩浪驶向远方。

首航到达饶河。一靠岸，就引来人们艳羡的目光：“快看，好气派的大船，真漂亮！”都说八五九农场人了不起。

在去佳木斯运柴油的航行途中，“燎原401”遇见苏联货船，苏联船员向“燎原401”伸出了大拇指，有人双手紧握举过头顶表示友好，有人拿出照相机对准“燎原401”从船头拍到船尾，窃窃私语、频频点头，露出惊叹的目光。

当“燎原401”彩旗飘飘、放着歌曲跟在引航船后面缓缓进入佳木斯港时，沿江码头上停靠着的十几艘船的甲板上齐刷刷站满了迎接“燎原401”的船员。

一声长笛过后，“燎原401”稳稳地停靠在码头上。刚放好踏板，各船的同行们便络绎不绝前来参观，纷纷夸奖八五九农场卧虎藏龙、大船全省一流。

“燎原401”来到佳木斯的消息惊动了兵团第一副司令员颜文斌少将，他派后勤部主任带着慰问品上船看望大家，细心叮嘱。在随后的几天里，团里组织各单位人员包括学校的学生，分批来到东安下营码头参观学习，听取造船者的情况介绍。

省造船专家们称赞：“燎原401”这艘轮船无论是建造速度、质量、船体外形、航行速度、液压操纵、电气等方面与在黑龙江、松花江、乌苏里江上航行的船只相比都是一流的。特别是非专业船厂能造出如此先进的机动轮船，这在垦区历史上更是前所未有的。1974年8月3日的《兵团战士报》称赞：这些造船“门外汉”们自力更生，艰苦奋斗，八五九人创造了小船台制造大轮船的奇迹。兵团六师特给予二十三团造船队集体三等功嘉奖。

1977年4月，修造厂曲文亭带领建造“燎原401”的部分技术人员共28人，来到富锦炮台码头继续建造“燎原02”号船。该船总吨位76吨，长26.47米、宽5.25米、高7.45米。7月16日建成下水！“燎原02”号是个船头，配备了两台120马力的发动机，运货时可以旁挂或顶推着400吨位的驳船。

2017年11月，八五九农场人曾经引以为荣的400吨位机动轮船“燎原401”号，历经43年的风雨，正式停用。但八五九人自力更生、艰苦奋斗、敢打敢拼、勇创一流的造船精神却作为一笔永恒的精神财富留给了我们。

2019年11月，农场出资从个体船主手中购回“燎原02”号船。经维修后放置在世纪园二期，当作一个文物景点。以此纪念当年八五九人自行建造“燎原401”号和“燎原02”号机动轮船的事迹。

（原载2022年第8期《中国农垦》郑浩文；另参考李顺祥、李仁、徐士海、顾卫良的回忆文章）

荒原上的一座山

三江平原挂个边儿，乌苏里江沾个沿儿。在内地人眼里，北大荒就够边够远的了，目的地——黑龙江垦区的八五九农场，顶边，顶远，一准儿荒得近乎神秘、恐怖。从中国的政治文化中心起步，首都记者团踏进了荒原的腹地。异样感觉滋生了：突兀呈现的红砖瓦房群；拔地而起的厂房；繁闹的农贸市场；暗示着北大荒在告别昨天。而当老李头步入记者圈里，用粗糙的手指，灵巧地卷着叶子烟吞吐之间，连出高论时，那迥异的风格，引发了记者们深一层的思寻。

“我最喜欢《世界经济导报》。”李忠山从世界形势谈到中国的全方位改革。记者们惊讶了：脚下是地处祖国边陲的农场吗？面对的仅仅是农场的一位普通干部吗？

李忠山历任场长、书记、调研员，当地人都戏称他为“怪人”。他怪，他想入非非，他异想天开，硬要在荒原上造山，把人们的思维定式、劳作定式、生活定式打破了。如果能用扫描为他的思维动势做一条曲线，那定是一条曲率大，大起大落，风险值很大的浪线……

走出去瞧瞧大世界

早春时节，北大荒依然是冰雪的世界，李忠山胸中却涌着暖意。他站在自家屋檐下，眯缝着眼，瞅那春日的冰雪：菱形的、果瓣样的、花蕊状的，幻化中像有年轮。53岁，老了吗？军人的血质在脉管里奔突、涌流，他向往着冰霜孕育的春天。

20世纪80年代头一春，李忠山风风火火地赶进了荒原。三个春秋过去了，6项综合指标在全垦区一举夺魁。上级曾行文全面学习八五九。好家伙，光荣榜上的位置，报纸上的名字，墙上的锦旗，辉煌得令人欲醉。就是李忠山这把年龄了，也是心底热热的。如今家庭农场，那么大大方方地被奉为上宾。黑土地裂变了，小麦大豆独撑的桂冠失去了往日的魅力。时代的落差，李忠山感触到了。

他取道西安、武汉、山东、辽宁……真个是天外有天。一年前，李忠山还敢和先进企业对阵，出去遛了一圈儿，嗨，这些人好富啊！家居小楼，腰缠万贯，仍是远涉千里，奔波不息。他们跨区经营，补行业缺位，是商品经济意识在农民心灵深处的爆发力。而我们呢？近万人挤在产品经济圈子里，自以为好大好大啊！

远处，雄鸡鸣啼，迎来又一个早晨……

凑巧，《黑龙江日报》刊登了全省商品展销会开幕的消息。他悄没声地进了省城。国内外经纪人云集北方大厦。李忠山天天去看，同厂家接触，和同行切磋，向行家请教。零星的、成套的、失败的、成功的、直观的、理性的，他一一虔诚如弟子，让那些新鲜的尝试在心屏上刻画出五彩的轨迹。

当李忠山重返边陲时，三路考察人员也脚跟脚地返航了。在李忠山的主持下，点子会召开了。各执己见，据理力争，进北京、上海、连云港等地联合办厂的问题成为焦点。李忠山眯缝着眼，有滋有味地抽着叶子烟，掂量着每个理由，推敲着每个疑点。遇到关节紧要的地方，他就抓起笔来，抽出一张烟纸，在上面不紧不慢地划着，划着。快结束的时候，他不紧不慢地打开了话匣子：苦头是甜头的头儿，笔直的路是没有的。单一抓粮结果是缺粮。没粮，弃粮从工，很可能粮工两空。咱这原料基地，头一份优势是水质、土质、米质、草原好，没污染，单这一条世界就会垂青。要冲出去……在袅袅烟雾中，一组组数字，一个个系列，纵横交错，结成了经营网、决策树。大家渐渐悟出：必须把眼光放在自己力量的基点上，必须从脚下这片土地起步。

在千人大会上，李忠山同职工代表对话。依傍区间水库，建立工业区，利用天然坡降，引鸡肠、果渣、残奶，肥水养鱼；利用鱼、鸡、葡萄直接加工罐头；建立乳粉厂；发挥草原优势，刺激养牛业……

一席话在人群中引起骚动：赞同的、犹豫的、观望的、否定的。从会内波及会外。不胫而走的消息，牵动着千万人的神经。

冤枉，顶了“败家”的名儿

开春了，1985年。布谷鸟衔来了第一片绿叶。正值抢播的时节，李忠山的心思却挂在新格局的建设上。

一个冬天的积蓄，一着春风如杨柳。在李忠山部署下：肉禽加工厂、乳粉厂、罐头厂快节奏地动工了。快节奏中的风险系数大，办砸了，主持人就栽了。他知道面临的是什么，他有思想准备。

一批来自生产队的领导骨干，调进新厂转营工业。“行不行?”李忠山亲自指派他们到省内同行企业摸底。一行四人，转了半个月，摇着头回来了。“养鸡风险大”，“赚钱没把握”。

这些李忠山早就预料到了，预料可以增强承受力。农民信奉土地菩萨，不会轻易旁顾。他承受着种种压力。认准了，要建立百万鸡场。他又在研究报纸。这张报信息灵、信息量大，是可以借助的千里眼、顺风耳。最新一条消息说，鸡的肉料比低。日本、泰国等上得很快，比条件，我们也不差。

“再去看。”李忠山拍板了。“我决定了，你们再出去转转，多带点钱，多咱看明白了再回来，只要在国内到哪儿都行!”

原班人马又出发了。北京、上海、河北……半个多月，小半个中国。这回有点模样了，“这玩意儿行。”一行人，滔滔不绝，争论不休。

3000只星布罗种鸡运进场，孵化厂开张了。李忠山胸中升腾着快慰，升腾着希望，他在心底想象着人们的喜悦。

当年，乳粉厂试车成功；罐头厂批量生产；肉鸡加工厂正式落成。初具规模的农场加工业生发出活力，给农场经济命脉注入了生机。

李忠山常常伴着曙色起床。清晨的鸡鸣，叫得他心旷神怡。近一年里，全场养鸡已近200多户。户均2000只，最多的近万只。一些农场主动联养联销，与八五九结成了“肉鸡托拉斯”。李忠山改任场党委书记后，依然有人喊他“李老板”。

李忠山估算了一下，全场饲养的肉鸡已接近40万只，比预计的势头还快还猛。喜中有忧，钢材涨价，延期付货，冷库投产推后两个月，成品鸡块的藏贮告急。

养鸡开始排队了，送鸡车在加工厂门前排起长龙。产品饱和，被迫拒收。养鸡户牢骚满街，超龄鸡过了一个多月，白吃食成本加大；加工厂叫苦不迭，10多吨鸡块散发出臭气……年终联营的农场不养了，联销的厂家不卖了，搭帮的伙伴散伙了。

养鸡热中出现了“寒流”，脆弱的庭院经济在过早的挫折面前打蔫了。1986 年底，加工厂亏损 40 余万元，乳粉厂、罐头厂亏了 24 万元。一时，人心浮动，全场哗然。有人开始骂：李忠山是个“败家子”。

借脑，借艺，借钱……

坏消息像长了翅膀，闹得养殖户心慌慌的，七成要变，八成要黄。一想起前些年摔的跟头，人们心里就发毛。李忠山一夜间好像苍老了许多。他在心底说，中国人并不笨，坏就坏在旧体制上。过去的农场职工，像妈妈怀里没舍奶的婴儿，一直靠母体分泌出的汩汩汁液。半军事化的群体，依附于统一制度，统一计划，统一安排，统一指挥，统一检查，统一监督，统一调节。大多数人动手多，动脑少；务浅层多，想深层少。一下子失去了拐棍儿，一些人惰性孪生盲目性同时显相了。不想干、不会干、不肯干的现象层出不穷。劳动力分解中的负效应，在效益呼唤中，以主体形象压抑着竞争意识，“商品领域需要经纪人，而这些经纪人，要有头脑；有经验；有专长；有办法。”

李忠山的提议在有关会议上通过了。八五九农场开始在省地两级报纸电台上发布广告，不拘一格，广罗人才。有本事的尽管来，农场提供优惠政策：落户；补贴；安排子女……

消息传出后，应聘的人们挤上门来：有管理干部，有技术人员，有养殖能手，有待业青年……畜牧本科生包云龙和着人们的脚步来了。得到的消息迟，他来晚了。傍晚下车，摸到招待所。他举目四望，一色的红砖瓦房，此伏彼起的厂房、店铺，气势不小。可是，他有一种冷清、冷落、荒凉感。转了一圈了，包云龙拿定主意第二天清晨离去。

想不到，晚饭时李忠山就赶来作陪了。对这个小伙子，李忠山高看一眼。小包有一段停薪挂职，自办牧场的经历。老李头凭直感，意识到此人的价值。

当天晚上，两个人聊到半夜 12 点。聊是聊，却没有闲话。李忠山简直是在做广告。他把农场的历史、现状、将来和盘托出，一再挽留包云龙小住。

盛情难却，包云龙留下了。李忠山拿出 3 天时间，会不到，件不批，请示不见，带着小包先看了孵化厂、屠宰厂，接着去了鱼池、葡萄园。

三天后，包云龙要走了。李忠山召开专门会议，半小时后摊牌了：“我要是请你，有啥要求？”小包试探着提了住房问题。“马上可以解决——科技房三屋一厨。”小包问到调转手续。“盼你明天就来！”李忠山马上请人开调令。

包云龙激动了，心头涌动着一股热浪。他在心底说，眼下：知识分子毕竟是廉价的。我这样的小萝卜头儿，农场付出这样的代价。李书记为的是事业啊！我……小包用力地点着头……

包云龙来了，梅立河等31名专业人才带着技术来了；10余名专家教授带着长短期咨询协作合同来了；155家农村养牛户，赶着780多头奶牛来了。

各方能人的流入，优良品种的流入，大笔资金的流入，冲击着农场职工的思维定式。让农民在农场的土地上发财，是李忠山开明的一举。农场职工30多年的平静生活被打乱了，他们在震惊中猛醒。场间联合、跨队集资、合作经营、有人出人、有钱出钱、有地出地。股份等集资额迅速增加到100万元，职工手中的死钱开始流入生产渠道。3000多名职工走出土地，占农业劳力55%的剩余时间、剩余劳力、剩余资金迅速转化为智、为能、为效益……

依托黑土出本土

乌苏里江蜿蜒东流，载着岁月悠悠。

李忠山爱江。爱江上朝暾渔火，爱江中落月归帆，但更爱傍江而立的八五九。她是农场巨变的见证人。

临近的东安是农场的渔业队。远方的客人常来这里游江。据说，李忠山有个不成文的规矩：凡科技、金融、新闻部门来访，他是笃定要陪的。他珍惜企业的知名度，他不放过宣传农场的机会。

站在江畔，指点江山，他会告诉你：离这不远就是占地26.67公顷的山葡萄园，在为上乘饮料提供原料。葡萄基地一律采用水泥桩架，钢丝吊蔓，行间可行机械耕翻。绿枝扦插、硬枝扦插和移栽等技术，得到国内专家首肯，已有4公顷结果。年产葡萄1.3万公斤，果汁1万公斤。

李忠山带着记者团来到阿布胶河。新开挖的鱼池气势恢宏，数十方大池，占地86.67公顷。“好大啊!”有人说。“不大!”李忠山接口说：“俺们图的不是尝几口鲜，商品经济嘛，这么点算啥!”他是发自内心的。距高望远：江河之畔，一方方池塘，星罗棋布；专业养鱼大户已有100多家，养殖水面扩大到286.67公顷。这里每年除产鱼苗5余万公斤外，商品鱼生产能力已达10多万斤。

位于场区的乳粉厂、罐头厂、肉鸡生产线吸引着国内外的客商。中心鸡场、孵化站、饲料加工厂、屠宰厂、速冻冷库、冷藏周转库；从良种繁育到饲料加工；从屠宰加工到储运经销；全部配套，主体工序采用了最新工艺技术，年加工肉鸡已达66万只，可出口150吨，综合效益120万元。

封闭式的经济打开了窗口。三江平原的开发走向主体化了。李忠山要从这里观察世界，走向世界。当年，五项产品在垦区夺优，分割鸡块在优质产品中名列榜首。

1986年秋，日本光明株式会社看中了八五九的肉鸡产品，派人员到厂洽商。次年，吉田总经理亲自跑到厂内来检视，看后满意地笑了，“好，好的!”当场许诺，包销产品。

经济转轨，经营起步，外向经济，初成格局。李忠山孜孜以求的商品经济新秩序开始形成。1987 年 10 月，中央人民广播电台播发了专题消息。李忠山更加充满信心和希望。

辐射的消息，连着南联北开的信息，吸引着诸多的客商。草定的项目已有五家了，李忠山在心底数点着：天津的草原共同开发项目；吉林的淀粉、糖合作项目；辽宁的边境贸易项目；无锡的种植业开发项目；上海的服装加工项目……

攀高结贵，立体开发，这正是群众所说的平原上的山。李忠山执意寻找这样的山。攀、沾、交、结，不择大小，不惜工本。前不久，沿江已开辟口岸，边贸正在议项谈判。李忠山早已四方派员，八面采风，摸清苏方感兴趣的主要项目。人逢盛世，李忠山真的感到年轻了。

“我是个有争议的人物，过去是，现在还是!”记得那是个多雾的早晨，李忠山赶来为首都记者们送行。将来呢？他没有说，只是笑了笑。暂时的，他的成绩还不很大，这里的业绩还不很大。可衡量功绩只能用一个尺码，只能用 0 到 9 的阿拉伯数字吗？思维的力量，逻辑的力量，理论的力量，辐射波，影响力，那潜能之光热呢？

荒原是山脉的沉落，新的山脊不正是平原的隆起吗？

（原载 1989 年 1 月 12 日《农垦报》，作者徐国春）

白衣丹心

韦唯一首《爱的奉献》，催人泪下，叫人深思！曾几度，中国的人际关系，特别是一些医疗单位的服务态度，令多少人担忧啊！

人们在呼唤，人们在寻觅，什么时候，我们能听到一支令人称赞的“白衣颂歌”呢？

“北大荒”是一块神奇而又无私奉献的沃土，她孕育了一代又一代的无私奉献者。黑龙江省八五九农场职工医院护士班的“白衣姐妹”们，精心护理三位截瘫病人度过了 40 个春夏秋冬、1.46 万多个日日夜夜，用爱心和汗水谱写了一曲感人肺腑，无私奉献的“白衣颂歌”！

时光倒逆到 1964 年的冬天，25 岁的青年工人杨德才，在山上伐木时不慎被大树砸伤，造成腰椎体压缩性骨折，经抢救虽然保住了生命，但他的双腿完全失去了知觉，变成了一个截瘫残疾人，吃、喝、拉、睡都要人侍候。风华正茂的杨德才难以承受如此巨大的打击，痛不欲生，拒绝治疗，要寻短见。

30 多岁的护士长唐文景轻轻地走来了。她默默地打来热水，给杨德才从头洗到脚，为他换洗了衣服和被褥，理了头发，剪了指甲，帮助他排泄、清理大小便。望着满头大汗的唐文景，好似春雨润甜了杨德才的心，他第一次品尝到了人间真情的甜蜜。这位失去双腿打击都不曾掉过一滴泪水的硬汉子，不禁吧嗒吧嗒地掉起了眼泪。

护士班的姐妹们大都是十八九岁的少女，正值豆蔻年华，要给一个 20 多岁的大小伙子擦身洗澡，侍候拉屎撒尿，这对她们该是多难为情的事啊！迈出这一步需付出多大的勇气呀！但是唐文景的无声带头作用，深深地打动和教育了全班姐妹，她们最终战胜了害羞、怕脏、怕臭的思想，义无反顾地挑起了护理杨德才的担子。

可是，谁会想到，当姐妹们刚把杨德才护理得能坐轮椅了，又有两位更加严重的截瘫残疾人李汝光、张振德先后住进了医院。

从此，姐妹们的护理工作达到了人们难以想象的辛苦。然而，她们身上流淌的是北大荒人艰苦创业、默默耕耘的血液，受到的是老护士长全心全意、无私奉献精神的陶冶，继承的是“白衣天使”革命人道主义的传统，她们心甘情愿地为三位截瘫残疾人付出一切。

李汝光，这位来自大上海的知识青年，在 1972 年麦收期间的一次偶然事故中摔伤，致使高位不全性截瘫，下肢抽搐，双手呈痉挛状态，生活完全不能自理。那年，他只有 18 岁。

18 岁，多美好的青春年华，绚丽的人生之路刚刚向他张开理想的翅膀，严酷的现实，过早地粉碎了他的理想。他哭肿了双眼，曾企图割断动脉血管，想结束自己的年轻生命。

老护士蒋爱雅像慈母一样出现在李汝光的面前，她从自己家里带来好吃的饭菜，一口一口地喂他。李汝光有时大便干燥无法排出，蒋爱雅用手伸进他的肛门，一点一点往外抠，用母亲的温暖抚慰李汝光那颗饱受痛苦的心。

1982 年蒋爱雅随丈夫调回南方工作，临走之前，她买来了一大包罐头、水果和糕点，送到杨德才、李汝光、张振德的手上。蒋爱雅款款坐到李汝光的床沿，轻轻地抚摸着他的头，深情地说：“汝光，几年来我没照顾好你们，现在我要走了。你们三个要互帮互爱，更要珍惜自己生命，做一个自强不息的人。”说完，她打来热水，给三人一一洗头洗脸、擦身子，整理好衣服，梳好头发，掖好被子。一切收拾干净利索后，蒋爱雅抹了一把脸上的汗水，习惯地坐到了李汝光的床沿，久久地凝望着他们，惜别之情使她再也抑制不住自己的感情，两行晶莹的泪珠滚下了眼眶。李汝光躺在病床上，望着蒋爱雅慈祥的面容，顿时，母亲的形象伫立在他的眼前，热泪夺眶而出，他一头扑在了蒋爱雅的怀里，从心底深处呼喊出：“妈……妈……”

是啊，世界上唯有母亲的爱没有任何附加条件，母亲的爱最深沉、最无私、最伟大。

十多年的病榻生活，李汝光深切地感受到，自己被纯真的爱包围着、簇拥着。这怎不使他从心底深处发出呼喊，又怎不使他泪水盈盈呢！

张振德，这位只身从遥远的四川到北大荒寻梦的 18 岁的小伙。1979 年夏天，他做梦也没想到，自己一时大意，从飞奔的车里掉下，摔碎了双腿。可这偏偏不是梦，而是千真万确的事实，他悔恨莫及，痛心疾首，不思饮食茶水。姐妹们又多了一份责任，又添了一片爱心。

杨德才、张振德每两天需要灌一次肠，每次灌 45 分钟才能排出大便，春夏秋冬不间断。而李汝光排便时，则要在他臀部下面垫上一张卫生纸，便后再由值班护士给他擦拭，清除粪便。截瘫病人活动量少，有时稍微着凉或饮食不调，李汝光就会大便失禁，将稀便弄得满床都是，常常是刚给他换洗干净，他又拉在床上。每当这时，她们只是像姐姐对待弟弟、妹妹对待哥哥一样，轻轻拍打他一下，宽厚地一笑，重新为他擦洗身体，换上清洁的衣服和被褥，奉上她们的赤诚。

人，需要精神支柱。尤其是一个残疾人，更应有一种坚强的精神来支撑着。姐妹们经常聚集在三位截瘫残疾人的房间里，和他们一起探讨人生，讲张海迪的故事，还给他们送去稿纸、笔墨、书刊，使他们在精神上感到充实，时时体会到社会主义大家庭的温暖。

今年春节，在姐妹们为他们举办的联欢会上，杨德才抹了一把“国”字形脸上的泪水，泣着声说：“我今年 51 岁了，大半生是在医院度过的。你们侍候我整整 26 年了，没有你们，我不可能活到今天，你们才是我的真正亲人，是我活下去的精神支柱。”

也许有人会问，护士班的历届姐妹难道就没有过一次退却，没有过一次动摇吗？不！她们有美好的理想和追求，她们有欢乐和幸福，也曾有过彷徨和痛苦的思索、委屈的泪水。

特写 1：现任护士长赵英，身高不到 1.6 米，一副瘦弱、文静的形象。1972 年分到护士班还不到 20 岁，成为梦寐以求的“白衣天使”，她兴奋得像只小燕子。但当她得知做护士工作要长年给截瘫病人擦身洗澡、端屎端尿时，她惊呆了，绯红着脸问：“不是说当护士只为病人打针送药，怎么还……”当她从老护士长的眼光中得到肯定的回答后，她哭了，后悔不该到医院当护士。尤其当她第一次给杨德才洗澡灌肠时，又脏又臭又羞人，她回到家里饭也吃不下，越想越委屈，越想越难受，躲在小屋里蒙着被子痛哭。她甚至不敢将自己的工作情况告诉父母，更不让父亲到医院看望她。这项超凡的工作苦了她，但也铸造了她，使她最终成长为新一代“白衣天使”的领头雁。

特写 2：1985 年的一天，李汝光受凉拉肚子，弄得床上到处都是又黏又稠的稀便，值班的一名护士正在给他擦洗身体。正巧，她的丈夫有事找来，突然发现妻子在给一个光着身体的男人洗澡，脸色顿时骤变，铁着脸扭头就走。当这名护士下班回到家里，他对着妻子就大吼起来："真没有想到你给一个男人洗澡，得，你改行吧。如果再干那丢人现眼的护士工作，咱们就离婚。不然，我这脸往哪儿搁?"亲人的误解和责难，她痛苦不已，强忍着泪对丈夫说："他们是残疾人啊，管理不了自己，我们当护士的都不去爱护他们，他们还能生活下去吗?"可眼泪仍大颗大颗地滚下了脸颊。妻子声泪俱下，情真意切的话语打动了丈夫，他既为妻子有这样的善良心肠和高尚情操感到高兴，又为自己的鲁莽和自私行为感到脸红。第二天，他高高兴兴地把妻子送到了护士班。

她们，这些天真纯洁的"白衣天使"，用青春，用柔情，用爱心，用真诚，用汗水，在平凡的岗位上，创造了如此诱人的人生价值观。她们的事迹，在乌苏里江畔，在松花江两岸，在辽阔的北大荒黑土地上广为传颂。1989 年 5 月 12 日，中央电视台新闻联播节目播放了护士班照顾截瘫病人的事迹；1991 年护士班被黑龙江省政府评为"三八"红旗集体；1992 年被团省委评为学雷锋先进集体；当年护士长隋淑梅在省青代会上介绍了护士班的先进事迹。当人们纷纷向她们竖起大拇指时，她们腼腆地说："我们所做的一切，从来没感到是一种牺牲，我们对自己的这项工作早已习惯了，今后仍将继续这样去做。"这朴实无华的内心自白，不正包含着她们高度的职业道德和无私的奉献精神吗?

（原载黑龙江《新青年》杂志 1991 年第 8 期，作者修永章）

农场小城镇建设回眸

我是 1997 年 3 月进入农场领导班子的，在此之前，在交通系统工作了十多年，先后担任过农场公路站站长和交通科长。担任农场领导以后，分管建设和交通等工作，参与、推动和目睹了这一时期农场城镇建设的全过程。回顾这段时间的农场小城镇建设情景，仍历历在目，感慨万千。

场区第一栋职工集资住宅楼和场区下水工程

1996 年，我们交通科采取职工集资的方式建设的场区第一栋职工集资住宅楼竣工，面积 1705.7 平方米。交通住宅楼的建成，打破了过去单一的福利盖楼房机制，产权归己，在农场有着里程碑的意义，带动效应极为明显。

1981 年，农场为抗战老干部和科技人员建设了 2 栋 12 户二层科技小楼。1995 年，农行建造了农场第一栋职工住宅楼。由于当时农场没有下水设施，卫生间不让使用或控制使用。产生的生活废水直接抽到路旁排水沟，夏季臭味刺鼻，冬季堵塞涵洞，春天开化时，废水流不出去，严重污染环境，影响场区形象，群众反应很大。

1996年，我们向农场领导建议，建设场区下水工程，得到了时任场长王道明的大力支持。采取谁受益谁出资的办法，由农场、交通科、建行、农行共出资67万元，建设了东至中学、西至农行、北至电视台（现明珠家园三期）、南至桥队南（现公园十二生肖处），全长1460.5米的场区下水工程，并于当年10月竣工。这也是王道明场长上任后干的第一件大事，为农场小城镇建设健康发展奠定了坚实基础，也为后续的住宅楼建设提供了极大便利。

建设乌苏里江商城、学生公寓

2000年12月，祁场长调到分局工作，刘相增接任场长。当时，2000年7月13日开工的乌苏里江商城和学生公寓还没完工。刘相增场长上任后对农场的现状进行了冷静的分析，在班子会上提出近1～2年内停止工程建设，在建的也要缓建，待经济好转时再建。

几年来，农场经济一直处于低谷，土地承包困难，农场社会负担重，资金相当紧张。

经过考虑，我发言说，学生公寓楼是国家扶贫专项基金项目，农场申请了100万元，剩余400万元由农场配套解决，上级是要跟踪审计的。再说集中办学已实施，几百名学生寄宿在农场的亲友和旅店里，不好管理也不安全。这样行不行，农场再苦不能苦孩子，再穷不能穷教育，集农场全力将学生公寓建起来。商城坐落在场部中心位置，关系到农场职工群众的切身利益，影响面特别大，我们能否调整思路，改变投资主体，面向社会融资。如大家同意我的意见，商城工作的推进我来负责，学生公寓筹资场长想办法。我的意见得到大家的认可，并很快达成共识。

我与建设科、计财科、工商局研究，形成一个初步方案，思路是农场已投资金用于办公室、会议室等形成农场固定资产，一楼门市和二楼门市分批推向社会，制定优惠政策，买断经营。

局面很快打开，工程按预期推进。2001年5月1日商城再次开工，当年12月21日竣工投入使用。建筑面积8062平方米，可容纳150户商户。学生公寓也如期完工，面积4778平方米，入住学生800余人。

商城的建成使用，给我们下一步城镇建设拓宽了融资渠道，引入民间资金，加快了商品楼的开发进程。同时也出现了一些不足，为了赶速度，忽略了安全工作，一些设施在工程同期建设时没有到位，给后续的管理带来了一些难度，留下遗憾。这就是教训，要按规矩做事，按规章办事。

场区第一条3公里水泥路

2002年，建三江分局借助二抚路建设的契机，要求各场加快场区水泥路建设步伐。分局以9米宽水泥路面为标准，每公里补800吨水泥，其余资金由农场自行解决。当时，农场经济处于复苏时期。分局下达给农场修建水泥路面总长度3公里，由于农场主路宽度是按16米规划的，如修9米宽与今后小城镇建设很不适合。针对这一问题，农场召开了场领导及各业务部门领导参加的会议，与会人员各抒已见。如修9米，农场投入少，又能修到3公里，如果路面加宽到16米，比设计宽度多出7米，只能在计划投资总额的前提下缩短长度。最后农场决定主路面按16米修建，并在主路面两侧各加修3米的人行道，使整个路面达到22米宽。以机关十字路口为中心，向西修到工程连、东到中学、南到俱乐部的路口，向北延伸100米，剩余部分待农场经济好转后再进行二期续建。

2002年6月28日，场区白色路面工程终于开工了。在建设过程中，全场干部职工捐款51万元，并捐送蔬菜，加快了施工进度。

由于路面加宽，长度缩短，东、西、南、北都没有到头，水泥路面与砂石路面形成鲜明对比，看着很不协调，职工群众的反响也很大。当时农场的两位主管领导都姓刘，私底下有好事的人把建设一半的路，说成是“留半截”。我也以此话和两位领导开玩笑，咬咬牙修到头算了。场长刘相增、党委书记刘庆君多次到分局和交通局争取，后经分局局长王道明的协调，又追加2500吨的水泥。经过96天的昼夜施工，2002年10月1日上午10时，全场广大干部职工盼望已久的水泥路终于在爆竹声中竣工了。

建医院大楼

2002年，医院麻醉医生王丽英向我讲了一件令我至今难忘的事情。在一次剖腹手术即将准备缝合时，一团儿锯末从手术室的天棚缝中掉下来，这可急坏了在场的几位医生，当时清洗了半个多小时。这件事，让我这位分管建设的副场长感到十分内疚。

农场职工医院是1965年10月建成的，经过几十年风雨，房屋墙体脱落，屋内潮湿，长年开不了窗户，下雨地下积水，天花板老化掉渣，条件十分简陋。由于前几年农场经济条件有限，老干部、退休人员和教师的工资都一拖再拖，很难按时发放，更没有能力改善职工的就医条件。

2003年，职代会召开前夕，农场党政班子在研究提案时就收到很多职工代表建议兴建医院大楼、改善职工就医条件的议案。当时，我把医院做手术天棚掉锯末的事情向与会的场领导进行了介绍，大家心情都十分沉重。

当时农场还不具备建医院大楼的经济条件，并且周边部分农场的医院都转卖给了个人。别的农场卖医院，而我们建医院。场长刘相增从长远利益和以人为本的角度着想，认为建医院是从全场职工群众根本利益出发，是一项民生工程。他提议资金再紧也要建，得到了与会领导的一致赞同。此决定在职代会上一宣布，赢得了全体代表雷鸣般的掌声。

2003年5月7日上午9时，农场举行了职工医院大楼奠基仪式。经过5个半月的建设，当年11月26日，一栋总投资370万元、建筑面积3130平方米的五层职工医院大楼竣工。

世纪园兴建始末

2001年，分局副局长赵庆喜带领各农场主管建设的副场长和分局建设局领导赴九三分局参观考察城镇建设。

此次参观考察对我触动很大。当时我们农场抓城镇建设还局限于治理脏、乱、差上，而九三分局已上升到种花、种草、植树绿化的层面。从经济发展角度上看，当时九三分局各场比我们的经济形势要好，种植业结构调整力度大，职工收入高。特别是参观九三水库时，感到非常震惊，他们将水库下游筑起一条大坝，上面安装了路灯，将自然景观与人文景观巧妙地结合到一起，十分壮观和谐。由此我联想到，如果在我们场部桥队至老制材厂的公路上加高筑起一个大坝，将荒草丛生的烂泥塘改造成人工湖，曲径通幽，小桥流水，种上荷花，再放几艘小船，一定比九三水库的景观效果好。

一天，我同建设科科长胡永禄、公路站站长李福洪陪同场长刘相增察看场区排水工程。站在现在世纪园偏西的一个高点，我将这一设想向场长进行了介绍，场长听完后，十分感兴趣，并立即安排水利部门进行规划，请设计院进行设计，并形成了第一方案。方案是将场部至东安公路的桥队到制材厂段筑起宽70米的大坝，坝顶建20米宽的路面和50米的花带。当效果图出来后，引起一片称赞。后来经过细致的论证，如遇特大洪水，老桥队附近居民住房可能被淹。后经几次改动，最终确定建设阿布胶河补水工程并集人工湖、广场和假山为一体的世纪园。

2004年6月1日，世纪园破土动工。经过两年的建设，占地30万平方米的世纪园，于2005年10月竣工。在完成一期工程的同时，我们从农场发展的角度考虑，又规划了30万平方米的公园二期工程，并完成了水面、土堆、道路等部分基础设施。2008年6月1日，世纪园二期基础工程开工。

2004年和2005年秋，农场机关、场直各单位为世纪公园移栽大树21株，栽植各种树木1500株。

世纪园建成后，农场大客车司机李振和给刘相增场长发来一条“七言诗”短信。

贺世纪园

完达脚下阿布胶，古睡逍遥蔓藤蒿。

垂钓撒网无君问，自然资源肆意抛。

开拓创新有远见，敢投巨资是英豪。

风光美在八五九，造福黎民万代谣。

这首诗反映了农场职工群众的心声。世纪园是一个民生工程，是八五九人的骄傲、八五九人的自豪。

2019 年 9 月，在杜德旺场长的主持下，世纪园二期工程开工，于 2021 年 10 月 1 日完工。总面积 44.5 万平方米，投资 1050 万元。

“聚石”诞生记

农场资源丰富，有石灰岩、花岗岩、火山石等多种石料。如何能将这些造型奇特的石头迁入世纪园中，是我经常思考的问题。一天，大板山石场经理潘世强打电话告诉我，在放炮采石时发现一块花岗岩特大石头，多少年来从没见过这样体积大、形状方正的整块石。我接到电话后马上来到了现场，并向在分局开会的刘相增场长进行了汇报。场长当晚赶回来，看后，立即决定，不惜代价将大石头运到公园。

大板山石场距世纪公园 5.6 公里，道路曲折，地势高低不平。农场决定将运巨石的艰巨任务交给路桥公司完成。2005 年 5 月 30 日早 8 时，路桥公司 20 多名员工在经理孙文波的带领下，将 85.2 吨重的巨石用吊车吊到厚 2 厘米重 5 吨的铁板上，然后用两台 220 马力、1 台 130 马力的大型推土机牵引，后面有 1 台挖掘机协助向前推。一路上直径 3 厘米的钢丝绳就断了好几根，大石头过后，地面如同泥抹子抹的一样平整。在运巨石的四天中，可以说是一路上开山修路，遇沟架桥，经过无数艰难险阻终于运抵公园，并命名为“聚石”。

农场职工群众引以为傲的“办公大楼”

2004 年，是刘相增场长来八五九的第四年。农场每年都有新变化，商城、学生公寓、医院大楼、场区水泥路、世纪园以及住宅楼相继建成，农场小城镇建设已步入良性发展轨道。

有一件事，在我心中放了好几年，因为农场的经济条件等原因，一直没有提出来。我从交通科调入农场之前，彻底解决了交通科的办公条件。到农场后，看到简陋的办公室，各科室几个人挤在几平方米的地方，还有好多科室漂在外面，一直想改善机关办公环境。

有一次，我跟刘相增场长开玩笑说：“场长，咱冒点风险，新盖机关办公大楼，怎么样?”相增说：“你真敢想，现在是什么形势?”但是，相增场长是位干大事的领导，他也早有此意，给我交底，先做前期工作，环境有缓再说。这一年我们默默运作，哈尔滨新奥博设计院给我们拿出近 30 个效果图。在充分听取各方面意见的情况下，基本确定了现在建成的图纸。

一天，分局局长陪同上级领导到八五九调研，领导们看了几个现场后非常满意，相增场长借此机会拿出准备好的效果图，征求领导意见。领导提出两条意见：一是大门要增加雨棚，二是大楼探出的帽太大。

设计雨棚是过时观念已被否定，探出帽是按建筑的比例设计出来的。权衡再三，我们做了一些调整，将帽缩小了一些。就这样，2005 年 3 月，机关大楼破土动工，并于当年 10 月 26 日投入使用，面积 5463.79 平方米。

2005 年 7 月，总局党委书记吕维峰连续两次陪同省部领导到八五九视察，看到农场的巨变，非常高兴。还专门听取了汇报，并在总局机关大会上表扬了刘相增场长。一时间各分局、各农场参观学习人员络绎不绝。为民造福，建公园，盖好楼成为垦区的时尚。

回头看，也留下一些遗憾，机关大楼的托帽小了些，如当时再坚持一下，整体效果会更好些。

宝塔不了情

2007 年的一天，林业科长马玉才告诉我，总局林业局拨款 8 万元，要在南山建一座防火瞭望塔。单独建一座瞭望塔，费用 8 万元也够用，但我觉得那么好的位置只建护林防火瞭望塔有点可惜。南山紧邻农场世纪公园，树木繁茂，满山翠绿，如稍加规划建设就能与公园连成一体，观光旅游的潜力很大。

跟相增场长汇报后也同意将事情做得大点，再向上级多争取些资金。我和马科长专程找到总局林业局韩波局长，他非常赞同这件事。但此款是专项基金，他的权力范围只能拨到 30 万元。

宝塔设计交给了新奥博设计院吴海亮院长，我们又找来熟悉地形的林业科副科长李玉胜，查看了传说的狐仙洞等地方。几天后，吴院长发来了一份塔高 28 米 7 层的效果图。经过修改和进一步的完善，最后由相增场长拍板。宝塔的选址就在南山最高峰，海拔 265 米，宝塔坐在了日军炮楼的遗址上。

2008 年 8 月，主体工程完工。宝塔封顶时，我和相增场长站在刚建好的塔上，看到场区全景，感到非常振奋和欣喜。我与场长又商量了修路、修台阶的设想，即在通向东安的水泥路，找一个路口，修通和宝塔相连的水泥路，让游客乘车一直到达山顶。用石板等材料沿狐仙洞修一条公园和宝塔相连的石板路，让场区百姓及游人通过小路到达山顶，既可锻炼身体，又可欣赏自然风光。现场又给宝塔起个名字叫“祥瑞塔”，后来也有人建议叫“斯摩勒塔”。

2008 年 10 月，宝塔工程完工，工程最终结算费用 260 万元。如今的斯摩勒塔，已成为农场的一道亮丽风景，一年四季，游人络绎不绝。这两年，农场投入 72 万元通上了电，亮化了宝塔；又投资 620 万元，建设从斯摩勒山山脚至山顶的攀爬石阶路 2.8 公里、行车水泥路 2.3 公里，切实方便了游客登山健身游览。

整体搬迁

2008 年，农垦总局出台方案、政策，要求各农场加大力度，增大对搬迁户的补贴力度，采取总局拿一块、农场补一块、个人出一块的办法，根据农场实际制定方案，争取三年完成整体搬迁工作。紧接着总局不断以现场会、电视电话会、干部会等不同方式全力推进。力度之大、态度之坚决是前所未有的。

经过认真研究，保留东安镇、一队、二十二队、二十六队四个基础设施较好相对完善的单位。共搬迁30个作业站、4329户9243人，建设住宅楼91栋。连队搬迁后，返耕或返林。

2009年，农场确定了“拆旧建新”战略，即先拆迁老六队区，然后逐步拆迁老区再建设新楼区的整体规划。这样，既能解决回迁户和整体搬迁户的入住问题，农场城镇建设的整体效果也显得规范、科学。农场还聘请了第三方评估公司，对老六队区的房屋进行了拆迁评估。经过街道办多次入户动员、开会动员，老六队区还有30%的人不同意拆迁方案。面对时间紧、任务重的形势，为了赶工期，加之上级催得紧，农场决定换地方，才建设了现在的明珠家园一期工程，以及后来的二期、三期工程。

2010年5月12日，省委书记吉炳轩到农场参观考察小城镇建设。吉书记看到“耕作在广袤的田野上，居住在现代化城镇里”的标语时非常赞赏。这句话迅速成为全省城镇建设的流行语。

在这一次对垦区产生革命性的城镇建设大潮中，农场近一万名职工群众彻底脱离了近50年的连队生活，一步跨入现代文明的行列，享受到了城镇的幸福生活。

2010年底，我从岗位上退了下来。回想这些关系到发展、民生和农场形象的城镇建设工程，当时可不是领导拍脑袋要干的，实在是职工群众所需，更是国家政策使然。每一个项目，国家都有补贴，你可以不建，但国家政策是过了这个村就没有这个店的。农场当时虽然有困难，但抢抓机遇，克服困难，勒紧腰带，上下一心，就能迎难而上、迎刃而解。

现在，八五九农场的小城镇建设走上了全面发展、大发展的快车道。八五九人用十多年的时间，把一个边陲小镇建成了道路笔直、楼房林立、经济繁荣、管理规范的农垦新城。

（作者：原八五九农场副场长张开成）

八五九水稻发展纪事

稻之源

饶河地区种植水稻的历史可以追溯到清光绪十三年（1887年），有20多户朝鲜族居民自延吉来到大和镇一带种植水田。

民国四年（1915 年），60 余名朝鲜族居民在挠力河口以北的四平山（七队）、太平镇（和平）及以西的喀尔喀山，开垦荒地，种植水田。

挠力河口长虫山的朝鲜居民张明燮召集大批来自俄国的朝鲜流民开发水田。民国十年（1921 年）至民国十六年这 6 年间，他们先后在大兴沟口、喀尔喀山前、南大孤山东建有 4 处朝鲜屯，开凿灌溉长渠 15 公里，开发水田 160 余公顷。

1938 年之前，朝鲜族人把水稻种植技术带入该地区。在二十二队高丽沟，朝鲜族人引二道河水利用海拔高差回放到别拉洪河主河道，采取“自灌自排”原理种植水稻。水利工程设计精巧，后来高丽沟经二十二队重新复垦 7 号地时，当时水稻地的排灌主、副渠道仍清晰可见。房屋残垣、碾盘、碾子等遗留物均在。1938 年归屯时，这些朝鲜族人迁到小佳河鲜族屯。

此时，水稻播种为翻后用铁锹修筑田埂，整平放水，待稻生芽后，实行撒播。水稻催芽方法：将水稻种装入草包，置入冷水或沟渠内浸泡 3～5 日，然后移至室内加温，散开培捂，使之生芽，芽出即可播种。每亩播量 12.5～15 公斤，水稻亩单产 150～200 公斤。水稻品种为粳稻与糯稻，19 世纪 90 年代由延边引入。东北沦陷时期，从日本引进北海道水稻品种及本地小黄毛、小白毛、小红毛等，均属早熟品种。

土地改革以后，饶河县内凡有川流之处，皆开发水田。1959 年，场县合并，以机械化生产为主，由于水稻费工太多，遂以种植大豆、小麦为主。

因 1956 年、1958 年复转官兵大多是南方人，加上上海等地知青都习惯吃米饭，但当时大米奇缺，只有过年才能吃上米饭，各单位只好采取各种方式用上等面粉去桦川、方正、莲江口等地的朝鲜屯换大米，有 1 斤面粉换 1 斤大米的，有 1.5～2 斤面粉换 1 斤大米的，而且还要开粮食调拨令。到 1987 年，各单位还有自行去换大米的。

据农场《历年统计资料》记载，1970 年农场种植水稻 28 公顷，公顷产 2220 公斤；1971 年、1972 年种植水稻皆为 66.67 公顷，公顷产分别为 570 公斤、750 公斤。

1971 年，农场在一队引别拉洪河水灌溉 16.67 公顷水田，种了两年就停了。原因是受草荒、风害、稻瘟病等影响。

1983 年，农场又开始种植水稻，面积 16.67 公顷，公顷产 1800 公斤。1984 年，在九队种植 20 公顷，在二十三队种植 20 公顷。

1985 年、1986 年，只在一队、五队、九队、十五队、二十三队有少量种植，都是利用地表水灌溉。

从 1988 年起，国家实施第一期三江平原农业综合开发工程，把以稻治涝、加速水稻开发工作作为三江平原低产田改造的主要途径。1990年把水稻开发纳入黑龙江垦区50亿斤商品粮基地建设的战略性措施，有计划、有步骤地推动水稻开发工作。农场各届领导根据农场低湿易涝耕地占80%，过去以麦豆为主的农业，受内涝影响，严重减产，效益不高的实际情况，大力调整种植业结构，以稻治涝，变水害为水利，改造低产田，农业生产发生了巨大变化。

1988年以前，农场水田面积只有193公顷，公顷产只有2490公斤左右，栽培方式是直播，人工手扬种子，也就是漫撒。

1987年，农场从方正、延寿等县引进种稻能手，在推广旱育稀植中发挥了科技示范作用。

从延寿县来场的井河泉，1987年采用旱育稀植技术种植水稻23.33公顷，公顷产达6000公斤，当年盈利6700元。1999年，井河泉成立个体水稻研究所。

1988年，农场开始采用寒地旱育稀植技术；到1990年，全面普及，水稻产量和效益明显提高。

在育苗技术上，保温棚在1995年以前全部是封闭小棚，在1995年以后推广开闭式小棚。1997年推广了木制大中棚，1999年推广了竹竿大棚，2000年开始全面推广钢骨架大棚。

在播种方法上，1998年以前一直采取人工手撒播种，1999年开始推广手动播种器。

1996年以前，水稻插秧基本全是人工插秧，由于人工插秧行、穴距过大，晚生分蘖多，一直制约着水稻产量和品质的提高，自1997年开始全面推广机械插秧。

一场雨淋

1992年，时任农场场长何忠泽在职工之家召开的干部会议上，谈到种植水稻的问题。那时，农场资金非常紧张，工资不能如期发放。何场长说，机关和场直单位公职人员怎样致富，只有种植水稻这条路。当年，农场在十五队路东2-1地号规划开发80公顷水田，名称为水稻新区。紧接着，机关和场直单位陆续组织人员来到水稻新区义务劳动。

1992年5月30日，农场组织机关及场直21个单位300余人，来到水稻新区围池打埂。6月1日下午，机关、综合加工厂、修造厂等工副业单位，出动200余人来到水稻新区筑埂，晚饭是劳服食堂送的包子，大家干到天黑才回到场部。

6月4日，场直19个工副业单位1500余人奔赴水稻新区参加插秧大会战。这天早晨已下起了蒙蒙细雨，一直断断续续没有停歇，尽管大家都穿了雨衣、戴了雨披，但干起活来极不方便。四个人一个池子，需拉线人工插秧，整个水稻新区到处都是人工插秧的景象，农场在家的场领导都参加了义务劳动。午饭过后，小雨还没停，大家都感觉到了一丝丝冷意，干活出汗多的人冻得直哆嗦。这时农场党委书记闫树国来到水稻新区插秧现场查看，当即决定全体插秧人员马上撤回。从水稻新区到大路有一段长长的田间路，由于下雨汽车进不来，大家就步行到大路口。整个田间路上，到处都是熙熙攘攘的人群，有人说有点“大溃退”的感觉。闫书记在大路口亲自安排人员上车，学生先走、女同志先走、机关干部后走。回到家后，衣服已是湿漉漉的。一打听才得知，场部一上午没下雨，就水稻新区下雨了。

当时的电视新闻报道：到6月6日水稻新区已完成插秧26.67公顷，力争在6月10日前完成插秧任务。

可以说，这场雨淋对大家刚树立起的种水稻的信心是一次不小的打击。后来，水稻新区分包给了外引稻农。

引户开发

1987年以前，农场水稻生产由科技科负责；1988年，水稻生产由多种经营办负责。1989年，农场成立水稻办。1992年1月，农场成立水稻服务中心。1993年，水稻服务中心与项目办、水稻办合并为项目开发公司。

此时，项目开发公司与牡丹江农科所合作生产水稻壮秧剂。水稻壮秧剂除含有肥料成分之外，还含有杀菌剂、矮壮素、生根剂。一次施用即可达到调酸、消毒、营养、化控一体化目的，可节约劳力和成本。

1993年7月1日，在牡丹江市举行的全省水稻壮秧剂协作会议上，农场项目开发公司与牡丹江农科所合作生产的水稻壮秧剂获得全省唯一的水稻新技术推广一等奖。9月27日，农场项目开发公司召开全管理局及附近市县25家水稻办主任参加的水稻壮秧剂研讨及订货会，总局水稻办主任，管理局项目办、水稻办，南京农学院，江苏泰州农药厂有关领导也参加会议。会后签订合同15份，订货200吨。

项目开发公司还在阿布胶河边、修造厂南侧引阿布胶河水建设1.87公顷水稻试验站。1993年9月23日，省农业技术推广总站站长李炯道、牡丹江市农科所壮秧剂厂厂长金姬善等一行五人到八五九检查指导工作。在水稻试验站看到试种了20多种优质、高产、抗病品种后，他们非常钦佩，认为这么边远的农场能有这种超前意识非常难得，这是为水稻大发展储备技术和数据啊！

1亩水田等于2亩旱田的产量，相当于3亩旱田的效益，水稻被称为“朝阳产业”“铁杆庄稼”。当时把别拉洪河沿岸的一队、二十三队、十队、十一队、十五队以及十二队以东（原三分场）的生产队作为水稻开发的重点生产队。

农场也制定优惠政策，引资和外引稻农来场开发水田。1995年7月15日，农场从绥化市连岗乡引进28户稻农，在十一队、十五队种植水田200公顷。同年，大连染料厂孙祥明、毕翠花夫妇来到二十三队种植水稻12.4公顷。当年12月7日，农场场长范洪仁与辽宁省辽阳市粮食局嘉德诚粮油开发总公司投资方经理袁宏伟签订协议，在二十六队东北部开发旱改水田266.67公顷，第一期注入资金300万元。

1995年以后，又从海伦、绥化、庆安等20多个县市引进大批农户，掀起水田开发的热潮。

建设水稻科技园区

1996年，农场针对当时水稻生产技术到位率低、新技术推广难，公顷产只在6750公斤徘徊的实际问题，决定在1997年建立一个集品种试验、良种繁育、高产示范为一体的水稻科技园区。科技园区设在农场十队10号地，该地号前三年平均公顷产大豆870公斤，地块长度1800米，高低差7米，是十队产量最低的地块。农场委派闫晗等技术人员前往佳木斯向徐一戎、安炳政、李季禾、周耀群等垦区知名水稻专家请教，利用当时最新技术，建设垦区一流水稻样板田。

1997年4月，启动科技园区建设，筹资75万元。科技园区占地100公顷，种植水稻80公顷，试验品种12个。做到10个100%，即大棚育苗、钵育摆栽、三膜覆盖、宽窄行、"三带"下地、井水增湿、叶龄跟踪、浅温灌溉、优良品种、航化追肥。当时，科技园区建设在黑龙江垦区属于首创。当年6—8月份，垦区各农场领导、技术人员和种植户1500多人次到科技园区参观学习。

1997年5月28日，垦区水稻专家徐一戎、李季禾、安炳政到八五九指导水稻生产。29日，徐一戎为科技园区题字"水稻高新技术园区""靠高新科技创垦区一流"。7月17日，总局水稻现场会100余位与会人员来到水稻科技园区参观学习秧田建设、钵育摆栽和良种基地建设。

1997年，水稻科技园区公顷产9000公斤，总产720吨。1998年，建设100栋育秧大棚，建设333.33公顷水稻品种试验基地，试验品种100个。

富民强场之路

自1996年大面积开发水田以来，农场水稻面积由1995年的2533.33公顷发展到1996年的5333.33公顷、1998年的1.2万公顷，公顷产由5625公斤提高到7500公斤以上。

1998年，全场588户水稻种植户当中，本场职工不到100户，占比不到17%。

1998年10月3日，场长王道明、党委书记祁书记在场直单位主管领导会议上再次作了旱改水和发展水稻动员，号召大家要用足优惠政策，抓住发展机遇，及早种地，及早占用土地，否则在不远的将来就会成为别人的雇工。当时的电视新闻称这次会议是一次历史性会议，是使八五九人逐步走上富足、农场日益强盛的决定性会议。

开发水田、发展水稻是富民强场的必由之路。水泥厂退休职工孙福增 1996 年种植水稻 13.33 公顷，当年收回投入成本，1997 年纯利润 3.8 万元，1998 年收入突破 4 万元。1999 年，十三队古树青将 46.67 公顷耕地全部改为水田。胡尊凯从 1996 年开始种植水稻，1998 年实现旱改水 86.67 公顷。

1999 年 4 月 2 日，农场与新佳农业发展有限公司董事长、新加坡华人景志刚签订为期 30 年的 1666.67 公顷旱改水土地租赁开发协议，当年开发水田 333.34 公顷。

1999 年，浙江余杭客商吴耀明来到十三队种植水田 80 公顷，其中黏稻 46.67 公顷，公顷产均在 7500 公斤以上。

2000 年 3 月 12 日，温州虹桥镇章仁中等 40 多位农民来农场三十一队承包水田 533.34 公顷。他们从温州雇一台大客车，带着行李和简单农具，经过 5 天的昼夜行驶到达三十一队（2002 年并入二十二队）水稻开发点。吴存连在温州乐清市虹桥镇搞过建筑、做过服装生意、当过队长，这次来三十一队承包水田 66.67 公顷，公顷产 9000 公斤以上，当年盈利 13 万元，2001 年盈利 15 万元。完成上交粮后，他计划把 400 吨水稻运回温州销售。

“一元钱三斤”

2002 年，全场水稻遭受 70 年不遇的冷害，水稻全部受灾。当年是农场水稻发展史上遭遇低温冷害最严重的一年，也是水稻水分最大、产量最低的一年，又是国家粮食价格改革水稻提等降价的第一年。加上后期的雨雪，又增加了冰溜，使水稻贪青、空壳率高，水稻的品质差、产量低、销售价格低。水稻公顷产由 2001 年的 7500 公斤降到 3570 公斤，减产 52.5%。水稻销售价格“一元钱三斤”。

2003 年 3 月 14 日，稻农们纷纷在场区 3 公里白色路面上对掺有冰块的水稻进行降水晾晒，成片的水稻铺满了水泥路。

总结教训，个别农户种植的品种也存在一定问题，认为中晚熟品种产量高、效益好。通过对比表明还应以早熟品种为主，在农时和标准上也要下功夫。水稻办主任于英杰逐个单位讲课培训，推广新技术、新措施。

根据本场气温低、水温低、地温低的特点，农场要求严格水稻品种的选择标准，确保安全成熟，强化早熟、优质、多抗、稳产、高产意识，选择 10、11 片叶优质米品种，如 227、空育 131、202、合江 19 等。坚决淘汰熟期晚、抗逆性差、米质差的品种，如 341、177 等。

2003 年，由于积温正常，市场价格合理，水稻种植获得较好产量和效益。2004 年，国家取消农业税，对水稻实行种子补贴并实行保护价收购政策，调动了农户种植水稻的积极性。在此后的三年间，水稻种植面积递增。2007 年，水稻生产出现快速增长的好势头。

江水灌溉

乌苏里江是联合国环保组织认定的没有被污染的河流。农场地处乌苏里江畔，乌苏里江流经农场长度为 32 公里。

引乌苏里江水灌溉水稻是八五九人一个世纪的梦想。1938 年以前，东安下营朝鲜族人曾引乌苏里江水种植水稻。1987 年，老场长李忠山提出了引江水种稻的设想。

1996 年，时任场长王道明、党委书记祁书记提出引乌苏里江水灌溉水稻 66666.67 公顷，发展乌苏里江特色、绿色水稻的战略构想。农场决定由场长助理闫晗协调项目办、水稻办、水利科、计财科、土地科、五荒开发办等单位和部门进行引乌苏里江水灌溉项目初设、立项、上报、审批等工作。立项过程中得到了省外事办、饶河边境口岸办、分局总局水利局、总局规划设计院、松辽委的大力支持和帮助。

2001 年 12 月 5 日，建三江分局完成八五九乌苏里江灌区 10 项骨干工程初步设计。21 日，经国务院正式批复，同意建设八五九乌苏里江灌区。2002 年 10 月 25 日，灌区开工建设。2003 年末，灌区渠首泵站工程全部建成。2020 年，灌溉面积达 1.4 万公顷，农场利用江水灌溉种植水稻的种植户有 756 户。

乌苏里江水量充足、水质好、无污染，有机质含量高，可以大幅度提高稻米的营养度和口感度。生育期可提前 4～5 天左右。江水灌溉水稻公顷产比井水灌溉增加 799.5 公斤。

利用江水灌溉将有效缓解地下水紧张矛盾，可大大减少地下水的开采量，平均每年可节约地下水约 9500 万立方米。

北大荒粮食跨国联运下江南

2004 年 6 月 11 日，在东安码头举行乌苏里江至东南沿海地区江海联运首航仪式。

黑龙江省航务管理局副局长田培臻、马志，省航运集团副总经理曲斌，温州市农业产业联合会副会长张韩敏，总局交通局航运管理总站站长代强，分局党委书记王道明及八五九农场领导参加了首航仪式。

这次通航，也是 1858 年、1860 年中俄签订不平等的《瑷珲条约》和《北京条约》，黑龙江下游 930 公里划为俄罗斯内河后，130 年来，中国船舶首次由黑龙江出江入海，将货物直接运往我国东南沿海地区。

据了解，1992 年交通部与俄罗斯运输部签署协议，使我国商船可以通过俄境内黑龙江下游经鞑靼海峡出江入海。黑龙江江海联运航线是我省经水路直接出海的唯一通道，是我省通往日本、韩国和东南亚各国及我国东南沿海各港口的国际和国内贸易大通道。黑龙江江海联运得到了中、俄、日政府的重视和支持，此前已开通了黑龙江至日本新潟等江海联运航线。

这次发往温州的2700吨水稻，从乌苏里江边的东安镇起航，过抚远、俄罗斯阿穆尔河，在出海口换装江海两用船后，通过鞑靼海峡，经日本海、朝鲜海峡、东海到达温州。航线全长4783公里，行程18天，于7月10日到达温州港。

江海联运航线通航，标志着这条黑龙江省唯一经水路“借船出海”的国际和国内贸易大通道打通，有效解决了全省商品粮外销的“瓶颈”问题。

打造“乌苏里江”品牌

1997年6月18日，在第八届哈尔滨经济贸易洽谈会期间，八五九农场在哈尔滨花园邨宾馆召开新闻发布会，宣布乌苏里江企业集团正式成立。农场党政班子把眼光投向了乌苏里江，决定把它作为企业集团的名字，走生态之路、绿色发展之路。

1998年2月，在场长王道明、场长助理闫晗的努力下，乌苏里江企业集团投资10万元买断“乌苏里江”12大类154项商标品牌。这个品牌涵盖了种植业、养殖业、木材加工业、机械制造业、商业服务等。

乌苏里江是中国仅有的几条未被污染的江河之一。乌苏里江沿岸市县、农场六七个，大大小小企业数百家，此前也有用“乌苏里江”冠名或标识，但是唯有乌苏里江企业集团抢先一步对其进行了登记注册。品牌战略，体现了决策者们的策划意识和超前目光。

2001年，“乌苏里江”品牌转到了建三江分局，后来，转到了建三江创业投资公司。2022年，在八五九分公司总经理尹显洪的努力与建三江分公司领导的鼎力支持下，“乌苏里江”品牌又重新回到了八五九农场。农场有限公司对“乌苏里江”品牌进行了全新的打造和全方位升级。6月28日，召开“乌苏里江”品牌发布会，强势打造“乌苏里江”大米品牌、“乌苏甄珍”高端认证品牌，提升品牌知名度、美誉度、影响力、传播力，提升粮食经营能力，抢占农产品市场制高点。

2008年7月10日，垦区水稻专家徐一戎到农场检查指导水稻生产，当看到生产快速发展、环境优美怡人、建设突飞猛进，他感慨道：“八五九的变化从某种意义上说是用稻谷一粒粒堆积起来的。”可见，水稻生产在农场经济发展中凸显了举足轻重的地位。

到2020年，八五九农场水稻面积达56623.53公顷，公顷产9210公斤，实现了跨越式发展。农场实现了水稻、玉米、大豆有机产品认证，并通过了ISO9001、ISO14001、ISO45001质量管理体系、环境管理体系和职业健康安全管理体系认证。先后获得国家级生态示范区、全国粮食生产先进单位、全国主要农作物生产全程机械化示范县等荣誉称号。

（作者：郑浩）

舌尖上的北大荒

屈指算来，我离开北大荒已经有 40 个年头了。当时的那些人和事都逐渐模糊了，唯独那舌尖上的北大荒依然是那样的清晰。

小鸡炖蘑菇

这道菜是北大荒美食的骄傲，也是东北菜的第一名菜，然而在当时我是不知情的。那是我到北大荒的第二年的秋天，我应邀去一个相熟的老职工家吃饭，饭席间，主人端上一盆热气腾腾、香味扑鼻的菜——小鸡炖蘑菇。碗中金黄色的汤汁上漂浮着一层细碎闪亮的小油花，密密麻麻却互不融合，这是蘑菇油和鸡油的混合。一勺入口，顿时一种惬意浸肠入肚，透进肌体，渗入心田。咬上一块鸡肉，皮紧肉嫩，肥瘦相间，脆韧酥香。这是采用散养的 6 月龄童子鸡，主人家在一片树林边，鸡是随吃随抓。蘑菇是这道菜的灵魂，这是一指长的金黄色的小伞蘑菇，油光锃亮，嚼在嘴里，竟有芦笋般的清脆和肥肠般的香美，真是奶香浓郁，滑腻可口。主人说昨天在树林里采了一篮子蘑菇，下锅前还是新鲜的。

主人家只是寻常百姓家，绝非厨师或美食家，并不擅长烹饪，小鸡炖蘑菇，只是食材上乘，随便一烧都是这般美味。我以后多次在不同的老职工家吃，甚至在食堂吃都像是出自同一师傅之手。

在离开北大荒以后的这些年，我每到一个城市只要看到有东北菜馆，我都会进去，坐定后连菜谱也不看，第一个点的就是小鸡炖蘑菇。当然，如果没有这个菜，它也不叫东北菜馆了。只可惜再也尝不到这种滋味了。

有一年春节的年夜饭，吃烦了宾馆菜，我的兄弟姐妹提议在家吃，每家准备一个拿手菜。我想，机会来了，提前让北大荒的老职工帮我寄来了小鸡炖蘑菇的食材，只不过蘑菇是晒干的，小鸡是风干的。当这道经过我精心烹制和隆重推介的名菜端上来之后，我是又吃鸡又吃蘑菇又喝汤，努力想品出当年的感觉。却见大家都是浅尝辄止。我妹妹见我有些失落，安慰我道："这种菜只有到当地采用新鲜食材才好吃。"我弟弟却不以为然地说："你那时没东西吃，什么都好吃。"我哑然了，突然有一种冲动，想回一趟北大荒，我要寻回那种味道。

除夕的烟花划破夜空，我抱起孙女出门看时，方才明白，我要寻回的是那已逝去的青春年华。

东北水饺

一到北大荒，就常听人说“好吃不过饺子”。刚开始我没当回事，直到我亲自尝过北大荒水饺，才被这句名言所折服，世界上真是没有什么东西比水饺更好吃的了。

那几年，过年不回城。被要好的老职工叫到家里吃水饺。北大荒人吃水饺，往往是连队杀猪，每家每户去割一块肉。所以都是现杀猪现剁馅，现包现吃。猪肉富含细胞水分，肉馅饱满膨松，再拌成白菜肉馅或芹菜肉馅，也有酸菜肉馅、豆角肉馅。一口咬下去，肉汁四溢、满口生津。再佐以必配的蒜泥酱醋，更是将口味调到最佳，顿时胃口大开，欲罢不能，一顿起码吃上三五十个。这时，桌子上往往摆满了冷盘热菜，什么哈尔滨红肠、土豆沙拉、溜三样、木须肉……然而，在水饺面前全然失去了吸引力。

北大荒地多人少，并不缺粮，所以猪吃的是豆饼、玉米和白菜。这差不多就是人的口粮，这个待遇在全中国乃至全世界都是独一无二的，加上猪有足够的运动，近乎散养猪，猪的品质必定至高无上。

在老职工家吃水饺，也只有在此时才能感受到北大荒人的优秀品质，感觉自己已经和他们打成了一片。跟他们一样，脱鞋上炕，用搪瓷杯子倒上北大荒酒，还学着他们的口音，把“干啥”说成“干哈”……

在东北，吃水饺成了过年的习俗，后来演变成水饺加春晚才是过年。水饺已经成为东北人的文化。现在东北水饺已经遍布全世界的华人超市，成为一个世界品牌。东北水饺就在北大荒，离开了北大荒，也只能是水饺。

豆角手擀面

说来可能别人不信，北大荒有一道美食是“病号饭”，这是用手工擀面切成面条。先开油锅，放入葱花、肉丝和切成丝的豆角，猛火爆炒。然后倒入水，开锅后，放入面条。面条上残留的面粉，入汤后像勾了芡，油水融合，烧成了“高汤”。面条软硬适中，豆角爽脆嫩滑，相得益彰。面条和豆角极易入味，吃在嘴里，竟是肉味。色、香、味，汤、面、菜浑然天成。

我那时极想得些感冒之类的小病，经卫生员开个病假条，就可以享用这个病号饭。一大盆热气腾腾的面条吃下去，浑身出汗，病已好了一大半，最主要是解了馋。

几乎所有的知青都期待吃上病号饭。有的人饭量小，或许真的病了，吃不完这盆面。旁边早有一帮虎视眈眈、等候多时的馋鬼，如饿虎扑食，一哄而上。

这碗豆角手擀面改变了我一生的饮食习惯。直到现在，我的主食以面条为主。只有连汤带面下肚，胃才舒坦，人才踏实。

有这碗豆角手擀面打底，以至于我对面条颇有研究。离开北大荒后，我寻遍世界上有名的面条，实在找不出能胜出北大荒这碗面的。

吃遍世界名面，我还是想念北大荒的豆角手擀面，尤其是在我感冒的时候。现在，中国的餐饮业不景气，各种面馆应运而生，我真想退休以后，开一个面馆，专做豆角手擀面，店名就叫“北大荒面馆”。

山珍野味

北大荒最美的季节是冬天。“千里冰封，万里雪飘”。我喜欢在这林海雪原领略“独钓寒江雪”的孤独意境和抒发“打虎上山”的孤胆情怀。我喜欢冬天的另一个原因，就是上山打猎和伐木。

狩猎是最能激发男人本性的。冬天，刚下完雪，就是打猎的时机。所有的动物都会出来找东西吃，它们会在雪地上留下新鲜的脚印，很容易分辨。有鹿、狐狸、野猪、野兔、貉……最多的还是狍子，你只要顺着脚印追下去，一定可以找到它。当然，刮上一场大风，雪又会把脚印掩盖了。打猎不是易事，要走进深山老林，有时要好几天。我跟着副指导员，背着步枪，在连队附近的山上转悠了两次，都没有收获。但是，我见过老职工带回刚打到的狍子，有七八十斤重；也见过打到的野猪，有五六十斤重；甚至还有黑瞎子。一只狍子或者一只野猪，足够连队食堂100多号人饱餐一顿。狍子肉和野猪肉各有千秋，狍子全身都是瘦肉，肉质酥嫩，分不出肌肉纹理，吃来异香扑鼻、齿颊生香。野猪肉质紧凑、脂肪精炼、肥而不腻、瘦而不柴。

打野鸡就不分季节了。我随铁牛28的驾驶员去打过几次，常有收获。野鸡一般七八只一群。公鸡具有七彩的羽毛，头颈处有一环形白色，犹如一条闪亮的围脖，在野地中极易辨认。母鸡的羽毛是芦花状的棕灰色，很难发现，这天然的保护色让它能更好地繁衍后代。找野鸡最好在天刚蒙蒙亮时，野鸡会从草丛中钻出来，站在田埂上晒干身上的露水。或者在收割完的田地里觅食，这个时候一览无余，野鸡无处躲藏。野鸡警惕性很高，人根本无法靠近。然而，它却不认识车辆，你可以坐在车里靠近它慢慢打。那时枪没有瞄准镜，就靠三点一线瞄准，全凭真功夫。所以，打到野鸡总是很兴奋。

打麻雀也很有趣，记得机务排老高有一把双管猎枪，弹壳像胶卷盒，往里灌满火药和铁砂，就成了子弹。等到黄昏，麻雀回到树上，对准树冠放一枪，立马就掉下一二十个麻雀。吃起来就更方便了，直接把麻雀扔进土炕的炭火中，几分钟后，麻雀变成了“煤球”。我犹如“火中取栗”，毛皮烧成了一层焦炭，就像煮熟的鸡蛋壳，一敲一剥，就露出了绛红色的肉。胸脯肉、腿肉，一捻一撕就骨肉分离了。麻雀虽多，可是，宿舍里人更多，每次也抢不到几个，而且你要不怕烫才行，吃得满嘴满手都是焦炭，还不忘说一句“宁吃飞禽二两，不吃走兽半斤”。

我特别喜欢北大荒的草甸子。初夏季节，各种野花盛开，我总会去采黄花菜。这种多年生的草本植物，开的花和百合花一样，芬芳亮丽，花蕾就是黄花菜。我每次都能采回一大书包。黄花菜烧肉、烧鸡，甚至炒素，都是经典的菜肴。到了秋天，我又会去草甸子采榛子，又名山板栗，是坚果之王。可以生吃，炒熟吃更香，胜过小核桃。一棵一人高的榛树上能结近百个榛子。

我还喜欢钻进那深山老林中，在大树底下的阴暗潮湿地采蘑菇，爬上柞树采猴头菇，在枯死的白桦树上采黑木耳。每次都是满载而归。在冬天，我上山伐木时总会扒开积雪，在倒下的枯树上找到黑木耳。这种黑木耳尤其珍贵，就像冻葡萄酿成的冰酒，价格是普通葡萄酒的几倍。

平时，在田里干活，各种美食随手拈来。收割玉米时，砍下玉米的秸秆，靠近根部的那一段，就是“甘蔗”。收割大豆时，拿一丛大豆，把豆萁放在地上点着，等烧成灰烬，用嘴一吹，露出一层金灿灿的烤黄豆，用手一粒一粒捡来吃，堪比花生米。如果在菜地里干活，口渴了，拔一根胡萝卜，用镰刀削一段吃一段。红萝卜就可以直接剥皮吃。赶上吃午饭，就随手拔一根大葱，一口馒头一口大葱，还特别下饭。当然，如果能蘸着大酱就更好了。

开 江 鱼

随着乌苏里江冰面解冻，憋屈了四五个月的鱼儿也都被唤醒，“鱼贯而出”。这些鱼儿由于整个冬天的忍饥挨饿，体内的脂肪已经消失殆尽，废物也排放得异常干净，其肉质变得非常紧密、不肥不烂，因此鱼肉便会异常鲜美醇厚，与其他时节的鱼有很大区别。肉质用冰清玉洁形容亦不为过，烹调得当，滋味鲜美难以形容。开江鱼成了不可多得的美味。开江鱼、下蛋鸡都在“四大鲜”中占有一席之地。

乌苏里江是当今世界上为数不多的未被污染的大江河之一，盛产大马哈鱼和“三花五罗十八子”等名贵北方冷水鱼类。

三花，即鳌花、鳊花、鲫花。

五罗，即哲罗、法罗、雅罗、胡罗、铜罗。

“十八子”有斑鳟子、华子、柳根子、草根棒子、青根棒子、黄姑子、红眼瞪子、麦穗子、山鲤子、川丁子、白漂子、紫泥肚子、葫芦片子、鲤拐子、鲫瓜子、鲢子、嘎牙子、牛尾巴子、沙姑鲈子、鲇鱼球子、七粒浮子、红尾巴梢子。这“十八子”的称法，可能是概指，有几个版本，不止十八种，还有七十二杂鱼的说法。

挠力河红肚鲫鱼产于黑龙江省的挠力河，该鱼腹部橘黄，背高，体厚，生长快，个体大，肥满度好，含脂率高，口味鲜美，曾是满清王朝的宫廷贡品。

东安镇的全鱼宴相当出名。尤其是开江时节，“天下第一鱼”的东安镇就成了人们品尝美味的首选。在东安的全鱼宴中，尤其以鱼丸子汤最为著名。先是把狗鱼片了，剔了刺细剁，剁到两个小时以上，才能搅，一点粉面都不加，而且是凉水下锅。这里的鱼汤面、鱼汤泡米饭也非常有特色。东安全鱼宴的特点主要是用乌苏里江水（没有污染）和乌苏里江野生鱼，经过精工细做，一种鱼可做出多种菜，一桌菜能做十多种鱼，味美、鲜嫩。

东安的全鱼宴还有一道赫哲族名菜——塔拉哈（赫哲语“燎生肉”）。塔拉哈是赫哲风味，用赫哲族方法制作，跟“杀生鱼”的区别是它用火烤。用火烤第一是加热、消毒；第二是可以使鱼筋道，香味就出来了。两边都烤熟了，皮也经过高温消毒了，还把血水都烤掉了。赫哲人是用柳条棍串起来的，烤完以后加工一下，再放醋，然后一拌。杀生鱼也由赫哲族吃生鱼习惯演化而来。

另有肇源饼也非常时兴。肇源饼流行于黑龙江省，是 1979 年从肇源农场调来的人员传入的。就是油饼、千层饼，原料是面和油，不放盐、糖、葱花和佐料等，直径 15～20 厘米，厚 2 厘米。具体做法：温水和面，醒半小时，擀得薄薄的，摊在面板上，刷一层生油，像做花卷一样，揪成一个个剂子，压扁，擀成饼，再刷一层油。烙饼时放油，用慢火。肇源饼的最大特点就是柔软、香味独特、口感好。

能够吃到北大荒的各种美食不难，难能可贵的是我们当时全是免费享用。都说世界上没有“免费的午餐”，可见“免费”之珍贵。所以，直到现在，我在逛商场时，只要看到促销员手里端着的免费品尝的食品，我都不会放过。

现在人们崇尚绿色食品、健康食品，可那时我们除了绿色食品、健康食品也没有别的啊！

现在人们把吃山珍野味当作身份的象征。听到有人吹嘘吃了什么，我总是嗤之以鼻：“想当初，我们北大荒……”

（作者：原八五九农场上海知青冯桂林）

哪些名人、明星到过八五九

几十年来，有很多名人和明星到过八五九农场。他们有的来采访、有的来演出、有的慕名而来，虽然来去匆匆，但都留下了点点滴滴的印记和靓丽风采。

前进歌舞团慰问演出

1986 年 8 月 18—24 日，沈阳军区前进歌舞团代表解放军总政治部和全军指战员到建三江管理局进行六场慰问演出。其中在八五九农场演出两场，还专程奔赴东安边防部队进行慰问。黄宏、谷成忠、路梦兰、李德辉、相声演员阎月明、主持人杜小娟等 27 名演员参加演出。当时，黄宏表演的是山东快书。

“你们也是最可爱的人”，作家魏巍等来农场采访

1988 年 8 月 16 日，著名老作家、《谁是最可爱的人》的作者、原北京军区政治部主任魏巍与康濯、雷加、白刃、陈明、周良沛等老作家一行来到八五九农场采访。老作家们参观了东安镇、乳品厂、屠宰厂、饲料厂，采访了部分养殖户。

在八五九农场召开的座谈会上，作家们认真听了当年开荒建场的老铁道兵、老农垦职工、知识青年的发言。魏巍激动地说：“你们在这荒无人烟的地方，开垦出这么多的良田，为国家打了那么多的粮食，是有功劳的，垦荒事业是光荣而神圣的，当然，艰苦的环境使不少人离开了这里。我认为，至今仍留在这里的，为垦区事业而继续辛劳的人，你们也是最可爱的人。”话音刚落，台下就响起了热烈的掌声。

中戏师生体验生活

1988 年 10 月 30 日，中央戏剧学院院长徐晓钟教授率领中央戏剧学院表演系 1985 级明星班师生 20 余人，来到八五九农场体验生活。全班共有 21 名学生，除了演《红高粱》的巩俐有拍摄任务，其余 20 名同学都来了。他们当中有号称中戏 5 朵金花中的 4 朵，史可、陈炜、伍宇娟、金莉莉，还有赵亮、刘冠军、张路、佘南南、田有良、赵小川、纪原等。当时他们都是大三学生，有部分同学已参与过《摇滚青年》《夏日的期待》《夜曲》《杀手情》《中国走向奥运会》等影视剧的拍摄。

一行人到达农场后，在宾馆大餐厅参加了农场举办的联欢会。史可担任主持，她当时穿的是连体太空服，披肩发，青春、活泼、靓丽。伍宇娟演唱了一首《黄土高坡》，其他同学还表演了小品。

小鹿姐姐郑捷

1998 年 6 月 23 日，中央电视台《动画城》栏目主持人小鹿姐姐到八五九农场采访，先后来到幼儿园、中学、小学采访《动画城》栏目的收看和反馈情况，回去后制作了 2 期《回音阁》节目。小鹿姐姐原名郑捷，现担任《异想天开》《快乐大巴》主持人。

“战士作家”高玉宝

2003 年 9 月 19 日，77 岁的著名军旅作家高玉宝来到八五九农场，应邀作革命传统教育报告，并与老干部们座谈交流。

高玉宝仅上过一个月的学，却先后写出了总计200多万字的几部长篇小说，短篇小说《我要读书》和《半夜鸡叫》曾被选入小学语文课本，自传体长篇小说《高玉宝》在国内出版，他被称为“战士作家”。

《走进新时代》词作者蒋开儒

2007年5月4日，《走进新时代》《春天的故事》的词作者蒋开儒来到八五九采风考察，并与农场的文艺爱好者座谈交流。蒋开儒此行是为建三江分局创作局歌积累素材，并于当年创作出歌曲《亲亲的黑土地》，由蒋开儒作词、铁源作曲。

郁钧剑坐上“飞车”

2007年8月28日，中央电视台心连心艺术团赴北大荒慰问演出，主会场设在建三江，分会场两个，一个是普阳农场的一个管理区，另一个就是八五九的东安镇。东安镇的演出是在27号录制的，当时来了不少歌手，包括郁钧剑、张林、赵景春、潘军、麦穗、马晓晨、徐子崴、皓天等。董艺和杨帆担任东安分会场的主持人。

歌唱家郁钧剑一到东安就穿上笔挺的演出服忙着接受采访，两位主持人还没上场，他就连续演唱了《我把太阳迎进祖国》《小白杨》《达坂城的姑娘》《家和万事兴》等五首歌曲。唱完歌，水没喝，衣服没换，上车就走，后来才得知是返回哈尔滨赶飞机。这里还有一个小故事。当时，场部到东安正修水泥路，来回都要从胜利走山路绕行。司机张远胜开着丰田4500越野车送郁钧剑，从东安跑到哈尔滨飞机场740公里，只用了五个半小时，中间还在得莫利吃了顿午饭。那时高速还没全线贯通，不限速，简直就是开的“飞车”。路上郁钧剑还一直担心赶不上飞机，到了机场之后他佩服得五体投地，登机前特意与张远胜合影留念。

刘璐的北大荒情怀

刘璐是从哈尔滨走出去的央视主持人。她对北大荒有着特殊的情怀，多次来垦区慰问演出。心连心艺术团来建三江慰问演出时，她就担任主持人。2008年7月，在拍摄《平安中国——我们的家园》黑龙江篇时，时任黑龙江省省长栗战书就介绍她来北大荒看看。7月28日，刘璐一行先后拍摄了八五九第一管理区的新农村建设、第二管理区的农具场和家庭农场等地。

2008年9月，专题片在央视12频道播出，片子分为外景和演播室两部分。时任黑龙江省省长栗战书在演播室接受撒贝宁专访中说，全国农业看黑龙江，黑龙江农业看建三江，建三江的农业是中国农业现代化的前景展望。

《闯关东》总导演张新建

2008年12月，《闯关东》总导演张新建来八五九选景，是为了拍摄27集电视连续剧《情系北大荒》而来，他带领的是《闯关东》的原班人马。前期一直在勤得利农场拍摄，因为那年冬季降雪少，最后几组镜头就转战到八五九拍摄。

12 月 21 日，剧组来到大板西南的山林内，拍摄的是复转官兵初来北大荒时的场景。前后拍摄了 3 天，于 23 日封镜。主演朱亚文没到场，齐奎在拍摄现场出现，就是出演《闯关东》的“朱传杰”。

电视连续剧《情系北大荒》讲述的是十万复转官兵克服北大荒恶劣气候条件，扎根北大荒、建设北大荒的英雄故事。电视剧最后出的鸣谢单位字幕有八五九农场和八五九广播电视局的字样。

胡蝶印象

2012 年 8 月 11 日，中央电视台《朝闻天下》女主播胡蝶随《行进中国》摄制组到八五九采访。这个片子是十八大的献礼片，要采访八五九的老复转官兵和老知青，而且胡蝶要进农家与被采访者一起吃农家饭。这农家选在哪可费了不少周折，先选在二十一站的水稻地点，后又挪到明珠家园老知青居鸿昌家，又是做饭，又是买菜，又是准备黏玉米，拍摄工作比较满意。其间，居鸿昌一家三口和老复转官兵徐志铭接受了采访。

胡蝶给人的印象特别亲切、随和，瘦瘦的、高高的，气质好，很有编导意识。

《乌苏里船歌》词作者胡小石

2022 年 6 月 16 日，《乌苏里船歌》词作者胡小石来到八五九采风。时值《乌苏里船歌》诞生 60 年，已 82 岁高龄的胡小石再次回到魂牵梦绕的歌曲创作地，感受乌苏里江畔的喜人变化。看到八五九的繁荣发展，胡小石欣然泼墨挥毫，为农场题词“乌苏里江新船歌”，并为八五九品牌大米代言。

《乌苏里船歌》是由郭颂、胡小石作词，于 1962 年创作完成。胡小石曾于 2006 年 8 月 16 日、2019 年 9 月 24 日，来八五九采风。

著名相声演员赵炎

2022 年 8 月 9 日，著名相声演员赵炎等知青艺术家来到八五九参观考察。一行人参观了万亩高端稻米专属基地、乌苏里江品牌馆、东安镇等地。在乌苏里江品牌馆，赵炎欣然为“乌苏里江”大米代言，表示会不遗余力地宣传北大荒、宣传建三江，助力农副产品打出品牌、获得更好的经济效益。赵炎于 1968 年下乡到北兴农场。1976 年，参加全国曲艺调演，被著名相声表演艺术家马季看中。1977 年，调到中央广播说唱团，与马季合作了 27 年。

后记：随着岁月的流逝，这些名人、明星来到八五九，只是历史长河的一瞬，但作为八五九人我们还应窃窃欣喜。因为，八五九不仅仅有山有水，紧靠乌苏里江，还有厚重的历史和文化，有独具一格的地域特色，有亮点、有看点、有名气、有地位，八五九吸引了四面八方的目光。

让我们珍惜这一切！我们的目标是，让所有生活在八五九这片土地上的人们，无时无刻不感受到作为八五九人的荣耀和骄傲！愿八五九的明天更美好！

（郑浩整理）

民主屯史话

民主屯，原名别拉洪，以北临别拉洪河而得名。伪满康德五年（1938 年）建，1946 年解放。1948 年土改时，取人民当家作主之意，定名“民主”。现为第一管理区第一作业站。

别拉洪一带，有人居住已有 100 余年的历史了。1926 年以前，梅家大山与毛家大山就已有 10 余户人家定居。人们使用一些简易的小农具在这里开荒种地，过着自给自足的安逸生活。后来陆续从山东、河南、河北及江东（乌苏里江东岸）等地迁来一些朝鲜族居民，在这一带落户谋生。当时人们居住分散，相互之间很少来往，所以，时常遭到土匪的抢劫。

当时人们种植的作物，主要是玉米和大烟。由于没有道路及交通工具，人们所需油、盐、布匹等生活用品，必须到 35 公里外的东安镇用大烟兑换，往返一趟需要 4、5 天时间。

人们的主食是玉米，很少吃到细粮；穿的是粗布衣或麻袋片；住的是又低又暗的木垛屋、马架子或“三人班”(三个光棍合住的窝棚)。夏天吃雨水或草甸水，冬天吃雪水，要是有了病就喝点大烟土硬挺，听天由命。

后来，为了生存、为抵御土匪的抢劫，人们自动组织起来，成立了“会房”(一种自卫组织)。每到收获季节，就由几名武装自卫人员日夜巡逻，保护人们用血汗换来的劳动成果。

1931 年“九・一八”事变到 1945 年“八・一五”日本无条件投降，别拉洪屯被日本侵略者的铁蹄蹂躏。

1937 年以后，日本侵略军为了防御抗日联军的袭击，切断人民群众对抗联的支援，实行野蛮残酷的“归屯并村”政策，他们烧毁了别拉洪附近散居的住房，强迫分散居住在南山、岭西、东山等地的居民搬迁到别拉洪。他们还强迫屯民在屯子周围修筑围墙。

并屯后，别拉洪有居民 108 户、400 多人，屯内设有警察署，住有日本侵略军及日伪警察 10 多人。他们日夜把守村口，不准屯民自由出入。

屯内建有一所小学校，有学生 60 多人，他们强迫学生学日语，对学生实行奴化教育。

1939 年 12 月，崔石泉、王汝起率抗联队伍行至别拉洪东山（今民主村东山）时，部队断粮。朝鲜族村民冒着生命危险，将各家筹集的 30 多斤大米装入马套包子送来，让战士们充饥，并报告了次日有日本开拓团 6 张牛爬犁上山运木柈的消息。次日，抗联出击，俘获日本开拓团 6 头黄牛，杀牛充饥。

1941 年 6 月，伤寒病在屯内大流行，全屯 100 多人死亡，严重时候，1 天内就死了 8 人。

1945 年 8 月 10 日，东北从日军统治下解放，别拉洪回到了人民手中。可是没过多久，国民党匪徒又来到别拉洪，他们打着保护老百姓、维持治安的幌子，欺压百姓、无恶不作，别拉洪人民再次陷入水深火热之中。

1947 年初，王团（王景坤）部队在别拉洪、二龙一带剿匪，追剿并彻底歼灭了国民党武装残匪，活捉了尤达子和刘副官，彻底解放了别拉洪。

1948 年春，土改工作队进驻别拉洪，开展“剿匪”与“土改”工作。这一年工作队将别拉洪定名为“民主”。

1953 年，村里成立了第一个互助组。1955 年，村里成立了初级农业生产合作社。1958 年底，场社合并，民主屯并入八五九农场，编为民主队，全体社员成为国营农场职工。

（史志办整理）

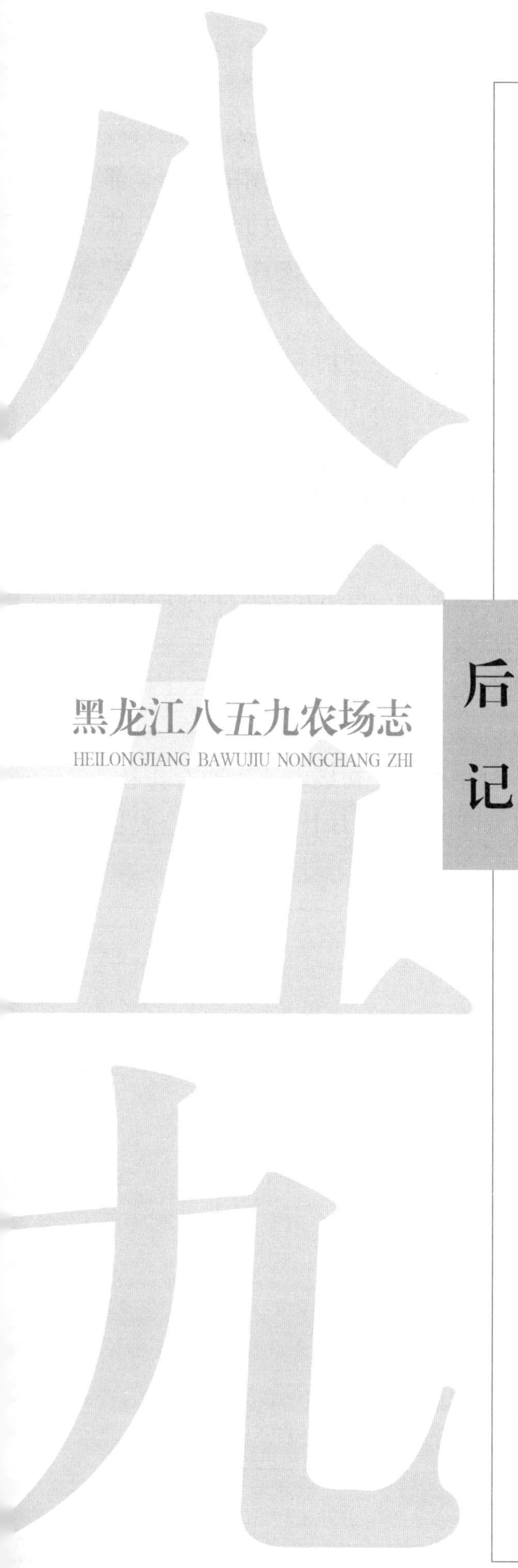

后记

八五九农场已编纂两本史志，分别为《八五九农场志》（1956—1984）、《八五九农场志》（1985—2005）。农场设有史志办，史志办主任金琦为兼职。2018 年 10 月，安排内退人员郑浩从事年鉴、大事记等的编写工作。

2020 年 7 月 24 日，八五九农场被确定为第一批中国农垦农场志编纂单位。8 月 11 日，经农场批准，又雇用了甘鸿梅、刘美辰从事史志编纂工作。9 月 15—16 日，金琦、郑浩参加在哈尔滨举办的中国农垦农场志编纂培训班。9 月 30 日，制定《黑龙江八五九农场志编纂工作实施方案》，以九场办发〔2020〕47 号文件下发各单位和各科室。根据方案要求，各单位、各科室及时确定了编写人员，其中有 10 个单位、科室的行政主管领导主动请缨，要求亲自参与编写。10 月 30 日，制定了《黑龙江八五九农场志》（1956—2020）篇目。

2020 年 11 月，集团党委工作部下发《关于组织做好垦区第一批入选中国农垦农场志编纂和垦区续志工作通知》。2021 年 3 月，集团办公室下发《关于进一步做好史志工作的通知》（北大荒集团文〔2021〕29 号），要求做好垦区入选中国农垦农场志编纂工作和垦区续志工作。这标志着农场除完成中国农垦农场志《黑龙江八五九农场志》的编纂，还要完成续志《八五九农场志》

（*2006—2020*）的编纂任务。可以说，任务非常艰巨、工作非常繁重。因1956—2005年的资料已经成型（志书出版），主要是资料补充，所以把工作重点放在2006—2020年的资料收集和编写上。

从2020年8月31日开始，史志办两位编辑开始对《八五九农场志》（1956—1984）和《八五九农场志》（1985—2005）的稿件进行整理、校对。12月10日，农场召开八五九农场志编纂工作会议，主管史志工作的分公司副总经理李军参加会议并讲话。场直单位、驻场单位、机关科室的行政领导和编写人员共计140余人参加会议并进行了专题培训。此次会议启动了包含80个单位和部门（2006—2020年）专业志资料收集和编写工作。建立了由76人组成的“八五九农场志编写人员”微信群。

从10月21日开始整理2006—2020年大事记，资料来源是农场电视局的1992—2020年场内电视新闻纸质稿，一共整理两遍。从中还收集整理出一些专业志资料。图片主要来自电视局图片资料库。

2021年1月4日，甘鸿梅因身体原因退出农场志编写工作。1月7日，孟天宇接替其工作。3月25日，开始各项资料整理归类，在办公室打字室、文秘室、组织部、宣传部查阅收集了电子版的各年度政工会材料、职代会材料、领导班子成员述职报告以及场直各单位、各科室的历年工作总结，在工会资料室翻拍历年职代会纸质材料。

6月1日，孟天宇、刘美辰开始修改各单位2006—2020年的专业志第一稿。7月22日，开始编纂史志其他部分及大事记。9月16日，刘美辰去“不动产登记中心”工作。10月8日，郑浩开始编纂第二稿，并与前两轮场史合并，同时补充了大量内容，于12月31日完成。

2022年3月2日，孟天宇开始绘制表格。4月5日，郑浩开始编纂第三稿，5月20日完成。6月29日，完成补充内容。

3月4日，农场请原组织部部长张乾华帮助查找、核对各级领导更迭情况，于5月8日结束。7月23日，张乾华又帮助校对初稿。

4月7日，另找一名退休人员帮助校对稿件。7月11日，专业志返给各单位审核。7月22日，形成初稿。8月28日正式定稿。

9月1日，报送中国农业出版社和北大荒集团史志办审核，集团史志专家郭思宝进行了审读，于9月21日形成修改意见。中国农业出版社于9月30日形成修改意见。10月9日，完成史志修改工作。志中“以事系人”1262人。共有83个单位和部门79人参与了专业志编写。

《黑龙江八五九农场志》的出版是多方共同努力的结晶。在此，谨对机关各部门、场直各单位、各驻场单位，对所有参与、关心、支持本志编写的各级领导和参与专业志编写的人员，一并表示感谢！对参与编写第一轮、第二轮八五九农场志的全体编纂人员表示感谢！对提供史料者、提供图片者表示感谢！由于编辑人员知识水平和业务水平的局限，错漏之处在所难免，希望广大读者批评指正。

八五九农场志编辑部
2022年10月10日